# HANDBUCH DER
BAYERISCHEN KIRCHENGESCHICHTE

# HANDBUCH DER BAYERISCHEN KIRCHENGESCHICHTE

ERSTER BAND

VON DEN ANFÄNGEN
BIS ZUR SCHWELLE DER NEUZEIT

I. Kirche, Staat und Gesellschaft

*in Verbindung mit*

*Günter Bernt, Walter Berschin, Egon Boshof, Fridolin Dressler,
Franz-Reiner Erkens, Ulrich Faust, Helmut Flachenecker,
Isnard Frank, Birgit Gansweidt, Walter Haas, Ludwig Holzfurtner,
Uta Lindgren, Franz Machilek, Alexander Patschovsky, † Eugen Paul,
Hans Pörnbacher, Walter Pötzl, Rudolf Schieffer, † Hans Schmid,
Johannes Schneider, Karl R. Schnith, Johannes Staub, Wilhelm Störmer,
Benedikt Konrad Vollmann, Stefan Weinfurter, Dieter J. Weiß*

*herausgegeben von*

WALTER BRANDMÜLLER

EOS VERLAG ERZABTEI ST. OTTILIEN

Titelbild:   Hl. Ulrich und hl. Nikolaus.
Aus einem Psalterium, Augsburg (?) um 1220.
Augsburg, Universitätsbibliothek, Cod. I. 2. 4° 19 (Sammlung Oettingen-
Wallerstein)

Die Deutsche Bibliothek – CIP-Einheitsaufnahme

**Handbuch der bayerischen Kirchengeschichte /** hrsg: von
Walter Brandmüller. - St. Ottilien : EOS-Verl.

   Bd. 1. Von den Anfängen bis zur Schwelle der Neuzeit /
   in Verbindung mit Günter Bernt ... - 1999
   ISBN 3–88096–671–0

© by EOS Verlag Erzabtei St. Ottilien — 1998
Gesamtherstellung: EOS Druckerei, D-86941 St. Ottilien
Schrift: 10/12 und 8/9 Punkt PC-Times

REGI SAECULORUM
IMMORTALI INVISIBILI
SOLI DEO HONOR ET GLORIA
IN SAECULA SAECULORUM
AMEN

1 Tim 1, 17

# INHALT

*Vorwort* .................................................................................................. XIII

*Abkürzungen* ........................................................................................ XVII

*Literaturverzeichnis* ............................................................................ XXIII

## I. KIRCHE, STAAT UND GESELLSCHAFT

*Frühes Christentum in Altbayern, Schwaben und Franken*
*Römerzeit und Frühmittelalter bis 798 — Wilhelm Störmer*

| | |
|---|---|
| § 1. Anfänge des Christentums im römerzeitlichen Bayern ..................... | 1 |
| § 2. Der Weg der Christianisierung der Stammesvölker in der Merowingerzeit (ca. 500 – ca. 700) .................................................................. | 10 |
| § 3. Festigung und Organisation der Kirche im 8. Jahrhundert ................ | 36 |

*Die Zeit von 798 bis 1046*
*Die Kirche in Bayern und Schwaben unter der Herrschaft der Karolinger — Egon Boshof*

| | |
|---|---|
| § 4. Die kanonische Errichtung der Bayerischen Kirchenprovinz ............ | 98 |
| § 5. Die Entwicklung der Bistümer bis 843 ............................................. | 106 |
| § 6. Die Reichs- und Königsklöster ......................................................... | 112 |
| § 7. Die bischöflichen Klöster ................................................................. | 118 |
| § 8. Die politische Rolle des Episkopates ............................................... | 122 |
| § 9. Kirchliche Aktivitäten auf Reichsebene .......................................... | 124 |
| § 10. Die Slawenmission im 9. Jahrhundert ............................................. | 124 |

*Die Salzburger Kirchenprovinz und das Bistum Augsburg im Zeitalter der Ottonen und frühen Salier (907–1046) — Franz-Reiner Erkens*

| | |
|---|---|
| § 11. Die Salzburger Kirchenprovinz als Teil der ottonisch-salischen Reichskirche ................................................................................................ | 133 |
| § 12. Das Bistum Augsburg als Teil der ottonisch-salischen Reichskirche ....... | 163 |
| § 13. Institutionen und Strukturen ............................................................ | 169 |

*Die Reichskirche in Franken — Dieter J. Weiß*

§ 14. Das Bistum Würzburg ............................................................... 188
§ 15. Das Bistum Eichstätt ............................................................... 206
§ 16. Das Bistum Bamberg ............................................................... 217
§ 17. Das Erzstift Mainz: Aschaffenburg ........................................ 226

*Die Zeit von 1046 bis 1215*
*Altbayern, Franken und Schwaben von 1046–1215 — Rudolf Schieffer*

§ 18. Die Bischöfe zwischen König und Papst ................................ 229

*Die kirchliche Ordnung in der Kirchenprovinz Salzburg und im Bistum Augsburg 1046–1215 — Stefan Weinfurter*

§ 19. Die Bistümer in Bayern und Schwaben ................................. 271
§ 20. Die geistlichen Gemeinschaften ............................................. 304

*Die kirchliche Ordnung in Franken 1046–1215 — Wilhelm Störmer*

§ 21. Die fränkischen Bistümer ....................................................... 329
§ 22. Die geistlichen Gemeinschaften Frankens ............................ 340

*Das Spätmittelalter von 1215 bis 1517*
*Altbayern — Karl Schnith*

§ 23. Ausgangslage und Grundprobleme ........................................ 349
§ 24. Verfassung, Strukturen, Grenzen ........................................... 352
§ 25. Im Kräftespiel der Papst-, Reichs- und Fürstenpolitik ......... 365
§ 26. Zur inneren Situation ............................................................. 397
§ 27. Wege der Diözesangeschichte ............................................... 408

*Schwaben und Franken — Franz Machilek*

§ 28. Einführung. Rechtliche Sonderentwicklungen in den fränkischen Bistümern. Repräsentationsformen ............................................................ 437
§ 29. Die Bischöfe als Reichsfürsten .............................................. 442
§ 30. Die bischöfliche Reformtätigkeit. Die Diözesansynoden ..... 466
§ 31. Die Domkapitel ...................................................................... 484
§ 32. Die Pfarreien. Der niedere Klerus ......................................... 493
§ 33. Die Mitverantwortung der Laien für das kirchliche Leben. Die Prädikaturstiftungen ........................................................................ 509
§ 34. Die Klöster. Die Säkularkanoniker- und Kanonissenstifte ... 520

## II. DAS KIRCHLICHE LEBEN

*Klosterleben*
*Die Prälatenorden im Spätmittelalter — Ulrich Faust*

| | |
|---|---|
| § 35. Die Raudnitzer Chorherrenreform und ihre Verbreitung in Bayern | 537 |
| § 36. Die Benediktinischen Reformen | 539 |
| § 37. Zisterzienser und Prämonstratenser | 552 |

*Mendikantenorden — Isnard Frank*

| | |
|---|---|
| § 38. Ausbreitung der Bettelorden | 558 |
| § 39. Lebensstil und Tätigkeit | 570 |
| § 40. Die Mendikantenfrauenklöster | 586 |

*Die Ritterorden — Dieter J. Weiß*

| | |
|---|---|
| § 41. Die Templer | 600 |
| § 42. Der Johanniterorden | 602 |
| § 43. Der Deutsche Orden | 605 |
| § 44. Die Orden im Vergleich | 615 |

*Der Antoniterorden — Dieter J. Weiß*

| | |
|---|---|
| § 45. Aufstieg und Ende in Bayern | 621 |

*Geistiges Leben*
*Die Theologie im Raum des heutigen Bayern — Johannes Schneider*

| | |
|---|---|
| § 46. Das 11. Jahrhundert | 625 |
| § 47. Das 12. Jahrhundert | 642 |
| § 48. Das 13. Jahrhundert | 680 |
| § 49. Das 14. Jahrhundert | 697 |
| § 50. Das 15. Jahrhundert; der Ausklang des Mittelalters | 720 |

*Häresien — Alexander Patschovsky*

| | |
|---|---|
| § 51. Frei-Geist-Häresie | 756 |
| § 52. Waldenser und Hussiten | 762 |
| § 53. Geißler | 767 |
| § 54. Einzelfälle | 769 |

*Lateinische Literatur des Mittelalters aus der Stadt und dem Bistum Augsburg —*
*Walter Berschin*

§ 55. Von der Römerzeit bis zum Ende der Karolingerzeit ............................. 773
§ 56. Ottonenzeit und Investiturstreit .................................................................. 775
§ 57. Das XII. Jahrhundert ................................................................................... 779
§ 58. Spätmittelalter — Frühhumanismus ......................................................... 783

*Lateinische Literatur des Mittelalters aus Altbayern — Johannes Staub*

§ 59. Die Anfänge ................................................................................................ 790
§ 60. Die Karolingerzeit ...................................................................................... 792
§ 61. Von den Ungarneinfällen bis zum elften Jahrhundert ........................... 795
§ 62. Das geistliche Spiel .................................................................................... 800
§ 63. Das zwölfte Jahrhundert ............................................................................ 801
§ 64. Das dreizehnte Jahrhundert: Die Regensburger Franziskaner ............. 809
§ 65. Das vierzehnte Jahrhundert: Der Hof Ludwigs des Bayern ................. 810
§ 66. Das fünfzehnte Jahrhundert: Tegernsee ................................................... 812

*Lateinische Literatur des Mittelalters aus Franken*

§ 67. Das Bistum Würzburg — *Günter Bernt* ................................................. 815
§ 68. Die Diözese Eichstätt — *Benedikt Konrad Vollmann* ........................... 823
§ 69. Das Bistum Bamberg — *Birgit Gansweidt* ........................................... 829
§ 70. Nürnberg — *Benedikt Konrad Vollmann* ............................................... 832

*Die volkssprachliche geistliche Literatur des Mittelalters in Bayern — Hans Pörnbacher*

§ 71. Die Literatur der althochdeutschen Zeit ................................................. 838
§ 72. Die große Epoche der geistlichen Literatur oder die frühmittelhochdeutsche Zeit (1060–1160) ............................................................................ 839
§ 73. Die geistliche Dichtung im hohen Mittelalter ........................................ 844
§ 74. Mystik und Erbauungsliteratur im Spätmittelalter ................................ 846

*Bibliotheken — Fridolin Dressler*

§ 75. Zur Überlieferung der Bibliotheksbestände ............................................ 853
§ 76. Die Dombibliotheken ................................................................................. 864
§ 77. Die Klosterbibliotheken verschiedener Orden ....................................... 869
§ 78. Kirchen- und Kollegiatsbibliotheken ....................................................... 876
§ 79. Privatbibliotheken ...................................................................................... 877
§ 80. Universitätsbibliothek in Ingolstadt ......................................................... 877
§ 81. Zusammenfassung ...................................................................................... 878

*Kirche und Bildung im Früh- und Hochmittelalter — Helmut Flachenecker*

| | | |
|---|---|---|
| § 82. | Die Voraussetzung: Von der Missionierung bis zum Aufbau einer Kirchenorganisation ................................................................. | 881 |
| § 83. | Die Intensivierung: Kirchen und Klosterreform ............................. | 897 |
| § 84. | Die Ablösung: Bildung als laikales Anliegen ................................. | 915 |

*Religiös-kirchliche Sozialisation und Erziehung — Eugen Paul*

| | | |
|---|---|---|
| § 85. | Das monastische Bildungskonzept als idealtypisches Konzept von Sozialisation und Erziehung .................................................. | 929 |
| § 86. | Die religiöse Erziehung in den Dom-, Stifts- und Pfarrschulen ......... | 934 |
| § 87. | Die Unterweisung der Erwachsenen ............................................ | 945 |
| § 88. | Die Familienerziehung .............................................................. | 964 |
| § 89. | Die Unterweisung der Kinder durch Seelsorger ............................. | 969 |
| § 90. | Die Hinführung zu den Sakramenten ........................................... | 971 |

*Kirchlicher Alltag*

*Musik in Liturgie und Frömmigkeit — Hans Schmid*

| | | |
|---|---|---|
| § 91. | Anfänge liturgischen Singens — beginnende Schriftlichkeit ............ | 977 |
| § 92. | Erste Orgeln und Glocken ......................................................... | 981 |
| § 93. | Repertoire, Formen, Musiktheorie .............................................. | 983 |
| § 94. | Musik zum geistlichen Spiel ...................................................... | 987 |
| § 95. | Noch einmal Orgel und Glocken ................................................. | 991 |

*Volksfrömmigkeit — Walter Pötzl*

| | | |
|---|---|---|
| § 96. | Schwierigkeiten mit einem Begriff .............................................. | 996 |
| § 97. | Mit dem Kreuz-Symbol ins frühe Mittelalter ................................. | 1004 |
| § 98. | Elevationen, Translationen und Tumuluskulte der Karolingerzeit ..... | 1008 |
| § 99. | Pilgerwesen und Kreuzzüge. Heiligenverehrung ............................ | 1027 |
| § 100. | Eucharistische Wallfahrten. Vom späten 12. Jahrhundert ins späte Mittelalter ............................................................................... | 1048 |
| § 101. | Locus sanctus und Gnadenbild ................................................... | 1053 |
| § 102. | Die Bruderschaften .................................................................. | 1071 |

*Caritas und Fürsorge in Bayern — Uta Lindgren*

| | | |
|---|---|---|
| § 103. | Grundlage und Entwicklung der Werke christlicher Nächstenliebe ..... | 1080 |
| § 104. | Die Geschichte von Caritas und Fürsorge in Bayern ...................... | 1084 |

*Kirche als Grundherr im Mittelalter — Ludwig Holzfurtner*

§ 105. Von den Anfängen bis zur Festigung der Organisation .......................... 1109

*Kirchenbau und Kirchenausstattung — Walter Haas*

§ 106. Spätantike und frühes Mittelalter ................................................. 1121
§ 107. Kirchenausstattung vorromanischer Zeit ................................................. 1129
§ 108. Romanik ................................................................................. 1132
§ 109. Kirchenausstattung romanischer Zeit ................................................. 1151
§ 110. Gotik ..................................................................................... 1158
§ 111. Kirchenausstattung gotischer Zeit ................................................. 1178

## ANHANG

Verzeichnis der Bischöfe, Weihbischöfe und Generalvikare von den Anfängen bis zur Reformation — STEFAN MIEDANER, JOSEF URBAN, BRUN APPEL, SIGMUND BENKER, HERBERT WURSTER, PAUL MAI, ERNST HINTERMAIER, ERIK SODER VON GÜLDENSTUBBE .................... 1201

Register — HEDY WELLANO und RENATE WENCK ............................................. 1225

Die Mitarbeiter ..................................................................................... 1367

# VORWORT

*Pro captu lectoris habent sua fata libelli* — sagt schon im 3. Jh. Terentianus Maurus in seinem *Carmen heroicum.* »Auch Bücher haben ihr Erlebtes« übersetzt Goethe — und übersieht dabei den ersten Teil des Zitats, auf den es uns jedoch besonders ankommt, nämlich, auf den captus lectoris. Aber, in der Tat, haben Bücher ihr Erlebtes noch vor jedem captus lectoris, noch bevor der Rezensenten Schar die Federn spitzt. Wenn dies geschieht, hat das Buch den ersten, bewegtesten, wichtigsten Teil seiner fata schon hinter sich — seine Entstehung. Es ist eine Geschichte, die sich oft einsam in der Stille einer Studierstube, dann aber in jener Palästra abspielt, in welcher Herausgeber, Autoren und Verleger sich mitunter in allen olympischen Disziplinen messen.

Am Anfang war die Idee: Vor 78 Jahren, am 9. Januar 1920 schrieb der damalige Direktor der Handschriftenabteilung der Bayerischen Staatsbibliothek, Georg Leidinger (1870–1945) den folgenden Satz in sein Tagebuch: »*Geheimrat Pfeilschifter legt mir den ersten Entwurf einer dreibändigen Kirchengeschichte Bayerns vor*«. Einen Kommentar gab er dazu nicht.[1] Georg Pfeilschifter, im gleichen Jahr wie sein Gesprächspartner zu Mering geboren, seit 1917 Ordinarius für Kirchengeschichte in München und »*ein eindrucksvoller Lehrer und akademischer Organisator sowie gewissenhafter Forscher mit Gespür für nahende Aufgaben der Kirchengeschichte*« hat diesen seinen Plan nie verwirklicht, und von seinen Nachfolgern hat keiner einen Versuch hierzu unternommen.

Erst der Münchener Benediktiner Romuald Bauerreiß von St. Bonifaz wagte es, eine »Kirchengeschichte Bayerns« zu schreiben, deren sieben Bände in den Jahren 1949–1970 erschienen. So verdienstvoll dieses Werk auch war, so überforderte sein Anspruch doch die Kräfte eines Einzelnen.

Da nun mittlerweile auch das hervorragende Spindlersche Handbuch der Bayerischen Geschichte neue Maßstäbe gesetzt hatte, zugleich aber ein kirchengeschichtliches Analogon verlangte, entschloß ich mich, das nun abgeschlossene Werk in Angriff zu nehmen. Ermutigung bedeutete neben der Zusage großzügiger finanzieller Förderung durch den damaligen Ministerpräsidenten Franz Josef Strauß bzw. die Bayerische Landesstiftung, vor allem das überaus positive Echo, das die Einladung zur Mitarbeit in der historischen und theologischen Fachwelt auslöste. Auf diese Weise haben nicht nur alle bayerischen Universitäten ihren Beitrag zum Handbuch geleistet, sondern auch außerbayerische Gelehrte. Was hierin auch sichtbar wurde, ist, daß die Geschichte der Kirche als unentbehrlich für die Darstellung und das Verständnis der allgemeinen Geschichte erkannt wird. Das bedeutet, daß die historische Identität eines Volkes und Landes verfehlt würde, bliebe seiner Kirchengeschichte die ihr gebührende Aufmerksamkeit versagt. Das vorliegende Handbuch wurde darum

---

[1] So die freundliche Mitteilung von Generaldirektor i.R. Dr. Fridolin Dreßler vom 19. Dezember 1995.

nicht zuletzt mit dem Blick auf den Unterricht in bayerischer Kirchengeschichte in den Schulen konzipiert.

Darüber hinaus ließen sich Autoren und Herausgeber von der Überzeugung leiten, daß in einer Epoche kultureller und sozialer Umbrüche, in der entscheidende Schritte in eine mehr oder weniger ungewisse Zukunft zu wagen sind, die feste Verwurzelung in einer großen religiös-kulturellen Überlieferung, wie in besonderem Maße Bayern sie sein eigen nennt, Voraussetzung für die Meisterung der Probleme von morgen ist. Dies gilt für die Kirche, nicht weniger für die Gesellschaft insgesamt.

Da nun stellt sich nicht nur die Frage, was denn unter einer bayerischen Kirchengeschichte, einer kirchlichen Landesgeschichte Bayerns, zu verstehen sei. Darüber ist das Wesentliche im Vorwort zum 3. Band gesagt, der als erster erschienen ist: Es wird unter bayerischer Kirchengeschichte eine Geschichte der katholischen Kirche im Raum des heutigen Bayern verstanden.

Nun wird in zunehmendem Maße aber nicht mehr von Kirchengeschichte, sondern von Christentumsgeschichte, wenn nicht gar von Religionsgeschichte gesprochen: Ist, so fragt man, angesichts der konfessionellen Vielfalt, ist angesichts einer zunehmend multireligiösen Gesellschaft nicht eine derartige Konzeption die eigentlich adäquate?

Demgegenüber halten wir daran fest, daß es das Christentum als Abstractum nie gegeben hat und nie geben wird. Ein Abstractum hat auch keine Geschichte. Nur eine Person oder eine Gemeinschaft von Personen kann Subjekt einer Geschichte sein, kann Geschichte haben, kann Geschichte machen. Infolgedessen kann es allenfalls eine Christengeschichte, und natürlich, eine Kirchengeschichte geben.

Ein von der Kirche losgelöstes Evangelium Jesu Christi ist eine historische und auch eine theologische Absurdität. Es gibt ohne Evangelium keine Kirche und ohne Kirche kein Evangelium bzw. Christentum. Kirche wiederum ist nicht eine zufällig zustandegekommene Pluralität von Individuen mehr oder weniger gleicher religiöser Überzeugung und Lebensart, sondern eine von Anfang an durch den Willen Jesu Christi gestiftete und strukturierte Gemeinschaft, welche eine Corporate Identity besonderer Art besitzt, die sie zum Subjekt einer eigenen Geschichte macht.

Eben diese Geschichte, insoweit sie sich im Raum des heutigen Bayern ereignet hat, ist Gegenstand dieses Handbuchs.

Daß diese Geschichte nicht von außen, sondern nur von innen her adäquat dargestellt und verstanden werden kann, versteht sich von selbst. Es ist ein Erfordernis der historischen Methode, daß bei dem Versuch, die Geschichte, sei es einer Person, sei es einer Gemeinschaft, zu verstehen, von deren Selbstverständnis auszugehen ist, wenn ein Mißverständnis ausgeschlossen werden soll. Herausgeber und Autoren haben sich die Freiheit genommen, so zu verfahren.

Mit dem Erscheinen des vorliegenden Mittelalter-Bandes ist das Handbuch der bayerischen Kirchengeschichte vollständig. Der Umstand, daß dieser erste Band als letzter fertiggestellt wurde, ist auf verschiedene äußere Ursachen zurückzuführen. Im einen oder anderen Fall sahen sich Bearbeiter außerstande, ihre Zusagen einzuhalten, weshalb neue Autoren gefunden werden mußten, im anderen Fall erwies sich das

Fehlen einschlägiger Vorarbeiten als ein Hindernis für ein zügiges Fortschreiten der Arbeiten. Zuletzt mußten auf Grund besonderer Umstände, für die weder Verlag noch Herausgeber verantwortlich sind, auf den Beitrag über Kirche und Bildung im Spätmittelalter ganz verzichtet werden, um das Erscheinen des Bandes nicht noch weiter zu verzögern. Diese Entscheidung erscheint indes verantwortbar. Einerseits bieten die Kapitel über die Theologiegeschichte (Schneider) und über die Katechese (Paul) eine Fülle einschlägiger Informationen, andererseits stehen die Handbücher von M. Liedtke und jenes von M. Spindler – A. Kraus mit seinen bildungsgeschichtlichen Kapiteln zur Verfügung. Gleichwohl bleibt in unserem Band eine bedauerliche Lücke, die indes im Interesse des Ganzen in Kauf genommen werden mußte. Dies gilt auch für das Kapitel Liturgie, für das nach dem Tode von Klaus Gamber kein Bearbeiter mehr zu finden war. Grund dafür ist, daß an keinem bayerischen Lehrstuhl für Liturgiewissenschaft auch nur annähernd das Mittelalter betreffende Forschungen betrieben werden. Es bleibt die Hoffnung, daß diese Desiderate in der Zukunft Erfüllung finden mögen.

Was den Umfang des geographischen Raumes anlangt, der durch die Darstellung erfaßt wird, ist es notwendig gewesen, den Umfang des alten Stammesherzogtums Bayern zugrundezulegen, und erst mit dem Wandel der Herrschaftsverhältnisse in den Jahren 1156 bzw. 1180 engere Grenzen zu ziehen, womit von dem Spindlerschen Vorbild abzuweichen war.

Schließlich obliegt mir die tief empfundene und angenehme Pflicht, vielfältigen Dank abzustatten. Dieser gilt zunächst den Autoren, dem EOS-Verlag und der Bayerischen Landesstiftung für ihr Mitwirken zum Zustandekommen des Werkes.

Besonders hervorgehoben sei das Redaktionsteam, dem namentlich nach meiner Übersiedelung nach Rom entscheidender Anteil am Gelingen des Handbuchs zugefallen ist. Dr. Günther Hägele, Dr. Ansgar Frenken, Frau Margarete Schöllhorn, Frau Hedy Wellano und Frau Bibliotheksamtmann i.R. Renate Wenck gehörten dazu, die beiden letzten haben das Register erstellt. Für ihre kundige, erfahrene und stets harmonische Zusammenarbeit schulde ich großen Dank und Anerkennung, die ich an dieser Stelle von Herzen ausspreche.

Besonderer Dank sei Andreas Kraus gesagt, der mir nicht nur von Anfang an mit seinem stets geschätzten Rat geholfen, sondern zuletzt auch noch manche Mühe für die Vorbereitung der Präsentation dieses Bandes auf sich genommen hat.

Von den Mitarbeitern an diesem Band haben Eugen Paul und Hans Schmid das Erscheinen ihres Beitrags nicht mehr erlebt. Ihnen sei ein dankbares Requiescant in pace in die Ewigkeit nachgerufen.

Zum Schluß sei der Wunsch ausgesprochen, das nun vollendete Werk möge dazu beitragen, daß die in mehr als einem halb Jahrtausenden gewachsene von der Kirche Jesu Christi inspirierte Kultur unseres Landes ungeachtet aller Widerstände ihre gestaltende Kraft auch im Bayern der Zukunft entfalte.

Città del Vaticano
Herbst 1998

Walter Brandmüller

# ABKÜRZUNGEN

| | |
|---|---|
| ABAW.PH | Abhandlungen der Bayerischen Akademie der Wissenschaften. Philosophisch-historische Abteilung |
| ABLD | Arbeitsheft des Bayerischen Landesamts für Denkmalpflege |
| Acta SS | Acta Sanctorum, ed. S. BOLLAND et al. |
| Acta SSBen | Acta Sanctorum ordinis s. Benedicti, ed. J. MABILLON – L. D'ACHERY |
| AfD | Archiv für Diplomatik |
| AFH | Archivum Franciscanum Historicum |
| AFP | Archivum Fratrum Praedicatorum |
| AGBA | Archiv für die Geschichte des Bisthums Augsburg |
| AGHA | Archiv für die Geschichte des Hochstifts Augsburg |
| AHC | Annuarium Historiae Conciliorum |
| AKuG | Archiv für Kulturgeschichte |
| Anal Boll | Analecta Bollandiana |
| AO | Archiv des Historischen Vereins von Oberfranken |
| AÖG | Archiv für Kunde Österreichischer Geschichtsquellen |
| APraem | Analecta Praemonstratensia |
| AQDGMA | Ausgewählte Quellen zur deutschen Geschichte des Mittelalters |
| ASAB | Ausstellungskataloge der Staatlichen Archive Bayerns |
| AschJ | Aschaffenburger Jahrbuch für Geschichte, Landeskunde und Kunst des Untermaingebiets |
| ASL | Augsburger Stadtlexikon, hg. v. W. BAER u.a., 1985 |
| AU | Archiv des Historischen Vereins von Unterfranken und Aschaffenburg |
| BAW.VMK | Bayerische Akademie der Wissenschaften. Veröffentlichungen der musikhistorischen Kommission |
| BB | Bayerische Bibliothek, hg. v. H. PÖRNBACHER, Bd. 1ff, 1978ff |
| BBKG | Beiträge zur Bayerischen Kirchengeschichte |
| BBLD | Bericht des Bayerischen Landesamts für Denkmalpflege |
| BDLG | Blätter für deutsche Landesgeschichte |
| BFB | Bibliotheksforum Bayern |
| BFrA | Bavaria Franciscana Antiqua |
| BGBR | Beiträge zur Geschichte des Bistums Regensburg |
| BGDS | Beiträge zur Geschichte der deutschen Sprache und Literatur |
| BGMB | Beiträge zur Geschichte des alten Mönchstums und des Benediktinerordens |
| BGPhMA | Beiträge zur Geschichte der Philosophie und Theologie des Mittelalters |
| BHL | Bibliotheca Hagiographica latina antiquae et mediae aetatis I–II, 1898–1901, Novum Suppl. 1986 |
| BHS.O | Berliner historische Studien. Ordensstudien |
| BHVB | Bericht des historischen Vereins für die Pflege der Geschichte des ehemaligen Fürstbistums Bamberg |
| BJVK | Bayerisches Jahrbuch für Volkskunde |
| BKV[2] | Bibliothek der Kirchenväter, hg. v. O. BARDENHEWER u.a., 1911–1938 |
| BM[2] | Regesta imperii I, bearb. v. J. F. BÖHMER – E. MÜHLBAUER, [2]1908/erg. ND 1966 |
| Cass | Cassiciacum |
| CC CM | Corpus Christianorum. Continuatio Mediaevalis |
| CC SL | Corpus Christianorum. Series latina |
| CCM | Corpus Consuetudinum Monasticarum |
| CGerm | Concilia Germaniae, ed. J. HARTZHEIM |

| | |
|---|---|
| CistC | Cistercienser-Chronik |
| CSEL | Corpus scriptorum ecclesiasticorum latinorum |
| COD | Conciliorum Oecumenicorum Decreta, ed. G. ALBERIGO et alii |
| CSM | Corpus scriptorum de musica |
| DA | Deutsches Archiv für Erforschung des Mittelalters |
| DHGE | Dictionnaire d'histoire et de geographie ecclésiastique |
| DIP | Dizionario degli Istituti di Perfezione |
| DLL | Deutsches Literatur-Lexikon. Biographisch-Bibliographisches Handbuch, hg. v. B. BERGER – H. RUPP, Bd. 1ff, ³1968ff |
| DÖAW.PH | Denkschriften der Österreichischen Akademie der Wissenschaften Wien, phil.-hist. Klasse |
| DS | Enchiridion Symbolorum, Definitionum et Declarationum de rebus fidei et morum, ed. H. DENZINGER – A. SCHÖNMETZER |
| DSp | Dictionnaire de la Spiritualité |
| EDG | Enzyklopädie Deutscher Geschichte |
| EHS | Europäische Hochschulschriften |
| FDA | Freiburger Diözesanarchiv |
| FGSMÖ | Forschungen zur Geschichte der Städte und Märkte Oberösterreichs |
| FLB | Fränkische Lebensbilder (= VGFG VII A 1ff) 1967ff |
| FMSt | Frühmittelalterliche Studien |
| FRA | Fontes rerum Austriacum |
| FS | Franziskanische Studien |
| FVK | Forschungen zur Volkskunde |
| GermBen | Germania Benedictina |
| GermPont | Germania Pontificia |
| GermSac | Germania Sacra |
| HAB. | Historischer Atlas von Bayern |
| A. | Altbayern |
| F. | Franken |
| S. | Schwaben |
| HBG | Handbuch der Bayerischen Geschichte, hg. v. M. SPINDLER |
| HBKG | Handbuch der Bayerischen Kirchengeschichte, hg. v. W. BRANDMÜLLER |
| HDG | Handbuch der Dogmengeschichte, hg. v. M. SCHMAUS – A. GRILLMEIER |
| HJ | Historisches Jahrbuch der Görres-Gesellschaft |
| HKG | Handbuch der Kirchengeschichte, hg. v. H. JEDIN |
| HONB.S | Historisches Ortsnamenbuch von Bayern. Schwaben |
| HPBl | Historisch-Politische Blätter |
| HRG | Handwörterbuch der deutschen Rechtsgeschichte |
| HWP | Historisches Wörterbuch der Philosophie, hg. v. J. RITTER u.a. |
| HZ | Historische Zeitschrift |
| IBB | Inkunabelkataloge Bayerischer Bibliotheken |
| JBDP | Jahrbuch der Bayerischen Denkmalpflege |
| JDG | Jahrbücher der Deutschen Geschichte |
| JE | Regesta Pontificum Romanorum I-II, bearb. v. P. JAFFE – P. EWALD, ²1885–1888 |
| JFLF | Jahrbuch für Fränkische Landesforschung |
| JHVD | Jahrbuch des Historischen Vereins Dillingen |
| JHVSt | Jahrbuch des Historischen Vereins für die Steiermark |
| JHVNÖ | Jahrbuch des Historischen Vereins für Niederösterreich |
| JLNÖ | Jahrbuch für Landeskunde von Niederösterreich |
| JVABG | Jahrbuch des Vereins für Augsburger Bistumsgeschichte |
| JVK | Jahrbuch für Volkskunde |

| | |
|---|---|
| KatBl | Katechetische Blätter |
| Kath | Der Katholik |
| KDB | Die Kunstdenkmäler von Bayern |
| KHA | Kölner historische Abhandlungen |
| LdMa | Lexikon des Mittelalters |
| LDS | Lebensbilder Deutscher Stiftungen, Bd. 1–6 |
| Lit.Lex | Literaturlexikon. Autoren und Werke deutscher Sprache, hg. v. W. KILLY |
| LThK | Lexikon für Theologie und Kirche |
| MBKDS | Mittelalterliche Bibliothekskataloge Deutschlands und der Schweiz |
| MBMRF | Münchner Beiträge zur Mediaevistik und Renaissance-Forschung |
| MBR | Magnum Bullarium Romanum |
| MBVFG | Münchener Beiträge zur Vor- und Frühgeschichte |
| MGDES | Mitteilungen der Gesellschaft für Deutsche Schulgeschichte |
| MGH | Monumenta Germaniae Historica |
| .AA | Auctores Antiquissimi |
| .Cap | Capitularia |
| .Conc | Concilia |
| .Const | Constitutiones |
| .D | Diplomata |
| .Dt.MA | Deutsches Mittelalter. Kritische Studientexte |
| .Epp | Epistolae |
| .Ldl | Libelli de lite |
| .LC | Libri confraternitatum Sancti Galli, Augiensis, Fabariensis |
| .LL | Leges (in folio) |
| .LMN | Libri memoriales et Necrologia |
| .Necr | Necrologia |
| .PL | Poetae Latini |
| .PP | Poetae |
| .SS | Scriptores (in folio) |
| MGMA | Monographien zur Geschichte des Mittelalters |
| MGSLK | Mitteilungen der Gesellschaft für Salzburger Landeskunde |
| Migne | Patrologia cursus completus, ed. J. P. MIGNE |
| .PG | Series graeca |
| .PL | Series latina |
| MIÖG | Mitteilungen des Instituts für Österreichische Geschichtsforschung |
| MJGK | Mainfränkisches Jahrbuch für Geschichte und Kunst |
| MlJb | Mittellateinisches Jahrbuch |
| MMS | Münstersche Mittelalter-Schriften |
| MonBoica | Monumenta Boica |
| MThSt | Münchener Theologische Studien |
| I/II/III | I. Historische Abt. / II. Systematische Abt. / III. Kanonistische Abt. |
| MTU | Münchener Texte und Untersuchungen |
| MVGN | Mitteilungen des Vereins für Geschichte der Stadt Nürnberg |
| MW | Monumentia Wittelsbacensia |
| NA | Neues Archiv der Gesellschaft für ältere deutsche Geschichtskunde |
| NDB | Neue Deutsche Biographie |
| NVöIOHF | Neue Veröffentlichungen des Instituts für ostbayerische Heimatforschung |
| OA | Oberbayerisches Archiv |
| OG | Ostbairische Grenzmarken |
| PE | Pastoralblatt des Bistums Eichstätt |
| PhJ | Philosophisches Jahrbuch |

| | |
|---|---|
| QFBKG | Quellen und Forschungen zur Bayerischen Kirchengeschichte |
| QFGBW | Quellen und Forschungen zur Geschichte des Bistums und Hochstiftes Würzburg |
| QFGG | Quellen und Forschungen aus dem Gebiet der Geschichte |
| QGDOD | Quellen und Forschungen zur Geschichte des Dominikanerordens in Deutschland |
| QSGDO | Quellen und Studien zur Geschichte des Deutschen Ordens |
| QuE | Quellen und Erörterungen zur bayerischen und deutschen Geschichte |
| RAC | Reallexikon für Antike und Christentum |
| Ratisbona Sacra | Ratisbona Sacra. Das Bistum Regensburg im Mittelalter, Red. P. MORSBACH (= Kataloge und Schriften der Kunstsammlungen des Bistums Regensburg – Diözesanmuseum 6) 1989 |
| RBMA | Repertorium biblicum medii aevi I–XI, ed. F. STEGMÜLLER, 1940–1980 |
| RDK | Reallexikon für Deutsche Kunstgeschichte |
| RechAug | Recherches Augustiniennes |
| RepFont | Repertorium fontium historiae medii aevi |
| RGST | Reformationsgeschichtliche Studien und Texte |
| RHE | Revue d'histoire ecclésiastique |
| RI | Regesta Imperii |
| RJbKG | Rottenburger Jahrbuch für Kirchengeschichte |
| RQ | Römische Quartalschrift für christliche Altertumskunde und Kirchengeschichte |
| RS | Repertorium commentariorum in sententias Petri Lombardi I–II, ed. F. STEGMÜLLER, 1947 |
| RThAM | Recherches de Théologie ancienne et médiévale |
| SAWW.PH | Sitzungsberichte der Akademie der Wissenschaften in Wien, phil.-hist. Klasse |
| SBAW.PH | Sitzungsberichte der Bayerischen Akademie der Wissenschaften München, phil.-hist. Klasse |
| SBLG | Schriftenreihe zur Bayerischen Landesgeschichte |
| SBVSG | Studien zur Bayerischen Verfassungs- und Sozialgeschichte |
| SC | Sources Chretiennes |
| Schol | Scholastik |
| SHVF | Sammelblatt des Historischen Vereins Freising |
| SHVE | Sammelblatt des Historischen Vereins Eichstätt |
| SIFLF | Schriften des Instituts für Fränkische Landesforschung an der Universität Erlangen-Nürnberg Bd. 1ff (ab Bd. 15 u.d.T.: Zentralinstitut für Fränkische Landeskunde und Allgemeine Regionalforschung an der Universität Erlangen-Nürnberg) |
| SMGB | Studien und Mitteilungen zur Geschichte des Benediktiner-Ordens und seiner Zweige |
| Stifterbuch | Dokumente ältester Münchener Familiengeschichte 1290–1690. Aus dem Stifterbuch der Barfüßer und Klarissen in München 1424. Hg. im Auftrag der Bayerischen Franziskanerprovinz, 1954 |
| StML | Stimmen aus Maria Laach |
| StMon | Studia Monastica |
| ThPh | Theologie und Philosophie |
| TRE | Theologische Real-Enzyklopädie |
| TSHC | Textus et Studia Historica Carmelitana |
| TThZ | Trierer Theologische Zeitschrift |
| TuT | Texte und Textgeschichte |
| VBGK | Veröffentlichungen zur Bayerischen Geschichte und Kultur |
| VGFG | Veröffentlichungen der Gesellschaft für Fränkische Geschichte |
| VHKDO | Veröffentlichungen der internationalen Historischen Kommission zur Erforschung des Deutschen Ordens |
| VHOR | Verhandlungen des Historischen Vereins für Oberpfalz und Regensburg |
| VL | Die deutsche Literatur des Mittelalters. Verfasserlexikon |

| | |
|---|---|
| VoF | Konstanzer Arbeitskreis für mittelalterliche Geschichte. Vorträge und Forschungen |
| VöIOHF | Veröffentlichungen des Instituts für ostbayerische Heimatforschung |
| VöKSM | Veröffentlichungen aus dem Kirchenhistorischen Seminar München |
| VöMPIG | Veröffentlichungen des Max-Planck-Instituts für Geschichte |
| VSWG | Vierteljahrschrift für Sozial- und Wirtschaftsgeschichte |
| WdF | Wege der Forschung |
| WDGB | Würzburger Diözesangeschichtsblätter |
| ZBKG | Zeitschrift für Bayerische Kirchengeschichte |
| ZBLG | Zeitschrift für Bayerische Landesgeschichte |
| ZDA | Zeitschrift für Deutsches Altertum |
| ZGO | Zeitschrift für die Geschichte des Oberrheins |
| ZHF | Zeitschrift für historische Forschung |
| ZHVS | Zeitschrift des Historischen Vereins für Schwaben |
| ZKG | Zeitschrift für Kirchengeschichte |
| ZKTh | Zeitschrift für Katholische Theologie |
| ZKuG | Zeitschrift für Kunstgeschichte |
| ZM | Zeitschrift für Missionswissenschaft |
| ZOF | Zeitschrift für Ostforschung |
| ZPrTh | Zeitschrift für Protestantische Theologie |
| ZSRG.K | Zeitschrift der Savigny-Stiftung für Rechtsgeschichte. Kanonistische Abteilung |
| ZVK | Zeitschrift für Volkskunde |
| ZWLG | Zeitschrift für Württembergische Landesgeschichte |

# VERZEICHNIS DER MEHRFACH ZITIERTEN LITERATUR

Vorbemerkung: Mehrfach zitierte Werke sind durch den Namen des Autors und den Kurztitel wiedergegeben; zeichnen zwei oder mehr Autoren als Verfasser bzw. Herausgeber für ein Werk verantwortlich, werden in der Regel nur ihre Namen angeführt.

ABEL, S. – SIMSON, B., Jahrbücher des fränkischen Reiches unter Karl dem Großen I–II (= JDG 5/1–2) 1866/1888.

Achthundert Jahre Deutscher Orden s. BOTT, G.

Achthundert Jahre Franz von Assisi. Franziskanische Kunst und Kultur des Mittelalters (= Kataloge des Niederösterreichischen Landesmuseums NF 122) 1982.

Acta Sanctorum, ed. S. BOLLAND et alii, t. 1–10, 1643–1770/ ND 1965ff.

ADAMSKI, M., Herrieden. Kloster, Stift und Stadt im Mittelalter (= SIFLF 5) 1954.

ALBERIGO, J. (ed.), Conciliorum Oecumenicorum Decreta, ³1973.

ALBERT, A., Vom Kloster als dominici scola servitutis zur benediktinischen Klosterschule, in: SMGB 107 (1996) 319–338.

ALTHOFF, G., Amicitiae und Pacta (= MGH.Schriften 37) 1992.

DERS. – KELLER, H., Heinrich I. und Otto der Große, I–II (= Persönlichkeit und Geschichte 122–125) 1985.

AMANN, K., Die landesherrliche Residenzstadt im spätmittelalterlichen Deutschland (= Residenzenforschung 3) 1992.

AMANN, M., Das ehemalige Franziskanerkloster in Kelheim und das Terziarenkloster in Trauntal, in: BFrA 2 (1955) 326–371.

ANGERMEIER, H., Ausgleich mit Kurpfalz und Habsburg, in: HBG II, ²1988, 159–177.

Annales Fuldenses s. KURZE, F.

Antapodosis s. BECKER, J. (Hg.), Die Werke Liudprands von Cremona 1–158.

APPEL, B. (Hg.), Hl. Willibald 787–1987. Künder des Glaubens, Pilger, Mönch, Bischof, 1987.

ARNOLD, K., Admont und die monastische Reform des 12. Jahrhunderts, in: ZSRG.K 58 (1972) 350–369.

DERS., Johannes Trithemius (= QFGBW 23) ²1991.

DERS., Kind und Gesellschaft in Mittelalter und Renaissance, 1980.

ARNOLD, U., Entstehung und Frühzeit des Deutschen Ordens, in: J. FLECKENSTEIN (Hg.), Die geistlichen Ritterorden Europas (= VoF 26) 1980, 81–107.

DERS. (Hg.), Stadt und Orden (= QSGDO 44 = VHKDO 4) 1993.

Atlas zur Kirchengeschichte, hg. v. H. JEDIN u.a., 1970/²1987.

AUDISIO, G. , Les »vaudois«. Naissance, vie et mort d'une dissidence, 1989.

AUER, J., Kleine Katholische Dogmatik I-VI, 1970–1988.

AUER, R. – SALB, H., Das Heilig-Geist-Spital Lindau, in: LDS IV (1982) 111–124.

AY, K.L., Altbayern bis 1180 (= Dokumente zur Geschichte von Staat und Gesellschaft in Bayern I/1) 1974.

BACKMUND, N., Die Chorherrenorden und ihre Stifte in Bayern, 1966.

DERS., Die kleineren Orden in Bayern und ihre Klöster bis zur Säkularisation, 1974.

DERS., Die Kollegiat- und Kanonissenstifte in Bayern, 1973.

BADER, K. S., Universitas subditorum parochiae – des pfarrers untertanen. Zu Auffassung und Bezeichnung der spätmittelalterlichen Pfarrgemeinde, in: DERS., Ausgewählte Schriften zur Rechts- und Landesgeschichte II, hg. v. C. SCHOTT, 1984, 240–254.

BAER, W., Der Weg zur königlichen Bürgerstadt (1156–1276), in: Geschichte der Stadt Augsburg von der Römerzeit bis zur Gegenwart, hg. v. G. GOTTLIEB, ²1985, 135–139.

BAIER, J., Der heilige Bruno, Bischof von Würzburg, als Katechet, 1893.

BAUCH, A. (Hg.), Biographien der Gründungszeit (= Quellen zur Geschichte der Diözese Eichstätt I = Eichstätter Studien 8) 1962/²1984.

DERS., Das theologisch-aszetische Schrifttum des Eichstätter Bischofs Philipp von Rathsamhausen (= Eichstätter Studien 6) 1948.

DERS. (Hg.), Ein bayerisches Mirakelbuch aus der Karolingerzeit. Die Monheimer Walpurgis-Wunder des Priesters Wolfhard (= Quellen zur Geschichte der Diözese Eichstätt II = Eichstätter Studien NF 12) 1979.

BAUER, A., Eucharistische Wallfahrten zu »Unserem Herrn«, zum »Hl. Blut« und zum »St. Salvator« im alten Bistum Freising, in: Beiträge zur Altbayerischen Kirchengeschichte 21,3 (1960) 37–39.

BAUER, G. (Hg.), Johannes Geiler von Kaysersberg. Sämtliche Werke I/1 (= Ausgaben deutscher Literatur des 15.-18. Jahrhunderts 129) 1989.

BAUER, I. (Hg.), Frömmigkeit: Formen, Geschichte, Verhalten, Zeugnisse. Lenz Kriss-Rettenbeck zum 70. Geburtstag (= Forschungshefte des Bayerischen Nationalmuseums 13) 1993.

BAUERREISS, R., Kirchengeschichte Bayerns I-VII, 1949–1970 (I² 1958, VII² 1970).

DERS., Pie Jesu. Das Schmerzensmannbild und sein Einfluß auf die mittelalterliche Frömmigkeit, 1931.

DERS., Zur Herkunft des Honorius Augustodunensis, in: SMGB 53 (1935) 28–37.

BAUMANN, K., Aberglaube für Laien. Zur Programmatik und Überlieferung spätmittelalterlicher Superstitionenkritik (= Quellen und Forschungen zur europäischen Ethnologie 6) 1989.

Bavaria Sancta s. SCHWAIGER, G.

BAYER, A., Sankt Gumberts Kloster und Stift in Ansbach (= VGFG IX,6) 1948.

BECKER, J. (Hg.), Die Werke Liudprands von Cremona (= MGH.SS rer. Germ. in usum scholarum 41) 1915/ND 1977.

BEHR, B., Das alemannische Herzogtum bis 750 (= Geist und Werk der Zeiten 41) 1974.

BEINERT, E., Die Kirche – Gottes Heil in der Welt (= BGPhMA NF 13) 1973.

BENDEL, F. J., Die Würzburger Diözesanmatrikel aus der Mitte des 15. Jahrhunderts (= WDGB 2) 1934.

BENKER, S., Der Dom im ersten Jahrtausend, in: J. A. FISCHER (Hg.), Der Freisinger Dom (= SHVF 26) 1967, 24–26.

DERS., Mons doctus. Wissenschaft und Literatur in Freising, in: Freising. 1250 Jahre Geistliche Stadt (= Kataloge des Diözesan-Museums Freising 9) 1989, I 58–65.

BERG, H., Bischöfe und Bischofssitze im Ostalpen- und Donauraum vom 4. bis zum 8. Jahrhundert, in: Die Bayern und ihre Nachbarn, Teil I, hg. v. H. WOLFRAM – A. SCHWARCZ (= DÖAW.PH 179) 1985, 61–110.

DERS., Christentum im bayerischen Raum um 700, in: Der hl. Willibald – Klosterbischof oder Bistumsgründer?, hg. v. H. DICKERHOFF (= Eichstätter Studien NF 30) 1990, 69–113.

BERGDOLT, J., Die freie Reichsstadt Windsheim im Zeitalter der Reformation (= QFBKG 5) 1921.

BERNT, G., Auctores, in: LdMA 1 (1980) 1189f.

BERSCHIN, W., Biographie und Epochenstil im lateinischen Mittelalter, T. 1–3 (= Quellen und Untersuchungen zur lateinischen Philologie des Mittelalters 8–10) 1986–1991.

DERS., Griechisch-lateinisches Mittelalter. Von Hieronymus zu Nikolaus von Kues, 1980.

DERS., Über den Ruhm des heiligen Ulrich, in: Bischof Ulrich von Augsburg, hg. v. M. WEITLAUFF (= JVABG 26/27) 1993, 179–196.

DERS., Uodalscalc-Studien I: Uodalscalcs Vita S. Kuonradi im hagiographischen Hausbuch der Abtei St. Ulrich und Afra, in: Der heilige Konrad, hg. v. H. MAURER (= FDA 95) 1975, 82–106.

DERS., Uodalscalc-Studien II: Historia S. Kuonradi, in: Der heilige Konrad, hg. v. H. MAURER (= FDA 95) 1975, 107–125.

DERS. (Hg.), Vitae Sanctae Wiboradae. Die ältesten Lebensbeschreibungen der heiligen Wiborada (= Mitteilungen zur vaterländischen Geschichte 3) 1983.

DERS. – HÄSE, A. (Hg.), Vita Sancti Uodalrici. Die älteste Lebensbeschreibung des heiligen Ulrich (= Editiones Heidelbergenses 24) 1993.

BEUMANN, H., Die Ottonen, $^3$1994.

BEYSCHLAG, F., Zur kirchlichen Geschichte der Würzburger Diözese im 15. Jahrhundert, in: BBKG 15 (1909) 81–97; 18 (1912) 282–287.

Bibliotheca Hagiographica latina antiquae et mediae aetatis I–II, 1898–1901, Novum Supplementum 1986.

BIERBRAUER, V., Alamannische Besiedlung Augsburgs und seines näheren Umlandes, in: Geschichte der Stadt Augsburg von der Römerzeit bis zur Gegenwart, hg. v. G. GOTTLIEB, $^2$1985, 87–100.

BINTERIM, A. J., Pragmatische Geschichte der deutschen National-, Provinzial- und vorzüglichen Diöcesanconcilien I-VII, 1835–1848.

BISCHOFF, B. (Hg.), Arbeo von Freising: Vita et passio Sancti Haimhrammi Martyris, 1953.

DERS., Die südostdeutschen Schreibschulen und Bibliotheken in der Karolingerzeit. I: Die bayerischen Diözesen. II: Die vorwiegend österreichischen Diözesen, I: 1940/$^3$1974, II: 1980.

DERS., Literarisches und künstlerisches Leben in St. Emmeram während des frühen und hohen Mittelalters, in: SMGB 51 (1933) 102–142 (überarb. ND in: DERS., Mittelalterliche Studien II, 1967, 77–115).

DERS., Mittelalterliche Studien I–III, 1966–1981.

DERS., Paläographie des römischen Altertums und des abendländischen Mittelalters (= Grundlagen der Germanistik 24) $^2$1986.

DERS., Regensburger Beiträge zur mittelalterlichen Dramatik und Ikonographie, in: DERS., Mittelalterliche Studien II, 1967, 156–168.

DERS., Salzburger Formelbücher und Briefe aus Tassilonischer und Karolingischer Zeit (= SBAW.PH 1973,4) 1973.

DERS. – HOFMANN, J., Libri Sancti Kyliani. Die Würzburger Schreibschule und die Dombibliothek im 8. und 9. Jahrhundert (= QFGBW 6) 1952.

BITSCHNAU, M., Burg und Adel in Tirol zwischen 1050 und 1300 (= Mitteilungen der Kommission für Burgenforschung und Mittelalter-Archäologie, Sonderbd. 1 = SAWW.PH 403) 1983.

BITTERAUF, T. (Hg.), Die Traditionen des Hochstifts Freising (= QuE NF 4/5) 1905/09.

BLEIBRUNNER, H., Das ehemalige Franziskanerkloster St. Peter und Paul im heutigen Prantlgarten, in: BFrA 1 (1954) 33–64.

BLICKLE, P., Grundherrschaft und Agrarverfassungsvertrag, in: Die Grundherrschaft im späten Mittelalter, hg. v. H. PATZE (= VoF 27) 1983, 241–262.

DERS., Kempten (= HAB.S. 6) 1968.

BÖHMER, H., Der Dialogus de pontificatu sanctae Romanae Ecclesiae, in: NA 21 (1896) 669–678.

BOOCKMANN, H., Bürgerkirchen im späteren Mittelalter (= Humboldt-Universität zu Berlin. Öffentliche Vorlesungen 30) 1994.

BORCHARDT, K., Antoniter in Deutschland und die römische Kurie 1378–1471, in: P. FRIESS (Hg.), Auf den Spuren des heiligen Antonius. Festschrift für Adalbert Mischlewski zum 75. Geburtstag, 1994, 3–26.

DERS., Die geistlichen Institutionen in der Reichsstadt Rothenburg ob der Tauber und dem zugehörigen Landgebiet von den Anfängen bis zur Reformation (= VGFG IX,37) 1988.

DERS., Spendenaufrufe der Johanniter aus dem 13. Jahrhundert, in: ZBLG 56 (1993) 1–61.

BORCHARDT, K. – KRAMER, T. – HERRMANN, F. X., Die Würzburger Inschriften bis 1525 (= Die Deutschen Inschriften 27) 1988.

BORST, A., Das mittelalterliche Zahlenkampfspiel (= Sitzungsberichte der Heidelberger Akademie der Wissenschaften, phil.-hist. Klasse, Suppl. 5) 1986.

BOSHOF, E., Agilolfingisches Herzogtum und angelsächsische Mission, in: OG 31 (1989) 1–26.

DERS., Bischöfe und Bischofskirchen von Passau und Regensburg, in: Die Salier und das Reich II, hg. v. S. WEINFURTER, ²1992, 113–154.

DERS., Bischof Altmann, St. Nikola und die Kanonikerreform, in: Tradition und Entwicklung. Gedenkschrift für Johann Riederer, hg. v. K.-H. POLLOK, 1981, 317–345.

DERS. (Bearb.), Die Regesten der Bischöfe von Passau I (= Regesten zur Bayerischen Geschichte 1) 1992.

DERS., Die Reorganisation des Bistums Passau nach den Ungarnstürmen, in: DERS. – H. WOLFF (Hg.), Das Christentum im bairischen Raum. Von den Anfängen bis ins 11. Jahrhundert (= Passauer Historische Forschungen 8) 1994, 461–483.

DERS., Die Salier, ²1992.

DERS., Königtum und Königsherrschaft im 10. und 11. Jahrhundert (= EDG 27) 1993.

DERS., Untersuchungen zur Armenfürsorge im fränkischen Reich des 9. Jahrhunderts, in: AKuG 58 (1976) 265–339.

DERS. – WOLFF, H. (Hg.), Das Christentum im bairischen Raum. Von den Anfängen bis ins 11. Jahrhundert (= Passauer Historische Forschungen 8) 1994.

BOSL, K., Die »Geistliche Hofakademie« Kaiser Ludwigs d.B. im alten Franziskanerkloster zu München, in: Der Mönch im Wappen, 1960, 97–129.

BOTT, G. (Hg.), Achthundert Jahre Deutscher Orden. Ausstellungskatalog. Red. U. ARNOLD, 1990.

BOTTERMANN, M.-R., Die Beteiligung des Kindes an der Liturgie von den Anfängen der Kirche bis heute (= EHS XXIII,175) 1982.

BOUHOT, J.-P., Alcuin et le ›De catechizandis rudibus‹ de saint Augustin, in: RechAug 15 (1980) 176–240.

BOYLE, E., Summae confessorum, in: Les genres littéraires dans les sources théologiques et philosophiques médiévales (= Publ. de l'Institut d'Etudes Médiévales de l'Université Catholique Louvain 2,5) 1982, 227–237.

BRACKMANN, A., Die Kurie und die Salzburger Kirchenprovinz (= Studien und Vorarbeiten zur GermPont 1) 1912.

DERS. (Bearb.), Provincia Maguntinensis 1 (= GermPont II/1) 1923.

DERS. (Bearb.), Provincia Salisburgensis et episcopatus Tridentinus (= GermPont I) 1911.

BRAIDO, P. (Hg.), Esperienze di Pedagogia Cristiana nella Storia I–II (= Enciclopedia delle scienze dell' educazione 1–2) 1981.

BRANDT, H. J., Fürstbischof und Weihbischof im Spätmittelalter, in: Ecclesia militans. Studien zur Konzilien- und Reformationsgeschichte. R. Bäumer zum 70. Geburtstag gewidmet, hg. v. W. BRANDMÜLLER u.a., 1988, II 1–16.

BRAUN, H. A., Das Domkapitel zu Eichstätt. Von der Reformationszeit bis zur Säkularisation (= Beiträge zur Geschichte der Reichskirche in der Neuzeit 13) 1991.

BRAUN, J. W., Irimbert von Admont, in: FMSt 7 (1973) 266–323.

BREATNACH, P. A., The origins of the Irish monastic tradition at Ratisbon (Regensburg), in: Celtica 13 (1980) 58–77.

BREINBAUER, J., Otto von Lonsdorf (= Passauer historische Forschungen 6) 1992.

BROWE, P., Der Beichtunterricht im Mittelalter, in: Theologie und Glaube 26 (1934) 427–442.

DERS., Die eucharistischen Wunder des Mittelalters (= Breslauer Studien zur historischen Theologie NF 4) 1938.

DERS., Die Pflichtkommunion im Mittelalter, 1940.

BRÜGGEMANN, T. – BRUNKEN, O. (Hg.), Handbuch zur Kinder- und Jugendliteratur I, 1987.

BRÜHL, C., Deutschland – Frankreich. Die Geburt zweier Völker, 1990.

BRUGGAIER, L., Die Wahlkapitulationen der Bischöfe und Reichsfürsten von Eichstätt 1259–1790 (= Freiburger Theologische Studien 18) 1915.

BRUGGER, W. u.a., Geschichte von Berchtesgaden I, 1991.

BRUNHÖLZL, F. (Hg.), Arbeo von Freising. Das Leben des heiligen Korbinian, in: H. GLASER – F. BRUNHÖLZL – S. BENKER, Vita Corbiniani (= SHVF 30) 1983, 77–159.

DERS., Geschichte der lateinischen Literatur des Mittelalters I–II, 1975/1992.

BUCHHOLZ-JOHANEK, I., Geistliche Richter und geistliches Gericht im spätmittelalterlichen Bistum Eichstätt (= Eichstätter Studien NF 23) 1987.

BUCHNER, F. X. (Bearb.), Archivinventare der katholischen Pfarreien in der Diözese Eichstätt (= VGFG V,2) 1918.

DERS., Bistum Eichstätt, 1937/1938.

DERS., Die mittelalterliche Pfarrpredigt im Bistum Eichstätt, 1923.

DERS., Kirchliche Zustände in der Diözese Eichstätt am Ausgang des XV. Jahrhunderts, in: PE 49–51 (1902–1904).

DERS., Neue Aktenstücke zur Reformtätigkeit Johanns III. von Eych, in: PE 56–57 (1909–1910); auch in: DERS., Johann III., der Reformator des Bistums (= Forschungen zur Eichstätter Bistumsgeschichte 1) 1911.

BÜCHNER, A., Franziskaner-Minoritenkloster in Würzburg, in: BFrA 2 (1955) 87–136.

BÜHLER, N., Die Schriftsteller und Schreiber des Benediktinerstiftes St. Ulrich und Afra in Augsburg während des Mittelalters, 1916.

BÜHRER-THIERRY, G., Les chorévêques en Bavière. Leurs activités dans la première moitié du X$^{\text{ème}}$ siècle, in: ZBLG 48 (1985) 479–488.

BÜLL, F., Die Klöster in Franken bis zum 9. Jahrhundert, in: SMGB 104 (1993) 9–40.

BÜNZ, E., Der Zehntbesitz des Würzburger Stifts Haug um Hammelburg und die mittelalterliche Besiedlung und Pfarreiorganisation an der Fränkischen Saale, in: JFLF 54 (1994) 175–192.

DERS., »Gottloses Wesen« und »christliche Ordnung«. Streitigkeiten zwischen Pfarrer und Gemeinde 1530 in Gaukönigshofen, in: K. WITTSTADT (Hg.), Kirche und ländliche Gesellschaft in Mainfranken von der Reformation bis zur neuesten Zeit (= Forschungen zur fränkischen Kirchen- und Theologiegeschichte) 1988, 1–41.

BÜTTNER, H., Das Bistum Worms und der Neckarraum im Früh- und Hochmittelalter, in: Archiv für mittelrheinische Kirchengeschichte 10 (1958) 9–38.

DERS., Die Entstehung der Konstanzer Diözesangrenzen, in: Zeitschrift für Schweizerische Kirchengeschichte 48 (1954) 225–274.

DERS., Erzbischof Willigis von Mainz und das Papsttum bei der Bistumserrichtung in Böhmen und Mähren im 10. Jahrhundert, in: Rheinische Vierteljahrsblätter 30 (1965) 1–22.

BULST-THIELE, M. L., Sacrae domus militiae Templi Hierosolymitani Magistri (= Abhandlungen der Akademie der Wissenschaften Göttingen, phil.-hist. Kl. 3,86) 1974.

BUSAEUS, J., Johannes Trithemius: Opera pia et spiritualia, 1604.

BUSLEY, H.-J., Die Geschichte des Freisinger Domkapitels von den Anfängen bis zur Wende des 14./15. Jahrhunderts, Diss. München 1956.

BUSSE, I., Der Siechkobel St. Johannis vor Nürnberg (= Nürnberger Werkstücke zur Stadt- und Landesgeschichte 12) 1974.

BUTZEN, R., Die Merowinger östlich des mittleren Rheins (= Mainfränkische Studien 38) 1987.

BUZAS, L., Deutsche Bibliotheksgeschichte des Mittelalters (= Elemente des Buch- und Bibliothekswesens 1) 1975.

DERS. – DRESSLER, F., Bibliographie zur Geschichte der Bibliotheken in Bayern, 1986.

Cantatorium de Saint-Gall (= Palèographie musicale II,2) 1968.

CASPARI, C. P., Meginhard von Fulda's Schrift ›De fide, vanitate symboli, ipso symbolo et pestibus haeresium‹, in: DERS., Kirchenhistorische Anecdota I, 1883, 251–274.

Caspari s.a. BUSAEUS, J.

CHEVALLEY, D. A., Der Dom zu Augsburg (= KDB NF 1) 1995.

CHRIST, G., Aschaffenburg (= HAB.F. I,12) 1963.

DERS., Bischof und Domkapitel von der Mitte des 15. bis zur Mitte des 16. Jahrhunderts, in: RQ 87 (1992) 193–235.

CHRISTLEIN, R., Ausgrabungen 1980 und die Schwerpunkte archäologischer Forschung in Bayern, in: Das archäologische Jahr in Bayern 1980, 15–37.

DERS., Die rätischen Städte Severins, in: D. Straub (Hg.), Severin zwischen Römerzeit und Völkerwanderung (Ausstellungskatalog), 1982, 212–253.

CLASSEN, P., Gerhoch von Reichersberg, 1960.

DERS., Karl der Große, das Papsttum und Byzanz (erw. ND aus: Karl der Große I, hg. v. H. BEUMANN, ³1967) 1968.

COHEN, J., The Friars and the Jews, 1982.

CONGAR, Y., Die Lehre von der Kirche (= HDG III/3c) 1971.

CONSTABLE, G., Opposition to Pilgrimage in the Middle Ages, in: Studia Gratiana 19 (1976) 125–146.

COUÉ, S., Hagiographie im Kontext (= Arbeiten zur Frühmittelalterforschung 24) 1997.

COURTH, F., Trinität in der Scholastik (= HDG II/1b) 1985.

CSENDES, P., Die Kanzlei Heinrichs VI. (= DÖAW.PH 151) 1981.

DAFELMAIR, E., Die Mirakelbücher, in: W. LIEBHART (Hg.), Inchenhofen. Wallfahrt, Zisterzienser und Markt, 1992, 65–82.

DALHAM, F., Concilia Salisburgensia provincialia et dioecesana, 1788.

DANIEL, N., Handschriften des 10. Jahrhunderts aus der Freisinger Dombibliothek (= MBMRF 11) 1973.

DANNHEIMER, H., Ergebnisse der baugeschichtlichen Untersuchungen, in: H. WEISSHAAR-KIEM (Hg.), St. Benedikt in Sandau bei Landsberg am Lech, 1986, 14–19.

DERS. – DOPSCH, H. (Hg.), Die Bajuwaren. Von Severin bis Tassilo, 1988.

DAXELMÜLLER, C., Volksfrömmigkeit, in: Grundriß der Volkskunde. Einführung in die Forschungsfelder der Europäischen Ethnologie, hg. v. R. BREDNICH, 1988, 329–352.

DECKERT, A., Die Oberdeutsche Provinz der Karmeliten nach den Akten ihrer Kapitel von 1421 bis 1529 (= Archivum Historicum Carmelitanum 1) 1961.

DERS., Niederlassungen der Beschuhten Karmeliten im Bistum Bamberg, in: G. SCHWAIGER – P. MAI (Hg.), Klöster und Orden im Bistum Regensburg (= BGBR 12) 1978, 309–335.

DEMEL, B., Das Priesterseminar des Deutschen Ordens zu Mergentheim (= QSGDO 12) 1972.

DERS., Der Deutsche Orden in der protestantischen Reichsstadt, in: U. ARNOLD (Hg.), Stadt und Orden (= QSGDO 44 = VHKDO 4) 1993, 216–292.

DERS., Der Deutsche Orden und seine Besitzungen im südwestdeutschen Sprachraum vom 13. bis 19. Jahrhundert, in: ZWLG 31 (1973) 16–73.

DERS., Der Deutsche Orden zwischen Bauernkrieg (1525) und Napoleon (1809), in: U. ARNOLD (Hg.), Von Akkon bis Wien. Festschrift zum 90. Geburtstag von Althochmeister P. Dr. Marian Tumler O.T. (= QSGDO 20) 1978, 177–207.

DEMMEL, I., Die Heiliggeiststiftung in Passau, in: LDS III (1974) 87–96.

DENZEL, M. A., Kurialer Zahlungsverkehr im 13. und 14. Jahrhundert. Servitien- und Annatenzahlungen aus dem Bistum Bamberg (= Beiträge zur Wirtschafts- und Sozialgeschichte 42) 1991.

DENZINGER, H. – SCHÖNMETZLER, A., Enchiridion symbolorum definitionem et declarationum de rebus fidei et morum, $^{34}$1967.

Die Chroniken der deutschen Städte, Bd. 5 (= Die Chroniken der schwäbischen Städte. Augsburg, Bd. 2) 1866/ND 1965.

DIENST, H., Regionalgeschichte und Gesellschaft im Hochmittelalter am Beispiel Österreichs (= MIÖG Erg.bd. 27) 1990.

DIEPOLDER, G., Freising – Aus der Frühzeit von Bischofsstadt und Bischofsherrschaft, in: H. GLASER, Hochstift Freising (= SHVF 32) 1990, 417–468.

DINZELBACHER, P., Mittelalterliche Volkskultur, in: Jahrbuch der Oswald von Wolkenstein-Gesellschaft 3 (1984/85) 313–333.

DERS., Zur Erforschung der Geschichte der Volksreligion. Einführung und Bibliographien, in: Volksreligion im hohen und späten Mittelalter, hg. v. DEMS. – D. R. BAUER (= QFGG NF 13) 1990, 9–28.

DERS. – BAUER, D. R. (Hg.), Volksreligion im hohen und späten Mittelalter (= QFGG NF 13) 1990.

DIPPOLD, G., Staffelstein zur Zeit von Adam Ries, in: Adam Riess vom Staffelstein (= Staffelsteiner Schriften 1) 1992, 39–86.

DIRLMEIER, C. – SPRIGADE, K., Quellen zur Geschichte der Alamannen IV: Vom Geographen von Ravenna bis Hermann von Reichenau (= Heidelberger Akademie der Wissenschaften. Kommission für Altertumskunde, Schriften 6) 1980.

DOEBERL, M., Entwicklungsgeschichte Bayerns I, $^2$1908/$^3$1916.

DÖLLINGER, I. v., Beiträge zur Sektengeschichte des Mittelalters I–II, 1890 (ND 1960/1968).

DÖRING, A., St. Salvator in Bettbrunn, in: BGBR 13 (1979) 35–234.

Dokumente ältester Münchner Familiengeschichte 1290–1690. Aus dem Stifterbuch der Barfüßer und Klarissen in München 1424, hg. im Auftrag der bayrischen Franziskanerprovinz, 1954.

DOLLINGER, P., Der Bayerische Bauernstand vom 9. – 13. Jahrhundert, hg. v. F. IRSIGLER, 1982.

DOPSCH, H., Der bayerische Adel und die Besetzung des Erzbistums Salzburg im 10. und 11. Jahrhundert, in: MGSLK 110/111 (1970/71) 125–151.

DERS., Die Anfänge der Kärntner Klöster. Gründungsversuche und Klostergründungen vom 8. bis zum 11. Jahrhundert, in: Studien zur Geschichte von Millstatt und Kärnten. Vorträge der Millstätter Symposien 1981–1995, hg. v. F. NIKOLASCH (= Archiv für vaterländische Geschichte und Topographie 78) 1997, 89–122.

DERS., Die Frühzeit Salzburgs, in: Österreich im Hochmittelalter, Red. A. M. DRABEK (= Österreichische Akademie der Wissenschaften. Veröffentlichungen der Kommission für die Geschichte Österreichs 17) 1991, 155–193.

DERS. (Hg.), Geschichte Salzburgs I–II, I: 1981–1984 (I/1 $^2$1983), II 1988–1991.

DERS., Klöster und Stifte, in: DERS. (Hg.), Geschichte Salzburgs I/2, 1983, 1002–1053.

DERS., Passau als Zentrum der Slawenmission, in: Südostdeutsches Archiv 28/29 (1985/86) 5–28.

DERS., Salzburg und der Südosten, in: Südostdeutsches Archiv 21 (1978) 5–35.

DERS. (Hg.), Virgil von Salzburg. Missionar und Gelehrter, 1985.

DERS., Zum Anteil der Romanen und ihrer Kultur an der Stammesbildung der Bajuwaren, in: Die Bajuwaren. Von Severin bis Tassilo, hg. v. H. DANNHEIMER – H. DOPSCH, 1988, 47–54.

DORMANN, H., Die Stellung des Bistums Freising im Kampf zwischen Ludwig dem Bayern und der römischen Kurie, 1907.

DRESSLER, F., Handschriften in fränkischen Bibliotheken, in: JFLF 43 (1983) 5–9.

DERS., Monastische Consuetudines als Quellen der Bibliotheksgeschichte, in: Scire litteras (= SBAW.PH NF 99) 1988, 127–136.

DÜMMLER, E., Geschichte des Ostfränkischen Reichs (= JDG 7/1–2) 1862/1888.

DERS., Über Leben und Schriften des Mönches Theoderich (von Amorbach) (= Abhandlungen der Königlich Preußischen Akademie der Wissenschaften zu Berlin 1894) 1894, 1–38.

EBERT, F., Die Klarissen in Hof, in: BFrA 1 (1954) 610–612.

EBNER, R., Das Bruderschaftswesen im alten Bistum Würzburg, 1978.

EBNETH, B., Stipendienstiftungen in Nürnberg (= Nürnberger Werkstücke zur Stadt- und Landesgeschichte 52) 1994.

EDER, C. E., Die Schule des Klosters Tegernsee im frühen Mittelalter im Spiegel der Tegernseer Handschriften (= SMGB 83,1–2) 1972.

EGGERS, H., Williram von Ebersberg, in: VL[1] 4 (1953) 985–996.

EGGERSDORFER, F. X., Fragmente aus der katechetischen Vergangenheit, in: KatBl 36 (1910) 19–22, 68–71, 97–100, 201–205.

EHLERS, J., Deutsche Scholaren in Frankreich während des 12. Jahrhunderts, in: Schulen und Studium im sozialen Wandel des hohen und späten Mittelalters, hg. v. J. FRIED (= VoF 30) 1986, 97–120.

ELM, K. (Hg.), Reformbemühungen und Observanzbestrebungen im spätmittelalterlichen Ordenswesen (= BHS 14.O VI) 1989.

EMMERICH, F., Der heilige Kilian, 1896.

ENDRES, J. A., Boto von Prüfening, in: NA 30 (1905) 603–646.

DERS., Das St. Jakobsportal von Regensburg und Honorius Augustodunensis, 1903.

DERS., Forschungen zur Geschichte der frühmittelalterlichen Philosophie (= BGPhMA 17,2–3) 1915.

DERS., Honorius Augustodunensis, 1906.

ENDRES, R., Armenstiftungen und Armenschulen in Nürnberg in der Frühneuzeit, in: JFLF 53 (1992) 55–64.

DERS., Bettler und fahrende Schüler, in: Anzeiger des Germanischen Nationalmuseums 1993, 225–230.

DERS., Das Schulwesen in Franken im ausgehenden Mittelalter, in: Studien zum städtischen Bildungswesen des späten Mittelalters und der frühen Neuzeit, hg. v. B. MOELLER (= Abhandlungen der Akademie der Wissenschaften Göttingen, phil.-hist. Klasse 3, 137) 1983, 173–214.

DERS., Das Schulwesen von ca. 1200 bis zur Reformation, in: Handbuch der Geschichte des Bayerischen Bildungswesens I, hg. v. M. LIEDTKE, 1991, 141–188.

DERS., Wandel der städtischen Armenfürsorge im Übergang vom Mittelalter zur frühen Neuzeit, in: N. HAMMERSTEIN (Hg.), Handbuch der deutschen Bildungsgeschichte II.

DERS., Zur Einwohnerzahl und Bevölkerungsstruktur Nürnbergs im 15./16. Jahrhundert, in: MVGN 57 (1970) 242–271.

ENGEL, W., Passio dominorum. Ein Ausschnitt aus dem Kampf um die Landeskirchenherrschaft und Türkensteuer im spätmittelalterlichen Franken, in: ZBLG 16 (1951/52) 265–316.

ENGELS, O., Der Reichsbischof, in: P. BERGLAR – O. ENGELS (Hg.), Der Bischof in seiner Zeit. Festgabe für Joseph Kardinal Höffner, 1986, 41–94.

DERS., Die Staufer, [6]1994.

ERBERTSEDER, H., Archäologische Zeugnisse des Christentums der Raetia II (= Studien zur Theologie und Geschichte 8) 1992.

ERICHSEN, J. (Hg.), Kilian, Mönch aus Irland – aller Franken Patron. Aufsätze (= VBGK 19) 1989.

ERKENS, F.-R., Das Niederkirchenwesen im Bistum Passau, in: MIÖG 102 (1994) 57–101.

DERS., Die ältesten Passauer Bischofsurkunden, in: ZBLG 46 (1983) 469–514.

DERS., Fürstliche Opposition in ottonisch-salischer Zeit. Überlegungen zum Problem der Krise des frühmittelalterlichen deutschen Reiches, in: AKuG 64 (1982) 307–370.

DERS., In tota cunctis gratissimus aula? Egbert von Trier als Reichsbischof, in: F. J. RONIG (Hg.), Egbert. Erzbischof von Trier 977–993 (= Trierer Zeitschrift. Beih. 18) 1993, 37–52.

DERS., Ludwigs des Frommen Urkunde vom 28. Juni 823 für Passau (BM² 778), in: DA 42 (1986) 86–117.

DERS., ›... more Grecorum conregnantem instituere vultis?‹ Zur Legitimation der Regentschaft Heinrichs des Zänkers im Thronstreit von 984, in: FMSt 27 (1993) 273–289.

DERS., Pilgrim, Bischof von Passau (971–991), in: OG 34 (1992) 25–37.

ETCHEGARAY CRUZ, A., Storia delle catechesi, ²1983.

EUBEL, K., Geschichte der oberdeutschen (Straßburger) Minoritenprovinz, 1886.

EWIG, E., Spätantikes Gallien II, hg. v. H. ATSMA (= Francia Beih. 3) 1976.

FALK, F., Die Bibel am Ausgang des Mittelalters, ihre Kenntnis und ihre Verbreitung (= Görres-Gesellschaft. Vereinsschrift 1905,2) 1905.

DERS., Drei Beichtbüchlein nach den zehn Geboten aus der Frühzeit der Buchdruckkunst (= RGST 2) 1907.

FATH, H., Das archidiakonale Gericht des Propstes von St. Peter und Alexander zu Aschaffenburg, in: AschJ 5 (1971) 51–249.

FEINE, H. E., Kirchliche Rechtsgeschichte. Die katholische Kirche, ⁵1972.

FELDMANN, K., Herzog Welf VI. und sein Sohn, 1971.

FELLERER, K. G. (Hg.), Geschichte der katholischen Kirchenmusik I–II, 1972–1976.

FICHTENAU, H., Das Urkundenwesen in Österreich vom 8. bis zum frühen 13. Jahrhundert (= MIÖG Erg.bd. 23) 1971.

DERS., Wolfger von Prüfening, in: MIÖG 51 (1937) 313–357.

FICKERMANN, N., Eine bisher verkannte Schrift Meginhards von Bamberg, in: NA 49 (1932) 452–455.

FINCK V. FINCKENSTEIN, A., Bischof und Reich (= Studien zur Mediävistik 1) 1989.

DERS., Ulrich von Augsburg und die ottonische Kirchenpolitik in der Alemannia, in: I. EBERL – W. HARTUNG – J. JAHN (Hg.), Früh- und hochmittelalterlicher Adel in Schwaben und Bayern (= Regio 1) 1988, 261–269.

FINK-LANG, M., Untersuchungen zum Eichstätter Geistesleben im Zeitalter des Humanismus (= Eichstätter Beiträge 14) 1985.

FINKE, H., Ungedruckte Dominikanerbriefe des 13. Jahrhunderts, 1891.

FISCHER, J. A., Die Freisinger Bischöfe von 906 bis 957 (= Studien zur altbayerischen Kirchengeschichte 6) 1980.

FISCHER, R., Aschaffenburg im Mittelalter (= Veröffentlichungen des Geschichts- und Kunstvereins Aschaffenburg 32) 1989.

DERS., Das Untermaingebiet und Aschaffenburg im frühen und hohen Mittelalter, in: P. KOLB – G. KRENIG (Hg.), Unterfränkische Geschichte I, 1989, 255–293.

DERS., Das Untermaingebiet und der Spessart, in: P. KOLB – G. KRENIG (Hg.), Unterfränkische Geschichte II, 1992, 121–159.

FISCHER, T., Römer und Bajuwaren an der Donau, 1988.

FISCHER-PACHE, W., Wirtschafts- und Besitzgeschichte des ehemaligen Kollegiatstifts St. Peter und Alexander zu Aschaffenburg bis zum Ausgang des 14. Jahrhunderts (= Veröffentlichungen des Geschichts- und Kunstvereins Aschaffenburg 35) 1993.

FLACHENECKER, H., Eine geistliche Stadt. Eichstätt vom 13. bis zum 16. Jahrhundert (= Eichstätter Beiträge 19) 1988.

DERS., Schottenklöster. Irische Benediktinerkonvente im hochmittelalterlichen Deutschland (= QFGG NF 18) 1995.

FLECKENSTEIN, J., Die Hofkapelle der deutschen Könige I–II (= MGH.Schriften 16,1–2) 1959/1966.

DERS. – HELLMANN, H. (Hg.), Die geistlichen Ritterorden Europas (= VoF 26) 1980.

FLEISCHER, B., Das Verhältnis der geistlichen Stifte Oberbayerns zur entstehenden Landeshoheit, Diss. Berlin 1934.

FLOHRSCHÜTZ, G., Der Adel des Ebersberger Raumes im Hochmittelalter (= SBLG 88) 1989.

DERS., Die Freisinger Dienstmannen im 12. Jahrhundert, in: OA 97 (1973) 32–339.

DERS., Machtgrundlagen und Herrschaftspolitik der ersten Pfalzgrafen aus dem Hause Wittelsbach, in: H. GLASER (Hg.), Wittelsbach und Bayern I/1: Die Zeit der frühen Herzöge, 1980, 42–110.

FRANK, I. W., Das lateinische theologische Schrifttum im österreichischen Spätmittelalter, in: Die österreichische Literatur, hg. v. F. P. KNAPP – H. ZEMANN, 1986, 261–293.

DERS., Hausstudium und Universitätsstudium der Wiener Dominikaner bis 1500 (= AÖG 127) 1968.

FRANZ, A., Die kirchlichen Benediktionen im Mittelalter I–II, 1909.

DERS., Die Messe im deutschen Mittelalter, 1902.

FRAUNDORFER, P. J., Ehemalige Dotations- und Eigenkirchen des Hochstifts Würzburg (= Bibliothek für Volks- und Heimatkunde 120) 1925.

FRECH, G., Die deutschen Päpste – Kontinuität und Wandel, in: S. WEINFURTER (Hg.), Die Salier und das Reich II, 1991, 303–332.

FREED, J. B., The Friars and German Society in the Thirteenth Century (= Publications of the Medieval Academy of America 86) 1977.

FREISE, E., Die Äbte und der Konvent von St. Emmeram im Spiegel der Totenbuchführung des 11. und 12. Jahrhunderts, in: E. FREISE – D. GEUENICH – J. WOLLASCH (Hg.), Das Martyrolog-Necrologium von St. Emmeram zu Regenburg (= MGH.Necr. NS 3) 1986, 96–106.

FRENZ, T., Das Schulwesen des Mittelalters bis ca. 1200, in: Handbuch der Geschichte des Bayerischen Bildungswesens I, hg. v. M. LIEDTKE, 1991, 81–135.

FREUDENBERGER, T., Der Würzburger Domprediger Dr. Johann Reyss (= Katholisches Leben und Kämpfen im Zeitalter der Glaubensspaltung 11) 1954.

DERS., Herbipolis sola iudicat ense et stola, in: WDGB 51 (1989) 501–513.

FRIED, J., Die Bamberger Domschule und die Rezeption von Frühscholastik und Rechtswissenschaft in ihrem Umkreis bis zum Ende der Stauferzeit, in: Schulen und Studium im sozialen Wandel des hohen und späten Mittelalters, hg. v. DEMS. (= VoF 30) 1986, 163–201.

FRIED, P., Herrschaftsgeschichte der altbayerischen Landgerichte Dachau und Kranzberg im Hoch- und Spätmittelalter sowie in der frühen Neuzeit (= SBVSG 1) 1962.

DERS. – LENGLE, P. (Hg.), Schwaben von den Anfängen bis 1268 (= Dokumente zur Geschichte von Staat und Gesellschaft in Bayern II/3) 1988.

FRIESS, P. (Hg.), Auf den Spuren des heiligen Antonius. Festschrift für A. Mischlewski zum 75. Geburtstag, 1994.

DERS., Die Reformation und der Niedergang des Antoniterordens in Deutschland, in: DERS. (Hg.), Auf den Spuren des heiligen Antonius. Festschrift für A. Mischlewski zum 75. Geburtstag, 1994, 65–85.

FROTSCHER, G., Geschichte des Orgelspiels und der Orgelkomposition I–II, ²1959.

FUCHS, F., Bildung und Wissenschaft in Regensburg (= Beiträge zur Geschichte und Quellenkunde des Mittelalters 13) 1989.

FÜSSLEIN, W., Berthold VII. Graf von Henneberg (= Mitteldeutsche Forschungen, Sonderreihe 3) 1983 (erw. ND von 1905), 116–125.

DERS., Zwei Jahrzehnte würzburgischer Stifts-, Stadt- und Landesgeschichte (= Neue Beiträge zur Geschichte deutschen Altertums 32) 1926.

FUHRMANN, H., Neues zur Biographie des Ulrich von Zell († 1093), in: Person und Gemeinschaft im Mittelalter, hg. v. G. ALTHOFF – D. GEUENICH – O. G. OEXLE – J. WOLLASCH, 1988, 369–378.

GANZ-BLÄTTLER, U., Andacht und Abenteuer. Berichte europäischer Jerusalem- und Santiago-Pilger (= Jakobus-Studien 4) ²1991.

GANZER, K., Papsttum und Bistumsbesetzungen in der Zeit von Gregor IX. bis Bonifaz VIII. (= Forschungen zur kirchlichen Rechtsgeschichte und zum Kirchenrecht 9) 1968.

GARCÍA Y GARCÍA, A., Constitutiones Concilii quarti Lateranensis una cum commentariis glossatorum (= Monumenta iuris canonici A II) 1981.

GARRIGUES, M.-O., Honorius Augustodunensis et la ›Summa Gloria‹, in: École Nationale des Chartes. Positions de thèses, 1967, 39–46.

DIES., L'oeuvre d'Honorius Augustodunensis, in: Abhandlungen der Braunschweigischen Wissenschaftlichen Gesellschaft 38 (1986) 7–136, 39 (1987) 123–228, 40 (1988) 129–190.

DIES., Qui était Honorius Augustodunensis?, in: Angelicum 50 (1973) 20–50.

GATZ, J., Klarissenkloster am Anger in München, in: BFrA 3 (1957) 195–272.

GEBHARDT, B. – GRUNDMANN, H. (Hg.), Handbuch der Deutschen Geschichte I–IV/2, ⁹1970–1973.

GEFFCKEN, J., Der Bilderkatechismus des 15. Jahrhunderts. Die 10 Gebote, 1855.

GELDNER, F., Das Problem der vierzehn Slavenkirchen Karls des Großen im Lichte der bisher unbeachteten Dorsalvermerke der Urkunden Ludwigs des Deutschen (845) und Arnolfs (889), in: DA 42 (1986) 192–205.

GELMI, J., Die Brixner Bischöfe in der Geschichte Tirols, 1984.

GERBERT, M., Scriptores ecclesiastici de musica sacra potissimum I–III, 1784.

GERLICH, A. – MACHILEK, F., Staat und Gesellschaft. 1. Teil: Bis 1500 (§§ 49–54), in: HBG III/1, ³1997, 538–701.

Gerson s. GLORIEUX, P.

GEUENICH, D. – KELLER, H., Alamannen, Alamannien, alamannisch im frühen Mittelalter, in: Die Bayern und ihre Nachbarn, Teil I, hg. v. H. WOLFRAM – A. SCHWARCZ (= DÖAW.PH 179) 1985, 135–157.

GEYER, B., Patristische und scholastische Philosophie (= Grundriß der Geschichte der Philosophie 2) 1927.

GIRGENSOHN, D., Peter von Pulkau und die Wiedereinführung des Laienkelches (= VöMPIG 12) 1964.

GLASER, H., Bettelorden und Klosterreform, in: HBG II, ²1988, 601–609.

DERS., Die kirchlich-religiöse Entwicklung. Erster Teil: Bis 1500, in: HBG II, ²1988, 666–701.

DERS., Kultformen und Volksfrömmigkeit, in: HBG II, ²1988, 609–616.

DERS., Literarische Kämpfe unter Kaiser Ludwig IV., in: HBG II, ²1988, 732–740.

DERS., Wissenschaft und Bildung. Karolingische Periode, in: HBG I, ²1981, 527–534.

DERS., Wissenschaft und Bildung im Spätmittelalter, in: HBG II, ²1988, 805–860.

DERS. (Hg.), Wittelsbach und Bayern I/1: Die Zeit der frühen Herzöge, 1980.

GLASSBERGER, N., Chronica Fratris Nicolai Glassberger (= Analecta Franciscana 2) 1887.

GLASSCHRÖDER, F. X., Marquart von Randeck, Bischof von Augsburg und Patriarch von Aquileja, in: ZHVS 15 (1888) 1–88; 22 (1895) 101–104.

GLAUCHE, G., Schullektüre im Mittelalter (= MBMRF 5) 1970.

GLORIEUX, P. (Ed.), Jean Gerson. Œuvres complètes, 1962ff.

GÖBL, P., Geschichte der Katechese im Abendland vom Verfalle des Katechumenats bis zum Ende des Mittelalters, 1880.

GOESSMANN, E., Glaube und Gotteserkenntnis im Mittelalter (= HDG I/2b) 1971.

DIES., Metaphysik und Heilsgeschichte, 1964.

GOETZ, H.-W., »Dux« und »Ducatus«. Begriffs- und verfassungsgeschichtliche Untersuchungen zur Entstehung des sogenannten »jüngeren« Stammesherzogtums an der Wende vom neunten zum zehnten Jahrhundert, 1977.

GÖTZ, J. B., Das Pfarrbuch des Stephan May in Hilpoltstein vom Jahre 1511 (= RGST 47/48) 1926.

GOEZ, W., Gestalten des Hochmittelalters. Personengeschichtliche Essays im allgemeinhistorischen Kontext, 1983.

DERS., Papa qui et episcopus. Zum Selbstverständnis des Reformpapsttums im 11. Jahrhundert, in: Archivum Historiae Pontificiae 8 (1970) 27–59.

GONNET, J. – MOLNÁR, A., Les vaudois au moyen âge, 1974.

GOTTLOB, T., Der abendländische Chorepiskopat (= Kanonistische Studien und Texte 1) 1928.

GRETSER, J., Defensae et illustratae sanctorum vitae (= Opera omnia X) 1737.

GREVING, J., Zum vorreformatorischen Beichtunterricht, in: Festgabe Alois Knöpfler zur Vollendung des 60. Lebensjahres, hg. v. A. BIGELMAIR (= VöKSM III,1) 1907, 46–81.

GRÜNDLER, J., Zeittafel zur Geschichte der franziskanischen Orden, in: Achthundert Jahre Franz von Assisi 354–357.

GRUNDMANN, H., Die Frauen und die Literatur im Mittelalter, in: AKuG 26 (1936) 129–161.

DERS., Hérésies savantes et hérésies populaires au moyen âge, in: Hérésies et sociétés dans l'Europe préindustrielle, 11e-18e siècles (= Civilisations et Sociétés 10) 1968, 209–214.

DERS., Ketzergeschichte des Mittelalters (= Die Kirche in ihrer Geschichte 2,3,1 = 2G,1) 1963/³1978.

DERS., Ketzerverhöre des Spätmittelalters als quellenkritisches Problem, in: DA 21 (1965) 519–575/ND in: DERS., Ausgewählte Aufsätze I (= MGH.Schriften 25,1) 1976, 364–416.

DERS., Litteratus – illiteratus, in: AKuG 40 (1958) 1–65.

DERS., Religiöse Bewegungen im Mittelalter, 1935/ND ⁴1977.

GÜNSTER, J., Die Christologie Gerhohs von Reichersberg, 1940.

GUTH, K., Kirche und Religion, in: Oberfranken im Spätmittelalter und zu Beginn der Neuzeit, hg. v. E. ROTH, 1979, 133–203.

GUTTENBERG, E. von, Die Regesten der Bischöfe und des Domkapitels von Bamberg (= VGFG VI,2) 1963.

DERS., Die Territorienbildung am Obermain (= BHVB 79) 1927.

DERS., Grundzüge der Territorienbildung am Obermain (= Neujahrsblätter der Gesellschaft für fränkische Geschichte 16) 1925.

DERS. – WENDEHORST, A., Das Bistum Bamberg I–II (= GermSac II,1/1–2) 1937/1966.

HAAGE, B., Der Traktat »Von Dreierlei Wesen des Menschen«, Diss. Heidelberg 1968.

HAEFELE, H. F. (Hg.), Ekkehart IV. von St. Gallen: Casus S. Galli (= AQDGMA 10) 1980/³1991.

HAGEN, D., Herrschaftsbildung zwischen Königtum und Adel. Die Bischöfe von Freising in salischer und frühstaufischer Zeit (= EHS III,634) 1995.

HAGENEDER, O., Die geistliche Gerichtsbarkeit in Ober- und Niederösterreich (= Forschungen zur Geschichte Oberösterreichs 10) 1967.

DERS., Die kirchliche Organisation im Zentralalpenraum vom 6. bis 10. Jahrhundert, in: Frühmittelalterliche Ethnogenese im Alpenraum, hg. v. H. BEUMANN (= Nationes 5) 1985, 201–235.

HAGGENMÜLLER, M., Als Pilger nach Rom. Studien zur Romwallfahrt aus der Diözese Augsburg von den Anfängen bis 1900 (= Materialien zur Geschichte des bayerischen Schwaben 18) 1993.

HAIDER, S., Zum Niederkirchenwesen in der Frühzeit des Bistums Passau (8.–11. Jahrhundert), in: E. BOSHOF – H. WOLFF (Hg.), Das Christentum im bairischen Raum. Von den Anfängen bis ins 11. Jahrhundert (= Passauer Historische Forschungen 8) 1994, 325–388.

HALLINGER, K. (Hg.), Consuetudinum saeculi X, XI, XII monumenta non Cluniacensia I–III (= Corpus Consuetudinum Monasticarum VII/1–3) 1983/1984/1986.

DERS., Gorze-Kluny. Studien zu den monastischen Lebensformen und Gegensätzen im Hochmittelalter (= Studia Anselmiana 22–25) 1950–51/ND 1971.

HANSIZ, M., Germaniae sacrae tom. I: Metropolis Laureacensis; tom. II: Archiepiscopatus Salisburgensis; tom. III: De episcopatu Ratisbonensi, 1727/1729/1755.

HARMENING, D., Fränkische Mirakelbücher, in: WDGB 28 (1966) 25–240.

HARTIG, M., Die eucharistischen Gnadenstätten in Bayern, in: Pro mundi vita. Festschrift zum Eucharistischen Weltkongreß, 1960, 97–113.

HARTINGER, W., Die Wallfahrt Neukirchen bei heilig Blut, 1970.

HARTMANN, W., Das Konzil von Worms. Überlieferung und Bedeutung (= Abhandlungen der Akademie der Wissenschaften in Göttingen, phil.-hist. Kl. 3,105) 1977.

DERS., Die fränkische Kirche in der Mitte des 8. Jahrhunderts, in: H. DOPSCH (Hg.), Virgil von Salzburg. Missionar und Gelehrter, 1985, 59–65.

DERS., Die Synoden der Karolingerzeit im Frankenreich und in Italien (= Konziliengeschichte A 7) 1989.

HARTZHEIM, J., Concilia Germaniae I–XI, 1759–1790.

HASAK, V., Herbstblumen, 1885.

HAUCK, A., Kirchengeschichte Deutschlands I-V, $^9$1958.

HAUPT, H., Die religiösen Sekten in Franken vor der Reformation, 1882.

DERS., Waldenserthum und Inquisition im südöstlichen Deutschland, 1890.

HAUPT, K., Augsburg. Franziskaner-Konventualen, in: BFrA 5 (1961) 341–421.

HAUSBERGER, K., Geschichte des Bistums Regensburg I–II, 1989.

DERS. – HUBENSTEINER, B., Bayerische Kirchengeschichte, 1985.

HAUTHALER, W. (Bearb.), Salzburger Urkundenbuch I–IV, 1910–1933.

HEER, J. M., Ein karolingischer Missionskatechismus (= Biblische und Patristische Forschungen 1) 1911.

HEFELE, K. J., Conciliengeschichte V/VI/VII/VIII, $^2$1886/$^2$1890/1874/1887.

DERS. – LECLERCQ, H., Histoire des conciles VI-VII, 1914/1921.

HEIDINGSFELDER, F. (Bearb.), Die Regesten der Bischöfe von Eichstätt (= VGFG VI,1) 1938.

HEIMBUCHER, M., Die Orden und Kongregationen der Katholischen Kirche I–II, $^3$1933 (ND 1965/1980).

HEIMPEL, H., Die Vener von Gmünd und Straßburg I–III (= VöMPIG 52,1–3) 1982.

HEINEMEYER, K., Die Gründung des Klosters Fulda im Rahmen der bonifatianischen Kirchenorganisation, in: Hessisches Jahrbuch für Landesgeschichte 30 (1980) 1–45.

DERS., Die Missionierung Hessens, in: Hessen im Frühmittelalter, hg. v. H. ROTH, 1984, 47–54.

HEINS, W., Das ehemalige Franziskanerkloster in Coburg, in: BFrA 1 (1954) 121–138.

HELD, H., Altbayerische Volkserziehung und Volksschule I, 1926.

HELLBERND, P., Die Erstkommunion der Kinder in Geschichte und Gegenwart, 1954.

HELLMANN, M., Bemerkungen zur sozialgeschichtlichen Erforschung des Deutschen Ordens, in: HJ 80 (1961) 126–142.

HELMER, F., Die Traditionen des Stiftes Polling (= QuE NF 41,1) 1993.

HELMRATH, J., Das Basler Konzil 1431–1449 (= KHA 32) 1987.

HEMMERLE, J., Das Bistum Augsburg I: Die Benediktinerabtei Benediktbeuern (= GermSac NF 28,1) 1991.

DERS., Die Benediktinerklöster in Bayern (= GermBen 2) 1970.

DERS., Die Klöster der Augustiner-Eremiten in Bayern (= Bayerische Heimatforschung 12) 1958.

HENKEL, N., Deutsche Übersetzungen lateinischer Schultexte (= MTU 90) 1988.

HERMANN, K. F., Kirchliches Leben, in: Geschichte Salzburgs I/2, hg. v. H. DOPSCH, 1983, 983–1001.

DERS., Wissenschaft und Bildung, in: Geschichte Salzburgs I/2, hg. v. H. DOPSCH, 1983, 1071–1087.

HERMANS, J., Eucharistie feiern mit Kindern. Eine liturgiewissenschaftliche Studie über die Teilnahme des Kindes an der Eucharistiefeier in Vergangenheit und Gegenwart, 1991.

HERRMANN, E., Geschichte der Stadt Kulmbach (= Die Plassenburg 45) 1985.

DERS., Slawisch-germanische Beziehungen im südostdeutschen Raum von der Spätantike bis zum Ungarnsturm, 1965.

HERRMANN, M. (Hg.), Albrecht von Eyb. Deutsche Schriften II (= Schriften zur germanischen Philologie 4–5) 1890.

HERZOG, E., Die ottonische Stadt. Die Anfänge der mittelalterlichen Stadtbaukunst in Deutschland, 1964.

HEUWIESER, M., Die Traditionen des Hochstifts Passau (= QuE NF 6) 1930/ND 1969.

DERS., Geschichte des Bistums Passau I (= VöIOHF 20) 1939.

HIESTAND, R., Preßburg 907 – eine Wende in der Geschichte des ostfränkischen Reiches?, in: ZBLG 57 (1994) 1–20.

HILG, H., Die mittelalterlichen Handschriften der Universitätsbibliothek Eichstätt I (= Kataloge der Universitätsbibliothek Eichstätt 1,1) 1994.

HILLENBRAND, D., Die Observantenbewegung in der deutschen Ordensprovinz der Dominikaner, in: ELM, K. (Hg.), Reformbemühungen und Observanzbestrebungen im spätmittelalterlichen Ordenswesen (= BHS 14.O VI) 1989, 219–270.

HILTL, F., Das ehemalige Franziskanerkloster Regensburg – St. Salvator, in: BFrA 2 (1955) 7–43.

DERS., Das Katharinenspital zu Regensburg, 1967.

HILZ, A., Die Minderbrüder von St. Salvator in Regensburg 1226–1810 (= BGBR 29) 1991.

HIMMELSTEIN, F. X., Synodicon Herbipolense, 1855.

HINNEBUSCH, W., The History of the Dominican Order I. Origins and Growth to 1500, 1965.

HIRSCH, P. – LOHMANN, H.-E. (Hg.), Die Sachsengeschichte des Widukind von Corvey (= MGH.SS rer. Germ. in usum scholarum 60) 1935/ND 1989.

HIRSCHMANN, G., Eichstätt (= HAB.F. I,6) 1959.

HLAVÁČEK, I., Lamprecht von Brunn, Bischof von Bamberg, in: FLB 9 (= VGFG VII A 9) 1980, 46–60.

HLAWITSCHKA, E., Der Heiltumsschatz in Legende und Geschichte, in: Andechs. Der Heilige Berg, hg. v. K. BOSL, 1993, 104–118.

HLEDÍKOVÁ, Z., Die Prager Erzbischöfe als ständige päpstliche Legaten, in: BGBR 6 (1972) 221–256.

HÖDL, G., Göttweig im Mittelalter und in der frühen Neuzeit, in: Geschichte des Stiftes Göttweig 1083–1983 (= SMGB 94) 1983, 1–231.

HÖLSCHER, W., Kirchenschutz als Herrschaftsinstrument (= Studien zu den Luxemburgern und ihrer Zeit 1) 1985.

HÖRBERG, N., Libri Sanctae Afrae. St. Ulrich und Afra zu Augsburg im 11. und 12. Jahrhundert nach Zeugnissen der Klosterbibliothek (= Studien zur GermSac 15 = VöMPIG 74) 1983.

HÖRMANN, L., Zur Geschichte des Hl.-Geist-Spitals in Augsburg, in: ZHVS 6 (1879) 145–176.

HOFER, J., Johannes Kapistran I–II (= Bibliotheca Franciscana 1/2) ²1964/1965.

HOFFMANN, H(a)., Buchkunst und Königtum im ottonischen und frühsalischen Reich I (= MGH.Schriften 30,1) 1986.

DERS., Mönchskönig und rex idiota. Studien zur Kirchenpolitik Heinrichs II. und Konrads II. (= MGH.Studien und Texte 8) 1993.

HOFFMANN, H(e)., Die Pfarreiorganisation im Mainzer Landkapitel Taubergau, in: WDGB 18/19 (1957/58) 74–98.

DERS., Die Pfarreiorganisation in den Dekanaten Aschaffenburg-Stadt, Aschaffenburg-Ost und Aschaffenburg-West, in: AschJ 4,2 (1957) 945–994.

DERS., Die Würzburger Weihbischöfe von 1206–1402, in: WDGB 26 (1964) 52–90.

HOFFMANN, J. H., Franziskanerkloster Rothenburg o.d.T., in: BFrA 3 (1957) 517–567.

HOFMANN, H. H., Der Staat des Deutschmeisters (= SBVSG 3) 1964.

HOFMEISTER, A., Studien über Otto von Freising, in: NA 37 (1912) 91–161, 633–768.

HOFMEISTER, P., Mönchtum und Seelsorge bis zum 13. Jahrhundert, in: SMGB 65 (1953/54) 209–273.

HOHMANN, F., Willirams von Ebersberg Auslegung des Hohenliedes (= Bausteine zur Geschichte der deutschen Literatur 30) 1930/ND 1975.

HOLTZMANN, R. (Hg.), Thietmari Merseburgensis episcopi Chronicon (= MGH.SS NS 9) 1935/ND 1980.

HOLZFURTNER, L., Ämter und Funktionsträger bayerischer Klöster, in: ZBLG 52 (1989) 13–57.

DERS., Das Klostergericht Tegernsee (= HAB.A. I,54) 1985.

DERS., Destructio monasteriorum. Untersuchungen zum Niedergang der bayerischen Klöster im 10. Jahrhundert, in: SMGB 96 (1985) 65–86.

DERS., Die Grafschaft der Andechser (= HAB.A. II,4) 1994.

DERS., Die Grundleihepraxis oberbayerischer Grundherren im späten Mittelalter, in: ZBLG 48 (1985) 411–439.

DERS., Gründung und Gründungsüberlieferung (= Münchner Historische Studien, Abt. Bayerische Geschichte 11) 1984.

DERS., Schenker und Schenkergruppen im hohen Mittelalter, in: ZBLG 54 (1991) 299–323.

DERS., Studien zur Besitzgeschichte des Klosters Tegernsee im frühen Mittelalter, in: Aus Bayerns Geschichte. Forschungen als Festgabe zum 70. Geburtstag von A. Kraus, hg. v. E. J. GREIPL, 1992, 25–50.

HONSELMANN, K., Das Rationale der Bischöfe, 1975.

HORN, M., Zur Geschichte der Bischöfe und Bischofskirche von Augsburg, in: Die Salier und das Reich II, hg. v. S. WEINFURTER, 1991, 251–266.

HRUBY, I., Religiöse Literatur, in: Handbuch zur Kinder- und Jugendliteratur, hg. v. T. BRÜGGEMANN – O. BRUNKEN, 1987, 144–158.

HÜBENER, W. (Hg.), Die Goldblattkreuze des frühen Mittelalters (= Veröffentlichungen des Alemannischen Instituts Freiburg 37) 1975.

HÜBNER, K., Die Passauer Diözesansynoden, 1911.

DERS., Die Provinzialsynoden im Erzbistum Salzburg bis zum Ende des XV. Jahrhunderts, in: Deutsche Geschichtsblätter 10 (1909) 187–236.

HÜBSCHER, B., Die deutsche Predigerkongregation 1517–1520, 1953.

HUCKER, B. U., Kaiser Otto IV. (= MGH.Schriften 34) 1990.

HUYGENS, R. B. C. (Hg.), Accessus ad auctores. Bernhard d'Utrecht. Conrad d'Hirsau, ²1970.

IBACH, H., Leben und Schriften des Konrad von Megenberg (= Neue deutsche Forschungen 7, Abt. Mittelalterliche Geschichte) 1938.

ILLMER, D., Formen der Erziehungs- und Wissensvermittlung im frühen Mittelalter (= MBMRF 7) ²1979.

IMMENKÖTTER, H., Die Augsburger Pfarrzechen als Träger der Kirchenreform im 15. und 16. Jahrhundert, in: Papsttum und Kirchenreform. Festschrift für G. Schwaiger zum 65. Geburtstag, hg. v. M. WEITLAUFF – K. HAUSBERGER, 1990, 301–323.

JÄSCHKE, K. U., Kolumban von Luxeuil und sein Wirken im alemannischen Raum, in: Mönchtum, Episkopat und Adel zur Gründungszeit des Klosters Reichenau, hg. v. A. BORST (= VoF 20) 1974, 77–130.

JAHN, J., Augsburg-Land (= HAB.S. 11) 1984.

DERS., Ducatus Baiuvariorum (= MGMA 35) 1991.

JAKOB, G., Die lateinischen Reden des seligen Berthold von Regensburg, 1880.

JAKOB, R., Schulen in Franken und in der Kuroberpfalz (= Wissensliteratur im Mittelalter 16) 1994.

JAKOBS, H., Der Adel in der Klosterreform von St. Blasien (= KHA 16) 1968.

DERS., Die Hirsauer (= KHA 4) 1961.

JANNER, F., Geschichte der Bischöfe von Regensburg I–III, 1883–1886.

JANSSEN, W., Der Windsheimer Spitalfund – ein bedeutendes Dokument reichsstädtischer Kulturgeschichte des Reformzeitalters, in: Reichsstädte in Franken. Aufsätze II, hg. v. R. A. MÜLLER (= VBGK 15,2) 1987, 141–153.

JARNUT, J., Geschichte der Langobarden, 1982.

JEDELHAUSER, M. C., Geschichte des Klosters und der Hofmark Maria-Medingen (= QGDOD 34) 1936.

JEDIN, H. (Hg.), Handbuch der Kirchengeschichte I, III/1–2, 1968.

JENAL, G., Die geistlichen Gemeinschaften in Trentino-Alto Adige bis zu den Gründungen der Bettelorden, in: Atti della Accademia Roveretana degli Agiati. Contributi della Classe di scienze umane, di lettere ed arti 235, 1985, ser. VI, 25A) 1986, 309–370 (= La regione Trentino-Alto Adige nel Medioevo 1) 1986.

JENKS, S., Die Prophezeiung von Ps.-Hildegard von Bingen: Eine vernachlässigte Quelle über die Geißlerzüge von 1348/49 im Lichte des Kampfes der Würzburger Kirche gegen die Flagellanten, in: MJGK 29 (1977) 9–38.

JOHANEK, P., Ein Mandat Papst Hadrians IV. für die Mönche von Seeon und die Ordensreform in der Kirchenprovinz Salzburg, in: SMGB 83 (1972) 162–175.

DERS., Klosterstudien im 12. Jahrhundert, in: Schulen und Studium im sozialen Wandel des hohen und späten Mittelalters, hg. v. J. FRIED (= VoF 30) 1986, 35–68.

DERS., Synodalia. Untersuchungen zur Statutengesetzgebung in den Kirchenprovinzen Mainz und Salzburg während des Spätmittelalters, ungedr. Habil.-Schrift Würzburg 1978.

DERS., Zur kirchlichen Reformtätigkeit Bischof Lamprechts von Brunn, in: BHVB 102 (1966) 235–256.

JOHNER-PFAFF, M., Choralschule, [8]1956.

JÖRG, P. J., Würzburg und Fulda (= QFGBW 4) 1951.

JUNGMANN, J. A., Missarum sollemnia I–II, [5]1962.

JÜRGENSMEIER, F., Das Bistum Mainz (= Beiträge zur Mainzer Kirchengeschichte 2) 1988.

KAEPPELI, T., Scriptores Ordinis Praedicatorum Medii Aevi I–IV, 1970–1993.

KANZLER, G., Die Landkapitel im Bistum Bamberg, in: BHVB 83 (1931) 1–71; 84 (1934) 1–120.

KAPFHAMMER, G., Zur Geschichte der Leonhardsverehrung, in: Inchenhofen. Wallfahrt, Zisterzienser und Markt, hg. v. W. LIEBHART, 1992, 43–64.

KATZINGER, W. (Hg.), Baiern, Ungarn und Slawen im Donauraum (= FGSMO 4) 1991.

KAUFMANN, M. (Hg.), Ägidius Romanus' de Colonna, Johannes Gersons, Dionys des Kartäusers und Jakob Sadolets pädagogische Schriften (= Bibliothek der katholischen Pädagogik 15) 1904.

KECK, S., Lindau. Franziskaner-Konventualen, in: BFrA 5 (1961) 551–604.

KEHRBERGER, E. O., Provinzial- und Synodalstatuten des Spätmittelalters, 1938.

KELLER, H., Fränkische Herrschaft und alemannisches Herzogtum im 6. und 7. Jahrhundert, in: ZGO 124 (1976) 1–30.

KEMPF, J., Zur Kulturgeschichte Frankens während der sächsischen und salischen Kaiser (Progr. des K. Neuen Gymnasiums Würzburg für das Studienjahr 1914/15) 1915.

KIECKHEFER, R., Repression of Heresy in Medieval Germany, 1979.

KIEßLING, R., Bürgerliche Gesellschaft und Kirche in Augsburg im Spätmittelalter (= Abhandlungen zur Geschichte der Stadt Augsburg 19) 1971.

DERS., Vom Pfennigalmosen zur Aussteuerstiftung, in: Materielle Kultur und religiöse Stiftung im Spätmittelalter (= Veröffentlichungen des Instituts für mittelalterliche Realienkunde Österreichs 12) 1990, 13–35.

Kilian. Mönch aus Irland – aller Franken Patron: 689–1989. Katalog der Sonderausstellung zur 1300-Jahr-Feier des Kilianmartyriums, 1989.

KIST, J., Das Bamberger Domkapitel von 1399 bis 1556 (= Historisch-Diplomatische Forschungen 7) 1943.

DERS. (Bearb.), Die Matrikel der Geistlichkeit des Bistums Bamberg 1400–1556 (= VGFG IV,7) 1965.

DERS., Fürst- und Erzbistum Bamberg (= BHVB 92, Beiheft 1) $^3$1962.

DERS., Klerus und Wissenschaft im spätmittelalterlichen Bamberg, 1964.

KLAUSER, R., Der Heinrichs- und Kunigundenkult im mittelalterlichen Bistum Bamberg, in: BHVB 95 (1956) 1–308.

KLEBEL, E., Bamberger Besitz in Baiern und Österreich, in: JFLF 11/12 (1953) 207–220.

DERS., Eigenklosterrechte und Vogteien in Baiern und Deutschösterreich, in: DERS., Probleme der bayerischen Verfassungsgeschichte (= SBLG 57) 1957, 257–291 [erstmals in: MIÖG Erg.bd. 14 (1938) 175–214].

DERS., Kirchliche und weltliche Grenzen in Baiern, in: DERS., Probleme der bayerischen Verfassungsgeschichte (= SBLG 57) 1957, 184–256 [erstmals in: ZSRG.K 28 (1939) 153–270].

DERS., Zehente und Zehentprobleme im bayerisch-österreichischen Rechtsgebiet, in: ZSRG.K 27 (1938) 234–261.

KLEIN-PFEUFFER, M., Archäologische Zeugnisse des frühen Christentums in Mainfranken, in: J. ERICHSEN (Hg.), Kilian, Mönch aus Irland – aller Franken Patron. Aufsätze (= VBGK 19) 1989, 227–246.

KLEINER, M., Georg III. Schenk von Limpurg, Bischof von Bamberg (1505–1522), als Reichsfürst und Territorialherr, in: BHVB 127 (1991) 13–117.

KLEMM, E., Die romanischen Handschriften (= Katalog der illuminierten Handschriften der Bayerischen Staatsbibliothek München 3) 1980–1988.

KLEWITZ, M., Die Baugeschichte der Stiftskirche St. Peter und Alexander zu Aschaffenburg (= Veröffentlichungen des Geschichts- und Kunstvereins Aschaffenburg 2) 1953.

KLOSE, J., St. Wolfgang als Mönch und die Einführung der Gorzer Reform in Bayern, in: Regensburg und Böhmen, hg. v. G. SCHWAIGER – J. STABER (= BGBR 6) 1972, 61–88.

KNAUS, H., Das Bistum Würzburg (= MBKDS 4,2) 1979, 869–1020.

KNEFELKAMP, U., Das Heilig-Geist-Spital in Nürnberg vom 14.–17. Jahrhundert (= Nürnberger Forschungen 26) 1989.

DERS., Die Heilig-Geist-Spitäler in den Reichsstädten, in: Reichsstädte in Franken. Aufsätze II, hg. v. R. A. MÜLLER (= VBGK 15,2) 1987, 107–121.

DERS., Stiftungen und Haushaltsführung im Heilig-Geist-Spital in Nürnberg, 1989.

KNEULE, W., Kirchengeschichte der Stadt Bayreuth (= Einzelarbeiten aus der Kirchengeschichte Bayerns 50) 1971.

KÖBERLIN, A., Das Katharinenspital in Bamberg und sein Haushalt, in: Alt Bamberg 11 (1909/1910) 153–164.

KÖLMEL, W., Wilhelm von Ockham und seine kirchenpolitischen Schriften, 1962.

KÖNIGER, A., Johann der Dritte, Bischof von Freising (= Programm des Wittelsbacher-Gymnasiums 1913/1914) 1914.

KÖPF, U., Reichsstadt und Kirche, in: Reichsstädte in Franken. Aufsätze II, hg. v. R. A. MÜLLER (= VBGK 15,2) 1987, 244–260.

KÖPKE, R.-E. – DÜMMLER, E., Kaiser Otto der Große (= JDG 9) 1876.

KÖPSTEIN, H., Zu den Auswirkungen der hussitischen revolutionären Bewegung in Franken, in: Aus 500 Jahren deutsch-tschechoslowakischer Geschichte, hg. v. K. OBERMANN – J. POLIŠENSKÝ (= Schriftenreihe der Kommission der Historiker der DDR und der CSSR 1) 1958, 11–40.

KOLB, K., Vom heiligen Blut, 1980.

KOLB, P. – KRENIG, G. (Hg.), Unterfränkische Geschichte I–II, 1989–1992.

KOLLER, G., Princeps in ecclesia. Untersuchungen zur Kirchenpolitik Herzog Albrechts V. von Österreich (= AÖG 124) 1964.

KOLLER, H., Quellenlage und Stand der Forschung zur Landnahme der Ungarn aus der Sicht des Abendlandes, in: Baiern, Ungarn und Slawen im Donauraum, Red. W. KATZINGER (= FGSMO 4) 1991, 77–93.

KOS, M., Conversio Bagoariorum et Carantanorum (= Razprave Znanstvenega društva v Ljubljani 11) 1936.

KOTTJE, R., Klosterbibliotheken und monastische Kultur in der zweiten Hälfte des 11. Jahrhunderts, in: ZKG 80 (1960) 145–162.

KOWALCZYK, M., Hartmanus de Augusta, in: Mediaevalia Philosophorum Polonorum 3 (1954) 25f.

KRÄMER, S., Handschriftenerbe des deutschen Mittelalters (= MBKDS 5,1–3/MBKDS Erg.bd. 1–3) 1989–1990.

KRAMML, P. F., Berchtesgaden unter Salzburger Verwaltung, in: Geschichte von Berchtesgaden I, hg. v. W. BRUGGER, 1991, 439–456.

KRAUS, A., Die Translatio S. Dionysii Areopagitae von St. Emmeram in Regensburg (= SBAW.PH 1972,4) 1972.

DERS., Saint-Denis und Regensburg. Zu den Motiven und zur Wirkung hochmittelalterlicher Fälschungen, in: Fälschungen im Mittelalter III (= MGH.Schriften 33,3) 1988, 535–549.

KRAUS, J., Die Stadt Nürnberg in ihren Beziehungen zur Römischen Kurie während des Mittelalters, in: MVGN 41 (1950) 1–154.

KRAUSEN, E., Die Wittelsbacher und die mittelalterlichen Reformorden, in: H. GLASER, (Hg.), Wittelsbach und Bayern I/1: Die Zeit der frühen Herzöge, 1980, 349–358.

DERS., Die Zisterzienserabtei Raitenhaslach (= GermSac NF 11) 1977.

KRENZER, O., Die Errichtung des Hochstifts Bamberg und ihre Folgen für das Bistum Eichstätt, in: SHVE 40/41 (1925/26) 1–45.

KRETTNER, J. – FINKENSTAEDT, T., Erster Katalog von Bruderschaften in Bayern (= Veröffentlichungen zu Volkskunde und Kulturgeschichte 6) 1980.

KREUZER, G., Das Verhältnis von Stadt und Bischof in Augsburg und Konstanz im 12. und 13. Jahrhundert, in: Stadt und Bischof, hg. v. B. KIRCHGÄSSNER – W. BAER (= Stadt in der Geschichte 14) 1988, 43–64.

KRISS-RETTENBECK, L., Ex voto. Zeichen, Bild und Abbild im christlichen Votivbrauchtum, 1972.

DERS. – MÖHLER, G. (Hg.), Wallfahrt kennt keine Grenzen, 1984.

KÜHL, B., Die Dominikanerkirche in Regensburg. Studien zur deutschen Bettelordensarchitektur im 13. Jahrhundert (= BGBR 20) 1986.

KÜHNEL, H., »Werbung«, Wunder und Wallfahrt, in: Wallfahrt und Alltag im Mittelalter und Früher Neuzeit, Red. G. JARITZ (= Veröffentlichungen des Instituts für Realienkunde des Mittelalters und der Frühen Neuzeit 14 = SAWW.PH 592) 1992, 95–113.

KÜSTERS, U., Der verschlossene Garten. Volkssprachliche Hohelied-Auslegung und monastische Lebensform im 12. Jahrhundert (= Studia humaniora 2) 1985.

KUNZELMANN, A., Geschichte der deutschen Augustiner-Eremiten I-V (= Cass 26,1–5) 1969–1974.

KURZE, F. (Hg.), Annales Fuldenses sive Annales regni Francorum orientalis (= MGH.SS rer. Germ. in usum scholarum 7) 1891/ND 1978.

DERS. (Hg.), Reginonis abbatis Prumiensis Chronicon cum continuatio Treverensi (= MGH.SS rer. Germ. in usum scholarum 50) 1890/ND 1989.

LAHAYE-GEUSEN, M., Das Opfer der Kinder. Ein Beitrag zur Liturgie- und Sozialgeschichte des Mönchtums im Hohen Mittelalter, 1991.

LAMBACHER, H., Das Spital der Reichsstadt Memmingen (= Memminger Forschungen 1) 1991.

LANDGRAF, A. M., Dogmengeschichte der Frühscholastik I–IV, 1952–1956.

LANG, A., Johann Müntzinger, ein schwäbischer Theologe und Schulmeister am Ende des 14. Jahrhunderts, in: Aus der Geisteswelt des Mittelalters. Studien und Texte M. Grabmann zur Vollendung des 60. Lebensjahres ... gewidmet, hg. v. A. LANG (= BGPhMA Suppl.bd. 3) 1935, II 1200–1230.

LANG, J. – KUCHENBAUER, O. (Hg.), 850 Jahre Klostergründung Kaisheim 1134–1984, 1984.

LANGER, D., Mystische Erfahrung und spirituelle Theologie. Zu Meister Eckharts Auseinandersetzung mit der Frauenfrömmigkeit seiner Zeit (= MTU 91) 1987.

LANGOSCH, K., Das ›Registrum multorum auctorum‹ des Hugo von Trimberg (= Germanistische Studien 235) 1942/ND 1969.

LAUDAGE, J., Priesterbild und Reformpapsttum im 11. Jahrhundert (= Beih. zum AKuG 22) 1984.

LAUN, C., Bilderkatechese im Spätmittelalter, Diss. München 1979.

LAUSSER, H., Die Wallfahrten des Landkreises Dillingen, in: ZBLG 40 (1977) 82–85.

LAUTERER, K., Konrad von Ebrach im Kampf um St. Bernhard, in: CistC 66 (1959) 58–81.

DERS., Konrad von Ebrach S.O.Cist, 1962.

LAYER, A., Von der Landnahme bis zum Ende des Frankenreichs, in: HBG III/2, 1971/²1979, 803–838.

Lebensbilder aus dem bayerischen Schwaben, Bd.1ff (= Veröffentlichungen der Schwäbischen Forschungsgemeinschaft bei der Bayerischen Akademie der Wissenschaften III,1ff) 1952ff.

Lebensbilder aus der Geschichte des Bistums Regensburg I–II, hg. v. G. SCHWAIGER (= BGBR 23/24) 1989.

LECHNER, J., Verlorene Urkunden, in: BM² 839–873.

LEDER, K., Kirche und Jugend in Nürnberg und seinem Landgebiet 1400 – 1800 (= Einzelarbeiten aus der Kirchengeschichte Bayerns 52) 1973.

LEFÈVRE, Y., L'Elucidarium et les Lucidaires (= Bibliothèque de l'Écoles françaises d'Athénes et Rome I,180) 1954.

LEHMANN, K. (Hg.), Leges Alamannorum (= MGH.LL Nationum Germanicarum V/1) 1888/²1966 (ND 1993).

LEIDL, A., Die Bischöfe von Passau in Kurzbiographien, ²1978.

DERS., Kleine Passauer Bistumsgeschichte, 1989.

LEINWEBER, J., Provinzialsynode und Kirchenreform im Spätmittelalter, in: Reformatio Ecclesiae. Festgabe für E. Iserloh, hg. v. R. BÄUMER, 1980, 113–127.

LENGLE, P., Spitäler, Stiftungen und Bruderschaften, in: Geschichte der Stadt Augsburg von der Römerzeit bis zur Gegenwart, hg. v. G. GOTTLIEB, ²1985, 202–208.

LERNER, R. E., The Heresy of the Free Spirit in the Later Middle Ages, 1972/ND 1991.

LEFÈVRE, Y., L'Elucidarium et les Lucidaires, 1954.

LEUZE, O., Das Augsburger Domkapitel im Mittelalter, 1908; auch in: ZHVS 35 (1909) 1–113.

LHOTSKY, A., Quellenkunde zur mittelalterlichen Geschichte Österreichs (= MIÖG Erg.bd. 19) 1963.

LIEBHART, W., Stifte, Klöster und Konvente in Augsburg, in: Geschichte der Stadt Augsburg, hg. v. G. GOTTLIEB, 1984, 193–201.

LIMMER, R., Bildungszustände und Bildungsideen des 13. Jahrhunderts, 1928/ND 1970.

LINDGREN, U., Bedürftigkeit – Armut – Not. Studien zur spätmittelalterlichen Sozialgeschichte Barcelonas (= Spanische Forschungen der Görresgesellschaft II,18) 1980.

DIES., Die Verwaltung der Waisenfürsorge in Barcelonas Hospitälern, in: Historia Hospitalium 15 (1983/1984) 189–211.

DIES., Europas Armut. Probleme, Methoden, Ergebnisse einer Untersuchungsserie, in: Saeculum 28 (1977) 396–418.

DIES., Stadtrecht als Ursache und Wirkung der Verwaltung. Über die Entwicklung von Verwaltungsformen im mittelalterlichen Augsburg, in: HJ 99 (1979) 133–160.

LINDNER, K., Untersuchungen zur Frühgeschichte des Bistums Würzburg und des Würzburger Raumes (= VöMPIG 35) 1972.

LINTZEL, M., Heinrich I. und das Herzogtum Schwaben, in: DERS., Ausgewählte Schriften II, 1961, 73–84 [erstmals in: Historische Vierteljahrsschrift 24 (1927) 1–17].

LIPF, J. (Hg.), Oberhirtliche Verordnungen und allgemeine Erlasse für das Bisthum Regensburg vom Jahre 1250–1852, 1853.

Literatur in Bayerisch Schwaben, hg. v. H. PÖRNBACHER (= Beiträge zur Landeskunde von Schwaben 6) 1979.

LÖHLEIN, G., Die Gründungsurkunde des Nürnberger Heiliggeistspitals von 1339, in: MVGN 52 (1963–1964) 65–79.

LÖHR, G., Die Dominikaner an den deutschen Universitäten am Ende des Mittelalters, in: Mélanges Mandonnet. Etudes d'histoire littéraire et doctrinale du Moyen Age II (= Bibliothèque thomiste 14) 1930, 403–435.

DERS., Die Teutonia im 15. Jahrhundert. Studien und Texte vornehmlich zu ihrer Reform (= QGDOD 19) 1924.

LÖWE, H., Bonifatius und die bayerisch-fränkische Spannung, in: JFLF 15 (1955) 85–127.

DERS., Cyrill und Methodius zwischen Byzanz und Rom, in: Gli slavi occidentali e meridionali nell'Alto Medioevo (= Settimane di studio del Centro italiano di studi sull'alto medioevo 30) 1982, 631–686.

DERS., Deutschlands Geschichtsquellen im Mittelalter, H. 6, 1990.

LOIBL, R., Der Herrschaftsraum der Grafen von Vornbach und ihrer Nachfolger, Diss. München 1993.

LONGÈRE, J., La prédication médiévale, 1983.

LOOSHORN, J., Die Geschichte des Bisthums Bamberg I–IV, 1886–1900/ND 1967/68.

LOŠEK, F., Notitia Arnonis und Breves Notitiae. Die Salzburger Güterverzeichnisse aus der Zeit um 800, in: MGSLK 130 (1990) 5–192.

LOSHER, G., Königtum und Kirche zur Zeit Karls IV. (= Veröffentlichungen des Collegium Carolinum 56) 1985.

LOTTER, F., Severinus von Noricum (= MGMA 12) 1976.

LUBICH, G., Auf dem Weg zur Güldenen Freiheit (= Historische Studien 449) 1996.

LÜBECK, K., Fuldaer Nebenklöster in Mainfranken, in: MJGK 2 (1950) 1–52.

MACHILEK, F., Animadvertens et perpendens hominis brevem vitam ... Das Testament des Nürnberger Vikars Heinrich Fuchs aus dem Jahre 1504, in: BHVB 120 (1984) 505–519.

DERS., Aus der Geschichte der katholischen Pfarrei Gersthofen 969–1989, in: Chronik der Stadt Gersthofen, hg. v. J. KRAUSSE, 1989, 101–133.

DERS., Der Niederkirchenbesitz des Zisterzienserklosters Fürstenfeld, in: A. EHRMANN (Hg.), In Tal und Einsamkeit II, 1988, 363–434.

DERS., Die Bibliothek der Kapelle zu Unserer Lieben Frau in Windsheim um die Mitte des 15. Jahrhunderts, in: WDGB 32 (1970) 161–170.

DERS., Die Frömmigkeit und die Krise des 14. und 15. Jahrhunderts, in: Mediaevalia Bohemica 3 (1970) 209–227.

DERS., Ein Eichstätter Inquisitionsverfahren aus dem Jahre 1460, in: JFLF 34/35 (1974/75) 417–446.

DERS., Frömmigkeitsformen des spätmittelalterlichen Adels am Beispiel Frankens, in: K. SCHREINER (Hg.), Laienfrömmigkeit im späten Mittelalter (= Schriften des Historischen Kollegs. Kolloquien 20) 1992, 157–189.

DERS., Hus und die Hussiten in Franken, in: JFLF 51 (1991) 15–37.

DERS., Magister Jobst Krell, Vikar bei St. Lorenz in Nürnberg, in: MVGN 59 (1972) 85–104.

DERS., Ottogedächtnis und Ottoverehrung auf dem Bamberger Michelsberg, in: L. BAUER (Hg.), Bischof Otto I. von Bamberg. Gedenkschrift zum Otto-Jubiläum 1989 (= BHVB 125) 1989, 9–34.

DERS., Schulen und gelehrte Bildung, in: G. BOTT (Hg.), Martin Luther und die Reformation in Deutschland, 1983, 89–116.

DERS., Sebald Lobmair († 1525), Benefiziat bei St. Klara in Nürnberg und Beichtvater zu Pillenreuth, in: JFLF 52 (1992) 381–400.

MADRE, A., Nikolaus von Dinkelsbühl. Leben und Schriften (= BGPhMA 40,4) 1965.

MAHR, G., Das Eichstätter Domkapitel von 1496–1535, (ungedr. Zul.arbeit) Würzburg 1971.

MAI, P., Predigtstiftungen des späten Mittelalters im Bistum Regensburg, in: BGBR (hg. v. G. SCHWAIGER – J. STABER) 2 (1968) 7–33.

MANITIUS, M., Die Geschichte der lateinischen Literatur des Mittelalters I–III (= Handbuch der Altertumswisssenschaft IX/2,1–3) 1911/1923/1931.

MANSI, J. D., Sacrorum conciliorum nova et amplissima collectio t. I–XXXI, 1759–1798/ND 1899ff.

MARTIN, M., Die Alamannen, in: Die Bajuwaren. Von Severin bis Tassilo, hg. v. H. DANNHEIMER – H. DOPSCH, 1988, 79–86.

MARTINI, C., Der deutsche Karmel II: Die oberdeutsche Provinz, 1926.

MÄRTL, C., Die Bamberger Schulen – ein Bildungszentrum des Salierreiches, in: Die Salier und das Reich III, hg. v. S. WEINFURTER, 1991/²1992, 327–345.

DIES., Regensburg in den geistigen Auseinandersetzungen des Investiturstreits, in: DA 42 (1986) 145–191.

MASS, J., Das Bistum Freising im Mittelalter (= Geschichte des Erzbistums München und Freising 1) 1986.

DERS., Das Bistum Freising in der späten Karolingerzeit (= Studien zur altbayerischen Kirchengeschichte 2) 1969.

MATTES, B., Die Spendung der Sakramente nach den Freisinger Ritualien (= MThSt II,34) 1967.

MAURER, H., Der Herzog von Schwaben, 1978.

MAYER, H., Geschichte der Spendung der Sakramente in der alten Kirchenprovinz Salzburg, in: ZKTh 38 (1914) 1–36, 267–296.

MAYER, H. E., Geschichte der Kreuzzüge, 1965/⁷1989.

MAYR, G., Bemerkungen zu den frühen kirchlichen Verhältnissen im Aichacher Raum, in: W. STÖRMER (Red.), Probleme der frühen Wittelsbacher im Aichacher Raum (= Altbayern in Schwaben 1979/80) 71–83.

DERS., Neuerliche Anmerkungen zur Todeszeit des hl. Emmeram und zur Kirchenpolitik Herzog Theodos, in: Die Bayern und ihre Nachbarn I, hg. v. H. WOLFRAM – A. SCHWARCZ (= DÖAW.PH 179) 1985, 199–215.

MEERSSEMAN, G. G. – PACINI, G. P., Ordo fraternitatis. Confraternite e pietà dei laici nel medioevo (= Italia Sacra 25) 1977.

MEICHELBECK, K., Historia Frisingensis I–II, 1724/1729.

DERS., Kurtze Freysingische Chronica, 1724/ND 1977.

MEIER, G., Ausgewählte Schriften von Columban, Alkuin, Dodana, Jonas, Hrabanus Maurus, Notker Balbulus, Hugo von St. Victor und Peraldus (= Bibliothek der Katholischen Pädagogik 3) 1890.

MENHARDT, H., Der Nachlaß des Honorius Augustodunensis, in: ZDA 89 (1958) 23–69.

MENKE, M., Alemannisch-italische Beziehungen vom späten 5. bis zum 7. Jahrhundert aufgrund archäologischer Quellen, in: H. BEUMANN – W. SCHRÖDER (Hg.), Die transalpinen Verbindungen der Bayern, Alemannen und Franken bis zum 10. Jahrhundert (= Nationes 6) 1987, 125–345.

MERZBACHER, F., Iudicium Provinciale Ducatus Franconiae. Das kaiserliche Landgericht des Herzogtums Franken-Würzburg im Spätmittelalter (= SBLG 54) 1956.

MERZDORF, J., Der Mönch von Heilsbronn. Zum ersten Male vollständig herausgegeben, 1870.

MEUTHEN, E., Kirche und Heilsgeschichte bei Gerhoh von Reichersberg (= Studien und Texte zur Geistesgeschichte des Mittelalters 6) 1959.

MEYER, O., Bamberg und das Buch, in: DERS., Varia Franconiae Historica II, hg. v. D. WEBER – G. ZIMMERMANN (= BHVB 24,2 = Mainfränkische Studien 14,2) 1986, 629–658.

DERS., Bürgerspital Würzburg 1319–1969 (= Mainfränkische Hefte 53) 1969.

DERS., Georg Reyser – der Meister des Würzburger Frühdrucks, 1981 [ND in: DERS., Varia Franconiae Historica, III, hg. v. D. WEBER – G. ZIMMERMANN (= BHVB 24,3 = Mainfränkische Studien 14,3) 1986, 1265–1301].

DERS., Manuscripta Bambergensia disiecta, in: DERS., Varia Franconiae Historica II, hg. v. D. WEBER – G. ZIMMERMANN (= BHVB 24,2 = Mainfränkische Studien 14,2) 1981, 659–667.

MEYER, O. – ROTH, E. – GUTH, K., Oberfranken im Hochmittelalter, 1973/²1987.

MEYER VON KNONAU, G., Jahrbücher des Deutschen Reiches unter Heinrich IV. und Heinrich V., Bd. 5 (= JDG 14/5) 1904.

MEYER-GEBEL, M., Bischofsabsetzungen in der deutschen Reichskirche vom Wormser Konkordat (1122) bis zum Ausbruch des Alexandrinischen Schismas (1159) (= Bonner historische Forschungen 55) 1992.

MICHAEL, E., Kulturzustände des deutschen Volkes während des 13. Jahrhunderts III, 1903.

MIERAU, H. J., Vita communis und Pfarrseelsorge. Studien zu den Diözesen Salzburg und Passau im Hoch- und Spätmittelalter (= Forschungen zur Kirchlichen Rechtsgeschichte und zum Kirchenrecht 21) 1997.

MIGNE, J.P., Patrologiae latinae cursus completus, Bd. 1 ff, 1844 ff.

MILOJČIĆ, V., Bericht über die Ausgrabungen und Bauuntersuchungen in der Abtei Frauenwörth auf der Fraueninsel Chiemsee 1961–1964 (= SBAW.PH NF 65A-C) 1966.

MINGES, P., Geschichte der Franziskaner in Bayern, 1986.

MISCHLEWSKI, A., Beobachtungen zur Erwerbspolitik und Wirtschaftsweise des Memminger Antoniterhauses, in: K. ELM (Hg.), Erwerbspolitik und Wirtschaftsweise mittelalterlicher Orden und Klöster (= BHS 17.O VII) 1992, 175–196.

DERS., Die Niederlassungen des Antoniterordens in Bayern, in: N. BACKMUND, Die Chorherrenorden und ihre Stifte in Bayern, 1966, 231–242.

DERS., Grundzüge der Geschichte des Antoniterordens bis zum Ausgang des 15. Jahrhunderts (= Bonner Beiträge zur Kirchengeschichte 8) 1976.

MISTELE, K. H., Zur Geschichte des Templerordens in Süddeutschland, in: Mitteilungen für die Archivpflege in Bayern, Sonderheft 5 (1967) 18–24.

MITTERER, S., Die bischöflichen Eigenklöster in den vom hl. Bonifatius 739 gegründeten bayerischen Diözesen (= SMGB Erg.heft 2) 1929.

MITTERWIESER, A., Das Dominikanerinnenkloster Altenhohenau am Inn (1235 bis heute) (= GermSac B 2 D: Die Dominikanerinnenklöster) 1927.

DERS., Die katholische Caritas in Bayern in vergangenen Jahrhunderten, in: M. BUCHBERGER (Hg.), Die Kulturarbeit der katholischen Kirche in Bayern, 1920, 199–213.

DERS., Regesten des Frauenklosters Altenhohenau am Inn, in: OA 54 (1893) 399–446, 55 (1894) 333–371, 58 (1897) 270–328, 59 (1898) 384–472.

MOELLER, B., Kleriker als Bürger, in: Festschrift für Hermann Heimpel II (= VöMPIG 36,2) 1972, 195–224.

MOIS, J., Das Stift Rottenbuch in der Kirchenreform des 11. und 12. Jahrhunderts (= Beiträge zur Altbayerischen Kirchengeschichte 9 = NF 6) 1953.

MOLLAT DU JOURDIN, M. (Hg.), Etudes sur l'Histoire de la pauvreté (= Publications de la Sorbonne. Série Études 8) 1974.

Monumenta Boica, hg. v. der Bayerischen Akademie der Wissenschaften, Bd. 1ff, 1763ff.

Monumenta monodica medii aevi, hg. v. B. STÄBLEIN, Bd. 1ff, 1956ff.

Monumenta Wittelsbacensia s. WITTMANN, F. M.

MORAW, P., Über Typologie, Chronologie und Geographie der Stiftskirche im deutschen Mittelalter, in: Untersuchungen zu Kloster und Stift (= VöMPIG 68 = Studien zur GermSac 14) 1980, 9–37.

MORSBACH, P. (Red.), Ratisbona Sacra. Das Bistum Regensburg im Mittelalter (= Kataloge und Schriften der Kunstsammlungen des Bistums Regensburg – Diözesanmuseum Regensburg 6) 1989.

MÜLLENHOFF, K. – SCHERER, W. (Hg.), Denkmäler deutscher Poesie und Prosa aus dem VIII. – XII. Jahrhundert, I–II, ³1892/ND 1964.

MÜLLER, B. – TSCHAN, V., Chronica. Capita selecta de Provinciae Argentinensis Fratrum Minorum conventualium domibus, hg. v. M. SEHI (= Alemannia Franciscana Antiqua 12) 1964.

MÜLLER, C., Der Kampf Ludwigs des Baiern mit der römischen Curie I–II, 1879/80.

MÜLLER, G., Zur Bestimmung des Begriffs ›altdeutsche Mystik‹, in: K. RUH (Hg.), Altdeutsche und altniederländische Mystik (= WdF 23) 1964, 1–34.

MÜLLER-GEIB, W., Das Allgemeine Gebet der sonn- und feiertäglichen Pfarrmesse im deutschen Sprachgebiet. Von der karolingischen Reform bis zu den Reformversuchen der Aufklärungszeit (= Münsteraner theologische Abhandlungen 14) 1992.

MÜLLER, J. (Hg.), Vor- und frühreformatorische Schulordnungen und Schulverträge in deutscher und niederländischer Sprache I–II (= Sammlung selten gewordener pädagogischer Schriften früherer Zeiten 1–2) 1886.

MURR, C. T. von (Hg.), Charta fundationis novi hospitalis ad Spiritum Sanctum Norimbergae, 1801.

Musik in Geschichte und Gegenwart 1–17, hg. v. F. BLUME, 1949–1986.

NEIDIGER, B., Die Observanzbewegungen der Bettelorden in Südwestdeutschland, in: RJbKG 11 (1992) 175–196.

DERS., Mendikanten zwischen Ordensideal und städtischer Realität. Untersuchungen zum wirtschaftlichen Verhalten der Bettelorden in Basel (= BHS 5.O III) 1981.

NEUHOFER, T., Aus der Geschichte des Eichstätter Dominikanerklosters (= Jahresbericht des Gabrieligymnasiums Eichstätt. Wissenschaftliche Beilage 1957/1958) 1958.

NEUMÜLLER, W., Der heilige Florian und seine Passio, in: Sankt Florian. Erbe und Vermächtnis. Festschrift zur 900-Jahr-Feier (= Mitteilungen des oberösterreichischen Landesarchivs 10) 1971, 25–35.

NYHUS, P. L., The Franciscans in South Germany, 1400–1530 (= Transactions of the American Philosophical Society NS 65,8) 1975.

OBERSTEINER, J., Die Bischöfe von Gurk I–II (= Aus Forschung und Kunst 5/22) 1969/1980.

OEDIGER, F. W., Die niederrheinischen Schulen vor dem Aufkommen der Gymnasien, in: DERS., Vom Leben am Niederrhein, 1973, 351–408.

DERS., Über die Bildung der Geistlichen im Mittelalter (= Studien und Texte zur Geistesgeschichte des Mittelalters 2) 1953.

OEFELE, A. F. (ed.), Rerum Boicarum Scriptores I, 1763.

OPLL, F., Friedrich Barbarossa, 1990.

ORME, N., English Schools in the Middle Ages, 1973.

OSWALD, F., Würzburger Kirchenbauten des 11. und 12. Jahrhunderts (= Mainfränkische Hefte 45) 1966.

OSWALD, J., Das alte Passauer Domkapitel. Seine Entwicklung bis zum 13. Jahrhundert und sein Wahlkapitulationswesen (= Münchener Studien zur historischen Theologie 10) 1933.

DERS., Der organisatorische Aufbau des Bistums Passau im Mittelalter und in der Reformationszeit (Offizialats-, Dekanats- und Pfarreinteilung), in: DERS., Beiträge zur altbayerischen Kultur- und Kirchengeschichte (= NVöIOHF 35) 1976, 234–260 [erstmals in: ZSRG.K 30 (1941) 131–164].

OTT, L., Untersuchungen zur theologischen Briefliteratur der Frühscholastik (= BGPhMA 34) 1937.

OTT, M., Lindau (= HAB.S. 5) 1968.

PASCHER, P. H., Die Privilegierung der Reformklöster Hirsau, St. Blasien und St. Paul durch Papst Urban II., Diss. Salzburg 1980.

PASCHKE, H., Das Dominikanerkloster zu Bamberg und seine Umwelt, in: BHVB 105 (1969) 510–587.

PATSCHOVSKY, A., Der Passauer Anonymus. Ein Sammelwerk über Ketzer, Juden, Antichristen aus der Mitte des 13. Jahrhunderts (= MGH.Schriften 22) 1968.

DERS. (Hg.), Quellen zur böhmischen Inquisition im 14. Jahrhundert (= MGH.Quellen zur Geistesgeschichte des Mittelalters 11) 1979/ND 1985.

PETERS, W., Die Gründung des Prämonstratenserstifts Ursberg, in: ZBLG 43 (1980) 575–587.

PETERSOHN, J., Jubiläumsfrömmigkeit vor dem Jubelablaß. Jubeljahr, Reliquientranslationen und »remissio« in Bamberg (1189) und Canterbury (1220), in: DA 45 (1989) 31–53.

DERS., Zur geographisch-politischen Terminologie und Datierung der Passio maior sancti Kiliani, in: Festschrift A. Wendehorst I (= JFLF 52/53) 1992, 25–34.

PETKE, W., Kanzlei, Kapelle und königliche Kurie unter Lothar III. (= Forschungen zur Kaiser- und Papstgeschichte des Mittelalters 5) 1985.

PETZOLD, K., Die Grundlagen der Erziehungslehre im Spätmittelalter und bei Luther (= Pädagogische Forschungen 42) 1969.

PEZ, B., Bibliotheca ascetica antiquo-nova I–XII, 1723–40/ND 1967.

DERS., Thesaurus Anecdotorum Novissimus I-VI, 1721–1729.

PFAFF, M., Das geistliche Spiel des Mittelalters, in: Musik in Bayern I, hg. v. R. MÜNSTER, 1972, 79–96.

DERS., Der Gregorianische Gesang, in: Musik in Bayern I, hg. v. R. MÜNSTER, 1972, 67–78.

PFEIFFER, F. – STROBL, J. (Hg.), Berthold von Regensburg. Vollständige Ausgabe seiner deutschen Predigten I–II, 1862/1880 (ND 1965).

PFLEGER, L., Beiträge zur Geschichte des katechetischen Unterrichts im Mittelalter, 1922.

PFLUGK-HARTTUNG, J. von, Der Johanniter- und der Deutsche Orden im Kampfe Ludwig's des Bayern mit der Kurie, 1900.

DERS., Die Anfänge des Johanniter-Ordens in Deutschland besonders in der Mark Brandenburg und in Mecklenburg, 1899.

PFRANG, M., Über die Anfänge des Christentums in Unterfranken, in: WDGB 51 (1989) 79–141.

PHILIPP-SCHAUWECKER, H., Otloh und die St. Emmeramer Fälschungen des 12. Jahrhunderts, in: VHOR 106 (1966) 103–120.

PLÖTZ, R., Deutsche Pilger nach Santiago de Compostela bis zur Neuzeit, in: K. HERBERS (Hg.), Deutsche Jakobspilger und ihre Berichte (= Jakobus-Studien 1) 1988, 1–27.

PÖLNITZ, S. von, Die bischöfliche Reformarbeit im Hochstift Würzburg während des 15. Jahrhunderts, in: WDGB 8/9 (1940/41) 1–168.

PÖTZL, W., Augusta sacra. Augsburger Patrozinien des Mittelalters als Zeugnisse des Kultes und der Frömmigkeit, in: JVABG 9 (1975) 19–75.

DERS., Bild und Reliquie im hohen Mittelalter, in: BJVK (1986) 56–71.

DERS., Die Anfänge der Ulrichsverehrung im Bistum Augsburg und im Reich, in: Bischof Ulrich von Augsburg und seine Verehrung, in: JVABG 7 (1973) 82–115.

DERS., Die Wallfahrt zum Kreuzpartikel in Bergen, in: Kloster Bergen bei Neuburg an der Donau und seine Fresken von Johann Wolfgang Baumgartner (= Kunst in Bayern und Schwaben 3) 1981, 39–57.

DERS., Formen volkstümlicher Verehrung des hl. Willibald, in: St. Willibald. 787–1987. Beiträge zum Jubeljahr (= SMGB 98,1–2) 1987, 146–168.

POPP, M., Albertus Magnus und sein Orden in Regensburg, in: VHOR 120 (1980) 391–440.

DERS., Die Dominikaner im Bistum Regensburg, in: G. SCHWAIGER – P. MAI (Hg.), Klöster und Orden im Bistum Regensburg (= BGBR 12) 1978, 227–257.

DERS., Die Dominikanerinnen im Bistum Regensburg, in: G. SCHWAIGER – P. MAI (Hg.), Klöster und Orden im Bistum Regensburg (= BGBR 12) 1978, 259–308.

DERS., Geschichte des Klosters, in: P. MAI (Hg.), 750 Jahre Dominikanerinnenkloster Hl. Kreuz Regensburg (= Kataloge und Schriften der Kunstsammlungen des Bistums Regensburg 1) 1983, 13–21.

POTTHAST A. (Ed.), Regesta Pontificum Romanorum inde ab anno MCXCVIII post Christum natum ad annum MCCCIV, I–II, 1874/1875 (ND 1957).

PREGER, W., Geschichte der deutschen Mystik im Mittelalter II, 1881/ND 1962.

PRESSLER, C., Schöne alte Kinderbücher, 1980.

PRINZ, F., Frühes Mönchtum im Frankenreich, 1965/²1988.

DERS., Frühes Mönchtum in Südwestdeutschland und die Anfänge der Reichenau, in: Mönchtum, Episkopat und Adel zur Gründungszeit des Klosters Reichenau, hg. v. A. BORST (= VoF 20) 1974, 37–76.

DERS., Klerus und Krieg im früheren Mittelalter (= MGMA 2) 1971.

DERS., Klöster und Stifte, in: HBG I, ²1981, 462–495.

PROBST, C., Das Medizinalwesen der Reichsstädte Rothenburg, Schweinfurt, Dinkelsbühl, Weißenburg und Windsheim, in: Reichsstädte in Franken. Aufsätze II, hg. v. R. A. MÜLLER (= VBGK 15,2) 1987, 122–140.

QUARTHAL, F. (Bearb.), Die Benediktinerklöster in Baden-Württemberg (= GermBen 5) 1975/ND 1987.

RÄDLINGER-PRÖMPER, C., St. Emmeram in Regensburg (= Thurn und Taxis-Studien 16) 1987.

RANKL, H., Das vorreformatorische landesherrliche Kirchenregiment in Bayern (= Miscellanea Bavarica Monacensia 34 = Neue Schriftenreihe des Stadtarchivs München 51) 1971.

Ratisbona Sacra s. Morsbach, P.

RATZINGER, G., Geschichte der kirchlichen Armenpflege, ²1884.

RAU, R. (Bearb.), Briefe des Bonifatius. Willibald: Leben des Bonifatius (= AQDGMA 4,2) 1968.

RECHTER, G., Das Land zwischen Aisch und Rezat. Die Kommende Virnsberg Deutschen Ordens und die Rittergüter im oberen Zenngrund (= SIFLF 20) 1981.

REDLICH, O. (Hg.), Die Traditionsbücher des Hochstifts Brixen vom 10. bis in das 14. Jahrhundert (= Acta Tirolesia 1) 1886.

DERS., Zur Geschichte der Bischöfe von Brixen vom 10. bis in das 12. Jahrhundert (907–1125), in: Zeitschrift des Ferdinandeums für Tirol und Vorarlberg 3,28 (1884) 1–52.

REDLICH, V., Tegernsee und die deutsche Geistesgeschichte im 15. Jahrhundert (= SBLG 9) 1931/ND 1974.

Reformbemühungen s. ELM, K.

REGLER, R., Das Bürgerspital vom Heiligen Geist zu Amberg, in: LDS IV (1982) 351–371.

REICHERT, F., Landesherrschaft, Adel und Vogtei (= AKuG Beiheft 23) 1985.

REICKE, S., Das deutsche Spital und sein Recht im Mittelalter I–II (= Kirchenrechtliche Abhandlungen 111/112) 1932/ND 1970.

REINDEL, K., Bischof Drakolf von Freising. Ein Franke auf dem Stuhl des hl. Korbinian, in: Fränkische Blätter für Geschichtsforschung und Heimatpflege 9 (1957) 77f.

DERS., Die bayerischen Luitpoldinger 893–989 (= QuE NF 11) 1953.

DERS., Erste Klostergründungen in Bayern, in: HBG I, ²1981, 204–225.

DERS., Grundlegung: Das Zeitalter der Karolinger, in: HBG I, ²1981, 101–248.

DERS., Herzog Arnulf und das Regnum Bavariae, in: Die Entstehung des deutschen Reiches, hg. v. H. KÄMPF (= WdF 1) ⁵1980, 213–288 [erstmals in: ZBLG 17 (1954) 187–252].

REININGER, N., Die Archidiacone, Offiziale und Generalvicare des Bisthums Würzburg, in: AU 28 (1885) 1–265.

REITER, E., Rezeption und Beachtung von Basler Dekreten in der Diözese Eichstätt unter Bischof Johann von Eych (1445–1464), in: Von Konstanz nach Trient. Festgabe für A. Franzen, hg. v. R. BÄUMER, 1972, 215–232.

REMLING, L., Bruderschaften in Franken (= QFGBW 35) 1986.

Repertorium Germanicum, hg. v. Kgl. Preußischen bzw. Deutschen Historischen Institut in Rom I-VIII, 1916–1993.

REULEIN, W., Das Heiliggeistspital zu Dinkelsbühl, 1974.

RICHÉ, P., Die Welt der Karolinger, ²1984.

RIEDLINGER, H., Die Makellosigkeit der Kirche in den lateinischen Hoheliedkommentaren des Mittelalters (= BGPhMA 38,3) 1958.

RIEDMANN, J., Die Funktion der Bischöfe von Säben in den transalpinen Beziehungen, in: H. BEUMANN – W. SCHRÖDER (Hg.), Die transalpinen Verbindungen der Bayern, Alemannen und Franken bis zum 10. Jahrhundert (= Nationes 6) 1987, 93–103.

DERS., Feudale Gewalten in ihren Beziehungen zu Niederkirchen und Domkapiteln am Beispiel der Salzburger Kirchenprovinz, in: Chiesa e mondo feudale nei secoli X-XII (= Miscellanea del Centro di Studi Medioevali 14) 1995, 87–107.

RIEMANN, H. D., »De cognoscendo deum«. Die Entstehungsgeschichte eines Traktats des Bernhard von Waging zum Mystikerstreit des 15. Jahrhunderts, in: En kai plethos. Einheit und Vielheit. Festschrift Karl Bormann zum 65. Geburtstag, hg. v. L. HAGEMANN (= Religionswissenschaftliche Studien 30) 1993, 121–160.

DERS., Der Briefwechsel Bernhards von Wagings und Johannes' von Eych, Diss. Köln 1985.

RIEZLER, S., Die literarischen Widersacher der Päpste zur Zeit Ludwig des Baiers, 1874/ND 1961.

DERS., Geschichte Baierns I/II/III, ²1927/1880/1889.

RILEY-SMITH, J., The knights of St. John in Jerusalem and Cyprus (= A history of the order of the hospital of St. John of Jerusalem 1) 1967.

RINGLER, S., Viten und Offenbarungsliteratur in Frauenklöstern des Mittelalters (= MTU 72) 1980.

ROBERG, B., Das Zweite Konzil von Lyon (= Konziliengeschichte A 6) 1990.

RÖCKELEIN, H., Otloh, Gottschalk, Tnugdal. Individuelle und kollektive Visionsmuster im Hochmittelalter (= EHS III,319) 1987.

RÖDEL, W. G., Das Großpriorat Deutschland des Johanniter-Ordens im Übergang vom Mittelalter zur Reformation, Diss. Mainz 1965.

RÖHRIG, F., Die kirchliche Entwicklung, in: Österreich im Hochmittelalter, Red. A. M. DRABEK (= Österreichische Akademie der Wissenschaften. Veröffentlichungen der Kommission für die Geschichte Österreichs 17) 1991, 331–338.

ROGGER, I., I principati ecclesiastici di Trento e di Bressanone dalle origini alla secolarizzazione del 1236, in: I poteri temporali dei Vescovi in Italia e in Germania nel Medioevo, hg. v. C. G. MOR – H. SCHMIDINGER (= Annali dell'Istituto storico italo-germanico 3) 1979, 177–223.

ROMSTÖCK, F., Die Klöster und Stifter der Diözese Eichstätt bis zum Jahre 1806, in: SHVE 30 (1915) 19–86.

ROSENSTOCK, D. – WAMSER, L., Von der germanischen Landnahme bis zur Einbeziehung in das fränkische Reich, in: P. KOLB – G. KRENIG (Hg.), Unterfränkische Geschichte I, 1989, 15–90.

ROSSMANN, H., Der Magister Marquard Sprenger in München und seine Kontroversschriften von Basel zur mystischen Theologie, in: Mysterium der Gnade. Festschrift für J. Auer, 1975, 350–411.

DERS., Der Tegernseer Benediktiner Johannes Keck über die mystische Theologie, in: Das Menschenbild des Nikolaus von Kues und der christliche Humanismus. Festgabe Rudolf Haubst zum 65. Geburtstag (= Mitteilungen und Forschungsbeiträge der Cusanus-Gesellschaft 13) 1978, 330–352.

DERS., Marquard Sprenger, in: VL² 9 (1994) 157–162.

ROTH, E., Oberfranken im Spätmittelalter und zu Beginn der Neuzeit, 1979.

ROTTENKOLBER, J., Das ehemalige Terziarinnenkloster St. Anna in Lenzfried, in: BFrA 1 (1954) 419–426.

RÜGER, W., Mittelalterliches Almosenwesen. Die Almosenordnungen der Reichsstadt Nürnberg (= Nürnberger Beiträge zu den Wirtschafts- und Sozialwissenschaften 31) 1932.

RUF, P. (Hg.), Bistum Augsburg (= MBKDS III/1) 1932.

DERS., Bistum Bamberg (= MBKDS III/3) 1939.

DERS., Säkularisation und Bayerische Staatsbibliothek I: Die Bibliotheken der Mendikanten und Theatiner, 1962 (mehr nicht erschienen).

RUF, T., Die Grafen von Rieneck (= Mainfränkische Studien 32 = Schriften des Geschichts- und Museumsvereins Lohr/Main 18) 1984.

RUH, K., David von Augsburg und die Entstehung eines franziskanischen Schrifttums im deutschen Sprachraum, in: DERS., Kleine Schriften II, hg. v. V. MERTENS, 1984, 46–67.

DERS., Die trinitarische Spekulation in deutscher Mystik und Scholastik, in: Zeitschrift für deutsche Philologie 72 (1953) 24–53.

DERS., Geschichte der abendländischen Mystik II: Frauenmystik und Franziskanische Mystik der Frühzeit, 1993; III: Die Mystik des deutschen Predigerordens und ihre Grundlegung durch die Hochscholastik, 1996.

DERS., Zur Grundlegung einer Geschichte der franziskanischen Mystik, in: DERS. (Hg.), Altdeutsche und altniederländische Mystik (= WdF 23) 1964, 240–274.

RUMMEL, P., Die Augsburger Diözesansynoden, in: JVABG 20 (1986) 9–69.

RUMP, H.-U., Füssen (= HAB.S. 9) 1977.

RUPPRECHT, K., Ritterschaftliche Herrschaftswahrung in Franken (= VGFG IX,42) 1994.

RUPRECHT, S., Geschichte des Heilig-Geist-Spitals in Neumarkt, Oberpfalz, unter Leitung des Heilig-Geistordens ca. 1239–1531, Diss. München 1940.

RUSS, H., Die Edelfreien und Grafen von Truhendingen (= VGFG IX,40) 1992.

SAGE, W., Die Ausgrabungen im Willibaldsdom zu Eichstätt, in: Ausgrabungen in Deutschland II (= Monographien des Römisch-germanischen Zentralmuseums Mainz 1,2) 1975, 410–423.

DERS., Die Ausgrabungen in den Domen zu Bamberg und Eichstätt 1969–1972, in: Jahresbericht der Bayerischen Bodendenkmalpflege 17/18 (1976/1977) 178–234.

SAHLINGER, B., Verfassung und Verwaltung des St. Katharinenspitals in Regensburg, Diss. Erlangen 1956.

SAILER, K.-L., Die Gesundheitsfürsorge im alten Bamberg, Diss. Erlangen 1970.

SALLABERGER, J., Johann Staupitz, Abt von St. Peter (1522–1524) und die Salzburger Mendikantentermineien, in: Beiträge zur Geschichte des alten Mönchtums und des Benediktinerordens 103 (1992) 87–188.

Salzburger Urkundenbuch s. HAUTHALER, W.

SANDBERGER, A., Der Pfeiffer von Pinswang und seine Namensgenossen, in: DERS., Altbayerische Studien zur Geschichte von Siedlung, Recht und Landwirtschaft, hg. v. P. FRIED (= SBLG 74) 1985, 257–260.

SANDBERGER, G. u. A., Frauenchiemsee als bayerisches Herzogskloster, in: ZBLG 27 (1964) 55–73.

SANDMANN, M., Die Folge der Äbte, in: K. SCHMID (Hg.), Die Klostergemeinschaft von Fulda im früheren Mittelalter 1 (= MMS 8) 1978, 178–204.

SANFORD, E. M., Honorius Presbyter and Scholasticus, in: Speculum 23 (1948) 397–425.

SAUER, C., Fundatio und Memoria (= VöMPIG 109) 1993, 66–88.

SAX, J., Geschichte des Hochstiftes und der Stadt Eichstätt, 1857/²1927.

SCHALLER, H. M., Die Übertragung des Patronats der Pfarrkirche St. Martin in Memmingen an die Antoniter durch Friedrich II., in: P. FRIESS (Hg.), Auf den Spuren des heiligen Antonius. Festschrift für A. Mischlewski zum 75. Geburtstag, 1994, 89–96.

SCHANNAT, J. F. – HARTZHEIM, J. (Hg.), Concilia Germaniae III-V, 1760/1761/1763 (ND 1970).

SCHARRER, W., Laienbruderschaften in der Stadt Bamberg vom Mittelalter bis zum Ende des Alten Reiches, in: BHVB 126 (1990) 19–392.

SCHAUWECKER, H., Otloh von St. Emmeram. Ein Beitrag zur Bildungs- und Frömmigkeitsgeschichte des 11. Jahrhunderts, in: SMGB 74 (1963) 3–240.

SCHEFFCZYK, L., Schöpfung und Vorsehung (= HDG II/2a) 1963.

SCHERZER, W., Das Hochstift Würzburg, in: P. KOLB – G. KRENIG (Hg.), Unterfränkische Geschichte II, 1992, 17–84.

DERS., Die Anfänge der Archive der Bischöfe und des Domkapitels zu Würzburg, in: Archivalische Zeitschrift 73 (1977) 21–40.

DERS., Morphologie des spätmittelalterlichen Hochstifts Würzburg, in: MJGK 45 (1993) 92–102.

DERS. (Bearb.), Urkunden und Regesten des Klosters und Stiftes St. Gumbert in Ansbach 786–1400 (= VGFG III,5) 1989.

SCHICH, W., Würzburg im Mittelalter. Studien zum Verhältnis von Topographie und Bevölkerungsstruktur (= Städteforschung A 3) 1977.

SCHIEFFER, R., Die Entstehung von Domkapiteln in Deutschland (= Bonner historische Forschungen 43) 1976/²1982.

SCHIEFFER, T., Heinrich II. und Konrad II. Die Umprägung des Geschichtsbildes durch die Kirchenreform des 11. Jahrhunderts (= Libelli 285) 1969 [erstmals in: DA 8 (1951) 384–437].

DERS., Winfrid-Bonifatius und die christliche Grundlegung Europas, ²1972.

SCHIMMELPFENNIG, B., Bamberg im Mittelalter (= Historische Studien 391) 1964.

DERS., Das Papsttum, ³1988.

DERS., Die Regelmäßigkeit mittelalterlicher Wallfahrt, in: Wallfahrt und Alltag in Mittelalter und Früher Neuzeit, Red. G. JARITZ (= Veröffentlichungen des Instituts für Realienkunde des Mittelalters und der Frühen Neuzeit 14 = SAWW.PH 592) 1992, 81–94.

SCHINDLING, A., Franziskaner und Klarissen in süddeutschen Reichsstädten im Zeitalter der Reformation, in: I Franciscani in Europa tra Riforma e Controriforma. Atti del XIII Convegno Internazionale Assisi, 17–18–19 Ottobre 1985, 1987, 95–114.

DERS. – ZIEGLER, W. (Hg.), Die Territorien des Reichs im Zeitalter der Reformation und Konfessionalisierung. Heft 4: Mittleres Deutschland (= Katholisches Leben und Kirchenreform im Zeitalter der Glaubensspaltung 52) 1992.

SCHLEIF, C., Bild- und Schriftquellen zur Verehrung des Heiligen Deocarus in Nürnberg, in: BHVB 119 (1983) 9–24.

DERS., Donatio et Memoria. Stifter, Stiftungen und Motivationen am Beispiel der Lorenzkirche in Nürnberg (= Kunstwissenschaftliche Studien 58) 1990.

SCHLEMMER, K., Gottesdienst und Frömmigkeit in der Reichsstadt Nürnberg am Vorabend der Reformation (= Forschungen zur fränkischen Kirchen- und Theologiegeschichte 6) 1980.

SCHMALE, F.-J., Bildung und Wissenschaft, lateinische Literatur, geistige Strömungen, in: HBG III/1, ²1979, 113–144.

DERS., Die Gesta Friderici I. Imperatoris Ottos von Freising und Rahewins, in: DA 19 (1963) 168–214.

DERS., Franken im Karolingerreich, in: HBG III/1, 1971/²1979, 29–45.

DERS. (Hg.), Quellen zur Geschichte Kaiser Heinrichs IV. (= AQDGMA 12) 1974.

DERS. – SCHMALE-OTT, I. (Hg.), Frutolfs und Ekkehards Chroniken und die anonyme Kaiserchronik (= AQDGMA 15) 1972.

SCHMEIDLER, B., Abt Ellinger von Tegernsee (= SBLG 32) 1938/ND 1974.

SCHMELLER, J. A., Bayerisches Wörterbuch I–II, ²1872/1877 (ND 1985).

SCHMID, A., Bayern und Italien vom 7. bis zum 10. Jahrhundert, in: H. BEUMANN – W. SCHRÖDER (Hg.), Die transalpinen Verbindungen der Bayern, Alemannen und Franken bis zum 10. Jahrhundert (= Nationes 6) 1987, 51–91.

DERS., Das Bild des Bayernherzogs Arnulf in der deutschen Geschichtsschreibung von seinen Zeitgenossen bis zu Wilhelm von Giesebrecht (= Regensburger Historische Forschungen 5) 1976.

DERS., Die Anfänge der Domprädikaturen in den deutschsprachigen Diözesen, in: RQ 89 (1994) 78–110.

DERS., Eichstätt, in: A. SCHINDLING – W. ZIEGLER (Hg.), Die Territorien des Reichs im Zeitalter der Reformation und Konfessionalisierung. Heft 4: Mittleres Deutschland (= Katholisches Leben und Kirchenreform im Zeitalter der Glaubensspaltung 52) 1992, 166–181.

DERS., Humanistenbischöfe. Untersuchungen zum vortridentinischen Episkopat in Deutschland, in: RQ 87 (1992) 159–192.

DERS., Regensburg. Reichsstadt – Fürstbischof – Reichsstifte – Herzogshof (= HAB.A. 60) 1995.

DERS., Regensburg zur Agilolfingerzeit, in: Die Bajuwaren. Von Severin bis Tassilo, hg. v. H. DANNHEIMER – H. DOPSCH, 1988, 136–140.

DERS., Untersuchungen zu Gau, Grafschaft und Vogtei im vorderen Bayerischen Wald, in: Aus Bayerns Geschichte. Forschungen als Festgabe zum 70. Geburtstag von A. Kraus, hg. v. E. J. GREIPL, 1992, 117–177.

SCHMID, D., Regensburg (= HAB.A. 41) 1976.

SCHMID, H., Die Musica-enchiriadis-Handschriften der Bayerischen Staatsbibliothek, in: Ars iocundissima. Festschrift f. K. Dorfmüller zum 60. Geburtstag, hg. v. H. LEUCHTMANN, 1984, 311–319.

SCHMID, K., Bischof Wikterp in Epfach, in: Studien zu Abodiacum – Epfach, hg. v. J. WERNER (= MBVFG 7) 1964, 99–139.

DERS. (Hg.), Die Klostergemeinschaft von Fulda im früheren Mittelalter (= MMS 8) 1978.

DERS., Mönchslisten und Klosterkonvent von Fulda zur Zeit der Karolinger, in: DERS. (Hg.), Die Klostergemeinschaft von Fulda im früheren Mittelalter 2,2 (= MMS 8) 1978, 571–639.

SCHMID, P., Regensburg. Stadt der Könige und Herzöge im Mittelalter (= Regensburger Historische Forschungen 6) 1977.

SCHMIDLIN, J., Die Philosophie Ottos von Freising, in: PhJ 18 (1905) 156–175, 312–323, 407–423.

SCHMITT, L. C., Die Bamberger Synoden, in: BHVB 14 (1851) 1–224.

SCHMITZ, H. G., Kloster Prüfening im 12. Jahrhundert (= Miscellanea Bavarica Monacensia 49) 1975.

SCHMITZ, P., Geschichte des Benediktinerordens I–IV, 1947–1960.

SCHMUGGE, L., Kurie und Kirche in der Politik Karls IV., in: Karl IV., hg. v. F. SEIBT, 1978, 73–87.

SCHNEIDER, J., Der Tugendbegriff in den Schriften Alberts des Großen ›De natura boni und Summa de bono‹, in: Albertus Magnus Doctor Universalis (= Walberberger Studien, Philosophische Reihe 6) 1980, 295–322.

DERS., Die Lehre vom Dreieinigen Gott in der Schule des Petrus Lombardus (= MThSt II,22) 1961.

DERS., Die Mariologie Gerhohs von Reichersberg, in: Forum katholische Theologie 3 (1987) 203–216.

SCHNEIDER, M., Europäisches Waldensertum im 13. und 14. Jahrhundert (= Arbeiten zur Kirchengeschichte 51) 1981.

SCHNEIDER, P., Die bischöflichen Domkapitel, ihre Entwicklung und rechtliche Stellung im Organismus der Kirche, 1885.

SCHNELBÖGL, F., Kirche und Caritas, in: G. PFEIFFER (Hg.), Nürnberg – Geschichte einer europäischen Stadt, ²1982, 100–106.

SCHNELBÖGL, W., Die innere Entwicklung des bayerischen Landfriedens des 13. Jahrhunderts (= Deutschrechtliche Beiträge 13,2) 1932.

SCHNÜRER, G., Kirche und Kultur im Mittelalter II, 1926.

SCHÖFFEL, P., Der Archidiakonat Rangau am Ausgang des Mittelalters, in: JFLF 5 (1939) 132–175.

DERS., Pfarreiorganisation und Siedlungsgeschichte im mittelalterlichen Mainfranken, in: ZBKG 17 (1942/47) 1–18; erweitert in: Aus der Vergangenheit Unterfrankens (= Mainfränkische Heimatkunde 2) 1950, 7–39.

SCHOEFFEL, S., Die Kirchenhoheit der Reichsstadt Schweinfurt (= QFBKG 3) 1918.

SCHOELEN, E., Erziehung und Unterricht im Mittelalter, ²1965.

SCHÖNBACH, A. E., Studien zur Geschichte der altdeutschen Predigt (= SAWW.PH 142,5/147,5/151,2/152,7/153,4/154,1/155,5) 1900/1903/1905–1907.

SCHÖNTAG, I., Untersuchungen über die persönliche Zusammensetzung des Augsburger Domkapitels im Mittelalter, Diss. Breslau 1938.

SCHORNBAUM, K. – KRAFT, W., Pappenheim am Ausgang des Mittelalters in kirchlicher Hinsicht auf Grund des Pfarrbuches des Pfarrers Stephan Aigner, in: ZBKG 7 (1932) 129–160, 193–220.

SCHOTT, C. (Hg.), Lex Alamannorum (= Veröffentlichungen der Schwäbischen Forschungsgemeinschaft Reihe V,2,3) 1993.

SCHRAMB, A., Chronicon Mellicense, 1702.

SCHREINER, K., Laienbildung als Herausforderung für Kirche und Gesellschaft. Religiöse Vorbehalte und soziale Widerstände gegen die Verbreitung von Wissen im späten Mittelalter und in der Reformation, in: ZHF 11 (1984) 257–354.

DERS., Laienfrömmigkeit – Frömmigkeit von Eliten oder Frömmigkeit des Volkes? Zur sozialen Verfaßtheit laikaler Frömmigkeitspraxis im späten Mittelalter, in: Laienfrömmigkeit im späten Mittelalter, hg. v. K. SCHREINER (= Schriften des Historischen Kollegs. Kolloquien 20) 1–78.

DERS., »Peregrinatio laudabilis« und »peregrinatio vituperabilis«. Zur religiösen Ambivalenz des Wallens und Laufens in der Frömmigkeitstheologie des späten Mittelalters, in: Wallfahrt und Alltag im Mittelalter und Früher Neuzeit, Red. G. JARITZ (= Veröffentlichungen des Instituts für Realienkunde des Mittelalters und der Frühen Neuzeit 14 = SAWW.PH 592) 1992, 133–163.

SCHREMS, K., Die religiöse Volks- und Jugendunterweisung in der Diözese Regensburg vom Ausgang des 15. Jahrhunderts bis gegen Ende des 18. Jahrhunderts, 1929.

SCHRITTENLOHER, J., Das Heiliggeistspital zu München, in: LDS V (1986) 261–267.

SCHRÖDER, A., Der Archidiakonat im Bistum Augsburg, in: AGHA 6 (1921) 97–230.

SCHRÖDER, W. (Hg.), Kleinere deutsche Gedichte des 11. und 12. Jahrhunderts, I–II (= Altdeutsche Textbibliothek 71–72) 1972.

SCHRÖDL, C., Passavia Sacra, 1876.

SCHUBERT, E., Die Landstände des Hochstifts Würzburg (= VGFG IX,23) 1967.

DERS., Probleme der Königsherrschaft im spätmittelalterlichen Reich, in: Das spätmittelalterliche Königtum im europäischen Vergleich, hg. v. R. SCHNEIDER (= VoF 32) 1987, 135–184.

DERS., Rudolf von Scherenberg, in: FLB 2 (= VGFG VII A 2) 1968, 133–158.

SCHUBIGER, A., Die Sängerschule Sankt Gallens vom 8. bis zum 12. Jahrhundert, 1858.

SCHÜPFERLING, M., Der Tempelherren-Orden in Deutschland, Diss. Fribourg 1915.

SCHÜTZ, A., Das Geschlecht der Andechs-Meranier im europäischen Hochmittelalter, in: Herzöge und Heilige, hg. v. J. KIRMEIER (= VBGK 24) 1993, 21–185.

DERS., Der Kampf Ludwigs des Bayern gegen Papst Johannes und die Rolle der Gelehrten am Münchner Hof, in: H. GLASER (Hg.), Wittelsbach und Bayern I/1: Die Zeit der frühen Herzöge, 1980, 388–397.

SCHULLER, H., Dos – Praebenda – Peculium, in: H. EBNER (Hg.), Festschrift Friedrich Hausmann, 1977, 453–487.

SCHULTHEISS, W., Das Hausbuch des Mendelschen Zwölfbrüderhauses zu Nürnberg von 1388/1425 bis 1549, in: MVGN 54 (1966) 94–108.

DERS., Konrad Groß, in: FLB 2 (= VGFG VII A 2) 1968, 59–82.

SCHWAB, F. M., David of Augsburg's »Paternoster« and the Authenticity of his German Works (= MTU 32) 1971.

SCHWAIGER, G. (Hg.), Bavaria sancta I–III, 1970–1973.

DERS., Der heilige Bischof Wolfgang von Regensburg (972–994). Geschichte, Legende und Verehrung, in: Regensburg und Böhmen, hg. v. DEMS. – J. STABER (= BGBR 6) 1972, 39–60.

DERS., Die Benediktiner im Bistum Regensburg, in: Klöster und Orden im Bistum Regensburg (= BGBR 12) 1978, 7–61.

DERS. – STABER, J. (Hg.), Regensburg und Böhmen (= BGBR 6) 1972.

SCHWARZ, K., Die Ausgrabungen im Niedermünster zu Regensburg (= Führer zu archäologischen Denkmalen in Bayern 1) 1971.

SCHWARZER, J., Vitae und Miracula aus Kloster Ebrach, in: NA 6 (1881) 516–521.

SCHWARZMAIER, H., Königtum, Adel und Klöster im Gebiet zwischen oberer Iller und Lech (= Veröffentlichungen der Schwäbischen Forschungsgemeinschaft bei der Kommission für Bayerische Landesgeschichte I,7) 1961.

SCHWEITZER, C. A., Das Kopialbuch des St. Katharina-Spitals zu Bamberg in vollständigen Auszügen der Urkunden von 1265–1502, in: BHVB 10 (1847) 73–180.

SCHWERTL, G., Die Beziehungen der Herzöge von Bayern und Pfalzgrafen bei Rhein zur Kirche (= Miscellanea Bavarica Monacensia 9 = Neue Schriftenreihe des Stadtarchivs München 25) 1968.

SEGL, P., Der Hexenhammer. Entstehung und Umfeld des Malleus maleficarum von 1487 (= Bayreuther historische Kolloquien 2) 1988.

DERS., Ketzer in Österreich. Untersuchungen über Häresie und Inquisition im Herzogtum Österreich im 13. und beginnenden 14. Jahrhundert (= QFGG NF 5) 1985.

SEHI, M., Die Bettelorden in der Seelsorgsgeschichte der Stadt und des Bistums Würzburg bis zum Konzil von Trient (= Forschungen zur fränkischen Kirchen- und Theologiegeschichte 5) 1981.

DERS., Die oberdeutsche Minoritenprovinz im Mittelalter, in: Achthundert Jahre Franz von Assisi, 1982, 270–288.

SEIBERT, H., Abtserhebungen zwischen Rechtsnorm und Rechtswirklichkeit (= Quellen und Abhandlungen zur Mittelrheinischen Kirchengeschichte 78) 1995.

SEIDENSCHNUR, W., Die Salzburger Eigenbistümer in ihrer reichs-, kirchen- und landesrechtlichen Stellung, in: ZSRG.K 9 (1919) 177–287.

SEILER, J., Das Augsburger Domkapitel vom Dreißigjährigen Krieg bis zur Säkularisation (= MThSt I,29) 1989.

SEMMLER, J., Benediktinisches Mönchtum in Bayern im späten 8. und frühen 9. Jahrhundert, in: Frühes Mönchtum in Salzburg, hg. v. E. ZWINK (= Salzburg-Diskussionen 4) 1983, 199–218.

DERS., Die Klosterreform von Siegburg (= Rheinisches Archiv 53) 1959.

DERS., Episcopi potestas und karolingische Klosterpolitik, in: Mönchtum, Episkopat und Adel zur Gründungszeit des Klosters Reichenau, hg. v. A. BORST (= VoF 20) 1974, 305–395.

SEYBOTH, R., Die Markgraftümer Ansbach und Kulmbach unter der Regierung Markgraf Friedrichs des Älteren (= Schriftenreihe der Historischen Kommisssion bei der Bayerischen Akademie der Wissenschaften 24) 1985.

SIEMER, P., Geschichte des Dominikanerklosters St. Magdalena in Augsburg (= QGDOD 33) 1936.

SIMON, A., L'Ordre des Pénitentes de St. Marie-Madeleine en Allemagne, 1918.

SIMON, M., Evangelische Kirchengeschichte Bayerns, ²1952.

SIMSON, B., Jahrbücher des fränkischen Reiches unter Ludwig dem Frommen (= JDG 6/1–2) 1874/76.

ŠMAHEL, F., Krise und Revolution: Die Sozialfrage im vorhussitischen Böhmen, in: Europa 1400, hg. v. F. SEIBT, 1984, 65–81.

SMET, J. – DOBHAN, U., Die Karmeliten. Eine Geschichte der Brüder U. L. Frau vom Berge Karmel, 1981.

SODER V. GÜLDENSTUBBE, E., Christliche Mission und kirchliche Organisation, in: P. KOLB – G. KRENIG (Hg.), Unterfränkische Geschichte I, 1989, 91–154.

DERS., Die Entwicklung der kirchlichen Strukturen im Bistum Würzburg, in: P. KOLB – G. KRENIG (Hg.), Unterfränkische Geschichte II, 1992, 215–232.

SOETEMAN, C., Deutsche geistliche Dichtung des 11. und 12. Jahrhunderts, ²1971.

SÖLTL, I. M., Die frommen und milden Stiftungen der Wittelsbacher über einen großen Teil von Deutschland aus archivalischen und anderen Schriften geschöpft, 1858.

SOUTHERN, R. W., Saint Anselm and his biographer, 1963/ND 1966.

SPARBER, A., Das Bistum Sabiona in seiner geschichtlichen Entwicklung, 1942.

DERS., Die Brixner Fürstbischöfe im Mittelalter, 1968.

SPECHT, F. A., Geschichte des Unterrichtswesens in Deutschland, 1885/ND 1967.

SPINDLER, M. (Hg.), Handbuch der bayerischen Geschichte I–III/1–2, ¹1967–1971/ ²1975ff./ ³1995ff.

SPRANDEL, R., Kilian und die Anfänge des Bistums Würzburg, in: WDGB 54 (1992) 5–17.

SPROCKHOFF, P., Althochdeutsche Katechetik, Diss. Berlin 1912.

STABER, J., Die Seelsorge in der Diözese Freising unter den Bischöfen Johannes Tulbeck, Sixtus von Tannberg und Pfalzgraf Philipp, in: Episcopus, Studien über das Bischofsamt. Michael Kardinal Faulhaber dargebracht, 1949, 207–225.

DERS., Kirchengeschichte des Bistums Regensburg, 1966.

DERS., Volksfrömmigkeit und Wallfahrtswesen des Spätmittelalters im Bistum Freising (= Beiträge zur altbayerischen Kirchengeschichte 20,1) 1955.

STADTMÜLLER, G. – PFISTER, B., Geschichte der Abtei Niederaltaich 731–1986, ²1986.

STAHLEDER, E., Die Handschriften der Augustiner-Eremiten und Weltgeistlichen in der ehemaligen Reichsstadt Windsheim (= QFGBW 15) 1963.

STAHLEDER, H., Bischöfliche und adelige Eigenkirchen des Bistums Freising im frühen Mittelalter und die Kirchenorganisation im Jahre 1315, in: OA 104 (1979) 117–188, 105 (1980) 7–69.

DERS., Hochstift Freising (= HAB.A. 33) 1974.

STARK, T., Die christliche Wohltätigkeit im Mittelalter und in der Reformationszeit in den ostschwäbischen Reichsstädten (= Einzelarbeiten aus der Kirchengeschichte Bayerns 4) 1926.

STEGMÜLLER, F., Repertorium biblicum medii aevi I–XI, 1940–1980.

DERS., Repertorium commentariorum in sententias Petri Lombardi I–II, 1947.

STEICHELE, A. – SCHRÖDER, A. – ZOEPFL, F., Das Bistum Augsburg, historisch und statistisch beschrieben I–X, 1864–1940.

STENGEL, E. E., Urkundenbuch des Klosters Fulda I (= Verhandlungen der Historischen Kommission für Hessen und Waldeck X,1) 1958.

Stifterbuch s. Dokumente ältester Münchener Familiengeschichte.

STINGL, H., Die Entstehung der deutschen Stammesherzogtümer am Anfang des 10. Jahrhunderts (= Untersuchungen zur deutschen Staats- und Rechtsgeschichte NF 19) 1974.

STÖCKERL, D., Bruder David von Augsburg (= VöKSM IV,4) 1914.

STÖRMER, W., Die Anfänge des karolingischen Pfalzstiftes Altötting, in: Ecclesia et regnum. Beiträge zur Geschichte von Kirche, Recht und Staat im Mittelalter. F.-J. Schmale zum 65. Geburtstag gewidmet, hg. v. D. BERG – H.-W. GOETZ, 1989, 61–71.

DERS., Die bayerische Herzogskirche, in: H. DICKERHOFF (Hg.), Der hl. Willibald – Klosterbischof oder Bistumsgründer? (= Eichstätter Studien NF 30) 1990, 115–142.

DERS., Die Brennerroute und deren Sicherung im Kalkül der mittelalterlichen Kaiserpolitik, in: Alpenübergänge vor 1850, hg. v. U. LINDGREN (= Vierteljahrschrift für Sozial- und Wirtschaftsgeschichte Beih. 83) 1987, 156–161.

DERS., Die Gesellschaft, in: P. KOLB – G. KRENIG (Hg.), Unterfränkische Geschichte II, 1992, 405–470.

DERS., Die Hausklöster der Wittelsbacher, in: H. GLASER (Hg.), Wittelsbach und Bayern I/1: Die Zeit der frühen Herzöge, 1980, 139–150.

DERS., Die Herkunft Bischof Pilgrims von Passau (971–991) und die Nibelungenüberlieferung, in: OG 16 (1974) 63–66.

DERS., Eine Adelsgruppe um die Fuldaer Äbte Sturmi und Eigil und den Holzkirchener Klostergründer Troand, in: Gesellschaft und Herrschaft. Forschungen zu sozial- und landesgeschichtlichen Problemen vornehmlich in Bayern. Eine Festgabe für Karl Bosl zum 60. Geburtstag, Red. R. VAN DÜLMEN, 1969, 1–34.

DERS., Fragen zum bayerisch-ostfränkischen Kirchenbesitz im karolinger- und ottonenzeitlichen Niederösterreich, in: Die bayerischen Hochstifte und Klöster in der Geschichte Niederösterreichs (= Studien und Forschungen aus dem Niederösterreichischen Institut für Landeskunde 11 = NNÖ-Schriften 29: Wissenschaft) 1989, 137–148.

DERS., Franken von der Völkerwanderung bis 1268 (= Dokumente zur Geschichte von Staat und Gesellschaft in Bayern II/1) 1996/97.

DERS., Früher Adel. Studien zur politischen Führungsschicht im fränkisch-deutschen Reich vom 8. bis 11. Jahrhundert (= MGMA 6/1–2) 1973.

DERS., Im Karolingerreich, in: P. KOLB – G. KRENIG (Hg.), Unterfränkische Geschichte I, 1989, 152–204.

DERS., Miltenberg (= HAB.F. I,25) 1979.

DERS., Ostfränkische Herrschaftskrise und Herausforderung durch die Ungarn, in: Baiern, Ungarn und Slawen im Donauraum, Red. W. KATZINGER (= FGSMO 4) 1991, 55–76.

DERS., Zur kulturellen und politischen Bedeutung der Abtei Amorbach vom 8. bis zum frühen 12. Jahrhundert, in: F. OSWALD – W. STÖRMER (Hg.), Die Abtei Amorbach im Odenwald, 1984, 11–28.

STOLLER, M., Eight Anti-Gregorian Councils, in: AHC 17 (1985) 252–321.

STRAUB, H., Die geistliche Gerichtsbarkeit des Domdekans im alten Bistum Bamberg von den Anfängen bis zum Ende des 16. Jahrhunderts (= MThSt III,9) 1957.

STRECKER, K. (Hg.), Die Tegernseer Briefsammlung. Froumund (= MGH.Epp. selectae III) 1925.

STROBEL, R., Romanische Architektur in Regensburg (= Erlanger Beiträge zur Sprach- und Kunstwissenschaft 20) 1965.

STRZEWITZEK, H., Die Sippenbeziehungen der Freisinger Bischöfe im Mittelalter (= Beiträge zur Altbayerischen Kirchengeschichte 16 = 3. Folge 3) 1938.

STÜRNER, W., Friedrich II., I 1992.

STURLESE, L., Der Prokluskommentar Bertholds von Moosburg, in: Abendländische Mystik im Mittelalter, hg. v. K. RUH (= Germanistische Symposien-Berichtsbände 7) 1986, 145–161.

DERS., Die deutsche Philosophie im Mittelalter, 1993.

SUDBRACK, J., Die geistliche Theologie des Johannes von Kastl (= BGMB 27,1–2) 1966.

SUTTNER, J., Die Synodalstatuten des Bischofs Reimboto, in: PE 32 (1885) 62f, 65–68,70–75,78f.

DERS., Versuch einer Conciliengeschichte des Bisthums Eichstätt, in: PE 1 (1854), 4 (1857) 193–200.

SYDOW, J., Ein Bruderschaftsbuch der Regensburger Wolfgangsbruderschaften, in: OG 9 (1967) 174–182.

TELLENBACH, G., Die passauischen Eigenklöster und ihre Vogteien (= Historische Studien 173) 1928.

DERS., Die westliche Kirche vom 10. bis zum frühen 12. Jahrhundert (= Die Kirche in ihrer Geschichte 2,1,1 = F. 1) 1988.

TENTLER, T. N., Sin and confession on the eve of the reformation, 1977.

The New Grove Dictionary of Music and Musicians 1–20, ed. S. SADIE, 1980.

THIEL, M., Urkundenbuch des Stifts St. Peter und Alexander zu Aschaffenburg I: 861–1325 (= Veröffentlichungen des Geschichts- und Kunstvereins Aschaffenburg 26) 1986.

THUMSER, M. (Bearb.), Der Konflikt um die Wahlkapitulation zwischen dem Bamberger Domkapitel und Bischof Philipp von Henneberg (= BHVB Beiheft 24) 1990.

DERS., Hertnidt vom Stein (= VGFG IX,38) 1989.

THURN, H., Die Würzburger Domschule von ihren Anfängen bis zum Ausgang des Mittelalters: religionis et rei publicae seminarium? in: G. KOCH – J. PRETSCHER (Hg.), Würzburgs Domschule in alter und neuer Zeit, 1990, 11–33.

TOMEK, E., Kirchengeschichte Österreichs I, 1935.

DERS., Studien zur Reform der deutschen Klöster im XI. Jahrhundert. 1. Teil: Die Frühreform (= Studien und Mitteilungen aus dem kirchengeschichtlichen Seminar der theologischen Fakultät der k.k. Universität in Wien 4) 1910.

TÖPFER, B., Kaiser Friedrich I. Barbarossa und der deutsche Reichsepiskopat, in: A. HAVERKAMP (Hg.), Friedrich Barbarossa. Handlungsspielräume und Wirkungsweisen des staufischen Kaisers (= VoF 40) 1992, 389–433.

TRÜBSBACH, R., Geschichte der Stadt Bayreuth 1194–1994, 1994.

TRÜDINGER, K., Die Kirchenpolitik der Reichsstadt Nördlingen im Spätmittelalter, in: JVABG 11 (1977) 179–219.

DERS., Stadt und Kirche im spätmittelalterlichen Würzburg (= Spätmittelalter und Frühe Neuzeit 1) 1978.

TÜCHLE, H., Kirchengeschichte Schwabens II, 1954.

ULLMANN, W., Public Welfare and Social Legislation in the Early Medieval Councils, in: Councils and assemblies, hg. v. G. J. CUMING – D. BAKER (= Studies in Church History 7) 1971, 1–39.

URBAN, J., Das Bistum Bamberg in Geschichte und Gegenwart II, 1994.

Urbare und Wirtschaftsordnungen des Domstifts zu Bamberg. Teil I, hg. v. E. v. GUTTENBERG – A. WENDEHORST (= VGFG VII,1) 1969; Teil II, hg. v. S. NÖTH (= VGFG VII,2) 1986.

URSPRUNG, O., Die katholische Kirchenmusik (= Handbuch der Musikwissenschaft 8) 1931.

DERS., Freisings mittelalterliche Musikgeschichte, in: Wissenschaftliche Festgabe zum zwölfhundertjährigen Jubiläum des heiligen Korbinian, hg. v. J. SCHLECHT, 1924, 245–278.

UTTENDORFER, E., Die Archidiakone und Archipresbyter im Bisthum Freising und die Salzburgischen Archidiakonate Baumburg, Chiemsee und Gars, in: Archiv für katholisches Kirchenrecht 63 (1890) 3–117, 64 (1891) 70–138 (auch Separatdruck 1890).

VANSTEENBERGHE, E., Autour de la docte ignorance (= BGPhMA 14,2–4) 1915.

VEIT, L., Passau. Das Hochstift (= HAB.A. 35) 1978.

VERHEIJEN, L., La règle de Saint-Augustin, 1967.

Vitae Sanctae Wiboradae s. BERSCHIN, W.

VOGEL, H,. Die Urkunden des Heiliggeistspitals in München (= QuE NF 16,1) 1960.

DERS., Geschichte der St. Isidor- und St. Notburga-Bruderschaft in München, in: Beiträge zur altbayerischen Kirchengeschichte 28 (1974) 31–60.

VOGÜÉ, A. de (Hg.), Regula Magistri (= SC 105–107) 1964/1965.

VOIT, G., Die Schlüsselberger (= Schriftenreihe der Altnürnberger Landschaft 37) 1988.

VOLKERT, W., Der Landesfürst, in: HBG II, ²1988, 550–564.

DERS., Die Regesten der Bischöfe und des Domkapitels von Augsburg I (= Veröffentlichungen der Schwäbischen Forschungsgemeinschaft 2,2,1) 1985.

VOLLMER, H., Beiträge zur Geschichte des biblischen Unterrichts, besonders in Deutschland, vor Justus Gesenius und Johann Hübner, in: MGDES 14 (1904) 278–305.

DERS., Materialien zur Bibelgeschichte und religiösen Volkskunde des Mittelalters I–IV, 1912–1929.

VON DEN STEINEN, W., Die Anfänge der Sequenzdichtung, in: Zeitschrift für Schweizerische Kirchengeschichte 40 (1946) 190–268, 41 (1947) 19–162.

VON DER NAHMER, D., Dominici Scola Servitii. Über Schultermini in Klosterregeln, in: Regulae Benedicti Studia 12 (1983) 143–185.

VORGRIMLER, H., Buße und Krankensalbung (= HDG IV/3) ²1978.

WAGNER, H., Die Äbte des Klosters Neustadt am Main im Mittelalter, in: WDGB 46 (1984) 5–60.

DERS., Die Äbte von Amorbach im Mittelalter, in: WDGB 54 (1992) 69–107.

DERS., Die Äbte von St. Burkhard im Mittelalter, in: WDGB 50 (1988) 11–41.

DERS., Salzburg und der Beginn der Habsburger-Herrschaft in Österreich, in: Geschichte Salzburgs I/1, hg. v. H. DOPSCH, 1983, 444–485.

DERS., Zur Frühzeit des Bistums Würzburg, in: MJGK 33 (1981) 95–121.

WAITZ, G., Jahrbücher des Deutschen Reiches unter König Heinrich I. (= JDG 8) ⁴1963.

WALDSTEIN-WARTENBERG, B., Die Vasallen Christi, 1988.

WALLNER, E., Das Bistum Chiemsee im Mittelalter (= Quellen und Darstellungen zur Geschichte der Stadt und des Landkreises Rosenheim 5) 1967.

WALZ, A., Dominikaner und Dominikanerinnen in Süddeutschland (1225–1966), 1967.

WAMPACH, C., Geschichte der Grundherrschaft Echternach im Frühmittelalter I/2 (= Publ. de la Section Historique du Institut Grand-Ducal Luxembourg 63) 1930.

WATTENBACH, W., Das Schriftwesen im Mittelalter, ³1896.

DERS., Mittheilungen aus zwei Handschriften der königlichen Hof- und Staatsbibliothek (= SBAW.PH 1873,16) 1873, 685–747.

WATTENBACH, W. – HOLTZMANN, R., Deutschlands Geschichtsquellen im Mittelalter. Deutsche Kaiserzeit I/3, ²1948.

WATTENBACH, W. – HOLTZMANN, R. – SCHMALE, F.-J., Deutschlands Geschichtsquellen im Mittelalter. Die Zeit der Sachsen und Salier, 1967–1971.

WATTENBACH, W. – LEVISON, W. – LÖWE, H., Deutschlands Geschichtsquellen im Mittelalter. Vorzeit und Karolinger, 1952–1990.

WATTENBACH, W. – SCHMALE, F.-J., Deutschlands Geschichtsquellen im Mittelalter. Vom Tode Kaiser Heinrichs V. bis zum Ende des Interregnum I, 1976.

WEBER, H., Das Bisthum und Erzbisthum Bamberg, seine Eintheilung in alter und neuer Zeit und seine Patronatsverhältnisse, in: BHVB 56 (1895) 1–130.

DERS., Geschichte des Christenlehr-Unterrichts und der Katechismen im Bisthum Bamberg zur Zeit des alten Hochstifts, 1882.

WEISSTHANNER, A., Die Urkunden und Urbare des Klosters Schäftlarn (= QuE NF 10,2) 1957.

WEIDENHILLER, E., Untersuchungen zur deutschsprachigen katechetischen Literatur des späten Mittelalters (= MTU 10) 1965.

WEIDNER, U., Die Inchenhofener Mirakelbücher, in: Altbayern in Schwaben 1982/83, 5–33.

WEIGEL, G., Die Wahlkapitulationen der Bamberger Bischöfe 1328–1693, 1909.

WEIGEL, H., Zur Geschichte der Weihbischöfe, Generalvikare, Archidiakone, Offiziale und Domherren des Bistums Würzburg, in: AU 70 (1935/36) 153–173.

WEINFURTER, S., Das Bistum Willibalds im Dienste des Königs. Eichstätt im frühen Mittelalter, in: ZBLG 50 (1987) 3–30.

DERS., Der Aufstieg der frühen Wittelsbacher, in: Geschichte in Köln 14 (1983) 13–46.

DERS. (Hg.), Die Geschichte der Eichstätter Bischöfe des ›Anonymus Haserensis‹ (= Eichstätter Studien NF 24) 1987.

DERS. (Hg.), Die Salier und das Reich I–III, 1991/²1992.

DERS., Die Zentralisierung der Herrschaftsgewalt im Reich durch Kaiser Heinrich II., in: HJ 106 (1986) 241–297.

DERS., Grundlinien der Kanonikerreform im Reich im 12. Jahrhundert, in: Symposium zur Geschichte von Millstatt und Kärnten, 1993, 46–62.

DERS., Herrschaft und Reich der Salier, 1991.

DERS., Salzburg unter Erzbischof Konrad I. – Modell einer Bistumsreform, in: Salzburg in der europäischen Geschichte, hg. v. E. ZWINK (= Salzburg Dokumentationen 19) 1977, 29–62.

DERS., Salzburger Bistumsreform und Bischofspolitik im 12. Jahrhundert (= KHA 24) 1975.

DERS., Sancta Aureatensis Ecclesia. Zur Geschichte Eichstätts in ottonisch-salischer Zeit, in: ZBLG 49 (1986) 3–40.

DERS., Von der Bistumsreform zur Parteinahme für Kaiser Ludwig den Bayern, in: BDLG 123 (1987) 137–184.

WEISS, D. J., Die Geschichte der Deutschordens-Ballei Franken im Mittelalter (= VGFG IX,39) 1991.

WEISS, S., Salzburg und das Konstanzer Konzil, in: MGSLK 132 (1992) 143–307.

WEISSENSTEINER, J., Tegernsee, die Bayern und Österreich (= AÖG 133) 1983.

WEISSTHANNER, A., Regesten des Freisinger Bischofs Otto I., in: Analecta Sacri Ordinis Cisterciensis 14 (1958) 151–222.

WEISWEILER, H., Rüdiger von Klosterneuburg an der Seite seiner Brüder Gerhoh und Arno von Reichersberg im christologischen Streit um die Verherrlichung des Gottessohns, in: Scholastik 14 (1939) 22–49.

WEITLAUFF, M., Bischof Ulrich von Augsburg (923–973). Leben und Wirken eines Reichsbischofs der ottonischen Zeit, in: DERS. (Hg.), Bischof Ulrich von Augsburg 890–973. Seine Zeit – sein Leben – seine Verehrung. Festschrift aus Anlaß des tausendjährigen Jubiläums seiner Kanonisation im Jahre 993 (= JVABG 26/27) 1993, 69–142.

DERS., Der heilige Bischof Udalrich von Augsburg, in: Bischof Ulrich und seine Verehrung (= JVABG 7) 1973, 1–48.

WELLER, K. (Hg.), Hohenlohisches Urkundenbuch I, 1899.

WENDEHORST, A., Antoniter, in: P. KOLB – G. KRENIG (Hg.), Unterfränkische Geschichte II, 1992, 264–266.

DERS., Bischöfe und Bischofskirchen von Würzburg, Eichstätt und Bamberg, in: S. WEINFURTER (Hg.), Die Salier und das Reich II, 1991, 225–249.

DERS., Das benediktinische Mönchtum im mittelalterlichen Franken, in: Untersuchungen zu Kloster und Stift (= VöMPIG 68 = Studien zur GermSac 14) 1980, 38–60.

DERS., Das Bistum Würzburg I–IV (= GermSac NF 1/4/13/26) 1962/1969/1978/1989.

DERS., Das Würzburger Landkapitel Coburg zur Zeit der Reformation (= VöMPIG 13 = Studien zur GermSac 53) 1964.

DERS., Der Archidiakonat Münnerstadt am Ende des Mittelalters, in: WDGB 23 (1961) 5–52.

DERS., Im Ringen zwischen Kaiser und Papst, in: P. KOLB – G. KRENIG (Hg.), Unterfränkische Geschichte I, 1989, 295–332.

DERS., Orden und religiöse Gemeinschaften. Mit einem Beitrag v. D. WEISS, in: P. KOLB – G. KRENIG (Hg.), Unterfränkische Geschichte II, 1992, 233–285.

DERS., Strukturelemente des Bistums Würzburg im frühen und hohen Mittelalter. Klöster, Stifte, Pfarreien, in: FDA 111 (1991) 5–29.

DERS., Wer konnte im Mittelalter lesen und schreiben?, in: Schulen und Studium im sozialen Wandel des hohen und späten Mittelalters, hg. v. J. FRIED (= VoF 30) 1986, 9–33.

DERS. – BENZ, S., Verzeichnis der Säkularkanonikerstifte der Reichskirche, in: JFLF 54 (1993) 1–174.

WERLIN, J., Paul Wann, ein berühmter Passauer Prediger im 15. Jahrhundert, in: OG 5 (1961) 64–70.

WIDEMANN, J. (Hg.), Die Traditionen des Hochstifts Regensburg und des Klosters S. Emmeram (= QuE NF 8) 1943/ND 1969.

WIENAND, A. (Hg.), Der Johanniter-Orden. Der Malteser-Orden. Der ritterliche Orden des hl. Johannes vom Spital zu Jerusalem, 1970.

WIESSNER, W., Die Beziehungen Kaiser Ludwigs des Bayern zu Süd-, West- und Norddeutschland, 1932.

WIKARJAK, J. – LIMAN, K. (Hg.), Vita sancti Ottonis episcopi Babenbergensis. Herbordi Dialogus de vita s. Ottonis (= Monumenta Poloniae Historica NF 7/2–3) 1969/1974.

WILMS, H., Geschichte der deutschen Dominikanerinnen 1206–1916, 1920.

WILPERT, P., Bernhard von Waging. Reformer vor der Reformation, in: Kronprinz Rupprecht von Bayern. Festschrift zum 85. Geburtstag (= Unser Bayern 1–2) 1954, 260–276.

WILPERT, R., Vita contemplativa und vita activa, in: Passauer Studien. Festschrift für Bischof Dr. Dr. Simon Konrad Landersdorfer, 1953, 209–226.

WILTS, A., Beginen im Bodenseeraum, 1994.

WINKELMANN, E., Philipp von Schwaben und Otto IV. von Braunschweig I–II (= JDG 19/1–2) 1873/1878.

WISCHERMANN, E. M., Grundlagen einer cluniacensischen Bibliotheksgeschichte (= MMS 62) 1988.

WITTMANN, F. M. (Hg.), Monumenta Wittelsbacensia I–II, 1857/1861.

WITTMER, S., Franziskanerkloster Nördlingen, in: BFrA 4 (1958) 5–187.

WŁODEK, Z., Hermann d'Augsbourg et ses »Quaestiones de Quodlibet« dans le MS BJ 748, in: Mediaevalia Philosophorum Polonorum 6 (1960) 3–50.

WODKA, J., Kirche in Österreich, 1959.

WOLFF, H., Die Kontinuität der Kirchenorganisation in Raetien und Noricum bis an die Schwelle des 7. Jahrhunderts, in: E. BOSHOF – H. WOLFF (Hg.), Das Christentum im bairischen Raum. Von den Anfängen bis ins 11. Jahrhundert (= Passauer Historische Forschungen 8) 1994, 1–27.

WOLFRAM, H., Conversio Bagoariorum et Carantanorum, 1979.

DERS., Die Geburt Mitteleuropas, 1987.

DERS., Die Zeit der Agilolfinger – Rupert und Virgil, in: Geschichte Salzburgs I/1, hg. v. H. DOPSCH, 1981, 121–156; I/3, 1984, 1203–1216.

DERS., Geschichte der Goten, 1983.

WOLLASCH, J., Mönchtum des Mittelalters zwischen Kirche und Welt (= MMS 7) 1973.

WOLLENBERGER, K., Die Zisterzienser in Altbayern, Franken und Schwaben (= HBGK 7) 1988.

WOLTER, H., Die Synoden im Reichsgebiet und in Reichsitalien von 916 bis 1056 (= Konziliengeschichte A 8) 1988.

WORSTBROCK, F. J., Boto von Prüfening, in: VL$^2$ 1 (1978) 971–976.

YOUNG, K., The Drama of the Medieval Church I–II, 1933/$^2$1951 (korr. ND 1967).

ZEILLINGER, K., Erzbischof Konrad I. von Salzburg 1106–1147 (= Wiener Dissertationen aus dem Gebiet der Geschichte 10) 1968.

ZEISS, H., Quellensammlung für die Geschichte des bairischen Stammesherzogtums bis 750, in: Bayerischer Vorgeschichtsfreund 7/8 (1928/1929) 3–46.

ZIEGLER, W., Die deutschen Franziskanerobservanten zwischen Reformation und Gegenreformation, in: I Francescani in Europa tra Riforma e Controriforma. Atti del XIII Convegno Internazionale Assisi, 17–18–19 Ottobre 1985, 1987, 51–94.

ZIMMERMANN, G., Bamberg als königlicher Pfalzort, in: JFLF 19 (1959) 203–222.

DERS., Die Klosterrestitutionen Ottos III. an das Bistum Würzburg, ihre Voraussetzungen und Auswirkungen, in: WDGB 25 (1963) 1–28.

DERS., Patrozinienwahl und Frömmigkeitswandel im Mittelalter, dargestellt an Beispielen aus dem alten Bistum Würzburg, in: WDGB 20 (1958) 24–126, 21 (1959) 5–124.

ZIMMERMANN, H. (Bearb.), Papstregesten 911–1024 (= RI.Papstregesten II/5), 1969.

DERS. (Bearb.), Papsturkunden 896–1046, I–III (= DÖAW 198 = Veröffentlichungen der Historischen Kommission 5) $^2$1988/89.

ZINNHOBLER, R., Die Passauer Bistumsmatrikeln für das westliche Offizialat (= NVöIOHF 31a) 1978.

ZOEPFL, F., Das Bistum Augsburg und seine Bischöfe im Mittelalter, 1955.

DERS., Das Bistum Augsburg und seine Bischöfe im Reformationszeitalter, 1969.

ZÖLLNER, E., Geschichte der Franken bis zur Mitte des 6. Jahrhunderts, 1970.

ZORN, W., Geschichte der Augsburger Waisenhäuser, in: LDS III (1974) 339–349.

ZOTZ, T., Die Formierung der Ministerialität, in: Die Salier und das Reich III: Gesellschaftlicher und ideengeschichtlicher Wandel im Reich der Salier, hg. v. S. WEINFURTNER, 1991, 3–50.

ZSCHOCH, H., Klosterreform und monastische Spiritualität im 15. Jahrhundert. Conrad von Zenn OESA († 1460) und sein ›Liber de vita monastica‹ (= Beiträge zur historischen Theologie 75) 1988.

ZUMKELLER, A., Manuskripte von Werken der Autoren des Augustiner-Eremitenordens in mitteleuropäischen Bibliotheken (= Cass 20) 1966.

DERS., Schrifttum und Lehre des Hermann von Schildesche O.E.S.A. (= Cass 15) 1959.

DERS., Wiedergefundene exegetische Werke Hermanns von Schildesche, in: Augustinianum 1 (1961) 236–272, 452–503.

ZURSTRASSEN, A., Die Passauer Bischöfe des 12. Jahrhunderts, 1989.

# FRÜHES CHRISTENTUM IN ALTBAYERN, SCHWABEN UND FRANKEN

## RÖMERZEIT UND FRÜHMITTELALTER BIS 798

### § 1. ANFÄNGE DES CHRISTENTUMS IM RÖMERZEITLICHEN BAYERN

*a) Grundlagen römischer Herrschaft*

Das Wirken Christi und der werdenden Kirche[1] vollzog sich inmitten der antiken Kulturwelt. Die Stätten der Lehre und der Passion Jesu Christi gehörten ebenso dem Römerreich an wie große Teile des heutigen Bayern. Aber während in diesem Riesenreich »die palästinensische Ecke« (J. Lortz) nur ein unbedeutender Teil im Osten war, lag die Region des heutigen Bayern diametral entgegengesetzt an der militärisch unsicheren Nordgrenze Roms, die zudem lange Zeit relativ unberührt war von antikmediterraner Kultur. Dies mußte seine Folgen für die schwierige und langwierige Christianisierung unseres Raumes haben. Wuchs auch das nordalpine Gebiet zunehmend in das Wirkungsfeld des römischen Staates hinein, so scheint doch hier ein typisches christliches Missions- und Kirchenelement unter römischer Reichsherrschaft nie entstanden zu sein: im heutigen Bayern läßt sich kein römerzeitlicher Bischofssitz nachweisen, auch nicht in Augsburg.

Um die Spuren frühen Christentums in Bayern zu ermitteln, erscheint ein kurzer Blick auf die Entwicklung der rund ein halbes Jahrtausend währenden römischen Herrschaft im Raume Bayerns vonnöten.

Kurz vor der Geburt Christi kamen die Ostalpen und ihr Vorland bis zur Donau unter römische Herrschaft, die von 15 vor Christus an rund 500 Jahre der Geschichte des Landes den Stempel aufdrücken sollte[2]. Der gleiche Kaiser Augustus (63 vor – 14 nach Christus), der auch laut Bibel die Volkszählung in seinen Herrschaftsgebieten zur Zeit der Geburt Christi durchführte, ließ die Alpen und das Alpenvorland erobern und seinem Reich eingliedern. Die römische Überherrschung dieses Raumes hatte bis zum Ende der augusteischen Zeit eher eine militärische Ausprägung. Sicherung der Alpenübergänge und Grenzsicherung gegen die nach Süden drängenden

---

[1] Zur allgemeinen Entwicklung des Christentums s. HKG I.
[2] Zu diesem Überblick vgl. HBG I, ²1981; W. CZYSZ – K. DIETZ – Th. FISCHER – H. J. KELLNER, Die Römer in Bayern, 1995; D. PLANK – B. CÄMMERER, Die Römer in Baden-Württemberg, 1976; G. ALFÖLDY, Noricum, 1974.

Germanen war das Ziel. Erst am Ende der augusteischen Regierungszeit begann die zivile Erschließung des Alpenvorlandes. Unter Claudius entstanden erstmals am südlichen Donauufer Kastelle (51–54 nach Christus); das Land südlich der Donau erhielt schließlich den Status zweier kaiserlicher Provinzen mit je einem Procurator an der Spitze. Die Provinzen erhielten die Namen der bisher herrschenden barbarischen Gentilverbände: Raetien (mit Vindelicia) von der Schweiz bis zum Inn, das östliche Gebiet benannte sich Noricum nach dem ehemals norischen Königreich. Der fränkische Raum östlich des Rheins und die Gebiete nördlich der Donau blieben weitgehend freies Germanien. Zwar unternahm Drusus seit 12 vor Christus eine umfangreiche Germanenoffensive, die sein Bruder Tiberius fortsetzte. Das zwischen 15 und 10 vor Christus geschaffene Legionslager Mainz, die damals größte Militärbasis am Rhein, wurde von Bedeutung für den Vorstoß in das Maingebiet. Das ergrabene römische Militärlager bei Marktbreit am Mittelmain zeugt für die Zeit rund um Christi Geburt (zwischen 10 vor Christus – 16 nach Christus) von einer beachtlichen römischen Truppenmacht in Mainfranken[3]. Durch das endgültige Scheitern der römischen Expansionspolitik im Jahre 16 wurden aber Rhein und Donau wieder Reichsgrenze.

Unter Kaiser Claudius (44–54 nach Christus) begann die Ausbildung des Rhein- und des Donaulimes zu einer militärischen Kordongrenze durch Vorziehen der bis dahin im Landesinnern verteilten Besatzungstruppen und durch Errichtung permanenter Lager an den beiden Strömen, um die sich dann zivile Siedlungen, die sogenannten Lagerdörfer, entwickelten. Unter Claudius hatte sich die Situation in den neu gewonnenen Gebieten so stabilisiert, daß die Provinzbevölkerung, die gut zwei Generationen nach der römischen Landnahme einen starken Romanisierungsgrad erreicht hatte, mehr und mehr zusammenwuchs und daß derselbe Kaiser in Verfolgung seiner Urbanisierungspolitik einer Reihe von Siedlungen ein *municipium*-Stadtrecht verleihen konnte. Diesen Städten wurde ein großes Territorium zugewiesen, das sie nach dem Vorbild von Rom mit einem Stadtsenat zu verwalten hatten. Von diesen claudischen Municipien sind beispielsweise bekannt das rätische Brigantium (Bregenz), das vindelizische Augsburg, die norischen Städte Juvavum (Salzburg) und Aguntum bei Lienz in Osttirol. Dieser Vorgang ist deshalb so wichtig, weil sich vornehmlich in den Städten das Christentum entwickelte. Zwischen den Territorien dieser autonomen Städte verwalteten sich noch manche einheimischen Stammesgruppen unter Aufsicht römischer Offiziere. Diese Stammesverbände wurden allerdings mit der fortschreitenden Romanisierungs- und Urbanisierungspolitik Roms rasch und gründlich beschnitten und ihre Siedlungsgebiete durch neue Städtegründungen immer wieder reduziert.

Unter Kaiser Domitian (81–96 nach Christus) wurde mit der Errichtung des obergermanischen und rätischen Limes, einer neuen Militärgrenze, begonnen, die von Eining an der Donau bis zum Mittelrhein reichte und somit das sogenannte Dekumatenland zwischen Oberrhein und Oberdonau schuf, in das westliche Teile Frankens,

---

[3] L. WAMSER, Legionen des Augustus am Maindreieck, 1989; ROSENSTOCK – WAMSER 27–43.

nördliche Bayerisch-Schwabens und Bayerns eingegliedert wurden[4]. Da die Römer um 260 den Limes bereits wieder aufgaben und sich an Rhein und Donau zurückzogen, ist für dieses Dekumatenland kaum mit einer stärkeren Christianisierung zu rechnen.

Der friedlichen Entwicklung in den Provinzen bereitete der schon in der Antike so benannte Markomannenkrieg ein rasches Ende. Zwar gelang es Kaiser Mark Aurel (161–180 nach Christus) unter äußerster Kraftanstrengung die ins Reich eingedrungenen Barbaren zu vertreiben und sie auch in ihren eigenen Ländern vernichtend zu schlagen. Sollte freilich die Donau Grenzstrom bleiben, mußte sie einen effektiveren Schutz erhalten, als ihn die auxiliaren Streitkräfte von Raetien und Noricum bislang zu bieten vermochten. Tiefgreifende Veränderungen für die Provinzbevölkerung brachte die *Constitutio Antoniniana* des Caracalla (212–217), ein Erlaß, mit dem jene Reichsbevölkerung, die bisher schlechter gestellt war als die *cives romani,* insgesamt mit dem römischen Bürgerrecht ausgestattet wurde.

Das dritte Jahrhundert stürzte das Reich in eine nicht enden wollende Serie von inneren Krisen und militärischen Auseinandersetzungen mit den immer unruhiger werdenden Nachbarvölkern. Der Verlust von Provinzgebieten, darunter Teilen von Raetien und des Dekumatenlands, ist dem Fehlen eines mobilen Heeres vor allem anzulasten. Die Zurücknahme des obergermanischen und rätischen Limes auf die Linie Rhein-Bodensee-Iller-Donau fällt in die gleiche Zeit wie die Schaffung neuer Straßen als strategische Verbindungsadern. Hier konnte eine in der zweiten Hälfte des 3. Jahrhunderts neu geschaffene schlagkräftige Reiterarmee mobil werden. Bis zur Konsolidierung der Lage unter Probus (276–280) und Diocletian (284–305) wurden Teile Raetiens immer wieder durch einwandernde Alemannenscharen, die bis in die Alpentäler vordrangen, schwer in Mitleidenschaft gezogen. Unter Diocletian und Konstantin wurde vor allem eine Verwaltungsreform langfristig realisiert. Es ging primär um die Teilung der Altprovinzen. So entstanden nun die Raetia Prima und Secunda, das Noricum Ripense und Mediterraneum. In den norischen Provinzen lag die zivile Verwaltung in den Händen von *praesides*. Die beiden Provinzen Raetia I und II waren jeweils *duces* unterstellt.

Am Beginn des 4. Jahrhunderts war noch das Donaugebiet, vor allem um Carnuntum, höchst bedeutsam, nun sanken die westlichen Donauprovinzen zu einer trüben Zweitrangigkeit herab. Während die Germanen immer wieder an die westlichen Reichsgrenzen vordrangen, was im rätischen Bereich die militärische Bautätigkeit erneut anregte, herrschte bis zu Konstantius II. (350–361) am norischen Donauabschnitt kaum militärische Tätigkeit. Was an Truppenkontingenten des Donau-Limes zurückblieb, gehörte zum Limitanheer, den Grenztruppen, die mit ihren Familien in den Kastellen lebten und immer mehr auf den Stand von Wehrbauern herabsanken. In den beiden Teilprovinzen Noricums blieb ein Rest von Verwaltung und Verteidigung erhalten, wenn auch vielfach nicht mehr in den Händen staatlicher Organe, sondern der Vertreter der erstarkten christlichen Kirche. Auch in der Zeit Odoakers scheint

---

[4] D. BAATZ, Der römische Limes, 1974; ROSENSTOCK – WAMSER 37ff.

nicht ein Chaos zurückgeblieben zu sein. Sowohl in einigen Städten wie im ländlichen Raum konnten zurückbleibende Romanen weiterhin ein wenigstens bescheidenes Leben fristen[5].

*b) Römisches Christentum auf bayerisch-schwäbischem Boden*

Wann und wie hat sich in diesem politisch-gesellschaftlichen Rahmen im heute bayerischen Raum eine Christianisierung vollzogen[6]? In den ersten Jahrhunderten römischen Aufbaus sind im Alpen- und Voralpengebiet keine Christianisierungsspuren feststellbar. Sie sind im ersten Jahrhundert auch unwahrscheinlich. Die Reisen des Apostels Paulus († 60/61 nach Christus) umfaßten den östlichen Mittelmeerraum und das südliche Italien bis Rom. Noch ein weiterer Sachverhalt ist wichtig. Obgleich schon vor der Römerzeit keltische Städte *(oppida)*, Vorläufer der römischen Städte, entstanden waren, setzte eine stärkere Urbanisierung zusammen mit einer zunehmenden Romanisierung nicht sofort ein. Die friedliche Entwicklung an der Donaugrenze bis zum Markomannenkrieg unter Marc Aurel (161–180 nach Christus) war dieser aber förderlich. Da das frühe Christentum sehr stark der urbanen Kultur verpflichtet war, würde man auch nördlich der Alpen christliche Spuren seit dem 2. Jahrhundert vermuten, doch fehlen jegliche Unterlagen. Man beachte in diesem Zusammenhang, daß der Kirchenlehrer Origenes († 251) bemerkt, die Zahl der Christen sei um die Mitte des 3. Jahrhunderts im Römerreich noch verschwindend gering; das Christentum habe noch nicht alle Völker des Reiches erfaßt.

Obgleich schon dem heiligen Paulus die Leitung der Mission unter Nichtjuden zuerkannt wurde, wird man davon ausgehen dürfen, daß zunächst vor allem Juden als Händler das Christentum auch nach dem südlichen Mitteleuropa getragen haben. Gegen die Möglichkeit einer frühen Christianisierung und Glaubensverkündung spricht aber auch das Fehlen einer seßhaft gewordenen jüdischen Diaspora in jener Zeit in unserem Raum. Die jüdischen Kaufleute sind für die Verbreitung des Christentums sicherlich nicht ohne Bedeutung. Eine Inschrift aus Intercisa in Pannonien ist der erste Beweis für eine jüdische Gemeinde in Pannonien, die sogar eine Synagoge als Versammlungsplatz und Gebetsort besaß[7]. Aus Inschriften geht hervor, daß bereits die jüdische Gebetssprache in Pannonien lateinisch war.

Für die Verbreitung des christlichen Glaubens war in hohem Maße die Intensität der Urbanisation eine Grundbedingung. Diocletian (284–305 nach Christus) hatte offenbar zunächst einen Kompromiß des römischen Kaiserkults und Polytheismus mit dem Christenglauben zugunsten des Kaisers zu realisieren erhofft, scheiterte aber,

---

[5] R. HEUBERGER, Rätien im Altertum und Frühmittelalter (Schlern-Schriften 20) 1932; HBG ²I 84ff; N. HEGER, Die Römerzeit, in: Geschichte Salzburgs I/1, hg. v. H. DOPSCH, 1981, 75–92; H. CASTRITIUS, Die Grenzverteidigung in Raetien und Noricum, in: Die Bayern und ihre Nachbarn, Teil I, hg. v. H. WOLFRAM – A. SCHWARCZ (= DÖAW.PH 179) 1985, 17–28.

[6] Zum folgenden ERBERTSEDER, Archäologische Zeugnisse 7ff, 91ff; H. UBL, Frühchristliches Österreich, in: DANNHEIMER – DOPSCH 295–336; R. NOLL, Die Anfänge des Christentums, in: Geschichte Salzburgs I/1, hg. v. H. DOPSCH, 1981, 93ff.

[7] E. B. THOMAS, Das frühe Christentum in Pannonien im Lichte der archäologischen Funde, in: DANNHEIMER – DOPSCH 256ff.

Seine Reaktion, die Vollstreckung seiner Edikte zur Christenverfolgung, wirkte sich auf das junge Christentum in den nördlichen Provinzen offensichtlich verheerend aus. Beispielsweise wurde die pannonische Kirchenorganisation zerschlagen, wurden die Laienchristen ihrer Vorstände beraubt[8].

Inwieweit dies auch für Noricum und Raetien gilt, entzieht sich unserer Kenntnis. Jedenfalls ist für Noricum ein signifikanter Fall dieser Christenverfolgung bekannt. Diocletians antichristliche Verfolgungen hatten im Jahr 302 mit einer noch unblutigen Säuberung von Heer und Zivilverwaltung begonnen. Im folgenden Jahr begann dann die allgemeine Verfolgung mit zahlreichen Verhaftungen, Kirchenzerstörungen und Hinrichtungen. Erster Zeuge des Christentums und der diocletianischen Christenverfolgung im Donaugebiet ist der heilige Florian, ein römischer Verwaltungsbeamter, der im Jahre 304 bei Lorch in der Enns ertränkt wurde[9]. Ohne Frage stand hinter diesem Mann bereits eine Gruppe von Christen. Wenn der heilige Florian erst 304 ertränkt wurde, dann zeigt dies wohl das Nachhinken der Verfolgung in den Grenzgebieten. Florian dürfte im übrigen kaum der einzige Märtyrer im bayerisch-österreichischen Raum gewesen sein. Da wir bei der Verehrung des Märtyrers Florian mit einer Kultkontinuität zu rechnen haben, zeigt sich, wie sehr Diocletian die Widerstandskraft und die Verwurzelung des neuen Glaubens unterschätzt hatte.

Ein zweites Martyrium bezeugt römerzeitliches Christentum im Alpenvorland, das der heiligen Afra in Augsburg[10]. Afra lebte im römerzeitlichen Augsburg, ihre Existenz und ihre Verehrung sind erst seit dem 6. Jahrhundert bezeugt. Damit ist aber auch eine Kultkontinuität erwiesen. Das Jahr ihres Martyriums ist nicht überliefert, doch wird vermutlich wie bei Florian die diocletianische Verfolgung 304 in Frage kommen. In seiner *Vita S. Martini* gibt der Dichter Venantius Fortunatus das erste bekannte Zeugnis einer tatsächlichen lokalen Verehrung der heiligen Afra bei der Beschreibung seiner Pilgerfahrt um 565 von Ravenna nach Tours[11]. Die Eintragungen im *Martyrologium Hieronymianum* und die Notiz des Venantius Fortunatus bezeugen und sichern die historische Existenz der heiligen Afra, legen sie allerdings zeitlich nicht fest[12]. Die Legendenliteratur seit dem 8. Jahrhundert erweitert das Bild der heiligen Afra, freilich ohne ältere Quellensubstanz.

Die Kultkontinuität des heiligen Florian und der heiligen Afra hätte sich sicherlich nicht ohne die öffentliche und staatliche Anerkennung des Christentums im ganzen Römerreich durch Kaiser Konstantin (306–337) entwickeln können. Sie ist ein Ereignis von größter Tragweite auch in den Randgebieten nördlich der Alpen, und zwar sowohl für die Ausbreitung des Christentums, als auch für die kirchliche Organisation, denn die politische Einteilung des Reiches wurde die Grundlage für die kirchli-

---

[8] Ebd. 261ff; F. G. MAYER, Die Verwandlung der Mittelmeerwelt (= Fischer Weltgeschichte 9) 1968, 34ff.
[9] NEUMÜLLER, Florian 1ff.
[10] F. PRINZ, Die hl. Afra, in: Bayerische Vorgeschichtsblätter 46 (1981) 211ff.
[11] MGH.AA IV/1, 1881, 368.
[12] W. BERSCHIN, Die älteste erreichbare Textgestaltung der Passio S. Afrae, in: Bayerische Vorgeschichtsblätter 46 (1981) 217–224. Zum ganzen Komplex vgl. auch J. WERNER (Hg.), Die Ausgrabungen in St. Ulrich und Afra in Augsburg 1961–1968 (= MBVFG 23) 1977.

che. Im großen und ganzen entsprachen nämlich die kirchlichen Provinzen den staatlichen. Die Provinzhauptstädte dienten als Bischofs- oder gar Metropolitansitze, die Civitas-Orte dienten als Bischofsresidenzen, wie es sich im nordalpinen Raum besonders gut in der Schweiz oder am Rhein zeigen läßt, wo sich die Anfänge der Christianisierung auch erst auf die Zeit um 300 datieren lassen[13].

Anders als im bayerisch-schwäbischen Donauraum und Voralpengebiet wird spätantikes Christentum relativ deutlich in der benachbarten Schweiz und im Rheinland. Im Jahre 517 ist ein erster Bischof von Windisch (röm. Vindonissa) im Schweizer Mittelland bezeugt[14]. Dieser Raum hatte seit dem späten 3. Jahrhundert wie Bayerisch-Schwaben viel zu leiden unter den verheerenden Plünderungen der Alemannen. Die Raetia I, die von Graubünden im Süden bis an den Bodensee und den Rhein reichte, hatte ihren politischen wie auch kirchlichen Sitz in Chur, wo ein Bischof erstmals zum Jahre 451 bezeugt ist[15]. Trient im Süden dürfte nach der Mitte des 4. Jahrhunderts Bischofssitz geworden sein[16].

Die Kultkontinuität der heiligen Afra ist ein Beweis für eine wie auch immer geartete Kontinuität einer kleinen oder größeren Christengemeinde und eines christlichen Lebens im spätantiken Augsburg. So skeptisch auch die meisten Historiker sind bezüglich der Existenz eines antiken Bischofssitzes in Augsburg, da die Quellen bislang völlig versagen, so ist doch zu betonen, daß die Existenz einer Bischofskirche dem Range der spätantiken Provinzhauptstadt Augusta Vindelicum durchaus angemessen wäre[17].

Was in diesem römischen Grenzgebiet bedauerlicherweise fehlt, ist ein breiteres Corpus christlicher Inschriften. Die älteste erhaltene christliche Grabinschrift findet sich in Regensburg im sogenannten Grabstein der Sarmannina. Seine Zuweisung auf ein römisches Gräberfeld ist heute strittig[18], doch lautet der Text »Christus, Anfang und Ende. Zum seligen Gedenken an Sarmannina, die im Frieden ruht, den Martyrern vereint«. Der genaue Sinn der letzten Zeile bleibt unklar. Denkbar wäre, daß Sarmannina, die wohl einen keltischen oder germanischen Namen trägt, bei einer Kultstätte christlicher Märtyrer bestattet wurde, oder daß sie selbst den Märtyrertod erlitt. Doch ist der Grabstein beziehungsweise die Inschrift nicht datierbar; ein Hinweis auf eine antike christliche Kultstätte fehlt ebenfalls am Fundort. Aus dem 5. Jahrhundert findet sich dann erst wieder in Wels (Oberösterreich) der Grabstein einer gläubigen Christin Ursa, die mit 38 Jahren eines natürlichen Todes, nämlich bei einer Kindsgeburt, gestorben war[19].

---

[13] Zum folgenden BERG, Bischöfe 61–108.
[14] H. BÜTTNER, Zur frühen Geschichte des Bistums Octodurum-Sitten und des Bistums Avanches-Lausanne, in: Zeitschrift für Schweizerische Kirchengeschichte 53 (1959) 249f, 255ff.
[15] BERG, Bischöfe 74; HAGENEDER, Organisation 202ff.
[16] BERG, Bischöfe 75f.
[17] Vgl. W. SAGE, Frühes Christentum und Kirchen aus der Zeit des Übergangs, in: Geschichte der Stadt Augsburg von der Römerzeit bis zur Gegenwart, hg. G. GOTTLIEB, ²1985, 100–112, bes. 111 Anm. 26; WOLFF, Kontinuität 6ff.
[18] Zur Diskussion s. ERBERTSEDER, Archäologische Zeugnisse 73f, 162.
[19] W. RIESS, Grabstein der Ursa, in: DANNHEIMER – DOPSCH 582f.

Trotz des fast völligen Fehlens zeitgenössischer schriftlicher Überlieferung hat die Archäologie in unserem Jahrhundert doch eine beträchtliche Sammlung von Bausteinen spätantiken christlichen Lebens ergraben können. Eine erste Zusammenschau aller archäologischen Funde des Christentums in der Raetia II bietet interessante Beobachtungen und Ergebnisse. Die Kartierung dieser Fundstellen erweist, daß sie entlang wichtiger Straßen gelegen sind und sich vor allem auf drei Räume konzentrieren: auf den Raum um Augsburg, im Donauraum zwischen Batavis = Passau und Regensburg, ferner in Tirol auf das Inn- und Eisacktal[20]. Das Christentum entwickelte sich also längs der Straßen im Alpen- und Voralpenland und suchte vor allem Zentralorte auf[21]. Alle diese frühen Glaubensboten sind nicht bekannt, wenn man von den zwei Märtyrern absieht. Nur die Stadtgebiete boten eine längere Existenz des neuen Glaubens. Auch hier bildet das 4. Jahrhundert einen schubartigen Höhepunkt der spätrömischen Christianitas im heutigen Bayern südlich der Donau, ist aber freilich nicht vergleichbar mit dem gleichzeitigen beachtlichen Entwicklungstrend in den Mittelmeerländern und im Osten. Nach einer erheblichen Abschwächung um 400 kam eine erneute Welle im Laufe des 5. Jahrhunderts, »die sich auf die Gruppe der Romanen und deren Siedlungsinseln«[22] konzentrierte. Diese waren teilweise von den wichtigen Fernstraßen weggerückt. Dabei nahm die Randständigkeit außerhalb städtischer Bereiche sichtlich zu. Eine überragende Rolle scheint insgesamt freilich Augsburg gespielt zu haben.

Es lassen sich auch verschiedene Stoßrichtungen christlichen Glaubens erkennen. Zumindest bis Künzing verläuft die Mission auf dem Donauweg aus dem Südosten, wohl mit dem Ausstrahlungszentrum Sirmium. Das übrige Gebiet der Raetia II erhielt christliche Impulse vorwiegend aus Italien, teilweise auch aus Gallien. Daß fast keine spätantiken Kirchenbauten in unserem Raum aus der Zeit vor Severin aufgefunden wurden, hängt vielleicht mit den Sicherheitsmaßnahmen der Christen zusammen. Die frühesten christlichen Kultstätten wurden in den nördlichen Provinzen wahrscheinlich nicht mit äußerlich besonderer kultischer Betonung erbaut; in gewöhnlichen Gebäuden wurden Gottesdienste und Zusammenkünfte organisiert[23]. Derartige Räume, ob es sich um Zimmer oder Säle von Privathäusern handelt, können heute archäologisch nicht mehr fixiert werden. Speziell für Kulthandlungen errichtete frühchristliche Gebäude müssen jene bescheidenen kleinen Bauten gewesen sein, die in den Friedhöfen um das Grab eines besonders verehrten und geachteten Märtyrers erbaut worden sind. Nur im Tiroler Inntal treffen wir auf eine Massierung von Kirchen des 5. Jahrhunderts, die bisweilen auch beachtliche Größe aufweisen[24].

---

[20] ERBERTSEDER, Archäologische Zeugnisse 92f.
[21] Ebd. 121.
[22] Ebd. 95f.
[23] THOMAS (wie Anm. 7) 266ff. Dies wäre übrigens auch zu bedenken im Falle des römischen »Privatgebäudes« unter dem Regensburger Stift Niedermünster. Zur Lit. vgl. ERBERTSEDER, Archäologische Zeugnisse 71f.
[24] ERBERTSEDER, Archäologische Zeugnisse 43ff, 63ff, 77ff, 83ff, 85ff, 124ff, 146f, 159f, 164–173, 176, 178f.

Erstmals erhalten wir ein relativ geschlossenes und eindrucksvolles Bild vom Christentum unserer Landschaftszone aus der 511 entstandenen Lebensbeschreibung des hl. Severin durch dessen Schüler Eugippius[25]. Die Herkunft Severins († 482), der in Ufernoricum und im östlichsten Bereich der Raetia II als »Mönch und Staatsmann« wirkte, ist unbekannt, doch war er ein Mann von höchstem Rang und Einfluß mit Beziehungen zum oströmischen Kaiserhaus[26]. Die Hauptstätte seines Aufenthalts an der zusammenbrechenden Reichsgrenze an der Donau war Favianis (wohl Mautern in Niederösterreich). Hier gründete er ein Kloster und rief von hier aus noch weitere klösterliche Niederlassungen ins Leben, so beispielsweise außerhalb von Boiotro = Passau-Innstadt, wo die Severinskirche seine Tradition bis heute bewahrt hat. Der trotz asketischen Lebens weltoffene Severin entfaltete nicht nur eine rege politische, sondern vor allem sehr caritative Tätigkeit und hatte auch hohes Ansehen bei den germanischen Stämmen. Dies ermöglichte ihm, eine Anzahl römischer Kriegsgefangener von den Alemannen frei zu bekommen; er hatte zudem engen Kontakt zum Königshaus der germanischen Rugier. Nach der Severinsvita des Eugippius ist die romanische Bevölkerung Ufernoricums oder zumindest jener Orte, die der Heilige auf seinen Reisen besucht hat, weitgehend christlich gewesen[27]. Für Bayern höchst aufschlußreich sind die Angaben des Eugippius über Quintanis = Künzing[28] westlich von Passau. Dieses heutige Dorf war offenbar eine beträchtliche Stadtsiedlung; sie wird vom Viten-Schreiber abwechselnd *municipium* oder *oppidum* genannt. Die christliche Gemeinde dieser befestigten Siedlung muß groß gewesen sein. Jedenfalls verfügte sie über eine größere hierarchisch gegliederte Priesterschaft. Eugippius weiß hier von mehreren Priestern oder Mönchen zu sprechen, von Diaconen, einem Subdiacon, von verschiedenen Kirchen- oder Klosterpförtnern *(ostiarii, ianitores)*, schließlich noch von einer Nonne. Die Kirche, ein hölzener Pfahlbau, war durch das Wasser gefährdet. Severin, der energische und geschickte »Sammler« der christlichen Romanenbevölkerung in Ufernoricum angesichts der Germanengefahr, hat deren Abzug nach Süden vorbereitet. Die Angaben der Severinsvita über einzelne Orte haben besonders die moderne Archäologie zu intensiven Grabungen gereizt, so vor allem in Passau[29]. Hier am Zusammenfluß dreier Flüsse, die man als Transportwege benützen konnte, fanden viele Menschen in der Spätantike ihr Auskommen. Unter der Klosterkirche Heilig Kreuz im heutigen Nonnenkloster Niedernburg erbrachten die Ausgrabungen den Nachweis eines Wirtschaftskontaktes mit den germanischen Nachbarn in Form von Importen aus dem

---

[25] Mehrere Ausgaben, hier: Vita Severini ed. Th. MOMMSEN, MGH.SS rer. Germ. in usum scholarum 26, 1898; s. ferner R. NOLL (Hg.), Eugippius: Das Leben des Heiligen Severin, lat. u. deutsch, 1981: K. REHBERGER, Die Handschriften der Vita s. Severini, in: DANNHEIMER – DOPSCH 21–40.

[26] Zum folgenden s. LOTTER, Severinus; R. ZINNHOBLER, Wer war St. Severin?, in: DANNHEIMER – DOPSCH 11–20.

[27] R. NOLL, Die Anfänge des Christentums, in: Geschichte Salzburgs I/1, hg. v. H. DOPSCH, 1981, 93–103; H. UBL, Frühchristliches Österreich, in: DANNHEIMER – DOPSCH 295–336.

[28] CHRISTLEIN, Städte Severins 217–253, bes. 237–247, 252f; T. FISCHER, Römer und Bajuwaren 36ff, 40ff, 148f.

[29] CHRISTLEIN, Städte Severins 218ff; T. FISCHER, Römer und Bajuwaren 156ff.

Germanenraum. Das spätrömische Batavis war freilich gegenüber der Vorgängersiedlung ganz erheblich im Siedlungsumfang reduziert. Die Innspitze, die zugleich Ostspitze der Landzunge Passaus war, wurde im wesentlichen das Zentrum des spätkaiserzeitlichen Lagers. Die Ausgrabungen in der Niedernburger Klosterkirche machen wahrscheinlich, daß das heutige Kloster Niedernburg sich innerhalb des spätantiken Kastells Batavis befindet[30]. Der ergrabene Kirchenbau des 5. Jahrhunderts entstand mitten im Kastell Batavis auf einem offenbar vorher unbebauten Grund. Er sollte im Frühmittelalter noch eine große Rolle spielen.

*c) Zur Frage römerzeitlichen Christentums nördlich der Donau (Oberpfalz, Ries, Franken)*

Obgleich die Römer bereits zur Zeit des Augustus vom Westen bis zum Maindreieck vorgestoßen waren, wovon das ergrabene Lager Marktbreit zeugt, haben sie sich doch rasch wieder zurückgezogen[31], so daß Franken im wesentlichen und die Oberpfalz ganz romfrei blieben. In diesen Gebieten ist daher auch in der ersten Jahrtausendhälfte kein Christentum zu erwarten, es sei denn, daß einzelne Germanen im römischen Militärdienst mit dem Christentum in Kontakt gekommen waren[32]. Dafür gibt es aber keinerlei Einzelzeugnisse. Denkbar wären christliche Einflüsse innerhalb der Limesgrenzen, die von Eining/Donau über Böhming an der Altmühl, Weißenburg, Theilenhofen und Gunzenhausen im südlichen Franken nach Südwesten bis Lorch, Welzheim in Württemberg, von dort nach Norden bis zum Main bei Miltenberg, von hier mainabwärts bis Stockstadt, dann in das nördliche Hessen und zum Rhein verliefen.

Nach einer Reihe von Alemanneneinfällen wurde der raetische Limes aber in den Jahren 259/260 endgültig aufgegeben, vermutlich zur gleichen Zeit auch der Main- und Odenwaldlimes. Das heißt, daß das sogenannte Dekumatenland zwischen Rhein- und Donaugrenze und dem Limes längst vor den Christenverfolgungen Dioclitians von römischen Truppen geräumt war und demnach auch in der Folgezeit kaum mehr römischer Einfluß in diesem Gebiet greifbar wird. Dies bezieht sich selbstverständlich auch auf das Christentum, falls dieses in so früher Zeit überhaupt bis zum raetischen und oberdeutschen bzw. Mainlimes eingesickert war.

In der offenbar planmäßigen Zerstörung der Mithrasheiligtümer in den römischen Kastellorten Dieburg, Stockstadt am Main und Großkrotzenburg, also ganz an der Nordwestgrenze des heutigen Bayern, sieht man gerne die Folge der Entstehung

---

[30] CHRISTLEIN, Städte Severins 229f.
[31] Wie Anm. 3.
[32] Bei den Soldaten des spätrömischen Grenzheeres handelte es sich mehrheitlich um Germanen. Die germanischen Söldner des raetischen Grenzheeres rekrutierten sich im 4. Jahrhundert meist aus Alemannen und Juthungen. Man vermutet, daß die fromme Christin Sarmannina (Grabstein in Regensburg) zwar der gehobenen Gesellschaftsschicht angehörte, aber nach Ausweis des Namens höchstwahrscheinlich germanischer Herkunft war. Vgl. T. FISCHER, Römer und Bajuwaren 88; E. KELLER, Germanische Truppenstationen an der Nordgrenze des spätrömischen Raetien, in: Archäologisches Korrespondenzblatt 7 (1977) 63ff; H. WOLFRAM, Das Reich und die Germanen (= Das Reich und die Deutschen 1) 1990, 126ff.

christlicher Gemeinden am Untermain[33], doch läßt sich diese Vermutung nicht weiter konkretisieren. Nach dem Fall des Limes und dem Verschwinden römischen Einflusses sind ohnehin keine christlichen Reste hier mehr zu erwarten.

In der zweiten Hälfte des 5. Jahrhunderts ist allerdings damit zu rechnen, daß größere Teile der germanischen »Barbaren«, die längs der Donau den Römern benachbart waren, bereits christlich, wenn auch arianisch waren. Goten und Rugier waren Arianer[34]. Mit diesen Rugiern in Niederösterreich stand der hl. Severin in engem und meist friedlichem Kontakt. Wie weit sich die rugischen Positionen nach Westen in Richtung Bayern ausdehnten, wissen wir nicht. Alemannen und Thüringer, die im 5. Jahrhundert den Raum nördlich der Donau und die Mainlande beherrschten, scheinen mehrheitlich heidnisch gewesen zu sein; eine arianische Minderheit in den höheren Schichten ist aber keineswegs ausgeschlossen[35].

## § 2. DER WEG DER CHRISTIANISIERUNG DER STAMMESVÖLKER IN DER MEROWINGERZEIT (CA. 500 – CA. 700)

*a) Einstieg und Grundgegebenheiten*

Wie die Frage der Kontinuität zwischen Antike und Mittelalter im allgemeinen, so wird auch die Frage nach einer christlichen Kontinuität im Raum der ehemaligen Provinzen Raetia II und Ufernoricum recht unterschiedlich, ja gegensätzlich beantwortet[36]. Die Vita Severini berichtet[37], daß auf Befehl Odoakers unter Führung seines Bruders Onoulf und des comes Pierius *omnes incolae*, das heißt sämtliche Bewohner Noricums aus der Provinz herausgeführt und nach Italien gebracht wurden. Ihr Land in Noricum, ganz den Barbaren ausgesetzt, wurde zu einer *vastissima solitudo*. 250 Jahre später tauchen in den bayerischen Quellen, in den alemannischen etwas später und weniger, romanische Orts- und Personennamen auf in beachtlicher Menge, Zeichen dafür, daß die römische bzw. romanisierte Bevölkerung nicht völlig das Land verlassen haben kann[38].

Wenn wir davon ausgehen, daß die romanisch sprechende Bevölkerung in der ausgehenden Antike zum guten Teil christlich war und dieses Christentum auch noch weiter tradierte, dann wird man zunächst die Orte suchen müssen, die noch später auf romanisches Bevölkerungssubstrat hinweisen. Bezeichnenderweise häufen sich um das alte Radasbona (Regensburg) Siedlungen mit vorrömischen und romanischen Ortsnamen, wie Kösching, Prüfening, Barbing, Winzer, Massing, Traubling, die auf

---

[33] SODER v. GÜLDENSTUBBE, Christliche Mission 92; vgl. W. NEUSS, Die Anfänge des Christentums im Rheinlande, in: Rheinische Neujahrsblätter 2 (1923) 5ff.
[34] WOLFRAM, Goten 83ff; DERS., Geburt Mitteleuropas 52ff.
[35] SODER v. GÜLDENSTUBBE, Christliche Mission 93f.
[36] Das Problem der Kontinuität stellt sich besonders akut in der Archäologie. Vgl. J. WERNER – E. EWIG (Hg.), Von der Spätantike zum frühen Mittelalter (= VoF 25) 1979; WOLFF, Kontinuität 1–27.
[37] Cap. 44/5; AY, Dokumente Altbayern I/1 nr. 1.
[38] DOPSCH, Anteil der Romanen 47–54.

den ersten Blick eher germanisch-baiuwarisch aussehen[39]. Wenn Romanen sich in der Umgebung dieser wichtigen Grenzstadt Regensburg gehalten haben, so ist dies umso mehr in dem so vortrefflich durch Mauern geschützten alten Zentralort wahrscheinlich. Der Beweis läßt sich freilich schwer erbringen.

Regensburg, das von Arbeo um 770 in seiner Emmerams-Vita als schwerbefestigte *metropolis* bezeichnet wird – gemeint sind die damals noch völlig intakten gewaltigen Römermauern der bayerischen »Hauptstadt« – scheint sich für diese Kontinuität geradezu anzubieten. Aber trotz erheblicher Bemühungen der Archäologen sind auch hier nur Indizien für spätantike Reste des Christentums zu erbringen.

Besser lassen sich Kontinuitäten auf dem Lande nachweisen. In unterschiedlicher Dichte finden sich in ganz Bayern, auch teilweise in Schwaben, romanische Ortsnamen, die erst im Laufe der Zeit mehr oder weniger germanisiert wurden, zum Beispiel unweit römischer Zentralorte an der Donaugrenze[40]. Besonders häufig sind sie im Salzburger Raum, in Tirol und dort, wo der Inn die Alpen verläßt[41].

Eine zweite Gruppe von Romanen-Ortsnamen sind jene, die die Germanen und Alemannnen Orten gegeben haben, um deren Siedler als Walchen = Welsche zu charakterisieren[42]. Sie liegen offensichtlich mehr in der Randzone der Romania in der Nähe jüngerer germanischer (alemannischer und bayerischer) Siedlungen. Noch heute weist eine Fülle von »Walchen«-Orten auf jene ehemaligen Romanen hin, die unter der neuen Germanen-Herrschaft lange Zeit sprachlich und kulturell nicht absorbiert wurden. Ob in Bayern und Schwaben die ganze Oberschicht der römischen Provinzialgesellschaft wie im Rheinland vernichtet worden ist, muß dahingestellt bleiben. Im Salzburger Land und in Tirol finden sich im 8. und 9. Jahrhundert (noch?) romanische Großgrundbesitzer und Aristokraten[43].

Für das Alpenvorland ergibt sich im großen und ganzen folgendes Bild: Die Teile der römischen oder besser romanisierten Bevölkerung, die das Land nicht verlassen haben, scheinen im wesentlichen den unteren Schichten angehört zu haben. Als *romani tributales* u.ä. werden sie im 8. Jahrhundert greifbar. Als Colonen hatten sie immer noch einen relativ passablen »Stand«.

Es stellt sich die Frage, inwieweit diese romanische Restbevölkerung ihr Christentum bewahren konnte angesichts einer Übermacht mehr oder weniger heidnischer Barbaren[44]. Es wäre naiv zu glauben, daß die Umwälzungen des 5./6. Jahrhunderts keine tiefgreifenden Veränderungen in Bevölkerung, Wirtschaft, Kultur und Religion bewirkt hätten. Andererseits ist zu betonen, daß die politischen Grundgegebenheiten

---

[39] E. SCHWARZ, Namenkundliche Grundlagen der Siedlungsgeschichte des Landkreises Regensburg, in: VHOR 93 (1952) 25–63.
[40] Vgl. die Bände des HAB.A.
[41] DOPSCH, Anteil der Romanen 48ff.
[42] E. SCHWARZ, Baiern und Walchen, in: ZBLG 33 (1970) 857–983.
[43] DOPSCH, Anteil der Romanen 52ff; WOLFRAM, Geburt Mitteleuropas 333ff.
[44] DANNHEIMER – DOPSCH 217ff, 295ff, 337ff, 375ff; F. PRINZ, Salzburg zwischen Antike und Mittelalter, in: FMSt 5 (1971) 10–36. Dieser Aufsatz hat eine lebhafte Diskussion hervorgerufen.

seit etwa 550[45], dem Christentum und auch dem Katholizismus nicht mehr im Weg standen.

Auch in der Stadt Rom, seit vielen Jahrhunderten weltbeherrschender Mittelpunkt, verschob sich das Gefüge grundlegend. Während die Macht des weströmischen Kaisers immer schwächer wurde, so daß der letzte, Romulus Augustulus (475/476), schließlich von dem germanischen Heerführer Odoaker abgesetzt wurde, wuchs die Bedeutung des römischen Papstes seit Leo I. (440–461) immer mehr. Der Primat des Bischofs von Rom innerhalb der Kirche war 445 auch durch kaiserliches Gesetz anerkannt worden. Nach der üblichen Auffassung bedeuteten die Ereignisse von 476 das offizielle Ende des Weströmischen Reiches. Das Gebiet dieses Reiches wurde freilich weiterhin von Germanenkönigen beherrscht, die die römische Würde eines *Patricius* trugen. Sie waren es, die mehr oder weniger die Völkerwanderung beendeten und auch die Reichsgrenzen zu sichern suchten. Sie waren bereits christlich, wenngleich arianisch.

Im Westen gelang es dem Frankenkönig Chlodwig, 486/487 den letzten römischen Machthaber in Gallien zu besiegen und seinen Herrschaftsraum zu übernehmen. Um die Jahrhundertwende traten Chlodwig und mit ihm sein »Volk« zum Katholizismus über, eine epochale Tat für das Frankenreich[46]. Während die politische »Dampfwalze« des Chlodwigreiches die Alemannen in zwei Schlachten besiegte, nahm der Ostgote und Arianer Theoderich als Vertreter des italisch-germanischen Großreiches die Alemannen um 507 zumindest im Raum südlich der Donau unter seine Schutzherrschaft[47]. Inwieweit sich dies auch auf den Glauben der Alemannen auswirkte, wissen wir nicht. Der letzte mächtige Alemannenkönig Gibuld, der sowohl im burgundischen Raum Frankreichs als auch in Bayern agierte, war vielleicht bereits arianisch. Der durch den Kampf mit Byzanz herausgeforderte Ostgotenkönig Witigis, Nachfolger Theoderichs, mußte durch Vertrag 536/537 auf die Herrschaft über die Alemannen verzichten und diese den katholischen Franken übergeben[48].

Schon vorher hatte der Frankenkönig Theuderich 531 die Thüringer, deren Herrschaft noch im späten 5. Jahrhundert bis zur Donau gereicht hatte und die wohl noch weitgehend das heutige Franken umfaßte, besiegt und in sein Reich »integriert«. In die thüringische Königsfamilie war schon vorher das Christentum eingedrungen. Die Thüringerprinzessin Radegunde, wohl schon katholisch, wurde kurz Gemahlin des Frankenkönigs Chlotachar, zog sich aber bald – hochangesehen – in ein Kloster zurück[49]. Schon 536/537 konnte der Frankenkönig Theudebert dem byzantinischen Kaiser Justinian schreiben, daß er das Land von der Donau bis nach Pannonien beherrsche[50]. Damit wäre theoretisch der Raum des Freistaats Bayern im wesentlichen

---

45 Vgl. unten 15f.
46 W. v. d. STEINEN, Chlodwigs Übergang zum Christentum (= Libelli 103) ³1963; ZÖLLNER, Franken 56ff.
47 FRIED – LENGLE I nrr. 29–31.
48 ZÖLLNER, Franken 89.
49 B. KRUSCH (Hg.), Vita Radegundis, in: MGH.SS rer. Merov. II (1888) 364–395; ZÖLLNER, Franken 83, 107f, 177, 188.
50 MGH.Epp III (1892), 133 nr. 20.

## § 2. Der Weg der Christianisierung in der Merowingerzeit (W. Störmer)

in der Hand des »katholischen« Merowingerkönigs und seines Reiches gewesen – eine wichtige Basis für die Christianisierung des Raumes. Schließlich ist auch noch zu berücksichtigen, daß die Spitzengruppe der Langobarden, Nachbarn der Bayern in Pannonien und Niederösterreich, seit 568 in Norditalien, schon früh arianisch war.

Man nimmt aber an, daß Teile der langobardischen Oberschichten mit ihrem König Wacho schon um die Mitte der 40er Jahre des 6. Jahrhunderts zum Katholizismus übertraten, als sie Föderaten der Byzantiner wurden. Beim Einmarsch in Italien wurde der Langobardenkönig Alboin möglicherweise erst wieder arianisch aus naheliegenden politischen Gründen[51]. Freilich scheint auch hier die Masse des langobardischen Volkes vom Christentum noch nicht erreicht worden zu sein.

Wie sich im einzelnen innerhalb der ehemaligen Völkerwanderungsreiche und -gruppen, auch bei Alemannen, Bayern und Thüringern die Missionierung einerseits und die Verchristlichung der Bevölkerung andererseits vollzog, läßt sich nur außerordentlich schwer umreißen. Auch über die prähistorischen »germanischen« Religionsvorstellungen der Bevölkerung in Süddeutschland sind wir nur höchst vage unterrichtet – fast nur durch die von den Archäologen erschlossenen Grabbeigaben. Inwieweit die ursprünglich skandinavischen Gottheiten wie Odin (Wotan) und Thor (Donar) auch in Süddeutschland repräsentativ waren, ist im einzelnen schwer zu sagen. Was Tacitus über die Gottheiten der Germanen in Mitteleuropa sagt, bleibt recht verschwommen und ist zudem nur ein Hinweis auf das erste Jahrhundert nach Christus.

Die in Pannonien und später in Oberitalien sitzenden Langobarden, die ursprünglich aus Skandinavien kamen, verehrten noch Wotan und seine Gemahlin Freia, wie aus der *Origo gentis Langobardorum*, einer historischen Einleitung zu dem 643 entstandenen *Edictus Rothari*, hervorgeht[52]. Daneben aber spielte für die Langobarden eine wohl göttliche Stammutter namens Gambara mit ihren Söhnen Ybor und Agio eine zentrale Rolle. Von ihnen wird die Stammesherrschaft abgeleitet. Es ist bezeichnend, daß diese heidnische Origo noch im »Stammesrecht« bedeutsam war zu einer Zeit, in der die Langobarden offiziell bereits längst christianisiert waren.

Ähnlich sind die Verhältnisse bei den Goten an der Donau. Über ihre Götter wissen wir sehr wenig. Der Spitzenahn des gotischen Königsgeschlechts der Amaler hatte göttliche Ursprünge[53]. Das kultische Leben spielte sich in Dorfgemeinschaften ab. Eine solche Gemeinschaft bildete einen besonderen Friedensbereich, den das kultische Opfermahl der Dorfbewohner schützte. Wer sich davon ausschloß, zerbrach die religiösen Bindungen an die Gemeinschaft, die mit Verbannung des Frevlers antwortete[54]. Man wird auch politisch von Kultverbänden ausgehen dürfen, die aber in der Völkerwanderungszeit des 4. und 5. Jahrhunderts kaum konstant geblieben sein können. Die Sueben haben auf ihren Zügen in die römische Welt seit 448 nicht weniger als viermal zwischen Katholizismus und Arianismus gewechselt[55]. Dies spricht nicht

---

[51] JARNUT, Langobarden 53.
[52] MGH.SS rer. Langob. (1878) 2–6.
[53] WOLFRAM, Goten 127ff.
[54] Ebd. 123ff.
[55] S. HAMANN, Vorgeschichte und Geschichte der Sueben in Spanien, 1971, 107f, 134ff, 154ff.

gerade für eine tiefgreifende religiöse Orientierung. Wie weit diese in das eigentliche Stammesvolk drang, ist eine weitere Frage.

Als Endphase der Ambivalenz zwischen heidnischen und christlichen Vorstellungen wird man die Zeit um 700 ansetzen dürfen, da sich in diesen Jahrzehnten das Ende der Beigaben in den germanischen Reihengräbern zugunsten christlicher Beigabenlosigkeit vollzieht[56]. Es ist gleichzeitig jene Epoche, in der die Merowingerherrschaft im Frankenreich fast erliegt zugunsten der aufstrebenden pippinisch-karolingischen Hausmeier. Erst nach 700 wurde die Kirche allmählich die zukunftbestimmende Macht.

*b) Bayern*

1. Die Katholizität des Stammesherzogs

Nach dem Untergang römischer Herrschaft nördlich der Alpen blieb immer noch ein reiches Erbe zurück. Die überregionalen Verkehrsstraßen blieben weiterhin intakt, die antiken Zentren Regensburg, Passau, Salzburg, deren Kontinuität zwar strittig ist, konnten seit dem 8. Jahrhundert zu den wichtigsten Zentren des frühmittelalterlichen Bayern und seiner Kirche werden, seine romanische Restbevölkerung konnte wenigstens eine gewisse Kontinuität wahren. In diesem Raum vollzog sich zwischen dem ausgehenden 5. Jahrhundert und etwa 530 die Stammeswerdung der Bayern, deren Umstände und Einzelheiten wegen der erheblichen Quellenarmut bis heute umstritten sind[57]. Umstritten ist auch die Frage, inwieweit fremde Mächte, Ostgoten oder Franken, bei dieser Stammesbildung mitwirkten. Eine zeitgenössische *Origo gentis* gibt es nicht. Erst in der Mitte des 6. Jahrhunderts wird der Baiuwaren-Name greifbar, gleichzeitig auch ein bayerisches Herzogtum[58].

555 begegnet mit Garibald[59] erstmals ein bayerischer Herzog, dessen Nachfahren als Agilolfinger bezeugt sind. Während dieser auffallend farbig ins Licht der Geschichte tritt, ist die Herkunft seines Geschlechts wiederum strittig. Immerhin drängen sich zwei Eindrücke auf, wenn man die Geschichte dieses Geschlechts untersucht, seine Königsnähe und der große Radius seines Aktionskreises. Herzog Garibald – offensichtlich auch, wenn nicht nur – merowingischer Amtsträger, ist in einem gesamteuropäischen Kontext zu sehen. Dabei zeigt sich, daß er seinen Nachfolgern auf dem bayerischen Herzogsstuhl Grundzüge ihrer »Außenpolitik« bis in das späte 8. Jahrhundert gewiesen hat. In diesem Zusammenhang spielen die Beziehungen zu den Langobarden eine zentrale Rolle. Das zeigt bereits seine Heirat mit Walderada, einer fränkischen Königin bzw. Königswitwe, die ihrerseits auch eine langobardische Königstochter war. Sie, die Tochter des bedeutenden Königs Wacho (ca. 510–540),

---

[56] Eine zusammenfassende Interpretation dieses immer wieder feststellbaren archäologischen Sachverhalts fehlt leider bislang. Vgl. T. FISCHER, Römer und Bajuwaren 58.
[57] REINDEL, Grundlegung 101ff; A. KRAUS, Die Herkunft der Bayern, in: Augsburger Beiträge zur Landesgeschichte Bayerisch-Schwabens 1 (1979) 27–46; T. FISCHER, Römer und Bajuwaren 47ff.
[58] AY, Dokumente Altbayern I/1 nr. 3.
[59] Zu Garibald REINDEL, Grundlegung 136ff; JAHN, Ducatus 5ff.

war im Rahmen langobardischer Bündnispolitik Gemahlin des Frankenkönigs Theudebald (548–555) geworden und nach seinem Tod sofort Gemahlin des Königsnachfolgers Chlotachar (555–561). Wegen kirchlichen Widerspruchs mußte Chlotachar Walderada verlassen, doch gab er sie »einem der Seinen«, nämlich dem Bayernherzog Garibald. Dies zeigt, daß dieser nicht nur in einem Abhängigkeitsverhältnis zum Merowinger stand, sondern auch erheblich bevorzugt wurde, da er mit einer Dame königlichen Geblüts verheiratet wurde. Die innenpolitischen Schwierigkeiten des Frankenkönigs boten dem Bayernherzog bald Gelegenheit, eine eigene raffinierte »Außenpolitik« im Alpenraum zu treiben, wobei ihm über seine Ehefrau Walderada angebahnte Beziehungen zu den Langobarden zugute kamen. Zu diesen Einflüssen der Agilolfinger auf das Langobardenreich gehört auch der beachtliche Katholisierungsschub durch die langobardischen, von Garibald abstammenden Agilolfinger[60].

Schon der Merowingerkönig Theudebert, Vater Theudebalds, hatte in einem Brief an Kaiser Justinian Ausdehnung und Lage seines Reiches umschrieben (vor 545)[61]. Dabei betonte er, daß sich seine Herrschaft unter dem Schutz Gottes von der Donau und der Grenze Pannoniens bis an die Grenze des Ozeans erstrecke. Die mehrfache Betonung Gottes läßt erschließen, daß der Frankenkönig dem byzantinischen Kaiser gegenüber die Rechtmäßigkeit seiner Herrschaft und seines Glaubens und damit die Katholizität betonen will. Die Erwähnung der Donau besagt, daß er denn nicht nur die Gebiete nördlich der Donau, also Franken, sondern auch den Raum der Bayern und der Schwaben (die beide nicht namentlich genannt werden) als seinen Herrschaftsbereich ansieht. Der Theorie nach wären Bayern und Schwaben damals katholisch gewesen.

Der kurz darauf in Bayern herrschende Herzog Garibald, der zu den Großen des Frankenkönigs gehörte, muß bereits christlich, und zwar katholisch gewesen sein. Daß er durch Zutun des Merowingerkönigs mit Walderada, einer ehemaligen Merowingerkönigin, vermählt wurde, verstärkt diese Vermutung. Wir wissen exakt von Theudelinde (Theodolinde), einer Tochter Garibalds und Walderadas, daß sie katholisch war, als Langobardenkönigin die katholische Partei im weitgehend arianischen Langobardenreich stark förderte und den Dom zu Monza gründete[62].

Der zweite Gemahl Theudelindes, der Langobardenkönig Agilulf, schuf in seinem Machtbereich ein erstes monastisches Zentrum. Durch seine Stiftungen ermöglichte er, daß der aus dem Frankenreich vertriebene Ire Columban das katholische Kloster Bobbio im Langobardenreich errichten konnte[63].

Aus den bayerischen Quellen ist nichts über die Konfession des Herzogs Garibald zu erfahren. Ob er in Bayern missionieren ließ, ist ebenfalls nicht bekannt. Angesichts der Tatsache, daß uns auch die Archäologie aus jener Zeit keine Hinweise gibt,

---

60 JARNUT, Langobarden 53ff.
61 AY, Dokumente Altbayern I/1 nr. 2.
62 JARNUT, Langobarden 56f; E. HLAWITSCHKA, Studien zur Genealogie und Geschichte der Merowinger und frühen Karolinger, in: Rheinische Vierteljahrsblätter 43 (1978) 81–95; A. LIPINSKI, Der Theodolindenschatz im Dom zu Monza, in: Das Münster 13 (1960) 146ff.
63 JÄSCHKE, Kolumban 105f; PRINZ, Frühes Mönchtum im Frankenreich 87.

ist ein Verchristlichungsprozeß im Volk auch kaum wahrscheinlich. Man wird aber davon ausgehen dürfen, daß der Herzog als Katholik an seinem Hof nicht völlig isoliert stand. Es läßt sich eigentlich gar nicht anders denken, als daß er wenigstens einen Hofgeistlichen hatte. In der *Lex Baiuvariorum*, die mit Sicherheit nicht erst im 8. Jahrhundert entstanden ist, wird ebenfalls davon ausgegangen, daß der Herzog christlich, und zwar katholisch, ist[64]. Ob sich dieses Christentum in der herzoglichen Handlungsweise artikulierte, muß mangels Quellen offengelassen werden. Für die Rekonstruktion der kirchlichen Verhältnisse im Bayern des späten 6. Jahrhunderts ist verwirrend, daß damals alle wichtigen Alpenregionen und Pässe von den Cottischen Alpen im Westen über Rätien bis zum Etschtal im Osten im fränkischen Einflußbereich lagen[65]. 575 und 590 stießen fränkische Heere durch das Etschtal auch nach Süden vor. Darüber hinaus haben die Franken in diesen Jahrzehnten intensive Kirchenpolitik in den Ostalpen getrieben.

Schon Kaiser Justinian (526–565) hatte »gallische« Priester im südlichen Ostalpengebiet durch einen Befehl zurückweisen müssen. Es handelte sich dabei vermutlich um die binnennorischen Städte Virunum (Maria Saal in Kärnten), Teurnia (St. Peter im Holz, Kärnten) und Aguntum (bei Lienz, Osttirol)[66]. Und Paulus Diaconus berichtet zum Jahre 567, der Bischof Vitalis von Altino sei seit einiger Zeit in das fränkische Herrschaftsgebiet, und zwar in die civitas Agunthiensis, geflohen. Wenn es sich nicht um einen Schreibfehler handelte (für Magonthiensis = Mainz), mußte sich der Ort auf Agunt in Osttirol beziehen. Inwieweit sich diese fränkische Kirchenpolitik im südlichen Ostalpenraum auch gegen den Bayernherzog Garibald richtete, ist schwer zu entscheiden. Sie zeigt aber, daß es Garibald offenbar verwehrt war, Kontakt mit diesen Bischöfen bezüglich einer Bayernmission zu bekommen. Im churrätischen Bereich freilich führte die fränkische Alpenpolitik zu einer kirchlichen Nordorientierung Churs[67].

2. Die »irofränkische« Mission im Bayern des 7. Jahrhunderts

Während im Voralpenland vor 700 keine Bistümer existierten, in den Zentralalpengebieten Osttirols und Kärntens die Bischofssitze – vielleicht nicht nur – aufgrund von Slaweneinfällen schon vor 600 erloschen, übernahm das Mönchtum die zukunftweisende Rolle der Mission. »In der Spätantike als asketisch-spirituelle Gegenkultur entstanden, prägt es in immer neuen Anläufen der Kirche wie der Laienwelt strengere Formen christlichen Bewußtseins und geistiger Vorbildlichkeit ein und wurde somit seit dem 6. Jahrhundert von einem Außenseiter der Gesellschaft zu einer ihrer tragenden Säulen«[68]. Auch in Bayern ist es der Kreis um den kämpferischen iri-

---

[64] E. v. SCHWIND (Hg.), Lex Baiwariorum (= MGH.LL Nationum Germanicarum V/2) 1926, Titel I/9, 10, II.
[65] R. SCHNEIDER, Fränkische Alpenpolitik, in: Die transalpinen Verbindungen der Bayern, Alemannen und Franken bis zum 10. Jahrhundert, hg. v. H. BEUMANN (= Nationes 6) 1987, 23–49.
[66] AY, Dokumente Altbayern I/1 nr. 9; HAGENEDER, Organisation 219f.
[67] HAGENEDER, Organisation 215ff.
[68] F. PRINZ, Grundlagen und Anfänge bis 1056 (= Neue deutsche Geschichte 1) 1985, 31.

schen Mönch und Abt Columban[69], der die Mission anregte. Ausgangspunkt wurde Columbans Gründung Luxeuil (um 590) im Grenzbereich zwischen Austrasien und Burgund, die dank strenger Askese die Unterstützung des merowingischen Königs und des Adels der Umgebung gefunden hatte. Der eigentliche Aufstieg dieses Musterklosters erfolgte freilich erst, nachdem 610 der kompromißlose Columban ins Exil gehen mußte. Das letzte Werk Columbans war bekanntlich das mit Hilfe des Langobardenkönigs Agilulf und seiner Gemahlin Theudelinde (Theodolinde) gegründete Kloster Bobbio.

Theudelinde aus agilolfingischem Geschlecht dürfte von Bobbio aus den Blick des Iren auf ihre bayerische Heimat gelenkt haben. Jedenfalls zog nach 615 auf Columbans Anordnung Eustasius, der Nachfolger Columbans in dessen berühmter Gründung Luxeuil (610–629), zu den Bayern, predigte dort und bekehrte angeblich viele von ihnen zum Glauben[70]. Es ist dies die erste schriftlich bezeugte Mission bei den Bayern. Aus guten Gründen hat man diese Mission seit etwa 1965 nicht mehr als iroschottische, sondern als irofränkische Mission bezeichnet[71], denn der Erfolg irischer Missionare und Mönche auf dem Kontinent hing weitgehend davon ab, ob sie ihr Werk mit Unterstützung merowingischer Führungsschichten erfolgreich gestalten konnten. Auch die Vita des irischen Mönches Columban zeigt dies deutlich. Durch seine enge, wenn auch oft schwierige Zusammenarbeit mit dem merowingischen Königtum und seinem Adel konnten Luxeuil und dessen zahlreiche Tochtergründungen entstehen und sich entfalten. Diese vom irischen Mönchsvater Columban initiierten Klöster im Frankenreich wurden rasch »frankisiert«, also »irofränkisch«; sie folgten einer benediktinisch-kolumbanischen Mischregel.

War diese von Luxeuil ausgehende Bayern-Mission wirklich so erfolgreich, wie es die von Jonas von Bobbio verfaßte Lebensbeschreibung Columbans behauptet, dann muß der Bayernherzog dieser irofränkischen Mission gegenüber positiv eingestellt gewesen sein. Dabei darf man sich keineswegs vorstellen, daß der Bayernherzog von diesen Missionaren »überfallen« worden sei. Er hatte genügend Beziehungen – auch verwandtschaftlicher Art – zum Langobardenreich und zum Westen. Begleiter des Eustasius auf seiner Missionsreise nach Bayern war Agilus, der als *puer oblatus* noch unter Abt Columban Mönch in Luxeuil geworden war. In der älteren bayerischen Forschung wurde aufgrund einer lokalen Tradition angenommen, daß Eustasius und Agilus das Kloster Weltenburg gegründet hätten[72]. Dies ist nicht mehr haltbar. Eher könnte die Gründung des Klosters Herrenchiemsee durch die beiden Missionare in Frage kommen, zumal dort die ältesten archäologischen Funde sich etwa bis in diese

---

[69] PRINZ, Frühes Mönchtum im Frankenreich 121ff, 489ff; JÄSCHKE, Kolumban 77–130.
[70] JONAS v. BOBBIO, Vita Columbani II 8, ed. B. KRUSCH, MGH.SS rer. Germ. in usum scholarum 37, 1905; REINDEL, Grundlegung 195f.
[71] PRINZ, Frühes Mönchtum im Frankenreich 121ff.
[72] Kritischer Literaturüberblick bei REINDEL, Grundlegung 195; dazu jetzt E. FREISE – D. GEUENICH – J. WOLLASCH (Hg.), Das Martyrolog-Necrologium von St. Emmeram zu Regensburg (= MGH.Necr. NS 3) 1986, 35ff, 51f.

Zeit datieren lassen⁷³. Agilus, von dem man vermutet, daß er mit den Agilolfingerherzögen verwandt gewesen sei, wurde um 635 erster Abt des Musterklosters columbanischen Mönchtums Rebais-en-Brie⁷⁴.

Abt Eustasius war bemüht, sein Werk im Osten weiter fortsetzen zu lassen. Offenbar ist die Verbindung von Luxeuil nach Bayern so schnell nicht abgerissen. Jonas von Bobbio berichtet von einem Agrestius, der zwar Notar König Theuderichs II. gewesen war, jenes Merowingers, der einst Columban vertrieben hatte, trotzdem aber später in dessen Gründung Luxeuil eintrat⁷⁵. Dieser Agrestius zog nach Jonas gegen den Willen seines Abtes Eustasius nach Bayern, um zu missionieren. Jonas stellt das Wirken dieses Mönches als völlig erfolglos dar. So sei Agrestius nach Aquileia weitergezogen und habe dort im Drei-Kapitel-Streit für die dortige Auffassung Partei ergriffen. Weniger das Mißtrauen des Abtes dem Mönch Agrestius gegenüber als vielmehr die Tatsache, daß Agrestius von Bayern aus sofort nach Aquileia weiterzog, lassen annehmen, daß er schon in Bayern den »ketzerischen« Standpunkt Aquileias⁷⁶ vertreten hat. Sein erfolgloses Wirken ließe sich dann mit der fehlenden Unterstützung des »offiziellen« Standpunkts in Luxeuil erklären.

Im Zusammenhang mit der irofränkischen, von Luxeuil ausgehenden Missionsarbeit in Bayern ist auch auf den hl. Amandus zu verweisen. Amandus⁷⁷, Sohn einer vornehmen Familie in Aquitanien, gehört in den Kreis jener vom Mönchtum in Luxeuil beeinflußten Missionare, die ihre Aufgabe weniger darin sahen, Heiden zu taufen, als vielmehr das vom Verfall bedrohte Christentum im fränkischen Reich zu festigen. Amandus wirkte zunächst in der Diözese Tournai, dann aber weitgehend in Flandern. Der Widerstand des eingesessenen Klerus und andere Widrigkeiten sollen ihn veranlaßt haben, Missionsreisen zu den Bayern und den slawischen Karantanen zu unternehmen. Während Agrestius mit den Schismatikern des Drei-Kapitel-Streits sympathisierte, blieb Amandus auf der Seite der romtreuen Gruppierungen in Bayern und in den Alpen. Sein Wirken in Bayern bleibt allerdings völlig im Dunkeln. Es scheint, daß er stärker an der Slawenmission interessiert war. Inwieweit der bayerische Herzog in die Tätigkeit des hl. Amandus involviert war, läßt sich nicht sagen. Auch ein Kontakt zwischen dem Missionar und dem Frankenkönig Dagobert I., der mit dem Slawenreich Samos konfrontiert war, ist zwar denkbar, aber nicht durch Quellen zu erhärten. Die spätere Tätigkeit des hl. Amandus konzentrierte sich auf den Raum des heutigen Belgien. Um 639 gründete er die Abtei von Elno (St-Amand) als

---

⁷³ H. DANNHEIMER, Archäologische Spuren, in: DERS. – DOPSCH 312f. Bereits Johannes Aventinus schreibt, daß Abt Eustasius von Luxeuil von König Chlotar II. nach Bayern geschickt wurde und Herzog Tassilo II. veranlaßt habe, im Chiemsee ein Männer- und ein Frauenkloster zu errichten: JOHANNES AVENTINUS, Annales ducum Baoiariae, in: DERS., Werke II, hg. v. S. RIEZLER, 1884, Buch II, cap. 6, 371. Die Nachricht entstammt sicher einer Chiemseer Hausüberlieferung.
⁷⁴ J. WOLLASCH, Agilus, in: LdMa 1 (1980) 209.
⁷⁵ JONAS, Vita Columbani (wie Anm. 70) II 9, 246.
⁷⁶ R. SCHIEFFER, Zur Beurteilung des norditalischen Dreikapitel-Schismas, in: ZKG 87 (1976) 167–201.
⁷⁷ Vita Amandi episcopi cap. 16 (= MGH.SS rer. Merov. V) 1910, 439f. Vgl. REINDEL, Grundlegung 195f.

Hauptstützpunkt seiner Flandern-Mission; er war aber auch bei anderen Klostergründungen beteiligt[78].

Insgesamt bleibt die »irofränkische« Mission in Bayern mangels konkreter Quellen sehr schemenhaft. Ihre Wirkung ist schwer abzuschätzen. Allerdings gewinnt man doch den Eindruck, daß gerade durch diese Mission der kirchliche Kontakt zum Westen und zu Rom vorbereitet wurde und gleichzeitig die Interessenzone des Patriarchats Aquileia in die Zentralalpen zurückgedrängt wurde. Die bayerische »Kirchengeschichtsschreibung« des späten 8. Jahrhunderts nimmt von diesen irofränkischen Missionaren keine Kenntnis. Als die eigentlichen Glaubensboten werden hier die fränkischen Missionare Emmeram, Rupert und Korbinian vorgestellt. Immerhin war nach der Darstellung des großen Vitenschreibers Arbeo von Freising Bayern, als diese Missionare kamen, bereits ein einigermaßen christianisiertes Land, das freilich noch heidnischen Gebräuchen verhaftet war[79].

3. Die ersten Bischöfe in Bayern (Emmeram, Erhard, Rupert)

Während die bayerischen Schriftquellen für das 7. Jahrhundert fast völlig schweigen, hat die Archäologie eindrucksvolle Zeugnisse des Christentums und christlichen Verständnisses in Bayern ergraben. Nur kurz sei auf die Kirchen in Staubing bei Weltenburg, Herrsching und Aschheim verwiesen. Wenn auch Reihengräber, soweit sie christliche Dokumente wie Goldblattkreuze enthalten, in der Regel eine Mischung von heidnischen und christlichen Vorstellungen dokumentieren, so wird doch die Saat christlichen Glaubens sichtbar. In einer noch unschriftlichen Welt ist kaum eine saubere Abgrenzung der christlichen Lehre beim Volk anzunehmen.

Wenn man geneigt ist, die Christianitas der Bayern im 7. Jahrhundert an der Anzahl der ergrabenen (Eigen-) Kirchen zu messen, sollte doch ein Beispiel zu denken geben, das uns Arbeo in seiner Emmerams-Vita am Ort des Martyriums des Heiligen, in Helfendorf nördlich des Mangfallknies, bietet. Arbeo schildert die Ankunft des hl. Bischofs, beschreibt präzise den Adels- oder Herzogshof in diesem Ort und berichtet, wie er in das Herrenhaus tritt. In dieser *domus* war ein Schild *(clipeus)* an der Mauer befestigt; auf diesem waren Reliquien aufgestellt, und davor wurden Lampen angezündet. Falls sich *clipeus* wirklich auf eine Verteidigungswaffe bezieht, zeigt sich hier die für uns heute eigenartige Verbindung von Kriegerischem und Religiösem. Man könnte vielleicht im Falle Helfendorf von der Vorform des Typs der Burgkapelle sprechen. Entscheidend aber ist, daß für ein normales Bethaus gar keine Kirche im engeren Sinne benötigt wurde. Der Besitz der Reliquien war sicherlich viel wichtiger. Daß der von Arbeo beschriebene »Gebetsraum« in Helfendorf ein Sonderfall war, ist kaum anzunehmen. Bei der Beschreibung der Ankunft Korbinians in Regensburg betont Arbeo: »Die Priester waren dortselbst (d.h. im Land Bayern) hochgeschätzt, wozu die Neuheit einer Einrichtung anzuregen pflegt«[80]. Auch in der Em-

---

[78] J. PRINZ, Amandus, in: LdMa 1 (1980) 510.
[79] B. BISCHOFF (Hg.), Vita et passio Sancti Haimhrammi Martyris, 1953, 16.
[80] Ebd. 12; zum Beispiel Helfendorf 40, 42.

merams-Vita unterstreicht er, daß es bereits eine größere Anzahl von Geistlichen in Bayern gab. Ob diese »Neuheit« erst durch das Wirken Herzog Theodos realisiert wurde oder schon länger grundgelegt war, läßt sich nicht ermitteln, auch nicht, woher diese Geistlichen kamen und wo sie ausgebildet wurden. Daß sie wenigstens teilweise in der Folge der irofränkischen Missionen wirkten, wäre denkbar. Insgesamt wird die Bevölkerung um 700 in den beiden Viten Arbeos dargestellt als erst kürzlich bekehrt und daher noch heidnischen Bräuchen stark verhaftet.

Der Hinweis auf die bereits vorhandenen Priester in den Viten sollte uns davor warnen, die Missionare Emmeram, Rupert und Korbinian als die einzigen Christianisatoren Bayerns zu sehen, auch wenn die Viten und vor allem die Einträge in das Salzburger Verbrüderungsbuch die genannten Bischöfe zu den Stammvätern der bayerischen Kirchengeschichte stilisieren[81]. Allein die Tatsache, daß der hl. Emmeram laut Vita nur drei Jahre in Regensburg wirkte, besagt, daß die Missionsbreite selbst bei größtem Missionseinsatz eine gewisse Grenze hatte. Es ist auch darauf zu verweisen, daß Emmeram nicht deshalb in den Ruf der Heiligkeit kam, weil er – vielleicht als erster – drei Jahre als Bischof in Regensburg am Herzogshof wirkte, sondern weil er das Martyrium erlitt. Bei allen Stilisierungen, die sich aus dem Gebrauch dieser Viten im liturgischen Rahmen ergaben, zeichnen sie doch insgesamt ein anschauliches Bild schwieriger christlicher »Pionier«-Leistung in Bayern.

Was wir vom hl. Emmeram aus Arbeos Vita[82] wissen, ist eigentlich nicht viel. Der adelige Emmeram war laut Vita Bischof von Poitiers; aufgrund seiner Frömmigkeitsbeschreibung muß man ihn wohl dem Kreis der vom Kloster Luxeuil beeinflußten Mönche zurechnen. Emmeram verließ sein Bistum, um zu missionieren, und zwar bei den heidnischen Awaren, ähnlich wie vor ihm Amandus, der Slawenmission zu betreiben versuchte. Als Emmeram dem Herzog Theodo in Regensburg seine Missionsabsichten unterbreitete, erklärt ihm dieser, daß dies unmöglich sei, da er mit den Awaren in Streit liege. Daraufhin blieb Emmeram in Regensburg. Über seine geistliche Tätigkeit in dieser Stadt und ihrer Umgebung erfahren wir praktisch nichts, denn dem Vitenschreiber Arbeo, Freisinger Bischof, war mehr am Ort des Martyriums gelegen, der in seiner Diözese lag. Der Herzog bot ihm – so heißt es – das Amt eines Bischofs oder Abtes der Klöster im Land an. Emmeram lehnte zwar ab, blieb jedoch, um das Heidentum in Bayern völlig auszurotten. Schon nach drei Jahren wurde er Opfer einer Entgleisung in der agilolfingischen Herzogsfamilie. Die Herzogstochter Uta war vom Sohn eines Richters, das heißt wohl hohen Amtsträgers, verführt und schwanger geworden. Um den Konflikt zu entschärfen, nahm Emmeram die Schuld auf sich, brach aber nach Rom auf, um sich zu rechtfertigen. Dabei wurde er vom Herzogssohn Lantperht, Bruder Utas, in Helfendorf gefaßt und zu Tode gemartert.

---

[81] Dieses von den frühen Vitenverfassern und dem Salzburger Verbrüderungsbuch vermittelte Bild der bayerischen Kirchengeschichte, das ja nicht den Anspruch erhebt, ein exakt historisches Bild zu sein, wird noch heute zu wenig reflektiert. Vgl. jedoch MAYR, Todeszeit 200f.

[82] BISCHOFF (wie Anm. 79); G. DIEPOLDER, Arbeos Emmeramsleben und die Schenkung Ortlaips aus Helfendorf, in: Land und Reich, Stamm und Nation. Festgabe für Max Spindler zum 90. Geburtstag, Bd. 1, hg. v. A. KRAUS (= SBLG 78) 1984, 269–285.

§ 2. Der Weg der Christianisierung in der Merowingerzeit (W. Störmer) 21

Durch Wunder manifestierte sich in der Folgezeit die Heiligkeit des Gemarterten. Strittig ist bis heute der Zeitpunkt des bayerischen Wirkens Emmerams und des Bischofsmordes[83]. Während das Gros der Forscher davon ausgeht, daß Emmeram der erste Bischof in Regensburg war und sein bayerisches Wirken demnach in die zweite Hälfte des 8. Jahrhunderts zu datieren ist, vertritt G. Mayr[84] mit Hinweis auf eine weitere Quelle die These, daß Emmeram um 711/712 nach Bayern kam, als der Regensburger »Bischofssitz« vakant war. Die Ermordung Emmerams um 714 habe Herzog Theodos Kirchenpolitik in größte Schwierigkeiten gebracht. Wenn Bischof Rupert von Salzburg wahrscheinlich 714/715 in seine Heimat zurückkehrte, könne dies mit dem Mord an Emmeram erklärt werden. Vor allem habe sich Herzog Theodo auch in diesem Zusammenhang zur Romfahrt 715/716 entschlossen[85]. Die Regensburger Tradition datiert das Martyrium Emmerams auf das Jahr 652. Da aber die Vita des hl. Emmeram nachdrücklich betont, daß der Heilige stets unter Herzog Theodo wirkte, müßte – falls man an 652 festhalten wollte – der Theodo von 652 ein anderer sein als jener, der 715/716 als erster bayerischer Herzog die Romfahrt unternahm.

Regensburg hat noch einen zweiten unkanonischen Bischof im späten 7. Jahrhundert aufzuweisen, nämlich den hl. Erhard[86]. Er gilt als Bruder Hildulfs, des Gründers der Abtei Moyenmoutier in Lothringen, eines Trierer Chorbischofs. Erhard wirkte in den Vogesen, wo er sieben Klöster gegründet haben soll. Die Vita der hl. Odilia, die aus dem 9. Jahrhundert stammt, berichtet, daß Odilia, Tochter des Herzogs Eticho im Elsaß, geboren etwa 660/670, von dem aus Bayern kommenden Bischof Erhard getauft wurde[87]. Daran ist offensichtlich nicht zu zweifeln. Es bestünde höchstens die Möglichkeit, daß Erhard Odilia taufte, bevor er Bischof in Regensburg wurde, was allerdings die Quelle nicht sagt. Beim derzeitigen Quellenbestand muß es letztlich offen bleiben, ob Erhard vor oder nach Emmeram (Hof-)Bischof in Regensburg war. Die archäologischen Untersuchungen im Stift Niedermünster zu Regensburg ergaben, daß Erhard um ca. 700 in dieser Kirche, die für ihn errichtet worden war, beigesetzt wurde.

Der dritte uns bekannte bayerische Missionar und Kirchenorganisator der Zeit Herzog Theodos war Rupert, bislang Bischof von Worms. Nach H. Wolfram[88] traf Rupert spätestens 695 in Bayern ein. Er wurde vom Herzog nach Regensburg eingeladen und empfangen. Nach der christlichen Unterweisung des Herzogs und seiner Großen erhielt Rupert die Erlaubnis, nach Gutdünken für sich und seine Genossen einen »geeigneten Platz« auszuwählen zur (Wieder-)Errichtung von Kirchen und Pastoralstellen. Wenn Rupert Regensburg verlassen konnte, um andere bayerische Missionsziele zu realisieren, so heißt dies mit Sicherheit, daß in Regensburg damals bereits ein

---

[83] BISCHOFF, Arbeo von Freising 23ff, 40ff.
[84] MAYR, Todeszeit 212ff; Gegenposition bei DIEPOLDER (wie Anm. 82) 269ff.
[85] So MAYR, Todeszeit 213f. Kritische Stellungnahme zur Emmeramsdatierung bei BERG, Christentum 98ff. Die Datierung MAYRs hält BOSHOF, Agilolfingisches Herzogtum 13f für wahrscheinlich.
[86] A. SCHMID, Erhard, in: LdMa 3 (1986) 2138f.
[87] MAYR, Todeszeit 211; M. BARTH, Die heilige Odilia, Schutzherrin des Elsaß I (= Forschungen zur Kirchengeschichte des Elsaß 4) 1938, 46.
[88] WOLFRAM, Zeit der Agilolfinger 125; zum folgenden BERG, Christentum 88ff.

Bischof saß. Rupert fuhr donauabwärts bis zum Grenzort Lorch, von hier auf der Römerstraße in den Salzburggau. Nach einem kurzen Zwischenaufenthalt bei den Romanen in Seekirchen am Wallersee ließ er sich in Salzburg nieder. Ob beim kurzen Aufenthalt in Lorch/Enns das Kalkül einer Awarenmission eine Rolle spielte, muß offen bleiben. Nach Wolfram war Ruperts Ziel die »Integration des bayerischen Christentums vornehmlich durch Zusammenarbeit mit dem Herzogshaus und den Führungsschichten der Romanen im Vorfeld der südlichen und südöstlichen Slawengrenze«[89]. Rupert erhielt die zerstörte Römerstadt Iuvavum vom Herzog als Geschenk. Im *castrum superius* (der oberen Burg) befand sich bereits eine Martinskirche. Unter dem Schutz der oberen Burg gründete der Bischof um 713/714 das Frauenkloster Nonnberg, dessen erste Äbtissin seine Verwandte Erintrud wurde. Ob Rupert in der alten Römerstadt das Männerkloster St. Peter gründete oder nur reformierte, wird nicht deutlich. Außerhalb Salzburgs geht die Gründung der Maximilianszelle im Pongau um 711/712 auf Rupert und eine romanische Familie zurück. Bischof Rupert konnte in Zusammenarbeit mit den Herzögen Theodo und Theotbert im Raum Salzburg große Erfolge erzielen. Seine Heimkehr nach Worms könnte primär mit den Unsicherheiten nach dem Tode des Hausmeiers Pippin des Mittleren zusammenhängen, aber auch mit dem Martyrium Emmerams durch den Herzogssohn. Vermutlich 716 ist er gestorben.

Sieht man ab von der Ermordung Bischof Emmerams, dann läßt sich bis zum frühen 8. Jahrhundert eine beachtliche Ausbreitung und noch dazu ein gewaltiger Aufstieg des Christentums feststellen. In der Zeit Herzog Theodos fand um 700 in der Kirchenpolitik wie in der »Landespolitik« ein qualitativer Sprung statt. Neben der offensichtlichen Bedeutung der Geistlichen für die Herzogsherrschaft ist aber vor allem die Breitenwirkung auffallend, signalisiert durch das Aufhören der Beigabensitte in den Reihengräbern. Das Sterben wird verchristlicht, die neuen Grabplätze wandern an die Ortskirche.

*c) Schwaben*

1. Gesamtalemannische Entwicklungslinien

Auch die Kirchengeschichte Bayerisch-Schwabens läßt sich im frühesten Mittelalter nicht isoliert von der Siedlungsentwicklung und der politischen Geschichte betrachten. Auffällig ist, daß die Alemannen zwar um 260 in Raubzügen den Raum erstmals eroberten, daß aber vor dem Beginn der Reihengräbersitte im 6. Jahrhundert kaum Aussagen über die Besiedlung zwischen rund 260 und 500 zu machen sind[90]. Die geringe aktive Rolle der Alemannen bezüglich einer »Landnahme« südlich der Donau wird auch bezeugt durch die Ergebnisse der archäologischen Grabungen auf dem

---

[89] WOLFRAM, Zeit der Agilolfinger 128.
[90] Vgl. die einzelnen Bde der Reihe HAB.S. Ähnlich ist die Situation im westlichen Nachbargebiet: M. SCHAAB, Besiedlung, in: Der Landkreis Biberach I (= Kreisbeschreibungen des Landes Baden-Württemberg) 1987, 85f. Zum folgenden vgl. LAYER, Landnahme 805ff; MENKE, Alemannisch-italische Beziehungen (mit umfangreicher Forschungsliteratur); MARTIN, Alamannen 79ff.

Runden Berg bei Urach, rund 40 km (Luftlinie) von der Nordwestgrenze Bayerisch-Schwabens entfernt. Spätestens seit dem frühen 4. Jahrhundert siedelten hier bedeutende Alemannen, die aufgrund der Funde elbgermanische Traditionen hatten. Gegen Ende des 4. Jahrhunderts aber wurden die Bewohner dieses Berges von einer folgenschweren Katastrophe überrascht, die viele Bereiche der Burg zerstörte. Ob es sich hier um einen letzten römischen Vor- bzw. Gegenstoß nach Norden handelte oder andere Kräfte dahinter standen, läßt sich derzeit nicht ermitteln. An die ältere Siedlungsperiode schloß sich auf dem Runden Berg allmählich im 5. Jahrhundert eine neue Siedlungsphase mit Ansiedlung von Handwerkern an. Zu Beginn des 6. Jahrhunderts erfolgte ein erneuter Bevölkerungsabbruch nach Zerstörung der frühalemannischen Siedlung auf dem Runden Berg, vermutlich bereits ein Werk der Franken. Erst um die Mitte des 7. Jahrhunderts wurde diese wichtige Bergsiedlung wieder neu belebt[91].

Betrachtet man im Vergleich noch den Raum Augsburg, der ja seit der frühen Römerzeit Zentrum des bayerisch-schwäbischen Gebiets ist, dann zeigen sich ähnliche Symptome wie im Raume westlich und östlich der Iller. Für eine romanische Restbevölkerung im 5. und 6. Jahrhundert spricht neben einzelnen archäologischen Indizien eigentlich nur die Aussage des Dichters Venantius Fortunatus, der uns eine Kontinuität des Afrakults sichert, was letztlich nur durch die Existenz einer Christen-»Gemeinde« innerhalb der Stadtmauern vorstellbar ist[92]. Die alemannischen Siedlungen legten sich wie ein Kranz um das spätantik ummauerte Areal der Augusta Vindelicum. Die ältesten merowingerzeitlich-alemannischen Grabfunde im alten Augsburg entstammen erst etwa der Mitte oder dem dritten Viertel des 6. Jahrhunderts[93], in Augsburg-Kriegshaber westlich der alten Stadt wahrscheinlich noch der ersten Hälfte des 6. Jahrhunderts, in Lechhausen östlich der Stadt immerhin der Zeit um 500 ähnlich wie in Nordendorf (LK Augsburg), Schwabmünchen und Salgen (LK Unterallgäu). All diese Orte stehen in engem Bezug zum römischen Straßennetz. Wenn man vom spätantiken Augsburg einmal absieht, besteht auf dem Land ein beträchtlicher zeitlicher Hiatus zwischen der Zeit römischer Präsenz und der offensichtlich allmählichen Aufsiedlung durch die germanischen Alemannen. Allein schon dieser Sachverhalt macht eine Kontinuität römischen Christentums sowohl auf dem flachen Land wie in den meisten römischen Zentralorten unwahrscheinlich. Im 5. Jahrhundert ist noch kein Eindringen von Alemannen in Bayerisch-Schwaben feststellbar. Ob das Eindringen der Alemannen um 500 mit der Schutzherrschaft Theoderichs über Raetien und einen Teil der von den Franken bedrängten Alemannen in Zusammenhang zu bringen ist[94], bleibt unklar.

[91] U. KOCH, Der Runde Berg bei Urach, Bd. 5/1–2 (= Abhandlungen der Heidelberger Akademie der Wissenschaften, Phil.-Hist. Kl. 10/1–2) 1984, 188ff.
[92] FRIED – LENGLE 32; BIERBRAUER, Alamannische Besiedlung 88f.
[93] BIERBRAUER, Alamannische Besiedlung 91f.
[94] FRIED – LENGLE 29, 30.

Möglich wäre freilich auch, daß die Alemannen im Gefolge König Gibulds, der zur Zeit Severins vom Westen her bis vor die Tore Passaus drang[95], im Gebiet südlich der Donau zu siedeln begannen. Nur neue archäologische Quellen können vermutlich das schwierige Fragenbündel noch weiter präzisieren. Eine letzte Entscheidung muß vorerst offen bleiben.

Wenn es laut Severins-Vita dem hl. Severin gelingt, durch entschiedenes Auftreten zu bewirken, daß der Alemannenkönig Gibuld die Freilassung der in seinem Machtbereich befindlichen römischen Gefangenen zusagt, dann muß dieser irgendwie mit römischer Diplomatie vertraut gewesen sein, aber auch mit christlichen Glaubensvorstellungen. Es bleibt die Vermutung, daß Gibuld bereits arianisch war. Der Vitenschreiber Eugippius schildert ausführlich die Verhandlungen mit dem Alemannenkönig, die zu einem regelrechten Vertrag führten, in dem er sich verpflichtete, römische Gefangene auszuliefern und Frieden zu halten[96].

Die Taufe des ersten bedeutenden Frankenkönigs Chlodwig[97] (466/467–511), die nach Gregor von Tours im Zusammenhang mit seinen schwierigen Alemannenkriegen stand, ist auch für Süddeutschland im 6. Jahrhundert richtungweisend und letztendlich folgenschwer geworden. Die Franken brachten – auch auf politischem Wege – den Katholizismus nach Süddeutschland. Gregor von Tours, der führende Geschichtsschreiber der Franken, schreibt, freilich gut ein halbes Jahrhundert später: »Da zwang ihn (= Chlodwig) die Not, zu bekennen, was sein Herz vordem verleugnet hatte. Als die beiden Heere (= Franken und Alemannen) zusammenstießen, kam es zu einem gewaltigen Blutbad, und Chlodwigs Heer war nahe daran, völlig vernichtet zu werden. Als er das sah, erhob er seine Augen zum Himmel, ... und er sprach: Jesus Christ ... Hilfe, sagt man, gebest du den Bedrängten, Sieg denen, die auf dich hoffen – ich flehe ... demütig ... um deinen mächtigen Beistand: gewährst du mir jetzt den Sieg ... so will ich an dich glauben und mich taufen lassen auf deinen Namen. Denn ich habe meine Götter angerufen, aber ... sie sind weit davon entfernt, mir zu helfen ... Dich nun rufe ich an, und verlange an dich zu glauben; nur entreiße mich aus der Hand meiner Widersacher«[98]. Bezeichnend dafür, daß die Taufe eines Königs keine Privatsache war, sind folgende Sätze, die Gregor von Tours dem König in den Mund gelegt hat: »Gern würde ich, heiligster Vater, auf dich hören, aber eins macht mir noch Bedenken, das Volk, das mir anhängt, duldet nicht, daß ich seine Götter verlasse; doch ich gehe und spreche mit ihnen nach deinem Wort«.

Ein Übertritt Chlodwigs zum katholischen Christentum ohne gleichzeitige Taufe des fränkischen Volkes hätte die heidnisch-sakrale Herrschaftslegitimation zerstört und andererseits eine neue christliche Legitimation unmöglich gemacht. Da eine kriegerische Gefolgschaft auf dem Treueid beruhte, mußten König und Gefolgschaftskrieger denselben Glauben haben. Bei der feierlichen Taufe zu Reims wurde

---

[95] Vita Severini (wie Anm. 25).
[96] LOTTER, Severinus 166.
[97] Zum folgenden ZÖLLNER, Franken 57ff.
[98] Übersetzung nach R. BUCHNER, Gregor von Tours. Historia Francorum I–II, lat. u. deutsch (= AQDGMA 2–3) 1970, 111ff.

denn auch das umstehende Volk, das heißt die Gefolgschaft des Königs, mit diesem getauft und damit »christianisiert«. Es versteht sich, daß zumindest die Amtsinhaber des werdenden fränkischen Großreiches diesen christlich-katholischen Glauben offiziell annehmen mußten.

Chlodwigs Schritt erfolgte nicht überraschend. Schon sein Vater stand in gutem Kontakt mit dem katholischen Klerus und der junge König Chlodwig wurde von Anfang an von Bischof Remigius von Reims wohlwollend beeinflußt. Chlodwigs enorme kriegerische Erfolge brachten schließlich seiner religiösen Entscheidung europäische Dimensionen. Gregor von Tours interpretiert dies so: »Gott aber warf Tag für Tag seine Feinde vor ihm (= Chlodwig) zu Boden und vermehrte sein Reich darum, daß er rechten Herzens vor ihm wandelte und tat, was seinen Augen wohlgefällig war«[99]. Auch der burgundische König Sigismund konvertierte zwischen 500 und 506 zum katholischen Christentum; er gründete zudem das Kloster S. Maurice im Wallis, das im 8. Jahrhundert auch für das alemannische und bayerische Mönchtum relevant wurde[100].

Betrachtet man die frühe Kirchengeschichte Bayerisch-Schwabens, dann muß man sich zunächst im klaren sein, daß dieser Raum immer nur Randgebiet des merowingischen Herzogtums Alemannien war. Zudem war der viel größere alemannisch besiedelte Raum politisch wohl nie eine Einheit[101].

Die Schwerpunkte des frühen Christentums in diesem größeren alemannischen Raum lagen eindeutig in der Schweiz[102]. Dort wurden früh Stein- neben Holzkirchen errichtet, dort gehen einzelne Kontinuitätsstränge zurück zur Spätantike. Dort zeigt sich auch eine weite Verbreitung von frühen Landkirchen, Klöstern und Bischofssitzen. All dies zeigt, wie sehr dieser spätantik geprägte Raum den Kerngebieten des Alemannenlandes nördlich der Alpen entwicklungsmäßig voraus war.

Auch die Kirchengeschichte des Frühmittelalters läßt sich nicht isoliert von der politischen Geschichte betrachten. Für diese wurde entscheidend die frühe Expansion des merowingischen Frankenreiches nach dem Osten, beginnend mit der alemannischen Niederlage von 496/506. Die Kernfrage bleibt, ob Alemannien, Bayern und auch Ostfranken dem Merowingerreich nur lose angegliedert oder eingegliedert waren[103]. Schien noch in der zweiten Hälfte des 5. Jahrhunderts, als der Alemannenkönig Gibuld zwischen dem Passauer Raum und dem Raum von Troyes/Frankreich machtvoll auftrat, ein alemannisches »Einkönigtum« realisierbar, so dürften rasch Bündnisse verschiedener germanischer Machthaber dieses Vorhaben zu Fall gebracht haben. Nach den Siegen Chlodwigs fielen die nördlichen Zentren alemannischer Macht unter fränkische Herrschaft, das heißt, auch der bislang stark von den Ale-

---

99 ZÖLLNER, Franken 73.
100 PRINZ, Frühes Mönchtum im Frankenreich 69f, 82, 89f.
101 BEHR, Alamannisches Herzogtum 57, 75, 171; GEUENICH – KELLER, Alamannen 143ff.
102 G. SCHNEIDER-SCHNECKENBURGER, Churrätien im Frühmittelalter (= MBVFG 26) 1980, 7f, 103ff, 110ff, 118ff.
103 BEHR, Alamannisches Herzogtum 99–170 sieht keine alemannische Abhängigkeit vom Frankenreich. Anders GEUENICH – KELLER, Alamannen 147ff.

mannen geprägte westunterfränkische Raum. Im Süden dagegen baute sich das Reich des Theoderich – zumindest theoretisch – bis zur Donau auf als Nachfolger römischer Ordnungsmacht, unter dessen Schutz ein Teil der Alemannen geriet. Das Niederringen der expansiven Alemannen – vielleicht schon vor der letzten Phase 496–506 – machte gleichzeitig die Bahn frei für die Ethnogenese der Bayern.

Standen der Raum Schwaben und seine Bevölkerung zunächst unter ostgotischer Schutzherrschaft des Theoderich-Reichs, so konnte infolge des Niedergangs des Ostgotenreichs schon 536/537 der Frankenkönig Theudebert I. die aus der gotischen Botmäßigkeit entlassenen Alemannen unter seine Herrschaft nehmen, die theoretisch eine katholische Herrschaft war[104]. Theudebert bestellte offensichtlich sofort aus diesem Volk zwei Brüder, Leuthari und Butilin, zu Führern oder Herzögen der Alemannen[105]. Butilin wirkte bereits 539 als Heerführer in Italien im Auftrag des Frankenkönigs. Bald scheint auch sein Bruder Leuthari in Italien mitgewirkt zu haben. Um 553 agieren sie aber in Italien zunehmend selbständig und durchziehen plündernd das Land, 554 erliegt Leuthari einer Seuche, während Butilin mit seinem Heer niedergemacht wird. Von dem Volk der Alemannen im Voralpenland verlautet indes aus den Quellen nichts. 585 erfahren wir wiederum von einem Kriegszug der Alemannen nach Italien, nun gegen die Langobarden, und zwar im Auftrag der Franken[106].

Um 589 fällt der Alemannenherzog Leudefred beim Frankenkönig in Ungnade; an seiner Stelle wird ein Uncelen als Herzog eingesetzt[107]. Uncelen, der eine machtvolle Politik auch im oberitalienischen Raum betreibt, mischt sich am Ende seiner rund zwanzigjährigen Herzogsherrschaft auch brutal in die innerfränkischen Angelegenheiten ein, fällt aber 607/608 der Rache der Merowingerkönigin Brunichild anheim und wird schließlich entmachtet. Es ist schwer denkbar, daß dieser einflußreiche und mächtige Mann noch kein Christ gewesen sein könnte. Offensichtlich waren die Alemannenherzöge, die unter fränkischer Herrschaft standen, bereits »katholisch«.

## 2. Irofränkische Mission

Wie bescheiden die Katholizität der Bevölkerung war, ergibt sich aus dem Bericht über die Missionsreise des hl. Columban und seines Schülers Gallus[108]. 610 durchzogen die beiden »die Landstriche Alemanniens« und gelangten zunächst nach Tuggen am Zürichsee, wo sie missionarisch erfolglos blieben. Daher verließen sie Tuggen und zogen über Arbon am Bodensee weiter nach Bregenz »in Alemannien« unweit der heutigen bayerisch-schwäbischen Grenze. Hier führte Columban mit Hilfe des Gallus die dort ansässigen »Suaeven« auf den »rechten Weg des Glaubens zurück«. Die Alemannen von Bregenz, in der Randzone zwischen Germanen und Romanen, scheinen eine seltsame Mischreligiosität gepflegt zu haben. Äußerlich kehrten sie

---

[104] FRIED – LENGLE 31; KELLER, Fränkische Herrschaft 1–30; ZÖLLNER, Franken 88ff.
[105] DIRLMEIER – SPRIGADE, Quellen Alamannen II 79–97, 111f, III 10, 23, 87f, V 22; BEHR, Alemannisches Herzogtum 75ff; KELLER, Fränkische Herrschaft 8.
[106] Greg. Tours, Hist. VIII 18; Paulus Diac., Hist. Langob. III 22; DIRLMEIER – SPRIGADE, Quellen Alamannen III 89.
[107] Fredegar IV 8; DIRLMEIER – SPRIGADE, Quellen Alamannen III 14; zum folgenden Fredegar IV 27, 28.
[108] JÄSCHKE, Kolumban 77–130; dazu DIRLMEIER – SPRIGADE, Quellen Alamannen III 15–22.

zwar rasch zum Christentum zurück, rächten sich aber an dem religiösen »Eiferer« Columban und seinen Begleitern, so daß dieser die Bodensee-Zelle in Bregenz spätestens 612 aufgab, nach Italien ging und dort mit Unterstützung des Langobardenkönigs Agilulf und seiner katholischen, aus Bayern kommenden Gemahlin Theudelinde das Kloster Bobbio gründete.

Konkreter Anlaß für den Rückzug Columbans, der seine monastischen Vorstellungen zunächst in Luxeuil realisiert hatte, war die Ausweisung der Mönchsgemeinde in Bregenz durch den Alemannenherzog Gunzo wegen Störung der öffentlichen Jagd. Veranlaßt dazu wurde er offensichtlich durch die Bevölkerung des Bodenseeortes. Columban hatte die bodenständigen Dämonen und Götter auszutreiben versucht, drei Götzenbilder aus der ehemaligen Aurelia-Kirche beseitigt und das christliche Heiligtum seiner ursprünglichen Bestimmung zurückgegeben. Die Aurelia-Reliquien scheinen von der Bevölkerung neben den drei Götzenbildern verehrt worden zu sein. Die Aktionen Columbans hatten zur Folge, daß sich die Gegnerschaft zwischen ihm und der einheimischen Bevölkerung bis zur offenen Feindschaft steigerte. Die religiöse Situation dürfte im nahen, heute bayerischen Lindau und in Oberschwaben nicht grundsätzlich anders gewesen sein.

Während Columban 612 in das langobardische Italien zog, wählte sein Begleiter Gallus, der zunächst wegen Krankheit zurückbleiben mußte, das obere Steinachtal bei Arbon/Bodensee als Zufluchtstätte aus[109]. Hier war er seines Bleibens sicherer. In seiner Zelle an der Steinach entwickelte Gallus offenbar große missionarische Aktivität. Dem Eremiten kommt das Verdienst zu, die Idee des columbanischen Mönchtums in die alemannische Realität übersetzt zu haben. Die Vorgänge in Tuggen, Bregenz und an der Steinach sind deshalb auch in einer gesamtbayerischen Kirchengeschichte so wichtig, weil sie die immensen Schwierigkeiten einer echten Missionierung modellhaft aufzeigen.

Ganz offensichtlich war schon, längst bevor die Missionare aus Luxeuil in Bregenz ankamen, bereits in Konstanz nahe dem Ausfluß des Rheins aus dem Bodensee ein Bischofssitz errichtet worden, der die Tradition des spätantiken Bischofssitzes Windisch im Aargau übernehmen sollte. Bei der Konsolidierung des Bischofssitzes war der Alemannenherzog Gunzo offenbar entscheidend beteiligt, später auch der Merowingerkönig Dagobert I. 615 hielt Herzog Gunzo in Konstanz bereits einen Hoftag ab, der die Nachfolge des verstorbenen Bischofs Gaudentius bestimmen sollte. Auf diesem Hoftag, der gleichzeitig Synode war, waren die Bischöfe von Autun, Verdun und Speyer und die »ganze Menge der Kleriker aus ganz Alemannien« vertreten. Auf Empfehlung des Gallus wurde der Räter Johannes auf den Konstanzer Bischofsstuhl berufen[110]. Man merkt hier bereits die starke Einbindung des Bischofssitzes in den westlichen fränkischen Bereich.

---

[109] DIRLMEIER – SPRIGADE, Quellen Alamannen III 41f; IV 60; WOLFRAM, Geburt Mitteleuropas 117; T. ZOTZ, Gallus, hl., in: LdMa 4 (1989) 1098.
[110] DIRLMEIER – SPRIGADE, Quellen Alamannen III 50–53.

Während im Bodenseegebiet schon zu Beginn des 7. Jahrhunderts eine große Aktivität irofränkischer Mönche columbanischer Prägung sichtbar wird, bleibt der ostwärts liegende Raum des heutigen Bayerisch-Schwaben hinsichtlich einer katholischen Mission völlig im dunkeln.

### 3. Bistum Augsburg im 7. Jahrhundert?

Außerordentlich schwierig ist die Rekonstruktion der Anfänge des Bistums Augsburg. Möglicherweise schon ein spätantiker Bischofssitz, der aber die Völkerwanderung nicht überdauerte, scheint der Bischofssitz im 7. Jahrhundert – vielleicht unter König Dagobert I., das heißt auf jeden Fall unter fränkischem Schutz – neu- oder wiederbegründet worden zu sein[111]. Ernst Klebels Versuch[112], den Neubeginn des Bistums auf den Frankenkönig Dagobert I. und die Jahre 632–639 anzusetzen, den Tagebertus der Bischofsliste des 11. Jahrhunderts[113] als Verwandten König Dagoberts zu sehen, muß freilich mangels weiterer Quellen Hypothese bleiben. Erst ein Barbarossadiplom von 1155 beruft sich auf eine Verfügung König Dagoberts bezüglich der Grenzen der Diözesen Augsburg und Konstanz[114]. Erster sicher bezeugter Bischof Augsburgs ist Wicterp, auch Wiggo genannt. Er begegnet erstmals um 738[115]. Damit ist auch gewährleistet, daß das Bistum Augsburg auf jeden Fall bereits vor der bayerischen Bistumsorganisation 739 existierte.

Auch die Bistumsgrenzen im Westen wie im Osten sind wohl ein Indiz für die Existenz des Bistums Augsburg im 7. Jahrhundert. Wenn auch die späteren Bistumsgrenzen sich erst im 8. Jahrhundert richtig konsolidierten, so ist doch anzunehmen, daß es eine gewisse geistliche Einflußzone der Diözesen von Anfang an gab. Dabei ist von besonderem Interesse die Ostgrenze der Nachbardiözese Konstanz, da Konstanz ja früher bezeugt ist als Augsburg. Im Hochmittelalter reichte der Sprengel des Bistums Konstanz von Breisach und vom Oberrhein im Westen bis Ulm und Iller im Osten, von den Alpen im Süden bis zum mittleren Neckar im Norden[116]. Da keine Konflikte mit den nördlichen und östlichen Nachbardiözesen im 8./9. Jahrhundert bekannt sind, wird man davon ausgehen dürfen, daß die frühe Diözese Konstanz im Osten höchstens bis zur Illergrenze reichte, im Norden den späteren Würzburger Diözesankreis berührte. Es bleibt der Verdacht, daß die Diözese Konstanz mit dem Kernraum des alemannischen Dukats identisch war. Dies hieße wiederum, daß der alemannische Dukat kaum Einfluß auf die Gebiete östlich der Iller hatte[117]. Die Zwi-

---

[111] Skeptisch G. KREUZER, Augsburg in fränkischer und ottonischer Zeit, in: Geschichte der Stadt Augsburg von der Römerzeit bis zur Gegenwart, hg. G. GOTTLIEB, ²1985, 115; positiver JAHN, Augsburg-Land (= HAB.S. 11) 1984, 7f; WOLFF, Kontinuität 18f.
[112] E. KLEBEL, Zur Geschichte der christlichen Mission im schwäbischen Stammesgebiet, in: ZWLG 17 (1958) 159–162.
[113] FRIED – LENGLE 37.
[114] Ebd. nr. 37.2 (MGH.D Fr.I. nr. 128).
[115] VOLKERT, Regesten Augsburg I nrr. 1ff; s. unten 66f.
[116] MGH.D Fr.I. nr. 128; Liber decimationis von 1275, in: FDA 12 (1865); BÜTTNER, Entstehung.
[117] Hier endete auch der frühe Besitz des Klosters St. Gallen.

schenzone, die im Westen an der Iller beginnt, im Osten aber noch über den Lech hinausreicht, ist mit der Diözese Augsburg identisch. Bezüglich der Ostgrenze ist in der zweiten Hälfte des 8. Jahrhunderts festzustellen, daß im wesentlichen der Lech Grenze gegenüber dem neuen Bistum Neuburg war. Wenn aber um 798 das Bistum Neuburg wieder aufgelöst und dieser Diözesanbereich Augsburg zugeteilt wurde, obgleich er im bayerischen *regnum* und Stammesraum lag, dann kann es sich nur um eine Wiederherstellung alter Augsburger Diözesangrenzen handeln, zumal Karl der Große damals das *regnum* Bayern und vor allem den Metropolitanverband Bayern förderte[118]. Wahrscheinlich ist das weite Ausgreifen der Diözese Augsburg in den bayerischen Raum, in den auch der alte Augstgau reicht, ein gewichtiges Indiz für ein bereits spätantikes Bistum Augsburg.

4. Zur Situation des Christentums in Bayerisch-Schwaben um 700

Angesichts der Armut an schriftlichen Quellen sind wir in Schwaben besonders auf archäologische Aussagen angewiesen. Auch für die gesamte Alemannia bis zum Lech im Osten gilt, daß die mehr heidnische Beigabensitte bei der Bestattung sowohl in der Oberschicht als auch in breiteren Bevölkerungsschichten bis in das späte 7. Jahrhundert, streckenweise noch bis kurz nach 700 lebendig blieb, dann aber abbrach zugunsten eines christlichen beigabenlosen Begräbnisses rund um die Kirche. Daß aber auch unter den beigabenführenden Alemannen des 7. Jahrhunderts durchaus schon Christen waren, beweisen die Goldblattkreuze[119], die nördlich der Alpen fast nur in der Alemannia zwischen Ober- und Hochrhein im Westen und dem Lech im Osten sowie dem Neckar-, Alb- und Riesgebiet überliefert sind. Diese meist verzierten dünnen Goldblattkreuze wurden auf ein Tuch genäht, mit dem der tote christianisierte Alemanne – in der Regel aus der wohlhabenderen Oberschicht – bedeckt wurde.

Geht man davon aus, daß die Beigabe der Goldblattkreuze, deren Vorbild aus dem langobardischen Kulturraum in Italien kam, nördlich der Alpen eine typisch alemannische Sitte war, dann gibt die Karte der Goldblattkreuzfunde ein gewichtiges Indiz dafür, daß Alemannien tatsächlich bis zum Lech und zum Ries reichte.

Trotz mangelnder Kenntnisse über eine frühe Existenz des Bistums Augsburg, trotz des Fehlens von Klöstern des 7. Jahrhunderts im Raume zwischen Iller und Lech – lediglich St. Ulrich und Afra in Augsburg könnte eine gewisse Ausnahme sein – wird man auch für den ostschwäbischen Raum von einer stärkeren Verwurzelung des Christentums um 700 ausgehen dürfen. Es gibt keine spektakulären Missionserfolge östlich der Iller. An wenigen Punkten überdauerten wohl christliche Gemeinden im »Schutze« ihrer Heiligenreliquien. Das romanische Element war in Alemannien al-

---

[118] S. unten 49f, 67f.
[119] Grundlegend: R. CHRISTLEIN, Die Alemannen, ²1978; W. MÜLLER – M. KNAUT, Heiden und Christen (= Kleine Schriften zur Vor- und Frühgeschichte Südwestdeutschlands 2) 1987; MARTIN, Alamannen 79ff; W. HÜBENER (Hg.), Die Goldblattkreuze des frühen Mittelalters (= Veröffentlichungen des Alemannischen Instituts 37) 1975, bes. 31ff, 73ff, 105ff, 113, 153ff; M. FRANKEN, Die Alamannen zwischen Iller und Lech (= Germanische Denkmäler der Völkerwanderungszeit 5) 1944; A. DAUBER, Die Reihengräber der Merowingerzeit, in: Historischer Atlas von Baden-Württemberg, Beiwort z. Karte III, 7 (1988) 1–11.

## d) Franken

1. Politische Verhältnisse der frühen Merowingerzeit und erste Ansätze zur Christianisierung

lerdings wesentlich schwächer als in Bayern. Das heißt, daß das katholische Christentum vornehmlich an den Adelshöfen, wo ohnehin Unschriftlichkeit vorherrschte, Fuß fassen konnte und von dort aus über die Grundherrschaft weiterverbreitet wurde.

Sind die Orte Ascapha und Uburzis des Geographen von Ravenna mit Aschaffenburg bzw. einem aschaff-Ort in dessen Umgebung und mit Würzburg gleichzusetzen, dann ist es wahrscheinlich, daß das Untermaingebiet und der Raum um Würzburg nach dem Alemannensieg Chlodwigs um 500 bereits in den merowingischen Machtbereich einbezogen wurden[120]. Über eine Umsetzung des fränkischen Christianisierungsgebots in diesem Raum ist freilich im 6. Jahrhundert nichts bekannt. Die Reihengräberfelder westlich von Aschaffenburg und Miltenberg enthalten erst aus dem beginnenden 7. Jahrhundert früheste Zeugnisse für das Christentum am heute bayerischen Untermain[121].

Große Teile Frankens gehörten um 500 nach Christus zum Königreich Thüringen, in dessen Königshaus das arianische und das katholische Christentum Einzug hielten[122]. Der christliche Glaube hat sich aber kaum auf die gesamte Königsfamilie und mit Sicherheit nicht auf die Gesamtbevölkerung des Thüringerreiches ausgebreitet.

Auch in Zeiten, in denen der fränkische Merowingerkönig, der 531/532 dieses Reich liquidiert hatte, durch herzogliche und andere Amtsträger die Mainlande in den Griff zu bekommen suchte, scheint das Christentum bestenfalls bei den Amtsträgern Einzug gehalten zu haben. Die Christianisierung des breiteren Volkes wird man auch in Franken als einen langwierigen Vorgang ansehen müssen[123]. Die Aussagen der Reihengräberarchäologie zu diesem Sachverhalt sind bezeichnenderweise recht dürftig[124]. Die bei den Alemannen beliebten Goldblattkreuze sind in Franken noch nicht gefunden worden. Ihr Verteilungsgebiet reicht vom Bodensee bis zum mittleren Nekkar[125]. Lediglich in Dittigheim im Taubertal wurde ein Pektoralkreuz wohl des 7. Jahrhunderts gefunden[126].

---

[120] STÖRMER, Dokumente Franken I nr. 5; PFRANG, Über die Anfänge 124; skeptisch: BUTZEN, Merowinger 22ff, 27.
[121] R. KOCH, Bodenfunde der Völkerwanderungszeit aus dem Main-Tauber-Gebiet I (= Germanische Denkmäler der Völkerwanderungszeit A 8) 1967, 128f, 147ff, 153f; PFRANG, Über die Anfänge 84–88.
[122] W. SCHLESINGER, Das Frühmittelalter, in: Geschichte Thüringens I, hg. v. H. PATZE – W. SCHLESINGER (= Mitteldeutsche Forschungen 48,1) 1968, 322ff; SODER V. GÜLDENSTUBBE, Christliche Mission 94f.
[123] HEINEMEYER, Missionierung Hessens 47ff.
[124] PFRANG, Über die Anfänge 79–123; M. KLEIN-PFEUFFER, Archäologische Zeugnisse des frühen Christentums in Mainfranken, in: ERICHSEN, Kilian 227–245.
[125] S. oben 29.
[126] PFRANG, Über die Anfänge 88f.

Den dürftigen archäologischen Quellenaussagen für ein mainfränkisches Christentum scheint zu entsprechen, was die älteste Kilians-Passio behauptet: Herzog »Gozbert selbst und das ganze Volk, das ihm untertan war, lebten noch nach heidnischer Weise; sie verehrten die Bilder von Dämonen, erkannten noch keineswegs den Gott des Himmels und der Erde«[127].

Die Christianisierung Frankens in merowingischer Zeit hängt aufs engste mit der politischen Frankisierung zusammen. Für den rheinhessischen Raum rechnet man damit, daß sich dort schon wenige Jahrzehnte nach der Taufe König Chlodwigs Angehörige der fränkischen Oberschicht zum neuen Glauben bekannten[128]. Bischof Sidonius von Mainz fand in der Mitte des 6. Jahrhunderts auch östlich des Rheins an der Mainmündung christliche Ansätze vor; er erbaute dort auch eine Kirche zu Ehren des hl. Georg. Seither strahlte christliche Mission von Mainz aus mainaufwärts, zur Wetterau und zum Vorland von Spessart und Odenwald. Die Weihe der Nilkheimer Kirche (heute Aschaffenburg) 711/716 durch Bischof Rigibert von Mainz[129] bezeugt, daß die Amtsgewalt des Mainzer Bischofs sich am Anfang des 8. Jahrhunderts bereits über den Raum zwischen Mainz und den Mittelgebirgen des Odenwalds, Spessarts, Vogelsbergs und des Taunus erstreckte. Etwas weiter südlich setzte der Bischof von Worms mit der Missionierung ostrheinischer Gebiete ein, wobei der Neckar offensichtlich Leitlinie war. Ob Worms dabei auch bis in den heute bayerischen Raum des hinteren Odenwaldes kirchenorganisatorisch vordringen konnte, bleibt umstritten[130].

Ausdehnung des merowingischen Frankenreiches bedeutete theoretisch und offiziell auch die entsprechende Ausbreitung des katholischen Christentums. Das heißt für das heutige Franken, daß in dem Maße, in dem die Frankisierung sich hier vollzog, die Personenverbände hätten christlich werden müssen. Daß diese Verchristlichung Frankens noch mehr als die »Verfrankung« ein komplizierter und langfristiger Prozeß war, beweisen selbst die überaus dürftigen schriftlichen und archäologischen Quellen.

Die Anfänge der Mission, die zumindest in einem bescheidenen Ausmaß im 6. und frühen 7. Jahrhundert erfolgt sein müssen, sind sicherlich außerordentlich schwierig gewesen, denn die germanische Religion war ein integrierender Bestandteil des ganzen Lebens[131]. Sie umzuwandeln, konnte unmöglich kurzfristig geleistet werden. Dabei stellt sich die Frage, woher man überhaupt die notwendigen Missionspriester nehmen sollte. Sieht man von einigen monastischen Kommunitäten wie Luxeuil ab, die sich auf die Mission offenbar »spezialisierten«[132], aber in Franken gar nicht greifbar werden, dann bleiben wohl nur die Eigenpriester fränkischer Herren übrig, über die wir freilich praktisch nichts wissen. Allerdings wird man annehmen dürfen, daß diese Herren zu ihren neugeschaffenen Eigenkirchen auch jeweils ihre Eigenpriester

---

127 Passio s. Kiliani minor c. 3; STÖRMER, Dokumente Franken I nr. 13.
128 HEINEMEYER, Missionierung Hessens 49.
129 MGH.SS rer. Merov. V, 711, Anm. 4; HEINEMEYER, Missionierung Hessens 48.
130 BÜTTNER, Bistum Worms 9ff.
131 G. MILDENBERGER, Sozial- und Kulturgeschichte der Germanen, 1972, 88ff.
132 S. oben 16ff.

bestellten. Die seelsorgerliche Qualität dieser Eigenpriester wird man nicht zu hoch veranschlagen dürfen.

Bisher ist im mainnahen Franken nur eine derartige Eigenkirche ausgegraben worden, in Kleinlangheim bei Kitzingen[133]. Andere Kirchengrabungen sind zeitlich noch nicht fixierbar[134]. Jedenfalls kann die Kirche in Kleinlangheim so einzigartig nicht gewesen sein. Der Herzog als merowingischer Amtsträger und sein engerer Personen- bzw. Gefolgschaftsverband müssen wie auch immer »katholisch« gewesen sein.

Die schriftlichen Quellen bringen nach dem Sieg über die Alemannen und der Liquidation des Thüringerreiches durch die Franken erst wieder Nachrichten über den thüringischen und fränkischen Raum, als die Slawengefahr durch das Reich Samos akut wurde. In diesem Zusammenhang scheint der Thüringerherzog Radulf von König Dagobert I. (623/629–638) eingesetzt worden zu sein, der freilich bald zu selbständig wurde[135]. Wie weit Radulfs Herrschaftszone in den mainfränkischen Raum ragte, ist nicht sicher.

Getrennt von diesem Herzogtum war offensichtlich jenes am Mittelmain mit dem Zentrum Würzburg. Vieles spricht dafür, daß der im Auftrag Dagoberts im östlichen Maingebiet operierende Slawensieger Herzog Chrodebert, der ein alemannisches Heer anführte, mit dem ersten bekannten mainfränkischen Herzog Hruodi identisch ist[136]. Ihn nennt die *Passio Kiliani* gewissermaßen als Stammvater der Würzburger Herzöge.

Aus politischen Erwägungen ist es kaum vorstellbar, daß der erste bekannte »Würzburger« Herzog Hruodi nicht schon eine Art »Hofkirche« mit Priestern besessen hätte. Inwieweit die kriegerischen Zeitläufte freilich eine intensivere Missionierung erlaubten, entzieht sich unserer Kenntnis. Klaus Lindner[137] hat die einleuchtende These vertreten, die nach 741 an das Bistum Würzburg von Karlmann geschenkten Königshöfe und 25 Königskirchen, geographisch weitgehend um Würzburg geschart, seien in der Zeit König Dagoberts, und zwar etwa in der Amtszeit Herzog Hruodis, eingerichtet worden. Der Ausbau jener Fiskalorganisation, die in den Bestätigungsdiplomen der Würzburger Erstdotation sichtbar wird, wäre dann im wesentlichen dem am Main residierenden Herzog zuzuschreiben[138]. Auch wenn man wohl nicht die Gesamtheit dieser Königskirchen, das heißt auch Herzogskirchen, der Ära König Dagoberts zuschreiben darf, wird man doch für die mainfränkische Herzogszeit den Sachverhalt ähnlich deuten müssen. Jedenfalls sind die 25 Königskirchen in Franken ein außerordentlich wichtiges Dokument kirchlicher Raumerfassung in der Herzogszeit des 7. und beginnenden 8. Jahrhunderts. Auch wenn man über Vermutungen in

---

[133] C. PESCHECK, Zum Beginn des Christentums in Nordbayern, in: Bayerische Vorgeschichtsblätter 51 (1986) 343–355; DERS., Archäologiereport Kleinlangheim (= Mainfränkische Studien 53) 1993, 61f; PFRANG, Über die Anfänge 92ff.
[134] PFRANG, Über die Anfänge 92–110.
[135] BUTZEN, Merowinger 139ff, 145ff.
[136] W. STÖRMER, Zu Herkunft und Wirkungskreis der merowingerzeitlichen mainfränkischen Herzöge, in: K. R. SCHNITH – R. PAULER (Hg.), Festschrift für E. Hlawitschka, 1993, 11–21.
[137] LINDNER, Untersuchungen 74ff. Vgl. WENDEHORST, Würzburg I 10ff.
[138] MGH.SS rer. Merov. V 723; BUTZEN, Merowinger 84ff.

der Datierung dieser Kirchen nicht hinauskommt, bleibt eine Spätentstehung zwischen 716/719 und 741 höchst unwahrscheinlich. 13 dieser Königskirchen lagen bei Königshöfen, die wohl vor 716/719 auch Herzogshöfe waren, 13 Kirchen waren dem Bischof Martin von Tours geweiht, je drei den Heiligen Remigius, Johannes dem Täufer (möglicherweise spezielle Taufkirchen) und Maria, je eine dem Erzengel Michael und dem Apostel Andreas. Die fränkischen Königspatrozinien Martin und Remigius spielen also eine beachtliche Rolle. Das läßt auch ermessen, daß das fränkische Königtum in seiner letzten aktiven Phase in diesem neu installierten Dukat viel »Missionspotential« einsetzte.

Sehen wir von den königlich-herzoglichen Eigen- bzw. Fiskalkirchen ab, so ist über die Christianisierungstätigkeit des zweiten namentlich bekannten mainfränkischen Herzogs Heden I. gar nichts auszumachen; wir kennen überhaupt nur seinen Namen. Nach der Kilians-Passio war er noch Heide, was in dieser Pauschalität sicherlich falsch ist. Erst dessen Sohn Gozbald wird mit Kilian und demnach mit der Christianisierung Mainfrankens in Verbindung gebracht[139].

2. Die iroschottische Mission in den Mainlanden: Kilian

Das einzige direkte schriftliche Zeugnis christlicher Missionierung im Mittelmaingebiet Frankens wird in den *Passiones Kiliani* überliefert[140]. Der Ire Kilian ist seit der Karolingerzeit als der »Grundstein« christlicher Mission im Würzburger Diözesanraum angesehen und verehrt worden. Beide Passiones, deren ältere und kürzere spätestens um 840 entstanden ist, sind außerordentlich arm an Fakten. Sie betonen den absoluten Willen Kilians und seiner »elf« Begleiter, die Nachfolge Christi in strenger Askese und Armut durch die *peregrinatio* zu verwirklichen.

Kilian, schon in Irland Bischof, bricht mit seinen Gefährten auf und erreicht Würzburg. Zwischenstationen werden nicht angegeben. Ausdrücklich wird betont, daß ihnen das Land und die Bewohner gefallen hätten, weshalb sie angeblich nach Rom gezogen seien, um eine päpstliche Erlaubnis für die Predigt bei dem noch heidnischen Volk zu erlangen. Ist dies nicht nur eine hagiographische Leerformel, so bedeutet es, daß Herzog und »Hof« in Würzburg großes Interesse an diesem irischen Bischof und seinen Begleitern hatten.

Die Passiones[141] sind ganz auf die Konversion des Herzogs Gozbert konzentriert. Die ältere *Passio minor* betont lediglich im Kapitel 7 den guten Willen des Herzogs, Christ zu werden. Daher »wurde er von ihm (= Kilian) getauft und gefirmt und ebenso das ganze Volk, das unter seiner Herrschaft stand«, eine Formulierung, wie sie auch bei der Taufe des Frankenkönigs Chlodwig von Gregor von Tours verwendet wurde. Wenn man die dürftigen Aussagen der Passio, die ja auf den Märtyrertod Ki-

---

139 Zur umfangreichen Lit. s. PFRANG, Über die Anfänge 127; A. WENDEHORST, Kilian, in: LdMa 5 (1991) 1126f.
140 Übersetzungen der beiden *Passiones* in: Kilian. Mönch aus Irland – aller Franken Patron: 689–1989. Katalog der Sonderausstellung zur 1300-Jahr-Feier des Kilianmartyriums 1989, 18–26; vgl. jetzt SPRANDEL, Kilian 5–17.
141 WENDEHORST, Würzburg I 12f.

lians abzielt, wörtlich nimmt, war Kilians Aufgabe ganz primär die Missionierung und Bekehrung des Herzogs. Nach dem Tode der »Frankenmissionare« ruft der Herzog »das ganze Volk« zu einer Beratung zusammen. Dabei betont der Hauptredner, daß der Christengott, wenn er wirklich so mächtig ist, wie die Missionare behaupten, sich rächen werde. Sollte dies aber nicht der Fall sein, schlägt er vor, »dann wollen wir der großen Diana dienen, weil es auch unsere Ahnen getan haben und dabei bis heute vom Glück begünstigt waren« (Kap. 13). Ist diese Aussage mehr als eine vage Reminiszenz des geistlichen Passio-Schreibers des 8./9. Jahrhunderts, dann verweist sie auf eine heidnische Muttergottheit der Mainbevölkerung. Die Passio betont sodann die Kraft des Christengottes und die Strafe des göttlichen Zorns.

Beachtet man die Betonung des Herzogs und die mehr floskelhafte Erwähnung des Volkes, dann wird man Kilian wohl als eine Art »Hofbischof« ansprechen dürfen und annehmen müssen, daß er in unmittelbarer Nähe der Herzogspfalz mit seinen Begleitern eine feste Bleibe (Kloster oder Stift?) und sicherlich eine Kirche hatte. Soweit die Iren Kilian, Colonat und Totnan Mission trieben, hat sich diese mit Sicherheit auf jenen Personenkreis, vornehmlich auf den Gefolgschaftsverband des Herzogs bezogen. Die hagiographische Quelle bleibt aber diesbezüglich vage, sie betont lediglich, Herzog Gozbert habe sich mit seinem ganzen Volke taufen lassen. Das Hauptinteresse der Passio haftet am Martyrium der Heiligen, das seine Ursache in Kilians Verurteilung der Ehe Gozberts mit Geilana hatte, weil Geilana vorher mit dem Bruder Gozberts vermählt war.

Die Ermordung des »Frankenapostels« Kilian und seiner Begleiter Colonat und Totnan erfolgte höchstwahrscheinlich um 689[142]. Eine Aussage über die Folgen dieses Mordes an Kilian und seinen beiden Mitstreitern ist schwierig. Die Kiliansüberlieferung berichtet eigentlich nur von »politischen« Folgen für das Herzogsgeschlecht. Die »Frankenapostel« müssen jedoch eine Art priesterlicher oder gar monastischer Gemeinschaft gebildet haben, über deren Weiterentwicklung die hagiographischen Quellen schweigen. Während das Wirken Kilians und seiner Mitstreiter in der schriftlichen Aussage farblos bleibt, übte sein und seiner Begleiter Martyrium eine starke lokale Faszination und Verehrung aus, die zur Erhebung der »Frankenapostel« durch den ersten Würzburger Bischof Burkhard führte.

3. Ansätze zu einer Intensivierung des Christentums unter dem letzten mainfränkischen Herzog Heden II. Zusammenarbeit mit Willibrord

Betrachtet man die rund 60 Jahre bis zur Erhebung der Frankenapostel, ist man geneigt, einen religiösen Rückfall der Bevölkerung in vorchristliche Zeiten anzunehmen. Durch die Tatsache, daß Winfried-Bonifatius im frühen 8. Jahrhundert nicht in Mainfranken, sondern in Althessen und Thüringen missionierte und die Kirche am Main gleich mit einem Bischofssitz in Würzburg organisieren konnte[143], gewinnt man allerdings den Eindruck, daß in der ausgehenden Merowingerzeit durchaus schon ein

---

[142] Ebd. 14ff.; SPRANDEL, Kilian 5–17.
[143] S. unten 73ff.

tragfähiges christliches Fundament existierte. In archäologischer Sicht liegt der große Einschnitt, der den Durchbruch eines konsequenten Christentums in breiteren Bevölkerungsschichten brachte, rund um 700[144]. Spätestens mit dem Beginn des 8. Jahrhunderts hören in Franken westlich der Haßberge und des Steigerwaldes die Reihengräberfunde mit Beigaben – ähnlich wie in Hessen, Alemannien und Bayern – fast total auf.

Eindrucksvoll sind die kirchlichen Aktivitäten von seiten des letzten mainfränkischen Herzogs. Heden II., der Sohn und Nachfolger Herzog Gozberts, ist als Klostergründer und als erster Kirchenorganisator in die Geschichte eingegangen. Zunächst ist auf seine Tätigkeit in seiner »Residenz« Würzburg hinzuweisen. Ekkehard von Aura berichtet in der Vita des hl. Burkhard, daß schon unter Herzog Gozbert auf dem Burgberg die ersten »Fundamente des Glaubens und der Taufe« gelegt worden seien[145]. Er betont, Heden II. habe auf dem Berg eine Kirche errichtet, die »nicht groß, aber schmuckvoll« war. Vermutlich hat Heden eine ehemalige Holzkirche in eine Steinkirche umgewandelt, die Hedens Tochter Immina als Klosterkirche benützte[146]. Offensichtlich hat Heden für seine Tochter im Burgbereich ein Frauenkloster errichtet. Auch eine aktive herzogliche Christianisierungspolitik außerhalb Würzburgs wird sichtbar. Darüber berichten zwei Urkunden, die Schenkungen des Herzogs an den angelsächsischen Missionar Willibrord festhalten. Die 704 übertragenen innerthüringischen Güter sollten offenbar angelsächsischen Geistlichen aus dem Gefolge des hl. Willibrord als materielle Grundlage für deren Missionsarbeit in Thüringen dienen[147].

Dreizehn Jahre später wandte sich Herzog Heden II. abermals an Bischof Willibrord, den damals vielleicht berühmtesten Missionar in Germanien, mit der Bitte, ein Kloster zu errichten. 716/717 schenkte er Willibrord Familienbesitz in Hammelburg an der Fränkischen Saale mit dem ausdrücklichen Wunsch, in Hammelburg solle ein Kloster gegründet werden[148]. Man sollte dabei beachten, daß dieses Klosterprojekt zur gleichen Zeit Gestalt annahm wie der erste Bistumsorganisationsplan des Bayernherzogs Theodo. Vielleicht dachte er an die Möglichkeit, für Thüringen und Mainfranken eine kirchliche Organisation zu realisieren. Daß dieses Hammelburger Klosterprojekt nicht verwirklicht werden konnte, mag damit zusammenhängen, daß Bischof Willibrord nach 719 seine kirchliche Aufmerksamkeit ganz auf Friesland richten mußte. Sicherlich hing dies aber auch mit dem politischen Ende Hedens II. und des mainfränkischen Herzogtums zusammen. Wie und wann genau sich dieses vollzog, bleibt im dunkeln. Willibald, der Verfasser der Lebensbeschreibung des hl. Bonifatius, beschuldigt die beiden *duces* Theotbald und Heden eines Gewaltregi-

---

[144] PESCHECK, Beginn (wie Anm. 133) 343ff; ROSENSTOCK – WAMSER 82; PFRANG, Über die Anfänge 92ff.
[145] Vita s. Burkardi, hg. v. F. J. BENDEL II/4, 1912, 27; vgl. F.-J. SCHMALE, Die Glaubwürdigkeit der jüngeren Vita Burchardi, in: JFLF 19 (1959) 45, 83.
[146] S. unten 80.
[147] WAMPACH, Grundherrschaft nr. 8. Dazu LINDNER, Untersuchungen 64f, 91.
[148] WAMPACH, Grundherrschaft nr. 26.

ments. Dadurch sei auch das Christentum in Thüringen zurückgeworfen worden[149]. Betrachtet man die Quellen kritisch, so muß man zumindest die Frage stellen, ob nicht Heden, der vermutlich mit einer Thüringerin vermählt war und einen Sohn mit dem programmatischen Namen Thuring hatte, Thüringen seinem Herrschaftsgebiet mit Hilfe verstärkter Missionierung und vielleicht sogar eines Kirchenorganisationsplanes einverleiben wollte, woran er scheiterte.

## § 3. FESTIGUNG UND ORGANISATION DER KIRCHE IM 8. JAHRHUNDERT

Die großen zukunftsweisenden Entwicklungen in kirchlicher wie in politischer Hinsicht erfolgten im zweiten Jahrzehnt des 8. Jahrhunderts. Sie sind personell gekennzeichnet durch den Bayernherzog Theodo, den Alemannenherzog Gottfried und seine Nachfolger, durch den mainfränkischen und thüringischen Herzog Heden II., seit 719 durch den Angelsachsen Winfrid-Bonifatius und durch den Hausmeier Karl Martell.

Freilich gab es nach Pippins Tod 714, als sich die Neustrier unter einem neugewählten Hausmeier Raganfred, im Bündnis mit den heidnischen Friesen und Sachsen, gegen die Austrier erhoben, eine schwerwiegende Krise, die die von ihm begründete Zentralgewalt wieder lebensgefährlich schwächte. Plektrude, Pippins Witwe, versuchte zwar die Herrschaft für ihren Enkel Theudoald aufrechtzuerhalten, aber die Familienfehde rührte an den Grundfesten des Merowingerreichs. Schließlich konnte der Friedelsohn Pippins, Karl Martell, die Herrschaft der Austrier wieder herstellen[150]. Mit dem Siegeszug des eisernen Karl Martell wurde die Basis gelegt für jene Entwicklung, die hin zu Karl dem Großen führte.

*a) Bayern 715/716 bis 798*

1. Der Plan einer bayerischen Kirchenorganisation durch Herzog Theodo und Papst Gregor II.

Herzog Theodo (ca. 680 – ca. 717) hatte bereits durch seine Hof- und Missionsbischöfe in Regensburg und Salzburg eine Art bayerische »Herzogskirche« zu konstituieren vermocht, aber die Ermordung des Bischofs Emmeram durch den Herzogssohn, vielleicht im gleichen Jahr, in dem auch Pippin der Mittlere starb, stürzte das von Theodo sorgsam errichtete Gebäude in eine tiefe Krise[151]. Andererseits jedoch bot die politische Lage im Frankenreich seit 714 dem Bayernherzog besondere Chancen für selbständiges Handeln in politischen wie in Kirchenfragen.

Herzog Theodo nutzte nämlich die Zeit der austrisch-neustrischen Auseinandersetzungen nach Pippin des Mittleren Tod, um auf einer Reise nach Rom 715/716 den

---

[149] Vita Bonifatii auctore Willibaldo: MGH.SS rer. Germ. in usum scholarum 57, ed. W. LEVISON, 1905, 23, 32f.
[150] J. SEMMLER, Die pippinidisch-karolingische Sukzessionskrise 714–723, in: DA 33 (1977) 1–36.
[151] S. oben 19ff.

neuen Papst Gregor II. zu bitten, eine bayerische Kirchenprovinz nach römischem Muster und in unmittelbarer Abhängigkeit von Rom zu errichten. Dieser Schritt kann als Ausdruck einer großen »innen- und außenpolitischen« Selbständigkeit gewertet werden. Die Romreise Theodos und seines Anhangs war mit Sicherheit mehr als nur eine Buß- und Pilgerfahrt. Das Papstbuch (Liber Pontificalis) hebt diesen Rombesuch denn auch besonders hervor: »Damals eilte der Herzog der Bayern mit anderen seines Stammes zum Grab des heiligen Apostels Petrus, um dort zu beten, als erster dieses Stammes«[152].

Wie lange Theodos Romreise währte, ist unbekannt. Jedenfalls wurde sie für den Aufbau der bayerischen Kirche ein grundlegender Erfolg. Das Ergebnis war der vom Papst entwickelte und sicher auch mit Theodo abgesprochene Organisationsplan für die bayerische Kirche, der auf den 15. Mai 716 genau datierbar ist[153]. Damals dürfte Herzog Theodo schon von Rom zurückgekehrt sein. Die päpstliche Instruktion wendet sich an einen sonst nicht bekannten Bischof Martinian und dessen Begleiter, den Presbyter Georg und den Subdiacon Dorotheus. Sie sollten mit dem Herzog darüber verhandeln, daß ein herzoglicher Landtag, auf dem die Priester, die Richter und alle Vornehmen des Stammes vertreten sein sollten, einberufen werde, der die Präliminarien einer bayerischen Kirchenorganisation festsetzen sollte. Er sollte klären, welche geistlichen Ressourcen in Bayern vorhanden waren; die Priester sollten überprüft werden, ob sie dem kanonischen Recht genügten. Jenen, deren Rechtgläubigkeit und deren kanonische Weihe nicht sicher ist, sollte die Erlaubnis zu kirchlichen Handlungen entzogen werden. Eine Reihe von Anweisungen gelten der kirchlichen Lehre, der Priesterweihe, den Ehehindernissen und dergleichen.

Die Kapitel 3 und 4 enthalten den eigentlichen Kirchenorganisationsplan:

1. unter Berücksichtigung der örtlichen Verhältnisse sollten im Herrschaftsbereich eines jeden Herzogs – die Quelle erweist also, daß Herrschaftsteilung unter die Söhne Theodos schon vor 715 erfolgt war – Bistümer geschaffen werden, insgesamt »drei oder vier oder noch zahlreichere Bischofssitze«, sowie die ihnen jeweils zustehenden Sprengel abgegrenzt werden.

2. Der vornehmste Bischofssitz sollte für den Sitz eines Erzbischofs reserviert werden.

3. Ein qualifizierter Geistlicher solle ausgesucht und dem römischen Stuhl vorgeführt werden. Falls sie einen solchen nicht auffinden könnten, wolle der Heilige Stuhl einen brauchbaren Mann nach Bayern schicken.

Man sieht, daß dies ein wohlfundierter, mit Herzog Theodo besprochener Plan war, zumal die Bischofssitze an die Teilherzogtümer angepaßt werden sollten, wie dies dann auch unter Bonifatius 739 geschah. Weshalb dieser große Entwurf in seinen Ansätzen zunächst steckenblieb, ist höchstens durch Indizien zu erschließen. Trotzdem hat die Nichtausführung dieses Planes – vermutlich weil Herzog Theodo bald

---

[152] L. DUCHESNE, Le Liber Pontificalis I (= Bibl. de l'École Française 3) 1886, 398; ZEISS, Quellensammlung nr. 27; REINDEL, Grundlegung 226f; JAHN, Ducatus 73ff.
[153] MGH.LL III 451f; ZEISS, Quellensammlung nr. 28. 153a; JAHN, Ducatus 74f.

darauf starb und Erbfolgeauseinandersetzungen begannen – die Bedeutung nicht beeinträchtigt, wenn man davon absieht, daß die eventuell angestrebte Loslösung des bayerischen Herzogtums vom fränkischen Reich nicht erreicht wurde.

Mit dem Entwurf Theodos und Gregors II. beginnt die grundlegende Verbindung zwischen Bayern und Rom, die die kirchliche Organisation Bayerns geformt hat, die unter Bonifatius 739 ohne eigene Kirchenprovinz realisiert und nach 743 nur innerhalb der fränkischen Gesamtkirchenorganisation Wirklichkeit werden sollte. Die Stützpunkte Regensburg, Salzburg, Freising und Passau sind bereits festgelegt und damit auch die Eckpfeiler, von welchen aus, sowohl in der Tassilozeit als auch nach der Eingliederung des bayerischen Herzogtums durch Karl den Großen, die Ostgebiete christianisiert und kultiviert wurden.

2. Aktiver Weiteraufbau in den 20er und 30er Jahren: Bischof Korbinian und Bischof Vivilo

Nach Arbeos Bericht in seiner *Vita Corbiniani* hatte Herzog Theodo noch zu Lebzeiten seinen Besitz unter seine vier Söhne aufgeteilt und sich selbst die Oberhoheit vorbehalten. Wie der Bistumsplan, so ist auch diese Teilung politisch nicht voll wirksam geworden, da seine Söhne Theodebert, Theodebald und Tassilo (II.) früh, wahrscheinlich noch vor ihm, starben. Es kam um 720 zu einer Zweiteilung des bayerischen Herzogtums unter Grimoald und dessen Neffen Hucbert, die sich aber in stetiger Rivalität befanden und Anlaß für fränkisches Eingreifen in die innerfamiliären Streitigkeiten im agilolfingischen Herzogshaus boten.

Offenbar kurz nach dem »Scheitern« des bayerisch-päpstlichen Bistumsplanes wurde Herzog Theodo von Bischof Korbinian in Regensburg aufgesucht[154]. Nach der Vita[155] hat der alte Herzog diesen aus dem mittleren Seine-Gebiet kommenden Bischof, der noch Kontakt zum verstorbenen Hausmeier Pippin dem Mittleren († 714) hatte, sehr umworben. Bezeichnend ist, daß der hl. Korbinian vor seiner Romreise noch den (Teil-)Herzog Grimoald in Freising besuchte, der ihn unbedingt bei sich halten wollte. Allein Korbinian setzte seine zweite Romreise fort. Trotzdem ist auffällig, daß er diese Pilger- und Missionsreise mit dem »Sonderweg« über Alemannien und Bayern verband. Hatte Theodo einen Bischof »angefordert«? War sein Romreiseplan möglicherweise erst in Bayern entstanden? Wollte er sich in Rom erst vergewissern über Bistumspläne mit Herzog Theodo? Die Fragen stellen sich, sie lassen sich aber nicht beantworten. Als Korbinian von Rom zurückkehrte, wurde er bereits im Vintschgau von den Wächtern des Herzogs gefangen und in die Herzogspfalz Freising gebracht. Was die einzelnen Beweggründe waren, diesen aus der Kernzone des Frankenreiches stammenden geistlichen Lehrer Korbinian mit allen Mitteln zu halten, erfahren wir nicht, aber es scheint, daß der Herzog erheblichen Bedarf an qualifizierten kirchlichen Organisatoren hatte und es ihm nicht nur um eine verstärkte Christianisierung seiner *gens* ging, sondern darüber hinaus oder gar primär um eine

---

[154] So auch REINDEL, Grundlegung 202.
[155] BRUNHÖLZL, Das Leben des heiligen Korbinian 84–157.

Organisation der bayerischen Kirche. Inwieweit auch politische Gründe eine Rolle spielten, wird nicht ganz deutlich.

In einem bald konfliktreichen Verhältnis zum Herzog und vor allem zur Herzogin baute Korbinian in Freising[156] die Seelsorge und kirchliche Organisation in der Herzogspfalz auf dem späteren Domberg aus und schuf das Kloster oder Stift Weihenstephan; die Stephanskirche existierte bereits, ebenfalls die Marienkirche in der Pfalz. Bekannt ist der Konflikt, der entstand zwischen Korbinian einerseits und Herzog Grimoald und seiner Gemahlin Pilitrud andererseits. Ob die kanonische Unrechtmäßigkeit der Ehe des Herzogs die einzige Ursache für diesen Konflikt war, wie Arbeo dies darstellt, erscheint zweifelhaft. Gerade in der entscheidenden Zeit, kurz bevor 725 der Hausmeier Karl Martell – vermutlich vom Teilherzog Hucbert, dem Rivalen Grimoalds, gerufen – nach Bayern vordrang, Grimoald und Pilitrud liquidierte und die Agilolfingerin Swanahilt heiratete[157], flüchtete Korbinian nach Kuens bei Meran – wie es heißt, um einem Mordanschlag von seiten der Herzogsfamilie zu entgehen.

Erst vier Jahre später, wohl bald nach 728, kehrte Korbinian nach Freising zurück, nachdem eine grundlegende Herrschaftsänderung eingetreten war. Jetzt regierte Herzog Hucbert – offensichtlich mit Unterstützung des Hausmeiers Karl Martell – allein über ganz Bayern. Er stellte dem Bischof Korbinian die Herzogspfalz Freising oder Teile davon als Wohnung, das heißt wohl Bischofssitz, zur Verfügung. Die Vita betont, daß das Verhältnis zwischen Hucbert und dem Heiligen sehr gut war. Da Korbinian bald nach seiner Rückkehr gestorben ist, scheint der weitere Ausbau des kirchlichen Zentralortes Freising seit etwa 730 stagniert zu haben. Dies umso mehr, als sich Korbinian nicht in Freising, sondern im Südtiroler Mais-Kuens bestatten ließ[158].

Es fällt auf, daß kurz nach dem Tode Korbinians in Freising ein neuer Bischofssitz in Passau erkennbar wird. In diesem Zusammenhang stellt sich die Frage, ob nicht das Passauer Dompatrozinium St. Stephan ursprünglich mit jenem Weihenstephans bei Freising in einem Translationszusammenhang stehen könnte. Jedenfalls muß Herzog Hucbert nach dem Tode Korbinians rasch in Passau kirchenorganisatorisch tätig gewesen sein.

Vivilo[159], der erste Bischof Passaus, ist nicht erst durch Bonifatius 739, sondern bereits Jahre vorher von Papst Gregor III. geweiht worden. Auf Anfrage des die bayerischen Verhältnisse sichtenden Bonifatius bestätigte der Papst die Rechtmäßigkeit des bereits ordinierten Vivilo. Da Papst Gregor III. am 18. März 731 den Thron Petri bestieg, Herzog Hucbert, der die Passauer Kirche als erster Herzog beschenkte, etwa 736 starb, liegt die Ordination Bischof Vivilos zwischen 731 und 736.

---

[156] DIEPOLDER, Freising 420–434.
[157] ZEISS, Quellensammlung nr. 34. Zu den Vorgängen vgl. auch JAHN, Ducatus 98, 118.
[158] G. MORIN, Das castrum Maiense und die Kirche des hl. Valentin in der Vita Corbiniani, in: J. SCHLECHT (Hg.), Wissenschaftliche Festgabe zum 1200jährigen Jubiläum des heiligen Korbinian, 1924, 69–78.
[159] BOSHOF, Regesten der Bischöfe von Passau I nrr. 1–8; DERS., Agilolfingisches Herzogtum 19.

Auch im Falle Regensburg gewinnt man den Eindruck, daß die Herzogsfamilie bereits längst vor 739 für einen Bischof, und zwar aus dem eigenen Hause, gesorgt habe. Als frühen Bischof in Regensburg vor der Bistumsorganisation von 739 bezeichnen aus Salzburg stammende Verse des 9. Jahrhunderts einen Wicterp[160]. Sollte er identisch sein mit jenem *Wicterbus episcopus et abba sancti Martini*, der als Bayer und Agilolfinger in der Quelle bezeichnet wird und 756 hochbetagt starb[161]? Er gilt heute allgemein als Abtbischof von St. Martin in Tours. Daß Aventin in St. Emmeram einen Text über diesen *Wicterp episcopus iam senex* fand, weist auf Regensburg. Das hieße, daß die Herzogsfamilie irgendwie in der Nachfolge Emmerams einen Bischof aus der eigenen Familie für ihre Pfalzstadt präsentierte, der dann von Bonifatius wohl nicht anerkannt wurde.

Es zeigt sich also, daß bis zum Amtsantritt Herzog Odilos wesentliche Vorarbeiten für eine Bistumsorganisation in Bayern geleistet wurden. Sie mußten nur fortgesetzt und vervollständigt werden. Man darf hinzufügen, daß die Zeit wohl auch drängte.

3. Die Gründung kanonischer Bischofssitze 739 durch Winfrid-Bonifatius und Herzog Odilo

Nachdem um 736 Hucbert gestorben war, kam Herzog Odilo im bayerischen Herzogtum an die Macht. Er erscheint zwar im Salzburger Verbrüderungsbuch in der Deszendenz der agilolfingischen Herzöge, doch die neuere Forschung sieht in ihm einen Sohn des Schwabenherzogs Gottfrid, er war also offenbar ein Bruder des schwäbischen Herzogs Landfrid[162]. Es kann vermutet werden, daß Swanahilt, die agilolfingische Gemahlin des Hausmeiers Karl Martell[163], nach dem Tode Hucberts ihrem Verwandten Odilo zum bayerischen Herzogsstuhl verhalf. Diese gute Beziehung Odilos zur Familie Karl Martells könnte auch Odilos erstaunliche Handlungsfreiheit im Rahmen der anstehenden Gesamtkirchenorganisation Bayerns erklären. Dazu brauchte er freilich einen hervorragenden kirchlichen Amtsträger und Sachkenner. Dieser geniale und tatkräftige geistliche Organisator war Winfrid-Bonifatius[164]. Seine Romreisen hatten ihn schon verschiedentlich nach Bayern gebracht. Aus Bayern hatte er in seinen frühen Reisen den jungen Sturmi als Schüler nach Fritzlar mitgenommen, der erster Abt seines Lieblingsklosters Fulda werden sollte. 722 erhielt er vom Papst in Rom Weihegewalt und Jurisdiktion eines Bischofs; Bonifatius leistete seinerseits dem Papst den Obödienzeid. Seit 723 war er mit einem Schutzbrief Karl Martells ausgerüstet – vor allem für die hessisch-thüringische Mission. 732 erhielt Bonifatius auf einer weiteren Romreise von Papst Gregor II. das Pallium, so daß er neue Bistümer kanonisch errichten und ihre Bischöfe als Erzbischof weihen konnte. Schon

---

160 K. SCHMID, Bischof Wikterp 12 nr. 3.
161 Ebd. 11 nr. 2, auch zu Aventins Nachricht.
162 J. JARNUT, Untersuchungen zu den fränkisch-alemannischen Beziehungen, in: Schweizerische Zeitschrift für Geschichte 30 (1980) 9ff; DERS., Studien über Herzog Odilo, in: MIÖG 85 (1977) 273–284.
163 J. JARNUT, Untersuchungen zur Herkunft Swanahilts, der Gattin Karl Martells, in: ZBLG 40 (1977) 245–249.
164 SCHIEFFER, Winfrid-Bonifatius.

§ 3. Festigung und Organisation der Kirche im 8. Jahrhundert (W. Störmer) 41

733/735 – also unter Hucbert – weilte er in Bayern, um sich nach Missionsmöglichkeiten zu erkunden. Damals verurteilte er einen Schismatiker namens Erenwulf nach kanonischem Recht und reinigte Bayern von Irrlehren[165]. Auf seiner dritten Romreise 737/738 erlangte er zusätzlich noch die Funktion und Würde eines päpstlichen Legaten. Diese konnten gleich in Bayern nutzbar gemacht werden. Von Herzog Odilo eingeladen oder gerufen, verlegte der »Apostel der Deutschen« sein Tätigkeitsfeld vom hessisch-thüringischen Raum nach Bayern.

Die zweite, fundierte und dauerhafte Kirchenorganisation ist also mit den Namen Odilo und Bonifatius verbunden[166]. Sie läßt auch die herzoglichen Bistumsorganisationspläne noch deutlicher werden. Man sollte dabei beachten, daß diese bayerische Bistumsorganisation in jene Zeit fällt, in der das Frankenreich ohne König war. Nach dem Tode Theuderichs IV. regierten nämlich die karolingischen Hausmeier ohne König, offenbar schon im Bestreben, die Königswürde zu erlangen.

Der Brief über die Neuordnung der bayerischen Kirche, den Bonifatius aus Rom mitbrachte, macht deutlich, daß Odilo mit Bonifatius schon vor dessen letzter Romreise Kontakte aufgenommen hatte[167]. Die rasche Bistumsorganisation wäre auch nicht anders denkbar. Bonifatius – das heißt wohl auch Odilo – griff auf den alten Organisationsplan von 716 zurück. Da er bei seiner neuen Bistumsorganisation alte Bischöfe ihres Amtes enthob – mit Ausnahme des vom Papst ordinierten Vivilo –, zeigt, daß Bonifatius in Bayern wohl mehr reorganisierte als neuorganisierte. Dies muß schließlich auch im wesentlichen Odilos Vorstellungen entsprochen haben. Auch wenn er Zugeständnisse an Bonifatius machen mußte, so wurde er doch durch die neue, streng Rom-orientierte Bischofskirche kirchlich vom Frankenreich unabhängig.

Es fällt auf, daß im Organisationsplan von 739 von einer Metropolitanordnung nicht mehr die Rede war. Ob dies aus Vorsicht geschah, um die Hausmeier nicht zusätzlich zu reizen, oder ob man die Spitze der Kirche schlicht dem Herzog überließ, kann nicht ermittelt werden. De facto übte Bonifatius als päpstlicher Legat diese Funktion aus. Die Bistumsorganisation von 739 brachte dem Herzog jedenfalls neben dem politischen »Freischwimmen« von den Hausmeiern auch in praxi die kirchliche Unabhängigkeit vom Frankenreich.

Ob Bonifatius, der eifrige, manchmal auch überschäumende kirchliche Reformer, die politischen Implikationen der bayerischen Bistumsorganisation zunächst ganz durchblickt hat, möchte man bezweifeln. Bonifatius war für den Herzog offenbar auch Mittel zum Zweck. Dem »Apostel der Deutschen« konnte Bayern andererseits nur eine Station auf dem Weg der Gesamtkirchenreform sein. Da er die Reform der fränkischen Kirche anstrebte und diesbezüglich bald von Karlmann gerufen wurde, der seinerseits wiederum politische Ziele mit der Rom-Anbindung der Kirche seines

---

[165] Vita Bonifatii auctore Willibaldo (wie Anm. 149) 36, c. 6; SCHIEFFER, Winfrid-Bonifatius 169f; BOSHOF, Agilolfingisches Herzogtum 14f.
[166] REINDEL, Grundlegung 227ff.
[167] Schreiben des Papstes Gregor III. an Bonifatius: MGH.Epp. selectae I 72f.

Reichsteils verband, mußte allmählich eine Entfremdung zwischen Odilo und Bonifatius erfolgen[168].

Als der Hausmeier Karlmann 742 mit Hilfe des heiligen Bonifatius das Concilium Germanicum, die erste austrasische Synode, abhielt, fehlten bezeichnenderweise die Bischöfe Bayerns und Alemanniens, während die Bischöfe von Straßburg, Würzburg, Büraburg und Erfurt vertreten waren, wohl Indiz für die eigenkirchlichen Bestrebungen der beiden süddeutschen Herzöge. Da der Bayernherzog durch die neue Situation, daß Bonifatius Legat bzw. Metropolit Austrasiens wurde, eine Einflußnahme der austrasischen Kirche zu befürchten hatte, ließ er sich vom Papst einen neuen Legaten für Bayern zuweisen. Die Legation des Bonifatius für Bayern muß also in dieser Zeit suspendiert worden sein[169].

Wie unangenehm, ja unakzeptabel gerade diese Situation für die fränkischen Hausmeier war, zeigt sich, als diese 743 das Heer Odilos besiegt und dabei sowohl den Regensburger Bischof als auch den neuen päpstlichen Legaten Sergius gefangengenommen hatten[170]. Aus den *Annales Mettenses priores* erfahren wir, daß sich der Legat vor der Schlacht am Lech durchaus im Sinne Odilos eingesetzt hatte[171]. Er war ins Lager der Franken gekommen und hatte – wie es heißt – den Franken mit angeblicher Vollmacht des Papstes den Krieg gegen Odilo untersagt »und den Franken gleichsam auf Befehl des Papstes zugeredet ..., von Bayern abzuziehen«. Die Antwort Pippins nach dem Sieg fiel dementsprechend deutlich aus.

Der Legat Sergius mußte offensichtlich zurückgezogen werden. Im folgenden Jahr 744 erfahren wir aus einem Papstbrief, daß Bonifatius nach der Affäre am Lech nachgefragt hatte, ob er weiterhin das Recht habe, *in Baioarie provinciam ius habere predicationis*[172]. Der Papst gab ihm nun die Vollmacht über Bayern und ganz Gallien, eine Entscheidung, die sicherlich nicht ganz im Sinne Herzog Odilos war, die aber vielleicht Schlimmeres verhinderte. Durch die Niederlage Odilos 743 kam ohne Zweifel das bayerische System der Herzogskirche ins Wanken. Seit 743 zeigt sich bis 788, daß die bayerische Herzogskirche ohne einen eigenen Metropoliten oder päpstlichen Legaten letztlich doch unvollendet und von außen beeinflußbar und verwundbar war.

### 4. Die einzelnen Bistümer

*Regensburg*

Regensburg war von seiner politischen Funktion als *metropolis* Bayerns, aber auch durch seinen einmaligen baulichen Zustand zum Bischofssitz prädestiniert, denn die hoch aufragenden Mauern mit 30 Türmen stellten nach Arbeo eine fast uneinnehm-

---

[168] H. SCHNYDER, Bonifatius in Alemannien, in: Der Geschichtsfreund 124 (1971) 92–163, hier 124ff.
[169] STÖRMER, Herzogskirche 126f.
[170] JAHN, Ducatus 188f.
[171] ZEISS, Quellensammlung nr. 51.
[172] Bonifatii Epistolae 58: MGH.Epp. selectae I 107f.

bare Festung dar[173]. Für den Freisinger Bischof und Vitenschreiber Arbeo war Regensburg in erster Linie kirchliches Zentrum, das seine Funktion allein dem Leib des hl. Emmeram verdankt. Dieser ruhte freilich außerhalb der Stadtmauern, in dem 739 bereits existierenden Kloster. Da die kanonischen Bischöfe gleichzeitig Äbte von St. Emmeram waren, stellt sich die Frage nach einer eigenen Bischofskirche. Man nimmt an, daß erst Herzog Tassilo III. den Dombezirk, der sich westlich an den herzoglichen Pfalzbezirk anschloß, dem Ortsbischof übergab. Es bleibt zu vermuten, daß die vorkanonischen Bischöfe im herzoglichen Pfalzbezirk »residierten«; Erhard ist auch in der Pfalzkirche begraben.

*Bischofsreihe*

Erster kanonischer Bischof Regensburgs wurde Gawibald (Gaubald, Gaibald)[174] (739–761), vielleicht ein Agilolfinger. 743 stand er Herzog Odilo auf dem Schlachtfeld am Lech gegen Pippin zur Seite[175]. Gawibald ließ um 740 die Gebeine des hl. Emmeram erheben und das Kloster St. Emmeram prächtig ausgestalten. Auf jeden Fall gingen entscheidende Anstöße für den Emmeramskult von Bischof Gawibald aus[176].

Über den wahrscheinlichen Nachfolger Sigirich ist fast nichts bekannt[177]. Er schenkte mit seinem Bruder Alprich Besitz an Niederaltaich[178]. Sigirich fehlt allerdings in der Erinnerung des Klosters St. Emmeram. Vermutlich hatte er das Bischofsamt nur ganz kurz inne.

Unter dem Regensburger Bischof Sintpert erhielt die Domkirche vor allem Schenkungen bedeutender Vertreter Bayerns[179]. Sehr wahrscheinlich gehörte er zur Sippe Adaluncs von Roning, welcher selbst noch unter Bischof Gawibald sein Erbe in Roning schenkte und das Regensburger Traditionsbuch eröffnete. Adaluncs Verwandte schenkten dann unter Sintpert[180]. Um 770 nahm Sintpert mit den anderen bayerischen Bischöfen an der Dingolfinger Synode und der bayerischen Gebetsverbrüderung teil[181]. Sintpert beteiligte sich 791 am Awarenkrieg Karls des Großen und verlor in diesem »Heidenkampf« sein Leben[182].

Sein Nachfolger Adalwin (791–814), vielleicht wiederum ein Vertreter der Adalunc-Sippe, wurde bereits 792 Hofgeistlicher Karls des Großen[183]. Der König scheint

---

173 Allgemein HAUSBERGER, Geschichte des Bistums Regensburg I 32ff; A. KRAUS, Civitas regia (= Regensburger historische Forschungen 3) 1972, 10ff; A. SCHMID, Agilolfingerzeit 136–140 (mit weiterführender Lit.).
174 JAHN, Ducatus 155f; A. SCHMID, Agilolfingerzeit 139.
175 ZEISS, Quellensammlung nr. 51.
176 RÄDLINGER-PRÖMPER, St. Emmeram 40; JAHN, Ducatus 156.
177 Im Salzburger Verbrüderungsbuch als Nachfolger Gawibalds genannt, dagegen nennen die Regensburger Bischofslisten als Nachfolger Gawibalds Bischof Sindbert (MGH.SS XIII 359).
178 AY, Dokumente Altbayern I/1, 144f nr. 78. Zu Sigirichs Herkunft s. STÖRMER, Früher Adel II 332f.
179 Trad. Reg. nrr. 4, 5, 6.
180 Ebd. nrr. 5, 6. Zur Herkunft Sintperts s. STÖRMER, Früher Adel II 335.
181 AY, Dokumente Altbayern I/1, 103 nr. 63.
182 PRINZ, Klerus und Krieg 104, 110f.
183 JANNER, Bischöfe von Regensburg I 129ff.

dem Regensburger Bischof Grund und Boden für das neu zu gründende St. Emmeramer Kloster Spalt auf dem Weg zwischen Franken und Bayern vermacht zu haben[184]. Abtbischof Adalwin, der später (802–810) auch das Amt des kaiserlichen *missus* ausübte, war für König Karl, der sich selbst 791 bis 793 in Regensburg aufhielt, die Gewähr dafür, daß Regensburg und seine Kirche stets dem Karolinger gegenüber loyal war[185]. Trotzdem wurde 798 nicht Adalwin, sondern Arn als Erzbischof und Metropolit Bayerns ausersehen.

*Passau*

Die Landzunge am Zusammenfluß von Donau, Inn und Ilz gehört nicht nur zu den ältesten mitteleuropäischen Siedlungsräumen, sie hatte auch Zentralortcharakter bereits vor der Römerzeit. Hier am Inn endete die Provinz Raetia. Am jenseitigen Ufer stand nicht nur das keltische oppidum Boiodurum, sondern auch ein römisches Grenzschutzkastell, südlich davon die Zelle Severins, deren bauliche Kontinuität bezeugt ist[186].

Am Sporn östlich der spätrömischen Stadt Batavis entstand noch im 5. Jahrhundert mitten im Kastell eine Kirche, Vorgängerin des Klosters Niedernburg. Der Archäologe R. Christlein kommt zu dem Ergebnis, daß die Bischofskirche des ersten Passauer Bischofs Vivilo nur jene große Saalkirche inmitten des Kastells Batavis/Niedernburg gewesen sein kann[187].

Die neue Passauer Bischofskirche dürfte dann wohl im Zusammenhang mit dem Erwerb der Stephans- und Valentinsreliquien errichtet worden sein.

*Bischofsreihe*

Bischof Vivilo (731/737 bis etwa 746/747) ist bereits Jahre vor der bayerischen Bistumsorganisation in Rom persönlich von Papst Gregor III. geweiht worden, offensichtlich mit dem Ziel, in Passau Bischof zu werden[188]. Aus seiner Sedenzzeit sind nur wenige Traditionen an die Bischofskirche vorhanden, unter anderem von Herzog Hucbert[189]. Um 737/738 wurde er mit anderen Bischöfen Bayerns und Alemanniens vom Papst angewiesen, Bonifatius als päpstlichem Stellvertreter zu gehorchen und zweimal jährlich eine Synode dort zu halten, wo Bonifatius es bestimmte. Vivilo behielt zwar 739 die Diözese Passau, doch scheint es Unstimmigkeiten gegeben zu haben, denn der päpstliche Legat Bonifatius erhielt vom Papst die Nachricht, Vivilo solle belehrt und zurechtgewiesen werden, wenn er sich außerhalb der kanonischen

---

[184] WIDEMANN, Traditionen Regensburg nrr. 9, 11; JANNER, Bischöfe von Regensburg 134; EIGLER, Schwabach (= HAB.F. 28) 1990, 44ff, 108ff.
[185] P. SCHMID, Regensburg 143f.
[186] CHRISTLEIN, Städte Severins 220ff.
[187] Ebd. 229f. Zu Passau im 8. Jahrhundert M. HEUWIESER, Die stadtrechtliche Entwicklung der Stadt Passau bis zur Stadtherrschaft der Bischöfe, 1910; BOSHOF, Agilolfingisches Herzogtum 17ff.
[188] BOSHOF, Regesten der Bischöfe von Passau I nr. 1.
[189] HEUWIESER, Traditionen Passau nrr. 1, 2, 3.

§ 3. Festigung und Organisation der Kirche im 8. Jahrhundert (W. Störmer)     45

Vorschriften bewege. Kurz vor seinem Lebensende machte Vivilo noch eine Schenkung an das erst 744 gegründete Kloster Fulda[190].

Von Vivilos Nachfolger Beatus (746/747–754) ist nichts bekannt[191]. Dessen Nachfolger Sedonius (754–763/764?) hatte sich vor 746 zusammen mit Virgil von Salzburg als *religiosus vir* in Bayern darüber beschwert, daß Bonifatius verlange, die von einem Priester mit lateinisch verfälschter Formel Getauften neu zu taufen[192]. Vielleicht wegen des gleichen Konflikts wurden die beiden Priester Sedonius und Virgil 748 vor den päpstlichen Stuhl geladen. Aus der bischöflichen Zeit des Sedonius ist lediglich die Schenkung eines Großen im Rottachgau an die Bischofskirche Passau bekannt[193]. Ob er an der Synode von Aschheim (755/760) teilgenommen hat, läßt sich nicht nachweisen, ist aber denkbar.

In der relativ kurzen Amtszeit des Bischofs Anthelm (763/764-vor 770)[194] erfolgte 763/764 die feierliche Überführung der Gebeine des hl. Valentin von Trient in die Domkirche Passau, die Bischof Joseph von Freising vornahm, Herzog Tassilo aber veranlaßt hatte. Dies wird man als einen wichtigen Gunsterweis für die junge Diözese ansehen dürfen; seit 764 erscheint in den Quellen auch die Nennung des Passauer Doppelpatroziniums St. Stephan und St. Valentin.

Anthelms Nachfolger Wisurich (764/770–777)[195] wird als Zeuge für Schenkungen an Freising und Mondsee, als Schenker an das Kloster Niederaltaich greifbar, aber auch Empfänger von Schenkungen an die Domkirche. Er ist ferner auf der wichtigen Landessynode von Dingolfing (um 770) vertreten. Sein Nachfolger Waltrich (777–804)[196] scheint mit Wisurich verwandt zu sein[197]. Er tritt erstmals bei der Gründung des Klosters Kremsmünster als Zeuge auf. Unter ihm erhält die Domkirche Passau eine ganze Reihe von Schenkungen. Der Bischof hatte zu irgendeinem Zeitpunkt die ursprünglich herzogliche, dann königliche Martinskirche auf dem Burgberg zu Linz erhalten, sie aber an einen Rodland, Kapellan Karls des Großen, vergeben. 799 ließ sich Gerold, der Präfekt Bayerns und Schwager Karls, diese offenbar wichtige *capella* zu Lehen übertragen[198]. Die *capella* zu Linz ist für Passaus Diözesangeschichte deshalb wichtig, weil sie erstmals die Wendung der Diözesaninteressen nach dem Osten aufzeigt.

*Freising*

Ob die Anfänge des Bistums Freising wirklich so »bescheiden« waren, wie viele Historiker glauben, muß dahingestellt bleiben. Der Domberg war jedenfalls eine Herzogspfalz, die ihrerseits eine genügende wirtschaftliche Basis besessen haben muß.

---

[190] Boshof, Regesten der Bischöfe von Passau I nr. 7.
[191] Ebd. nr. 9.
[192] Ebd. nr. 10.
[193] Heuwieser, Traditionen Passau nr. 5.
[194] Zu Anthelm Boshof, Regesten der Bischöfe von Passau I nrr. 12, 13.
[195] Ebd. nrr. 14–20.
[196] Ebd. nrr. 21–79.
[197] Störmer, Früher Adel II 324f, 333.
[198] Ebd. 218; Boshof, Regesten der Bischöfe von Passau I nr. 48.

Da die Freisinger Traditionen im wesentlichen erst ein Jahrzehnt nach der Bistumsgründung einsetzen, fehlt uns der Einblick in die Gründungsausstattung[199]. Die strukturellen Verhältnisse wurden von Gertrud Diepolder eingehend dargelegt[200].

*Bischofsreihe*

Als ersten Bischof Freisings weihte Bonifatius Ermbert (739-vor 748)[201]. Seine Herkunft ist unbekannt, ebenso seine Amtstätigkeit. Lediglich eine Freisinger Tradition unter ihm ist erhalten geblieben[202]. Wir haben sicherlich aber mit einer großen Ausstattung durch den Herzog zu rechnen.

Der zweite Bischof Joseph (748–764)[203] gründete noch zu Zeiten Herzog Odilos das Kloster Isen[204], etwa 30 km südöstlich des Bischofssitzes Freising. Da es von Anfang an dem hl. Zeno geweiht war, muß er wohl auch die wertvollen Heiligenreliquien aus Verona oder dem Raume Meran erworben haben. Joseph scheint einer Familie im Raume östlich von Freising zu entstammen, die vornehmlich biblische Namen trug. In Isen ist Joseph auch begraben.

Knapp zwanzig Jahre Kirchenherrschaft über Freising waren seinem bedeutenden Nachfolger Arbeo (764/765–783) vergönnt[205]. Arbeo, der sich gelegentlich auch lateinisch als Heres oder griechisch als Cyrinus bezeichnete, war bereits vorher in das Licht der Geschichte getreten. Er ist auch der erste Bischof, dessen Lebensweg in den Grundzügen bekannt ist. Aus einer bedeutenden Sippe stammend, vermutlich in Mais bei Meran geboren, dem ersten Freisinger Bischof Ermbert früh übergeben, in Oberitalien ausgebildet, kehrte er nach Freising zurück und verfaßte als Archipresbyter und Notar Freisinger Traditionsurkunden seit 754. 763 wurde er Abt des Huosierklosters Scharnitz und bald darauf Bischof. Wohl rasch nach Beginn seiner Sedenzzeit ermöglichte er die Übertragung der Gebeine des hl. Korbinian, den er aus seiner Kindheit noch kannte, von Mais nach Freising, wodurch er dem Dom dessen großen »Stammvater« zurückgab. Durch zahlreiche Schenkungen weltlicher Grundherren wurde der bischöfliche Einfluß beträchtlich erweitert. 770 transferierte er das Kloster Scharnitz nach Schlehdorf und machte es zum bischöflichen Eigenkloster. Seine Mitwirkung an den bayerischen Synoden ist offensichtlich. Arbeo scheint irgendwann in Konflikt mit Herzog Tassilo geraten zu sein und sich Karl dem Großen angenähert zu haben. Das Ausmaß dieses Konflikts ist freilich strittig.

---

[199] Allgemein MASS, Bistum Freising im Mittelalter 42ff. Die Traditionen Freisings beginnen 744, die folgende Tradition setzt erst 748 ein (BITTERAUF, Traditionen Freising nrr. 2–4). Trotzdem hält noch JAHN, Ducatus 152ff an der These der Vernachlässigung Freisings fest.
[200] DIEPOLDER, Freising 417–468.
[201] STRZEWITZEK, Sippenbeziehungen 196f.
[202] BITTERAUF, Traditionen Freising nr. 1.
[203] STRZEWITZEK, Sippenbeziehungen 196f.
[204] BITTERAUF, Traditionen Freising nr. 4. Zum ersten Schenkerkreis s. STÖRMER, Eine Adelsgruppe 121ff.
[205] H. GLASER, Bischof Arbeo von Freising als Gegenstand der neueren Forschung, in: H. GLASER u.a. (Hg.), Vita Corbiniani (= SHVF 30) 1983, 11–76; STRZEWITZEK, Sippenbeziehungen 156ff; JAHN, Ducatus 419ff, 429f.

Bedeutend sind Arbeos kirchliche Leistungen im Rahmen der bald hochangesehenen Schreibschule, Domschule und Dombibliothek. Eigene literarische Leistungen sind die *Vita Corbiniani* und die *Vita Haimhrammi*, die beide vornehmlich der kultischen Bedeutung der eigenen Diözese im liturgischen Rahmen dienen sollten, erstere für den Dom selbst, letztere für die in der Diözese Freising gelegenen Passionsstätten des hl. Emmeram, Helfendorf und Aschheim.

Auch Bischof Atto (ca. 783–811)[206], der Nachfolger Arbeos, stand wie dieser spätestens seit 768 dem Kloster Scharnitz, seit 772 dem Nachfolgekloster Schlehdorf vor, wie Arbeo gehörte er zur Freisinger Priesterschaft und war bischöflicher Notar. 769 hatte er von Herzog Tassilo das neugegründete Kloster Innichen empfangen, dessen Vorsteher er wurde[207], Zeichen engen Kontakts auch mit dem Herzog. Als Abt wurde er mit anderen bayerischen Großen 772 in Rom für Herzog Tassilo vorstellig im Konflikt mit Karl dem Großen[208]. Es scheint, daß Atto gerade auch aus diesen Gründen im Sinne des Herzogs der geeignete Nachfolger des bisweilen politisch lavierenden Arbeo war. Daß auch er früh auf die Seite Karls überschwenkte, läßt sich in keiner Weise erhärten. In der langen Amtszeit Bischof Attos erhielt der Bischofssitz Freising rund 190 Schenkungen, bis 798 waren es etwa 65, bis zum Ende der Tassiloherrschaft freilich nur etwa zehn[209]. Dieser Sachverhalt bis 788 ist schwer erklärbar. In der späteren Freisinger Geschichtsschreibung werden Attos Leistungen gebührend hervorgehoben[210].

*Salzburg*

Die frühen Salzburger Quellen sehen eine Kontinuität vom hl. Rupert bis zur kanonischen Bistumsgründung 739 durch mehrere Äbte und Abtbischöfe von St. Peter[211]. Bischofskirche war zumindest bis zum Bau des Virgildoms die Klosterkirche St. Peter. Im übrigen ist bezüglich dieser Salzburger Kirchen manches strittig[212]. Im Gegensatz zu Freising war Salzburg schon ein römischer Vorort; Kontinuitäten zwischen Antike und Mittelalter sind hier aber sehr strittig. Es fällt schließlich auf, daß die Einrichtung des kanonischen Bistums Salzburg durch Bonifatius nach der Quellensicht völlig lautlos vor sich ging. Daß Salzburg seit Rupert oder Virgil geistlicher Vorort der bayerischen Bistümer gewesen sei, läßt sich nicht beweisen, ist auch unwahrscheinlich.

---

206 STRZEWITZEK, Sippenbeziehungen 183f; MASS, Bistum Freising im Mittelalter 71ff; JAHN, Ducatus 419ff, 427f, 439ff, 446f, 530f.
207 BITTERAUF, Traditionen Freising nr. 34; JAHN, Ducatus 423ff.
208 Ebd. 524f. Diese Interpretation erscheint freilich etwas spekulativ.
209 BITTERAUF, Traditionen Freising nrr. 109–119.
210 J. SCHLECHT, in: Die deutsche Freisinger Bischofschronik. I. Teil, in: SHVF 14 (1925) 15ff.
211 St. Peter in Salzburg (3. Landesausstellung – Katalog) 1982, bes. 20ff. (H. DOPSCH – H. WOLFRAM), 38ff. (H. DOPSCH), 234ff; WOLFRAM, Zeit der Agilolfinger 121–156.
212 Vgl. H. DOPSCH – R. JUFFINGER (Hg.), Virgil von Salzburg, 1985, bes. 286ff, 317ff, 326ff; H. SENNHAUSER, Mausoleen, Krypten, Klosterkirche und St. Peter I-III, in: Frühes Mönchtum in Salzburg, hg. v. E. ZWINK (= Salzburg-Diskussionen 4) 1983, 57–78.

## Bischofsreihe

Für Salzburg setzte Bonifatius 739 Johannes (–746/747) als Abtbischof ein[213]. Er war bereits oder wurde gleichzeitig Vorsteher des Klosters St. Peter. Möglicherweise trat er an die Stelle eines unkanonisch eingesetzten Bischofs Liuti. Ob er vor 743 von Papst Zacharias (741–752) bereits Karantanien als Missions- und Diözesangebiet zugesprochen erhielt, muß offen bleiben. Im Vergleich zu früheren Zeiten waren die Schenkungen an Salzburg jetzt gering. Die Überlieferung wird allerdings erst reich unter Bischof Virgil (746/747–784). Unter ihm nahm der Bischofssitz Salzburg einen erheblichen Aufschwung[214]. Der Ire Virgil kam vom Hof des Hausmeiers Pippin, war aber schon 745/747 im Auftrag Pippins nach Bayern gekommen.

Das Verhältnis zu Bonifatius scheint nicht gut gewesen zu sein, denn der Streit um die Rechtmäßigkeit von Taufen, die durch schlechtes Latein und ohne Anrufung der Heiligen Dreifaltigkeit gekennzeichnet waren, währte von 745/746 bis 748. Der Papst rief die Bischöfe Sedonius von Passau und Virgil deshalb nach Rom und erteilte Virgil scharfe Zensuren. Vielleicht wegen dieses Problems erhielt Virgil, der nach dem Tode des Bischofs Johannes zwar Abt von St. Peter wurde, nicht die Bischofsweihe. Er mußte seinen irischen Gefährten Dobdagrech als Salzburger »Weih«-Bischof einsetzen, der mehrere Jahre lang diese Aufgabe übernahm und anschließend mit Herrenchiemsee abgefunden wurde. Die Bischofsweihe erhielt Virgil erst nach dem Tode des Bonifatius, und zwar am 15. Juni 755. Im Streit um die Einbindung zweier Eigenklöster, Otting und Bischofshofen, vertrat er hartnäckig die Salzburger Position. Virgil baute den ersten Salzburger Dom, eine dreischiffige Basilika, die 774 eingeweiht wurde. Er war nicht nur selbst literarisch tätig, sondern ließ auch den *Libellus Virgilii* zur Duchsetzung bischöflicher Ansprüche anlegen.

Nach dem Tode Virgils wurde Arn 785 durch Vermittlung Karls des Großen von Tassilo zum Salzburger Bischof erhoben[215]. Er war zwar Bayer und wirkte zunächst in Freising, wurde aber 782 Abt des Klosters St. Amand (Belgien) und gehörte zum engeren Hofkreis um Karl. Aus diesem Kreis wird er uns durch die Briefe Alkuins bekannt. Da Arn das Abbatiat in St. Amand behielt, wurde ein Bertricus Abt von St. Peter in Salzburg. Arn setzte sich als Vermittler für Herzog Tassilo 787 – ohne Erfolg – ein und scheint eine durchwegs ausgleichende Haltung zwischen dem Frankenkönig und dem Bayernherzog eingenommen zu haben. Nach der Übernahme Bayerns durch Karl legte Arn 790 vorsorglich ein Güterverzeichnis der Salzburger Kirche an, dann auch die *Breves Notitiae* mit der Frühgeschichte Salzburgs und den jeweiligen Schenkungen. Arn begründete für die Salzburger Mönche eine Schule und Bibliothek, ließ dort zahlreiche Bücher herstellen und veranlaßte die Sammlung der Briefe Alkuins. Als Vertrauter Karls des Großen empfing Arn am 20. April 798 aus der Hand Papst Leos III. das Pallium, wurde zum Erzbischof und zum Metropoliten der bayerischen Kirchenprovinz erhoben.

---

[213] Zum folgenden WOLFRAM, Zeit der Agilolfinger 136ff.
[214] Vgl. DOPSCH – JUFFINGER (wie Anm. 212), Virgil 10ff, 17ff, 66ff, 112ff, 244ff, 258ff, 342ff, 357ff.
[215] WOLFRAM, Geburt Mitteleuropas 205ff; H. DOPSCH, Die Zeit der Karolinger und Ottonen, in: DERS. (Hg.), Geschichte Salzburgs I/1, 1981, 157ff.

## Neuburg

Unter den neuen Bonifatius-Bistümern Bayerns wird auch ein Bistum Neuburg an der Donau diskutiert, das R. Bauerreiß freilich auf der Insel Wörth im Staffelsee sehen will[216]. Neuburg an der Donau war, wie die Bischofssitze Regensburg, Passau, Freising und Salzburg, eine der herzoglichen Pfalzen[217]. Von daher versteht sich, daß mehrere Bischöfe tatsächlich auf dieses Neuburg/Donau zu beziehen sind. Der Bischofssitz hat bis rund 800 existiert. Entstanden war er de facto wohl bereits vor 739. Am Herzogshof in Neuburg saß seit Odilo ein (Hof-)Bischof Wiggo, der offenbar agilolfingische Verwandtschaftsbeziehungen hatte und von Bonifatius abgesetzt wurde, dessen Sitz aber nicht beseitigt werden konnte, so daß aus dem bayerischen Teil der alten Diözese Augsburg das Bistum Neuburg entstand. Möglich konnte das sein, weil Herzog Odilo aus dem alemannischen Herzogshaus stammte. Karl der Große beseitigte dann dieses Gebilde zum Schaden des bayerischen Metropolitanverbandes[218]. Von der kurzzeitigen Existenz Neuburgs aus wird auch verständlich, daß sich im 11. Jahrhundert Kaiser Heinrich III. mit dem Plan befaßte, den Bischofssitz Eichstätt nach Neuburg zu verlegen[219].

## Bischofsreihe

Wolfgang Lazius († 1565) notiert, er habe in einem alten Codex die Nachricht gefunden, daß Papst Zacharias (741–752) zwei Bischöfe eingesetzt habe, Wicco in Neuburg und Rozilo in Augsburg[220].

In Wiggo hat man einen Bischof von Neuburg/Staffelsee gesehen, der auf der Synode von Neuburg von Bonifatius abgesetzt worden sei. An seine Stelle sei Bischof Manno getreten und nach dessen Tod ein Bischof Hildegart. Diese Nachricht des Wolfgang Lazius hat lebhafte Diskussionen erfahren. Man wird diesen von Bonifatius angeblich abgesetzten Bischof nicht einfach eliminieren können. Jedenfalls handelt es sich um eine sehr späte Nachricht, die nicht durch eine andere gestützt wird[221]. Ob dieser Wiggo mit Bischof Wicterp von Epfach/Augsburg identisch ist, muß dahingestellt bleiben.

---

216 R. BAUERREISS, Ecclesia Stafnensis, in: SMGB 47 (1929) 375–438.
217 H. HEIDER, Neuburg a.d. Donau, in: Bayerisches Städtebuch II, hg. v. E. KAYSER (= Deutsches Städtebuch V/2) 1974, 453, 455ff; P. FRIED, Bischof Simpert und das Bistum Neuburg-Staffelsee, in: St. Simpert, Bischof von Augsburg 778–807 (= JVABG 12) 1978, 181–185 wendet sich nicht nachdrücklich gegen die ältere These, daß die Gründung des Bistums Neuburg durch Odilo, und zwar 741, erfolgt sei.
218 Letztmalige Nennung 798 im Papstbrief zur Schaffung des bayer. Metropolitanverbandes (AY, Dokumente Altbayern I/1, 148 nr. 88). Wenn daraufhin das Bistum Neuburg nie mehr genannt wird, die Diözese Augsburg aber wieder weit nach Bayern reicht (bis heute), wird ersichtlich, daß der Begriff »bayerischer Metropolitanverband« nicht ganz exakt ist.
219 WEINFURTER, Anonymus Haserensis 60, 88, vgl. 170ff.
220 Quellenzusammenstellung zum Wicterp-Wicco-Problem bei K. SCHMID, Bischof Wikterp 110–119, hier 117f nr. 12; andere Interpretation JAHN, Ducatus 404ff.
221 Zur Diskussion K. SCHMID, Bischof Wikterp 119ff, bes. 127ff.

Tatsächlich wird ein Bischof Manno in einer Freisinger Urkunde von 760 neben Bischof Joseph von Freising[222] genannt. Manno ist auch der erstgenannte Bischof bei der bayerischen Gebetsverbrüderung wohl anläßlich der Dingolfinger Synode[223].

Auch Mannos Nachfolger Odalhart wird in verschiedenen Freisinger Traditionsurkunden[224] greifbar und der letzte Neuburger Bischof Sintpert wird ausdrücklich als solcher in dem Papstbrief Leos III. 798 genannt, in dem Leo III. den bayerischen Bischöfen die Erhöhung Salzburgs zum Erzbistum mitteilt[225].

## 5. Die bayerischen Synoden

Die bayerischen Synoden des 8. Jahrhunderts[226] sind gewichtige Dokumente kirchlicher Anliegen und deren Realisierung, sie sind auch Zeugnisse enger Zusammenarbeit von Kirche und Herzog sowie der weltlichen Führungsschichten überhaupt. Die Anweisung des Papstes Gregor II. zur Planung der ersten Kirchenorganisation 716 gibt uns bereits eine Vorstellung, wie solche Synoden ausgesehen haben: »Wir befehlen, daß Ihr mit dem *dux provinciae* darüber verhandelt, daß eine Versammlung der *sacerdotes*, der *iudices* und *universorum gentis eiusdem primariorum*, d.h. also der Großen des Bayernstammes, abgehalten werde«, zur Kontrolle der Rechtgläubigkeit und zur Vorbereitung der Bistumsgründungen. Daß dieser *conventus* nicht ohne den Herzog stattfand, versteht sich von selbst.

Im päpstlichen Schreiben an die Bischöfe der *Provincia Baioariorum et Alamannia*[227], in dem Gregor III. diesen Bonifatius als seinen Beauftragten empfahl – von der geplanten Gründung der bayerischen Bischofskirchen ist auffälligerweise nicht die Rede – betont er, Bonifatius habe die Vollmacht, einen bestimmten Platz für die Abhaltung von Synoden auszuwählen, Augsburg, einen Ort an der Donau oder sonstwo. Von dieser Synode haben wir keine Nachricht, sie fand wohl gar nicht statt. Jene angeblich erste Synode nach der Bistumsorganisation, die man zu erkennen glaubte, ist nach Wilfried Hartmann[228] wesentlich jünger (um 800).

In Bayern setzt die Synodaltätigkeit erst nach dem Tode des hl. Bonifatius ein. Bald nach dem Mündigwerden Herzog Tassilos fand die Synode von Aschheim statt[229]. Das Protokoll der Synode von Aschheim gleicht einer Bittschrift der Bischöfe an den Herzog, der in die Gebetspflicht aller Geistlichen für den *dux* besonders eingebunden wird. Sie baten um die Beachtung der Rechte der Kirche, besonders aber darum, die Kirchen vor Diebstahl und Entfremdungen kirchlichen Besitzes zu bewahren. Der Herzog wird um Unterstützung bei der Einlieferung des Zehnten gebeten, strenge

---

[222] BITTERAUF, Traditionen Freising nr. 15.
[223] AY, Dokumente Altbayern I/1, 103.
[224] BITTERAUF, Traditionen Freising nrr. 118, 125, 197, 258, 273.
[225] AY, Dokumente Altbayern I/1, 148 nr. 88.
[226] Allgemein zum folgenden W. HARTMANN – H. DOPSCH, Bistümer, Synoden und Metropolitanverfassung, in: Die Bayern und ihre Nachbarn, Teil I, hg. v. H. WOLFRAM – A. SCHWARCZ (= DÖAW.PH 179) 1985, 318–326; JAHN, Ducatus 344ff, 475ff, 512ff.
[227] AY, Dokumente Altbayern I/1 nr. 47.
[228] HARTMANN, Fränkische Kirche 59–65.
[229] AY, Dokumente Altbayern I/1 nr. 57.

Bestrafung der Zehntverweigerung sollte er mittragen. Einzelne Bestimmungen zielten auf das Eigenkirchenwesen; die Bischöfe suchten auch ihren Einfluß auf die Klöster auszudehnen. Im zweiten Teil des Synodalprotokolls wurden im wesentlichen allgemeine gesellschaftliche Probleme angesprochen[230]. Auch zu öffentlichen Gerichtssitzungen sollten Geistliche herangezogen werden, damit der Bestechlichkeit ein Riegel vorgeschoben werde. Dieses Gesamtprogramm der bayerischen Bischöfe lehnt sich eng an Vorstellungen der fränkischen Bischöfe an, die auf der Synode von Ver im Jahre 755 artikuliert worden waren. Herzog Tassilo berief 769/770, kaum 776/777, selbst die Synode von Dingolfing[231] ein, der er vorstand. Viele der Beschlüsse dienten denn auch der Bekräftigung und Weiterbildung der *Lex Baiuvariorum*. Der erste Punkt erneuerte das Verbot der Feiertagsarbeit, ein weiterer ergänzte das Schenkungsrecht an die Kirche dahingehend, daß ohne Richterspruch nachträgliche Veränderungen unerlaubt seien. Eine besondere Rolle spielte wieder die kanonische Lebensweise sowohl der Bischöfe als auch der Äbte, Mönche und Nonnen. Die Äbte wurden an die Erfüllung der Ordensregel erinnert. Wie in Aschheim behandelte der zweite Teil der Satzungen wichtige gesellschaftspolitische Beschlüsse für den Laienstand[232].

Ob die in einer *notitia* im Anschluß an die Dingolfinger Beschlüsse festgelegte Gebetsbrüderschaft auf der Dingolfinger Synode gegründet wurde, ist nicht nachweisbar, wenn auch wohl verständlich. Alle Bischöfe Bayerns sowie dreizehn bayerische Äbte schlossen sich dieser Gebetsverbrüderung an. Aus der Anwesenheitsliste der Bischöfe wird bereits die später fixierte bayerische Kirchenprovinz in etwa sichtbar[233].

Auch in der folgenden Synode von Neuching (771/772) wurde die Gesetzgebung der vorhergegangenen Synoden weitergeführt[234]. Die versammelten Geistlichen, Bischöfe und Äbte bemühten sich um eine schärfere Abgrenzung der bischöflichen und monastischen Sphären. Dies war angesichts der zahlreichen Neugründungen von Klöstern ein aktuelles Problem. Die Äbte konzedierten den Bischöfen die Gewalt über die *tituli populares*, das heißt wohl theoretisch alle Landkirchen, doch wurde andererseits die *cura caritatis* den »Prälaten«, das heißt Vertretern der Klöster, durch einzelne *sententiae* zugestanden. Dieser wohl nur pauschal gelöste Fragenkomplex sollte noch in Zukunft für manche Spannungen sorgen.

Auf allen diesen Synoden führte der Herzog den Vorsitz, zudem fanden diese Synoden der Tassilozeit auf Herzogsgütern statt, nicht etwa in kirchlichen Zentralorten.

---

[230] JAHN, Ducatus 345ff.
[231] AY, Dokumente Altbayern I/1 nr. 63.
[232] W. STÖRMER, Zum Prozeß sozialer Differenzierung bei den Bayern von der Lex Baiuvariorum bis zur Synode von Dingolfing, in: H. WOLFRAM – W. POHL (Hg.), Typen der Ethnogenese unter besonderer Berücksichtigung der Bayern I (= DÖAW.PH 201 = Veröffentlichungen der Kommission für Frühmittelalterforschung der Österreichischen Akademie der Wissenschaften 12) 1990, 155–171, bes. 167ff.
[233] AY, Dokumente Altbayern I/1 nr. 103, 263.
[234] Ebd. nr. 66.

Man ist geneigt, auch bezüglich der Handhabung der Synoden von der bayerischen »Herzogskirche« zu sprechen[235].

## 6. Die Klöster

Zwar gibt es Spuren monastischer Ansätze der irofränkischen Missionare in Bayern, doch ist erst das 8. Jahrhundert als das Jahrhundert der großen Klostergründungswelle in die Geschichte Bayerns eingegangen. Dabei wissen wir freilich über die Mönche viel weniger als über die Stifter, die zu ihrem Seelenheil, bisweilen auch aus weltlichen Beweggründen, Klöster auf ihrem Grund und Boden errichteten und mit Besitz ausstatteten. Wer indes die eigentlichen Anreger für zahlreiche Klostergründungen waren, ist unbekannt. Die hll. Rupert, Korbinian, Willibald sowie die bayerischen Bischöfe seit 739 können nicht die einzigen gewesen sein, die dem Herzog und den Adelsfamilien Klostergründungen nahelegten.

Vor allem die Anfänge der neuen Klostergründungswelle um 700 sind relativ schwer zu fassen. Von Emmeram, der am Herzogshof in Regensburg wirkte, erfährt man zwar, daß er eine Schar von Geistlichen um sich hatte, nichts aber über ein *monasterium*. An der Stelle seines Grabes vor den Toren von Regensburg scheint wohl rasch ein Kloster entstanden zu sein (spätestens vor 739), doch versagen unsere Quellen[236].

Der »Freisinger« Missionar Korbinian fand bei seiner Ankunft in Freising (um 715) eine Pfalzkapelle St. Marien auf dem Domberg und ein *Oratorium sancti Stephani* vor, an dessen Stelle er offensichtlich das Kloster Weihenstephan gründete (vor 725)[237]. Wann das Domkloster St. Marien in Freising entstand, läßt sich nicht sagen. Korbinian hatte um 720 mit Hilfe Herzog Grimoalds die Gründung der Valentinszelle in Mais bei Meran begonnen, in die er nach seiner Flucht aus Freising (um 725) zurückkehrte und in der er auch später begraben wurde[238].

Nur über die Klostergründungen Bischof Ruperts in Salzburg erfährt man Genaueres[239], wenn auch noch zahlreiche Fragen bleiben. Unter dem Schutz der »Oberen Burg« (castrum superius) gründete Rupert das Frauenkloster Nonnberg, dessen erste Äbtissin Ruperts Verwandte Erintrud wurde. Es ist das erste bekannte Frauenkloster in Bayern. Das Hauptanliegen Ruperts in Salzburg war aber das Kloster St. Peter, das er entweder gründete oder – wie die Vita sagt – »nur« reformierte. Außerdem errichtete Rupert – mit Genehmigung des Herzogs – die Maximilianszelle zu Bischofshofen im Pongau. Wir haben somit vor 715 bereits drei Klöster im Salzburger Land. Es wäre seltsam, wenn in den anderen Herrschaftsschwerpunkten der Agilolfingerherzöge die Verhältnisse nicht ähnlich lägen.

---

[235] STÖRMER, Herzogskirche 131ff.
[236] RÄDLINGER-PRÖMPER, St. Emmeram 30ff.
[237] BRUNHÖLZL, Das Leben des heiligen Korbinian 77–159; DIEPOLDER, Freising 420–443. Zur Frühgeschichte von Weihenstephan B. UHL, Die Traditionen des Klosters Weihenstephan (= QuE 27/1) 1972, 1ff.
[238] BRUNHÖLZL, Das Leben des heiligen Korbinian 128, 132, 144, 146.
[239] WOLFRAM, Zeit der Agilolfinger 121–156, bes. 122–134; JAHN, Ducatus 61ff, 79f, 83ff, 86ff.

### § 3. Festigung und Organisation der Kirche im 8. Jahrhundert (W. Störmer)

In den Salzburger Quellen tritt vor allem Herzog Theodebert als großer Förderer monastischer Anliegen hervor. Unter Herzog Hucbert wurde das adelige Nonnenkloster Kühbach-Rotthalmünster begonnen (unter Herzog Odilo fertiggestellt)[240], auf Hucbert selbst, der auch Korbinian in Freising förderte, geht mit ziemlicher Sicherheit das Kloster Hugibertsmünster (später St. Andreas)[241] in Freising zurück. Es kann also nicht davon die Rede sein, daß die historisch greifbaren Klostergründungen im bayerischen Herzogtum erst mit denen Herzog Odilos beginnen. Freilich wird in seiner Regierungszeit der Boden unserer schriftlichen Quellen dichter.

Odilo selbst hat mehrere Klöster gegründet[242], deren bekannteste Niederaltaich und Mondsee sind. In einer jüngeren Randnotiz des Nekrologiums seiner Abtei Niederaltaich wird berichtet: Der Bayernherzog Odilo gründete sieben Klöster; in einem davon, Gengenbach in der Straßburger Diözese, ist er begraben. Nicht alle Klöster, die Odilo gegründet hat, lagen also in Bayern. Außer Gengenbach wird ihm zumindest auch die Initiative bei der Gründung des Klosters Luzern in der Schweiz zugesprochen. Aktiv mitgewirkt hat Odilo aber auch bei der Gründung des Klosters Eichstätt an der Altmühl. Die Vita Willibaldi[243] berichtet, daß Willibald, von Rom kommend, in Bayern zuerst Herzog Odilo aufgesucht habe, dann erst sei er mit Swidker, dem weltlichen Stifter Eichstätts, in Freising zusammengetroffen, das heißt an einer der wichtigsten bayerischen Herzogspfalzen, die erst ein Jahr vorher auch Stätte eines Bischofssitzes geworden war. Die dritte Beratungsstation war Linthart in Niederbayern, Zentrum einer der bedeutendsten Adelsfamilien Bayerns. Hier trafen Willibald und Swidker mit Bonifatius zusammen, der wohl schon beim Papst in Rom die Weichen gestellt hatte für die Missionstätigkeit Willibalds in Bayern. Wie Stefan Weinfurter dargelegt hat, wird aus diesen Quellenaussagen indirekt deutlich, daß Willibald »in Rom vom Papst genau instruiert worden sein muß über die Aufgaben, die ihn nördlich der Alpen erwarteten. Es muß schon in Rom klar gewesen sein, daß Suidger die Besitzungen in und um Eichstätt, die *regio Eihstat,* als Schenkung für sein Seelenheil zur Verfügung stellte, um damit ein Kloster zu gründen«[244]. Unter dieser Erwägung wird die Schlüsselrolle Herzog Odilos für die Eichstätter Klostergründung noch deutlicher. Wir haben es also mit einer längerfristigen Planung zu tun, in die wohl ein größerer Kreis von Personen miteinbezogen war und bei der der Herzog sicherlich nicht nur die Zustimmung zu geben hatte. Er war wohl geradezu ein Interessent dieses Gründungsplans, da der Ort Eichstätt an der Altmühl an der bayerischen Grenzzone zu Franken lag.

Seit der bayerischen Bistumsorganisation 739 haben die Bischöfe versucht, die Klöster in ihren kirchenherrlichen Griff zu bekommen – meist mit Erfolg –, bisweilen

---

240 HEUWIESER, Traditionen Passau nr. 33.
241 Anders DIEPOLDER, Freising 442ff.
242 JAHN, Ducatus 192–220.
243 Vita Willibaldi episcopi Eichstettensis, MGH.SS XV 86, 106; BAUCH, Biographien 80f; vgl. STÖRMER, Eine Adelsgruppe 49–59.
244 S. WEINFURTER, Der hl. Willibald und die Gründung des Bistums Eichstätt, in: Schönere Heimat 76 (1987) 77–82, hier 78. Vgl. DERS., Ecclesia 7ff.

auch Klöster gegründet. Seit dem Tod Herzog Odilos tritt zunehmend eine andere Gruppe als Klostergründer in den Vordergrund: der bayerische Adel[245]. Angesehene Adelsfamilien waren von nun an für einen Großteil von Klostergründungen verantwortlich. Ein neues christliches Selbstverständnis des Adels liegt dem zugrunde. Unter diesen Adelsgründungen ragt vor allem Tegernsee als wohl reichstes bayerisches Kloster hervor, dessen monastische Kulturleistungen schon in der Frühzeit bedeutend waren.

Im letzten Jahrzehnt wurde heftig gerungen, wer in Bayern die meisten Klöster errichtet habe, der Herzog oder der Adel[246]. Die Lösung liegt im Phänomen der bayerischen »Herzogs«- oder »Princeps«-Kirche[247]. Denn der Herzog hat sich seit etwa 700 »staatsrechtlich« zum Herrn über die bayerische Kirche aufgeschwungen. Dies gilt auch für die Klöster. Aus den Quellen läßt sich ermitteln, daß für fast jede Klostergründung im 8. Jahrhundert der herzogliche Konsens nötig war. Der Herzog tritt bisweilen auch als Wohltäter von Adels- und vor allem Bischofsklöstern auf.

Andererseits aber zeigt schon ein kurzer Blick auf den *Breviarius Urolfi* für Niederaltaich oder in die Mondseer Traditionen, daß die beträchtliche Grundausstattung der beiden vornehmsten Klöster Herzog Odilos zwar selbstverständlich vom Herzog stammt, daß aber diese Klöster noch in agilolfingischer Zeit in weitem Maß auch von der Adelsgefolgschaft des Herzogs ausgestattet wurden[248]. Bei den Kirchengründungsurkunden wird – soweit sie vorhanden sind – als Motiv der Stifter Frömmigkeit und Seelenheil angesprochen.

Hier kann die agilolfingerzeitliche Klosterlandschaft nur skizzenhaft umrissen werden[249]. Einige kurzlebige Klöster haben ohnehin nie ihren Niederschlag in den Quellen gefunden. Eine große Rolle spielten die Klöster an den Bischofssitzen. An der Donau entstanden außerdem Münchsmünster, Weltenburg, Wörth, Metten und Niederaltaich, am Lech bzw. unweit dieses Flusses Wessobrunn, Sandau, Thierhaupten, an der Isar Schäftlarn, Weihenstephan und Moosburg, am Inn Kufstein, Gars, Au, an der Altmühl Eichstätt und Solnhofen. Dazu kamen die vielen Seeklöster: Mondsee, Mattsee, Herren- und Frauenchiemsee, Schliersee, Tegernsee, Staffelsee und Kochel bzw. in den umliegenden Sumpfgebieten noch Benediktbeuern und Schlehdorf. All dies ist ein deutliches Zeichen dafür, wie wichtig die Nutzung des Fischreichtums für die langen Fasten- und Abstinenzzeiten der Mönche war. Bei einigen Klöstern fällt auch deren Grenznähe auf: Eichstätt, Chammünster, Kremsmünster, Innichen, wohl auch St. Florian und St. Pölten, ferner die schon erwähnten Klöster am Lech.

---

[245] STÖRMER, Eine Adelsgruppe 91ff, 121–164.
[246] HOLZFURTNER, Gründung und Gründungsüberlieferung.
[247] STÖRMER, Herzogskirche 115–142, bes. 127ff. Ähnlich JAHN, Ducatus 407ff.
[248] STÖRMER, Herzogskirche 137ff.
[249] Zu den folgenden Gründungen s. REINDEL, Grundlegung 204–226; PRINZ, Frühes Mönchtum im Frankenreich 342ff, 357ff, 365ff, 375ff, 417f, 425ff, 437f; E. ZWINK (Hg.), Frühes Mönchtum in Salzburg (= Salzburg-Diskussionen 4) 1983, 15ff, 109ff, 159ff, 175ff, 199ff. W. STÖRMER, Die bairischen Klöster der Agilolfingerzeit. Liste der Klöster, in: DANNHEIMER – DOPSCH 453–457; HOLZFURTNER, Gründung und Gründungsüberlieferung 175ff; JAHN, Ducatus 288ff, 402ff, 407–464.

Die vielen Klostergründungen konnten nur gedeihen, wenn genügend Menschen mit monastischen Zielen und christlicher Einsatzfreudigkeit zusammenwirkten. Im Falle Niederaltaich kamen 12 Mönche aus dem alamannischen Inselkloster Reichenau und brachten dessen Klosterkultur mit. Die spätere Hausüberlieferung der Abtei Mondsee behauptet, daß ihre ersten Mönche aus Montecassino gekommen seien. Der Eichstätter Klostergründer Willibald hatte zehn Jahre in diesem berühmten Benediktus-Kloster verbracht, bevor er nach Bayern kam.

Daß manche bayerischen Klöster der Agilolfingerzeit mit außerbayerischen Abteien regen Kontakt hatten, läßt sich nicht nur aus deren Bibliotheken erschließen. Die weltweiten monastischen, aber auch politischen Beziehungen zeigt am deutlichsten der *Liber vitae*, das sogenannte Verbrüderungsbuch des Klosters St. Peter zu Salzburg. Auch im Reichenauer Verbrüderungsbuch werden monastische Beziehungen mehrerer bayerischer Mönchsgemeinschaften sichtbar. Vor und besonders nach der bayerischen Synode von Dingolfing (um 770) sind bayerische Mönchslisten – Zeichen der Gebetsgemeinschaft – auf die Reichenau gekommen, namentlich die ältesten Listen von Mondsee, Mattsee, Chiemsee und Niederaltaich.

Das Bild der Schenkungen an die westbayerischen Klöster Benediktbeuern, Scharnitz-Schlehdorf und Schäftlarn, deren Quellenlage neben St. Peter in Salzburg relativ günstig ist, macht deutlich, daß diese jungen Klöster weitgehend mit Besitz an oder in der Nähe von alten Verkehrswegen, vornehmlich Römerstraßen, bedacht wurden. Daß sich trotzdem aus der Situation der klösterlichen Grundherrschaft als wichtiger Ernährungsbasis für die Klosterinsassen große organisatorische Probleme ergaben, versteht sich. Illustratives Beispiel für die offensichtlich vielschichtige und zielstrebige Nutzung von grundherrschaftlichen Ernährungsbasen ist das Inventar des Haupthofes des Klosters Staffelsee[250].

Die ältere Vorstellung, daß Bayerns Klosterlandschaft von Anfang an eine *terra benedictina* schlechthin war (R. Bauerreiß), ist inzwischen durch neue Beobachtungen erschüttert worden. Zwar ist in Niederaltaich eine benediktinische Observanz Pirminischer Prägung festzustellen, zwar finden sich im ältesten adeligen Nonnenkloster Rotthalmünster, in Eichstätt, Benediktbeuern und Schliersee deutliche Hinweise auf benediktinische Lebensform, aber in vielen Klöstern wird man mit einer lockeren Mischregel, die mehr den Kanonikern entspricht, zu rechnen haben, die sich vor allem in Salzburger Quellen deutlich niederschlägt. Bayerische Äbte und Mönche vermochten mit ihrer Mischregelobservanz persönlichen Besitz, ererbtes Eigentum und deren private Nutznießung durchaus zu vereinbaren (J. Semmler). Bayern hat beachtliche Zeugnisse frühmittelalterlicher Mönchskultur. Dies gilt nicht nur für die Ausstattung der Klosterkirche besonders im Staffelseer Inventarverzeichnis. Wesentlich deutlicher wird die Mönchskultur in den Klosterbibliotheken. Eine Reihe von Klöstern hatte nicht nur eine beachtliche Bibliothek, sondern auch eigene Schreibschulen. Auch hier mag das Staffelseer Inventarverzeichnis um 800 stellvertretend

---

250 K. ELMSHÄUSER, Untersuchungen zum Staffelseer Urbar, in: W. RÖSENER (Hg.), Strukturen der Grundherrschaft im frühen Mittelalter (= VöMPIG 92) 1989, 335–369.

für manches andere Kloster herangezogen werden. Es informiert uns nicht nur über Zahl und Inhalt der Bücher, sondern auch über Schreibgeräte.

7. Das Niederkirchenwesen

Im Gegensatz zu früheren Vorstellungen, die davon ausgingen, daß das Großpfarreiennetz am Anfang der Kirchenorganisation des 8. Jahrhunderts stehe, weiß man heute, daß die Entwicklung der Pfarreiorganisation unter Umständen recht langwierig war[251]. Deshalb ist es wissenschaftlich gefährlich, für das Frühmittelalter von »Urpfarreien« zu sprechen. Diesen eingebürgerten Begriff sollte man für diese Zeit nicht mehr verwenden. Das Eigenkirchenwesen spielt im 7./8. Jahrhundert allenthalben die entscheidende Rolle auf dem Lande[252]. Das bayerische Quellenmaterial des 8. und 9. Jahrhunderts bietet zahlreiche Quellen zum adeligen und bischöflichen Eigenkirchenwesen. Nicht von ungefähr hat sich daher Ulrich Stutz in seinen Arbeiten zum Eigenkirchenwesen[253] vornehmlich mit diesem Material beschäftigt. Als die Bistumsorganisation im frühen 8. Jahrhundert geschaffen wurde, existierte bereits eine Reihe von adeligen und herzoglichen Eigenkirchen, die teilweise in das 7. Jahrhundert zurückreichten.

Ein besonders signifikantes Beispiel für die innere Entwicklung des adligen Eigenkirchenwesens bietet die Eigenkirche Mühlthal-Epolding, die 760–764 in der Gründungsurkunde des Klosters Schäftlarn erwähnt wird[254]. Die Archäologen haben diese Kirche ergraben und erschlossen. Nach ihrem Zeugnis wurde die frühmittelalterliche Siedlung in der Nähe des Isarübergangs einer alten Fernstraße während der ersten Hälfte des 7. Jahrhunderts auf der Isarniederterrasse gegründet. Inmitten dieses Ortes fand sich eine ungewöhnlich tiefe Pfostengrube, in der einst ein mächtiger freistehender Pfahl verankert war, dessen Deutung Schwierigkeiten bereitet. Er scheint jedenfalls zu einem Zeitpunkt, als eine Kirche noch nicht existierte, errichtet worden zu sein[255]. In unmittelbarer Nähe dieses eigenartigen Pfahls, der vielleicht doch kultische Bedeutung hatte und möglicherweise als Ahnenpfahl zu deuten ist, entstand später die aus Steinen erbaute Kirche und um sie herum der christliche Friedhof IV. Der Bau muß nach Aussage Dannheimers im frühen 8. Jahrhundert errichtet worden sein. Wichtig erscheint, daß die Kirche über einem steinumstellten Männergrab erbaut wurde. Dannheimer deutet den Sachverhalt so, daß die christliche Kultstätte über dem Ahnengrab errichtet worden ist[256]. Die Mühlthaler Funde lassen

---

[251] Die Vorstellung der älteren Forschung bes. bei BAUERREISS, Kirchengeschichte Bayerns I 73. G. MAYR, Ebersberg – Gericht Schwaben (= HAB.A. 48) 1989, 52–57 weist für seinen Raum eindeutig nach, daß es »Urpfarreien« im 8./9. Jh. noch nicht gab; um 1000 zeigen sich hier erste Seelsorgebezirke.
[252] STÖRMER, Früher Adel 357–374.
[253] U. STUTZ, Das Eigenkirchenvermögen, in: Festschrift Otto Gierke zum 60. Geburtstag, 1911, 1187, 1268; DERS., Ausgewählte Kapitel der Eigenkirche und ihres Rechtes, in: ZSRG.K 26 (1937) 1–85.
[254] A. WEISSTHANNER, Die Traditionen des Klosters Schäftlarn, 1953, nr. 1; H. DANNHEIMER, Epolding-Mühltal (= Veröffentlichungen der Kommission zur archäologischen Erforschung des spätrömischen Raetien 7) 1968, 7ff, 26ff, 30ff, 133ff.
[255] Ebd. 76.
[256] Ebd. 77.

sich gut in H. E. Feines Theorie der Entstehung des Eigenkirchenwesens[257] eingliedern. Dannheimer erbrachte den ersten archäologischen Beweis zum Zusammenhang von Eigenkirche und Ahnengrab. Auffällig ist, daß das Ahnengrab unter der Kirchenmauer bereits völlig beigabenlos war wie die übrigen späteren Gräber des christlichen Friedhofs um die Kirche.

Da aus der Schäftlarner Klostergründungsurkunde hervorgeht, daß die Kirche Epolding-Mühlthal mindestens bereits von den Eltern Waltrichs, des Schäftlarner Stifters[258], errichtet wurde und zu seinem Erbgut gehörte, andererseits diese Eigenkirche nach archäologischer Datierung erst im frühen 8. Jahrhundert gebaut wurde, wird man den Gründer der Eigenkirche und offenbar auch den unter der Kirche Bestatteten als Vorfahren Waltrichs ansprechen müssen. Wahrscheinlich wurden bereits auf den älteren Mühlthaler Reihengräberfeldern Ahnen der Waltrichsippe bestattet.

Während im Falle Mühlthal die Eigenkirche offensichtlich über dem älteren Ahnengrab geschaffen wurde, bietet Bayern auch das einzigartige Beispiel einer schriftlichen Quellenbelegung dafür, daß ein Adeliger in seiner Eigenkirche begraben wurde. Zwischen 793 und 806 schenken die Brüder Liutfrid und Erchanfrid Wiesen in Esting (LK Fürstenfeldbruck) an die St. Laurentiuskirche zu Maisach (LK Fürstenfeldbruck)[259]. Sie nehmen die *traditio* vor zum Seelenheil ihres Vaters. Die Urkunde erklärt, weshalb sie gerade an die Laurentiuskirche in Maisach schenken: *quia in ipsa ecclesia corpus eius sepultus est patris nostri*. Die Namen vor allem des Anfangs- und Schlußzeugen lassen erkennen, daß die tradierenden Brüder und ihr in der Kirche bestatteter Vater einer hochangesehenen Adelsgruppe angehören.

Dieser Hinweis auf den bedeutenden Adel des Bestatteten ist deshalb so wichtig, weil die Synoden der Merowinger- und Karolingerzeit noch durchwegs die Bestattung zunächst von Toten allgemein, dann von Laien innerhalb der Kirchen verboten. Noch ein Kapitulare Karls des Großen beschränkte die Totenbestattung innerhalb von Kirchen auf geistliche Würdenträger[260].

Die Archäologen haben mehrere Adelseigenkirchen aus dem 7. Jahrhundert ergraben, so in Pfaffenhofen bei Innsbruck, wo im Kircheninneren drei Gräber festgestellt wurden, in Herrsching am Ammersee[261], wo die erste Kirche in einem Adelsfriedhof wohl vor der Mitte des 7. Jahrhunderts, die zweite Kirche, bereits aus Stein, wahrscheinlich in der ersten Hälfte des 8. Jahrhunderts erbaut wurde. Ähnlich scheint die zeitliche Situation in der St. Emmeramskirche zu Aschheim zu sein[262]; hier könnte es

---

257 FEINE, Kirchliche Rechtsgeschichte I 145–157.
258 Zu diesem W. STÖRMER, Die Bischöfe von Langres aus Alemannien und Bayern, in: Langres et ses Évêques VIII–XI siècles, ed. Societè Historique et Archéologique de Langres, 1986, 45–77, bes. 58ff. Vgl. G. DIEPOLDER, Schäftlarn: Nachlese in den Traditionen der Gründerzeit, in: J. EBERL u.a. (Hg.), Früh- und hochmittelalterlicher Adel in Schwaben und Bayern (= Regio 1) 1988, 161–188.
259 BITTERAUF, Traditionen Freising nr. 167.
260 F. STEIN, Adelsgräber des 8. Jahrhunderts in Deutschland I–II (= Germanische Denkmäler der Völkerwanderungszeit A IX) 1967, 172.
261 E. KELLER, Der frühmittelalterliche Adelsfriedhof mit Kirche von Herrsching am Ammersee, in: EBERL (wie Anm. 258) 9–22.
262 H. DANNHEIMER, Aschheim im frühen Mittelalter I (= MBVFG 32,1) 1988, 46ff, 114f, 120ff.

sich freilich um eine herzogliche Kirche gehandelt haben. In Regensburg-Harting entstand die Adelskirche in den Ruinen des römischen Bades[263], in Barbing-Kreuzhof die Kirche mit Friedhof bei einer adeligen *curtis*[264], in Staubing bei Weltenburg wurde ebenfalls eine signifikante frühe Adelskirche, umgeben von reichen Gräbern[265], gefunden.

Man wird also davon ausgehen dürfen, daß eine Reihe von angesehenen Herren und Familien längst vor der Bistumsorganisation ihre »Hauskirchen« gründeten, möglichst auf dem eigenen Hofe, und mit geistlichen Vertretern ihrer Familie versahen. Im ganzen 8. und 9. Jahrhundert ist dies noch Praxis[266], wie viele Traditionsurkunden der Bistümer und Klöster erweisen. Wie mehrere Urkunden deutlich machen, war es ein besonderes Verdienst zur Ehre Gottes, beim Bau der Kirche persönlich Hand anzulegen. In der Regel stattete der Erbauer und Stifter die Kirche auch mit einer kleinen Grundherrschaft aus. Besonders aus den Freisinger Quellen läßt sich Konkretes über adelige Eigenkirchen im Bereich des Niederkirchenwesens aussagen[267]. In den zahlreichen Eigenkirchengründungen der schwerttragenden Oberschicht manifestiert sich gleichsam ein neues adeliges Leitbild. Die aristokratischen Herren übertrugen ihre germanisch-vorchristlichen Vorstellungen auch auf ihre Eigenkirche. Nach den Bistumsgründungen beanspruchte der jeweilige Bischof seine geistlichen Rechte über diese Landkirchen. Damit nun dem kanonischen Recht Genüge getan wurde, tradierten die Stifter ihre Eigenkirchen an die Bischofskirche, doch scheint die Regel zu sein, daß wieder ein Vertreter der kirchengründenden Adelsfamilie diese als *beneficium* zurückerhält, so daß eine Art adeliges Hauspriestertum gegeben ist.

Die zweite Phase des bayerischen Niederkirchenwesens begann mit den Bistumsgründungen 739. Mit Sicherheit erhielten die einzelnen Bischofskirchen von den Agilolfingerherzögen eine Grundausstattung von Kirchen und dazugehörigen Landbesitz[268]. Diese nun bischöflichen Eigenkirchen, bisweilen auch *ecclesiae parochiales* oder *baptismales* genannt, bilden den Grundstock bischöflicher »Amtskirchenmacht« im Lande. Wenn von *ecclesia parochialis* die Rede ist, so heißt dies nicht Pfarrkirche. *Parochia* ist im 8./9. Jahrhundert grundsätzlich der Zuständigkeitsbereich der Bischöfe[269]. *Ecclesiae parochiales* sind die dem Bischof unterstehenden und von ihm besetzten Kirchen, sie sind bischöfliche Eigenkirchen im Gegensatz zu adeligen Ei-

---

[263] T. FISCHER – W. SAGE, Zum Anteil der Romanen und ihrer Kultur an der Stammesbildung der Bajuwaren, in: DANNHEIMER – DOPSCH 434.
[264] W. SAGE, in: DANNHEIMER – DOPSCH 436; ERBERTSEDER, Archäologische Zeugnisse 87, 117, 182.
[265] W. BACHRAN, in: DANNHEIMER – DOPSCH 437; ERBERTSEDER, Archäologische Zeugnisse 117.
[266] W. STÖRMER, Adelige Eigenkirchen, in: ZBLG 38 (1975) 1142–1158.
[267] STAHLEDER, Eigenkirchen, in: OA 104 (1979) 117–188; 105 (1980) 10ff, 67–69; STÖRMER, Früher Adel II 369ff.
[268] Nur für Bistum Salzburg bezeugt: LOŠEK, Salzburger Güterverzeichnisse 90. Diese Kirchen sind durch Barschalken zusammen mit Unfreien ausgestattet worden.
[269] STAHLEDER, Eigenkirchen 179.

genkirchen[270]. Die Priester dieser bischöflichen Kirchen heißen demgemäß *parochiani presbiteri*[271].

Die Zahl der bischöflichen Eigenkirchen war zweifellos nicht groß. Eine Ausnahme bildet nur das Bistum Salzburg. 68 Kirchen, die in den *Notitia Arnonis* genannt werden, stammen allesamt von Schenkungen der Herzöge und der Herzogsleute[272]. Unter den an Freising bis zum Jahr 811 geschenkten 164 Kirchen werden nur acht ausdrücklich als *ecclesiae parochiales* bezeichnet, wenn auch die Gesamtzahl offensichtlich größer ist. Zu diesen bischöflichen Amtskirchen gehören auch die Taufkirchen *(ecclesiae baptismales)*. Macht man die Probe, inwieweit diese bischöflichen Eigenkirchen später Pfarreien wurden, dann stellt sich heraus, daß von den 21 *ecclesiae parochiales* und *baptismales* weniger als ein Drittel 1315 in der bischöflichen Matrikel als Pfarrkirchen bezeichnet werden. Im Salzburger Bereich ist das Zahlenverhältnis etwas besser: Von den in den Salzburger Güterverzeichnissen der Zeit kurz vor 800 genannten *ecclesiae parochiales* sind in der frühen Neuzeit 36 Pfarrkirchen, also über die Hälfte, die anderen 32 sind in der Neuzeit Filialkirchen. Es gibt also nicht ohne weiteres eine Kontinuität von der frühmittelalterlichen *ecclesia parochialis* (= bischöfliche Eigenkirche) zur spätmittelalterlichen und neuzeitlichen Pfarrkirche.

In der geographischen Streuung der freisingischen Bischofseigenkirchen ist keinerlei Regelmäßigkeit festzustellen[273], im Falle des Bistums Salzburg liegt der Schwerpunkt an der westlichen Diözesangrenze am Inn[274]. Selten berichten Quellen, wie eine solche bischöfliche Eigenkirche ausgestattet war. Einen eindrucksvollen Einblick bietet jedoch das freilich erst 842 angefertigte Inventar der Freisinger Eigenkirche Bergkirchen bei Dachau[275]. Dieses karolingerzeitliche Dokument gibt nicht nur eine anschauliche Vorstellung von der Ausstattung des Kultraums einer Landkirche. Es zeigt ferner die beachtliche Ausstattung des zur Kirche gehörenden Herrenhofs. Mit der Bemerkung, daß neun Orte Zehntabgaben an diese Kirche zu leisten hatten, weist es auf erste Anfänge einer Pfarrorganisation. Wir wissen freilich nicht, ob dieses Inventar auch schon für das 8. Jahrhundert Gültigkeit hat. Daß aber schon bald nach der Bistumsgründung Ansätze zur Zusammenfassung von ehemals adeligen Eigenkirchen in »öffentliche«, das heißt wohl auch bischöfliche Kirchen versucht wurden, zeigt das Beispiel Vierkirchen-Biberbach. Hier wird aufgrund einer Urkunde um 800 deutlich, daß in einem kleinen Raum nicht weniger als drei Kirchen zur Zeit der Bis-

---

270  Ebd. 180.
271  BITTERAUF, Traditionen Freising nr. 197.
272  STAHLEDER, Eigenkirchen 182.
273  Ebd.
274  H. DOPSCH, Arnulf und Karl der Große, in: DERS., Geschichte Salzburgs I/1, 1981, 169ff. Lediglich im Isengau liegt eine Reihe von Salzburger Kirchen nördlich des Inns.
275  BITTERAUF, Traditionen Freising nr. 652; dazu W. STÖRMER, Frühmittelalterliche Grundherrschaft bayerischer Kirchen (8.–10. Jh.), in: W. RÖSENER (Hg.), Strukturen der Grundherrschaft im frühen Mittelalter (= VöMPIG 92) 1989, 386f.

tumsorganisation des hl. Bonifatius existiert haben[276]. Die Urkunde behauptet aber auch, daß bereits Bischof Joseph von Freising (748–764) diese drei Kirchen, die sich in einem grundherrschaftlichen Bereich befanden, zusammengelegt und aus dem Fundus dieses Niederkirchenbesitzes eine »öffentliche Kirche« gemacht habe. Seit Bischof Joseph – sagt die Urkunde – gehöre diese »öffentliche Kirche« St. Martin zu Biberbach dem Bistum Freising. Aber spätestens um 800 versuchte sich eine Adelssippe dieser Kirche zu bemächtigen und sie innerhalb ihrer Familie zu vererben – ein Indiz dafür, wo die Stifter der Kirche zu suchen sind. Auf dem Gerichtstag fand man einen Kompromiß: der Priester Rihperht, der jetzt vom Bischof mit der Kirche belehnt wurde, erweist sich als Angehöriger der Adelssippe.

Wie bereits sichtbar wurde, haben der Herzog und die Grundbesitzerschicht längst vor der Bistumsorganisation mit Kirchengründungen im Rahmen ihrer Grundherrschaft begonnen. Gerade in der Zeit Herzog Tassilos entstanden massenweise »private« adelige Eigenkirchen, vielfach inmitten oder am Rande der Adels*curtis*[277]. Wollten die Bischöfe ihr Bistum kircheneffizient ausbauen, mußten sie versuchen, diese adeligen beziehungsweise »privaten« Eigenkirchen in ihre Hand zu bekommen. Das Kirchenrecht bot dazu eine Handhabe, denn es erforderte die Weihe der Kirche durch den Bischof. Diese vor allem im Bistum Freising unter den Bischöfen Arbeo und Atto sichtbar zunehmende Übergabe von Eigenkirchen an die Bischofskirche anläßlich der Weihe war kein totaler Verzicht auf das Eigenkirchenrecht, sondern eher ein Kompromiß zwischen den verbindlichen kanonischen Vorschriften und dem Bischof einerseits und dem Eigenkirchenrecht des Gründers andererseits. Da man gegenseitig aufeinander angewiesen war, wurde formell bei der Weihe und Übergabe an die Domkirche das Recht des Bischofs anerkannt, den Geistlichen einzusetzen. In der Praxis freilich wurde ein naher Verwandter des Grundherrn, wenn nicht der Stifter selbst, angenommen, soweit er Geistlicher war. Aber die »privaten« Eigenkirchenherren bekamen gegen 800 sehr deutlich zu spüren, wie sich allmählich das Gewicht zugunsten des Bischofs verschob. Im 9. Jahrhundert hörten dann bald die adeligen Schenkungen an die Domkirchen auf[278].

War vorhin davon die Rede, daß unter den bis zum Jahre 811 an die Domkirche Freising gefallenen 164 Kirchen urkundlich nur 21 bischöfliche Eigenkirchen im engeren Sinne waren, so sind es nicht weniger als 139 adelige Eigenkirchen, die bis 811 an Freising tradiert wurden. Da diese Tradierungen aber vermutlich alle mit Klauseln versehen waren (in den Quellen werden sie manchmal überdeutlich), wird man diese Kirchen nach der Übergabe an Freising nicht ohne weiteres als *ecclesiae parochiales* bezeichnen dürfen. »Die an Freising tradierten Kirchen werden in fast allen Fällen ... vom Bischof an ein Mitglied der Familie des Tradenten als Lehen gegeben, oft an mehrere Mitglieder, nicht selten gleich an mehrere Generationen. Zumindest werden

---

[276] BITTERAUF, Traditionen Freising nr. 234a; dazu W. STÖRMER, Der Raum Vierkirchen im 8. und 9. Jahrhundert, in: Amperland 15 (1979) 442–447.
[277] STÖRMER, Früher Adel II 372f.
[278] Ebd. 374ff; zum Niederkirchenwesen der Diözese Passau s. jetzt HAIDER, Niederkirchenwesen 325–388.

§ 3. Festigung und Organisation der Kirche im 8. Jahrhundert (W. Störmer) 61

sie dann dem Tradenten selbst noch bis an sein Lebensende zur Nutznießung überlassen«[279]. Nach dem langen Ringen um die tatsächliche Herrschaft über die Niederkirchen wurden die einst adeligen Eigenkirchen im wesentlichen jenes Becken, aus dem die späteren Filialkirchen der Pfarreien stammten. Dies gilt jedenfalls für das quellenmäßig bestbezeugte Bistum Freising[280]. Eine konkrete Vorstellung von den Niederkirchenverhältnissen des 8./9. Jahrhunderts bietet eine Untersuchung des Altlandkreises Ebersberg. Hier stammten etwa 42 von 65 Schenkungen an die Domkirche Freising aus geistlicher Hand oder gemeinschaftlich von Geistlichen und Laien. Diese Geistlichen wurden mit nur einer Ausnahme als Priester und Diakone, also als Weltgeistliche, bezeichnet. Insgesamt wurden 13 verschiedene Kirchen geschenkt. In acht dieser 13 Kirchenschenkungen blieb die Kirche in den Händen der Tradenten oder ihrer geistlichen Verwandten, teilweise ausdrücklich als *beneficium*. Neben den genuin religiösen Motiven vieler Geistlicher in dieser Grundbesitzerschicht spielte bei den Kirchenschenkungen offensichtlich der Wunsch eine Rolle, »den Anschluß an die Bischofskirche als geistliche Institution und Großgrundeigentümer zu gewinnen«[281].

Die bayerischen Synoden der zweiten Hälfte des 8. Jahrhunderts unterstützten die Bischöfe in der Einforderung ihrer kanonischen Rechte. Nach den Beschlüssen der 771 tagenden Synode von Neuching unterstellten die Äbte Bayerns den Bischöfen die Gewalt über *tituli populares*, also wohl Laienkirchen des Adels, dafür räumten die Bischöfe aber den Äbten ein, die *cura caritatis* auszuüben[282]. Hier also ein deutlicher Kompromiß gegenüber den Klöstern. In den ersten Jahren nach 800 versuchten aber die Bischöfe endlich das öffentliche Seelsorgerecht der Klöster zu beschneiden, wenn nicht gar zu beseitigen. 804 sollte auf einem großen Gerichtstag in Tegernsee, unter Vorsitz des Erzbischofs Arn von Salzburg, der Bischöfe Atto von Freising, Oadalhard und Hiltiger, zweier Äbte und des kaiserlichen Capellans über den Besitz einer größeren Anzahl sogenannter *ecclesiae baptismales*, die bisher in der Hand des Klosters Tegernsee waren, entschieden werden[283]. Der Bischof von Freising, der schon zwischen 788 und 796 auf einer Versammlung bayerischer Bischöfe und Äbte in der Sache der Tegernseer Seelsorgekirchen vorstellig geworden war und vom Tegernseer Abt das formelle Versprechen zur Auslieferung der Kirchen erreicht hatte (aber nicht die Auslieferung selbst), beschuldigte nun das Kloster Tegernsee, sich dieser Kirchen seit langem unrechtmäßig bemächtigt zu haben. Er bestand auf der Herausgabe, setzte auch durch, daß das Kloster die *ecclesiae baptismales* (das heißt wohl nicht speziell Taufkirchen, sondern Kirchen, in denen Tegernsee das Taufrecht und sicher entsprechend das Sepulturrecht exerzierte) treuhandweise dem Bistum überantwortete. Die gemachten Vorbehalte zeigen aber, daß dies aus verfahrens-

---
[279] STAHLEDER, Eigenkirchen 183.
[280] Ebd. 184ff.
[281] H. LEHMANN, Untersuchungen zur Sozialstruktur im Gebiet des bayerischen Landkreises Ebersberg während des 8. und 9. Jahrhunderts, Diss. Phil. Humboldt-Univ. Berlin 1965, 223.
[282] AY, Dokumente Altbayern I/1 nr. 66; JAHN, Ducatus 476.
[283] BITTERAUF, Traditionen Freising nr. 197.

technischen Gründen geschah und nicht als eine grundsätzliche Anerkennung der bischöflichen Ansprüche gelten kann. In der – vielleicht gar nicht vollständigen – Reklamationsliste von 804 werden allein 16 Tegernseer Kirchen aufgeführt; sie zeigt die auffallend große Ausstattung eines Klosters, das bereits auf dem Wege zum Königskloster war. Es liegt die Vermutung nahe, daß der Streit vor allem um die Art der Pastoralbesetzung an den klösterlichen Eigenkirchen geführt wurde. Hier entschied sich, ob die Diözesangewalt zur Geltung gebracht werden konnte. Gelang es den klösterlichen Eigenkirchenherren, den Bischöfen eigene Kandidaten zu präsentieren und durchzusetzen, war ihr Einfluß bis auf weiteres sichergestellt.

8. Bayerische Mission im Osten

Mission im Osten heißt im frühmittelalterlichen Bayern in erster Linie Slawenmission. In den östlichen Zentralalpen existierte ein organisiertes Christentum über die Römerzeit hinaus bis kurz vor 600, als die Slawen, durch die Awaren bedroht, nach Westen rückten und dabei alle kärntnischen (binnennorischen) Bistümer bis einschließlich Agunt bei Lienz zerstörten[284]. Wenige Jahrzehnte später versuchte bereits der hl. Amandus aus dem Kreis der Mönche um Luxeuil die Alpenslawen zu missionieren[285]. Konkretes ist davon nicht bekannt. Ob der hl. Rupert, der zuerst in Lauriacum an der Enns Station machte, ursprünglich auch Slawenmissionierung plante, bleibt zweifelhaft. Auch der hl. Emmeram wollte um 700 von der Enns aus missionieren, nicht die Slawen, sondern die Awaren, wie Arbeo berichtet[286]. Herzog Theodo habe dies aber nachdrücklich untersagt, da er mit den Awaren im Streit liege.

Bei der Ostmission muß also immer auch der politische Rahmen bedacht werden. Herrschaftsunabhängige Mission war hier schwer vorstellbar. Im Laufe des 8. Jahrhunderts wurden bayerischerseits einzelne Vorstöße längs der Donau in Gebiete östlich der Enns unternommen; mit kirchlichen Spuren ist vor allem im Traisengebiet zu rechnen[287]. St. Pölten, das einzige frühmittelalterliche Kloster östlich der Enns, könnte in seinen Anfängen noch auf die späte Agilolfingerzeit zurückgehen. Ob die Maximilianszelle im heutigen Bischofshofen im Pongau, die um 740 von »benachbarten Slawen« zerstört und um 743 wiederhergestellt wurde[288], auch Aufgaben der Slawenmission im Nachbarraum wahrnahm, läßt sich schwer sagen. Jedenfalls war sie ein vorgeschobener Posten christlicher Religiosität.

Von größerem Ausmaß war die Karantanenmission des 8. Jahrhunderts, die sich auf die Kerngebiete des alten Binnennorikums erstreckte[289]. Die sogenannte Salzburger Slawenmission in Karantanien (Kärnten) wird lediglich aus einer Quelle ersicht-

---

[284] ZEISS, Quellensammlung nrr. 14–16.
[285] S. oben 18.
[286] BISCHOFF, Arbeo von Freising 13.
[287] A. MOSSER, Salzburg und das Königsgut an der Traisen, in: MIÖG 77 (1969) 262ff.
[288] Brev. Notitiae cap. 8,2: LOŠEK, Salzburger Güterverzeichnisse 112f.
[289] H.-D. KAHL, Zur Rolle der Iren im östlichen Vorfeld des agilolfingischen und frühkarolingischen Baiern, in: H. LÖWE (Hg.), Die Iren und Europa im früheren Mittelalter I, 1982, 375–398; WOLFRAM, Zeit der Agilolfinger 145ff.

lich, der in der zweiten Hälfte des 9. Jahrhunderts verfaßten *Conversio Bagoariorum et Carantanorum*, einem aus diözesanpolitischen Gründen verfaßten »Weißbuch« der Salzburger Kirche über die erfolgreiche Mission in Karantanien und Pannonien[290], einer Quelle, die nicht unumstritten ist[291]. Die *Conversio* beginnt im wesentlichen mit Bischof Virgil von Salzburg und Herzog Odilo und stellt primär die Leistungen des Salzburger Oberhirten heraus. Voraussetzung für die Karantanenmission war die politische Unterordnung dieses Landes. Als die slawischen Karantanen um 740 von den Awaren angegriffen wurden, bat ihr Stammesfürst Boruth den Bayernherzog Odilo um Hilfe. Nach dem gemeinsamen Sieg konnte Odilo zunächst eine Art Schutzherrschaft über die Karantanen ausüben, die durch karantanische Geiseln abgesichert wurde[292]. Unter ihnen befand sich Cacatius, der Sohn des Karantanenfürsten, »den sein Vater nach Christenart zu erziehen und zum Christen zu machen bat. Das gleiche forderte er auch für Cheitmar, den Sohn seines Bruders«[293]. Nach dem Tode Boruths wurde der christianisierte Cacatius den Karantanen als Nachfolger übergeben, starb aber drei Jahre später. Mit Erlaubnis »König« Pippins wurde ihnen nun auch der christianisierte Cheitmar zurückgegeben. Es scheint, daß Cheitmar, vielleicht auch schon Cacatius, auf der Insel Chiemsee, das heißt im Kloster Herrenchiemsee in Geiselhaft war und christlich erzogen wurde. Denn der Priester Lupo, der dem neuen Fürsten nun auch seinen Neffen Maioranus mitgab, war »auf der Insel Chiemsee eingesetzt«[294]. Nach der *Conversio* war Maioranus streng dem Bischofssitz Salzburg untergeordnet.

Später – es fehlt die Datierung – schickte Bischof Virgil (also mindestens nach 755) seinen (Weih-)Bischof Modestus mit einer Reihe von Geistlichen nach Kärnten und gab ihm die Erlaubnis, Kirchen zu weihen und Geistliche einzusetzen. Unter dem Personenkreis, der am Christianisierungswerk des Südostalpenraums tätig war, wird besonders der Chorbischof Modestus, angeblich irischer Abstammung, hervorgehoben. Er knüpfte an die Zentren des römischen Binnennorikums an. In Maria Saal (Virunum), St. Peter im Holz (Teurnia) und einem nicht identifizierbaren Ort entstanden die ersten Missionskirchen. Modestus verließ das Missionsland nicht mehr und ist in Maria Saal begraben.

Offenbar nach seinem Tode und im Zusammenhang mit der Politik Herzog Tassilos III. kam es zu zwei heidnischen Aufständen, worauf Tassilo 772 die Karantanen besiegte. Daraufhin bat der neue Karantanenherzog Waltunk Bischof Virgil um neue Missionspriester. Seither wurde die Christianisierung Kärntens und auch seine politische Angliederung an Bayern nicht mehr in Frage gestellt[295].

Der letzte Agilolfingerherzog Tassilo III. forcierte die Slawenmission durch persönliche Initiative in anderen Regionen durch Errichtung neuer Klöster. 769 gründete

---

[290] WOLFRAM, Conversio Bagoariorum 34 passim.
[291] KAHL (wie Anm. 289) 383f, 390, 394f, 397f.
[292] WOLFRAM, Conversio Bagoariorum 42.
[293] Ebd. 43.
[294] Ebd. Vgl. JAHN, Ducatus 144ff.
[295] WOLFRAM, Zeit der Agilolfinger 146f.

er bei seiner Rückkehr vom langobardischen Königshof gemeinsam mit den bayerischen Großen das Kloster Innichen im Pustertal. Die Gründungsurkunde nennt auch den Zweck: »wegen des ungläubigen Volkes der Slawen, damit es auf den Weg der Wahrheit geführt werde«[296]. Auch Innichens Missionsaufgabe war nach dem Osten in Richtung Osttirol und Kärnten gerichtet. 777 gründete er in einem anderen bayerisch-slawischen Grenzsaum das Kloster Kremsmünster in Oberösterreich, dem er als Abt seinen eigenen Kapellan Fater gab[297]. Schon zur Gründungsausstattung gehörte eine Slawendekanie. Es scheint, daß Kremsmünster ein Missions- und gleichzeitig Verkehrsstützpunkt in Richtung Pyhrnpaß werden sollte.

Zählt man hinzu, daß offenbar bereits Herzog Odilo die *cella* Chammünster[298] an einem wichtigen böhmischen Einfallstor und Grenzsaum zu den slawischen Siedlungsgebieten errichtet hat, die mitsamt ihrer Mark von Herzog Tassilo dem Kloster St. Emmeram übergeben wurde, dann läßt sich ermessen, daß Missionsbestrebungen in der ganzen Breite der bayerischen Ostgrenze von Norden bis Süden im 8. Jahrhundert im Gange waren.

## b) Schwaben

### 1. Alemannien unter karolingischem Druck

Die erste erhaltene Schenkungsurkunde des Klosters St. Gallen, um 707 ausgestellt, stammt vom Alemannenherzog Gottfried[299], der eine ähnlich lange Regierungszeit wie der Bayernherzog Theodo aufzuweisen hat. Gottfried gilt als markante Gestalt alemannischer Selbständigkeitsbestrebungen; an seinem Lebensende teilte er seinen Dukat unter seine Söhne gleich einem König, wie es auch von seinem zeitgenössischen Nachbarherzog Theodo belegt ist. Gottfrieds Urenkelin Hildegard wurde später mit Karl dem Großen vermählt; sie ist die Mutter Kaiser Ludwigs des Frommen. Odilo, offensichtlich Gottfrieds Sohn, wurde bayerischer Herzog und als solcher der weltliche Organisator der bayerischen Bistümer.

Es scheint, daß sein anderer Sohn Lantfrid[300] in Alemannien zunächst nur ein Teilherzogtum erhalten hat, denn 709–721 wird Williheri als alemannischer *dux* genannt, und zwar im Bereich der Ortenau. Als solcher ist Williheri 709, 710, 711 und 721 den Angriffen des Hausmeiers ausgesetzt.

Da Lantfrid der Erneuerer des alemannischen Gesetzes und Redaktor der *Lex Alamannorum Lantfridana* (wohl um 724/725) war, ist naheliegend, daß er inzwischen Herzog Gesamtalemanniens geworden war. Dabei ist freilich noch offen, ob der Raum Bayerisch-Schwaben östlich der Iller zum Herzogtum Lantfrids gehörte. Wäh-

---

[296] BITTERAUF, Traditionen Freising nr. 34.
[297] S. HAIDER (Red.), Die Anfänge des Klosters Kremsmünster (= Mitteilungen des oberösterreichischen Landesarchivs Erg.bd. 2) 1978, 49f, 51ff, 74ff, 111ff.
[298] WIDEMANN, Traditionen Regensburg nr. 16; JAHN, Ducatus 216f.
[299] BEHR, Alemannisches Herzogtum 175–181; T. ZOTZ, Gottfrid, in: LdMA 4 (1989) 1596f.
[300] DIRLMEIER – SPRIGADE, Quellen Alamannen III 16, 77, 83, IV 25–33, 60, 61, V 26; BEHR, Alemannisches Herzogtum 186ff; W. STÖRMER, Lantfrid, in: NDB 13 (1982) 621ff.

### § 3. Festigung und Organisation der Kirche im 8. Jahrhundert (W. Störmer)

rend Lantfrid in seiner *Lex Alamannorum* 21 Paragraphen zum Schutze der Kirchen aufnahm[301], trat er selbst nicht als Wohltäter von Klöstern und Bistümern auf. Im Zentrum des alemannischen Herzogtums gründete vermutlich der Hausmeier Karl Martell das Kloster Reichenau und stattete es 724 mit Orten aus dem Fiskus Bodman aus, das heißt aus dem Komplex einer Herzogspfalz, der wohl vorher konfisziert worden war. Karl Martell setzte gleichzeitig Pirmin als Abt der Reichenau ein[302], den aber bereits 727 Herzog Lantfrid oder sein Bruder Theudebald von der Reichenau vertrieb und Heddo, den späteren Bischof von Straßburg und Förderer des bayerischen Herzogsklosters Niederaltaich, einsetzte[303].

Auffallenderweise hört man in dieser Zeit vom Bistum Konstanz nichts. Es scheint, daß sich der Bischof aus den politischen Spannungen heraushalten wollte. Lantfrid hatte die neue Lex mit der offiziellen Anbindung an das merowingische Königtum offensichtlich als Schutz gegen den Zugriff der karolingischen Hausmeier gedacht. Indes scheint sie zu mehr oder weniger permanenten kriegerischen Aktionen Karl Martells gegen Alemannien den Vorwand gegeben zu haben. 709–712, 721, 725, 727, wohl auch 728 und schließlich 730 kämpften die Hausmeier gegen die Alemannenherzöge Williheri und Lantfrid. Lantfrid starb 730, wohl beim letzten Angriff Karl Martells. Die zahlreichen Angriffe zeigen den anhaltenden Konflikt zwischen Lantfrid und den fränkischen Hausmeiern, sie zeigen aber auch den erbitterten Widerstand der Alemannen, der selbst nach dem Tode Lantfrids noch nicht gebrochen werden konnte.

Unter seinem Nachfolger, seinem Bruder Theudebald, scheinen die Konflikte mit den Hausmeiern eskaliert zu sein. In diesem Zusammenhang verbannte er den wohl eher ausgleichenden Abt Heddo 732 von der Reichenau nach Uri, bis Karl Martell ihn 734 zum Bischof von Straßburg erhob[304]. 743 kämpfte Theudebald gemeinsam mit dem Bayernherzog, seinem Bruder Odilo, gegen die beiden Hausmeier; für beide freilich ein Desaster[305]. Nach einem kurzen Intermezzo fand auf einer fränkischen Gerichtsversammlung in Cannstadt bei Stuttgart 746 das alemannische Herzogtum sein Ende; der Herzog selbst scheint mit anderen seiner führenden Anhänger hingerichtet worden zu sein[306]. Jetzt erst war wohl der Weg frei geworden für eine ruhigere kirchliche Planung, die aber stark von den karolingischen Hausmeiern beeinflußt wurde[307].

---

[301] SCHOTT, Lex Alamannorum 72ff.
[302] BEHR, Alemannisches Herzogtum 181f; A. ANGENENDT, Pirmin und Bonifatius, in: Mönchtum, Episkopat und Adel zur Gründungszeit des Klosters Reichenau, hg. v. A. BORST (= VoF 20) 1974, 251–304; J. SEMMLER, Pirmin, in: LdMa 6 (1993) 2175f.
[303] BEHR, Alemannisches Herzogtum 188f.
[304] H. SCHNYDER, Heddo, Abt der Reichenau und Bischof von Straßburg (-727–762-), in: Historisches Neujahrsblatt Uri NF 37/38 (1982/83) 19–50.
[305] DIRLMEIER – SPRIGADE, Quellen Alamannen III 84f; AY, Dokumente Altbayern I/1 nr. 52; ZEISS, Quellensammlung nr. 51.
[306] BEHR, Alemannisches Herzogtum 198.
[307] DIRLMEIER – SPRIGADE, Quellen Alamannen V 26–28.

## 2. Das Bistum Augsburg

Das Bistum Augsburg ist im 8. Jahrhundert in einem eigenartigen Schwebezustand, dessen Ursachen wohl in nicht konkret bekannten Konflikten lagen. Der erste historisch faßbare Bischof in der sich auf antike Ursprünge berufenden Bischofsliste ist Wiggo/Wicterp[308]. Er wirkte jedoch nicht in Augsburg, sondern in Epfach am Lech, vielleicht auch im bayerischen Neuburg/Donau. Auch sein Nachfolger wird nie in Augsburg faßbar. Beide, Wicterp und Tozzo, werden aber in der Bistumstradition als Augsburger Diözesanbischöfe gesehen. Die *Translatio S. Magni* berichtet, daß noch in der Zeit Karls des Großen sowohl die *civitas* Augsburg als auch das Kloster der hl. Afra verwüstet waren[309]. Wenn die Ursache nicht ein Stadtbrand war, wäre an die Folgen des Angriffs der Hausmeier auf Bayern 743 am Lech zu denken.

Daß das Bistum Augsburg bereits vor 739, das heißt vor der bonifatianischen Kirchenorganisation in Bayern, existierte, wird in der Regel mit dem Schreiben des Papstes von etwa 738 begründet, das an die Bischöfe Wiggo (von Augsburg?), Liudo (wohl von Salzburg), Vivilo (von Passau) und Adda (wohl Heddo/Eddo von Straßburg) gerichtet war, in dem sie aufgefordert werden, mit Bonifatius zusammenzuarbeiten, keine falschen Priester zu dulden und zu einer Synode zu kommen, die an der Donau (Neuburg?) oder in der *civitas* Augsburg stattfinden solle[310]. In römischer Vorstellung ist die *civitas* eine Bischofsstadt. Ob die Synode in Augsburg oder sonstwo stattfand, ist nicht belegt.

Eine Quelle des 11. Jahrhunderts berichtet, daß die Diözese Augsburg bei der Errichtung des Bistums Eichstätt den Bereich des Sualafelds verlor zu dessen Gunsten[311]. Berücksichtigt man, daß die Entstehung des Bistums Eichstätt ein langwieriger Prozeß war, der in den fünfziger Jahren eine Stabilisierung, letztendlich aber seinen Abschluß erst beim Tode Willibalds (ca. 787) fand[312], dann wird wahrscheinlich, daß diese Diözesangrenzregulierung erst nach der Schaffung der Kirchenprovinz Salzburg 798 stattfand, eben zu der Zeit, in der auch das Bistum Neuburg juristisch aufgelöst und dem Bistum Augsburg wieder zugeschlagen wurde. Stimmt diese Nachricht, dann ist wahrscheinlich, daß der Raum Feuchtwangen, der bis heute zur Diözese Augsburg zählt, bereits im 8. Jahrhundert dazugehörte. Während die Nordzone der Diözese Augsburg heute wie ein schmaler Streifen wirkt, war diese vor 800 offensichtlich wesentlich breiter.

### Bischofsreihe

Der in dem Papstbrief angesprochene Wiggo ist offenbar identisch mit dem »Augsburger« Bischof Wicterp. Laut Benediktbeuerer Überlieferung (11. Jahrhundert) soll Bonifatius in Anwesenheit des Bischofs Wicterp von Augsburg das Kloster Bene-

---

[308] LAYER, Landnahme 819; VOLKERT, Regesten Augsburg I nr. 1.
[309] K. SCHMID, Bischof Wikterp 133f.
[310] FRIED – LENGLE nr. 43.
[311] VOLKERT, Regesten Augsburg I nr. 6.
[312] S. unten 77f.

§ 3. Festigung und Organisation der Kirche im 8. Jahrhundert (W. Störmer)

diktbeuern gegründet haben[313]. Stimmt diese Formulierung in der verfälschten Urkundennotiz, dann gehörte der Südwesten Bayerns nicht zum Bistum Neuburg, sondern zu Augsburg[314].

Über Wicterp sind wir vorwiegend aus der Vita des hl. Magnus informiert. Auf Wicterps Wunsch brachte sein Priester Tozzo den St. Galler Mönch Magnus nach Epfach am Lech, wo der Bischof – wohl auf seinem Eigengut – »residierte«; dort wurde die Gründung der Zelle Füssen besprochen, ebenso die Errichtung des Klosters Kempten[315]. Während Wicterps Episkopat soll die Domkirche Landschenkungen von König Pippin erhalten haben, doch ist dies fraglich; glaubhafter ist die Landschenkung Pippins am oberen Lech an das junge Kloster Füssen[316]. Die Schrumpfung des Bistums Augsburg im bayerischen Raum durch Errichtung des Bistums Neuburg muß ebenfalls in der Sedenzzeit Wicterps erfolgt sein.

Nach dem Tode Wicterps wurde sein Mitarbeiter Tozzo[317] (772?-778?) Augsburger Bischof. Über ihn berichtet nur die *Vita S. Magni*, und zwar mehr über seine vorbischöfliche Zeit. Als Bischof habe er den hl. Magnus in Füssen begraben[318].

Auch bei der Frage nach der Sedenzzeit von Tozzos Nachfolger Sintpert (778?-807?) sind wir auf Nachrichten aus der Vita des hl. Magnus angewiesen. In der *Translatio S. Magni*[319] wird ausgesagt, Sintpert habe fast 30 Jahre lang das Bistum Augsburg innegehabt. Er wurde von Karl dem Großen mit dem Wiederaufbau seines Bistums betraut, das vorher stark unter den Auseinandersetzungen im fränkisch-(schwäbisch)-bayerischen Grenzgebiet gelitten hatte[320]. Ob dieser Augsburger Bischof mit dem gleichnamigen Regensburger Bischof, der 791 im Awarenkrieg fiel, verwandt war, läßt sich nicht ermitteln.

Sintpert wurde auch Bischof von Neuburg[321]. Die Frage ist, wann dies geschah. Da der Neuburger Bischof Odalhart 784 noch selbständig amtierte[322], ab spätestens 789 aber nur noch gemeinsam mit dem Freisinger Bischof[323], wird man annehmen dürfen, daß um 787/788, dem Sturz Tassilos, das Bistum Neuburg dem Bischof Sintpert übertragen wurde, bis es schließlich nach der Schaffung des bayerischen Metropolitanverbandes überhaupt Augsburg zugeschlagen wurde. Sintpert muß daran maßgeblich beteiligt gewesen sein. In seine Bischofszeit fiel wohl auch die Abtretung des Sualafelds an das Bistum Eichstätt[324]. Wahrscheinlich erhielt Sintpert 787 die erledigte Abtei Murbach im Elsaß[325]. 793 jedoch wurde diese bereits dem Eichstätter Bi-

---

313 VOLKERT, Regesten Augsburg I nr. 2
314 Ebd. nr. 3.
315 RUMP, Füssen 29ff; BLICKLE, Kempten 11ff.
316 RUMP, Füssen 58ff.
317 Zu Tozzo VOLKERT, Regesten Augsburg I nr. 9; RUMP, Füssen 44.
318 VOLKERT, Regesten Augsburg I nr. 10.
319 MGH.SS IV 425.
320 K. SCHMID, Bischof Wikterp 136f; FRIED, Bischof Simpert (wie Anm. 217) 181ff.
321 FRIED, Bischof Simpert (wie Anm. 217) 181ff.
322 BITTERAUF, Traditionen Freising nr. 118.
323 Ebd. nrr. 125, 197, 258, 373.
324 VOLKERT, Regesten Augsburg I nr. 6.
325 Ebd. nr. 10.

schof Gerhoh übertragen[326]. Sintpert, der auch als Königsbote tätig war, bestätigt als Neuburger, also bayerischer Bischof, noch die Erhebung Bischof Arns von Salzburg zum Erzbischof[327], dann wurde wohl Neuburg offiziell zugunsten Augsburgs aufgelöst. Man darf diesen einschneidenden Akt auch in politischer Hinsicht nicht unterbewerten. Sintpert darf in mancher Hinsicht als der Stabilisator, ja Schöpfer des neustrukturierten Bistums Augsburg betrachtet werden.

### 3. Die Klöster

Die frühe Klosterentwicklung in Alemannien setzte nicht in Bayerisch-Schwaben ein, sondern im Bodenseeraum und westlich davon. Das Kloster Säckingen, um die Mitte des 7. Jahrhunderts auf einer Insel im Hochrhein vom hl. Fridolin gegründet[328], darf den Ruhm beanspruchen, das älteste Kloster im Raum Alemanniens zu sein. Da Säckingen seinen Besitz im wesentlichen in jener Zeit gewann, bevor St. Gallen Fuß fassen konnte, fällt seine Blüte offensichtlich in die zweite Hälfte des 7. Jahrhunderts. St. Gallen entstand 719/720 an der Stelle der Einsiedelei des hl. Gallus im Steinachtal, gegründet vom hl. Otmar, dem gleichzeitig ersten Abt des Klosters, der das Eremitentum durch bewußtes Cönobitentum ersetzte. 747/748 wurde es in ein Benediktinerkloster umgewandelt. Mit Abt Otmar[329] begann der beispiellose monastische, geistige und wirtschaftliche Aufschwung. Ein Einbau in den Dienst der fränkischen Herrschaft stieß aber bald und gerade in St. Gallen auf hartnäckigen Widerstand. St. Gallen entwickelte sich in der ersten Hälfte des 8. Jahrhunderts zum Sammelpunkt des Widerstands gegen die Hausmeier. Die Traditionsurkunden des Klosters zeigen, daß die enorme Besitzvermehrung, die weit nach Bayerisch-Schwaben reichte, vor allem donauabwärts, aber kaum über die Iller, ohne die Unterstützung der karolingischen Hausmeier und Könige vonstatten ging. Bis 759 fehlen Karolingerschenkungen völlig. Vorwiegend alemannische Adelsgruppen, vorab die Beata-Familie, haben das Kloster in großzügiger Weise dotiert, zum Teil wohl auch, um ihren Eigenbesitz vor dem Zugriff der Karolinger zu retten[330]. Die größte Besitzkonzentration St. Gallens findet sich im klosternahen Gebiet des Thur- und Zürichgaus. Besitzhäufungen zeigen sich ferner im Breisgau und an der Donau um Marchthal, von der Schussenmündung in den Bodensee bis ins Allgäu[331]. Bis zum Tode Karls des Großen sind insgesamt 211 Schenkungsurkunden überliefert, Zeichen der großen Verehrung für das Galluskloster. Man darf die Leistungen St. Gallens freilich nicht nur durch die grundherrschaftliche Brille betrachten. Die Gründung der

---

[326] HEIDINGSFELDER, Regesten nr. 28.
[327] VOLKERT, Regesten Augsburg I nr. 14.
[328] DIRLMEIER – SPRIGADE, Quellen Alamannen IV 48–56.
[329] J. DUFT, Sankt Otmar, die Quellen zu seinem Leben (= Bibliotheka Sangallensis 4) 1959.
[330] R. SPRANDEL, Das Kloster St. Gallen in der Verfassung des karolingischen Reiches (= Forschungen zur oberrheinischen Landesgeschichte 7) 1958; H. SCHNYDER, Die Gründung des Klosters Luzern I–II (= Historische Schriften der Universität Freiburg/Schweiz V/1–2) 1978, 155ff; OTT, Lindau 29ff.
[331] J. KERKHOFF – G. F. NÜSKE, Besitz der karolingischen Reichsabteien um 900. Beiwort zur Karte VIII/2, in: Historischer Atlas von Baden-Württemberg, 1988, 16ff.

Klöster Kempten und Füssen ist zum guten Teil ein Werk St. Galler Mönche. Auffällig sind darüber hinaus eine beträchtliche Zahl von Galluspatrozinien im Umkreis von Augsburg[332].

Während St. Gallens Anfänge relativ einsichtig und klar sind, werden die Anfänge des Klosters Reichenau strittiger denn je. Das 724 gegründete Kloster war nach Friedrich Prinz[333] ein alemannisches Herzogskloster. 727 schon wurde Abt Pirmin von der Reichenau vertrieben. Die Frühgeschichte des Klosters Reichenau weist eine Reihe von Brüchen auf. Wie St. Gallen wurde auch die Reichenau dem Bistum Konstanz untergeordnet. Die Spannungen zwischen Kloster und Diözesanbischof sind in den beiden reichen Klöstern um den Bodensee erheblich.

Im Gegensatz zu St. Gallen ist die urkundliche Überlieferung des Inselklosters Reichenau weitgehend verschüttet. Der Grundbesitz ist räumlich ähnlich im alemannischen Raum verteilt wie jener St. Gallens. Östlich der Iller fehlt er völlig. Nur um Ulm und Neu-Ulm findet sich ein größerer Reichenauer Komplex, der aber erst der Spätzeit Karls des Großen entstammte[334]. Wenn wir von Klostergründungen aus dem 7. Jahrhundert westlich des Bodensees absehen, wird in Alemannien um 740 die Initiative zu Klostergründungen sehr stark. War Reichenau bereits 724 gegründet worden, so entstanden jetzt in Bayerisch-Schwaben Füssen und Kempten, in Bayern Benediktbeuern, Niederaltaich, Mondsee und im bayerisch-schwäbisch-fränkischen Grenzgebiet Eichstätt. Man muß sich vergegenwärtigen, daß dies gleichzeitig die letzten Jahre des alemannischen Herzogtums sind.

Für die ersten uns bekannten Klöster Bayerisch-Schwabens ist der Nährboden St. Gallens ausschlaggebend. Aus der spät überlieferten Vita des hl. Magnus ergibt sich bezüglich »Missionierung«, Kirchenorganisation und monastischer Entwicklung des südlichen, alpen-nahen Schwaben etwa folgendes Bild[335]: Auf Wunsch des Bischofs Wicterp von Augsburg zog der St. Galler Mönch Magnus mit seinem Gefährten Theodor und dem bischöflichen Vermittler Tozzo auf alten Römerstraßen über Bregenz und Kempten nach Epfach am Lech. Während Theodor in Kempten zurückbleibt und die von Magnus geschaffene Zelle (wohl an der Stelle der heutigen St. Mang-Kirche) betreut, zieht Magnus mit Tozzo weiter zur »Bischofsresidenz« in Epfach. Im Auftrag Bischof Wicterps wandern sie dann lechaufwärts nach Füssen, wo Magnus missioniert und eine Zelle gründet, in der er angeblich 25 Jahre lang wirkte. Nach der Vita schenkte der Frankenkönig Pippin reiche Fiskalgüter im Keltensteingau.

Bei den beiden Klostergründungen Kempten und Füssen haben offensichtlich Bischof Wicterp von Augsburg und Abt Otmar von St. Gallen (719–759) zusammengearbeitet. Die Zelle Kempten scheint bald nach der Errichtung vom Augsburger Bischof Wicterp geweiht worden zu sein. Dann kehrte Theodor nach St. Gallen zurück;

---

332 JAHN, Augsburg-Land 9f.
333 PRINZ, Mönchtum in Südwestdeutschland 55ff; K. BEYERLE, Kultur der Abtei Reichenau I, 1925, 56ff.
334 Karte VIII/2 (wie Anm. 331) 10–13, 17.
335 VOLKERT, Regesten Augsburg I nr. 4; RUMP, Füssen 32f.

Abt Otmar sandte sofort den Mönch Perchtgoz als Theodors Nachfolger gemeinsam mit vier Begleitern nach Kempten an der Iller. Dies zeigt, wie stark die Anfänge Kemptens von St. Gallen her geprägt sind, jenem aufblühenden alemannischen Kloster, das sich unter Abt Otmar dem Einfluß der karolingischen Hausmeier strikt widersetzte.

Nach der Entmachtung und Gefangennahme Abt Otmars durch den Hausmeier Pippin (kurz vor 750) erfolgte auch in Kempten ein Neuansatz. Er war nötig geworden, da der Schützer der monastischen Gemeinschaft fehlte[336]. Der Reichenauer Mönch und Gerichtsschreiber Hermann der Lahme berichtet zum Jahre 752, also zum ersten Königsjahr Pippins, daß ein Audogarius (Autkar, Otkar) als Gründer und erster Abt Kemptens das Kloster aufzubauen begann. Wer dieser Autkar war und woher er kam, wissen wir nicht. Eine spätere Kemptener Tradition und Fälschung nennt dann Karl den Großen und seine Gemahlin Hildegard († 783) als die eigentlichen Gründer der Abtei. Fest steht, daß Kempten rasch eine karolingische Königsabtei geworden ist und gleichzeitig zentraler Ort für missionarische und politische Erschließung des von den Verkehrszentren abgelegenen Randgebiets des Allgäus. Das Kloster muß in der Zeit Kaiser Ludwigs des Frommen (814–840) bereits eine bedeutende Rolle gespielt haben.

Etwas später als Kempten entstand das Kloster Ottobeuren[337] bei Memmingen, dessen Anfänge noch schwerer zu rekonstruieren sind als jene des älteren Nachbarklosters. Nach der unechten Stiftungsurkunde wurde Ottobeuren 764 gegründet. Nach der späteren Ottobeurer Überlieferung soll eine Adelsfamilie das Kloster gestiftet haben, ein Silach mit seiner Gemahlin Ermenswinth, seinen Söhnen Toto *clericus*, Gaucibert *episcopus* und Tagabert *laicus*. Toto soll der erste Abt des Klosters gewesen sein. Angeblich sei die ganze Stifterfamilie in das Kloster eingetreten[338]. Die verwandtschaftliche und gesellschaftliche Einbindung dieser Familie bereitet Schwierigkeiten. Karl der Große – so die Darstellung des Ottobeurer Chronisten des späten 12. Jahrhunderts – habe das Kloster fünf Jahre nach der Gründung zum Königskloster erhoben, Königin Hildegard der Abtei reichen Besitz geschenkt und ihr zum Erwerb der Alexanderreliquien verholfen. Seit dieser Argumentation des Hochmittelalters hat Ottobeuren den Rivalen Kempten zu übertrumpfen versucht. Hansmartin Schwarzmaier kommt zu dem Ergebnis, daß das Gründungsdatum 764 für Ottobeuren nicht zu halten ist[339].

Die erste echte Quelle, die das Kloster und seinen Abt Milo nennt, ist das Reichenauer Verbrüderungsbuch, dessen Eintrag um 830 geschrieben sein dürfte. Hier findet sich der damalige Ottobeurer Konvent mit 20 Namen. Ob die in der danebenstehenden Kolumne aufgeführten Personen (105 Namen) dem Ottobeurer Konvent

---

[336] VOLKERT, Regesten Augsburg I nr. 5; BLICKLE, Kempten 11ff; SCHWARZMAIER, Königtum 10f, 24ff; G. VOGLER, Otmar, in: LdMa 6 (1993) 1560f.
[337] H. SCHWARZMAIER, Gründungs- und Frühgeschichte der Abtei Ottobeuren, in: Ottobeuren 764–1964, hg. von A. KOLB – H. TÜCHLE, Festschrift zur 1200-Jahrfeier der Abtei (= SMGB 73) 1964, 3–72.
[338] SCHWARZMAIER, Königtum 14.
[339] Ebd. 18.

vor oder nach Milo angehörten, ist nicht zu entscheiden. Schwarzmaier vermutet, daß Ottobeuren erst im ausgehenden 8. Jahrhundert gegründet wurde und stärker zur Diözese Augsburg hin orientiert war als Kempten, das zur Reichsabtei wurde. Peter Blickle sieht auch im Falle Ottobeuren enge Beziehungen zu Kaiser und Reich während der Frühzeit[340], ebenso nimmt er eine frühere Blüte des Klosters an als Schwarzmaier. Jedenfalls gelang es beiden Klöstern früh, durch rasche Vermehrung ihrer Grundherrschaft die mächtigsten »Klosterstaaten« im Bereich Bayerisch-Schwabens zu konstituieren.

Die jüngste monastische Gründung Bayerisch-Schwabens in unserer Untersuchungszeit ist das Frauenkloster auf der Insel Lindau[341], erstmals 813/817 erwähnt. Wenn in der Quelle davon die Rede ist, daß der Graf Adalbert von Rätien den Grafen Rupert des Linz- und Argengaus in diesem *monasterium* bestattete, dann muß es bereits fest installiert gewesen sein. Graf Adalbert aus der Familie der Burcharde gilt als der Stifter des Lindauer Klosters. Aus dem *monasterium* entwickelte sich in der Folgezeit ein Frauenstift.

Kempten, Ottobeuren und Füssen waren nicht die einzigen frühmittelalterlichen Klöster in Bayerisch-Schwaben. Offenbar entstanden im 8. Jahrhundert noch einige kleinere Zellen, die aber wenig Überlebenschancen hatten. Bekannt sind Aldrichszell = Martinszell und Stöttwang, die an Karl den Großen und bald darauf im 9. Jahrhundert an die Abtei Kempten geschenkt wurden[342].

4. Das Niederkirchenwesen

Die *Lex Alamannorum*[343], deren Redaktion unter Herzog Lantfrid (ca. 709–730) erfolgte, gibt uns bereits wichtige Rechtssätze über Angelegenheiten der Kirchen (allgemein, keineswegs nur Domkirchen), so daß wir aus dem nachdrücklichen Schutz der *ecclesiae* auch auf deren gravierende Bedeutung für die Gesellschaft des frühen 8. Jahrhunderts schließen können. Gleich die ersten Bestimmungen (I 1, 2; I [II] 1, 2) bilden die wirtschaftliche Basis für Kirchengründungen und -ausstattungen durch freie Laien, wodurch die entscheidende Rolle der Grundherren für lokalen Kirchenbau und deren Unterhaltung manifest wird.

In den folgenden Rechtssätzen wird aber auch der besondere Schutz des Kirchenraumes für flüchtige Menschen deutlich, Asylrecht der Kirche (II [III] 1, 2, III [IV]), ebenso der Schutz der Kirche vor Kirchenraub und -diebstahl (III [IV]ff), desgleichen der besondere Schutz des Priesters, der vom Bischof in dessen *barrocia* = Diözese eingesetzt ist (VIIII [X], XI [XII]), des Diakons, Mönchs und der Kleriker, »die so gebüßt werden (sollen) wie ihre übrigen Verwandten«, letzteres Hinweis auf die zahlreichen Geistlichen aus hochangesehenen Familien, die im Rahmen des Eigenkirchenrechts wichtige geistliche Aufgaben zu übernehmen hatten. Ebenso wird ausdrücklich der Schutz des Kirchenguts vor untreuen Priestern garantiert: »Kein

---

[340] P. BLICKLE, Memmingen (= HAB.S. 4) 1967, 27f.
[341] OTT, Lindau 104ff; H. LÖFFLER, Stadt- und Landkreis Lindau (= HONB.S. 6) 1973, 55, nr. 306.
[342] BLICKLE, Kempten 19.
[343] SCHOTT, Lex Alamannorum 83ff, 91f.

Priester oder sonst Hirte der Kirche habe die Befugnis, Kirchenland zu verkaufen, noch einen Unfreien (der Kirche) ... damit keine Vernachlässigung eintritt und die Kirche verliert, was ihr rechtmäßig gehören soll«[344]. Wie bei der *Lex Baiuvariorum* stehen auch in der *Lex Alamannorum* die Angelegenheiten der Kirche an erster Stelle, Zeichen der besonderen Wertschätzung von seiten des »Staates«.

Mangels Quellen ist es in Bayerisch-Schwaben fast nicht möglich, lokale Niederkirchen zu rekonstruieren. Kirchenpatrozinien, wie Martin, Remigius, Dionysius, Laurentius usw. können Hinweise sein; sie lassen aber oft keine exakten Rückschlüsse zu. Ausnahme ist Epfach, wo die Eigenkirche des Bischofs Wicterp bezeugt ist[345]. Das zweite sichere Beispiel ist die 784 bezeugte St. Georgskirche in Wasserburg am Bodensee[346], ganz an der westlichen Grenze des heutigen Bayern. Daß diese beiden Kirchen nicht repräsentativ sein können für das Niederkirchenwesen Bayerisch-Schwabens, versteht sich. Man wird sicherlich, wie in Altbayern, mit zahlreichen kleinen Eigenkirchen auf dem Lande zu rechnen haben, die aber höchstens archäologisch greifbar werden können. Aus der *Vita St. Magni* wird man ferner erschließen dürfen, daß Roßhaupten und Waltenhofen frühe Kirchen waren[347]. Man wird auch davon ausgehen dürfen, daß die Klöster Füssen, Kempten, Ottobeuren, St. Gallen und vielleicht auch Lindau jeweils über eine Schar von Eigenkirchen verfügten, aus denen später teilweise Pfarreien wurden[348]. Sind hier noch Rekonstruktionen früherer Landkirchenverhältnisse bis zu einem gewissen Grade möglich, so versagt dies im unmittelbar augsburgischen Bistums- wie auch im Adelsbereich, da die Quellen fehlen.

Nur östlich des Lechs vermögen einige Urkunden des 8./9. Jahrhunderts die rechtliche Situation mancher Niederkirchen eindrucksvoll zu erhellen. Im Aichacher Raum, der zum Bistum Augsburg gehörte, sind durch die Freisinger Traditionsurkunden Landkirchen in Adelshausen, Ecknach (zwischen 788 und 802 sogar zwei Kirchen), Ruppertskirchen, Tandern, Großhausen belegt[349]. So schenkt 782 der adelige Eigenkirchenherr Adalhelm gemeinsam mit einem Geistlichen Odalpald, der wohl sein Bruder ist, und seinem Sohn Altilo Besitz in Adalhelmeshusa (heute Adelzhausen), einem Ort, der den Namen des Herrn oder seines Vorfahren trägt, und auch die dortige Kirche, die er selbst errichtet hatte, nicht etwa an den Bischofsstuhl Augsburg, sondern an Freising[350]. In dieser Urkunde ist auffälligerweise vom zuständigen Augsburger Bischof überhaupt nicht die Rede. Die Situation kann an einer anderen Kirchenübergabe aus der nächsten Umgebung Adelzhausens verdeutlicht werden: 822 bestätigt ein Priester namens Minigo, daß er bereits früher seine Kirche zu Eck-

---

[344] Ebd. 94–97.
[345] K. SCHMID, Bischof Wikterp 115, 125f.
[346] OTT, Lindau 36f.
[347] RUMP, Füssen 12f, 25f, 32ff.
[348] Vgl. die einzelnen Bände des HAB.S., die aber nicht die spezielle Frage nach den Niederkirchen stellen.
[349] Zum folgenden MAYR, Bemerkungen 71–83.
[350] BITTERAUF, Traditionen Freising nr. 108.

nach ebenfalls an die Domkirche Freising übergeben habe[351]. In der Urkunde wird erläutert, daß die beiden Priester Oadalpald (wohl identisch mit jenem in Adelzhausen) und Minigo auf ihrem jeweiligen Erbgut in Ecknach je eine Kirche gebaut und *propter familiarem fraternitatem* den Bischof Atto von Freising (783–814) eingeladen hatten, diese Kirchen zu weihen. Atto weihte diese Kirchen, nachdem er die Einwilligung des Augsburger Bischofs Sintpert erhalten hatte, und ließ sie an Freising tradieren. Als der Priester Minigo dann 822 diese Schenkung erneuerte, verband er damit ein weiteres Anliegen. Er wollte vom Freisinger Bischof erwirken, daß die von ihm geschenkte Kirche nun seinem gleichnamigen *nepos* auf Lebenszeit zu Lehen gegeben werde.

Daß diese Kirchen nicht an Augsburg, sondern an Freising geschenkt wurden, hängt – wie ausdrücklich gesagt wird – mit (wohl engen) Verwandtschaftsbeziehungen der adeligen Eigenkirchengründer mit dem Freisinger Bischof Atto zusammen. In diesen Fällen spielte also die Bistumsgrenze für die bischöfliche Interessenpolitik keine Rolle. Nicht der theoretisch zuständige Bischof von Augsburg, sondern der Freisinger Bischof bekam hier das Verfügungsrecht über die Kirchen und ihre offenbar recht großzügige Besitzausstattung. Man sieht, daß der Bischof die Grundherren als Fundatoren und Besitzausstatter der Kirchen brauchte, da es ihm noch nicht möglich war, eine übergreifende, nur vom Bistum getragene Seelsorgeorganisation für das Volk aufzubauen. Er hatte weder die nötigen Mittel noch genügend Macht, über die Grundherren hinweg »Pfarr«-Kirchen zu bauen und die dazu nötigen Geistlichen zu unterhalten. In der Praxis wurde meist ein Verwandter des Eigenkirchenherrn, bisweilen der Kirchenstifter selbst, als Geistlicher der betreffenden Kirche eingesetzt. Die Seelsorge blieb damit weitgehend an die kirchenstiftenden Grundherren gebunden[352]. Es bleibt zu vermuten, daß dieses am Beispiel des Raumes Aichach aufgezeigte Eigenkirchenrecht, das dann auch die Bischöfe selbst praktizierten oder zu praktizieren versuchten, wenn sie die Kirche erhalten hatten, für ganz Schwaben im 8./9. Jahrhundert prägend war.

*c) Franken*

1. Die Mainlande im Umfeld der Mission des Winfrid-Bonifatius

Trotz der Missionsarbeit Kilians und seiner Begleiter, trotz der kirchenpolitischen Zusammenarbeit Willibrords mit dem letzten mainfränkischen Herzog Heden II.[353] fehlte es an einer übergreifenden kirchlichen Organisation im heutigen Franken. Das Bistum Mainz war zwar bereits um 700 bis zum Spessart vorgedrungen und südlich davon – vielleicht etwas später – bis zur Tauber, wovon der Ort (und das Kloster) namens (Tauber-)Bischofsheim zeugt, doch war Mainz zu sehr in rheinische Interes-

---

[351] Ebd. nr. 477.
[352] Vgl. MAYR, Bemerkungen 73ff.
[353] S. oben 35f. Zum folgenden Kap. vgl. allgemein: K. SCHMID, Klostergemeinschaft; LÜBECK, Fuldaer Nebenklöster; BÜLL, Klöster 9ff.

sen verstrickt, so daß es die Missionsinteressen im Osten nur sehr bedingt wahrnehmen konnte[354].

Ein weiteres kommt hinzu. Das Herzogtum der Hedene endete um 719 in einem Konflikt mit dem thüringischen Adel. Der Verfasser der ältesten Bonifatiusvita bezeugt in diesem Zusammenhang, daß dadurch auch das Christentum wieder zurückgeworfen wurde[355]. Bonifatius mußte also in diesem Raum weitgehend neu beginnen. Winfrid-Bonifatius[356], ein angelsächsischer Mönch aus Berufung, hatte 716 die *peregrinatio* begonnen. 719 erteilte ihm Papst Gregor II. die Missionsvollmacht, mit der er die Mission in Thüringen begann, zunächst noch Bischof Willibrord unterstellt. Obgleich er sich von Willibrord trennte, blieb sein Tätigkeitsfeld fortan der hessisch-thüringische Grenzraum. Zur Absicherung seiner Missionsaufgabe wurde er im November 722 vom Papst zum Bischof geweiht; im folgenden Jahr erhielt er einen Schutzbrief Karl Martells. Das Fällen der Donareiche bedeutete einen gewissen Abschluß der Mission in dieser Zeit.

Zeichen der neuen, intensiven Zusammenarbeit des Missionars mit dem Papst sind die erhaltenen Papstbriefe, die weitgehend als Bonifatiuskorrespondenz zu sehen sind. 724, also nach dem Fällen der Donareiche, wandte sich Papst Gregor II. an die Optimaten und das Volk mehrerer Stämme, an die Thüringer, Hessen und die »Grabfelder«[357]. In dem Brief empfiehlt der Papst diesen Völkern seinen Legaten Bonifatius, fordert sie auf, für Bonifatius ein Haus und Kirchen zu bauen. Der Bischofssitz kam freilich noch längst nicht zustande, zumal die zentrale Ordnungsmacht fehlte. Wenn die »Grabfelder« hier eigens genannt werden, deren Siedlungsraum noch heute in einem breiten Saum an Thüringen grenzt, dann zeigt dies, daß sich die Grabfelder nicht mehr als Thüringer fühlten. Andererseits beweist die Quelle, daß das Aktionsfeld des Winfrid-Bonifatius in den 20er Jahren nur bis in die Nordzone des heutigen Franken reichte. Während aber im eigentlichen Mainfranken eine direkte Missionstätigkeit des Bonifatius vor der Würzburger Bistumsgründung nicht erkennbar wird, läßt er hier eine Reihe von Frauenklöstern durch seine angelsächsischen Mitstreiterinnen und Mitstreiter errichten[358]. Hier ist also der religiöse Boden schon weiter gediehen. Die zahlreichen Herzogs- und Königskirchen, die die Karolinger zur Besitzausstattung des neuen Bistums schenkten, waren offensichtlich wirksame Kirchenzentren im Lande. Vielleicht wollte über diese Königskirchen der Hausmeier Karl Martell im religiösen Bereich das Sagen haben.

Karl Martell führte gewissermaßen rückwärtsgewandt ein streng herrscherbetontes kirchliches Regiment, was sich besonders im westfränkischen Reichsteil zeigt. Dabei ist aber zu bedenken die große Herausforderung der Araberangriffe und das Vordringen des Islams, die er zu bewältigen hatte und durch die Schlacht bei Tours und Poi-

---

[354] H. BÜTTNER, Die Mainlande um Aschaffenburg im frühen Mittelalter, in: AschJb 4 (1957) 107–128; EWIG, Spätantikes Gallien II 154ff, 189ff; JÜRGENSMEIER, Bistum Mainz 7ff.
[355] Willibald, Vita Bonifatii 30ff; STÖRMER, Dokumente Franken I nr. 18; BUTZEN, Merowinger 168ff.
[356] SCHIEFFER, Winfrid-Bonifatius 110ff; J. SEMMLER, Bonifatius (Winfrid), in: LdMa 2 (1983) 417ff.
[357] STÖRMER, Dokumente Franken I nr. 20.
[358] S. unten 80ff.

tiers 732 auch meisterte[359]. Zu Kirchenreformen hatte dieser kriegerische Mann wohl auch gar keine Zeit. Ihm gegenüber mußte der »Apostel der Deutschen« sicherlich ein gewisses Fingerspitzengefühl walten lassen. Daß Karl Martell diesem Missionar gegenüber aber Vorbehalte gehabt habe, läßt sich nirgends erhärten[360].

## 2. Die Gründung des Bistums Würzburg durch Bonifatius

Rund zwanzig Jahre nach dem Beginn seiner Missionsarbeit im hessisch-thüringischen Raum unternahm es der unermüdliche Bonifatius, in den Jahren 741/742 in seinem mitteldeutschen Tätigkeitsbereich und am Mittelmain, wo er wohl nur dilatorisch tätig war, Bistümer zu errichten. Die Tatsache, daß die Bischofssitze in Würzburg und Büraburg in fränkischen Kastellen lagen, erweist deutlich die Mitwirkung der fränkischen »Staatshoheit«. Bis heute ist das Datum der Gründung der Bistümer Würzburg, Büraburg und Erfurt umstritten[361], da die Quellen keine präzise Jahresangabe bieten. Die Willibald-Vita der zeitgenössischen Nonne Hugeburc sagt lediglich, daß Bonifatius den Angelsachsen Willibald in dessen Alter von 41 Jahren an einem 21. Oktober in Sulzenbrücken/Thüringen zum Bischof weihte. Bei dieser Weihe waren die Bischöfe Burkhard von Würzburg und Witta von Büraburg anwesend. Die Diskussion um den Termin der Bistumserrichtungen ringt um die Jahre 741/742. Dabei spielt die Beachtung politischer Elemente eine Rolle. Am 22. Oktober 741 starb nämlich der fränkische Hausmeier Karl Martell, um dessen Nachfolge es noch im Jahre 741 zu Auseinandersetzungen zwischen seinen Söhnen kam. Jene Historiker, die die Auseinandersetzungen für eine Bistumserrichtung negativ beurteilen, neigen dazu, die Errichtung des Bistums Würzburg und der hessisch-thüringischen Bistümer noch in die Zeit Karl Martells zu datieren, also in den Spätherbst 741, die andere Gruppe verweist darauf, daß gerade Karl Martell sich wenig für Bonifatius eingesetzt habe und daß Karl Martells Kirchenpolitik aus politischen Gründen eher rückwärts gewandt gewesen sei. Sie optieren für das Jahr 742. Erst aus den Bestätigungsurkunden für die Bischofssitze erhalten wir ein sicheres Abschlußdatum: 1. April 743.

Das neue Bistum Würzburg umfaßte vor allem das mittlere Mainland, insgesamt erstreckte sich seine Kompetenz auf 19 ostfränkische Gaue. Nachbardiözesen waren im Westen Mainz, Worms, Speyer, im Süden zunächst nur Augsburg, im Norden Büraburg und Erfurt. Das östliche Grenzglacis war das weitgehend heidnische Slawenland[362].

Wenn auch die offizielle Bistumserrichtung im Herbst 741 noch in den Bereich des Möglichen gezogen werden muß, so ist doch sicher, daß die eigentliche Bistumsausstattung für Würzburg erst von den Söhnen Karl Martells vorgenommen werden

---

[359] SCHIEFFER, Winfrid-Bonifatius 130ff; SEMMLER, Episcopi potestas 305–395; U. NONN, Karl Martell, in: LdMa 5 (1991) 954ff.
[360] HARTMANN, Fränkische Kirche 59–65.
[361] WENDEHORST, Würzburg I 10ff; SCHMALE, Franken im Karolingerreich 33ff; SCHIEFFER, Winfrid-Bonifatius 159ff; LÖWE, Bonifatius 286ff; jetzt R. BACH; Die Bistumsgründungen des Bonifatius, in: WDGB 54 (1992) 37–53; K. WITTSTADT, Die Gründung des Bistums Würzburg vor 1250 Jahren, in: WDGB 54 (1992) 19.
[362] WENDEHORST, Würzburg I 15ff.

konnte, und zwar in zwei Stufen[363]. Seit dem Tode Karl Martells änderten sich zweifellos manche Voraussetzungen für die Kirchenorganisationspolitik östlich des Rheins. Zum Tode des weltlichen Machthabers folgte noch am 27. November jener Papst Gregors III.

Erst Mitte des Jahres 742 teilte Bonifatius dem neuen Papst Zacharias die Gründung der drei Sprengel und die Bestellung der drei Bischöfe mit und forderte dringend die päpstliche Bestätigung dieses Akts. Erst am 1. April 743 wurde diese erteilt. Man sollte dies nicht als Vernachlässigung des nordalpinen Raumes werten. Papst Zacharias, der letzte Grieche in der Papstreihe, kümmerte sich in den zehn Jahren seiner Amtsgewalt um die fränkischen Belange und zeigte offensichtlich viel Verständnis für die schwierigen Einzelprobleme des Bonifatius. Die eigentliche Ausstattung des Bistums erforderte freilich Verhandlungen des päpstlichen Legaten Bonifatius mit dem Hausmeier Karlmann, der Nachfolger Karl Martells im östlichen Bereich geworden war.

*Bischofsreihe*

Burkhard, der erste Bischof von Würzburg[364], den der hl. Bonifatius 741 oder 742 einsetzte, war einer seiner aus Südengland stammenden Mitarbeiter, zugleich Benediktinermönch. Burkhard nahm nicht nur die wichtige Gründungsausstattung Karlmanns mit den zahlreichen königlichen Eigenkirchen entgegen, sondern auch – offensichtlich später – die große Schenkung Pippins. Dazu kommen Erwerbungen von seiten des Adels[365]. Burkhard übernahm nach der Gründung des Bistums zwei bereits bestehende Frauenklöster, das Kloster der Herzogstochter Immina auf dem Marienberg in Würzburg sowie das Kloster Karlburg. Er selbst errichtete am linken Mainufer das Kloster St. Andreas (später St. Burkhard) für seinen Domklerus, wobei er bei der Ausstattung wohl auf das ältere Marienbergkloster zurückgriff[366]. Burkhard erbaute auch den rechtsmainischen Salvator-Dom zu Würzburg, wohl schon 746, kaum 752[367]. Er ist es auch, der die Frankenapostel Kilian, Kolonat und Totnan 752 erstmals erheben ließ und damit die Initiative für die öffentliche Kiliansverehrung als Apostel der Diözese Würzburg ergriff. Die rasch erfolgte zweite Erhebung der Gebeine der Frankenapostel und Übertragung in den Dom auf der rechten Mainseite zeigt, wie wichtig ihm die öffentliche Verehrung war.

Wenn unser sicheres Wissen über den ersten Bischof von Würzburg auch recht bescheiden ist, so wissen wir doch, daß er den Grundstein für die Würzburger Dombi-

---

[363] STÖRMER, Dokumente Franken I nrr. 22, 23a,b; H. WAGNER, Die Zehntenschenkungen Pippins für Würzburg (751/2), in: J. LENSSEN – L. WAMSER (Hg.), 1250 Jahre Bistum Würzburg, 1992, 35–38.
[364] WENDEHORST, Würzburg I 18–25; F.-J. SCHMALE, Die Glaubwürdigkeit der jüngeren Vita Burchardi, in: JFLF 19 (1959) 45–83; jetzt die Beiträge in: WDGB 48 (1986) 5–132, 231ff.
[365] WENDEHORST, Würzburg I 20f.
[366] Ebd. 21f; STÖRMER, Dokumente Franken I nr. 22; WAGNER, Äbte von St. Burkhard 14ff.
[367] H. WAGNER, Bistumsgründung und Kilians-Translation, in: ERICHSEN, Kilian 269–280, bes. 272ff.

bliothek gelegt hat³⁶⁸. Burkhards Wirken erschöpft sich freilich nicht in der neuen Diözese. 748 ist er als Bote des Bonifatius in Rom, bald darauf, 750/751 gemeinsam mit Abt Fulrad von St. Denis, im Auftrag des Hausmeiers Pippin zur Vorbereitung von dessen Königserhebung, wiederum in St. Peter. Es ist keine Frage, daß es sich hier um eine ganz schwierige politische Mission handelte; Burkhard gehörte also auch zum engen Mitarbeiterkreis des Hausmeiers und Königs. Im Herbst 753 scheint Burkhard resigniert zu haben, kurz darauf, am 2. Februar 754 starb er bereits in Homburg am Main³⁶⁹.

Burkhards Nachfolger Megingoz³⁷⁰ entstammte zwar dem »einheimischen« mainfränkischen Adel, der besitzmächtigen Mattonen-Gruppe, doch gehörte er ebenfalls zu den Mitarbeitern des Bonifatius und war bislang Mönch und Diakon im Bonifatius-Kloster Fritzlar. Von der bischöflichen Tätigkeit des Megingoz ist wenig Spektakuläres bekannt, wohl Hinweis auf seine mehr mönchische Lebensform, die sich auch seelsorgerlich auswirkte. Sein Interesse an Theologie und Seelsorge zeigt sich in drei Briefen an Erzbischof Lull von Mainz. Offensichtlich pflegte er auch sonst engere Beziehungen zum bonifatianischen Schülerkreis. Abt Wynebald von Heidenheim besuchte ihn zweimal. Die älteste Bonifatius-Vita ist sowohl Lull von Mainz als auch Megingoz von Würzburg gewidmet. Megingoz nahm zwar an den Synoden von Compiègne und Attigny teil, doch scheint er nicht in größeren Kontakt mit dem Frankenherrscher getreten zu sein.

Nachdem Megingoz 768 die Leitung des Bistums Würzburg zugunsten des Klerikers Berowelf niedergelegt hatte, gründete er das Benediktinerkloster Neustadt/Main, wohin ihm bald weitere Vertreter des Würzburger Domklosters folgten³⁷¹. Der Nachfolger Berowelf geriet kurz darauf mit ihm in heftigen Streit wegen priesterlicher Gewänder und Bücher, Hinterlassenschaft des ersten Bischofs Burkhard, die Megingoz in sein neues Kloster mitgenommen habe. Hinter dem Konflikt scheint auch der Gegensatz zu stehen zwischen dem Mönchtum, das Megingoz vertrat, und dem von Berowelf vertretenen Kanonikertum³⁷², das eine stärkere Jurisdiktionsgewalt der Bischöfe auch gegenüber Klöstern beanspruchte. Mit Bischof Megingoz verließ in Würzburg der letzte Vertreter bonifatianischer Prägung den Bischofsstuhl, mit Berowelf trat eine neue, anders geartete Generation von Bischöfen auf die Bühne.

3. Das Werden des Bistums Eichstätt

Komplexer und schwieriger als bei allen anderen Bistumsgründungen sind die Anfänge des Bistums Eichstätt³⁷³. Eichstätt trat zunächst 740 als Kloster Willibalds mit

---

368 BISCHOFF – HOFMANN 93f; W. BÖHNE, Bischof Burchard von Würzburg und die von ihm benutzten liturgischen Bücher, in: WDGB 50 (1988) 43–56.
369 So WAGNER, Äbte von St. Burkhard 11ff, hier 17.
370 WENDEHORST, Würzburg I 25–30.
371 WAGNER, Äbte von Neustadt 7ff.
372 WENDEHORST, Würzburg I 29; WAGNER, Frühzeit I 103.
373 Zum folgenden s. H. DICKERHOF u.a. (Hg.), Der hl. Willibald – Klosterbischof oder Bistumsgründer? (= Eichstätter Studien NF 30) 1990, 9ff (A. KRAUS), 62ff (R. KAISER), 128f (W. STÖRMER), 143ff

Unterstützung des Bonifatius ins Leben. Nachdem Willibald 741/742 die Würde eines Bischofs von Erfurt erhalten hatte, der Bischofssitz aber bald erlosch, zog sich Willibald wieder nach Eichstätt zurück, wo er missionarisch wirkte. Unter den Teilnehmern der Synode von Attigny 762 wird er auffällig noch als *Willibaldus episcopus de monasterio Achistadi* bezeichnet. Der Verfasser der ältesten Bonifatius-Vita spricht zwischen 760 und 769 durchaus schon von der *parochia* (= Diözese) Eichstätt, die Willibald regiert[374]. Auffällig ist, daß Eichstätt zwar von Bayern aus gegründet worden war, Bischof Willibald aber nie auf bayerischen Synoden, wohl aber häufig auf (reichs-)fränkischen Synoden erscheint. Trotzdem fehlt jegliches Zeugnis für die Errichtung der Diözese Eichstätt, und dies, obgleich ausführliche Viten über Willibald und seinen Bruder Wynebald vorhanden sind. Bereits vor 754 scheint zwar aus dem Kloster Eichstätt eine Bischofskirche erwachsen zu sein, aber bis zum Lebensende Willibalds war die Gründung und Abgrenzung der Diözese Eichstätt von Unabsehbarkeiten begleitet. Möglicherweise bestand 787/788 – also in der Zeit der Demontage des Herzogtums Bayern – sogar die Gefahr einer Auflösung des ungefestigten Eichstätter Bistums. Man darf hier durchaus auch an das Schicksal des kurzlebigen Bistums Neuburg denken[375].

Der alternde oder sterbende Bischof Willibald bestimmte offenbar selbst seinen Nachfolger Gerhoh (787?–806?), denn nach dem *Anonymus Haserensis* war Gerhoh das Taufkind seines Vorgängers und entstammte einer vornehmen und reichen Familie, die im Bistum ansässig war[376]. Nach dieser Quelle gab Gerhoh der Eichstätter Bischofskirche auch seine reichen Besitzungen, die aber nicht namentlich genannt werden[377]. 793 erhielt er von Karl dem Großen die Abtei Murbach im Elsaß[378], er muß also ein gutes Verhältnis zum Frankenkönig gehabt haben.

Wenn die späte Nachricht des 11. Jahrhunderts als richtig zu akzeptieren ist, nämlich, daß vom Bistum Augsburg der Sualafeldgau nördlich der Donau abgetrennt und dem neuen Bistum Eichstätt zugeteilt worden sei[379], dann ist dies sicherlich ein wichtiges Zeugnis für die Verfestigung der Diözese Eichstätt. Diese Sprengeltransferierung dürfte kaum vor dem Tode Willibalds (um 787?) und vor der Auflösung des Bistums Neuburg geschehen sein. Sie paßt am besten in den Zusammenhang mit der Auflösung Neuburgs um 798.

## 4. Fränkische Bischöfe auf Reichssynoden

Im Gegensatz zu den bayerischen Bischöfen besuchten die Würzburger und Eichstätter Bischöfe Reichssynoden und nur diese. Nicht in Mainz, der werdenden Kirchenprovinzmetropole, fanden im 8. Jahrhundert solche Synoden statt, sondern im Westen

---

(A. ANGENENDT), 171ff (O. ENGELS), 211ff (W. SAGE), 237ff (G. PFEIFFER), 245ff (H. DICKERHOF – S. WEINFURTER). Vgl. auch Hl. Willibald 787–1987 (Ausstellungskatalog) 1987.

[374] STÖRMER, Dokumente Franken I nr. 22b.
[375] S. oben 49f, 67f.
[376] HEIDINGSFELDER, Regesten nr. 25; STÖRMER, Früher Adel 338.
[377] HEIDINGSFELDER, Regesten nr. 36.
[378] Ebd. nr. 28.
[379] VOLKERT, Regesten Augsburg I nr. 6.

des Reiches. Sie sind im Zusammenhang mit der Reformtätigkeit des Bonifatius zu sehen.

Bonifatius hat in seinen Missionsgebieten nicht nur missionarisch, kirchenorganisatorisch, sondern auch in hohem Maße reformierend gewirkt. 742 distanziert er sich in einem Brief an den neuen Papst Zacharias vom Zustand der (reichs-)fränkischen Kirche: Seit Jahrzehnten werde hier die Verfassung der Kirche mißachtet, seit mehr als 80 Jahren habe keine Synode mehr stattgefunden, um die Kirchen zu erneuern, die Bistümer seien Laien überlassen, denen es vornehmlich um den Besitz gehe, auch die ethischen Maßstäbe der Geistlichen seien deprimierend. Ziel dieses Briefes war, eine neue Reichssynode durchzusetzen[380]. Noch 742 fand dann auch eine erste Synode, das sogenannte *Concilium Germanicum*, statt, die freilich nur schwach besucht war. Neben Bonifatius und seinen drei von ihm in Würzburg (Burkhard), Erfurt (Willibald) und Büraburg (Witta) eingesetzten Bischöfen waren lediglich drei weitere Bischöfe vertreten[381]. Dabei dürfte Willibald de facto wohl schon nicht mehr Bischof von Erfurt, sondern Klosterbischof von Eichstätt gewesen sein. Besonders die Würzburger Bischöfe werden auf Reichssynoden greifbar: Burkhard[382] – wie schon betont – auf dem *Concilium Germanicum*, 747 auf einer weiteren gesamtfränkischen Synode, Megingoz[383] nahm an der Reichsversammmlung zu Compiègne 757 teil, bei der offensichtlich auch Kirchenfragen behandelt wurden, ferner 762 (?) an der Synode von Attigny, wo der Totenbund beschlossen wurde. Sein Nachfolger Berowelf[384] wurde 769 im Auftrag Karls des Großen gemeinsam mit weiteren zwölf fränkischen Bischöfen auf die Lateransynode in Rom geschickt.

Der Eichstätter Abtbischof Willibald begegnet nicht nur auf dem *Concilium Germanicum*, 745/746 nahm er an einer weiteren Reichssynode teil[385], 762 (?) an der Synode von Attigny, wo er als *Willibaldus episcopus de monasterio Achistadi* an 21. Stelle begegnet[386]. Sein Nachfolger Gerhoh ist wahrscheinlich 794 auf einer Frankfurter Synode zugegen[387].

5. Die Klöster

Sieht man von der Tätigkeit des hl. Kilian ab, dessen Mitarbeiter in Würzburg eine geistliche Gemeinschaft irgendeiner Art gebildet haben müssen, werden im 7. Jahrhundert keinerlei Anzeichen zur Schaffung monastischer Zentren sichtbar. Erste Ansätze machte der letzte mainfränkische Herzog Heden II. Der Plan Herzog Hedens 716/717, mit Hilfe Willibrords ein Kloster in Hammelburg zu gründen, ist aber of-

---

[380] Bonifatius Brief nr. 50: MGH.Epp. selectae I, 1916, 82f. Zur Datierung T. SCHIEFFER, Angelsachsen und Franken (= Abhandlungen der Akademie der Wissenschaften Mainz, Geistes- und Sozialwissenschaftl. Kl. 20) 1950, 41–44.
[381] HARTMANN, Fränkische Kirche 59.
[382] WENDEHORST, Würzburg I 20.
[383] Ebd. 27.
[384] Ebd. 32.
[385] HEIDINGSFELDER, Regesten nrr. 2, 3.
[386] Ebd. nr. 11.
[387] Ebd. nrr. 29, 30.

fenbar gescheitert[388]. Das Willibrord-Kloster Echternach behielt allerdings den aus diesem Plan resultierenden Besitz. Herzog Heden gründete darüber hinaus noch ein Frauenkloster auf dem Marienberg zu Würzburg für seine Tochter Immina[389]. Wer die geistlichen Promotoren dieser Gründung waren, bleibt unbekannt. Es ist zu vermuten, daß der Plan von der Hofgeistlichkeit Hedens unterstützt wurde, und zwar gerade in der Zeit, in der Hedens Macht im Sinken war. Imminas Würzburger Kloster muß vor 719 gegründet worden sein.

Anläßlich der Gründung des Bistums Würzburg 741/742 werden zwei bereits existierende Frauenklöster sichtbar, aber nur jene, die für den Bischof zur Disposition standen. Er erhielt zunächst das *monasteriolum* Karlburg am Main[390], das später der hl. Gertrud von Nivelles geweiht war und in der Sage als Gründung dieser Gertrud gilt. Die Nonne und Herzogstochter Immina trat nach 741/742 ihr Würzburger Kloster an den Bischof ab und erhielt dafür die Leitung des Klosters Karlburg, das spätestens unter Karl Martell († 741) entstanden war.

Ob dieses vorbonifatianische Nonnenkloster Karlburg noch auf das 7. Jahrhundert zurückzuführen ist und – wie die Sage es nahelegt – eine Gründung der frühen arnulfingischen Hausmeier ist, wird sich bestenfalls archäologisch beweisen lassen[391]. Auf jeden Fall gehört es zu den frühesten Klöstern Frankens, ähnlich wie das Nonnenkloster der Herzogstochter Immina. Ohne bonifatianischen Einfluß ist wohl auch das Männerkloster Amorbach[392] im Odenwald entstanden, ebenso das Gumbertuskloster in Ansbach, das der Stifter Abt-Bischof Guntbert 786 an Karl den Großen übergab[393], wahrscheinlich auch Herrieden, das von einem Großen namens Cadold gegründet wurde[394], die Klöster Ellwangen, Feuchtwangen, Gunzenhausen und Spalt[395], wogegen bei Heidenheim auf dem Hahnenkamm, der Gründung Wunibalds, durchaus Kontakte zu Bonifatius wahrscheinlich sind[396].

Die Würzburger Überlieferung überdeckt verständlicherweise die monastischen Initiativen, auch jene des Winfrid-Bonifatius, die aber bei einer Gesamtbetrachtung unübersehbar sind. Bonifatius, der große Organisator und Missionar, hatte bereits 732/733 das Kloster Fritzlar in Hessen gegründet[397], 744 das Kloster Fulda, das für Franken von großer Bedeutung werden sollte[398]. Aus dem Schülerkreis des

---

[388] WAMPACH, Grundherrschaft nr. 26; LINDNER, Untersuchungen 56f, 91f, 129.
[389] STÖRMER, Dokumente Franken I nr. 24
[390] Ebd. nrr. 22, 24.
[391] P. ETTEL – D. RÖDEL, Castellum monasterium und villa Karloburg, in: J. LENSSEN – L. WAMSER (Hg.), 1250 Jahre Bistum Würzburg, 1992, 297 passim. Die Aussage der *Passio maior* bezüglich der hl. Gertrud (cap. 19, Abfassung 9. Jh.) sollte man nicht unterbewerten.
[392] STÖRMER, Amorbach 11ff. Für eine spätere Datierung plädiert WAGNER, Äbte von Amorbach 69ff.
[393] SCHERZER, Urkunden St. Gumbert nrr. 1, 2.
[394] HEIDINGSFELDER, Regesten nr. 27; ADAMSKI, Herrieden 13ff.
[395] W. SCHWARZ, Studien zur älteren Geschichte des Benediktinerklosters Ellwangen, in: ZWLG 1 (1952) 7–38; O. MEYER, Feuchtwangen, Augsburger Eigen-, Tegernseer Filialkloster, in: ZSRG.K 27 (1938) 599ff; F. EIGLER, Schwabach (= HAB.F. 28) 1990, 108f; zu Gunzenhausen s. Wirtemberg. Urkundenbuch I (1849) nr. 86.
[396] BAUCH, Biographien 127 f, 145f, 153f.
[397] F. SCHWIND, Fritzlar zur Zeit des Bonifatius und seiner Schüler, in: Fritzlar im Mittelalter, 1974, 69ff.
[398] HEINEMEYER, Fulda 1–45; K. SCHMID, Klostergemeinschaft I–III.

hl. Bonifatius in Fritzlar ging auch der zweite Bischof von Würzburg, Megingoz (Megingaud), hervor, der 768/769 das Kloster Neustadt am Main gründete und sich frühzeitig vom Bischofsamt dorthin zurückzog[399]. Bekannt geworden sind vor allem durch frühe Viten die durch Bonifatius für seine Schülerinnen und Verwandten Lioba und Thekla gegründeten Frauenklöster. Lioba, die nach 735 Äbtissin des neuen Klosters Tauberbischofsheim wurde, missionierte dort vor allem durch christliche Unterweisung junger Mädchen, hatte aber darüber hinaus einen großen Kontaktkreis, der bis zu Karl dem Großen und seiner Gemahlin Hildegard reichte[400]. Wie lange das durch Lioba hochangesehene Kloster existierte, läßt sich nicht präzise sagen. Auffällig ist aber, daß Lioba sich in ihrem Alter auf das Königsgut Schornsheim im Mittelrheingebiet zurückzog, das Karl der Große ihr zugewiesen hatte. Die um 782 gestorbene Äbtissin ließ sich auch nicht in Tauberbischofsheim, sondern im Kloster Fulda bestatten.

Aus den Quellen zu Bonifatius geht außerdem hervor, daß der »Apostel der Deutschen« Thekla, eine weitere angelsächsische Mitarbeiterin, nach Kitzingen am Main schickte[401], um das – bereits existierende – Kloster nach bonifatianischer Regel reformieren zu lassen. Auch das Frauenkloster (Klein-)Ochsenfurt wurde offenbar von Thekla († um 790) reformiert; vermutlich unterstand es dem Nonnenkloster Kitzingen[402].

Unter Aufsicht des hl. Bonifatius entstand von Bayern aus das Kloster Eichstätt, das vom hl. Willibald wohl von Anfang an als Benediktinerkonvent realisiert wurde. Dieses Kloster, das 740 ein bayerischer Adeliger namens Swidger gestiftet hatte[403], wurde geplant und errichtet in einem für Bayern strategisch wichtigen Raum, denn Eichstätt lag im bayerischen Grenzsaum gegen die Einflußzone des karolingischen Hausmeiers Pippin. Darüber hinaus beherrschte und kontrollierte Eichstätt eine wichtige Fernstraße von Worms zur bayerischen Hauptstadt Regensburg, die hier die Altmühl überquerte. Nicht zu vergessen ist auch die Altmühl selbst als Verkehrsweg.

Ebenfalls aus dem Umkreis des Bonifatius kam der angelsächsische Mönch Sola, der vor 754 in Solnhofen an der Altmühl eine Zelle gründete. Die Vita des hl. Sola (9. Jahrhundert) stellt den Eremitencharakter Solas und seiner Zelle heraus, auch seine primordiale Gründungstat[404], doch wird man daran zweifeln müssen, da die archäologischen Befunde offenbaren, daß Sola in einen altbesiedelten Ort mit einer Kirche eingezogen ist, die mindestens ein Jahrhundert vor seiner Zeit entstanden

---

[399] WAGNER, Äbte von Neustadt 5ff.
[400] Vita Liobae abbatissae Biscofesheimensis auct. Rudolfo: MGH.SS XV/1, 1887, 126ff; B. KASTEN, Lioba, in: LdMa 5 (1991) 2003.
[401] Willibald, Vita Bonifatii 95; H. PETZOLD, Abtei Kitzingen, in: JFLF 15 (1955) 69–83; H. WEBER, Kitzingen (= HAB.F. 16) 1967, 25ff.
[402] SCHIEFFER, Winfrid-Bonifatius 165. Kleinochsenfurt unterstand bis zum 14. Jahrhundert dem Kloster Kitzingen.
[403] S. Anm. 372.
[404] MGH.SS XV 158.

war[405]. Sola hatte laut Vita Beziehungen zu Willibald und Wunibald, doch wissen wir nicht, ob dies schon von Anfang an der Fall war; er erhielt für seine Zelle von lokalen Grundbesitzern Schenkungen und vor seinem Lebensende von Karl dem Großen ein beträchtliches Königsgut. Da Sola seine Zelle mit allen Pertinenzien an das Großkloster Fulda schenkte, konnte sie erhalten und als fuldische Propstei ausgebaut werden.

Eine Betrachtung der mainfränkischen Klöster der Karolingerzeit muß immer wieder von der Großabtei Fulda ausgehen. Wenn Sturmi 744 im Auftrag seines Lehrers das benediktinische Musterkloster Fulda an Stelle einer alten fränkischen *curtis* errichtete[406], vom fränkischen Hausmeier unterstützt und sicherlich auch mit dessen Konsens erster Abt Fuldas wurde, so läßt sich daraus ein enger Kontakt mit den frühen Karolingern erschließen.

Das Verhältnis Sturmis zu Karl dem Großen scheint stets sehr gut gewesen zu sein. Der Abt wurde denn auch früh mit dem Bekehrungswerk der Sachsen beauftragt. Unter seiner Abtsherrschaft verlieh Karl der Große dem Kloster die Immunität[407], durch die Fulda schließlich zur Reichsabtei wurde.

Sturmi muß ein ausgezeichneter Organisator gewesen sein, sonst hätte Fulda nicht in so kurzer Zeit einen gewaltigen Besitz vornehmlich durch Schenkungen erwerben können. Gleichzeitig muß er auch eine große Anziehungskraft auf Laien ausgeübt haben. Eigil betont in seiner *Vita Sturmi*, daß unmittelbar nach der Gründung des Klosters Fulda die Gesandten des Hausmeiers alle Adeligen des Grabfeldes motivierten, ihren Grundbesitz im engeren Raum um Fulda dem hl. Bonifatius zu schenken[408]. Die erste große Welle von Schenkungen aus dem unterfränkischen Grabfeld an das Kloster Fulda erfolgte, soweit das Fuldaer Urkundenmaterial zeigt, unter Abt Baugulf (779–802)[409]. Baugulf selbst hatte an der unteren Fränkischen Saale ein Klösterchen gegründet, das seinen Namen Baugulfsmünster (= Wolfsmünster) erhielt und von ihm an das Großkloster geschenkt wurde. Als Baugulf 802 seine Abtwürde niederlegte, zog er sich wieder in sein Kloster Wolfsmünster zurück, wo er 815 starb[410]. Kennzeichnend ist, daß besonders um 800 nicht nur große Besitzschenkungen an Fulda ergingen, sondern auch eine ganze Reihe von adeligen Eigenklöstern Fulda übergeben wurde. Eine exakte Chronologie dieser Klosterübergaben läßt sich freilich nicht mehr erstellen.

Die Gründe, weshalb vor allem seit 750 zahlreiche adelige Eigenklöster in Franken genau wie in (Alt-)Bayern geschaffen wurden, entziehen sich bis heute einer schlüssigen Erklärung. Die Angst um das Seelenheil spielte dabei sicherlich eine große Rolle. Diese Gründer investierten zweifellos viel, um möglichst auch *ad sanctos* in oder bei der Klosterkirche bestattet zu werden.

---

[405] V. MILOJČIĆ, Ergebnisse der Grabungen von 1961–1965 in der Fuldaer Propstei Solnhofen an der Altmühl II, 1975, 278ff. W. SCHRICKEL, Solnhofen. Solabasilika und Propstei, 1987.
[406] HEINEMEYER, Fulda 23, 32, 35ff.
[407] STENGEL, Urkundenbuch des Klosters Fulda I nr. 68.
[408] HEINEMEYER, Fulda 32f.
[409] Vgl. STENGEL, Urkundenbuch des Klosters Fulda I nrr. 144, 145a,b, 146, 150, 154 usw.
[410] BÜLL, Klöster 32f.

§ 3. Festigung und Organisation der Kirche im 8. Jahrhundert (W. Störmer)

Allein eine Sippe, die zweifellos zu den bedeutendsten Mainfrankens gehörte und die man heute als Mattonen bezeichnet, hat mindestens vier Klöster gegründet. Darüber hinaus scheint sie mitgeholfen zu haben bei der Gründung des Klosters Neustadt/Main durch Bischof Megingoz[411], in dem man einen Mattonen sehen darf. Auf die Mattonen gehen das Nonnenkloster Wenkheim, das in besonderem Maße als ihr Eigenkloster angesehen wird, die *cella* Einfirst und das um 816 errichtete Mönchskloster Megingaudeshausen zurück[412]. In der Regel lassen sich die Gründungsdaten nicht mehr mit Sicherheit feststellen, da diese Klöster zumeist nur in Schenkungsurkunden greifbar werden. Die ältere Annahme, die Mattonenklöster seien alle vor 744, das heißt bereits vor der Gründung Fuldas, entstanden, trifft kaum zu.

788 übertrugen die Mattonenbrüder Matto und Megingoz zu ihrem Seelenheil einen Teil ihres Vatererbes mit ihren Besitzungen in drei Gauen, nämlich im Aschfeld, im Gozfeld und im Waldsassengau, an Fulda. Dazu gehörte auch die *cella* Einfirst[413], die also der Vater schon gegründet haben muß. Während die übrigen Güter aus dem Vatererbe bis zum Lebensende in der Hand der beiden Brüder bleiben sollten, wurde das Klösterchen sofort übergeben. Möglicherweise spielte dabei die Nachwuchssorge für den Konvent bei dieser Sondermaßnahme die Hauptrolle.

Das mattonische Frauenkloster in (Groß-)Wenkheim bei Münnerstadt wurde offensichtlich schon unter Bischof Megingoz gegründet. Zwischen 779 und 796 übergab ein Matto – er ist offensichtlich identisch mit dem Schenker von Einfirst – gemeinsam mit dem »Boten« Othelm zum Seelenheil seines Bruders Megingoz und seiner Schwester Juliana dieses *monasteriolum* mit den Reliquien und dem ganzen Besitz, zu dem bäuerliche Kolonen und 62 namentlich genannte Mancipien gehörten, an Fulda[414].

Von einer anderen Adelsgruppe stammt das *monasteriolum* Brachau (= Brach) an der Fränkischen Saale, das mit reichem Besitz bis in den Haßgau ausgestattet war[415]. Die in der Traditionsliste von 823 erwähnten Schenkungen an Brach müssen wesentlich früher vorgenommen worden sein. Man wird wohl davon ausgehen dürfen, daß Brach um die Mitte des 8. Jahrhunderts schon als Kloster gegründet, aber erst unter Abt Baugulf (779–802) an Fulda gekommen ist. Untersuchungen haben ergeben, daß die Gründer dieses Klösterchens, das offensichtlich mit der Salzgewinnung befaßt war und das für den Schiffsweg auf der Saale als Rastplatz dienen konnte, einer Adelsgruppe angehörten, die enge Beziehungen sowohl zum karolingischen Königshaus als auch zu Abt Fulrad von Saint-Denis, später vor allem zu Abt Baugulf von Fulda hatte.

---

[411] WAGNER, Äbte von Neustadt 7ff.
[412] W. STÖRMER, Die Gründung des fränkischen Benediktinerklosters Megingaudeshausen im Zeichen der Anianischen Reform, in: ZBLG 55 (1992) 239–254.
[413] STENGEL, Urkundenbuch des Klosters Fulda I nr. 175; BÜLL, Klöster 27ff.
[414] STENGEL, Urkundenbuch des Klosters Fulda I nr. 39, 150, 175b, 202; LÜBECK, Fuldaer Nebenklöster 40–44; Büll, Klöster 25f.
[415] W. STÖRMER, Die Wohltäter des frühmittelalterlichen Klosters Brach an der Fränkischen Saale, in: WDGB 37/38 (1975) 469–479.

Südöstlich von Neustadt/Main übertrug ein gewisser Troand sein Eigenkloster Holzkirchen an Karl den Großen, der es wiederum 775 an Fulda tradierte[416]. Dieser Troand, offensichtlich ein führender Vertreter des ostfränkischen Adels mit engen Beziehungen zu Bayern und vermutlich zum Rheinland, hatte dieses Kloster unter König Pippin (741/751–768) unweit der Königshöfe Remlingen und Albstatt gegründet. Aus welchen Gründen der *vir magnificus* Troand sein Eigenkloster, das sicherlich auch Zeichen seiner »guten Werke« und seines adeligen Prestiges war, kurz vor 775 Karl dem Großen übertrug, wissen wir nicht. Karl benötigte damals Fulda für seine Sachsenpolitik und schenkte wohl aus diesem Grunde Holzkirchen an das Großkloster[417]. Holzkirchen ist das einzige fuldische Nebenkloster in Franken, das bis zum Ende des Alten Reiches bestand. Es ist auch das einzige unterfränkische Kloster, von dem im 9. Jahrhundert ein monastischer Aufstieg bezeugt ist[418].

Auffallenderweise hat Bonifatius in Mainfranken keine Männerklöster gegründet, wohl aber Frauenklöster gefördert oder gar mitgegründet: Tauberbischofsheim, Kitzingen, Ochsenfurt (?). Überhaupt scheint der Bedarf an adeligen Frauenklöstern nicht gering gewesen zu sein. Vom mattonischen (Groß-)Wenkheim wurde schon gesprochen. Zwei weitere Beispiele aus Franken: Vor 784 hatte eine reiche hochadelige Dame am Nordostrand des Grabfelds auf elterlichem Gut in Milz (heute Thüringen, Kr. Hildburghausen) ein Nonnenkloster gegründet und zusammen mit ihrer bedeutenden Verwandtschaft reich ausgestattet[419]. 799/800 übertrug die Äbtissin und Gründerin Emhilt ihr Eigenkloster an die Großabtei Fulda. Gisela, Tochter des sächsischen Großen Hessi, vermählt mit dem unterfränkischen Grafen Unwan, errichtete für ihre beiden Töchter Eigenklöster oder Kanonissenstifte: für Bilihilt Wendhausen im Harz, für Hruodhilt Karsbach in Mainfranken[420]. Man darf vermuten, daß Karsbach, wenn es nicht an Fulda geschenkt wurde, sich im 9. Jahrhundert als Kanonissenstift auflöste, vielleicht mit dem Verschwinden oder der Zersplitterung der Gründerfamilie.

Fast alle *monasteria* und *monasteriola* des Adels im Saale- und Grabfeldgau wurden offenbar an Fulda übertragen. Auf den ersten Blick möchte man meinen, daß das Großkloster Fulda als der rettende Anker vor dem Niedergang dieser mehr oder weniger monastischen Gebilde des Adels angesehen wurde. Freilich blieben in den folgenden Jahrhunderten nur die fuldischen Männerklöster Holzkirchen und Solnhofen sowie das Frauenkloster Milz erhalten. Das heißt, daß auch Fulda diesen monastischen Niedergang in den Außenzonen seines Einflusses nicht aufhalten konnte oder wollte.

---

[416] STÖRMER, Eine Adelsgruppe 14ff.
[417] STENGEL, Urkundenbuch des Klosters Fulda I nr. 73.
[418] STÖRMER, Eine Adelsgruppe 23ff.
[419] M. GOCKEL, Zur Verwandtschaft der Äbtissin Emhilt von Milz, in: Festschrift für Walter Schlesinger II, hg. von H. BEUMANN (= Mitteldeutsche Forschungen 74,2) 1974, 1–70.
[420] STENGEL, Urkundenbuch des Klosters Fulda I nr. 289; LÜBECK, Fuldaer Nebenklöster 32f; BÜLL, Klöster 34f.

§ 3. Festigung und Organisation der Kirche im 8. Jahrhundert (W. Störmer) 85

Während Fulda schon mit Unterstützung Karls des Großen eine ausgesprochene »Klostergewinnungspolitik« betrieb[421], läßt sich dies von der Bischofscathedra Würzburg keineswegs sagen. Vielleicht ist der Konflikt zwischen Bischof Berowelf und dem von seinem Vorgänger gegründeten Kloster Neustadt[422] mit schuld daran, daß das Würzburger Interesse an Klöstern ausgesprochen gering war. Neben den beiden Frauenklöstern, die der Bischof als Ausstattungsgut erhielt, ist – soweit die Quellen berichten – lediglich das Domkloster St. Andreas vom Bischof im 8. Jahrhundert für seine Bistumsaufgaben gegründet worden[423].

Wesentlich aktiver im Rahmen der Klostergründung und der Klosterübernahme waren die Karolinger als Hausmeier und Könige sowie die Königsfamilie. Das Frauenkloster Karlburg war noch eine Hausmeiergründung, offenbar auch das Nonnenkloster Kitzingen[424]. Mitgewirkt haben die Karolinger bei den Klöstern Fulda, Amorbach, Spalt, vielleicht auch Neustadt/Main[425].

Nonnenschwarzach[426], Vorgängerin von Münsterschwarzach, war im Besitz von Theotrada, der Tochter Karls des Großen und seiner dritten Gemahlin Fastrada. Ob das Nonnenkloster bereits von den mainfränkischen Eltern der Fastrada oder erst von Karl dem Großen, das heißt 783/794, für seine Tochter gegründet worden ist, bleibt unklar. Erst im 9. Jahrhundert wurde es zuerst theoretisch, dann de facto dem Bistum Würzburg geschenkt.

6. Das Niederkirchenwesen

Ausgangspunkt für das bischöfliche Niederkirchenwesen in Mainfranken ist die Ausstattung der Bischofskirche Würzburg mit 25 königlichen Eigenkirchen und einem Kloster durch den Hausmeier Karlmann als Gründungsausstattung[427]. Sie reichen von Lauffen und Heilbronn am mittleren Neckar im Südwesten über den Bereich der Fränkischen Platte bis an die thüringische Grenze im Norden, von Kreuznach, Ingelheim, Nierstein westlich des Rheins über Großumstadt bis vor die Slawenzone ins Gebiet des Steigerwalds und der Haßberge im Osten. Es gibt in Süddeutschland kein Bistum, das von Anfang an mit so vielen Eigenkirchen ausgestattet wurde. Allein von der geographischen Verbreitung dieser Kirchen möchte man in diesen Schenkungen das entscheidende Rückgrat des Bischofs für seine Diöze-

---

421 Das ergeben eindeutig die einzelnen Urkunden des Urkundenbuchs (s. STENGEL); vgl. K. SCHMID, Klostergemeinschaft.
422 WENDEHORST, Würzburg I 28f, 31; WAGNER, Äbte von Neustadt 7ff.
423 WAGNER, Äbte von St. Burkhard 14–19.
424 Zu Karlburg s. ETTEL – RÖDEL, Castellum und villa Karloburg (oben Anm. 391); zu Kitzingen: H. PETZOLD, Abtei Kitzingen, in: JFLF 19 (1955) 71ff (Mattonen-These); K. BOSL, Franken um 800, ²1969, 38f; H. WEBER, Kitzingen (= HAB.F. 16) 1967, 23, 25 (Karolinger-These).
425 STÖRMER, Amorbach 12f; WAGNER, Äbte von Neustadt 7ff; F. EIGLER, Schwabach (= HAB.F. 28) 1990, 108f. Vgl. Anm. 392, 398, 411.
426 A. WENDEHORST, Die Anfänge des Klosters Münsterschwarzach, in: ZBLG 24 (1961) 163–173; F. BÜLL, Das monasterium Suuarzaha (= Münsterschwarzacher Studien 42) 1992.
427 STÖRMER, Dokumente Franken I nr. 22. Dazu vgl. das Beispiel Brend: H. WAGNER, Die Pfarrei Brend-Neustadt im Mittelalter, in: 1250 Jahre Pfarrkirche in Brendlorenzen, hg. v. d. Stadt Neustadt/Saale, 1992, 88ff; zum Problem der Eigenkirchen und Pfarreien s. ebd. 94f.

sanaufgaben und die Ausbildung eines bischöflichen Pfarreisystems sehen. Das Niederkirchenbild Frankens ist indes vielfältiger, wie noch zu zeigen sein wird.

Die erwähnten 25 Kirchen der Gründungsausstattung werden in den Bestätigungen des 9. Jahrhunderts als ehemalige Königskirchen bezeichnet. Klaus Lindner[428] hat bereits 1972 die einsichtige These aufgestellt, die nach 741 an das Bistum Würzburg geschenkten Königskirchen, die sich geographisch weitgehend um Würzburg scharen, seien in der Zeit König Dagoberts I., das heißt also in der Zeit des mainfränkischen Herzogs Hruodi, errichtet worden. Auch wenn man nicht alle dieser »Königskirchen«, die vor 717/719 wohl weitgehend Herzogskirchen waren, schon der Ära Dagoberts zuschreiben darf, so wird man für die mainfränkische Herzogszeit das Eigenkirchengerüst des Herzogs so sehen müssen. Die 25 »Königskirchen« in Franken sind ein außerordentlich wichtiges Dokument kirchlicher Raumerfassung in der Herzogszeit des 7. und beginnenden 8. Jahrhunderts.

Als archäologisches Modell des Christianisierungsprozesses in Franken gilt seit langem Kleinlangheim (LK Kitzingen) vor dem Steigerwaldanstieg. In Kleinlangheim[429] läßt sich bis auf eine kurze Unterbrechung im 5. Jahrhundert eine Siedlungskontinuität über fast zwei Jahrtausende feststellen und die Übernahme des Christentums im Bau einer frühen Kirche. In dieser Gemarkung gab es bereits ein römerzeitlich-germanisches Gräberfeld, an anderer Stelle ein großes Reihengräberfeld, dessen Belegung bald nach der Aufgabe des älteren Bestattungsplatzes begonnen haben dürfte. Schließlich gibt es einen frühmittelalterlichen Friedhof mitten im heutigen Ort; zu ihm zählen ebenfalls noch beigabenführende Gräber. In diesem Ortsfriedhof entstand wohl in der Mitte des 7. Jahrhunderts – die Datierung ist nicht unumstritten – eine Kirche in Holz, später in Stein. Das Gotteshaus liegt innerhalb der heutigen Ortskirche. Man entdeckte Bruchstücke der frühmittelalterlichen Altarmensa mit Reliquienbehältern und Weihekreuzchen, ein bisher einmaliger Fund[430]. Innerhalb dieser ältesten Kirche fanden sich mehrere Gräber, die schwer datierbar sind.

Das zweite Beispiel einer Eigenkirche vor dem 8. Jahrhundert liegt ganz im Süden Frankens im ehemaligen Sualafeld. Es ist Solnhofen an der Altmühl[431]. Hier errichtete um die Mitte des 8. Jahrhunderts der Angelsachse Sola ein Kloster. Die im 9. Jahrhundert entstandene Vita des hl. Sola zeichnet einen weltflüchtigen Eremiten, der in der Wildnis an der Altmühl rodet[432]. Dieses vom Topos bestimmte Bild entspricht in keiner Weise den Ergebnissen archäologischer Grabungen. Denn der Ort »Husen« = Solnhofen besitzt eine Siedlungskontinuität bis in die Eisenzeit, wenn man von einer Fundlücke im 4./5. Jahrhundert absieht. Die zweite, für die Kirchengeschichte wichtigere Überraschung sind die aufgefundenen Kirchenbauten vor Sola, die wohl bis in die zweite Hälfte des 6. Jahrhunderts zurückreichen. Bei der Ankunft

---

[428] LINDNER, Untersuchungen 74ff.
[429] C. PESCHECK, Das fränkische Reihengräberfeld von Kleinlangheim, Lkr. Kitzingen/Nordbayern (Germ. Denkmäler d. Völkerwanderungszeit A 17) 1996, passim.
[430] PFRANG, Über die Anfänge 96f; PESCHECK (wie Anm. 429) 107ff, 125ff.
[431] S. oben 81f.
[432] BAUCH, Biographien I 189ff, 212ff.

Solas scheint die Siedlung mit Kirche ein Königshof gewesen zu sein. Ob dies für das 6./7. Jahrhundert schon zutrifft, bleibt fraglich. Der in der Kirche gefundene Kleinsarkophag, der dem ausgehenden 6. oder beginnenden 7. Jahrhundert zu entstammen scheint und aus heimischem Steinmaterial besteht, weist auf durchaus sozial gehobene Kirchenherren jener Zeit[433]. In einem Gebiet, wo man es eigentlich gar nicht erwartet hätte, ist also möglicherweise die älteste bekannte merowingerzeitliche Kirche im heutigen Bayern zu registrieren.

Es ist schwer denkbar, daß Kleinlangheim und Solnhofen die einzigen christlichen Kirchen Frankens vor 700 gewesen sein sollen. Weitere Landkirchen wurden in Franken lediglich in Altenbanz (LK Lichtenfels) und Amlingstadt (LK Bamberg), beide aus der Zeit um 800, ergraben[434]. Keine dieser bis heute archäologisch ergrabenen Kirchen gehört zur Gründungsausstattung des Bistums Würzburg. Erst kurz vor 800 erhielt der Bischof den königlichen Auftrag, 14 Slawenkirchen im Osten seiner Diözese zu errichten[435]. Von sich aus wäre der Bischof, der mit manchen auswärtigen Missionsaufgaben betraut war, wohl kaum in der Lage gewesen, hier intensiveren Niederkirchenausbau zu betreiben. Da die »Privaturkunden« für Würzburg weitgehend fehlen, die Traditionsurkunden für die Klöster Fulda und Lorsch meist nur allgemeine Hinweise über geschenkten Besitz geben, sind wir über das frühe Kirchenwesen in Franken in konkreten Fällen denkbar schlecht informiert. Wir müssen aber davon ausgehen, daß es im Franken des 8. Jahrhunderts sowohl bischöfliche, klösterliche als auch – und wohl im besonderen Maße – adelige Eigenkirchen auf dem Lande gab.

Es ist bezeichnend, daß sich fast ein Jahrzehnt nach der Bischofskirchenorganisation in Franken, Hessen und Thüringen der Papst Zacharias noch nachdrücklich an 13 namentlich genannte vornehme Franken, aber auch an »alle Großen und Kleinen, Freien und Unfreien« wandte, um ihnen kirchliche Vorschriften im Zusammenhang mit der Pastorisierung des Volkes einzuschärfen[436]. Der Brief wirkt zunächst etwas vage, meint aber doch Konkretes, vor allem bezüglich der Bestellung von Priestern für die Eigenkirchen der Grundherren: »Auch dazu ermahne ich Euere Christlichkeit, daß nach den Geboten der heiligen Kirchensatzungen ... für die von Euch gegründeten Kirchen kein von anderswoher gekommener Priester angenommen werden soll, er wäre denn vom Bischof Euerer Kirche geweiht oder er würde von ihm aufgrund eines Empfehlungsbriefes angenommen«. Der Papst weist darauf hin, daß viele der anderen, kirchlich nicht legitimierten Priester, die also offensichtlich von den Eigenkirchenherren zum Pastoraldienst herangezogen wurden, Lügner seien, »vielfach Hörige eines Herrn, dem sie entflohen sind«. Stimmt dies für Franken, dann würde

---

[433] P. MARZOLFF, in: DANNHEIMER – DOPSCH 463.
[434] PFRANG, Über die Anfänge 112ff.
[435] MGH.D LdD. nr. 42; STÖRMER, Dokumente Franken I nr. 47.
[436] Ebd. nr. 28; vgl. O. MEYER, Die germanische Eigenkirche – Element, aber auch Risiko der Christianisierung Frankens und Thüringens, in: J. LENSSEN – L. WAMSER (Hg.), 1250 Jahre Bistum Würzburg, 1992, 111–118.

dieser Satz allerdings bedeuten, daß das Volk bereits eine relativ gute religiöse Bildung hatte. Da hinter dem Papstbrief sicherlich die Intervention des hl. Bonifatius steht, ist der Satz aber auch so zu verstehen, daß unfreie »Priester« aus den westrheinischen Gebieten sich in Ostfranken ein neues Betätigungsfeld suchten. Der Haupttenor des Briefes lautet: »Es soll also keiner von Euch ... ohne Befragen eines Bischofs einen als Priester in irgendeine Kirche einsetzen, wenn nicht zuvor von euerem Bischof dessen Herkunft und Führung geprüft worden ist«. Der Brief richtet sich nicht nur an die Großen wegen »falscher Priester«. Er fordert von den Eigenkirchenherren auch Ehrung und Unterstützung der Priester sowie Schaffung einer angemessenen materiellen Basis für die Geistlichen und die Kirchen. Schließlich enthält er noch konkrete Unterweisungen an die Priester, die also durch die Eigenkirchenherren vermittelt werden sollten. Die Geistlichen sollen nicht ihr Leben auf der Jagd verbringen und dem Spiel frönen. Hier dürften wohl »adelige« Priester, Verwandte der Eigenkirchenherren, gemeint sein.

Wenn Wunibald laut Vita, die seine Verwandte Hugeburc geschrieben hat, nach der Gründung seines Klosters Heidenheim auf dem Hahnenkamm mit besonderer Verve das Heidentum der Sualafelder bekämpft[437], so ist dies sicherlich nicht nur ein Topos, es zeigt sein missionarisches und seelsorgerliches Anliegen. Möglicherweise hat er auch Landkirchen, das heißt klösterliche Eigenkirchen, errichtet. Und wenn der hl. Willibald sein Kloster Eichstätt schließlich in einen Bischofssitz mit Diözese umwandeln konnte[438], dann war dies nur möglich über monastische Eigenkirchen im Altmühlbereich. Die Zahl klösterlicher Eigenkirchen mag von Kloster zu Kloster sehr unterschiedlich gewesen sein, an der Existenz dieser Eigenkirchen ist nicht zu zweifeln. Offensichtlich stieß das Bistum Eichstätt im späteren 9. Jahrhundert erst durch die Übernahme des Klosters Herrieden nach Norden in den Quellbereich der Altmühl[439] vor.

Die eigenkirchenherrliche Situation in den fränkischen Mainlanden des 8. Jahrhunderts beleuchtet der Zehntstreit zwischen Würzburg und Fulda, der vermutlich nach längeren Konflikten 815 im sogenannten Retzbacher Vertrag friedlich gelöst wurde[440]. 811/812 ist bereits von Übergriffen ostfränkischer Bischöfe auf Eigenkirchen des Klosters Fulda die Rede, was eigentlich nur heißen kann, daß die Bischöfe versuchten, ihre Diözesangewalt auf die Land(-Eigen-)kirchen Fuldas laut kanonischer Vorschriften auszudehnen. Im sogenannten Retzbacher Vertrag von 815 gestand der Würzburger Bischof dem Kloster Fulda und seinen Eigenkirchen an zahlreichen Orten das Zehntrecht zu, wenn auch keineswegs in allen Dörfern fuldischer Grundherrschaft. Die Urkunde nennt nicht weniger als 38 Orte. Dies ist »gegenüber den umfassenden Ansprüchen der Abtei zweifellos ein Sieg des Bischofs«[441]. Vielleicht wird

---

[437] BAUCH, Biographien I 154ff.
[438] S. oben 77f.
[439] WEINFURTER, Anonymus Haserensis 45f, 74f, 120f, 123.
[440] STÖRMER, Dokumente Franken I 52.
[441] WENDEHORST, Würzburg I 38.

man in diese Zeit auch die ersten Anfänge eines Würzburger Pfarreisystems datieren dürfen.

Von »Urpfarreien« im 8. Jahrhundert zu sprechen, ist sicherlich abwegig. Man gewinnt in Franken nicht den Eindruck, daß, wie etwa in Bayern, relativ rasch eine große Zahl von adeligen und anderen Eigenkirchen in die Hand des Bischofs kam.

Abschließend ist festzustellen, daß man im 8. Jahrhundert auch in Franken noch nicht von Pfarreien im Rechtssinn sprechen kann. Ihre Entwicklung beginnt allmählich seit der um 800 erfolgten Zehntgesetzgebung Karls des Großen. Die Realisierung dieser Zehntgesetze setzte eine Sprengelabgrenzung voraus; der Zehntpflichtige mußte wissen, an welche Kirche er seine Abgaben zu entrichten hatte. Tauf- und Beerdigungsrecht sowie Eigenbesitz wurden besondere Charakteristika einer Pfarrkirche.

7. Frankens Anteil an der Sachsen- und Slawenmission

Ostfranken stand im 8. Jahrhundert vor zwei großen Missionsaufgaben. Zum einen war Würzburg von seiner Lage her schon mit der Mission der heidnischen Slawen konfrontiert. Zum anderen wurden die ostfränkischen Kirchen, Bistümer wie Klöster, vor allem unter Karl dem Großen mit der Mission im schwierigen Sachsenland betraut.

Bereits 704 und 716/717 scheint der mainfränkisch-thüringische Herzog Heden II. gemeinsam mit dem angelsächsischen Missionar Willibrord einen Missionsplan für Thüringen entworfen zu haben[442]. 716/717 schenkte der Herzog dem Missionsbischof Willibrord beachtlichen Familienbesitz in Hammelburg an der Fränkischen Saale mit dem ausdrücklichen Wunsch, es solle dort ein Kloster gegründet werden[443]. Daß von hier aus kirchliche Organisation in Thüringen ins Auge gefaßt wurde, muß zumindest erwogen werden. Der Verfasser der ältesten Vita des hl. Bonifatius betont jedenfalls, daß das Christentum in Thüringen nach der Absetzung der Herzöge Heden II. und Theotbald (vor 719) zurückgeworfen worden sei[444]. Seit 719 nahm sich Bonifatius der Missionierung und Kirchenorganisation in Thüringen und in Hessen an[445]. 722 zum Bischof geweiht und seit 723 mit einem Schutzbrief Karl Martells ausgerüstet, konnte Winfried-Bonifatius die hessisch-thüringische Mission rasch »vollenden«. Klöster, die er aufbauen ließ, vornehmlich Fritzlar, wo auch der zweite Würzburger Bischof Megingoz seine Ausbildung erfahren hatte, dienten der organisatorischen Erfassung der Getauften.

Die Missionstätigkeit des Bonifatius berührte noch den Norden Frankens, wie ein Brief des Papstes an die Großen und das Volk in Thüringen, Hessen, im Grabfeld und an alle, die »in den Landstrichen östlich des Rheins wohnen«, deutlich macht[446]. Der Brief aus der Zeit um 738 zeigt auch, daß im Einzelfall noch viel Mission zu leisten

---

442 LINDNER, Untersuchungen 64ff, 91f, 98, 129.
443 WAMPACH, Grundherrschaft 64f, nr. 26.
444 Willibald, Vita s. Bonifatii (wie Anm. 149) 30–33.
445 HEINEMEYER, Fulda 10ff.
446 STÖRMER, Dokumente Franken I nr. 20.

war. Da Bonifatius eine wohlüberlegte geistliche Besetzungspolitik betrieb, in der das angelsächsische Element in geistlichen Schlüsselstellungen eine entscheidende Rolle spielte, war der Missionsgeist für Jahrzehnte gewährleistet. Damit war auch verbunden eine gewisse Affinität der Angelsachsen für die Missionierung der stammesverwandten Sachsen.

Im letzten Viertel des 8. Jahrhunderts, einer Zeit, in der die Periode der großen angelsächsischen Missionare und Kirchenorganisatoren schon aus Altersgründen dem Ende zuging, setzte die eigentliche Missions- und Christianisierungswelle Sachsens im Zuge der Sachsenkriege Karls des Großen ein, der »seinen« Kirchen in Franken den Missionsauftrag erteilte[447].

Die Sachsen, welche schon die Merowinger vergeblich ihrer Herrschaft einzuverleiben versucht hatten, wurden in einem langwierigen Kampf unterworfen und schließlich als »Christen« in das Reich integriert. 775 setzte Karl zur völligen Eroberung Sachsens an und konnte bald West- und Ostsachsen sowie Engern zur Anerkennung seiner Herrschaft zwingen.

Für die Missionsaktivitäten der fränkischen Kirchen wurde entscheidend der erste Reichstag Karls in Paderborn 777, auf dem er das Land in Missionssprengel einteilte, die zugleich die politische Gliederung des eroberten Raumes bilden sollten.

Die Schaffung von Missionssprengeln erforderte die Mobilisierung aller Kräfte für die schwierige Missionierung der Sachsen. Da die anfänglich zwangsweisen und oberflächlichen Massentaufen, die später auch starke Kritik von seiten der Kirche hervorriefen, ohne tiefere Wirkung blieben, mußten die neuen Sprengel älteren kirchlichen Institutionen zugeordnet werden, die langfristig missionieren konnten.

Die Kirchen Ostfrankens hatten einen beträchtlichen Anteil an dieser nun effektiveren Missionierung und sächsischen Kirchenorganisation. Der Domkirche Mainz[448] war das Eichsfeld und das Leinetal bei Göttingen als Missionszone zugewiesen worden, eine historisch folgenschwere Entscheidung, da das Eichsfeld bis zum Ende des alten Reiches auch zum Mainzer Territorium gehören sollte. Nördlich der Mainzer Missionszone wurde das Kloster Fulda mit dem Bekehrungswerk in Sachsen beauftragt[449]. Im Gebiet der unteren Werra setzte sich Fulda rasch mit Besitzungen und Kirchen fest.

Nach einem 778 erfolgreichen Aufstand unter Herzog Widukind hatte 779 Abt Sturmi von Fulda trotz seines hohen Alters auf Weisung des Königs eine militärische Schlüsselstellung in Sachsen zu sichern. Mit einer Besatzung hielt er persönlich die

---

[447] Zum folgenden A. WENDEHORST, Ostfränkische Mission in Sachsen, in: ERICHSEN, Kilian 281–285, s. auch GEBHARDT, Handbuch der deutschen Geschichte I[9], 171ff; J. PRINZ, Die geschichtliche Entwicklung des oberen Weserraums im Mittelalter, in: Kunst und Kultur im Weserraum I, 1966, 82–96, bes. 83ff, 87ff; K. HAUCK, Die fränkisch-deutsche Monarchie und der Weserraum, in: ebd., 97–121, bes. 98–104.

[448] H. BÜTTNER, Das Erzstift Mainz und die Sachsenmission, in: Jahrbuch für das Bistum Mainz 5 (1950) 314–328.

[449] Eigilis Vita s. Sturmi, MGH.SS II 376f; STENGEL, Urkundenbuch des Klosters Fulda I nr. 68, vgl. nr. 67.

Eresburg (Obermarsberg) an der Diemel gegen die aufständischen Sachsen[450]. Die Großabtei Fulda verfügte im ostfränkischen Raum wohl über die größten Personalreserven. Schon um 780 stellte der Sachsenführer Liudolf den Mönchen Fuldas seinen Hof Brunshausen bei Gandersheim zur Verfügung, damit diese ein vorgeschobenes Missionskloster errichten konnten[451]. Von Brunshausen aus wurde ein großer Bereich Niedersachsens christianisiert, bevor die neuen Bistümer im frühen 9. Jahrhundert den Raum kirchlich organisieren konnten. Auch in Hameln entstand eine klösterliche Niederlassung Fuldas, in Minden ein weiterer kirchlicher Ansatzpunkt des Bonifatiusklosters. Ansonsten zog sich Fulda nach dem Tode Abt Sturmis aus der Sachsenmission mehr und mehr zurück.

Immerhin wurde aber noch der Bruder des Sturmi-Nachfolgers Baugulf zum ersten Bischof von Minden ernannt. Dieser, Erkanbert, war vorher selbst Fuldaer Mönch[452]. Offizieller Bischofssitz wurde Minden erst 803/804.

In den Zentralraum karolingischer Sachsenmission wurde die Würzburger Domkirche bzw. der Bischof Berowelf (768/769–800) eingewiesen[453]. Karl beauftragte ihn mit der Leitung des Missionssprengels Paderborn. Hier im östlichen Westfalen vor dem Teutoburger Wald und dem Egge-Gebirge war der Sammelplatz karolingischer Heere für Sachsenkriege; Paderborn diente zwischen 777 und 804 achtmal als Ort für Reichsversammlungen und Synoden. Hier begannen auch 777 in Anwesenheit des Frankenkönigs die Massentaufen der Sachsen. Wann Bischof Berowelf von Würzburg den Missionsauftrag für Paderborn erhielt, ist nicht bekannt. Dem Würzburger Bischof kam dabei zustatten, daß bereits gebürtige Sachsen als Paderborner Bischofsanwärter in seinem Domstift ausgebildet worden waren. Wie schwierig eine solche Missionsaufgabe in der Zeit der Sachsenkriege war, deutet die *Translatio sancti Liborii* an[454]. Sie berichtet ferner, daß der Sitz des Bistums Paderborn durch kaiserliche Bestimmung und durch päpstlichen Segen gegründet und für einige Zeit zum Schutze dem Bischofssitz Würzburg übergeben wurde. Nach den in Sachsen üblichen Anfangsschwierigkeiten des Würzburger Bischofs Berowelf wurden schließlich zwei Vertreter des Würzburger Domstifts Paderborner Bischöfe.

Karl der Große hielt 799 anläßlich der Weihe der Paderborner Basilika nicht nur eine große Reichs- und Stammesversammlung in Paderborn ab, sondern empfing auch hier den bedrängten Papst Leo III. Im Beisein des Papstes wurde das Bistum Paderborn gegründet und dem Erzbistum Mainz unterstellt. Würzburg wurde die Patenschaft über Paderborn übertragen. Seine Missionstätigkeit im Bistum Paderborn manifestiert sich in zahlreichen Kilianspatrozinien; rund zehn Pfarrkirchen haben den Würzburger Bistumspatron zum Titelheiligen. Selbst im Dom ist Kilian Mitpatron. Erster Bischof wurde der im Würzburger Domstift ausgebildete Sachse Hathumar

---

450 Vita s. Sturmi 377.
451 H. GOETTING, Das Fuldaer Missionskloster Brunshausen und seine Lage, in: Harz-Zeitschrift 5/6 (1953/54) 9ff.
452 J. PRINZ (wie Anm. 447) 87f; K. SCHMID, Klostergemeinschaft.
453 WENDEHORST, Würzburg I 32f; HAUCK (wie Anm. 447) 100ff, 106.
454 Translatio s. Liborii, in: MGH.SS IV, 151.

(806–815); ihm folgte ein weiterer in Würzburg ausgebildeter adeliger Sachse: Badurad (815–862). Auch kleinere fränkische Klöster, wie Amorbach im Odenwald und Neustadt am Main, wurden von Karl zu Missionsaufgaben in Sachsen, und zwar im Raume Verden/Aller, herangezogen[455]. Dabei wird man sicherlich davon ausgehen dürfen, daß der Phase der Bistumserrichtung in Verden an der Aller bereits eine längere Missionsphase mit Hilfe von Amorbacher und Neustädter Mönchen vorausgegangen war.

Daß Karl der Große kurz nach seinem gewaltsamen Strafexempel über die Sachsen, dem sogenannten »Blutbad von Verden«, von dem die Reichsannalen zu 782 berichten, Konventuale der beiden fränkischen Klöster als Missionare und spätestens seit 815 Ludwig der Fromme Amorbacher Äbte in das neue, sicherlich besonders schwierige Bistum als Bischöfe einsetzte, läßt auf überlegte Planung schließen. Es mußten Personen sein, die ausgesprochen qualifiziert für die Missionsarbeit waren, und dafür eigneten sich vermutlich besonders die »Scotti« des Klosters Amorbach, die von ihrer insularen Tradition her wohl besseren Zugang zur sächsischen Mentalität hatten und nach außen hin vielleicht nicht so stark als »fränkisch« vorbelastet galten. Die Amorbacher Abtbischöfe in Verden hatten trotz alledem einen überaus schwierigen Stand, wurden rasch verschlissen und konnten jeweils nur für kurze Zeit den Bischofssitz halten. Das beweist die Verdener Überlieferung. Ohne Frage hat diese schwierige Aufgabe im fernen Sachsen das Kloster selbst erheblich strapaziert. Daraus muß aber auch geschlossen werden, daß sowohl in der Amorbacher Mönchsgemeinschaft als auch in deren Grundherrschaft beachtliche Ressourcen vorhanden waren. Offenbar um diese Missionsbasis zu verbreitern, hat Karl der Große den genannten Abtbischöfen auch gleichzeitig die mainaufwärts gelegene Abtei Neustadt am Main übertragen.

Geographisch gesehen wäre vorstellbar, daß die Slawenmission den Hauptschwerpunkt der nach außen gerichteten Würzburger Seelsorgetätigkeit bildete. Der Blick auf die Karte der Würzburger Gründungsausstattung mit Kirchen und Abgaben von Königshöfen zeigt deutliche Grenzen im Osten, die auch in den Reihengräberfunden sichtbar werden[456]. Östlich davon ist offensichtlich vorwiegend slawisches, das heißt auch heidnisches Siedlungsgebiet. Im Laufe des 8. Jahrhunderts drang der fränkische Adel bereits in den Obermainbereich vor, wo er zumindest Stützpunkte bildete und Eigenkirchen schuf[457]. Gleichzeitig weitete sich angesichts der Integrierung der Bayern und der beginnenden Awarenkriege das Interessengebiet des Königs mainaufwärts und regnitzaufwärts aus, um einen raschen Zugang zum bayerischen Südosten und zu den östlichen Grenzgebieten zu erreichen. In diesem Zusammenhang wurde auch die Fossa Carolina erbaut[458]. In einer nichtdatierten Urkunde – nur die Bestäti-

---

[455] P. SCHÖFFEL, Amorbach, Neustadt a.M. und das Bistum Verden, in: ZBKG 16 (1941) 141–143; M. LAST, Die Bedeutung des Klosters Amorbach für die Mission und Kirchenorganisation im sächsischen Stammesgebiet, in: F. OSWALD – W. STÖRMER (Hg.), Die Abtei Amorbach im Odenwald, 1984, 33–53.
[456] R. ENDRES, Die Slawenfrage in Nordostbayern, in: Geschichte am Obermain 16 (1987/88) 39–48.
[457] Vgl. die Kartenbeilage bei K. BOSL, Franken um 800, ²1969.
[458] STÖRMER, Dokumente Franken I nr. 44.

gung Ludwigs des Deutschen ist vorhanden – erteilte Karl der Große dem Bischof Berowelf den Befehl, gemeinsam mit den zuständigen Grafen für die neubekehrten Main- und Rednitzwenden Kirchen zu errichten[459]. Da der Befehl auch an die beiden Nachfolger Berowelfs wiederholt werden mußte, wird sichtbar, daß die Kirchenbautätigkeit und die Einsetzung von Geistlichen in diesem Gebiet nicht in kurzer Zeit bewältigt werden konnte. Überhaupt scheint die Slawenbekehrung erst unter Bischof Berowelf in Gang gekommen zu sein. Fragt man nach den Ursachen für diese »Verspätung«, dann muß man bedenken, daß der kirchliche Aufbau selbst im Kerngebiet der Diözese nicht kurzfristig bewältigt werden konnte und daß dazu noch die gewaltige Aufgabe der Sachsenmission im Raume Paderborn kam. Das heißt, daß nicht nur die Seelsorgearbeitsleistung, sondern auch die personalen Kräfte offenbar bis zum Rande des Möglichen ausgenutzt waren. Die Slawenbekehrung mußte hier notwendigerweise zu kurz kommen. Noch ein weiteres Missionsfeld scheint wenigstens für ein mittelfränkisches Kloster in Frage zu kommen. Aus einer Bestätigungsurkunde Ludwigs des Deutschen erfährt man, daß das Kloster Herrieden mit Genehmigung Karls des Großen zur Zeit der Unterwerfung der Awaren Besitz in den niederösterreichischen Orten Bielach, Melk und Grünz erhielt[460]. Nach allem, was wir aus den Parallelfällen bayerischer Kirchen erschließen können, stand damit auch die Errichtung oder wenigstens der Versuch der Schaffung kleinerer Missionszentren im ehemaligen Awarenland im Zusammenhang. Im Gegensatz zu allen anderen Kirchen Frankens war Herrieden auch in die Vorgänge im Südosten involviert.

---

[459] Ebd. nr. 74; WENDEHORST, Würzburg I 32f.
[460] MGH.D LdD. nr. 3; E. KLEBEL, Eichstätt und Herrieden im Osten, in: DERS., Probleme der bayerischen Verfassungsgeschichte (= SBLG 57) 1957, 332–340.

# DIE KIRCHE IN BAYERN UND SCHWABEN UNTER DER HERRSCHAFT DER KAROLINGER

Der Sturz Tassilos III. hat nicht nur der politischen Geschichte Bayerns eine neue Richtung gegeben[1], er hat auch die Rahmenbedingungen der kirchlichen Entwicklung wesentlich verändert, insofern nun Schutz und Herrschaft des Herzogs abgelöst wurden von der königlichen Kirchenhoheit, der Episkopat in eine engere Beziehung zum karolingischen Herrscher trat und die von den Agilolfingern gegründeten oder in ihren Besitz übergegangenen Klöster ihm unmittelbar unterstellt wurden, den Status von Reichsklöstern erhielten. Unter Karl dem Großen gelangte folgerichtig jener Prozeß zum Abschluß, der unter dem Herzog Theodo begonnen hatte und mit Bonifatius fortgeführt worden war: die Schaffung einer bayerischen Kirchenprovinz mit der Einführung der Metropolitanverfassung.

Was bayerische Kirche in der karolingischen Epoche darstellt, ist natürlich mehr als nur das äußere Erscheinungsbild, wie es sich uns in der Ereignisgeschichte der einzelnen Bistümer und Klöster und dem kirchlichen und politischen Handeln der Bischöfe und Äbte zeigt, aber für einen tieferen Einblick in die inneren Verhältnisse, in das religiöse und geistige Leben ihrer Repräsentanten und des einfachen Kirchenvolkes fehlen uns im 9. Jahrhundert aussagekräftige Quellen in größerem Umfange. Es bleibt uns daher nichts weiter übrig, als dem chronologischen Leitfaden der einzelnen Pontifikate, soweit sie aus unterschiedlichsten Quellenzeugnissen zu rekonstruieren sind, zu folgen, aber selbst hier ist der Boden, auf dem wir uns bewegen, häufig unsicher, da nicht einmal die Regierungsdaten der Bischöfe immer genau zu bestimmen sind und wir mitunter kaum mehr als den bloßen Namen eines Oberhirten kennen[2]. Ähnlich desolat ist die Quellenlage bei den Klöstern, wo wir oft nicht einmal exakt sagen können, ob sie von Mönchen oder Kanonikern besiedelt waren. Historiogra-

---

[1] Zur politischen Geschichte Bayerns in dem uns interessierenden Zeitraum vgl. K. REINDEL, Politische Geschichte Bayerns im Karolingerreich, in: HBG I, ²1981, 249–277. Für die politische Geschichte des Frankenreiches überhaupt bleiben als Materialsammlung unentbehrlich die »Jahrbücher der Deutschen Geschichte« — vgl. ABEL–SIMSON, Karl der Große; SIMSON, Ludwig der Fromme; DÜMMLER, Ostfränkisches Reich.

[2] Der Augsburger Bischof Udalmann (830?–833?) ist lediglich in den Bischofslisten erwähnt — vgl. VOLKERT, Regesten Augsburg I 32; der Passauer Bischof Urolf ist nicht einmal im Salzburger *Ordo conprovincialium pontificum* namentlich genannt, aber in einigen wenigen Traditionsnotizen bezeugt — vgl. BOSHOF, Regesten der Bischöfe von Passau I Nr. 80–87. Über den Säbener Oberhirten Zerito ist außer seiner Nennung im späten Brixener Bischofskatalog nichts auszumachen — SPARBER, Sabiona 80 Anm. 215 und S. 104. Zu der in Salzburg in Gedichtform verfaßten Bischofsliste — De ordine conprovincialium pontificum, ed. E. DÜMMLER, MGH.PL II 636–639; ferner MGH.SS XIII 351f — vgl. LHOTSKY, Quellenkunde 150f.

phie und Hagiographie sind in der uns interessierenden Epoche über bescheidene Bemühungen nicht hinausgekommen[3], die *Conversio Bagoariorum et Carantanorum*, die große Salzburger Dokumentation über die Mission von Karantanien und Pannonien[4], die uns noch beschäftigen wird, wirkt wie ein erratischer Block in einer Landschaft ohne Profil. Manche Klostergründung oder Reliquientranslation, manche Darstellung engerer Beziehungen zum Herrscherhaus, mancher durch königliches Diplom belegte Rechtsanspruch ist lediglich in später Tradition faßbar, die — gefälscht oder dem Verdacht der Fälschung ausgesetzt — nur schwer auf die Realität der karolingischen Zeit zurückschließen läßt. Das Interesse des Schulbetriebs und die Tätigkeit der Skriptorien waren — soweit erkennbar — nicht so sehr auf die Geschichtsschreibung als vielmehr auf kirchliche Gebrauchsliteratur und Rechtstexte gerichtet[5]; was an Handschriften auf uns gekommen ist, erlaubt allerdings, auch wenn die Überlieferungssituation für manche Kathedral- und Klosterbibliothek nicht gerade ungünstig ist, nur bruchstückhaft einen Einblick in das innerkirchliche und kulturelle Leben[6]. Den praktischen Bedürfnissen der Administration und Besitzsicherung verdankt aber auch jene Gruppe von Quellenzeugnissen ihre Existenz, die angesichts der beklagenswerten Quellenarmut für uns von unschätzbarem Wert sind: die Traditionsbücher nämlich, die mit der Aufzeichnung von Schenkungen, Tauschhandlungen und Rechtsentscheidungen nicht nur Erkenntnisse über die wirtschaftlichen Verhältnisse einer kirchlichen Institution liefern, sondern auch die Beziehungen der Kirchen untereinander und zur Welt, zu Königtum und Adel wie zu den Unterschichten, widerspiegeln und mitunter interessante Aussagen über die Ausstattung auch einer einfachen Kirche mit Geräten, Paramenten und Büchern machen[7], damit aber wiederum Bildungsstand des Klerikers und Voraussetzungen der Seelsorge zumindest in Umrissen erkennen lassen. Zu den wichtigen Zeugnissen über die Gemeinschaft der Lebenden und Toten im Kloster und über das Kloster hinaus zählen die Verbrüderungsbücher, die *Libri confraternitatum*. Die betreffenden Aufzeichnungen der Reichenau und St. Gallens[8] dokumentieren in beeindruckender Weise die weit ausgreifenden Beziehungen der beiden Bodenseeklöster, die auch zahlreiche bayerische Kirchen — mit der Reichenau waren Altaich, Mondsee, St. Peter/Salzburg, Mattsee, Metten und Chiemsee verbrüdert — erfaßten. Die Salzburger Kirchenprovinz besitzt ein kostba-

---

[3] LHOTSKY, Quellenkunde 143–163.
[4] WOLFRAM, Conversio Bagoariorum.
[5] Dazu GLASER, Wissenschaft und Bildung. Karolingische Periode.
[6] Vgl. B. BISCHOFF, Südostdeutsche Schreibschulen, I: Die bayerischen Diözesen, ³1974 (vgl. etwa S. 58 zu der Freisinger Überlieferung); II: Die vorwiegend österreichischen Diözesen, 1980.
[7] Als Beispiele seien hier nur genannt die Schenkung des Priesters Egino, das Inventar von Bergkirchen, die Ausstattung von Thannkirchen und Mauern — vgl. BITTERAUF, Traditionen Freising I Nr. 646, 652, 742, 1031; vgl. dazu auch J. MASS, Bistum Freising in der Karolingerzeit 105 u. 176 f. Vgl. ferner die Ausstattung der von Gundpert an St. Peter und St. Emmeram übertragenen Eigenkirche: WIDEMANN, Traditionen Regensburg Nr. 95. Zu den Traditionsbüchern allgemein: FICHTENAU, Urkundenwesen 73–87.
[8] Zu den *Libri confraternitatum* vgl. N. HUYGHEBAERT, Les documents nécrologiques (= Typologie des sources du moyen âge occidental 4) 1972, 13–21. Die *Libri confraternitatum* von Reichenau und St. Gallen: MGH.LMN I: Das Verbrüderungsbuch der Abtei Reichenau, hg. v. J. AUTENRIETH – D. GEUENICH – K. SCHMID, 1979 (S. LXI Karte der verbrüderten Klöster); MGH.LC, ed. P. PIPER, 1884.

res Beispiel in dem Verbrüderungsbuch von St. Peter, das Bischof Virgil in seinem Todesjahr 784 anlegen ließ; es wurde im 9. Jahrhundert fortgeführt, ohne allerdings die geistige Weite und klare Ordnung der virgilschen Konzeption durchhalten zu können[9].

Mit diesen wenigen Hinweisen aber ist die Bestandsaufnahme der Quellen bereits abgeschlossen. In der Literatur werden häufig die verheerenden Ungarnstürme des beginnenden 10. Jahrhunderts dafür verantwortlich gemacht, daß uns so wenig Zeugnisse — gleich welcher Art — aus der karolingischen Epoche der bayerischen Kirchengeschichte überkommen sind. Eine solche Erklärung erscheint auf den ersten Blick plausibel; ein unvoreingenommener Betrachter aber hat zu fragen, ob nicht diese »Katastrophentheorie« komplizierte und schwer durchschaubare Sachverhalte allzu sehr vereinfacht, ob nicht nach einem großartigen Aufschwung in der zweiten Hälfte des 8. und den beiden ersten Jahrzehnten des 9. Jahrhunderts der Niedergang, und zwar nicht nur der politische, bereits unter Ludwig dem Frommen einsetzte, bedingt durch die inneren Probleme des schwer zu regierenden Großreiches und den innerdynastischen Machtkampf um die Verteilung des Erbes, so daß die äußeren Feinde diesen Niedergang nur beschleunigt haben. Wenn wir so wenig über die Geschichte der meisten bayerischen Klöster im 9. Jahrhundert sagen können, wenn auch kaum etwas über große Leistungen der Bischöfe zu berichten ist, dann dürfte das nicht allein und vor allem daran liegen, daß die Ungarnstürme von einer blühenden Kirche kaum Spuren übriggelassen haben. Vielleicht wird man, da die schriftlichen Quellen nur trübe fließen, künftig von der archäologischen Forschung neue Aufschlüsse erhalten. Freilich ist auch die Vorstellung von einem allgemeinen Verfall der fränkischen Gesellschaft und — in seinem Sog — auch der fränkischen Kirche im 9. Jahrhundert etwas zu modifizieren: Die westfränkische Kirche hat mindestens bis zur Synode von Fismes 881 trotz der inneren Wirren und der schweren äußeren Bedrohung durch die Normannen in der Tradition der großen karolingischen Reformsynoden eine rege Synodaltätigkeit entfaltet[10], was allerdings nicht zuletzt das Verdienst einer Persönlichkeit von überragender Bedeutung, des Erzbischofs Hinkmar von Reims (845–882)[11], gewesen ist. Jedenfalls bestand unverkennbar ein westöstliches Gefälle in den religiös-geistlichen Aktivitäten und der geistigen Wirkung der fränkischen Reichskirche.

---

[9] Ed. S. HERZBERG-FRÄNKEL, MGH.N II 6–44; K. FORSTNER, Das Verbrüderungsbuch von St. Peter in Salzburg. Vollständige Faksimileausgabe im Originalformat (= Codices selecti 51) 1974. Vgl. dazu: LHOTSKY, Quellenkunde 149f; K. F. HERMANN, Confraternitas Sanpetrensis. Die Geschichte der Gebetsverbrüderung in St. Peter zu Salzburg, in: SMGB 79 (1968) 26–53; K. SCHMID, Probleme der Erschließung des Salzburger Verbrüderungsbuches, in: Frühes Mönchtum in Salzburg, hg. v. E. ZWINK (= Salzburg-Diskusssionen 4) 1983, 175–196.

[10] Vgl. dazu jetzt die einschlägigen Kapitel bei HARTMANN, Synoden der Karolingerzeit.

[11] Zu Hinkmar von Reims: H. SCHRÖRS, Erzbischof Hinkmar von Reims. Sein Leben und seine Schriften, 1884; J. DEVISSE, Hincmar, Archevêque de Reims I–III (= Travaux d'histoire éthico-politique 29) 1975/76.

## I. DIE BAYERISCHE KIRCHENPROVINZ IN DER ERSTEN HÄLFTE DES 9. JAHRHUNDERTS

### § 4. DIE KANONISCHE ERRICHTUNG DER BAYERISCHEN KIRCHENPROVINZ

*a) Zusammensetzung und Einzelprobleme*

Am 20. April 798 empfing der Bischof Arn von Salzburg aus der Hand des Papstes Leo III. in Rom das Pallium[12]. Er hatte die Heilige Stadt an der Spitze einer Gesandtschaft Karls aufgesucht, die mit dem Papst über die Neuorganisation des Klosters San Paolo fuori le mura als Reichsabtei verhandelte[13], darüber hinaus aber wohl auch die von zunehmender Opposition gegen Leo III. gekennzeichnete politische Lage erkunden sollte[14]. Ein Mitglied dieser Gesandtschaft war der Abt Fardulf von Saint-Denis, der dem Papst den Auftrag Karls zur Rangerhöhung des Salzburger Bischofs und zur Einrichtung der bayerischen Kirchenprovinz übermittelte[15]. Das Schreiben, in dem Leo dem Frankenkönig den Vollzug meldet, läßt keinen Zweifel daran, wem in dieser Angelegenheit Initiative und Kompetenz zukamen[16], auch wenn der Papst sich in einem weiteren Mandat an die Suffragane des neuen Metropoliten sichtlich bemüht, die Akzente etwas anders zu setzen und das Zusammenwirken und Einverständnis mit dem König zu betonen[17]. Der Mann, den Karl für das wichtige Amt ausersehen hatte und dessen Eignung auch der Papst betont, entstammte einer bayerischen, dem Umkreis der Faganasippe zugehörigen Adelsfamilie[18]. Er hatte seine Ausbildung in Freising erhalten, war dann ins westfränkische Kloster St. Amand an der Scarpe eingetreten und hier 782 zum Abt erhoben worden. Er behielt die Leitung dieses Klosters auch bei, nachdem er im Jahre 785 die Nachfolge Virgils auf der Salzburger

---

[12] JE 2498 = GermPont I: Archiepiscopatus Salisburgensis S. 8 Nr. 7 (ed. HAUTHALER, Salzburger Urkundenbuch II, Nr. 2a). Zu Arn vgl. DOPSCH, Geschichte Salzburgs I/1, 157–173.

[13] ABEL – SIMSON, Karl der Große II 137f. Die Frage der Neuorganisation von St. Paul ist bereits auf einer Aachener Synode im Jahre 797 erörtert worden — vgl. HARTMANN, Synoden der Karolingerzeit 119.

[14] Zur Situation in Rom und zu allen mit der Kaiserkrönung Karls im Zusammenhang stehenden Fragen vgl. P. CLASSEN, Karl der Große, das Papsttum und Byzanz. Die Begründung des karolingischen Imperiums (erweiterte Sonderausgabe aus: Karl der Große — Lebenswerk und Nachleben. I, hg. v. H. BEUMANN, ³1967) 1968; zu oben vgl. 567ff.

[15] JE 2496 = GermPont I: Archiepiscopatus Salisburgensis S. 9 Nr. 9; ed. MGH.Epp Karolini aevi III 59 Nr. 4 (798 c. April. 20).

[16] aaO. 59f: *... missus videlicet praecellentissimus Fardulfus, religiosus abbas ... innotuit nobis, quod vestra a Deo protecta regalis excellencia* m a n d a s s e t *nobis per ipsum, quod Arnoni episcopo pallium tribueremus et in provincia Baiowariorum archiepiscopum constitueremus.*

[17] JE 2495 = GermPont I: Archiepiscopatus Salisburgensis S. 8 Nr. 8; ed. MGH.Epp Karolini aevi III 58 Nr. 3 (798 c. April 20); vgl. VOLKERT, Regesten Augsburg I 14; BOSHOF, Regesten der Bischöfe von Passau I Nr. 44.

[18] Vgl. neben der in Anm. 12 angegebenen Literatur noch: W. STÖRMER, Adelsgruppen im früh- und hochmittelalterlichen Bayern (= SBVSG 4) 1972, passim; DERS., Früher Adel, passim; ferner auch J. SEMMLER, Zu den bayerisch-westfränkischen Beziehungen in karolingischer Zeit, in: ZBLG 29 (1966) 344–424 bes. 391–397.

*cathedra* angetreten hatte. Von Herzog Tassilo, für den er 787 bei Papst Hadrian I. zu vermitteln suchte, und Karl dem Großen gleichermaßen geschätzt und gefördert, repräsentierte er jenen Typ des Aristokraten, der über die Stammesgrenzen hinweg dem König als unentbehrliche und zuverlässige Stütze in der Beherrschung des Großreiches diente. Seine Freundschaft zu Alkuin brachte ihn in die unmittelbare Nähe des Führungskreises am Hofe. Der Blick auf diese Karriere enthält bereits zu einem wesentlichen Teil die Antwort auf die viel diskutierte Frage, warum der Salzburger und nicht der Bischof des Vorortes des bayerischen Stammes, der Regensburger also, mit der Metropolitanwürde ausgestattet wurde. Neben diesem persönlichen Motiv der Königsnähe, das in einem Zeitalter, in dem Herrschaft zu einem hohen Grade auf personalen Bindungen beruhte, sicher von entscheidender Bedeutung war, lassen sich weitere Argumente für die Wahl Karls zumindest vermutungsweise beibringen: Die Entmachtung Tassilos lag noch nicht lange zurück; es mochte opportun erscheinen, der Stadt, die einen hohen Symbolwert für die agilolfingische Vergangenheit hatte, nicht erneut eine Führungsposition zu übertragen. Vielleicht hat darüber hinaus die nach den Siegen über die Awaren nun akut werdende Frage der Mission Karls Entscheidung mitbestimmt, da Salzburg sowohl von seiner geographischen Lage wie von seinen wirtschaftlichen Ressourcen her die besten Voraussetzungen für die Bewältigung dieser Aufgabe bot[19].

Das Schreiben, in dem Leo III. die Konstituierung der neuen Kirchenprovinz den davon betroffenen Suffraganen mitteilte, ist an die Bischöfe Alim von Säben, Atto von Freising, Adalwin von Regensburg, Waltrich von Passau und Sintpert von Neuburg gerichtet. Mit dieser Abgrenzung wurden zunächst die kirchenrechtlichen Konsequenzen aus der politischen Entwicklung gezogen, wie sie in Bayern seit dem ersten Bistumsplan des Herzogs Theodo erfolgt war: Das Alpenbistum Säben hatte sich nach der Jahrhundertmitte in die bayerische Kirche eingefügt[20]; dagegen war wohl mit der Niederlage des Herzogs Odilo gegen die Karolinger und dem Frieden von 744 auch die Entscheidung über die endgültige Ausgliederung des Eichstätter Raumes aus dem bayerischen Herrschaftsbereich und die Zuordnung des entstehenden Bistums zur fränkischen Machtsphäre, kirchlich also zur Mainzer Kirchenprovinz, gefallen[21]. Mit der Nennung des Bischofssitzes Neuburg aber ist ein besonderes Problem der bayrischen Kirchengeschichte aufgeworfen, das bis heute kontrovers diskutiert wird[22]. Sintpert erscheint auch in den Akten der Synode von Reisbach als Bi-

---

[19] Vgl. dazu auch WOLFRAM, Zeit der Agilolfinger 123 (mit Literatur), sowie H. LÖWE, Die karolingische Reichsgründung und der Südosten (= Forschungen zur Kirchen- und Geistesgeschichte 13) 1937, 81–92.
[20] Vgl. dazu BERG, Bischöfe 95–97; WOLFRAM, Geburt Mitteleuropas 149.
[21] Dazu WEINFURTER, Bistum Willibalds, bes. 14–16.
[22] Die ältere Literatur – vor allem R. BAUERREISS – ist hier nicht ausführlich zu besprechen, da sie in den hier zitierten jüngeren Arbeiten diskutiert wird. Vgl. K. SCHMID, Bischof Wikterp 99–139, zu oben bes. 132–136; VOLKERT, Regesten Augsburg I 14, 16 (jeweils mit Literatur; Ergänzung 318f); P. FRIED, Bischof Simpert und das Bistum Neuburg-Staffelsee, in: St. Simpert, Bischof von Augsburg 778–807

schof von Neuburg (*Neuburgensis*)[23], wird aber in einem Papstschreiben vom 11. April 800 als Bischof von Staffelsee (*Stafnensis aecclesiae*)[24] bezeichnet. Er ist ohne Zweifel identisch mit jenem Sintpert, der wahrscheinlich seit 778 der Kirche von Augsburg vorstand[25]. Damit stellen sich die Fragen, ob Neuburg und Staffelsee als zwei verschiedene Bischofssitze — Neuburg an der Donau und Wörth im Staffelsee[26] — anzusehen sind, ob es sich um zwei verschiedene Namen für ein und denselben bischöflichen Sitz — Neuburg im Staffelsee[27] — handelt, ob der Bischofssitz um 800 von Neuburg nach Staffelsee transferiert worden ist und endlich, wie das Verhältnis zu Augsburg zu sehen ist. Sicher ist, daß das Bistum Neuburg/Staffelsee zwischen 801 und 807 unter Sintpert mit dem Bistum Augsburg wieder vereinigt worden ist[28], das spätestens seit Ludwig dem Frommen der Mainzer Kirchenprovinz eingegliedert wurde; auf der Mainzer Synode von 829 erscheint der Augsburger Bischof Nidker unter den Mainzer Suffraganen[29]. Die Erklärung für die verwirrenden Quellenangaben findet sich auch in diesem Falle in der politischen Entwicklung der zweiten Hälfte des 8. Jahrhunderts. An der Existenz eines Bistums Neuburg/Staffelsee ist nicht zu zweifeln. Es verdankte seine Entstehung nach 739 offenbar dem Versuch des Herzogs Odilo, die Gebiete östlich des Lech aus dem sich formierenden Augsburger Sprengel zu lösen und damit vor dem fränkischen Zugriff zu schützen. Nach dem Sturz Tassilos mußte diese Politik scheitern, zumal der Bischof Sintpert sich offenbar eng an Karl den Großen anschloß. Die 798/800 noch bestehende Personalunion mit Augsburg wurde wenig später in eine Realunion umgewandelt; Karl der Große stellte den einheitlichen Augsburger Bistumssprengel wieder her. Damit ist allerdings noch keine Erklärung für die Doppelbenennung Neuburg-Staffelsee gegeben. Vielleicht war Sintpert auch Abt des Staffelseeklosters, das damit als ein bischöflicher (Neben-)Sitz von Neuburg anzusehen wäre.

Weniger gravierend, aber bis heute auch nicht wirklich gelöst ist ein Problem, das die Salzburger Kirche betrifft. Leo III. hat sie 798 in seinem Schreiben an die Suffragane und in der Palliumsverleihung für Arn als »Kirche von Salzburg, die auch

---

(= JVABG 12) 1978, 181–185 (Forschungsüberblick); J. HEIDER, Bischof Simpert und das Problem Neuburg (= JVABG 12) 1978, 168–180. Vgl. auch GermPont I: Episcopatus Niwenburgensis 383f.

[23] Vgl. unten Anm. 40.

[24] JE 2503 = GermPont I: Episcopatus Niwenburgensis 384 Nr. 3; ed. MGH.Epp Karolini aevi III 60 Nr. 5.

[25] VOLKERT, Regesten Augsburg I 10.

[26] Zur archäologischen Situation vgl. B. HAAS, Bericht über die Archäologischen Ausgrabungen auf der Insel Wörth im Staffelsee vom 18. Mai – 31. Juli 1992, in: Jahresmitteilung des Heimatvereins Seehausen am Staffelsee, 1992, 25–34; ferner DIES., Archäologische Ausgrabungen auf der Insel Wörth im Staffelsee, in: Schönere Heimat. Erbe und Auftrag 81,3 (1992) 175–177.

[27] Vgl. K. SCHMID, Bischof Wikterp 135 mit Anm. 143.

[28] Das berichtet die wohl dem ausgehenden 9. Jahrhundert angehörende *Translatio s. Magni* sehr genau (MGH.SS IV 425; zur Überlieferung vgl. VOLKERT, Regesten Augsburg I 4 u. 34): *Parrochiam vero ambarum partium Lici fluminis per auctoritatem domni Leonis tunc temporis papae et confirmationem domni Karoli iam facti imperatoris in utroque regno simul Domino favente coadunavit* (scil. Bischof Sintpert) — vgl. VOLKERT, Regesten Augsburg I 17.

[29] VOLKERT, Regesten Augsburg I 30.

*Petena* genannt wird« bezeichnet³⁰. Diesen Namen hatte Karl der Große bereits als Synonym für Salzburg verwandt, als er Arn im Jahre 790 eine Besitzbestätigung für seine Kirche verbriefte³¹. Der Zusammenhang läßt vermuten, daß dem Namen eine legitimatorische Funktion im Sinne einer — wie auch immer gearteten — Rechtsnachfolge zugedacht war, aber alle Erklärungsversuche — ob als Hinweis auf die Kontinuität zu einem postulierten spätrömischen Bistum Petena im Chiemseegebiet oder mit Bezug auf ein möglicherweise von Poetovio-Pettau aus gegründetes istrisches Bistum Pedena als Missionsauftrag oder auch als bloße Worterklärung — bleiben letztlich unbefriedigend, da sie von den Quellen her nicht wirklich abgedeckt sind³². Im übrigen gibt es keine Anzeichen dafür, daß diese Benennung irgendeine weitere Wirkung gehabt hat.

### b) Arn von Salzburg

Auf der Rückkehr von Rom erhielt Arn noch südlich der Alpen den Auftrag Karls, sofort eine Missionsreise nach Karantanien zu unternehmen. Er leistete diesem Gebot aber erst Folge, nachdem er dem König Bericht erstattet hatte, und er kann sich nur für kurze Zeit im Missionsgebiet aufgehalten haben, da ihn in seiner Kirchenprovinz andere Aufgaben erwarteten. Den Missionsauftrag übernahm der Chorbischof Theoderich, den Arn wohl Anfang des Jahres 799 geweiht und zusammen mit Gerold, dem Präfekten Bayerns, in sein Amtsgebiet eingeführt hat³³. Doch ehe sich der Erzbischof ganz seiner Tätigkeit als Diözesanoberhirte und Metropolit widmen konnte, beanspruchte ihn der König erneut für die Reichspolitik. In der Lösung der römischen Probleme, die sich mit dem Überfall der Papstgegner auf Leo III. bei der Bittprozession am 25. April 799 und der Flucht des Papstes zu Karl dramatisch zugespitzt hatten, hat Arn eine wesentliche Rolle gespielt³⁴. Er gehörte mit dem Erzbischof Hildebald von Köln und fünf weiteren Bischöfen sowie drei Grafen zu den Königsboten, die Leo III. nach Rom zurückführten und hier um die Wende zum Jahre 800 eine Untersuchung der Ereignisse vornahmen; er erstattete Alkuin Bericht, und er war schließlich auch zugegen, als Karl auf dem Höhepunkt des Geschehens am Weihnachtstage des Jahres 800 aus der Hand des durch Reinigungseid rehabilitierten Papstes die Kaiserkrone empfing.

Auch in den folgenden Jahren finden wir ihn als *missus* im Reichsdienst tätig, und im Jahre 813 zählt er zu den führenden Teilnehmern der Mainzer Reformsynode, auf der Fragen des Glaubens wie der kirchlichen Disziplin, der Erneuerung des

---

³⁰ MGH.Epp Karolini aevi III 58 Nr. 3: Der Papst ernennt Arn zum Erzbischof *ecclesiae Iuvavensium, que et Petena nuncupatur*; Schreiben an Arn: HAUTHALER, Salzburger Urkundenbuch II, S. 2 Nr. 2a.
³¹ MGH.D Kar. 1, Nr. 168: *Arno Petenensis urbis episcopus, que nunc appellatur Salzburch ...*
³² Zur Forschungsdiskussion vgl. K. REINDEL, Die Organisation der Salzburger Kirche im Zeitalter des heiligen Rupert, in: MGSLK 115 (1975) 83–98; DOPSCH, in: Geschichte Salzburgs I/1, 161f (mit der Literatur).
³³ Diese Ereignisse werden in der Conversio Bagoariorum c. 8, 49 berichtet; vgl. dazu den Kommentar von WOLFRAM, ebd. 107f.
³⁴ Zu den römischen Ereignissen vgl. CLASSEN, Karl der Große (wie Anm. 14) 569–571.

Mönchtums wie der Lebensweise der Kanoniker, des Schutzes des Kirchengutes wie der moralischen Mißstände in der fränkischen Gesellschaft behandelt wurden[35]. Inzwischen aber hatte der Erzbischof auch eine rege Synodaltätigkeit in seiner Kirchenprovinz entfaltet. Ein Anstoß dazu könnte von Karl dem Großen gekommen sein, der Arn durch den Bischof Sintpert von Neuburg Anweisungen im Sinne der *Admonitio generalis* von 789, des großen Mahnschreibens an Geistlichkeit und weltliche Würdenträger[36], übersandt hatte[37]. Es lag aber auch im Interesse des Metropoliten selbst, seine Suffragane um sich zu versammeln; denn möglicherweise hat die Entscheidung von 798 im bayerischen Episkopat nicht sofort und uneingeschränkt Zustimmung gefunden. Das würde erklären, warum Leo III. sich im April 800 noch einmal an die Suffragane gewandt, seine im Einvernehmen mit dem Frankenkönig getroffene Maßnahme vom Kirchenrecht her begründet und die Bischöfe aufgefordert hat, Eintracht zu wahren und mit dem neuen Metropoliten zusammenzuarbeiten[38]. Vordergründig war eine Anfrage Arns über inzestuöse Verbindungen der Anlaß dieses Schreibens; den weitaus größten Teil der Antwort aber nehmen jene Rechtfertigung der Rangerhöhung des Salzburger Bischofs und die Ermahnung an alle kirchlichen und weltlichen Stände ein, die hierarchische Ordnung zu beachten.

### c) Provinzial- und Diözesansynoden

Die genaue Zahl und die zeitlichen Abfolgen der Provinzial- und Diözesansynoden festzustellen, ist angesichts der diffusen Quellenlage nicht möglich. Es scheint, daß Arn schon 798 eine erste Synode abgehalten hat[39]. Sehr viel besser sind wir über die Synode von Reisbach unterrichtet, deren Verhandlungen in Freising und Salzburg fortgesetzt wurden[40]. Von ihr sind 47 Kanones überliefert, und als Teilnehmer sind neben Arn alle seine Suffragane, ferner die Äbte von Niederaltaich, Chiemsee, Tegernsee, Wessobrunn, Kremsmünster, Münchsmünster und vielleicht von Isen und Moosburg sowie einige Archipresbyter, Priester und Diakone bezeugt, aber das Jahr, in dem sie stattfand, ist unsicher, da für Reisbach nur das Tagesdatum, der 20. Januar, angegeben ist. Vieles spricht allerdings dafür, sie für 799 anzusetzen, da

---

[35] Konzilsakten: MGH.Conc. II/1, 258–273 Nr. 36; dazu vgl. HARTMANN, Synoden der Karolingerzeit 128–140.

[36] BM² 300 (798 März 23); ed. MGH.Cap I 52–62 Nr. 22; dazu HARTMANN, Synoden der Karolingerzeit 103f.

[37] MGH.Conc. II/1, 213f Nr. 24 B; vgl. VOLKERT, Regesten Augsburg I 15.

[38] JE 2503 = GermPont I: Archiepiscopatus Salisburgensis 9 Nr. 10; ed. MGH.Epp Karolini aevi III 60 Nr. 5. Vgl. etwa: *Et nequaquam vobis vilis videatur institutio a vicario sancti Petri apostoli, sed omni studio omnique devotione canonicas sanctiones observantes unanimiter cum humilitate et mansuetudine concordiam pacis habentes, omnia cum concilio vestri metropolitani, scilicet Arnonis archiepiscopi, que agenda atque tractanda sunt, cum timore et dilectione Dei facite, et hi, qui volunt pie in Christo vivere, gaudeant sibi sui metropolitani archiepiscopi adesse consilium..*

[39] HARTMANN, Synoden der Karolingerzeit 142.

[40] MGH.Conc. II/1, 205–219 (zu 800); vgl. HARTMANN, Synoden der Karolingerzeit 142–148.

der 20. Januar in diesem Jahr auf einen Sonntag fiel und Arn darüber hinaus, wie gesagt, an einem frühen Termin interessiert sein mußte[41].

Die umfangreiche Gesetzgebung der Tripelsynode spiegelt das Bemühen wider, fränkisches Kirchenrecht in die bayerische Kirche zu übernehmen. Die Synodalväter verweisen auf älteres Kirchenrecht, berufen sich aber auch auf Reichssynoden und schließen sich an deren Texte an; die fünf ersten Dekrete werden eingeleitet mit dem Hinweis, daß sie auf Befehl Karls, *ex iussione domni Karoli*, erlassen worden seien. Die Vorschriften betreffen alle Stände der Kirche. Grundlage für das christliche Dasein ist das für alle geltende Gebot der Liebe und Eintracht; im einzelnen hat jeder die Aufgaben zu erfüllen, die seinem Stande angemessen sind. Die Bischöfe haben ihre Leitungsfunktion wahrzunehmen; zweimal jährlich soll gemäß dem Konzil von Chalkedon eine Synode stattfinden. Mönche und Kanoniker werden auf die *vita monastica* und die *vita canonica* verpflichtet; von den Priestern wird eine untadelige Lebensführung verlangt. Das religiöse und moralische Leben der Laien wird durch eine Vielzahl von Verordnungen geregelt, die von der Vorschrift anständiger Kleidung beim Gottesdienst über Fastengebote bis zur Gestaltung des ehelichen Lebens reichen. Die allgemeinen Probleme der fränkischen Kirche spiegeln sich in den Einzelvorschriften wider: das Eigenkirchenwesen und die damit verbundene Gefahr der Übergriffe adeliger Herren; die Bemühungen, für einen Klerus zu sorgen, der den in der Seelsorge an ihn gestellten Anforderungen gerecht wird; die Betreuung jener Glieder der Gesellschaft, die — wie Witwen, Waisen, Blinde und Lahme — schutzlos der Willkür anderer ausgesetzt sind; schließlich der Kampf gegen Aberglauben und Zauberei. Hexen, Zauberer und Wettermacher sollen eingekerkert und zum Geständnis gebracht werden, aber man soll sie so behandeln, daß sie nicht das Leben verlieren, sondern die Möglichkeit haben, sich von ihrem sündhaften Treiben zu lösen[42]. Es sind dies alles Themen, die auch in einer anonym überlieferten Synodalansprache anklingen, die, wenn sie tatsächlich Arn von Salzburg zuzuweisen ist, ein weiteres Mal die Sorge des Erzbischofs um das religiöse Leben in der ihm anvertrauten Kirchenprovinz belegen[43].

Die Beschlüsse der Tripelsynode sind wahrscheinlich allen bayerischen Domstiften und Klöstern zugestellt worden[44]. Der Zusammenhalt der bayerischen Kirche sollte auch durch die abschließende Vorschrift gefestigt werden, daß der Tod einer geistlichen Person — eines Bischofs, Abtes, Priesters, Mönches oder einer Nonne —

---

[41] Zur kontroversen Forschungsdiskussion und zur Datierung vgl. BOSHOF, Regesten der Bischöfe von Passau I Nr. 45.

[42] Can. 15, MGH.Conc. II/1, 209; hier heißt es u.a.: *Sed sub tali moderatione fiat eadem districtio, ne vitam perdant, sed ut salventur in carcere, usque dum Deo inspirante spondeant emendationem peccatorum.* Zum Problem des Aberglaubens in der fränkischen Gesellschaft und zum Kampf der Kirche bzw. einzelner Repräsentanten, wie des Erzbischofs Agobard von Lyon, dagegen vgl. E. BOSHOF, Erzbischof Agobard von Lyon. Leben und Werk (= KHA 17) 1969, 170–185 (mit Literatur).

[43] Vgl. R. POKORNY, Ein unbekannter Synodalsermo Arns von Salzburg, in: DA 39 (1983) 379–394 (Edition: 390–394).

[44] HARTMANN, Synoden der Karolingerzeit 147.

schriftlich allen Bischöfen mitgeteilt werden sollte, damit man ihrer im Gebet gedenken könne. Hier dokumentierte man offenkundig Kontinuität zur Tassilozeit und zu jenem Gebetsbund, der um 770, vielleicht im Zusammenhang mit der Synode von Dingolfing, geschlossen worden war[45]. In dieser Tradition steht auch die Gebetsverbrüderung der bayerischen Kirche, die für eine Freisinger Provinzialsynode aus dem Jahre 805 in einer Freisinger Handschrift überliefert ist. Am Bischofssitz beziehungsweise im Kloster sollen für alle verstorbenen Bischöfe und Äbte der Kirchenprovinz hundert Messen gefeiert und hundert Psalmen gebetet werden; hinzu kommt für den Diözesanklerus eine zusätzliche Leistung von Messen und Gebeten. Einem verstorbenen Priester werden drei Messen und ein Psalter gewidmet. Darüber hinaus wird für alle eine wiederum gestaffelte Almosenspende festgesetzt[46]. Die übrigen, zwischen 804 und 811 — vielleicht in Tegernsee, ferner in Regensburg, Salzburg und Freising — unter Arns Leitung abgehaltenen Provinzialsynoden haben kaum Zeugnisse ihres Wirkens hinterlassen; von den Diözesansynoden haben wir ohnehin nur für Freising dank der herausragenden Überlieferung des Traditionsbuches genauere Kenntnis[47].

*d) Die Krise des Reiches*

Nach 811 endet die Blütezeit der bayerischen Provinzialsynoden. Über eine Teilnahme bayerischer Bischöfe an den großen Reformsynoden der ersten Regierungsjahre Ludwigs des Frommen, auf denen unter Führung Benedikts von Aniane die Existenz der geistlichen Gemeinschaften im *ordo monachorum* und *ordo canonicorum*, also in der Unterscheidung von monastischer Lebensführung nach der Regel des heiligen Benedikt und kanonikaler Lebensweise auf der Grundlage der erweiterten Chrodegangregel, normiert und eine umfassende Ordnung der kirchlichen Angelegenheiten angestrebt wurde[48], läßt sich nichts ausmachen. Der Metropolit Arn selbst war jedenfalls nicht auf der Aachener Synode von 816 zugegen, da das an ihn gerichtete kaiserliche Rundschreiben, das der Versendung der Kanoniker- und Kanonissenregel beigegeben war und die öffentliche Verkündigung, Erläuterung und Verbreitung der neuen Vorschriften anordnete, in der Fassung gehalten ist, die für Nichtanwesende ausgefertigt worden ist[49]. Auf der Aachener Reichsversammlung vom Juli 817 erließ Ludwig der Fromme jenes Gesetz, das als der Höhepunkt karolingischer Kapitulariengesetzgebung gilt: die *Ordinatio imperii*, die in der Form der herrschaftlichen Reichsteilung und Erhebung des Sohnes Lothar zum Mitkaiser die Einheit des Groß-

---

[45] Can. 47, MGH.Conc. II/1, 213; zum Gebetsbund von Dingolfing vgl. HARTMANN, Synoden der Karolingerzeit 92f.
[46] Vgl. MGH.Conc. II/1, 233 Nr. 31; zur Überlieferung BISCHOFF, Schreibschulen I 137.
[47] HARTMANN, Synoden der Karolingerzeit 149f.
[48] HARTMANN, Synoden der Karolingerzeit 153–187.
[49] MGH.Conc. II/1, 456–464 Nr. 39 C; vgl. F. L. GANSHOF, Note sur la date de deux documents administratifs émanant de Louis le Pieux, in: Recueil de travaux offert à M. C. Brunel (= Mémoires et documents de la société l'École des Chartes 12) 1955, 518–520.

reiches für die Zukunft sichern sollte⁵⁰. Bayern wurde mit Kärnten und den vorgelagerten slawischen Gebieten dem Sohne Ludwig zugeteilt, der zum ersten Male in einer Besitzbestätigung für das Kloster (Nieder-)Altaich von 830 den Titel »*rex Baioariorum*« führt, seit Ende 833 seine Herrscherjahre aber »*in orientali Francia*«, in dem nun erheblich erweiterten Ostfrankenreich also, zählte⁵¹. Der Erzbischof Arn ist am 24. Januar 821 gestorben. Nur wenige Jahre später beginnen jene Auseinandersetzungen um die Geltung der *Ordinatio imperii,* die das fränkische Reich in eine tiefe Krise stürzen sollten. Mit dem dynastischen Problem der Ausstattung des 823 aus der zweiten Ehe des Kaisers mit der Welfin Judith geborenen Sohnes Karl verknüpften sich Probleme der Weiterführung der inneren Reformen und der Sicherung der Grenzen gegen zunehmenden Druck der äußeren Feinde. Judiths Vorteil war es, daß sie sich bei ihren Bemühungen, ihrem Sohne einen Anteil am Erbe zu sichern, auf traditionelle Rechtsanschauungen, die altfränkische Teilungstradition, berufen konnte, während die neue Konzeption der Reichseinheit nur von einer kleinen geistigen Elite voll erfaßt wurde. Die Fortsetzung des Reformwerkes führte zwangsläufig, insofern bei den Forderungen nach Schutz des Kirchengutes und Abstellung der Mißstände des Eigenkirchenwesens materielle Interessen des Adels berührt wurden, zu Differenzen zwischen Episkopat und Reichsaristokratie⁵². Unter dem Eindruck der Gefahr, das Gesetz des Handelns zu verlieren, formulierten die Bischöfe auf den Synoden des Jahres 829 noch einmal ein umfangreiches Reformprogramm und betonten, gestützt auf die Zweigewaltenlehre des Gelasius, gegenüber staatskirchlicher Praxis stärker die Autonomie der geistlichen Gewalt, der »*persona sacerdotalis*«⁵³. Auf der Mainzer Synode war der bayerische Episkopat geschlossen mit seinem Metropoliten, Erzbischof Adalram (821–836), vertreten. Die Kirchenmänner konnten freilich nicht verhindern, daß Ludwig der Fromme sich ihrem Einfluß mehr und mehr entzog. In den Aufständen der folgenden Jahre scheiterte das Reichseinheitsprogramm; der Vertrag von Verdun sanktionierte lediglich, was sich seit 830 schrittweise vollzogen hatte.

Die allgemeine politische Entwicklung erklärt vielleicht zu einem Teil das Ende der überdiözesanen Synodaltätigkeit in Bayern; diese war aber auch entscheidend mit dem tatkräftigen Wirken Arns verknüpft gewesen, und nach seinem Tode fehlte der bayerischen Kirche eine Persönlichkeit seines Formats. Adalrams Verbindungen zur Zentralgewalt waren unerheblich⁵⁴. Mit der Aufnahme der Regierungstätigkeit durch

---

⁵⁰ BM² 649a, 650; ed. MGH.Cap I, 270 Nr. 136; dazu T. SCHIEFFER, Die Krise des karolingischen Imperiums, in: Aus Mittelalter und Neuzeit. FS f. G. Kallen, hg. v. J. ENGEL – H. M. KLINKENBERG, 1957, 1–15; E. BOSHOF, Einheitsidee und Teilungsprinzip in der Regierungszeit Ludwigs des Frommen, in: Charlemagne's Heir, hg. v. P. GODMAN – R. COLLINS, 1990, 161–189 (mit weiterer Literatur).

⁵¹ Vgl. MGH.D LdD. 2 (830 Okt. 6); MGH.D LdD. 13 (833 Okt. 19).

⁵² Dazu BOSHOF, Agobard von Lyon (wie Anm. 42) 75–81, 88–98, 195–197.

⁵³ Concilium Parisiense, MGH.Conc. II/2, 605–682 Nr. 50 D; die fragmentarisch erhaltenen Akten der Mainzer Synode sind aus der Kirchengeschichte der Magdeburger Zenturiatoren gedruckt: ebd. 603–605. Vgl. auch H. H. ANTON, Zum politischen Konzept karolingischer Synoden und zur karolingischen Brüdergemeinschaft, in: HJ 99 (1979) 55–132.

⁵⁴ Vgl. BM² 774 u. 790 (Ludwig d. Fromme); MGH.D LdD. 4 (831) u. 7 (832).

Ludwig den Deutschen in Bayern trat Regensburg wieder stärker in den Vordergrund. Der Bischof Baturich (817–848), einer bayerischen Hochadelssippe zugehörig und in Fulda erzogen, übernahm 833 als Nachfolger des Abtes Gozbald von Niederaltaich das Amt des Erzkapellans Ludwigs[55]; er hat in der Umgebung des Königs eine nicht unwichtige Rolle gespielt.

## § 5. DIE ENTWICKLUNG DER BISTÜMER BIS 843

### a) Domkapitel und Domklöster

Die unsichere gesamtpolitische Situation hat die innere Konsolidierung der Bistümer wohl nicht entscheidend gehemmt; die bruchstückhafte Überlieferung läßt uns die Entwicklung allerdings auch nur in Umrissen erkennen. Die Entstehung von Domkapiteln an den bayerischen Bischofskirchen erscheint als ein langgestreckter Prozeß, für den aber in den meisten Fällen im 9. Jahrhundert bereits die Weichen gestellt worden sind[56]. Auszugehen ist für Salzburg, Regensburg und Augsburg von der jeweiligen Personalunion der Bischöfe mit den Klöstern St. Peter, St. Emmeram und St. Afra; bei Freising[57] ist zwar keine personelle Verbindung mit Weihenstephan gegeben, aber auch hier hat das spätere Domkapitel monastische Anfänge, das Marienkloster auf dem Domberg nämlich, das noch unter Arbeo zusätzlich das Korbinianpatrozinium übernahm. Im Unterschied zu diesen Bistümern läßt sich für Passau in der Frühzeit nicht ein Kloster als Vorläufer eines Konventes an der späteren Kathedralkirche St. Stephan nachweisen[58]. Daß auch Säben noch vor der Verlegung des Bischofssitzes nach Brixen ein Domkapitel gehabt hat, ist anzunehmen; belegt ist es jedoch erst für das erste Viertel des 11. Jahrhunderts, und seine Anfänge bleiben im dunkeln[59].

Die spärlichen Quellenhinweise erschweren auch die Antwort auf die Frage nach der Zusammensetzung und Observanz der Domklöster[60]. In Salzburg ist der bischöfliche Klerus zunächst monastisch geprägt; die um 790 aufgezeichnete *Notitia Arnonis* wird allein von Mönchen unterschrieben[61]. Kanoniker sind erst gegen Ende des 9. Jahrhunderts bezeugt[62]; der Mönchskonvent von St. Peter dürfte sich allmählich

---

[55] Vgl. FLECKENSTEIN, Hofkapelle I 167–170; zu Baturichs Herkunft vgl. STÖRMER, Früher Adel 335–337.
[56] Vgl. zum folgenden J. DOLL, Die Anfänge der altbayerischen Domkapitel, in: BGEM 10 (1907) 1–55; SCHIEFFER, Domkapitel 192–206; zu Augsburg 166–169.
[57] Dazu auch BUSLEY, Freisinger Domkapitel 16–18.
[58] Vgl. auch OSWALD, Passauer Domkapitel 3–5.
[59] SCHIEFFER, Domkapitel 204f.
[60] Zum folgenden vgl. auch SEMMLER, Benediktinisches Mönchtum in Bayern, passim.
[61] Notitia (Indiculus) Arnonis, HAUTHALER, Salzburger Urkundenbuch I, 16. Vgl. zur Geschichte von St. Peter auch: DOPSCH, Geschichte Salzburgs I/2, 1007–1009.
[62] In MGH.D Arn. 87 von 891 März 9 für die erzbischöfliche Kirche werden *fratres domino ibidem famulantes* genannt, die wohl als Kanoniker anzusehen sind; vgl. im übrigen HAUTHALER, Salzburger Urkundenbuch I, 76 Nr. 9.

abgesondert haben und im Zuge dieser Differenzierung von der Mischregelobservanz zur reinen Benediktregel übergegangen sein. Für Freising ist das Nebeneinander von Mönchen und Kanonikern schon unter Bischof Erchanbert (835–854) zu belegen[63]; seit Waldo (884–906) bilden die Kanoniker allein das Domkapitel. In Regensburg scheint der monastische Konvent von St. Emmeram bereits unter Bischof Baturich personell von der kanonikalen Gemeinschaft an der Kathedralkirche St. Peter geschieden gewesen zu sein[64]. Keimzelle des Augsburger Domkapitels war der Konvent von St. Afra, dessen Lebensform — ob monastisch oder kanonikal — für die Frühzeit aber nicht erkennbar ist[65]. Als der Bischofssitz, wohl durch Sintpert, in die Stadt verlegt wurde, könnten Kanoniker von der Afrakirche, die den Augsburger Bischöfen noch bis zu Ulrich als Grablege diente, an die Kathedralkirche St. Marien abgeordnet worden sein. Das an der Passauer Stephanskirche unter Bischof Waltrich (777–804) zu 796 bezeugte *monasterium*[66] wird eine Klerikergemeinschaft gewesen sein, die, da von Mönchen sonst nirgendwo etwas verlautet, kanonikal geprägt war. Für die Zeit des Bischofs Hartwig (840–866) ist bereits von einer großen Gemeinschaft von Kanonikern, *turma plurima canonicorum*, an St. Stephan die Rede[67], und wenn Ludwig das Kind am 12. August 903 den Passauer Kanonikern unmittelbar einen Gunsterweis erteilt[68], dann ist wenigstens hier die fortschreitende Formierung des Domkapitels als einer eigenen Rechtsperson deutlicher zu erkennen.

*b) Der Chorepiskopat*

Relativ gut bezeugt ist in den bayerischen Diözesen im 9. Jahrhundert das Institut des Chorepiskopats[69], für das wir die meisten Belege aus Salzburg[70] und Passau[71] haben. In diesen weit ausgedehnten Bistumssprengeln stellten die Chorbischöfe in der Seelsorge, im Osten vor allem in der Mission, eine wichtige Stütze der Bischöfe dar. Als »Chorbischöfe der karantanischen Region« sind die Salzburger Chorbischöfe daher im Verbrüderungsbuch von St. Peter eingetragen. Daß sie in Maria Saal, zu dem sie zweifellos engere Beziehungen hatten, und ihre Passauer Kollegen in Lorch a.d. Enns so etwas wie eine eigene Residenz besaßen, ist nicht nachzuweisen. Unter den spärli-

---

[63] BITTERAUF, Traditionen Freising I 551 Nr. 653 (zu 842).
[64] SCHIEFFER, Domkapitel 199–201.
[65] Vgl. VOLKERT, Regesten Augsburg I 10: zu St. Afra: J. WERNER (Hg.), Die Ausgrabungen an St. Ulrich und Afra in Augsburg 1961–1968 (= MBVFG 23,1–2) 1977 (hier vor allem die Beiträge von W. VOLKERT 96–99 u. B. BISCHOFF 263–267).
[66] HEUWIESER, Traditionen Passau 38 Nr. 44b: *ad monasterio Patauis ad ecclesiam sancti Stephani protomartyris*; vgl. BOSHOF, Regesten der Bischöfe von Passau I Nr. 42.
[67] HEUWIESER, Traditionen Passau 66 Nr. 80; BOSHOF, Regesten der Bischöfe von Passau I Nr. 134.
[68] MGH.D LdK. 24 (903 Aug. 12) für: *quibusdam canonicis Patauiensium et deo et sancto Stephano protomartiri Christi die noctuque famulantibus*; vgl. BOSHOF, Regesten der Bischöfe von Passau I Nr. 184.
[69] Dazu allgemein: GOTTLOB, Chorepiskopat; R. KOTTJE, Chorbischof, in: LdMa 2 (1983) 1884–1886 (mit Literatur).
[70] DOPSCH, Geschichte Salzburgs I/1, 163; K. F. HERMANN, in: ebd. I/2, 986f.
[71] HEUWIESER, Bistum Passau I 198–200 u.ö.; BOSHOF, Regesten der Bischöfe von Passau I Nrr. 106, 112, 114, 118, 129, 132, 187.

chen Freisinger Belegen[72] ist der zu Herolf von besonderem Interesse, da dieser Chorbischof nicht nur eigens mit einer Kirche investiert wurde, sondern ihm darüber hinaus Paramente und zahlreiche Bücher für den liturgischen und pastoralen Bedarf übergeben wurden[73]. Die Büchersammlung des Passauer Chorbischofs Madalwin, die uns in der Urkunde des Bischofs Burchard (902/903–915) über die vom Besitzer verfügte Schenkung an die Passauer Kirche bekannt gemacht wird, hat einen etwas anderen Charakter: Auch sie weist liturgische und biblische Texte auf, aber mit ihren Sammlungen weltlichen und kirchlichen Rechtes, metrischen Traktaten und klassischen Autoren sowie der Vita Severini des Eugipp zeugt sie von weiteren geistigen Interessen des Besitzers, der vielleicht mit dem gleichnamigen Notar König Karlmanns identisch ist[74]. Es ist daher kaum anzunehmen, daß Madalwins Sammlung die »Bücherei der (Passauer) Chorbischöfe« bildete[75], und auch für die Vermutung, daß die bei ihm und Herolf nachzuweisenden liturgischen Texte für »eine Vita communis mit gemeinsamem Chorgebet« an ihrem »Wohnsitz« sprechen[76], fehlt jeder weitere Anhaltspunkt. Trotz der seit der Pariser Synode von 829 und der Synode von Meaux-Paris 845/46 sich verschärfenden innerkirchlichen Kritik am Institut des Chorepiskopats, von dem man eine Konkurrenz zu den Ortsbischöfen und ihrer Amtsgewalt befürchtete[77], hat es sich in den bayerischen Bistümern noch über die Jahrhundertwende hinweg gehalten[78]; für die Diözese Augsburg haben wir freilich keine Belege. Als Helfer des Bischofs und ihm unterstellte Zwischengewalten traten aber allmählich Archipresbyter und Archidiakone stärker in Erscheinung.

*c) Das Niederkirchenwesen*

Über das Niederkirchenwesen sind präzise Aussagen nicht zu machen, da die Quellenlage für diesen Bereich besonders ungünstig ist und man im übrigen damit rechnen muß, daß nur ein Bruchteil der tatsächlich vorhandenen Kirchen in dem auf uns gekommenen oder uns zugänglichen Material erfaßt ist[79]. Da man nicht allgemein

---

[72] MASS, Bistum Freising in der Karolingerzeit 151–153.
[73] BITTERAUF, Traditionen Freising I 617 Nr. 742.
[74] Dazu BOSHOF, Regesten der Bischöfe von Passau I Nr. 187 (mit Literatur); ediert ist die Urkunde Burchards zuletzt von ERKENS, Passauer Bischofsurkunden 504 Nr. II.
[75] So HEUWIESER, Bistum Passau I 247.
[76] So MASS, Bistum Freising in der Karolingerzeit 152; vgl. BAUERREISS, Kirchengeschichte Bayerns I 66.
[77] Vgl. auch HARTMANN, Synoden der Karolingerzeit 417f.
[78] BUHRER-THIERRY, Les chorévêques. Für Regensburg ist zu 883 ein Chorbischof Hunrich belegt (MGH.D K.III 73); für Freising läßt sich ein Chorbischof Cowo unter Bischof Dracholf (907–926) nachweisen, der aber bereits von Waldo um 902 geweiht worden sein dürfte — vgl. MASS, Bistum Freising in der Karolingerzeit 153.
[79] Für die Diözese Freising und Passau liegen zwei ausgezeichnete Untersuchungen vor: STAHLEDER, Eigenkirchen; HAIDER, Niederkirchenwesen 325–388. Vgl. auch: R. ZINNHOBLER, Die Anfänge der pfarrlichen Organisation. Ein Diskussionsbeitrag, in: DERS., Beiträge zur Geschichte des Bistums Linz (= Linzer Phil.-theol. Reihe 8) 1977, 49–57; W. HARTMANN, Der rechtliche Zustand der Kirchen auf dem Lande: Die Eigenkirche in der fränkischen Gesetzgebung des 7. bis 9. Jahrhunderts, in: Christianizzazione

von einer Kontinuität der Verhältnisse vom Früh- zum Spätmittelalter ausgehen kann, sind auch Rückschlüsse von der späteren Pfarrorganisation auf die frühe Zeit nur mit aller Vorsicht vorzunehmen, zumal die in der älteren Forschung beliebte Methode der Erschließung von Urpfarreien als den Keimzellen der weiteren Entwicklung inzwischen fragwürdig geworden ist[80]. Ähnlich problematisch sind Analogieschlüsse, da die Verhältnisse in den einzelnen Diözesen durchaus unterschiedlich gestaltet gewesen sein können. Die spätantike Taufkirchenorganisation mit der zentralen Stellung der Bischofskirche hat durch das Eigenkirchenwesen tiefgreifende Veränderungen erfahren. In diesen Rechtsbereich gehören die Niederkirchen, ob es sich nun um bischöfliche, herzogliche, königliche oder Eigenkirchen adeliger Grundherrn handelt[81]. Der Bestand an bischöflichen Eigenkirchen, der zur Grundausstattung eines Bistums gehörte, ist im Laufe der Zeit durch Neugründungen, vor allem aber durch Schenkungen vermehrt worden, wobei allerdings die Traditionen häufig nur unter bestimmten Bedingungen, z.B. der weiteren Nutznießung durch den Eigenkirchenherrn, zumindest auf Lebenszeit, vorgenommen wurden und zudem offenbar in der zweiten Hälfte des 9. Jahrhunderts sehr stark zurückgingen[82]. Für den adeligen Grundherrn stellte die von ihm gegründete Kirche nicht nur das Seelsorgezentrum des grundherrschaftlichen Verbandes und die Grablege seiner Familie dar, sondern brachte ihm auch, insofern er an deren erwirtschafteten Erträgen oder Überschüssen teilhatte, wirtschaftlichen Nutzen[83]. Für die Dotierung einer Eigenkirche gab es gesetzliche Vorschriften[84], so daß die Existenzgrundlage des an ihr tätigen Priesters gesichert war. Wir haben Beispiele für eine recht großzügige Ausstattung mit kirchlichen Geräten und Gewändern, Grund und Boden, Eigenleuten und Vieh, die eine mitunter ansehnliche wirtschaftliche Basis der Eigenkirche widerspiegeln[85]. Doch dürfte das nicht die Regel gewesen sein. Für die pastorale Erfassung des platten Landes hat das Eigenkirchenwesen trotz aller von der Kirche auf den Reformsynoden des 9. Jahrhunderts erbittert bekämpften Mißständen, die sich natürlich aus der Stellung des Eigenkirchenherrn ergaben[86], eine ungemein wichtige Bedeutung gehabt. Mit der Weihe des Priesters und der Kirche sowie generell der Aufsichtsbefugnis haben die Bischöfe selbst eine im ganzen nicht unwirksame Kontrolle ausüben können.

---

ed organizzazione ecclesiastica delle campagne nell'alto medioevo: espansione e resistenze I (= Settimane di studio del Centro Italiano di studi sull'alto medioevo 28) 1982, 397–441.

[80] HAIDER, Niederkirchenwesen 327f.

[81] Zum Eigenkirchenwesen vgl. U. STUTZ, Geschichte des kirchlichen Benefizialwesens von den Anfängen bis auf Alexander III., Bd. I/1, 1895, 196ff; H. E. FEINE, Ursprung, Wesen und Bedeutung des Eigenkirchentums, in: MIÖG 58 (1950) 195–208; R. SCHIEFFER in: LdMa 3 (1986) 1705–1708 (mit weiterer Literatur).

[82] STAHLEDER, Eigenkirchen 187f.

[83] Vgl. HAIDER, Niederkirchenwesen 340f.

[84] Vgl. etwa das *Capitulare ecclesiasticum* Ludwigs des Frommen von 818/819, MGH.Cap I 277 c. 10: *Sanccitum est, ut unicuique ecclesiae unus mansus integer absque alio servitio adtribuatur.*

[85] BOSHOF, Regesten der Bischöfe von Passau I Nrr. 36, 76; HAIDER, Niederkirchenwesen 331, 334, 340.

[86] Vgl. dazu etwa W. HARTMANN, Der rechtliche Zustand (wie Anm. 79) 412ff; BOSHOF, Erzbischof Agobard von Lyon (wie Anm. 42) 76ff, 86ff.

Der vor allem in Freisinger — nicht aber z.B. in Passauer — Quellen erscheinende Begriff *ecclesia parrochialis* könnte die Vorstellung von einem fest abgegrenzten Pfarrbezirk aufkommen lassen; tatsächlich ist hier aber, da »parrochia« die Diözese bezeichnet, die bischöfliche Eigenkirche gemeint, und ob der sporadisch auftauchenden Bezeichnung »Taufkirche« *(ecclesia baptismalis)* eine spezifische Bedeutung zukommt, besondere Taufkirchen also von anderen Kirchen zu unterscheiden sind, läßt sich nicht feststellen, erscheint aber eher fraglich[87]. Offenbar stellten die Eigenkirchen zunächst Seelsorgezentren für die jeweilige Grundherrschaft dar, erfaßten also die grundherrliche *familia* im weitesten Sinne, d.h. den Grundherrn mit seiner Sippe sowie den Knechten, Mägden und hörigen Bauern. Daher hat es im 9. Jahrhundert eine Pfarrorganisation im späteren Verständnis, die feste räumliche Abgrenzung von Pfarrbezirken, noch nicht gegeben. Die Sprengelbildung ist das Ergebnis eines langgestreckten Prozesses. Eine besondere Rolle hat dabei die Regelung der Zehnterhebung gespielt[88]. Die Anweisung Karls des Großen, daß eine jede Kirche einen abgegrenzten Zehntsprengel haben solle, kann noch personal, bezogen auf den Personenverband, der zu der betreffenden Eigenkirche gehörte, interpretiert werden[89]; aber hier war doch auch der Anstoß zu einer räumlichen Festlegung gegeben. Im 9. Jahrhundert waren die Dinge allenthalben noch im Fluß.

*d) Administration der Diözesen*

Was über die Administration der Diözesen in Erfahrung zu bringen ist, bleibt bruchstückhaft. Um so wertvoller sind uns als Beispiele einer auf Besitzsicherung bedachten Verwaltungstätigkeit die wenigen Besitzverzeichnisse und Traditionsbücher, die uns aus dem ausgehenden 8. und dem 9. Jahrhundert überkommen sind. Am Anfang steht die *Notitia Arnonis*, eine Aufzeichnung der der Salzburger Kirche von den agilolfingischen Herzögen gemachten Schenkungen, die der Bischof Arn mit Erlaubnis Karls kurz nach dem Sturz Tassilos anfertigen ließ[90]. Sie wurde — wohl kurz nach 798 — durch die sogenannten *Breves Notitiae* ergänzt, die mit der Erfassung der nichtherzoglichen Schenkungen eine Darstellung der Frühgeschichte der Salzburger Kirche verknüpfen und auch den besonderen Rang der inzwischen zum Metropo-

---

[87] STAHLEDER, Eigenkirchen 176ff; HAIDER, Niederkirchenwesen 361ff.

[88] Vgl. J. SEMMLER, Zehntgebot und Pfarrtermination in karolingischer Zeit, in: Aus Kirche und Reich. FS für F. Kempf, hg. v. H. MORDEK, 1983, 33–45; HAIDER, Niederkirchenwesen 369ff.

[89] Capitula ecclesiastica c. 10 (zu 810/813), MGH.Cap I 178: *ut terminum habeat unaquaeque aecclesia, de quibus villis decimas recipiat.* Vgl. dazu die »personale« Deutung von HAIDER, Niederkirchenwesen 370f.

[90] HAUTHALER, Salzburger Urkundenbuch I, 3–16; S. 16 heißt es: *Noticiam vero istam ego Arn una cum consensu et licentia domni Karoli piissimi regis eodem anno quo ipse Baioariam regionem ad opus suum recepit, a viris valde senibus et veracibus diligentissime exquisivi, a monachis et laicis et conscribere ad memoriam feci;* ed. (mit Übersetzung) LOŠEK, Salzburger Güterverzeichnisse 80–98. Vgl. LHOTSKY, Quellenkunde 151f; H. WOLFRAM, Die Notitia Arnonis und ähnliche Formen der Rechtssicherung im nachagilolfingischen Bayern, in: Recht und Schrift im Mittelalter, hg. v. P. CLASSEN (= VoF 23) 1977, 115–130, und LOŠEK, Salzburger Güterverzeichnisse.

litansitz aufgestiegenen Gründung des heiligen Rupert zu dokumentieren suchen[91]. Arn hat übrigens nach dem Machtwechsel von 788 nicht lange gezögert und sich, vermutlich auf der Grundlage der *Notitia,* von Karl eine Bestätigung des gesamten Besitzes seiner Kirche verbriefen lassen[92].

In Passau erfolgte die erste Anlage eines Traditionsbuches wahrscheinlich unter Bischof Hartwig bald nach der Jahrhundertmitte[93]. Etwas früher, wohl unter Baturich, ist man in Regensburg an diese Arbeit gegangen, die dann in den 80er Jahren unter den Bischöfen Ambricho (865–891) und Aspert (891–894) durch den Diakon Anamot fortgeführt wurde. Asperts Nachfolger Tuto (894–930) hat ein neues Traditionsbuch anlegen lassen, das freilich nur noch sehr fragmentarisch erhalten ist[94]. Besonders eindrucksvoll ist das aus Freising überlieferte Werk, das mit dem Eintrag einer Schenkung aus dem Jahre 744 einsetzt. Angefertigt wurde es im Auftrag des Bischofs Hitto (811–835) von seinem Schüler, dem Priester Cozroh; die folgenden Bischöfe haben die Aufzeichnungen fortsetzen lassen[95]. Diese Aktivität paßt gut zu dem Gesamtbild, das wir uns von Hittos Pontifikat anhand der spärlichen Quellen machen können und das Cozroh mit seiner Lobeshymne auf seinen Auftraggeber bestätigt: Der Bischof hat eine rege Bautätigkeit entfaltet, für die Ausgestaltung des Domes gesorgt und das Skriptorium gefördert; unter ihm erreichen die Schenkungen des Adels einen absoluten Höhepunkt[96]. In seiner Vorrede hat Cozroh auch diesen Spendern ein Denkmal gesetzt: Nicht zuletzt zu ihrer *memoria,* zu ihrem Gedächtnis, ist das Buch geschrieben worden — natürlich unbeschadet des Zwecks der Besitzsicherung gegen Nachlässigkeit, Verschleuderung und Entfremdung[97].

In den bayerischen Klöstern sind in größerer Zahl erst im 12. Jahrhundert Traditionsbücher angelegt worden. Ein frühes Beispiel der Bemühungen um Besitzsicherung aber ist der Niederaltaicher *Breviarius Urolfi,* ein Verzeichnis, das der Abt Urolf (788–814) anfertigen ließ und das der *Notitia Arnonis* an die Seite zu stellen ist[98]. Auch das älteste Mondseer Traditionsbuch gehört wohl noch ins 9. Jahrhundert[99].

---

[91] HAUTHALER, Salzburger Urkundenbuch I, 17–52; II Anhang A 2 – A 23; ed. (mit Übers.) LOŠEK, Salzburger Güterverzeichnisse 102–147. Vgl. LHOTSKY, Quellenkunde 152f, und LOŠEK.

[92] MGH.D Kar. 1, Nr. 168, vgl. BM$^2$ 310 (zur Datierung).

[93] HEUWIESER, Traditionen Passau; vgl. BOSHOF, Regesten der Bischöfe von Passau I Nrr. 125 u. 128.

[94] WIDEMANN, Traditionen Regensburg; zu den einzelnen Traditionsbüchern vgl. S. VI–XX.

[95] BITTERAUF, Traditionen Freising I; zur Arbeit Cozrohs (Codex A) vgl. Einleitung S. XVII–XXV, zur Fortsetzung (Codex B) S. XXV–XXXIII.

[96] MASS, Bistum Freising im Mittelalter 78–83; Cozrohs Bischofslob in seiner Vorrede: BITTERAUF, Traditionen Freising I 1f.

[97] Vgl. Vorrede, aaO.: *Tandem enim divina inspiratione tam almivolo animo inhesit* (scil. Hitto), *ut in perpetuum permaneret eorum memoria, qui hanc domum suis rebus ditaverunt et hereditaverunt; seu quicquid pro remedio animarum suarum ad ipsam domum tradiderunt et condonaverunt.*

[98] Vgl. allgemein: J. WIDEMANN, Die Traditionen der bayerischen Klöster, in: ZBLG 1 (1928) 226–243; zum *Breviarius Urolfi:* S. 233, ferner STADTMÜLLER – PFISTER, Geschichte Niederaltaich 73–75, und HOLZFURTNER, Gründung und Gründungsüberlieferung 37–41.

[99] Das älteste Traditionsbuch des Klosters Mondsee. Bearb. v. G. RATH (†) und E. REITER (= Forschungen zur Geschichte Oberösterreichs) 1989; zur Entstehungszeit vgl. 36–38. Vgl. auch FICHTENAU, Urkundenwesen 14–37 u.ö.

Unser Blick wird damit auf die bayerische Klosterlandschaft der karolingischen Epoche gelenkt.

## II. DIE BAYERISCHE KLOSTERLANDSCHAFT

### § 6. DIE REICHS- UND KÖNIGSKLÖSTER

Das Aufblühen des monastischen Lebens in Bayern in der zweiten Hälfte des 8. Jahrhunderts war eng mit dem Namen Tassilos III. verknüpft gewesen. Mit seinem Sturz fielen die agilolfingischen Herzogsklöster und eine Anzahl von Adelsklöstern, die dem Herzog nahestanden oder mit seiner Hilfe errichtet worden waren, an das Reich[100]. Im Zuge der energischen, das erste Regierungsjahrzehnt Ludwigs des Frommen bestimmenden Reformbemühungen erreichte der große Reformabt und Ratgeber des Karolingers, Benedikt von Aniane, daß Ludwig die Leistungen der Reichsklöster, die für den Herrscher und das Reich zu erbringen waren, normierte, um die Gefahr einer durch zu hohe materielle Belastungen bedingten Behinderung der inneren, monastischen Reform auszuschalten. Dieses Kapitular wurde wahrscheinlich auf der Aachener Synode von 818/19 erlassen und teilte die Reichsklöster in drei Gruppen ein, von denen die erste Truppen zu stellen und »Jahresgeschenke« (*dona*) zu machen, die zweite lediglich diese *dona* zu liefern hatte, die dritte aber nur zum Gebetsdienst »für das Wohl des Kaisers und seiner Söhne sowie die Dauerhaftigkeit des Reiches« verpflichtet wurde[101]. Auf die Probleme der Überlieferung der Liste, mögliche Lücken und spätere Zusätze, ist hier nicht einzugehen; die bayerischen Abteien dürften voll erfaßt sein. Danach gehörten zur ersten Kategorie Tegernsee und Mondsee, zur zweiten Weltenburg (in der Hs.: *monasterium Altenburc*.), Kremsmünster, Mattsee und Benediktbeuern, sowie zur dritten Gruppe Berg, Metten, Schönau, Moosburg und Wessobrunn. Aus Schwaben wurden zur zweiten Kategorie Ellwangen, Feuchtwangen und Kempten gezählt[102]. Ob mit diesem Verzeichnis zugleich jene Klöster erfaßt sind, die sich zur Zeit der Synode bereits der vom Abt Benedikt und vom Kaiser zur Norm erhobenen benediktinischen Observanz angeschlossen hatten, ist strittig[103]. Hier stellt sich ohnehin erneut das Problem, das bei der Be-

---

[100] Dazu HOLZFURTNER, Gründung und Gründungsüberlieferung 252–270.
[101] Notitia de servitio monasteriorum, in: MGH.Cap I 349 Nr. 171 (zu 817); ed. P. BECKER, in: CCM 1 (1963) 485–499, Nr. 22 (zu 819). Zur Datierung vgl. J. SEMMLER, Zur Überlieferung der monastischen Gesetzgebung Ludwigs des Frommen, in: DA 16 (1960) 362f; P. BECKER, in: CCM 1, 485–487. Zur Sache: SEMMLER, Benediktinisches Mönchtum in Bayern 208f.
[102] Ein weiteres Kloster – *Monasterium Nazaruda* – identifiziert der Hg. nach der Konjektur: *Hazarieda* mit »Hasenried in d. Eichstetensi«.
[103] HALLINGER, Gorze-Kluny 803–819; dazu SEMMLER, Benediktinisches Mönchtum in Bayern 209.

handlung der Domklöster bereits angesprochen worden ist: Die Frage der Observanz ist angesichts der bruchstückhaften Überlieferung in der Regel nicht eindeutig zu klären; man wird davon ausgehen müssen, daß die monastischen Reformen und die damit erstrebte klare Abgrenzung von *ordo monasticus* und *ordo canonicus* erst allmählich durchgesetzt wurden und auch in den meisten bayerischen Klöstern die Mischregelobservanz noch lange vorherrschte.

Selbst bei einigen der Reichsabteien bewegen wir uns auf unsicherem Boden, was für die bischöflichen Klöster noch in verstärktem Maße gilt. Die Abtei St. Martin zu Schönau (nö. Eggenfelden) wird nur ganz sporadisch einmal erwähnt; sie ist offensichtlich im Laufe des 9. Jahrhunderts, vielleicht noch unter Baturich, in den Besitz der Regensburger Bischöfe übergegangen[104]. Das Salvatorkloster Berg, eine Adelsstiftung, die Karl dem Großen tradiert wurde, ist nicht genauer als im Donaugau zu lokalisieren; Ludwig der Deutsche schenkte es im Jahre 875 der von ihm neu errichteten Pfalzkapelle in Regensburg, der späteren Alten Kapelle, an der er ein Kanonikerstift gründete[105]. Auch Wessobrunn, in der *Notitia de servitio* ebenfalls der dritten Gruppe zugeordnet, erscheint 885 als Pertinenz der Marienkapelle[106]. Kaum etwas läßt sich über die Geschichte von Weltenburg und Feuchtwangen im 9. Jahrhundert ausmachen. Von Kremsmünster behauptete man in Passau zur Zeit des Bischofs Pilgrim (971–991), daß es bereits von Ludwig dem Frommen und Arnulf dem Bistum übertragen worden sei; tatsächlich ist an seiner Rechtsstellung als Königskloster noch Ende des 9. Jahrhunderts nicht zu zweifeln, doch haben die Passauer Bestrebungen im Laufe des 10. Jahrhunderts Erfolg gehabt[107]. Moosburg kam durch eine Schenkung Arnulfs im Jahre 895 an den Bischof Waldo von Freising, einen der einflußreichen Ratgeber des Königs. Da in der Urkunde von Klerikern die Rede ist, war das Kloster zu diesem Zeitpunkt offenbar bereits ein Kanonikerstift[108]. In Mattsee scheint sich die Benediktregel im Laufe des 9. Jahrhunderts durchgesetzt zu haben. Die Abtei erhielt im Jahre 860 von Ludwig dem Deutschen eine Landschenkung in einem Gebiet zwischen Zöbernbach und Thalbach, was auf die Übernahme von Aufgaben der Mission und des Landesausbaus schließen läßt. Aber wenige Jahre später verlor sie ihre Reichsunmittelbarkeit, da König Karlmann sie 877 dem von ihm gegründeten Pfalzstift (Alt-)Ötting übertrug[109]. Zusammen mit dieser Kirche ist Mattsee dann an

---

[104] Vgl. WIDEMANN, Traditionen Regensburg Nrr. 15 (zu 819), 27 (834); vgl. JANNER, Bischöfe von Regensburg 166f u. 247 Anm. 4; MITTERER, Eigenklöster 135.

[105] BM² 598 (815 Dez. 3): Immunität und Königsschutz; vgl. dazu HOLZFURTNER, Gründung und Gründungsüberlieferung 49f u. 222–224. Schenkung an die Alte Kapelle: MGH.D LdD. 161 (875 Mai 18); vgl. MGH.D K.III. 127 (885 Aug. 23) — dazu P. SCHMID, Regensburg 67.

[106] MGH.D K.III. 127 (885 Aug. 23); zu Wessobrunn HOLZFURTNER, Gründung und Gründungsüberlieferung 76–84 u.ö.

[107] Vgl. BOSHOF, Regesten der Bischöfe von Passau I Nrr. +122, +166, 231 (mit Lit.); dazu HEUWIESER, Bistum Passau I 289–293; TELLENBACH, Passauische Eigenklöster 7–10.

[108] MGH.D Arn. 136 (895 Juli 16); vgl. HOLZFURTNER, Gründung und Gründungsüberlieferung 202–205.

[109] MGH.D LdD. 101 (860 Mai 8); dazu DOPSCH, Geschichte Salzburgs I/1, 1015–1017; Übertragung von Mattsee an Ötting: MGH.D Karlmann 2 (877 Febr. 24). Zu Mattsee vgl. auch H. SPATZENEGGER, Zur 1200jährigen Geschichte des Stiftes Mattsee, in: FS zur 1200-Jahr-Feier des Stiftes Mattsee, o.J. (1977)

das Bistum Passau gefallen. Dabei bleibt vieles im dunkeln, da die angebliche Bestätigung der Besitzrechte Passaus an Ötting durch Ludwig das Kind vom 17. Juni 907 eine Fälschung ist und zudem im Diktat mancherlei Unklarheiten aufweist. Abt von Ötting war um die Jahrhundertwende Burchard, der dann Bischof von Passau wurde (902/03–915). Ob er das Pfalzstift mit der ehemaligen Reichsabtei Mattsee seiner Bischofskirche übertragen hat, läßt sich nicht belegen[110]. Ein eigentümliches Schicksal war schließlich auch der Abtei Mondsee beschieden, die immerhin in der *Notitia de servitio* in der ersten Gruppe erscheint und damit als ein bedeutendes und reiches Kloster ausgewiesen war. Ludwig der Deutsche hatte ihr im Jahre 829 den Abersee (Wolfgangsee) mit dem umliegenden Forst geschenkt — es war seine erste uns bekannte Regierungsmaßnahme[111]. Kurz darauf aber, vielleicht im Jahre 833, tauschte der König die Abtei auf Bitten seiner Gemahlin Hemma mit dem Regensburger Bischof Baturich gegen das in der Stadt gelegene Nonnenkloster Obermünster ein, das er der Königin übertrug. Das im Chartular von St. Emmeram überlieferte Diplom ist ein ungeschicktes Machwerk, vielleicht als Ersatz für eine verlorengegangene Urkunde Ludwigs angefertigt; der Sachverhalt selbst jedoch ist über jeden Zweifel erhaben[112]. Mondsee war damit Regensburger Eigenkloster, Obermünster aber Königskloster geworden. Karl III. hat Obermünster angeblich im Jahre 887 neben dem Königsschutz das Recht der Äbtissinnen- und Vogtwahl verbrieft. Die Urkunde ist eine ohne erkennbar echte Vorlage fabrizierte Fälschung; wenn aber der Hinweis, daß die Königin Hemma hier ihre Grablege erhalten habe, glaubwürdig sein sollte, so würde das für eine besondere Verbindung der Herrscherin mit dem Kloster sprechen, dessen Übergang an das Reich sie selbst vermittelt hat[113]. Neben Mondsee wird in der *Notitia* von 818/819 noch Tegernsee zu den bayerischen Reichsklöstern erster Kategorie gezählt. Über seine äußere Geschichte im 9. Jahrhundert erfahren wir jedoch so gut wie nichts. Die Translation der Quirinusreliquien wird anläßlich einer Versammlung in Tegernsee — Synode oder eher Gerichtssitzung — berichtet, auf der im Juni

---

13–38; DERS., 1200 Jahre Mattsee. Die Frühzeit als Benediktinerkloster, in: SMGB 88 (1977) 285–292; HOLZFURTNER, Gründung und Gründungsüberlieferung 156f.

[110] Zu (Alt-)Ötting vgl. W. STÖRMER, Die Anfänge des karolingischen Pfalzstiftes Altötting, in: Ecclesia et regnum. FS für F. J. Schmale, hg. v. D. BERG – H.-W. GOETZ, 1989, 61–71. Vgl. ferner: BOSHOF, Regesten der Bischöfe von Passau I Nrr. +190, *238, 253 (mit Lit.); die angebliche Bestätigung Ludwigs des Kindes: MGH.D LdK. 84 (907 Juni 17) mit eingehendem Kommentar. Zum Komplex Mattsee – Altötting vgl. auch TELLENBACH, Passauische Eigenklöster 11–14.

[111] MGH.D LdD. 1 (829), aus dem Traditionsbuch, vgl. WIDEMANN, Traditionen Regensburg Nr. 24. Vgl. auch MGH.D LdD. spur. 172. Zu Mondsee vgl. W. WINTERMAYR, Die Benediktinerabtei Mondsee. Zur Zwölfjahrhundertfeier 748–1948, in: Oberösterreichische Heimatblätter 2/3 (1948) 193–214; HOLZFURTNER, Gründung und Gründungsüberlieferung 126–136, 237–241.

[112] BM² 1349 = MGH.D LdD. 174; zur unkorrekten Datierung vgl. Vorbemerkung; vgl. MITTERER, Eigenklöster 136.

[113] MGH.D K.III 157 (887 Febr. 16); der Herausgeber kennzeichnet die Urkunde zwar nur als »verunechtet«, bezeichnet aber in der Vorbemerkung den Kontext als »offenkundige Fälschung aus dem 11. oder beginnenden 12. Jh.«. Zur Grabstätte der Hemma: *monasterium ... quod dicitur Oberenmunster, quod piae memoriae genitrix nostra Hemma regina a Baturico Ratisponensi episcopo sollempni ac legitimo concambio recepit, ubi ipsa corporaliter sepulta requiescit ...*; dazu A. SCHMID, Die Herrschergräber in St. Emmeram zu Regensburg, in: DA 32 (1976) 337–344 (mit Argumenten für die Glaubwürdigkeit).

804 ein Streit zwischen dem Abt Meginhard und dem Bischof Atto von Freising um Kirchen und Rechte verhandelt wurde. Im Kloster hat man dann im Laufe des 9. Jahrhunderts die Quirinuspassion und die Gründungsgeschichte ausgestaltet. Ob die Abtei tatsächlich von Pippin, Karl dem Großen, Ludwig dem Frommen und Karlmann privilegiert worden ist, wie es die Urkunde Ottos II. von 979 angibt, läßt sich nicht nachprüfen; unklar bleibt auch, ob die Übertragung an Laienäbte, mit der das Ottodiplom den Niedergang des Klosters begründet, den Tatsachen entspricht[114]. Die Tegernseer Tradition bringt auch die Anfänge des Stiftes St. Pölten in enge Verbindung mit der eigenen Gründung und stellt seinen Übergang an die Passauer Kirche in den Zusammenhang der Säkularisationen des Herzogs Arnulf. Wiederum ist es uns nicht möglich, die Glaubwürdigkeit dieser Nachrichten zu überprüfen; denkbar wäre auch, daß St. Pölten auf passauischem Besitz von Tegernseer Mönchen errichtet wurde und dies unter Bischof Hartwig geschah, als er Kommendatarabt der Reichsabtei war[115].

In der *Notitia* von 818/19 als Kloster der dritten Kategorie eingestuft, hat die im Regensburger Sprengel liegende Abtei Metten bis hin zu Kaiser Arnulf zahlreiche Gunsterweise von den karolingischen Herrschern, vor allem von Ludwig dem Deutschen, erhalten. Schon Karl der Große hat Königsschutz verliehen, den der Enkel dem Abte Nithard bestätigte, wobei er die Gebetspflicht für Dynastie und Reich einschärfte[116]. Ludwig gewährte darüber hinaus die freie Abtswahl[117]. Die Landschenkungen der Karolinger reichen über die engere Umgebung des Klosters weit hinaus; sie betreffen Regensburg und das Altmühltal im Umkreis des Königshofes Weißenburg ebenso wie das Waldgebiet nördlich der Donau und — freilich nicht unverdächtig — das Kolonisationsland an der Traisen[118]. Offenkundig waren dem Kloster Aufgaben des Landesausbaus und vielleicht auch der Slawenmission zugedacht. Aber in einem Diplom Arnulfs von 893 wird es ausdrücklich als sehr kleine Abtei, *abbatiuncula,* bezeichnet, und danach bricht die Überlieferung für eine sehr lange Zeit ab. Als Abt erscheint in den Arnulfdiplomen Richar mit dem Titel »*custos noster*«. Ob damit eine Funktion am Hofe — in der Kapelle oder in der Zuständigkeit für den Reliquienschatz — umschrieben wird und ob Richar identisch ist mit der 899 zum Bi-

---

[114] Zu Tegernsee und seiner Gründungsgeschichte vgl. HOLZFURTNER, Gründung und Gründungsüberlieferung 41–49, 113–126 u.ö. (mit der älteren Lit.). Der Bericht über die Reliquientranslation ist in der Freisinger Tradition überliefert: BITTERAUF, Traditionen Freising I Nr. 197 (804 Juni 16); vgl. HARTMANN, Synoden der Karolingerzeit 148. Das MGH.D O.II. 192 (— 979 Juni 10) gehört in den Zusammenhang der Reform des 10. Jh.s – zu den hier erwähnten Karolingerurkunden vgl. BM² LECHNER, Verlorene Urkunden Nr. 535, 536, 537, 538.

[115] Dazu BOSHOF, Regesten der Bischöfe von Passau I Nr. 232 (mit der Lit.).

[116] MGH.D LdD. 20 (837 Jan. 6); Vorurkunde Karls deperd., vgl. BM² LECHNER, Verlorene Urkunden, Nr. 323. Zu Metten vgl. auch W. FINK, Entwicklungsgeschichte der Benediktinerabtei Metten, I. Teil: Das Profeßbuch der Abtei (= SMGB Erg.heft 1,1–2) 1926; II. Teil: Das königliche Kloster, ebd. 1928, zu oben 24–48; ferner HOLZFURTNER, Gründung und Gründungsüberlieferung 142–146, 220–222.

[117] MGH.D LdD. 58 (850 Dez. 26).

[118] Die Karolingerdiplome sind hier nicht im einzelnen aufzuzählen; unecht ist MGH.D LdD. 181 (868 Febr. 4) – doch nach Vorbemerkung Inhalt glaubwürdig.

schof von Passau erhobenen Persönlichkeit dieses Namens, das sind Fragen, auf die eine sichere Antwort nicht zu geben ist[119].

Es mag sein, daß Metten in einer gewissen Konkurrenzsituation zu dem nahegelegenen (Nieder-)Altaich, der Reichsabtei der zweiten Kategorie im Passauer Bistum, stand. Auch dieses Kloster ist von den Karolingern reich ausgestattet worden, wobei nun ein Besitzschwerpunkt in der Ostmark deutlich zutage tritt. Schon Karl der Große schenkte dem Abt Urolf einen Ort »*in Avaria*«, an der Mündung der Pielach in die Donau. Ludwig der Deutsche bestätigte darüber hinaus den von seinem Großvater nach der Eroberung des Awarenlandes tradierten Besitz in der Wachau und in Aggsbach, der nun urkundlich abgesichert wurde, da seinerzeit kein schriftliches Dokument angefertigt worden war. Dem entspricht eine weitere Bestätigung von Besitzungen in Pannonien, im Ennswald und bei Persenbeug, die ebenfalls auf Karl zurückgeführt werden, und schließlich hat auch der Slawenfürst Pribina der Abtei mit Ludwigs Zustimmung Land am Plattensee bei Zalabér (*ad Salabiugiti*) übertragen[120]. Daß dem Kloster eine Aufgabe in Kolonisation und Mission zugedacht war, ist also nicht zu bezweifeln. Das bedeutet aber auch, daß die materiellen Belastungen des Konvents sehr groß waren. Offenbar aus diesem Grunde hat Ludwig im Jahre 864 eine Güterteilung zwischen Abt und Konvent vorgenommen und den Mönchen zusammen mit dem Recht der Abtswahl ihre Besitzungen bestätigt[121]. Der König hat bei dieser Gelegenheit das Kloster selbst aufgesucht. Die enge Beziehung des Karolingers zu Altaich kommt auch darin zum Ausdruck, daß der Abt Gozbald in den Jahren 830–833 an der Spitze der Kapelle stand und gleichzeitig mit der Leitung der Kanzlei betraut war[122]. Warum er dann dem Bischof Baturich von Regensburg und dem Abt Grimald von Weißenburg Platz machte, hängt wohl mit einer Neuorganisation der Kapelle durch Ludwig zusammen, bedeutete jedenfalls nicht einen Abbruch der Beziehungen zum Herrscher, der ihm 842 zusätzlich zur Abtswürde die Leitung des Bistums Würzburg übertrug. Ob Gozbalds Nachfolger Otgar mit dem gleichnamigen Bischof von Eichstätt identisch ist, läßt sich nicht zweifelsfrei feststellen[123]. Die Abtei hat auch noch von Karl III. und Ludwig dem Kind Gunsterweise erhalten[124], das Diplom von 905 aber enthält schon deutliche Hinweise auf die Gefährdung des Kloster-

---

[119] Vgl. MGH.D Arn. 116 (893 Juni 5, hier als *abbatiuncula* bezeichnet); 119 (893 Sept. 2). Zum *custos*-Titel vgl. DÜMMLER, Ostfränkisches Reich III 485; FLECKENSTEIN, Hofkapelle I 192f u. 203 mit Anm. 274. Zur Identität von Abt und Bischof von Passau vgl. BOSHOF, Regesten der Bischöfe von Passau I Nr. 174.

[120] Auch in diesem Falle brauchen nicht alle Karolingerdiplome zitiert zu werden. Zu oben vgl. MGH.D Kar. 1, Nr. 212 (811 Nov. 26); MGH.D LdD. 2 (830 Okt. 6); MGH.D LdD. 109 (863? Juni 16); MGH.D LdD. 100 (860 Febr. 20 – Bestätigung der Pribinaschenkung). Zu Niederaltaich vgl. STADTMÜLLER–PFISTER, Geschichte Niederaltaich.

[121] MGH.D LdD. 116 (864? Dez. 18).

[122] Dazu FLECKENSTEIN, Hofkapelle I 167–169.

[123] Für eine solche Identität spricht sich aus: WEINFURTER, Anonymus Haserensis 117f.

[124] MGH.D K.III. 74 (883 Apr. 2); MGH.D LdK. 39 (905 Febr. 14); hier heißt es: *quasdam res de monasterio sancti Mauricii quod dicitur Altaha ... per quorundam pravam machinationem et iniquam subreptionem esse abstractas, quamvis legitimus eiusdem domus dei advocatus nomine Heriolt eas iuramento facto ad idem monasterium rite pertinere debere affirmando comprobaret.*

besitzes durch Übergriffe nicht genannter Personen. Auch Altaich wurde nun in den Strudel der untergehenden Karolingerherrschaft hineingerissen; seine große Zeit im 9. Jahrhundert erlebte es unter Ludwig dem Deutschen.

Das zur Augsburger Diözese gehörende Benediktbeuern ist in der *Notitia de servitio* unter den bayerischen Klöstern aufgeführt, für Ellwangen, Feuchtwangen und Kempten aber gibt es die besondere Rubrik: *In Alemannia*. Die Beziehungen der als adeliges Eigenkloster gegründeten Abtei Ellwangen zu Karl dem Großen und Ludwig dem Frommen sind in dem Diplom von 814 zu fassen, das sich auf eine Karlsurkunde beruft und Schutz, Immunität und freie Abtswahl verbrieft[125]. Ludwig hat Ellwangen darüber hinaus das Kloster Gunzenhausen an der Altmühl übertragen[126]. Dann ist uns erst wieder ein Diplom Arnulfs überliefert[127]. Die Abtsliste ist im einzelnen nur sehr schwer zu rekonstruieren[128]. Sehr wahrscheinlich hat Ludwigs des Deutschen bedeutendster Ratgeber, der Oberkanzler und Erzkaplan Grimald, neben Weißenburg und St. Gallen zeitweise auch die Abtei im Virngrund geleitet[129]. Arnulf übertrug sie im Tausch gegen Herrieden dem Erzbischof Liutbert von Mainz, nach dessen Tod sie an Hatto, Liutberts Verwandten und Nachfolger, übergehen sollte[130]. Die Mönche haben sich von Arnulf das Recht der freien Abtswahl bestätigen lassen — vielleicht auch ein Anzeichen für die Furcht vor einer existentiellen Gefährdung durch die Auslieferung an Kommendataräbte.

Zum eigentlichen karolingischen Stützpunkt im ostalemannischen Raum wurde Kempten, das in späterer Tradition seine Gründung und reichste Dotierung mit Karl dem Großen und seiner Gemahlin Hildegard verknüpfte[131]. Ludwig der Fromme hat das Kloster geradezu verschwenderisch privilegiert, nachdem bereits sein Vater Immunität und Königsschutz verliehen hatte[132]. Daß die Königin Hildegard die Reliquien der Märtyrer Gordian und Epimachus geschenkt hat, wird erst in einer Urkunde des Sohnes 839 gesagt, erscheint aber glaubwürdig[133]. Ludwig hat der Abtei die Zelle Stöttwang (bei Kaufbeuren) und die *cella Aldrici* übertragen und 834 — auf Bitte seines gleichnamigen Sohnes — mit dem Hinweis, daß Kempten nicht reich sei, aber einen großen Konvent habe, von allen öffentlichen Leistungen und den Jahresge-

---

[125] BM² 521 (814 April 8); deperd. Karls d. Gr. = BM² LECHNER, Verlorene Urkunden Nr. 136; dazu: M. BECK, Quellenkritische Studien zur Geschichte der Abtei Ellwangen, in: SMGB 52 (1934) 73–117. Vgl. allgemein zur Geschichte des Klosters: Ellwangen 764–1964. FS zur 1200-Jahrfeier, hg. v. V. BURR, I–II, 1964; hierin besonders: H. SCHWARZMAIER, Sozialgeschichtliche Untersuchungen zur Geschichte der Abtei Ellwangen in der Karolingerzeit 50–72.

[126] BM² 781 (823 Aug. 21).

[127] MGH.D Arn. 126 (894 Juni 5).

[128] Dazu: K. FITZ, Zur Geschichte der Leitung der Abtei Ellwangen, in: Ellwangen I (wie Anm. 114) 107–152.

[129] FLECKENSTEIN, Hofkapelle I 170–176, vor allem 176 Anm. 69.

[130] MGH.D Arn. 1 (887 Nov. 27).

[131] Zu Kempten vgl. SCHWARZMAIER, Königtum 7–47.

[132] BM² 582, 883, 889, 899, 921, 929, 978, 990, 998; Deperd. Karls = BM² LECHNER, Verlorene Urkunden, Nr. 245. Bei MGH.D Kar. 1, Nr. 222 u. 223 handelt es sich um Fälschungen.

[133] BM² 998 (839 Sept. 1); dazu SCHWARZMAIER, Königtum 21 Anm. 62 u. S. 21–26.

schenken befreit[134]. Unter Ludwig dem Deutschen und Arnulf erscheinen die Freisinger Bischöfe Erchanbert und Waldo als Kommendataräbte; es kommt also nicht von ungefähr, daß sich der Kemptener Konvent bei den Herrschern — bei Karl III. und Ludwig dem Kind — um die Bestätigung seines Wahlrechts bemühte[135]. Die Abtei an der Iller war Vorbild und zugleich Rivale für Ottobeuren, das, als Adelskloster gegründet, seine Anfänge in späterer Tradition ebenfalls mit Karl dem Großen und Hildegard in Verbindung brachte. Königskloster aber ist Ottobeuren wohl erst unter Ludwig dem Deutschen geworden, vielleicht im Zusammenhang mit dem Abbatiat Witgars[136], der zeitweise an der Spitze der Kanzlei Ludwigs gestanden hatte. Bald nach 860 wurde Witgar Bischof von Augsburg, übernahm nach dem Regierungswechsel von 876 die Leitung von Kanzlei und Kapelle König Karls III., wurde aber aus dieser Stellung schließlich durch Liutward von Vercelli verdrängt[137].

In Reichsbesitz waren auch die Frauenklöster Chiemsee, Niedernburg in Passau und Niedermünster in Regensburg. Sie stellen geradezu Musterbeispiele für die schon öfter beklagte desolate Quellenlage dar[138]. Die Tradition agilolfingischer Gründung ist wohl glaubwürdig; mit dem Sturz Tassilos wurden sie also Königsklöster, aber für das 9. Jahrhundert ist so gut wie gar nichts über sie bekannt. Niedernburg wird überhaupt erst im Jahre 888 als *monasterium s. Marie Batavie constructum* genannt[139]. In Chiemsee sind die Karolingerbeziehungen etwas besser faßbar. Wenn späterer Tradition zu vertrauen ist, war Ludwigs des Deutschen Tochter Irmingard hier Äbtissin; sicher ist, daß Hildegard, die Tochter Ludwigs des Jüngeren, von Arnulf 894/895 hierhin verbannt wurde, weil sie in Machenschaften gegen den Herrscher, möglicherweise die Verschwörung des Grafen Engildeo, verwickelt war[140].

## § 7. DIE BISCHÖFLICHEN KLÖSTER

Die Königsklöster haben ein wechselvolles Schicksal im 9. Jahrhundert gehabt, nicht alle konnten ihre Reichsunmittelbarkeit gegenüber den Bemühungen der Bischöfe,

---

[134] BM² 883 (831 Febr. 25); 990 (839 April 18); 929 (834 Juli 3). Zu den beiden Zellen vgl. ZOEPFL, Bistum Augsburg und seine Bischöfe im Mittelalter 47f.
[135] Zu den Kommendataräbten: SCHWARZMAIER, Königtum 45; Wahlrechtsbestätigungen: MGH.D LdD. 107 (862 März 23); MGH.D K.III deperd. = BM² LECHNER, Verlorene Urkunden, Nr. 248; MGH.D Arn. deperd. = BM² LECHNER, Verlorene Urkunden, Nr. 249; MGH.D LdK. deperd. = BM² LECHNER, Verlorene Urkunden, Nr. 250.
[136] Zu Ottobeuren: SCHWARZMAIER, Königtum, wie Anm. 120.
[137] Zu Witgar: VOLKERT, Regesten Augsburg I 38 u. 48; FLECKENSTEIN, Hofkapelle I 189f.
[138] Zu Chiemsee: V. MILOJČIĆ, Bericht über die Ausgrabungen und Bauuntersuchungen in der Abtei Frauenwörth auf der Fraueninsel Chiemsee 1961–1964 (= SBAW.PH NF 65 A–C) 1966; hierin H. ATSMA, Die schriftlichen Quellen zur Geschichte der Chiemsee-Klöster bis zur Errichtung des Augustinerchorherrenstiftes auf der Herreninsel, in: ebd. 43–57; ferner SANDBERGER, Frauenchiemsee; HOLZFURTNER, Gründung und Gründungsüberlieferung 243 f. – Niedernburg: HEUWIESER, Bistum Passau I 277–282; TELLENBACH, Passauische Eigenklöster 19–21. – Niedermünster: P. SCHMID – P. MORSBACH, Von der Herzogskirche zum kaiserlichen Reichsstift, in: Ratisbona Sacra 143–145 (mit Lit.); P. SCHMID, Regensburg 92 mit Anm. 50.
[139] MGH.D Arn. 13 (888 Febr. 8).
[140] Vgl. DÜMMLER, Ostfränkisches Reich III 393f.

§ 7. Die bischöflichen Klöster (E. Boshof)

die Verfügungsgewalt über alle Klöster ihrer Diözese zu gewinnen, behaupten. Unter noch stärkerem Druck standen die adeligen Eigenklöster, die in der Mehrzahl zu bischöflichen Klöstern wurden. Freilich ist dieser Prozeß nur selten genauer zu erhellen. Die Gründungsepoche ist zumeist — trotz aller Probleme mit späterer Überlieferung — besser dokumentiert als die Entwicklung in karolingischer Zeit. Daß Auseinandersetzungen zwischen Gründersippe und Bischof um Eigentumsrechte — wie etwa um 802 im Falle Scharnitz-Schlehdorf, als der Bischof Atto von Freising (783–811) im Gericht der kaiserlichen *missi* mit den Angehörigen der Stifterfamilie um Ansprüche auf das Dotationsgut streiten mußte[141] — einmal deutlicher zu fassen sind, ist eher die Ausnahme.

Die Salzburger Erzbischöfe haben bereits in agilolfingischer Zeit eine erfolgreiche Eigenklosterpolitik betrieben; für das folgende Jahrhundert bleibt die Geschichte der Salzburger Klöster weitgehend im Dunkeln[142]. Bei der Rupertgründung Nonnberg ist nicht einmal die Kontinuität nachweisbar, gleiches gilt für Michaelbeuern, das urkundlich überhaupt erst 977 zuerst erwähnt wird, und Otting, wobei auch das Verhältnis dieser beiden Klöster zueinander unklar bleibt. Die Maximilianzelle im Pongau wurde 820 von den Slawen eingeäschert und im darauffolgenden Jahr von Erzbischof Adalram wiederaufgebaut — mehr wissen wir nicht. Kleinere Wirtschaftszellen wie Elsenwang, Zell im Pinzgau und Zell bei Kufstein dürften im 9. Jahrhundert zu bloßen Wirtschaftshöfen ohne monastische Gemeinschaft abgesunken sein. Über die Innklöster Gars und Au läßt sich ebensowenig wie über das 909 sogar als Königskloster bezeichnete und dann an Salzburg geschenkte Traunsee[143] etwas Genaueres ausmachen; einzig über das Männerkloster St. Salvator im Chiemsee wissen wir etwas mehr. Es wurde 788 von Karl dem Großen an den Bischof Angilram von Metz geschenkt[144] und erst 891 durch Arnulf dem Erzbischof Theotmar restituiert[145]. Der Konvent dürfte nach Ausweis des Reichenauer Verbrüderungsbuches in der ersten Hälfte des 9. Jahrhunderts relativ groß gewesen sein[146].

Ein düstereres Bild als Salzburg bieten die Bistümer Passau und Regensburg. Bischof Reginhar (817–838) hat sich um die Wiedergewinnung entfremdeter Klosterzellen bemüht[147]; unklar bleibt die Stellung von St. Pölten und St. Florian. Die Aufführung der *cella s. Floriani* unter dem Besitz, den Ludwig der Fromme 823 als

---

[141] Vgl. BITTERAUF, Traditionen Freising 1, Nr. 184 u. 185; dazu: MITTERER, Eigenklöster 110f; HOLZFURTNER, Gründung und Gründungsüberlieferung 206.

[142] Zur Klosterpolitik der Salzburger Erzbischöfe: MITTERER, Eigenklöster 44–76; DOPSCH, Geschichte Salzburgs I/2, 1013–1030; vgl. auch: HOLZFURTNER, Gründung und Gründungsüberlieferung 245–247.

[143] MGH.D LdK. 67 (909 Febr. 19); in dieser Schenkung an den Grafen Arbo und den Erzbischof Pilgrim bezeichnet Ludwig Trunseo als »abbatia iuris nostri«.

[144] MGH.D Kar. 1, Nr. 162 (788 Okt. 25).

[145] MGH.D Arn. 90 (891 Juni 28); zu diesem Zeitpunkt hatte Theotmar das Kloster bereits als Lehen inne: *quandam abbatiam, quam ipse in beneficium habuerat, id est monasterium sancti Salvatoris infra lacum qui Chiemincseo vocatur constitutum, quod vulgari vocabulo Ouua dictum esse constat ...*

[146] Verbrüderungsbuch Reichenau (wie Anm. 8) pag. 32.

[147] BOSHOF, Regesten der Bischöfe von Passau I Nr. 121 (zu 818–838); zu den Passauer Eigenklöstern vgl. TELLENBACH, Passauische Eigenklöster 7–26; MITTERER, Eigenklöster 144–152; HEUWIESER, Bistum Passau I 270–312.

Schenkung Karls des Großen bestätigte, ist spätere Interpolation[148]. In der Regensburger Diözese sind die Klöster Wörth, Engelbrechtsmünster und Pfaffmünster untergegangen[149]; für Münchsmünster an der Ilm ist Kontinuität bis zur Einführung von Kanonikern im 10. Jahrhundert nicht nachweisbar[150]. Chammünster war schon von Herzog Odilo St. Emmeram unterstellt worden; zu 819 ist hier noch eine *cella* bezeugt, als Bischof Baturich sich um die Sicherung des Besitzes gegen die Übergriffe benachbarter Grundherrn bemühte[151].

Auch für Augsburg lassen sich nur einige wenige Hinweise geben[152]. Die Überlieferung für die Frauenklöster Kochel und Polling sowie für Sandau läuft weitgehend über Benediktbeurer Quellen des 11. Jahrhunderts[153] und ist in ihrer Glaubwürdigkeit äußerst umstritten. Vielleicht waren alle drei Klöster im 9. Jahrhundert tatsächlich Tochterzellen von Benediktbeuern. Herbrechtingen, Siverstadt und Münster im Schmuttertal sind wohl noch in der karolingischen Epoche untergegangen, und ob für Thierhaupten[154] Kontinuität angenommen werden kann, ist fraglich. Lediglich bei dem Füssener St. Mangkloster läßt sich eine bischöfliche Aktivität ausmachen; der Bischof Nidker (816?-830?) hat das Kloster wiederhergestellt, und sein zweiter Nachfolger Lanto (833?-860?) hat ihm durch die Förderung des Magnuskults mit der Erhebung der Gebeine dieses Heiligen die Voraussetzungen für einen weiteren Aufstieg geschaffen[155].

Eine ähnlich erfolgreiche Eigenklosterpolitik wie die Salzburger Erzbischöfe haben die Bischöfe von Freising betrieben; in dieser Diözese ist das den Sprengel überspannende Netz von geistlichen Gemeinschaften offenbar am dichtesten gewesen[156]. Freilich ist auch die Quellenlage durch das Traditionsbuch besser als anderswo, dennoch bleibt im Grunde das Bild, das sich von den Freisinger Verhältnissen der karolingischen Epoche zeichnen läßt, farblos. Von Scharnitz-Schlehdorf war bereits die Rede. Wie hier hat der Bischof auch in den anderen Klöstern — in Isen, Schäftlarn, Schliersee und Tegernbach — die Leitung zumeist selbst in der Hand gehabt, was allerdings wohl auch die Konsequenz hatte, daß diese Klöster sehr stark zu Leistungen herangezogen und damit in ihrer Entwicklung gehemmt wurden. Im Dunkel bleibt die Geschichte von Hugibertsmünster und Altomünster; das einmal, im Jahre 860, bezeugte St. Veit am Schönberg (*Sconincperc*) wird als Vorläufer des späteren Kollegiatstiftes

---

[148] BM² 778 = BOSHOF, Regesten der Bischöfe von Passau I Nr. 105 (823 Juni 28); dazu ERKENS, Ludwigs des Frommen Urkunde.
[149] Vgl. MITTERER, Eigenklöster 129–143; P. MORSBACH, in: Ratisbona Sacra 33f.
[150] M. THIEL – O. ENGELS, Die Traditionen, Urkunden und Urbare des Klosters Münchsmünster (= QE NF 20) 1961, 58*–60*; P. MORSBACH, in: Ratisbona Sacra 38f.
[151] WIDEMANN, Traditionen Regensburg, Nr. 16 (819 Dez. 14): *ad Chambe, ubi cella constructa est super flumen quod Regan dicitur ...*
[152] Zum folgenden ZOEPFL, Bistum Augsburg und seine Bischöfe im Mittelalter 43–48.
[153] Dazu HOLZFURTNER, Gründung und Gründungsüberlieferung 71–73, 195–198 u.ö.; zu Sandau vgl. auch: P. FRIED, Zur Geschichte des ehemaligen Klosters Sandau, in: ZBLG 50 (1987) 363–366.
[154] HOLZFURTNER, Gründung und Gründungsüberlieferung 198f.
[155] Vgl. VOLKERT, Regesten Augsburg I 29 u. 34; SCHWARZMAIER, Königtum 39f.
[156] Zu den Freisinger Eigenklöstern vgl. MITTERER, Eigenklöster 76–128; MASS, Freising in der Karolingerzeit 172–183; HOLZFURTNER, Gründung und Gründungstradition 205–210, zu Altomünster 199–202.

St. Veit am Weihenstephaner Berg angesehen[157]. Ilmmünster war ein Tegernseer Filialkloster, doch ist nicht auszumachen, wann es an die Reichsabtei gelangt ist[158]. Mit dem im Säbener Sprengel am Ursprung der Drau gelegenen Innichen[159], das Ludwig der Fromme dem Bischof Hitto 816 restituierte, nachdem es zeitweise im Besitz Arns von Salzburg gewesen war, verfügten die Freisinger Bischöfe außerhalb der Bistumsgrenzen über einen Stützpunkt, der ihnen die Teilnahme an Mission und Landesausbau ermöglichte.

Die bayerische Klosterlandschaft der karolingischen Epoche ist angesichts einer trümmerhaften Überlieferung nur in Umrissen zu rekonstruieren. Wir wissen oft über die Gründungsepoche in der Zeit Tassilos III. mehr als über das 9. Jahrhundert. Die Aufgaben, die sich in der Frühzeit stellten, blieben weiterhin bestehen: religiöse Durchdringung der Gesellschaft, Mission und Landesausbau. Für das einzelne Kloster ist nur selten erkennbar, in welchem Maße es dieser Verpflichtung gerecht wurde; das Gesamtbild allerdings ist eher in gedeckten Farben gehalten. Der religiöse Elan der Gründungsepoche scheint weitgehend erloschen; Stagnation und Niedergang sind nicht zu übersehen. In der Literatur ist der Hinweis auf die verheerenden Ungarnstürme und die Säkularisationen des Herzogs Arnulf geradezu zum Stereotyp geworden, wenn man nach Gründen für den Verfall und das Abbrechen der Überlieferung sucht. In dieser Verallgemeinerung trifft ein solches Urteil nicht den wahren Sachverhalt[160]. Zweifellos setzte der materielle und geistig-religiöse Niedergang schon früher ein. Der große Aufbruch der Reform in der Anfangszeit Ludwigs des Frommen verlor schon bald seine Stoßkraft; die äußere Bedrohung am Ende des Jahrhunderts hat die Krise nicht ausgelöst, sondern nur verschärft.

---

[157] R. BAUERREISS, Studien zur Geschichte verschollener bayerischer Frühklöster, in: SMGB 52 (1934) 254–260; MASS, Bistum Freising in der Karolingerzeit 174f.
[158] HOLZFURTNER, Gründung und Gründungsüberlieferung 247–250.
[159] MASS, Bistum Freising in der Karolingerzeit 107–110; K. WOLFSGRUBER, Die Beziehungen des Bistums Freising zu Innichen, in: Der Schlern 45 (1971) 467–473. Zur Restitutionsurkunde Ludwigs des Frommen: BM² 607 (816 Febr. 5).
[160] Vgl. dazu auch HOLZFURTNER, Destructio 65–86.

## III. DIE BAYERISCHE KIRCHE NACH DEM VERTRAG VON VERDUN 843

### § 8. DIE POLITISCHE ROLLE DES EPISKOPATES

Obwohl mit der Teilung von Verdun 843 die Idee der Einheit des Großreiches nicht aufgegeben worden war, verlagerten sich die Aktivitäten der weltlichen und geistlichen Großen mehr und mehr in die Teilreiche. Den Bischöfen von Regensburg hat die Tatsache, daß ihrer Stadt für längere Zeit gleichsam die Funktion einer königlichen Residenz zukam, ohne Zweifel einen gewissen Einfluß am Hofe gesichert. Arnulf errichtete bei St. Emmeram — wohl an der Stelle des heutigen Paradieses und der Vorhalle — eine neue Pfalz und erhob den heiligen Emmeram, so sieht es jedenfalls der Chronist des 11. Jahrhunderts, geradezu zum Reichspatron[161]. Mit Aspert, seinem Kanzler und tatsächlichen Leiter der Hofkapelle, bestieg der einflußreichste Kirchenmann in seiner Umgebung 891 den Regensburger Bischofsstuhl. Asperts Nachfolger Tuto (894–930) hat eine ähnlich wichtige Position bei Ludwig dem Kind innegehabt[162].

Noch größeres politisches Gewicht gewannen die Bischöfe von Freising und Augsburg unter den letzten ostfränkischen Karolingern. Waldo von Freising (884–906)[163], aus schwäbischem Adel stammend und Bruder des bedeutenden Salomo III. von Konstanz, war zeitweise leitender Notar in der Kanzlei Karls III. gewesen. Beim Machtwechsel von 887 trat er sehr schnell auf die Seite Arnulfs, in dessen Umgebung er nun häufig erscheint; unter Ludwig dem Kind ist sein Einfluß anscheinend noch gestiegen. Der Reichsdienst hat sich für seine Kirche ausgezahlt: Auf Gunsterweise Arnulfs gehen Freisinger Erwerbungen am Wörther See zurück, die das Gebiet um Maria Wörth neben Innichen zu einem zweiten Missionsstützpunkt der Kirche des hl. Korbinian machten; 895 erhielt Waldo die Reichsabtei Moosburg, 898 Zollfreiheit für die Salzfuhren zu Wasser und zu Lande. Ludwig das Kind schenkte das an der alten Salzhandelsstraße gelegene Föhring und verbriefte im Jahre 906 das Recht der freien Bischofswahl[164]. Dem Freisinger Bischof stand Adalbero von Augsburg (887–

---

[161] ARNOLDUS, De s. Emmerammo I, c. 5, MGH.SS IV, 551: *Is* (scil. *Arnolfus*) *namque sperans, Deum sibi sic fore propitium, elegit beatum Emmerammum vitae suae ac regno patronum, adeoque illi adhesit, ut in vicinitate monasterii regio cultui aptum construeret grande palatium.* Dazu P. SCHMID, Regensburg 53–55; M. PIENDL, Die Pfalz Kaiser Arnulfs bei St. Emmeram in Regensburg, in: Thurn und Taxis Studien 2 (1962) 96–126.

[162] Zu Asperts Stellung in der Kapelle vgl. FLECKENSTEIN, Hofkapelle I 201–204; zu Tuto vgl. die Interventionen in den Königsurkunden. Auch im folgenden wird der politische Einfluß der Bischöfe an den Interventionen in den Diplomen abgelesen, ohne daß diese in extenso zitiert werden; vgl. auch: G. BUHRER-THIERRY, Les évêques de Bavière et d'Alémanie dans l'entourage des derniers rois Carolingiens en Germanie (876–911), in: Francia 16/1 (1989) 31–52.

[163] Vgl. MASS, Bistum Freising im Mittelalter 92–96; DERS., Freising in der Karolingerzeit 68–101.

[164] Vgl. MGH.D Arn. 91 (891 Juli 21), 136 (895 Juli 16), 170 (898 Dez. 13); LdK. 28 (903 Nov. 30), 44 (906 Mai 8).

909) an politischem Einfluß nicht nach[165]. Er hat Arnulf auf dem Italienzug 895/96 begleitet, Ludwig das Kind aus der Taufe gehoben und seine Erziehung geleitet; mit Hatto von Mainz und Salomo von Konstanz zählte er zu den wichtigsten Ratgebern des letzten ostfränkischen Karolingers. Freilich hat seine Kirche, wenn die Überlieferung nicht trügt, daraus keinen besonderen Nutzen gezogen. Weniger deutlich ist, wenn man einmal von Ermenrichs (866–874/75) Anteil am Methodiuskonflikt absieht, die Rolle der Passauer Bischöfe in der Reichspolitik zu erkennen, doch stand zumindest Engilmar (874/75?-899)[166], der vielleicht erst nach längerer Vakanz auf den Bischofsstuhl gelangte, in engerer Beziehung zu Arnulf. Da er in einem Diplom des Königs einmal als *ministerialis noster* bezeichnet wird, dürfte er ein Hofamt bekleidet haben. Unter diesen Umständen wäre zu überlegen, ob er nicht mit dem gleichnamigen Abt der Alten Kapelle in Regensburg identisch ist[167].

Selbst die Bischöfe von Säben gewinnen nun ein schärferes Profil. Zacharias (890–907)[168], der von Arnulf ein Jagdrechtsprivileg in einem Gebiet, das künftig einen wichtigen Teil des weltlichen Hoheitsbereiches der Bischöfe bilden sollte, erhielt[169], erscheint öfters als Intervenient in den Urkunden Ludwigs des Kindes; diesem Herrscher verdankte die Kirche von Säben auch den zukunftsträchtigen Erwerb des Hofes Brixen[170], zu dem wohl ein größerer Teil des Brixener Beckens gehörte. Vorbesitzerin war Arnulfs Gemahlin, die Königin Ota, gewesen.

Für die Salzburger Kirche hat der Erzbischof Adalwin (859–873) im Jahre 860 ein großes Privileg Ludwigs des Deutschen erhalten, das dem Erzstift eine feste Besitzgrundlage im Osten gab und zugleich die Missionsaufgabe wie die Kontrollfunktion gegenüber den häufig unzuverlässigen Grenzgrafen untermauerte[171]. Adalwins Nachfolger Theotmar (873–907)[172] hat allerdings, obwohl er, aus der Hofkapelle Ludwigs des Deutschen hervorgegangen, bereits Erzkapellan des Königs Karlmann gewesen war und diese Würde auch unter Arnulf bekleidete, in der Reichspolitik keine führende Rolle gespielt. Er ist offenbar nur selten am Hofe gewesen, so daß sein Amt zu einer bloßen Ehrenstellung verkümmerte. Immerhin scheint auch Arnulf den karantanischen Besitz der Salzburger Kirche erheblich erweitert zu haben; Genaueres läßt sich allerdings nicht sagen, da das erhaltene Diplom eine Fälschung ist[173].

---

[165] ZOEPFL, Bistum Augsburg und seine Bischöfe im Mittelalter 55–59; VOLKERT, Regesten Augsburg I 52–95.
[166] BOSHOF, Regesten der Bischöfe von Passau I Nr. 152–169.
[167] MGH.D Arn. 76 (890 April 14); dazu BOSHOF, Regesten der Bischöfe von Passau I Nr. 156 u. 152 (mit Lit.).
[168] J. RIEDMANN, Mittelalter, in: Geschichte des Landes Tirol I, hg. v. J. FONTANA, 1985, 272–276; SPARBER, Sabiona 104–107.
[169] MGH.D Arn. 115 (893 Mai 31).
[170] MGH.D LdK. 12 (901 Sept. 13).
[171] MGH.D LdD. 102 (860 Nov. 20); dazu DOPSCH, Geschichte Salzburgs I/1, 179–181.
[172] Zu ihm DOPSCH, Geschichte Salzburgs I/1, 191–196; FLECKENSTEIN, Hofkapelle I 182, 187–189 u. 198f.
[173] MGH.D Arn. 184 (<885> Nov. 20); dazu H. KOLLER, König Arnulfs großes Privileg für Salzburg, in: MGSLK 109 (1969) 65–75.

## § 9. KIRCHLICHE AKTIVITÄTEN AUF REICHSEBENE

Kirchliche Aktivitäten der bayerischen Bischöfe, die über den Rahmen der Kirchenprovinz hinausgingen, sind um so weniger greifbar, als die Synodaltätigkeit im ostfränkischen Reich in der zweiten Jahrhunderthälfte stark nachgelassen hatte. Auf der von Ludwig dem Deutschen einberufenen und unter dem Vorsitz des Erzbischofs Hrabanus Maurus 852 in Mainz tagenden Synode[174] fehlte von den bayerischen Bischöfen nur Erchanbert von Freising; auch Lanto von Augsburg war anwesend. In Worms 868[175] war, wenn die Namen Ambrichos von Regensburg und Annos von Freising der Subskriptionsliste nicht später hinzugefügt worden sind, die Salzburger Kirchenprovinz geschlossen vertreten; auch Witgar von Augsburg zählt zu den Teilnehmern. Die Themen, die zur Debatte standen, sind die der Reformsynoden der Zeit Ludwigs des Frommen: Fragen der kirchlichen Disziplin, der Bußpraxis, des Eherechts, des Kirchengutes. Worms fällt dadurch etwas aus dem üblichen Rahmen, daß hier Kanones der westgotischen, gallischen und merowingischen Konzilien rezipiert wurden und eine theologische Auseinandersetzung mit der griechischen Kirche um Ritus und Dogma ihren Niederschlag fand in einer *Responsio contra Grecorum heresim*[176]. Auf der letzten großen karolingischen Reformsynode in Tribur 895[177] war die bayerische Kirche nur durch Tuto von Regensburg und Waldo von Freising vertreten; auch Adalbero von Augsburg nahm teil — es sind jene Kirchenmänner, die auch über den entsprechenden politischen Einfluß verfügten; bezeichnenderweise fehlte der Metropolit Theotmar.

## § 10. DIE SLAWENMISSION IM 9. JAHRHUNDERT

Die größte gemeinsame Aufgabe, die den gesamten bayerischen Episkopat mehr oder weniger intensiv über die ganze karolingische Epoche hin beschäftigt hat, war die Slawenmission. Im Vordergrund standen dabei nach allgemeiner Auffassung in der einschlägigen Literatur Regensburg, Passau und Salzburg. Das Bild von einer geradezu systematischen, nach Zuständigkeitsbereichen gegliederten Missionsoffensive der bayerischen Kirchen — Regensburg für Böhmen, Passau für Mähren und Salzburg für Pannonien — hat sicher seinen besonderen Reiz. Dabei ist allerdings angesichts einer völlig unterschiedlichen Quellenlage große Vorsicht geboten. Ein Dokument vergleichbar der Salzburger *Conversio Bagoariorum et Carantanorum*[178] steht für die anderen Diözesen nicht zur Verfügung. Die Rolle Regensburgs wird allenfalls schlaglichtartig beleuchtet durch zwei zeitlich weit auseinanderliegende Nachrichten

---

[174] MGH.Conc. III, 240–252 Nr. 26 (mit Lit.); dazu: HARTMANN, Synoden der Karolingerzeit 228–232.
[175] MANSI XV, 1770, 865–886; vgl. HARTMANN, Konzil von Worms; DERS., Synoden der Karolingerzeit 301–309.
[176] MIGNE PL 119, 1201–1212; dazu HARTMANN, Konzil von Worms 28–37.
[177] MGH.Cap II 196–249, Nr. 252; dazu HARTMANN, Synoden der Karolingerzeit 367–371.
[178] Vgl. oben Anm. 4.

in den *Annales Fuldenses*: Im Jahre 845 ließen sich am Vorort des bayerischen Stammes vierzehn böhmische Fürsten mit ihrem Gefolge taufen, und ein halbes Jahrhundert später unterwarfen sich hier alle Stammesfürsten Böhmens, an ihrer Spitze des ersten christlichen Przemysliden Boriwoi Sohn Spitignew, dem König Arnulf[179]. Danach ist Böhmen wohl der Regensburger Kirche untergeordnet gewesen, aber über die Mission des 9. Jahrhunderts ist nichts Genaues auszumachen[180]. Für die Passauer Mission mangelt es an zeitgenössischen schriftlichen Quellen fast völlig; wir sind weitgehend auf Rückschlüsse und Hypothesen angewiesen, was um so problematischer ist, als die »große Tradition der Passauer Slawenmission in Mähren« zu einem beträchtlichen Teil durch das mit dem Namen des Bischofs Pilgrim verknüpfte Fälschungswerk und von diesem abhängige spätere Historiographen repräsentiert wird[181]. Der dem Bischof Reginhar (817–838) beigelegte Ehrentitel eines *apostolus Maravorum* ist eine späte Frucht dieser Passauer Legendenbildung[182].

Eine ausgreifende bayerische Slawenmission war überhaupt erst nach der Zurückdrängung und schließlich der Unterwerfung der Awaren, die den von diesen beherrschten slawischen Stämmen Bewegungsfreiheit verschaffte, möglich. Im Zusammenhang mit einer bereits 796 an den Ufern der Donau versammelten Synode, die sich gegen eine gewaltsame Bekehrung aussprach und für eine hinreichende Unterweisung vor der Taufe einsetzte[183], ist wohl auch der Salzburger Missionssprengel organisiert worden, der Arn zugewiesen wurde. Nach der Grenzumschreibung der *Conversio* handelte es sich dabei um einen Teil Pannoniens um den Plattensee zwischen der Raab im Westen, der Drau im Süden und der Donau im Norden und Osten, soweit die fränkische Macht reichte. Karl der Große hat diese Maßnahme seines Sohnes Pippin 803 bei einem Aufenthalt in Salzburg bestätigt[184]. Es ist aber — anders als in der Forschung allgemein angenommen — durchaus nicht sicher, daß der Raum nördlich der Donau von Pippin und seinen Beratern schon 796 in die Überlegungen über eine künftige Missionspolitik einbezogen worden ist. Für Karl war ohne Zweifel Arn von Salzburg der Hauptverantwortliche für die Mission in der gesamten, damals im karolingischen Blickfeld liegenden *Sclavinia*.

Indiz für eine kolonisatorische Erschließung des Raumes und unter Umständen damit einhergehend eine Christianisierung slawischer Bevölkerungsgruppen sind die königlichen Schenkungen an die Kirchen. Neben Passau erscheinen aber auch andere

---

[179] Annales Fuldenses ad a. 845, ed. F. KURZE, MGH.SS rer. Germ. in usum scholarum 6, 1891, S. 35: *Hludowicus XIIII ex ducibus Boemanorum cum hominibus suis christianam religionem desiderantes suscepit et ... baptizari iussit*; ad a. 895, ebd. 126.
[180] Vgl. Z. KRUMPHANZLOVÁ, Die Regensburger Mission und der Sieg der lateinischen Kirche in Böhmen im Licht archäologischer Quellen, in: Millenium Dioeceseos Pragensis 973–1973 (= Annales Institutum Salisburgo-Ratisbonense Slavicum 8) 1974, 20–40 (mit weiterer Lit.).
[181] Vgl. DOPSCH, Slawenmission 5–28 (Zitat oben: S. 6); vgl. ferner: V. VAVRINEK, Die Christianisierung und Kirchenorganisation Großmährens, in: Historica 7 (1963) 5–56; H. KOLLER, Bemerkungen zu Kirche und Christentum im karolingischen Mähren, in: MGSLK 126 (1986) 93–108.
[182] BOSHOF, Regesten der Bischöfe von Passau I Nr. +111 (mit Lit.).
[183] MGH.Conc. II/1, 172 Nr. 20; vgl. HARTMANN, Synoden der Karolingerzeit 116f.
[184] WOLFRAM, Conversio Bagoariorum, c. 6 S. 45f; dazu Kommentar 106f; DOPSCH, Geschichte Salzburgs I/1, 160.

Empfänger in den zu der sich ausformenden Diözese gehörenden Gebieten: Salzburg und Freising sowie die Klöster Altaich, Mattsee, Tegernsee, St. Emmeram und Herrieden[185]. In der Mehrzahl liegen die angegebenen Orte südlich der Donau; die Region des späteren mährischen Reiches ist gar nicht betroffen. Um 826/827 dürfte jenes Ereignis stattgefunden haben, das nun einen ersten Beleg für Mission im mährischen Machtbereich bietet: die Weihe der auf dem Eigengut des Fürsten Pribina zu Neutra erbauten Kirche; Konsekrator war der Erzbischof Adalram von Salzburg[186], und in der Kirche des hl. Martin zu Traismauer, einem Hof, der zur Salzburger Kirche gehörte, hat Pribina einige Jahre später die Taufe empfangen[187].

Die viel diskutierte Grenzregelung zwischen den Diözesen Passau und Salzburg gehört wohl in das Jahr 829. Das Diplom, durch das Ludwig der Deutsche im Streit zwischen Reginhar von Passau und Adalram von Salzburg die Flüsse Spraza (Spratzbach) und Rapa (Raab) als Diözesangrenze bestimmte[188], ist eine spätere Fälschung; der Inhalt aber erscheint glaubwürdig. Das Gebiet westlich der Raab wurde Passau zugeschrieben, was zur Folge hatte, daß auch der entstehende mährische Machtbereich künftig in die Passauer Einflußzone fallen mußte. Das aber war 829 sicher nicht Gegenstand der Auseinandersetzung; es ging vielmehr um die Abgrenzung — damit natürlich auch die Zuständigkeit für die Mission — im Bereich des Wiener Waldes.

Für die 30er Jahre sind im übrigen stärkere Impulse in der Missionspolitik von der Zentralgewalt nicht zu erwarten, da der innerdynastische Machtkampf alle Kräfte absorbierte. Vor diesem Hintergrund vollzieht sich der Aufbau einer weitgehend autonomen mährischen Herrschaft[189]. Etwa um 830 wurde Pribina durch Moimir aus sei-

---

[185] Als Beispiele seien zitiert die MGH.D Kar. 1, Nr. 212; LdD. 2, 3, 25, 64, 96, 101; für Freising (Moosburg) BITTERAUF, Traditionen Freising I Nr. 1007; dazu allgemein: H. KOLLER, König Ludwig der Deutsche und die Slawenmission, in: Historia docet. FS für Ivan Hlaváček (= Práce Historického Ustavu C,7) 1992, 167–193; W. STÖRMER, Fragen zum bayerisch-ostfränkischen Kirchenbesitz im karolinger- und ottonenzeitlichen Niederösterreich, in: Die bayerischen Hochstifte und Klöster in der Geschichte Niederösterreichs (= Studien und Forschungen aus dem Niederösterreichischen Institut für Landeskunde 11 = NNÖ-Schriften 29: Wissenschaft) 1989, 137–148, sowie E. HERRMANN, Slawisch-germanische Beziehungen 123–125.

[186] Vgl. WOLFRAM, Conversio Bagoariorum, c. 11 S. 52 (Nachricht wohl ursprünglich Randglosse); dazu Kommentar S. 130f; DOPSCH, Geschichte Salzburgs I/1, 176.

[187] WOLFRAM, Conversio Bagoariorum, c. 10 S. 50–52, mit Kommentar 128.

[188] MGH.D LdD. 173 (829 Nov. 18), überliefert im Codex Lonsdorfianus, Mitte 13. Jh.; dazu DOPSCH, Salzburg und der Südosten 14 mit Anm. 43–44; BOSHOF, Regesten der Bischöfe von Passau I Nr. +110 (mit Lit.).

[189] Dazu: WOLFRAM, Slawische Herrschaftsbildungen im pannonischen Raum als Voraussetzung für die Slawenmission, in: MGSLK 126 (1986) 245–254; ferner: Das Großmährische Reich (Tagung der wissenschaftlichen Konferenz des Archäologischen Instituts der Tschechoslowakischen Akademie der Wissenschaften, Brno-Nitra 1.–4. X. 1963) Praha 1966; darin vor allem: F. GRAUS, L'Empire de Grande-Moravie, sa situation dans l'Europe de l'époque et sa structure intérieure, in: Das Großmährische Reich, hg. v. F. GRAUS, 1966, 133–219. Nach Abschluß der Ausführungen zur Mährenmission erschien die Münchener Dissertation von M. EGGERS, Das »Großmährische Reich«. Realität oder Fiktion. Eine Neuinterpretation der Quellen zur Geschichte des mittleren Donauraumes im 9. Jahrhundert, 1995; der Autor kündigt weitere Arbeiten – u.a. zur kyrillomethodianischen Mission – an. Die Dissertation setzt die wissenschaftliche Kontroverse um die geographische Lage Mährens fort, die von I. BOBA, Moravia's History Reconsidered. A Reinterpretation of Medieval Sources, 1971, mit der These ausgelöst wurde, daß Moravien an der Save im Gebiet des antiken Sirmium (Sremska Mitrovica) zu lokalisieren sei, und kommt in minutiöser Untersu-

nem Herrschaftsbereich um Neutra vertrieben. Mit Moimir beginnt der Aufstieg jener einheimischen Dynastie, die die Geschicke des Mährerreiches bis zu seinem Untergang bestimmen sollte. Pribina gelang nach einigen Schwierigkeiten eine neue Herrschaftsbildung im Gebiet um den Plattensee mit dem Zentrum Moosburg (Mosapurc)-Zalawàr. In engem Zusammenwirken mit Salzburg hat er die Mission in Pannonien vorangetrieben, und an den günstigen Voraussetzungen für die Christianisierung des Landes änderte sich auch nichts, als ihm nach seinem Tode 860/61 sein Sohn Chozil in der Herrschaft folgte[190].

Weniger unproblematisch gestalteten sich allerdings die Beziehungen des ostfränkischen Reiches zu den mährischen Machthabern. Auf die ständigen militärischen Auseinandersetzungen ist hier nicht einzugehen; der Prozeß der Christianisierung scheint dadurch nicht entscheidend gehemmt worden zu sein. Da uns schriftliche Zeugnisse fehlen — nur einmal ist von einer *rudis christianitas* der Mährer die Rede[191] —, sind wir auf die Ergebnisse der Archäologie angewiesen, die tatsächlich in den Fürstensitzen Mährens und der Westslowakei nicht wenige Kirchenbauten ergraben hat[192]. An der Existenz von christlichen Gemeinden und Kirchen vor dem Auftreten des Methodius ist also nicht zu zweifeln. Die Missionare sind offenbar nicht nur aus dem Ostfrankenreich, sondern auch aus Italien und dem byzantinischen Reich gekommen[193], und der Fernhandel der Fürsten dürfte dafür die Voraussetzungen geschaffen haben.

---

chung eines umfangreichen Quellenmaterials, Bobas These modifizierend, zu dem Schluß, daß für das eigentliche Moravia eine Lage in der ungarischen Tiefebene, östlich der Donau, anzunehmen und der ursprüngliche Herrschaftsbereich Swatopluks vor der gewaltigen Expansion nach 870 in Bosnien-Slawonia anzusetzen sei; Mähren sei im Zuge dieser Expansion erst spät in dieses kurzlebige Reich eingegliedert worden. Methodisch problematisch erscheint an dieser Arbeit die ausgiebige Verwertung sehr späten (16. Jh.) und z.T. absolut konfusen Quellenmaterials. H. WOLFRAM hat jüngst (Salzburg, Bayern, Österreich. Die Conversio Bagoariorum et Carantanorum und die Quellen ihrer Zeit, 1995, insbesondere 87ff und 311ff) in Kenntnis der Thesen von Eggers (vgl. 88 Anm. 106) die traditionelle Auffassung, die er selbst in zahlreichen Arbeiten wesentlich mitbestimmt hat, erneut bekräftigt und sich dabei ausschließlich auf die zeitgenössischen historiographischen und dokumentarischen Zeugnisse der fränkischen Seite gestützt. Auf die Diskussion ist hier nicht ausführlich einzugehen; unsere Thesen sind im Kern nicht betroffen, denn eine Passauer Mission in Transdanubien erscheint noch weniger vorstellbar als im Gebiet der March nördlich der Donau. Vgl. auch: H. BIRNBAUM, Where was the Center of the Moravian State?, in: American Contributions to the Eleventh Int. Congress of Slavists, Bratislava, Aug. – Sept. 1993: Literature, Linguistics, Poetics. Ed. by R. A. MAGUIRE, 1993, 11–24.

[190] WOLFRAM, Conversio Bagoariorum, Kommentar, 138; DERS., Herrschaftsbildungen (wie Anm. 178) 251. Zur Salzburger Mission vgl. DOPSCH, Geschichte Salzburgs I/1, 176f u. 184f.

[191] Akten der Mainzer Synode von 852: MGH.Conc. III, Nr. 26 S. 248, c. 11; vgl. oben Anm. 163. Zu den ostfränkisch-mährischen Beziehungen vgl. auch: E. HERRMANN, Slawisch-germanische Beziehungen, passim.

[192] Dazu: C. STANA, Mährische Burgwälle im 9. Jahrhundert, in: Die Bayern und ihre Nachbarn. Teil 2, hg. v. H. FRIESINGER – F. DAIM (= DÖAW.PH 180) 1985, 157–200; J. POULIK, Wirtschaftlich-soziale Entwicklung im slawischen Bereich nördlich der mittleren Donau im 6. bis 10. Jahrhundert, in: MGSLK 126 (1986) 119–184.

[193] E. HERRMANN, Slawisch-germanische Beziehungen 158 (Legende des hl. Methodius). Zur Quelle: J. BUJNOCH (Hg.), Zwischen Rom und Byzanz (= Slawische Geschichtsschreiber 1) 1958, 88 (Methodiusvita 81–100).

Mit Beginn der 60er Jahre spitzte sich die politische Lage zu. Die Mährerfürsten Rastislaw und Swatopluk suchten Anlehnung an Byzanz, um gegenüber dem Ostfrankenreich die Autonomie ihrer Herrschaft durchzusetzen; im Gegenschlag näherte sich Ludwig der Deutsche dem Bulgarenkhan Boris, der durch seine Expansionspolitik zum unmittelbaren Nachbarn des Mährerreiches geworden war. Die politischen Bündnisse sollten durch Mission abgesichert werden, doch wurde die ostfränkische Mission im Bulgarenreich, organisiert im Auftrag des Königs durch Bischof Ermenrich von Passau (866–874/75)[194], von der päpstlichen Initiative überspielt[195]. In dieses weltpolitische Spannungsfeld der ostfränkisch-byzantinisch-römischen Missionsrivalitäten gehört nun auch das Wirken des Methodius und seines Bruders Konstantin[196]. Beide waren 863 nach Mähren gekommen. Ihre Tätigkeit war hier in kurzer Zeit — ohne Zweifel auch aus dem Grunde, daß sie sich bei der religiösen Unterweisung der slawischen Sprache bedienen konnten — erfolgreich und dehnte sich schließlich sogar auf den Machtbereich Chozils in Pannonien aus. Mit dem Eingreifen Papst Hadrians II., der die beiden Missionare nach Rom einlud und das Wirken Methods nach dem Tode Konstantins durch die Ernennung zum Erzbischof von Sirmium nun von römischer Seite legitimierte[197], geriet selbst die Salzburger Kirche in ihrem traditionellen Einflußbereich in die Defensive[198].

Ein Umsturz der politischen Verhältnisse schien auch für die Mährenmission neue Bedingungen zu schaffen. Im Zuge der ostfränkisch-mährischen Auseinandersetzungen wechselte Swatopluk Anfang 870 die Fronten, kommendierte sich dem für die Ostmark zuständigen Karlmann und lieferte seinen Oheim Rastislaw den Franken aus. In die Katastrophe des Mährerfürsten wurde auch Methodius hineingerissen. Er geriet in fränkische Gefangenschaft und mußte sich — wohl im November 870 — vor einer bayerischen Bischofssynode in Regensburg verantworten[199]. Bei diesem Verfahren hat offenbar vor allem Bischof Ermenrich von Passau durch eine harte und unwürdige Behandlung des Gefangenen eine unrühmliche Rolle gespielt; das geringschätzige Urteil des Byzantiners über die mangelnde Bildung seiner bayerischen

---

[194] BOSHOF, Regesten der Bischöfe von Passau I Nr. 143 (mit Lit.).
[195] Annales Fuldenses ad. a. 867 (wie Anm. 179), S. 65f: *Sed cum illuc pervenissent* (scil. die von Ludwig dem Deutschen abgeordneten Missionare), *episcopi a pontifice Romano missi totam illam terram praedicando et baptizando iam tunc repleverunt; quapropter isti accepta a rege licentia redierunt in sua.*
[196] Aus der überreichen Literatur vgl. vor allem: F. GRIVEC, Konstantin und Method, Lehrer der Slawen, 1960; F. DVORNIK, Byzantine Missions among the Slavs, 1979; Methodiana. Beiträge zur Zeit und Persönlichkeit, sowie zum Schicksal und Werk des hl. Method: Annales Instituti Slavici 9 (1976); LÖWE, Cyrill und Methodius 631–686; Symposium Methodianum. Beiträge der Internationalen Tagung in Regensburg (17. bis 24. April 1985) zum Gedenken an den 1100. Todestag des hl. Method. Hg. v. K. TROST – E. VÖLKL – E. WEDEL (= Selecta Slavica 13) 1988.
[197] DOPSCH, Salzburg und der Südosten 20–22; DERS., Slawenmission und päpstliche Politik — Zu den Hintergründen des Methodius-Konfliktes, in: MGSLK 126 (1986) 303–340; zu oben 328–330.
[198] WOLFRAM, Conversio Bagoariorum 14.
[199] Vgl. BOSHOF, Regesten der Bischöfe von Passau I Nr. 146 (mit Lit.); HARTMANN, Synoden der Karolingerzeit 309f.

Richter[200] dürfte die jähzornige Reaktion gerade des Passauers, der mehr als alle seine Kollegen die karolingische Bildungstradition repräsentierte, hervorgerufen haben. Der Papst Johannes VIII. hat im übrigen den Erzbischof Adalwin für die Absetzung des Methodius verantwortlich gemacht und ihn wie Ermenrich vom Amte suspendiert, Ermenrich darüber hinaus bis zu einem Urteil in Rom exkommuniziert[201]. Ob Adalwin die gleiche Strafe traf, muß offenbleiben, da das an ihn gerichtete Schreiben nur fragmentarisch überliefert ist[202]. In das päpstliche Strafgericht wurde auch Anno von Freising einbezogen, dem Johannes VIII. vorwarf, neben Adalwin Urheber und Drahtzieher des Verfahrens gegen Methodius gewesen zu sein und sich damit die Rechte des Apostolischen Stuhls und gleichsam wie ein Patriarch die Gerichtsbarkeit über einen Erzbischof angemaßt zu haben[203]. Anno dürfte den Vorsitz im Synodalgericht geführt haben. Wo Methodius seine mehrjährige Klosterhaft verbüßte — ob im Freisinger Sprengel, in Ellwangen oder auf der Reichenau —, bleibt in der Forschung umstritten[204].

Das Einvernehmen zwischen Swatopluk und Ludwig dem Deutschen hielt nicht lange vor. Doch erwies sich in dem erneut ausbrechenden Konflikt, daß das Mährerreich militärisch nicht zu bezwingen war[205]. Im Jahre 874 kam es zum Friedensschluß. Dieser Ausgleich, vor allem aber der energische Einsatz Papst Johannes' VIII. bewirkten die Freilassung des Methodius, der seine Tätigkeit nun wieder aufnahm, aber in der Folgezeit auf Mähren beschränkt blieb. Der Erzbischof Theotmar konnte im Machtbereich Chozils den Salzburger Einfluß wiederherstellen[206]. Methodius verdankte seine Restitution nicht zuletzt dem Bemühen Swatopluks, im Zusammenwirken mit dem Papst der mährischen Kirche die Selbständigkeit zu sichern. Allerdings hing er von der schwankenden Gunst des Fürsten ab[207], und seine Lage verschlechterte sich, als im Jahre 880 der Schwabe Wiching auf Swatopluks Wunsch vom Papst zum Bischof von Neutra geweiht wurde[208]. In Wiching erwuchs dem Erzbischof ein Gegenspieler, der vor Intrigen nicht zurückschreckte und schließlich obsiegte, als mit

---

[200] Vgl. E. HERRMANN, Slawisch-germanische Beziehungen 159 (Methodiusvita c. 9); zu Ermenrich vgl. H. LÖWE, Ermenrich von Passau, Gegner des Methodius. Versuch eines Persönlichkeitsbildes, in: MGSLK 126 (1986) 221–241.
[201] BOSHOF, Regesten der Bischöfe von Passau I Nr. 148 (Quelle: Schreiben des Papstes Johannes VIII., in: MGH.Epp VII 285 Nr. 22; GermPont I: Episcopatus Pataviensis, S. 163 Nr. 13). Die diese Affäre betreffenden Schreiben Johannes' VIII. auszugsweise auch bei E. HERRMANN, Slawisch-germanische Beziehungen 146–149.
[202] Vgl. LÖWE, Ermenrich von Passau (wie Anm. 189) 237.
[203] Vgl. Schreiben des Papstes Johannes VIII.: MGH.Epp VII 286 Nr. 23 (auch E. HERRMANN, Slawisch-germanische Beziehungen 148); GermPont I: Episcopatus Frisingensis, S. 332 Nr. 5; dazu: MASS, Bistum Freising in der Karolingerzeit 119–135.
[204] Vgl. DOPSCH, Slawenmission 332 Anm. 121.
[205] Vgl. DÜMMLER, Ostfränkisches Reich II 339. Zu den Auseinandersetzungen die Quellen bei E. HERRMANN, Slawisch-germanische Beziehungen 131–137.
[206] DOPSCH, Slawenmission 333f.
[207] LÖWE, Cyrill und Methodius 674.
[208] Vgl. BOSHOF, Regesten der Bischöfe von Passau I Nr. 170 (mit Quellen und Literatur); zu Wichings Rolle in der Mährenmission und zu seinem Verhältnis zu Methodius vgl. auch: E. HERRMANN, Slawisch-germanische Beziehungen 209–212.

dem Tode Methods am 6. April 885 dessen Werk in eine tiefe Krise geriet und seine Schüler auf schimpfliche Weise aus Mähren vertrieben wurden[209]. Eigentümlicherweise scheint Wiching seine Stunde nicht genutzt zu haben; er trat — wohl im Sommer 893 während des Feldzuges Arnulfs nach Mähren — in die Dienste des ostfränkischen Königs, bis zu dessen Tode er als sein Kanzler fungierte[210].

Nach dem Tode Swatopluks Mitte 894 setzte sich im Kampf um das Erbe Moimir II. gegen seinen Bruder Swatopluk II. durch; er suchte in Rom um Unterstützung für die Wiederherstellung der kirchlichen Ordnung nach[211]. Vor diesem Hintergrund könnte die Erhebung Wichings auf den Passauer Bischofsstuhl nach dem Tode Engilmars im Sommer 899 als ein kluger Schachzug Kaiser Arnulfs erscheinen, die Initiative in der Gestaltung der kirchlichen Verhältnisse Mährens, mit denen Wiching ja bestens vertraut war, zurückzugewinnen. Wenn die Motive des Karolingers damit richtig erfaßt sein sollten, dann erwies sich seine Maßnahme als ein Fehlschlag; denn die bayerischen Bischöfe selbst versagten ihm die Gefolgschaft. Noch vor Ende des Jahres wurde Wiching von einer Provinzialsynode abgesetzt; als Begründung diente wohl das kanonische Translationsverbot, das einer Versetzung des ehemaligen Bischofs von Neutra auf einen anderen Bischofssitz im Wege stand[212]. Die eigentlichen Hintergründe der spektakulären Entscheidung, die der auf den Tod erkrankte Kaiser nicht mehr rückgängig machen konnte, sind aber wohl in persönlichen Rivalitäten zwischen Wiching und Theotmar zu suchen: Der Erzbischof hat ohne Zweifel seine Stellung als nominelles Oberhaupt der Hofkapelle durch Wichings führende Rolle in der Kanzlei, mit der ein wesentlicher politischer Einfluß am Hofe verbunden war, beeinträchtigt gesehen[213].

Wenn eine in der Forschung viel beachtete Quelle als glaubwürdig gelten könnte, dann kam es wenig später über die Probleme der Mährenmission zu einem Konflikt zwischen dem bayerischen Episkopat und dem Papst. Es handelt sich um ein Schreiben Theotmars und seiner Suffragane Waldo von Freising, Zacharias von Säben, Tuto von Regensburg, Richar von Passau sowie des Bischofs Erchanbald von Eichstätt an einen Papst Johannes, das, da auf die Thronerhebung Ludwigs des Kindes am 4. Februar 900 eingegangen wird und auf den genannten Papst, wenn er mit Johannes IX. zu identifizieren ist, wohl bereits im Mai Benedikt IV. folgte, in die Monate Februar bis April/Mai des Jahres 900 zu datieren wäre[214]. Die Absender beschweren sich über das Erscheinen einer hochrangigen päpstlichen Gesandtschaft — eines

---

[209] LÖWE, Cyrill und Methodius 685.
[210] FLECKENSTEIN, Hofkapelle I 202–205; vgl. BOSHOF, Regesten der Bischöfe von Passau I Nr. 170.
[211] DÜMMLER, Ostfränkisches Reich III 463f.
[212] BOSHOF, Regesten der Bischöfe von Passau I Nr. 173 (mit Lit.).
[213] Dazu ERKENS, Älteste Passauer Bischofsurkunden (wie Anm. 74) 480.
[214] BOSHOF, Regesten der Bischöfe von Passau I Nr. 175 (mit Lit. und Forschungsdiskussion; Edition des Schreibens: H. BRESSLAU, Der angebliche Brief des Erzbischofs Hatto von Mainz an Papst Johann IX., in: Historische Aufsätze. Karl Zeumer zum 60. Geburtstag als Festgabe dargebracht, 1910, 22–26; auszugsweise auch bei E. HERRMANN, Slawisch-germanische Beziehungen 182–184). Vgl. auch H. KOLLER, Quellenlage und Stand der Forschung zur Landnahme der Ungarn aus der Sicht des Abendlandes, in: Baiern, Ungarn und Slawen im Donauraum. Red. v. W. KATZINGER – G. MARCKHGOTT (= FGSMÖ 4) 1991, 77–93, bes. 78, 88–90, 93.

Erzbischofs mit zwei Bischöfen — in Mähren und die damit im Zusammenhang stehenden Bemühungen um die Schaffung einer mährischen Kirchenprovinz von Rom aus. Sie halten dem Papst entgegen, daß das Land politisch und kirchlich stets zum fränkisch-bayerischen Herrschaftsbereich gehört habe, von dem her es christianisiert worden sei. Von Anfang an sei der Passauer Bischof der zuständige Diözesan gewesen, habe alle geistlichen Handlungen vollzogen, ohne Widerspruch zu finden, und mit seinen Priestern hier auch Synoden abgehalten. Daß das Wirken des Methodius völlig mit Schweigen übergangen wird, verwundert angesichts der bereits geschilderten Ressentiments nicht weiter. Die Behauptung, daß die Mährer vom Christentum wieder abgefallen seien und die Kirche verfolgten, soll dem Papst die Unzuverlässigkeit seiner Partner aufzeigen. Damit soll zugleich der von den Mährern erhobene — aus den Erfahrungen des Feldzuges von 892 wohl nicht ganz aus der Luft gegriffene[215] — Vorwurf des Paktierens der Franken mit den Magyaren entkräftet werden, wobei sich die Verfasser nun nicht scheuen, diesen Vorwurf auf seine Urheber zurückzulenken.

Nicht zuletzt dieses Theotmarschreiben diente der Forschung als ein entscheidender Beleg für eine führende Rolle Passaus in der Mährenmission, obwohl mitunter auch Bedenken gegen seine Echtheit vorgebracht wurden. Diese sind nur zu berechtigt[216]. Sie gründen sich einmal auf die Überlieferungssituation. Das Schreiben ist allein in jener aus dem 12. Jahrhundert kopial überlieferten Sammlung von gefälschten Papsturkunden und bischöflichen Dokumenten auf uns gekommen, die den Bischof Pilgrim (971–991) zum Urheber hat. Es lassen sich ferner stilistische Gemeinsamkeiten und Diktatanklänge mit den übrigen Pilgrimfälschungen oder den von Pilgrim stilisierten Urkunden nachweisen, und schließlich versetzt die historische Kritik dem Stück den entscheidenden Stoß: Die Passauer Kirche hat die Rolle, die ihr in der Missionierung Mährens hier zugeschrieben wird, tatsächlich nie gespielt, und die päpstliche Legation wird man wohl ins Reich der Fabel verweisen dürfen. Das im Theotmarschreiben entworfene historische Panorama ist im Umriß nicht völlig falsch: Es hat natürlich die römisch-byzantinisch-ostfränkischen Rivalitäten in der Mission ebenso wie die politischen Gegensätze zwischen Mährern und ostfränkischem Reich gegeben, ganz zu schweigen von der ungarischen Bedrohung — aber für Einzelheiten wird man sich nicht auf Theotmar berufen dürfen, wenn man es unternimmt, die historischen Vorgänge in den Grenzlanden um die Wende vom 9. zum 10. Jahrhundert zu analysieren.

Die politische Situation wandelte sich mit dem nun nicht mehr aufzuhaltenden Ansturm der Magyaren grundlegend. Der Untergang des Mährerreiches war trotz der

---

[215] Vgl. DÜMMLER, Ostfränkisches Reich III 354.
[216] Zum folgenden vgl. E. BOSHOF, Das Schreiben der bayerischen Bischöfe an einen Papst Johannes — eine Fälschung Pilgrims?, in: Papstgeschichte und Landesgeschichte. Festschrift für H. Jakobs, hg. von J. DAHLHAUS – A. KOHNLE u.a. (= Beihefte zum AKuG 39) 1995, 37–67. Dieser Aufsatz ist für alle Einzelfragen der Überlieferung, der diplomatischen Analyse und der historischen Darstellung, die hier nicht in extenso diskutiert werden können, heranzuziehen; er stellt zugleich eine Weiterführung der in BOSHOF, Regesten der Bischöfe von Passau I 175 gemachten Ausführungen dar. Zu den Pilgrimfälschungen vgl. auch F.-R. ERKENS (in diesem Band des HBKG 172 Anm. 310).

Beilegung der bayerisch-mährischen Auseinandersetzungen[217] nicht mehr zu verhindern[218]. Auch der bayerische Episkopat hat sich den Aufgaben der Verteidigung nicht entzogen. Bischof Richar von Passau (899–902) stand neben dem Grafen Liutpold an der Spitze des Heerbannes, der im November 900 eine ungarische Reiterschar bei Linz besiegte[219], und erwirkte wenige Monate später von Ludwig dem Kind die Überlassung der gerade erbauten Ennsburg an das Kloster St. Florian[220]. In der vernichtenden Niederlage des bayerischen Heerbannes bei Preßburg am 4. Juli 907 hat der Episkopat einen hohen Blutzoll entrichtet: Auf der Walstatt blieben Theotmar von Salzburg, Udo von Freising und Zacharias von Säben[221]. Im Osten war man wieder auf die Ausgangslage des 8. Jahrhunderts zurückgeworfen.

---

[217] BOSHOF, Regesten der Bischöfe von Passau I Nr. 178 (901, zu Januar).
[218] Vgl. DÜMMLER, Ostfränkisches Reich III 533; zu den Kämpfen der Söhne Swatopluks gegen die Ungarn in den Jahren nach 896 vgl. E. HERRMANN, Slawisch-germanische Beziehungen 181–186. Zum Untergang des Mährerreiches vgl. auch die Untersuchungen von G. GYÖRFFY – W. STÖRMER – L. E. HAVLÍK – V. NEKUDA, in: Baiern, Ungarn und Slawen im Donauraum (wie Anm. 203).
[219] BOSHOF, Regesten der Bischöfe von Passau I Nr. 176.
[220] MGH.D LdK. 9 (901 Jan. 19); BOSHOF, Regesten der Bischöfe von Passau I Nr. 177 (mit Lit.).
[221] REINDEL, Luitpoldinger 62–64 Nr. 45.

# DIE SALZBURGER KIRCHENPROVINZ UND DAS BISTUM AUGSBURG IM ZEITALTER DER OTTONEN UND FRÜHEN SALIER (907–1046)

## § 11. DIE SALZBURGER KIRCHENPROVINZ ALS TEIL DER OTTONISCH-SALISCHEN REICHSKIRCHE

*a) Der Ausgang der Karolinger und die Herrschaft Arnulfs »des Bösen« (907–937)*

Die Schlacht bei Preßburg[1], bei der im Jahre 907 der bayerische Adel einen hohen Blutzoll leistete und in der neben Liutpold, dem Anführer des Heeres, auch drei Bischöfe im Kampf gegen die Ungarn ihr Leben ließen, stellt in der bayerischen Geschichte gewiß keine Epochenwende dar, wohl aber einen Einschnitt, der nicht unerhebliche Folgen zeitigte: So wurde der bayerische Einfluß in den östlichen Marken

---

[1] Vgl. dazu Anm. 6 sowie REINDEL, Luitpoldinger Nr. 45.

zurückgedrängt, in Salzburg, Freising und Brixen, in mehr als der Hälfte der Bistümer, die die Salzburger Kirchenprovinz bildeten, mußten neue Oberhirten gewählt werden, und nicht zuletzt war die Frage zu klären, wer die Nachfolge des *marchensis Baioariorum*[2], des mit den späten Karolingern verwandten[3], von diesen entschieden geförderten[4], von manchen Quellen sogar mit dem Herzogtitel geschmückten[5] und bei Preßburg gefallenen Grafen Liutpold antreten und dessen Führungsrolle unter den bayerischen Adligen übernehmen sollte.

Für den etwa ein halbes Jahrhundert nach den Ereignissen schreibenden Fortsetzer der Chronik des Regino von Prüm warf diese Nachfolge keine Probleme auf. Er eröffnet sein Geschichtswerk mit der Nachricht über die blutige Schlacht von Preßburg und den Tod des »Herzogs« Liutpold und berichtet in diesem Zusammenhang von der Nachfolge des Sohnes Arnulf im »Herzogtum«[6]. Der modernen Geschichtsforschung hingegen erscheinen die Grundlagen und Bedingungen für die Entwicklung des sog. »jüngeren Stammesherzogtums« sowie der Zeitpunkt seiner Entstehung wesentlich fragwürdiger als dem Historiographen aus der Mitte des 10. Jahrhunderts. Daß die Anhäufung von Eigenbesitz, Machtmitteln und Ämtern sowie Königsnähe und persönliche Idoneität, die sich vor allem in der Abwehr äußerer Feinde bewährt, entscheidende Voraussetzungen für die Übernahme der Herzogswürde bildeten, ist zwar weithin unbestritten; aber in die Diskussion geraten ist der gentile Charakter der im 10. Jahrhundert entstandenen Herzogtümer, die Auffassung, nach der der Personenverband eines Stammes Basis und Rahmen der neuen Herzogsherrschaften gebildet haben soll[7]. Statt dessen erblickt man nun in der sogenannten *regna*-Struktur[8] des Karolingerreiches eine institutionelle Vorgabe für die Herausbildung der neuen Herzogtümer und betont dabei vor allem die prinzipielle Gleichartigkeit des Entstehungsprozesses der westfränkischen Fürstentümer und der ostfränkischen Herzogsherrschaften, bei deren Begründung eine Mitwirkung der einzelnen Stämme keinesfalls zweifelsfrei zu belegen sei[9].

Eine solche fehlte offenbar auch 907, als Arnulf, der älteste Sohn Liutpolds, in die Rechte seines Vaters eintrat[10]. Diese Nachfolge dürfte zwar kaum umstritten gewesen sein (wer sonst als ein Liutpoldinger hätte damals die Voraussetzungen mitgebracht,

---

[2] KURZE, Annales Fuldenses 125 (a. 895). Den *marchio*-Titel führt Liutpold auch in einer Urkunde Kaiser Arnulfs vom 31. August 898: MGH.D Arn. 162.

[3] MGH.D Arn. 162 (898 August 31). MGH.D LdK. 9 (901 Januar 19). 12 (901 September 13).

[4] Vgl. REINDEL, Herzog Arnulf 233–239; GOETZ, Stammesherzogtum 300–302, 320f.

[5] Vgl. Anm. 1.

[6] Continuatio Reginonis, ed F. KURZE, 154 (a. 907): *Bawarii cum Ungariis congressi multa cede prostrati sunt; in qua congressione Liutbaldus d u x occisus est, cui filius suus Arnolfus in d u c a t u m successit.*

[7] Vgl. dazu und zum folgenden den Überblick von H.-W. GOETZ, Herzog, Herzogtum, in: LdMa 4 (1989) 2189–2193 (und die hier verzeichnete Literatur); STÖRMER, Herrschaftskrise 62, sowie J. FRIED, Die Formierung Europas. 840–1046 (= Oldenbourg Grundriß der Geschichte 6) 1991, 163–164.

[8] Vgl. dazu K. F. WERNER, Ausgewählte Beiträge, 1984 (darin bes. 311–328: »Les duchés ›nationaux‹ d'Allemagne au IXᵉ et au Xᵉ siècle« und 278–310: »La genèse des duchés en France et en Allemagne«) und BRÜHL, Deutschland – Frankreich 304–329.

[9] Vgl. dazu den Überblick bei GOETZ, Stammesherzogtum, passim, bes. aber 409–423.

[10] Vgl. REINDEL, Luitpoldinger Nr. 46.

sie anzutreten?), aber von einer Mitsprache des bayerischen Stammes bei diesem bedeutsamen Vorgang wird nirgendwo etwas berichtet. Allerdings ist ein Mitwirken des Adels in Form eines Konsensaktes mehr als wahrscheinlich[11]; unklar jedoch muß bleiben, ob diese Zustimmung wirklich vom gesamten Stamm erteilt worden ist oder lediglich von einer liutpoldingischen Klientel. Eng verknüpft mit diesem Problem ist dabei die Frage nach dem Beginn von Arnulfs Herzogsherrschaft. Bedeutete schon allein die Übernahme der vom Vater besessenen Stellung die Begründung des arnulfinischen Herzogtums im Jahre 907, wie der Fortsetzer Reginos von Prüm Jahrzehnte später behauptet und wie auch die moderne Forschung annimmt[12], oder konnte der (zweifellos vorhandene) Anspruch auf die Herzogswürde erst Jahre nach dem Herrschaftsantritt verwirklicht werden?

Aus der Frühzeit von Arnulfs Herrschaft gibt es keinen Hinweis, der eine herzogliche Stellung des jungen Liutpoldingers unanfechtbar belegen könnte[13], und die unbestrittene Tatsache, daß die Erwähnung bayerischer Großer in den Königsurkunden nach 907 zurückgegangen ist[14], dürfte wohl eher auf die angespannte Situation nach der Niederlage von Preßburg zurückzuführen sein und auf den Zwang, nach dem Schlachtentod so vieler Adliger die Besitz- und Herrschaftsverhältnisse in Bayern neu zu ordnen und zu konsolidieren. Sie scheint zudem weniger die Folge einer Abwendung der bayerischen Großen vom Königshof oder sogar der Etablierung einer auf Unabhängigkeit bedachten Herzogsgewalt gewesen zu sein als vielmehr das Ergebnis einer Zurückdrängung des liutpoldingischen Einflusses durch den nun konra-

---

[11] Vgl. REINDEL, Herzog Arnulf 244f.

[12] Vgl. REINDEL, Herzog Arnulf 235, 242f; DERS., Luitpoldinger Nr. 48, und STINGL, Stammesherzogtümer 150f sowie dazu STÖRMER, Herrschaftskrise 60f.

[13] Darauf weist auch REINDEL, Herzog Arnulf 242f, hin, der besonders betont, daß von den beiden Urkunden, die Arnulf als Herzog ausstellte (REINDEL, Luitpoldinger Nr. 48 und 65 [nach 924 und 927 April 1], diejenige, durch die der am 13. September 908 zwischen Chorbischof Kuno und dem Bischof Dracholf von Freising vollzogene Tausch bestätigt wird, undatiert ist, also nicht im Jahre 908 ausgestellt worden sein muß. Der Terminus ante der Ausstellung sei vielmehr der Tod des Freisinger Bischofs im Jahre 926. Deshalb besteht die Möglichkeit, daß diese Urkunde ebenfalls erst in den zwanziger Jahren des 10. Jahrhunderts ausgefertigt worden ist; zu diesem Dokument vgl. auch W. KIENAST, Der Herzogstitel in Frankreich und Deutschland [9. bis 12. Jahrhundert]. Mit Listen der ältesten deutschen Herzogsurkunden, 1968, 353–358 und 409 Nr. 1 und 2, sowie H. C. FAUSSNER, Die Königsurkundenfälschungen Ottos von Freising aus rechtshistorischer Sicht [= Studien zur Rechts-, Wirtschafts- und Kulturgeschichte 13] 1993, 50 und 53, dessen gegen die Echtheit der Urkunde angeführten Gründe jedoch nicht stichhaltig sind – dazu vgl. jetzt auch R. SCHIEFFER, Otto von Freising ein Urkundenfälscher?, in: L. KOLMER – P. SEGL [Hg.], Regensburg, Bayern und Europa. Festschrift für K. Reindel zu seinem 70. Geburtstag, 1995, 245–256, und Th. VOGTHERR, »Ein Atelier für kreative Diplomatik«. Zu einigen Veröffentlichungen des Rechtshistorikers Hans Constantin Faußner, in: AKuG 78 [1996] 483–497). Was für REINDEL dann doch die Nachfolge Arnulfs im Jahre 907 wahrscheinlich macht, und zwar die Nachfolge als Herzog (vgl. Herzog Arnulf 243), das ist die Notiz in den *Notae Necrologicae Ecclesiae Maioris Frisingensis* zum 11. August 909 (MGH.N III [1905] 82 = REINDEL, Luitpoldinger Nr. 50), in der es heißt, die Ungarn seien von den Bayern *tempore Arnulfi ducis* an der Rott geschlagen worden. Aber selbst wenn dieser Eintrag aus dem späten 10. oder frühen 11. Jahrhundert auf eine zeitgenössische Aufzeichnung zurückgehen sollte (zur Überlieferung der Notiz vgl. MGH.N III 79, und auch STÖRMER, Herrschaftskrise 63), was keineswegs sicher ist und daher vor allem in Hinblick auf die Titelgebung zu beachten ist, selbst dann muß der hier verwendete Begriff *dux* nicht zwingend in einem engen, verfassungsrechtlichen Sinne verstanden werden; er könnte auch lediglich ein Ausdruck für die unbezweifelte Führungsstellung des Liutpoldingers in Bayern gewesen sein.

[14] Vgl. REINDEL, Herzog Arnulf 239 und 244.

dinisch dominierten Regentschaftsrat Ludwigs des Kindes[15]; und vom Königtum wurde Arnulf ohnehin weiter als Graf betrachtet[16].

Erste Anzeichen für den Versuch, eine vom König möglichst unabhängige, mithin eine herzogliche Stellung zu erringen, sind dagegen wohl in Arnulfs Aufständen zu erblicken, die diesen seit 914 in Opposition zu Konrad I. zeigen und sowohl 914 als auch 916 zur Vertreibung des Liutpoldingers aus Bayern und zur Flucht zu den Ungarn führten[17]. Die Hintergründe dieses Konfliktes werden von keiner Quelle erwähnt, aber zweifellos zählte zu ihnen die Konfrontation zwischen dem König und dem Pfalzgrafen Erchanger, der in Schwaben eine führende, auf die Herzogsherrschaft zielende Position innehatte[18], als Bruder Kunigundes, der Witwe Liutpolds, ein Oheim Arnulfs war und erst 913 zusammen mit seinem bayerischen Neffen die Ungarn am Inn geschlagen hatte[19]. Aber nicht nur Familiensolidarität dürfte Arnulf zum Gegner Konrads gemacht haben, sondern auch die eigenen herzoglichen Ambitionen, denn der konradinische König stellte sich, obgleich selbst aus herzoglicher Sphäre aufgestiegen, völlig in die karolingische Tradition und bekämpfte die neuentstehenden Mittelgewalten mit aller Energie[20].

Dabei scheint das Verhältnis zwischen dem Liutpoldinger und dem Franken keineswegs von Anfang an gespannt gewesen zu sein. Nach dem Erlöschen der ostfränkischen Linie des Karolingerhauses ist der Konradiner am 10. November 911 in Forchheim auch von den Bayern zum neuen König gewählt worden[21]. Am 5. März 912 fand sich Arnulf zusammen mit seinem Oheim Erchanger in Ulm am Königshof ein[22]. Und schließlich heiratete Konrad im Jahre 913 aus durchsichtigen politischen Gründen die Witwe des 907 gefallenen Grafen Liutpold[23], wodurch Arnulf sein Stiefsohn wurde und in unmittelbare Königsnähe vorrückte.

In dieser Situation aber, nach dem Übergang des Königtums von dem letzten ostfränkischen Karolinger auf den schon längst am Hofe einflußreichen Konradiner, auf einen Herrscher, der aus derselben herzoglich ambitionierten Schicht stammte wie die Liutpoldinger und zu dem bald ein überraschend enger Kontakt geknüpft werden konnte, sowie nach einer Phase wiederholten Erfolges über die marodierenden Ungarn[24] und der erfolgreichen Konsolidierung der eigenen Position an der Spitze des bayerischen Adels dürfte Arnulf die Zeit am ehesten für reif gehalten haben, wohl schon länger gehegte Ambitionen auf die Herzogswürde in die Wirklichkeit umzuset-

---

[15] Vgl. HIESTAND, Preßburg, passim, bes. aber 13.
[16] MGH.D K.I 3 (912 März 5), vgl. auch MGH.D LdK. 58 (90[8] Februar 5).
[17] Vgl. REINDEL, Luitpoldinger Nr. 55 und 56. Zum Ausbruch und zur Dauer der Rebellion sowie zu der Anzahl der Aufstände vgl. auch DERS., Herzog Arnulf 257–260.
[18] Vgl. GOETZ, Stammesherzogtum 328f; STINGL, Stammesherzogtümer 162f, sowie MAURER, Herzog von Schwaben 36–48 und 129–131.
[19] Vgl. REINDEL, Luitpoldinger Nr. 54.
[20] Vgl. H.-W. GOETZ, Der letzte »Karolinger«? Die Regierung Konrads I. im Spiegel seiner Urkunden, in: AfD 26 (1980) 56–125 (und die dort verzeichnete Literatur).
[21] Vgl. REINDEL, Luitpoldinger Nr. 52.
[22] MGH.D K.I 3.
[23] Vgl. E. DÜMMLER, Geschichte des ostfränkischen Reiches 3, ²1888, 592.
[24] Vgl. REINDEL, Luitpoldinger Nr. 50 (909 August 11), 51 (910 Juni 12–22) und 54 (913).

zen²⁵. Der darüber ausgebrochene Konflikt mit dem königlichen Stiefvater erwies Konrad I. rasch als überlegen und bescherte Arnulf das bittere Los, nicht nur in der Fremde, sondern sogar beim einstigen Feinde Zuflucht suchen zu müssen. Dieser wenn auch nur vorübergehende, zunächst aber doch umfassende Sieg des Königtums wirft ein erhellendes Licht auf die bayerische Führungsposition des Liutpoldingers. Diese scheint im zweiten Jahrzehnt des 10. Jahrhunderts offenbar noch gar nicht so gefestigt gewesen zu sein, wie manchmal gern angenommen wird[26] — und diese Feststellung stimmt wieder bedenklich hinsichtlich der Annahme, das liutpoldingische Herzogtum sei schon im Jahre 907 etabliert worden. Als Gegenspieler von Arnulfs herzoglichen Ambitionen aber dürfen neben nicht näher faßbaren Adelskreisen vor allem die Bischöfe Bayerns betrachtet werden, die eine Mediatisierung ihrer Stellung gegenüber dem Königtum durch einen Herzog nicht dulden konnten. Der bayerische Episkopat war unter Ludwig dem Kinde wie unter Konrad I. königstreu, und nicht zuletzt dies machte einen Teil von Arnulfs Schwäche bei seinem Griff nach dem Herzogtum aus.

Das Revirement, das im Jahre 907 nach der Schlacht von Preßburg in drei bayerischen Diözesen stattfinden mußte, bewirkte keine Änderung in der Einstellung der Bischofskirchen und ihrer Vorsteher zum Königtum. In Salzburg folgte auf Theotmar, wohl unter Mitwirkung des Hofes, der aus einer mit den Aribonen versippten altbayerischen Adelsfamilie stammende Pilgrim[27], dem, wie auch schon seinem gefallenen Vorgänger, die Leitung der Hofkapelle[28] und damit zugleich die nominelle Oberaufsicht über das königliche Urkundenwesen übertragen worden ist[29]. Als *archicapellanus* wurde er fortan in allen Urkunden Ludwigs des Kindes erwähnt[30], die nicht für Empfänger aus Lotharingien bestimmt waren[31]. Ob Pilgrim allerdings vor seiner Erhebung zum Erzbischof selbst ein Mitglied der Hofkapelle gewesen ist, das ist nicht sicher[32]. Zu den engeren Ratgebern Ludwigs des Kindes gehörte er zwar nicht, trotzdem dürfte sein Einfluß am Hofe nicht unbedeutend gewesen sein. Für die Verluste, die sein Bistum durch das im Jahre 907 erfolgreiche Vordringen der Ungarn im Osten hat hinnehmen müssen, vermochte er immerhin eine reiche Entschädigung zu erwir-

---

[25] Ähnlich auch STÖRMER, Herrschaftskrise 63f, und DERS., Zum Wandel der Herrschaftsverhältnisse und inneren Strukturen Bayerns im 10. Jahrhundert, in: F. SEIBT (Hg.), Gesellschaftsgeschichte. Festschrift für K. Bosl zum 80. Geburtstag, 1988, II 267–285, bes. 274–276, der für das Jahr 913 sogar eine Herzogserhebung vermutet.

[26] Vgl. etwa die Überlegungen, die REINDEL, Herzog Arnulf 255–257, über die Frage anstellt, warum Arnulf 911 nicht als Kandidat für die Nachfolge Ludwigs des Kindes angetreten ist (obwohl die einfachste Erklärung dafür wahrscheinlich doch in der noch nicht konsolidierten Position in Bayern zu finden ist).

[27] Vgl. DOPSCH, Geschichte Salzburgs I/1, 197, sowie DERS., Der bayerische Adel 126f.

[28] Zur Hofkapelle und ihrer Bedeutung vgl. allg. J. FLECKENSTEIN, Hofkapelle, in: LdMa 5 (1991) 70–72 (und die hier verzeichnete Literatur).

[29] Vgl. P. KEHR, Die Kanzlei Ludwigs des Kindes (= Abhandlungen der Preußischen Akademie der Wissenschaften, phil.-hist. Kl. 1939, 16) 3f.

[30] Das erste Diplom, das Pilgrim als *archicapellanus* nennt, datiert vom 22. Oktober 907: MGH.D LdK. 54.

[31] Zur Sonderstellung Lotharingiens vgl. T. SCHIEFFER, Die lothringische Kanzlei um 900, in: DA 14 (1958) 16–148.

[32] Vgl. FLECKENSTEIN, Hofkapelle I 201.

ken: das Königsgut Salzburghofen (Freilassing) mit wichtigen Zöllen an Saalach und Salzach und die Abtei Traunsee (Altmünster)[33].

In Freising wurde nach dem nur kurzen Pontifikat Bischof Udos (906/7) der Abt Dracholf von Münsterschwarzach erhoben, der vielleicht zu den um Würzburg begüterten Mattonen zu zählen ist[34]. Schon allein diese fränkischen Beziehungen legen eine Einflußnahme des Königtums auf die Nachfolge nahe; und in der Tat hatte man gut gewählt, denn Dracholf unterhielt enge Kontakte zum Hofe und erscheint in den beiden Urkunden für Salzburg als Intervenient[35]. Auch im Bistum Säben, dessen Geschichte bis in die zweite Hälfte des 10. Jahrhunderts hinein in der Regel recht schlecht dokumentiert ist, dürfte mit Meginbert ein Anhänger des Königs erhoben worden sein[36], zumindest ist der neue Bischof um den Jahreswechsel von 908 nach 909 am Königshof nachweisbar, wo er zunächst als Intervenient für die Salzburger Kirche auftrat[37], bevor er selbst eine Urkunde empfing: ein den Königsschutz und die Immunität bestätigendes Präzept, durch das König Ludwig gleichzeitig die Rückgabe entfremdeten Gutes verfügte[38].

Wenn auch das Wirken des noch durch Arnulf von Kärnten 894 auf die Regensburger *cathedra* berufenen Bischofs Tuto insgesamt im Dunkel liegt[39], so kann doch auch an dessen Loyalität gegenüber dem karolingischen Königtum prinzipiell kein Zweifel bestehen. In der Umgebung Ludwigs des Kindes ist er zwar nach der Schlacht von Preßburg, an der er möglicherweise persönlich teilgenommen hatte, nicht mehr nachweisbar, aber es gibt keinen Grund anzunehmen, die zuvor guten Beziehungen zum Herrscher seien nun völlig abgerissen. Immerhin war Tuto zwischen dem 13. September 901 und dem 19. März 907 wiederholt am Königshof erschienen[40], selbst wenn dieser nicht in Regensburg weilte[41]. Im gleichen Zeitraum vermochte er vier Urkunden für das Kloster St. Emmeram zu erwirken[42], dessen Leitung ebenfalls in seinen Händen lag[43]. Gleichfalls unwahrscheinlich ist es, daß Bischof Burchard, seit 902/3 Passauer Oberhirte, über dessen Pontifikat aber ansonsten wenig und für die Jahre nach 907 überhaupt nichts bekannt ist[44], sich gegen den Kö-

---

[33] MGH.D LdK. 64 (908 Dezember 17). 67 (909 Februar 19). Vgl. DOPSCH, Geschichte Salzburgs I/1, 197.
[34] Vgl. FISCHER, Freisinger Bischöfe 29–32; MASS, Bistum Freising im Mittelalter 103f. Zur Herkunft vgl. auch REINDEL, Bischof Drakolf 77.
[35] MGH.D LdK. 64. 67; vgl. FISCHER, Freisinger Bischöfe 33f.
[36] Vgl. REDLICH, Geschichte der Bischöfe von Brixen 5–7; SPARBER, Sabiona 107; GELMI, Brixener Bischöfe 38.
[37] MGH.D LdK. 64.
[38] MGH.D LdK. 66 (909 Januar 20).
[39] Vgl. JANNER, Bischöfe von Regensburg I 255–297; HAUSBERGER, Geschichte des Bistums Regensburg I 40; E. HERRMANN, Bischof Tuto von Regensburg (894–930), in: SCHWAIGER – STABER, Regensburg und Böhmen 17–28 (dessen Schlußfolgerungen [bes. 22] jedoch nicht alle überzeugen); J. KLOSE, Tuto. Bischof von Regensburg und Abt von St. Emmeram (894–930), in: Lebensbilder aus der Geschichte des Bistums Regensburg II 81–92.
[40] MGH.D LdK. 12. 19. 20. 23. 26. 28. 30. 31. 39. 40. 41. 53.
[41] MGH.D LdK. 19 und 20 (Forchheim). 23 (Theres). 26 (Ötting). 31 (Ingolstadt). 53 (*Furt*).
[42] MGH.D LdK. 19. 26. 30. 41.
[43] Vgl. etwa MGH.D LdK. 26 (903 August 12).
[44] Vgl. BOSHOF, Regesten der Bischöfe von Passau I 183–193 (und die hier verzeichnete Literatur).

nig gestellt haben sollte, denn vor seiner Erhebung war er Vorsteher des karolingischen Pfalzstiftes Ötting[45] und möglicherweise sogar Mitglied der Hofkapelle[46]; sein Aufstieg hatte sich also offenbar im Dienst für das Königtum vollzogen.

Die loyale Haltung des bayerischen Episkopats gegenüber dem Königtum ging auch nach 911 nicht verloren; sie galt weniger einer Dynastie als der Institution. So konnte Konrad I. nach dem Erlöschen der ostfränkischen Linie des Karolingerhauses offenbar leicht die Unterstützung der bayerischen Bischöfe gewinnen. Die Quellen, die dies zeigen, sind zwar nicht zahlreich, aber doch eindeutig. So bleibt Pilgrim von Salzburg auch unter König Konrad Erzkaplan[47], erhalten Meginbert von Säben[48], Tuto von Regensburg als Vorsteher von St. Emmeram[49] und Dracholf von Freising — dieser über eine Schenkung für Münsterschwarzach[50] — Urkunden des Herrschers, und erscheinen die genannten Bischöfe als Intervenienten in den Diplomen: Dracholf[51] viermal, Pilgrim[52] und Meginbert[53] je zweimal und Tuto[54] einmal. Da die mit diesen Urkunden bezeugten Aufenthalte am Königshof zum Teil in die Zeit von Arnulfs Konflikt mit dem Konradiner fallen, vor allem in das Jahr 916, in dem Konrad selbst in Bayern weilte, den aus dem ungarischen Exil zurückgekehrten Liutpoldinger erneut vertrieb und Regensburg einnahm[55], kann es keinen Zweifel an der Unterstützung geben, die die bayerischen Bischöfe dem König bei diesem Unternehmen gewährten.

Die Haltung des Passauer Oberhirten bleibt zwar unklar, aber dies liegt vor allem an dem Mangel an Quellen. Diese schweigen nämlich für mehr als zwanzig Jahre über die Ereignisse im Donaubistum. Am 16. März wahrscheinlich des Jahres 915 starb Bischof Burchard, dem ein Gumpold nachfolgte[56]. Dieser ist vielleicht identisch mit dem Kleriker gleichen Namens, der von Ludwig dem Kind am 12. August 903 eine Schenkung erhielt und ein Verwandter Bischof Burchards war[57]. Sollte dies der Fall gewesen sein, ist eine Zugehörigkeit Gumpolds zur Kapelle des letzen ostfränkischen Karolingers nicht auszuschließen[58], jedoch keinesfalls als gesichert anzunehmen. Da von dem weiteren Schicksal des Passauers nur noch dessen Tod berichtet

---

45   Vgl. STÖRMER, Altötting 61–71 (zu Burchard bes. 65).
46   Vgl. FLECKENSTEIN, Hofkapelle I 215 und 210 Anm. 314.
47   Mit Ausnahme der ersten, noch am Tag der Wahl in Forchheim ausgestellten Urkunde, in der Hatto von Mainz als *archicapellanus* erscheint (MGH.D K.I 1 [911 November 10]), wird in allen übrigen Urkunden, die einen entsprechenden Vermerk enthalten, Pilgrim als Erzkaplan genannt: MGH.D K.I 2 (912 Januar 11). 3. 5–30. 32–37 (918 September 12).
48   MGH.D K.I 30 (916 Juli 6, Neuburg).
49   MGH.D K.I 20 (914 April 24, Forchheim) – 22 (914 Mai 24, Forchheim) und 29 (916 Juni 29, Regensburg).
50   MGH.D K.I 9 (912 August 8, Frankfurt). 33 (918 April 21, Frankfurt).
51   MGH.D K.I 3 (912 März 5, Velden: zusammen mit Arnulf). 30 (916 Juli 6, Neuburg). 31 (916). 33.
52   MGH.D K.I 30 und 31.
53   MGH.D K.I 3 (zusammen mit Arnulf). 30.
54   MGH.D K.I 30.
55   Vgl. REINDEL, Luitpoldinger Nr. 56.
56   BOSHOF, Regesten der Bischöfe von Passau I 193f.
57   MGH.D LdK. 25.
58   Vgl. FLECKENSTEIN, Hofkapelle I 210 und 215.

wird, der wohl im Jahre 930 am 16. oder 17. Oktober eingetreten ist[59], läßt sich über seine politische Haltung nichts sagen. Allerdings dürfte er zusammen mit den übrigen Bischöfen der Salzburger Kirchenprovinz am 20. September 916 in Hohenaltheim an der berühmten Synode teilgenommen haben[60], auf der sich mit Ausnahme der nicht erschienenen sächsischen Bischöfe ein Großteil der Geistlichkeit des Reiches versammelte und sich in Konrads Konflikt mit den im Werden begriffenen süddeutschen Herzogsgewalten schließlich einmütig hinter den König stellte[61].

In Hohenaltheim[62] haben die Geistlichen, die Tradition karolingischer Konzilsbeschlüsse fortsetzend und gestützt auf die Autorität des Papstes, dessen Legat Petrus von Orte anwesend war und ein apostolisches Mahnschreiben verlesen hat, zahlreiche Bestimmungen erlassen, die der Ordnung des kirchlichen Rechtslebens und zur Hebung der Disziplin der Kleriker dienten: Fragen zur würdigen Verwaltung der Kirchenämter und zum Umgang mit Exkommunizierten wurden ebenso behandelt wie Probleme der Sicherung kirchlicher Privilegien und des gerichtlichen Vorgehens gegen Bischöfe und die übrigen Geistlichen. Vor allem aber hatten sie die Stärkung des Königtums und des christlichen Glaubens und Volkes im Sinne und faßten *pro robore regum et stabilitate christianae fidei gentisque* (can. 19) Beschlüsse, die auch Arnulf und seine schwäbischen Verwandten betrafen. So wurde jeder, der nach der Herrschaft oder dem Leben des Königs trachtete und sich gegen den *christus domini*, den Gesalbten des Herrn, verschwor, mit dem ewigen Anathem bedroht (can. 19, 20), wurde derjenige, der seinen dem König geleisteten Eid brach, bis zu seinem Tode von der Kommunion ausgeschlossen, wenn er ein Laie war, und seines Amtes enthoben, wenn er ein Kleriker war (can. 23). Obwohl alle, die sich des gleichen Vergehens wie die schwäbischen Alaholfinger und die bayerischen Liutpoldinger schuldig gemacht hatten und, von der Synode vorgeladen, nicht erschienen waren, sich vor ihrem zuständigen Bischof verantworten und die von der Synode festgesetzte Buße empfangen, im Falle der Weigerung jedoch gemäß der Anordnung des Papstes dem Anathem verfallen sollten (can. 34), wurden Arnulf und sein Bruder Berthold mitsamt ihren Parteigängern auch noch einmal zusätzlich aufgefordert, sich am 7. Oktober 916 in Regensburg vor einem Konzil einzufinden und Buße zu leisten (can. 35). Die beiden Brüder sollten auf diese Weise in die Schranken gewiesen, wenn nicht gar ebenso ausgeschaltet werden[63], wie dies mit ihren schwäbischen Oheimen Erchanger und Berthold durch die Überweisung in die Klosterhaft geschehen war (can. 21); und die Tatsache, daß dies im bayerischen Hauptort Regensburg[64] geschehen sollte, zeigt, wie stark sich das Königtum wähnte und wie sehr es auf die Unterstützung der bayerischen Bischöfe bauen konnte.

---

[59] BOSHOF, Regesten der Bischöfe von Passau I 195.
[60] Vgl. ebd. 194.
[61] Vgl. WOLTER, Synoden 11–20; H. FUHRMANN, Die Synode von Hohenaltheim (916) — quellenkritisch betrachtet, in: DA 43 (1987) 440–468.
[62] MGH.Conc. VI/1 (1987) Nr. 1.
[63] Anders REINDEL, Herzog Arnulf 260, und STÖRMER, Herrschaftskrise 66.
[64] Zur Bedeutung von Regensburg vgl. P. SCHMID, Regensburg passim, bes. aber 145f und 434–453.

§ 11. Die Salzburger Kirchenprovinz als Teil der Reichskirche (F.-R. Erkens) 141

Ob die Regensburger Versammlung wirklich zusammengetreten ist und den Liutpoldinger verurteilt hat, ist jedoch unbekannt. Im folgenden Jahr aber wendete sich das Blatt. Arnulf vermochte nach Bayern zurückzukehren, Eberhard, den Bruder des Königs, aus Regensburg zu vertreiben und seine Herrschaft erneut aufzurichten[65]. Als Konrad selbst versuchte, die verlorene bayerische Position mit militärischen Mitteln zurückzugewinnen, scheiterte er und soll dabei eine Wunde empfangen haben, der er am 23. Dezember 918 erlag[66]; zuverlässig bezeugt ist ein solcher Zusammenhang jedoch nicht. Sicher ist nur, daß Arnulf sich behauptete und daß ihm der Tod des Königs neue Möglichkeiten zur Entfaltung seiner Herrschaft bot. Wie er diese nutzte, ist allerdings wieder unklar und in der Forschung heftig umstritten.

Ob Arnulf nach der Krone im ostfränkischen Reich *(in regno Teutonicorum)* griff[67], wie eine Notiz in den zeitgenössischen Salzburger Annalen, die allerdings nur in einer wenig zuverlässigen Abschrift des 12. Jahrhunderts überliefert sind, nahezulegen scheint, ob er lediglich ein bayerisches Königtum anstrebte oder vielleicht sogar nur eine weitgehend unabhängige Herzogsstellung sichern wollte, all das ist erwogen worden[68], ohne daß sich über diese Fragen Einmütigkeit erzielen ließ. Sicher ist dabei nur, daß die Erhebung des Liudolfingers Heinrich zum König[69] ohne süddeutsche Zustimmung erfolgte und der Wahlakt von Fritzlar im Mai 919 ohne (oder ohne nennenswerte) schwäbische und bayerische Beteiligung vorgenommen worden ist[70]; sicher ist auch, daß erst militärische Machtdemonstrationen und weitreichendes Entgegenkommen die Anerkennung von Heinrichs Königtum durch Burchard von Schwaben und Arnulf von Bayern bewirkten. Erkannte der Schwabe den neuen König dabei wohl schon 919 an, so bequemte sich Arnulf erst zwei Jahre später nach wiederholter militärischer Intervention zu diesem Akt. Er wurde Vasall und *amicus* des Königs[71] und erhielt durch einen Freundschaftsvertrag *(amicitia)* ein Höchstmaß an Selbstän-

---

[65] Vgl. REINDEL, Luitpoldinger Nr. 58.
[66] Vgl. REINDEL, Luitpoldinger Nr. 60.
[67] Zu den Quellen vgl. REINDEL, Luitpoldinger Nr. 61, zu den *Annales Iuvavenses maximi* bes. BRÜHL, Deutschland-Frankreich 227–232, zum Begriff *regnum Teutonicorum* allgemein E. MÜLLER–MERTENS, Regnum Teutonicum. Aufkommen und Verbreitung der deutschen Reichs- und Königsauffassung im früheren Mittelalter (= Forschungen zur mittelalterlichen Geschichte 15) 1970, zu den Salzburger Annalen bes. 105–121, sowie W. EGGERT, Ostfränkisch – fränkisch – sächsisch – römisch – deutsch. Zur Benennung des rechtsrheinisch-nordalpinen Reiches bis zum Investiturstreit, in: FMSt 26 (1992) 239–273, und H. WOLFRAM, Bayern, das ist das Land, genannt die Němci. Gedanken zu »in regno Teutonicorum« aus Cod. Admont. 718, in: Österreichische Osthefte 33 (1991) 598–604.
[68] Zur letztgenannten Meinung vgl. BRÜHL, Deutschland-Frankreich 421, der im übrigen 227–232 und 417–422 das gesamte Problem diskutiert und die ältere Literatur akribisch verzeichnet. Vgl. dazu aber jetzt auch BOSHOF, Königtum 66, und HIESTAND, Preßburg 19f (Exkurs: Nochmals zur Königswahl Arnulfs).
[69] Zu dieser vgl. J. FRIED, Erinnerung, Mündlichkeit und Traditionsbildung im 10. Jahrhundert. Die Königserhebung Heinrichs I., in: M. BORGOLTE (Hg.), Mittelalterforschung nach der Wende 1989 (= HZ Beiheft 20) 1995, 267–318 (wo auch die ältere Literatur verzeichnet ist).
[70] Vgl. WAITZ, Jahrbücher 37–39; BRÜHL, Deutschland-Frankreich 417–418.
[71] BECKER, Antapodosis II 23 und HIRSCH – LOHMANN, Widukind I 27; vgl. REINDEL, Luitpoldinger Nr. 61, und ALTHOFF, Amicitiae und Pacta 27f. Grundsätzlich zur *amicitia* vgl. auch G. ALTHOFF, Verwandte, Freunde und Getreue. Zum politischen Stellenwert der Gruppenbindungen im früheren Mittelalter, 1990, 88–118.

digkeit garantiert, vor allem das Recht auf eine eigenständige Außenpolitik und auf die Ernennung der bayerischen Bischöfe[72], mithin die Kirchenhoheit[73].

Arnulfs Herzogtum war damit endgültig anerkannt. In Bayern besaß der Liutpoldinger seither eine vizekönigliche Stellung, die ihm besonders auch die Hoheit über den bayerischen Episkopat sicherte. Für die Bischöfe, die bislang immer auf seiten des Königs gestanden hatten, bedeutete dies eine völlig veränderte Lage. Keine Quelle berichtet davon, aber wahrscheinlich hatten sie in Fortführung ihrer königstreuen Haltung den Herrscher aus Sachsen in seinem Konflikt mit Arnulf unterstützt[74]. Nun bestand die unmittelbare Bindung an den König nicht mehr, und sie mußten sich mit dem Herzog arrangieren. Ob es dabei zu Auseinandersetzungen gekommen ist, bleibt unbekannt; allerdings dürfte Arnulf die sich bietenden Gelegenheiten genutzt und Geistliche seines Vertrauens auf freiwerdende Bischofsstühle gesetzt haben.

Einzelheiten darüber sind aber kaum überliefert. In Freising folgte auf Dracholf — der nach einer späteren Nachricht im Mai 926 in der Donau ertrunken sein soll[75], und zwar im Gebiet des heutigen Niederösterreich, wohin er sich vielleicht wegen Verhandlungen mit den Ungarn im Gefolge des Herzogs begeben hatte[76] — ein Geistlicher unbekannter Herkunft: Wolfram, der sich offenkundig um die Konsolidierung des Hochstiftsbesitzes bemühte, ansonsten aber nur wenige Spuren in der Geschichte zurückließ[77]. In Regensburg wird 930 Isingrim[78], in Passau im gleichen oder im folgenden Jahr Gerhard, der zuvor möglicherweise Abt von Metten gewesen ist, erhoben[79]; auch von ihnen gibt es kaum etwas zu berichten. Gleiches gilt für die Säbener Bischöfe Nithard, der vielleicht schon 916 auf Meginbert gefolgt ist, und Wisund, der sein Amt nach Nithards Ableben angetreten hat, ohne daß das genaue Datum des Amtswechsels irgendwo vermerkt worden ist[80].

Geradezu sprudelnd fließen dagegen die Informationen über Odalbert[81], den Nachfolger des am 8. Oktober 923 verstorbenen Pilgrim von Salzburg, wenngleich sie immer noch dürftig sind und oft nur durch Rückschlüsse gewonnen werden können.

---

[72] BECKER, Antapodosis II 23 und HOLTZMANN, Thietmari Merseburgensis I 26; vgl. REINDEL, Luitpoldinger Nr. 61 und 93.

[73] Vgl. BRÜHL, Deutschland-Frankreich 427.

[74] Einen schwachen Hinweis darauf scheint das *Fragmentum de Arnulfo duce Bavariae* (MGH.SS XXVII [1861] 570) zu liefern, in dem es heißt, der Sachse Heinrich sei *eiusdem episcopi hortatu et consilio hostiliter* in Bayern eingefallen — in dem Fall nämlich, daß der namentlich nicht genannte Anstifter des königlichen Heerzuges tatsächlich ein bayerischer Bischof gewesen sein sollte: Vgl. dazu Ph. JAFFÉ, MGH.SS XXVII, 568f, und WAITZ, Jahrbücher 38 und 53f.

[75] Vgl. FISCHER, Freisinger Bischöfe 54f.

[76] Vgl. REINDEL, Bischof Drakolf 78.

[77] Vgl. FISCHER, Freisinger Bischöfe 59–76; MASS, Bistum Freising im Mittelalter 106f.

[78] Vgl. JANNER, Bischöfe von Regensburg I 310–320; HAUSBERGER, Geschichte des Bistums Regensburg I 41.

[79] BOSHOF, Regesten der Bischöfe von Passau I 196; vgl. auch Nr. 197–202.

[80] Vgl. REDLICH, Geschichte der Bischöfe von Brixen 7; SPARBER, Sabiona 107f; GELMI, Brixener Bischöfe 39.

[81] Vgl. DOPSCH, Geschichte Salzburgs I/1, 201–204, sowie REINDEL, Luitpoldinger Nr. 63. 64. 65. 68. 69. 70. 74. 77. 79. 80. 81. 83. 86. 87, und HAUTHALER, Salzburger Urkundenbuch I 63–165.

Bevor er die Salzburger *cathedra* bestieg, hatte Odalbert, der ein Mitglied der in Bayern mächtigen Aribonensippe[82] gewesen ist[83], offenkundig ein recht weltliches Leben geführt. Nicht weniger als sechs oder sieben Kinder entstammten einer Verbindung mit der edlen Frau Rihni[84]; auf die Söhne Bernhard und Dietmar gehen bedeutende bayerische Adelsgeschlechter zurück[85].

Nachdem die ehelichen Bande vor der Erhebung auf den Erzstuhl gelöst worden waren, traf Odalbert mit seiner ehemaligen Lebensgefährtin 924 auf Geheiß Herzog Arnulfs und vor dessen Abgesandten in Rohrdorf am Inn eine bemerkenswerte Übereinkunft: Rihni gab dem Erzbischof ihren Besitz zu *Seuua* (Soyen oder Seeon) und erhielt dafür auf Lebenszeit für sich und einen nahen Verwandten die Zelle Gars am Inn mit reichem Zubehör. Drei Jahre später wurde dieser Tausch in Salzburg wiederholt und zugunsten Odalberts etwas abgeändert[86].

Das Interesse, das Arnulf an diesem Tauschgeschäft besaß, ist unverkennbar. Der Bischof handelte *in praesentia missorum* sowie *per rogationem et iussionem* des Herzogs, der das Rechtsgeschäft seinerseits durch eine eigene, nach dem Vorbild des Herrscherdiploms gestaltete und mit einem Siegel versehene Urkunde bekräftigt hat. Nicht zu Unrecht kann daher die Ansicht vertreten werden, Rihni sei eine Verwandte Arnulfs, eine Liutpoldingerin, gewesen[87]. Eine andere Vermutung[88] hingegen birgt weniger Wahrscheinlichkeit in sich.

Die reichen Zuwendungen, die Rihni fast ohne Gegenleistung von Odalbert erhielt, hat man als Strafe deuten wollen, die der Herzog dem Erzbischof auferlegt habe, weil dieser ohne seine Mitwirkung erhoben worden sei; sie werden mithin als Buße verstanden für die Mißachtung der Kirchenhoheit, die Arnulf seit seinem Ausgleich mit Heinrich I. in Bayern rechtmäßig beanspruchte. Doch ist dies wirklich vorstellbar? Liegt es nicht vielmehr näher anzunehmen, daß Odalbert seiner geschiedenen Gemahlin eine reiche Ausstattung für ihren Lebensabend übertragen und für diese nach kirchenrechtlichen Vorstellungen nicht einwandfreie Handlung die ganze Autorität des bayerischen Herzogs, der ja wohl ein Verwandter Rihnis gewesen ist, in Anspruch genommen hat? Immerhin wurde in der Herzogsurkunde nicht nur die Nutznießung von Gars durch Rihni, sondern auch der Rückfall der Kirche an das Erzstift verbindlich geregelt und wählte Odalbert diesen Ort doch auch später noch zu seinem Aufenthalt[89]. Auch der Umstand, daß die übrigen Rechtsgeschäfte, die der Erzbischof mit seinen Kindern durchführte, in Gegenwart herzoglicher *missi* getätigt worden sind, muß nicht zwingend als Ausdruck von Arnulfs Mißtrauen und als Überwa-

---

[82] Vgl. W. STÖRMER, Aribonen, in: LdMA 1 (1980) 929f.

[83] Vgl. DOPSCH, Der bayerische Adel 128–130; STÖRMER, Früher Adel I 248–250.

[84] Vgl. DOPSCH, Der bayerische Adel 129; REINDEL, Luitpoldinger Nr. 79.

[85] Vgl. DOPSCH, Der bayerische Adel 131.

[86] REINDEL, Luitpoldinger Nr. 65.

[87] Vgl. ebd. und DOPSCH, Der bayerische Adel 129 (anders F. TYROLLER, Genealogie des altbayerischen Adels im Hochmittelalter [1962–1969] 10f Nr. 4).

[88] Vgl. REINDEL, Luitpoldinger Nr. 65, und DOPSCH, Geschichte Salzburgs I/1, 201.

[89] Vgl. DOPSCH, Geschichte Salzburgs I/1, 201f, und HAUTHALER, Salzburger Urkundenbuch I 57–62, bes. 61.

chungsversuch gedeutet werden[90], eher ist er wohl darauf zurückzuführen, daß diesen Rechtshandlungen durch die indirekte Teilnahme des Herzogs eine besondere Rechtskraft verliehen werden sollte; außerdem waren Odalberts Kinder, wenn Rihni wirklich eine Liutpoldingerin gewesen ist, ja auch nahe Verwandte von Arnulf.

Das besondere Interesse des Herzogs an manchen Rechtshandlungen des Erzbischofs läßt sich demnach recht zwanglos aus familiären Verbindungen erklären; es dürfte weniger Distanz als vielmehr Nähe des Metropoliten zu dem Liutpoldinger signalisieren. Daher ist es zweifelhaft, ob das Verhältnis zwischen Arnulf und Odalbert am Anfang wirklich von Mißtrauen belastet war[91]. In späteren Jahren jedenfalls hat Odalbert die herzogliche Politik vorbehaltlos mitgetragen: 933/34 nahm er an dem gescheiterten Italienzug teil, der dem Herzogssohn Eberhard die Königsherrschaft in der Lombardei sichern sollte; am 22. Juli 935 wirkte er an Arnulfs Nachfolgeregelung mit und war zusammen mit dem Herzog anwesend, als die *salinarii* von Reichenhall dem vom Vater zum Nachfolger bestimmten Eberhard die Treue schworen[92]. Auch wenn es keine direkten Belege für die Mitwirkung Arnulfs an der Erhebung Odalberts und seiner Suffragane gibt, kann doch wohl kaum ein Zweifel daran aufkommen, daß der Liutpoldinger nach 921 die Bischöfe seines Herzogtums ernannt hat[93]. Die ihm vom König zugestandene Kirchenhoheit verstand er dabei voll und ganz zur Geltung zu bringen.

Dies wird besonders deutlich an den beiden bayerischen Synoden, die im Jahre 932 in Regensburg und in Dingolfing tagten[94]. In keinem der Synodalprotokolle wird zwar eine Teilnahme oder Mitwirkung des Herzogs ausdrücklich erwähnt, trotzdem kann der Einfluß, den Arnulf auf diese Versammlungen ausübte, kaum zweifelhaft sein. Schon allein die Tagungsorte weisen darauf hin: Regensburg als »Hauptstadt« des Herzogtums (*metropolis Norici regni civitas*)[95] und Dingolfing als Herzogspfalz[96]. Aber noch etwas anderes macht dies deutlich: In Dingolfing waren nicht nur Bischöfe und Geistliche versammelt, sondern auch Grafen und weitere Laien; insgesamt werden 117 Anwesende gezählt. Es fand demnach nicht nur eine Synode, sondern zugleich auch ein Hoftag des Herzogs statt, auf dem wichtige politische Entscheidungen gefällt worden sein müssen.

In Regensburg waren am 14. Januar 932 mit Ausnahme Nithards von Brixen alle bayerischen Oberhirten vertreten: der Erzbischof Odalbert von Salzburg sowie die Bischöfe Wolfram von Freising, Isingrim von Regensburg und Gerhard von Passau.

---

[90] So DOPSCH, Geschichte Salzburgs I/1, 203, mit Bezug auf HAUTHALER, Salzburger Urkundenbuch I 136 Nr. 76 und 141 Nr. 80 (= REINDEL, Luitpoldinger Nr. 80 und 79).

[91] So DOPSCH, Geschichte Salzburgs I/1, 203; vgl. auch REINDEL, Luitpoldinger Nr. 65, und STÖRMER, Herrschaftskrise 68f.

[92] Vgl. REINDEL, Luitpoldinger Nr. 86 und 87.

[93] Vgl. A. SCHMID, A[rnulf], Herzog von Bayern, in: LdMa 1 (1980) 1015f; STÖRMER, Herrschaftskrise 68.

[94] Vgl. MGH.Conc. VI/1 (1987) Nr. 7 und 9 (sowie REINDEL, Luitpoldinger Nr. 84) und WOLTER, Synoden 35–38.

[95] MGH.Conc. VI/1 (1987) Nr. 7.

[96] Vgl. P. SCHMID, Regensburg 434–453, bes. 435, und A. SCHMID, Dingolfing, in: LdMa 3 (1986) 1063.

Auch Odalfrid von Eichstätt hatte sich eingefunden, dessen Bistum zwar zur Mainzer Kirchenprovinz gehörte, teilweise aber in den bayerischen Einflußbereich hineinragte[97]. Außerdem waren ein Chorbischof namens Suartzlot und der Abt Egilolf von Niederaltaich erschienen. Beraten haben sie über allgemeine Reformanliegen, namentlich über die christliche Unterweisung der Gläubigen und den Kampf gegen üble Sitten.

In Dingolfing, am 16. Juli 932, stand dann ein anderer Themenkreis auf der Tagesordnung. In der Zwischenzeit hatte am 1. Juni in Erfurt auf Geheiß und in Anwesenheit König Heinrichs eine Synode getagt, an der die bayerischen Bischöfe natürlich nicht teilgenommen hatten[98]. Hier ging es vor allem um disziplinäre Fragen, aber wohl auch um die Aufkündigung der bislang den Frieden mit den Ungarn sichernden Tributzahlungen[99]. In Dingolfing nun hat sich der bayerische Episkopat (diesmal war auch Nithard von Brixen anwesend, während Odalfrid von Eichstätt lediglich Boten gesandt hatte) ohne Zweifel an den Erfurter Beschlüssen orientiert und diese nachvollzogen, während Arnulf gleichzeitig mit seinen Großen die Neuorientierung in der Ungarnpolitik beraten haben wird.

Diese Versammlung ist daher nicht nur ein Zeugnis für Arnulfs Kirchenhoheit, sie zeigt vielmehr auch, daß die bayerischen Bistümer durch die Mediatisierung keineswegs von den kirchlichen Entwicklungen im übrigen Reich abgeschnitten und ohne jede Bindung an das Königtum gewesen sind. Immerhin hat Wolfram von Freising am 14. April 931 eine in Quedlinburg ausgestellte Urkunde Heinrichs I. erhalten, durch die seine Kirche wieder in den Besitz von entfremdeten Gütern im Vintschgau eingewiesen worden ist[100]. Der Vintschgau ist wohl 926 nach dem Tode Burchards von Schwaben an das bayerische Herzogtum angegliedert worden[101] und gehörte daher erst seit einer kurzen Zeitspanne zum liutpoldingischen Herrschaftsbereich. Gerade dieser Umstand dürfte den Freisinger bewogen haben, sein Anliegen nicht (oder nicht nur) vor den Herzog, sondern auch vor den König zu tragen und damit dessen höhere Autorität anzurufen.

Blieb dies auch ein Einzelfall, so scheint doch der gesamte bayerische Episkopat diese grundsätzliche Ausrichtung am Königtum bewahrt zu haben. Er erkannte zwar die Kirchenhoheit Arnulfs an, unter dessen Einfluß die Bischöfe erhoben worden sind und dessen Politik sie loyal unterstützten, aber er betrachtete diese Hoheit als ein vom Königtum delegiertes Recht und sah daher im König die dem Herzog übergeordnete Instanz und eigentliche Bezugsgröße. Deutlich wird dies an einer kleinen Wendung im Protokoll der Regensburger Synode, an jener Stelle, an der es heißt[102],

---

97  Vgl. A. WENDEHORST, Eichstätt, in: LdMa 3 (1986) 1671–1673.
98  Vgl. MGH.Conc. VI/1 (1987) Nr. 8 sowie WOLTER, Synoden 30–34.
99  Vgl. WOLTER, Synoden 33f.
100 MGH.D H.I 28. Vgl. dazu ALTHOFF, Amicitiae und Pacta 342.
101 Vgl. REINDEL, Luitpoldinger Nr. 82 a/b, sowie A. SCHMID, Bayern und Italien 85, und G. SANDBERGER, Bistum Chur in Südtirol. Untersuchungen zur Ostausdehnung ursprünglicher Hochstiftsrechte im Vintschgau, in: ZBLG 40 (1977) 705–828, bes. 731.
102 MGH.Conc. VI/1 (1987) Nr. 7 = REINDEL, Luitpoldinger Nr. 84. Vgl. dazu und zum folgenden auch STINGL, Stammesherzogtümer 152.

die Versammlung habe sich zusammengefunden *regnante Arnolfo venerabili duce anno X*, im zehnten Jahr der Herzogsherrschaft Arnulfs. Denn diese Zählung bedeutet nichts anderes, als daß die Bischöfe Bayerns den Beginn des liutpoldingischen Herzogtums zum Jahre 921 ansetzen und den Rechtsgrund für dessen Installierung in einem Akt des Königs, in dem Vertrag zwischen Heinrich und Arnulf, sehen. Ob diese Ansicht auch unter den bayerischen Großen weltlichen Standes verbreitet gewesen ist, läßt sich dagegen nicht mehr ermitteln; bemerkenswert aber bleibt, daß sie von Bischöfen geteilt worden ist, die erst nach 921, also unter Mitwirkung Arnulfs, erhoben worden sind, denn diese prinzipielle Orientierung am Königtum erleichterte später die Aufhebung der Mediatisierung und Rückführung der Salzburger Kirchenprovinz unter die (unmittelbare) Hoheit des ottonischen Herrschers.

Noch aber hatten die bayerischen Bistümer unter dem straffen Regiment Arnulfs zu leben, und das brachte zweifellos auch Vorteile mit sich. Wenn der im frühen 10. Jahrhundert feststellbare Niedergang der kulturellen Zentren Bayerns heute auch nicht mehr allein auf die Ungarneinfälle zurückgeführt wird[103] und die durch diese hervorgerufenen Verwüstungen im einzelnen kaum geschätzt werden können, so besteht doch kein Zweifel daran, daß die Bevölkerung unter den Raubzügen der Magyaren schwer gelitten haben muß und einzelne Regionen des Herzogtums von dieser Landplage besonders hart betroffen gewesen sind — wie die Passauer Diözese[104], bildete für die Ungarn das Donautal doch ein Einfallstor in das Reich. Andererseits haben energische Gegenmaßnahmen Arnulfs zu einer gewissen Stabilisierung der gefährlichen Lage geführt und für Jahre der Ruhe gesorgt; die Forschung nimmt daher sogar an, er habe mit den Feinden einen Waffenstillstand geschlossen[105]. So konnte man im Schutze der herzoglichen Macht nach 921 den Wiederaufbau beginnen.

Am deutlichsten zeigt dies das Wirken Odalberts von Salzburg, der in seinem Amtssprengel eine eifrige Tätigkeit entfaltete und auch jenseits des Alpenhauptkammes, in Karantanien, Tauschgeschäfte durchführte, wobei er immer streng auf den Vorteil seiner Kirche bedacht war[106]. Schon im ersten Jahr seines Pontifikates ließ er daher eine Sammlung von Tausch- und Schenkungsurkunden anfertigen, die den Überblick über den Salzburger Besitz erleichtern, diesen vor allem aber auch sichern sollte[107]. Aber auch Wolfram von Freising betätigte sich als Mehrer des Hochstifts-

---

[103] Vgl. STÖRMER, Herrschaftskrise 73, und KOLLER, Quellenlage 77–93.

[104] Vgl. BOSHOF, Reorganisation 463–465, sowie K. BRUNNER, Der österreichische Donauraum zur Zeit der Magyarenherrschaft, in: Österreich im Hochmittelalter, Red. A. M. DRABEK (= Österreichische Akademie der Wissenschaften. Veröffentlichungen der Kommission für die Geschichte Österreichs 17) 1991, 49–61, bes. 54–57, und STÖRMER, Kirchenbesitz 137–155, bes. 145–148, der allerdings wohl auch zu Recht feststellt (147): »Eine Zerstörung der Infrastruktur war offensichtlich auch den Ungarn nicht wünschenswert«.

[105] Vgl. STÖRMER, Herrschaftskrise 60; REINDEL, Luitpoldinger Nr. 66.

[106] Vgl. DOPSCH, Geschichte Salzburgs I/1, 201–203, sowie HAUTHALER, Salzburger Urkundenbuch I 68 Nr. 2, 87 Nr. 23, 118 Nr. 57.

[107] HAUTHALER, Salzburger Urkundenbuch I 63 = REINDEL, Luitpoldinger Nr. 63.

besitzes[108], und für die übrigen Bischöfe darf gleiches vermutet werden, auch wenn dies nicht in gleicher Klarheit oder gar nicht bezeugt ist.

Jedoch noch auf eine andere Art und Weise zogen die bayerischen Bischofskirchen Vorteile aus dem straffen Regiment des Herzogs. Sie waren nämlich Nutznießer jener Politik, die schließlich einen dunklen Schatten auf die erfolgreiche Herrschaft Arnulfs geworfen und diesem bei späteren Geschichtsschreibern den wenig schmeichelhaften Beinamen »der Böse« eingebracht hat[109]; sie profitierten von den Säkularisationen, die der Herzog verfügte. Von diesen waren besonders die Klöster betroffen, die den Liutpoldinger daher in schlechter Erinnerung behielten.

Beginnen die Quellen über Arnulfs Säkularisationspolitik auch spät, erst seit dem ausgehenden 10. Jahrhundert zu fließen[110], so kann an ihr doch grundsätzlich kaum ein Zweifel bestehen. Geschädigt worden ist durch sie vor allem das Königskloster Tegernsee, aber auch Benediktbeuern, Kremsmünster, Niederaltaich, Schäftlarn, Münchsmünster und Wessobrunn sollen Verluste erlitten haben, und viele Kirchen und Klöster, von denen schließlich nichts mehr verlautet, dürften ihr völlig zum Opfer gefallen sein.

Arnulf hat diesen Kirchenbesitz genutzt, um seine Vasallen auszustatten[111] und auf diese Weise einen Anhang zu schaffen, der sowohl gegen die Ungarn als auch gegen andere Gegner eingesetzt werden konnte[112]. Unbekannt ist jedoch der Zeitpunkt, wann dieser Zugriff auf das Klostergut erfolgte; die Quellen schweigen darüber. Sieht man vor allem in der Ungarngefahr den entscheidenden Anlaß für die Säkularisationen, dann ist man am ehesten geneigt zu glauben, diese seien in den Jahren zwischen 907 und 914 erfolgt[113]. Doch dürfte es gerade in jenen Jahren die Stellung Arnulfs in Bayern noch nicht erlaubt haben, eine solche Politik in großem Stile durchzuführen; und der Umstand, daß der Liutpoldinger nach 914 wiederholt aus seinem Herrschaftsbereich vertrieben werden konnte, spricht ebenfalls dagegen. Die Schaffung eines schlagkräftigen Anhanges wird daher am ehesten im Zusammenhang mit der Aufrichtung der Herzogsherrschaft nach 917, vor allem nach 921 gestanden haben[114]. Die einzige ausführliche, wenn auch erst im frühen 11. Jahrhundert in Tegernsee ent-

---

[108] Vgl. FISCHER, Freisinger Bischöfe 63–71, sowie MGH.D H.I 28 (931 April 14) und REINDEL, Luitpoldinger Nr. 82 a/b.
[109] Vgl. A. SCHMID, Bayernherzog Arnulf (zu der anderslautenden zeitgenössischen Beurteilung bes. 7–37).
[110] Vgl. REINDEL, Luitpoldinger Nr. 49.
[111] Dies berichtet schon die älteste Quelle, die Kunde von den Säkularisationen gibt, die Vita s. Oudalrici ep. Aug. auct. Gerhardo cap. 3, MGH.SS IV (1841) 389: ... *Arnolfumque ducem Bawariorum adhuc viventem de destructione multorum monasteriorum, quae in beneficia laicorum divisit, de multis sanctis accusatum, legaliter iudicantem* ... Vgl. jetzt die Edition von BERSCHIN – HÄSE, Vita Sancti Uodalrici 108.
[112] Die von REINDEL, Luitpoldinger Nr. 49 (auf S. 92), referierte Diskussion über die Frage, ob die Vasallen im Kampf gegen die Ungarn oder den ostfränkischen König oder den bayerischen Adel mit dem Kirchenbesitz ausgestattet worden sind, ist letztlich müßig, da die Vasallentruppe in jedem Kampf um den Machterhalt eingesetzt werden konnte. – Zu den Säkularisationen vgl. auch WEISSENSTEINER, Tegernsee 80–83, und besonders die kritischen Ausführungen von HOLZFURTNER, Destructio 65–86.
[113] So REINDEL, Herzog Arnulf 247–249, und DERS., Luitpoldinger Nr. 49.
[114] Ähnlich auch STÖRMER, Herrschaftskrise 60.

standene Liste[115] von Klosterbesitz, die offenkundig auch die unter Arnulf entstandenen Verluste widerspiegelt, erweckt dabei den Eindruck, als ob vor allem »Akteure der Markengebiete mit solchem Klosterbesitz entschädigt«[116] worden seien.

Diese Liste verzeichnet nun auch als Zubehör des Bistums Passau die von Tegernsee als Klosterbesitz reklamierte Abtei St. Pölten (*abbatia ad sanctum Yppolitum*). Wenn über die Frühgeschichte dieser Kirche auch viel Dunkel liegt[117], so ist es doch denkbar, daß St. Pölten im Zuge der herzoglichen Säkularisationspolitik in die Hände des Passauer Bischofs gelangte[118], der ohnehin ein großer Nutznießer des Vorgehens gegen die monastischen Institutionen gewesen sein könnte, denn auffällig ist es schon, nach 970 Klöster im Besitz seiner Kirche zu finden, die im 9. Jahrhundert noch unter ganz anderer Herrschaft standen: die Karolingerstiftung (Alt-)Ötting, die agilolfingische Gründung Kremsmünster, die unter Karl dem Großen ein Königskloster geworden war, und eben St. Pölten[119], während St. Florian am Ipfbach[120] wohl schon im 9. Jahrhundert zur Pertinenz des Hochstifts gehörte[121].

In einer späteren Fassung der Tegernseer Liste wird auch der Regensburger Bischof als Inhaber von Klostergut genannt[122]; und der Freisinger Kanoniker Konrad, Sakristan seiner Kirche, wirft im Jahre 1187 dem Freisinger Bischof Dracholf die Ausplünderung der Klöster Moosburg, Isen und Schäftlarn *instinctu humani generis inimici* vor[123]. Die bayerischen Bistümer scheinen daher in der Tat von Arnulfs energischem Zugriff auf den Klosterbesitz profitiert zu haben und auf Kosten der Mönchsgemeinschaften für die Verluste, die sie im Kampf gegen die Ungarn erlitten hatten, entschädigt und auf diese Weise zu neuem militärischen Einsatz befähigt worden zu sein.

Andererseits könnten die Bischöfe Teile jenes Klostergutes, das später als Zubehör ihrer Kirchen ausgewiesen wurde, auch erst unter Otto I. in ihre Hand gebracht haben; Urkunden, durch die die neuen Rechte bekräftigt werden, liegen — wenn überhaupt — immerhin erst von den Ottonen vor[124]. Unmöglich ist es daher nicht, die in solchen Bestätigungen sich ausdrückende Anerkennung der möglicherweise unter Arnulf vorgenommenen Veränderungen in den Besitzverhältnissen, vielleicht sogar manche Übertragung des klösterlichen Besitzes selbst als Entlohnung für die Unterstützung zu verstehen, die Otto der Große von den bayerischen Bischöfen erhalten

---

[115] Vgl. REINDEL, Luitpoldinger Nr. 49 (S. 86f).
[116] STÖRMER, Herrschaftskrise 72.
[117] Vgl. WEISSENSTEINER, Tegernsee 69–72.
[118] Vgl. BOSHOF, Reorganisation 464f.
[119] MGH.D. LdK. +84 (907 Juni 17), MGH.D O.II 111a/b (975 Juni 11). 135 (976 Juli 22), MGH.D O.III 112 (993 Januar 27); vgl. BOSHOF, Regesten der Bischöfe von Passau I +166. +190. 231. 232. 253, und DERS., Reorganisation 464f, 476–478.
[120] MGH.D O.II 135; vgl. BOSHOF, Regesten der Bischöfe von Passau I 232.
[121] Vgl. dazu ERKENS, Ludwigs des Frommen Urkunde 86–117, bes. 101f (und die hier verzeichnete Literatur).
[122] Vgl. REINDEL, Luitpoldinger Nr. 49 (S. 87).
[123] Ex libro traditionum Frisingensium, MGH.SS XXIV (1879) 320 = REINDEL, Luitpoldinger Nr. 49 (S. 89).
[124] Vgl. etwa Anm. 119.

haben mag, als er daran ging, die Sonderstellung des bayerischen Herzogtums im Reich zu beseitigen[125].

Nach dem Ableben Herzog Arnulfs († 14. Juli 937)[126], der schon am 22. Juli 935 seinen Sohn Eberhard zum Nachfolger bestellt, im August 936 persönlich an den Wahl- und Krönungsfeierlichkeiten Ottos I. in Aachen teilgenommen und vielleicht sogar noch die Vermählung seiner Tochter Judith mit Heinrich, dem Bruder des jungen Königs, erlebt hatte[127], forderte der Liudolfinger von dem neuen Herzog die Hoheit über die bayerische Kirche zurück und setzte schließlich Berthold, den Bruder des verstorbenen Arnulf, an die Stelle Eberhards, als dieser sich seinem Willen verweigerte[128]. In diesem Konflikt wie auch in den übrigen Aufständen, die Ottos erste Regierungsjahre erschütterten, hat der bayerische Episkopat keine deutlich erkennbare Position bezogen[129], zumindest schweigen die Quellen über eine mögliche Parteinahme. Da aber seit 940 vom König wieder in reicherem Maße Urkunden für bayerische Kirchen ausgestellt worden sind[130], begann sich spätestens seit diesem Zeitpunkt das Verhältnis zwischen der bayerischen Kirche und dem ottonischen Königtum enger zu gestalten; doch dürften die Bischöfe Bayerns dem Bemühen des Liudolfingers um Aufhebung der herzoglichen Kirchenhoheit niemals energisch entgegengewirkt haben.

*b) Der bayerische Episkopat und das liudolfingisch-frühsalische Königtum (937–1046)*

Die Rückgliederung und verstärkte Einbeziehung der Salzburger Kirchenprovinz in die vom König dominierte Reichskirche vollzog sich offenbar problemlos. Dafür spricht nicht nur die schon erwähnte Privilegierung bayerischer Kirchen, das zeigt sich vor allem auch an der Mitwirkung Ottos I. bei den Bischofserhebungen. Einen Monat vor Herzog Arnulf war am 9. Juni 937 Bischof Wolfram von Freising aus dem Leben geschieden; als Nachfolger wurde Lantbert erhoben[131], über dessen Herkunft und Werdegang nichts bekannt ist, dessen Wahl aber kaum ohne Rücksicht auf die herzoglichen Interessen erfolgt sein dürfte. Trotzdem scheint der neue Bischof raschen und dauerhaften Anschluß an das ottonische Königtum gefunden zu haben. In

---

125 Zu dieser Politik vgl. KÖPKE – DÜMMLER 68, 71, 78–80; ALTHOFF – KELLER 128; BEUMANN, Ottonen 58.
126 Vgl. REINDEL, Luitpoldinger Nr. 91.
127 Vgl. ebd. Nr. 87–89.
128 Vgl. ebd. Nr. 93.
129 Vgl. KÖPKE – DÜMMLER 78f.
130 MGH.D. O.I 29 (940 Mai 29). 126. 203 (959 Juni 9) [für St. Emmeram in Regensburg], 30 (940 Mai 29) [für Freising], 32 (940 Juni 8). 68. 170. 171 (953 Dezember 10) [für Salzburg]; vgl. auch 67 (945 Juni 4) [für die Kirche *Budistdorf*, der ein Salzburger Chorbischof vorsteht] und 202 (959 Juni 8) [für die Kanoniker der Salzburger Kirche]. Für die Bistümer Brixen und Passau setzte der Urkundensegen dagegen erst unter Otto II. richtig ein: MGH.D. O.II 14 (967 Oktober 15). 163. 178. 205 (979 Oktober 15) [für Brixen], 27 (972 Oktober 18 [= MGH.D O.I 423]). 59. 111a/b. 135. 136a/b. 137. 138. 167a/b (977 Oktober 5) [für Passau].
131 Vgl. FISCHER, Freisinger Bischöfe 76–92; DERS., Der heilige Lantbert, Bischof von Freising (gestorben am 19. September 957), in: Bavaria sancta 1, hg. v. G. SCHWAIGER, 1970, 186–198; MASS, Bistum Freising im Mittelalter 107f.

Salzburg war schon 935 auf den Aribonen Odalbert der Erzbischof Egilolf, der wohl ebenfalls aus der Familie der Aribonen stammte, gefolgt, eingesetzt natürlich noch von Herzog Arnulf[132]; als aber nach vier Jahren die *cathedra* des hl. Rupert wieder vakant war, entschied Otto I. die Nachfolgefrage und setzte 939 den Liutpoldinger Herold als Metropoliten ein[133], dem er durch wichtige Privilegien[134] seine Gunst erwies und den er, spätkarolingische Traditionen aufgreifend, 945 neben den Erzbischöfen von Köln, Mainz und Trier zum Erzkaplan ernannte, wobei die Zuständigkeit des Salzburgers allerdings ebenso wie die seiner rheinischen Amtsbrüder auf den jeweils eigenen Metropolitanbereich beschränkt blieb[135]. Auch in Regensburg, wo 942 gleich zweimal Wahlen anstanden, weil der nach Bischof Isingrims Tode erhobene Mönch Gunther schon nach einem halben Jahr das Zeitliche segnete und damit seinen Platz für einen neuen Oberhirten, für Michael räumte, wußte der König jedes Mal seinen Willen durchzusetzen[136].

Nur in Passau und Brixen bleiben die Verhältnisse unklar. Über das Alpenbistum liegt für das Jahrzehnt nach dem Tode Herzog Arnulfs überhaupt keine Nachricht vor[137], in der Dreiflüssestadt fand wohl erst 946 (wenn nicht sogar noch später) ein Wechsel im Bischofsamt statt, als auf Gerhard, von dessen Pontifikat und politischer Haltung kaum etwas bekannt ist, Adalbert folgte[138]. Über eine Einflußnahme des Königs auf seine Wahl ist nichts bekannt, doch dürfte sie kaum gegen Ottos Willen erfolgt sein; die wenigen Zeugnisse, die von Adalberts Handlungen überliefert sind, lassen daher auch keinen Gegensatz zum Herrscher erkennen, sondern zeigen die völlige Integration des Passauer Bistums in die ottonische Reichskirche[139]. Schon die erste Nachricht aus Adalberts Amtszeit überhaupt ist dafür aufschlußreich: die Teilnahme an der berühmten Ingelheimer Synode von 948, die den Reimser Bistumsstreit zugunsten des vom westfränkischen König gestützten Erzbischofs Artold entschied[140].

Der Teilnehmerkreis dieser Synode stellt hinsichtlich Zahl und Bedeutung sämtliche ostfränkisch-ottonischen Kirchenversammlungen aus den vorausgegangenen Jahrzehnten in den Schatten und bildete fast so etwas wie eine Heerschau des ottonischen Episkopats, denn nur fünf Reichsbischöfe hatten sich nicht in der Königspfalz am Rhein eingefunden. Wenn zu den Abwesenden auch die Bischöfe von Brixen und

---

[132] Vgl. DOPSCH, Geschichte Salzburgs I/1, 204f, und DERS., Der bayerische Adel 132.
[133] Annales Iuvavenses maximi a. 938, MGH.SS XXX/2 (1934) 743. Vgl. DOPSCH, Geschichte Salzburgs I/1, 205, und DERS., Der bayerische Adel 132–134.
[134] Vgl. Anm. 130.
[135] Vgl. FLECKENSTEIN, Hofkapelle II 21–23.
[136] HOLTZMANN, Thietmari Merseburgenses II 26–27 (S. 70/71–72/73). Vgl. JANNER, Bischöfe von Regensburg I 321–349, bes. 321–326; HAUSBERGER, Geschichte des Bistums Regensburg I 41–43.
[137] Vgl. REDLICH, Geschichte der Bischöfe von Brixen 7; SPARBER, Sabiona 108; GELMI, Brixener Bischöfe 39.
[138] BOSHOF, Regesten der Bischöfe von Passau I 205; zu Gerhards Pontifikat vgl. ebd. 196–202.
[139] Vgl. ebd. 206–217, bes. 206 (948 Juni 7: Teilnahme an der Synode von Ingelheim). 207 (952 August 7: Teilnahme an der Synode von Augsburg). *212 (960 Dezember 25: Teilnahme an der Reichsversammlung in Regensburg).
[140] MGH.Conc. VI/1 (1987) Nr. 13 (bes. S. 158); vgl. WOLTER, Synoden 40–55, bes. 45–52.

Freising zählten[141], so darf dies keinesfalls als Zeichen ihrer Distanz zum ottonischen Königtum gewertet werden. Über die Geschichte der Brixener Bischöfe ist aus der Mitte des 10. Jahrhunderts viel zu wenig bekannt[142], um ein solches Urteil fällen zu können; und Lantbert von Freising hat im August 952 zusammen mit seinen bayerischen Amtsbrüdern aus Salzburg, Passau und Regensburg an der nächsten großen Versammlung des Reiches und der Kirche, an der Synode und dem Hoftag von Augsburg teilgenommen[143]. Fast der gesamte bayerische Episkopat war damit Zeuge und Mitwirkender des wichtigsten politischen Ereignisses, das 952 auf dem Lechfeld stattfand: der Belehnung Berengars von Ivrea und seines Sohnes Adalbert, die von Otto dem Großen das um die Marken Aquileja und Verona verkleinerte Königreich Italien erhielten[144].

Wie verfestigt allerdings die Orientierung der bayerischen Bischöfe am Königtum wirklich war, das läßt sich weder an Hoftagsbesuchen noch an Konzilsteilnahmen genau ablesen; hierfür können vielmehr die Ereignisse als Gradmesser dienen, die schließlich als Folge von Ottos Italienpolitik eingetreten sind. In Augsburg hatte der König ja nicht nur die Lehnshuldigung seiner italischen Rivalen entgegengenommen, sondern auch das Herzogtum Bayern, dem seit 948 sein Bruder Heinrich vorstand, um die Gebiete vergrößert, um die er das *regnum Italiae* zuvor verkleinert hatte; und damit war eine Politik fortgesetzt worden, die sowohl Ottos Sohn Liudolf, den schwäbischen Herzog, als auch Ottos Schwiegersohn Konrad den Roten, den lothringischen Herzog, in zunehmende Opposition und 953 schließlich zum bewaffneten Widerstand trieb[145]. Dieser in seinen Hintergründen nicht völlig auszuleuchtende[146], von Angehörigen der Königsfamilie mitgetragene Aufstand sollte Ottos Herrschaft in eine letzte schwere Krise stürzen, den Reichsbischöfen die Möglichkeit zur Bewährung als Stützen des sakralen Königtums geben und dem bayerischen Episkopat die Wahl aufzwingen zwischen dem ottonischen Herrscher und seinem herzoglichen Bruder auf der einen sowie einer sich in Bayern formierenden liutpoldingischen Fronde auf der anderen Seite.

Die Empörung gegen Otto, getragen von Liudolfs Sorge um seine Thronfolge, aber auch vom verletzten Stolz Konrads des Roten als eines auf herrscherliche Kritik ge-

---

[141] Vgl. WOLTER, Synoden 46.
[142] Vgl. Anm. 137.
[143] MGH.Conc. VI/1 (1987) Nr. 18 (bes. S. 189f); vgl. WOLTER, Synoden 58–61, bes. 58, sowie G. KREUZER, Die Hoftage der Könige in Augsburg im Früh- und Hochmittelalter, in: Bayerisch-Schwäbische Landesgeschichte an der Universität Augsburg 1975–1971 (= Augsburger Beiträge zur Landesgeschichte Bayerisch-Schwabens 1 = Veröffentlichungen der Schwäbischen Forschungsgemeinschaft 7,1) 1979, 83–120, bes. 91–94 und 95.
[144] Vgl. dazu KÖPKE – DÜMMLER 207f und BEUMANN, Ottonen 71.
[145] Vgl. dazu KÖPKE – DÜMMLER 211–244; ALTHOFF – KELLER 146–170; BEUMANN, Ottonen 69–73, und ERKENS, Fürstliche Opposition 315–338.
[146] Vgl. dazu die vorhergehende Anm. und die von ERKENS, Fürstliche Opposition 315 Anm. 33, verzeichnete Literatur sowie G. ALTHOFF, Zur Frage nach der Organisation sächsischer coniurationes in der Ottonenzeit, in: FMSt 16 (1982) 129–142, und J. LAUDAGE, Hausrecht und Thronfolge. Überlegungen zur Königserhebung Ottos des Großen und zu den Aufständen Thankmars, Heinrichs und Liudolfs, in: HJ 112 (1992) 23–71, bes. 65–70.

stoßenen Sachwalters des Königs, richtete sich von Anfang an besonders auch gegen den bayerischen Herzog Heinrich, der als Bruder des Königs entscheidenden Einfluß auf die Politik des Hofes gewonnen und dadurch die Teilhabe der übrigen Fürsten an wichtigen Entscheidungen erheblich geschmälert hatte[147]. Das gab den Liutpoldingern, die von den Ottonen aus der bayerischen Herzogswürde verdrängt, aber doch nicht aus allen Führungspositionen entfernt worden waren, die Gelegenheit, sich gegen den König und seinen herzoglichen Bruder zu stellen und den von diesen beiden zwischen den liudolfingischen und liutpoldingischen Interessen durch manches Entgegenkommen angestrebten und zeitweise auch geglückten Ausgleich zu verwerfen. Offenbar ohne an dem Ausbruch der Empörung beteiligt gewesen zu sein, stellten sich unter Führung des Pfalzgrafen Arnulf, eines Sohnes des 937 verstorbenen gleichnamigen Herzogs, die Liutpoldinger mit ihrem Anhang schließlich im Verlauf der in der Mitte des Jahres 953 ausgebrochenen Kämpfe an die Seite der Aufrührer und machten Bayern damit zu einem Zentrum des Widerstandes gegen die königliche und herzogliche Autorität[148].

Die Einstellung der Bischöfe bleibt dabei unklar und dürfte vor allem von Zurückhaltung geprägt gewesen sein, da die Lage schwierig und unübersichtlich war. Von einer aktiven Unterstützung des Königs jedenfalls wissen die Quellen nichts zu berichten, von einer klaren Parteinahme für die Aufständischen allerdings auch nichts[149]. Nur Herold von Salzburg, der noch im Spätherbst 953 vom König Urkunden in Empfang genommen und diesen offenbar bei der erfolglosen Belagerung von Regensburg, dem Zentrum des bayerischen Widerstandes[150], unterstützt hatte[151], stellte sich schließlich gegen den Herrscher — wahrscheinlich aus Rücksicht auf seine liutpoldingische Herkunft[152]. Doch ist ihm dieser Akt der Familiensolidarität schlecht bekommen. Die Niederlage der Aufständischen riß ihn in den Strudel des Verderbens: Der Erzbischof fiel in die Hände Herzog Heinrichs, der nicht zögerte, den Eidbrüchigen blenden zu lassen und nach Säben in die Verbannung zu schikken[153].

Wenn auch über die Einstellung der anderen bayerischen Bischöfe zur Rebellion der Liutpoldinger nichts Genaues bekannt ist, so legt der Ort der Verbannung jedoch die Vermutung nahe, daß Heinrich in dem Säbener Bischof (Wisunt oder Richbert)[154] einen treuen Gefolgsmann erblickte, der sich auch in schwieriger Zeit als halbwegs loyal erwiesen haben dürfte. Ähnlich wird man auch über den Bischof Michael von

---

[147] Vgl. ERKENS, Fürstliche Opposition 317–326.
[148] Vgl. REINDEL, Luitpoldinger Nr. 104 (und 106).
[149] HIRSCH – LOHMANN, Widukind III 27; vgl. KÖPKE – DÜMMLER 224 und 229.
[150] Vgl. KOEPKE – DÜMMLER 223f, 228 und P. SCHMID, Regensburg 151f.
[151] MGH.D O.I 170 (953 November 29, Aufhausen) und 171 (953 Dezember 10, Schierling). Die Ausstellungsorte liegen im Regensburger Raum und geben der Vermutung Raum, daß Herold an der Belagerung der Stadt beteiligt gewesen ist; vgl. dazu auch REINDEL, Luitpoldinger Nr. 105.
[152] Vgl. ERKENS, Fürstliche Opposition 328, und (auch zum folgenden) DOPSCH, Geschichte Salzburgs I/1, 206.
[153] Vgl. MGH.Conc. VI/1 (1987) Nr. 20.
[154] Zu den Säbener Bischöfen vgl. REDLICH, Geschichte der Bischöfe von Brixen 7–9; SPARBER, Sabiona 108f; GELMI, Brixener Bischöfe 39f; RIEDMANN, Bischöfe von Säben 100.

Regensburg zu urteilen haben. In seiner Kathedralstadt hatten sich die Aufständischen verschanzt und dem König lange getrotzt. Ob der Bischof dabei unter ihnen weilte wird nirgends berichtet — allerdings auch nicht, daß er sich im Lager des Königs aufgehalten habe; doch ist das Schweigen der Quellen wohl eher als Hinweis auf einen Rückzug Michaels aus seiner Stadt zu deuten, denn ein Verweilen wäre angesichts der Hartnäckigkeit, mit der der Bischofssitz umkämpft worden ist, wahrscheinlich doch von den Historiographen vermerkt und als Widerstand gegen Otto ausgelegt worden. Außerdem ist der Bischof nicht wie Herold von Salzburg zur Rechenschaft gezogen worden, sondern focht 955 nach der Niederwerfung des Aufstandes im königlichen Heer auf dem Lechfeld gegen die Ungarn[155].

Über die Haltung Lantberts von Freising und Adalberts von Passau hingegen ist überhaupt nichts auszumachen, doch wird man die Nachricht über ein Schwanken der bayerischen Bischöfe zwischen den Parteien, über die *non minima cunctatio*, die laut Widukind von Corvey *in Boioaria* unter den *pontifices* geherrscht haben soll[156], wohl am ehesten als Ausdruck einer prinzipiellen Königstreue verstehen müssen, deren uneingeschränktes Wirksamwerden durch die Gefährlichkeit der Lage und durch vorsichtige Rücksichtnahmen gehemmt worden ist. Mit fliegenden Fahnen sind die bayerischen Bischöfe (wenn sie es überhaupt taten) auf jeden Fall nicht zu den Aufständischen übergegangen, auch nicht Herold von Salzburg, der aus dem Konflikt zunächst sogar auf Kosten eines liutpoldingischen Verwandten Nutzen für seine Kirche gezogen hat[157].

Da Herold den schließlich vollzogenen Kurswechsel seiner Politik mit dem Augenlicht bezahlt hat, wurde er unfähig, sein Amt weiter auszuüben, und die Salzburger *cathedra* galt daher nach dem kanonischen Recht als vakant[158]. Trotzdem resignierte der Erzbischof nicht, weswegen seine Kirche drei Jahre lang ohne wirkliche Leitung blieb. Erst am 18. April 958, auf einer in Ingelheim tagenden Synode, konnte die Nachfolge geregelt werden[159]. Angeblich mit Zustimmung Herolds ist damals der aus der Familie der Sighardinger stammende[160] Friedrich in Gegenwart Ottos des Großen von den sechzehn anwesenden, namentlich aber nicht bekannten Bischöfen geweiht worden. Doch hat Herold danach keinesfalls auf die Verrichtung liturgischer Handlungen verzichtet; Johannes XII. bedrohte ihn daher 962 mit der Exkommunikation, Johannes XIII. hat ihn schließlich 967 wegen seiner Anmaßung verdammt[161]. Doch erscheint es zweifelhaft, daß der blinde Herold mit dem Vollzug geistlicher Handlungen (namentlich genannt werden nur das Lesen von Messen und das Tragen

---

155 Arnoldi Liber I de s. Emmerammo c. 17, MGH.SS IV (1841) 554. Vgl. JANNER, Bischöfe von Regensburg I 334; HAUSBERGER, Geschichte des Bistums Regensburg I 42f.
156 HIRSCH – LOHMANN, Widukind III 27: *Non minima quoque caeteris pontificibus cunctatio erat in Boioaria, dum favent partibus, nunc regi assistendo, nunc alienas partes adiuvando, quia nec sine periculo alienabantur a rege nec sine sui detrimento ei adhaerebant.*
157 Vgl. REINDEL, Luitpoldinger Nr. 105 = MGH.D O.I 171.
158 Vgl. dazu und zum folgenden DOPSCH, Geschichte Salzburgs I/1, 206f, und WOLTER, Synoden 64–68.
159 Continuatio Reginonis 169 (a. 958); MGH.Conc. VI/1 (1987) Nr. 20.
160 Vgl. dazu DOPSCH, Geschichte Salzburgs I/1, 208, und DERS., Der bayerische Adel 134–136.
161 ZIMMERMANN, Papsturkunden 152 (962 Februar 7) und 179 (967 April 25).

des Palliums) einen Anspruch auf die Metropolitenwürde aufrecht erhalten wollte; eher wird er der Ansicht gewesen sein, die geistliche Gewalt durch die Blendung und den Verzicht auf das Erzbistum nicht verloren zu haben und im eher »privaten Bereich« weiter ausüben zu können. Friedrich hingegen mochte dies als Bedrohung seiner Stellung empfunden und die moralische Vernichtung des Widerspenstigen angestrebt haben, wurde er durch Herolds Handeln doch immer wieder an die unschönen Anfänge seines Pontifikates erinnert; und erst des blinden Vorgängers düsteres Ende, das bald nach 967 eingetreten sein wird, dürfte ihn von diesem Druck wirklich befreit haben.

Mit Friedrichs Weihe zum Erzbischof endete die Phase liutpoldingischer Präsenz in der Salzburger Kirche. Unverkennbar wächst der bayerische Episkopat von nun an noch stärker in die Reichskirche hinein. Friedrich harrte künftig, auch wenn er das Erzkapellanat, das dem aufständischen Herold natürlich entzogen worden war, nicht mehr übertragen erhielt, treu an der Seite der Ottonen aus[162] und wurde dafür mit zahlreichen Gunsterweisen bedacht[163]. Aber auch die übrigen bayerischen Bischöfe erwiesen sich von nun an in der Regel als Parteigänger der Ottonen. Aller Wahrscheinlichkeit nach sind sie 958 in Ingelheim an der Regelung der Salzburger Nachfolgefrage beteiligt gewesen[164] und dürften dabei im Sinne Ottos des Großen gewirkt haben; 960 fanden sie sich jedenfalls zusammen mit anderen geistlichen und weltlichen Großen auf dem glanzvollen Hoftag ein, den Otto der Große auf Weihnachten nach Regensburg einberufen hatte[165].

Abraham, seit 957 Nachfolger Lantberts auf dem Freisinger Bischofsstuhl, eine vielseitig interessierte und politisch engagierte Persönlichkeit, war ein einflußreicher Ratgeber der seit 955 verwitweten Herzogin Judith und ihres Sohnes Heinrich und hat dabei zunächst die liudolfingischen Interessen im Reich wie in Bayern vertreten[166]. Ob er aus der Königskanzlei hervorgegangen ist, steht nicht sicher fest[167]; aber daß er sein Bischofsamt mit liudolfingischer Protektion angetreten haben wird, dürfte kaum bezweifelt werden können — zumindest hat er sich von Anfang an große Verdienste um das bayerische Herzogtum erworben, und dies ist durchaus im Sinne Ottos des Großen gewesen.

Auch in den übrigen bayerischen Diözesen hat der König beim Ableben eines Bischofs sorgfältig darauf geachtet, einen loyalen Nachfolger wählen zu lassen. So folgte in Passau 971 auf Adalbert ein Neffe Friedrichs von Salzburg, der ehrgeizige Pilgrim[168], der zum Reorganisator des Bistums geworden ist, seinen Aufstieg aber

---

[162] Vgl. FLECKENSTEIN, Hofkapelle II 24; DOPSCH, Geschichte Salzburgs I 208f.
[163] MGH.D O.I 380 (969 Oktober 30). 389; O.II 134. 165. 275; O.III 1 (984 Oktober 7).
[164] Vgl. WOLTER, Synoden 67.
[165] BOSHOF, Regesten der Bischöfe von Passau I 211. *212, und P. SCHMID, Regensburg 331f.
[166] Vgl. MASS, Bistum Freising im Mittelalter 113–119, sowie K. F. WERNER, A[braham], Bischof von Freising, in: LdMa 1 (1980) 50 (und die hier verzeichnete Literatur).
[167] Vgl. FLECKENSTEIN, Hofkapelle II 45f.
[168] Vgl. BOSHOF, Regesten der Bischöfe von Passau I 218, sowie dazu und zum folgenden ERKENS, Pilgrim (passim), und DERS., Pilgrim, Bischof von Passau (971–991), in: Biographisch-Bibliographisches Kirchenlexikon 7 (1994) 494–497 (wo auch die ältere Literatur verzeichnet ist).

§ 11. Die Salzburger Kirchenprovinz als Teil der Reichskirche (F.-R. Erkens) 155

nicht ohne Mithilfe des Oheims vollzogen und wie dieser auch in schweren Zeiten in unerschütterlicher Treue zum Herrscherhaus ausgehalten hat und dafür ebenfalls reich entlohnt worden ist[169]; und ein Jahr später, 972, bestieg in Regensburg der schwäbische Mönch Wolfgang den Bischofsstuhl. Er stammte nicht aus der Hofkapelle[170], sondern war auf der Reichenau und in Würzburg ausgebildet und von seinem Mitschüler Heinrich, nachdem dieser den Trierer Erzstuhl bestiegen hatte, als Lehrer an die Domschule der Moselmetropole berufen worden[171]. Nach dem Tode des Freundes im Jahre 964 trat er in das Kloster Einsiedeln ein, wo er von dem Augsburger Bischof Ulrich zum Priester geweiht worden ist. Von einer offenbar nicht sehr erfolgreichen Missionsreise zu den Ungarn wurde er 971 oder 972 von dem Passauer Bischof Pilgrim zurückgerufen, der sich bald darauf aber am Kaiserhof für die Wahl Wolfgangs zum Nachfolger des 972 verstorbenen Michael von Regensburg eingesetzt hat[172]. Auf die Wahlhandlung selbst hat Otto dann durch Gesandte starken Einfluß genommen[173] — und mit dieser Entscheidung eine glückliche Hand bewiesen, denn: Vom monastischen Ideal durchdrungen, trat Wolfgang entschieden für die Klosterreform ein, unterstützte aber auch das ottonische Herrscherhaus in wichtigen Entscheidungen und erwies sich dabei vor allem in kritischen Situationen als dessen loyaler Anhänger.

Über das Bistum Säben hingegen ist auch in der Mitte und am Ende des 10. Jahrhunderts nur wenig bekannt; doch scheinen hier mit Richbert und vor allem mit dem Aribonen Albuin, einem Verwandten Friedrichs von Salzburg und Pilgrims von Passau, gleichfalls königstreue Prälaten gewirkt zu haben[174]. Der Bischofssitz selbst rückte seit 951 durch die eine neue Gestalt annehmende Italienpolitik immer stärker in das Blickfeld der Ottonen und gewann, an der Brennerroute gelegen, schließlich eine wichtige Funktion bei der Sicherung des Verbindungsweges über die Alpen[175]; die Bischöfe Richbert und Albuin sind daher zwischen dem 15. Oktober 967 und dem 15. Oktober 979 von den Ottonen mit bedeutenden Rechten ausgestattet worden[176] und stehen damit am Anfang einer Entwicklung, die sich unter ihren

---

169 MGH.D O.I 423 = O.II 27 (972 Oktober 18) sowie MGH.D O.II 59. 111a/b. 135. 136a/b. 138. 167a/b, O.III 21 (985 September 30).
170 Anders SCHWAIGER, Der heilige Bischof Wolfgang 43, doch vgl. FLECKENSTEIN, Hofkapelle II 53.
171 Vgl. dazu und zum folgenden JANNER, Bischöfe von Regensburg I 350–414; HAUSBERGER, Geschichte des Bistums Regensburg I 55–62; G. SCHWAIGER, Der heilige Wolfgang, Bischof von Regensburg (um 924–994), in: Bavaria sancta 1, hg. v. G. SCHWAIGER, 1970, 212–220; DERS., Der heilige Bischof Wolfgang 41–53; DERS., Der heilige Wolfgang. Bischof von Regensburg (972–994), in: Lebensbilder aus der Geschichte des Bistums Regensburg I, hg. v. G. SCHWAIGER (= BGBR 23/24,1) 1989, 93–107; R. ZINNHOBLER, Das Leben des hl. Wolfgang, in: Der Heilige Wolfgang und Oberösterreich (= Schriftenreihe des Oberösterreichischen Musealvereins 5) 1972, 9–13; DERS., Leben und Wirken des hl. Wolfgang, in: Der hl. Wolfgang in Geschichte, Kunst und Kult (²1993) 17–28.
172 BOSHOF, Regesten der Bischöfe von Passau I 221, 222.
173 Othloni vita s. Wolfkangi episcopi, cap. 14, MGH.SS IV (1841) 531; vgl. dazu FLECKENSTEIN, Hofkapelle II 55 mit Anm. 240.
174 REDLICH, Geschichte der Bischöfe von Brixen 8–16; SPARBER, Sabiona 108–117; DERS., Brixner Fürstbischöfe 41f; GELMI, Brixener Bischöfe 39–42; FINCKENSTEIN, Bischof und Reich 142–144.
175 Vgl. RIEDMANN, Bischöfe von Säben 100f.
176 MGH.D O.II 14. 163. 178. 205.

Nachfolgern durch freigebige Schenkungen Heinrichs II. und der ersten beiden Salierherrscher noch intensivieren sollte[177]. Zur selben Zeit vollzog sich auch die Verlagerung des Bischofssitzes von der Höhe Säbens hinunter ins Eisacktal: In der Urkunde Ottos II. von 967 taucht erstmalig der Name Brixen für die *sedes episcopalis* auf und setzte sich in den folgenden Jahrzehnten nach einigem Schwanken schließlich auch durch[178].

Wie sehr die bayerische Kirche in den letzten Jahren Ottos I. mit königstreuen Prälaten besetzt worden ist, das zeigen besonders die Ereignisse nach dem Herrscherwechsel von 973. Vollzog sich dieser auch noch ohne Probleme[179], so empörte sich in den Jahren 974, 976 und 977 der Bayernherzog Heinrich der Zänker gegen seinen kaiserlichen Vetter Otto II. und brachte dessen Autorität im Südosten des Reiches zeitweilig ernsthaft in Gefahr, scheute er sich doch nicht, in seine Verschwörung auch die Herzöge Boleslaw II. von Böhmen und Mieszko I. von Polen einzubeziehen. Seine Aufstandsmotive lassen sich nicht mehr eindeutig erhellen, aber zweifellos spielte bei ihnen eine gewisse liutpoldingische Tradition eine nicht zu unterschätzende Rolle[180]. Über seine Mutter Judith ist Heinrich selbst ein Mitglied dieses alten Herzogsgeschlechtes gewesen, bei dessen letzten Angehörigen er dann auch Unterstützung für seine Aktionen fand. Der bayerische Episkopat aber stand mit Ausnahme Abrahams von Freising nicht in seinem Lager.

Abraham hatte während Heinrichs Minderjährigkeit als einflußreicher Ratgeber der Herzoginwitwe Judith einen sehr intensiven Kontakt zum Herzogshof geknüpft; noch in späteren Jahren fiel ihm daher ein Anteil an der Erziehung von Judiths Enkel, dem künftigen Kaiser Heinrich II., zu[181]. Die Beziehungen zwischen der Herzogin und dem Bischof gestalteten sich dabei offenbar so eng, daß sie den Zeitgenossen Anlaß zu Gerüchten boten und Abraham sich nach dem Tode Judiths noch während der Beisetzungsfeierlichkeiten veranlaßt sah, den untadeligen Lebenswandel der Verblichenen mit Nachdruck zu beteuern[182]. Vor dem Hintergrund eines solchen Nahverhältnisses aber überrascht die Teilnahme des Freisinger Bischofs an Heinrichs Verschwörung im Jahre 974 nicht; sie entsprang einer persönlichen Entscheidung[183] und war keinesfalls Ausdruck einer antiköniglichen Einstellung des gesamten bayerischen Episkopates.

---

[177] MGH.D H.II 27 (1002 November 16). 31. 67. 228. 424 (1020 April 24); K.II 103 (1027 Juni 7). 106. 115 (1028 April 19); H.III 22 (1040 Januar 16). 23. 24. 209. 367 (1056 Februar 20).

[178] Vgl. SPARBER, Sabiona 109f; RIEDMANN, Bischöfe von Säben 100 mit Anm. 37, sowie DERS., Brixen, in: LdMa 2 (1983) 704f, bes. 704. Vgl. jetzt auch L. TAVERNIER, Der Dombezirk von Brixen im Mittelalter. Bauhistorische Studien zur Gestalt, Funktion und Bedeutung (= Schlern – Schriften 294) 1996.

[179] Vgl. dazu und zum folgenden ERKENS, Fürstliche Opposition 338–344 (und die hier verzeichnete Literatur); J. FRIED, Kaiserin Theophanu und das Reich, in: H. VOLLRATH – S. WEINFURTER (Hg.), Köln. Stadt und Bistum in Kirche und Reich des Mittelalters. Festschrift für O. Engels zum 65. Geburtstag (= KHA 39) 1993, 139–185, bes. 154f; REINDEL, Luitpoldinger Nr. 117 und 123.

[180] Vgl. ERKENS, Fürstliche Opposition 342f.

[181] MGH.D H.II 136 (1007 Mai 10).

[182] HOLTZMANN, Thietmari Merseburgensis II 41 (S. 90/91).

[183] Vgl. ERKENS, Fürstliche Opposition 340.

Dieser hat vielmehr den König unterstützt[184]. Deutlich wurde dies besonders nach 975, als der Zänker aus der Ingelheimer Haft, die Otto II. über ihn verhängt hatte, entkommen war, den Aufruhr erneut nach Bayern hineintrug und sich 976 in Regensburg, 977 in Passau verschanzte. Friedrich von Salzburg, Pilgrim von Passau und Albuin von Säben-Brixen haben sich dabei nach Ausweis der Herrscherurkunden[185] als Helfer des Kaisers ausgezeichnet. Eine Unterstützung durch Wolfgang von Regensburg ist nicht bezeugt, darf aber angenommen werden[186]; immerhin gibt es keine Nachricht über eine Parteinahme zugunsten der Aufständischen, und außerdem hat der von Wolfgang wegen seiner monastischen Ideale geschätzte und zur Leitung des Klosters St. Emmeram berufene Ramwold[187] Regensburg verlassen[188], als die Aufständischen sich hier 976 sammelten[189], und könnte damit dem Beispiel seines gleichgesinnten Gönners gefolgt sein.

Auch 983, beim Übergang der Regierung von Otto II. auf den minderjährigen Otto III., dürfte sich diese Loyalität der bayerischen Bischöfe zugunsten des ottonischen Herrscherhauses grundsätzlich bewährt haben. Damals versuchte Heinrich der Zänker, der, von Otto II. in den Gewahrsam des Utrechter Bischofs Folkmar gegeben, von diesem aber nach dem überraschenden Tode des Kaisers auf freien Fuß gesetzt worden war, als *patronus legalis*[190] des schon gekrönten kleinen Otto die Macht im Reich an sich zu reißen und selbst zum Königtum aufzusteigen[191]. Bei diesem Unterfangen fand er zahlreiche Helfer, denen ein herrschaftserprobter Monarch lieber war als ein zur Eigenverantwortung unfähiger Kindkönig. Zu diesen Parteigängern zählte natürlich wieder Abraham von Freising[192] (der seine frühere Unterstützung des Zänkers durch eine wohl nicht allzu lange Haft wahrscheinlich im Kloster Corvey gebüßt hatte)[193], während sich die übrigen bayerischen Prälaten in ihrer Parteinahme eher zurückgehalten haben dürften.

Thietmar von Merseburg berichtet zwar, alle bayerischen Bischöfe hätten sich dem Zänker angeschlossen[194], aber es bleibt fraglich, ob der sächsische Chronist die süd-

---

184 Vgl. dazu und zum folgenden ERKENS, Fürstliche Opposition 344f.
185 MGH.D O.II 134 (976 Juli 21, Regensburg). 165 (977 Oktober 1, Passau) [für Friedrich von Salzburg]; 135. 136[a/b]. 138 (976 Juli 22, Regensburg). 167[a/b] (977 Oktober 5, Etterzhausen) [für Pilgrim von Passau]; 163 (977 September 8, vor Passau) [für Albuin von Säben-Brixen].
186 Vgl. JANNER, Bischöfe von Regensburg I 382–385; ERKENS, Fürstliche Opposition 341 mit Anm. 148, sowie R. ZINNHOBLER, Der heilige Wolfgang und Österreich, in: Regensburg und Böhmen, hg. v. G. SCHWAIGER – J. STABER (= BGBR 6) 1972, 95–103, bes. 97.
187 Vgl. HALLINGER, Gorze-Kluny 114f.
188 Ex Arnoldi libris de s. Emmerammo II 40, MGH.SS IV (1841) 568.
189 Vgl. P. SCHMID, Regensburg 157f, 332f.
190 HOLTZMANN, Thietmari Merseburgensis IV 1 (S. 132/133).
191 Vgl. dazu und zum folgenden ERKENS, ... *more Grecorum* 275–277 (und die hier verzeichnete Literatur); DERS., *In tota cunctis gratissimus aula?* Egbert von Trier als Reichsbischof, in: F. J. RONIG (Hg.), Egbert, Erzbischof von Trier 977–993. Gedenkschrift der Diözese Trier zum 1000. Todestag (= Trierer Zeitschrift, Beih. 18) 1993, 37–52, bes. 41–44.
192 Chronicon Eberspergense, MGH.SS XX (1868) 13.
193 Vgl. MASS, Bistum Freising im Mittelalter 114.
194 HOLTZMANN, Thietmari Merseburgensis IV 4 (S. 134/135).

deutschen Verhältnisse wirklich völlig überblickte[195]; eine Parteinahme zugunsten Heinrichs kann für Friedrich von Salzburg zumindest nicht mit Sicherheit behauptet werden und dürfte auch für Pilgrim von Passau wenig wahrscheinlich sein[196]. Allerdings befanden sich alle Bischöfe durch die Ereignisse des Jahres 984 in einer schwierigen Lage. Otto III. war zwar gewählter und gesalbter König, aber noch minderjährig; Heinrich der Zänker hingegen galt als herrschaftserprobt und befähigt, besonders die außenpolitischen Probleme des Reiches zu bewältigen, jedoch auch als ehrgeizig und begierig, den Thron selbst zu besteigen. Ein vielleicht gerade von Geistlichen unternommener Versuch, diese brisante und für die Stabilität des Reiches keinesfalls ungefährliche Situation zu bereinigen, könnte darin bestanden haben, den Zänker als (Mit)Herrscher an die Seite des kleinen Kindkönigs zu stellen[197], doch scheiterte dieses Unterfangen an Heinrichs unverhohlenem Machtwillen und seinem Griff nach der Alleinherrschaft.

Die bayerischen Bischöfe jedoch dürften sich in der unentschiedenen Lage bedeckt gehalten haben, zumal beide Parteien des Thronstreits für den jeweils eigenen Standpunkt gewichtige Argumente vorbringen konnten. Eine Entscheidung zu Heinrichs Gunsten mußte daher auch nicht zwangsläufig Ausdruck einer oppositionellen Haltung gegenüber dem ottonischen Königtum sein; der bayerische Episkopat jedenfalls, wenn er sie tatsächlich gefällt haben sollte, kann sie kaum aus besonderer Zuneigung für den Zänker getroffen haben und erwies sich nach der Festigung der Herrschaft Ottos III. weiterhin als Stütze der liudolfingischen Monarchie.

Die erste Hälfte der neunziger Jahre des 10. Jahrhunderts brachte auf den bayerischen Bischofsstühlen einen großen Wechsel: 991 starben Friedrich von Salzburg und sein Neffe Pilgrim von Passau, 993 verschied Abraham von Freising, 994 Wolfgang von Regensburg. Die Wiederbesetzung der Bistümer eröffnete dem König erneut die Chance, seinen Einfluß bei den Wahlen geltend zu machen; und in der Tat gelang es ihm, Gefolgsleute erheben zu lassen und die bayerische Kirche dadurch weiterhin an sich zu binden.

In Salzburg folgte am 8. November 991, wohl auf Wunsch der Reichsregierung, Hartwig, der Sohn des gleichnamigen bayerischen Pfalzgrafen, der sich wie sein Vater als treuer Anhänger des Kaiserhauses erwies und nicht nur für seine Kirche sorgte, sondern auch seine Pflicht gegenüber dem Reich erfüllte[198]; in Passau wurde wahrscheinlich im gleichen Jahr Christian erhoben[199], dessen Herkunft und Werdegang zwar nicht bekannt sind, der aber — besonders wenn eine ansprechende Vermu-

---

[195] Vgl. dazu und zum folgenden ERKENS, ... more Grecorum 276–279 mit Anm. 34.
[196] Beide Bischöfe haben bezeichnenderweise 984 und 985 Urkunden Ottos III. erhalten: MGH.D O.III 1 (984 Oktober 7 [für Salzburg]). 21 (985 September 30 [für Passau]).
[197] Vgl. dazu ERKENS, ... more Grecorum (passim), sowie W. C. SCHNEIDER, Die Generatio Imperatoris in der Generatio Christi. Ein Motiv der Herrschaftstheologie Ottos III. in Trierer, Kölner und Echternacher Handschriften, in: FMSt 25 (1991) 226–258, bes. 230–232.
[198] Vgl. DOPSCH, Geschichte Salzburgs I/1, 211–213, und DERS., Der bayerische Adel 137–142.
[199] BOSHOF, Regesten der Bischöfe von Passau I 252.

tung[200] zutrifft und der neue Bischof wirklich aus Sachsen stammte, wo er vor seiner Erhebung Mitglied des Domkapitels von Hildesheim gewesen sein soll, — ebenfalls mit Rückhalt an der Reichsregierung in sein Amt berufen worden sein dürfte[201]. Über die Hintergründe der Wahl Gottschalks zum Nachfolger Abrahams von Freising ist hingegen überhaupt nichts auszumachen[202]; doch folgte dem notorischen Rebellen ein Prälat, der den Reichsdienst nicht versäumte und bei dem es daher überraschen würde, wenn nicht auch bei seinem Aufstieg der Königshof mitgewirkt hätte, zumal ein Jahr später in Regensburg die Einflußnahme auf die Bischofswahl sehr massiv gewesen ist: Damals verwarf Otto III. den Wunsch des verstorbenen Wolfgang wie auch den Willen des Domkapitels und vergab das Bistum nicht an den einstimmig gewählten Tagino, der wohl zugleich auch der Kandidat Herzog Heinrichs, des späteren Kaisers, gewesen ist, sondern verlieh es an den Hofkaplan Gebhard[203]. Deutlicher konnte der junge König seine Hoheit über die Regensburger (und damit auch über die bayerische) Kirche kaum mehr betonen. In Brixen stand erst ein Jahrzehnt später ein Wechsel auf dem Bischofsstuhl an, auf Albuin folgte hier 1005/06 Adalbero, der im Kloster Niederaltaich erzogen worden war; doch fließen auch am Beginn des 11. Jahrhunderts die Quellen über die Geschichte dieser Kirche noch immer so spärlich, daß Auskünfte über die Hintergründe dieser Entscheidung nicht gegeben werden können[204].

Bis zur Jahrtausendwende ist die Integration der Salzburger Kirchenprovinz in die ottonische Reichskirche längst abgeschlossen gewesen, und die bayerischen Bischöfe zählten nunmehr zu den loyalen Sachwaltern des Königtums. Daran sollte sich auch unter den Saliern bis zur Mitte des 11. Jahrhunderts nichts mehr ändern. Erst 1055 trat wieder ein bayerischer Bischof in Opposition zum König, Gebhard III. von Regensburg, der Oheim Kaiser Heinrichs III., doch geschah dies aus rein persönlichen Motiven[205], grundsätzliche Erwägungen gegen die Einbindung in die Reichskirche oder die Kirchenhoheit des Königs waren dabei nicht im Spiele. Die große Mehrheit des Episkopats hat vielmehr in gefährlichen Situationen immer treu an der Seite des Herrschers ausgeharrt[206], sie stellte für seine Herrschaft ein stabilisierendes Element dar[207].

---

[200] Vgl. G. ALTHOFF, Adels- und Königsfamilien im Spiegel ihrer Memorialüberlieferung. Studien zum Totengedenken der Billunger und Ottonen (= MMS 47) 1984, 324 (B 128).
[201] Zu seinem Wirken vgl. BOSHOF, Regesten der Bischöfe von Passau I 253–270.
[202] Vgl. dazu und zum folgenden MASS, Bistum Freising im Mittelalter 120–124.
[203] HOLTZMANN, Thietmari Merseburgensis V 43; vgl. dazu FLECKENSTEIN, Hofkapelle II 79f, 85f und 113f; JANNER, Bischöfe von Regensburg I 420–465, bes. 420–426; HAUSBERGER, Geschichte des Bistums Regensburg 66–69.
[204] Vgl. REDLICH, Geschichte der Bischöfe von Brixen 18f; SPARBER, Brixner Fürstbischöfe 42f; GELMI, Brixener Bischöfe 43; FINCKENSTEIN, Bischof und Reich 144.
[205] Vgl. E. BOSHOF, Das Reich in der Krise. Überlegungen zum Regierungsausgang Heinrichs III., in: HZ 228 (1979) 265–287, bes. 282.
[206] Vgl. ERKENS, Fürstliche Opposition 346–360.
[207] Vgl. dazu ERKENS, Fürstliche Opposition 361–369, bes. 363–365.

Diese Anbindung an das Königtum ist — mit Ausnahme von Brixen[208] — in allen bayerischen Bistümern manchmal dadurch verstärkt worden, daß Mitglieder der Hofkapelle die Leitung der Diözesen übernahmen: In Regensburg geschah dies schon 994/95 durch Gebhard I.[209], seine beiden Nachfolger, der Augsburger Kanoniker Gebhard II. (1023–1036) und der fränkische Grafensohn Gebhard III. (1036–1060) entstammten dann zwar nicht dieser Institution[210], aber Gebhard III. war ein Halbbruder Kaiser Konrads II. und hat als *frater imperatoris* das Band zum Hof besonders eng geknüpft[211]. In der Metropole Salzburg bestieg nach dem Tode Hartwigs mit Gunther (1023/24–1025) der Sohn des Markgrafen Ekkehards von Meißen und langjährige Kanzler Heinrichs II. die *cathedra*[212], während über eine Zugehörigkeit zur Hofkapelle für seine beiden Nachfolger Thietmar II. (1025–1041) und Baldwin (1041–1060), der vielleicht vom Niederrhein oder aus Flandern stammte, nichts bekannt ist[213]. In Freising folgte auf Bischof Gottschalk das Mitglied einer bayerischen Adelsfamilie, Egilbert (1005–1039), der drei Jahre lang Kanzler Heinrichs II. gewesen ist und in dessen Rat auch weiterhin seine gern beachtete Stimme erhob sowie zeitweilig, als der Sohn Konrads II., der spätere Kaiser Heinrich III., Herzog von Bayern war[214], Anteil an der Erziehung des jungen Saliers und der Regierung des Herzogtums gewann[215], während sein Nachfolger Nitker (1039–1052/53) nicht aus der Hofkapelle hervorgegangen ist, aber trotzdem das besondere Vertrauen Heinrichs III. besaß[216]. In Passau, wo im Jahre 1013 zum Nachfolger des Bischofs Christian der Domdekan Berengar gewählt worden war[217], bekleidete nach dessen Tode schließlich gleichfalls ein ehemaliges Mitglied der Hofkapelle die Bischofswürde: Egilbert

---

[208] Von keinem der Brixener Bischöfe aus der Zeit vor 1046 ist eine Mitgliedschaft in der Hofkapelle belegt (vgl. dazu die entsprechenden Einträge im Register von FLECKENSTEIN, Hofkapelle II); zu Adalberos Nachfolgern Heriward (1017–1022), Hartwig (1022–1039) und Poppo (1039–1048) vgl. REDLICH, Geschichte der Bischöfe von Brixen 19–30; SPARBER, Sabiona 43–47; GELMI, Brixener Bischöfe 43–47; FINCKENSTEIN, Bischof und Reich 144–146 und 264f.

[209] Vgl. Anm. 203 und FINCKENSTEIN, Bischof und Reich 260f.

[210] Zu diesen vgl. JANNER, Bischöfe von Regensburg I 466–524; HAUSBERGER, Geschichte des Bistums Regensburg I 69–73.

[211] Vgl. FLECKENSTEIN, Hofkapelle II 226, 229, und F. MÖGLE–HOFACKER, Bischof Gebhard III. von Regensburg (1036–1060), in: Ratisbona Sacra 113–116; zu Gebhards Bedeutung in der Reichspolitik vgl. BOSHOF, Die Salier 27, und DERS., Bischöfe 122–128, sowie A. SCHMID, »Auf glühendem Thron in der Hölle«. Gebhard III., Otloh von St. Emmeram und die Dionysiusfälschung, in: Ratisbona Sacra 119–121, bes. 119.

[212] Vgl. FLECKENSTEIN, Hofkapelle II 168f; DOPSCH, Geschichte Salzburgs I/1, 213; DERS., Der bayerische Adel 144, und FINCKENSTEIN, Bischof und Reich 258f.

[213] Vgl. DOPSCH, Geschichte Salzburgs I/1, 229f; DERS., Der bayerische Adel 144–146, und FLECKENSTEIN, Hofkapelle II 224, 289, 291 mit Anm. 391.

[214] Zur Wahl Heinrichs zum bayerischen Herzog vgl. BOSHOF, Die Salier 57, und die bei BOSHOF, Regesten der Bischöfe von Passau I *277, verzeichnete Literatur.

[215] Vgl. FLECKENSTEIN, Hofkapelle II 158f, 167, 174 mit Anm. 138, 179; MASS, Bistum Freising im Mittelalter 124–130, und FINCKENSTEIN, Bischof und Reich 262f.

[216] Vgl. MASS, Bistum Freising im Mittelalter 130–134, und FLECKENSTEIN, Hofkapelle II 289.

[217] BOSHOF, Regesten der Bischöfe von Passau I 271.

(1045–1065), der ebenso wie nach ihm Bischof Altmann (1065–1091)[218] ein Kaplan der Kaiserin Agnes gewesen ist[219].

Aber auch noch auf eine andere Weise wurden die Verbindungen zwischen der Hofkapelle und Bayern verstärkt, denn die Zunahme des bayerischen Elementes am Königshof, die sich unter Heinrich II. feststellen läßt, ist auch dadurch gefördert worden, daß manche Kapelläne Pfründen an bayerischen Kirchen, besonders in den Domkapiteln von Regensburg und Salzburg, erhielten[220]. Und schließlich wurde die Verflechtung zwischen Bayern und den übrigen Regionen des Reiches auch noch in anderer Hinsicht ausgestaltet: durch die Übertragung von außerbayerischen Bistümern an Geistliche aus bayerischen Kirchen. So erhielt Tagino, der 994 in Regensburg als Nachfolger Wolfgangs gescheitert, inzwischen aber zum Leiter der Alten Kapelle aufgestiegen war, im Januar 1004 das Magdeburger Erzstift, wurde der in Regensburg ausgebildete Babenberger Poppo 1016 Erzbischof von Trier, wechselten die in Salzburg erzogenen Aribonen Pilgrim und Aribo 1021 an den Rhein und bestiegen hier die Bischofsstühle von Köln und Trier[221] und wurde der Abt Godehard von Niederaltaich 1022 als Nachfolger Bernwards nach Hildesheim berufen, wobei er allerdings im Gegensatz zu den genannten Bischöfen die Hofkapelle zuvor nicht durchlaufen hatte[222].

### c) Die bayerische Kirche als Teil der Reichskirche

Die Integration der Salzburger Kirchenprovinz in die Reichskirche und die Orientierung des bayerischen Episkopats hin auf das Königtum brachten Pflichten und Nutzen für die Kirchen — Pflichten durch eine verstärkte Indienstnahme für Kaiser und Reich, Nutzen, weil der Herrscher die geistlichen Institutionen in seinen besonderen Schutz nahm und ihnen seine Gunst gewährte. Diese spiegelt sich vor allem in zahlreichen Privilegien wider, die die bayerischen Kirchen unter den Ottonen und frühen Saliern zu erlangen wußten[223]. Besitz-, Immunitäts- und Hoheitsrechte gingen auf

---

[218] Ebd. 346.
[219] Ebd. 321; vgl. dazu FLECKENSTEIN, Hofkapelle II 255, 265, und FINCKENSTEIN, Bischof und Reich 266f.
[220] Vgl. FLECKENSTEIN, Hofkapelle II 201–203, und zum folgenden allg. auch FINCKENSTEIN, Bischof und Reich 47.
[221] Vgl. ebd. 178–180.
[222] Vgl. ebd. 212 und 221 sowie BOSHOF, Regesten der Bischöfe von Passau I 245.
[223] Vgl. dazu für Brixen MGH.D O.II 14. 163. 178. 205, H.II 31. 67. 228. 424, K.II 103. 106. 115, H.III 22. 23. 24. 209. 367; für Freising D H.I 28, O.I 30, O.II 47 = 66. 80, O.III 58. 109. 170. 197. 232, H.II 32. 55. 56. 136. 137, K.II 3. 29. 136. 170. 195. 196. 211, H.III 11. 30. 79; für Passau D O.I 423, O.II 27. 59. 111a/b. 135. 136a/b. 138. 167a/b, O.III 21. 112. 115. 306, H.II 133. 317, K.II 47, H.III 237. 300. 361. 376; für Regensburg bzw. St. Emmeram D O.I 29. 126. 203. 219, O.II 204. 230. 247. 293. 294. 295. 296, H.II 441. 442. 443, K.II 106, und für Salzburg D O.I 32. 68. 170. 171. (202.) 380. 389, O.II 134. 165. 275, O.III 1. 208, H.II 33. 59. 122. 123. 316. 423, K.II 104. 105. 108. 149. 229, H.III 149. 213. 231. 246. 260. 332. 335. 373. 374. Zu dieser an sich schon stattlichen Liste müssen aber auch noch die Urkunden gezählt werden, die für bayerische Klöster (vgl. dazu Anm. 364) und Stifte (vgl. dazu die entsprechenden Lemmata in den Registern der Diplomata-Ausgaben von Otto I. bis zu Heinrich III.) ausgestellt worden sind. — Zu dem Begriff »Reichskirche«, aber auch zu dem in die Diskussion geratenen (hier nicht verwendeten) Begriff »Reichskirchensystem« vgl. BOSHOF, Königtum 95f (und die hier verzeichnete Literatur).

diese Weise in die Hände der Geistlichen über und bildeten für die Bischöfe schließlich eine wichtige Basis für den Ausbau von weltlichen Herrschaftspositionen in den Kathedralstädten und auf dem platten Lande. Wahrung und Vermehrung der Kirchengüter dürfte ohnehin grundsätzlich zum politischen Programm der einzelnen Bischofsherrschaften gezählt haben, wenn dies auch immer nur punktuell, meist durch Einblicke, die Traditionsbücher gewähren[224], und in der Regel nur für einen kurzen Zeitraum mit wünschenswerter Klarheit deutlich wird. Die Pontifikate Albuins von Brixen[225] und Berengars von Passau[226] können dafür ebenso als Paradigma dienen wie das Wirken Odalberts von Salzburg[227], wobei die Salzburger Entwicklung in ihrer Gesamtheit ohnehin verhältnismäßig gut erkennbar ist: Vermehrung und Arrondierung von Besitz sowie ein allmählich einsetzender Landesausbau haben hier wesentliche Grundlagen für spätere Zeiten geschaffen[228].

Die Geschichte der Salzburger Kirchenprovinz ist vom Beginn des 10. bis zur Mitte des 11. Jahrhunderts in starkem Maße eine Geschichte der Eingliederung der bayerischen Kirche in die Reichskirche und der Anbindung ihrer Prälaten an das Königtum gewesen; das Papsttum spielte dabei nur eine untergeordnete Rolle. Dies zeigt sich allein schon an der geringen Zahl von (echten) päpstlichen Privilegien, die zwischen 900 und 1050 für die bayerischen Bistümer ausgestellt worden sind[229]. Natürlich genoß die päpstliche Autorität auch bei den bayerischen Prälaten vor allem in kirchenrechtlichen Fragen ein hohes Ansehen, suchte Friedrich von Salzburg doch vor dem apostolischen Stuhl Unterstützung gegen seinen blinden Vorgänger Herold[230], erwarb einer seiner Nachfolger vielleicht noch am Ende des 10., mit Sicherheit jedoch im ersten Drittel des 11. Jahrhunderts das apostolische Vikariat, die Würde eines päpstlichen Legaten, die zunächst ad personam verliehen worden ist, schließlich jedoch dauerhaft mit dem Salzburger Erzstuhl verbunden werden konn-

---

[224] Zu den Traditionsbüchern vgl. die Ausführungen von E. BOSHOF in diesem Band des HBKG 110–112.
[225] Vgl. SPARBER, Sabiona 111–113, sowie REDLICH, Traditionsbücher Nr. 6–63.
[226] BOSHOF, Regesten der Bischöfe von Passau I 286. 288. 289. 290. 300. 303. 304. 305. 311. 312. 315; vgl. auch ebd. 291. 292. 298. 301. 306–310. 313. 314. 316.
[227] Vgl. Anm. 106–107. Die Salzburger Verhältnisse sind deshalb am besten dokumentiert, weil nicht nur für Odalbert, sondern auch für die Erzbischöfe Friedrich, Hartwig, Thietmar II. und Baldwin Traditionscodices angelegt worden sind: Vgl. HAUTHALER, Salzburger Urkundenbuch I 63–165, 168–187, 189–209, 211–228 und 230–246.
[228] Vgl. dazu DOPSCH, Geschichte Salzburgs I/1, 197–230, zum Landesausbau bes. 222–224, und SPARBER, Sabiona 113, aber auch ROGGER, I principati 186–191, für die Verhältnisse im Brixener Raum; BOSHOF, Bischöfe 120–122, für die Zeit der Passauer Bischöfe Berengar und Egilbert. Die Dokumentation solcher Vorgänge ist in den einzelnen Bistümern unterschiedlich, die Auskünfte, die etwa die Traditionsbücher geben, variieren in ihrer Dichte. Vgl. dazu neben Anm. 225–227 auch BITTERAUF, Traditionen Freising Nr. 1039–1457; WIDEMANN, Traditionen Regensburg Nr. 192–197, und HEUWIESER, Traditionen Passau Nr. 91–119.
[229] Vgl. dazu BRACKMANN, Provincia Salisburgensis 13–17 (Salzburg), 142 (Säben-Brixen), 163–166 (Passau), 269–270 (Regensburg) und 332 (Freising), sowie BRACKMANN, Die Kurie und die Salzburger Kirchenprovinz 5–8 und 93–114.
[230] Vgl. Anm. 161.

te[231], und versuchte Pilgrim von Passau gefälschte Papstbriefe einzusetzen, um seine hochfliegenden, auf die Metropolitenwürde zielenden Pläne durchzusetzen[232]; aber tatsächlicher Dreh- und Angelpunkt ihres Wirkens als Reichsbischöfe wie ihrer politischen Vorstellungswelt war für die bayerischen Geistlichen das Königtum, das unter den Ottonen und frühen Saliern in besonderer Weise sakral legitimiert erscheint.

Der bayerische Episkopat war aber nicht nur auf den Herrscher und seinen Hof hin orientiert, wobei einzelne seiner Mitglieder manchmal sogar der Hofkapelle selbst entstammten, und er stellte auch keineswegs das alleinige Bindeglied zwischen dem Reich und der bayerischen Kirche dar, vielmehr war diese noch auf eine andere Art und Weise mit dem Reich vielfältig verflochten, nämlich als eine Art Pflanzstätte von Geistlichen, die ihren Wirkungskreis außerhalb Bayerns gefunden haben. In der Reihe dieser Persönlichkeiten steht schließlich auch Poppo von Brixen (1039–1048)[233], der in entscheidender Stunde als Damasus II. auf die *cathedra Petri* berufen worden ist[234]. Als Nachfolger des hl. Petrus blieb ihm nach der Konsekration zwar nur eine Frist von nicht einmal einem Monat (1048 Juli 17 – August 9), weswegen er seinen Namen auch nur flüchtig in die Annalen des Papsttums eintragen konnte und sich der entscheidende Durchbruch der Kirchenreform in Rom unter seinem lothringischen Nachfolger Leo IX. vollziehen mußte, aber es spricht doch für den Bischof von Brixen und seine Einstellung zur Kirchenreform, wenn er nach dem überraschenden Tode des ersten Reformpapstes, des Bischofs Suidger von Bamberg, der sich Clemens II. nannte, des in schwieriger Situation freigewordenen Amtes an der Spitze der abendländischen Kirche für würdig befunden worden ist.

## § 12. DAS BISTUM AUGSBURG ALS TEIL DER OTTONISCH-SALISCHEN REICHSKIRCHE

Die Geschichte des Augsburger Bistums im frühen 10. Jahrhundert läßt sich in manchen Zügen mit der der Salzburger Kirchenprovinz vergleichen. Natürlich stellt für sie die Schlacht von Preßburg keinen besonderen Einschnitt dar, aber nach der Vernichtung des bayerischen Heerbannes litt auch Schwaben seit 909 unter der Ungarnnot[235]; vor allem nahm aber auch hier ein Herzogtum Gestalt an, dessen Entstehung von Konrad I. ebenso entschieden und vergeblich bekämpft worden ist wie die Herr-

---

[231] Vgl. ZIMMERMANN, Papsturkunden 566 (1026 Juni 5), und dazu DOPSCH, Geschichte Salzburgs I/1, 215 mit Anm. 446 und 229; DERS., Legatenwürde und Primat der Erzbischöfe von Salzburg, in: Institutionen, Kultur und Gesellschaft im Mittelalter. Festschrift für J. Fleckenstein zum 65. Geburtstag, hg. v. L. FENSKE, 1984, 265–284, bes. 266–268, sowie BRACKMANN, Die Kurie und die Salzburger Kirchenprovinz 96–97.

[232] Zu den Plänen Pilgrims vgl. unten Anm. 310.

[233] Zu diesem vgl. SPARBER, Brixner Fürstbischöfe 45–47, und GELMI, Brixener Bischöfe 47.

[234] Vgl. dazu und zum folgenden BOSHOF, Die Salier 133f; TELLENBACH, Die westliche Kirche 120–124, sowie allgemein: GOEZ, Papa qui et episcopus 27–59, und H. BEUMANN, Reformpäpste als Reichsbischöfe in der Zeit Heinrichs III. Ein Beitrag zur Geschichte des ottonisch-salischen Reichskirchensystems, in: Geschichte und ihre Quellen. Festschrift für F. Hausmann zum 70. Geburtstag, hg. v. R. HÄRTEL, 1987, 21–37.

[235] Vgl. ZOEPFL, Bistum Augsburg und seine Bischöfe im Mittelalter 58f.

schaftsbildung des Liutpoldingers Arnulf[236]. Und die schwäbischen Bischöfe, die den Konradiner in diesem Ringen unterstützt haben, mußten sich schließlich ebenso mit einer herzoglichen Zwischengewalt arrangieren wie ihre bayerischen Amtsbrüder, nachdem Heinrich I. den Hunfridinger Burchard 919 als *dux* anerkannt und von diesem die vasallitische Huldigung entgegengenommen hatte. Ob dem Herzog bei dieser Gelegenheit auch die Kirchenhoheit überlassen werden mußte, ist nicht völlig klar zu erkennen[237]; jedoch gibt es keinen Zweifel an dem Bemühen Burchards und seiner Nachfolger, Einfluß auf die alemannischen Bistümer und ihre Besetzung zu gewinnen[238]. Gerade das Beispiel Augsburgs zeigt dies sehr deutlich.

Hier war auf den im Jahre 909 verstorbenen Bischof Adalpero, der enge Beziehungen zu Arnulf von Kärnten unterhalten hatte und während der Minderjährigkeit Ludwigs des Kindes Mitglied im Regentschaftsrat gewesen war[239], Hiltine gefolgt, aus dessen Pontifikat kaum etwas bekannt ist[240], von dem aber wohl zu Recht vermutet werden darf, daß er Konrad I. im Kampf gegen die entstehende Herzogsherrschaft unterstützt und im Jahre 916 an der Synode von Hohenaltheim[241] teilgenommen hat[242]. Nach Hiltines Tod jedoch mußte die im Jahre 923 anstehende Neuwahl offenbaren, welche Kräfte bei der Besetzung des Bischofsstuhles tatsächlich wirksam werden konnten und ob der König noch Einflußmöglichkeiten besaß.

Gerhard, der als Biograph Bischof Udalrichs über die Vorgänge mehr als ein halbes Jahrhundert später schreibt, weiß zu berichten[243], Herzog Burchard habe dem König seinen Verwandten Udalrich als Nachfolger Hiltines präsentiert und Heinrich sei diesem Vorschlag gefolgt, nachdem er sich von den körperlichen und geistigen Vorzügen des Kandidaten persönlich hätte überzeugen können. Diese Darstellung ist nicht ohne Kritik geblieben[244], vor allem die Mitwirkung des Königs ist als eine späte Zutat verstanden worden, als Versuch des Vitenschreibers, die zu seiner Zeit gültigen Regeln bei einer Bischofspromotion auf die Frühzeit der liudolfingischen Herrschaft zu übertragen.

---

[236] GOETZ, Stammesherzogtum 16f; STINGL, Stammesherzogtümer 162–168.
[237] LINTZEL, Heinrich I. 74f; H. BÜTTNER, Heinrichs I. Südwest- und Westpolitik (= VoF Sonderbd. 2) 1964, 9f; ALTHOFF–KELLER 67; BRÜHL, Deutschland-Frankreich 424f, neigen zu der Ansicht, daß Burchard die Kirchenhoheit überlassen worden sei. GOETZ, Stammesherzogtum 374, und MAURER, Herzog von Schwaben 153–159, hingegen urteilen wesentlich zurückhaltender, während FINCKENSTEIN, Ulrich 269, zu dem Ergebnis gelangt: »Also nicht ein Verfügungsrecht über die Bischofssitze erhielt Burchard II. 919 von Heinrich I., ..., sondern es kann sich nur um die zeitübliche Wahrnehmung von Interessen durch den dux Alamannorum gehandelt haben«.
[238] Vgl. dazu bes. MAURER, Herzog von Schwaben 153–159.
[239] Vgl. VOLKERT, Regesten Augsburg I 52–95; ZOEPFL, Bistum Augsburg und seine Bischöfe im Mittelalter 55–59.
[240] Vgl. VOLKERT, Regesten Augsburg I 96–101; ZOEPFL, Bistum Augsburg und seine Bischöfe im Mittelalter 59f.
[241] Zu dieser vgl. Anm. 61 und 62.
[242] VOLKERT, Regesten Augsburg I 99.
[243] Vita s. Oudalrici ep. Aug. auct. Gerhardo cap. 1, MGH.SS IV (1841) 387, ed. BERSCHIN–HÄSE, Vita Sancti Uodalrici 96.98; vgl. VOLKERT, Regesten Augsburg I 104, sowie ZOEPFL, Bistum Augsburg und seine Bischöfe im Mittelalter 62–64, und WEITLAUFF, Der heilige Bischof Udalrich 13, 18f. Zur Verwandtschaft Udalrichs siehe auch ALTHOFF, Amicitiae und Pacta 295f.
[244] Vgl. LINTZEL, Heinrich I. 75.

§ 12. Das Bistum Augsburg als Teil der Reichskirche (F.-R. Erkens) 165

Natürlich ist eine solche Geschichtsklitterung vorstellbar, aber sie ist ebensowenig beweisbar wie die Authentizität der Darstellung. Ein Mitwirken König Heinrichs an der Erhebung Udalrichs auf den Augsburger Bischofsstuhl ist daher keinesfalls auszuschließen und besitzt eher sogar eine gewisse Wahrscheinlichkeit[245], da sich die uneingeschränkte Kirchenhoheit des schwäbischen Herzogs durch keine andere Quelle sicher belegen läßt[246] und der König schon drei Jahre später wieder frei über das Herzogtum verfügen konnte[247]. Allerdings ist auch unübersehbar, wie sehr Burchard in dem Zusammenspiel von Augsburger Kirche, liudolfingischem Königtum und hunfridingischer Herzogsgewalt die treibende Kraft bildete und seinen Verwandten als neuen Bischof durchsetzte. In welchem Maße er an Udalrich dann tatsächlich einen Rückhalt gewonnen hat, ist jedoch unbekannt, da erst aus dem Jahre 932 wieder Nachrichten über den Bischof vorliegen, aus einer Epoche mithin, in der der König seine Autorität über das schwäbische Herzogtum schon wieder gefestigt hatte und, das zeigt vor allem Udalrichs Wirken unter Otto dem Großen, voller Vertrauen auf den Augsburger Oberhirten bauen konnte[248].

An Udalrichs Königstreue und Verantwortungsbewußtsein gegenüber dem Reich ist nicht zu zweifeln; er stellte sie sowohl 953/54 während des Liudolf-Aufstandes[249] als auch 955 bei der Abwehr der Ungarn und der Schlacht auf dem Lechfeld[250] unter Beweis. Fünfzehnmal, so ist gezählt worden[251], läßt sich der Bischof in der Umgebung des Königs nachweisen; doch ist Vorsicht geboten, allein aus dieser hohen Zahl eine besondere Königsnähe erschließen zu wollen — denn: Angesichts der fast fünfzigjährigen Regierungszeit liegen zwischen den einzelnen nachweisbaren Besuchen am Hof statistisch gesehen immer mehr als drei Jahre, und außerdem wurden sie zum Teil durch Synoden[252] und allgemeine Hoftage[253] veranlaßt. Mag Udalrich, wenn sei-

---

245 Vgl. dazu FINCKENSTEIN, Ulrich, passim, dessen Argumentation allerdings nicht zwingend ist.
246 Vgl. GOETZ, Stammesherzogtum 374, und MAURER, Herzog von Schwaben 153–158.
247 Vgl. BRÜHL, Deutschland-Frankreich 447–449.
248 Vgl. dazu und zum folgenden VOLKERT, Regesten Augsburg I 106–159; ZOEPFL, Bistum Augsburg und seine Bischöfe im Mittelalter 64–73; DERS., Udalrich, Bischof von Augsburg, in: Lebensbilder aus dem Bayerischen Schwaben 1 (1952) 30–56; DERS., Der heilige Ulrich, Bischof von Augsburg (890 – 4. Juli 973), in: Bavaria sancta 1, hg. v. G. SCHWAIGER, 1970, 199–211; L. SPRANDEL–KRAFFT, Eigenkirchenwesen, Königsdienst und Liturgie bei Bischof Ulrich von Augsburg, in: ZHVS 67 (1973) 9–38; WEITLAUFF, Der heilige Bischof Udalrich 19–47; F. PRINZ, Gestalten und Wege bayerischer Geschichte, 1982, 35–48; M. WEITLAUFF (Hg.), Bischof Ulrich von Augsburg, 890–973. Seine Zeit — sein Leben — seine Verehrung. Festschrift aus Anlaß des tausendjährigen Jubiläums seiner Kanonisation im Jahre 993 (= JVABG 26/27) 1993, darin bes. 69–142: M. WEITLAUFF, Bischof Ulrich von Augsburg (923–973). Leben und Wirken eines Reichsbischofs der ottonischen Zeit; GOEZ, Gestalten des Hochmittelalters 25–40, der über die Erhebung Udalrichs erklärt (29): »Es war König Heinrich I., der Ulrich zu Hiltines Nachfolger machte«.
249 Vgl. VOLKERT, Regesten Augsburg I 119. 120. 121; ZOEPFL, Bistum Augsburg und seine Bischöfe im Mittelalter 65f; WEITLAUFF, Der heilige Bischof Udalrich 37f.
250 Vgl. VOLKERT, Regesten Augsburg I 955; ZOEPFL, Bistum Augsburg und seine Bischöfe im Mittelalter 66–68; WEITLAUFF, Der heilige Bischof Udalrich 38–40.
251 Vgl. WEITLAUFF, Der heilige Bischof Udalrich 35f; FINCKENSTEIN, Ulrich 264.
252 VOLKERT, Regesten Augsburg I 106 (932 Juni 1, Erfurt). 116 (948 Juni 7, Ingelheim). 118 (952 August 7, Augsburg, [gleichzeitig Hoftag]). 150 (972 September, Ingelheim); zu den Synoden vgl. WOLTER, Synoden 30–34 (Erfurt 932), 45–52 (Ingelheim 948), 58–61 (Augsburg 952) und 107–111 (Ingelheim 972).

ne gesamte Regierungszeit betrachtet wird, auch nicht allzu häufig am Königshof erschienen sein, so ist sein gutes Verhältnis zu Otto I. doch unbestritten, und sein Biograph hebt dies zu Recht hervor, wenn er feststellt, der Bischof habe dem König in zuverlässiger Treue niemals die Hilfe versagt[254].

Die Dankbarkeit des Herrschers gegenüber dem Bischof war daher sehr groß, und Otto hatte deshalb auch nichts dagegen einzuwenden, als Udalrich begann, seine Nachfolge selbst zu regeln, und dabei Adalbero, den Sohn seiner Schwester, favorisierte[255]. Mit Zustimmung des Königs hat der greise Prälat seinem Neffen zunächst den Reichsdienst[256] und dann — im Jahre 971 — auch die weltliche Verwaltung des Bistums[257] übertragen. Als aber Adalbero, verführt durch die kaiserliche Zusage, die Nachfolge in Augsburg antreten zu dürfen, noch zu Lebzeiten Udalrichs den Bischofsstab als Zeichen der geistlichen Würde übernahm, mußte er sich dafür im September 972 zusammen mit dem gebrechlich gewordenen Oheim vor einer in Ingelheim tagenden Synode rechtfertigen; die versammelten Prälaten lehnten dabei den sehnlichen Wunsch Udalrichs ab, der Welt entsagen und sich in ein Kloster zurückziehen zu dürfen: Der Greis mußte sein bischöfliches Amt weiter versehen, während sein Neffe zumindest die Anwartschaft auf die Nachfolge erhielt und vom Kaiser zum Stellvertreter im Bistum bestimmt wurde[258]. Doch sollte Adalbero das Bistum nie erhalten, denn er starb im Jahre 973 noch vor dem Oheim[259]; und auch ein weiterer Versuch Udalrichs, die Nachfolge zu regeln, scheiterte. Der von ihm und einem Großteil der Domgeistlichkeit als Nachfolger gewünschte Abt Werinhar von Fulda — ebenfalls ein Verwandter, und zwar ein Vetter Udalrichs — kam nicht zum Zuge[260] — wohl kaum weil er den Widerspruch Ottos II. erregte, denn dieser trug ihm bei der nächsten Wahl, die 982 nötig wurde, selbst (allerdings vergeblich) die Bischofswürde an[261], sondern eher wegen der Machinationen des schwäbischen Herzogs, der Einfluß auf die Bischofserhebung zu gewinnen wußte. Udalrich selbst, dessen Wirken annähernd ein halbes Jahrhundert umspannte und prägend für die Augsburger Kirchengeschichte war, ist schon bald nach seinem Tode am 4. Juli 973 als Heiliger verehrt und im Februar 993 auf einer Lateransynode kanonisiert worden[262].

Wie schon 923 bei der Wahl Udalrichs, so machte der schwäbische Herzog, es ist nun Burchard II., auch bei dessen Nachfolge seinen Einfluß geltend und weiß einen

---

[253] VOLKERT, Regesten Augsburg I 188 (952 August 7, Augsburg [gleichzeitig Synode]). 132 (960 Dezember 24, Regensburg). Vielleicht war Udalrich auch auf dem Hoftag von Arnstadt am 17. Dezember 954 anwesend: Vgl. dazu WEITLAUFF, Der heilige Bischof Udalrich 36 mit Anm. 150.
[254] Vita s. Oudalrici ep. Aug. auct. Gerhardo cap. 10, MGH.SS IV (1841) 399: ... *Oudalricus, cuius fidelitatis firma stabilitas numquam ab adiutorio regis separata est*, ... Vgl. auch die Edition BERSCHIN – HÄSE, Vita Sancti Uodalrici 176.
[255] Vgl. dazu und zum folgenden ZOEPFL, Bistum Augsburg und seine Bischöfe im Mittelalter 68, 73 sowie WEITLAUFF, Der heilige Bischof Udalrich 42–46.
[256] VOLKERT, Regesten Augsburg I 133 (962–971).
[257] Ebd. 147 (971 April oder Dezember).
[258] Ebd. 150; vgl. dazu WOLTER, Synoden 109–111.
[259] VOLKERT, Regesten Augsburg I 153 (973, kurz nach März 22).
[260] Ebd. 157. Zu Werinhar vgl. SANDMANN, Folge der Äbte 178–204, bes. 192 Nr. 15.
[261] VOLKERT, Regesten Augsburg I 174.
[262] Ebd. 159. 187.

Verwandten seiner Frau, Heinrich, den Enkel des bayerischen Herzogs Arnulf und Vetter Heinrich des Zänkers, durchzusetzen[263]. Viel ist aus dessen Amtszeit nicht bekannt[264], am bedeutungsschwersten war sicherlich die Opposition gegen Otto II., den der Bischof zwar noch 976 gegen Heinrich den Zänker unterstützte[265], schließlich aber 977 zusammen mit dem abgesetzten Bayernherzog und Heinrich von Kärnten bekämpfte[266]. Über die Motive für diesen Aufstand der drei Heinriche lassen sich nur noch Vermutungen anstellen, doch spielten liutpoldingische Verbindungen dabei zweifellos eine Rolle, denn auch der Herzog von Kärnten war ein Mitglied dieser bayerischen Familie[267]. Doch kehrte Heinrich von Augsburg nach der Niederwerfung des Aufstandes, einer kurzen Haft in Werden an der Ruhr und der Begnadigung durch den Kaiser[268] wieder an die Seite Ottos II. zurück, unternahm danach eine Wallfahrt *pro remissione delictorum suorum*[269] nach Rom[270] und führte schließlich dem in Italien weilenden Herrscher das Aufgebot seiner Kirche zu[271]. Hier, im Dienst für den Kaiser, fand er im Sommer des Jahres 982 in der Schlacht am *capo Colonne* den Tod[272].

Über seine Nachfolger Eticho (982–988), Liutold (988–996), Gebehard (996–1000) und Siegfried (1000–1006) ist insgesamt nur wenig bekannt[273]; sie alle dürften jedoch, wie namentlich für Liutold und Siegfried bezeugt, gute Beziehungen zum Hof unterhalten und zumeist wohl sogar ihre Erhebung dem Herrscher verdankt haben. Vielleicht ist Siegfried, der 1002 den Anspruch Heinrichs II. auf die Nachfolge Ottos III. rückhaltlos unterstützte[274] und möglicherweise schon mit Hilfe des bayerischen Herzogs auf den Bischofsstuhl gelangte[275], der erste Augsburger Bischof gewesen, der aus der Kapelle hervorgegangen ist[276]; spätestens jedoch erfolgte die besondere Anbindung der Augsburger Kirche an den Hof durch die Ernennung von Kapellänen zu Bischöfen, eine Entwicklung immerhin, die sich zur selben Zeit ja auch in

---

[263] Ebd. 160. 162; vgl. dazu und zum folgenden ZOEPFL, Bistum Augsburg und seine Bischöfe im Mittelalter 77–79.
[264] Vgl. VOLKERT, Regesten Augsburg I 163–174.
[265] Ebd. 164; vgl. ZOEPFL, Bistum Augsburg und seine Bischöfe im Mittelalter 78.
[266] VOLKERT, Regesten Augsburg I 166.
[267] Vgl. ERKENS, Fürstliche Opposition 342–344.
[268] VOLKERT, Regesten Augsburg I 167.168.
[269] Vita s. Oudalrici ep. Aug. auct. Gerhardo cap. 28, MGH.SS IV (1841) 418, ed. BERSCHIN – HÄSE, vita Sancti Vodalvici 320.
[270] VOLKERT, Regesten Augsburg I 171.
[271] Ebd. 172.
[272] Ebd. 173.
[273] Vgl. ebd. 175–178 (Eticho). 179–199 (Liutold). 200–206 (Gebehard). 208–216 (Siegfried) und ZOEPFL, Bistum Augsburg und seine Bischöfe im Mittelalter 79–82, sowie W. VOLKERT, Liutold, Bischof von Augsburg, in: Lebensbilder aus dem Bayerischen Schwaben 5 (1956) 1–15.
[274] VOLKERT, Regesten Augsburg I 213.
[275] Diese Vermutung äußert S. HIRSCH, Jahrbücher des Deutschen Reichs unter Heinrich II., Bd. 1 (= JDG 11/1) 1862, 195 Anm. 2; vgl. dazu VOLKERT, Regesten Augsburg I 208 (Komm.).
[276] Vgl. ZOEPFL, Bistum Augsburg und seine Bischöfe im Mittelalter 82; FLECKENSTEIN, Hofkapelle II 115; FINCKENSTEIN, Bischof und Reich 228f (auch zum folgenden); kritisch dazu jedoch VOLKERT, Regesten Augsburg I 208 (Komm.).

der Salzburger Kirchenprovinz abzuzeichnen beginnt, unter Bruno (1006–1029)[277], dem Bruder und zeitweiligen Kanzler Heinrichs II., dem der Kapellan Eberhard (1029–1047)[278] und der italische Kanzler Heinrich (II., 1047–1063)[279] nachfolgen sollten.

Durch diese Verflechtung ist das Augsburger Bistum ebenso wie die Salzburger Kirchenprovinz in eine engere Beziehung zum Königtum getreten. Besonders intensiv gestaltete sich dieses Verhältnis unter Bruno[280], dem Bruder Kaiser Heinrichs II.; zwar hatte sich Bruno 1003 (noch vor seiner Erhebung zum Bischof) dem um Ansprüche auf das freigewordene Herzogtum Bayern entflammten Aufstand des Grafen Heinrich von der Nordmark angeschlossen[281] und stand auch als Bischof zuweilen noch auf gespanntem Fuße mit seinem Bruder (so soll er von diesem 1024 in die Verbannung geschickt worden sein[282]), aber insgesamt hat er seine Verpflichtungen gegenüber dem Königtum erfüllt[283] und besaß schließlich unter Konrad II. eine einflußreiche Stimme im königlichen Rat[284]. Der Salier schätzte ihn sehr, beteiligte ihn an der Erziehung des Thronfolgers und übertrug ihm damit während seines Romzuges im Jahre 1026/27 zugleich die Stellvertretung im Reich nördlich der Alpen[285].

Obwohl derart enge Beziehungen zwischen dem Königshof und der Augsburger Kirche bestanden haben, ist aus dem 10. und der ersten Hälfte des 11. Jahrhunderts nur ein Herrscherdiplom für das Bistum erhalten, die Bestätigung des Gutes Schierstein bei Wiesbaden[286], das einst durch Otto III. übertragen worden war[287]. Unabhängig davon besaßen die Bischöfe aber auch das Münzrecht, das Udalrich vielleicht

---

[277] Ebd. 217f; vgl. ZOEPFL, Bistum Augsburg und seine Bischöfe im Mittelalter 82–84; FLECKENSTEIN, Hofkapelle II 167 und 211.
[278] VOLKERT, Regesten Augsburg I 264; vgl. ZOEPFL, Bistum Augsburg und seine Bischöfe im Mittelalter 89; FLECKENSTEIN, Hofkapelle II 225 und 228. Zu den wenigen bekannten Handlungen aus seinem Pontifikat vgl. VOLKERT, Regesten Augsburg I 266–275, sowie ZOEPFL, Bistum Augsburg und seine Bischöfe im Mittelalter 89f.
[279] VOLKERT, Regesten Augsburg I 276; vgl. ZOEPFL, Bistum Augsburg und seine Bischöfe im Mittelalter 91; FLECKENSTEIN, Hofkapelle II 251f mit Anm. 121, 290.
[280] Zu diesem vgl. VOLKERT, Regesten Augsburg I 217–263, sowie ZOEPFL, Bistum Augsburg und seine Bischöfe im Mittelalter 82–89; DERS., Bruno, Bischof von Augsburg (um 975–1029), in: Lebensbilder aus dem Bayerischen Schwaben 2 (1953) 47–59, und T. ZOTZ, Brun, Bischof von Augsburg, in: LdMa 2 (1983) 753 (und die hier verzeichnete Literatur).
[281] VOLKERT, Regesten Augsburg I 217d; vgl. ERKENS, Fürstliche Opposition 347f.
[282] VOLKERT, Regesten Augsburg I 237; vgl. ERKENS, Fürstliche Opposition 353 mit Anm. 204. Über die Gründe für diese Maßnahme ist nichts bekannt. Vermutet werden darf, daß ein Gegensatz wegen der Gründung des Bistums Bamberg (vgl. VOLKERT, Regesten Augsburg I 241) und wegen der eigenwilligen Politik des Mainzer Metropoliten Aribo (zu diesem vgl. A. GERLICH, in: LdMa 1 [1980] 927) bestand.
[283] Vgl. für die Zeit Heinrichs II.: VOLKERT, Regesten Augsburg I 219. 220. 221. 222. 223. 226. 227. 228. 229. 230. 231. 234; für die Zeit Konrads II.: ebd. 239. 240. 242. 243. 244. 245. 247. 249. 250. 251. 252. 256. 258. 259. 260.
[284] Vgl. FLECKENSTEIN, Hofkapelle II 174 Anm. 138.
[285] VOLKERT, Regesten Augsburg I 245.
[286] MGH.D H.III 37 (1040 März 2); vgl. VOLKERT, Regesten Augsburg I 272.
[287] Ebd. 184.

nach der Lechfeldschlacht von Otto dem Großen erhalten hat[288]. Papsturkunden hingegen scheint man in Augsburg in dem genannten Zeitraum überhaupt keine erbeten zu haben[289].

Wie in der Salzburger Kirchenprovinz, so spielte also auch im Bistum Augsburg der Papst im Zeitalter der Ottonen und frühen Salier keine besondere Rolle. Verständlicherweise, wenn auch nach den Vorstellungen der Zeit nicht gerade notwendigerweise, wandte man sich bei der Kanonisation des hl. Udalrich an ihn[290], aber in jurisdiktionellen Fragen war man eher auf Eigenständigkeit bedacht. Bischof Bruno hat daher auch 1023 auf der Synode von Seligenstadt seinen Metropoliten Aribo in der Verteidigung der Episkopalrechte unterstützt und an jenem Beschluß mitgewirkt, der es untersagte, ohne Erlaubnis des Bischofs oder seines Stellvertreters an den Papst zu appellieren[291]. Der grundsätzliche Respekt, den man dem Nachfolger Petri zollte, war davon jedoch kaum betroffen; die Reisen Udalrichs nach Rom[292] und die Sühnewallfahrt Heinrichs I. zu den Apostelgräbern[293] zeugen vielmehr von einer prinzipiellen Verbundenheit mit der römischen Kirche und der Achtung vor ihrer apostolischen Tradition. Trotzdem bildete im 10. wie im frühen 11. Jahrhundert ähnlich wie für den bayerischen Episkopat auch für die Bischöfe von Augsburg das Königtum den entscheidenen Bezugspunkt ihres Wirkens.

## § 13. INSTITUTIONEN UND STRUKTUREN

### a) Diözesangrenzen, Mission und Lorcher Tradition

Über die innere Entwicklung des Augsburger Bistums wie der bayerischen Kirchenprovinz ist aus der Zeit der Ottonen und frühen Salier insgesamt wenig bekannt. Die Grenzen der Amtssprengel lagen seit der Reorganisation der Metropolitanverfassung unter Karl dem Großen im Prinzip fest. Allerdings wurden wiederholt einzelne Kor-

---

288 Ebd. 126; vgl. dazu B. KLUGE, Deutsche Münzgeschichte von der späten Karolingerzeit bis zum Ende der Salier (ca. 900 bis 1125) (= Römisch-Germanisches Zentralmuseum, Monographien 29) 1991, 33 und 291 Nr. 499.
289 BRACKMANN, Provincia Maguntinensis 30f.
290 VOLKERT, Regesten Augsburg I 187 (993 Februar 3); BRACKMANN, Provincia Maguntinensis 30 Nr. 6, ed. ZIMMERMANN, Papsturkunden 315, ed. BERSCHIN – HÄSE 413–427. (Skeptisch über die bislang nicht angezweifelte Echtheit der Urkunde äußert sich B. SCHIMMELPFENNIG, Afra und Ulrich: Wie wird man heilig? in: ZHVS 86 [1993] 23–44, bes. 28–35, ohne jedoch ein eindeutiges Urteil zu fällen; dagegen siehe die überzeugenden Ausführungen von E.-D. HEHL, Lucia/Lucina — Die Echtheit von JL 3848. Zu den Anfängen der Heiligenverehrung Ulrichs von Augsburg, in: DA 51 [1995] 195–211). Zur um die Jahrtausendwende noch nicht zwingend geforderten Mitwirkung des Papstes vgl. R. KLAUSER, Zur Entwicklung des Heiligsprechungsverfahrens bis zum 13. Jahrhundert, in: ZSRG.K 40 (1954) 85–101, bes. 86–92; M. RIES, Heiligenverehrung und Heiligsprechung in der alten Kirche und im Mittelalter. Zur Entwicklung des Kanonisationsverfahrens, in: M. WEITLAUFF, Bischof Ulrich von Augsburg (wie oben Anm. 248) 143–167, bes. 148–151, sowie allgemein F. X. BISCHOF, Die Kanonisation Ulrichs auf der Lateransynode des Jahres 993, ebd. 197–222.
291 MGH.Const. I (1893) Nr. 437 (Kan. 16); vgl. VOLKERT, Regesten Augsburg I 236, sowie WOLTER, Synoden 292–312 (zum Gesamtzusammenhang der Angelegenheit), bes. aber 306–312 (zur Synode).
292 Vgl. etwa VOLKERT, Regesten Augsburg I 102 (Komm. S. 63). 107. 147.
293 Ebd. 171.

rekturen vorgenommen, auch noch nach der Mitte des 11. Jahrhunderts, wie der Grenzverlauf zwischen den Bistümern Augsburg und Freising lehrt. Vor allem aber ergaben sich im Osten, nachdem es unter Ludwig dem Deutschen zu einer Abgrenzung der Interessensphären zwischen den Diözesen von Salzburg und Passau gekommen war[294], noch Änderungen, die durch das Vorschieben der ungarischen Einflußsphäre nach Westen und der allmählichen Revidierung dieses Vorganges bewirkt worden sind. Noch unter Konrad II. und Heinrich III. war der Grenzverlauf gegenüber dem Königreich Ungarn schwankend[295], er stabilisierte sich erst nach 1043; und nun erst stand auch die Ausdehnung der Salzburger Kirchenprovinz nach Osten endgültig fest.

Die Konsolidierung der staatlichen und, damit verbunden, der kirchlichen Verhältnisse in den östlich der Reichsgrenze gelegenen Herrschaftsräumen beendete aber nicht nur die Ausdehnungsmöglichkeiten, sondern beschnitt zugleich auch die missionarische Tätigkeit der bayerischen Kirche. Wenn auch viel Dunkel über der Slawenmission und ihrer Organisation durch die Kirchen von Regensburg, Passau und Salzburg liegt[296], so läßt doch die fortschreitende Verchristlichung der Böhmen und Mährer im 9. und 10. Jahrhundert sowie nach 955 schließlich auch der Ungarn kaum einen Zweifel an der erfolgreichen und maßgeblich wohl von den bayerischen Kirchen getragenen Mission zu. Seit der Einrichtung eigener Bistümer in Böhmen und Mähren und deren Angliederung an die Mainzer Kirchenprovinz im Jahre 975/76[297] und seit der Gründung des ungarischen Erzbistums Gran im Jahre 1001[298] bestand in diesen Sprengeln jedoch kein Grund mehr für eine fremdgesteuerte Missionstätigkeit. Bayerische Hilfe hat der erste ungarische König Stephan der Heilige, der mit Gisela, der Schwester des Bayernherzogs und späteren Kaisers Heinrich II., verheiratet gewesen ist, zwar auch weiterhin gern in Anspruch genommen, die christliche Unterweisung seines Volkes und den Aufbau der kirchlichen Ordnung jedoch ließ er lieber in eigener Verantwortung durchführen[299]; und die Bistümer in Böhmen und Mähren

---

[294] Vgl. dazu in diesem Band die Ausführungen von BOSHOF 126 sowie allgemein: KLEBEL, Grenzen, bes. 187–203 und 253f.

[295] Vgl. H. BRESSLAU, Jahrbücher des Deutschen Reichs unter Konrad II., Bd. 1 (= JDG 12/1) 1879, 312–314; E. STEINDORFF, Jahrbücher des Deutschen Reichs unter Heinrich III., Bd. 1 (= JDG 13/1) 1874, 181f, und E. BOSHOF, Das Reich und Ungarn in der Zeit der Salier, in: OG 28 (1986) 178–194, bes. 180 und 182.

[296] Vgl dazu in diesem Band BOSHOF 124–132.

[297] Vgl. BÜTTNER, Erzbischof Willigis 8f.

[298] Vgl. B. HÓMAN, Geschichte des ungarischen Mittelalters I, 1940, 192–198; P. E. SCHRAMM, Kaiser, Rom und Renovatio. Studien zur Geschichte des römischen Erneuerungsgedankens vom Ende des karolingischen Reiches bis zum Investiturstreit, ³1975, 153; K. GÖRICH, Otto III. Romanus Saxonicus et Italicus. Kaiserliche Rompolitik und sächsische Historiographie (= Historische Forschungen 18) 1993, 268.

[299] Vgl. T. V. BOGYAY, Grundzüge der Geschichte Ungarns (= Grundzüge 10) ³1977, 32–38, bes. 36f; DERS., Stephanus Rex, 1975, 25f und 29–35; G. GYÖRFFY, Zu den Anfängen der ungarischen Kirchenorganisation auf Grund neuer quellenkritischer Ergebnisse, in: Archivum Historiae Pontificiae 7 (1969) 79–113, bes. 98–108.

orientierten sich nach ihrer Unterstellung unter den Mainzer Metropoliten zwangsweise stärker nach Westen und Norden als nach Bayern[300].

Bischof Wolfgang von Regensburg hat aus dieser Entwicklung nicht nur früh die Konsequenz gezogen, sondern den Loslösungsprozeß sogar selbst gefördert, indem er 973 seine Zustimmung zur Errichtung eines Bischofssitzes in Prag gab[301] — also an einem Ort, an dem die Weihe der Veitskirche auf dem Hradschin durch einen seiner Vorgänger, und zwar wahrscheinlich durch Bischof Isingrim, vollzogen worden sein dürfte[302] — und damit gleichzeitig in das Ende der Regensburger Mission in Böhmen einwilligte. Damit rissen die alten Beziehungen zwar nicht schlagartig ab, verloren aber doch deutlich an Intensität. Auch in Passau mußte man sich schließlich mit dem Verlust der Missionsgebiete in Mähren und in Ungarn abfinden, wenngleich der Bischof Pilgrim gerade diese Regionen in seine weitreichenden Projekte einbezogen hatte — wobei die Behauptung über seinen großen Missionserfolg in Ungarn, aufgestellt in einem niemals expedierten Schreiben an den Papst[303], jedoch keinesfalls auf ihre Stichhaltigkeit überprüft werden kann.

Nur der Salzburger und der Freisinger Kirche blieb in der äußersten Südostecke des Reiches noch die Lösung einer missionarischen Aufgabe. Die Abtrennung der karantanischen Gebiete von Bayern im Jahre 976 und die Schaffung eines eigenen Herzogtums Kärnten, zu dem neben den Marken Verona, Friaul und Istrien auch die Marken an der Mur und an der Sann sowie Krain und Pettau zählten[304], hatte die politische Ordnung in jenem Raume völlig verändert; die geistlichen Aufgaben aber waren gleich geblieben: der Aufbau einer kirchlichen Organisation und die Bekehrung der slawischen Bevölkerung. Der Salzburger Metropolit, dessen Sprengel bis an die Drau und damit bis in diese Regionen reichte, vom Königtum hier aber auch Besitz übertragen erhielt[305], wurde dabei gleichsam von Amts wegen tätig; aber auch

---

300 Vgl. dazu BÜTTNER, Erzbischof Willigis 16–21; F. GRAUS, Böhmen zwischen Bayern und Sachsen. Zur böhmischen Kirchengeschichte des 10. Jahrhunderts, in: Historica 17 (1969) 5–42, bes. 25–31; P. MORAW, Das Mittelalter, in: F. PRINZ (Hg.), Deutsche Geschichte im Osten Europas: Böhmen und Mähren, 1993, 44.
301 Vgl. JANNER, Bischöfe von Regensburg I 378–380; HAUSBERGER, Geschichte des Bistums Regensburg I 55; SCHWAIGER, Der heilige Bischof Wolfgang 49f; G. ZIMMERMANN, Wolfgang von Regensburg und die Gründung des Bistums Prag, in: Tausend Jahre Bistum Prag 973–1973 (= Veröffentlichungen des Institutum Bohemicum 1) 1974, 70–92.
302 Vgl. JANNER, Bischöfe von Regensburg I 329f; HAUSBERGER, Geschichte des Bistums Regensburg I 54; E. HERRMANN, Zur frühmittelalterlichen Regensburger Mission in Böhmen, in: VHOR 101 (1961) 175–187, bes. 181f; J. STABER, Die Missionierung Böhmens durch die Bischöfe und das Domkloster von Regensburg im 10. Jahrhundert, in: Regensburg und Böhmen, hg. v. G. SCHWAIGER – J. STABER (= BGBR 6) 1972, 29–37, bes. 32 und 36.
303 BOSHOF, Regesten der Bischöfe von Passau I (+?) 229; vgl. Anm. 316. — Zu Pilgrims Absicht vgl. die folgenden Ausführungen.
304 Vgl. C. FRÄSS-EHRFELD, Geschichte Kärntens 1, 1984, 106.
305 MGH.D O.I 171 (953 Dezember 10: Schenkung eines Gutes auf dem Krappfeld in Kärnten). 389 (970 März 7: Schenkung von Besitz in Kärnten). Vgl. dazu DOPSCH, Geschichte Salzburgs I/1, 206 und 209, sowie DERS., Salzburg und der Südosten, bes. 10f und 24–28.

sein Freisinger Suffragan war an diesem Missionswerk traditionsgemäß[306] beteiligt. Abraham, der Ratgeber der Herzoginwitwe Judith und ihres Sohnes Heinrich des Zänkers, hat daher auch von den Ottonen Güter in der Mark Krain erhalten[307] und sich in Zeiten der Spannung mit der Reichsregierung wohl auch selbst hier aufgehalten und sich vor Ort um die christliche Unterweisung der Bevölkerung, besonders der Slawen gekümmert, sind doch aus seiner Umgebung der Text einer Bußpredigt sowie zwei Formeln für das Sündenbekenntnis in slowenischer Sprache auf uns gekommen[308].

Die Einführung der Metropolitanverfassung für die bayerischen Kirchen durch Karl den Großen hat, wenn es hier auch noch Schwankungen gab, die im Kern auf Bonifatius zurückgehende Diözesaneinteilung der Kirchenprovinz[309] für die Zukunft festgeschrieben und vor allem den Salzburger Oberhirten als Erzbischof und Metropoliten an die Spitze dieses Verbandes gestellt — auch dies eine Maßnahme, die von Dauer war, allerdings im 10. Jahrhundert noch einmal in Frage gestellt worden ist, und zwar durch den Ehrgeiz des Bischofs Pilgrim von Passau[310].

Wohl durch die Kombination von Nachrichten, die in der »Passio sancti Floriani« und der »Vita Severini« überliefert sind[311], und durch den Rückgriff auf allgemeines historisches und kirchenrechtliches Wissen, aber auch in Anschauung der steinernen Zeugen von der antiken Größe des in seiner Diözese gelegenen Ortes Lorch an der Enns konnte Pilgrim zu der Überzeugung gelangen, diese Siedlung, das römische Lauriacum, sei nicht nur ein einfacher Bischofssitz, sondern die Metropole der spätantiken Provinz (Ufer-)Norikum gewesen und den Bischöfen von Passau, wohin im 8. Jahrhundert das Lorcher Erzbistum wegen der Bedrohung durch die Awaren verlegt worden sei, gebühre deshalb eigentlich der Rang eines Erzbischofs. Der selbstbewußte Bischof zögerte nicht, diese Einsicht politisch auszuwerten, und ver-

---

[306] Zur Freisinger Mission in Karantanien vgl. MASS, Bistum Freising in der Karolingerzeit 107–118, und G. MORO, Wirken und Besitz des Bistums Freising in Kärnten, in: Südostdeutsches Archiv 10 (1967) 66–82.

[307] MGH.D O.II 47 (973 Juni 30) = 66 (973 November 28), O.III 58 (989 Oktober 1). Vgl. dazu MASS, Bistum Freising im Mittelalter 115, und W. STÖRMER, Zur Frage der Funktionen des kirchlichen Fernbesitzes im Gebiet der Ostalpen vom 8. bis zum 10. Jahrhundert, in: H. BEUMANN – W. SCHRÖDER, (Hg.), Die transalpinen Verbindungen der Bayern, Alemannen und Franken bis zum 10. Jahrhundert (= Nationes 6) 1987, 379–403, bes. 401. — Zum Freisinger Besitz südlich des Alpenhauptkamms vgl. auch S. VILFAN, Zur Struktur der freisingischen Herrschaft südlich der Tauern im Frühmittelalter, in: Karantanien und der Alpen-Adria-Raum im Frühmittelalter, 1993, 209–222, bes. 212f.

[308] Vgl. MASS, Bistum Freising im Mittelalter 116f, und DANIEL, Handschriften 114–139.

[309] Vgl. SCHIEFFER, Winfrid-Bonifatius 181–184, sowie in diesem Band STÖRMER 40–42: Säben fehlte damals noch in dieser Ordnung.

[310] Vgl. dazu und zum folgenden F.-R. ERKENS, Die Ursprünge der Lorcher Tradition im Lichte archäologischer, historiographischer und urkundlicher Zeugnisse, in: BOSHOF – WOLFF 423–459 (und die hier verzeichnete Literatur) sowie DERS., Pilgrim 29–33, und neuestens auch E. BOSHOF, Das Schreiben der bayerischen Bischöfe an einen Papst Johannes – eine Fälschung Pilgrims?, in: J. DAHLHAUS – A. KOHNLE (Hg.), Papstgeschichte und Landesgeschichte. Festschrift für H. Jakobs zum 65. Geburtstag, 1995, 37–67.

[311] NEUMÜLLER, Florian 25–35 (bes. cap. 2 und 11 der längeren Fassung); R. NOLL, Eugippius. Das Leben des Heiligen Severin, 1981, 96 (30, 2).

suchte mit Elan, seine Diözese aus der Salzburger Kirchenprovinz herauszulösen und Passau zur Metropole eines donauländischen Kirchenverbandes zu erheben, dem in Ungarn und wohl auch in Mähren zu gründende Bistümer angehören sollten — Bistümer mithin, die, wie Pilgrim behauptete[312], im Missionsgebiet seiner Kirche liegen würden und von der erfolgreichen Verbreitung des christlichen Glaubens durch sein Wirken zeugen könnten.

Um dieses hochgesteckte Ziel zu erreichen, scheute der Bischof auch nicht davor zurück, Urkunden Ottos I. und Ottos II. eigenhändig[313] in seinem Sinne zu stilisieren[314], ein echtes Diplom Arnulfs von Kärnten zu verfälschen[315] sowie eine Reihe von falschen Papstprivilegien zu fabrizieren[316]. Doch nutzte dies alles nichts. Salzburg behauptete seinen Rang, der durch eine lange Tradition gefestigt war; und außerdem ließ der Metropolit Friedrich, der Oheim Pilgrims, vorsichtshalber eine Gegenfälschung anfertigen[317], durch die die Stellung seiner Kirche gesichert wurde.

Pilgrim jedoch, gescheitert zwar mit seinem ambitionierten Plan, durch den er sich und seinen Nachfolgern im Ranggefüge der sich formierenden Reichskirche eine bessere Plazierung verschaffen wollte, hat mit der von ihm entscheidend geprägten, wenn nicht gar erst geschaffenen »Lorcher Tradition« das Passauer Geschichtsbewußtsein nachhaltig beeinflußt[318] und den Anstoß dafür gegeben, daß einige seiner Nachfolger ebenfalls die Erhebung des Donaubistums zur Erzdiözese oder doch zumindest die Aufwertung der eigenen Stellung betrieben; einen gewaltigen Aufschwung genommen hat die Lorcher Fabel dabei erst seit dem 13. Jahrhundert, nachdem Albert Behaim, Domdekan in Passau und Archidiakon von Lorch, sie mit wirklichem Leben erfüllt und die (fiktive) Frühgeschichte des Bistums Lorch-Passau — mit welchen Absichten auch immer — aufgeschrieben und auf diese Weise »erschaffen« hatte.

---

[312] BOSHOF, Regesten der Bischöfe von Passau I (+?) 229; vgl. Anm. 316.

[313] Daß Pilgrim selbst der Schreiber von echten, verunechteten und gefälschten Urkunden gewesen ist, hat herausgearbeitet H. FICHTENAU, Zu den Urkundenfälschungen Pilgrims von Passau, in: DERS., Beiträge zur Mediävistik. Ausgewählte Aufsätze 2 (1972) 157–179 [erstmals in: Mitteilungen des oberösterreichischen Landesarchivs 8 (1964) 81–100], bes. 175–178.

[314] MGH.D O.II 27 (972 Oktober 18 = MGH.D O.I 423). 138 (976 Juli 22). 167a/b (977 Oktober 5); vgl. BOSHOF, Regesten der Bischöfe von Passau I 219. 220. 233. 237.

[315] MGH.D Arn. 163; vgl. BOSHOF, Regesten der Bischöfe von Passau I +172.

[316] Die gefälschten Privilegien hat zusammen mit einem sie begleitenden, aber nie expedierten Schreiben an den Papst (vgl. Anm. 303 und 312) ediert: W. LEHR, Pilgrim, Bischof von Passau und die Lorcher Fälschungen, 1909, 30–51. Vgl. auch BRACKMANN, Provincia Salisburgensis 159 Nr. +1. 162 Nr. +10 (= BOSHOF, Regesten der Bischöfe von Passau I +86). 164 Nr. +15 (= ebd. +199). 164 Nr. +16 (= ebd. +201). 165 Nr. +17 (= ebd. +204). 166 Nr. +19 (= ebd. +230) – die letzten vier Urkunden sind auch ediert in: ZIMMERMANN, Papsturkunden +70. +87. +116. +223 – sowie 165 Nr. 18 (= BOSHOF, Regesten der Bischöfe von Passau I [+?] 229).

[317] BRACKMANN, Provincia Salisburgensis 16 Nr. +35, ed. ZIMMERMANN, Papsturkunden +224; vgl. dazu BRACKMANN, Die Kurie und die Salzburger Kirchenprovinz 93–103.

[318] Vgl. dazu und zum folgenden F.-R. ERKENS, Die Rezeption der Lorcher Tradition im hohen Mittelalter, in: OG 28 (1986) 195–206 (und die hier verzeichnete Literatur).

## b) Domkapitel, Diözesanorganisation und Seelsorge

Die schon früh einsetzende Herausbildung von über eigenen Besitz selbstverantwortlich verfügenden Kanonikerkapiteln an den Domkirchen des Reiches ist im Zeitalter der Ottonen und Salier kontinuierlich vorangeschritten und scheint in Deutschland bis zum Ausbruch des sogenannten Investiturstreits allerorten zu einem gewissen Abschluß gekommen zu sein, wenn auch die Entwicklung dahin in den einzelnen Bistümern recht unterschiedlich verlaufen sein dürfte; selbst in der Salzburger Kirchenprovinz und im Bistum Augsburg war dies kein einheitlicher Vorgang[319].

Schon die Ursprünge der einzelnen Domkapitel waren unterschiedlich: In Passau waren sie wohl von Anfang an kanonikal bestimmt[320], während sie in Freising benediktinisch geprägt gewesen sind und sich das Domkloster hier erst im Laufe einer längeren, um die Wende vom 9. zum 10. Jahrhundert abgeschlossenen Entwicklung in ein Kanonikerstift umwandelte[321]. Völlig anders dagegen waren die Verhältnisse in Salzburg und Regensburg. In diesen Städten besaßen die Domkirchen nicht nur monastische Anfänge, sondern hier war es schließlich zu einer Aufspaltung der geistlichen Gemeinschaft gekommen, indem sich von den Mönchskonventen Kanonikergruppen absonderten und die priesterlichen Aufgaben an der Kathedrale wahrnahmen; so existierten noch im 10. Jahrhundert in Salzburg und Regensburg Kanonikerkapitel und Mönchskonvent in St. Peter und St. Emmeram nebeneinander und waren wegen der einheitlichen Leitung durch den Bischof eng miteinander verbunden[322]. In Augsburg wurden ebenfalls zwei geistliche Institutionen durch die gemeinsame Vorsteherschaft des Bischofs miteinander verbunden: das Domstift und St. Afra, doch stellte diese Doppelung insofern eine besondere Variante dar, als auch in St. Afra Kanoniker lebten, aus denen der Kathedralklerus hervorgegangen zu sein scheint[323]. Über die Entwicklung in Säben hingegen ist — wie so oft in dieser Zeit — nichts bekannt; hier kommt das Domkapitel erstmals nach der Mitte des 10. Jahrhunderts zum Vorschein, als der Bischof im Begriff ist, die Bergeshöhe zu verlassen und seinen Sitz ins Eisacktal nach Brixen zu verlegen[324].

Die Trennung der in Salzburg, Regensburg und Augsburg bestehenden Verbindung des Domstiftes mit einer weiteren geistlichen Gemeinschaft erfolgte nach der Mitte

---

[319] Vgl. dazu grundlegend SCHIEFFER, Domkapitel, passim, zu den bayerischen Kirchen bes. 192–196, zu Augsburg 166–169. An Spezialmonographien zu einzelnen Bistümern vgl. OSWALD, Passauer Domkapitel 3–15; BUSLEY, Freisinger Domkapitel 16–25; L. SANTIFALLER, Das Brixener Domkapitel in seiner persönlichen Zusammensetzung im Mittelalter (= Schlern-Schriften 7) 1924/25, 24–32; K. WOLFSGRUBER, Das alte Brixner Domkapitel in seiner rechtlichen und sozialen Stellung, in: Österreichisches Archiv für Kirchenrecht 13 (1962) 48–60; O. LEUZE, Das Augsburger Domkapitel im Mittelalter, Diss. Tübingen 1909, 1f.

[320] Vgl. SCHIEFFER, Domkapitel 202f.

[321] Vgl. SCHIEFFER, Domkapitel 196–198, und MASS, Bistum Freising in der Karolingerzeit 136–138.

[322] Vgl. SCHIEFFER, Domkapitel 192–196 (Salzburg [dazu vgl. auch DOPSCH, Geschichte Salzburgs I 1003f]) und 199–202 (Regensburg).

[323] Vgl. SCHIEFFER, Domkapitel 166–169. — Auch in Freising bestand zwischen dem Dom und dem Kanonikerstift Weihenstephan eine ähnlich enge Verbindung (vgl. dazu die in Anm. 377 angeführte Literatur), jedoch besaß die Domkirche in diesem Verband die Priorität und war offenbar auch immer dominant.

[324] Vgl. SCHIEFFER, Domkapitel 205.

des 10. Jahrhunderts. Den Anfang machte dabei schon bald nach seinem Amtsantritt Bischof Wolfgang in Regensburg[325]. Er legte 974 die Leitung von St. Emmeram nieder und übertrug sie dem Mönch Ramwold aus St. Maximin bei Trier, den er 975 auch zum Abt ernannte. Damit wurde nicht nur die seit über 200 Jahren bestehende Personalunion aufgehoben, sondern gleichzeitig auch die traditionelle Gütergemeinschaft beendet. Diese organisatorische Scheidung von Domstift und Benediktinerabtei war verbunden mit einem Reformeingriff in St. Emmeram, denn unter Ramwold öffnete sich der Konvent der lothringischen Reform, der vor allem auch der Bischof selbst auf das engste verbunden war[326]. Aber nicht allein der Erneuerung des monastischen Lebens galt die Sorge Wolfgangs, sondern auch der Festigung der Klerikergemeinschaft an der Kathedrale, deren wirtschaftliche Basis gesichert wurde. Durch diese Maßnahmen sollte die würdige Erfüllung der kanonikalen Aufgaben im liturgischen Dienst gewährleistet werden; sie waren dabei Teil eines um die Jahrtausendwende allgemein spürbaren und vielgestaltigen Bemühens um die Verwirklichung und Entfaltung des kanonikalen Ideals, das ganz wesentlich in der karolingischen Reform des frühen 9. Jahrhunderts wurzelte[327].

Was Anfang der siebziger Jahre in Regensburg begann, das setzte sich ein gutes Jahrzehnt später in Salzburg fort, als Erzbischof Friedrich dem aus St. Emmeram stammenden Mönch Tito die Abtswürde von St. Peter übertrug und damit die zwar schon gelockerte, aber immer noch bestehende Verbindung von Domstift und Kloster endgültig und für alle Zeiten löste[328]. In Augsburg schließlich fand die Trennung in der Regierungszeit Bischof Brunos, also erst nach der Jahrtausendwende, statt, wobei das Stift St. Afra in ein Mönchskloster umgewandelt wurde und die letzten dort noch verbliebenen Kanoniker Aufnahme in der am Dom bestehenden Gemeinschaft fanden[329].

Eine wichtige Etappe bei der Entstehung der Domkapitel war die Reservierung von Bistumsbesitz für den Unterhalt der Domgeistlichkeit[330]. Die Abschichtung eines solchen Sondervermögens hat sich oft schon im 9. Jahrhundert vollzogen; in Freising ist sie vor 850 belegt[331], in Salzburg 891[332] und in Passau 903[333]. Allerdings stand den Kapiteln noch nicht selbst die Verwaltung ihrer Güter zu, diese lag vielmehr weiter-

---

[325] Othloni vita s. Wolfkangi ep., cap. 15, 16 sowie 18, MGH.SS IV (1841) 532f sowie 534f. Vgl. JANNER, Bischöfe von Regensburg I 361–364; HAUSBERGER, Geschichte des Bistums Regensburg I 58–62; SCHWAIGER, Der heilige Bischof Wolfgang 47f; HALLINGER, Gorze-Kluny 114f; RÄDLINGER-PRÖMPER, St. Emmeram 156–160, 171–176; SCHIEFFER, Domkapitel 202 und 258.
[326] Zu Wolfgangs Bemühen um die Klosterreform vgl. Anm. 368.
[327] Vgl. JANNER, Bischöfe von Regensburg I 378, und vor allem SCHIEFFER, Domkapitel 259, aber auch 288f.
[328] Restauratio monasterii s. Petri Salisburgensis, MGH.SS XV (1888) 1055–1057; HAUTHALER, Salzburger Urkundenbuch I 252 Nr. 1. Vgl. DOPSCH, Geschichte Salzburgs I 210f; HALLINGER, Gorze-Kluny 137f; SCHIEFFER, Domkapitel 195f und 258 mit Anm. 155.
[329] VOLKERT, Regesten Augsburg I 225. Vgl. SCHIEFFER, Domkapitel 168 und 259; HALLINGER, Gorze-Kluny 278f.
[330] Vgl. dazu grundsätzlich wie auch zum folgenden SCHIEFFER, Domkapitel 271f.
[331] BITTERAUF, Traditionen Freising Nr. 523 (825 April 20). 653 (842).
[332] MGH.D Arn. 87.
[333] MGH.D LdK. 24; vgl. BOSHOF, Regesten der Bischöfe von Passau I 184.

hin in den Händen des Bischofs, wie dies für Salzburg ausdrücklich bezeugt ist[334], wie aber auch für Augsburg aus einigen Handlungen des Bischofs Udalrich deutlich wird[335]. Die volle Verfügungsgewalt über ihr Sondervermögen gewannen die Kanoniker erst im Laufe des 11. Jahrhunderts, wobei das Vorbild der bei der Gründung des Bistums Bamberg erlassenen Bestimmungen Heinrichs II. offenbar keine unwesentliche Rolle spielte. Wenn dieser Prozeß auch nur ungenügend dokumentiert ist, so dürfte er doch in Bayern und im Bistum Augsburg ebenso wie in den übrigen Domstiften des Reiches noch vor dem Ausbruch des Investiturstreites zum Abschluß gelangt sein[336]; für Freising jedenfalls ist dies eindeutig belegt[337].

Läßt sich die Entwicklung der Domkapitel im 10. und frühen 11. Jahrhundert noch in Umrissen erkennen, so kann gleiches keineswegs von der Ämter- und Diözesanorganisation oder von der Seelsorge gesagt werden. Vereinzelte Nachrichten über diese runden sich zu keinem geschlossenen Bild. So verschwindet zwar vor 950 in der Salzburger Kirchenprovinz die Institution des Chorepiskopats, wodurch der Kampf, der schon seit mehr als hundert Jahren von den Ordinarien gegen ihre zunehmend als Rivalen empfundenen Mitarbeiter geführt worden war, auch im Südosten des ehemaligen karolingischen Großreichs, allerdings mit einer größeren zeitlichen Phasenverschiebung erfolgreich zu Ende gegangen ist[338] — die letzten bezeugten Chorbischöfe sind in Passau Madalwin[339], in Freising Kuno[340] und in Salzburg Gotabert[341] gewesen —, aber was an ihre Stelle trat, das ist nur unklar zu erkennen; erst seit dem 12. Jahrhundert beginnen sich allmählich neue Verwaltungsstrukturen abzuzeichnen[342]. Vereinzelt werden zwar im 10. und frühen 11. Jahrhundert Archidiakone und Archipresbyter genannt[343], aber ihre Aufgaben dürften — ohne daß dies immer mit wünschenswerter Klarheit deutlich wird — wohl in der Regel noch denen der älteren

---

[334] Vgl. Anm. 332.
[335] Vgl. VOLKERT, Regesten Augsburg I 125. 159, und SCHIEFFER, Domkapitel 273 mit Anm. 66.
[336] Vgl. SCHIEFFER, Domkapitel 281–285.
[337] Vgl. BITTERAUF, Traditionen Freising Nr. 1420 (1024–1039), und MGH.D H.III 360 (1055 Dezember 10).
[338] Vgl. dazu und auch zum folgenden BÜHRER-THIERRY, Les chorévêques 479–488, bes. 480f, sowie allgemein GOTTLOB, Chorepiskopat, bes. 6–8, und H. KOLLER, Bischof, Wanderbischof, Chorbischof im frühmittelalterlichen Baiern, in: Jahrbuch des oberösterreichischen Museal-Vereins 136 (1991) 59–71, bes. 69–71.
[339] Zu diesem vgl. ERKENS, Passauer Bischofsurkunden 469–514, bes. 475f.
[340] Zu diesem vgl. J. A. FISCHER, Freisinger Bischöfe 38.
[341] Zu den Chorbischöfen in der Salzburger Diözese vgl. HERMANN, Kirchliches Leben 986, und DOPSCH, Geschichte Salzburgs I/1, 205.
[342] Vgl. dazu in diesem Band den Beitrag von WEINFURTNER 271, 300–304. — Zur gleichen, allerdings zeitlich früheren Entwicklung im Westen des Reiches vgl. etwa F.-R. ERKENS, Die Bistumsorganisation in den Diözesen Trier und Köln — ein Vergleich, in: WEINFURTER, Die Salier und das Reich II 267–302.
[343] Vgl. z.B. HAUTHALER, Salzburger Urkundenbuch I 111 Nr. 48 ([925] Juni 9). 113 Nr. 49 ([924] November 30 [jeweils der *archidiaconus* Hartwin]). 170 Nr. 3 (963 März 17: *Liutfridus archidiaconus*). 177 Nr. 13 (976 April 25: *Perhtold archipresbiter*); BITTERAUF, Traditionen Freising Nr. 1044 (907–926). 1057 (926–937). 1067 (926–937). 1069 (926–937 [jeweils der *archipresbiter* Engelschalk]). 1145 (955–957: *archidiaconus nomine Helmperht*); WIDEMANN, Traditionen Regensburg Nr. 204 (975–980: *Ovgo archipresbiter*). 279 (nach 1000: *Engilmarus archipresbiter*); REDLICH, Traditionsbücher Nr. 60. 61 (beide um 1005 [jeweils *Guoto archipresbiter*]; VOLKERT, Regesten Augsburg I 144 (969: *Amalricus archidiaconus*), vgl. Nr. 103 sowie die Vita s. Oudalrici ep. Aug. auct. Gerhardo cap. 6, MGH.SS IV (1841) 395 (*archipresbiteros et decanos*), ed. BERSCHIN – HÄSE, Vita Sancti Uodalrici 148.

§ 13. Institutionen und Strukturen (F.-R. Erkens)

Entwicklungsstufe des Archidiakonats und Archipresbyterats entsprochen haben[344]; die Ausbildung einer Diözesanorganisation auf mittlerer Ebene mit festumrissenen Amtsbezirken, in denen Archidiakone jüngerer Ordnung ihre Aufsichts- und Gerichtsrechte in Stellvertretung des Bischofs ausübten, und die Entstehung von Landdekanaten gehörten dagegen zumeist erst einer späteren Zeit an[345].

Der Ausbau der Pfarrorganisation scheint sich ebenfalls erst seit dem 11. Jahrhundert intensiviert zu haben. Natürlich lag auch vorher die Seelsorge auf dem Lande nicht völlig brach, Eigenkirchen von adligen Großen und geistlichen Amtsträgern sowie Taufkirchen bildeten dabei die Stützpunkte der spirituellen Betreuung der Laien[346], aber eine systematische Ausgestaltung des Pfarrnetzes setzte doch offenbar erst seit der Jahrtausendwende ein, wie besonders das Beispiel der Diözese Passau lehrt[347], und führte dabei an vielen Orten offenkundig auch zu einer Umstrukturierung

---

[344] Zum Archidiakonat und -presbyterat älterer Ordnung und zu seiner Entwicklung vgl. P. HINSCHIUS, System des katholischen Kirchenrechts mit besonderer Rücksicht auf Deutschland II, 1878/ND 1959, 183–195 und 269–277, sowie W. M. PLÖCHL, Geschichte des Kirchenrechts I ²1960, 166–168, 343–347.

[345] Vgl. dazu allgemein FEINE, Kirchliche Rechtsgeschichte 201–203, und M. BORGOLTE, Die mittelalterliche Kirche (= EDG 17) 1992, 96f, sowie für Salzburg HERMANN, Kirchliches Leben 986–988 und 999; J. PAARHAMMER, in: DOPSCH, Geschichte Salzburgs I/2, 1057; K. HÜBNER, Die Archidiakonats-Einteilung in der ehemaligen Diözese Salzburg, in: MGSLK 44 (1905) 41–78, bes. 47–49; für Regensburg P. MORSBACH, Bistum und Hochstift, in: Ratisbona Sacra 77f; HAUSBERGER, Geschichte des Bistums Regensburg I 157–160; für Passau ZINNHOBLER, Passauer Bistumsmatrikel 59–71; J. OSWALD, Der organisatorische Aufbau des Bistums Passau im Mittelalter und in der Reformationszeit (Offizialats-, Dekanats- und Pfarreinteilung), in: DERS., Beiträge zur altbayerischen Kultur- und Kirchengeschichte (= Neue Veröffentlichungen des Instituts für Ostbairische Heimatforschung 35) 1976, 234–260 [erstmals 1941, in: ZSRG.K 30 (1941) 131–164], und für Augsburg A. SCHRÖDER, Der Archidiakonat im Bistum Augsburg (= AGHA 6) 1921, bes. 16–45; ZOEPFL, Bistum Augsburg und seine Bischöfe im Mittelalter 69 und 567f, 576, 581. (Während in Augsburg überhaupt keine Chorbischöfe belegt sind, werden in der Vita s. Oudalrici ep. Aug. auct. Gerhardo cap. 6, MGH.SS IV [1841] 395, ed. BERSCHIN – HÄSE, Vita Sancti Uodalrici 148, schon Dekane erwähnt. Da auch Archidiakone belegt sind, hat die Forschung daraus geschlossen, daß die Anfänge der hochmittelalterlichen Diözesanorganisation in Augsburg bis in die Zeit Bischof Udalrichs zurückreichen. Allerdings sind auch hier die Verhältnisse erst seit dem 12. Jahrhundert klarer zu erkennen, während mögliche Kontinuitäten kaum deutlich werden).

[346] Vgl. dazu etwa BOSHOF, Regesten der Bischöfe von Passau I 244, und R. BAUERREISS, Altbayerische »ecclesiae parrochiales« der Karolingerzeit und der »Phapho«, in: Theologie in Geschichte und Gegenwart. M. Schmaus zum 60. Geburtstag, hg. v. J. AUER, 1957, 899–908, sowie S. HAIDER, Zum Niederkirchenwesen in der Frühzeit des Bistums Passau (8.–11. Jahrhundert), in: BOSHOF – WOLFF 325–388.

[347] Der Stand der Forschung über die Pfarrentwicklung in den bayerischen Diözesen und im Bistum Augsburg ist recht unterschiedlich (vgl. dazu allg. auch RÖHRIG, Kirchliche Entwicklungen 348–354); am besten erforscht sind die Verhältnisse bisher in der Diözese Passau. Vgl. dazu die vorhergehende Anm. sowie ZINNHOBLER, Passauer Bistumsmatrikel 72; DERS., Die Anfänge der pfarrlichen Organisation. Ein Diskussionsbeitrag, in: Beiträge zur Geschichte des Bistums Linz (= Linzer Philosophisch-theologische Reihe 8) ²1978, 49–57; H. FERIHUMER, Die Entstehung des Pfarrnetzes Oberösterreichs, in: Jahrbuch für die Katholiken des Bistums Linz (1966) 34–51 und (1967) 34–60; ERKENS, Niederkirchenwesen (passim). Für die übrigen Regionen sind heranzuziehen: HERMANN, Kirchliches Leben 988 und 1000; DERS., Die Seelsorgestationen der Erzdiözese Salzburg (= Austria Sacra 1, Reihe II,6) 1961 [zur Kritik an den Ausführungen von Hermann vgl. ERKENS, Niederkirchenwesen 60f mit Anm. 31; C. E. JANOTTA, Die Notitia-Kirchen des Salzburger Raumes, in: Veröffentlichungen des Verbandes österreichischer Geschichtsvereine 23 (1984) 99–105]; STAHLEDER, Eigenkirchen; P. MORSBACH, Bistum und Hochstift, in: Ratisbona Sacra 78; P. MAI, Die Pfarreienverzeichnisse des Bistums Regensburg aus dem 14. Jahrhundert, in: VHOR 110 (1970) 7–33; J. GELMI, Kirchengeschichte Tirols, 1986, 18–20; ZOEPFL, Bistum Augsburg und

im System der älteren Seelsorgemittelpunkte, denn viele Kirchen, die vor dem Jahre 1000 belegt sind, stiegen später doch nicht zu Pfarrkirchen auf[348]. Diözesansynoden, auf denen die Bischöfe ihr Aufsichtsrecht über die Geistlichen und über die Seelsorge in ihren Amtssprengeln ausüben konnten, sind im 10. und 11. Jahrhundert vereinzelt bezeugt[349], trotzdem dürfte es aber zweifelhaft bleiben, ob sie tatsächlich überall in geforderter Regelmäßigkeit stattgefunden haben[350].

*c) Vogtei*

Kirche und Geistlichkeit, in der Theorie (nicht jedoch in der Praxis) stets auf Distanz bedacht zu brachialer Gewalt und weltlichen Angelegenheiten, bedurften zu ihrem Schutz grundsätzlich eines weltlichen Arms, der ihnen prinzipiell vom König und seinen Sachwaltern, in der alltäglichen Lebensführung jedoch vom Vogt geliehen wurde. Die Vogtei[351], ihrem Wesen nach eine Institution, durch die in einem mit Immunität[352] ausgestatteten und daher aus der Zuständigkeit des öffentlichen Amtsträgers herausgelösten Gebiet die Erfüllung hoheitlicher Aufgaben (wie Rechtsprechung und Führung des militärischen Aufgebotes) garantiert und deren vom geistlichen Immunitätsherrn bestimmter weltlicher Träger zugleich mit Schutz und Schirm der Kirche betraut wurde, hat im Laufe der Zeit verschiedene Wandlungen erfahren und bot im hohen Mittelalter oftmals Anlaß zu heftigen Konflikten, da sie laikalen Gewalten bei der Ausgestaltung der Landesherrschaft dienen konnte. Allerdings ist dieser Entwicklungsgang im Bayern und östlichen Schwaben des 10. und frühen 11. Jahrhunderts kaum zu verfolgen.

Natürlich gab es hier Vögte in der Umgebung der Bischöfe. Zahlreich sind sie bezeugt[353]: in Freising[354] wie in Regensburg schon für das 9. Jahrhundert, in Salzburg

---

seine Bischöfe im Mittelalter 566f, 581f, sowie die Fragment gebliebene Übersicht von STEICHELE – SCHRÖDER – ZOEPFL, Bistum Augsburg II 10.

[348] Vgl. dazu ERKENS, Niederkirchenwesen 59f, und P. MAIER, Capellas ad Clusam et Waidhouen. Zur kirchlichen Entwicklung in Waidhofen an der Ybbs während des 12. und 13. Jahrhunderts, in: Waidhofener Heimatblätter 13 (1987) 1–32, bes. 17, wo darauf hingewiesen wird, daß von den frühen ecclesiae parochiales »in Freising und Salzburg höchstens die Hälfte zu Pfarrkirchen geworden« sind.

[349] Vgl. etwa HAUTHALER, Salzburger Urkundenbuch I 68 Nr. 2 (927 Mai 23); BITTERAUF, Traditionen Freising Nr. 1148 (956 April 3); BOSHOF, Regesten der Bischöfe von Passau I 242. 243. 244 (985–991); Vita s. Oudalrici ep. Aug. auct. Gerhardo cap. 6, MGH.SS IV (1841) 394f., ed. BERSCHIN – HÄSE, Vita Sancti Uodalrici 142ff.

[350] Vgl. FEINE, Kirchliche Rechtsgeschichte 215.

[351] Vgl. aus der Fülle der Literatur E. F. OTTO, Die Entwicklung der deutschen Kirchenvogtei im 10. Jahrhundert (= Abhandlungen zur Mittleren und Neueren Geschichte 72) 1933, 64–73 (zu den Verhältnissen in Bayern); T. MAYER, Fürsten und Staat. Studien zur Verfassungsgeschichte des deutschen Mittelalters, 1950/ND 1969, 1–24; STÖRMER, Früher Adel II 424–426; J. RIEDMANN, Vescovi et avvocati, in: I poteri temporali dei Vescovi in Italia e in Germania nel Medioevo, hg. v. C. G. MOR – H. SCHMIDINGER (= Annali dell'Istituto storico italo-germanico 3) 1979, 35–76, und die knappen Ausführungen von RÖHRIG, Kirchliche Entwicklung 338.

[352] Zu diesem Rechtsinstitut vgl. D. WILLOWEIT, Immunität, in: Handwörterbuch zur deutschen Rechtsgeschichte 2 (1978) 312–330 (und die hier verzeichnete Literatur), und C. SCHOTT – H. ROMER, Immunität, in: LdMA 5 (1991) 390–392 (und die hier verzeichnete Literatur).

[353] Vgl. dazu und zum folgenden F. PRINZ, in: HBG I 459f (und die hier angeführten Belege) sowie KLEBEL, Eigenklosterrechte 259–261 (und die hier angeführten Belege).

[354] Vgl. MASS, Bistum Freising in der Karolingerzeit 153–155.

§ 13. Institutionen und Strukturen (F.-R. Erkens) 179

für das 10.; aber auch in Passau[355], Säben[356] und Augsburg[357] sind sie, wenn meist auch nur vereinzelt, belegt. Seit der Mitte des 10. Jahrhunderts scheint es zumindest in Freising und in Salzburg zu einer Konzentration der Hochstiftsvogtei in der Hand eines Amtsträgers gekommen zu sein, so daß es hier fortan eine Art Hauptvogtei gegeben haben dürfte; in einer Familie erblich wurde das Amt jedoch erst im zweiten Viertel des 11. Jahrhunderts: um 1035 in Salzburg, um 1040/50 in Regensburg, um 1046 in Freising und um 1050 in Brixen[358]. Von dieser Entwicklung profitierten in Salzburg die Sighardinger, in Freising die Grafen von Scheyern (Wittelsbach), in Regensburg eine Seitenlinie der Grafen von Bogen, in Passau die Grafen von Vormbach, in Brixen die Grafen von Morit-Greifenstein und in Augsburg die Herren von Schwabegg, von denen die Erbvogtei schließlich in die Hände der Staufer überging.

Ist die Entwicklung der Hochstiftsvogtei zwischen Lech und Leitha, Donau und Dolomiten im 10. und frühen 11. Jahrhundert wenigstens punktuell zu greifen, so ist über die Klostervögte aus dieser Zeit praktisch kaum etwas bekannt[359]. Ob sie bei der Ausbreitung und Durchsetzung der monastischen Reform nach 950 überhaupt eine Rolle spielten, läßt sich daher nicht feststellen. Größeren Einfluß auf diesen Prozeß haben aber sicherlich die Herrscher und die Bischöfe besessen.

---

[355] Vgl. etwa BOSHOF, Regesten der Bischöfe von Passau I 61 (802 Februar 15). 144 (868 Mai 10). 167 (875–899). 214 (946–970). 284 ([1035] Juli 11). 288 (1037 Dezember 5). 300 (1038–1045). 307 (1013–1045).

[356] Vgl. etwa VOLKERT, Regesten Augsburg I 177 (982–988), und REDLICH, Traditionsbücher Nr. 1 (nach 907) – 3. 6. 9. 10. 13–15. 17. 22. 24–27. 29. 31. 32. 36. 37. 40. 43. 44. 48. 49. 51–54. 56. 59. 63. 65 (1022–1039).

[357] Vgl. etwa VOLKERT, Regesten Augsburg I 25 (815 Juli). 28 (822 August 31). 162 (973). 170 (980 Oktober 4). 177 (982–988). 201 (996–1000). 246 (1026 April 27). 263 (1029).

[358] Vgl. dazu und zum folgenden F. PRINZ, in: HBG I 460, und KLEBEL, Eigenklosterrechte 260f; H. STARFLINGER, Die Entwickelung der Domvogtei in den altbayerischen Bistümern, Diss. München 1908, bes. 8–34 und 80–83; STÖRMER, Früher Adel II 426–435, sowie für Salzburg DOPSCH, Geschichte Salzburgs I/1, 216, 220, I/2, 882f; F. MARTIN, Die kirchliche Vogtei im Erzstift Salzburg, in: MGSLK 46 (1906) 339–436, bes. 344–349; für Freising H. STAHLEDER, Hochstift Freising (Freising, Ismaning, Burgrain) (= HAB.A. 33) 1974, 17–75; für Brixen K. FAJKMAJER, Studien zur Verwaltungsgeschichte des Hochstiftes Brixen im Mittelalter, in: Forschungen und Mitteilungen zur Geschichte Tirols und Vorarlbergs 6 (1909) 1–21, 113–126, 209–249, 313–347, bes. 9f, 14f, 18–20; J. RIEDMANN, Die Anfänge Tirols, in: Österreich im Hochmittelalter, Red. A. M. DRABEK (= Österreichische Akademie der Wissenschaften. Veröffentlichungen der Kommission für die Geschichte Österreichs 17) 1991, 229–260, bes. 238; ROGGER, I principati 194, und für Augsburg A. SCHRÖDER, Das Bistum Augsburg, historisch und statistisch beschrieben IX, 1934, 132–135.

[359] Vgl. dazu die Ausführungen von KLEBEL, Eigenklosterrechte 262–264, und STÖRMER, Früher Adel II 435–456. Über die Vögte von Benediktbeuern etwa ist insgesamt nur wenig bekannt — vgl. dazu HEMMERLE, Bistum Augsburg I 201; STÖRMER, Früher Adel II 451–455; zu denen von Tegernsee vgl. WEISSENSTEINER, Tegernsee 102–104; STÖRMER, Früher Adel II 439–448; zu Toto von Kempten siehe ALTHOFF, Amicitiae und Pacta 347, und zu den Vögten von Kempten und Ottobeuren vgl. SCHWARZMAIER, Königtum 59–79 und 118f; zu St. Emmeram vgl. RÄDLINGER-PRÖMPER, St. Emmeram 166–170; zu den bischöflichen Eigenklöstern, in denen vor der Mitte des 11. Jahrhunderts wohl überhaupt keine Vögte eingesetzt waren, vgl. STÖRMER, Früher Adel II 438f, und TELLENBACH, Passauische Eigenklöster 105–134, bes. 128.

## d) Klosterreform

Die Epoche der Ottonen und ersten Salier war in Süddeutschland keine Zeit vermehrter Klostergründungen[360]. Zwar wurden auch weiterhin neue Abteien gestiftet (etwa Mittelmünster [nach 972] und Prüll [um 1000] im Bistum Regensburg, Seeon [vor 999], Göß [vor 1020], St. Georgen am Längsee [1002–1023], Ossiach [um 1028] und Gurk [1043] in der Salzburger Diözese [und hier hauptsächlich im Gebiet jenseits des Alpenhauptkammes][361] oder im Bistum Augsburg die Frauenklöster Deggingen [in der Mitte des 10. Jahrhunderts], Bergen [976], Neuburg an der Donau [1002], Mangoldstein [nach 1024] und Unterliezheim [1026])[362], wobei sich unter den adligen Stifterfamilien besonders die Aribonen auszeichneten, die Göß und Seeon sowie später (um 1075) auch Millstatt gründeten[363], aber insgesamt standen die Zeichen nach dem Niedergang unter den späten Karolingern und nach den Einfällen der Ungarn mehr auf Konsolidierung der einzelnen Gemeinschaften als auf intensiver Ausgestaltung der Klosterlandschaft. Natürlich waren dabei die Bischöfe gefordert, aber auch die Herrscher verliehen oder erneuerten den Konventen weiterhin Privilegien[364], und selbst die Päpste wurden (auf Anfrage hin) aktiv, indem sie die neugegründeten Klöster Seeon und Göß bestätigten und Seeon sogar ausdrücklich in ihren Schutz aufnahmen[365] (was aus der Retrospektive wie ein früher Vorbote einer neuen, durch engere Beziehungen zwischen dem apostolischen Stuhl und einzelnen Klöstern[366] charakterisierten Zeit erscheinen mag). Monastisches Hauptanliegen aber war seit dem letzten Drittel des 10. Jahrhunderts die Reform[367], die von Lothringen ihren

---

[360] Vgl. dazu und zum folgenden den Überblick von F. PRINZ, in: HBG I 464–474, und von A. LAYER, in: HBG III/2, 870–879, sowie DOPSCH, Geschichte Salzburgs I/2, 1013–1037.

[361] Vgl. BRACKMANN, Provincia Salisburgensis 280, 299 (vgl. dazu auch D. GERSTL, Benediktinische Klöster im Bistum Regensburg, in: Ratisbona Sacra 178–180, bes. 179) und 72, 95, 113, 108, 124.

[362] Vgl. dazu A. LAYER, in: HBG III/2, 878f, sowie BRACKMANN, Provincia Maguntinensis 101f und 94.

[363] Vgl. DOPSCH, Geschichte Salzburgs I 1033–1036.

[364] Dazu vgl. für St. Afra MGH.D K.II 191; für Benediktbeuern D H.III [297.] 362a/b; für Deggingen D H.II 357; für Ebersberg D H.III 15. 334; für Ellwangen D O.I 233, O.III 38, H.II 53. 505; für St. Emmeram vgl. Anm. 223; für St. Florian D H.II 7; für Göß D H.II 428. 437. 488. 489; für Innichen D O.I 448 (unecht). 452 (unecht), O.III 109 [vgl. dazu G. JENAL, Die geistlichen Gemeinschaften in Trentino-Alto Adige bis zu den Gründungen der Bettelorden, in: Atti della Accademia Roveretana degli Agiati. Contributi della Classe di scienze umane, di lettere ed arti 235, 1985, ser. VI,25,A (= La regione Trentino-Alto Adige nel Medioevo 1) 1986, 309–370, bes. 317f, sowie E. KÜHBACHER, Das Benediktinerkloster Innichen, in: Der Schlern 64 (1990) 142–165]; für Kühbach D H.II 230, H.III 87; für Lieding D O.II 110; für Metten D O.II 133, H.III 275; für Michaelbeuren D O.II 164; für Moosburg D H.III 111; für Niederaltaich D H.II 6. 91. 103. 198. 211. 229. 404, H.III 25. 137. 212. 232; für Niedermünster D (O.I 432. 433., O.II 40. 41) H.II 29. 116. 460., K.II 31; für Niedernburg D H.II 214. 215. 216. 217 [dazu vgl. auch BRÜHL, Deutschland-Frankreich 645 Anm. 145]; für Nonnberg D H.II 59; für Obermünster D H.II 213. 455a/b, K.II 28. 139, H.III 299; für Ottobeuren D O.I 453 (unecht; vgl. Anm. 381); (für Polling D H.II 212); für Prühl D H.II 192, K.II 225; für Rinchnach D K.II 135; für Seeon D O.III 318. 319, K.II 49; für Tegernsee D O.II 192, H.II 23. 193. 194. 231. 398. 431, K.II 30; für Weihenstephan D H.II 459; für Weltenburg D H.III 21.

[365] ZIMMERMANN, Papsturkunden 368 (999 April 18 für Seeon). 527 (102 April ? für Göß).

[366] Zu den einzelnen Belegen vgl. BRACKMANN, Provincia Salisburgensis 53–122, 176–257, 277–327, 337–382 sowie DERS., Provincia Maguntinensis 50–112.

[367] Dazu vgl.: noch immer grundlegend HALLINGER, Gorze-Kluny (dazu siehe auch T. SCHIEFFER, Cluniazensische oder gorzische Reformbewegung? [Bericht über ein neues Buch], in: H. RICHTER [Hg.],

Ausgang genommen hatte und unter Wolfgang von Regensburg ihren Weg nach Bayern fand.

Während seines Aufenthaltes an der Mosel hatte Wolfgang das gerade in Oberlothringen starke Bemühen um die Erneuerung des Mönchtums kennengelernt[368], und die Verbindungen, die er bei dieser Gelegenheit hatte knüpfen können, machte er sich zunutze, als er nach seiner Erhebung zum Bischof die Reform des Regensburger Mönchtums in Angriff nahm. Obwohl er selbst, seinen asketischen Neigungen folgend, einst in Einsiedeln[369] Profeß abgelegt hatte, holte er sich nicht aus diesem Konvent, sondern aus St. Maximin bei Trier die entscheidende Reformhilfe: den Mönch Ramwold, den er 974 an die Spitze von St. Emmeram stellte und ein Jahr später zum Abt erhob. Mit diesem Akt wurde nicht nur die endgültige Trennung von Domstift und Kloster besiegelt[370], sondern mit ihm begann auch ein äußerst erfolgreiches Wirken des greisen Ramwold, der durch die ihm übertragene Aufgabe offensichtlich auflebte, trotz fortgeschrittenen Alters noch mehr als ein Vierteljahrhundert an der Spitze der Abtei stand und diese wirtschaftlich sicherte, dessen Einsatz für die Verwirklichung monastischer Disziplin nach der Regel des hl. Benedikt und nach Reformtraditionen, die in den lothringischen und darüber hinaus in den westfränkisch-französischen Raum verweisen[371], schließlich aber auch über die Mauern des eigenen Klosters hinausdrang und eine stattliche Anzahl weiterer Konvente erfaßte.

Zunächst aber versuchte Wolfgang selbst, die Reform in seiner Kathedralstadt weiter auszubreiten und sie in den adligen Damenstiften Ober- und Niedermünster durchzuführen. Hierbei stieß er jedoch auf Widerstände, die er nicht sofort zu überwinden vermochte. Deshalb gründete er 983 zunächst das Nonnenkloster St. Paul (Mittelmünster), dessen Konvent den Stiftsfrauen ein frommes Beispiel geben sollte. Die Umwandlung der beiden älteren Frauenstifte in reguläre Nonnenklöster gelang aber erst 986 mit Hilfe des bayerischen Herzogs Heinrich des Zänkers, der die widerstrebenden Kanonissen von Niedermünster einfach vertrieb[372].

---

Cluny. Beiträge zu Gestalt und Wirkung der cluniazensischen Reform [= WdF 241] 1975, 60–90 [erstmals in: Archiv für mittelrheinische Kirchengeschichte 4 (1952) 24–44], und die Kritik von J. WOLLASCH, Neue Methoden der Erforschung des Mönchtums im Mittelalter, in: HZ 225 [1977] 529–571) und WOLLASCH, Mönchtum des Mittelalters 145–167, sowie die jüngste Sammlung von Aufsätzen zum Thema hg. von R. KOTTJE – H. MAURER: Monastische Reformen im 9. und 10. Jahrhundert (= VoF 38) 1989.

[368] Vgl. dazu und zum folgenden SCHWAIGER, Der heilige Wolfgang 42–44 und 47f; DERS., Benediktiner 16–19; KLOSE, St. Wolfgang als Mönch 68–73 und 75–77; HALLINGER, Gorze-Kluny 114f; RÄDLINGER-PRÖMPER, St. Emmeram 143–146.

[369] Zu diesem Kloster vgl. H. KELLER, Kloster Einsiedeln im ottonischen Schwaben (= Forschungen zur oberrheinischen Landesgeschichte) 1964.

[370] Vgl. dazu Anm. 325.

[371] Vgl. die Redactio s. Emmerammi, dicta Einsidlensis saec. X., rec. M. WEGENER et C. ELVERT, complevit K. HALLINGER, CCM 7/3 (1984) 187–256, sowie dazu CCM 7/1 (1984) 171–182, bes. 175, aber auch H. HOFFMANN, Buchkunst und Königtum im ottonischen und frühsalischen Reich I (= MGH.Schriften 30,1) 1986, 283f.

[372] Othloni vita s. Wolfkangi ep., cap. 17, MGH.SS IV (1841) 533f; vgl. TOMEK, Klöster im XI. Jahrhundert 124–126; HALLINGER, Gorze-Kluny 136f; KLOSE, St. Wolfgang als Mönch 76f; P. SCHMID, Von der Herzogskirche zum kaiserlichen Reichsstift, in: Ratisbona Sacra 143f.

Von diesem Reformeingriff gingen allerdings keine weiteren Impulse aus[373]; Ausstrahlungskraft gewann allein die Abtei St. Emmeram, die im Verlauf des 11. Jahrhunderts zwar wiederholt in Konflikte mit den Bischöfen um ihre Rechtsstellung geriet und in der Mitte des Jahrhunderts zur Untermauerung ihrer Ansprüche massiv auf Fälschungen und zum Teil recht abenteuerliche Fiktionen zurückgriff[374], moralische Autorität und reformerische Attraktivität aber auch noch nach dem Tode des Bischofs Wolfgang bewahrte und aus ihrem Konvent eine Reihe von Mönchen entsenden konnte, Verkünder des Reformgedankens, die in anderen Klöstern zur Abtswürde aufstiegen[375]: Nach Tegernsee ging 982 Gozpert, nach St. Peter in Salzburg 987 Tito, nach Seeon um 994 Adalpert, nach Mondsee noch vor 1000 Adalrad, nach Weltenburg vor 1040 Albricus und um 1045/50 Buolo, nach Prüll etwa zur gleichen Zeit Reginpert[376]. Auf diese Weise breiteten sich natürlich auch die Prinzipien der monastischen Reformbewegung aus, wenn sich die Intensität ihrer Verwirklichung in den einzelnen Klöstern zumeist auch nicht mehr feststellen läßt. Da diese Abteien aber ihrerseits die Reform an andere Klöster weitergaben — so wurde Weihenstephan 1021 von Seeon, Benediktbeuern 1031 von Tegernsee aus reformiert[377] —, verbreitete sich die Erneuerungsbewegung des Mönchtums gleichsam netzförmig über die Salzburger Kirchenprovinz[378] und erfaßte schließlich auch das Bistum Augsburg, wo sich schon Bischof Udalrich Verdienste um das Klosterwesen erworben hatte, wenn auch mehr als Förderer der materiellen Grundlagen und der inneren Ordnung denn als Refor-

---

[373] Vgl. JANNER, Bischöfe von Regensburg I 394–402; SCHWAIGER, Der heilige Bischof Wolfgang 51; DERS., Benediktiner 17; C. LOHMER, Kanonikerstifte im Bistum Regensburg im Mittelalter, in: 1250 Jahre Kunst und Kultur im Bistum Regensburg (= Kataloge und Schriften der Kunstsammlungen des Bistums Regensburg – Diözesanmuseum 7) 1989, 195–207, bes. 197f.

[374] Vgl. dazu K. J. BENZ, Regensburg in den geistigen Strömungen des 10. und 11. Jahrhunderts, in: Zwei Jahrtausende Regensburg (= Schriftenreihe der Universität Regensburg 1) 1979, 75–95, bes. 81–88; E. FREISE, St. Emmeram zu Regensburg, in: Ratisbona Sacra 182–188; BOSHOF, Bischöfe 118f und 126–129 (und die hier verzeichnete Literatur), sowie A. KRAUS, Civitas Regia. Das Bild Regensburgs in der deutschen Geschichtsschreibung des Mittelalters (= Regensburger Historische Forschungen 3) 1972, 38–45; DERS., Translatio; DERS., Saint-Denis 535–549.

[375] Vgl. E. FREISE, Die Äbte und der Konvent von St. Emmeram im Spiegel der Totenbuchführung des 11. und 12. Jahrhunderts, in: E. FREISE – D. GEUENICH – J. WOLLASCH (Hg.), Das Martyrolog-Necrolog von St. Emmeram zu Regenburg (= MGH.LMN III) 1986, 96–106, bes. 104–105.

[376] Vgl. HALLINGER, Gorze-Kluny 133–136 (vgl. auch 116–118), 137–139, 142f, 154–156, 144f, 140f.

[377] Vgl. HALLINGER, Gorze-Kluny 143, 156, 158f, zu Benediktbeuern auch HEMMERLE, Bistum Augsburg I 93f und 436–439, sowie zu Weihenstephan ebd. 322; B. UHL, Das Benediktinerkloster Weihenstephan, in: Freising. 1250 Jahre Geistliche Stadt (= Kataloge des Diözesan-Museums Freising 9) 1989, 145–151, bes. 145f; DERS. (Bearb.), Die Traditionen des Klosters Weihenstephan (= QuE NF 27,1) 1972, 14*–20*, 99*–108*, 114*–115*.

[378] Vgl. dazu TOMEK, Klöster im XI. Jahrhundert 95–137; HALLINGER, Gorze-Kluny (unter den entsprechenden Stichwörtern); KLOSE, St. Wolfgang als Mönch 76–78; zur ersten Orientierung kann aber auch herangezogen werden die (in ihren Ausführungen allerdings nicht fehlerfreie und daher überarbeitungsbedürftige) Zusammenstellung der bayerischen Benediktinerklöster durch J. HEMMERLE, Die Benediktinerklöster in Bayern (= GermBen 2) 1970, sowie die Übersicht über die Regensburger Verhältnisse von K. HAUSBERGER, Das Bistum Regensburg als Klosterlandschaft. Ein historischer Abriß, in: 1250 Jahre Kunst und Kultur im Bistum Regensburg (= Kataloge und Schriften der Kunstsammlungen des Bistums Regensburg – Diözesanmuseum 7) 1989, 177–194, bes. 180f.

mer³⁷⁹. Von Otto dem Großen war Udalrich deshalb auch die Aufsicht über die Königsklöster Kempten und Ottobeuren übertragen worden³⁸⁰, wodurch der Bischof einen Einfluß erlangte, den er offenbar dazu nutzte, dem Konvent von Ottobeuren die freie Abtswahl zu sichern³⁸¹. Seit dem Ende des 10. Jahrhunderts aber gewann auch die monastische Reformbewegung in der Augsburger Diözese an Boden: In Ellwangen hatte die Reform — besonders auch durch das Wirken des um 984 verstorbenen Mönchs aus St. Maximin und ersten Abtes von (Mönchen-)Gladbach Sandrat — schon recht früh Fuß gefaßt³⁸²; Feuchtwangen hingegen ist (wenn auch nur kurzfristig) erst 993 bis 995 von Tegernsee aus beeinflußt worden, während Kempten, Ottobeuren, Füssen, St. Afra in Augsburg und Thierhaupten im 11. Jahrhundert von der Erneuerungsbewegung erfaßt worden sind, wobei die in diesem Prozeß wirksam werdenden Einflüsse jedoch nicht immer völlig klar erkennbar sind, vor allem aber von Einsiedeln und indirekt wohl auch von Regensburg ausgegangen sein dürften³⁸³. Hinweise auf Beziehungen unter den von der Reform erfaßten Klöstern geben dabei auch die *libri memoriales*, wie etwa das mit nekrologischen Randnotizen versehene Martyrologium von Mondsee, das intensive Verbindungen des Klosters³⁸⁴ nach Regensburg, Salzburg, Passau und Niederaltaich erkennen läßt³⁸⁵, oder das Martyrolog-Necrolog von St. Emmeram³⁸⁶, das das weiträumige Beziehungsgeflecht dieser Abtei widerspiegelt³⁸⁷.

Aber nicht nur von St. Emmeram, sondern auch von dem in der Passauer Diözese gelegenen Kloster Niederaltaich sind wichtige Reformimpulse ausgegangen. Die ehemalige Benediktinerabtei hatte sich im 10. Jahrhundert längst zu einem Kanonikerstift gewandelt³⁸⁸. Um 990 jedoch wurde dieses auf Rat der Bischöfe Pilgrim von Passau und Wolfgang von Regensburg durch Herzog Heinrich den Zänker wieder in ein reguläres Mönchskloster umgewandelt, an dessen Spitze — wohl aus Einsiedeln

---

379 Vgl. WEITLAUFF, Der heilige Bischof Udalrich 24–26; ZOEPFL, Bischof Udalrich von Augsburg und das Mönchtum, in: Bischof Ulrich von Augsburg und seine Verehrung (= JVABG 7) 1973, 65–74.
380 VOLKERT, Regesten Augsburg I 115 und 153. 154. 156. Zu Kempten vgl. G. KREUZER, Gründung und Frühgeschichte des Klosters, in: V. DOTTERWEICH (Hg.), Geschichte der Stadt Kempten, 1989, 71–78, bes. 73.
381 MGH.D O.I +453; zu dem gefälschten Diplom, das möglicherweise auf eine echte Vorlage zurückzuführen ist, vgl. VOLKERT, Regesten Augsburg I +151, und SCHWARZMAIER, Königtum 31 und 121–124.
382 Vgl. HALLINGER, Gorze-Kluny 118f und 233, und K. FIK, Zur Geschichte der Leitung der Abtei Ellwangen, in: V. BURR (Hg.), Ellwangen 764–1964, 1964, I 107–152, bes. 122.
383 Vgl. HALLINGER, Gorze-Kluny 139f, 275–279 und 157; KLOSE, St. Wolfgang als Mönch 78. Von Bedeutung ist in diesem Zusammenhang auch, daß die zur Zeit Ramwolds in Regensburg entstandene Redactio s. Emmerammi schließlich von der Donau nach Einsiedeln gelangte: Vgl. HALLINGER, Consuetudinum VII/1, 174f und 181.
384 Zu diesem vgl. HALLINGER, Gorze-Kluny 154–156, sowie S. HAIDER, Mondsee, in: LdMa 6 (1993) 751f (und die hier verzeichnete Literatur).
385 Vgl. WOLLASCH, Mönchtum des Mittelalters 83–88.
386 E. FREISE – D. GEUENICH – J. WOLLASCH (Hg.), Das Martyrolog-Necrolog von St. Emmeram zu Regensburg (= MGH.LMN III) 1986.
387 Vgl. J. WOLLASCH, Das Martyrolog-Necrolog von St. Emmeram als Zeugnis für die Geschichte des Mönchtums im Reich, in: Das Martyrolog-Necrolog von St. Emmeram zu Regensburg (= MGH.LMN III) 1986, 11–27, bes. 19–21 und 25f.
388 Vgl. dazu STADTMÜLLER, Niederaltaich 88–91, und KLOSE, St. Wolfgang als Mönch 78–82.

— der schwäbische Mönch Erkanbert berufen worden ist[389]. Doch konnte sich dieser nicht auf Dauer behaupten. Nach einer Phase der Wirrungen trat schließlich 996 unter Einfluß Herzog Heinrichs (des späteren Kaisers) Godehard an seine Stelle, der dann in enger Fühlungnahme mit Ramwold von St. Emmeram die Reform in Niederaltaich durchführte[390]. Wie eng und offenbar ohne gegenseitige Abschirmung die Reformer zusammenwirkten, das zeigt auch die monastische Ausstrahlung, die Niederaltaich bald innerhalb der Salzburger Kirchenprovinz gewann und von der nicht nur die eigene Zelle Rinchnach im Bayerischen Wald, das Passauer Eigenkloster Kremsmünster und die Neugründung Ossiach in Kärnten[391], sondern auch Tegernsee erfaßt worden ist[392]. Die Quirinusabtei, die 982 mit Gozbert ihren Abt aus St. Emmeram erhalten hatte, nachdem schon 978 die Reformierung des Konventes durch den St. Maximiner Mönch Hartwig in Angriff genommen worden war, ist damit ein Beispiel dafür, daß sich verschiedene Reformeinflüsse ergänzen konnten, ohne daß dadurch erkennbare Schwierigkeiten entstanden. Vielmehr erscheint das altehrwürdige Kloster im Netzwerk der Reformbeziehungen wie ein Schnittpunkt sich kreuzender Linien.

Das Ausgreifen der Niederaltaicher Reform nach Tegernsee erfolgte offenbar im Auftrag des bayerischen Herzogs[393]; die Herzogsgewalt zeigte damit, wie auch schon früher, als Heinrich der Zänker die Reform von Ober- und Niedermünster sowie von Niederaltaich unterstützte[394], ein unverkennbares Interesse an der moralischen Erneuerung von Klostergemeinschaften, die in ihrem Zuständigkeitsbereich lagen. Inwieweit die monastische Erneuerungsbewegung in Bayern und im Bistum Augsburg darüber hinaus auch noch von anderen Adelsgewalten unterstützt worden ist, läßt sich im einzelnen nur schwer feststellen; eine mehr oder minder starke Einflußnahme ist aber grundsätzlich nicht auszuschließen und läßt sich für die klostergründende Familie der Aribonen[395] ohne weiteres vermuten[396]. Wichtiger war allerdings der Rückhalt am bayerischen Herzog, denn dieser Umstand wirkte sich auf besondere Art und Weise aus, nachdem Heinrich, der Sohn des Zänkers, 1002 zum Königtum aufgestiegen war: Von nun an fanden die Reformer aus Bayern mit Hilfe des Herrschers im gesamten Reich ihr Betätigungsfeld[397].

---

[389] BOSHOF, Regesten der Bischöfe von Passau I 240; vgl. dazu TOMEK, Klöster im XI. Jahrhundert 107; HALLINGER, Gorze-Kluny 163–168, sowie zu den Aktivitäten des Herzogs auch WEINFURTER, Zentralisierung 241–297, bes. 249f.
[390] Vita Godehardi prior, cap. 10, MGH.SS XI (1854) 175. Vgl. dazu allg. auch TOMEK, Klöster im XI. Jahrhundert 109; STADTMÜLLER, Niederaltaich 100–105, sowie zu Godehard G. SCHWAIGER, Der heilige Gotthard, Abt von Niederaltaich und Bischof von Hildesheim (960 – 5. Mai 1038), in: Bavaria sancta 3, 111–124, bes. 114–121, und H. GOETTING (Bearb.), Das Bistum Hildesheim III: Die Hildesheimer Bischöfe von 815 bis 1221 (1227) (= GermSac NF 20/3) 1984, 230–256.
[391] Vgl. HALLINGER, Gorze-Kluny 171f, 173, 176.
[392] Vgl. dazu und zum folgenden TOMEK, Klöster im XI. Jahrhundert 111f, und HALLINGER, Gorze-Kluny 168, 629 und 133.
[393] Vgl. die Tegernseer Briefsammlung (Froumund) Nr. 52, hg. von K. STRECKER (= MGH.Epp III) 1925, 62; vgl. dazu HALLINGER, Gorze-Kluny 168 mit Anm. 3; HOFFMANN, Mönchskönig 41.
[394] Vgl. Anm. 372, 389 und 390.
[395] Vgl. Anm. 363.
[396] Vgl. KLOSE, St. Wolfgang als Mönch 83–88.
[397] Vgl. WOLLASCH, Mönchtum des Mittelalters 162f; HOFFMANN, Mönchskönig 28–49.

§ 13. Institutionen und Strukturen (F.-R. Erkens)  185

Schon 1001 war von St. Emmeram aus die fränkische Abtei (Münster-)Schwarzach reformiert worden, 1005, 1013 und 1014 folgten die alten Königsklöster Lorsch, Fulda und Corvey, 1027 das Taunuskloster Bleidenstadt und in der Mitte des Jahrhunderts schließlich auch das Bamberger Kloster auf dem Michelsberg[398]; Niederaltaich dagegen strahlte 1005 nach Hersfeld aus[399] und schließlich sogar über die Reichsgrenze bis nach Ostrow in Mähren, Břevnow in Böhmen, Bakonybel in Ungarn und nach Leno bei Brescia[400]. Ohne Zweifel stand hinter dieser Ausbreitung der Reform durch Aussendung von Mönchen, die in bayerischen Klöstern erzogen worden waren, ganz massiv der Wille Heinrichs II.[401], und es waren vor allem der Ramwoldschüler Poppo als Abt von Lorsch und Fulda[402] sowie Godehard von Niederaltaich, von 1005–1012 persönlich in Hersfeld tätig und seit 1022 sogar Bischof von Hildesheim[403], die dem Herrscher in seinem Bemühen um die monastische Reform mit vollem Einsatz zur Seite standen.

Für die Regierungszeit Heinrichs II. läßt sich daher mit Blick auf die bayerischen Klöster dasselbe feststellen, was auch schon für die Domkirchen vermerkt werden konnte: der Rückgriff auf das personelle Reservoir von Geistlichen aus dem Stammland des letzten Liudolfingerherrschers. Wenn in dieser Hinsicht die Bedeutung Bayerns unter dem ersten Salier auch zwangsweise geringer werden mußte, so ging sie doch nicht völlig verloren[404], ja, in einem gewissen Sinne erreichte sie jetzt sogar noch einen Höhepunkt, als nämlich Konrad II. den aus Niederaltaich stammenden Abt Richer von Leno 1038 an die Spitze des Konventes von Montecassino berief und damit einem in dem Donaukloster nach den Grundsätzen der Godehardreform erzogenen Mönch die Leitung und vor allem die moralische Erneuerung des benediktinischen Mutterklosters anvertraute[405]. Konrad traf damit eine Entscheidung, die durchaus mit einer (allerdings eine völlig andere Dimension besitzende) Maßnahme seines Sohnes aus dem Jahre 1048 vergleichbar ist: So wie Heinrich III. damals den Brixener Bischof Poppo an die Spitze der römischen Kirche und damit in die Nach-

---

398 Vgl. HALLINGER, Gorze-Kluny 149f, 151–154, 157, 160, und KLOSE, St. Wolfgang als Mönch 77f.
399 Vgl. TOMEK, Klöster im XI. Jahrhundert 113–116, und HALLINGER, Gorze-Kluny 169f (zu den Hersfelder Propsteien Göllingen, Memleben und Johannisberg vgl. 170, 172, 173).
400 Vgl. HALLINGER, Gorze-Cluny 171, 175f, 174.
401 Vgl. dazu etwa WOLLASCH, Mönchtum des Mittelalters 162f.
402 Zu diesem vgl. J. SEMMLER, Die Geschichte der Abtei Lorsch von der Gründung bis zum Ende der Salierzeit (764–1125), in: Die Reichsabtei Lorsch. Festschrift zum Gedenken an ihre Stiftung 764, hg. v. F. KNÖPP, I 1973, 75–173, bes. 95f und 119, sowie F. KNÖPP, Poppo, Abt von Fulda. 1014–1018, ebd. 321–323, und T. FRANKE, Studien zur Geschichte der Fuldaer Äbte im 11. und frühen 12. Jahrhundert, in: AfD 33 (1987) 55–238, bes. 98–107.
403 Zu diesem vgl. Anm. 222, aber auch SCHIEFFER, Heinrich II. und Konrad II. 17.
404 Vgl. SCHIEFFER, Heinrich II. und Konrad II. 24f.
405 Vgl. dazu HALLINGER, Gorze-Kluny 174f; W. WÜHR, Die Wiedergeburt Montecassinos unter seinem ersten Reformabt Richer von Niederaltaich († 1055), in: Studi Gregoriani 3 (1948) 369–450, bes. 404–441; H. HOFFMANN, Die älteren Abtslisten von Montecassino, in: Quellen und Forschungen aus italienischen Archiven und Bibliotheken 47 (1967) 224–354, bes. 313–315; DERS., Zur Geschichte Montecassinos im 11. und 12. Jahrhundert, in: DORMEIER (wie folgt) 1–20, bes. 12f; H. DORMEIER, Montecassino und die Laien im 11. und 12. Jahrhundert (= MGH.Schriften 27) 1979, 27, 53, 56.

folge des hl. Petrus stellte[406], so wurde zehn Jahre zuvor ein Mönch aus Bayern zum Nachfolger des hl. Benedikt bestimmt und damit verpflichtet, die unmittelbare Tradition des Vaters des abendländischen Mönchtums und Schöpfers jener *regula*[407], die für alle Klosterreformer des früheren Mittelalters verbindlich war, aufzugreifen und fortzusetzen.

---

[406] Vgl. oben Anm. 234.
[407] Vgl. dazu R. HANSLIK, B[enedikt] von Nursia, in: LdMa 1 (1980) 1867f, sowie ebd. 1869–1902 den von verschiedenen Autoren verfaßten Artikel ›Benediktiner, -innen‹ (bes. 1869–1875).

# DIE REICHSKIRCHE IN FRANKEN

## DIE BISTÜMER WÜRZBURG UND EICHSTÄTT IN KAROLINGISCHER, OTTONISCHER UND FRÜHSALISCHER ZEIT. DIE GRÜNDUNG DES BISTUMS BAMBERG

Das Reichskirchensystem[1] oder besser die reichskirchliche Praxis[2] beruhte darauf, daß der König Männer aus seiner Umgebung, die ihre politische Prägung in seiner Hofkapelle erfahren hatten, auf die Bischofsstühle setzte, um sich und dem Reich eine treue Klientel aufzubauen. Beginnend in der karolingischen, verstärkt in der ottonischen und salischen Epoche wurden die Bischöfe immer stärker in den Dienst des Reiches genommen. Sie fungierten als Berater der Herrscher auf Reichstagen und Synoden, als Diplomaten und auch als Heerführer. Zur Erfüllung ihrer außerkirchlichen Aufgaben übertrugen die Könige ihnen Einkünfte und Besitzungen, so daß die Bischöfe schließlich Territorien aufbauten und Herrschaft ausübten. Immer längere Zeiträume entführte sie der Reichsdienst ihren Bistümern und damit ihren pastoralen Aufgaben.

Einen Höhepunkt erreichte die Intensivierung der königlichen Kirchenherrschaft unter Heinrich II.[3] Er verband Reichskirchenherrschaft und Reichslandpolitik aufs engste, wie es deutlich wird bei der Gründung des Bistums Bamberg. Prägnant hat er bei der Bestätigung des Bamberger Kloster Michelsberg das dahinter stehende Weltbild in Anlehnung an den Anastasiusbrief des Papstes Gelasius formuliert: *Duo sunt, quibus mundus hic principaliter regitur, pontificum auctoritas et regalis potestas* (Zwei sind es, durch die diese Welt an erster Stelle regiert wird: die Autorität der Bischöfe und die königliche Macht)[4].

---

[1] L. SANTIFALLER, Zur Geschichte des ottonisch-salischen Reichskirchensystems (= SAWW.PH 229,1) ²1964. Zur Forschungsdiskussion: O. KÖHLER, Die Ottonische Reichskirche. Ein Forschungsbericht, in: Adel und Kirche. Gerd Tellenbach zum 65. Geburtstag dargebracht von Freunden und Schülern, hg. v. J. FLECKENSTEIN, 1968, 141–204; J. FLECKENSTEIN, Zum Begriff der ottonisch-salischen Reichskirche, in: DERS., Ordnungen und formende Kräfte des Mittelalters, 1989, 211–221. — Zu Synoden in karolingischer Zeit vgl. HARTMANN, Synoden der Karolingerzeit; in ottonischer Zeit WOLTER, Synoden.
[2] WENDEHORST, Bischöfe und Bischofskirchen 238.
[3] WEINFURTER, Zentralisierung 241–243.
[4] 1017 Mai 8. MGH.D H.II 468, nr. 366. Gelasiuszitat: E. SCHWARTZ, Publizistische Sammlungen zum acacianischen Schisma (= Abhandlungen der Bayerischen Akademie der Wissenschaften, phil.-hist. Kl. NF 10) 1934, 20.

In merkwürdigem Kontrast zu den politischen Aktivitäten der Bischöfe steht das in den zeitgenössischen Viten bis in die Mitte des 11. Jahrhunderts vertretene Bischofsideal. Es war von monastischer Spiritualität geprägt[5]. Ruotger muß die Verquickung geistlicher Pflichten und weltlicher Aufgaben bei Erzbischof Brun von Köln eigens rechtfertigen[6]. Und auch in der Vita des heiligen Bischofs Ulrich von Augsburg findet sich die gedankliche Trennung zwischen weltlichen Herrschaftsgeschäften und der geistlichen Sphäre.

Reichskirche aber bedeutet gerade die enge Verbindung, ja Verquickung von *imperium* und *sacerdotium*, die Nutzung des Kirchengutes wie die Ernennung der Bischöfe durch den Herrscher. Eine Teilung zwischen staatlichen und kirchlichen Aufgaben fand nicht statt. Die Kirche war gleichzeitig Instrument königlicher und Träger eigener Herrschaft.

Bei allen Gemeinsamkeiten der ostfränkischen Bistümer, die in unterschiedlicher Intensität in den Mainzer Metropolitanverband eingebunden waren, wird man doch ihre gravierenden, nicht nur in der Persönlichkeit der jeweils regierenden Bischöfe wurzelnden Unterschiede nicht vergessen dürfen. Alfred Wendehorst weist darauf hin, daß Glaubensboten und Bistumsgründer je unterschiedliche Traditionen begründeten, wie sie besonders in liturgischen Texten überliefert werden. »Glaubensboten und Bistumsgründer stehen am Anfang und im Zentrum geschichtlicher Überlieferung der Bistümer, zusammen mit Liturgie und Brauchtum prägen sie ihr Selbstverständnis über die Zeiten hinweg«[7]. Während man in Würzburg stolz war auf einen *martyr et pontifex*, stand am Beginn Eichstätts ein *pontifex et confessor*. Trotz eines *imperator et confessor* konnte Bamberg den Kultvorsprung Würzburgs nicht einholen.

## § 14. DAS BISTUM WÜRZBURG

### a) Die Bischofsreihe

Der Pontifikat des Bischofs Berowelf[8] (768/69–800) markiert für Würzburg die Lösung von der angelsächsisch-bonifatianischen Tradition, wie sie deutlich wird bei der Resignation des fränkischen Bonifatius-Schülers Megingoz. Berowelf griff über den ersten kanonischen Bischof von Würzburg Burkard I. zurück und sorgte für die Übertragung der Gebeine des heiligen Kilian und seiner irischen Gefährten in den

---

5 ENGELS, Reichsbischof 63.
6 ENGELS, Reichsbischof 51–58.
7 WENDEHORST, Bischöfe und Bischofskirchen 225f.
8 WENDEHORST, Würzburg I 31–36. – Allgemein: WENDEHORST, Würzburg I (mit allen Einzelnachweisen). Als Zusammenfassung: A. WENDEHORST, Das Bistum Würzburg. Ein Überblick von den Anfängen bis zur Säkularisation, in: FDA 86 (1966) 9–93, hier 10–19. Zuletzt STÖRMER, Karolingerreich 161–165.

788 in Gegenwart Karls des Großen geweihten Salvator-Dom[9]. Wohl gleichzeitig erfolgte die Verlegung des Sitzes des Domklerus vom Andreaskloster in die rechtsmainische Siedlung. Unter Berowelf wurde der 800 genannte rechtsmainische Salvator-Dom an der Stelle des heutigen Neumünsters vollendet[10], über dessen Standort eine Forschungskontroverse entbrannte[11]. Ein zweites Mal konnte Berowelf den fränkischen König 793 in Würzburg begrüßen, wo dieser das Weihnachtsfest feierte.

Karl der Große hatte den Würzburger Bischöfen den Auftrag zur Missionierung der Main- und Rednitzwenden erteilt. Ebenfalls im Auftrag des Königs betreute Würzburg den Missionssprengel Paderborn und stellte mit den Sachsen Hathumar und Badurad, die dem Domklerus angehört hatten, die ersten Bischöfe[12]. Berowelf starb im September 800[13].

Über die reichen Bestände der Würzburger Dombibliothek der Zeit um 800 unterrichtet ein erhaltenes Bücherverzeichnis, das 36 Codices nachweist[14]. Den deutlichen Schwerpunkt bildeten Handschriften angelsächsischer Provenienz, die den Einfluß des Bonifatius und seines Schülerkreises verraten[15]. Die Bibliothek stellte nach ihrem qualitativen und quantitativen Bestand an frühen Handschriften »ein Monument von europäischem Rang« dar[16].

Über Berowelfs Nachfolger Liutrit[17] (800–803) und Egilwart[18] (803–810) wird wenig bekannt; unter letzterem scheint die Erbauung der 14 Slawenkirchen zum Abschluß gekommen zu sein, mit der Karl der Große Würzburg betraut hatte[19]. Eine etwas längere Wirkungszeit war Wolfgar[20] (810–832) beschieden. Er erhielt 822 auf der Frankfurter Reichsversammlung von Ludwig dem Frommen die Bestätigung der Immunität der von Karlmann an Würzburg geschenkten Dotationskirchen und der von diesem, seinem Bruder Pippin und anderen geschenkten Güter, Marken und Einkünfte[21]. Eine verlorene Urkunde Karls des Großen diente dabei als Vorlage. Die

---

[9] WENDEHORST, Würzburg I 32. Zur mittelalterlichen Topographie Würzburgs: W. SCHICH, Würzburg im Mittelalter. Studien zum Verhältnis von Topographie und Bevölkerungsstruktur (= Städteforschung A 3) 1977.

[10] 800 Mai. F. J. BENDEL, Urkundenbuch der Benediktiner-Abtei St. Stephan in Würzburg I, neu bearb. v. F. HEIDINGSFELDER und M. KAUFMANN (= VGFG III,1) 1912, 3, nr.1.

[11] Forschungsdiskusson bei LINDNER, Untersuchungen 151–167, doch ist seiner Wertung nicht zuzustimmen. Das Grab des hl. Kilian wurde immer an der Stelle des heutigen Neumünsters verehrt, vgl. WENDEHORST, Würzburg IV 48–50.

[12] WENDEHORST, Ostfränkische Mission in Sachsen, in: ERICHSEN, Kilian 281–285.

[13] WAGNER, Frühzeit 104, kann den 29. September als Todestag wahrscheinlich machen.

[14] BISCHOFF–HOFMANN 142–148.

[15] G. MÄLZER, Die Bibliothek des Würzburger Domstifts, in: WDGB 50 (1988) 509–544.

[16] F. DRESSLER, Vorwort, in: H. THURN, Die Pergamenthandschriften der ehemaligen Dombibliothek (= Die Handschriften der Universitätsbibliothek Würzburg III/1), 1984, IX.

[17] WENDEHORST, Würzburg I 34f.

[18] WENDEHORST, Würzburg I 35f.

[19] Vgl. zuletzt GELDNER, Slavenkirchen 192–205.

[20] WENDEHORST, Würzburg I 36–39; WAGNER, Frühzeit 105 hält am 12. November 831 als Todestag fest.

[21] 822 Dezember 19. MonBoica 37, 4f, nr. 5.

Zehntansprüche Fuldas konnte Wolfgar im Vertrag von Retzbach auf dessen Eigenkirchen beschränken[22].

Wolfgars Nachfolger Hunbert (833–842)[23] ist wohl identisch mit dem Mainzer Chorbischof, der 819 bei der Translation der Gebeine des heiligen Bonifatius dem Mainzer Erzbischof Heistulf assistiert, die beiden Krypten der Kirche in Fulda geweiht und noch an der Mainzer Provinzialsynode vom Juni 829 teilgenommen hatte. Er widmete sich verstärkt den pastoralen Aufgaben seines Amtes. An den Reichsversammlungen von Diedenhofen im Februar 835, möglicherweise von Aachen im Dezember 837 und dem Reichstag und der Synode von Quierzy im September 838 nahm er teil. Bei den Auseinandersetzungen Ludwigs des Frommen mit seinen Söhnen stand er wohl auf der Seite des Kaisers[24]. In seinen letzten Lebensjahren unterhielt er einen intensiven Briefwechsel mit Hrabanus Maurus[25]. Gleichzeitig machte er sich um die Erweiterung der Würzburger Dombibliothek verdient. Die meisten der erhaltenen Handschriften des 9. Jahrhunderts entstanden in Würzburg selbst, einige stammen aus Fulda und einem unbekannten mainfränkischen Kloster[26].

Bischof Gozbald[27] (842–855), trotz intensiver westfränkischer Beziehungen wohl ostfränkischer Herkunft, Abt von Niederalteich und von 830 bis 833 Erzkapellan Ludwigs des Deutschen[28], stand auch als Bischof in enger Verbindung zu diesem König, als dessen *familiaris*[29] er 845 bezeichnet wird. Er war der erste in der langen Reihe der Würzburger Bischöfe, die sich zunächst in der königlichen Kanzlei bewährt hatten. Für sein Bistum erhielt er die Bestätigung älterer Herrscherdiplome durch Ludwig den Deutschen[30]. Aus Niederalteich hatte er bayerische Schreiber und Handschriften mit nach Würzburg genommen[31]. Die Einbindung Würzburgs in den Mainzer Metropolitanverband verdeutlicht seine Teilnahme an der im Oktober 847 unter dem Vorsitz des Hrabanus Maurus zusammengetretenen Provinzialsynode. 844 und 845 hielt er sich am Hof Ludwigs des Deutschen in Frankfurt, 851 in Regensburg auf. Im Oktober 852 beteiligte er sich am Reichstag zu Mainz, wo gleichzeitig eine Synode der ostfränkischen, bayerischen und sächsischen Bischöfe stattfand.

Seinem Schüler und Nachfolger Arn[32] (855–892) war eine lange Wirkungszeit beschieden. Er beteiligte sich an den Synoden seiner Zeit und stand in Kontakt zu Ludwig III. dem Jüngeren und Hinkmar von Reims, der ihn um seine Vermittlung in der westfränkischen Thronfolgefrage bat. Nachdem er nur einmal in der Umgebung Karls III. des Dicken begegnet war, ist er bereits auf der ersten, von Arnulf von

---

[22] JÖRG, Würzburg und Fulda 37f.
[23] WENDEHORST, Würzburg I 39–42; WAGNER, Frühzeit 105 setzt die Pontifikatszeit von 831–842 an.
[24] LINDNER, Untersuchungen 225f.
[25] MGH.Epp V 439–442, nrr. 26, 27, 444–448, nr. 29, dazu Appendix 523–526.
[26] BISCHOFF–HOFMANN 15–17, 117–126.
[27] WENDEHORST, Würzburg I 42–46.
[28] FLECKENSTEIN, Hofkapelle I 167f.
[29] 845 Juli 5. MGH.D LdD. I 57, nr. 42.
[30] 845 Juli 5. MGH.D LdD. I 54–57, nrr. 41, 42.
[31] BISCHOFF–HOFMANN 18–21, 126–137.
[32] WENDEHORST, Würzburg I 46–51.

Kärnten im Juni 888 nach Mainz einberufenen Synode nachweisbar. Dabei beklagte er sich über die Zustände in seiner Diözese. Am 21. November 889 erhielt er in Frankfurt vom König die Bestätigung älterer Diplome[33]. Bei dieser Gelegenheit bezeichnete ihn Arnulf als *honorabilis episcopus et dilectus fidelis noster*.

Im Juni 855, kurz vor Arns Bischofserhebung, war der Salvator-Dom vom Blitz getroffen worden und wenig später eingestürzt[34]. Daneben begann Arn an der Stelle des heutigen Domes mit dem Neubau der dem heiligen Kilian geweihten Kathedrale[35]. Thietmar von Merseburg zufolge richtete er nach dem Muster des Kiliansdomes auf dem Lande neun Kirchen ein, besonders wohl im östlichen Teil seines Bistums[36]. An mindestens vier Feldzügen beteiligte er sich. Er zog gegen die Böhmen unter Svatopluk und nahm an der erfolgreichen Abwehr eines Normanneneinfalls in Sachsen teil. Am 13. Juli 892 fiel er im Kampf gegen die Slawen unweit des Flusses Chemnitz; bei der Angabe Thietmars, er sei während der Zelebration der heiligen Messe erschlagen worden, handelt es sich wohl um eine fromme Legende[37]. Vom Beginn des 16. bis ins 18. Jahrhundert wurde er als Märtyrer verehrt.

Mit Rudolf[38] (892–908) wurde ein Angehöriger des mächtigen Geschlechts der Konradiner, die mit den Babenbergern um die Führungsstellung im östlichen Franken rangen, Bischof von Würzburg. Sicher waren es die Beziehungen seines Hauses zu König Arnulf, die ihn auf den Bischofsstuhl brachten. Arnulf hatte gleichzeitig den Babenberger Poppo als Markgrafen von Thüringen abgesetzt und Rudolfs Bruder Konrad ernannt, so daß die Bischofsernennung als Teil einer umfassenden, gegen die Babenberger gerichteten Politik deutlich wird. Trotz häufiger Aufenthalte Arnulfs und Ludwigs des Kindes in der Diözese Würzburg, besonders in Forchheim, und der Auseinandersetzungen der Konradiner mit den Babenbergern begegnet Rudolf kaum in den Quellen. Man wird daraus auf seine geringen Fähigkeiten für politische Geschäfte schließen dürfen. So beurteilt ihn der Chronist Regino *licet nobilis, stultissimus tamen*.[39] In die sogenannte Babenberger Fehde, den Kampf zwischen den Konradinern und den Söhnen des 886 gefallenen Grafen Heinrich aus dem Hause der Popponen oder älteren Babenberger um die Vormacht im Maingebiet, wurde das Bistum durch die Familienzugehörigkeit Rudolfs verwickelt[40]. Die um 897 zwischen Bischof Rudolf und den babenbergischen Brüdern Adalhard und Heinrich entstandene Fehde führte zu schweren Verwüstungen des Hochstiftsgebiets[41]. Bischof Rudolf rief seine Brüder zu Hilfe, die zu unterliegen drohten. Schließlich griff der König, der

---

[33] 889 November 21. MGH.D Arn. III 98–104, nrr. 66–69.
[34] LINDNER, Untersuchungen 149f.
[35] Zusammenfassung der Forschungsdiskusson bei LINDNER, Untersuchungen 151–167, zum Standort vgl. oben Anm. 11.
[36] Thietmari Chronicon Liber I 4, MGH.SS rer. Germ. NS 9, 8.
[37] Thietmari Chronicon Liber I 4, MGH.SS rer. Germ. NS 9, 6.
[38] WENDEHORST, Würzburg I 51–55.
[39] Reginonis Chronicon, MGH.SS rer. Germ. in usum scholarum 50 (1890) 140.
[40] Hauptquelle: Reginonis Chronicon (wie Anm. 39) 149; GUTTENBERG, Regesten 1–5, nrr. 1–4; STÖRMER, Karolingerreich 195–198.
[41] WENDEHORST, Würzburg I 53.

Mitte Februar 903 in Forchheim weilte, zugunsten der Konradiner ein und ließ über die Babenberger Gericht halten. In Theres übertrug der König Bischof Rudolf zur Entschädigung aus den eingezogenen babenbergischen Gütern Prosselsheim und Frickenhausen am Main[42]. Nach dem Abzug des Königs aber vertrieb Adalbert gemeinsam mit dem Badanachgaugrafen Egino Bischof Rudolf aus seinem Bistum und verwüstete die Würzburger Besitzungen. Während der grausamen Kämpfe im östlichen Franken fielen die Ungarn in immer kürzeren Abständen ins Reich ein, 907 erlag ihnen der bayerische Heerbann unter Markgraf Liutpold. Am 3. August 908 fiel auch Bischof Rudolf beim Abwehrkampf gegen die Ungarn, die in Sachsen und Thüringen eingedrungen waren.

Bischof Thioto[43] (908–931), über dessen Vorgeschichte nichts bekannt ist, wird wahrscheinlich noch 908 unter dem Einfluß der Konradiner als Bischof eingesetzt worden sein. An der Königswahl Konrads I. zu Forchheim 911 nahm er teil. Er erhielt am 10. November das erste Diplom des Königs für das Würzburger Eigenkloster Ansbach[44]. In den Jahren 915 und 918 empfing Thioto den König in Würzburg. Bei seinem letzten Aufenthalt bestätigte Konrad I. die Immunitätsprivilegien Ludwigs des Frommen und Ludwigs des Deutschen sowie die Marktzollverleihung des ersteren für Würzburg. Wenig später intervenierte Thioto gemeinsam mit dem Mainzer Erzbischof Heriger und den Grafen Eberhard und Heinrich in Forchheim für Bischof Uodalfrid von Eichstätt[45]. In der Umgebung des sächsischen Königs Heinrich I. ist Thioto erst 922 nachweisbar, als er an der gemeinsam von Heinrich und dem westfränkischen König Karl III. einberufenen Synode von Koblenz teilnahm. Ostern 923 verbrachte er am königlichen Hof in Quedlinburg. Dort erhielt er drei wichtige Bestätigungsdiplome[46]. Thioto starb am 15. November 931.

Über den Nachfolger Burchard II.[47] (932–941) liegen kaum Nachrichten vor. Seine Einsetzung erfolgte wahrscheinlich durch Heinrich I. Am 1. Juni 932 war er Teilnehmer der im Beisein Heinrichs I. tagenden Nationalsynode in Erfurt, am 21. September 937 war er Zeuge der Errichtung und Ausstattung des Moritzklosters in Magdeburg durch Otto I. Er starb am 24. März 941, wohl in Würzburg.

Poppo I.[48] (941–961) und sein Bruder, Erzbischof Heinrich von Trier, die einem vornehmen fränkischen Geschlecht, eventuell den Babenbergern, entstammten, waren möglicherweise Verwandte des sächsischen Herrscherhauses. Wahrscheinlich ist Poppo identisch mit dem gleichnamigen Kanzler Heinrichs I. und Ottos I., der dieses Amt Ende des Jahres 940 an den Bruder des Königs Brun abgab.[49] Im Laufe des Jahres 941 erfolgte die Ernennung zum Bischof. Mehrfach begegnet er in der Umgebung

---

[42] 903 Juli 9. MGH.D LdK. IV 128–130, nr. 23.
[43] WENDEHORST, Würzburg I 55–58.
[44] 911 November 10. MGH.D K.I 2, nr. 1; SCHERZER, Urkunden 6f, nr. 4.
[45] 918 September 9. MGH.D K.I 33, nr. 36.
[46] 923 April 7/8. MGH.D H.I 43–45, nr. 5–7.
[47] WENDEHORST, Würzburg I 58f.
[48] WENDEHORST, Würzburg I 59–63, zur Abstammung 59–61.
[49] K. F. STUMPF–BRENTANO, Die Kaiserurkunden des X., XI, und XII. Jahrhunderts (= Die Reichskanzler II) 1865–1883/ND 1960, 8. Vgl. FLECKENSTEIN, Hofkapelle II 10f, 130.

Ottos des Großen, so 941 in der Pfalz Salz, 947 auf dem Hoftag zu Frankfurt und 948 bei der Synode zu Ingelheim. 952 beteiligte er sich an der gleichzeitig mit der Reichsversammlung tagenden Synode in Augsburg, 960 intervenierte er in Worms beim König. Am Heiligen Abend 960 nahm er in Regensburg am feierlichen Empfang der für Magdeburg bestimmten Mauritiusreliquien teil und erwirkte noch — wenige Tage vor seinem Tode am 14. oder 15. Februar 961 — eine Schenkung für die bayerische Herzogin Judith.

Sein Nachfolger Poppo II.[50] (961–981) wird als sein Verwandter bezeichnet. Seine Ernennung erfolgte wohl durch Otto I. Er intervenierte beim Kaiser während dessen Aufenthalt in Deutschland zwischen zweitem und drittem Italienzug 965 für die Magdeburger Moritzkirche. Wohl zu diesem Zeitpunkt erwirkte er für die Würzburger Kirche ein Immunitätsprivileg[51]. Nach Ottos Rückkehr von seinem letzten Italienzug nahm Poppo im September 972 an der Nationalsynode zu Ingelheim teil. Gemeinsam mit einem Grafen Gebhard konnte er Herzog Heinrich II. von Bayern von seinen Verschwörungsplänen mit den Herzögen Boleslav II. von Böhmen und Mieczyslaw I. von Polen abbringen. Dafür erhielt er von Otto II. als Belohnung möglicherweise ein Immunitätsprivileg[52]. Im November 975 intervenierte Poppo in Memleben für das Bistum Lodi. Als der König im Sommer 976 schließlich doch gegen seinen aufständischen Cousin Heinrich den Zänker zog, kam ihm Poppo mit seinem Aufgebot zu Hilfe. Er war bereits im voraus durch die Schenkung der Forchheimer Martinskirche belohnt worden[53]. 979 vollzog er im thüringischen Allstedt einen Tausch mit Otto II., wahrscheinlich auf einem Kriegszug gegen die Slawen. Zu dem vom Kaiser im Herbst 981 nach Italien befohlenen Ergänzungsaufgebot hatte Würzburg 60 Gepanzerte zu stellen[54]. Seine persönliche Teilnahme auf dem Reichstag zu Verona im Frühjahr 983 ist wenig wahrscheinlich, auch wenn Würzburg auf seine Bitten und die Intervention des kaiserlichen Kaplans Hugo die Schenkung des Ortes Schaippach im Saalegau erhielt[55]. Poppo II. starb am 22. Juli 983, wahrscheinlich in Würzburg.

Bischof Hugos[56] (983–990) vermutete Verwandtschaft mit den Konradinern muß Hypothese bleiben, wahrscheinlich ist seine Identität mit dem 983 in Verona für Würzburg intervenierenden kaiserlichen Kaplan Hugo[57]. Vermutlich erfolgte seine Ernennung in Italien durch Otto II., doch begegnet er während seines kurzen Pontifikats nicht in der Reichspolitik. Er konzentrierte sich auf die inneren Angelegenheiten seiner Diözese. So verbesserte er die Pfründen der angeblich notleidenden Kiliansbrüder an der Domkirche und reformierte das völlig darnieder liegende Andreaskloster, das er mit Benediktinermönchen besiedelte und reich ausstattete. Am 14. Okto-

---

50 WENDEHORST, Würzburg I 63–67.
51 WENDEHORST, Würzburg I 64.
52 WENDEHORST, Würzburg I 65.
53 976 Juli 5. MGH.D O.II 148f, nr. 132.
54 MGH.Const I 632f, nr. 436.
55 983. MHG.D O.II 367f, nr. 311.
56 WENDEHORST, Würzburg I 67–70.
57 FLECKENSTEIN, Hofkapelle II 73.

ber 986 transferierte er die Gebeine des Klostergründers, des heiligen Bischofs Burkard, hierher, die bisher an der Seite Kilians geruht hatten und die nun den älteren Patron Andreas verdrängten. Am 29. August des Jahres 990 starb er wohl in Würzburg.

Auch die Vorgeschichte Bischof Bernwards[58] (990–995) liegt im dunkeln, möglicherweise war er zunächst Kapellan Ottos III.[59] Erstmals ist er am Hofe nachweisbar zum Jahresende 991 in Pöhlde, als er eine Privilegienbestätigung für seine Kirche erhielt[60]. Am Ingelheimer Hoftag zu Ostern 993 ist er unter den zahlreichen Intervenienten für Magdeburg belegt, am 12. Dezember dieses Jahres erlangte er in Tilleda vom Herrscher die Rückgabe von angeblich dem Bistum entrissenen Abteien[61]. 994 intervenierte er in Sollingen für die Kaisertochter Sophia. Man muß am Hofe hohes Vertrauen in seine diplomatischen Fähigkeiten gesetzt haben. Gemeinsam mit dem griechischen Bischof Johannes Philagathos von Piacenza betraute man ihn mit der Leitung einer Gesandtschaft nach Byzanz, die eine Braut für Otto III. werben sollte. Allerdings starb er auf der Reise am 20. September 995 in der Provinz Achaia oder auf der Insel Euboia.

Bischof Heinrich I.[62] (995–1018) gehört zu den größten Gestalten der Kirchengeschichte Würzburgs. Er entstammte einem hochfreien rheinischen Geschlecht und war der jüngere Bruder Erzbischof Heriberts von Köln. Auch die Neffen dieses Brüderpaares brachten es zu hohen Würden in der Reichskirche; Heribert und Gezeman, beide in Würzburg erzogen, wurden Bischöfe von Eichstätt. Der italienische Kanzler Ottos III., Heribert, war zunächst vom Kaiser als Bischof von Würzburg ausersehen worden, lenkte die Wahl jedoch auf seinen jüngeren Bruder[63]. Möglicherweise nahm Heinrich bereits an Ottos III. Kaiserkrönung im Mai 996 in Rom teil, nachweisbar ist er erstmals in der Umgebung des Kaisers im September 996, als er den Ort *Rosla* in Thüringen geschenkt erhielt[64]. Im folgenden Jahr intervenierte er gemeinsam mit dem Mainzer Erzbischof Willigis in Eschwege für diesen in seiner Diözese gelegenen Königshof. Zum Jahreswechsel 998/999 nahm er dann an der von Papst und Kaiser gemeinsam veranstalteten römischen Synode teil und erhielt am 14. April in Rom die Bestätigung der an Bischof Bernward restituierten Abteien[65]. Bei einem weiteren Aufenthalt am Hofe im April und Mai 1000 erhielt er vom Kaiser eine Reihe wichtiger Privilegien[66]. Im Januar 1001 gehörte er zu den Teilnehmern der in Gegenwart des Kaisers stattfindenden Synode in Rom, die sich um die Beilegung des Gandersheimer Streites bemühte. In Rom ertauschte er zehn thüringische Königshufen. In der Zwischenzeit nach Würzburg zurückgekehrt, zog er auf Einladung des Kaisers bereits im Winter

---

[58] WENDEHORST, Würzburg I 70–73.
[59] FLECKENSTEIN, Hofkapelle II 81, Anm. 131.
[60] 992 Dezember 31. MGH.D O.III 521f, nr. 110.
[61] 993 Dezember 12. MGH.D O.III 550–552, nrr. 140–141. Vgl. unten S. 202.
[62] WENDEHORST, Würzburg I 74–88.
[63] Vita Heriberti Archiepiscopi Coloniensis auctore Lantberto, MGH.SS IV 742.
[64] 996 September 15. MGH.D O.III 644f, nr. 229; WENDEHORST, Würzburg I 82.
[65] 999 April 14. MGH.D O.III 741f, nr. 315.
[66] MGH.D O.III 781f nr. 352, 787f nr. 358, 790f nr. 361, 795 nr. 366.

1001/1002 mit dem Abt von Fulda und dem Aufgebot des Mainzer Erzbischofs wieder nach Rom zu einem Konzil und zur Niederschlagung des Aufstandes der Römer. Auf die Nachricht vom Tode des Kaisers kehrte er über die Alpen zurück.

Obwohl Bischof Heinrich zu den führenden Exponenten der Reichs- und Rompolitik Ottos III. gehört hatte, schloß er sich Heinrich II. schon vor dessen Wahl an. Mag er dem Bayernherzog aus dem sächsischen Herrschergeschlecht auf Grund älterer Verbindungen verbunden gewesen sein, mag er die politischen Prioritäten wie dieser gesehen haben, er ist bereits Anfang Juni 1002 im Gefolge Heinrichs II. nachzuweisen. Sicher nahm er an der Wahl und Krönung Heinrichs II. am 6. oder 7. Juni in Mainz teil. Im ersten erhaltenen Diplom des Königs für Bischof Burchard von Worms begegnet er als Intervenient. Nachdem er den Herrscher wahrscheinlich auf dessen Zug gegen Hermann von Schwaben begleitet hatte, intervenierte er am 10. Juli in Bamberg für einen *miles Gezo*, wohl seinen Bruder Gezemann. Bischof Heinrich selbst erhielt vom König die Abtei Seligenstadt zu lebenslänglicher Nutznießung[67]. Auf dem Fürstentag von Duisburg, bei dem sein Bruder Heribert von Köln sich auf die Seite des Königs schlug, intervenierte er mit Erzbischof Willigis erneut für Burchard von Worms. Noch im selben Jahr erhielt er am 21. November in Regensburg die Schenkung des Dorfes Salz[68] und zu einem unbekannten Zeitpunkt umfangreiche Besitzübertragungen Heinrichs II. für die bischöfliche Gründung Stift Haug in Würzburg, darunter die *abbatia* Forchheim und die Orte Erlangen und Eggolsheim[69]. Zum Jahresanfang 1003 nahm er an der unter dem Vorsitz des Königs wahrscheinlich in Diedenhofen stattfindenden Synode teil und erhielt wenig später in Köln die Bestätigung der Würzburg durch Otto III. restituierten sechs Abteien[70]. Die Niederschlagung des Nordgauaufstandes des Markgrafen Heinrich von Schweinfurt, des gefährlichsten Nachbarn des Hochstifts Würzburg, war sicher im Sinne Bischof Heinrichs. Seine Beteiligung, gemeinsam mit Abt Erkanbald von Fulda, wird erst im letzten Stadium greifbar, als er, vom König mit der Schleifung der Burg Schweinfurt beauftragt, sich mit der Niederlegung der Mauern und Gebäude begnügte, die Kirche aber schonte. Die königlichen Schenkungen von Weihnachten 1003 und vom Oktober 1004 kann man als Belohnung für seine Dienste interpretieren[71].

Eine schwere Belastung der Beziehungen zwischen König und Bischof brachten die Pläne Heinrichs II. zur Gründung eines Bistums in Bamberg[72]. Zunächst konnte er den Würzburger Bischof für seine Absichten gewinnen, dessen Zustimmung als Ortsordinarius erforderlich war. Der König übertrug Heinrich als Entschädigung für seinen Verzicht auf das Gebiet der neuen Diözese 150 Hufen in Meiningen und Um-

---

[67] 1002 Juli 10. MGH.D H.II 5–7, nr. 5a. Später Mainzer Eigenkloster, vgl. W. KÜTHER, Seligenstadt, Mainz und das Reich, in: Archiv für mittelrheinische Kirchengeschichte 30 (1978) 9–57, hier 16–21.
[68] 1002 November 21. MGH.D H.II 33f, nr. 30.
[69] 1002. MGH.D H.II 3f, nr. 3. — E. BÜNZ, Stift Haug in Würzburg. Untersuchungen zur Geschichte eines fränkischen Kollegiatsstifts im Mittelalter (= Studien zur GermSacra 20 = VöMPIG 128) 1998.
[70] 1003 Februar 9. MGH.D H.II 42–44, nrr. 37, 38.
[71] 1003 Dezember. MGH.D H.II 74f, nr. 60. 1004 Oktober 15; MGH.D H.II 108f, nr. 86.
[72] Zusammenfassend W. G. NEUKAM, Das Hochstift Würzburg und die Errichtung des Bistums Bamberg, in: WDGB 14/15 (1952) 147–172.

gebung[73] und stellte ihm in einem geheimen Zusatzabkommen die Erhebung seines Bischofssitzes zum Erzbistum in Aussicht. Da aber die Bestätigung durch Papst Johannes XVIII. die Rangerhöhung Würzburgs nicht erwähnt und Bamberg der Metropolie von Mainz unterstellte, zog Bischof Heinrich seine Zustimmung zurück, ohne die Neugründung noch verhindern zu können. In der folgenden Zeit hielt der Würzburger Bischof sich vom König fern und entzog sich den Vermittlungsbemühungen des Patriarchen von Aquileja und des Bischofs Arnold von Halberstadt. Erst den Anstrengungen seines Bruders Heribert von Köln gelang die Aussöhnung. Am 7. Mai 1008 beurkundeten König und Bischof in Würzburg den in einigen Punkten zugunsten Würzburgs veränderten Tauschvertrag[74]. Würzburg erhielt zusätzlich den Hof *Altechendorf*[75]. Die Aussöhnung war dauerhaft. In den folgenden Jahren erhielt Bischof Heinrich eine Reihe königlicher Gunsterweise und vollzog sogar 1013 mit dem König einen für das neue Bistum Bamberg vorteilhaften Tausch.

Bischof Heinrich nahm am Romzug und der Kaiserkrönung Heinrichs II. teil, wobei er mehrfach als Intervenient begegnet. Wieder im Reich, erhielt er Weihnachten 1014 in Pöhlde eine Wildbannschenkung[76]. Nachdem er im Mai 1015 in Kaufungen in der Umgebung des Kaisers nachweisbar war, empfing er am Palmsonntag 1016 den Kaiser in seiner Bischofsstadt. Am 15. April dieses Jahres erreichte er in Bamberg vom Kaiser die Immunität für Kloster Amorbach[77]. Wahrscheinlich begleitete er darauf den Kaiser zu seiner Zusammenkunft mit König Rudolf von Burgund. Während der Kämpfe Bischof Leos von Vercelli und anderer kaisertreuer oberitalienischer Bischöfe mit weltlichen Fürsten unterhielten Heinrich und sein Bruder Heribert Beziehungen zu Graf Ubert dem Roten, in dessen Familie sie eine Nichte einheiraten lassen wollten. Diese Kontakte zur wohl kaiserfeindlichen Partei konnten das Verhältnis zu Heinrich II. nicht trüben. Im Herbst 1016 intervenierte Bischof Heinrich bei der Frankfurter Fürstenversammlung wieder beim Kaiser und nahm wahrscheinlich am Sommerfeldzug des folgenden Jahres gegen Polen teil. Nach einem kurzen Aufenthalt in Franken war er am 26. Oktober erneut am Kaiserhof in Allstedt. Heinrich II. beurkundete einen Tausch zwischen Stift Haug und dem Bistum Bamberg[78]. Auf dem Rückweg von Bamberg nach Frankfurt hielt sich der Kaiser noch vor Weihnachten in Würzburg auf. Eine Immunitätsurkunde Heinrichs II. vom Mai 1018 für Würzburg kann nur erschlossen werden[79].

Wenn die Abtrennung des Bamberger Sprengels auch nur die geistlichen Rechte betraf, so war die Ausdehnung des Hochstifts nach Osten, besonders durch die Überlassung der Zehnten aller künftigen Rodungen, ausgeschlossen[80]. Bischof Heinrich konnte und mußte sich auf den inneren Ausbau seines Bistums konzentrieren.

---

[73] Erwähnt 1007 November 1. MGH.D H.II 169–172, nr. 143.
[74] 1008 Mai. 7. MGH.D H.II 205–209, nrr. 174, 174a; GUTTENBERG, Regesten 41–43, nrr. 76, 77.
[75] 1008 Mai 7. MGH.D H.II 209f, nr. 175.
[76] 1014 Dezember 29. MGH.D H.II 412, nr. 326.
[77] 1016 April 15. MGH.D H.II 439f, nr. 345.
[78] 1017 Oktober 26. MGH.D H.II 476f, nr. 372.
[79] 1018. MGH.D H.II 502–504, nr. 391; WENDEHORST, Würzburg I 81.
[80] WENDEHORST, Würzburg I 81.

Neben Grund und Boden erhielt er mit Grafschaften und Wildbannen wichtige Hoheitsrechte. Er konnte die Hoheit des Bischofs auf nicht seiner Grundherrschaft unterworfene Gebiete ausdehnen und wird zum eigentlichen Schöpfer des Würzburger Territoriums[81]. Als besonders herausragend sind zu nennen: Burgbernheim mit Zubehör, Forst und Wildbann; der Salzforst mit Zubehör, die Grundlage der späteren Ämter Neustadt an der Saale und teilweise Aschach; die Grafschaften im Waldsassen- und Rangau; der Wildbann im nördlichen Waldsassengau und Gozfeld.

Bischof Heinrich baute die Würzburger Sakrallandschaft aus, er gründete vor den Mauern der Stadt die Stifte Haug und St. Peter, Paul und Stephan. Außerhalb Würzburgs errichtete er an einem unbekannten Ort ein Kloster *Cella,* vielleicht Kloster Laufen am Neckar. In Ansbach wandelte er die Benediktinerabtei St. Gumbertus in ein Kollegiatstift um. Am Würzburger Dom ließ er wohl Umbauarbeiten vornehmen, zumindest weihte er den Hochaltar neu. Bischof Heinrich wurde von den Herrschern Otto III. und Heinrich II. hoch geschätzt und war mit den bedeutendsten Bischöfen seiner Zeit befreundet. Er starb am 14. November 1018 wohl in Würzburg[82].

Über die Herkunft seines Nachfolgers Meginhard[83] (1018/1019–1034) ist nichts bekannt, doch sind frühe Beziehungen zu Heinrich II. wahrscheinlich, weil er nach eigener Aussage an der in Gegenwart des Königs 1007 erfolgten Weihe der Klosterkirche von Gandersheim teilgenommen hatte. Zum Jahreswechsel 1019/1020 empfing er Heinrich II. in Würzburg. Bei der in Anwesenheit Papst Benedikts VIII. stattfindenden Nationalsynode unterzeichnete er im April 1020 zu Bamberg oder im Mai zu Fulda das neuerliche Paktum des Kaisers mit der Kirche und dem Papst[84]. Dabei erkannte er die kirchenrechtliche Sonderstellung Bambergs an. Auf Intervention des Bamberger Bischofs Eberhard I. erhielt er 1023 zu Brumath im Elsaß eine Wildbannschenkung. Im sogenannten Hammersteinischen Ehestreit stellte er sich auf die Seite seines Metropoliten Erzbischof Aribo von Mainz und unterstützte dessen kirchenpolitische Vorstellungen. Bei der Königswahl Konrads II. am 4./7. September 1024 zu Kamba war er anwesend, doch begegnet er unter ihm genauso wenig als Intervenient wie unter dessen Vorgänger. Meginhard nahm an den mit dem Gandersheimer Kirchenstreit befaßten National- und Provinzialsynoden teil, im März 1025 zu Grone, im September 1026 zu Seligenstadt, im September 1027 zu Frankfurt und im Oktober 1028 zu Pöhlde. Während seiner Aufenthalte am Hofe Konrads II. erhielt er Gnadenerweise für Würzburg: 1025 zu Tribur die Bestätigung der Immunität und der sechs Klöster[85], 1027 den Wildbann um Kloster Murrhardt[86], 1030 zu Bamberg Münze, Markt und Gerichtsbarkeit in seiner Bischofsstadt[87] und weitere Privilegien 1031

---

[81] Liste der Erwerbungen WENDEHORST, Würzburg I 82f.
[82] Gedenkinschrift für Bischof Heinrich sowie die Bischöfe Arn und Hugo an einem gemauerten Kastengrab in der Südapsis des Würzburger Domes, BORCHARDT – KRAMER – HERRMANN 8f, nr. 6.
[83] WENDEHORST, Würzburg I 89–92.
[84] (1020 April). MGH.Const I, 70, nr. 33; MGH.D H.II 542–548, nr. 427; WOLTER, Synoden 279–283.
[85] 1025 Mai 20. MGH.D K.II 38–40, nrr. 36, 37.
[86] 1027 Juli 16. MGH.D K.II 150f, nr. 107.
[87] 1030 Oktober 13. MGH.D K.II 205–207, nr. 154.

zu Belgern an der Elbe[88], 1032 zu Merseburg[89] und 1033 zu Limburg an der Lahn[90]. Meginhard konnte den unter Bischof Heinrich einsetzenden Erwerb von Hoheitsrechten erfolgreich fortführen und besonders königliche Forst- und Wildbannschenkungen erhalten, darunter den Wildbann im Steigerwald und den Forst Mellrichstadt. Auch erhielt er den Jahrmarkt in Würzburg und die zusammenfassende Bestätigung aller dem Bischof in seiner Residenzstadt zustehenden Rechte. Wahrscheinlich nahm er die Weihe der Klosterkirche in Münsterschwarzach vor. Zur Anfertigung von Handschriften (*scribendi causa*) berief er Otloh von St. Emmeram nach Würzburg. Meginhard starb am 22. März 1034 wohl in Würzburg.

Bischof Bruno[91] (1034–1045) entstammte dem Hause der Salier, sein Vater war Konrad von Worms, zeitweilig Herzog von Kärnten, seine Mutter Mathilde, eine Tochter Herzog Hermanns II. von Schwaben. Von 1027 bis 1034 wirkte er als italienischer Kanzler seines Vetters Kaiser Konrads II.[92]. Zum Bischof von Würzburg ernannt und wahrscheinlich auch geweiht wurde er am 14. April 1034. Beim Bamberger Hoftag von 1035 nahm er am Verfahren gegen Herzog Adalbero von Kärnten teil, in dessen Folge sein Bruder Konrad die Kärntner Herzogswürde erhielt. 1036 intervenierte er beim Kaiser für die Bistümer Chur und Parma, nahm mit diesem und den Erzbischöfen von Mainz und Köln an der Weihe der Stiftskirche Busdorf in Paderborn teil und empfing an Mariä Himmelfahrt den Kaiser und Bardo von Mainz in Würzburg. Er begleitete Konrad II. auf dessen zweitem Romzug, als Intervenient für italienische Bistümer ist er im März 1037 und im Frühjahr 1038 in Arezzo und Benevent nachweisbar. 1039/1040 begleitete Bruno den neuen König Heinrich III. auf dessen Weg von Regensburg über Augsburg und Ulm wohl bis nach Rottweil, wie zahlreiche Diplome, in denen er für Bistümer und Klöster intervenierte, belegen. 1042 folgte er dem König auf dessen Zug nach Burgund und erwirkte in Erstein bei Straßburg die Schenkung von Gütern im Kochergau an Würzburg[93]. Am Pfingstmontag dieses Jahres konnte er in seiner Bischofsstadt die Weihe der Klosterkirche St. Burkard in Gegenwart des Königs und unter Assistenz von sechs Bischöfen vornehmen[94]. Sicher besprach er dabei seine bevorstehende Reise nach Burgund. Er reiste mit Erzbischof Hugo von Besançon nach Frankreich, um für Heinrich III. um die Hand der Agnes von Poitou zu werben. Im August dieses Jahres konnte er beim König die Einsetzung eines Angehörigen des Würzburger Domklerus, Gezemann, als Bischof von Eichstätt und die Bestätigung des vom Lütticher Klerus gewählten Wazo als Bischof erreichen. Im April 1044 ist er wieder in der Umgebung des Königs in Nimwegen nachweisbar und beteiligte sich im Anschluß am Sommerfeldzug gegen Ovo von Ungarn. Nachdem er im Februar 1045 in Augsburg bei Heinrich III. inter-

---

[88] 1031 September 16. MGH.D K.II 231f, nr. 173.
[89] 1032 Juni 6, aus MGH.D K.II 240f, nr. 181 erschließbar.
[90] 1033 August 9. MGH.D K.II 264f, nr. 199.
[91] WENDEHORST, Würzburg I 92–100.
[92] FLECKENSTEIN, Hofkapelle II 172f.
[93] 1042 Januar 3. MGH.D H.III 116, nr. 89.
[94] Annales Altahenses maiores, MGH.SS rer. Germ. ²IV 31.

veniert hatte, nahm er im Gefolge des Königs an dessen Donaufahrt von Regensburg über Passau zu König Péter von Ungarn teil. Auf Burg Persenbeug, wo der König die Gräfin Richlind von Ebersberg besuchte, wurde er bei einem Einsturzunglück aber so schwer verletzt, daß er binnen Wochenfrist, wohl am 27. Mai, starb.

Trotz seiner engen verwandtschaftlichen Bindungen und häufigen Aufenthalte am Königshof erhielt Bruno nur eine Schenkung Konrads II. Aus Familiengut stiftete er selbst den Hof Sünnerke in Westfalen, später an Paderborn verkauft, an sein Bistum, die *villa Rode* an das Gumbertusstift in Ansbach. Er weihte die Benediktuskapelle in Münsterschwarzach, die Pfarrkirche in Oberschwarzach und erweiterte die Pfarrkirche in Meiningen. Der Anteil Brunos an dem nach ihm benannten Dombau ist nicht sicher festzustellen, zweifelsfrei ihm zuzuschreiben ist die drei Wochen nach seinem Tod geweihte Krypta mit dem Stephansaltar[95]. Bruno fand früh Verehrung beim Volk, wovon zahlreiche an seinem Grabe geschehene Heilungen Zeugnis geben.

Mit zunehmender Übernahme weltlicher Herrschaftsaufgaben benötigten geistliche Institutionen Vögte. Ein Vogt war der Träger des öffentlichen Rechts im Immunitätsgebiet, der Wahrer des Königsschutzes und des Kirchenfriedens[96]. Als Hochstiftsvogt von Würzburg ist 1057 und 1059 auf einer Bamberger Synode Graf Eberhard nachweisbar[97]. Erst am Ende des Jahrhunderts wurden die Henneberger von Heinrich IV. als Burggrafen von Würzburg eingesetzt[98]. Sie erhielten bald auch die Hochstiftsvogtei in ihre Hände.

### b) Die Klöster und Stifte

Drei Kräfte hatten noch in karolingischer Zeit, besonders in der zweiten Hälfte des 8. Jahrhunderts, ein reich blühendes Klosterwesen in der Diözese Würzburg hervorgebracht: das Königtum, die reichseigene Abtei Fulda und der grundbesitzende Adel[99]. Im beginnenden 9. Jahrhundert wies die Diözese mit über 30 Klöstern und Zellen die meisten monastischen Niederlassungen unter den ostfränkischen Bistümern auf[100]. Im folgenden seien nur die Entwicklungen ab dem Beginn des 9. Jahrhunderts vorgestellt.

Zunächst sind zwei Frauenklöster als karolingische Stiftungen zu nennen, das noch im 8. Jahrhundert gegründete Marienkloster Karlburg[101] und Münsterschwarzach. Im Jahr 817 war Kloster Schwarzach noch unter die Reichsklöster eingereiht, die finanzielle Abgaben, aber keine militärische Hilfe zu leisten hatten[102]. Wohl während

---

[95] Sein Hochgrab, wohl bei der Erhebung der Gebeine 1257 entstanden, heute im Mittelraum der Ostkrypta, vgl. BORCHARDT – KRAMER – HERRMANN 6f, nr. 4.
[96] GUTTENBERG, Territorienbildung 178.
[97] 1057 März 3. MonBoica 37, 25–28, nr. 67. 105[9] April 13; GUTTENBERG, Regesten 144f, nr. 312.
[98] H. PARIGGER, Das Würzburger Burggrafenamt, in: MJGK 31 (1979) 9–31.
[99] WENDEHORST, Mönchtum 39.
[100] HAUCK, Kirchengeschichte Deutschlands II 817–830.
[101] P. SCHÖFFEL, Herbipolis sacra. Zwei Untersuchungen zur Geschichte des Bistums Würzburg im frühen und hohen Mittelalter, aus dem Nachlaß hg. v. W. ENGEL (= VGFG IX,7) 1948, 13–36.
[102] Notitia de servitio monasteriorum, MGH.Cap I 350, nr. 171.

Gozbalds Pontifikats, zumindest vor dem 9. Januar 844[103], erfolgte die Schenkung des Frauenklosters Schwarzach durch die Karlstochter Theodrada an das Bistum, wiederholt 857[104].

Das Benediktinerkloster in Ansbach ertauschte Bischof Berowelf von Karl dem Großen und machte es zu einem Würzburger Eigenkloster[105]. Bischof Thioto erhielt 911 ein Diplom König Konrads I., mit dem das Kloster Ansbach Güter zu Viereth und anderen Slawenorten als Geschenk bekam[106].

Königliche Beteiligung an den Gründungen von Murrhardt[107] im äußersten Südwesten der Diözese und an dem 817 als Reichskloster bezeugten Schlüchtern[108] ist zumindest wahrscheinlich.

Die Reichsabtei Fulda, geprägt von angelsächsischer Tradition, bildete die beherrschende geistige Macht des Raumes. Die Gründung des heiligen Bonifatius erreichte die kirchliche Exemtion und die weltliche Immunität[109]. Unter Abt Baugulf (779–802, † 815) setzte die Welle an Schenkungen des ostfränkischen Adels besonders im Saale- und Grabfeldgau ein, die unter seinen Nachfolgern Ratger (802–817, † 835) und Eigil (818–822) mit verschiedenen regionalen Schwerpunkten anhielt, doch unter Hrabanus Maurus (822–842) ab 830 verebbte[110]. Dieser fünfte Abt von Fulda und spätere Erzbischof von Mainz war es, der »den Grund (legte) — nicht mehr, aber auch nicht weniger — für eine eigenständige geistige Entwicklung Ostfrankens«[111].

Zahlreiche Nebenklöster, später als Propsteien bezeichnet, in Hessen, Thüringen und im östlichen Franken unterstanden der Abtei Fulda[112]. Hier wurde für die Ausbildung des Nachwuchses gesorgt[113]. Um 799/800 übertrugen die Adlige Emhilt das von ihr gegründete Nonnenkloster Milz[114], etwas später die Sächsin Gisela das Kanonis-

---

[103] 844 Januar 9. MGH.D LdD. I 43–45, nr. 34. Vgl. F. BÜLL, Das Monasterium Sunarzaha (= Münsterschwarzacher Studien 42) 1992.

[104] 857 März 27. MGH.D LdD. I 115f, nr. 79.

[105] 793–800. SCHERZER, Urkunden 3, nr. 2, dazu 837 Dezember 20, l.c. 4–6, nr. 3; GermBen II 36f; W. SCHERZER, Der Übergang des Klosters St. Gumbert zu Ansbach aus dem Besitz Karls des Großen in die Zuständigkeit Bischof Bernwelfs von Würzburg, in: WDGB 14/15 (1952/1953) 97–117. Als Gesamtüberblick: BAYER, Sankt Gumbert.

[106] 911 November 10. MGH.D K.I 2, nr. 1; SCHERZER, Urkunden 6f, nr. 4. Vgl. BAYER, Sankt Gumbert 61–67.

[107] GermPont III/3, 206f; K.-H. MISTELE, Zur Gründung der Benediktinerabtei Murrhardt, in: ZWLG 22 (1963) 377–383; G. FRITZ, Kloster Murrhardt im Früh- und Hochmittelalter (= Forschungen aus Württembergisch Franken 18) 1982, 18–49.

[108] Notitia de servitio monasteriorum, MGH.Cap I 351, nr. 171. Vgl. K. LÜBECK, Die Anfänge des Klosters Schlüchtern, in: Zeitschrift des Vereins für hessische Geschichte und Landeskunde 62 (1940) 160–182, dazu P. SCHÖFFEL, in: DA 5 (1942) 251.

[109] JÖRG, Würzburg und Fulda 26–46; K. SCHMID, Klostergemeinschaft.

[110] STÖRMER, Karolingerreich 168; Abtsliste bei M. SANDMANN, Die Folge der Äbte, in: K. SCHMID, Klostergemeinschaft 1, 178–204, hier 182–186.

[111] WENDEHORST, Mönchtum 43. Vgl. P. LEHMANN, Zu Hrabans geistiger Bedeutung, in: Sankt Bonifatius. Gedenkgabe zum zwölfhundertsten Todestag, ²1954, 473–487.

[112] LÜBECK, Fuldaer Nebenklöster.

[113] K. SCHMID, Mönchslisten 603–610.

[114] STENGEL, Urkundenbuch Fulda I 227–231, nr. 154, 372–379, nr. 264. Vgl. M. GOCKEL, Zur Verwandtschaft der Äbtissin Emhilt von Milz, in: Festschrift für Walter Schlesinger II, hg. v. H. BEUMANN (= Mitteldeutsche Forschungen 74,2) 1974, 1–70.

senstift Karsbach an Fulda[115]. Kloster Rohr bei Meiningen wird 824 fuldisch[116]. Neben den bereits existierenden Eigenklöstern errichtete die Abtei monastische Niederlassungen in Hünfeld vor 815, Thulba vor 819 und Rasdorf vor 824[117]. Um 825 umfaßte der Konvent von Fulda circa 675 Personen, doch sank er bis 875 auf zwischen 360 und 400 Mönche herab[118]. Außer Holzkirchen erloschen die fuldischen Nebenklöster in Mainfranken im späten 9. und 10. Jahrhundert.

An der Spitze der adligen Klostergründer, die ihre Eigenklöster oftmals Fulda übertrugen, steht schon im 8. Jahrhundert das Geschlecht der Mattonen. 816 errichteten sie im Geiste der Reform Benedikts von Aniane ein Männerkloster im abgegangenen Megingaudshausen, dessen Konvent nicht vor 877 in das eingegangene Frauenkloster Münsterschwarzach transferiert wurde[119]. Andere Familien errichteten ebenfalls »Sippenklöster«, so wird 823 ein *monasteriolum Brachau* an der fränkischen Saale genannt[120].

Gegenüber Königshaus, Fulda und dem Adel treten die Bischöfe als Klostergründer zurück. Lediglich das St. Andreaskloster in Würzburg als Sitz für den ursprünglich nach der Benediktinerregel lebenden Domklerus ist eine Stiftung des Bischofs Burkard I.[121]. Zeitweilig verfügten die Bischöfe über das kurzlebige Karlburg, Ansbach, Homburg[122] und seit 857 Münsterschwarzach[123].

Die mainfränkischen Klöster Amorbach[124] und Neustadt[125] hatten sich unter herrscherlichem Einfluß am Ende der Regierung Karls des Großen oder zu Beginn der Ludwigs des Frommen zeitweilig zusammenschließen müssen. Sie organisierten die Mission im nördlichen Sachsen; die Äbte Thanco, Spatto und Harud leiteten nicht nur beide Abteien in Personalunion, sondern auch als Bischöfe die Diözese Verden[126]. Doch auch in den östlichen Gebieten Frankens gab es noch Missionsaufgaben, wo-

---

115 O. MENZEL (Hg.), Das Leben der Liutbirg (= MGH.Dt.MA III) 1937, 10f, cap. 2.
116 H. PUSCH, Kloster Rohr, Neue Beiträge zur Geschichte des deutschen Altertums 37 (1932) 73, nr. 1. Vgl. THIEL, Urkundenbuch 4–9, nr. 2.
117 GermPont III/3, 228–230, 235f; WENDEHORST, Strukturelemente 7.
118 K. SCHMID, Mönchslisten; STÖRMER, Karolingerreich 168.
119 GermBen II 177–182; B. SCHMEIDLER, Fränkische Urkundenstudien 1. Die Urkunde über die Gründung des Klosters Megingaudeshausen vom Jahre 816, in: JFLF 5 (1939) 73–101; A. WENDEHORST, Die Anfänge des Klosters Münsterschwarzach, in: ZBLG 24 (1961) 163–173; G. VOGT, Zur Frühgeschichte der Abtei Münsterschwarzach, in: MJGK 32 (1980) 49–69; W. STÖRMER, Die Gründung des fränkischen Benediktinerklosters Megingaudeshausen im Zeichen der anianischen Reform, in: ZBLG 55 (1992) 239–254.
120 E. F. J. DRONKE (Hg.), Codex Diplomaticus Fuldensis, 1850/ND 1962, 185, nr. 410. Vgl. W. STÖRMER, Die Wohltäter des frühmittelalterlichen Klosters Brach an der Fränkischen Saale, in: WDGB 37/38 (1975) (Festschrift für Theodor Kramer) 469–479.
121 WENDEHORST, Würzburg I 21f.
122 ZIMMERMANN, Klosterrestitutionen 7.
123 857 März 27. MGH.D LdD. I 115f, nr. 79.
124 GermBen II 28–32; STÖRMER, Amorbach.
125 GermBen II 183–188.
126 P. SCHÖFFEL, Amorbach, Neustadt am Main und das Bistum Verden, in: ZBKG 16 (1941) 131–143; M. LAST, Die Bedeutung des Klosters Amorbach für Mission und Kirchenorganisation im sächsischen Stammesgebiet, in: F. OSWALD – W. STÖRMER (Hg.), Die Abtei Amorbach im Odenwald, 1984, 33–53.

von die Heidentaufe auf dem Großbirkacher Relief im Steigerwald aus dem frühen 11. Jahrhundert zeugt[127].

In der Mitte des 9. Jahrhunderts setzte auch in Franken das große Klostersterben ein, das die personalschwachen und ungenügend dotierten Konvente traf. Vielfältige Ursachen, die Schwäche der Reichsgewalt, Kämpfe im ostfränkischen Adel, besonders die Babenberger Fehde, Einfälle von Normannen, Ungarn und Slawen, bewirkten einen allgemeinen wirtschaftlichen und kulturellen Niedergang[128]. Die das 9. Jahrhundert überdauernden Konvente waren im 10. von Verfallserscheinungen und Verweltlichung bedroht und verschwinden aus den Quellen; nur Münsterschwarzach wird noch 911 und Ansbach 918 genannt.

Die Neubelebung des Klosterwesens setzt am Ende des Jahrhunderts mit Bischof Hugo ein, der 986 das Würzburger Andreaskloster neu dotierte und mit ausreichenden Einkünften und Büchern ausstattete[129]. Von seiner ersten Ruhestätte an der Seite Kilians wurde der Leib des heiligen Burkard hierher übertragen, der zum neuen Patron des Klosters wurde. Eine eigenständige Klosterpolitik entwickelten die Würzburger Bischöfe seit seinem Nachfolger Bernward. Otto III. »gab« ihm 993 in zwei Diplomen die fünf Orte Neustadt und Homburg am Main, Amorbach, Schlüchtern und Murrhardt und die Abtei Münsterschwarzach »zurück«[130]. Würzburg stützte seine Ansprüche auf zwei Diplome, die auf Pippin und Karl den Großen gefälscht waren[131]. Danach hätten die beiden Karolinger die fünf Orte an Würzburg zur Gründung von Klöstern geschenkt, die ihm dann später entfremdet worden seien. Die »Restitution« dieser ursprünglichen Reichsklöster und die Umwandlung der darnieder liegenden Institute in bischöfliche Eigenklöster erfolgte offenbar problemlos. Otto III. erneuerte die Urkunden nach seiner Kaiserkrönung für Bischof Heinrich I. im Jahr 999[132]. Homburg wurde dabei durch Münsterschwarzach ersetzt, wobei ein echter Rechtstitel zugrundegelegt werden konnte[133]. Auch Heinrich II. und Konrad II. bestätigten diese Übertragung[134]. Die Unterstellung der Klöster unter den Bischof brachte sie in neuen Schwung; noch unter Bischof Heinrich I. erhielten Amorbach, Schlüchtern und Münsterschwarzach Neubauten.

Über Amorbach vollzog sich der Einzug der cluniazensischen Reform in Franken[135]. Abt Atto von Amorbach ist als Teilnehmer an der Reichsversammlung von Neuburg an der Donau 1007 nachweisbar, wo sich Odilo von Cluny und die Häupter

---

[127] R. M. KLOOS in Zusammenarbeit mit L. BAUER und mit Beiträgen von I. MAIERHÖFER, Die Inschriften des Landkreises Bamberg bis 1650 (= Die Deutschen Inschriften 18) 1980, 3, nr. 1.
[128] WENDEHORST, Mönchtum 44; DERS., Strukturelemente 11.
[129] HALLINGER, Gorze-Cluny 339–341; WENDEHORST, Würzburg I 68f. Zum Kloster St. Burkard: GermBen II 346–349.
[130] 993 Dezember 12. MGH.D O.III 550–552, nrr. 140–141; ZIMMERMANN, Klosterrestitutionen 1–28.
[131] MGH.D Kar. I 347f, nr. 246; A. WENDEHORST, Zur Überlieferung und Entstehung der Fälschung MGH.D Karol. 246, in: Westfalen 51 (1973) 1–5.
[132] 999 April 14. MGH.D O.III 741f, nr. 315.
[133] WENDEHORST, Mönchtum 47.
[134] 1003 Februar 9. MGH.D H.II 42–44, nrr. 37, 38. 1025 Mai 20. MGH.D K.II 39f, nr. 37.
[135] WENDEHORST, Mönchtum 47.

der cluniazensisch geprägten Reformklöster trafen[136]. In Amorbach lebte auch von circa 1010 bis 1018 Theoderich von Fleury, der Abt Richard von Amorbach mehrere Schriften widmete[137]. Wahrscheinlich wurden die Reformäbte Atto und Richard von Bischof Heinrich I. eingesetzt, der sich sicher auch in den übrigen bischöflichen Eigenklöstern um die Durchführung der Reform bemühte. Im Jahr 1016 erhielt Amorbach auf Intervention des Würzburger Bischofs ein Immunitätsprivileg, obwohl es nur 13 Jahre zuvor der Würzburger Eigenkirchenherrschaft unterstellt worden war[138].

Wie im ganzen Reich so überflügelte auch in der Diözese Würzburg der Einfluß der von St. Maximin in Trier vermittelten Reform des lothringischen Gorze bald den von Cluny. Abt Richard von Amorbach führte sein Kloster und die Abteien Schlüchtern und Michelsberg bei Bamberg und als Abt von Fulda auch dieses Reichskloster dem Reformkreis von Gorze zu[139]. Münsterschwarzach entwickelte sich unter dem Ramwold-Schüler Abt Alapold aus St. Emmeram in Regensburg zum zweiten Reformzentrum altgorzischer Prägung in Mainfranken[140].

Stifte bilden neben den Klöstern die zweite Form des Zusammenlebens von Geistlichen. Am Beginn dieser Form steht die Gemeinschaft der Kleriker an der Domkirche des Bischofs, aus der sich das Domkapitel entwickelte[141]. Sie bildeten ein Reservoir für die Besetzung von Leitungsfunktionen in der Reichskirche, wobei der Weg oft über die königliche Kapelle führte. Aus dem Würzburger Domkapitel gingen mit Hunfried 1023 und Engelhard 1051 zwei Erzbischöfe von Magdeburg hervor[142]. Bischof Heinrich I., schon als Klosterreformer hervorgetreten, gründete die ersten Säkularkanonikerstifte in seinem Bistum. Die beiden Stifte, Haug[143] mit dem Patrozinium St. Johannes Baptist sowie St. Stephan[144], zunächst St. Peter, Paul und Stephan, lagen vor den Mauern der Stadt Würzburg. Bischof Adalbero transferierte nach Aussage einer Ende des 12. Jahrhunderts gefälschten Urkunde die Kanoniker von St. Stephan 1057 nach Neumünster[145]. Mit dem wahrscheinlich als Wirtschaftskörper fortbestehenden Gumbertuskloster in Ansbach dotierte Bischof Heinrich dort ein neu

---

[136] 1007 April 2. MGH.D H.II 155f, nr. 129.
[137] A. PONCELET, La vie et les œuvres de Thierry de Fleury, in: Anal Boll 27 (1908) 5–27, hier 22–27.
[138] 1016 April 15. MGH.D H. II 439f, nr. 345; ZIMMERMANN, Klosterrestitutionen 24.
[139] HALLINGER, Gorze-Cluny 152, 199–205, 221–223, 226f; WENDEHORST, Mönchtum 48f.
[140] HALLINGER, Gorze-Cluny 146–150; WENDEHORST, Mönchtum 49.
[141] SCHIEFFER, Domkapitel 183–187. Zur kanonikalen Lebensform vgl. J. LAUDAGE, Priesterbild und Reformpapsttum im 11. Jahrhundert (= Beih. zum AKuG 22) 1984, 90–115. Personalschematismus für Würzburg: A. AMRHEIN, Reihenfolge der Mitglieder des adeligen Domstiftes zu Würzburg, St. Kilians-Brüder genannt, von seiner Gründung bis zur Säkularisation 742–1803, 2 Teile, in: AU 32 (1889) 1–314 und 33 (1890) 1–380.
[142] WENDEHORST, Bischöfe und Bischofskirchen 236.
[143] 1002. MGH.D H.II 3f, nr. 3; GermPont III/3, 190–192; BACKMUND, Kollegiat- und Kanonissenstifte 110–113. Zur Baugeschichte OSWALD, Würzburger Kirchenbauten 139–158.
[144] GermPont III/3, 188–190; GermBen II 354–358; WENDEHORST, Würzburg I 86; P. JOHANEK, Die Gründung von St. Stephan und Neumünster und das ältere Würzburger Urkundenwesen, in: MJGK 31 (1979) 32–68. Zur Baugeschichte OSWALD, Würzburger Kirchenbauten 33–65.
[145] WENDEHORST, Würzburg IV 52f.

errichtetes weiteres Säkularkanonikerstift[146]. Die Stiftsgründungen Bischof Heinrichs waren dem Domkapitel institutionell eng verbunden, hatten sie doch ihren Propst aus dessen Reihen zu wählen[147].

Diese Würzburger Entwicklung läßt sich nahtlos einordnen in die Gründungswelle von Säkularkanonikerstiften zu Beginn des 11. Jahrhunderts, die im Zusammenhang stehen mag mit wachsenden Verwaltungsaufgaben der Bischöfe und den zunehmenden Herrscheraufenthalten in Bischofsstädten, aber auch dem gesteigerten Selbstbewußtsein der Reichsbischöfe[148]. Mit Moraw kann man das Kollegiatstift förmlich ansprechen als »Indikator politisch-kirchlicher Veränderungen insbesondere insofern, als die große Zeit der Stiftskirchengründungen des Episkopates in erstaunlicher chronologischer Exaktheit mit dem Zeitalter des ottonisch-salischen Reichskirchensystems zusammenfällt«[149]. Eine weitere geplante Kloster- oder eher Stiftsgründung in Lauffen am Neckar ist zumindest wahrscheinlich[150]. Bischof Heinrich I. wird in seiner Bedeutung für die Ausbildung der Sakraltopographie Würzburgs nur von Bischof Adalbero von Lambach-Wels erreicht.

Eine Gründung in Öhringen vermittelt den Übergang zum jüngeren Typus des landesherrlichen Stifts. Die Mutter Kaiser Konrads II., Adelheid, ließ 1037 die dortige Pfarrkirche durch ihren Sohn Bischof Gebhard III. von Regensburg in ein Kollegiatstift mit dem Patrozinium Peter und Paul umwandeln[151]. Das Recht der freien Propstwahl stellt wohl einen nachträglichen Einschub in die Gründungsurkunde dar; später errangen die Herren von Hohenlohe die Vogtei über das Stift. Das spätere kurpfälzische Residenzstift St. Juliana in Mosbach wurde 976 noch als Kloster von Otto II. der Kirche von Worms geschenkt und nach der Jahrtausendwende, ungewiß ob durch Bischof Burchard I. von Worms oder Bischof Heinrich I. von Würzburg, in ein Säkularkanonikerstift umgewandelt[152].

*c) Die Pfarreiorganisation*

Das Pfarreinetz als drittes Strukturelement des mittelalterlichen Bistums neben Klöstern und Stiften war im Prinzip flächendeckend, weil jede Siedlung zu einer Taufkirche gehörte[153]. Bei der Dotation des Bistums Würzburg waren dem Bischof 25, meist innerhalb der Diözese gelegene Pfarreien übertragen worden. Die Pfarreien

---

[146] GermPont III/3, 207–209; BAYER, Sankt Gumbert 73–82; BACKMUND, Kollegiat- und Kanonissenstifte 30–32.
[147] 1183. MonBoica 37, 122, nr. 133.
[148] MORAW, Typologie 21f. WENDEHORST, Strukturelemente 18.
[149] MORAW, Typologie 21.
[150] WENDEHORST, Würzburg 1, 86; H. SCHWARZMAIER, Die Reginwindis-Tradition von Lauffen. Königliche Politik und adelige Herrschaft am mittleren Neckar, in: ZGO 131 (1983) 163–198, hier 180–189.
[151] Wirtembergisches Urkundenbuch I, 1849, 263–265, nr. 222. Zur Echtheitsfrage H. DECKER – HAUFF, Der Öhringer Stiftungsbrief, in: Württembergisch Franken 41 = N.F. 31 (1957) 17–31 und 42 = N.F. 32 (1958) 3–32; zuletzt H. SODEIK, Das Chorherrenstift Öhringen, in: Öhringen — Stadt und Stift, hg.v. Stadt Öhringen (= Forschungen aus Württembergisch Franken 31) 1988, 80–87.
[152] 976 November 15. MGH.D O. II 160f, nr. 143. Vgl. O. FRIEDLEIN, Beiträge zur Geschichte des Julianastiftes in Mosbach, in: FDA 91 (1971) 106–175, hier 108–110.
[153] WENDEHORST, Strukturelemente 22.

unterschieden sich stark hinsichtlich ihrer Ausdehnung. War ihr Netz im Altsiedelland relativ eng gezogen, so umfaßten die Sprengel im dünner besiedelten Norden und Osten größere Bezirke. Als gemeinsame Merkmale der Urpfarreien sind die Lage an Siedlungsschwerpunkten und »zentralisierende und stabilisierende Raumordnungsfunktionen mit der Tendenz zur Stadtbildung«[154] anzusprechen. Neben bischöflichen gab es grundherrliche Kirchengründungen. Um die Sakramentenspendung flächendeckend sicherzustellen, mußten die Bischöfe großzügig Pfarrechte an klösterliche wie laikale Eigenkirchen übertragen.

An dieser Stelle kann nur auf die Forschungslage zur Pfarreiorganisation im alten Bistum Würzburg hingewiesen werden. Die »Unterfränkische Geschichte« enthält einen wertvollen Überblick von Alfred Wendehorst der bis zum Jahr 1120 schriftlich bezeugten Taufkirchen Würzburger Diözesanzugehörigkeit im heutigen Unterfranken[155]. Von den insgesamt 34 genannten Pfarrkirchen sind bis zur Mitte des 11. Jahrhunderts bereits 26 bezeugt, darunter zehn Dotationskirchen von 742, zwei bischöfliche, drei babenbergische und vier ursprünglich adlige und an Kloster Fulda geschenkte Eigenkirchen.

Ansatzweise untersucht ist die Entwicklung des Pfarreinetzes im Altsiedelland[156], während für den Osten des alten Bistums Untersuchungen über die Entwicklung namentlich im Rangau, Radenzgau, im mittleren Grabfeldgau und im Archidiakonat Münnerstadt vorliegen[157]. Für den heute badischen Südwesten gibt es eine Arbeit über das Landkapitel Buchen[158].

---

[154] WENDEHORST, Strukturelemente 22.
[155] A. WENDEHORST, Im Ringen zwischen Kaiser und Papst, in: P. KOLB – E.-G. KRENIG (Hg.), Unterfränkische Geschichte 1, 1989, 295–332, hier 310f.
[156] P. SCHÖFFEL, Pfarreiorganisation und Siedlungsgeschichte im mittelalterlichen Mainfranken, in: Aus der Vergangenheit Unterfrankens (= Mainfränkische Heimatkunde 2) 1950, 7–39; F. GRUMBACH, Parochia Rheinfeldensis. Untersuchungen zur Entwicklung des spätmittelalterlich-frühneuzeitlichen Pfarrsprengels Bergrheinfeld, Grafenrheinfeld, Oberndorf und Röthlein, in: WDGB 37/38 (1975) 295–319; A. WENDEHORST, Die Urpfarrei Kitzingen. Die Entwicklung ihres Sprengels bis zum Ausgang des Mittelalters, in: ZBKG 50 (1981) 1–13.
[157] SCHÖFFEL, Archidiakonat Rangau; A. WENDEHORST, Die Würzburger Radenzgaupfarreien Etzelskirchen, Lonnerstadt, Mühlhausen, Wachenroth, in: BHVB 100 (1964) 173–184; DERS., Zwischen Haßbergen und Gleichbergen. Beobachtungen und Funde zur Siedlungsgeschichte und zur mittelalterlichen Kirchenorganisation im mittleren Grabfeldgau, in: Festschrift Andreas Kraus zum 60. Geburtstag, hg. v. P. FRIED (= Münchner Historische Studien, Abt. Bayerische Geschichte 10) 1982, 1–14; WENDEHORST, Archidiakonat Münnerstadt.
[158] WENDEHORST, Strukturelemente 23–29.

## § 15. DAS BISTUM EICHSTÄTT

*a) Die Bischofsreihe*[159]

Die Hauptquellen für die Bistumsgeschichte Eichstätts bilden das *Pontifikale Gundekarianum*, angelegt um 1071/72 unter Bischof Gundekar II., und der um 1078 entstandene *Anonymus Haserensis*[160]. Der Nachfolger des heiligen Willibald als Bischof in Eichstätt, Gerhoh[161] (787/788 — ca. 806), entstammte nach Angaben des *Anonymus Haserensis* einem vornehmen und begüterten Geschlecht[162]. Dies ist durchaus in Einklang zu bringen mit der Vermutung, er sei mit dem von Karl dem Großen eingesetzten Präfekten von Bayern, Gerold, verwandt gewesen[163]. Um 790 wandelte er das Mönchskloster Heidenheim in ein Säkularkanonikerstift um. König Karl schenkte 793, als er sich zur Anlage der *Fossa Carolina* im Bistum aufhielt, die Abtei Murbach im Elsaß an ihn. Gerhoh, der am 2. Februar wohl des Jahres 806 starb, stiftete seiner Kirche kostbare liturgische Geräte und hinterließ ihr seinen Besitz.

Obwohl man die *Divisio Regnorum* von 806 als Indiz für die Lösung des westlichen Teils des Nordgaues und damit Eichstätts von Bayern nehmen kann[164], scheint Gerhohs Nachfolger Agan[165] (ca. 806 — ca. 822) mit dem Teilnehmer an der bayerischen Synode von Regensburg (wohl 806), Agnus, identisch zu sein. 819 weihte Agan eine Erlöserkirche mit den Nebenpatrozinien Maria, Johannes der Täufer, Petrus und Bonifatius wahrscheinlich in Solnhofen ein. Sein Nachfolger Adalung[166] (ca. 822 — ca. 837) erhielt 828 eine Urkunde Kaiser Ludwigs des Frommen unbekannten Inhalts. Bei der Synode in Mainz vom Juni 829 ist er unter die Mainzer Suffragane eingereiht. Von Bischof Altwin[167] (ca. 837 — ca. 847) ist nur bekannt, daß er die Erhebung der Gebeine des heiligen Sola in Solnhofen vornehmen ließ.

Bischof Otgar[168] (ca. 847 — ca. 880) ist auf den von Ludwig dem Deutschen nach Mainz 847 und 852 einberufenen Synoden nachweisbar. Vielleicht ist er identisch mit dem gleichnamigen Abt von Niederaltaich, für das er dann mehrere Privilegien Ludwigs des Deutschen erwirkt hätte[169]. 857 zog der Bischof zusammen mit Pfalzgraf Ruadolt und Ernst, dem Sohn des gleichnamigen Markgrafen, gegen Böhmen,

---

[159] Prof. Dr. Alfred WENDEHORST stellte freundlicherweise seine Vorarbeiten für die Germania Sacra, Die Bischofsreihe von Eichstätt, zur Verfügung, wofür ich herzlich danke.
[160] Gundechari Liber Pontificalis Eichstettensis, MGH.SS VII 239–253. Vgl. A. BAUCH – E. REITER (Hg.), Das Pontifikale Gundekarianum. Faksimile-Ausgabe des Codex B4 im Diözesanarchiv Eichstätt, 1987. WEINFURTER, Anonymus Haserensis (Edition und Übersetzung). In Einzelfragen überholt, doch als Gesamtdarstellung unersetzt: J. SAX, Die Bischöfe und Reichsfürsten von Eichstädt 745–1806, 1884; A. WENDEHORST, Eichstätt, in: LdMA 3 (1986) 1671–1673.
[161] HEIDINGSFELDER, Regesten 16–19, nrr. 25–37.
[162] WEINFURTER, Anonymus Haserensis 45, 115f.
[163] WEINFURTER, Das Bistum Willibalds 22.
[164] K. REINDEL, Politische Geschichte Bayerns im Karolingerreich, in: HBG I, ²1981, 258.
[165] HEIDINGSFELDER, Regesten 19–21, nrr. 38–42.
[166] HEIDINGSFELDER, Regesten 21f, nrr. 43–47.
[167] HEIDINGSFELDER, Regesten 22–24, nrr. 48–50.
[168] HEIDINGSFELDER, Regesten 24–28, nrr. 51–64.
[169] HEIDINGSFELDER, Regesten 24f, nr. 54; WEINFURTER, Anonymus Haserensis 117f.

wo man den Herzog Wiztrach vertrieb. 863 vertauschte er an den Regensburger Bischof verschiedene Güter bei Landau an der Isar, die er von König Ludwig dem Deutschen erhalten hatte. Im Gegenzug erhielt er Besitz in Bergen und Egweil. Ludwig der Deutsche bestätigte den Tausch[170]. Im Mai 868 nahm er in Worms an der in Gegenwart Ludwigs des Deutschen abgehaltenen ostfränkischen Synode teil. Von dem von diesem König als Herzog in Unterpannonien eingesetzten mährischen Fürsten Pribina oder dessen Sohn Kozel erhielt die Eichstätter Kirche während des Pontifikats Otgars reichen Besitz in Slawonien am Fluß Valpo, der bei Esseg (Osijek) in die Drau mündet. Otgar nahm in den siebziger Jahren des 9. Jahrhunderts die Einweihung des Neubaus der Stiftskirche in Heidenheim vor und ließ später die Gebeine der heiligen Walpurgis nach Eichstätt transferieren.

Von Bischof Gottschalk (ca. 880 — ca. 882) wird nur der Todestag bekannt[171]. Von den Bischöfen des 9. Jahrhunderts sind nur wenige, verstreute Nachrichten überliefert. Eichstätt scheint sich nicht über eine Art Hausbistum der mächtigen Adelssippe der Roninger, der wahrscheinlich der Stifter der Ausstattung des Bistums Suidger und die Bischöfe Agan, Adalung und Altwin angehört hatten, hinaus entwickelt zu haben[172].

Die Konsolidierung der Diözese Eichstätt gelang dem energischen Bischof Erchanbald[173] (882–912), der möglicherweise mit den Karolingern verwandt war[174]. Als Belohnung für die vermutete Unterstützung des Staatsstreichs Arnulfs von Kärnten kann man die reichen Schenkungen interpretieren, die er von diesem Herrscher erhielt[175]. Im Februar 888 übergab König Arnulf die Abtei Herrieden mit allem Zubehör an das Bistum Eichstätt[176]. Erchanbald hob das dortige Kloster auf und richtete ein Säkularkanonikerstift ein. Den größten Teil des umfangreichen Klostergutes aber verwendete er für den Aufbau einer eigenen Stiftsvasallität[177]. Diese teilweise Säkularisierung dürfte ganz im Sinne des Königs gewesen sein, dem die Vasallen zur Verfügung standen. Im Juni 889 nahm der Bischof am Reichstag König Arnulfs in Forchheim teil. Im Dezember dieses Jahres erhielt Erchanbald vom König einen Ort *Sezzi*, um dort eine Kirche zu errichten, und einen Teil des Weißenburger Forstes geschenkt[178]. Im Mai 890 ist Erchanbald wieder in der Umgebung des Königs bei der Reichssynode in Forchheim nachweisbar. Erchanbald unterzeichnete 895 die Synodalbeschlüsse von Tribur an fünfter Stelle nach den Erzbischöfen und Waldo von Freising. Im Mai 899 übertrug Kaiser Arnulf ihm Allodialbesitz im Sualafeldgau um

---

170 863 November 2. MGH.D LdD. I 159f, nr. 111; HEIDINGSFELDER, Regesten 26, nr. 58.
171 HEIDINGSFELDER, Regesten 28f, nrr. 65, 66.
172 W. STÖRMER, Adelsgruppen im früh- und hochmittelalterlichen Bayern (= SBVSG 4) 1972, 58f; STÖRMER, Früher Adel 338–341; WEINFURTER, Bistum Willibalds 28.
173 HEIDINGSFELDER, Regesten 29–41, nrr. 67–109; WENDEHORST, Erchanbald, in: LdMA 3 (1986) 2121f.
174 STÖRMER, Früher Adel 341–348.
175 WEINFURTER, Das Bistum Willibalds 29–36.
176 888 Februar 23. MGH.D Arn. 27–29, nr. 18; HEIDINGSFELDER, Regesten 30, nr. 68.
177 WEINFURTER, Anonymus Haserensis 46, 121f.
178 889 Dezember 8. MGH.D Arn. 107–109, nr. 72; HEIDINGSFELDER, Regesten 31f, nr. 72.

Gunzenhausen und Weißenburg[179]. An der Erhebung Ludwigs des Kindes zum ostfränkischen König im Februar 900 in Forchheim nahm Erchanbald teil; dabei erhielt er die Bestätigung der Übertragung Herriedens[180].

Erchanbald unterhielt enge Beziehungen zum Salzburger Kirchensprengel. Wohl im Juli des Jahres 900 protestierte er zusammen mit Erzbischof Theotmar und dessen Suffraganen bei Papst Johannes IX. gegen die Einsetzung eines Erzbischofs und dreier Bischöfe in Mähren[181]. Im September 901 intervenierte er gemeinsam mit Theotmar von Salzburg und den Bischöfen von Augsburg, Freising und Regensburg bei König Ludwig für die Kirche von Säben[182].

Unter Ludwig dem Kind hatte er Anteil am Reichsregiment. Das Jahr 903 brachte den Höhepunkt seiner Beziehungen zum unmündigen König. Gemeinsam mit wechselnden anderen Bischöfen, darunter Hatto von Mainz und Theotmar von Salzburg, begegnet er insgesamt viermal als Intervenient[183]. Dabei wurde er auch für die in der Babenbergerfehde hart bedrängte Würzburger Kirche tätig[184]. Im Juni des Jahres 903 nahm er an der Reichsversammlung in Forchheim teil. Am 2. Juli schenkte der König ihm in Theres am Main die Orte Kirchfarrnbach und *Zenna* im Westen von Fürth, im Jahr 906 einige Unfreie[185]. Auch in den folgenden Jahren intervenierte er gemeinsam mit Erzbischof Hatto von Mainz bei Ludwig dem Kind[186]. Im Februar 908 gestattete der König ihm, einen Markt und eine Münze in Eichstätt im Nordgau in der Grafschaft des Arnolf zu errichten, dort den an anderen Marktstätten üblichen Zoll zu erheben und Befestigungen gegen Einfälle der Heiden, womit die Ungarn gemeint sind, anzulegen[187]. Im Juni dieses Jahres ist er neuerlich in der Umgebung des Königs nachweisbar[188]. König Ludwig bestätigte ihm im Oktober 910 den tauschweisen Erwerb mehrerer Güter[189].

In der Umgebung des neuen Königs Konrad I. begegnet Erchanbald erstmals im Februar 912 in Ulm[190]. Dabei wurden auch Angelegenheiten der Kiche von Eichstätt besprochen. In einem feierlichen Diplom bestätigte der König Bischof Erchanbald wenig später alle Schenkungen seiner Vorgänger, namentlich Ludwigs des Kinds, an die Kirche von Eichstätt[191]. Neu sind hier die Kirche von Velden im Nordosten des heutigen Nürnberg, ein Fischteich an der Pegnitz und ein Jagdrecht im Veldener Forst

---

[179] 899 Mai 1. MGH.D Arn. 264f, nr. 175; HEIDINGSFELDER, Regesten 35f, nr. 83.
[180] 900 Februar 7. MGH.D LdK. 95f, nr. 1.
[181] HEIDINGSFELDER, Regesten 36, nr. 87. Vgl. S. RIEZLER, Geschichte Baierns I, ²1927, 420–427.
[182] 901 September 13. MGH.D LdK. 113–115, nr. 12.
[183] 903 Februar 14, 903 Juni 24. MGH.D LdK. 123–127, nrr. 19, 20; 903 Juli 9. MGH.D LdK. 128–130, nr. 23; 903 August 12. MGH.D LdK. 133–135, nr. 24.
[184] 903 Juli 9. MGH.D LdK. 128–130, nr. 23.
[185] 903 Juli 2. MGH.D LdK. 127f, nrr. 21, 22; 906 April 8. MGH.D LdK. 163, nr. 43.
[186] 906 Mai 8. MGH.D LdK. 164–166, nr. 44; 907 März 19. MGH.D LdK. 178f, nr. 53.
[187] 908 Februar 5. MGH.D LdK. 185–187, nr. 58; HEIDINGSFELDER, Regesten 38f, nr. 101. Zur Lokalisierung HERZOG, Die ottonische Stadt 166f.
[188] 908 Juni 8. MGH.D LdK. 189f, nr. 60.
[189] 910 Oktober 9. MGH.D LdK. 211f, nrr. 74, 75.
[190] HEIDINGSFELDER, Regesten 39, nr. 105.
[191] 912 März 5. MGH.D K.I 3–4, nr. 3; HEIDINGSFELDER, Regesten 40, nr. 106.

aufgenommen. Am selben Tag erneuerte Konrad I. die der Eichstätter Kirche von Karl dem Großen und seinen übrigen Vorgängern verliehene Immunität[192].

Erchanbald darf einen Platz in der Literaturgeschichte beanspruchen. Auf seine Anregung gehen die Abfassung der Translationsgeschichte der Reliquien der heiligen Walpurgis von Eichstätt nach Monheim und die Anlage eines großen Martyrologs durch den Domkleriker Wolfhard zurück[193]. Wahrscheinlich ist das Waltharilied ihm und nicht dem gleichnamigen Straßburger Bischof gewidmet[194]. Bischof Erchanbald, der die Voraussetzungen für die Ausbildung des Eichstätter Territoriums geschaffen hatte, starb am 19. September 912.

Bischof Uodalfrid[195] (912–933), wohl aus einem bayerischen oder schwäbischen edelfreien Geschlecht, war unter Ludwig dem Kind Notar und Kanzler in der königlichen Kanzlei[196], seine Ernennung zum Bischof erfolgte sicher durch König Konrad I. Während seines Pontifikats verbreitete sich der Walpurgiskult im westfränkischen Reich, besonders in Flandern und am Niederrhein, Reliquien wurden in die Königspfalz zu Attigny übertragen[197]. 916 intervenierte er neben den Erzbischöfen von Mainz und Salzburg bei König Konrad für die Kirche von Säben[198]. Im September 918 bestätigte König Konrad dem Uodalfried auf Fürsprache des Mainzer Erzbischofs Heriger und des Würzburger Bischofs Thioto sowie zweier Grafen das Markt-, Münz- und Befestigungsrecht[199]. In der Folgezeit scheinen Uodalfrid und das Bistum Eichstätt unter den Einfluß des erstarkenden jüngeren bayerischen Stammesherzogtums unter dem Luitpoldinger Arnulf geraten zu sein. Zumindest nahm er im Januar 932 an einer bayerischen Synode in Regensburg teil, die nach Regierungsjahren Herzog Arnulfs datiert ist. Im Juli dieses Jahres ließ er sich bei der bayerischen Synode von Dingolfing, die sich mit der Fixierung von Festtagen und Fastenzeiten beschäftigte, durch Gesandte vertreten. Uodalfrid übergab verschiedene Eigengüter an die Bischofskirche und andere geistliche Institute, darunter sein Allod in Sinzing, damit die Eichstätter Bischöfe über ein eigenes Quartier bei der bayerischen Herzogsstadt Regensburg verfügen konnten[200]. Am 1. Januar 933 starb Uodalfrid.

Bischof Starchand[201] (933–966) wurde wahrscheinlich von Herzog Arnulf von Bayern, der ja seit 921 über das Besetzungsrecht für die Bischofsstühle seines Herzogtums verfügte, ernannt. Ihren kultgeschichtlichen Niederschlag fand die Bindung an Bayern in Gebetsverbrüderungen mit den Kirchen von Regensburg und Salzburg. Spät erst begegnet Starchand in der Umgebung König Ottos I., der bereits 937 die

---

[192] 912 März 5. MGH.D K.I 4f, nr. 4; HEIDINGSFELDER, Regesten 40, nr. 107.
[193] BAUCH, Ein bayerisches Mirakelbuch.
[194] K. STRECKER (Hg.), Waltharius (= MGH.PL VI/1) 1951/ND 1978, 1–85. Vgl. K. HAUCK, Das Walthariusepos des Bruders Gerald von Eichstätt, in: Germanisch-romanische Monatsschrift 35 (1954) 1–27.
[195] HEIDINGSFELDER, Regesten 41–44, nrr. 110–117; STÖRMER, Früher Adel 348–351.
[196] FLECKENSTEIN, Hofkapelle I 210, 215.
[197] HEIDINGSFELDER, Regesten 41f, nr. 111.
[198] 916 Juli 6. MGH.D K.I 27–28, nr. 30.
[199] 918 September 9. MGH.D K.I 33–34, nr. 36; HEIDINGSFELDER, Regesten 42f, nr. 113.
[200] HEIDINGSFELDER, Regesten 44, nr. 116. Zu den bayerischen Synoden WOLTER, Synoden 34–39.
[201] HEIDINGSFELDER, Regesten 45–48, nrr. 118–129.

weitgehende bayerische Unabhängigkeit unterdrückt hatte. Im Januar 945 bestätigte Otto I. einen Gütertausch zwischen dem Eichstätter Bischof und dem Babenberger Graf Berchtold[202]. Im Juni 948 nahm er in Ingelheim an der in Gegenwart Ottos I. und des westfränkischen Königs Ludwig IV. stattfindenden Synode zur Beilegung der französischen Thronwirren teil. Im August 952 gehörte er zu den Teilnehmern der neben dem vom König einberufenen Reichstag zusammengetretenen Synode in Augsburg. Überhaupt scheint sich das Verhältnis Starchands zu König Otto sehr positiv entwickelt zu haben. Zwischen 942 und 953, wohl 950, erhielt er die Bestätigung der Übertragung der Abtei Herrieden sowie die Verleihung der Immunität für Heidenheim, jedesmal auf die Intervention des Königsbruders Brun[203]. Möglicherweise gehörte er sogar zu den Teilnehmern der Ungarnschlacht auf dem Lechfeld am Lorenztag 955[204]. Im Dezember dieses Jahres schenkte König Otto dem Bischof eine Königshufe im Sualafeldgau[205]. Nach Ausweis des *Anonymus Haserensis* war Starchand ein enger Freund des heiligen Bischofs Ulrich von Augsburg, der den am 11. Februar 966 Verstorbenen bestattete[206].

Bischof Reginold[207] (966–991) war ebenfalls ein sehr langer Pontifikat vergönnt. Er soll die Bischofsweihe in Worms durch Erzbischof Wilhelm von Mainz und Bischof Erkenbald von Straßburg empfangen haben. Reginold begleitete Kaiser Otto I. auf dessen drittem Italienzug und nahm im Oktober 968 an der in Gegenwart von Kaiser und Papst stattfindenden Synode in Ravenna teil, auf der endgültig die Erhebung Magdeburgs zum Erzbistum beschlossen wurde[208]. Bei der in Gegenwart Ottos I. und Ottos II. abgehaltenen Synode von Ingelheim 972 ist er unter die Mainzer Suffragane eingereiht. Für das von Otto II. 981 nach Italien bestellte Ergänzungsaufgebot hatte Eichstätt 40 Panzerreiter zu stellen[209].

Reginold tat sich als Bauherr hervor. Trotz Abratens Ulrichs von Augsburg ließ Reginold die Domkirche erweitern und im Westen eine Krypta und eine Rotunde errichten[210]. Am 22. April 982 übertrug er die Reliquien des heiligen Willibald in den neu erbauten Memorialbau[211]. Die Translation des ersten Bischofs in das Westwerk, das von den Zeitgenossen oft als Symbol für die Königsmacht verstanden wurde, spielt sicher auf den königlichen Rang Willibalds an und sollte das Ansehen der Kirche von Eichstätt erhöhen[212].

---

[202] 945 Januar 20. HEIDINGSFELDER, Regesten 45, nr. 120.
[203] MGH.D O.I 208f, nrr. 127, 128; HEIDINGSFELDER, Regesten 46f, nrr. 124, 125.
[204] HEIDINGSFELDER, Regesten 46, nr. 123.
[205] 955 Dezember 12. HEIDINGSFELDER, Regesten 47, nr. 126.
[206] WEINFURTER, Anonymus Haserensis 47f.
[207] HEIDINGSFELDER, Regesten 48–51, nrr. 130–141.
[208] HEIDINGSFELDER, Regesten 48f, nrr. 133, 134.
[209] MGH.Const I 633, nr. 436.
[210] WEINFURTER, Anonymus Haserensis 48, 133f; SAGE, Ausgrabungen Bamberg und Eichstätt 202–234 (Eichstätt), hier 216–220.
[211] WEINFURTER, Anonymus Haserensis 44, 134.
[212] WEINFURTER, Ecclesia 15.

Der gelehrte Reginold hatte die liturgische Feier sorgfältig vorbereitet und ein eigenes Reimoffizium verfaßt[213]. Die Sequenzen sind in lateinischer, griechischer und hebräischer Sprache abgefaßt. Außerdem schuf der Bischof Offizien zu den Festen der heiligen Nikolaus, Wunibald und Blasius. Unter ihm taucht erstmals der Begriff *Aureatensis* als Bezeichnung für die Kirche von Eichstätt auf. Weinfurter deutet ihn als Zusammenziehung aus *aurea cathedra* und *Eihstatensis ecclesia*, die Einheit von Bischofsamt und Herrscherthron symbolisierend und so auf den Gedanken des königlichen Priestertums bei Willibald anspielend[214]. Gleichzeitig wurde seine Herkunft aus einer englischen Herrscherfamilie im Offizium Reginolds postuliert. Am 4. April 991 starb Bischof Reginold.

Bischof Megingaud[215] (991 — ca. 1015) soll nach der Angabe des *Anonymus Haserensis* ein Verwandter Kaiser Heinrichs II. gewesen sein[216]. Dieselbe Quelle zeichnet ein ausgesprochen negatives Bild dieses Bischofs als Kontrast zu seinem Vorgänger Reginold. In oft erzählten Anekdoten wird er als der »immer durstige Freund kurzer Gottesdienste und langer Mahlzeiten«[217] charakterisiert.

Im November 995 bestätigte Otto III. vor seinem Italienzug auf Bitten Megingauds das Bistum Eichstätt im Besitz der Abtei Herrieden[218]. Im gleichen Jahr erhielt Megingaud von Herzog Heinrich IV. von Bayern, dem nachmaligen Kaiser, die Abtei Niederaltaich zu Lehen unter der Bedingung, dort das monastische Leben zu erhalten; doch blieb er nur ein Jahr im Besitz des Klosters[219]. Megingaud war wahrscheinlich 1001 mit einem Ersatzheer Kaiser Otto III. zu Hilfe über die Alpen gezogen. Einige Tage vor seinem Tode bestätigte der Kaiser ihm in seinem letzten Privileg in der Burg Paterno am Soracte das Forstprivileg in der Gemarkung zwischen Altmühl und Schutter[220].

Im November 1007 ist Megingaud auf der Reichssynode in Frankfurt, die der Gründung des Bistums Bamberg zustimmte, erstmals in der Umgebung Heinrichs II. nachweisbar[221]. Doch widerstand Megingaud erfolgreich den Wünschen des Königs nach der Abtretung von Eichstätter Diözesangebiet an das neu errichtete Bistum, konnte aber die Überlassung von Königsgut im Nordteil seiner Diözese an Bamberg nicht verhindern[222]. Die Melker Annalen erwähnen die Teilnahme Megingauds an der Translation der Gebeine des irischen Pilgers Koloman, des nachmaligen Landespatrons von Niederösterreich, am 13. Oktober 1014 nach Melk, wo er als Besitznach-

---

213 WEINFURTER, Anonymus Haserensis 47f, 129–133 (mit Drucknachweisen).
214 WEINFURTER, Ecclesia 5–12.
215 HEIDINGSFELDER, Regesten 51–55, nrr. 142–153.
216 WEINFURTER, Anonymus Haserensis 53.
217 HAUCK, Kirchengeschichte Deutschlands III 453.
218 995 November 10. MGH.D O.III 591, nr. 181.
219 HEIDINGSFELDER, Regesten 53, nr. 145.
220 1002 Januar 11. MGH.D O.III 857f, nr. 424.
221 1007 November 1. MGH.D H.II 169–172, nr. 143.
222 Zusammenstellung bei HEIDINGSFELDER, Regesten 54, nr. 148; KRENZER, Hochstift Bamberg 1–45.

folger von Herrieden Eigenkirchenherr war[223]. Nach der begründeten Vermutung Heidingsfelders starb er am 28. April des Jahres 1015[224].

Kaiser Heinrich II. bestimmte den Nachfolger wohl mit Bedacht aus einer unfreien, wenn auch sicher ministerialischen Familie, um die Zustimmung zur Abtretung des Eichstätter Diözesangebiets nördlich der Pegnitz an Bamberg leichter zu erlangen[225]. Die Berufung von Ministerialen auf den Bischofsstuhl stellte eine Ausnahme in der mittelalterlichen Adelskirche dar[226]. Gundekar war zunächst Domkustos von Bamberg gewesen. Gegen den Widerstand der Kanoniker und Vasallen seines Bistums mußte Bischof Gundekar I.[227] (1015–1019) sich den Drohungen des Kaisers fügen. Eine Urkunde über den Trennungsvorgang liegt nicht vor, die Nachricht ist im *Pontifikale Gundekarianum* überliefert[228]. Gundekar soll die Eichstätter Rechte an Nördlingen gegen ein Jagdgebiet bei Stöttera an der ungarischen Grenze eingetauscht haben[229]. Er starb wohl bereits am 20. Dezember 1019.

Auch seinem Nachfolger Walther[230] (1020–1021), der ebenfalls ministerialischen Standes gewesen sein soll, war nur eine kurze Wirkungszeit beschieden. Er unterzeichnete im April 1020 das Diplom Heinrichs II., in dem dieser erneut das Bistum Bamberg dem Papst übertrug[231]. Damit erkannte er die Eichstätter Abtretungen an Bamberg an. Auf dem dritten Italienzug des Kaisers starb er am 20. Dezember 1021 in Ravenna.

Als Nachfolger bestimmte Heinrich II. mit Heribert[232] (1022–1042) den Angehörigen eines hochfreien rheinfränkischen Adelsgeschlechts, einen Neffen des Kölner Erzbischofs Heribert und des Würzburger Bischofs Heinrich I. Seine gelehrte Ausbildung hatte er in der Würzburger Domschule erhalten. Heribert engagierte sich im Hammersteiner Ehestreit gemeinsam mit den übrigen Mainzer Suffraganen für Erzbischof Aribo bei Papst Benedikt VIII. Im Juli 1027 nahm er wahrscheinlich an dem von König Konrad II. nach Regensburg einberufenen bayerischem Landtag teil[233]. Im Juli 1033 erhielt er von Kaiser Konrad II. 20 Königshufen vor dem Ostabfall des Wiener Waldes geschenkt[234]. Auch außerhalb seiner Diözese übte er Pontifikalfunktionen aus, so beteiligte er sich an Kirchen- und Altarkonsekrationen in Niederalteich, im Dom zu Freising und in der Burkardskirche zu Würzburg. Am 1. Ad-

---

[223] HEIDINGSFELDER, Regesten 54f, nr. 150.
[224] HEIDINGSFELDER, Regesten 55, nr. 153.
[225] Zur Gebietsabgrenzung KRENZER, Hochstift Bamberg 36–42.
[226] Zur Frage der ständischen Herkunft der Bischöfe vgl. H. ZIELINSKI, Der Reichsepiskopat in spätottonischer und salischer Zeit (1002–1125) I, 1984, 19–66.
[227] HEIDINGSFELDER, Regesten 56f, nrr. 154–157; A. WENDEHORST, Gundekar I., in: LdMA 4 (1989) 1791.
[228] MGH.SS VII 252; HEIDINGSFELDER, Regesten 56f, nr. 155.
[229] WEINFURTER, Anonymus Haserensis 55, 146; HEIDINGSFELDER, Regesten 54, nr. 149 vermutet, daß bereits Bischof Megingaud den Tausch vollzogen habe.
[230] HEIDINGSFELDER, Regesten 58, nr. 158–161.
[231] MGH.D H.II 542–548, nr. 427.
[232] HEIDINGSFELDER, Regesten 58–65, nrr. 162–178. Vgl. WEINFURTER, Anonymus Haserensis 147.
[233] HEIDINGSFELDER, Regesten 164, S. 60, dazu MGH.D K.II 149, nr. 106.
[234] 1033 Juli 21. MGH.D K.II 261f, nr. 197.

ventssonntag des Jahres 1038 hielt er sich am Hof Konrads II. in Limburg auf. In Beziehung zu König Heinrich III. ist er erstmals 1040 nachweisbar, als er gemeinsam mit einer Reihe anderer Bischöfe, darunter Bruno von Würzburg, für Niederalteich intervenierte[235].

Heribert war als Anhänger der Kirchenreform besonders um die Hebung der Seelsorge bemüht. So verminderte er die Zahl der Kanoniker an der Eichstätter Domkirche von 70 auf 50 und setzte die übrigen 20 in den Pfarreien ein[236].

Nach einer Angabe des *Anonymus Haserensis* soll Heribert sogar dem Plan Heinrichs III. einer Verlegung des Bischofssitzes von Eichstätt nach Neuburg an der Donau zugestimmt haben, um als Ersatz für die Abtretungen an Bamberg einen repräsentativeren Bischofssitz zu erhalten[237]. Weinfurter hält gegen die bisherige Forschungsmeinung diese Angabe für realistisch, weil die Verlegung zu den Neuerungsbestrebungen und der Amtskonzeption des Bischofs sowie zur politischen Situation im bayerischen Raum gepaßt hätte[238]. Die Könige aus dem Hause der Salier, Konrad II. und Heinrich III., stützten sich auf die Eichstätter Bischöfe bei dem Versuch, die wachsende Adelsmacht der Ebersberger, Babonen und Aribonen im westlichen Donauraum zurückzudrängen[239]. Die engen Bindungen Eichstätts an die politische Spitze des Reiches wurden durch kultische Beziehungen verdichtet. Wenn man Konrad II. und seine Gemahlin Gisela auch nicht förmlich als Inhaber von Königskanonikaten im Domkapitel Eichstätt bezeichnen darf, so gingen sie mit ihm doch eine Gebetsverbrüderung ein[240].

Heribert war gleichzeitig ein leidenschaftlicher Bauherr, was ihm freilich wegen des großen Aufwandes die Kritik des *Anonymus Haserensis* eintrug[241]. In Eichstätt ließ er die bischöfliche Residenz und die Domherrenhöfe neu errichten. Er plante die Verlegung des Domes nach Osten, welcher Plan jedoch bald eingestellt wurde[242]. Außerdem ließ er mehrere Kapellen erbauen und ein Kloster auf dem Willibaldsberg anlegen. Während seines Pontifikats erfolgte die Gründung des Klosters St. Walburg in Eichstätt.

Sechs Hymnen aus der Feder von Heribert, der sich auch als Dichter betätigte, sind überliefert, die Texte seiner fünf Mariengebete und seiner zwei *modulationes* sind nicht erhalten[243]. Er starb am 24. Juli 1042.

Wahrscheinlich unter dem Einfluß des Bischofs Bruno von Würzburg ernannte Heinrich III. Mitte August 1042 in Bamberg Heriberts Bruder Gezemann, der zuvor

---

235 1040 Januar 17. MGH.D H.III 32f, nr. 25.
236 WEINFURTER, Anonymus Haserensis 56, 148f.
237 WEINFURTER, Anonymus Haserensis 60, 170–174.
238 WEINFURTER, Ecclesia 24–28.
239 WEINFURTER, Ecclesia 20.
240 MGH.SS VII 250; M. GROTEN, Von der Gebetsverbrüderung zum Königskanonikat, in: HJ 103 (1983) 1–34, hier 16.
241 WEINFURTER, Anonymus Haserensis 57.
242 Zu seinen Bauvorhaben WEINFURTER, Anonymus Haserensis 57f, 150–155; HEIDINGSFELDER, Regesten 62f, nr. 174.
243 WEINFURTER, Anonymus Haserensis 55f, 147f.

sein Kapellan war, zum Bischof von Eichstätt[244]. Gezemann konnte in seiner neuen Diözese gemeinsam mit Bischof Bruno von Würzburg die Weihe der Kirche der heiligen Walpurgis in Eichstätt vornehmen und starb bereits nach einem Pontifikat von nur zwei Monaten.

Zu Weihnachten 1042 ernannte Heinrich III. Gebhard I.[245] (1042–1055) zum Bischof von Eichstätt, den sein Verwandter Bischof Gebhard III. von Regensburg als seinen zweiten Kandidaten benannt hatte. Er entstammte einem alemannischen, wohl mit den Saliern versippten Geschlecht[246]. Gebhard entwickelte sich zu einem der führenden Bischöfe der Reichskirche und zum Hauptratgeber Heinrichs III. Der Kaiser konnte sogar seine Wahl zum Nachfolger Papst Leos IX. durchsetzen, als der Gebhard den Namen Victor II. (1055–1057) annahm[247]. Es verdeutlicht seine andauernde Zugehörigkeit zur Reichskirche, daß er auch als Papst, wie schon Clemens II., sein Bistum beibehielt[248]. Dieser Höhepunkt des Reichskirchensystems und die Reformierung des Stuhles Petri durch Kaiser und Reichskirche erwies sich zugleich als die Peripetie, der schließlich der Zusammenbruch der Grundlagen des Reichskirchensystems folgte.

Ein Vogt des Hochstifts Eichstätt, Gotabold, wird bei der Gründung des Kloster St. Walburg erstmals 1035 erwähnt[249]. 1068 ist Vogt Hartwig genannt[250]. Er war möglicherweise der Schwiegervater des Grafen und späteren Eichstätter Vogtes Ernst von Ottenburg-Grögling, dem Stammvater der Hirschberger[251]. Dies würde bedeuten, daß die Grafen von Hirschberg, die bis zu ihrem Aussterben die Eichstätter Hochstiftsvogtei innehatten, mit den älteren Eichstätter Hochstiftsvögten im kognatischen Verband zusammenhingen.

*b) Klöster, Stifte und Pfarreien*

Das Bistum Eichstätt selbst ist aus dem Kloster des heiligen Willibald erwachsen; der Übergang von der monastischen Verfassung zur *vita canonica* scheint sich Anfang des 9. Jahrhunderts vollzogen zu haben[252]. Eine besondere Funktion hatte das Domkapitel besonders unter Konrad II. und Heinrich III., als es zu einem Reservoir zur Besetzung vakanter Bischofsstühle in Deutschland und Reichsitalien wurde. Bischof Gundekar II. konnte in das nach ihm benannte Pontifikale die Namen von vierzehn

---

[244] HEIDINGSFELDER, Regesten 66, nrr. 179–181; FLECKENSTEIN, Hofkapelle II 192f.
[245] HEIDINGSFELDER, Regesten 66–76, nrr. 182–218.
[246] WEINFURTER, Anonymus Haserensis 61, 177–182.
[247] W. GOEZ, Gebhard I. Bischof von Eichstätt, als Papst Viktor II. (ca. 1020–1057), in: FLB 9 (VGFG VIIa,9) 1980, 11–21. FRECH, Päpste 311f.
[248] GOEZ, Papa qui et episcopus.
[249] HEIDINGSFELDER, Regesten 60f, nr. 166.
[250] HEIDINGSFELDER, Regesten 82f, nr. 237.
[251] P. FRIED, Zur Herkunft der Grafen von Hirschberg, in: ZBLG 28 (1965) 82–98, hier 88–95.
[252] Zum Domstift: ROMSTÖCK, Klöster und Stifter 27–32; H. A. BRAUN, Das Domkapitel zu Eichstätt von der Reformationszeit bis zur Säkularisation (1535–1806). Verfassung und Personalgeschichte (= Beiträge zur Geschichte der Reichskirche in der Neuzeit 13) 1991, 10–13.

Kanonikern eintragen, die etwa in Aquileja, Ravenna und Triest zu bischöflichen Ehren gelangten[253].

Der angelsächsische Einsiedler Sola († 794) übereignete kurz vor seinem Tode die von ihm auf Königsgrund errichtete und später nach ihm benannte Zelle Solnhofen dem Kloster Fulda[254]. Solnhofen war fortan ein fuldisches Eigenkloster, das von einem Propst geleitet wurde.

Das 797 erstmals erwähnte Kloster Herrieden war eine Stiftung des Adligen Cadolt an der Altmühl, die bald in Reichsbesitz überging[255]. Der erste Abt Deocar begegnet zweimal als *missus* Karls des Großen. Im Protokoll der an der Jahreswende 818/819 von Ludwig dem Frommen nach Aachen einberufenen Synode ist Herrieden unter die Reichsklöster mittlerer Ordnung eingereiht, die zwar Abgaben leisten mußten, aber nicht zum Kriegsdienst herangezogen wurden[256]. Ludwig der Deutsche bestätigte 831 dem zweiten Abt Theutgar II. Besitz in Niederösterreich — Pielach, Melk und Grünz —, den das Kloster in Besitz genommen und aufgebaut hatte[257]. So wurde Herrieden in die Missions- und Siedlungstätigkeit der bayerischen Klöster einbezogen. Theutgar II. erhielt von Ludwig dem Deutschen und Ludwig dem Frommen noch weitere Diplome[258]. 845 verlieh Ludwig der Deutsche die Immunität[259]. Später gelangte Herrieden in Mainzer Besitz. 887 tauschte es König Arnulf von Erzbischof Liutbert von Mainz gegen Ellwangen zurück und übertrug die Abtei im Jahr 888 an Erchanbald von Eichstätt[260]. Dieser Eichstätter Bischof wandelte die Abtei in das Kollegiatstift St. Veit um.

Bischof Gerhoh gestaltete das Doppelkloster Heidenheim um 790 in ein Säkularkanonikerstift um, das Frauenkloster dürfte bald eingegangen sein[261].

Ein Kloster in Gunzenhausen wird nur 823 in einer Urkunde Ludwigs des Frommen erwähnt[262].

Auf Intervention Erzbischof Hattos von Mainz übertrug im Mai 895 König Arnulf das Benediktinerkloster (Kirch-)Anhausen an der Altmühl an Bischof Erchanbald

---

[253] MGH.SS VII 249; WENDEHORST, Bischöfe und Bischofskirchen 236f.
[254] STENGEL, Urkundenbuch Fulda I 296, nr. 199* und 314, nr. 214*; HEIDINGSFELDER, Regesten 9, nr. 7; ROMSTÖCK, Klöster und Stifter 79f.
[255] HEIDINGSFELDER, Regesten 17f, nr. 27; GermBen II 117f; ADAMSKI, Herrieden 14–23; WEINFURTER, Anonymus Haserensis 120f; A. WENDEHORST, Herrieden, in: LdMA 4 (1989) 2179f.
[256] Notitia de servitio monasteriorum, MGH.Cap I 350, nr. 171.
[257] 831 Januar 5. MGH.D LdD. 3f, nr. 3. Vgl. E. KLEBEL, Eichstätt und Herrieden im Osten, in: JFLF 14 (1954) 87–95.
[258] 831 Juni 19. MGH.D LdD. 6, nr. 5; HEIDINGSFELDER, Regesten 17f, nr. 27.
[259] 845 September 3. MGH.D LdD. 60f, nr. 44.
[260] 887 November 27. MGH.D Arn. 1f, nr. 1; ADAMSKI, Herrieden 36–40; WEINFURTER, Anonymus Haserensis 121. Vgl. oben Anm. 175.
[261] ROMSTÖCK, Klöster und Stifter 47f; GermPont II/1, 10–15; GermBen II 114–117; A. WENDEHORST, Heidenheim, in: LdMA 4 (1989) 2013.
[262] 823 August 11. BM² 309, nr. 781; ROMSTÖCK, Klöster und Stifter 46.

von Eichstätt[263]. Konrad I. bestätigte diese Schenkung im Jahr 912, ohne allerdings das Kloster zu nennen[264].

Kloster Monheim ist eine Stiftung der ersten Äbtissin, der Adligen Liubila. Im Jahr 893, wahrscheinlich am 1. Mai, erhielt sie durch Bischof Erchanbald einen Teil der Reliquien der heiligen Walpurgis für ihr Kloster[265]. Gleichzeitig übertrug Liubila das Eigenkloster, um es vor der Begierlichkeit ihrer Verwandten zu schützen, an die Kirche von Eichstätt[266]. Als Gegengabe erhielt sie die Kirche im Dorf Monheim und den Zehnt im zugehörigen Sprengel.

Zwischen 976 und 985 gründete Biletrud, die Witwe des Luitpoldingers Herzog Berthold von Bayern, in Bergen bei Neuburg an der Donau eine Frauenabtei[267] und stattete sie mit ihrem Witwengut im Sualafeld, Nordgau und Sulzgau aus, den ihr Otto II. restituiert hatte[268]. 995 soll Papst Johannes XV. in einem wohl gefälschten Privileg das Kloster unter seinen Schutz genommen und ihm das Recht der freien Äbtissinnen- und Vogtwahl verliehen haben[269]. Heinrich II. schenkte 1007 die mittlerweile königliche Abtei an das Bistum Bamberg[270].

Das Nonnenkloster in Neuburg an der Donau, dem Mittelpunkt eines umfangreichen Fiskalbesitzes, ist eine Gründung Heinrichs II. aus dem Jahr 1002, der es 1007 ebenfalls dem neu gegründeten Bistum Bamberg übertrug[271].

Während des Pontifikats Heriberts stiftete der Edle Liutiger, nach der Tradition ein Graf von Lechsgemünd-Graisbach[272], 1035 die Ausstattung für ein von ihm errichtetes Frauenkloster bei der Kirche St. Walburg in Eichstätt[273]. Die Abtei hatte von Anfang an die Rechtsstellung eines bischöflichen Eigenklosters. Die feierliche Einweihung erfolgte am 14. Oktober 1042 durch Bischof Gezemann in Anwesenheit des Würzburger Bischofs Bruno.

An der Wende vom 8. zum 9. Jahrhundert wird das Salvatorkloster in Spalt, dem damals der Regensburger Bischof und Abt von St. Emmeram, Adalwin, vorstand,

---

[263] 895 Mai 25. MGH.D Arn. 202f, nr. 135; HEIDINGSFELDER, Regesten 35, nr. 81; ROMSTÖCK, Klöster und Stifter 63.

[264] 912 März 5. MGH.D K.I 3–4, nr. 3.

[265] HEIDINGSFELDER, Regesten 32f, nr. 75; ROMSTÖCK, Klöster und Stifter 67f; A. BAUCH, Monheim, ein Wallfahrtszentrum der Karolingerzeit. Frühe Walpurgisverehrung, in: SMBO 90 (1979) 32–44; WEINFURTER, Anonymus Haserensis 122, 124.

[266] HEIDINGSFELDER, Regesten 33f, nr. 77.

[267] WEINFURTER, Anonymus Haserensis 49, 136–139; HEIDINGSFELDER, Regesten 49, nr. 136; R. H. SEITZ, Das Benediktinerinnenkloster Bergen und die Bergener Klosterkirche, in: Kloster Bergen bei Neuburg an der Donau und seine Fresken von Johann Wolfgang Baumgartner (= Kunst in Bayern und Schwaben 3) 1981, 5–38, hier 7–10.

[268] 976 September 29. MGH.D O.II 158f, nr. 141. Die Angabe, der Besitz habe zur Klosterausstattung gedient, nach: 1028 August 1. MGH.D K.II 171f, nr. 126.

[269] F. M. WEISS, Die Urkunden des Benediktinerinnenklosters Bergen, Münchner Bestand, in: Neuburger Kollektaneenblatt 117 (1964) 27–128, 29, nr. 1b; WEINFURTER, Anonymus Haserensis 138f.

[270] 1007 November 1. MGH.D H.II 194, nr. 164.

[271] WEINFURTER, Anonymus Haserensis 172f. 1007 November 1. MGH.D H.II 193f, nr. 163.

[272] STÖRMER, Früher Adel 297f.

[273] HEIDINGSFELDER, Regesten 60f, nr. 166; I. BUCHHOLZ-JOHANEK, Die Gründung des Klosters St. Walburg 1035 und ihre Quellen, in: SMBO 90 (1979) 45–80 (mit Edition und Übersetzung des Stiftungsbriefs).

zweimal in den Traditionen von St. Emmeram genannt[274]. Wohl um 1037 errichtete Adelheid von Egisheim, die Mutter Bischof Gerhards III. von Regensburg, hier das Kollegiatstift St. Emmeram[275].

Bischof Heribert selbst ließ das kurzlebige Kloster St. Peter auf dem Willibaldsberg bei Eichstätt anlegen[276].

Die Ausbildung der Pfarreiorganisation der Diözese Eichstätt ist nur ungenügend erforscht[277]. Die 126 Kirchweihen Bischof Gundekars II. während seines Pontifikats von 1057 bis 1075 gewähren einen Überblick über die zahlreichen, in der Mitte des 11. Jahrhunderts vorhandenen Kirchen, davon lagen allerdings mehrere in den Diözesen Würzburg, Augsburg, Worms und Mainz[278].

## § 16. DAS BISTUM BAMBERG

*a) Die Bischofsreihe*

Herzog Heinrich IV. von Bayern, der nachmalige Kaiser, übertrug *a puero quandam suimet civitatem Bavanberg nomine ... unice dilectam*[279] (seine von Jugend an geliebte und bevorzugte Burg Bamberg in Ostfranken) als Morgengabe an seine Gemahlin Kunigunde[280]. Spätestens nach der Niederschlagung des Nordgauaufstandes[281] des Markgrafen Heinrich von Schweinfurt im September 1003 wird er den Plan zur Errichtung eines Bistums in Bamberg gefaßt haben, auch um das verbliebene Reichsgut dieses Raumes zu strukturieren[282]. Sein Verwandter, der gut unterrichtete Chronist Thietmar von Merseburg, bringt diese Absicht in Zusammenhang mit der Errichtung einer Kirche mit zwei Krypten[283].

Für die Realisierung seines Planes benötigte er die Zustimmung des bisher für Bamberg zuständigen Bischofs von Würzburg, mit dem er in Verhandlungen trat, um den Radenzgau als Diözesangebiet zu erhalten[284]. Bischof Heinrich I. von Würzburg soll sich auf einem gemeinsamen Ritt wohl im Frühjahr 1007 nach Bamberg gegen-

---

274 WIDEMANN, Traditionen Regensburg 7–10, nrr. 9, 11.
275 GermPont II/1, 19–20.
276 WEINFURTER, Anonymus Haserensis 57f, 154f.
277 A. WENDEHORST, Eichstätt, in: LdMA 3 (1986) 1672.
278 HEIDINGSFELDER, Regesten 85f, nr. 251.
279 Thietmari Chronicon Liber VI 30, MGH.SS rer. Germ. NS 9, 310.
280 GUTTENBERG, Regesten 8f, nr. 11; ZIMMERMANN, Bamberg. Zur topographischen Entwicklung bis 1100: HERZOG, Die ottonische Stadt 171–181.
281 GUTTENBERG, Regesten 10, nr. 17.
282 GUTTENBERG, Bamberg I 29–34; T. MAYER, Die Anfänge des Bistums Bamberg, in: Festschrift Edmund E. Stengel, 1952, 272–288; MEYER – ROTH – GUTH, Oberfranken 11–29; A. WENDEHORST, Bamberg. Bistum, in: LdMA 1 (1980) 1396–1399. Veraltet, doch als Gesamtdarstellung unersetzt: J. LOOSHORN, Die Geschichte des Bisthums Bamberg I. Die Gründung und das erste Jahrhundert des Bisthums Bamberg 1886/ND 1967.
283 Thietmari Chronicon Liber VI 30, MGH.SS rer. Germ. NS 9, 310; GUTTENBERG, Regesten 9f, nr. 15; SAGE, Ausgrabungen Bamberg und Eichstätt 183–190.
284 GUTTENBERG, Regesten 11, nr. 19.

über Bischof Arnold von Halberstadt geäußert haben, aus seinem östlichen Diözesangebiet beziehe er nur geringe Einkünfte, fast das ganze Land sei von Wald bedeckt, Slawen wohnten dort und überhaupt sei er in jene ferne Gegend nur selten oder nie gekommen[285].

Im Mai 1007 schenkte der König seinen gesamten Besitz in der Grafschaft des Grafen Dietmar und im Volkfeld sowie das Gut Hallstadt und seine Güter im Radenzgau an die in Bamberg zu Ehren der Gottesmutter Maria und des Apostelfürsten Petrus errichtete Kirche[286]. Auf der Mainzer Pfingstsynode dieses Jahres ertauschte Heinrich II. den östlichen Teil der Würzburger Diözese, nämlich die Grafschaft Radenzgau und den Volkfeldgau zwischen Aurach und Regnitz[287]. Als Gegengabe erhielt Bischof Heinrich I. von Würzburg 150 Hufen Landes in und bei Meiningen in Thüringen. Nach Thietmar schloß der König gleichzeitig einen geheimen Vertrag, in dem er Heinrich von Würzburg für seine Zustimmung zur geplanten Bistumserrichtung die Erhebung zum Erzbischof und die Unterstellung der neuen Diözese zugesichert habe[288]. Spätestens mit dem Eintreffen der Zustimmung zur Gründung des Bistums Bamberg durch Papst Johannes XVIII. aus Rom aber mußte Bischof Heinrich erkennen, daß er die gewünschte Rangerhöhung nicht würde durchsetzen können. In dem päpstlichen Privileg heißt es, das Bistum sei *liber et ab omni extranea potestate securus, Romano tantummodo mundiburdio subditus*[289] (frei und vor jeder auswärtigen Macht gesichert, nur dem römischen Schutz unterstellt). Im folgenden Satz aber wurde der Bischof ausdrücklich in den Mainzer Metropolitanverband eingebunden. Dieses ambivalente Privileg bedeutete nicht die Exemtion unmittelbar unter den Heiligen Stuhl, sondern bot die Entwicklungsmöglichkeit dazu an. Die Realisierung des Anspruches blieb dem politischen Geschick der Bamberger Bischöfe vorbehalten.

Wahrscheinlich auf einem Hoftag in Aachen im Oktober 1007 versicherte sich Heinrich II. der Zustimmung der weltlichen Fürsten zur Bistumsgründung[290]. Unter den geänderten Umständen verweigerte aber Bischof Heinrich seine Einwilligung und blieb auch der Frankfurter Synode vom 1. November 1007 fern. Durch geschicktes Taktieren — nach Thietmar soll der König sich mehrmals vor der Versammlung zu Boden geworfen haben — erreichte Heinrich II. von den anwesenden Bischöfen dennoch die Einwilligung zu seinem Plan[291]. Als Begründung soll er — wieder nach Thietmar — das Fehlen leiblicher Kinder genannt und deshalb Christus als Erben eingesetzt haben. In einem Synodalprotokoll taucht als zusätzliche Begründung die Notwendigkeit der Zerstörung des Heidentums der Slawen auf[292]. Dies führte zu einer Forschungskontroverse über die Existenz von heidnischen Slawen noch im begin-

---

[285] GUTTENBERG, Regesten 11–20, nr. 20.
[286] 1007 Mai 6. MGH.D H.II 160–162, nrr. 134, 135; GUTTENBERG, Regesten 12f, nrr. 21, 22.
[287] GUTTENBERG, Regesten 13f, nr. 25; WOLTER, Synoden 235–237.
[288] Thietmari Chronicon Liber VI 30, MGH.SS rer. Germ. NS 9, 310; GUTTENBERG, Regesten 14, nr. 26.
[289] 1007 [Ende] Juni. GUTTENBERG, Regesten 15f, nr. 29.
[290] GUTTENBERG, Regesten 17, nr. 32.
[291] Thietmari Chronicon Liber VI 31, MGH.SS rer. Germ. NS 9, 310–312; GUTTENBERG, Regesten 17–19, nr. 33.
[292] GUTTENBERG, Regesten 20f, nr. 34.

nenden 11. Jahrhundert am Obermain, die dort zweifelsfrei bis in diesen Zeitraum siedelten[293]. Dennoch kommt der Meinung von Guttenberg Gewicht zu, daß Heinrich II. das Slawenmotiv nur zur Überzeugung der noch schwankenden Synode ins Spiel gebracht habe[294]. Als bestimmendes Motiv der Bistumsbildung ist neben zweifellos vorhandener persönlicher Frömmigkeit das politische Motiv der Sicherung des Raumes durch ein Reichsbistum anzunehmen[295]. Dies fügt sich nahtlos ein in die Politik Heinrichs II., unter dem die Bischöfe mit den *servitia regis* die Hauptlast der Gastungen für den Herrscher zu tragen hatten[296].

Auf der Frankfurter Synode schuf Heinrich II. durch großzügige Schenkungen, die in einer Vielzahl von Urkunden festgehalten sind, die wirtschaftliche Grundlage für das neue Bistum. Neben Besitz im Volkfeld stattete er die Kirche von Bamberg mit zahlreichen Gütern im bayerischen Nordgau, in Bayern, Oberösterreich und Schwaben aus[297]. Dazu gehörten die Abteien Kitzingen[298], Bergen[299], Neuburg an der Donau[300], Gengenbach[301] und Schuttern[302] in Baden, *Haselbach* wohl im Elsaß[303] und Stein am Rhein bei Schaffhausen[304].

Als ersten Bischof setzte Heinrich II. seinen Kanzler Eberhard[305] (1007–1040) ein, der noch auf der Frankfurter Synode durch Erzbischof Willigis von Mainz geweiht wurde[306]. Eberhard war seit 1006 Kanzler des Königs und behielt dieses Amt auch nach seiner Bischofsweihe, beschränkte seine Tätigkeit seit der Jahreswende 1008/1009 jedoch auf die Leitung der italienischen Abteilung[307]. Von 1013 bis zum Tode Heinrichs II. wirkte er als Erzkanzler für Italien[308].

Am 6. Mai 1012 fand in Bamberg in Gegenwart Heinrichs II. und zahlreicher Bischöfe die feierliche Domweihe statt[309]. Die Auswahl der Altarpatrozinien erfolgte nach einem übergeordneten Programm. Die Hauptpatrone der beiden Chöre symbolisieren die Spitzen des mittelalterlichen Ordo. St. Georg und der Erzengel Michael im Ostchor als ritterliche Patrone des Kaisers stehen für das *imperium*, der Westchor

---

[293] H. JAKOB, Siedlungsarchäologie und Slawenfrage im Main-Regnitz-Gebiet, in: BHVB 96 (1957/58) 207–248; J. SCHÜTZ, Ortsnamentypen und slawische Siedlungszeit in Nordostbayern, in: JFLF 28 (1968) 309–319; R. ENDRES, Das Slawenmotiv bei der Gründung des Bistums Bamberg, in: BHVB 109 (1973) 161–182 weist auf die Bedeutung der Slawen als Kolonisten auf Schweinfurter Besitz hin.
[294] GUTTENBERG, Territorienbildung 74–77.
[295] GUTTENBERG, Territorienbildung 79f.
[296] C. BRÜHL, Fodrum, Gistum, Servitium regis (= KHA 14) 1968, 127–131.
[297] 1007 November 1. MGH.D H.II 169–203, nrr. 143–171; GUTTENBERG, Regesten 25–37, nrr. 37–71. Vgl. KLEBEL, Bamberger Besitz 207–220. — Zur Frankfurter Synode WOLTER, Synoden 237–241.
[298] 1007 November 1. MGH.D H.II 194f, nr. 165; GUTTENBERG, Regesten 31, nr. 55.
[299] 1007 November 1. MGH.D H.II 194, nr. 164; GUTTENBERG, Regesten 32, nr. 57.
[300] 1007 November 1. MGH.D H.II 193f, nr. 163; GUTTENBERG, Regesten 32, nr. 58.
[301] 1007 November 1. MGH.D H.II 197f, nr. 167; GUTTENBERG, Regesten 32f, nr. 59.
[302] GUTTENBERG, Regesten 33, nr. 60.
[303] 1007 November 1. MGH.D H.II 192f, nr. 162; GUTTENBERG, Regesten 33, nr. 61.
[304] 1007 November 1. MGH.D H.II 195f, nr. 166; GUTTENBERG, Regesten 33, nr. 62.
[305] GUTTENBERG, Bamberg I 95f.
[306] GUTTENBERG, Regesten 23f, nr. 36.
[307] GUTTENBERG, Regesten 43, nr. 79; FLECKENSTEIN, Hofkapelle II 161, 167f. 170.
[308] GUTTENBERG, Regesten 53, nr. 106.
[309] GUTTENBERG, Regesten 51–53, nr. 103.

ist St. Petrus als Patron des Papsttums für das *sacerdotium* geweiht[310]. »Als Ganzes wurde so der Dom eine Verkörperung des mittelalterlichen Ordo in seiner Harmonie vor der großen Wende des 11. zum 12. Jahrhundert«[311]. Auch die Patrone der Seitenaltäre sind in ein umfassendes Konzept eingebunden. Sylvester, Dionysius, Laurentius und Vitus verdeutlichen die Bindungen Heinrichs II. an die fränkische und ottonische Tradition, Rupert, Emmeram, Wenzel, Adalbert, Lambert und Stephan stellen den Bezug des Herrscherpaares zu seiner südostdeutschen und luxemburgischen Heimat her.

Heinrich II. sorgte nicht nur für die Bildung eines kirchlichen Sprengels und die Ausstattung mit weltlichem Besitz, sondern auch mit »Heiltum«. Er schenkte an den Dom Partikel vom Kreuz Christi und den heiligen Nagel, weitere Reliquienschenkungen lassen sich nicht im einzelnen bestimmen[312]. Dahinter steht der Gedanke, Bamberg zu einem Ort mit Hauptstadtfunktion und einem zweiten Rom zu gestalten. In einem Gedicht des Abtes Gerhard von Seeon wird dieser Anspruch Bambergs auf die Spitze getrieben: *Haec caput est orbis, hic gloria conditur omnis* (Dies ist das Haupt der Welt; hier hat alle Herrlichkeit ihren Sitz)[313].

Papst Benedikt VIII. nahm das junge Bistum Bamberg 1013 nochmals unter seinen apostolischen Schutz, indem er die Privilegien seiner Vorgänger erneuerte[314]. Nach der Rückkehr von seiner Kaiserkrönung aus Rom feierte Heinrich II. das Pfingstfest 1014 in Bamberg. Dabei bestätigte er alle bisher von ihm und dem Papst verliehenen Privilegien für das Bistum[315]. 1016 verbrachte der Kaiser das Osterfest in Bamberg[316].

Heinrich II. ließ es mit der reichen Grundausstattung seines Bistums nicht bewenden, sondern schenkte ihm während seiner Regierungszeit fast jährlich weiteren Besitz[317]. An seinem Krönungstag in Rom übertrug er Güter, die wohl den Ausgangspunkt für die späteren umfangreichen Kärntner Besitzungen Bambergs bildeten[318]. Weite Teile des 1009 eingezogenen bayerischen Herzogsgutes fielen an Bamberg, darunter das Stift Alte Kapelle in Regensburg[319]. Auch das Kollegiatstift Osterhofen übertrug der König um diese Zeit an Bamberg[320]. Seit 1016 verdichteten sich die Besitzungen im von Eichstätt abgetretenen Diözesananteil, griffen aber auch nach

---

[310] G. ZIMMERMANN, Vom Symbolgehalt der Bamberger Domweihe (6. Mai 1012), in: Fränkische Blätter 3,10 (1951) 37f; ZIMMERMANN, Bamberg 212f.
[311] MEYER – ROTH – GUTH, Oberfranken 25.
[312] ZIMMERMANN, Bamberg 212, Anm. 52; MEYER – ROTH – GUTH, Oberfranken 24–26.
[313] O. MEYER, Kaiser Heinrichs Bamberg-Idee im Preislied des Gerhard von Seeon, in: Fränkische Blätter 3,19 (1951) 75–78 (mit Faksimile und Übersetzung von W. WEIDNER).
[314] 1013 Januar 21. GUTTENBERG, Regesten 53f, nr. 107; RI II/5, 436, nr. 1111.
[315] 1014 Juni [wohl 13]. GUTTENBERG, Regesten 56f, nr. 114.
[316] GUTTENBERG, Regesten 60f, nr. 124.
[317] Einzelnachweise bei GUTTENBERG, Regesten 42–82.
[318] [1014] Februar 15. MGH.D H.II 334f, nr. 283; GUTTENBERG, Regesten 56, nr. 112; A. JAKSCH, Die Entstehung des Bambergischen Besitzes in Kärnten, in: Carinthia I,97 (1907) 109–131, hier 113f; KLEBEL, Bamberger Besitz 213–215.
[319] [1009] Juni 1. MGH.D H.II 230f, nr. 196; GUTTENBERG, Regesten 43, nr. 81.
[320] GUTTENBERG, Regesten 43f, nr. 82.

Hessen, Sachsen und in die Rheinlande aus. Als Intervenienten begegnen mehrfach Kaiserin Kunigunde und Bischof Eberhard.

Die Kristallisationspunkte für die spätere Ausgestaltung des Hochstiftsterritoriums lagen am Westrand des Bistum entlang der Main-Regnitz-Linie, von Hallstadt über Bamberg nach Forchheim, und — bereits im Bistum Würzburg — Büchenbach und Herzogenaurach[321]. Es wuchs zusammen aus Bruchteilen der vier alten Grafschaften Radenzgau, Volkfeld, Grabfeld und Rangau, wobei die alte Zentverfassung bewahrt wurde[322]. Den zweiten Schwerpunkt bildeten die ehemaligen Königsgüter im Südosten der Diözese im bayerischen Nordgau, Kirchrüsselbach, Schnaittach, Hersbruck, Velden und Auerbach. Ein beträchtlicher Teil der Schenkungen im Nordgau, darunter Hersbruck, Beilngries und wohl auch Bamberg, stammten aus dem Besitz des Markgrafen Heinrich von Schweinfurt[323].

Nach dem Tode des ebenso eigenwilligen wie selbstbewußten Bischofs Megingaud von Eichstätt setzte Kaiser Heinrich II. bei dessen Nachfolger Gundekar I. die Abtretung des Eichstätter Diözesananteils zwischen Regnitz, Pegnitz und der Main-Donau-Wasserscheide durch[324]. Im Bereich der Königskirche Fürth griff Bamberg nach Westen über die Regnitz und nach Süden über die Pegnitz aus[325].

Der Tauschvertrag von 1017 zwischen den Bischöfen Heinrich I. von Würzburg und Eberhard I. von Bamberg, den Heinrich II. bestätigte, markiert die endgültige Aussöhnung[326]. Bamberg erhielt unter anderem Forchheim, Erlangen und Eggolsheim; Gaukönigshofen und Trennfeld fielen an Würzburg. Im März 1018 in Nimwegen und im März 1019 in Goslar nahm Bischof Eberhard an den unter der Leitung des Kaisers tagenden Nationalsynoden teil[327].

Das Osterfest 1020 brachte Bamberg nach der feierlichen Domweihe 1012 mit der Begegnung der beiden Häupter der Christenheit, von Papst und Kaiser, ein zweites, säkulares Ereignis[328]. Papst Benedikt VIII. selbst zelebrierte die Liturgie der Kar- und Ostertage im Dom. Den politischen Anlaß für den mit allem Prunk gefeierten päpstlichen Besuch bildete das Hilfsersuchen Benedikts VIII. gegen das Vordringen von Byzanz in Unteritalien, während sich Heinrich II. der Unterstützung des Papstes bei der Kirchenreform versichern wollte. Dabei erneuerte Heinrich II. das *Pactum Ottonianum* mit der Kirche und übergab nochmals das Bistum Bamberg dem Schutze des

---

[321] GUTTENBERG, Territorienbildung; GUTTENBERG – WENDEHORST, Bamberg I 53; W. NEUKAM, Territorium und Staat der Bischöfe von Bamberg und seine Außenbehörden, in: BHVB 89 (1949) 1–35.
[322] GUTTENBERG, Territorienbildung 236.
[323] GUTTENBERG, Territorienbildung 90–92.
[324] HEIDINGSFELDER, Regesten 56f, nr. 155; GUTTENBERG, Regesten 62f, nr. 131; GUTTENBERG – WENDEHORST, Bamberg II 12.
[325] E. v. GUTTENBERG, Die Königskirche in Fürth und ihre Bedeutung für die Südgrenze des Bistums Bamberg, in: Jahresbericht des historischen Vereins Mittelfranken 66 (1930) 125–143.
[326] 1017 Oktober 26. MGH.D H.II 476f, nr. 372; GUTTENBERG, Regesten 68f, nr. 141.
[327] GUTTENBERG, Regesten 70f, nrr. 147, 149.
[328] GUTTENBERG, Regesten 73f, nr. 155; RI II/5, 476–481, nrr. 1210–1222.

heiligen Petrus und seiner Nachfolger[329]. Als Zeichen seiner Abhängigkeit mußte Bamberg fortan jährlich ein weißes, gesatteltes Pferd nach Rom senden.

Sein letztes Weihnachtsfest im Jahr 1023 verbrachte Heinrich II. wieder in seiner Stiftung Bamberg[330]. Der am 13. Juli 1024 in der Pfalz Grone verstorbene Kaiser wurde im Bamberger Dom vor dem Kreuzaltar begraben[331]. Nur ein Jahrhundert später, im Jahr 1146, wurde Heinrich II., der in Bamberg schon länger vorher kultische Verehrung erfahren hatte, von Papst Eugen III. zur Ehre der Altäre erhoben[332]. Kaiserin Kunigunde wurde am 29. März 1200 heiliggesprochen.

Bischof Eberhard nahm im September 1024 an den Verhandlungen in Kamba teil, die zur Königswahl Konrads II. führten, verlor aber bald danach sein Erzkanzleramt für Italien an Erzbischof Aribo von Mainz[333]. Im Oktober 1024 setzten die Bestätigungsurkunden Konrads II. über die an Bamberg geschenkten Klöster ein, die Erneuerung der Stiftung des Bistums erfolgte jedoch nicht[334]. Im September 1026 nahm Eberhard an der Mainzer Provinzialsynode unter Erzbischof Aribo in Seligenstadt teil[335], im September des folgenden Jahres an der Frankfurter Synode unter Kaiser Konrad II., die den Gandersheimer Streit zugunsten der Diözese Hildesheim entschied[336].

Erst am 21. April 1034 erfolgte die Bestätigung der Gründung des Bistums Bamberg und aller Schenkungen durch Kaiser Konrad II. und seinen Sohn König Heinrich III. auf Intervention der Kaiserin Gisela[337]. Einige Tage später schenkte der Kaiser den Gerichtsbann, den Markt und weiteres Zubehör in Amberg im Nordgau an Bamberg[338].

Das Pfingstfest 1035 verbrachte Konrad II. in Bamberg[339]. Bei dem dabei abgehaltenen Hoftag wurde Herzog Adalbero von Kärnten abgesetzt. Im Juli 1039 bestätigte König Heinrich III. auf Intervention seiner Mutter die Gründung des Bistums Bamberg und alle Schenkungen[340]. Im Januar 1040 schenkte der König eine Magd aus seinem Rechtsbesitz an Bischof Eberhard[341]. Nach einem langen und erfolgreichen Pontifikat starb Eberhard, der erste Bischof von Bamberg, am 13. August 1040[342].

---

[329] [1020, wohl April 20] MGH.D H.II 542–548, nr. 427 (dazu ebd. Nachträge S. 430); GUTTENBERG, Regesten 74f, nr. 157; RI II/5, 480f. nr. 1221.
[330] GUTTENBERG, Regesten 81, nr. 175.
[331] GUTTENBERG, Regesten 82–84, nr. 180.
[332] R. REINHARDT, Kaiser Heinrich II. der Heilige und seine Gemahlin, Kaiserin Kunigunde, in: G. SCHWAIGER (Hg.), Bavaria Sancta 1, 1970, 233–248, hier 244–247.
[333] GUTTENBERG, Regesten 86, nrr. 184, 185.
[334] 1024 Oktober 17. MGH.D K.II 8f, nr. 7; GUTTENBERG, Regesten 87, nr. 188; 1025 Januar 12. MGH.D K.II 12–16, nrr. 11–14; GUTTENBERG, Regesten 88f, nrr. 190–193.
[335] GUTTENBERG, Regesten 89f, nr. 196.
[336] GUTTENBERG, Regesten 90, nr. 197.
[337] 1034 April 21. MGH.D K.II 279–281, nr. 206; GUTTENBERG, Regesten 94f, nr. 206.
[338] 1034 April 24. MGH.D K.II 282, nr. 207; GUTTENBERG, Regesten 95, nr. 207.
[339] GUTTENBERG, Regesten 95f, nr. 209.
[340] 1039 Juli 10. MGH.D H.III 3–5, nr. 3; GUTTENBERG, Regesten 97, nr. 214.
[341] 1040 Januar 19. MGH.D H.III 43, nr. 33; GUTTENBERG, Regesten 97f, nr. 214.
[342] GUTTENBERG, Regesten 98, nr. 216.

Zweiter Bamberger Bischof wurde der aus einem hochfreien Geschlecht Sachsens stammende Suidger[343] (1040–1047). Vor seiner Bischofserhebung war der Halberstädter Domkanoniker und Kaplan des Erzbischofs Hermann von Bremen-Hamburg in der königlichen Kapelle tätig[344], so daß er seine Ernennung sicher König Heinrich III. verdankte, der sich im September 1040 in Bamberg aufhielt[345]. Die Bischofsweihe erhielt Suidger am 28. Dezember 1040 in Gegenwart des Königs in Münster durch Erzbischof Bardo von Mainz[346]. Im Mai 1042 beteiligte er sich an der von Bischof Bruno von Würzburg vollzogenen Weihe des Klosters St. Burkard[347]. König Heinrich III. hielt sich mehrfach in Bamberg auf. 1045 konnte Bischof Suidger von Herzog Heinrich VII. von Bayern um 20 Talente Gold dessen Eigengüter in und um Creglingen im Taubergau erwerben[348].

Bischof Suidger nahm am Romzug Heinrichs III. teil, im Oktober 1046 ist er auf der von diesem einberufenen Reichssynode in Pavia nachweisbar[349]. Im Dezember bestätigte die Synode von Sutri in Gegenwart Heinrichs III. den Verzicht des Gegenpapstes Silvester III. und bewog Gregor VI. zur Resignation[350]. Eine weitere Synode verurteilte am Heiligen Abend in Rom den zurückgetretenen Benedikt IX. Auf Nomination des Königs wählte die Synode Bischof Suidger zum Papst, der den Namen Clemens II. (1046–1047) annahm. Am Weihnachtsfest, dem Tag seiner Inthronisation, krönte Clemens II. König Heinrich III. und seine Gemahlin Agnes zum Kaiser und zur Kaiserin[351]. Auch als Papst behielt er das Bistum Bamberg bei, dem er den von seinen Vorgängern verliehenen apostolischen Schutz bestätigte und die von den Bischöfen von Würzburg und Eichstätt eingetauschten Güter sicherte[352]. Nach einem Pontifikat von nur neun Monaten und 16 Tagen starb Papst Clemens am 9. Oktober 1047 im Kloster San Tommaso in Foglia bei Pesaro, sein Leichnam wurde nach Bamberg überführt und im Peterschor des Domes beigesetzt[353].

Bamberg spielte eine führende Rolle in der Reichskirche, wie schon das Zusammentreffen von Papst und Kaiser hier belegt. In das erste Bamberger Sakramentar erfolgte um das Jahr 1065 die namentliche Eintragung von 19 Bischöfen Deutschlands und Reichsitaliens[354]. Nach der begründeten Vermutung Otto Meyers haben diese Bi-

---

[343] GUTTENBERG, Bamberg I 96–98; R. TIMMEL – G. ZIMMERMANN, Suidger von Bamberg – Papst Clemens II. † 1047, in: FLB 10 (= VGFG VII A 10) 1982, 1–19; FRECH, Päpste 307f.
[344] FLECKENSTEIN, Hofkapelle II 254.
[345] GUTTENBERG, Regesten 100, nr. 220.
[346] GUTTENBERG, Regesten 100, nr. 221.
[347] GUTTENBERG, Regesten 102, nr. 226.
[348] 1045 November 13. GUTTENBERG, Regesten 103, nr. 232.
[349] GUTTENBERG, Regesten 103f, nr. 233.
[350] GUTTENBERG, Regesten 104f, nr. 236. Zu den Synoden von Sutri und Rom WOLTER, Synoden 379f.
[351] GUTTENBERG, Regesten 105f, nr. 237.
[352] 1047 September 24. GUTTENBERG, Regesten 106, nr. 239.
[353] GUTTENBERG, Regesten 107f, nrr. 241, 242; K. HAUCK, Zum Tode Papst Clemens II., in: JFLF 19 (1959) 265–274.
[354] GUTTENBERG, Regesten 186–191, nr. 375.

schöfe ihre Ausbildung in der Bamberger Domschule erfahren und gelangten anschließend, meist über die Hofkapelle, in den Reichsepiskopat[355].

In der Michelsberger Notitia zum Jahr 1015 begegnet erstmals ein Vogt des Hochstifts: *Tiemo advocatus*[356], ein edelfreier Stiftsvasalle, der wohl identisch ist mit dem gleichnamigen Grafen im Volkfeldgau, der von 1007 bis 1023 belegt ist[357]. Sein Nachfolger ist nach einer Vermutung Guttenbergs der 1027 genannte Graf Otto[358]. Unter Bischof Suidger war ein Wolfram Vogt[359], der noch auf der Bamberger Synode 1059 belegt ist[360]. Seit dem Ende des 11. Jahrhunderts ist das im Rangau begüterte Grafengeschlecht der Abenberger als Inhaber der Hochstiftsvogtei gesichert.

*b) Klöster und Stifte*

Bei der Stiftung des Bistums richtete Heinrich II. ein Domkapitel in Bamberg ein, das seinen Sitz im St. Georg geweihten Ostchor des Domes hatte[361]. Von Anfang an dachte er dem Zusammenleben des Klerus im Bamberger Domstift Modellcharakter zu. Die drei ersten Dompröpste Poppo, Pilgrim und Liutpold wurden Erzbischöfe von Trier, Köln und Mainz und konnten so für die Verbreitung der spezifischen Bamberger *vita communis* Sorge tragen. Diese war nach dem Willen Heinrichs II. aus der Verbindung des *studium Leodiense* (Lüttich) mit dem *rigor Hildinshemensis claustri* (dem strengen klösterlichen Kanonikerwesen von Hildesheim) erwachsen[362].

Bei der Gründung des Bistums gab es in seinem Bereich noch keine Klöster und Stifte, wohl aber zahlreiche Pfarreien. Der Aufbau einer differenzierten Klosterlandschaft stellt in erster Linie das Verdienst der Bamberger Bischöfe dar.

Bischof Eberhard I. gründete das Kanonikerstift St. Stephan in Bamberg, die Annahme einer Stiftung durch Heinrich II. ist spätere Erfindung[363]. Heinrich II. schenkte diesem Stift 1009 den Ort Ering in Niederbayern[364]. Die Weihe der Stiftskirche nahm Papst Benedikt VIII. bei seinem Besuch in Bamberg am 24. April 1020 persönlich vor[365].

Bischof Eberhard steht auch am Beginn des Klosters Michelsberg, oft als Mönchsberg bezeichnet, das er 1015 auf einem Hügel nördlich des Bamberger Domes grün-

---

[355] MEYER – ROTH – GUTH, Oberfranken 34f. — Vgl. auch C. MÄRTL, Die Bamberger Schulen — ein Bildungszentrum des Salierreichs, in: S. WEINFURTER (Hg.), Die Salier und das Reich III, 1991, 327–345.
[356] GUTTENBERG, Regesten 60, nr. 122.
[357] GUTTENBERG, Territorienbildung 179f.
[358] [1027] Oktober 19. GUTTENBERG, Regesten 90f, nr. 198.
[359] 1045 November 13. GUTTENBERG, Regesten 103, nr. 232.
[360] 105[9] April 13. GUTTENBERG, Regesten 144f, nr. 312.
[361] GUTTENBERG, Regesten 21f, nr. 35. Mitglieder: F. WACHTER, General-Personal-Schematismus der Erzdiözese Bamberg 1007–1907, 1908; GUTTENBERG, Regesten 24f, nr. 36a, 99f, nr. 219; J. KIST, Das Bamberger Domkapitel von 1399 bis 1556. Ein Beitrag zur Geschichte seiner Verfassung, seines Wirkens und seiner Mitglieder (= Historisch-Diplomatische Forschungen 7) 1943, 3–6.
[362] Annalista Saxo, MGH.SS VI 686. Vgl. SCHIEFFER, Domkapitel 256f und ENGELS, Reichsbischof 48.
[363] GUTTENBERG, Regesten 37f, nr. 37; BACKMUND, Kollegiat- und Kanonissenstifte 48f.
[364] 1009 Oktober 29. MGH.D H.II 244f, nr. 208; GUTTENBERG, Regesten 47, nr. 91.
[365] GUTTENBERG, Regesten 76, nr. 160; RI II/5, 479f, nr. 1219.

dete. Heinrich II. stellte die Ausstattung zur Verfügung. Die Gründungsnachrichten überliefert Frutolf von Michelsberg in seiner Chronik[366]. Im Mai 1017 bestätigte Kaiser Heinrich II. auf Intervention des Bischofs Eberhard die an Michelsberg übertragenen Güter und verlieh den Mönchen die Freiheit, mit bischöflicher Zustimmung einen Abt zu wählen[367]. Die Weihe der Klosterkirche erfolgte am 21. November 1021 in Gegenwart des Kaisers[368]. Abt Richard von Amorbach führte in Kloster Michelsberg den *ordo Amerbacensis* ein — die Gorzer *consuetudines*, wie man sie in Amorbach beachtete; der erste Abt war Rato[369].

Bischof Suidger gründete um 1041 Kloster Theres am Main als bambergisches Eigenkloster in der Diözese Würzburg, das er mit der dortigen Kirche und einem Oratorium in Groß-Wenkheim ausstattete[370]. Als Papst Clemens II. nahm er die Klöster Michelsberg und Theres später unter seinen apostolischen Schutz[371].

*c) Die Pfarreiorganisation*

In den fruchtbaren Tallandschaften von Regnitz und Main befinden sich die ältesten Kirchengründungen der Diözese, die noch in die Merowinger- und Karolingerzeit zurückreichen[372]. Das entscheidende Merkmal für diese Gruppe bildet das Zusammentreffen von Martinspatrozinium und fränkischem Königsgut. An der Regnitzlinie liegen Fürth, Forchheim, Eggolsheim und Bamberg. Ebenfalls in die fränkische Frühzeit reichen wohl Weichenwasserlos bei Hollfeld und Nankendorf zurück.

Die 14 auf Geheiß Karls des Großen von den Würzburger Bischöfen errichteten Slawenkirchen lagen ihrer Masse nach wohl im Steigerwaldgebiet, für das Bistum Bamberg dürfen davon zweifelsfrei nur die Pfarrkirchen von Amlingstadt und Seußling beansprucht werden[373].

Eine dritte Gruppe von Pfarreien, die bei der Errichtung des Bistums Bamberg bereits bestanden, bilden ursprüngliche Würzburger Eigenkirchen. Als konstitutive Merkmale sind Würzburger Patronat, Würzburger Altzehnten und Kilianspatrozinium anzusehen[374]. Guttenberg/Wendehorst gelang der Nachweis von 16 solcher Pfarrkirchen. Alle Merkmale treffen zu auf folgende Kirchen: mainaufwärts von Bamberg

---

366 GUTTENBERG, Regesten 58f, nr. 119; GermPont III/3, 282–286; GermBen II 152–157; R. BRAUN, Das Benediktinerkloster Michelsberg 1015–1525 (= Die Plassenburg 39) 1978, 35–56.
367 1017 Mai 8. MGH.D H.II 468, nr. 366; GUTTENBERG, Regesten 66f, nr. 137.
368 GUTTENBERG, Regesten 78, nr. 166.
369 HALLINGER, Gorze-Cluny 344–347; WENDEHORST, Mönchtum 48. — Die Herkunft zumindest eines Teils der ersten Mönche aus Fulda postuliert W. BRANDMÜLLER, Studien zur Frühgeschichte der Abtei Michelsberg, in: BHVB 100 (1964) 95–135.
370 GUTTENBERG, Regesten 101, nr. 225; GermPont III/3, 219f; GermBen II 304–308.
371 1047 April 19 verunechtet. 1047 Oktober 1. GUTTENBERG, Regesten 106f, nrr. 238, 240; W. NEUKAM, Eine zeitgenössische Tradition der verschollenen Urkunde des Papstes Clemens II. für Kloster Theres von 1047 Oktober 1, in: JFLF 23 (1963) 223–237.
372 GUTTENBERG – WENDEHORST, Bamberg II, Pfarreiorganisation 14.
373 GUTTENBERG – WENDEHORST, Bamberg II, Pfarreiorganisation 15f. Zu anderen Schlüssen gelangt GELDNER, Slavenkirchen 200–205, der auf Grund der Untersuchung der Dorsalvermerke von MGH.D LdD. 57, nr. 42 und MGH.D Arn. 103f, nr. 69 die Slawenkirchen für den Radenzgau postuliert.
374 GUTTENBERG-WENDEHORST, Bamberg II, Pfarreiorganisation 15f.

Hallstadt, Scheßlitz, Staffelstein und Altenkunstadt, östlich der Regnitz und im Nordjura Buttenheim, Pretzfeld, Heiligenstadt und Königsfeld. Als gesichert durch Würzburger Patronat und Altzehnte können außerdem gelten die Urpfarreien Ützing, Isling, Melkendorf, Lanzendorf, Bindlach, Stadtsteinach, Hollfeld und Büchenbach.

Die kirchlichen Mittelpunkte des von Eichstätt abgetretenen Diözesanteils bildeten die Urpfarreien Velden und Hersbruck mit Marien- und Kirchrüsselbach mit Jakobspatrozinium, dazu wohl noch Bühl.

Eigenkirchen weltlicher Herren sind im Bistum Bamberg erst im 12. Jahrhundert belegt, doch reichen wohl die zweite Bamberger Pfarrkirche Unsere Liebe Frau als Gründung der Babenberger und die Kirchen von Creußen und Kronach als Eigenkirchen der Grafen von Schweinfurt in die Zeit vor 1007 zurück[375].

Bis zum Jahr 1007 respektive 1016 bestanden im Gebiet des neugegründeten Bistums Bamberg bereits sicher 22, aller Wahrscheinlichkeit nach 39 Pfarrkirchen, die Urpfarreien des Bistums[376]. Dieser relativ hohe kirchliche Organisationsgrad unterscheidet Bamberg von den Missionsbistümern an Elbe und Saale und macht gleichzeitig deutlich, daß das Bistum nicht zur Christianisierung der Obermainlande gestiftet worden war.

## § 17. DAS ERZSTIFT MAINZ: ASCHAFFENBURG

Die Erzdiözese Mainz reichte im Landkapitel Tauberbischofsheim mit der Pfarrei Kist bis knapp vor Würzburg[377]. Seinen kirchlichen Mittelpunkt erhielt der Raum im Mainviereck im Stift Aschaffenburg, doch übten auch die zumindest zeitweiligen Reichsabteien Amorbach, Lorsch und Seligenstadt maßgeblichen Einfluß aus[378]. Bereits Herzog Liudolf von Schwaben, ein Sohn Kaiser Ottos I., und seine Gemahlin Ida stifteten in Aschaffenburg das Kollegiatstift St. Peter und Alexander, nicht ihr in der Tradition als Gründer verehrter Sohn Herzog Otto von Bayern und Schwaben[379]. Ein entscheidendes Motiv für die Errichtung des Stiftes an einer zentralen Stelle zwischen den Herzogtümern Schwaben und Sachsen bildete sicherlich der Wunsch nach einer herrschaftlichen Organisation des Raumes[380]. Herzog Otto, der Sohn des Stifterpaares, vollendete den Kirchenbau, erweiterte die Ausstattung und intervenierte mehrfach bei Kaiser Otto II. für das junge Stift[381]. Erzbischof Willigis von Mainz

---

[375] GUTTENBERG – WENDEHORST, Bamberg II, Pfarreiorganisation 17.
[376] GUTTENBERG – WENDEHORST, Bamberg II, Pfarreiorganisation 17f.
[377] Als Überblick: F. JÜRGENSMEIER, Das Bistum Mainz. Von der Römerzeit bis zum II. Vatikanischen Konzil (= Beiträge zur Mainzer Kirchengeschichte 2) 1988.
[378] W. STÖRMER, Die Reichskirche im Spessart-Odenwald-Gebiet von der Karolinger- bis zur Salierzeit, in: JFLF 48 (1988) 1–17.
[379] H. DECKER-HAUFF, Die Anfänge des Kollegiatstifts St. Peter und Alexander zu Aschaffenburg, in: AschJ 4 (1957) 129–151; BACKMUND, Kollegiat- und Kanonissenstifte 33–38.
[380] FISCHER, Aschaffenburg 31–43; DERS., Untermaingebiet.
[381] THIEL, Urkundenbuch 9–26, nrr. 3–7, 39–57, nrr. 9–13; FISCHER, Aschaffenburg 34f.

bestattete den auf dem Rückweg vom Italienzug Ottos II. verstorbenen Herzog in Aschaffenburg[382]. Vor seinem Tode hatte Otto gemeinsam mit seiner Schwester den Ort Aschaffenburg dem Erzstift Mainz vermacht[383]. Wahrscheinlich umfaßte diese Stiftung auch das Kollegiatstift und damit den Wildbann im umfangreichen »Aschaffenburger Forst«, der das Mainviereck und den nördlichen Teil des Nordspessarts umspannte[384]. Für das 11. Jahrhundert liegen kaum Nachrichten über Aschaffenburg vor.

---

[382] THIEL, Urkundenbuch 69–74, nr. 16; FISCHER, Aschaffenburg 36.
[383] FISCHER, Aschaffenburg 37. Vgl. THIEL, Urkundenbuch 66f.
[384] THIEL, Urkundenbuch 58–65, nr. 14. Vgl. C. CRAMER, Landeshoheit und Wildbann im Spessart, in: AschJ 1 (1952) 51–123, hier 64–74.

# ALTBAYERN, FRANKEN UND SCHWABEN
# DIE ZEIT VON 1046 BIS 1215

## § 18. DIE BISCHÖFE ZWISCHEN KÖNIG UND PAPST

*a) In der Reichskirche Heinrichs III. (1046–1056)*

Unter Heinrich III., dem zweiten salischen Herrscher, erreichte die vom König dominierte Reichskirche den Höhepunkt ihrer geschichtlichen Entwicklung[1]. Die Bischöfe verdankten ihr Amt durchweg einer am Hof getroffenen Entscheidung und waren gewohnt, dem nach Gottes Willen gesalbten Oberhaupt des Reiches als dem maßgeblichen Rückhalt ihres geistlichen und weltlichen Wirkens mit Rat und Tat zur Seite zu stehen. Demgemäß zeigt sich im süddeutschen Raum, daß Eberhard (1029–1047) und Heinrich II. (1047–1063) von Augsburg, Suidger (ein gebürtiger Sachse, 1040–1047) und Hartwig (1047–1053) von Bamberg, Egilbert von Passau (1045–1065) und wahrscheinlich auch Adalbero von Würzburg (aus dem Lambacher Grafenhaus in Österreich, 1045–1090) aus der Kapelle des Königs oder der Königin hervorgegangen waren[2]; ferner hatten Gebhard III. von Regensburg (1036–1060) und Adalbero von Bamberg (1053–1057) als Seitenverwandte der Salier ihren Aufstieg genommen, während Nitker von Freising (1039–1052) und Gebhard I. von Eichstätt (1042–1057) jeweils aus Regensburg und Erzbischof Balduin von Salzburg (1041–1060) vom Niederrhein auf ihre Cathedra »versetzt« worden waren[3]. Sie begannen regelmäßig als Fremde am Ort, suchten häufig die Nähe des Königs und sahen in der loyalen Erfüllung seiner Erwartungen nicht zu Unrecht die beste Gewähr für das weitere Anwachsen ihrer regionalen Machtstellung.

Die historische Wende, die binnen kurzem das Papsttum zu ungekannter hierarchischer Autorität bringen sollte, wurde von König Heinrich III. selbst angebahnt, als er auf seinem von Augsburg aus unternommenen Romzug Ende 1046 offenbar kurzfristig den Entschluß faßte, die angestrebte Kaiserkrönung von keinem der am Tiber rivalisierenden, in die römischen Adelsfehden verstrickten Päpste entgegenzunehmen, sondern im Geiste gesteigerter kirchenrechtlicher Gewissenhaftigkeit, wie er

---

[1] R. SCHIEFFER, Heinrich III., in: H. BEUMANN (Hg.), Kaisergestalten des Mittelalters, 1984, 98–115; WEINFURTER, Herrschaft 75–96; BOSHOF, Die Salier 92–142.

[2] FLECKENSTEIN, Hofkapelle II 234–297.

[3] H. ZIELINSKI, Der Reichsepiskopat in spätottonischer und salischer Zeit (1002–1125), I 1984; FINCKENSTEIN, Bischof und Reich.

das heraufziehende Reformzeitalter prägte, einen neuen Anfang zu setzen[4]. In Rom erreichte er am 24. Dezember 1046 im Beisein u.a. der Oberhirten von Salzburg, Brixen, Regensburg und Eichstätt die Papstwahl des Bamberger Bischofs Suidger, der sich Clemens II. nannte und Heinrich gleich am folgenden Weihnachtstag in St. Peter zum Kaiser krönte[5]. Der Pontifex behielt sein deutsches Bistum bei und blieb insofern der salischen Reichskirche zugehörig[6]. Wie seine erste Synode Anfang Januar 1047 in Rom zeigte, war er gesonnen, im Einvernehmen mit Heinrich III. von höchster Stelle aus den Kampf gegen die verbreitete Simonie und andere kirchliche Mißstände aufzunehmen[7], doch kam dies kaum zur Entfaltung, da Clemens bereits am 9. Oktober 1047 in der Nähe von Pesaro starb. Der Kirche von Bamberg stellte er noch in seinen letzten Lebenstagen ein großes Papstprivileg aus[8], kehrte aber nur als Toter auf den dortigen Domberg zurück, der seither das einzige Papstgrab nördlich der Alpen birgt[9]. Bei der Regelung der Nachfolge hielt sich der Kaiser erneut an den süddeutschen Episkopat und bestimmte an Weihnachten 1047 gegenüber einer römischen Gesandtschaft den Bischof Poppo von Brixen (1039–1048) zum nächsten Papst. Als Damasus II. konnte er in der Ewigen Stadt jedoch nur mit Mühe gegen lokale Widerstände durchgesetzt werden und starb schon drei Wochen nach seiner Inthronisation am 9. August 1048[10].

Erst dem dritten von Heinrich III. ausgewählten Papst Leo IX., zuvor Bischof Bruno von Toul, war ein mehrjähriger Pontifikat beschieden (1049–1054), in dem die gesamtkirchliche Erneuerung und die Steigerung der primatialen Ansprüche ineinanderzugreifen begannen[11]. Zu den neuartigen Mitteln, mit denen Leo seine päpstliche Amtsgewalt zur Geltung brachte, gehörten ausgedehnte Reisen, die ihn als Gesetzgeber, Mahner und Richter mit zahlreichen Bischöfen in Berührung brachten. Bereits sein erster Besuch in Deutschland gipfelte Mitte Oktober 1049 in einer großen Synode in Mainz, die in Anwesenheit des Kaisers und unter Beteiligung nahezu des gesamten Reichsepiskopats, darunter Erzbischof Balduin von Salzburg mit seinen Suffraganen aus Regensburg und Freising sowie der Bischöfe von Augsburg, Eichstätt, Bamberg und Würzburg, grundsätzliche Beschlüsse gegen Simonie und Klerikerehe

---

[4] H. ZIMMERMANN, Papstabsetzungen des Mittelalters, 1968, 119–139; F.-J. SCHMALE, Die »Absetzung« Gregors VI. in Sutri und die synodale Tradition, in: AHC 11 (1979) 55–103.

[5] R. TIMMEL – G. ZIMMERMANN, Bischof Suidger von Bamberg – Papst Clemens II., in: FLB 10 (= VGFG VII A 10) 1982, 1–19; WOLTER, Synoden 394–404.

[6] H. BEUMANN, Reformpäpste als Reichsbischöfe in der Zeit Heinrichs III., in: H. EBNER (Hg.), Festschrift F. Hausmann, 1977, 21–37; FRECH, Päpste 303–332.

[7] Ziele der Reformpäpste: G. TELLENBACH, Libertas. Kirche und Weltordnung im Zeitalter des Investiturstreites (= Forschungen zur Kirchen- und Geistesgeschichte 7) 1936; U.-R. BLUMENTHAL, Der Investiturstreit, 1982; LAUDAGE, Priesterbild; TELLENBACH, Die westliche Kirche; W. HARTMANN, Der Investiturstreit (= EDG 21) 1993.

[8] GUTTENBERG, Regesten Nr. 239.

[9] S. MÜLLER-CHRISTENSEN, Das Grab des Papstes Clemens II. im Dom zu Bamberg, 1960; M. BORGOLTE, Petrusnachfolge und Kaiserimitation. Die Grablegen der Päpste, ihre Genese und Traditionsbildung (= VöMPIG 95) 1989, 138f.

[10] SPARBER, Brixner Fürstbischöfe 45ff.

[11] GOEZ, Gestalten 100–121.

faßte und einzelne Streitfälle untersuchte[12]. Auf der Heimreise berührte der Papst außer Donauwörth auch Augsburg, wo er während eines zweiten Besuchs, wiederum im Beisein Heinrichs III., am 2. Februar 1051 eine abermalige Synode in großem, über Bayern hinausweisenden Rahmen abhielt[13]. 1052 kam der Papst nochmals über die Alpen, um vermittelnd in den Konflikt Heinrichs mit dem ungarischen König Andreas einzugreifen; er traf den Kaiser im Heerlager vor Preßburg und zog mit ihm nach Regensburg, wo am 7./8. Oktober die Erhebung der Gebeine des Bischofs Wolfgang in St. Emmeram und des Bischofs Erhard im Niedermünster zur allgemeinen Verehrung stattfand[14]. Begleitet von Heinrich III. sowie den Bischöfen von Salzburg, Regensburg und Eichstätt reiste Leo IX. weiter nach Bamberg, um am 18. Oktober einen Rangstreit dieser Kirche mit Würzburg zugunsten Bambergs zu entscheiden. Mit Hinblick auf den dort ruhenden Vorgänger Clemens II. löste er das Bistum kraft apostolischen Privilegs teilweise aus der Mainzer Metropolitanhoheit und gestand wenig später Bischof Hartwig sogar den Gebrauch des Palliums zu[15]. Anfang 1053 konnte er auf dem Weg über Augsburg das deutsche Regnum in dem Bewußtsein wieder verlassen, sein oberstes Hirtenamt wie keiner seiner Vorgänger sichtbar und fühlbar gemacht zu haben und dies dank dem Einklang mit dem Kaiser so gut wie reibungslos.

Spannungen blieben gleichwohl nicht aus, ergaben sich vorerst aber weniger aus der kirchlichen Reformpolitik als aus divergierenden Interessen in Italien. Dort war Heinrich III. auf entschiedene Wahrung der Reichsrechte bedacht, wie sich u.a. am Auftreten des Bischofs Nitker von Freising in seinem Auftrag 1051 in Pavia und 1052 in Ravenna ablesen läßt[16]. Der Kaiser zeigte sich daher zunächst auch geneigt, dem Wunsch Papst Leos nach militärischem Beistand gegen die in Unteritalien vordringenden Normannen stattzugeben, ließ sich bald aber von seinem Kanzler, dem Bischof Gebhard I. von Eichstätt, umstimmen, der auf bedrohliche Entwicklungen in Bayern als Folge wenig erfolgreicher Ungarnpolitik und eine zunehmende Mißstimmung unter den Großen des Reiches hingewiesen haben dürfte[17]. Die Folge war, daß Leo IX. seinen Feldzug auf eigene Faust unternahm und im Sommer 1053 im Norden Apuliens eine schlimme Niederlage bezog, die er nur um ein knappes Jahr überlebte († 19. April 1054). Bei den Beratungen über die Wiederbesetzung des Papststuhls setzte Heinrich III. gegenüber einer römischen Abordnung gerade jenen Gebhard von Eichstätt durch, der sich dann seit seiner Inthronisierung im April 1055 Viktor II.

---

[12] WOLTER, Synoden 409–418.
[13] VOLKERT, Regesten Augsburg I Nr. 281.
[14] G. SCHWAIGER, Die Kanonisation Bischof Wolfgangs von Regensburg (1052), in: Bavaria Christiana. Festschrift für A. W. Ziegler, hg. v. W. GESSEL (= Beiträge zur altbayerischen Kirchengeschichte 27) 1973, 225–233. Das Ereignis wurde bald zum Anknüpfungspunkt der Regensburger Dionysius-Tradition: KRAUS, Saint-Denis 535–549.
[15] GUTTENBERG, Regesten Nr. 258–260; T. ZOTZ, Pallium et alia quaedam archiepiscopatus insignia, in: Festschrift B. Schwineköper, hg. v. H. MAURER – H. PATZE, 1982, 155–175.
[16] MASS, Bistum Freising im Mittelalter 134.
[17] W. GOEZ, Gebhard I., Bischof von Eichstätt, als Papst Viktor II., in: FLB 9 (= VGFG VII A 9) 1980, 11–21.

nannte und in der Kontinuität des erneuerten Papsttums ebenfalls sein deutsches Bistum beibehielt. Zu den negativen Rückwirkungen gehörte die wachsende Verärgerung seines Verwandten, des Regensburger Bischofs Gebhard, der sich im Sommer 1055 einer Verschwörung um den inzwischen abgesetzten Bayernherzog Konrad mit dem Ziel des Sturzes Heinrichs III. anschloß[18]; nach der Entdeckung des Vorhabens wurde Gebhard gefangen genommen und auf verschiedenen schwäbischen Burgen festgehalten, bis ihn der Kaiser übers Jahr im Streben nach allgemeiner innerer Aussöhnung doch in Gnaden wieder nach Regensburg entließ. Gebhard weilte jedenfalls ebenso wie Papst Viktor am Hof des Kaisers im sächsischen Bodfeld, als Heinrich III. am 5. Oktober 1056 dort nach kurzer Krankheit starb und die Sorge für Reich und Kirche seinem kaum sechsjährigen, 1054 zum König gekrönten Sohn Heinrich IV. hinterließ.

*b) Die Verselbständigung der päpstlichen Autorität (1056–1073)*

Die einschneidenden Folgen des vorzeitigen Herrscherwechsels traten erst mit der Zeit zutage[19]. Papst Viktor II., dem der sterbende Kaiser neben seiner Witwe Agnes den kleinen Thronfolger anvertraut hatte, begleitete den Hof noch einige Monate und wirkte zu Weihnachten 1056 auf einem Regensburger Hoftag an der Festigung des vormundschaftlichen Regiments der Kaiserin mit[20]. Zu Beginn der folgenden Fastenzeit kehrte er jedoch wieder nach Italien zurück und fiel bald als Mittler zwischen Hof und Kurie vollends aus, weil auch ihn am 28. Juli 1057 in Arezzo ein jäher Tod ereilte. Ohne den Rückhalt an Heinrich III., der die kirchliche Erneuerung als päpstliche Leitlinie in Gang gebracht und ein Jahrzehnt lang politisch abgestützt hatte, war es für die römischen Reformer nicht leicht, sich gegen den städtischen Adel und widersetzliche Bischöfe zu behaupten; doch indem ihnen dies mit Glück und Geschick gelang, wuchsen zugleich Selbstvertrauen und Zielbewußtsein, so daß unter Stephan IX. (1057–1058) und Nikolaus II. (1058–1061) nicht nur der Kampf gegen Simonie und Klerikerehe energisch weiterging und die Kanonikerreform sowie die laikale Kirchenhoheit grundsätzlich ins Visier gelangten, sondern auch bereits fundamentale Entscheidungen zur Formierung des Kardinalskollegs, zur Autonomie der Papstwahlen und zum politischen Ausgleich mit den zuvor befehdeten Normannen fielen[21].

Nördlich der Alpen, wo diese Entwicklung zunächst anscheinend wenig Beachtung fand, übte die persönlich fromme Regentin Agnes die königliche Kirchenhoheit in den überkommenen Formen aus und bestellte durch Investitur mit Ring und Stab

---

[18] E. BOSHOF, Das Reich in der Krise. Überlegungen zum Regierungsausgang Heinrichs III., in: HZ 228 (1979) 265–287; W. STÖRMER, Bayern und der bayerische Herzog im 11. Jahrhundert, in: WEINFURTER, Die Salier und das Reich I 531–533.
[19] WEINFURTER, Herrschaft 97–113; BOSHOF, Die Salier 166–187.
[20] P. SCHMID, Regensburg 350ff.
[21] Wie Anm. 7, ferner F.-J. SCHMALE, Die Anfänge des Reformpapsttums unter den deutschen und lothringisch-tuszischen Päpsten, in: M. GRESCHAT (Hg.), Das Papsttum I (= Gestalten der Kirchengeschichte 11) 1985, 140–154.

1057 den italischen Kanzler Gunther zum Bischof von Bamberg (bis 1065)[22] und ihren eigenen Kapellan Gundekar zu Papst Viktors Nachfolger in Eichstätt (bis 1075)[23], 1060 den deutschen Kanzler Gebhard zum Erzbischof von Salzburg (bis 1088)[24] und 1061 den Bamberger Domherrn Otto zum neuen Regensburger Bischof (bis 1089). Hoch in ihrer Gunst stand, zum Verdruß und bald auch zum Gerede der übrigen Großen, Bischof Heinrich von Augsburg[25], der als erster Berater der Kaiserin und wohl auch zeitweiliger Erzieher des jungen Heinrich IV. zumindest nicht verhindert hat, daß sich Agnes nach dem Tode Papst Nikolaus' II. unter dem frischen Eindruck eines Streits mit einem seiner Legaten, von Reformgegnern im oberitalienischen Episkopat dazu bestimmen ließ, den von diesen zum Nachfolger proklamierten Bischof Cadalus von Parma als Honorius II. anzuerkennen (am 28. Oktober 1061 in Basel) und sich damit gegen den zuvor schon in Rom erhobenen Papst Alexander II. zu stellen, der sie als Bischof Anselm I. von Lucca noch im Vorjahr in Altötting aufgesucht hatte[26].

Der Ausbruch des offenen Schismas nur fünf Jahre nach Heinrichs III. Tod macht unübersehbar, daß der salische Hof seine Rolle als Schrittmacher der kirchlichen Erneuerung eingebüßt, ja überhaupt den Kontakt zur bestimmenden Kraft des Zeitalters verloren hatte. Dagegen erhob sich eine Gruppe von Großen um den Kölner Erzbischof Anno II., unter denen auch Bischof Gunther von Bamberg namhaft zu machen ist; sie sorgten Anfang April 1062 für die Entmachtung der Kaiserin, indem sie den jungen König in ihre Gewalt brachten, und richteten für den Rest von dessen Minderjährigkeit eine gemeinsame Regentschaft der Bischöfe ein[27]. Dem vorrangigen Ziel einer Überwindung des Schismas diente eine Augsburger Reichssynode, die Ende Oktober 1062 – in Abwesenheit des verärgerten Ortsbischofs – tagte und unter Annos Einfluß bereits eine deutliche Präferenz für Alexander erkennen ließ[28], auch wenn die förmliche Entscheidung bis zu einer abermaligen Synode am 31. Mai 1064 in Mantua aufgeschoben wurde, die Cadalus dann endgültig verwarf. Der Zwiespalt war fürs erste behoben, aber eine Rückkehr zu grundsätzlichem Einvernehmen wie unter Heinrich III. gab es nicht, schon weil das Regiment des Episkopats wegen innerer Rivalitäten der Stetigkeit entbehrte. Die Bischofserhebungen dieser Jahre – wie die der beiden Mainzer Kanoniker Embricho in Augsburg (1063–1077) und Hermann in Bamberg (1065–1075)[29], daneben des Westfalen Altmann, eines Kapellans der

---

[22] E. KLEBEL, Bischof Gunther von Bamberg, in: 900 Jahre Villach, red. v. W. NEUMANN, 1960, 13–32; MEYER, Oberfranken 44ff.

[23] A. BAUCH, Gundekar II., Bischof von Eichstätt, in: FLB 6 (= VGFG VII A 6) 1975, 1–29; WEINFURTER, Ecclesia 3–40.

[24] J. FLECKENSTEIN, Erzbischof Gebhard von Salzburg als Repräsentant der Reichskirche und Gegner des Königs im Investiturstreit, in: Salzburg in der europäischen Geschichte (= Salzburg-Dokumentationen 19) 1977, 11–28.

[25] VOLKERT, Regesten Augsburg I Nr. 276.

[26] T. SCHMIDT, Alexander II. (1061–1073) und die römische Reformgruppe seiner Zeit (= Päpste und Papsttum 11) 1977, 68–133; STOLLER, Councils 254–263.

[27] G. JENAL, Erzbischof Anno II. von Köln (1056–75) und sein politisches Wirken I–II (= MGMA 8/1–2) 1974/75, 175–195; WEINFURTER, Herrschaft 102ff.

[28] VOLKERT, Regesten Augsburg I Nr. 297.

[29] R. SCHIEFFER, Hermann I., Bischof von Bamberg, in: FLB 6 (= VGFG VII A 6) 1975, 55–76.

Kaiserin Agnes, in Passau (1065–1091)³⁰ – spiegeln ganz verschiedene Einflüsse wider und entsprechen den stark wechselnden Nennungen geistlicher Fürsprecher in den Königsurkunden, die formell als Entschlüsse Heinrichs IV. galten. Auf einem ersten Höhepunkt der Dominanz des Bremer Erzbischofs Adalbert am Hof entzogen sich 1064 Erzbischof Siegfried I. von Mainz und weitere Amtsbrüder, darunter Gunther von Bamberg und Otto von Regensburg, der Reichspolitik durch eine fast einjährige Pilgerfahrt nach Jerusalem, die bereits auf die Kreuzzüge vorausweist³¹. Große Einigkeit zeigten die Bischöfe dagegen in dem Bestreben, sich im Namen des Königs den Besitz wertvoller Reichsabteien überschreiben zu lassen, was in Bayern Frauenchiemsee (1062 an Salzburg), Kremsmünster und Mattsee (1063 für Passau bestätigt), Polling (1065 an Brixen) und Benediktbeuern (1065 an Freising) betraf, aber auch Niederaltaich und Kempten, die 1065 den Herzögen von Bayern bzw. Schwaben zugeschlagen wurden³².

König Heinrich IV., der mit seiner Schwertleite (1065) und erst recht seit der Verdrängung Adalberts von Bremen aus seiner Umgebung (Anfang 1066) selbständig zu regieren begann³³, konnte (und wollte vielleicht auch) nicht den Bahnen der Kirchenpolitik seines Vaters folgen. Durch mehrfachen Aufschub des geplanten Romzuges versäumte er den persönlichen Kontakt zum Papst und die Kaiserkrönung; durch resolute Schritte zur Rückgewinnung von Reichsgut rief er zumal in Sachsen verbreitete Erbitterung hervor. Auch die Auswahl seiner Berater und die Benennung weiterer Bischöfe (vorerst außerhalb Bayerns) finden in den Quellen ein durchwegs ungünstiges Echo, und 1069 brachte er den Episkopat durch sein unbedachtes Verlangen nach Ehescheidung in eine peinliche Lage. Kein Wunder, daß sich der Zusammenhalt der Reichskirche lockerte, Divergenzen zwischen den älteren Bischöfen der Ära Heinrichs III. und den jüngeren zutage traten³⁴ und allgemein das Gewicht Roms als höchster kirchlicher Gerichtsinstanz wuchs. Dort ging man im Laufe des Pontifikats Alexanders II. (1061–1073), die schlechten Erfahrungen mit anderen reformbedürftigen Landeskirchen aufgreifend, immer bereitwilliger dazu über, Anklagen gegen einzelne deutsche Bischöfe und Äbte Gehör zu schenken und die Besuche aufgebrachter Prälaten zu empfangen, die ihre Sache vor dem Papst verfechten wollten. So kam Adalbero von Würzburg 1069 wegen seines Streits mit Fulda nach Rom³⁵ und 1070 Hermann von Bamberg, der zusammen mit den Erzbischöfen von Mainz und Köln anscheinend die Wogen zu glätten suchte³⁶. Im August 1071 erlebte ein Großteil des

---

³⁰ BOSHOF, Bischof Altmann 317–345.
³¹ E. JORANSON, The Great German Pilgrimage of 1064–1065, in: The Crusades and Other Historical Essays presented to D. C. Munro, 1928, 3–43.
³² H. SEIBERT, Libertas und Reichsabtei. Zur Klosterpolitik der salischen Herrscher, in: WEINFURTER, Die Salier und das Reich II 536–550 (m.E. zu stark auf Heinrich IV. zurückgeführt).
³³ WEINFURTER, Herrschaft 114–122; BOSHOF, Die Salier 188–200.
³⁴ J. FLECKENSTEIN, Heinrich IV. und der deutsche Episkopat in den Anfängen des Investiturstreits, in: Adel und Kirche. G. Tellenbach zum 65. Geburtstag, 1968, 221–236.
³⁵ W. GOEZ, Bischof Adalbero von Würzburg, in: FLB 6 (= VGFG VII A 6) 1975, 30–54.
³⁶ R. SCHIEFFER, Die Romreise deutscher Bischöfe im Frühjahr 1070, in: Rheinische Vierteljahrsblätter 34 (1970) 152–174.

Episkopats auf einer vom Papst verordneten Synode in Mainz mit, wie der kurz zuvor investierte Konstanzer Bischof Karl unter dem Druck von Simonievorwürfen seiner eigenen Domherren zur Resignation gedrängt wurde[37], und 1073 kam es als letzte Maßnahme Alexanders so weit, daß mehrere Ratgeber Heinrichs IV. wegen simonistischer Praktiken von Rom aus mit dem Kirchenbann belegt wurden.

Das Einvernehmen mit Papst und König sich noch zu sichern verstand Erzbischof Gebhard von Salzburg bei seinem Bestreben, südlich der Tauern einen neuen Bischofssitz einzurichten[38]. Nach Eingaben über die Schwierigkeiten der pastoralen Betreuung des fernen Karantaniens gewährte ihm Alexander II. am 21. März 1070 die Befugnis, an einem beliebigen Ort seines Erzbistums einen bischöflichen Helfer zu installieren, dessen Auswahl und Weihe ihm allein vorbehalten sein solle. Die Bestätigung durch Heinrich IV. vom 4. Februar 1072 nennt dann bereits Gurk als den Sitz dieses Bischofs und erlaubt die Ausstattung mit einem Teil des Salzburger Kirchenguts ohne einen Anspruch des Königs auf Investitur[39]. Das hatte zur Folge, daß der am 6. Mai 1072 geweihte erste Bischof Gunther (bis 1090) in enger Abhängigkeit von Salzburg verblieb und auf einen abgegrenzten Sprengel, eigene Zehntrechte und ein Domkapitel verzichten mußte. Ein Reichsbistum im üblichen Sinne ist Gurk auch später nie geworden.

### c) Der Ausbruch des Streits von Regnum und Sacerdotium (1073–1084)[40]

Der römische Pontifikatswechsel zu Gregor VII. (1073–1085)[41] bedeutete nicht von vornherein einen Einschnitt. Dem bisherigen Kardinal Hildebrand ging wegen seiner seit langem führenden Rolle in Rom bei vielen deutschen Bischöfen ein bestimmter Ruf voraus, den der neue Papst auch durch energische Betonung seines Anspruchs auf zentrale Lenkung und Beaufsichtigung des Reformprozesses bestätigte, doch war dies noch nicht mit einer Frontstellung gegenüber König Heinrich IV. verbunden, den Gregor vielmehr für die Unterstützung seiner Ziele zu gewinnen hoffte[42]. Kennzeichnend für das Klima war der Fall des Bamberger Bischofs Hermann, gegen den nach achtjähriger Amtsführung 1073 infolge lokaler Querelen Simonievorwürfe laut wurden, die bis nach Rom drangen[43]. Den Papst konnte das nur in seiner Absicht bestärken, im Frühjahr 1074 durch zwei Legaten eine Synode in Deutschland zu veran-

---

[37] R. SCHIEFFER, Spirituales latrones. Zu den Hintergründen der Simonieprozesse in Deutschland zwischen 1069 und 1075, in: HJ 92 (1972) 19–60, bes. 46ff.
[38] OBERSTEINER, Bischöfe 12–15; DOPSCH, Geschichte Salzburgs I/1, 236f.
[39] Zu den Urkunden: W. HEINEMEYER, Zur Gründung des Bistums Gurk in Kärnten, in: H. BEUMANN (Hg.), Historische Forschungen für W. Schlesinger, 1974, 495–513.
[40] K. BOSL, Adel, Bistum, Kloster Bayerns im Investiturstreit, in: Festschrift H. Heimpel II (= VöMPIG 36,2) 1972, 1121–1146.
[41] E. CASPAR, Gregor VII. in seinen Briefen, in: HZ 130 (1924) 1–30; W. GOEZ, Zur Persönlichkeit Gregors VII., in: RQ 73 (1978) 193–216; U.-R. BLUMENTHAL, Gregor VII., in: TRE 14 (1985) 145–152.
[42] C. ERDMANN, Studien zur Briefliteratur Deutschlands im elften Jahrhundert (= MGH Schriften 1) 1938, 225–281; C. SCHNEIDER, Prophetisches Sacerdotium und heilsgeschichtliches Regnum im Dialog 1073–1077 (= MMS 9) 1972; WEINFURTER, Herrschaft 127f; BOSHOF, Die Salier 211–218.
[43] Wie Anm. 29.

stalten, um gegen unkanonische Mißstände aller Art einzuschreiten. Eine Woche vor dem Termin feierte Heinrich IV. mit einem Großteil des Episkopats das Osterfest bei Hermann in Bamberg, wo es zum Eklat kam, als sich der Bremer Erzbischof Liemar weigerte, das von dem simonieverdächtigen Ortsbischof geweihte Salböl im Gottesdienst zu verwenden, und darin von anderen Amtsbrüdern unterstützt wurde. Die prinzipielle Distanzierung von bislang hingenommenen Praktiken bei der Bischofseinsetzung war also deutlich, doch die synodale Klärung der Vorwürfe scheiterte am folgenden Sonntag in Nürnberg schon im Ansatz, weil derselbe Liemar als Metropolit, wiederum unterstützt von anderen, den Anspruch der römischen Legaten auf den Vorsitz der Versammlung, d.h. die primatiale Leitung der Reformen, entschieden zurückwies[44]. Nachdem ein Vermittlungsversuch des Bischofs Hermann von Metz bei Gregor VII. im Sande verlaufen war, wurde der Papst gegen Jahresende ungeduldig und lud den Mainzer Erzbischof mit sechs seiner Suffragane, darunter Hermann von Bamberg, Embricho von Augsburg und Adalbero von Würzburg, vor die kommende Fastensynode Ende Februar 1075 nach Rom; dem König gebot er, für ihr Erscheinen zu sorgen, doch tatsächlich ist offenbar keiner der Aufforderung gefolgt. Erst unter dem Druck von Strafmaßnahmen der Synode und offenen Unruhen in Bamberg fand sich Siegfried von Mainz im April bei Gregor ein, konnte aber bei genauer Befragung die Vorwürfe gegen Hermann nicht ausräumen, so daß der (vor den Toren Roms umkehrende) Bamberger Bischof dem Urteil der Absetzung anheimfiel. Sein Versuch, sich zu Hause darüber hinwegzusetzen, brach im Sommer nach unmittelbarer Verständigung zwischen Papst und König zusammen, wobei Gregor den Salier ausdrücklich beauftragte, für die Neubesetzung Sorge zu tragen[45].

Anders als die Bekämpfung der Simonie weckte die Einschärfung des Zölibatsgebots auch Widerspruch im Grundsätzlichen, wie ihn Bischof Altmann von Passau 1074 handgreiflich zu spüren bekam, als er sich nach Verkündung der päpstlichen Anordnungen nur mit Hilfe einiger mächtiger Laien vor dem Zorn seiner aufgebrachten Kleriker in Sicherheit bringen konnte[46]; gleichwohl beklagte sich Gregor Anfang 1075 in einem Brief an die Herzöge von Kärnten, Bayern und Schwaben über die Nachlässigkeit der meisten dortigen Bischöfe bei der Durchsetzung seiner Forderungen[47]. Mehr als die Inhalte waren es die immer drängenderen Formen des päpstlichen Auftretens, die im deutschen Episkopat eine verbreitete Mißstimmung schufen, was mit der Zeit auch den König nicht unberührt lassen konnte. Heinrich IV., der noch 1073 in der Not des Sachsenaufstandes recht unterwürfig an den Papst geschrieben hatte, zeigte sich im Laufe des Jahres 1075 zunehmend geneigter, seinen bedrängten Bischöfen zur Seite zu treten, zumal viele von ihnen – auch spätere Gegner wie Adalbero von Würzburg, Altmann von Passau und Gebhard von Salzburg – ihm nun bei der Niederringung der Sachsen aktive Unterstützung leisteten. Investitur und

---

[44] GUTTENBERG, Regesten Nr. 445, 446; I. S. ROBINSON, Periculosus homo: Pope Gregory VII and Episcopal Authority, in: Viator 9 (1978) 103–131.
[45] GUTTENBERG, Regesten Nr. 456–476.
[46] BOSHOF, Regesten der Bischöfe von Passau I Nr. 362, 368.
[47] Das Register Gregors VII. (MGH.Epp. selectae II, 1920/23) 182ff. (II,45).

Weihe des neuen Bamberger Bischofs Rupert (1075–1102), die am 30. November 1075 in offensichtlicher Eintracht vonstatten gingen[48], erschienen schon wenig später als Abglanz einer »guten alten Zeit«, denn inzwischen nahm das Verhängnis seinen Gang: Aufgeschreckt durch Heinrichs Eingreifen in die Kirchenangelegenheiten Mailands und anderwärts in Italien, verärgert über seine Wortbrüche und Winkelzüge, ließ Gregor VII. ihm einen geharnischten Brief überbringen, der am Ende mit dem Hinweis auf den von Gott verworfenen König Saul drohte[49]. Heinrich IV., der dies am Neujahrstag 1076 in Goslar mitten im bezwungenen Sachsen entgegennahm, war nicht in der Stimmung zum Nachgeben, sondern faßte spontan einen Gegenschlag ins Auge, wozu er seine Bischöfe mit denkbar kurzer Frist für den 24. Januar nach Worms bestellte. Des Königs aktueller Zorn verband sich dort mit dem schon länger aufgestauten Unmut im Episkopat zu einer gemeinsamen Absage an Gregor, dem Mißachtung des gesalbten Herrschers ebenso wie Herabwürdigung der Bischöfe vorgehalten und in getrennten Manifesten nahegelegt wurde, vom angemaßten Papstthron herabzusteigen[50]. Unter den 26 Absendern des bischöflichen Schreibens »an Bruder Hildebrand« waren die eben ernannten Rupert von Bamberg und Udalrich I. von Eichstätt (1075–1099), aber auch Adalbero von Würzburg, Otto von Regensburg und Ellenhard von Freising (1052–1078)[51]; unter den Abwesenden scheinen sich Gebhard von Salzburg und Altmann von Passau aus Überzeugung ferngehalten zu haben, während Embricho von Augsburg und Altwin von Brixen (1049–1097) durch ihr weiteres Verhalten eher den Eindruck machen, bloß verhindert gewesen zu sein[52]. Umgekehrt war Adalbero von Würzburg unter den Beteiligten einer der ersten, die einen Widerruf nach Rom sandten und zur vorerst kleinen Gruppe der Opponenten stießen[53].

Die Tragweite des kaum durchdachten Wormser Beschlusses trat jählings zutage, als Gregor VII. auf der römischen Fastensynode Ende Februar 1076 gleichermaßen unvermittelt mit der Exkommunikation des Königs, mit der Lösung aller ihm geleisteten Treueide und mit der Suspendierung derjenigen Bischöfe antwortete, die sich nicht bis zum 1. August von seinem Vorgehen lossagten[54]. Damit war ein Konflikt nicht mehr über einzelne Reformprobleme, sondern über die Grundlagen der christlichen Weltordnung entfacht, der jeden Bischof zur Gewissensentscheidung zwischen den einander ausschließenden Loyalitätsansprüchen von König und Papst nötigte. Die Reaktion fiel ganz verschieden aus: Unbeirrbar an der Seite Heinrichs IV. blieb Rupert von Bamberg, der während des Frühjahrs und Sommers miterlebte, wie die mehrfachen Versuche des Hofes, durch eine eindrucksvolle Exkommunikation des widerspenstigen »Hildebrand« oder gar die Neuwahl eines Papstes Fakten zu schaf-

---

[48] GUTTENBERG, Regesten Nr. 485.
[49] Register (wie Anm. 47) 263ff. (III,10).
[50] WEINFURTER, Herrschaft 128–131; BOSHOF, Die Salier 218–235.
[51] Namensliste: Die Briefe Heinrichs IV. (MGH.Dt.MA 1,1937) 65.
[52] HORN, Geschichte 257; SPARBER, Brixner Fürstbischöfe 49.
[53] WENDEHORST, Würzburg I 105f.
[54] Register (wie Anm. 47) 268ff. (III,10a).

fen, mangels Beteiligung scheiterten[55]. Offenbar tat Gregors Bannspruch seine lähmende Wirkung und belebte zudem den politischen Widerstand der Sachsen wie auch der süddeutschen Herzöge neu, u.a. mit der Folge, daß der königstreue Bischof Altwin von Brixen und später auch Rupert für längere Zeit in die Gefangenschaft von Laienfürsten gerieten[56]. Demgegenüber waren Adalbero von Würzburg und Gebhard von Salzburg sowie Altmann von Passau, der mit der Vollmacht eines päpstlichen Legaten auftrat[57], führend im Bemühen, möglichst viele ihrer Amtsbrüder zur Bitte um Absolution zu bewegen, und traten bald offen dafür ein, den gebannten König durch einen anderen zu ersetzen. Als beide Lager im Oktober 1076 bei Tribur und Oppenheim einander gegenüberstanden, zeigte sich, daß Heinrich die drohende Neuwahl nur noch verhindern konnte, indem er Papst Gregor grundsätzlich wieder anerkannte, während die Fürsten ihr Stillhalten an die Bedingung knüpften, daß er binnen Jahresfrist die Lossprechung vom Bann erreichen würde[58]. Diese Zwangslage veranlaßte ihn zu der winterlichen Canossa-Fahrt, mit der er das bereits für den 2. Februar 1077 in Augsburg anberaumte Schiedsgericht des Papstes auf deutschem Boden unterband und stattdessen Ende Januar als bußfertiger Sünder Gregor die Absolution abrang[59]; unter den Begleitern war Bischof Embricho von Augsburg, der sich jedoch vor der Aussöhnung davongestohlen haben soll[60]. Die spektakuläre Anerkennung der höchsten geistlichen Strafgewalt war gewiß dazu angetan, Heinrichs Position gegenüber dem deutschen Episkopat wieder zu stärken, brachte seine entschiedensten Widersacher aber nicht mehr davon ab, zur angedrohten Erhebung eines Gegenkönigs zu schreiten: Unter maßgebender Beteiligung Altmanns, Gebhards und Adalberos wurde der Schwabenherzog Rudolf von Rheinfelden am 15. März 1077 in Forchheim von einer Minderheit der Fürsten erwählt und gleich darauf in Mainz gekrönt[61]; das Osterfest feierte er mit königlichem Gepränge in Augsburg, wodurch der dortige Bischof Embricho in große Verlegenheit geriet[62].

Da Heinrich IV. gleich nach Rückkehr aus Italien die Herausforderung annahm und auf dem Weg über Kärnten und Regensburg nach Ulm eilte, um dort zu Pfingsten unter der Krone aufzutreten und über seine Widersacher Gericht zu halten, wurde aus dem Grundsatzkonflikt zwischen König und Papst nun ein deutscher Thronstreit, in

---

[55] GUTTENBERG, Regesten Nr. 497–500.
[56] SPARBER, Brixner Fürstbischöfe 49; GUTTENBERG, Regesten Nr. 503.
[57] BOSHOF, Regesten der Bischöfe von Passau I Nr. 373.
[58] H. BEUMANN, Tribur, Rom und Canossa, in: J. FLECKENSTEIN (Hg.), Investiturstreit und Reichsverfassung (= VoF 17) 1973, 33–60 (auch in: DERS., Ausgewählte Aufsätze aus den Jahren 1966–1986, hg. v. J. PETERSOHN, 1987, 210–237); E. HLAWITSCHKA, Zwischen Tribur und Canossa, in: HJb 94 (1974) 25–45 (auch in: DERS., Stirps regia, hg. v. G. THOMA, 1988, 529–549).
[59] H. ZIMMERMANN, Der Canossagang von 1077. Wirkungen und Wirklichkeit (= Akademie der Wissenschaften und der Literatur Mainz. Abhandlungen der geistes- und sozialwissenschaftlichen Klasse 1975,5) 1975.
[60] VOLKERT, Regesten Augsburg I Nr. 335.
[61] W. SCHLESINGER, Die Wahl Rudolfs von Schwaben zum Gegenkönig 1077 in Forchheim, in: FLECKENSTEIN (wie Anm. 58) 61–85 (auch in: DERS., Ausgewählte Aufsätze 1965–1979, 1987, 273–296); H. JAKOBS, Rudolf von Rheinfelden und die Kirchenreform, ebd. 87–115.
[62] VOLKERT, Regesten Augsburg I Nr. 336.

dem sich beide Rivalen militärisch bekämpften und zugleich um Gregors moralischen Rückhalt bemühten[63]. Diejenigen Bischöfe, die an ihrem zunächst theologisch-kirchenrechtlich begründeten Bruch mit dem salischen Herrscher über Canossa hinaus festhielten, fanden sich im Lager seiner politischen Gegner wieder und waren, als König Rudolfs Position in Süddeutschland im Sommer 1077 unhaltbar wurde[64], mit ihm zur Flucht zu den Sachsen gezwungen, die sie teilweise noch zwei Jahre zuvor an Heinrichs Seite bekriegt hatten. Der Versuch, wenigstens Würzburg für Adalbero zurückzugewinnen, scheiterte nach einmonatiger Belagerung im August[65], woraufhin Heinrich IV. die Stadt dem seinerseits vertriebenen Bischof Eberhard von Naumburg († 1079) übergab. Außer Würzburg waren es auch Salzburg und Passau, die auf Jahre hinaus ihrer rechtmäßigen Oberhirten entrieten[66], während die saliertreuen Bischöfe von Bamberg, Regensburg, Eichstätt, Freising und Brixen unangefochten am Ort amtierten. Bewegung in die erstarrenden Fronten versprachen am ehesten Vakanzen auf den Bischofsstühlen zu bringen, weshalb die Augsburger Vorgänge nach dem Tod Embrichos am 30. Juli 1077 starke Aufmerksamkeit fanden. Domkapitel und »Volk« (oder zumindest Teile davon) wählten sogleich aus den eigenen Reihen den Kanoniker Wigolt (1077–1088) zum Nachfolger, doch König Heinrich investierte seinen Kapellan Siegfried (1077–1096), der sich in Augsburg durchsetzte, obgleich er acht Jahre lang keinen Metropoliten zu seiner Weihe fand[67]. Wigolt nutzte es wenig, daß er Ostern 1078 an Rudolfs Hof in Goslar von dem ebenfalls dorthin ausgewichenen Mainzer Erzbischof konsekriert wurde, denn als »Gregorianer« konnte er sich nur in einem kleinen Teil seines Sprengels um Füssen behaupten und mußte dort gemeinsame Sache mit dem abgesetzten Bayernherzog Welf IV. machen, der eigentlich ein territorialpolitischer Gegner des Hochstifts Augsburg war[68]. Daß ein solches Schisma vorerst die Ausnahme war, zeigt das Gegenbeispiel Freisings, wo 1078 auf den verstorbenen Ellenhard der ebenso dem Salier ergebene Meginward (1078–1098) als Bischof folgte, wenngleich auch bis 1085 ohne Weihe[69].

Auf der höheren Ebene von Reich und Kirche blieben die Dinge noch bis 1080 in der Schwebe, weil keiner der beiden Könige auf dem Schlachtfeld die Oberhand gewann und der Papst seine Entscheidung immer wieder hinauszögerte. Allerdings schuf er bereits 1078 mit einem umfassenden Verbot Klarheit in der Frage der Inve-

---

[63] J. VOGEL, Gregor VII. und Heinrich IV. nach Canossa. Zeugnisse ihres Selbstverständnisses (= Arbeiten zur Frühmittelalterforschung 9) 1983; BOSHOF, Die Salier 239–245.

[64] K. SCHMID, Frutolfs Bericht zum Jahr 1077 oder Der Rückzug Rudolfs von Schwaben, in: D. BERG – H.-W. GOETZ (Hg.), Historiographia Mediaevalis. Festschrift F.-J. Schmale zum 65. Geburtstag, 1989, 181–198.

[65] WENDEHORST, Bistum Würzburg I 106f.

[66] DOPSCH, Geschichte Salzburgs I/1, 243ff; BOSHOF, Bischöfe und Bischofskirchen 136ff.

[67] VOLKERT, Regesten Augsburg I Nr. 341, 342.

[68] HORN, Geschichte 258ff.

[69] MASS, Bistum Freising im Mittelalter 143ff. (dessen Identifizierung mit dem Bamberger Scholaster Meinhard allerdings in die Irre führt).

stitur von Bischöfen und Äbten auch durch Könige[70], was Altmann von Passau bei seinem Rombesuch 1079 bewog, die aus »Laienhand« erlangte Würde förmlich niederzulegen und vom Papst neu in Empfang zu nehmen[71]. Erst die ultimative Forderung der Abgesandten Heinrichs IV., darunter Ruperts von Bamberg, auf der Fastensynode von 1080, Gregor solle endlich den »Aufrührer« Rudolf mit dem Bann belegen[72], scheint den Papst veranlaßt zu haben, seine Reserve aufzugeben und eben Rudolf zum rechtmäßigen König zu erklären, Heinrich jedoch abermals zu exkommunizieren und abzusetzen[73]. Der zweite Bann über den Salier war von weit geringerer Wirkung als der frühere und zog keinen Stimmungsumschwung mehr im deutschen Episkopat nach sich; vielmehr bekamen die Kräfte Auftrieb, die endgültig mit Gregor brechen wollten. Nach einer Vorberatung Heinrichs IV. mit 19 Bischöfen an Pfingsten in Mainz wurde nach Brixen, an den Sitz des zuverlässigen Bischofs Altwin, eine Reichssynode einberufen, zu der am 25. Juni 1080 18 italienische und acht deutsche Oberhirten sowie einer aus Burgund – außer dem örtlichen Gastgeber auch Rupert von Bamberg und Meginward von Freising – erschienen[74]; gemeinsam mit dem König entzogen sie Gregor-Hildebrand unter schweren Beschuldigungen die Anerkennung und legten sich ohne eigentliche Wahl auf Erzbischof Wibert von Ravenna als seinen rechtmäßigen Nachfolger fest[75]. Um diesem Beschluß in Rom Geltung verschaffen zu können, mußte sich Heinrich IV. zunächst in Deutschland den Rücken frei kämpfen und stellte am 15. Oktober im östlichen Sachsen den Gegenkönig zur Entscheidungsschlacht, nachdem er tags zuvor im Beisein u.a. der Bischöfe von Bamberg und Regensburg der Muttergottes als Patronin der Speyerer Domkirche eine große Stiftung gemacht hatte[76]. Der Ausgang des Ringens, in dem Rudolf mit seinem Heer zwar siegte, selbst aber tödlich verwundet wurde, bedeutete einen schweren, auch moralischen Rückschlag für die Gegner Heinrichs IV., die in der folgenden Zeit in dem vertriebenen Erzbischof Gebhard von Salzburg ihren prominentesten Unterhändler und Publizisten hatten[77] und erst im August 1081 mit der Erhebung des Grafen Hermann von Salm in Ochsenfurt am Main wieder zu einem, wenn auch wenig beachteten, neuen König kamen. Der gebannte Salier befand sich zu dieser Zeit bereits auf dem Boden Italiens und versuchte, gestützt auf dortige Anhänger, der Stadt Rom Herr zu werden, was ihm nach mehrfach vergeblichen Vorstößen Ende März 1084 auch tatsächlich gelang. Gregor VII. mußte im Schutz der Engelsburg mitansehen, wie der Rivale Wibert von Ravenna durch seine Inthronisation in St. Peter als

---

[70] R. SCHIEFFER, Die Entstehung des päpstlichen Investiturverbots für den deutschen König (= MGH Schriften 28) 1981, 171–173; S. BEULERTZ, Das Verbot der Laieninvestitur im Investiturstreit (= MGH Studien und Texte 2) 1991, 7f.
[71] BOSHOF, Regesten der Bischöfe von Passau I Nr. 381.
[72] GUTTENBERG, Regesten Nr. 520.
[73] Register (wie Anm. 47) 483ff. (VII,14a).
[74] STOLLER, Councils 266–278.
[75] Briefe (wie Anm. 51) 69ff; dazu J. ZIESE, Wibert von Ravenna. Der Gegenpapst Clemens III. (1084–1100) (= Päpste und Papsttum 20) 1982, 55ff.
[76] MGH.D H. IV 325.
[77] Gebehardi Salisburgensis archiepiscopi epistola ad Herimannum Mettensem episcopum data (MGH.LdI I, 261–279); DOPSCH, Geschichte Salzburgs I/1, 245.

Papst Clemens III. das Schisma perfekt machte[78] und an Ostern Heinrich IV. zum Kaiser krönte.

*d) Die Zerreißprobe im wibertinischen Schisma (1084–1100)*

Zwar wurde Gregor alsbald von den Normannen befreit, doch nur um den Preis des Exils in Salerno, wo er übers Jahr verlassen starb[79], so daß sich der salische Kaiser als klarer Sieger fühlen und sich nach der Rückkehr über die Alpen zutrauen konnte, die deutsche Kirche vollends seinem Willen zu unterwerfen. Aus Augsburg vertrieb er den gregorianischen Bischof Wigolt, der dort dank den Waffen Herzog Welfs IV. einige Monate hatte Fuß fassen können, und restituierte seinen Parteigänger Siegfried[80]; im April 1085 fand dann in Mainz eine Reichssynode statt, auf der Heinrich und die Mehrheit des Episkopats (darunter Rupert von Bamberg, Otto von Regensburg, Meginward von Freising, Udalrich von Eichstätt und Siegfried von Augsburg) die Minderheit für abgesetzt erklärten, die noch dem Gegenkönig anhing und Clemens III., den Gegenpapst, ablehnte: immerhin zwei Erzbischöfe und 13 Bischöfe, für die sogleich kaisertreue »Nachfolger« ernannt und geweiht wurden[81]. Daß an Adalberos Stelle in Würzburg der angesehene Bamberger Scholaster Meinhard (1085–1088) trat[82], mochte noch an die vorgregorianische Reichskirche gemahnen, doch die Auswahl der Gegenbischöfe für Passau und Salzburg, nämlich Hermanns von Eppenstein (1085–1087) aus dem Kärntner Herzogshaus[83] bzw. Bertholds (1085–1105) aus der Familie der Grafen von Moosburg[84], zeigt bereits an, daß es in dem so eröffneten Ringen um dynastisch-territoriale Positionen mindestens ebenso sehr wie um kirchliche Gegensätze gehen sollte. So hat in Würzburg Adalbero 1086 nur für kurze Zeit infolge einer militärischen Niederlage Heinrichs IV. zurückkehren können[85], im übrigen aber Meinhard, gestützt vom staufischen Schwabenherzog Friedrich, das Terrain behauptet und 1089 in Emehard (bis 1105, aus der Stifterfamilie des Klosters Comburg) einen Nachfolger erhalten, von dem sich die weitere Sukzession herleitet[86], denn Adalbero starb 1090 in seiner österreichischen Heimat. Unter dem Schutz des dortigen Markgrafen Leopold II. konnte sich auch Altmann von Passau im östlichen Teil seines Sprengels entfalten, sah aber bis zum Tode 1091 die Bischofsstadt nicht wieder[87], wo Hermann und nach ihm, wenngleich ungeweiht, Thiemo (1087–ca.1105)[88] im Namen des Kaisers residierten; da Altmann im Land unter

---

[78] STOLLER, Councils 279–287.
[79] J. VOGEL, Gregors VII. Abzug aus Rom und sein letztes Pontifikatsjahr in Salerno, in: N. KAMP – J. WOLLASCH (Hg.), Tradition als historische Kraft, 1982, 341–349.
[80] VOLKERT, Regesten Augsburg I Nr. 350.
[81] BOSHOF, Die Salier 251.
[82] WENDEHORST, Würzburg I 117ff; MEYER, Oberfranken (²1987) 38ff.
[83] BOSHOF, Regesten der Bischöfe von Passau I Nr. 442–445.
[84] DOPSCH, Geschichte Salzburgs I/1, 247.
[85] WENDEHORST, Würzburg I 108f.
[86] WENDEHORST, Würzburg I 119ff.
[87] BOSHOF, Regesten der Bischöfe von Passau I Nr. 389–440.
[88] BOSHOF, Regesten der Bischöfe von Passau I Nr. 446–448.

der Enns einen geweihten Nachfolger Ulrich I. (1092–1121) erhielt[89], setzte sich die Spaltung viele Jahre fort. Ein Durchbruch gelang den Gregorianern jedoch in Salzburg, wo der Vogt des Hochstifts, Graf Engelbert von Sponheim, bewirkte, daß Erzbischof Gebhard 1086 nach neunjährigem, meist sächsischen Exil wieder in der Stadt Einzug halten konnte[90]. Der verdrängte Gegner Berthold kehrte nach Gebhards Tod 1088 zurück, mußte aber erneut weichen, nachdem Abt Thiemo von St. Peter, anscheinend ein Formbacher, 1090 mit Unterstützung des Bayernherzogs und des österreichischen Markgrafen zu Gebhards Nachfolger gewählt worden war (bis 1101)[91]. Der Umschwung in Salzburg und die welfische Macht waren es offenbar auch, die 1086 Bischof Meginward von Freising veranlaßten, sich der Gegenseite zuzuwenden und vom Metropoliten Gebhard nachträglich die Weihe zu erbitten[92], während in Augsburg 1088 ein neuer Überfall Herzog Welfs zwar zur Gefangennahme des kaiserlichen Bischofs Siegfried und abermaliger Rückkehr Wigolts führte[93], nach dessen raschem Tod jedoch die gregorianische Linie abriß, so daß Siegfried, als er 1090 gegen hohes Lösegeld freikam, allein das Feld beherrschte[94]. Ein zeitweiliges Schisma rief Welf IV. auch noch in Brixen hervor, als er im Kampf mit dem salischen Kaiser dort in den frühen 1090er Jahren eindrang und dem geflohenen Bischof Altwin einen gewissen Burchard entgegenstellte[95].

Inmitten der regionalen Wirren, für die der Kirchenstreit den Anlaß oder zumindest den Vorwand bot, stellten Bamberg, Eichstätt und auch Regensburg, wo 1089 auf Bischof Otto Gebhard IV. (bis 1105) folgte, unerschütterliche Bastionen Heinrichs IV. dar, denen die meiste Zeit hindurch auch Würzburg, Augsburg und Passau zuzurechnen sind. Das Übergewicht des gebannten Saliers, der seit 1088 endgültig keinen Gegenkönig mehr zu fürchten brauchte, vermochten auch die Umtriebe von Welfen und Babenbergern im Südosten nicht wirklich zu gefährden, weshalb sich der Kaiser 1090 zu einem neuen Zug nach Italien in der Lage sah. Die festgefügten Gegensätze verlagerten damit nur ihren Schauplatz, denn während Heinrich IV. 1091/93 in Verona und Pavia Beistand u.a. von den Bischöfen von Bamberg, Brixen und auch wieder Freising erfuhr[96], war der 1088 gewählte Papst Urban II., der zweite Nachfolger Gregors VII., seinerseits in die Offensive gegangen und hatte durch eine Ehe des bayerischen Herzogssohns Welf V. mit der Markgräfin Mathilde von Tuszien 1089 ein Bündnis der antisalischen Kräfte geschmiedet, das den kaiserlichen Feldzug seit 1093 im Nordosten Italiens ins Leere laufen ließ[97]. Statt des beabsichtigten Triumphs Wibert-Clemens' III. ereignete sich der Wiederaufstieg der gregorianischen Observanz

---

[89] ZURSTRASSEN, Bischöfe 17ff; BOSHOF, Regesten der Bischöfe von Passau I Nr. 449f.
[90] DOPSCH, Geschichte Salzburgs I/1, 248f.
[91] DOPSCH, Geschichte Salzburgs I/1, 251.
[92] MASS, Bistum Freising im Mittelalter 145f; HAGEN, Herrschaftsbildung 127f. Zu 1090 wird einmalig ein (kaiserlicher?) Gegenbischof Hermann genannt.
[93] VOLKERT, Regesten Augsburg I Nr. 356.
[94] VOLKERT, Regesten Augsburg I Nr. 357–359, 361.
[95] SPARBER, Brixner Fürstbischöfe 52.
[96] MGH.D H.IV 424, 431, 432.
[97] BOSHOF, Die Salier 256ff.

und begann bald auch über die Alpen auszustrahlen. Urban, der gleich bei Pontifikatsbeginn den Kontakt u.a. zu Gebhard von Salzburg, Altmann von Passau, Adalbero von Würzburg und Wigolt von Augsburg gesucht hatte[98] und 1090 dem neuen Salzburger Oberhirten Thiemo das Pallium übersandte[99], konnte zu seiner großen Synode in Piacenza (März 1095) Thiemo zusammen mit dem Suffragan Ulrich von Passau persönlich begrüßen[100], auf der anschließenden Frankreichreise auch Bischof Emehard von Würzburg, der sich ihm Ende 1095 in Limoges unterwarf[101].

Wichtiger als der erste Kreuzzug, der auf dem Weg zur ungarischen Grenze im Sommer 1096 Süddeutschland ohne nennenswerte Resonanz durchquerte, war für die bayerische Kirche die gleichzeitige Aussöhnung Heinrichs IV. mit Herzog Welf IV. von Bayern, die des Kaisers Rückkehr nach Deutschland ermöglichte[102]. Sofort schöpften seine Anhänger im Salzburger Land neuen Mut, und Berthold von Moosburg, der 1090 bereits den zweiten Bischof von Gurk, Berthold (bis 1106), hatte einsetzen können[103], wurde militärisch stark genug, um den seines Rückhalts beraubten Erzbischof Thiemo Ende 1097 bei Saaldorf in einer regelrechten Schlacht zu überwinden[104]. Danach amtierte er unangefochten acht Jahre lang in Salzburg, während Thiemo sich zunächst nach Kärnten und dann nach Schwaben wandte und 1101, vielleicht mit Ulrich von Passau, einem Kreuzzug Herzog Welfs anschloß, auf dem er in islamischer Gefangenschaft umkam[105]. Weiterhin loyal zum Kaiser standen Bischof Rupert von Bamberg, der 1097/98 noch als einer der letzten Verbindung zu dem 1100 gestorbenen Gegenpapst hielt[106], sowie seine Amtsbrüder in Regensburg, Passau (Thiemo) und auch wieder in Würzburg[107]. Bezeichnend ist ferner, daß widerspruchslos Neubesetzungen in Freising (Heinrich I., 1098–1137), in Eichstätt (Eberhard I., 1099?-1112) und in Bamberg (Otto I., 1102–1139) vorgenommen werden konnten, im letzten Falle mit ausdrücklichem Zeugnis für die verbotene Investitur mit Ring und Stab[108]. Auch in Augsburg hatte Heinrich IV., noch von Italien aus, seinen Bischofskandidaten durchzusetzen vermocht: Hermann (1096–1133), den Sohn des Grafen von Cham[109], doch erregte der als Person solchen Unwillen, daß daraus ein zäher Streit mit dem Domkapitel erwuchs, in dessen Verlauf sich Hermann

---

[98] A. BECKER, Papst Urban II. (1088–1099) I, 1964, 139f.
[99] BOSHOF, Regesten der Bischöfe von Passau I Nr. 418.
[100] BOSHOF, Regesten der Bischöfe von Passau I Nr. 456.
[101] BECKER, Urban II. 161.
[102] BOSHOF, Die Salier 259.
[103] OBERSTEINER, Bischöfe 17.
[104] DOPSCH, Geschichte Salzburgs I/1, 252f.
[105] DOPSCH, Geschichte Salzburgs I/1, 253; BOSHOF, Regesten der Bischöfe von Passau I Nr. 462.
[106] GUTTENBERG, Regesten Nr. 578; ZIESE, Wibert (wie Anm. 75) 239ff.
[107] WENDEHORST, Würzburg I 120f.
[108] GUTTENBERG, Bistum Bamberg I 119f; Bischof Otto I. von Bamberg. Reformer – Apostel der Pommern – Heiliger. Gedenkschrift zum Otto-Jubiläum 1989 (= BHVB 125, 1989).
[109] W. VOLKERT, Hermann, Bischof von Augsburg, in: Lebensbilder aus dem Bayerischen Schwaben 6 (1958) 1–25; K. ZECHIEL-ECKES, Neue Aspekte zur Geschichte Bischof Hermanns von Augsburg (1096–1133), in: ZBLG 57 (1994) 21–43.

1100 dem neuen Papst Paschalis II. zuwandte[110]. Schwer durchschaubare Verhältnisse zogen in Brixen der Tod Bischof Altwins 1097 nach sich, denn dort bekämpften sich anscheinend der welfische Prätendent Burchard und ein gewisser Anto, bevor ab 1111 ein neuer Bischof namens Hugo in Erscheinung tritt (bis 1125)[111].

*e) Der lange Weg zum Ausgleich (1100–1122/25)*

Die Gesamtlage blieb auch nach dem Erlöschen des Gegenpapsttums verfahren, weil der gebannte Kaiser keine Gesprächsbasis mit dem Papst fand, den sogar Heinrichs Ankündigung eines Sühnekreuzzuges nach Jerusalem Anfang 1103 nicht zu beeindrucken vermochte. Dies bewog Ende 1104 den bereits gekrönten Königssohn Heinrich V. im Bunde mit einer Gruppe meist bayerischer Adliger zu einer Rebellion, die durch die Verdrängung des Vaters einer Überwindung der Gegensätze den Weg ebnen sollte[112] und im Laufe des Jahres 1105 rapiden Zulauf fand. Zu den Geistlichen, die dem Unternehmen von Beginn an nahestanden, gehörten wohl Bischof Ulrich von Passau, der dank dem Bündnis des jungen Heinrich mit Markgraf Leopold III. von Österreich die Hoheit über seine gesamte Diözese zurückgewinnen konnte[113], sowie der Hofkaplan Konrad aus dem Grafenhaus der Abenberger[114]. Er wurde sogleich nach dem Erfolg des Umsturzes Anfang 1106 vom neuen König Heinrich V. zum Erzbischof von Salzburg (bis 1147) investiert und verstand es, Berthold von Moosburg trotz lebhaften Widerstands der Ministerialen endgültig aus dem Hochstift zu vertreiben[115]; auch im Salzburger Eigenbistum Gurk ersetzte er den unkanonischen Bischof Berthold durch seinen Vertrauten Hiltebold (1106–1131)[116]. Betroffen vom Wandel war ferner Regensburg, wo Bischof Gebhard IV. 1105 von einem seiner Dienstleute erschlagen wurde und sich gegen den noch von Heinrich IV. ernannten Ulrich schließlich der Kandidat Heinrichs V., Hartwig I. aus dem Kärntner Zweig der Sponheimer, als Nachfolger durchsetzte (1105–1126)[117]. In Würzburg dagegen ging nach dem Tod Emehards (1105) ein gleichermaßen entstandenes Schisma zugunsten Bischof Erlungs (1105–1121), des Parteigängers Heinrichs IV., aus, weil der Rivale

---

[110] VOLKERT, Regesten Augsburg I Nr. 375.
[111] SPARBER, Brixner Fürstbischöfe 53f.
[112] S. WEINFURTER, Reformidee und Königtum im spätsalischen Reich, in: DERS. (Hg.), Reformidee und Reformpolitik im spätsalisch-frühstaufischen Reich (= Quellen und Abhandlungen zur mittelrheinischen Kirchengeschichte 68) 1992, 1–45.
[113] ZURSTRASSEN, Bischöfe 24.
[114] K. ZEILLINGER, Erzbischof Konrad I. von Salzburg 1106–1147 (= Wiener Dissertationen aus dem Gebiet der Geschichte 10) 1968; S. WEINFURTER, Salzburger Bistumsreform; zur Herkunft: W. STÖRMER, Grundzüge des Adels im hochmittelalterlichen Franken, in: G. JENAL (Hg.), Herrschaft, Kirche, Kultur. Festschrift für F. Prinz zu seinem 65. Geburtstag (= MGMA 37) 1993, 245–264, bes. 250.
[115] DOPSCH, Geschichte Salzburgs I/1, 254ff.
[116] OBERSTEINER, Bischöfe 20.
[117] H. ROSANOWSKI, Bischof Hartwig I. von Regensburg, in: Regensburg und Bayern im Mittelalter (= Studien und Quellen zur Geschichte Regensburgs 4) 1987, 57–78; BOSHOF, Bischöfe und Bischofskirchen 143.

Rupert schon nach einem Jahr starb[118]. Unter den verbleibenden Bischöfen ragte Otto von Bamberg hervor, der am 13. Mai 1106 von Paschalis II. in Anagni die fehlende Weihe erlangte und im Oktober zusammen mit Konrad von Salzburg die deutsche Kirche auf der päpstlichen Synode von Guastalla vertrat[119]; u.a. mit Erlung von Würzburg, aber auch mit Herzog Welf V. von Bayern, traf Otto im königlichen Auftrag den Papst erneut im Sommer 1107 in Châlons-sur-Marne[120], mußte jedoch erfahren, daß die seit dem Herrscherwechsel in Deutschland erhoffte Einigung in der Investiturfrage so leicht nicht zu erzielen war, zumal das Klima auch durch neue päpstliche Strafmaßnahmen belastet wurde, wie sie seit Guastalla mehrfach, freilich mit begrenzter Wirkung, den umstrittenen Bischof Hermann von Augsburg trafen[121].

Der gewachsene Zusammenhalt und die verbreitete Zuversicht während der ersten Jahre Heinrichs V. gipfelten in der Vorbereitung des Romzuges von 1110/11, der dem Salier außer der Kaiserkrönung auch den politischen Ausgleich mit dem Reformpapsttum bringen sollte[122]. Welchen Einfluß die zahlreich mitreisenden Bischöfe, darunter diejenigen von Salzburg, Freising, Regensburg, Bamberg, Würzburg und anfangs auch Augsburg, auf den dramatischen Verlauf der Ereignisse genommen haben, verraten die Quellen im einzelnen nicht; verbürgt ist jedoch, daß es Konrad von Salzburg war, der am 12. Februar 1111 in der römischen Peterskirche dem Papst ins Angesicht widersprach, als dieser das Konkordat verkündete, das die Rückgabe aller Regalien der deutschen Kirchen vorsah. Der Erzbischof stand im Zentrum der Tumulte, die anschließend die Kaiserkrönung verhinderten, wechselte aber sogleich die Seite, als Heinrich V. dazu überging, dem Pontifex Gewalt anzutun[123]. Konrads scharfe Mißbilligung des Investiturprivilegs, das sich Paschalis II. nach zwei Monaten Gefangenschaft samt der Kaiserkrönung abnötigen ließ, ist als gewiß zu unterstellen und entzweite ihn fortan von der Mehrzahl seiner Amtskollegen. In den Jahren nach der Rückkehr ist nämlich deutlich zu beobachten, daß Heinrich V. bei schweren Rückschlägen im Westen und Norden des Reiches festen Rückhalt gerade an den Bischöfen Bayerns, Mainfrankens und Schwabens hatte[124] – mit Ausnahme Konrads von Salzburg und des ihm verbundenen, wenn auch zurückhaltenderen Ulrich von Passau[125]. Erst Anfang 1116 kehrte sich auch Erlung von Würzburg vom Kaiser ab, geriet dadurch aber sogleich in einen schweren Konflikt mit dem Staufer Konrad, dem Bruder Herzog Friedrichs II. von Schwaben, der ihn zeitweilig aus dem Hochstift vertrieb[126].

Erzbischof Konrad von Salzburg hingegen war schon 1112 wegen seiner Haltung gezwungen, den Schutz der Markgräfin Mathilde in Italien zu suchen, hielt sich nach

---

[118] S. BEULERTZ, Bischof Erlung von Würzburg († 1121), in: FLB 16 (= VGFG VII A 16) 1996, 13–26.
[119] GUTTENBERG, Bistum Bamberg I 120f; DOPSCH, Geschichte Salzburgs I/1, 255f.
[120] GUTTENBERG, Bistum Bamberg I 121; WENDEHORST, Würzburg I 127.
[121] VOLKERT, Regesten Augsburg I Nr. 388, 402, 408, 409, 418, 419, 422, 423.
[122] BOSHOF, Die Salier 275ff.
[123] DOPSCH, Geschichte Salzburgs I/1, 257f.
[124] BOSHOF, Die Salier 286.
[125] ZURSTRASSEN, Bischöfe 30.
[126] WENDEHORST, Würzburg I 129.

deren Tod 1115 eine Weile in den Ostalpen verborgen und floh 1116/17 wie einst sein Vorgänger Gebhard nach Sachsen, ins Zentrum der Gegner Heinrichs V. Dort stand er fortan in vorderster Linie bei allen Bemühungen, durch kirchliche Strafurteile den Salier in die Schranken zu weisen[127], während dieser seit 1116 erneut sein Heil in Italien suchte und dabei u.a. von den Bischöfen Hermann von Augsburg und Hugo von Brixen begleitet wurde[128]. Sie erlebten mit, wie sich Heinrich V. im Frühjahr 1118 in Rom nach dem Tod Paschalis' II. dazu hinreißen ließ, dem eben gewählten Nachfolger Gelasius II. noch einmal einen Gegenpapst in Gestalt des portugiesischen Erzbischofs Mauritius von Braga als Gregor VIII. entgegenzustellen[129]; dessen einziges bekanntes Schreiben nach Deutschland richtete sich an die Kirche von Augsburg, wo bald auch Bischof Hermann persönlich für die Anerkennung dieses Papstes warb[130], freilich ohne erkennbaren Erfolg. Der letzte Versuch, das Reformpapsttum durch kaiserliches Machtwort zu überspielen, verfing noch weniger als die früheren und bewirkte nichts als eine neue Verhärtung der Fronten durch die nun wieder direkte Exkommunikation Heinrichs, in die auch der Augsburger Bischof einbezogen war.

Zu den Männern, die nach dem raschen Pontifikatswechsel von Gelasius II. zu dem diplomatischeren Calixt II. (1119–1124) mit Rückhalt an einer zunehmenden Anzahl von Reichsfürsten auf eine einvernehmliche Klärung der Investiturfrage hinarbeiteten und sich darin auch nicht vom Scheitern des Einigungsversuchs am Rande der päpstlichen Synode in Reims vom Oktober 1119 beirren ließen[131], gehörte der in beiden Lagern hochgeschätzte Bischof Otto von Bamberg, der in den Jahren zuvor eine dezidierte Parteinahme vermieden hatte[132]. Sichtbar wurde der Klimawandel, als sich der Kaiser 1120 mit Bischof Erlung von Würzburg aussöhnte[133] und 1121 auch Erzbischof Konrad nach neun Jahren des Exils wieder in Salzburg einziehen konnte[134]. Würzburg war dann im Herbst der Schauplatz einer großen Reichsversammlung, auf der sich der Kaiser gegenüber den Großen verpflichtete, mit Papst Calixt eine Vereinbarung auszuhandeln[135]; Otto von Bamberg und der neue Bayernherzog Heinrich der Schwarze (1120–1126) überbrachten dies umgehend einem bayerischen Fürstentag in Regensburg zu eigenständiger Billigung[136]. Zwar kam es in Würzburg nach Erlungs Tod Anfang 1122 nochmals zu einer gespaltenen Bischofswahl, die den vom Kaiser investierten Gebhard von Henneberg (1122–1126) in Gegensatz zu dem Kleriker Rugger (1122–1125), dem Kandidaten des Metropoliten Adalbert von Mainz,

---

[127] DOPSCH, Geschichte Salzburgs I/1, 259f.
[128] VOLKERT, Regesten Augsburg I Nr. 414, 417, 420, 424; SPARBER, Brixner Fürstbischöfe 54.
[129] BOSHOF, Die Salier 290f.
[130] VOLKERT, Regesten Augsburg Nr. 426, 427.
[131] W. HOLTZMANN, Zur Geschichte des Investiturstreites, in: NA 50 (1925), bes. 301ff; VOLKERT, Regesten Augsburg I Nr. 433.
[132] MEYER, Oberfranken (²1987) 66ff.
[133] WENDEHORST, Würzburg I 130.
[134] DOPSCH, Geschichte Salzburgs I/1, 261.
[135] H. BÜTTNER, Erzbischof Adalbert von Mainz, die Kurie und das Reich in den Jahren 1118 bis 1122, in: FLECKENSTEIN (wie Anm. 58) 403ff.
[136] GUTTENBERG, Bistum Bamberg I 123.

aber auch der Staufer, brachte[137], doch vermochte dieser lokale Konflikt das Bemühen um globalen Ausgleich zwischen Reich und Kirche nur noch zu verzögern, aber nicht mehr zu durchkreuzen: Nach wechselvollen Verhandlungen mit den Bevollmächtigten des Papstes, an denen erneut Otto von Bamberg Anteil hatte[138], kam am 23. September 1122 vor den Mauern von Worms der feierliche Austausch der Urkunden zustande, in denen sich Kaiser und Papst wechselseitig die Freiheit der Bischofs- und Abtswahlen und die Investitur des Erwählten in seine weltlichen Hoheitsrechte mit dem Symbol des Szepters in Deutschland vor der Weihe, in Burgund und Italien danach verbrieften. In der Liste der Unterzeichner von Heinrichs Privileg finden sich die Bischöfe Hartwig von Regensburg, Otto von Bamberg und Hermann von Augsburg[139]. Sechs Wochen später war man bei Otto in Bamberg zu Gast, als der ausgehandelte Kompromiß bei der Einsetzung eines neuen Abtes für Kloster Fulda vor den Augen des päpstlichen Legaten erstmals praktiziert und das Konkordat von weiteren Reichsfürsten, darunter auch den Bischöfen Udalrich II. von Eichstätt (1112–1125) und Gebhard von Würzburg, bekräftigt wurde[140]. Von Bamberg aus brachen die (namentlich nicht bekannten) Abgesandten des Kaisers zu der großen Synode im römischen Lateran auf, die im März 1123 gegen manche Bedenken das Wormser Konkordat guthieß; im Zuge der allgemeinen Versöhnung hob Papst Calixt damals auch die Sanktionen gegen Bischof Hermann von Augsburg auf[141].

Am Ende des langen Streits stand somit keine Klärung der Grundsatzfragen, sondern eher eine pragmatische Lösung in Verfahrensdingen, die dem König weiterhin einen gewissen Einfluß auf die Bestellung der Bischöfe zugestand, insgesamt jedoch in deutlicher Abkehr von der vorgregorianischen Praxis die kirchlichen Wahlen als autonome Rechtsakte sicherte und durch die zeremonielle Scheidung von der Einweisung in die Temporalien den Weg zum Verständnis des geistlichen Fürstentums als einer Lehnsherrschaft besonderer Art eröffnete. Dem gemehrten Einfluß der regionalen Machthaber, der im Verlauf der Kämpfe um einzelne Bischofssitze ebenso wie bei der Anbahnung des Konkordats so fühlbar zutage getreten war, entsprach es, daß bei den kanonischen Wahlen der Domkapitel fortan zunehmend die Erwartungen der großen Familien im näheren Umfeld des jeweiligen Hochstifts den Ausschlag gaben und die unter den Ottonen und frühen Saliern kennzeichnende reichsweite Rekrutierung des Episkopats entfiel[142].

### f) Die Reichskirche im Umbruch (1122/25–1159)

Der Modus vivendi, den das Wormser Konkordat beschrieb, hatte noch nicht geläufige Praxis werden können, als Kaiser Heinrich V., dem die päpstlichen Konzessionen

---

[137] WENDEHORST, Würzburg I 132ff.
[138] BÜTTNER, Adalbert (wie Anm. 135) 408.
[139] MGH.Const. I 160.
[140] GUTTENBERG, Bistum Bamberg I 123.
[141] VOLKERT, Regesten Augsburg I Nr. 446.
[142] P. CLASSEN, Das Wormser Konkordat in der deutschen Verfassungsgeschichte, in: FLECKENSTEIN (wie Anm. 58) 411–460.

persönlich gewährt worden waren, am 23. Mai 1125 unerwartet starb. Das gab auf geistlicher Seite denjenigen Auftrieb, die eine Revision der Vereinbarung wünschten, darunter namentlich dem unerbittlichen Erzbischof Konrad I. von Salzburg. Als Metropolit mochte er sich nicht damit abfinden, daß der noch von Heinrich IV. eingesetzte, also ehedem schismatische Freisinger Bischof Heinrich mit Billigung Papst Calixts II. weiter amtierte, und er versuchte, durch sein Erscheinen in Freising dessen Absetzung in die Wege zu leiten. Dort allerdings traf er auf einhellige Ablehnung, die sich auch in den Folgejahren durch Bannsentenzen über den Freisinger Klerus oder Konrads eigenhändige Zerstörung eines von Bischof Heinrich geweihten Altares nicht überwinden ließ[143]. Ganz anders dagegen in Brixen, wo der Erzbischof die Zeit der Vakanz des Königsthrons zu nutzen verstand, um an die Stelle des saliertreuen Hugo den bisherigen Abt von St. Peter in Salzburg, Reginbert, als neuen Suffragan (1125–1139) zu setzen[144]. Die Bischofsweihe erteilte er ihm Ende August in Mainz im Beisein der zur Königswahl versammelten Reichsfürsten, also ohne die gemäß dem Konkordat erforderliche Szepterinvestitur durch den neuen Herrscher abzuwarten. Dem entsprach es, daß er die Wahlentscheidung gegen den Staufer Friedrich und für den Sachsenherzog Lothar maßgeblich förderte[145], Heinrichs V. erbitterten Gegner, von dem mehr Konzilianz in kirchenpolitischen Dingen erwartet wurde[146]. Ihm verdeutlichte Konrad sogleich seine Haltung, indem er aus grundsätzlicher Erwägung den fälligen Treueid verweigerte, was Lothar hinnahm. Den Wandel des Klimas bekam nicht minder Bischof Gebhard von Würzburg zu spüren, der 1122 als letzter vor dem Konkordat von Heinrich V. nach alter Art investiert worden war und sich nun trotz des Todes seines Gegenspielers Rugger (1125) nicht im Amt zu halten vermochte, sondern Ende 1126 im Zusammenwirken Lothars III. mit päpstlichen Legaten abgesetzt wurde und 1127 in dem Erfurter Propst Embricho (bis 1146) einen Nachfolger erhielt[147]. Im übrigen konnte der sächsische König bei seinen zähen Auseinandersetzungen mit den opponierenden staufischen Brüdern Friedrich und Konrad, die sich vom Elsaß bis zum Obermain erstreckten, wie auch bei gelegentlichen Besuchen in Regensburg auf die Unterstützung der bayerischen und fränkischen Bischöfe zählen[148], die damit der Linie Herzog Heinrichs des Schwarzen († 1126) und seines Sohnes Heinrich des Stolzen (1126–1139) wie auch des österreichischen Markgrafen Leopold III. († 1136) folgten. Freilich ist nicht zu verkennen, daß der reichspolitische Eifer im Episkopat nach 1125 vielfach nachließ; Reginmar von Passau (1121–1138) und Konrad/Kuno von Regensburg (1126–1132) sind Beispiele für Oberhirten, die

---

[143] MASS, Bistum Freising im Mittelalter 150ff; DOPSCH, Geschichte Salzburgs I/1, 269; MEYER-GEBEL, Bischofsabsetzungen 25ff; HAGEN, Herrschaftsbildung 135ff.
[144] SPARBER, Brixner Fürstbischöfe 55; DOPSCH, Geschichte Salzburgs I/1, 269; MEYER-GEBEL, Bischofsabsetzungen 20ff.
[145] ZEILLINGER, Konrad I. 42ff; DOPSCH, Geschichte Salzburgs I/1, 270.
[146] M.-L. CRONE, Untersuchungen zur Reichskirchenpolitik Lothars III. (1125–1137) zwischen reichskirchlicher Tradition und Reformkurie (= EHS III 170) 1982, 23ff.
[147] WENDEHORST, Würzburg I 134ff; MEYER-GEBEL, Bischofsabsetzungen 32ff.
[148] P. SCHMID, Regensburg 363ff; PETKE, Kanzlei 433, 441f.

um ihre Sprengel manche Verdienste erwarben, bei Hofe jedoch so gut wie gar nicht in Erscheinung traten[149].

Die neue Erschütterung der Christenheit, die aus der zwiespältigen Papstwahl vom Februar 1130 erwuchs[150], hat die Kirche im deutschen Süden relativ wenig berührt, da hier die Parteinahme von vornherein einhellig war. Wieder kam eine Schrittmacherrolle Erzbischof Konrad von Salzburg zu, der sehr früh aus Kreisen der italienischen Regularkanoniker über die Vorgänge in Rom unterrichtet und für den von einer Minderheit erhobenen Innozenz II. eingenommen worden war[151]. Dessen Anerkennung betrieb Konrad im Verein mit Erzbischof Norbert von Magdeburg, dem Haupt der Prämonstratenser, und Bernhard von Clairvaux, dem führenden Abt der Zisterzienser, mit allem Nachdruck und erreichte trotz einiger Sympathien, die auch der Widersacher Anaklet II. zunächst in Deutschland genoß, daß sich König Lothar mit 16 (nicht namentlich genannten) Reichsbischöfen im Oktober 1130 in Würzburg auf den inzwischen nach Frankreich geflohenen Innozenz als rechtmäßigen Papst festlegte[152]. Konrad leitete die Delegation, die ihm diese Botschaft förmlich überbrachte und ein Treffen mit Lothar Ende März 1131 in Lüttich vermittelte. Dort stellte sich endgültig auch der von beiden Päpsten umworbene Otto von Bamberg[153] neben seinen Amtsbrüdern aus Würzburg und Regensburg sowie dem Bischof Gebhard II. von Eichstätt (1125–1149) auf Innozenz' Seite, doch wird es kaum in Konrads Sinn gewesen sein, daß der König gewissermaßen als Gegenleistung vom Papst eine neue Anerkennung seiner Investiturrechte verlangte und davon nur durch das Zureden Bernhards von Clairvaux abgebracht werden konnte[154]. Der Vorgang bezeichnet den Wendepunkt im reichspolitischen Einfluß des Salzburgers; mit dem gesamten süddeutschen Episkopat beteiligte er sich nicht an Lothars Romzug von 1132/33, der beim Aufbruch mit schweren Verwüstungen des Heeres in der Stadt Augsburg einherging[155] und für Innozenz II. nur zum Zweck der Kaiserkrönung (4. Juni 1133) einen Teil der Ewigen Stadt freikämpfte, nicht ohne daß Lothar auch bei dieser Gelegenheit seine Investiturforderungen bekräftigte[156]. Währenddessen suchte Erzbischof Konrad eigenmächtig Fakten zu schaffen, indem er dem neugewählten Bischof Heinrich I. von Regensburg (1132–1155) noch vor Lothars Rückkehr die Weihe erteilte[157]. Der Fall gab Anlaß zu einem grundsätzlichen Disput auf einem Würzburger Hoftag im September 1133, bei dem Norbert von Magdeburg dem Kaiser eine günstigere Interpretation des Konkor-

---

[149] ZURSTRASSEN, Bischöfe 39ff; M. SINDERHAUF, Cuno I. (ca. 1070–1132), Abt von Siegburg und Bischof von Regensburg, in: M. MITTLER/W. HERBORN (Hg.), Temporibus tempora. Festschrift P. Mittler, 1995, 1–125.
[150] F.-J. SCHMALE, Studien zum Schisma des Jahres 1130 (= Forschungen zur kirchlichen Rechtsgeschichte und zum Kirchenrecht 3) 1961; T. REUTER, Zur Anerkennung Papst Innocenz' II. Eine neue Quelle, in: DA 39 (1983) 395–416.
[151] ZEILLINGER, Konrad I. 50ff; DOPSCH, Geschichte Salzburgs I/1, 270f.
[152] PETKE, Kanzlei 442.
[153] GUTTENBERG, Bistum Bamberg I 124f.
[154] R. L. BENSON, The Bishop-Elect, 1968, 252f.
[155] VOLKERT, Regesten Augsburg Nr. 475.
[156] BENSON, Bishop-Elect 253ff.
[157] DOPSCH, Geschichte Salzburgs I/1, 271; HAUSBERGER, Geschichte des Bistums Regensburg I 108; E. ROEDER, Heinrich der Stolze und die Kirche, in: ZBLG 55 (1992) 1–12, bes. 7ff.

dats anbot als Konrad von Salzburg[158] und der neue Bischof Walther von Augsburg (1133–1152) ungeweiht mit den Regalien ausgestattet wurde[159], bevor sich Lothar dann doch mit dem vorherigen fait accompli in Regensburg abfand. Seine Macht wuchs weiter, seitdem er 1135 in Bamberg und Mühlhausen die Unterwerfung der Staufer entgegengenommen hatte, und bewog ihn zu einem zweiten Italienzug von 1136/37, dem sich nun gerade Bischof Heinrich von Regensburg anschloß[160]. Konrad von Salzburg dagegen bot 1137, enttäuscht wohl auch über sein vergebliches Vorgehen gegen Heinrich von Freising, dem Papst seinen Rücktritt an, der ihm jedoch verwehrt wurde[161]; tatsächlich hat er in den folgenden zehn Jahren den vertrauten Suffragan Roman von Gurk (1131–1167) vielfach an den Mühen des Amtes beteiligt[162].

Die Kräftigung der königlichen Autorität endete jäh, als Lothar III. Anfang Dezember 1137 auf dem Rückweg aus Italien den Tod fand. Noch bevor sein Erbe und Schwiegersohn, der welfische Bayernherzog Heinrich der Stolze, in aller Form zum Nachfolger gewählt werden konnte, installierte im März 1138 eine kleine Fürstengruppe um den Trierer Erzbischof Albero und den päpstlichen Legaten Dietwin in Koblenz und Aachen den Staufer Konrad auf dem Thron[163]. Bei seinem Bemühen um Anerkennung halfen ihm früh der mit dem Welfen verfeindete Bischof Heinrich von Regensburg[164] sowie Embricho von Würzburg, der ihm bis Köln entgegeneilte[165], während Erzbischof Konrad von Salzburg zunächst energisch gegen das ungestüme Verfahren protestierte. Nachdem jedoch auch Otto von Bamberg gewonnen war[166], bewogen den Metropoliten Warnungen vor Heinrichs des Stolzen übergroßer Macht und die Sorge vor einem offenen Thronstreit, ebenfalls dem Staufer am 24. Juni in Regensburg zu huldigen[167], was anscheinend für den gesamten bayerischen Episkopat den Ausschlag gab und die welfischen Hoffnungen vollends zunichte machte. Seine Position im Süden festigte der neue König Konrad III.[168] alsbald weiter durch die Einsetzung seines Halbbruders Otto zum Bischof von Freising (1138–1158)[169] sowie des ihm gleichfalls verbundenen Bamberger Domdekans Egilbert zum dortigen Oberhirten (1139–1146)[170]. Papst Innozenz, dessen Legat an der Königswahl maßgeblich mitgewirkt hatte, wurde gleichzeitig durch den Tod des Gegenpapstes Anaklet von der Last des Schismas befreit und konnte in Rom festen Fuß fassen, wo er

---

[158] BENSON, Bishop-Elect 263ff; PETKE, Kanzlei 446f.
[159] VOLKERT, Regesten Augsburg I Nr. 481.
[160] HAUSBERGER, Geschichte des Bistums Regensburg I 109.
[161] DOPSCH, Geschichte Salzburgs I/1, 271.
[162] OBERSTEINER, Bischöfe 28ff.
[163] ENGELS, Staufer 32ff.
[164] HAUSBERGER, Geschichte des Bistums Regensburg I 109.
[165] WENDEHORST, Bistum Würzburg I 142f; DERS., Embricho, Bischof von Würzburg, in: FLB 2 (= VGFG VII A 2) 1968, 1–7.
[166] GUTTENBERG, Bistum Bamberg I 125.
[167] P. SCHMID, Regensburg 365ff.
[168] W. GOEZ, König Konrad III. († 1152), in: FLB 12 (= VGFG VII A 12) 1986, 1–13.
[169] GOEZ, Gestalten 219–237; H. GLASER, Bischof Otto von Freising (1138–1158), in: G. SCHWAIGER (Hg.), Christenleben im Wandel der Zeit I, 1987, 56–79; C. KIRCHNER-FEYERABEND, Otto von Freising als Diözesan- und Reichsbischof (= EHS III 413) 1990.
[170] GUTTENBERG, Bistum Bamberg I 139.

nun häufiger von deutschen Bischöfen aufgesucht wurde und in zunehmender Zahl Privilegien über die Alpen hinweg erteilte. Embricho von Würzburg, der, vielleicht zusammen mit dem neuen Passauer Bischof Reginbert (1138–1147)[171], beim zweiten Laterankonzil von 1139 erschien, wurde 1141 zur Vorbereitung von Konrads Italienzug abermals zum Papst abgeordnet und bewährte sich so sehr als Diplomat, daß er 1145/46 auch die Reise zum Geleit der königlichen Schwägerin Bertha nach Konstantinopel zu übernehmen hatte, bei der er auf dem Rückweg starb[172]. In Bayern selbst zogen die Absetzung und der baldige Tod (1139) des bei der Königswahl überspielten Herzogs Heinrich des Stolzen schwere Verwicklungen nach sich, denn die von Konrad III. als Nachfolger eingesetzten österreichischen Babenberger Leopold (1139–1141) und Heinrich Jasomirgott (1143–1154/56) hatten sich der Attacken von Heinrichs Bruder Welf VI. zu erwehren, der unter den weltlichen Großen, weniger der hohen Geistlichkeit im Lande manchen Anhang hatte[173]. Schwer betroffen von den Kämpfen war das Bistum Freising, wo Bischof Otto, der Bruder der beiden Babenberger, mehr als einmal zwischen die Fronten geriet[174], aber auch Regensburg, dessen Bischof Heinrich sich 1145 in eine offene Fehde mit Heinrich Jasomirgott verstrickte[175]. Wegen der schlimmen Verwüstungen, die das mit sich brachte, trat noch einmal der greise Metropolit Konrad von Salzburg auf den Plan und verhängte über den Bayernherzog samt dem mit ihm verbündeten Herzog von Böhmen einen Kirchenbann, den Papst Eugen III. bestätigte[176]. Er mag zusammen mit einem Ungarneinfall im Osten bewirkt haben, daß die Kämpfe übers Jahr wieder abflauten.

Der aus dem Zisterzienserorden hervorgegangene Papst[177], der zu Weihnachten 1145 seinen Mitbruder Otto von Freising in Rom empfing, drängte auf die Überwindung allen inneren Zwists auch deshalb, weil er von König Konrad einen raschen Italienzug und wirksame Hilfe gegen die kommunale Bewegung in der Ewigen Stadt erhoffte. Doch alle Planungen wurden hinfällig durch die neue Welle der Kreuzzugsbereitschaft, die im Laufe des Jahres 1146 namentlich das Auftreten Bernhards von Clairvaux, des führenden Zisterziensers, entfachte. Anders als fünfzig Jahre zuvor fand der Appell zur bewaffneten Hilfe für die bedrängten Christen im Orient diesmal auch in Bayern lebhafte Resonanz, denn nach Konrad III. nahmen sowohl Heinrich Jasomirgott wie Welf VI. und aus dem Episkopat Otto von Freising, Heinrich von Regensburg und Reginbert von Passau das Kreuz[178] und schlossen sich im Mai 1147 von Regensburg aus dem großen Zug donauabwärts an. Nicht beteiligt waren die erst

---

[171] BOSHOF, Regesten der Bischöfe von Passau I Nr. 597.
[172] WENDEHORST, Würzburg I 143ff.
[173] E. BOSHOF, Staufer und Welfen in der Regierungszeit Konrads III.: Die ersten Welfenprozesse und die Opposition Welfs VI., in: AKuG 70 (1988) 313–341, bes. 330ff; G. ALTHOFF, Konfliktverhalten und Rechtsbewußtsein. Die Welfen in der Mitte des 12. Jahrhunderts, in: FMSt 26 (1992) 331–352, bes. 344ff.
[174] HAGEN, Herrschaftsbildung 168f.
[175] HAUSBERGER, Geschichte des Bistums Regensburg I 109.
[176] DOPSCH, Geschichte Salzburgs I/1, 272f.
[177] M. HORN, Studien zur Geschichte Papst Eugens III. (1145–1153) (= EHS III 508) 1992.
[178] MASS, Bistum Freising im Mittelalter 172; HAUSBERGER, Geschichte des Bistums Regensburg I 110; BOSHOF, Regesten der Bischöfe von Passau I Nr. 653.

kurz zuvor eingesetzten Bischöfe Siegfried von Würzburg (1146/47–1150) und Eberhard II. von Bamberg (1146–1170), beide aus den jeweiligen Domkapiteln hervorgegangen[179], wie auch der neue Metropolit Eberhard I. von Salzburg (1147–1164), zuvor Abt des Klosters Biburg[180], der eben in den Tagen, da der Kreuzzug aufbrach, die Weihe zum Nachfolger des am 9. April verstorbenen Erzbischofs Konrad empfing. Er war deshalb in der Lage, samt seinem Suffragan Hartmann von Brixen (1140–1164) am 13. Juli in Bamberg zur feierlichen Erhebung der Gebeine Kaiser Heinrichs II. zu erscheinen, den Papst Eugen im Vorjahr förmlich zur Ehre der Altäre erhoben hatte[181]; beide besuchten mit ihrem Bamberger Gastgeber Eberhard und Bischof Gebhard von Eichstätt auch im März 1148 die große Synode, die Eugen III. im Beisein des hl. Bernhard in Reims abhielt[182]. Dort eintreffende Nachrichten machten es zur beklemmenden Gewißheit, daß der Kreuzzug inzwischen zum militärischen Fiasko geworden war, da die Seldschuken sowohl das deutsche wie das französische Kontingent längst vor dem Erreichen des Heiligen Landes aufgerieben hatten. Zu den Opfern des ersten Ansturms gehörte Bischof Reginbert von Passau, der am 10. November 1147 im Grenzgebiet zwischen Byzantinern und Türken den Tod fand[183], während sein Amtsbruder Heinrich von Regensburg bald nach der Niederlage von Nicaea aus mit vielen anderen Enttäuschten den Heimweg einschlug[184]. Auch Otto von Freising, der als Geschichtsschreiber selbst davon berichtet, entging mit seiner Heeresabteilung dem Debakel nicht, konnte sich aber an die anatolische Südküste flüchten und in Konstantinopel in Sicherheit bringen[185]. Zusammen mit König Konrad III. gelangte er im Frühjahr 1148 über See nach Jerusalem und beteiligte sich im Sommer an der vergeblichen Belagerung von Damaskus, die das Scheitern des Kreuzzugs besiegelte und zum allgemeinen Aufbruch veranlaßte. Ebenso schwer wie die vergebens gebliebenen schlimmen Verluste wog die moralische Einbuße für das hehre Ziel einer Politik im Dienste von Glauben und Kirche, wie sie Bernhard von Clairvaux vorgeschwebt hatte[186].

Nach der Rückkehr fiel dem staufischen König die Wahrung der Machtbalance im Süden des Reiches durchaus nicht leichter, zumal Heinrich der Löwe, der inzwischen volljährige Sohn Heinrichs des Stolzen, seinen Erbanspruch auf das bayerische Herzogtum schon 1147 nur für die Dauer des Kreuzzugs hintangestellt hatte. Dies vor Augen, war Konrad III. noch vom Orient aus dafür tätig geworden, daß der vakante

---

[179] WENDEHORST, Würzburg I 151f; GUTTENBERG, Bistum Bamberg I 141f; MEYER, Oberfranken (²1987) 139ff.
[180] DOPSCH, Geschichte Salzburgs I/1, 274; M. FEUCHTNER, Eberhard I. (1089–1164). Erzbischof von Salzburg, in: G. SCHWAIGER (Hg.), Lebensbilder aus der Geschichte des Bistums Regensburg I (= BGBR 23) 1989, 145–155.
[181] KLAUSER, Der Heinrichs- und Kunigundenkult 48ff.
[182] SPARBER, Brixner Fürstbischöfe 60; GUTTENBERG, Bistum Bamberg I 143; HEIDINGSFELDER, Regesten Nr. 377.
[183] BOSHOF, Regesten der Bischöfe von Passau I Nr. 686.
[184] HAUSBERGER, Geschichte des Bistums Regensburg I 110.
[185] L. J. GRILL, Das Itinerar Ottos von Freising, in: EBNER (wie Anm. 6) 153–177.
[186] H. GLASER, Das Scheitern des zweiten Kreuzzugs als heilsgeschichtliches Ereignis, in: D. ALBRECHT u.a. (Hg.), Festschrift M. Spindler zum 75. Geburtstag, 1969, 115–142.

Passauer Bischofsstuhl dem Babenberger Konrad (1148–1164), einem Bruder Herzog Heinrichs Jasomirgott und Ottos von Freising, zufiel[187], und auch in Eichstätt, wo er sich 1149 nach einer Doppelwahl für Burchard (bis 1153), den Kandidaten des Hochvogts und der Grafen von Oettingen, entschied[188], zeigt sich ebenso wie 1150 in Würzburg bei der (Wieder-)Wahl des 1126 abgesetzten Gebhard von Henneberg (bis 1159), hinter dem der Landgraf von Thüringen und Herzog Friedrich von Schwaben standen[189], daß der König darauf aus war, durch Zugeständnisse an die regionalen Machthaber den Status quo zu sichern. Er hat damit bis zu seinem Tode (am 15. Februar 1152 in Bamberg) insofern Erfolg gehabt, als offenbar kein führender Geistlicher die Ambitionen des Löwen, der von Schwaben aus sich in Bayern durchzusetzen suchte, begünstigt hat, doch gelang es Konrad III. andererseits weder auf dem Prozeßwege noch mit Gewalt, den Welfen zum grundsätzlichen Einlenken zu bewegen.

Es war daher gerade auch aus bayerischer Sicht von erheblicher Tragweite, daß aus der Königswahl von 1152 mit dem Schwabenherzog Friedrich (Barbarossa), dem Neffen Konrads und zugleich Heinrichs des Stolzen, ein Herrscher hervorging, der auch dem Löwen genehm war[190] und eine Abkehr von der Begünstigung der Babenberger erwarten ließ. Zu den Männern, die diese Entscheidung anbahnten, zählte neben Gebhard von Würzburg der Bischof Eberhard von Bamberg[191], fortan ein führender Ratgeber des neuen Königs. Im Bewußtsein eines stärkeren Rückhalts, als ihn der Vorgänger gehabt hatte, legte Friedrich I. sogleich eine ungewohnte Mischung aus Entschlußkraft und Geschick in kirchlichen Personalfragen an den Tag[192]. In Augsburg, wo Bischof Walther eben wegen hohen Alters zur Resignation gedrängt worden war[193], griff er gleich im Juli 1152 persönlich ein und entschied den Streit zwischen Ministerialen und Kanonikern zugunsten des Konstanzer Domdekans Konrad als neuem Oberhirten (bis 1167)[194]. Kurz zuvor schon hatte er in Magdeburg ähnlich gehandelt und statt zweier örtlicher Rivalen den Bischof Wichmann von Naumburg als Erzbischof eingesetzt; in diesem Falle brachte er Eberhard von Salzburg zusammen mit etlichen Amtsbrüdern (darunter denen in Bamberg, Regensburg, Freising, Passau und Eichstätt) dazu, sich beim Papst für die Anerkennung dieser Translation zu verwenden[195], was Eugen III. zunächst abwies, der Nachfolger Anastasius IV. dann aber

---

[187] ZURSTRASSEN, Bischöfe 105ff.
[188] S. WEINFURTER, Friedrich Barbarossa und Eichstätt. Zur Absetzung Bischof Burchards 1153, in: J. SCHNEIDER – G. RECHTER (Hg.), Festschrift A. Wendehorst I (= JFLF 52) 1992, 73–84.
[189] WENDEHORST, Bistum Würzburg I 155f.
[190] ENGELS, Staufer 55ff; OPLL, Friedrich 41ff.
[191] GUTTENBERG, Bistum Bamberg I 143; WENDEHORST, Würzburg I 156; A. NITSCHKE, Die Mitarbeiter des jungen Friedrich Barbarossa, in: Landesgeschichte und Geistesgeschichte. Festschrift für O. Herding zum 65. Geburtstag, hg. v. K. ELM (= Kommission für Geschichtliche Landeskunde in Baden-Württemberg, Veröffentlichungen B 92) 1977, 56–79.
[192] TÖPFER, Kaiser Friedrich I. 389ff.
[193] MEYER-GEBEL, Bischofsabsetzungen 203ff.
[194] ZOEPFL, Bistum Augsburg und seine Bischöfe im Mittelalter 133f.
[195] DOPSCH, Geschichte Salzburgs I/1, 277; ZURSTRASSEN, Bischöfe 111; TÖPFER, Kaiser Friedrich I. 421.

doch 1154 gewährte. Nicht weniger als vier Bischofsabsetzungen, über die sich Friedrich mit Papst Eugen verständigte, erlebte die deutsche Reichskirche im Jahr 1153[196], darunter diejenige Burchards von Eichstätt, womit eine Entscheidung Konrads III. von 1149 korrigiert und der Weg frei wurde für den neuen Bischof Konrad I. (1153–1171), einen unerschütterlichen Anhänger des Staufers in den folgenden Jahren[197] Auch wenn Barbarossa 1155 wieder an Grenzen stieß, als er sich damit abzufinden hatte, daß der Metropolit Eberhard von Salzburg dem neuen Regensburger Bischof Hartwig II. (1155–1164), einem Kärntner Herzogssohn, die Weihe vor der Regalieninvestitur erteilte[198], ist doch unverkennbar, daß sein energisches Einwirken auf den Episkopat während der Anfangsjahre ganz wesentlich für seine langfristige Machtstellung, auch im Verhältnis zum Papsttum, geworden ist. Eberhard von Bamberg war an Friedrichs Seite, als er 1154/55 erstmals nach Italien zog und von Hadrian IV. die Kaiserkrone empfing[199], die Konrad III. zeitlebens entgangen war. Der Salzburger Erzbischof mit allen Suffraganen und wiederum Eberhard von Bamberg fanden sich am 17. September 1156 zum Regensburger Hoftag ein, auf dem nach der Übergabe des Herzogtums Bayern an Heinrich den Löwen (1154) als Entschädigung für Heinrich Jasomirgott die Erhebung der babenbergischen Mark Österreich zum Herzogtum besiegelt wurde[200]. Der heftige Streit Barbarossas mit den päpstlichen Legaten in Besançon 1157 um die Rechtsnatur des Kaisertums veranlaßte den gesamten deutschen Episkopat zu einem geharnischten Protest nach Rom, hinter dem abermals Eberhard von Bamberg als Verfasser stand[201]. Gemeinsam mit den Bischöfen von Augsburg, Eichstätt und Würzburg begab er sich im Sommer 1158 unter des Kaisers Führung nach Italien[202], um auch dort die alten Reichsrechte wiederherzustellen.

*g) Zwischen Friedrich Barbarossa und Alexander III. (1159–1179)*

Das wachsende Übergewicht der »weltlichen Gewalt« und zumal die Spannungen, die sich im Verhältnis zu Papst Hadrian IV. aus der selbstbewußten Italienpolitik Barbarossas ergeben hatten, bilden den Hintergrund für die abermalige schismatische Entzweiung, die durch die Papstwahl vom September 1159 eintrat[203] und ganz be-

---

[196] MEYER–GEBEL, Bischofsabsetzungen 214ff.
[197] WEINFURTER, Friedrich Barbarossa (wie Anm. 188).
[198] DOPSCH, Geschichte Salzburgs I/1, 277; HAUSBERGER, Geschichte des Bistums Regensburg I 111f; S. FREUND, Die Regensburger Bischöfe und das Herzogtum Heinrichs des Löwen, in: L. KOLMER – P. SEGL (Hg.), Regensburg, Bayern und Europa. Festschrift für K. Reindel zum 70. Geburtstag, 1995, 257–280, auch zum folgenden.
[199] GUTTENBERG, Bistum Bamberg I 144f. Zeitweilig war auch Bischof Konrad von Passau beteiligt (ZURSTRASSEN, Bischöfe 113).
[200] P. SCHMID, Regensburg 377ff; H. APPELT, Das Herzogtum Österreich, in: Österreich im Hochmittelalter (907 bis 1246), Red. A. M. DRABEK (= Österreichische Akademie der Wissenschaften. Veröffentlichungen der Kommission für die Geschichte Österreichs 17) 1991, 271–330.
[201] TÖPFER, Kaiser Friedrich I. 421.
[202] GUTTENBERG, Bistum Bamberg I 146f; ZOEPFL, Bistum Augsburg und seine Bischöfe im Mittelalter 135; HEIDINGSFELDER, Regesten Nr. 420ff; WENDEHORST, Würzburg I 157; TÖPFER, Kaiser Friedrich I. 423.
[203] ENGELS, Staufer 81ff; OPLL, Friedrich 68ff.

sonders die Kirche Bayerns in Mitleidenschaft ziehen sollte. Vor der Alternative zwischen Alexander III., dem Pontifex, den eine auf resolute Defensive gestimmte Kardinalsmehrheit erhoben hatte, und seinem Rivalen Viktor IV., hinter dem die konziliantere Minderheit stand, fiel Barbarossa die Option für den letzteren nicht schwer. Um ihm den Weg zu allgemeiner Anerkennung zu ebnen, berief er für Anfang 1160 kraft kaiserlicher Autorität eine Synode zu sich nach Pavia, die in formaler Unabhängigkeit den Zwiespalt mit absehbarem Ergebnis entscheiden sollte[204]. Die Grenzen der Resonanz, die er dabei fand, geben bereits die Umrisse der fortan widerstreitenden Obedienzen zu erkennen. Während sich der Episkopat außerhalb der Reichsgrenzen, zumal in Frankreich und England, dem Ruf des Kaisers versagte (und Alexander anerkannte), folgten ihm 50 Erzbischöfe und Bischöfe aus Deutschland und Italien, darunter Konrad von Augsburg, die sich namens einer breiten Mehrheit der Reichskirche dem in Pavia anwesenden Papst Viktor anschlossen. Konrad von Passau, Hartwig von Regensburg und sogar Eberhard von Bamberg sollen immerhin den Vorbehalt einer Revision des Beschlusses durch ein späteres, wirklich gesamtkirchliches Konzil gemacht haben[205], doch entschlossener Widerstand kam nur aus dem Südosten: Erzbischof Eberhard von Salzburg, früh schon von der Rechtmäßigkeit der Wahl Alexanders überzeugt, wich dem Reiseziel Pavia aus[206], und seine Suffragane Roman von Gurk, Hartmann von Brixen sowie Albert I. von Freising (1158–1184), der Nachfolger Ottos, blieben ostentativ zu Hause[207]. Um auch sie für seinen Papst zu gewinnen, unternahm der mächtige Kaiser in der Folgezeit manches, vermochte aber auch bei persönlichen Begegnungen mit Eberhard, Roman und Hartmann auf dem Boden des eroberten Mailand (1162) oder bei einem Mainzer Hoftag (1163) kein Einvernehmen zu erzielen[208]. Vielmehr hielt der Salzburger Metropolit auch unter schwierigen Bedingungen die Verbindung mit Papst Alexander aufrecht, der 1162 nach Frankreich ausgewichen war; dort wurde er 1163 von Bischof Albert von Freising besucht[209], und von dort aus ernannte er Erzbischof Eberhard zu seinem Legaten für ganz Deutschland[210]. Dessen persönliches Ansehen war so hoch, daß er noch 1164 vom Kaiser trotz der bestehenden Differenzen mit der Vermittlung in einer Fehde zwischen Bischof Konrad von Passau und dessen Bruder, Herzog Heinrich von Österreich, betraut wurde[211].

---

[204] H. WOLTER, Friedrich Barbarossa und die Synode zu Pavia, in: H. VOLLRATH – S. WEINFURTER (Hg.), Köln. Stadt und Bistum in Kirche und Reich des Mittelalters. Festschrift für O. Engels zum 65. Geburtstag (= KHA 39) 1993, 415–453.
[205] Nach der Darstellung Rahewins von Freising; vgl. BOSHOF, Regesten der Bischöfe von Passau I Nr. 761; HAUSBERGER, Geschichte des Bistums Regensburg I 112; GUTTENBERG, Bistum Bamberg I 147.
[206] DOPSCH, Geschichte Salzburgs I/1, 278f.
[207] OBERSTEINER, Bischöfe 34f; SPARBER, Brixner Fürstbischöfe 62f; MASS, Bistum Freising im Mittelalter 183.
[208] DOPSCH, Geschichte Salzburgs I/1, 279ff.
[209] R. SOMERVILLE, Pope Alexander III and the Council of Tours (1163) (= Publications of the Center for Medieval and Renaissance Studies 12) 1977, 89 Anm. 58.
[210] DOPSCH, Geschichte Salzburgs I/1, 282.
[211] DOPSCH, Geschichte Salzburgs I/1, 283; BOSHOF, Regesten der Bischöfe von Passau I Nr. 791.

Das Schisma hätte mit dem Tode Viktors IV. (20. April 1164) zu Ende sein können, wenn nicht auf Betreiben des Reichskanzlers Reinald von Dassel durch die sofortige Erhebung des neuen Gegenpapstes Paschalis III. gleich wieder vollendete Tatsachen geschaffen worden wären, denen auch der Kaiser Rechnung trug. Endgültig die alexandrinische Minderheit in der deutschen Reichskirche niederzuringen, war er bald um so mehr entschlossen, als diese durch das Hinscheiden Eberhards von Salzburg im Juni und Hartmanns von Brixen im Dezember 1164 ihrer wichtigsten Stützen beraubt war. In Salzburg wurde der Babenberger Konrad (II., bis 1168) zum Nachfolger gewählt, der als bisheriger Bischof von Passau keiner Weihe bedurfte; seiner neuen Umgebung folgend, gab er die bis dahin gezeigte Zurückhaltung im Schisma auf und stellte sich offen hinter Alexander mit der Folge, daß ihm Barbarossa die Regalien verweigerte und den Kampf ansagte[212]. In Passau rückte der Domherr Rupert (1164–1165) nach, der zum Eid auf Paschalis III. bereit war[213], ebenso wie in Brixen mit Otto von Andechs (1165–1170) ein dem Kaiser ergebener Bischof durchgesetzt werden konnte[214]. Auf einem Hoftag in Würzburg, wo die Cathedra nach dem Tode Bischof Heinrichs II. (1159–1165) gerade vakant war und bald mit dem Domherrn Herold (1165–1171) wiederbesetzt wurde[215], bot Friedrich I. zu Pfingsten 1165 nicht weniger als 40 Bischöfe auf, um mit ihnen gemeinsam den trotzigen Schwur zu tun, niemals Alexander III. als Papst anzuerkennen[216]. Zu den wenigen Abwesenden gehörten Konrad von Salzburg und Roman von Gurk, die weiter in die Enge getrieben werden sollten durch den Vorstoß, den der Kaiser gleich anschließend entlang der Donau bis Wien unternahm. In Regensburg besetzte er den Bischofsstuhl mit dem gefügigen Augsburger Domherrn Eberhard (1165–1167)[217], in Passau ließ er angeblich »alle Diözesanen« zum Eid auf den Gegenpapst antreten[218], und bis Wien hatte er auch Bischof Albert von Freising, der sich in Würzburg noch verweigert hatte, dazu gebracht, sich Paschalis zu beugen[219]. Fast völlig isoliert, konnte Erzbischof Konrad nicht umhin, nach dreimaliger Vorladung im Februar 1166 vor Barbarossa in Nürnberg zu erscheinen, wo er der Amtsanmaßung bezichtigt wurde, da er weder die Temporalien vom Kaiser noch die Spiritualien vom (Gegen-)Papst empfangen habe[220]. Konrad unterwarf sich nicht und mußte erleben, wie Barbarossa Ende März bis nach Laufen an der Salzach kam, um von dort aus die Reichsacht über den widersetzlichen Erzbischof zu verkünden und die Güter seiner Kirche der allgemeinen Plünderung anheimzugeben. Damit war der Konflikt bis zum äußersten zugespitzt. Während der Kaiser abermals nach Italien zog, um mit militärischer Gewalt Alexander III. zu bezwingen, mußte sich Konrad von Salzburg, gestützt auf Domkapitel und

---

[212] DOPSCH, Geschichte Salzburgs I/1, 284f; TÖPFER, Kaiser Friedrich I. 399f.
[213] BOSHOF, Regesten der Bischöfe von Passau I Nr. 814, 818.
[214] SPARBER, Brixner Fürstbischöfe 67; TÖPFER, Kaiser Friedrich I. 411.
[215] WENDEHORST, Würzburg I 165f.
[216] G. RILL, Zur Geschichte der Würzburger Eide von 1165, in: WDGB 22 (1960) 7–19.
[217] HAUSBERGER, Geschichte des Bistums Regensburg I 113; TÖPFER, Kaiser Friedrich I. 410.
[218] BOSHOF, Regesten der Bischöfe von Passau I Nr. 820.
[219] MASS, Bistum Freising im Mittelalter 185f; TÖPFER, Kaiser Friedrich I. 417f.
[220] DOPSCH, Geschichte Salzburgs I/1, 286f; TÖPFER, Kaiser Friedrich I. 400, auch zum folgenden.

Ministeriale seiner Kirche, vielfältiger Attacken des regionalen Adels erwehren, der mit vermeintlichem Recht die eigenen Besitzungen räuberisch zu arrondieren suchte. Zwar hatte der Erzbischof im Herbst 1166 noch die Genugtuung, fast 500 Kleriker aus dem ganzen Reichsgebiet weihen zu können, die in Salzburg zusammengeströmt waren, um von einem Anhänger des rechten Papstes konsekriert zu werden, doch vermochte er sich bald auch in der Stadt nicht mehr zu behaupten und mußte das Jahr 1167 in abgelegenen Tälern der Ostalpen überstehen, wo es ihm immerhin gelang, nach dem Tod des getreuen Roman von Gurk Abt Heinrich von St. Peter als bischöflichen Nachfolger seines Vertrauens einzusetzen (1167–1174)[221].

Erzbischof Konrads Beharrlichkeit blieb nicht vergebens, denn den Kaiser ereilte im Augenblick des höchsten Triumphs, als er Ende Juli 1167 in Rom seinem Papst zum Siege verholfen zu haben schien, die Katastrophe der todbringenden Seuche im deutschen Heer, der auch Bischof Eberhard von Regensburg zum Opfer fiel. Barbarossa war zu einem eiligen Rückzug und zum Ausweichen bis nach Burgund genötigt und mußte 1168 zunächst seine Macht nördlich der Alpen wieder festigen. Dazu gehörte die Erteilung der Herzogsrechte an den Bischof von Würzburg (im Zusammenhang mit der Verleihung des Herzogtums Schwaben an Friedrich, den Sohn des Kaisers)[222], während ein erneutes Einschreiten gegen Salzburg vorerst nicht in Betracht kam[223]. Bezeichnend ist, daß er nach dem Tode Paschalis' III. im September 1168 zunächst nicht auf die von dessen italienischen Anhängern vollzogene Wahl eines Nachfolgers (Calixt III., 1168–1178) einging, sondern 1169 eine Gesandtschaft unter Bischof Eberhard von Bamberg zu Alexander III. abordnete, um die Möglichkeiten einer Verständigung auszuloten[224], die dann aber doch an politischen Rücksichten des Papstes auf die ihm verbündeten Lombarden scheiterte; erst danach erklärte sich der Kaiser 1170 wieder unumwunden gegen Alexander. Die Atempause, die Erzbischof Konrad von Salzburg in den letzten Monaten vor seinem Tod in Admont am 28. September 1168 erlebte, verflüchtigte sich freilich rasch, als sich zeigte, daß der sogleich erwählte junge Nachfolger Adalbert (II., 1168–1177, 1183–1200), ein Neffe Konrads und Sohn des Königs von Böhmen, geringeren Rückhalt im Erzstift hatte[225]. Barbarossa war entschlossen, die seit Jahren andauernde Unbotmäßigkeit in Salzburg nicht länger hinzunehmen, und nahm Adalberts Weihe durch den Patriarchen von Aquileja ohne vorherige Regalieninvestitur zum Anlaß, um im Sommer 1169 an der Salzach mit Heeresmacht einzuschreiten. Er hatte raschen Erfolg, denn Erzbischof Adalbert, der sich von seinen Ministerialen im Stich gelassen sah, übergab kampflos die Salzburger Kirche mit allen Besitzungen und verzog sich fürs erste in entfernte Gegenden der Steiermark, später bis nach Böhmen. Dem Kaiser fiel dadurch auf Jahre die weltliche Herrschaft des Erzstifts samt Einkünften zu, was er auch durch ausgedehnte Besuche 1170 und 1172 sichtbar machte. Trotz mannigfacher Privilegien

---

[221] OBERSTEINER, Bischöfe 45.
[222] WENDEHORST, Würzburg I 166f; OPLL, Friedrich 103.
[223] DOPSCH, Geschichte Salzburgs I/1, 287f.
[224] GUTTENBERG, Bistum Bamberg I 150.
[225] DOPSCH, Geschichte Salzburgs I/1, 288ff; TÖPFER, Kaiser Friedrich I. 400f, auch zum folgenden.

für Klöster und Stifte gelang es ihm indes nicht, sich in Salzburg eine hinreichende Basis für die Neuwahl eines Erzbischofs zu verschaffen, während sich andererseits Adalbert durch wechselvolles Taktieren um viele Sympathien brachte und schließlich sogar mit dem päpstlichen Legaten Kardinal Konrad von Wittelsbach, dem von Barbarossa abgefallenen früheren Erzbischof von Mainz, zerstritt. Der langwierige Schwebezustand in der Metropole führte im übrigen zusammen mit der Neigung mancher Bischöfe, sich im Schisma lieber nicht durch einen Konsekrator auf eine Obedienz festlegen zu lassen, je länger, desto mehr dazu, daß sich irreguläre Zustände in den süddeutschen Hochstiften ausbreiteten. Ungeweiht war bereits der Passauer Bischof Albo (1165–1169) geblieben, der schließlich mit Billigung des Kaisers von seinem Domkapitel abgesetzt wurde[226], aber ebenso der Nachfolger Heinrich (1169–1171), der zwei Jahre später resignierte[227]. Auch Otto von Andechs scheiterte als Bischof von Brixen und gab 1170 auf, ohne die Weihe empfangen zu haben[228]; sein kaisertreuer Nachfolger Heinrich II. war darin erfolgreicher, starb aber bereits 1174[229]. Bis zum Ausgang des Schismas blieben ohne Weihe ferner die 1171 eingesetzten Bischöfe Reginhard von Würzburg (bis 1186)[230] und Egelolf von Eichstätt (bis 1182)[231], so daß auf seiten Barbarossas als kirchlich voll handlungsfähige Oberhirten nur Hartwig I. von Augsburg (1167–1184)[232], Konrad II. von Regensburg (1167–1185)[233] und Hermann II. von Bamberg (1170–1177)[234] zu verzeichnen sind, die sämtlich durch den Mainzer (Gegen-)Erzbischof Christian konsekriert wurden und denen sich ab 1170/72 in kaisertreuer Haltung auch Heinrich von Gurk zugesellte[235], wohingegen Albert von Freising nach 1167 wieder zu seiner alexandrinischen Linie zurückfand[236]. Es war daher ein Zeichen beginnender Entspannung, daß gerade er zusammen mit Konrad von Regensburg und Heinrich von Gurk 1172 in Vertretung des abwesenden Metropoliten die Weihe des neuen Passauer Bischofs Diepold (1172–1190) vornehmen konnte[237].

Bevor Barbarossa im Herbst 1174 abermals nach Italien aufbrach, suchte er Ende Mai auf einem Hoftag in Regensburg die Salzburger Frage vollends in seinem Sinne zu lösen[238]. Erschienen waren alle bayerische Bischöfe außer Albert von Freising, auch der unglückliche Adalbert II., der zunächst hinnehmen mußte, daß der Suf-

---

[226] BOSHOF, Regesten der Bischöfe von Passau I Nr. 833, zu den mutmaßlichen Hintergründen auch ZURSTRASSEN, Bischöfe 127f.
[227] BOSHOF, Regesten der Bischöfe von Passau I Nr. 842; TÖPFER, Kaiser Friedrich I. 409.
[228] SPARBER, Brixner Fürstbischöfe 67.
[229] SPARBER, Brixner Fürstbischöfe 67f.
[230] WENDEHORST, Würzburg I 171; R. M. HERKENRATH, Zur Frage einer schismatischen Weihe des Bischofs Reinhard von Würzburg, in: MJGK 26 (1974) 1–23.
[231] HEIDINGSFELDER, Regesten Nr. 450.
[232] ZOEPFL, Bistum Augsburg und seine Bischöfe im Mittelalter 143.
[233] HAUSBERGER, Geschichte des Bistums Regensburg I 114f; TÖPFER, Kaiser Friedrich I. 410.
[234] GUTTENBERG, Bistum Bamberg I 154.
[235] OBERSTEINER, Bischöfe 47f.
[236] MASS, Bistum Freising im Mittelalter 186.
[237] BOSHOF, Regesten der Bischöfe von Passau I Nr. 846.
[238] P. SCHMID, Regensburg 387ff.

fragan Heinrich von Gurk statt seiner dem erwählten Bischof Richer von Brixen (1174–1177) die Weihe spendete[239], und gleich danach durch Richers Mund im Namen der gesamten Versammlung für abgesetzt erklärt wurde[240]. Die sofortige Neuwahl durch die anwesenden Salzburger Kleriker fiel auf den angesehenen Propst Heinrich von Berchtesgaden[241], dem der Kaiser die einbehaltenen Regalien zurückgab. Der Einzug in Salzburg wurde ihm des weiteren dadurch erleichtert, daß er sich nicht von Alexander III. loszusagen brauchte, und doch blieb ihm als Erzbischof ein voller Erfolg versagt, da Adalbert mit Rückhalt an einem Teil des Klerus nicht aufgab und die Unterstützung zwar nicht des Kardinallegaten Konrad von Wittelsbach, aber die Alexanders III. erlangte, der Heinrich zu vertreiben befahl. Erst jetzt, da das gesamtkirchliche Schisma sich bereits dem Ende zuneigte, entbrannte innerhalb des Salzburger Erzstifts eine erbitterte, mit geistlichen Strafen wie mit militärischer Gewalt ausgetragene Auseinandersetzung ohne klaren Sieger, jedoch mit ruinösen Folgen für die Rechtsposition der Kirche: Erzbischof Adalbert konnte es nach dem Tode Heinrichs von Gurk nicht verhindern, daß der Nachfolger Roman II. (1174–1179) entgegen den Salzburger Vorrechten vom dortigen Klerus erwählt, gleichwohl aber durch Papst Alexander bestätigt und vom Patriarchen von Aquileja geweiht wurde[242].

Eine Überwindung der verfahrenen Lage gelang erst im Zuge der Annäherung zwischen Barbarossa und Alexander III., zu der sich der Kaiser unter dem Eindruck seiner Niederlage von Legnano (1176) bereit fand. Zu den schwierigen Einzelfragen, die nach der wechselseitigen Anerkennung ausgehandelt werden mußten, gehörte das weitere Schicksal der kirchlichen Parteigänger des Staufers. Da Barbarossa darauf bestand, daß der ihm vertraute Erzbischof Christian von Mainz im Amt bleiben konnte, mußte er für den dort verdrängten Konrad von Wittelsbach das erste deutsche Erzbistum zugestehen, das verfügbar wurde. Daß dies Salzburg war, entschied sich erst bei den abschließenden Verhandlungen in Venedig im Sommer 1177, wo die Rivalen Adalbert und Heinrich erschienen, um ihre Sache zu verfechten, aber schließlich beide zur Resignation genötigt wurden, so daß der Weg frei wurde zur Abfindung Konrads an der Salzach[243]. Der überspielte Heinrich schaffte es, bereits übers Jahr Bischof von Brixen (III., 1178–1196) zu werden, wo zuvor der kaisertreue Richer hatte weichen müssen[244], während sich Erzbischof Adalbert vorerst in den Schutz des Patriarchen von Aquileja begab. Für den während der Verhandlungen verstorbenen Hermann II. von Bamberg, der den Kaiser auf dem 5. Italienzug ebenso wie die Amtsbrüder aus Augsburg und Regensburg nach Kräften unterstützt hatte[245], konnte an der Regnitz Otto von Andechs, bis 1170 erwählter Bischof von Brixen,

---

[239] SPARBER, Brixner Fürstbischöfe 68f; OBERSTEINER, Bischöfe 50.
[240] DOPSCH, Geschichte Salzburgs I/1, 293ff; TÖPFER, Kaiser Friedrich I. 401, auch zum folgenden.
[241] H. DOPSCH, Von der Existenzkrise zur Landesbildung, in: W. BRUGGER u.a. (Hg.), Geschichte von Berchtesgaden I, 1991, 272ff.
[242] OBERSTEINER, Bischöfe 54.
[243] DOPSCH, Geschichte Salzburgs I/1, 295.
[244] SPARBER, Brixner Fürstbischöfe 70f.
[245] TÖPFER, Kaiser Friedrich I. 425.

nachrücken (II., 1177–1196)[246]. Den wiederhergestellten Kirchenfrieden nutzte der neue Erzbischof Konrad III. von Salzburg (1177–1183), weiterhin ausgestattet mit dem Kardinalsrang und den Vollmachten eines päpstlichen Legaten[247], zu energischem Bemühen um die Reorganisation seiner zwei Jahrzehnte hindurch schwer geschädigten Kirchenprovinz. Schon im Februar 1178 versammelte er alle Suffragane zu einer Reformsynode in (Alten-)Hohenau am Inn[248], und nach dem Tode Romans II. von Gurk (1179) stritt er heftig und erfolgreich für die Geltung der Salzburger Vorrechte in dem Kärntner Bistum, indem er im Bunde mit Kaiser und Papst statt des am Ort erhobenen Hermann von Ortenburg den von ihm bestimmten Bischof Dietrich I. (1179–1194) durchsetzte[249]. Am dritten Laterankonzil, das im März 1179 innerkirchlich den Schlußstrich unter das Schisma zog, nahm er zusammen mit Konrad II. von Regensburg, Diepold von Passau und Hartwig von Augsburg[250] sowie mit Otto II. von Bamberg teil, der damals erst vom Papst die Weihe empfing[251]. Eine dichte Folge von Privilegien, die Alexander III. noch bis zu seinem Tode (1181) bayerischen Kirchen erteilte, zeigt auch von seiten der Kurie das Bedürfnis nach Rückkehr zu geregelten Verhältnissen.

### h) Vom dritten zum vierten Laterankonzil (1179–1215)

Die präzisierenden Regelungen des dritten Laterankonzils zur Papstwahl haben die lateinische Kirche 200 Jahre lang vor einem weiteren Schisma an ihrer Spitze bewahrt[252]; insbesondere hörten kaiserliche Einflußnahmen auf, eine ernstliche Gefahr zu sein. Der von einer qualifizierten Mehrheit der Kardinäle erkorene Pontifex war fortan auch über politische Gegensätze hinweg von unanfechtbarer hierarchischer Autorität. Andererseits befreite die Überwindung des Schismas den Kaiser gerade in Bayern von einer Wurzel beharrlichen Widerspruchs und führte dazu, daß seine überlegene Macht auch im Verhältnis zum Episkopat um so deutlicher zur Geltung kam.

Die beherrschende Figur der ersten Jahre nach 1177 war Konrad von Wittelsbach, der Erzbischof von Salzburg, dessen älterer Bruder Otto 1180 durch den Sturz Heinrichs des Löwen zum bayerischen Herzog aufstieg[253], während der jüngere Bruder, gleichfalls mit Namen Otto, die Pfalzgrafenwürde erhielt. Konrad, der in den Jahren

---

[246] GUTTENBERG, Bistum Bamberg I 156f; MEYER, Oberfranken (²1987) 148ff.
[247] K. GANZER, Die Entwicklung der auswärtigen Kardinalats im hohen Mittelalter (= Bibliothek des Deutschen Historischen Instituts in Rom 26) 1963, 104ff.
[248] DOPSCH, Geschichte Salzburgs I/1, 297.
[249] OBERSTEINER, Bischöfe 59ff; DOPSCH, Geschichte Salzburgs I/1, 298f.
[250] HAUSBERGER, Geschichte des Bistums Regensburg I 115; BOSHOF, Regesten der Bischöfe von Passau I Nr. 870.
[251] K. MÜSSEL, Bischof Otto II. von Bamberg († 1196), in: AO 76 (1996) 7–42.
[252] H. APPELT, Die Papstwahlordnung des III. Laterankonzils (1179), in: K. AMON u.a. (Hg.), Ecclesia Peregrinans. J. Lenzenweger zum 70. Geburtstag, 1986, 95–102.
[253] P. SCHMID, Regensburg 390ff; A. KRAUS, Das Herzogtum der Wittelsbacher: Die Grundlegung des Landes Bayern, in: H. GLASER (Hg.), Wittelsbach und Bayern I/1: Die Zeit der frühen Herzöge, 1980, 165–200.

§ 18. Die Bischöfe zwischen König und Papst (R. Schieffer)

des Schismas ein unbeugsamer Gegner Barbarossas gewesen war, stand nun als bayerischer Metropolit vorbehaltlos zum Kaiser, den er mit mehreren Suffraganen bei Hoftagen in Nürnberg 1181 und Regensburg 1182 aufsuchte[254]. Als 1183 der Mainzer Erzstuhl durch den Tod des Rivalen Christian wieder frei wurde, konnte Konrad nach 18 Jahren dorthin zurückkehren[255], und in Salzburg folgte ihm mit ausdrücklicher Billigung Barbarossas sein Vorgänger Adalbert II. nach, der damit ebenfalls den alten Groll begraben hatte[256]. Mehr oder minder deutlich entsprachen auch die übrigen Bischofseinsetzungen dieses Jahrzehnts dem Willen des Kaisers, der Mal um Mal treue Anhänger gewann: In Eichstätt folgte auf den wegen Krankheit resignierenden, ungeweiht gebliebenen Egelolf der dortige Dompropst Otto (II., 1182–1196)[257], ebenso wie in Augsburg nach Hartwigs Tod der Dompropst Udalschalk (1184–1202)[258]; in Freising fand Albert einen Nachfolger in Otto (II., 1184–1220) von Berg[259], dem Bruder Diepolds von Passau. In Regensburg sollte nach dem Tod Konrads II. († 1185) zunächst Barbarossas Kanzler Gottfried Bischof werden, der jedoch alsbald wieder verzichtete[260], so daß nun der einheimische Domherr Konrad (III., 1186–1204) zum Zuge kommen konnte[261]; Gottfried dagegen bestieg übers Jahr den Würzburger Bischofsstuhl (1186–1190)[262]. Das gute Einvernehmen des späten Barbarossa mit dem Episkopat zeigte sich auf dem berühmten Mainzer Hoffest zu Pfingsten 1184[263] und nicht minder beim 6. Italienzug 1184/86, auf den ihn Adalbert von Salzburg, Otto von Bamberg und Otto von Freising begleiteten[264]. Als es dort zu einem scharfen Streit des Kaisers mit Papst Urban III. um das Spolien- und Regalienrecht sowie die Erzbischofswahl in Trier kam, brachte Barbarossa Ende 1186 in Gelnhausen fast alle deutschen Bischöfe auf seine Seite[265], und gerade Adalbert von Salzburg war es, der zusammen mit seinen Suffraganen an die Kardinäle schrieb, sie sollten Urban zum Einlenken bewegen[266]. Auch der Regensburger Hoftag von 1187 sah den Kaiser noch einmal im Kreise des süddeutschen Episkopats[267].

---

[254] DOPSCH, Geschichte Salzburgs I/1, 300.
[255] S. OEHRING, Erzbischof Konrad I. von Mainz im Spiegel seiner Urkunden und Briefe (= Quellen und Forschungen zur hessischen Geschichte 25) 1973, 76ff.
[256] DOPSCH, Geschichte Salzburgs I/1, 301; TÖPFER, Kaiser Friedrich I. 402.
[257] HEIDINGSFELDER, Regesten Nr. 462, 463; TÖPFER, Kaiser Friedrich I. 405 Anm. 102.
[258] ZOEPFL, Bistum Augsburg und seine Bischöfe im Mittelalter 148f.
[259] MASS, Bistum Freising im Mittelalter 192f.
[260] TÖPFER, Kaiser Friedrich I. 404f, 410.
[261] HAUSBERGER, Geschichte des Bistums Regensburg I 115.
[262] WENDEHORST, Bistum Würzburg I 175.
[263] J. FLECKENSTEIN, Friedrich Barbarossa und das Rittertum. Zur Bedeutung der großen Mainzer Hoftage von 1184 und 1188, in: Festschrift für H. Heimpel II (= VöMPIG 36,2) 1972, 1023–1041. Zu den namentlich bezeugten Teilnehmern gehören Reginhard von Würzburg, Otto von Bamberg und Konrad von Regensburg.
[264] DOPSCH, Geschichte Salzburgs I/1, 301; GUTTENBERG, Bistum Bamberg I 158; MASS, Bistum Freising im Mittelalter 192.
[265] ENGELS, Staufer 122f; TÖPFER, Kaiser Friedrich I. 418f.
[266] DOPSCH, Geschichte Salzburgs I/1, 302.
[267] P. SCHMID, Regensburg 394f.

Bald darauf trafen die Nachrichten über die islamische Rückeroberung von Jerusalem ein und entfachten die Bereitschaft zu einem neuen Kreuzzug. Barbarossa selbst nahm 1188 auf dem »Hoftag Jesu Christi« in Mainz mit vielen anderen das Kreuz, überwand so die jüngsten Spannungen mit dem Papsttum und hatte in seinem Vertrauten, Bischof Gottfried von Würzburg, einen wichtigen Helfer bei der Vorbereitung und Durchführung[268]. Ihm oblagen die diplomatischen Kontakte mit den Abgesandten des byzantinischen Kaisers und nach dem Aufbruch des Heeres im Sommer 1189 (wieder von Regensburg aus) auch militärische Führungsaufgaben. Nach wechselvollen Kämpfen erlebte Gottfried am 10. Juni 1190 den Tod des Kaisers im Fluß Saleph, worüber er noch den maßgeblichen Bericht nach Deutschland absandte, bevor auch er am 8. Juli in Antiochia durch eine Seuche umkam. Zu den Kreuzfahrern, die nicht überlebten, zählt ferner Bischof Diepold von Passau, der am 3. November vor Akkon starb[269], während Konrad III. von Regensburg bis zum Tode des jungen Kaisersohns Friedrich Anfang 1191 dort aushielt, dann aber doch heimkehrte[270].

Heinrich VI., der schon als Kind zum König gekrönte Sohn Friedrich Barbarossas, konnte indessen reibungslos das bestehende Machtgefüge in Deutschland übernehmen, zunächst als Vertreter, seit Mitte 1190 dann als Nachfolger des Vaters[271]. Zu den Stützen seiner Herrschaft zählten im Süden Erzbischof Adalbert II. von Salzburg, der in Wimpfen ein Privileg empfing[272], Bischof Otto II. von Freising, der 1190 eine Legationsreise nach Ungarn auf sich nahm[273], wie auch Bischof Udalschalk von Augsburg, der Gastgeber des Hofes im Herbst 1190. An die Stelle des im Orient umgekommenen Würzburger Oberhirten Gottfried ließ Heinrich den eigenen Bruder Philipp, den späteren König, treten, der jedoch ungeweiht bereits 1191 wieder zurücktrat[274] und durch Heinrich (III.) von Berg (1191–1197) ersetzt wurde, der zwanzig Jahre zuvor als Bischof von Passau resigniert hatte und zudem Bruder des Freisingers Otto war[275]. Auf den vakant gewordenen Passauer Bischofsstuhl wählte man den Domherrn Wolfger von Erla (1191–1204)[276], der streng dem Wormser Konkordat folgte und zuerst von Heinrich VI. die Regalien erbat, bevor er die Weihe durch den Metropoliten Adalbert sowie dessen Suffragane von Regensburg und Gurk empfing[277]. Um den König zu erreichen, mußte Wolfger Anfang 1191 bis nach Italien reisen, wohin der Staufer, begleitet u.a. von den Bischöfen von Bamberg und

---

[268] WENDEHORST, Würzburg I 176f, auch zum folgenden.
[269] BOSHOF, Regesten der Bischöfe von Passau I Nr. 963.
[270] HAUSBERGER, Geschichte des Bistums Regensburg I 116.
[271] CSENDES, Heinrich VI. 74ff.
[272] DOPSCH, Geschichte Salzburgs I/1, 302.
[273] MASS, Bistum Freising im Mittelalter 193.
[274] WENDEHORST, Würzburg I 179.
[275] P. SCHÖFFEL, Herkunft und kirchliche Laufbahn Bischof Heinrichs III. von Würzburg, in: ZBKG 10 (1935) 129–139; WENDEHORST, Würzburg I 179f.
[276] GOEZ, Gestalten 293–314; E. BOSHOF – F. P. KNAPP (Hg.), Wolfger von Erla, Bischof von Passau (1191–1204) und Patriarch von Aquileja (1204–1218) als Kirchenfürst und Literaturmäzen (= Germanische Bibliothek NF III,20) 1994.
[277] BOSHOF, Regesten der Bischöfe von Passau I Nr. 965, 967.

Freising[278], inzwischen gezogen war; sein Ziel war zunächst die Kaiserkrönung, die er an Ostern in Rom erlangte, anschließend die gewaltsame Durchsetzung des Erbanspruchs seiner Gemahlin Konstanze auf das Normannenreich im Süden, was jedoch im August 1191 vor Neapel einstweilen scheiterte[279]. Der Rückschlag begünstigte 1192 die Entstehung einer weitreichenden Fürstenverschwörung gegen den Kaiser, die vom Nordwesten des Reiches ausging und selbst Herzog Ottokar von Böhmen einschloß[280], aber gerade in Mainfranken und Bayern kaum Resonanz fand. Keiner der Bischöfe, auch nicht Adalbert von Salzburg, immerhin Ottokars Bruder, unterstützte die verheerenden böhmischen Vorstöße, deren schließlich die Herzöge Ludwig I. von Bayern und Leopold V. von Österreich mit Rückhalt am Kaiser Herr wurden[281]. Die Parteinahme zugunsten der politischen Belange des Stauferreiches war für Adalbert und seine übrigen Amtsbrüder derart selbstverständlich geworden, daß sie auch keinen Anstoß daran nahmen, wie der englische König Richard Löwenherz auf dem Rückweg aus dem Heiligen Land Ende 1192 in der Nähe von Wien festgenommen wurde und erst nach mehr als einjähriger Gefangenschaft gegen ein exorbitantes Lösegeld freikam, das sich der Kaiser und Herzog Leopold teilten[282]. Die schweren Kirchenstrafen, die auf einer solchen Gewalttat gegen einen heimkehrenden Kreuzfahrer standen, spielten erst eine Rolle, als Leopold V. Ende 1194 nach einem fatalen Sturz vom Pferd den Tod vor Augen hatte und von Erzbischof Adalbert die Absolution erbat[283]. Im Einklang mit den dominierenden Mächten vermochte der Metropolit im übrigen 1194 wie 1195 unangefochten sein Ernennungsrecht in Gurk auszuüben, indem er zunächst Werner (1194–1195), dann Ekkehard (1195–1200) dort zum Bischof einsetzte[284].

Dem zweiten Italienzug Heinrichs VI., der ihm die Eroberung des Normannenreichs und seine Krönung zum König von Sizilien an Weihnachten 1194 in Palermo einbrachte, schloß sich 1195 Bischof Wolfger von Passau an. Ihm fiel die Aufgabe zu, in Verhandlungen mit Papst Coelestin III. das Mißtrauen der Kurie gegen die umklammernde Machtballung des Staufers zu überwinden und einen neuen Kreuzzug in Aussicht zu stellen[285], den Heinrich VI. nun von Unteritalien aus zu führen gedachte. Der Vorbereitung und Absicherung dieses Vorhabens galt der folgende Aufenthalt des Kaisers nördlich der Alpen, bei dem eifrig für die Teilnahme geworben und darüber hinaus der Versuch gemacht wurde, die Thronfolge in Deutschland dem reinen Erbrecht im Königreich Sizilien anzugleichen[286]. Die breite Zustimmung der Fürsten, von der zumal beim Würzburger Hoftag im April 1196 berichtet wird, dürfte gerade

---

[278] GUTTENBERG, Bistum Bamberg I 158; MASS, Bistum Freising im Mittelalter 193.
[279] CSENDES, Heinrich VI. 86ff.
[280] ENGELS, Staufer 131f.
[281] DOPSCH, Geschichte Salzburgs I/1, 302.
[282] CSENDES, Heinrich VI. 115ff. An den Verhandlungen zur Freilassung war der Diözesanbischof Wolfger von Passau führend beteiligt (GOEZ, Gestalten 301f.).
[283] DOPSCH, Geschichte Salzburgs I/1, 303; BOSHOF, Regesten der Bischöfe von Passau I Nr. 997.
[284] OBERSTEINER, Bischöfe 65f., 67ff.
[285] BOSHOF, Regesten der Bischöfe von Passau I Nr. 1001, auch zur Chronologie im März/April 1195.
[286] CSENDES, Heinrich VI. 171ff; ENGELS, Staufer 136ff.

auch vom süddeutschen Episkopat gekommen sein, sind doch die kritischen Stimmen, die einige Monate später zur (vorläufigen) Aufgabe des Erbreichsplans nötigten, ausschließlich vom Niederrhein (Köln) und aus Sachsen zu vernehmen. Dessen ungeachtet, blieb Heinrich VI. in einer beherrschenden Position und setzte Ende 1196, bereits wieder von Italien aus, zumindest die Königswahl seines zweijährigen Sohnes Friedrich, zugleich des Erben der Krone Siziliens, durch. Keine Verschiebung der Gewichte bedeuteten auch die Bischofswahlen des Jahres, durch die in Bamberg der bisherige Dompropst Thiemo (1196–1201)[287], in Brixen der Konstanzer Domherr Eberhard (1196–1200)[288] und in Eichstätt der Dompropst Hartwig (1196–1223), ein *consanguineus* der Staufer[289], die Cathedra besteigen konnten. Hartwig findet man gleich 1197 in Süditalien in der Umgebung des Kaisers[290], während die Bischöfe Konrad von Regensburg und Wolfger von Passau samt Herzog Friedrich I. von Österreich, dem Kreuzzugsaufruf folgend, in Apulien erschienen und sich mit vielen anderen während des Sommers ins Heilige Land einschifften[291]. Wenige Tage nachdem das Gros der Flotte Akkon erreicht hatte, starb in Messina am 28. September 1197 Heinrich VI. nach kurzer Krankheit.

Der plötzliche Tod des Kaisers auf der Höhe des Erfolgs, aber ohne handlungsfähigen Nachfolger, bedeutete naturgemäß einen tiefen Einschnitt. Wie sich bald zeigte, war die eben erst hergestellte staatliche Verbindung zwischen dem Imperium und dem Normannenreich nicht aufrechtzuerhalten, und im Verhältnis der beiden höchsten Gewalten trat ein Umschwung schon dadurch ein, daß jede Neuformierung der Königsmacht in Sizilien wie in Deutschland der legitimierenden Anerkennung durch die päpstliche Autorität bedurfte[292], die seit Anfang 1198 der energische Innozenz III. innehatte[293]. Nördlich der Alpen führte die unsichere Lage zur raschen Abkehr von dem kleinen Friedrich samt seiner Mutter Konstanze, die noch 1198 starb, und zur Königswahl zunächst des jüngeren Kaiserbruders Philipp durch staufertreue Fürsten, sodann zur Gegenwahl des Welfen Otto IV. durch die Opponenten unter Führung des Erzbischofs Adolf von Köln[294].

Diese umwälzenden Vorgänge, aus denen ein zehnjähriger Thronstreit in Deutschland erwuchs, waren freilich für den Episkopat und die Kirche Bayerns wie auch Mainfrankens nur von begrenzter Tragweite, denn hier dominierte, offenbar als Folge der personellen Entwicklung seit 1177/79, von vornherein so sehr die Loyalität zum Stauferhaus[295], daß die allgemeine Bevorzugung König Philipps auch durch die all-

---

[287] GUTTENBERG, Bistum Bamberg I 161f.
[288] SPARBER, Brixner Fürstbischöfe 73; DOPSCH, Geschichte Salzburgs I/1, 308.
[289] HEIDINGSFELDER, Regesten Nr. 503.
[290] HEIDINGSFELDER, Regesten Nr. 506; zusätzlich in einer Urkunde vom 24.9.1197.
[291] HAUSBERGER, Geschichte des Bistums Regensburg I 116; BOSHOF, Regesten der Bischöfe von Passau I Nr. 1033ff; C. NAUMANN, Der Kreuzzug Kaiser Heinrichs VI., 1994, 144ff.
[292] ENGELS, Staufer 140ff.
[293] W. IMKAMP, Das Kirchenbild Innocenz' III. (1198–1216) (= Päpste und Papsttum 22) 1983; G. SCHWAIGER, Innocenz III., in: TRE 16 (1987) 175–182.
[294] HUCKER, Otto IV. 22ff.
[295] G. SCHEIBELREITER, Der deutsche Thronstreit 1198–1208 im Spiegel der Datierung von Privaturkunden, in: MIÖG 84 (1976) 337–377, bes. 340ff, 368ff.

mählich zutage tretende, rein politisch verstandene Parteinahme des Papstes für Otto IV. kaum zu erschüttern war und regionale Auseinandersetzungen wie bei den zurückliegenden Papstschismen ausblieben. Erzbischof Adalbert von Salzburg, Hartwig von Eichstätt und Thiemo von Bamberg sowie der Bayernherzog Ludwig I. waren bereits führend daran beteiligt[296], daß Philipp anfängliche Rücksichten auf den kleinen Neffen aufgab und sich Anfang März 1198 in Thüringen zum König wählen ließ; der Eichstätter hat auch Philipps Krönung miterlebt[297], die am 8. September in Mainz stattfand, da der traditionelle Schauplatz Aachen in Händen der Gegenpartei war. Adalbert von Salzburg, der in Mainz fehlte, trat in den letzten beiden Jahren vor seinem Tod (8. April 1200), bedingt wohl durch innere Schwierigkeiten in seinem Erzstift[298], reichspolitisch nicht mehr hervor. Von ihm abgesehen, schloß sich jedoch der gesamte süddeutsche Episkopat der Wahlanzeige an, die der Stauferanhang Ende Mai 1199 aus Speyer an Innozenz III. absandte[299], darunter auch die vom Kreuzzug heimgekehrten Bischöfe von Regensburg und Passau sowie Philipps Kanzler Konrad von Querfurt, der bisherige Bischof von Hildesheim, den 1197/98 das Würzburger Domkapitel zu seinem Bischof gewählt hatte (bis 1202)[300]. Konrads mühsames Ringen um die Bestätigung dieser Translation durch Innozenz III. zeigt, daß der hierarchische Vorrang des Papstes unerschüttert war, denn auf den Bann, den dieser 1199 über ihn verhängt hatte, reagierte der Kanzler des staufischen Königs im Frühjahr 1200 mit einer Reise nach Rom, wo er sich dem Papst unterwarf und auf beide Bistümer verzichten mußte, bevor Innozenz ein Verfahren in Gang brachte, das Konrad binnen Jahresfrist zum allseits anerkannten Bischof von Würzburg machte. Ganz ähnlich gestaltete sich das Verfahren in Salzburg, wo nach Adalberts Tod der junge Eberhard von Brixen, auch er ein Unterzeichner der Speyerer Erklärung, zum neuen Erzbischof gewählt wurde (II., 1200–1246)[301]; seinen Ortswechsel wollte Innozenz ebensowenig gutheißen und ließ sich erst umstimmen, als Eberhard Ende 1200 persönlich erschien und seine Entscheidungskompetenz anerkannte. Approbiert wurden bei gleicher Gelegenheit auch die neuen Bischöfe Walter von Gurk (1200–1213) und Konrad von Brixen (1200–1216)[302].

Ob die auf des Papstes Wohlwollen angewiesenen Bischöfe auch politische Zugeständnisse in der Königsfrage machen mußten, in der sich Innozenz seit 1201 in aller Form für den Welfen Otto erklärte und demgemäß Philipp bannte, bleibt unklar. Jedenfalls fehlen die Namen Konrads von Würzburg und Eberhards von Salzburg in

---

[296] DOPSCH, Geschichte Salzburgs I/1, 304; HEIDINGSFELDER, Regesten Nr. 510; GUTTENBERG, Bistum Bamberg I 161.
[297] HEIDINGSFELDER, Regesten Nr. 512.
[298] DOPSCH, Geschichte Salzburgs I/1, 305.
[299] Regestum Innocentii III papae super negotio Romani imperii, hg. v. F. KEMPF (= Miscellanea historiae pontificiae 12) 1947, 33ff. Nr. 14.
[300] WENDEHORST, Würzburg I 186ff, auch zum folgenden; G. BACH, Konrad von Querfurt, Kanzler Heinrichs VI., Bischof von Hildesheim und Würzburg (= Studien zur Geschichte und Kunst im Bistum Hildesheim 1) 1988.
[301] DOPSCH, Geschichte Salzburgs I/1, 308f.
[302] OBERSTEINER, Bischöfe 70; SPARBER, Brixner Fürstbischöfe 73.

dem Protestschreiben der staufischen Partei vom Januar 1202 aus Halle[303], an dem sich u.a. die Bischöfe von Passau, Regensburg, Augsburg und Eichstätt sowie der kurz zuvor gewählte Konrad von Bamberg (1201/02–1203) beteiligten. Überbracht wurde die Beschwerde jedoch gerade vom Salzburger Erzbischof, der sich nach dieser zweiten Begegnung mit Innozenz indes für die nächste Zeit erkennbar neutral verhielt[304]. Dagegen trennte sich Philipps bisheriger Kanzler, Konrad von Würzburg, im Herbst 1202 offen von dem Staufer und wurde, bevor davon größere politische Wirkungen ausgehen konnten, am 3. Dezember durch Ministerialen des eigenen Hochstifts ermordet[305]. Bemerkenswert ist, daß sein Nachfolger im Kanzleramt, der Eichstätter Bischof Hartwig, im Frühjahr 1203 nur wenige Wochen in dieser Rolle aushielt und sich dann wie andere von der Reichspolitik zurückzog[306]. Seinen Frieden mit Innozenz III. machte 1204 Bischof Wolfger von Passau als Voraussetzung für seinen Wechsel auf den Patriarchenstuhl von Aquileja († 1218)[307]. Die unterschiedlichen Distanzierungen von dem gebannten Staufer besagten jedoch keineswegs, daß der Widersacher Otto IV. am Main oder weiter südlich hätte Fuß fassen können, denn bei der Neubesetzung der Bischofsstühle kamen immer wieder Anhänger der Staufer zum Zuge. Zwar hatten Hartwig II. von Augsburg (1202–1208) und Ekbert von Bamberg (1203–1237) anfangs päpstliche Suspensionen und anschließende Wiedereinsetzungen über sich ergehen zu lassen[308], schwenkten danach aber doch unbekümmert auf die politische Linie ihrer Vorgänger ein. Heinrich IV. von Würzburg (1202/03–1207) blieb ohne Bestätigung durch den Papst und ungeweiht[309], während in Passau der kurze Pontifikat Poppos (1204–1206), der als vorheriger Dompropst von Aquileja gewissermaßen im Austausch mit Wolfger dorthin kam, kaum Kontur gewinnt[310]. Sein Nachfolger Mangold (1206–1215), zuvor Abt von Kremsmünster und Tegernsee, entstammte wieder der den Staufern verbundenen Berger Grafenfamilie[311]. Nur in Würzburg setzte sich 1207 mit Otto (I.) von Lobdeburg ein päpstlich-welfisch gesinnter Kandidat durch (bis 1223)[312]. Dagegen blieb Regensburg auch unter Bischof Konrad IV. (1204–1226), einem vormaligen Freisinger Dompropst, König Philipp ergeben, der diesen eifrigen Helfer 1205 zu seinem Kanzler machte[313]. Konrad weilte 1206/07 als Reichslegat ein rundes Jahr in Italien und dürfte Anteil an den zunächst diskreten Verhandlungen gehabt haben, zu denen sich Innozenz III. gegenüber Philipp angesichts des rapide schwindenden Anhangs seines Favoriten Otto

---

[303] Regestum (wie Anm. 299) 162ff. Nr. 61.
[304] DOPSCH, Geschichte Salzburgs I/1, 309.
[305] P. RÜCKERT, Der Mord an Bischof Konrad von Würzburg im Jahre 1202, in: MJGK 48 (1996) 148–164.
[306] HEIDINGSFELDER, Regesten Nr. 527–531.
[307] O. HAGENEDER, Bischof Wolfger von Passau und Papst Innocenz III., in: SCHNEIDER-RECHTER (wie Anm. 188) 109–120.
[308] ZOEPFL, Bistum Augsburg und seine Bischöfe im Mittelalter 156ff; GUTTENBERG, Bistum Bamberg I 164; MEYER, Oberfranken (²1987) 160ff.
[309] WENDEHORST, Würzburg I 201ff.
[310] BOSHOF, Regesten der Bischöfe von Passau I Nr. 1202–1211.
[311] F.-R. ERKENS, Mangold, in: NDB 16 (1990) 27f.
[312] WENDEHORST, Würzburg I 204; HUCKER, Otto IV. 444.
[313] HAUSBERGER, Geschichte des Bistums Regensburg I 117f.

genötigt sah[314]. Weitere Vermittler waren die Erzbischöfe Wolfger von Aquileja und Eberhard von Salzburg[315], die es dahin brachten, daß zwei Kardinallegaten im August 1207 in Worms den Staufer vom Bann befreiten und damit den Weg zu einem Ausgleich öffneten. Die näheren Konditionen hatte eine Delegation unter Wolfgers Leitung seit März 1208 in Rom auszuhandeln, die nach der Einigung mit dem Papst im Mai wieder aufbrach. Noch bevor sie am deutschen Hof eintraf, wurde König Philipp am 21. Juni 1208 in Bamberg vom bayerischen Pfalzgrafen Otto von Wittelsbach aus enttäuschter Hoffnung auf eine Verschwägerung mit dem Stauferhaus erschlagen[316].

Dieses abrupte, blutige Ende des deutschen Thronstreits lähmte den zuletzt weit überlegenen staufischen Anhang so sehr, daß er sich nun kampflos dem überlebenden Otto unterstellte. Auftakt der allgemeinen Anerkennung war die abermalige Königswahl des Welfen am 11. November 1208 in Frankfurt, zu der sich Herzog Ludwig und weitere (nicht näher bezeichnete) bayerische Große einfanden[317]. In Augsburg begrüßte ihn am Dreikönigstag 1209 als Gastgeber der neue Bischof Siegfried III. (1208–1227)[318] mit seinen Amtsbrüdern aus Freising, Eichstätt, Regensburg, Passau und Brixen[319], und im Februar machte ihm in Nürnberg auch Erzbischof Eberhard von Salzburg samt dem Suffragan aus Gurk und dem Herzog von Österreich seine Aufwartung[320]. Der Aussöhnung mit den bisherigen Gegnern war es gewiß förderlich, daß König Otto überall entschieden dafür eintrat, das Verbrechen an Philipp zu ahnden; der geächtete Täter, Pfalzgraf Otto, wurde im März 1209 unweit von Regensburg aufgespürt und umgebracht, aber auch Bischof Ekbert von Bamberg, unter dessen Augen der Mord geschehen war, geriet in den Verdacht der Mitwisserschaft, verfiel der Reichsacht und flüchtete sich vorerst nach Ungarn[321]. Otto IV. feierte indes Ende Mai bei Bischof Otto von Würzburg Verlobung mit Philipps Tochter Beatrix[322], hatte sich zuvor schon dem Papst gegenüber förmlich zum Verzicht auf das Regalien- und Spolienrecht sowie auf die Mitwirkung bei Bischofswahlen verpflichtet und brach im Juli von Augsburg aus mit großem Gefolge, darunter den Bischöfen von Würzburg, Eichstätt, Passau, Augsburg und Brixen[323], nach Rom auf, wo ihm Innozenz III. am 4. Oktober 1209 die Kaiserkrone verlieh. Die Überwindung aller Gegensätze im Zeichen des welfisch-päpstlichen Gleichklangs, die auch Ekbert von Bamberg dazu verlockte, in der Hoffnung auf Aussöhnung in Rom zu erscheinen[324], war indes nur von kurzer Dauer. Schon im Jahre 1210 ergaben sich wegen der Machtverhältnisse in Italien schwere Spannungen zwischen Kaiser und Papst, die der Erz-

---

[314] HUCKER, Otto IV. 88ff.
[315] GOEZ, Gestalten 311f; DOPSCH, Geschichte Salzburgs I/1, 310.
[316] HUCKER, Otto IV. 95ff.
[317] WINKELMANN, Philipp und Otto II 122ff.
[318] ZOEPFL, Bistum Augsburg und seine Bischöfe im Mittelalter 159ff.
[319] WINKELMANN, Philipp und Otto II 134.
[320] WINKELMANN, Philipp und Otto II 139.
[321] GUTTENBERG, Bistum Bamberg I 165; MEYER, Oberfranken ($^2$1987) 156f; HUCKER, Otto IV. 410.
[322] WENDEHORST, Würzburg I 205.
[323] HUCKER, Otto IV. 644, wo Mangold von Passau zu ergänzen ist; vgl. G. GATTERMANN, Die deutschen Fürsten auf der Reichsheerfahrt, Diss. Frankfurt/M. 1956, Einzelnachweise S. 38.
[324] GUTTENBERG, Bistum Bamberg I 165.

bischof von Salzburg zu spüren bekam, als er im Sommer in Parma nach dreimaliger Weigerung, auch gegen den Papst militärisch Hilfe zu leisten, von Otto IV. kurzerhand in Beugehaft genommen wurde[325]. Der Einmarsch des Welfen ins Königreich Sizilien zog dann im November den päpstlichen Bann nach sich und veranlaßte Innozenz III., seit 1211 mit französischer Hilfe den Aufstieg des sizilischen Staufers Friedrich II. zum König auch in Deutschland und künftigen Kaiser zu betreiben[326]. Bei der ersten Fürstenwahl im September 1211 in Nürnberg war bereits Herzog Ludwig von Bayern unter denen, die den Sohn Heinrichs VI. zur Herrschaft einluden[327]. Otto IV. kehrte eilends zurück und konnte zu Pfingsten 1212 ebenfalls in Nürnberg die Bischöfe von Eichstätt und Passau um sich sammeln, wie auch Ekbert von Bamberg, dessen Reichsacht nun aufgehoben wurde[328]. Otto von Würzburg dagegen vermochte sich im September als Welfenfreund nicht mehr in seiner Stadt zu behaupten und wurde mit Unterstützung des Mainzer Metropoliten durch einen Gegenbischof namens Hermann verdrängt[329]. Als der junge Staufer dann selbst in Deutschland erschien, wurde der Umschwung unaufhaltsam. Nach seiner erneuten Wahl und Krönung in Frankfurt und Mainz (Dezember 1212) kam er nach Regensburg, wo ihm Anfang Februar 1213 neben Bischof Konrad auch dessen Kollegen aus Passau, Freising und Eichstätt huldigten; Eberhard von Salzburg und Siegfried von Augsburg holten dies bald darauf in Nürnberg und Augsburg nach[330]. Im Juli war in Eger auch Otto von Würzburg zugegen[331], als sich der Staufer in einer Bulle für den Papst die reichskirchenrechtlichen Zugeständnisse seines welfischen Gegners, faktisch die Aufgabe des Wormser Konkordats, zu eigen machte. Erst relativ spät ist Bischof Ekbert von Bamberg 1214 in der Umgebung Friedrichs II. nachzuweisen[332]. Endgültig zuungunsten Ottos IV. entschieden wurde der Thronstreit durch dessen Niederlage gegen den französischen König bei Bouvines (27. Juli 1214).

Die seit 1208 wieder gebesserten Beziehungen zur Kurie erlaubten den bayerischen Bischöfen, an höchster Stelle ihren Einfluß auf Entscheidungen zur Fortentwicklung der Bistumsorganisation geltend zu machen, die durch Landesausbau und Territorienbildung nahegelegt wurden. Für die donauabwärts weit ausgedehnte Diözese Passau hatte bereits Bischof Wolfger in den 1190er Jahren beim Papst die Weihe eines weiteren Oberhirten erbeten, wobei er an das Muster des Salzburger Eigenbistums Gurk gedacht haben mag[333]. Als den resonanzlos gebliebenen Gedanken 1206/08 Herzog Leopold VI. von Österreich mit dem Ziel eines babenbergischen Landesbistums Wien (als Suffragan Salzburgs) bei Innozenz III. unterbreitete, rief dies Bischof Mangold von Passau auf den Plan, der gegen die damit verbundene Schmäle-

---

[325] DOPSCH, Geschichte Salzburgs I/1, 311.
[326] W. STÜRNER, Friedrich II., 1992, I 126ff.
[327] WINKELMANN, Philipp und Otto II 279f.
[328] HEIDINGSFELDER, Regesten Nr. 558, 559; GUTTENBERG, Bistum Bamberg I 165.
[329] WENDEHORST, Würzburg I 206.
[330] P. SCHMID, Regensburg 400f.
[331] WENDEHORST, Würzburg I 206.
[332] GUTTENBERG, Bistum Bamberg I 165.
[333] BOSHOF, Regesten der Bischöfe von Passau I Nr. 1032.

rung seiner Stellung beim Papst vorstellig wurde und die Gründung tatsächlich vereiteln konnte[334]. Der Metropolit Eberhard von Salzburg, der in dieser Sache unterlag, war seinerseits darauf aus, in dem eigenen weiten Sprengel neben Gurk, wo er gegen allerhand Widerstände 1214 zunächst den Elekten Otto I., dann Bischof Heinrich II. (1214–1217) durchsetzte[335], noch mehr derartige Eigenbistümer einzurichten. Von Friedrich II. erlangte er das Einverständnis mit einer Gründung zunächst auf der Insel Frauenchiemsee (1213), dann auf Herrenchiemsee (1215), was Innozenz III. mit einer Bulle vom 28. Januar 1216 definitiv genehmigte[336]. Ende 1217 setzte Eberhard dort Rüdiger als Bischof ein, dem bald Amtskollegen in ähnlicher Abhängigkeit von Salzburg in Seckau (1218) und Lavant (1226) zur Seite traten[337].

Die Papstbulle wegen des Chiemsee-Bistums ist nur eine Nebenfrucht des vierten Laterankonzils gewesen, das Innozenz III. im November 1215 um sich versammelte. Bei dieser größten Synode des Mittelalters waren außer Eberhard von Salzburg auch die Bischöfe von Gurk, Brixen, Passau, Würzburg und Bamberg zugegen[338] und erlebten mit, wie das Papsttum, allen politischen Rückschlägen der Vorjahre zum Trotz, sich als die oberste Instanz der lateinischen Christenheit zur Geltung brachte. Neben Konstitutionen zu kirchenrechtlichen Einzelfragen wurde die deutsche Königswahl Friedrichs II. bestätigt und über hierarchische Rangprobleme in verschiedenen Ländern befunden, wurde die Verbreitung der Ketzerei erörtert und ein neuer Kreuzzug in den Orient proklamiert. Die Vielfalt der frühmittelalterlichen Reichs- und Landeskirchen schien aufgehoben in der einen *ecclesia Romana*.

---

[334] V. FLIEDER, Stephansdom und Wiener Bistumsgründung (= Veröffentlichungen des Instituts für Kirchengeschichte und Patrologie Wien 6) 1968, 45–49.
[335] OBERSTEINER, Bischöfe 77ff, 80ff.
[336] WALLNER, Bistum Chiemsee 5ff; M. HEIM, Bischof und Archidiakon. Geistliche Kompetenzen im Bistum Chiemsee (1215–1817) (= MThSt I 32) 1992, 1ff.
[337] DOPSCH, Geschichte Salzburgs I/1, 324ff.
[338] HUCKER, Otto IV. 327ff, 650.

# DIE KIRCHLICHE ORDNUNG IN DER KIRCHENPROVINZ SALZBURG UND IM BISTUM AUGSBURG 1046–1215

## § 19. DIE BISTÜMER IN BAYERN UND SCHWABEN

*a) Innere Entwicklung*

Im 11. und vor allem im 12. Jahrhundert wurden die Grundlagen für die innere Verdichtung der Bistümer und ihrer Organisation geschaffen. Aus der *parochia* eines Bischofs, dem Seelsorgebezirk, der auf seine Amtsperson hin ausgerichtet ist, entwickelte sich der *episcopatus*, ein immer mehr durchorganisierter Sprengel der bischöflichen Amtsherrschaft[1]. Die Bistümer wurden untergliedert in Archidiakonate, das Pfarreiensystem wurde verbessert, die Domkapitel erlangten größere wirtschaftliche, rechtliche und bistumspolitische Kompetenzen, die Bischöfe bauten eine militärische und administrative Dienstmannschaft, die Ministerialität, auf, und die Klöster und Stifte wurden gezielter als zuvor für die innere Stabilisierung und die religiöse Durchdringung der Bischofskirchen eingesetzt[2].

Im Bistum Salzburg hat erstmals Erzbischof Gebhard (1060–1088)[3] den Burgenbau gezielt gefördert. Wohl 1076/1077 entstanden die ersten bischöflichen Burganlagen von Hohensalzburg, Hohenwerfen und Friesach-Petersberg, wahrscheinlich bereits Steinbauten[4]. Diese Ansätze wurden insbesondere von Erzbischof Konrad I. (1106–1147)[5]

---

[1] Die Begriffe *parochia* und *episcopatus* kommen, wie auch *diocesis*, schon in der frühen Kirche vor, aber *parochia* wird seit der Mitte des 11. Jahrhunderts und dann vor allem im 12. Jahrhundert zunehmend für den Sprengel einer Pfarrkirche verwendet, also für den Bezirk des Seelsorgers im engeren Sinne. Vgl. HAIDER, Niederkirchenwesen 325–388. Siehe unten bei Anm. 213–229.

[2] Überblick bei DOPSCH, Die Frühzeit Salzburgs.

[3] W. STEINBÖCK, Erzbischof Gebhard von Salzburg (1060–1088). Ein Beitrag zur Geschichte Salzburgs im Investiturstreit (= Veröffentlichungen des Historischen Instituts der Universität Salzburg 4) 1972; J. FLECKENSTEIN, Erzbischof Gebhard von Salzburg als Repräsentant der Reichskirche und Gegner des Königs im Investiturstreit, in: Salzburg in der europäischen Geschichte, hg. v. E. ZWINK (= Salzburg-Dokumentationen 19) 1977, 11–28; H. DOPSCH, Salzburg im Hochmittelalter, in: DERS. (Hg.), Geschichte Salzburgs I/1, 243; H. DOPSCH, Gebhard (1060–1088). Weder Gregorianer noch Reformer, in: Lebensbilder Salzburger Erzbischöfe aus zwölf Jahrhunderten. 1200 Jahre Erzbistum Salzburg, hg. v. P. F. KRAMML – A. S. WEISS (= Salzburg Archiv 24) 1998, 41–62.

[4] H. DOPSCH, 900 Jahre Hohensalzburg – Die Festung im Wandel der Zeiten, in: Salzburg in der europäischen Geschichte, hg. von E. ZWINK (= Salzburg-Dokumentationen 19) 1977, 63–88; 900 Jahre Festung Hohensalzburg, hg. v. E. ZWINK, ²1977; H. DOPSCH, Burgenbau und Burgenpolitik des Erzstiftes Salzburg im Mittelalter, in: Die Burgen im deutschen Sprachraum II. Ihre rechts- und verfassungsgeschichtliche Bedeutung, hg. v. H. PATZE (= VoF 19/2) 1976, 387–417.

[5] ZEILLINGER, Konrad I.; B. WIEDL, Konrad I. von Abenberg (1106–1147). Reformer im Erzstift, in: Lebensbilder Salzburger Erzbischöfe (wie Anm. 3) 63–82.

fortgeführt, der aus dem mittelfränkischen Grafenhaus der Abenberger stammte[6]. Er ließ die Befestigungsanlagen verstärken und uneinnehmbare Wehrbauten mit Ringmauern aus Stein errichten. Auf der Hohensalzburg entstand damals die Bischofspfalz (*palatium*), die nun Schauplatz erzbischöflicher Rechtshandlungen wurde. Weitere Burgen legte er in Leibnitz, Pettau und Reichenburg an der Save an. Auch der Markt Friesach, wo er eine Münzstätte einrichtete, wurde auf seine Veranlassung groß ausgebaut und befestigt. Durch Schenkung des Bischofs Altmann von Trient (1124–1149) kam noch die Hohenburg bei Spittal an der Drau hinzu. Auf der Hohensalzburg übernahm mit Friedrich von Haunsberg ein hoher Adliger die Salzburger Burggrafschaft. Gestützt auf dieses Burgensystem konnte Erzbischof Konrad II. (1164–1168) sogar dem Kaiser Friedrich I. einige Jahre erfolgreich Widerstand leisten[7].

Die Salzburger Ministerialität, die im ausgehenden 11. Jahrhundert als *militia* bereits eine starke Stellung erlangt hatte, wurde von Erzbischof Konrad I. (1106–1147) einem durchgreifenden Neuaufbau unterzogen[8]. Nachdem er den heinrizianischen Gegenerzbischof Berthold von Moosburg (1085–1106) aus Salzburg vertrieben hatte, entfernte er all die Mitglieder der Dienstmannschaft, die sich ihm nicht unterordneten, aus ihren Positionen und ersetzte sie durch solche, die ihm künftig treu ergeben waren. Durch reiche Ausstattung, durch sonstige Zugeständnisse und durch geschickte Heiratspolitik brachte er 15 bis 20 führende Ministerialenfamilien, die vor allem im Inntal, im Chiem- und Isengau und im Rupertiwinkel begütert waren, in Spitzenstellungen. Auch Adlige begaben sich in diesen Kreis der Salzburger Ministerialen, die umgeben waren von zahlreichen Rittern (*milites*) und im Erzstift fast alle wichtigen Positionen in Händen hatten. Sie leiteten die Hofämter als Marschall, Mundschenk, Truchseß, Kämmerer und sind als Burggrafen, Amtleute, Richter und Urbarspröpste anzutreffen. Auch in die geistliche Laufbahn traten sie ein, wie Bischof Roman II. von Gurk (1174–1179) aus dem Ministerialengeschlecht der Leibnitzer. Die Salzburger Ministerialen blieben auch für die Erzbischöfe Eberhard I. (1147–1164)[9] und Konrad II. (1164–1168)[10] eine zuverlässige Stütze. Erst Erzbischof Adalbert III. (1168–1177 und 1183–1200) verlor ihre Anerkennung und wurde von ihnen 1198

---

[6] F. EIGLER, Schwabach (= HAB.F. 28) 1990, 118ff, 152f; W. STÖRMER, Grundzüge des Adels im hochmittelalterlichen Franken, in: Herrschaft, Kirche, Kultur. Beiträge zur Geschichte des Mittelalters. Festschrift für Friedrich Prinz zu seinem 65. Geburtstag, hg. v. G. JENAL (= MGMA 37) 1993, 245–264, hier 250; DERS., Die innere Entwicklung: Staat, Gesellschaft, Kirche, Wirtschaft, in: HBG III/1, ³1997, 277f.

[7] S. WACH, Erzbischof Konrad II. von Salzburg. Ein Beitrag zu seiner Biographie, Diss. Wien 1965.

[8] J. B. FREED, The Formation of the Salzburg Ministerialage in the Tenth and Eleventh Centuries. An Example of Upward Social Mobility in the Early Middle Ages, in: Viator 9 (1978) 67-102; DERS., Dietmut von Högl. Eine Salzburger Erbtochter und die erzbischöfliche Ministerialität im Hochmittelalter, in: MGSLK 120/121 (1980/1981) 581–657; DERS., Die Dienstmannschaft von St. Peter, in: Festschrift St. Peter zu Salzburg 582–1982 (= SMGB 93) 1982, 56–78; DERS., Noble Bondsmen. Ministerial Marriages in the Archidiocese of Salzburg (1100–1343), 1995; H. DOPSCH, Die soziale Entwicklung im Hochmittelalter, in: DERS., Geschichte Salzburgs I/1, 367–403.

[9] M. FEUCHTNER, Erzbischof Eberhard I. von Salzburg (1089–1164), in: BGBR 19 (1985) 139–284.

[10] Wie Anm. 7.

sogar gefangengenommen und festgesetzt. Erzbischof Eberhard II. (1200–1246) konnte aber die Kontrolle wieder herstellen.

Die Güterverwaltung erfuhr unter Erzbischof Konrad I. (1106–1147) wegweisende Veränderungen. In seiner Zeit wird erstmals die Auflösung der bisherigen Meierhofwirtschaft und ihre Ablösung durch die neuen Verwaltungseinheiten der Urbarämter (*officia*) erkennbar. Die Leitung und Aufsicht der neuen Wirtschaftsorganisation übernahmen Ministeriale. Diese Maßnahmen erhöhten die wirtschaftlichen Erträge ebenso wie die über das gesamte 12. Jahrhundert betriebene Ausweitung der Salzgewinnung, die mit der Erschließung Halleins unter Erzbischof Adalbert III. in seiner zweiten Amtsphase (1183–1200) einen Höhepunkt erreichte[11]. Auch die Zehnten (*decima iusta*) wurden seit Erzbischof Konrad I. (1106–1147) energisch und systematisch eingetrieben[12]. Die erzbischöfliche Kanzlei erhielt festere Konturen und gestaltete die Siegelurkunde weiter aus[13].

Über die Klöster und Stifte seiner Diözese errichtete Erzbischof Konrad I. (1106–1147) eine bischöfliche Schutzherrschaft (*ius, tuitio*), die darauf ausgerichtet war, die einzelnen Konvente in ihren Besitzungen, ihren Rechten und ihrer Sicherheit gegen jeglichen Zugriff, auch von seiten eines Erzbischofs selbst, zu schützen[14]. Dies führte auch zu verstärkter Kontrolle der adligen Vögte und zur Minderung ihrer Amtsfülle, indem z.B. die Anzahl ihrer Gerichtstage (*placita*) eingeschränkt wurde[15]. Auch die Aufsplitterung der Hochstiftsvogtei gehört in diesen Zusammenhang. Salzburger Hauptvögte waren die Grafen von Peilstein, aber Teilvogteien unterstanden den mächtigen Adelshäusern von Lebenau, von Plain, von Mödling, von Falkenstein und den Spanheimern[16]. Dieser Zustand dauerte auch in der zweiten Hälfte des 12. Jahrhunderts fort. Die Politik der »Entvogtung« bahnte sich in der Salzburger Kirche erst

---

[11] F. KOLLER, Hallein im frühen und hohen Mittelalter, in: MGSLK 116 (1976) 1–116; H. WANDERWITZ, Studien zum mittelalterlichen Salzwesen in Bayern (= SBLG 73) 1984, 209–312.

[12] WEINFURTER, Salzburger Bistumsreform 132–134; KLEBEL, Zehente; D. LINDNER, Vom mittelalterlichen Zehntwesen in der Salzburger Kirchenprovinz, in: ZSRG.K 46 (1960) 277–302; MIERAU, Vita communis 88.

[13] F. MARTIN, Das Urkundenwesen der Erzbischöfe von Salzburg von 1106–1246. Vorbemerkungen zum Salzburger Urkundenbuch, in: MIÖG Erg.bd. 9 (1915) 559–765.

[14] WEINFURTER, Salzburger Bistumsreform 134–143.

[15] Ebd. 143–151. Zur Entwicklung der Klostervogtei in der bayerischen Kirche siehe: REICHERT, Landesherrschaft 128–330, bes. 298ff; A. KRAUS, Reformideal und politische Wirklichkeit. Zur königlichen Klosterpolitik in Bayern von Lothar von Supplinburg bis Friedrich Barbarossa, in: Papsttum und Kirchenreform. Festschrift für Georg Schwaiger zum 65. Geburtstag, hg. v. M. WEITLAUFF – K. HAUSBERGER, 1990, 193–221; LOIBL, Herrschaftsraum 185–326; auch W. LIEBHART, »advocatiae super possessiones beati Udalrici«. Zur mittelalterlichen Klostervogtei in Schwaben und Baiern am Beispiel von St. Ulrich und Afra, in: Aus Schwaben und Altbayern. Festschrift für Pankraz Fried zum 60. Geburtstag, hg. v. P. FASSL – W. LIEBHART – W. WÜST (= Veröffentlichungen der Schwäbischen Forschungsgemeinschaft bei der Kommission für Bayerische Landesgeschichte VII,5 = Augsburger Beiträge zur Landesgeschichte Bayerisch-Schwabens 5) 1991, 169–177; W. STÖRMER, Zur Adelsgesellschaft in Bayern und Österreich um 1200, in: Wolfger von Erla. Bischof von Passau (1191–1204) und Patriarch von Aquileja (1204–1218) als Kirchenfürst und Literaturmäzen, hg. v. E. BOSHOF – F. P. KNAPP (= Germanistische Bibliothek NF 3,20) 1994, 69–106, bes. 100f.

[16] KLEBEL, Eigenklosterrechte 175–214.

sehr spät, nämlich unter Erzbischof Eberhard II. (1200–1246), an[17]. Er behielt freiwerdende Kirchenvogteien in seiner Hand, vor allem 1218 nach dem Aussterben der Grafen von Peilstein die Salzburger Hauptvogtei[18], und konnte durch die Erwerbungen von Grafschaften und Herrschaften ein bedeutendes geistliches Fürstentum bilden, dessen Zentren im Pongau, Tennengau, Pinzgau, in der Grafschaft Lebenau und in der Herrschaft Windischmatrei lagen.

Die Kloster- und Kanonikerreform, die von Erzbischof Konrad I. (1106–1147) planmäßig über die gesamte Diözese gelegt wurde, stärkte den erzbischöflichen Vorrang in seiner Kirche ganz erheblich[19]. Da er selbst die Profeß auf die Augustinus-Regel ablegte, war der Salzburger Reformklerus auf ihn sowohl als Bischof wie auch als »Ordensobersten« zugeordnet. Reformäbte und Reformpröpste bildeten einen festen Berater- und Aktionskreis um ihn und trafen sich regelmäßig zur »Prälatenversammlung«. Dieser Block hielt auch nach Konrads I. Tod zusammen und prägte das geschlossene Handeln der Salzburger Kirche vor allem im Schisma von 1159. Sie stellte sich auf die Seite Papst Alexanders III. und hielt dem Druck, der von Friedrich I. Barbarossa ausgeübt wurde, jahrelang stand[20]. Auch die Reichsacht vom 29. März 1166[21] und die Verwüstung der Stadt Salzburg am 4. und 5. April 1167 – beschrieben in der *Historia calamitatum ecclesiae Salisburgensis*[22] – änderten daran nichts. Erst das unüberlegte Handeln des neuen Erzbischofs Adalbert III. (1168–1177 und 1183–1200), das ihn 1169 zur Unterwerfung unter die Gnade des Kaisers zwang, führte das Ende der Salzburger Reform- und Aktionsgemeinschaft herbei. Diese Vorgänge bedeuteten für die innere Konsolidierung des Bistums einen Rückschlag, der auch – trotz der Bemühungen der Erzbischöfe Konrad III. (1178–1183) und Adalbert III. (1183–1200) – die Ansätze zur Ausbildung eines Territoriums unterbrach. Erst Eberhard II. (1200–1246) konnte den Aufbau der Salzburger Landesherrschaft kräftig vorantreiben und gilt als »Vater des Landes Salzburg«[23].

Die Metropolitanstruktur Salzburgs, in der die bayerischen Bistümer Salzburg, Passau, Regensburg, Freising und Brixen zusammengefaßt waren, erfuhr im 11. Jahrhundert eine bemerkenswerte Veränderung. 1070 hatte Erzbischof Gebhard von Salzburg (1060–1088) von Papst Alexander II. die Erlaubnis erhalten, innerhalb seiner

---

[17] H. DOPSCH, Die äußere Entwicklung, in: DERS., Geschichte Salzburgs I/1, 308–336; C. STÖLLINGER, Erzbischof Eberhard II. von Salzburg (1200–1246), Diss. Wien 1972.

[18] H. REINDEL-SCHEDL, Laufen an der Salzach. Die alt-salzburgischen Pfleggerichte Laufen, Staufeneck, Teisendorf, Tittmoning und Waging (= HAB.A. 55) 1989, 353.

[19] WEINFURTER, Salzburger Bistumsreform. Siehe unten § 20 »Die geistlichen Gemeinschaften«, 320–324.

[20] G. HÖDL, Das Erzstift Salzburg und das Reich unter Kaiser Friedrich Barbarossa, in: MGSLK 114 (1974) 37–55; W. SCHMIDT, Die Stellung der Erzbischöfe und des Erzstiftes von Salzburg zu Kirche und Reich unter Kaiser Friedrich I. bis zum Frieden von Venedig 1177, in: AÖG 34 (1865) 1–144.

[21] K. SCHAMBACH, Der Prozeß des Erzbischofs Konrad von Salzburg (1165–1166), in: HZ 122 (1920) 83–90.

[22] Historia calamitatum ecclesiae Salisburgensis, in: MIGNE PL 196, 1539–1552.

[23] DOPSCH, Die Frühzeit Salzburgs 186; DERS., 1122–1287: Die Länder und das Reich. Der Ostalpenraum im Hochmittelalter (= Österreichische Geschichte 3) 1998.

eigenen Diözese ein neues Bistum zu gründen[24]. 1072 richtete er in *Gurk* den Bischofssitz ein und verwendete als Ausstattung die Besitzungen des 1043 von der Gräfin Hemma[25] gegründeten Gurker Nonnenklosters in Kärnten, Krain und der Mark in Sanntal[26]. König Heinrich IV. bestätigte den Vorgang am 4. Februar 1072[27]. Wahl, Weihe und Einsetzung (Investitur) des Gurker Bischofs sollten allein dem Salzburger Oberhirten zustehen. Zum erstenmal übernahm damit ein Erzbischof im Reich das königliche Recht der Bischofsinvestitur mit Ring und Stab, und Gurk erhielt den Status eines Salzburger Eigenbistums[28]. Am 6. Mai 1072 weihte Gebhard den Gunther von Krappfeld (1072–1090) zum ersten Bischof von Gurk[29].

Die Gurker Bistumsgründung zeigt die Bemühungen des Salzburger Erzbischofs, die bischöfliche Durchdringung seiner Diözese zu verstärken. Dazu gehörte auch das Bestreben, in Kärnten den niedrigen »Slawenzehnt« durch den vollen kanonischen Zehnt zu ersetzen[30]. In den von Salzburg entfernt liegenden und nicht immer leicht zugänglichen Kärntner Gebieten jenseits der Tauern war in früherer Zeit ein karantanischer Chorbischof mit Sitz in Maria Saal zuständig gewesen[31]. Der neue Gurker Bischof hatte demgegenüber als vollgeweihter Bischof höhere Kompetenz und Amtsgewalt, war aber als eine Art »Unterbischof« dennoch vom Salzburger Erzbischof abhängig. Eine derartige Unterordnung eines Bischofs unter einen anderen widersprach im Grunde dem kollegialen Prinzip der kirchlichen Episkopalverfassung und ist daher als »hierarchische« Neuerung sehr bemerkenswert. Wie bei der Ausbildung des päpstlichen Primats und auch in anderen Bereichen der Rechts- und Gesell-

---

[24] GermPont I, 17, Nr. 40.
[25] H. DOPSCH, Die Stifterfamilie des Klosters Gurk und ihre Verwandtschaft, in: Festgabe zum 900-Jahrjubiläum des Bistums Gurk 1072–1972 (= Carinthia I 161/162) 1971/1972, 95–123.
[26] J. OBERSTEINER, Das Bistum Gurk in seiner Entwicklung und in seiner reichs- und kirchenrechtlichen Stellung, in: Österreichisches Archiv für Kirchenrecht 8 (1957) 185–208; DERS., Bischöfe; Festgabe zum 900-Jahrjubiläum des Bistums Gurk 1072–1972, hg. v. W. NEUMANN (= Carinthia I 161/162) 1971/1972; W. HEINEMEYER, Zur Gründung des Bistums Gurk in Kärnten, in: Historische Forschungen für Walter Schlesinger, hg. v. H. BEUMANN, 1974, 495–513; G. HÖDL, Vom Kloster zum Salzburger »Eigenbistum« – Die Gründung des Bistums Gurk 1072, in: Hemma von Gurk. Katalog der Ausstellung auf Schloß Straßburg/Kärnten, 1988, 39–48.
[27] MGH.D H IV. 253.
[28] H. DOPSCH, Die äußere Entwicklung, in: DERS., Geschichte Salzburgs I/1, 236f; SEIDENSCHNUR, Salzburger Eigenbistümer.
[29] Vita Gebhardi I, ed. G. H. PERTZ, in: MGH.SS XI, 1854, cap. 2, 26.
[30] F. TREMEL, Das Zehentwesen in Steiermark und Kärnten von den Anfängen bis ins 15. Jahrhundert, in: Zeitschrift des historischen Vereins für Steiermark 33 (1939) 5–51, bes. 8–15: DERS., Der Slavenzehent als Quelle der Siedlungsgeschichte, in: Das östliche Mitteleuropa in Geschichte und Gegenwart, hg. v. F. ZAGIBA (= Annales Instituti Salvici I,2) 1966, 109–113.
[31] Eine Übersicht mit Karte bei G. HÖDL, Kärnten und der Südostalpenraum am Ende des 11. Jahrhunderts, in: Schatzhaus Kärntens. Landesausstellung St. Paul 1991. 900 Jahre Benediktinerstift, II: Beiträge, redigiert v. J. GRABMAYER, 1991, 19–33. Siehe auch H. DOPSCH, Adel und Kirche als gestaltende Kräfte in der frühen Geschichte des Südostalpenraumes, in: 1000 Jahre Kärnten 976–1976, in: Carinthia I 166 (1976) 21–49; C. FRÄSS-EHRFELD, Geschichte Kärntens I, 1984, 161–167; H. KOLLER, Bischof, Wanderbischof, Chorbischof im frühmittelalterlichen Baiern, in: Jahrbuch des Oberösterreichischen Musealvereins 136 (1991) 59–71.

schaftsordnung dieser Zeit erkennt man hier Züge einer stärkeren Hierarchisierung in der Kirche[32].

Gebhard verweigerte dem Bischof von Gurk eine feste Diözese und die Zuteilung eines eigenen Zehnten[33]. Auch ein eigenes Domkapitel blieb diesem zunächst verwehrt. Dies führte in der Folge zu ständigen Spannungen, bis Erzbischof Konrad I. (1106–1147) den Zustand änderte. Das neue Bistum erlangte in seiner Zeit eine ganz besondere bistumsstrategische Bedeutung. Bischof Hiltebold von Gurk (1106–1131) war sein treuer Statthalter in Kärnten und zeichnete sich von 1122 bis 1124 vor allem als Kriegsführer gegen die Herzöge von Kärnten aus dem Haus der Eppensteiner (bis 1122) und der Spanheimer aus[34]. Auch der Nachfolger, Bischof Roman I. von Gurk (1131–1167), war in kirchenreformerischen und -politischen Angelegenheiten ein stets zuverlässiger Helfer des Salzburger Oberherrn[35]. Es ging um die machtpolitische Präsenz im Kärntner Raum, der im ausgehenden 11. und im 12. Jahrhundert durch Rodung und Kultivierung intensiv erschlossen und durch die Herzöge von Kärnten herrschaftlich durchdrungen wurde[36]. In der Herrschaftsbildung entstand eine scharfe Konkurrenz zwischen den weltlichen Herren (Eppensteiner, Spanheimer, Grafen von Görz, von Heunburg, Malta, Treffen, Sternberg, Ortenburg, Tirol), den Klöstern und eben dem Erzbischof von Salzburg zusammen mit seinem Gurker Interessenvertreter. Diese Situation verlangte die rechtliche Absicherung und die feste Umschreibung einer Gurker Diözese, die am 17. Juli 1131 durch Erzbischof Konrad I. vorgenommen wurde[37]. 1144 folgte auch die Zuteilung des Zehnten[38], womit das Bistum Gurk auf dem Weg zu einem vollwertigen Suffraganbistum der Salzburger Kirchenprovinz war. 1145 erlangte das Gurker Domkapitel von Papst Lucius II. sogar das Recht der freien Bischofswahl[39]. 1147 konnte sich Bischof Roman I. gleichrangig mit den anderen Suffraganbischöfen an der Wahl Erzbischof Eberhards I. von Salzburg (1147–1164), des Nachfolgers Konrads I., beteiligen[40].

Die Gurker Unabhängigkeitsbestrebungen liefen in der zweiten Hälfte des 12. Jahrhunderts weiter. Unter Bischof Heinrich von Gurk (1167–1174) entstand eine Reihe von Fälschungen, die die Selbständigkeit seit der Gründung erweisen sollten[41]. Sein Nachfolger, Roman II. (1174–1179), zuvor Gurker Dompropst, wurde vom Gurker

---

[32] WEINFURTER, Herrschaft und Reich 65f; DERS., Die Salier und das Reich. Einleitung, in: Die Salier und das Reich I 9f.

[33] Salzburger Urkundenbuch II Nr. 109; E. CASPAR (Hg.), Das Register Gregors VII. (= MGH.Epp selectae II) ²1955, 240f; GermPont I, 19, Nr. 43.

[34] Vita Chunradi archiepiscopi, ed. W. WATTENBACH, in: MGH.SS XI, 1854, 62–77, hier 72f; OBERSTEINER, Bischöfe 20–25.

[35] I. NEDETZKY, Bischof Roman I. und die Entwicklung des Bistums Gurk, Diss. Graz 1967.

[36] A. OGRIS, Die Anfänge Kärntens, in: Österreich im Hochmittelalter (907–1246), hg. von der Kommission für die Geschichte Österreichs, Redaktion A. M. DRABEK, 1991, 129–153.

[37] Salzburger Urkundenbuch II 223–225, Nr. 147; V. PASCHINGER, Die ursprünglichen Grenzen der Diözese Gurk, in: Carinthia I 142 (1952) 248–256.

[38] Salzburger Urkundenbuch I 319f, Nr. 219; siehe WEINFURTER, Salzburger Bistumsreform 42–46.

[39] GermPont I, 130, Nr. 1.

[40] Monumenta Historica Ducatus Carinthiae I 141, Nr. 151.

[41] W. PESCHL, Geschichte des Bistums Gurk von den Anfängen bis 1232, Diss. Wien 1965, 134f.

Klerus und den Ministerialen gewählt und von Papst Alexander III. bestätigt[42]. Erst Erzbischof Konrad III. von Salzburg (1177–1183) gelang es, die Salzburger Rechte an Gurk wieder durchzusetzen. 1178 erhielt er von Kaiser Friedrich I. darüber ein entsprechendes Diplom[43] und 1179 ein bestätigendes Privileg Papst Alexanders III.[44], der damit frühere päpstliche Zugeständnisse an Gurk wieder zurücknahm. Auf den Gurker Protest hin untersuchte eine Schiedsgruppe unter der Leitung Bischof Alberts von Freising und Abt Heinrichs von Heiligenkreuz den Fall und entschied zugunsten des Salzburger Erzbischofs[45]. Mit der päpstlichen Bestätigung vom 9. Mai 1182 durch Lucius III.[46] war der Versuch Gurks, die Salzburger Rechte abzuschütteln, vorerst abgewehrt.

Neuerliche Bemühungen des Gurker Bischofs setzten zu Beginn des 13. Jahrhunderts den Konflikt fort. Erzbischof Eberhard II. (1200–1246) konnte aber 1213 und 1214 beim neuen Stauferkönig Friedrich II. Bestätigungen der Salzburger Rechte erwirken[47]. Gleichzeitig gelang es ihm, den Typus des »Eigenbistums« fester zu etablieren, indem er 1215 nach Zustimmung Friedrichs II. und mit Erlaubnis Papst Innocenz' III. auch in Herrenchiemsee eine Bischofskirche einrichtete, die dem Salzburger Erzbischof so wie Gurk geistlich wie weltlich untergeordnet war[48]. Die Kirche des bisherigen Augustinerchorherrenstifts wurde zum Dom erhoben. 1218 kam es zur Gründung eines weiteren Eigenbistums in Seckau[49], und 1225/1228 folgte an der Stelle des Augustinerchorherrenstifts St. Andrä im Lavanttal schließlich noch das Eigenbistum Lavant[50].

Auch mit dem Bistum Brixen standen die Salzburger Erzbischöfe stets in besonders engen Beziehungen. Die Grundlagen der Brixener Bischofsherrschaft waren wie die des Bischofs von Trient vor allem durch frühe Grafschaftsrechte geprägt. 1027 erhielt Bischof Hartwig (1022–1039) von Konrad II. die Grafschaft im Inn- und Eisacktal übertragen[51], mit der gegen Ende des 11. Jahrhunderts die Grafen von Dießen-Andechs belehnt waren. Durch Zollrechte, Forste und erworbene Güter und Höfe im Vinschgau, in Passeier, im Pustertal und in Kärnten wurde die Brixener Herrschaft im

---

[42] Monumenta Historica Ducatus Carinthiae I 220, Nr. 289; GermPont I, 127, Nr. 14.
[43] MGH.D F I. 732 (1178 Juni 14).
[44] GermPont I, 40f, Nr. 134 (1179 April 12).
[45] GermPont I, 41f, Nr. 137; 42, Nr. 139.
[46] GermPont I, 42f, Nr. 140.
[47] Salzburger Urkundenbuch III Nr. 656 und 675.
[48] SEIDENSCHNUR, Salzburger Eigenbistümer; E. WALLNER, Das Bistum Chiemsee im Mittelalter (1215–1508) (= Quellen und Darstellungen zur Geschichte der Stadt und des Landkreises Rosenheim 5) 1967; J. von MOY, Das Bistum Chiemsee, in: MGSLK 122 (1982) 1–50; M. HEIM, Bischof und Archidiakon. Geistliche Kompetenzen im Bistum Chiemsee (1215–1817) (= MThSt I,32) 1992.
[49] E. TOMEK, Geschichte der Diözese Seckau I, 1917; O. ROMMEL, Das Seckauer Domkapitel in seiner persönlichen Zusammensetzung 1218–1782, Diss. Wien 1955; Geschichte des Bistums Seckau, hg. v. K. AMON, 1994.
[50] M. PAGITZ-ROSCHER, Das Augustiner-Chorherrenstift St. Andrä im Lavanttal, in: Carinthia I 157 (1967) 296–319; Festschrift 750 Jahre Bistum Lavant, 1978.
[51] RI III/1,1 Nr. 106; vgl. SPARBER, Brixner Fürstbischöfe 43f, und GELMI, Brixner Bischöfe 45.

11. Jahrhundert weiter verdichtet[52]. Vor allem Bischof Altwin (1049–1097) war darin sehr erfolgreich und erhielt 1091 von Heinrich IV. die Grafschaft Pustertal verliehen[53].

Im 12. Jahrhundert nahm der Einfluß des Salzburger Erzbischofs Konrad I. auf das Bistum Brixen erheblich zu. 1125 gelang es ihm, Bischof Hugo von Brixen (1100–1125), den er als Gegner der Kirchenreform schärfstens bekämpfte, aus dem Amt zu verjagen[54]. Für ihn setzte er Reginbert, den Abt von St. Peter, als Bischof (1125–1139) durch und weihte ihn noch vor der Investitur – ein Verstoß gegen das Wormser Konkordat. Auch die nächste Brixener Bischofswahl wurde vom Salzburger gelenkt. Einer seiner engsten Mitarbeiter bei der Kanonikerreform, Hartmann, vormals Domdekan von Salzburg, dann Propst der Regularkanonikerstifte Herrenchiemsee und Klosterneuburg, erhielt 1140 die Brixener Bischofswürde (1140–1164). Dieser suchte sein Bischofsamt ganz nach dem Vorbild Konrads I. von Salzburg auszuüben[55] und förderte dementsprechend die Kanonikerreform in seinem Bistum mit großem Einsatz[56].

Sein Nachfolger, Otto von Andechs (1165–1170, Bischof von Bamberg 1177–1196), hat die Machtposition der Grafen von Andechs im Bistum Brixen dadurch gestärkt, daß er seinem Bruder, Graf Berthold, die Hochstiftsvogtei übertrug. Das Amt der Brixener Hauptvogtei hatte seit der Mitte des 11. Jahrhunderts in der Hand der Grafen von Morit-Greifenstein gelegen, deren Geschlecht vor 1166 ausstarb[57]. Mit der Übertragung an die Andechser[58] weiteten diese ihre dominierende Stellung an Inn und Eisack aus. Der Ausbau des andechsischen Marktorts Innsbruck seit 1180 zur Stadt gehört ebenso zu diesem Prozeß, der auf die Errichtung einer geschlossenen Herrschaft der Andechser im Bereich der Brennerstraße zielte[59].

Diese Einschnürung bischöflicher Territorialpolitik durch mächtige Adelshäuser – neben den Andechsern sind vor allem die Welfen, die Grafen von Falkenstein und die Grafen von Lechsgemünd-Matrei zu nennen – suchten die Brixener Bischöfe durch enge Anlehnung an das staufische Königshaus abzuwehren. Unter Bischof Heinrich III. (1178–1196), vormals Propst von Berchtesgaden (1151–1174) und kaiserlicher Gegenerzbischof von Salzburg (1174–1177), erhielt die Kirche von Brixen zahl-

---

[52] J. RIEDMANN, Die Anfänge Tirols, in: Österreich im Hochmittelalter (907 bis 1246), Red. A. M. DRABEK (= Österreichische Akademie der Wissenschaften. Veröffentlichungen der Kommission für die Geschichte Österreichs 17) 1991, 230–260, hier 236–239; J. GELMI, Kirchengeschichte Tirols, 1986, 23f; Der Vinschgau und seine Nachbarräume, hg. v. R. LOOSE, 1993.
[53] MGH.D H IV. 424 (1091 Sept. 2).
[54] H. PLECHL, Studien zur Tegernseer Briefsammlung des 12. Jahrhunderts. IV,1, in: DA 13 (1957) 35–114, hier 44; MEYER-GEBEL, Bischofsabsetzungen 20–24.
[55] Vita beati Hartmanni episcopi Brixinensis (1140–1164), hg. von A. SPARBER (= Schlern-Schriften 46) 1940; DERS., Leben und Wirken des sel. Hartmann, Bischofs von Brixen (1140–1164), 1957.
[56] Siehe unten § 20 über »Die geistlichen Gemeinschaften«.
[57] J. RIEDMANN, Vescovi e avvocati, in: I poteri temporali dei vescovi in Italia e in Germania nel Medioevo, hg. v. C. MOR – H. SCHMIDINGER (= Annali dell'Istituto storico italo-germanico in Trento, Quaderno 3) 1979, 35–76, bes. 64ff; G. SANDBERGER, ... Bin ein Scheu geworden meinen Verwandten ..., in: Der Schlern 52 (1978) 503–507.
[58] Zu den Herrschaftsgrundlagen der Andechser siehe HOLZFURTNER, Andechs.
[59] SCHÜTZ, Andechs-Meranier 64f. Vgl. auch STÖRMER, Brennerroute 156–161.

reiche Regalien verliehen. Dazu gehörte 1179 das Recht, in der Stadt Brixen Zölle zu erheben, den Gerichtsbann auszuüben, Mühlen zu betreiben und einen Markt abzuhalten[60]. Auch eine bischöfliche Münze sollte eingerichtet werden. 1189 verlieh Friedrich I. Barbarossa Bischof Heinrich III. außerdem noch die Hälfte des Ertrags aller Silbervorkommen im Bistum Brixen[61]. Um die innere Stabilität seiner Amtsherrschaft zu stärken, schloß der Bischof mit seinen Ministerialen einen zehnjährigen Frieden ab.

Der Zusammenbruch der andechsischen Herrschaft 1208/1209 schien neue Perspektiven der bischöflichen Landesherrschaft zu eröffnen. Damals mußte der Andechser Markgraf Heinrich von Istrien wegen angeblicher Beteiligung an der Ermordung König Philipps von Schwaben alle seine Besitzungen und Lehen im Bistum Brixen aufgeben. Aber nicht Bischof Konrad (1200–1216), sondern Graf Albert III. von Tirol (ca. 1200–1253) wurde der große Nutznießer dieser Veränderungen. Er trat das Erbe der Andechser an Inn und Eisack an und übernahm 1210 auch die Hochstiftsvogtei[62]. Von nun an begann der Kampf des Bischofs von Brixen gegen die Eingliederung in die Tiroler Landesherrschaft[63].

Im Bistum Freising zeichnete es sich schon früher ab, daß die bischöfliche Herrschaftsbildung gegenüber dem aufsteigenden Landesherrn einen schweren Stand haben würde. Um die Mitte des 11. Jahrhunderts befand sich der bayerische Raum um Freising in einem machtpolitischen Umbruch[64]. Mit den Grafen von Kühbach (um 1040) und den Grafen von Ebersberg (1045) waren die wohl mächtigsten Adelsfamilien der Region ausgestorben[65], auf die sich der Freisinger Bischof bis dahin stützen konnte. Nur langsam schälte sich heraus, wie sich ihr umfangreiches Erbe auf eine Neustrukturierung auswirken würde[66]. Die Freisinger Hauptvogtei, die bis dahin bei den Kühbachern gelegen hatte, ging nach einigen Wechseln schließlich noch vor 1047 an Graf Otto *de Skyrun* (von Scheyern)[67]. Mit ihm trat erstmals ein Mitglied je-

---

[60] MGH.D F I. 789 (1179 Sept. 16).

[61] MGH.D F I. 997 (1189 April 29).

[62] Zu den Grafen von Tirol BITSCHNAU, Burg und Adel; J. RIEDMANN, Die Beziehungen der Grafen und Landesfürsten von Tirol zu Italien bis zum Jahre 1335 (= SAWW.PH 307) 1977.

[63] J. RIEDMANN, Mittelalter, in: Geschichte des Landes Tirol I, hg. v. J. FONTANA u.a., ²1990, 291–698. Zur Entwicklung des Nachbarbistums Trient, das mit Brixen in vielfältiger Beziehung stand, siehe W. GÖBEL, Entstehung, Entwicklung und Rechtsstellung geistlicher Territorien im deutsch-italienischen Grenzraum. Dargestellt am Beispiel Trients und Aquileias, 1976.

[64] HAGEN, Herrschaftsbildung; MASS, Bistum Freising im Mittelalter; DERS., Freising und seine Bischöfe, in: Freising. 1250 Jahre Geistliche Stadt. Ausstellung im Diözesanmuseum und in den historischen Räumen des Dombergs in Freising, hg. v. P. B. STEINER (= Kataloge und Schriften des Diözesanmuseums Freising 9) 1989, 9–15; STAHLEDER, Hochstift Freising; Hochstift Freising. Beiträge zur Besitzgeschichte, hg. v. H. GLASER (= SHVF 32) 1990.

[65] G. MAYR, Studien zum Adel im frühmittelalterlichen Bayern (= SBVSG 5) 1974; W. STÖRMER, Adelsgruppen im früh- und hochmittelalterlichen Bayern (= SBVSG 4) 1972; FLOHRSCHÜTZ, Der Adel des Ebersberger Raumes.

[66] G. MAYR, Ebersberg – Gericht Schwaben (= HAB.A. 48) 1989.

[67] BITTERAUF, Traditionen Freising II, z.B. Nr. 1447, 1451, 1469, 1471i. Vgl. STAHLEDER, Hochstift Freising 17–75; G. FLOHRSCHÜTZ, Die Genealogie der Grafen von Scheyern, in: Forschungen zur schwäbischen Geschichte, hg. v. P. FRIED (= Veröffentlichungen der Schwäbischen Forschungsgemeinschaft bei der Kommission für Bayerische Landesgeschichte VII,4 = Augsburger Beiträge zur Landesgeschichte

nes Geschlechts auf, das im 12. Jahrhundert nach der Burg Wittelsbach benannt wurde und schon bald zum schärfsten Konkurrenten des Bischofs um die Machtpositionen im Freisinger Bistum aufsteigen sollte[68].

Die Bischöfe Nitker (1039–1052) und Ellenhard (1052–1078)[69] begannen damit, die Verwaltung und Organisation des Bistums auszubauen. Durch die Umwandlung von Klöstern in Kanonikerkonvente (Schliersee, Isen, Schlehdorf, Ilmmünster), die Förderung bisheriger Kollegiatkirchen (Moosburg, St. Veit, Schäftlarn) und die Gründung neuer Konvente (Ardagger, St. Andreas) suchten sie die bischöfliche Amtsautorität zu stärken. Die Stifte sollten zu geistlichen und administrativen Mittelpunkten für ihre Umgebung werden[70]. Die Leitung dieser Stifte wurde Freisinger Domkanonikern übertragen, die damit – auch als Vertreter bestimmter Adelsfamilien – in die neue Bistumsorganisation einbezogen wurden. Umfangreiche Schenkungen durch die salischen Kaiser rundeten diese Konsolidierungsphase ab.

Die Kämpfe des Investiturstreits haben diese Entwicklung beendet. Die Bischöfe Meginward (1078–1098) und Heinrich (von Peilstein) (1098–1137) waren in ständige Auseinandersetzungen mit den Kirchenreformern verwickelt, die von den Welfen und ihrem Reformstift Rottenbuch und später von Erzbischof Konrad I. von Salzburg angeführt wurden. Aber das im 11. Jahrhundert geschaffene Beziehungsgeflecht zwischen Bischof und Domkanonikern, das auch noch von den zahlreichen Freisinger Ministerialen verstärkt wurde[71], hatte Bestand. Als Erzbischof Konrad I. von Salzburg jahrelang alles daransetzte, Bischof Heinrich aus seinem Amt zu entfernen, als er sogar die vom Freisinger vollzogenen Weihehandlungen annullierte, die Freisinger Kirchen im Salzburger Bistumssprengel besetzte und auf den Freisinger Klerus Druck ausübte, stellten sich die Freisinger Kanoniker 1125 und in den folgenden Jahren schützend vor ihren Bischof[72]. Auch der Versuch des Salzburgers, 1129 auf der Provinzialsynode von Laufen den Freisinger Bischof Ellenhard postum als Häretiker

---

Bayerisch-Schwabens 4) 1991, 37–60; L. HOLZFURTNER, Ebersberg – Dießen – Scheyern. Zur Entwicklung der oberbayerischen Grafschaft in der Salierzeit, in: Die Salier und das Reich I: Salier, Adel und Reichsverfassung, hg. v. S. WEINFURTER unter Mitarbeit von H. SEIBERT, ²1992, 549–577, hier 568–573.

[68] P. FRIED, Die Herkunft der Wittelsbacher, in: Wittelsbach und Bayern. Ausstellungs-Katalog, Band I/1: Die Zeit der frühen Herzöge. Von Otto I. zu Ludwig dem Bayern, hg. v. H. GLASER, 1980, 29–41; WEINFURTER, Aufstieg 13–46.

[69] Zur genealogischen Zuordnung der Freisinger Bischöfe siehe H. STRZEWITZEK, Die Sippenbeziehungen der Freisinger Bischöfe im Mittelalter (= Beiträge zur Altbayerischen Kirchengeschichte 16 = 3. Folge 3) 1938.

[70] HAGEN, Herrschaftsbildung 97ff. Diese Politik muß für das Kloster Ebersberg bedrohlich gewesen sein. Abt Williram (1048–1085) ließ eine Gründungsgeschichte *(Fundatio)* seines Klosters anlegen und mit einem Traditionsbuch verbinden, um die Rechtssicherheit zu erhöhen. Dazu J. KASTNER, Historiae fundationum monasteriorum. Frühformen monastischer Institutionsgeschichtsschreibung im Mittelalter (= MBMRF 18) 1974, 133ff; P. JOHANEK, Zur rechtlichen Funktion von Traditionsnotiz, Traditionsbuch und früher Siegelurkunde, in: Recht und Schrift im Mittelalter, hg. v. P. CLASSEN (= VoF 23) 1977, 131–162, hier 147–150.

[71] FLOHRSCHÜTZ, Freisinger Dienstmannen 9–79.

[72] HAGEN, Herrschaftsbildung 131–143; MEYER-GEBEL, Bischofsabsetzungen 25–31.

verurteilen zu lassen und damit die gesamte Freisinger Bischofskirche zu desavouieren, scheiterte[73].

Diese schwierige Situation des Freisinger Bischofs suchten die Wittelsbacher zu nutzen, die unter Kaiser Heinrich V. (1106–1125) zur Würde des bayerischen Pfalzgrafen aufgestiegen waren und neben der Hochstiftsvogtei noch mehrere Klostervogteien (Scheyern, Indersdorf, Weihenstephan, Ensdorf, Kühbach) in ihrer Hand vereinigten[74]. Durch geschickte Verheiratungspolitik und über ihr Vogtamt gelang es ihnen, eine Reihe von Freisinger Ministerialen in ihre eigene Ministerialität zu ziehen[75]. Erst Bischof Otto I. von Freising (1138–1158) aus dem Haus der Babenberger konnte diesen Prozeß unterbrechen. Am 3. Mai 1140 erhielt er vom Stauferkönig Konrad III., seinem Halbbruder, das Privileg, daß die Freisinger Ministerialen den Status von Reichsministerialen besäßen[76]. Damit sollten sie nicht nur in ihrer sozialen und rechtlichen Stellung gehoben, sondern vor allem dem Zugriff des Freisinger Vogts entzogen werden. 1142 wurde dies vom König nochmals bestätigt, der dem Bischof auch das alleinige Münz- und Marktrecht in seiner Diözese zugestand[77] – eine Maßnahme, die gegen die Ansprüche des Herzogs von Bayern gerichtet war.

Auch auf anderen Gebieten konnte Otto I., der als Babenberger dem höchsten Reichsadel angehörte, die Stellung des Freisinger Bischofs wieder stärken[78]. Er zeichnete sich nicht nur als einer der größten Gelehrten und Geschichtstheologen seiner Zeit aus[79], sondern auch als umsichtiger und konsequenter Bistumsorganisator. Mit Erzbischof Konrad I. von Salzburg kam es zur Verständigung, und die Stifte seiner Diözese unterwarf er der Reform. Obwohl er selbst dem Zisterzienserorden angehörte, zog er dafür nicht Reformmönche heran, sondern bevorzugte die Prämonstratenser, die als Regularkanoniker besser in die Seelsorge einzubeziehen waren. Die Augustiner-Chorherren nach Salzburger Ausrichtung versuchte er dagegen herauszuhalten, um sich gegen den Einfluß des Salzburger Erzbischofs abzugrenzen. In der Ausstattung und Absicherung der besitzmäßigen und spirituellen Grundlagen der Reformkonvente orientierte er sich aber durchaus am Vorbild Erzbischof Konrads I. von Salzburg. Die bischöfliche *auctoritas* präsentierte sich demnach als höchste Schutz-

---

[73] MEICHELBECK, Historia Frisingensis I 307f; HÜBNER, Provinzialsynoden 195f.
[74] STÖRMER, Hausklöster I/1, 139–150; WEINFURTER, Aufstieg 18–21.
[75] FLOHRSCHÜTZ, Freisinger Dienstmannen 32–339; DERS., Machtgrundlagen.
[76] MGH.D K III. 46.
[77] MGH.D K III. 83.
[78] HAGEN, Herrschaftsbildung 145ff; H. GLASER, Bischof Otto von Freising. Versuch über die Lebensgeschichte, in: SHVS 23 (1958) 14–38; DERS., Bischof Otto von Freising (1138–1158), in: Christenleben im Wandel der Zeit. Bd. 1: Lebensbilder aus der Geschichte des Bistums Freising, hg. v. G. SCHWAIGER, 1987, 56–79; C. KIRCHNER-FEYERABEND, Otto von Freising als Diözesan- und Reichsbischof (= EHS III 413) 1990; L. J. GRILL, Das Itinerar Ottos von Freising, in: Festschrift Friedrich Hausmann, hg. v. H. EBNER, 1977, 153–177.
[79] J. SPÖRL, Grundformen hochmittelalterlicher Geschichtsschreibung. Studien zum Weltbild der Geschichtsschreiber des 12. Jahrhunderts, 1935 (ND 1968), 32–50; H. M. KLINKENBERG, Der Sinn der Chronik Ottos von Freising, in: Aus Mittelalter und Neuzeit. Gerhard Kallen zum 70. Geburtstag, hg. v. J. ENGEL – H. M. KLINKENBERG, 1957, 63–76; H.-W. GOETZ, Das Geschichtsbild Ottos von Freising. Ein Beitrag zur historischen Vorstellungswelt und zur Geschichte des 12. Jahrhunderts (= AKuG Beiheft 19) 1984.

instanz⁸⁰. Jedoch stellte Otto I. seine Stifte in stärkere rechtliche Abhängigkeit vom Bischof, als dies in Salzburg der Fall war. Die Freisinger Domkanoniker und Ministerialen unterstützten diese Reformpolitik mit Schenkungen. Da die Pröpste der Reformstifte zugleich Mitglieder des Freisinger Domkapitels waren, war eine enge Verzahnung der Konvente mit dem Freisinger Zentrum möglich.

Diese innere Festigung der Freisinger Kirche und den Aufschwung der bischöflichen Amtsherrschaft vermochten Ottos Nachfolger allerdings nicht weiterzuführen. Er selbst mußte noch miterleben, daß der neue Herzog von Bayern, Heinrich der Löwe, im Herbst 1157 Burg, Markt, Münze und Brücke des Freisinger Bischofs bei Föhring niederreißen und nach München verlegen ließ und bei diesem Vorgehen vom Kaiser geschützt wurde[81].

Die Zeit Kaiser Friedrichs I. brachte aber vor allem für den Wittelsbacher Pfalzgrafen Otto II., der sich im Dienst des Staufers bewährte, einen großen Aufstieg. Schon in der Zeit Bischof Alberts I. (1158–1184) gelang es ihm, auf dieser Grundlage auch seinen Einfluß im Bistum Freising zu verstärken. Erneut ist ein erheblicher Zuwachs an Wittelsbacher Ministerialen zu erkennen, der zu Lasten Freisings ging. Gehörten unter Bischof Otto I. noch über 200 Mann aus etwa 100 Familien zur Freisinger Ministerialität, so waren es unter Albert I. nur mehr etwa 150 Mann aus 91 Familien und unter dessen Nachfolger Otto II. (1184–1220) gar nur mehr 111 Mann aus 63 Familien[82]. Die fehlenden Ministerialen findet man beim Wittelsbacher. Einem Vertrag von 1169/1170 ist zu entnehmen, daß der Freisinger Bischof damals, um Gefangene auslösen zu können, darin einwilligen mußte, daß der Pfalzgraf sogar Lehnsherr der Freisinger Ministerialen wurde[83]. Die Bestrebungen Bischof Alberts von Freising, den Freisinger Besitzstand und die daraus fließenden Einkünfte durch die Anlage eines Urbars besser zu kontrollieren und zu sichern, dürften an der schwierigen Lage wenig verändert haben[84].

Als der Wittelsbacher Pfalzgraf am 16. September 1180 die bayerische Herzogswürde übertragen bekam, geriet der Freisinger Bischof – obwohl die Welfen und die Babenberger aus dem Machtkampf im altbayerischen Raum ausgeschieden waren – machtpolitisch noch mehr ins Hintertreffen. Gegen die ständigen Übergriffe Herzog Ludwigs I. (1183–1231) konnte sich Bischof Otto II. nur schwer verteidigen, auch wenn er die Burg Ottenburg als Bollwerk gegen den Wittelsbacher ausbaute. Als es 1209 zu einer Verständigung kam, ging diese vor allem zu Lasten Freisings[85]. Auch

---

[80] Z.B. Urkunde für Schäftlarn: *Possessa vel iuste possidenda ut nullus surripere audeat vel eosdem fratres inquietare aut aliqua exactione infestare presumat, auctoritate dei et nostra instantissime prohibemus*: WEISSTHANNER, Urkunden und Urbare Nr. 1.

[81] S. WEINFURTER, Heinrich der Löwe und Friedrich Barbarossa, in: OA 120 (1996) 191–203, hier 194f; H. STAHLEDER, Chronik der Stadt München. Herzöge und Bürgerstadt. Die Jahre 1157–1505, 1995, 9–11.

[82] FLOHRSCHÜTZ, Machtgrundlagen 60.

[83] F. HEKTOR v. HUNDT, Bayerische Urkunden aus dem XI. und XII. Jahrhundert (= Abhandlungen der Historischen Classe der königlich bayerischen Akademie der Wissenschaften 14,2) 1878, 98, Nr. 93.

[84] G. THOMA, Bemerkungen zum ältesten Urbar des Hochstifts Freising, in: Beiträge zur altbayerischen Kirchengeschichte 42 (1996) 7–32.

[85] SCHWERTL, Beziehungen 127f.

künftig setzten die Wittelsbacher Herzöge von Bayern den Freisinger Bestrebungen nach einer bischöflichen Landesherrschaft enge Grenzen.

Noch schwieriger war es für die Bischöfe von Regensburg, ihre Amtsherrschaft auszubauen oder die Grundlagen für ein bischöfliches Territorium zu errichten[86]. Dies lag in hohem Maße an den Machtverhältnissen am Bischofssitz selbst[87]. Die Stadt Regensburg war als Sitz der Herzöge von Bayern und als »Vorort« Bayerns für den König stets ein wichtiges machtpolitisches Zentrum. Bischof Thietmar von Merseburg († 1018) bezeichnete sie als *Bawarii caput regni*[88], und Otto von Freising (1138–1158) sprach ganz entsprechend von der *Norici ducatus metropolis* oder der *Baioariae metropolis*[89]. In Regensburg befand sich die karolingische Königspfalz am Kornmarkt und die zweite, von Arnulf von Kärnten errichtete Pfalz bei St. Emmeram[90]. Die Ausstattung des Bischofs in der Stadt und der ganze Dombezirk blieben dagegen bescheiden. Seit etwa der Jahrtausendwende übten die Bischöfe immerhin zusammen mit den Herzögen das Münzrecht in der Stadt aus[91].

Von großer Tragweite war es, daß seit dem beginnenden 11. Jahrhundert der Königsgutsbezirk (*fiscus*) in und um Regensburg aufgelöst und die Verwaltung der Königsgüter dem Regensburger Burggrafen übertragen wurde[92]. Dieser rückte damit in eine außergewöhnlich starke Stellung ein[93]. Durch seine richterlichen (Hochgerichtsbarkeit) und militärischen Kompetenzen (Stadtkommandant) war er zeitweise der eigentliche Herr der Stadt, der sich auf einen großen Kreis von Ministerialen stützen konnte. Das Amt befand sich von 976 bis 1185 in der Hand der Babonen[94]. Ihre Herrschaft, zu der auch die Vogteien von St. Emmeram, Prüfening, Prüll, St. Jakob, Walderbach und Altmühlmünster zählten, wuchs so an, daß sie 1143 in die Burggrafschaft Regensburg und die Landgrafschaft Stefling geteilt wurde. Als Friedrich I.

---

[86] Ausführliche Schilderungen in der Abfolge der Bischöfe bei JANNER, Bischöfe von Regensburg I 477–635 und II 3–329; siehe auch K. GAMBER, Kirchengeschichte des Bistums Regensburg, 1969; DERS., Ecclesia Reginensis. Studien zur Geschichte und Liturgie der Regensburger Kirche im Mittelalter (= Studia patristica et liturgica 8) 1979; HAUSBERGER, Geschichte des Bistums Regensburg I 155–170; S. FREUND, Vom hl. Erhard bis zu Konrad II. Die Regensburger Bischöfe bis 1180/85, in: Regensburg im Mittelalter. Beiträge zur Stadtgeschichte im frühen Mittelalter bis zum Beginn der Neuzeit, hg. v. M. ANGERER – H. WANDERWITZ, 1995, 71–88.

[87] Einen Überblick über die herrschaftspolitischen Voraussetzungen bietet L. KOLMER, Regensburg in der Salierzeit, in: Die Salier und das Reich III: Gesellschaftlicher und ideengeschichtlicher Wandel im Reich der Salier, hg. v. S. WEINFURTER unter Mitarbeit von H. SEIBERT, ²1992, 191–213, hier 194f.

[88] Thietmar von Merseburg, Chronicon, ed. R. HOLTZMANN, in: MGH.SS rer. Germ. NS. 9, 1935, lib. II, cap. 6, 44.

[89] Otto von Freising, Chronica, ed. A. HOFMEISTER, in: MGH.SS rer. Germ. in usum scholarum 45, 1912, lib. VI, cap. 7 und 11, 269 und 272; lib. VII, cap. 8, 319.

[90] P. SCHMID, Regensburg 38–81; W. GAUER, Arx, Metropolis und Civitas Regia. Untersuchungen zur Topographie der frühmittelalterlichen Stadt Regensburg, in: VHOR 121 (1981) 15–84; A. SCHMID, Regensburg, bes. 47ff und 67ff; P. SCHMID, König – Herzog – Bischof. Regensburg und seine Pfalzen, in: Deutsche Königspfalzen IV: Pfalzen – Reichsgut – Königshöfe, hg. von L. FENSKE, 1996, 53–83.

[91] H. BUCHENAU, Die Anfänge der Regensburger Bischofsmünzung, in: Blätter für Münzfreunde 62 (1927) 74–80.

[92] P. SCHMID, Regensburg 82–271.

[93] M. MAYER, Geschichte der Burggrafen von Regensburg, 1883; DERS., Regesten zur Geschichte der Burggrafen von Regensburg, in: VHOR 43 (1889) 1–55.

[94] W. STÖRMER, Babonen, in: LdMa 1 (1980) 1322f; I. SCHMITZ-PESCH, Roding. Die Pflegämter Wetterfeld und Bruck (= HAB.A. 44) 1986, 68–96.

Barbarossa im Umfeld der Stadt Regensburg in den sechziger Jahren des 12. Jahrhunderts eine zielstrebige Territorialpolitik einleitete, stützte er sich vor allem auf die Burggrafen[95]. Nach dem Aussterben der Babonen (1185) ging die Burggrafschaft – nach dem Zwischenspiel eines Albert – an die Wittelsbacher Herzöge über. Die Landgrafschaft Stefling fiel an die Leuchtenberger[96].

Auch die bayerische Pfalzgrafenwürde war mit Regensburg verbunden[97]. Dem Gericht des Pfalzgrafen, das im Regensburger »Latron« eingerichtet war, war der Herzog von Bayern unterworfen, und auch sonst hatte der Pfalzgraf in Regensburg eine starke Stellung. Vor allem aber ist der Regensburger »Domvogt« zur Reihe der mächtigen Herrschaftsträger in der Stadt und der Regensburger Kirche zu zählen[98]. Seit der Mitte des 11. Jahrhunderts setzten sich unter mehreren Teilvögten die »Friedriche« (aus der Familie der Bogen-Falkensteiner?) als Regensburger Hauptvögte durch[99]. Sie nahmen die Herrschaftsrechte des Bischofs in der Stadt und in den kirchlichen Besitzungen wahr. Ihnen unterstanden alle Eigen- und Zinsleute des Bischofs und aller Eigenklöster und Eigenstifte der Regensburger Kirche[100]. Nach dem Aussterben der »Friedriche« 1148 befand sich das Amt bei den Grafen von Sulzbach[101] bis zum Ende dieses Hauses 1188. Dann folgte das niederösterreichische Geschlecht der Herren von Lengenbach, unter denen freilich die Vogteiherrschaft an Macht einbüßte. 1245 gelang es dem Regensburger Bischof, das Amt einzuziehen und damit doch noch eine wichtige Grundlage für die Begründung einer bischöflichen Landeshoheit zu gewinnen.

Dieser Überblick über die Machtverhältnisse in Regensburg erklärt, weshalb die Regensburger Bischöfe über lange Zeiten hinweg eher im Hintergrund blieben. Zwar gelang es ihnen, die bischöflichen Herrschaften Donaustauf, Wörth und Hohenburg aufzubauen, aber diese blieben doch eher bescheidene Stützpunkte. Der übrige, meist weit im Osten gelegene Streubesitz brachte wenig. So war das Bestreben der Regensburger Bischöfe lange Zeit darauf ausgerichtet, in der Reichspolitik Profil zu entwickeln. Die Bischöfe Gebhard III. (1036–1060), Otto (1061–1089) und Gebhard IV. (1089–1105), der die Bischofsweihe nie erlangte, strebten danach, sich im Reichs-

---

[95] A. SCHMID, Regensburg 75.
[96] A. KRAUS, Die Landgrafschaft Leuchtenberg. Ein Beitrag zur Geschichte des Bayerischen Nordgaus, in: Die Oberpfalz 64 (1976) 129–138.
[97] P. WITTMANN, Die Pfalzgrafen von Baiern, 1877; W. STÖRMER, Die Wittelsbacher als Pfalzgrafen von Bayern, in: Die Wittelsbacher im Aichacher Land, 1980, 63–69.
[98] A. ÖLLERER – R. BÜTTNER, Der Domvogt von Regensburg (= Kennst du die Heimat 7) 1954.
[99] K. TROTTER, Die Domvögte von Regensburg und die Grafen von Bogen, in: Verhandlungen des Historischen Vereins für Niederbayern 64 (1931) 101–112; M. PIENDL, Die Grafen von Bogen. Genealogie, Besitz- und Herrschaftsgeschichte, in: Jahresbericht des Historischen Vereins für Straubing und Umgebung 55 (1952 ersch. 1953) 25–82; A. SCHMID, Untersuchungen zu Gau 139–141.
[100] A. SCHMID, Regensburg 78.
[101] A. KRAUS, Die Grafschaft Sulzbach. Ergebnisse und Probleme der Forschungen zum Historischen Atlas von Bayern, in: JFLF 52 (1992) 195–207; H. DOPSCH, Die Grafen von Sulzbach und das Erbe der Sighardinger – Zur Genealogie der Stifter von Berchtesgaden, in: Geschichte von Berchtesgaden. Stift – Markt – Land. I: Zwischen Salzburg und Bayern (bis 1594), hg. v. W. BRUGGER – H. DOPSCH – P. F. KRAMML, 1991, 211–228.

und Königsdienst auszuzeichnen. In Stadt und Bistum Regensburg dagegen ist eine bischöfliche Regierungstätigkeit kaum zu erkennen[102].

Nur die Auseinandersetzungen zwischen dem Bischof und dem Kloster St. Emmeram ziehen sich wie ein roter Faden durch die Geschichte der Regensburger Kirche[103]. Es ging um die Frage der Unabhängigkeit des Klosters. Mit Hilfe des Dionysius-Kultes (St-Denis) und gefälschten Legenden und Translationsberichten, die möglicherweise aus der Feder des gelehrten Mitbruders Otloh flossen[104], versuchten die Mönche von St. Emmeram, den Rang des Klosters zu erhöhen und der französischen Königsabtei Saint-Denis anzugleichen. Im Streit mit Bischof Hartwig (1105–1126) scheint St. Emmeram sogar die päpstliche Anerkennung der Exemtion erreicht zu haben[105]. Aber 1182/1183 bestätigte Papst Lucius III. doch wieder die bischöfliche Herrschaft über das Kloster[106].

Kirchliche Reformströmungen wurden in Regensburg im späteren 11. und beginnenden 12. Jahrhundert weniger von den Bischöfen, als vielmehr von einzelnen Klerikern (Ulrich von Zell[107]; Scholaster Gerard[108]; Wilhelm von Hirsau[109]; Paul von Bernried[110]) und von den Bürgern aufgenommen[111], die sich an der Gründung der Schottenniederlassungen (Weih Sankt Peter ca. 1074; St. Jakob seit 1111) beteiligten[112]. Allerdings hat auch Bischof Hartwig (1105–1126), der dem reformerisch eingestellten Aktionskreis um den jungen Heinrich V. angehörte[113], durchaus Ansätze zu einer Förderung des benediktinischen Mönchtums entwickelt. Auch mußte er auf die Klosterpolitik Bischof Ottos I. von Bamberg reagieren, der als Herr der Alten Kapelle

---

[102] BOSHOF, Bischöfe und Bischofskirchen 142.
[103] R. BUDDE, Die rechtliche Stellung des Klosters St. Emmeram in Regensburg zu den öffentlichen und kirchlichen Gewalten vom 9. bis zum 14. Jahrhundert, in: AU 5 (1914) 153–238; FREISE, Totenbuchführung 96–106; E. FREISE, St. Emmeram zu Regensburg, in: Ratisbona Sacra. Das Bistum Regensburg im Mittelalter. Katalog zur Ausstellung anläßlich des 1250jährigen Jubiläums der kanonischen Errichtung des Bistums Regensburg durch Bonifatius 739–1989, 1989, 182–188; RÄDLINGER-PRÖMPER, St. Emmeram in Regensburg.
[104] KRAUS, Saint-Denis 535–549.
[105] G. HÖDL – P. CLASSEN, Die Admonter Briefsammlung nebst ergänzenden Briefen (= MGH.Epp Die Briefe der deutschen Kaiserzeit 6) 1983, 38, Nr. 5: *quod ad Romanam ecclesiam pertinere cognoscitur.*
[106] GermPont I, 273f, Nr. 28f.
[107] FUHRMANN, Ulrich von Zell.
[108] R. HÜLS, Kardinäle, Klerus und Kirchen Roms 1049–1130 (= Bibliothek des Deutschen Historischen Instituts in Rom 48) 1977, 100f.
[109] Siehe unten Anm. 290f.
[110] Siehe unten Anm. 407f.
[111] MÄRTL, Regensburg. Vgl. auch P. SCHMID, Die Anfänge der Regensburger Bürgerschaft und ihr Weg zur Stadtherrschaft, in: ZBLG 45 (1982) 483–539.
[112] FLACHENECKER, Schottenklöster 81–95.
[113] Zu diesem Kreis siehe S. WEINFURTER, Reformidee und Königtum im spätsalischen Reich. Überlegungen zu einer Neubewertung Kaiser Heinrichs V., in: Reformidee und Reformpolitik im spätsalisch-frühstaufischen Reich, hg. v. S. WEINFURTER unter Mitarbeit von H. SEIBERT (= Quellen und Abhandlungen zur mittelrheinischen Kirchengeschichte 68) 1992, 1–45. Hartwig, aus dem Haus der Spanheimer, wurde 1105 von Heinrich V. in Regensburg als Bischof eingesetzt.

mitten in der Stadt Regensburg präsent war und das Reformkloster Prüfening vor der Stadt gründete[114].

Ein wirklicher Wandel setzte aber erst mit Bischof Konrad (Kuno) I. ein (1126–1132). Er entstammte dem Regensburger Ministerialengeschlecht von Raitenbuch und war von 1105 bis 1126 Abt des Kölner Reformklosters Siegburg gewesen. Dort hatte er im Zusammenwirken mit dem Kölner Erzbischof Friedrich I. (1100–1131), der ebenfalls aus dem Regensburger Raum (Schwarzenburg) stammte, einen weitgespannten Reformverband aufgebaut, über den die Amtsautorität des Erzbischofs gefestigt werden sollte[115]. Als Regensburger Bischof bemühte er sich, seine Amtsgewalt auch hier durch die Klosterreform zu steigern[116]. Daran knüpfte sein Nachfolger, Heinrich I. (1132–1155) aus dem Haus der Grafen von Wolfratshausen, an, der vom Salzburger Reformbischof Konrad I. unterstützt und von ihm noch vor der königlichen Investitur als Bischof geweiht wurde[117]. Auch seine Position als Stadtherr von Regensburg konnte er verteidigen.

Das spätere 12. Jahrhundert aber war wieder ganz vom Kampf um die Stadt Regensburg geprägt[118]. In der Zeit Bischof Konrads (Kunos) II. (1167–1185) – wie Konrad (Kuno) I. aus der Regensburger Ministerialenfamilie der Raitenbucher stammend – gelang es den Staufern Friedrich I. Barbarossa und seinem Sohn Heinrich VI., den königlichen Einfluß auszuweiten und die Stadt zu einem Stützpunkt des Königtums (*civitas publica*) auszubauen[119]. Der Tod Heinrichs VI. 1197 und die Wirren des Thronstreits seit 1198 brachten dann jedoch den Herzog Ludwig von Bayern in eine dominierende Position[120]. Nach heftigen Kämpfen mit Bischof Konrad III. (1186–1204) und vor allem mit dem aus dem Grafenhaus von Frontenhausen stammenden Bischof Konrad IV. (1204–1226) kam 1205 schließlich ein Vergleich zustande[121]. Alle wichtigen Herrschaftsrechte in der Stadt wurden zwischen Bischof und Herzog geteilt. Aber auch dies sollte nur ein vorübergehender Kompromiß bleiben.

---

[114] H. ROSANOWSKI, Bischof Hartwig I. von Regensburg, in: Regensburg und Bayern im Mittelalter (= Studien und Quellen zur Geschichte Regensburgs 4) 1987, 57–78.

[115] SEMMLER, Klosterreform 46–48; R. ROSEN, Die Stellung der Kölner Erzbischöfe von Heribert bis Friedrich I. zu den Klöstern (999–1131), in: Jahrbuch des Kölner Geschichtsvereins 41 (1967) 119–181, hier 157ff; E. WISPLINGHOFF, Die Benediktinerabtei Siegburg (= GermSac NS 9,2) 1975, 64ff; M. GROTEN, Priorenkolleg und Domkapitel von Köln im Hohen Mittelalter. Zur Geschichte des kölnischen Erzstifts und Herzogtums (= Rheinisches Archiv 109) 1980, 63.

[116] SEMMLER, Klosterreform 84–88 und 99–102; M. SINDERHAUF, Cuno I. (ca. 1070–1132), Abt von Siegburg und Bischof von Regensburg, in: Temporibus tempora. Festschrift für Abt Placidus Mittler, hg. v. M. MITTLER – W. HERBORN (= Siegburger Studien 25) 1995, 1–125.

[117] SCHÜTZ, Andechs-Meranier 53 u. 56f; PETKE, Kanzlei 75f u. 318f.

[118] A. SCHMID, Untersuchungen zu Gau 151–161.

[119] A. SCHMID, Regensburg 82; S. FREUND, Die Regensburger Bischöfe und das Herzogtum Heinrichs des Löwen. Untersuchungen zum Verhältnis von Bischof, Herzog und Kaiser bis zum Ende der welfischen Herrschaft in Bayern (1156–1180/85), in: Regensburg, Bayern und Europa. Festschrift für Kurt Reindel zum 70. Geburtstag, hg. v. L. KOLMER – P. SEGL, 1995, 257–280, hier 276ff.

[120] A. SCHMID, Die Territorialpolitik der frühen Wittelsbacher im Raume Regensburg, in: ZBLG 50 (1987) 367–410.

[121] Monumenta Wittelsbacensia. Urkundenbuch zur Geschichte des Hauses Wittelsbach, hg. v. F. M. WITTMANN, Abth. 1: Von 1204 bis 1292 (= QuE 5) 1857, 4–9, Nr. 2.

Während die Regensburger Bischofspolitik sehr auf den Bischofssitz hin ausgerichtet war, stand im Bistum Passau das räumliche Element stärker im Vordergrund. Über die Donau war das bis in das Wiener Becken reichende, beiderseits des Flusses sich ausdehnende Bistum logistisch gut zu erfassen, was den inneren Ausbau der Diözese erleichterte[122]. Bereits unter den Bischöfen Berengar (1013–1045) und Egilbert (1045–1065) ist der Ausgriff nach Osten hin zu erkennen. In St. Florian und St. Pölten wurden Mittelpunkte der neuen Politik eingerichtet, die auf eine bessere Bistumsorganisation zielte.

Bischof Altmann (1065–1091), zuvor Kapellan am Hof der Kaiserin Agnes, übernahm diese Ansätze und strebte eine umfassende Erneuerung des Diözesanklerus an[123]. Durch den Widerstand der Passauer Domkanoniker wurde er aber in den 70er Jahren dazu gezwungen, seine Bischofsstadt, in der sich Gegenbischöfe niederließen, für immer zu verlassen. Künftig mußte er sich auf die östlichen Teile seiner Diözese beschränken. Dort errichtete er in dieser Zeit in Göttweig ein neues Zentrum[124]. Bis zuletzt blieb er ein eifriger Verfechter der reformpäpstlichen Forderungen[125]. Vom Adel standen nur die Grafen von Vornbach (Formbach), die ihre Besitzschwerpunkte an Inn und Donau und in der Mark Österreich hatten, und ihre Verwandten auf seiner Seite. Sie setzte er zu Vögten über Besitz der Passauer Bischofskirche und der bischöflichen Stifts- und Klostergründungen ein (für Göttweig Graf Ulrich von Radlberg, für St. Nikola Graf Heinrich von Vornbach)[126]. Dennoch wird man sagen müssen, daß Altmann bistumspolitisch am Ende gescheitert ist und die organisatorische Durchdringung der Diözese in den Anfängen stecken blieb[127].

Sein Nachfolger Ulrich (1092–1121), der anfangs mit demselben Widerstand seiner Domkanoniker konfrontiert war, konnte sich seit 1106 der Reorganisation seines Bistums widmen, bei der erneut Göttweig das Zentrum darstellte. In einer großräumig angelegten Diözesanreform schuf er die Grundlagen für eine erneuerte bischöfliche Amtsautorität[128]. Doch schon in seiner Zeit zeichnete sich der Konflikt mit den Babenbergern, den Markgrafen von Österreich, ab, der sich unter den Bischöfen Reginmar (1121–1138) und Reginbert (1138–1147) immer mehr ausweitete. Die Babenberger trieben im Osten der Diözese ihre Herrschaft kraftvoll voran, sammelten Klostervogteien in ihrer Hand (Melk, Klosterneuburg, Heiligenkreuz, Mariazell, Göttweig, wahrscheinlich St. Pölten, später Metten, Schottenkloster in Wien, St. Flo-

---

[122] VEIT, Passau; ZURSTRASSEN, Bischöfe; BOSHOF, Bischöfe und Bischofskirchen; DERS., Regesten der Bischöfe von Passau.
[123] BOSHOF, Bischof Altmann. Grundlegende Quelle: Vita Altmanni episcopi Pataviensis, ed. W. WATTENBACH, in: MGH.SS XII, 1856, 228–243. Dazu COUÉ, Hagiographie 127–145.
[124] HÖDL, Göttweig im Mittelalter.
[125] W. HARTMANN, Das Bistum Passau im Investiturstreit, in: OG 31 (1989) 46–60.
[126] LOIBL, Herrschaftsraum 184 und 189f; vgl. auch F. JUNGMANN-STADLER, Hedwig von Windberg, in: ZBLG 46 (1983) 235–300.
[127] ZINNHOBLER, Passauer Bistumsmatrikel I 59–71.
[128] ZURSTRASSEN, Bischöfe 17–38. Die Politik, auch fremde Klöster an die Passauer Amtsherrschaft zu binden, wurde unter Ulrichs Nachfolgern fortgesetzt, vor allem unter Bischof Reginbert (1138–1147) (ebd. 62ff). Dies ist gut zu erkennen am Beispiel des Regensburger Eigenklosters Mondsee. Dazu G. RATH – E. REITER, Das älteste Traditionsbuch des Klosters Mondsee (= FGSMO 16) 1989.

rian)[129] und versuchten auch, die Hauptvogtei über die Passauer Kirche an sich zu bringen[130]. Durch die babenbergische Vogteiherrschaft über Göttweig entglitt dem Bischof vor allem dieser wichtige Stützpunkt.

Aber Bischof Konrad (1148–1164), selbst ein Babenberger, konnte 1161 in seiner Herrschaftspolitik einen wichtigen Erfolg dagegensetzen, als ihm Friedrich I. Barbarossa das Passauer Frauenkloster Niedernburg, bis dahin eine Reichsabtei, gegen die jährliche Zahlung von 40 Pfund Regensburger Münze übertrug[131]. In der Folgezeit, vor allem unter Bischof Diepold (1172–1190), entwickelte sich ein enges Zusammenwirken mit den staufischen Herrschern und den Grafen von Andechs, am Ende des 12. Jahrhunderts dann auch ein Kampfbündnis mit dem bayerischen Herzog in der Fehde gegen die Grafen von Ortenburg[132]. Die bischöfliche Position wurde dadurch kontinuierlich gestärkt. Als Bischof Wolfger (1191–1204)[133] von Kaiser Heinrich VI. 1193 auch die Niedernburger Vogtei (im Tausch gegen das schwäbische Gut Mertingen) erhielt[134], hatte der Bischof endlich die uneingeschränkte Herrschaft über die Stadt Passau erreicht. Zudem bot das von Niedernburg übernommene »Land der Abtei«[135] zwischen Ilz und Mühltal die Grundlage für den Aufbau eines bischöflichen Territoriums. Ein zweiter Schwerpunkt der Bischofsherrschaft entstand im Laufe des 12. Jahrhunderts in und um den Markt St. Pölten[136]. Zu Beginn des 13. Jahrhunderts kamen noch die Grafschaften im Ilzgau (1217/1220) und von Windberg (1207) hinzu[137]. So befand sich die Bischofsherrschaft in Passau um 1200 durchaus im Aufwind. Der Plan, Passau zum Erzbistum einer von Salzburg losgelösten Kirchenpro-

---

[129] Eine Übersicht bei REICHERT, Landesherrschaft 136ff.

[130] H. DIENST, Babenberger-Studien. Niederösterreichische Traditionsnotizen als Quellen für die Zeit Markgraf Leopolds III. (= Wiener Dissertationen aus dem Gebiete der Geschichte 7) 1966, 119ff.

[131] MGH.D F I. 322; BOSHOF, Regesten der Bischöfe von Passau I Nr. 776; A. DOPSCH, Zur Frage nach der Begründung der Stadtherrschaft durch die Bischöfe von Passau, in: MIÖG 26 (1905) 329–336; VEIT, Passau 34ff.

[132] Zum Machtkampf in Ostbayern gegen Ende des 12. Jahrhunderts siehe E. BOSHOF, Zentralgewalt und Territorium im Südosten des Reiches um die Wende vom 12. zum 13. Jahrhundert, in: Wolfger von Erla. Bischof von Passau (1191–1204) und Patriarch von Aquileja (1204–1218) als Kirchenfürst und Literaturmäzen, hg. v. E. BOSHOF – F. P. KNAPP (= Germanistische Bibliothek NF 3,20) 1994, 11–42. Zu den Ortenburgern siehe F. HAUSMANN, Die Grafen zu Ortenburg und ihre Vorfahren im Mannesstamm, die Spanheimer in Kärnten, Sachsen und Bayern, sowie deren Nebenlinien. Ein genealogischer Überblick, in: OG 36 (1994) 9–62.

[133] F.-R. ERKENS, Territorialpolitisches Wirken und landesherrliches Regiment Wolfgers von Erla als Bischof von Passau (1191–1204), in: Wolfger von Erla. Bischof von Passau (1191–1204) und Patriarch von Aquileja (1204–1218) als Kirchenfürst und Literaturmäzen, hg. v. E. BOSHOF – F. P. KNAPP, 1994, 43–67.

[134] VEIT, Passau 39; BOSHOF, Regesten der Bischöfe von Passau I Nr. 980.

[135] F. v. MÜLLER, Das Land der Abtei im alten Fürstentum Passau, in: Verhandlungen des Historischen Vereins für Niederbayern 57 (1924) 1–152.

[136] J. WODKA, Das ehemalige Augustiner Chorherrenstift St. Pölten, in: Beiträge zur Stadtgeschichtsforschung. Festschrift der Stadtgemeinde St. Pölten (= Veröffentlichungen des Kulturamtes der Stadt St. Pölten 2) 1959, 156–198.

[137] K. WILD, Das Schicksal der Grafschaft Windberg, in: OG 2 (1958) 193–224; VEIT, Passau 66ff; ZURSTRASSEN, Bischöfe 306–314.

vinz zu machen, den vor allem Bischof Wolfger (1191–1204) betrieb, scheiterte allerdings[138].

Das zur Kirchenprovinz Mainz gehörende Bistum Augsburg[139] zog ähnlich wie Regensburg die besondere Aufmerksamkeit der salischen und staufischen Könige auf sich. Die Bischofsstadt war vor allem ein wichtiger Sammelplatz der Heere für die Italien- und Romzüge und damit ein zentraler Ausgangspunkt für die Alpenübergänge[140].

Noch mehr wurden die Geschicke dieser Bischofskirche beeinflußt durch den immer wieder aufflammenden Konflikt mit den Welfen[141]. Dieses mächtige Adelsgeschlecht trat mit seinem Besitzschwerpunkt im Augst- und Ammergau und mit seiner Besitzkette entlang des Lechs seit der frühen Salierzeit in scharfe Konkurrenz zum Augsburger Bischof[142]. Schon 1026 kam es zu heftigen Kämpfen. Der Höhepunkt war unter Bischof Siegfried (1077–1096) erreicht, als die Stadt Augsburg zwischen 1080 und 1093 durch mehrmalige Angriffe Welfs IV. (Herzog von Bayern 1070–1077 und 1096–1101) fast völlig zerstört wurde[143]. Zwei Jahre mußte der Augsburger Bischof, der sich als zuverlässiger Anhänger Kaiser Heinrichs IV. erwies[144], in Gefangenschaft verbringen, ehe ihn der Welfe 1090 wieder freiließ.

Die Erneuerung der bischöflichen Führungsposition im Augsburger Bistum nahm Bischof Hermann (1096–1133), der Bruder des Burggrafen Udalrich von Passau, in Angriff. Ihn verfolgten allerdings seine reformkirchlichen Gegner, an ihrer Spitze Abt Egino von St. Ulrich und Afra (1109–1120), jahrelang mit dem Vorwurf, sein Amt unkanonisch erlangt zu haben[145], und prägten damit das Bild eines diabolischen und machtbesessenen Verfolgers der Kirche. Auch die Besitzstreitigkeiten zwischen Bischof und Domkapitel in den Jahren um 1100 trugen zu dieser Beurteilung bei[146].

---

[138] F.-R. ERKENS, Die Rezeption der Lorcher Tradition im hohen Mittelalter, in: OG 28 (1986) 195–206, hier 199f.
[139] ZOEPFL, Bistum Augsburg und seine Bischöfe im Mittelalter; VOLKERT, Regesten Augsburg; G. KREUZER, Augsburg als Bischofsstadt unter den Saliern und Lothar III. (1024–1133), in: Geschichte der Stadt Augsburg von der Römerzeit bis zur Gegenwart, hg. von G. GOTTLIEB u.a., 1984, 121–127; P. FRIED, Augsburg unter den Staufern (1132–1268), in: ebd., 127–131; HORN, Geschichte.
[140] A. SANDBERGER, Das Hochstift Augsburg an der Brennerstraße, in: ZBLG 36 (1973) 586–599; W. GOEZ, Augsburg und Italien im Mittelalter, in: Zeitschrift für Stadtgeschichte, Stadtsoziologie und Denkmalpflege 1 (1974) 196–220; STÖRMER, Brennerroute 156–161; G. KREUZER, Die Hoftage der Könige in Augsburg im Früh- und Hochmittelalter, in: Bayerisch-schwäbische Landesgeschichte an der Universität Augsburg 1975–1977. Vorträge, Aufsätze, Berichte, hg. v. P. FRIED (= Augsburger Beiträge zur Landesgeschichte Bayerisch-Schwabens 1 = Veröffentlichungen der Schwäbischen Forschungsgemeinschaft 7,1) 1979, 83–120.
[141] W. STÖRMER, Die Welfen in der Reichspolitik des 11. Jahrhunderts, in: MIÖG 104 (1996) 252–265.
[142] J. FLECKENSTEIN, Über die Herkunft der Welfen und ihre Anfänge in Süddeutschland, in: Studien und Vorarbeiten zur Geschichte des großfränkischen und frühdeutschen Adels, hg. v. G. TELLENBACH (= Forschungen zur Oberrheinischen Landesgeschichte 4) 1957, 71–136, hier 77; R. GOES, Die Hausmacht der Welfen in Süddeutschland, Diss. Tübingen 1960.
[143] HORN, Geschichte 260.
[144] F. ZOEPFL, Die Augsburger Bischöfe im Investiturstreit, in: HJ 71 (1952) 305–333.
[145] Siehe dazu vor allem die Schrift des Abtes Udalschalk von St. Ulrich und Afra: De Eginone et Herimanno, ed. P. JAFFÉ, in: MGH.SS XII, 1856, 429–447; vgl. HÖRBERG, Libri Sanctae Afrae 157ff.
[146] Annales Augustani, ed. G.H. PERTZ, in: MGH.SS III, 1839, 135.

Erst in jüngerer Zeit wird von der Forschung erkannt, daß Hermann durchaus in gewissem Rahmen Klosterpolitik betrieben hat[147] und überdies ein bischöfliches Visitationshandbuch (*Collectio Augustana*) anlegen ließ, um auf dieser Grundlage seine Amtsbefugnisse wieder zur Geltung zu bringen[148].

In das Ende seiner Amtszeit fiel eine erneute Zerstörung seiner Stadt, die sich inzwischen den Staufern angeschlossen hatte. Auf Befehl Kaiser Lothars III., des Schwiegervaters Heinrichs des Stolzen, wurden am 30. August 1132 die Befestigungen der Stadt bis auf den Grund niedergerissen[149]. In den siebziger Jahren des 12. Jahrhunderts schließlich zog sich ein weiterer Konflikt hin, der zwischen Welf VI. und dem Bischof Hartwig I. (1167–1184) ausgetragen wurde[150]. Mit Hilfe eines von Papst Alexander III. am 26. Dezember 1167 ausgestellten Privilegs versuchte der Welfe sogar, die Augsburger Kleriker, die im welfischen Herrschaftsbereich lebten, von ihrem Bischof abzuziehen[151].

Das enge Zusammenwirken der Augsburger Bischöfe mit den Stauferherrschern verstärkte sich in der zweiten Hälfte des 12. Jahrhunderts. Das am 21. Juni 1156 von Friedrich I. Barbarossa bestätigte Stadtrecht sollte die Stadtherrschaft des Bischofs sichern[152]. Darin wurden auch die Rechte des aus der bischöflichen Ministerialität stammenden Burggrafen (niedere Gerichtsbarkeit) und des adligen Stadtvogts (hohe Gerichtsbarkeit) geregelt. Aber gerade über die Vogtei ergab sich für die Staufer selbst bald die Möglichkeit, ihren Einfluß auf die Augsburger Kirche zu verstärken. Seit dem 11. Jahrhundert hatte sich die Hochstiftsvogtei, zu der die Stadtvogtei gehörte, in den Händen der Herren von Ursberg-Schwabegg befunden[153]. Als der letzte dieses Hauses, Adalgoz, 1167 (vor Rom?) starb, zog der Kaiser dessen Güter und die Vogtei an sich. Von nun an entwickelte sich Augsburg zu einer »königlichen Stadt« (*urbs regia*) und zu einer »Stadt des Kaisers« (*civitas imperatoris*)[154]. Das gesamte Bistum wurde in die ostschwäbisch-staufische Herrschaftspolitik eingebunden, insbesondere als auch der Besitz Welfs VI. nach seinem Tod 1191 an die Staufer fiel. Im Lechrain entstand eine staufische Vogteiherrschaft mit einer Verschmelzung von Reichs- und Kirchenministerialität[155], gegen die sich eine bischöfliche Herrschafts-

---

[147] CLASSEN, Gerhoch von Reichersberg 17f und 27f; PETERS, Ursberg, bes. 584.
[148] K. ZECHIEL-ECKES, Neue Aspekte zur Geschichte Bischof Hermanns von Augsburg (1096–1133). Die Collectio Augustana, eine Rechtssammlung aus der Spätzeit des Investiturstreits, in: ZBLG 57 (1994) 21–43.
[149] P. JAFFÉ, Monumenta Bambergensia (= Bibliotheca rerum Germanicarum 5) 1869, 444–447, Nr. 260.
[150] FELDMANN, Herzog Welf VI. 79–84.
[151] Vgl. GermPont II/1, 76, Nr. 4; MIGNE PL 200, 525, Nr. 535. Siehe auch MOIS, Stift Rottenbuch 66f.
[152] MGH.D F I. 147; W. BAER, Das Stadtrecht vom Jahre 1156, in: Geschichte der Stadt Augsburg, hg. v. G. GOTTLIEB u.a., 1984, 132–134; DERS., Zum Verhältnis von geistlicher und weltlicher Gewalt in der ehemaligen Reichsstadt Augsburg, in: Aus Archiven und Bibliotheken. Festschrift für Raymund Kottje zum 65. Geburtstag, hg. v. H. MORDEK (= Freiburger Beiträge zur mittelalterlichen Geschichte 3) 1992, 429–441, hier 432f; KREUZER, Verhältnis 43–64.
[153] Zu den Augsburger Vogteien siehe JAHN, Augsburg Land 43–54.
[154] HORN, Geschichte 266.
[155] JAHN, Augsburg Land 199f; vgl. G. BRADLER, Studien zur Geschichte der Ministerialität im Allgäu und in Oberschwaben (= Göppinger akademische Beiträge 50) 1973.

bildung so gut wie nicht entwickeln konnte. Erst das Ende der Staufer schuf hier andere Voraussetzungen.

*b) Die Domkapitel*

Die wirtschaftliche und rechtliche Ausbildung der Domkapitel in der Kirchenprovinz Salzburg sowie am Bischofssitz von Augsburg, die in der Zeit Kaiser Heinrichs II. (1002–1024) wichtige Impulse erhalten hatte[156], nahm im 11. Jahrhundert weiter zu und erlangte im 12. Jahrhundert einen Höhepunkt[157]. Im einzelnen zeigen sich freilich nicht unerhebliche Unterschiede bei den einzelnen Bischofskirchen, sowohl im zeitlichen Entwicklungsstand als auch in der Funktion des Domklerus für die Bistumsverwaltung.

An der Domkirche von Freising war die Ausbildung einer eigenen Güterausstattung des Domkapitels schon in der ersten Hälfte des 11. Jahrhunderts so weit gediehen, daß der Bischof kein Verfügungsrecht mehr darüber besaß[158]. Dort ist auch zu erkennen, daß die Domkanoniker seit der Mitte des 11. Jahrhunderts sehr intensiv in die Bistumsreform einbezogen wurden, als ihnen die Bischöfe Nitker (1039–1052) und Ellenhard (1052–1078) die Leitung der Freisinger Stifte übertrugen[159]. Daraus entwickelte sich eine weitgreifende Verflechtung des Kathedralklerus mit der Diözese. Die enge Handlungsgemeinschaft von Bischof und Domkanonikern bewährte sich über die gesamte Zeit des Investiturstreits hin und führte dazu, daß das Freisinger Domkapitel als geschlossene Institution auftrat (*Frisingensis ecclesie congregatio*) und seit 1125, vor allem 1129 auf der Synode von Laufen, seinen Bischof Heinrich (1098–1137) gegen die hartnäckigen Angriffe Erzbischof Konrads I. von Salzburg erfolgreich in Schutz nahm[160].

So ziemlich das entgegengesetzte Bild zeigt sich in Augsburg. Dort wird das Domkapitel als eigenständige Korporation erst um die Wende vom 11. zum 12. Jahrhundert klarer erkennbar[161]. In dieser Phase der »Emanzipation« kam es zur Anlage von Güterverzeichnissen des Domkapitels[162]. Der schon seit der Mitte des 11. Jahrhunderts zu beobachtende »harte Kurs« des Augsburger Bischofs gegenüber seinem Domklerus[163] mündete unter Bischof Hermann (1096–1133) in heftige Besitzstreitig-

---

[156] SCHIEFFER, Domkapitel 281f.
[157] J. DOLL, Die Anfänge der altbayerischen Domkapitel (= Beiträge zur Geschichte, Topographie und Statistik des Erzbistums München und Freising NF 4,10) 1907, 1–55; OSWALD, Passauer Domkapitel; BUSLEY, Freisinger Domkapitel; LEUZE, Domkapitel; L. SANTIFALLER, Das Brixner Domkapitel in seiner persönlichen Zusammensetzung im Mittelalter (= Schlern-Schriften 7) 1924/25. Ein Überblick über die Entwicklung der Domkapitel bei H.-J. BECKER, Senatus episcopi. Die rechtliche Stellung der Domkapitel in Geschichte und Gegenwart, in: Jahres- und Tagungsbericht der Görres-Gesellschaft 1989, 1990, 33–54, und G. P. MARCHAL, Domkapitel, in: TRE 9 (1982) 136–140.
[158] BUSLEY, Freisinger Domkapitel 23; HAGEN, Herrschaftsbildung 182.
[159] Siehe oben bei Anm. 69f.
[160] HAGEN, Herrschaftsbildung 183f; MEYER-GEBEL, Bischofsabsetzungen 25–31.
[161] HORN, Geschichte 261f.
[162] VOLKERT, Regesten Augsburg Nr. 367.
[163] Ebd. Nr. 302.

keiten[164] und führte, wie die *Annales Augustani* berichten, schließlich sogar zur Auflösung des gemeinsamen Lebens (*vita communis*) der Domherren[165]. Der später berühmte Reformkanoniker Gerhoch von Reichersberg, der zwischen 1116 und 1124 an der Augsburger Domschule wirkte, sah dort keine Entfaltungsmöglichkeiten mehr und verließ den Ort[166]. Bischof Walther (1133–1152)[167] suchte einen Ausweg, indem er die Gründung eines Reformstifts in St. Georg, einer Kapelle des Domstifts in Augsburg, förderte und 1135 bestätigte[168]. Dorthin sollte sich der kleine Kreis der reformwilligen Domherren zurückziehen. Die übrigen lehnten das gemeinsame Leben ab. Auch sonst scheinen sich im Augsburger Klerus offensichtliche Mißstände gehalten zu haben, wie eine Visitationsreise ergab, die der Kardinallegat Oktavian zusammen mit Gerhoch von Reichersberg 1151 durchführte[169]. Dazu fügt sich, daß auch Gerhochs Bruder Rüdiger scheiterte, als er 1158 das Amt des Domdekans übernahm und im Augsburger Domkapitel die *vita communis* wieder einführen wollte[170].

Ähnlich wie in Augsburg galten in der Kirche von Passau Kathedralgut und Kapitelvermögen noch bis ins späte 11. Jahrhundert hinein als Einheit[171]. Der Kampf der Passauer Domkanoniker gegen Bischof Altmann (1065–1091) dürfte nicht nur gegen die Verschärfung der Lebensregeln gerichtet gewesen sein, sondern vor allem gegen das Gebot der Besitzlosigkeit. Dieses widersprach vollkommen den Bemühungen des Domklerus gerade in dieser Zeit, sich eigentumsrechtlich von der Aufsicht des Bischofs zu lösen. Erst zu Anfang des 12. Jahrhunderts kam es zur Eigenständigkeit der *mensa canonicorum*, deren Verwaltung dem Dekan übertragen war[172]. Aus der Zeit Bischof Reginmars (1121–1138) ist dann der erste Gütertausch zwischen ihm und den Domherren überliefert[173].

Völlig neue Anstöße gingen von Salzburg aus[174]. Auch dort hatte wie in Passau das Domkapitel Ende des 11. Jahrhunderts erst eine teilweise Verfügungsgewalt über das eigene Vermögen erlangen können[175]. Diesen Prozeß brachte Erzbischof Konrad I. (1106–1147) zum Abschluß, indem er die Domstiftsgüter rechtlich absicherte und deren Verwaltung – etwa durch ein eigenes Traditionsbuch – verselbständigte. Gleichzeitig unterwarf er die Salzburger Domkanoniker in kompromißloser Weise den For-

---

[164] Ebd. Nr. 379. Vgl. J. JAHN, Kirche und Adel im ostschwäbisch-westbayerischen Gebiet um 1100. Besitzgeschichtliche Studien über die Grundlagen der alten Güter des Domkapitels Augsburg, in: Jahrbuch des Heimatvereins für den Landkreis Augsburg 1982, 233–425.
[165] Annales Augustani, ed. G. H. PERTZ, in: MGH.SS III, 1839, 135: *canonicae conversionis exterminium*.
[166] CLASSEN, Gerhoch von Reichersberg 17–19.
[167] MEYER-GEBEL, Bischofsabsetzungen 203–213.
[168] VOLKERT, Regesten Augsburg Nr. 488.
[169] Gerhoch von Reichersberg, Commentarius in psalmum LXV, ed. E. SACKUR, in: MGH.Ldl III, 1897, 493–496; MEYER-GEBEL, Bischofsabsetzungen 207f.
[170] Gerhoch von Reichersberg, Commentarius in psalmum CXXXIII, ed. E. SACKUR, in: MGH.Ldl III, 1897, 499f.
[171] OSWALD, Passauer Domkapitel 10–12.
[172] ZURSTRASSEN, Bischöfe 183.
[173] BOSHOF, Regesten der Bischöfe von Passau I Nr. 581.
[174] Überblick über die Entwicklung bei DOPSCH, Klöster und Stifte I/2, 1003–1007.
[175] WEINFURTER, Salzburger Bistumsreform 30.

derungen der Kanonikerreform[176]. Diejenigen, die sich widersetzten, wurden 1121/1122 entfernt und durch neue aus St. Nikola bei Passau, aus Sachsen und aus dem Reformstift Klosterrath bei Aachen ersetzt. An der Südseite des Doms ließ der Erzbischof ein neues, ausgedehntes Domstift errichten, das jeweils eigene Trakte für die Domkanoniker, die Domfrauen und die Laienbrüder umfaßte[177]. Die Grundordnung des neuen Salzburger Domkapitels verlangte den Verzicht auf persönlichen Besitz, ein Leben in Gemeinschaft (*vita communis*), die Befolgung strenger Fasten- wie Schweigegebote und die Einhaltung ausgedehnten Stundengebets. Darauf und auf die dafür vorbildliche Augustinusregel mußten alle Domkanoniker die Profeß ablegen. Die *maior ecclesia*, die Domkirche mit dem Domkapitel, sollte als Zentrum der Diözese Vorbildfunktion übernehmen für die dann folgende und das ganze Bistum überspannende Stifts- und Klerusreform. Domkanoniker leiteten die Reform weiterer Salzburger Stifte und bildeten mit den Äbten und Pröpsten der Reformkonvente einen gleichsam eingeschworenen Beraterkreis (»Prälatenversammlung«) des Erzbischofs[178].

Diese reformreligiös begründete Formung des Salzburger Domkapitels, die das gesamte Mittelalter über (bis 1514) Bestand hatte, wurde 1123 auch für das Domkapitel von Gurk verbindlich[179]. In Brixen[180], wo sich das Sondervermögen des Domkapitels im ausgehenden 11. Jahrhundert herausgebildet hatte[181], fand sie in modifizierter Weise Eingang. Dort wurde, wie den Akten der Salzburger Provinzialsynode in Reichenhall vom Oktober 1143 zu entnehmen ist[182], von Bischof Hartmann (1140–1164) durchgesetzt, daß die Domkanoniker einen gemeinsamen Speiseraum (*refectorium*) und Schlafraum (*dormitorium*) hatten und die Einkünfte (*stipendia*) der Kirche gemeinsam nutzten[183]. In gleicher Weise suchte Bischof Otto I. von Freising (1138–1158) sein Domkapitel auf diese Haltung zu verpflichten und verfügte dies 1158 nochmals eigens durch eine Urkunde[184]. Von Anfang an gliederte er die Pröpste der Freisinger Reformstifte in das Domkapitel ein, um das Beziehungsgeflecht von Hauptkirche und Diözese zu verstärken[185]. Ansätze zu Reformmaßnahmen sind auch in Passau zu erkennen, wo Bischof Konrad (1148–1164) die Domkanoniker 1155 in

---

[176] Ebd. 31–37.
[177] H. DOPSCH – R. HOFFMANN, Geschichte der Stadt Salzburg, 1996, 146; 1200 Jahre Erzbistum Salzburg. Dom und Geschichte, hg. v. Domkapitel zu Salzburg, 1998.
[178] WEINFURTER, Salzburg unter Erzbischof Konrad I.
[179] WEINFURTER, Salzburger Bistumsreform 45f; H. FELSBERGER, Regulierte Augustiner Chorherren als Domkapitel zu Gurk, Diss. Gregoriana Rom, 1962.
[180] K. WOLFSGRUBER, Das alte Brixner Domkapitel in seiner rechtlichen und sozialen Stellung, in: Österreichisches Archiv für Kirchenrecht 13 (1962) 48–60.
[181] RIEDMANN, Feudale Gewalten 105.
[182] Staatsbibliothek München, Clm 12612, fol. 117r-117v.
[183] JOHANEK, Mandat 166 Anm. 24; WEINFURTER, Salzburger Bistumsreform 89. Eine andere Auffassung bei F. KLOS-BUZEK, Zur Frage der »vita canonica« im Brixner Domkapitel während des Hochmittelalters, in: MIÖG 67 (1959) 101–116.
[184] H.-J. BUSLEY, Bischof Otto und sein Domkapitel, in: Otto von Freising. Gedenkgabe zu seinem 800. Todesjahr, hg. v. J. A. FISCHER (= SHVF 23) 1958, 65–82; WEISSTHANNER, Regesten Otto I., 212–214, Nr. 172.
[185] HAGEN, Herrschaftsbildung 184 mit Anm. 974.

einer gemeinsamen Unterkunft zusammenfassen wollte[186]. Für Regensburg stehen entsprechende Forschungen noch aus[187].

Überall ist zu sehen, daß die Kompetenzen der Domkapitel in der Bistumspolitik und der Diözesanorganisation im weiteren Verlauf des 12. Jahrhunderts ständig zunahmen. Der sich nun ausweitende Kreis bischöflicher Kapelläne, der vor allem für das bischöfliche Urkundenwesen und für Rechts- und Verwaltungsfragen zuständig war, stand an allen Bischofskirchen in enger Verbindung mit dem Domkapitel[188]. Ohne die Zustimmung seiner Domkanoniker und Ministerialen, so mußte 1146 Erzbischof Konrad I. von Salzburg eingestehen, sei ein von ihm vollzogenes Rechtsgeschäft ungültig[189]. In der zweiten Hälfte des 12. Jahrhunderts wurde in den Urkunden der Konsens der Kanoniker (und Ministerialen) zunehmend vermerkt[190]. In Konkurrenz zum eigenen Bischof zogen die Domkapitel gleichzeitig immer mehr Rechte an sich, wie in Salzburg die Appellationsgerichtsbarkeit, das Begräbnisrecht der Hochstiftsministerialen oder die Besetzung des Salzburger Archidiakonats und der Stadtpfarrei[191].

Vor allem entwickelten sich die Domkapitel auf der Grundlage des Wormser Konkordats von 1122, das die kanonische Bischofswahl festlegte[192], zum entscheidenden Wahlgremium[193]. War im 11. Jahrhundert für die Besetzung eines Bischofsstuhls noch die Entscheidung des Königs und seines Hofes ausschlaggebend[194], so ging diese Kompetenz im 12. Jahrhundert immer mehr auf die Bischofskirchen selbst über, die sich vom hohen Klerus und den Ministerialen vertreten sahen. Bischof Otto von Freising ließ sich das Wahlrecht für seine Kirche 1158 von Friedrich I. Barbarossa eigens bestätigen[195]. In Passau wählte das Domkapitel 1164 (Rupert) und 1165 (Albo) jeweils innerhalb weniger Tage den neuen Bischof, um jedweder Einflußnahme des Kaisers zuvorzukommen[196]. In Salzburg sah sich das Domkapitel, das seit der Mitte des 12. Jahrhunderts einen eigenen Vogt (Graf von Lebenau) besaß, als eigentlicher Interessensvertreter der eigenen Kirche im Kampf gegen Friedrich I. Barbarossa. Die Wahl Erzbischof Konrads II. 1164 machte es sogar von dessen offenem Bekenntnis

---

[186] ZURSTRASSEN, Passauer Bischöfe 182f.
[187] Hinweise bei J. R. SCHUEGRAF, Geschichte des Domes von Regensburg, Theil 1, in: VHOR 11 (1847) 1–266; J. PETERSOHN, Zur Biographie Herbords von Michelsberg, in: JFLF 34/35 (1975) 397–416.
[188] S. HAIDER, Das bischöfliche Kapellanat I: Von den Anfängen bis in das 13. Jahrhundert (= MIÖG Erg.bd. 25) 1977, bes. 191ff; ZURSTRASSEN, Bischöfe 189–200.
[189] Salzburger Urkundenbuch II 358, Nr. 248.
[190] WEINFURTER, Salzburger Bistumsreform 221f.
[191] Ebd. 224f; MIERAU, Vita communis 314–327.
[192] P. CLASSEN, Das Wormser Konkordat in der deutschen Verfassungsgeschichte, in: Investiturstreit und Reichsverfassung, hg. v. J. FLECKENSTEIN (= VoF 17) 1973, 411–460.
[193] K. GANZER, Zur Beschränkung der Bischofswahl auf die Domkapitel in Theorie und Praxis des 12. und 13. Jahrhunderts, in: ZSRG.K 57 (1971) 22–82; 58 (1972) 166–197; R. L. BENSON, The Bishop-Elect. A Study in Medieval Ecclesiastical Office, 1968, 23–35 und 376; V. PFAFF, Die deutschen Domkapitel und das Papsttum am Ende des 12. Jahrhunderts, in: HJ 93 (1973) 21–56.
[194] Für Salzburg siehe DOPSCH, Der bayerische Adel 125–151.
[195] Rahewin, Gesta Frederici, lib. IV., cap. 14, hg. v. F.-J. SCHMALE (= AQDGMA 17) ²1974, 540.
[196] BOSHOF, Regesten der Bischöfe von Passau I Nr. 814 und 824.

für Papst Alexander III. abhängig[197]. Gegen Ende des 12. Jahrhunderts war auch die Mitsprache der übrigen Äbte und Pröpste und sogar der Ministerialen in allen Bistümern so weit zurückgedrängt, daß die Domkapitel den unangefochtenen Vorrang einnahmen. Die eigene Siegelführung und die Vergabe von Lehen bildeten weitere Rechtselemente ihrer Korporation, von der die Bischöfe nun in hohem Maße abhängig wurden.

*c) Das Niederkirchenwesen*

Auf der Lateransynode von 1059 wurde zum erstenmal das Verbot formuliert, daß kein Kleriker oder Priester seine Kirche durch einen Laien erhalten dürfe[198]. Diese Bestimmung wurde in der Folgezeit wiederholt und durch das Verbot des Kirchenbesitzes für Laien verschärft[199]. Ein Beschluß des II. Laterankonzils von 1139 lautete: Laien, die eine Kirche besäßen, müßten diese den Bischöfen zurückgeben; andernfalls würden sie exkommuniziert[200]. Im Verlauf etwa eines Jahrhunderts wurden diese Forderungen in den Bistümern durchgesetzt. Dies führte zu erheblichen Veränderungen im diözesanen Rechts- und Ordnungsgefüge[201]. Die Verwirklichung des Grundsatzes, der das laikale Eigenkirchenwesen durch die bischöfliche Amtskompetenz ersetzte, stärkte die geistliche Gewalt des Bischofs (Hirten-, Lehr-, Weihe- und Jurisdiktionsgewalt)[202]. Das Seelsorgesystem wurde intensiv ausgebaut und strikt auf die Amtshoheit des Bischofs ausgerichtet, bei dem sämtliche Rechte zusammenliefen. Am Ende dieser Epoche konnte zu Beginn des 13. Jahrhunderts auf einer Passauer Synode festgestellt werden, daß im Bistum Passau keine Kirche oder Kapelle, sei sie aus Holz oder aus Stein, erbaut werden dürfe, wenn nicht der Bischof oder sein Gesandter eigenhändig den Grundstein gelegt und den Pfarrhof abgesteckt hätte[203]. Auf der Salzburger Provinzialsynode von 1216 wurde festgehalten, daß grundsätzlich jeder vorgesehene Pfarrer, auch bei den von Klöstern und Stiften zu besetzenden Pfarreien, zuerst dem Bischof präsentiert werden müsse[204].

---

[197] Annales Reicherspergenses, ed. W. WATTENBACH, in: MGH.SS XVII, 1861, 471.
[198] R. SCHIEFFER, Die Entstehung des päpstlichen Investiturverbots für den deutschen König (= MGH.Schriften 28) 1981, 48ff und 222, Zeilen 153–157.
[199] S. BEULERTZ, Das Verbot der Laieninvestitur im Investiturstreit (= MGH.Studien und Texte 2) 1991.
[200] COD 175, can. 10.
[201] Dazu grundlegend MIERAU, Vita communis 21–99; D. KURZE, Ländliche Gemeinde und Kirche in Deutschland während des 11. und 12. Jahrhunderts, in: Le istituzioni ecclesiastiche della »societas Christiana« dei secoli XI-XII. Diocesi, pievi e parrocchie. Atti della sesta Settimana internazionale di studio, Milano, 1–7 settembre 1974 (= Miscellanea del Centro di studi medioevali 8) 1977, 230–260, wieder abgedruckt in: DERS., Klerus, Ketzer, Kriege und Prophetien. Gesammelte Aufsätze, hg. v. J. SARNOWSKY – M.-L. HECKMANN – S. JENKS, 1996, 47–83.
[202] A. ZIRKEL, »Executio Potestatis«. Zur Lehre Gratians von der geistlichen Gewalt (= MThSt III,33) 1975.
[203] Klosterneuburg Hs. 244, fol. 120r (Hinweis von Herrn Kollegen P. JOHANEK, Münster); vgl. auch MIERAU, Vita communis 23.
[204] HÜBNER, Provinzialsynoden 202–204; JOHANEK, Synodalia I 89f. Allgemein dazu D. KURZE, Pfarrerwahlen im Mittelalter. Ein Beitrag zur Geschichte der Gemeinde und des Niederkirchenwesens (= Forschungen zur kirchlichen Rechtsgeschichte und zum Kirchenrecht 6) 1966.

Die gesteigerte Kompetenz und Verantwortung des Bischofs für seinen Klerus schlug sich in vielfältiger Weise nieder[205]. Bildung und Disziplin der Seelsorger an den »niederen Kirchen« (*parvae ecclesiae*), wie sie schon der Reformer Gerhoch von Reichersberg in Unterscheidung von der Domkirche (*maior ecclesia*) nannte[206], sollten angehoben und die Priesterehe ausgemerzt werden. Dabei ging es vor allem um die Integrität und Reinheit der Sakramentenspendung[207], die Unabhängigkeit des Klerus und die Absicherung der Kirchenausstattung gegen Erbforderungen. Schon Bischof Altmann von Passau (1065–1091) suchte das Zölibatsgebot 1074 in seinem Klerus zu verwirklichen; unkeusche Priester habe er durch keusche und gelehrte ersetzt[208]. Dies sei freilich auf großen Widerstand gestoßen[209]. Auch in Schwaben wehrte sich der Klerus gegen derartige Maßnahmen. Im Bistum Konstanz (oder Augsburg?) entstand 1075 eine auf den Namen Bischof Ulrichs von Augsburg gefälschte Schrift, in der die Priesterehe verteidigt wurde[210]. Von Erzbischof Konrad I. von Salzburg (1106–1147) dagegen wurde die Klerusreform seit 1121 im großen Rahmen seiner Bistumsneuordnung energisch durchgesetzt. Nicht nur die Kanoniker in den Reformstiften, sondern auch die Priester in den Pfarrkirchen habe er zu Mäßigung und Nächstenliebe angeleitet und in Lebensführung und Sitten erstrahlen lassen[211]. In den Bistümern Gurk und Brixen wurde dieses Modell rasch übernommen, während in Augsburg[212] und in den anderen bayerischen Diözesen sich der Prozeß offenbar länger hinzog und geringeren Erfolg zeigte.

Ebenso bedeutungsvoll wie die spirituell-disziplinarischen Reformen waren die Änderungen in der rechtlichen und besitzmäßigen Neuordnung. Die frühere »Personalpfarrei« war im Prinzip über die Personenverbände von Grundherrschaften definiert gewesen. Sie wurde jetzt, seit etwa der Mitte des 11. Jahrhunderts, abgelöst durch die »Regionalpfarrei«, deren Zuständigkeit durch einen fest umrissenen Raum bestimmt wurde. Wie die Bistümer selbst wurden nun auch die Pfarreien durch geographische Bezugspunkte (Hügel, Wälder, Wege, Bäche) voneinander abgegrenzt.

Für die Bistümer Freising, Passau und Salzburg ist diese Entwicklung gut erforscht[213]. In den Urkunden fanden die neuen Pfarreigrenzen ausdrückliche Erwäh-

---

[205] E. L. GRASMÜCK, Cura animarum. Zur Praxis der Seelsorge in der Zeit Bischof Ottos von Bamberg, in: Bischof Otto I. von Bamberg. Reformer – Apostel der Pommern – Heiliger, hg. v. L. BAUER (= BHVB 125) 1989, 115–146.
[206] Gerhoch von Reichersberg, Opusculum de aedificio Dei, ed. E. SACKUR, in: MGH.Ldl III, 1897, 193, Z. 36.
[207] LAUDAGE, Priesterbild.
[208] Vita Altmanni episcopi Pataviensis, ed. W. WATTENBACH, in: MGH.SS XII, 1856, cap. 17, 234: (*ecclesiae*) ... *et quod maximum est, castis et eruditis viris bene munitae.*
[209] Ebd. cap. 11, 232.
[210] Pseudo-Udalrici epistola de continentia clericorum, ed. E. FRAUENKNECHT, Die Verteidigung der Priesterehe in der Reformzeit (= MGH.Studien und Texte 16) 1997, Text 203–215.
[211] Vita Chunradi archiepiscopi, ed. W. WATTENBACH, in: MGH.SS XI, 1854, cap. 17, 73.
[212] Siehe oben bei Anm. 169.
[213] STAHLEDER, Eigenkirchen; H. FEIGL, Zur Entstehung des Pfarrnetzes in Österreich unter der Enns im Zeitalter der Babenberger, in: Babenberger-Forschungen, red. von M. WELTIN, in: Jahrbuch für Landeskunde von Niederösterreich NF 42 (1976) 52–69; R. ZINNHOBLER, Die Anfänge der pfarrlichen Organisation. Ein Diskussionsbeitrag, in: Beiträge zur Geschichte des Bistums Linz (= Linzer Philosophisch-

nung. Bischof Altmann von Passau (1065–1091) übertrug dem Stift Göttweig die Pfarrei Mautern »in ihrer gesamten Grenzbestimmung« (*cum omni sua terminatione*)[214]. 1073 wurde von Bischof Embriko von Augsburg (1063–1077) in Anwesenheit der Äbte und des hohen Klerus seiner Diözese die Kirche Habach als Pfarrkirche eingerichtet und ihr Bezirk durch eine detaillierte Grenzbeschreibung festgelegt[215]. Bischof Reginmar von Passau (1121–1138) sicherte 1121/1122 die im einzelnen beschriebenen Grenzen der Pfarrei Kottes, die von Göttweig aus eingerichtet worden war, durch seinen bischöflichen Bann[216]. Bei einem Tausch zwischen den Bischöfen Reginbert von Passau (1138–1147) und Otto I. von Freising (1138–1158) wurden die Grenzen der Pfarrei Stephanshart, die an das Stift Ardagger überging, in der darüber ausgestellten Urkunde genau beschrieben und festgehalten[217]. Die Pfarreien, für die im 12. Jahrhundert die Bezeichnungen *parochia* oder *ecclesia parochialis* (*parochiana*) erscheinen, wurden gleichsam einer »Territorialisierung« unterzogen.

Angesichts der neuen Bedeutung der Grenzziehungen und Besitzverschiebungen kam es naturgemäß zu zahlreichen Auseinandersetzungen und Urkundenfälschungen[218]. Vor allem die Frage, welche Kirche künftig als Pfarrzentrum gegenüber anderen Kirchen den Vorrang erhalten würde, war immer wieder heftig umstritten und mußte auf Diözesansynoden behandelt werden. So entschied beispielsweise die Augsburger Diözesansynode vom 17. September 1153, daß die Pfarrkirche von Ecknach keine Filiale von Aichach, sondern selbständig sein sollte[219].

Zentren dieser Pfarrsprengel bildeten nicht nur die alten Taufkirchen (*ecclesiae baptismales*), sondern auch Kirchen, die aus den Grundherrschaften herausgelöst oder von den Bischöfen ganz neu errichtet wurden[220]. Sie alle mußten ausgestattet sein mit einer ausreichenden Dotierung (*dos*) und dem Zehnten[221], der gedrittelt (für Bischof, Priester und Arme) oder, so offenbar in Salzburg, zu je einem Viertel dem Bischof, dem Geistlichen, dem Kirchenbau und den Armen zugeteilt wurde[222]. Auch für Augsburg ist die Viertelung überliefert[223]. Durch die Zerlegung größerer Sprengel

---

theologische Reihe 8) ²1978, 49–57; ERKENS, Niederkirchenwesen; MIERAU, Vita communis. Für Regensburg vgl. P. MAI, Die Pfarreienverzeichnisse des Bistums Regensburg aus dem 14. Jahrhundert, in: VHOR 110 (1970) 7–33.

[214] FRA II, 69, 329–331, Trad. 190 (1072–1091).

[215] VOLKERT, Regesten Augsburg Nr. 321.

[216] FRA II, 69, 323–325, Nr. 186: (Reginmarus), *qui et infra scriptas terminationes ad eandem ecclesiam pertinentia suo confirmavit banno*.

[217] WEISSTHANNER, Regesten Otto I., 185, Nr. 93.

[218] E. BOSHOF, Gefälschte »Stiftsbriefe« des 11./12. Jahrhunderts aus bayerisch-österreichischen Klöstern, in: Fälschungen im Mittelalter I (= MGH.Schriften 33,1) 1988, 519–550.

[219] W. E. VOCK, Die Urkunden des Hochstifts Augsburg 769–1420 (= Veröffentlichungen der Schwäbischen Forschungsgemeinschaft bei der Kommission für Bayerische Landesgeschichte II,1,7) 1959, Nr. 28; vgl. RUMMEL, Augsburger Diözesansynoden 13.

[220] K. BRUNNER, 907–1156. Herzogtümer und Marken. Vom Ungarnsturm bis ins 12. Jahrhundert (= Österreichische Geschichte 2) 1994, 290ff.

[221] KLEBEL, Zehente; MIERAU, Vita communis 84–90.

[222] Gerhoch von Reichersberg, Opusculum de aedificio Dei, ed. E. SACKUR, in: MGH.Ldl III, 1897, 192, Z. 14ff.

[223] VOLKERT, Regesten Augsburg Nr. 457.

in kleinere entwickelte sich bis zum Ende des 12. Jahrhunderts ein lückenloses und dichtes Pfarrnetz[224]. Niederkirchen ohne selbständige Pfarrechte (*ecclesia filialis* oder *capella*) wurden einer Pfarrkirche unterstellt und von dort versorgt, was zur Hierarchisierung auch auf der unteren Seelsorgeebene führte. Herumziehende »Lohnpriester« (*presbiteri conducticii* oder *mercenarii*) dagegen, die auf Bedarf gegen Bezahlung an einer Kirche die Messe hielten, wurden auf der Salzburger Provinzialsynode von 1143 in Reichenhall in Anlehnung an Kanon 10 des II. Laterankonzils von 1139 verboten[225].

Im 12. Jahrhundert trat das Tauf- und Sepulturrecht als Nachweis einer selbständigen Kirche zurück hinter das Recht der niederen kirchlichen Gerichtsbarkeit. Das *ius parrochiale*[226] wurde nunmehr das wesentliche Kennzeichen einer vollberechtigten Pfarrkirche[227]. Das der Pfarrkirche zugeordnete Pfarrvolk (*plebs*) unterstand in erster Instanz dem geistlichen Gericht seines Pfarrers (*parochianus*, seit etwa der Mitte des 12. Jahrhunderts auch *plebanus*)[228]. Er hatte das Beicht- und Sonntagsgebot zu überwachen und wurde in Ehefragen die unmittelbare Autorität[229]. Insgesamt zeigt sich die Tendenz zur Verrechtlichung der Pfarrseelsorge.

Mit diesen Vorgängen wurde das Eigenkirchenwesen des Adels in hohem Maße abgebaut. Seit dem Ende des 11. Jahrhunderts begann der Adel, seine Kirchen an die von ihm gegründeten Stifte und Klöster oder direkt an den Bischof zu übertragen[230]. Aber die geistliche Versorgung der Adelsherrschaften verlangte auch weiterhin das Zusammenwirken mit den Kirchenherren. Anfangs – so unter Erzbischof Gebhard von Salzburg (1060–1088)[231] – kam es vor, daß ein Eigenkirchenherr seine Kirche vom Bischof als Lehen wieder zurückerhielt, nun aber im bischöflichen Auftrag, womit die Rechtsgrundlage verändert war. Als das Eigenkirchenwesen in der ersten Hälfte des 12. Jahrhunderts noch mehr eingeengt wurde, konnte es zu heftigen Konflikten kommen, wie das Beispiel des Babenberger Markgrafen Leopold III. zeigt[232]. Bischof Reginmar von Passau (1121–1138) forderte von ihm die Herausgabe von 13 Eigenkirchen, die der Markgraf aber nur an sein Hausstift Klosterneuburg übertragen wollte. Schließlich einigte man sich 1135 im »Greifensteiner Zehntvertrag« darauf, daß der Markgraf auf die Zehnten dieser Kirchen zugunsten des Bischofs verzichtete,

---

[224] ERKENS, Niederkirchenwesen 60ff; K. AMON, Kirche und Volk im Bereich des Erzbistums Salzburg. Ein Jahrtausend gewachsene Pfarrorganisation, in: ZHVSt 83 (1992) 23–39.
[225] COD 175, can. 10; Staatsbibliothek München, Clm 12612, fol. 117r–117v. Vgl. WEINFURTER, Salzburger Bistumsreform 186f.
[226] FRA II, 21, 3, Nr. 2 (1200–1204).
[227] MIERAU, Vita communis 64–67.
[228] Ebd. 106. Im Bistum Freising taucht der Begriff *plebanus* erstmals 1138/1147 auf: STAHLEDER, Eigenkirchen II 19. Vgl. D. KURZE, Die kirchliche Gemeinde. Kontinuität und Wandel. Am Beispiel der Pfarrerwahlen, in: Mittelalterliche Komponenten des europäischen Bewußtseins. Mittelalterliches Kolloquium im Wissenschaftskolleg, hg. v. J. SZÖVERFFY (= Medieval Classics 17) 1983, 20–33
[229] MIERAU, Vita communis 66.
[230] RIEDMANN, Feudale Gewalten, bes. 90–94.
[231] Salzburger Urkundenbuch II 164, Nr. 7.
[232] H. DIENST, Niederösterreichische Pfarren im Spannungsfeld zwischen Bischof und Markgraf nach dem Ende des Investiturstreites, in: Mitteilungen des österreichischen Staatsarchivs 34 (1981) 1–44, hier 2ff und 19ff; DIES., Regionalgeschichte 165ff; ZURSTRASSEN, Bischöfe 52f.

die Pfarreien selbst aber in seiner Hand behielt[233]. In der zweiten Hälfte des 12. Jahrhunderts scheint man die Angelegenheit dann so geregelt zu haben, daß die Pfarrpfründen als »Kanzleipfarren« in die Hand babenbergischer Notare gegeben wurden[234].

Eine Lösung dieser Probleme konnte erst mit der Entwicklung des Patronatsrechts (*ius patronatus*) nach der Mitte des 12. Jahrhunderts – gefördert vor allem durch den Bologneser Juristen Rufin – erreicht werden[235]. Dem Besitzer des Kirchengrunds wurde das »Recht des Gründers« (*ius fundatoris*) zuerkannt, freilich nicht als eigenständiger Anspruch, sondern als Gnadenerweis der Kirche. Demnach besaß der Gründer das Recht, dem Bischof den Geistlichen der Kirche vorzuschlagen (zu präsentieren), und ging seinerseits die Verpflichtung ein, die Kirche zu finanzieren, zu schützen und (auch vor Gericht) zu verteidigen. Diese Terminologie findet sich seit der Mitte des 12. Jahrhunderts in den Urkunden der Salzburger Erzbischöfe[236], im Bistum Passau dagegen erst zu Ende des 12. Jahrhunderts[237].

Auch geistlichen Gemeinschaften konnte der Bischof das Patronatsrecht verleihen. Doch strebten Klöster und Stifte zur Rechtsform der Inkorporation[238]. Mit ihr wurde das Pfründenvermögen, das dem Pfarrer einer Pfarrei zustand, dem Konvent oder dessen Leiter (Abt, Propst) zur Nutzung übertragen. Dieser mußte dann die Seelsorge durch einen Vikar vornehmen lassen. In der Kirchenprovinz Salzburg ist diese Rechtsform nicht erst seit Beginn des 13. Jahrhunderts anzutreffen, wie die Forschung bisher meinte, sondern schon im 12. Jahrhundert[239]. So erhielt 1122 das Reformstift St. Florian von Bischof Reginmar von Passau (1121–1138) die Nutzungsrechte an der Pfründe der Pfarrei Ried[240]. 1135 bekam das Kloster Michaelbeuren nach gleicher Rechtsform die Pfarrei Seewalchen[241]. In dieselbe Richtung zeigt auch die Übertragung der Kirche in Abtenau an das Salzburger Kloster St. Peter 1124/1130[242]. Freilich war der Rechtsumfang der Inkorporation zunächst noch nicht

---

[233] BOSHOF, Regesten der Bischöfe von Passau I Nr. 569; Urkundenbuch zur Geschichte der Babenberger in Österreich IV/1: Ergänzende Quellen 976–1194, bearb. v. H. FICHTENAU, 1968, Nr. 674.
[234] DIENST, Regionalgeschichte 169; H. FICHTENAU, Die Kanzlei der letzten Babenberger, in: DERS., Beiträge zur Mediävistik. Ausgewählte Aufsätze II: Urkundenforschung, 1977, 212–257, hier 214ff.
[235] P. LANDAU, Ius patronatus. Studien zur Entwicklung des Patronats im Dekretalenrecht und in der Kanonistik des 12. und 13. Jahrhunderts (= Forschungen zur Kirchlichen Rechtsgeschichte und zum Kirchenrecht 12) 1975; DERS., Patronat, in: TRE 26, Lieferung 1/2 (1996) 106–114; H. FEIGL, Entwicklung und Auswirkungen des Patronatsrechts in Niederösterreich, in: JLNÖ NF 43 (1977) 81–114; MIERAU, Vita communis 163–176.
[236] Salzburger Urkundenbuch II 489–492, Nr. 350 von 1160.
[237] MIERAU, Vita communis 167.
[238] W. ZEDINEK, Die rechtliche Stellung der klösterlichen Kirchen, insbesonders Pfarrkirchen, in den ehemaligen Diözesen Salzburg und Passau und ihre Entwicklung bis zum Ausgang des Mittelalters (= VöIOHF 9) 1929; D. LINDNER, Die Inkorporationen im Bistum Regensburg während des Mittelalters, in: ZSRG.K 36 (1950) 205–327; DERS., Die Lehre von der Inkorporation in ihrer geschichtlichen Entwicklung, 1951; R. HOHL, Die Inkorporation im Bistum Augsburg während des Mittelalters, Diss. Freiburg i.Br. 1960; jetzt grundlegend MIERAU, Vita communis 176ff.
[239] MIERAU, Vita communis 178ff und 221ff.
[240] BOSHOF, Regesten der Bischöfe von Passau I Nr. 537.
[241] Ebd. Nr. 570.
[242] Salzburger Urkundenbuch II 216f, Nr. 143.

eindeutig festgelegt, wie dies auch noch am Beispiel der Pfarrei Forstenried, die Ende des 12. Jahrhunderts dem Stift Polling unterstand, zu sehen ist[243].

Da die Klöster und Stifte die inkorporierten Kirchen häufig mit einem Konventsmitglied als Priester versahen, der seinen doppelten Pflichten schwer nachkommen konnte, beschloß das IV. Laterankonzil 1215 (Kanon 61), daß der Bischof auch bei diesen Kirchen an der Einsetzung des Priesters beteiligt sein müsse, es sei denn, es liege eine Inkorporation »pleno iure« vor[244]. Diese rechtliche Präzisierung einer »Voll-Inkorporation« führte auf der Salzburger Provinzialsynode von 1216, an der neben Erzbischof Eberhard II. von Salzburg die Bischöfe Ulrich II. von Passau (1215–1221), Otto II. von Freising (1184–1220), Heinrich II. von Gurk (1214–1217) und Rüdiger von Chiemsee (1215–1233) teilnahmen, auch zu entsprechenden Verfügungen für die bayerische Kirchenprovinz[245].

### d) Archidiakonate und Landdekanate

Umbau und Neugliederung des Niederkirchenwesens gingen einher mit einer Hierarchisierung der gesamten Kirchenstruktur in den Diözesen. Dabei kam der Ausbildung und Institutionalisierung der Archidiakonate als Mittelinstanzen große Bedeutung zu[246].

Das Amt des Archidiakons geht in der Kirche weit zurück. Seit dem 4. Jahrhundert ist der Archidiakon nachzuweisen, der zur unmittelbaren Umgebung des Bischofs am Bischofssitz gehörte und in der Vermögensverwaltung, der Armenfürsorge, im Gottesdienst und in der kirchlichen Gerichtsbarkeit auf Weisung des Bischofs hin besondere Aufgaben auszuführen hatte[247]. Aus dieser Position entwickelte sich nun im ausgehenden 11. und im 12. Jahrhundert in der bayerischen Kirchenprovinz das Amt des Archidiakons »jüngerer Ordnung«. Die Bistümer wurden mit mehreren Archidiakonaten durchsetzt, die mit der Zeit fest abgegrenzte Sprengel erhielten und in denen jeweils ein Hauptstandort des Archidiakons eingerichtet wurde. Die Archidiakone – die bis in die zweite Hälfte des 12. Jahrhunderts hinein auch als Archipresbyter bezeichnet wurden[248] – handelten kraft eigenen Amtes. Aus der *iurisdictio delegata* wurde eine *iurisdictio ordinaria* mit selbständigem Visitationsrecht[249]. Dazu gehörte, daß auf die Klage eines Pfarrers hin über ein Mitglied der Pfarrgemeinde die Exkommunikation verhängt werden konnte. Die Archidiakone, die regelmäßige Syn-

---

[243] H. BUSLEY, Das Stift Polling und seine Inkorporationspfarrei Forstenried (1194–1803), in: Forstenried. Acht Jahrhunderte Siedlung und kirchliches Leben im Süden von München, hg. v. G. THOMA, 1994, 33–64.
[244] GARCÍA Y GARCÍA, Constitutiones 100f.
[245] JOHANEK, Synodalia I 89f; MIERAU, Vita communis 1ff und 202f.
[246] Zuletzt MIERAU, Vita communis 35–43.
[247] P. A. LEDER, Die Diakonen der Bischöfe und Presbyter und ihre urchristlichen Vorläufer. Untersuchungen über die Vorgeschichte und die Anfänge des Archidiakonats (= Kirchenrechtliche Abhandlungen 23/24) 1905.
[248] OSWALD, Passauer Domkapitel 42f.
[249] MIERAU, Vita communis 36.

oden *(synodus archidiaconi)*[250] abhielten, übernahmen damit wesentliche Elemente der bischöflichen Korrektionsgewalt über Klerus und Volk[251].

Dieser Entwicklungsprozeß zog sich über einen längeren Zeitraum hin und weist gleitende Phasen auf. Zudem zeigen sich in den einzelnen Bistümern gewisse Phasenverschiebungen. Es scheint so, als seien frühe Impulse von Bischof Altmann von Passau (1065–1091) ausgegangen, der zur Unterstützung seiner geplanten Klerusreform die Pröpste von St. Florian und St. Pölten mit archidiakonalen Kompetenzen versah – jedenfalls werden sie als *archiprespyteri* bezeichnet[252]. Feste Amtssprengel gab es aber noch nicht.

In der Folgezeit ist freilich gerade in der Passauer Diözese die Entwicklung etwas ins Stocken geraten[253]. Die Passauer Archidiakone scheinen im Vergleich mit anderen Bistümern eine eher bescheidene Rolle gespielt zu haben[254]. Erst seit etwa 1140 treten mehrere Archidiakone nebeneinander auf. Ob es vor dem 13. Jahrhundert überhaupt feste Amtsbezirke gab, gilt als zweifelhaft[255]. Die Passauer Archidiakone des 12. Jahrhunderts gingen in der Hauptsache aus der bischöflichen Kapelle hervor, blieben eng an den Bischof gebunden und übten nicht selten Ämter im Domkapitel aus[256]. Im 13. Jahrhundert wurde der Kreis der zu wählenden Archidiakone in Passau schließlich auf das Domkapitel eingeschränkt[257], eine Entwicklung, die auch in Salzburg zu beobachten ist[258]. Daß der Dompropst die Archidiakonswürde über die Bischofsstadt beanspruchte, war allerdings an vielen Bischofskirchen üblich.

In der Diözese Salzburg dürften sich feste Archidiakonate schon um die Mitte des 12. Jahrhunderts herausgebildet haben[259]. Die entscheidenden Maßnahmen dafür wurden von Erzbischof Konrad I. (1106–1147) eingeleitet[260]. Schon 1115 soll er den Abt Wolfhold von Admont (1115–1137) zum Archidiakon im Ennstal ernannt und ihn, wie es heißt, an die Spitze der übrigen Archidiakone gestellt haben[261]. In einer Urkunde von 1116/1117 wird Hadamar, der Pfarrer von Friesach, in dieser Würde genannt[262]. Roman, der Propst des Reformstifts Maria Saal in Kärnten, erscheint in

---

[250] VOLKERT, Regesten Augsburg Nr. 460.
[251] HAGENEDER, Geistliche Gerichtsbarkeit 249.
[252] S. HAIDER, Passau – St. Florian – St. Pölten. Beiträge zur Geschichte der Diözese Passau im 11. Jahrhundert, in: Sankt Florian. Erbe und Vermächtnis. Festschrift zur 900-Jahr-Feier (= Mitteilungen des oberösterreichischen Landesarchivs 10) 1971, 36–49.
[253] ZINNHOBLER, Passauer Bistumsmatrikel I 59f; vgl. auch OSWALD, Aufbau 131–164.
[254] HAGENEDER, Geistliche Gerichtsbarkeit 285f.
[255] ZINNHOBLER, Passauer Bistumsmatrikel I 60–62.
[256] ZURSTRASSEN, Bischöfe 278.
[257] Ebd. 279.
[258] MIERAU, Vita communis 37.
[259] Grundlegend K. HÜBNER, Die Archidiakonatseinteilung in der ehemaligen Diözese Salzburg, in: MGSLK 5 (1905) 41–78. Jetzt MIERAU, Vita communis 39–41.
[260] WEINFURTER, Salzburger Bistumsreform 191–196.
[261] Annales Admontenses, ed. W. WATTENBACH, in: MGH.SS IX, 1851, 577, und Vita Gebehardi et successorum eius, ed. W. WATTENBACH, in: MGH.SS XI, 1854, 43: ... *et archidiaconum ordinatum ceteris ecclesiae archidiaconibus prefecit.*
[262] Salzburger Urkundenbuch II 188, Nr. 119.

einer Urkunde des Erzbischofs von ca. 1130 als *archipresbyter*[263], und sein Nachfolger, Engelramm, 1144 unter dem Titel *archidiaconus*[264]. Auch die Archidiakonate, die mit den Reformstiften von Baumburg, Gars und Herrenchiemsee verbunden waren und die von den jeweiligen Pröpsten geleitet wurden, sind mit hoher Wahrscheinlichkeit von Erzbischof Konrad I. eingerichtet worden[265]. Wie der Archidiakonat der Bischofsstadt Salzburg selbst, dem der Salzburger Dompropst vorstand, befand sich dieses Amt in der Diözese Salzburg damit auffallend häufig in der Hand von Regularkanoniker-Pröpsten. Das ist ein deutlicher Hinweis darauf, daß das Archidiakonats-Programm dort ein Bestandteil der umfassenden Bistums- und Klerusreform in der ersten Hälfte des 12. Jahrhunderts gewesen ist.

Auch im Bistum Freising dürfte die Archidiakonatsentwicklung mit der Kanonikerreform in Verbindung stehen. Jedenfalls ist zu erkennen, daß der zum Bistum Freising gehörende Ammergau, der in den Machtbereich der Welfen fiel, vom welfischen Reformstift Rottenbuch kontrolliert wurde. Um 1141 erscheint Propst Rudolf (1140–1144) als Archidiakon, was wohl so zu verstehen ist, daß Bischof Otto I. von Freising (1138–1158) damals den Vorrang Rottenbuchs anerkannt und in Form des Archidiakonats festgelegt hat[266]. Auch für die übrigen Archidiakonate, die mit Freisinger Stiften (Moosburg, St. Andreas) verbunden waren, dürfte die Zeit Ottos I. entscheidend gewesen sein[267].

Im Bistum Augsburg könnte die Archidiakonatsgliederung dagegen noch in das 11. Jahrhundert zurückreichen[268]. Der abgegrenzte »Sprengel« (*regio*) des Archidiakons erscheint in den Bischofsurkunden seit den zwanziger Jahren des 12. Jahrhunderts jedenfalls schon als fester Bestandteil der Diözesanordnung[269]. Der Augsburger Stadt-Archidiakonat, der 1143 fest mit dem Amt des Domdekans verbunden wurde[270], umfaßte zwölf Pfarreien. Im Berater- und Entscheidungskreis des Bischofs spielten die Archidiakone des Bistums Augsburg offensichtlich eine viel wichtigere Rolle als in der Salzburger Kirchenprovinz[271]. Für die Bistümer Regensburg und Brixen freilich kann ein Vergleich nicht gezogen werden, da hier entsprechende Studien fehlen.

---

[263] Ebd. 216, Nr. 142.
[264] Ebd. 335, Nr. 232.
[265] UTTENDORFER, Archidiakone, Bd. 63, 38–44; WEINFURTER, Bistumsreform 193f; vgl. auch J. PFAB, Die rechtliche Stellung der Archidiakone von Gars, in: Ecclesia et ius. Festgabe für A. Scheuermann zum 60. Geburtstag, hg. v. K. SIEPEN u.a., 1968, 57–78.
[266] UTTENDORFER, Archidiakone, Bd. 63, 24f; vgl. MOIS, Stift Rottenbuch 56–68; CLASSEN, Gerhoch von Reichersberg 22.
[267] UTTENDORFER, Archidiakone, Bd. 63, 14ff. Für das 11. Jahrhundert vgl. auch H. SCHAUWECKER, Zur Ausübung der geistlichen Gerichtsbarkeit im Bistum Freising des 11. Jahrhunderts, in: ZSRG.K 49 (1963) 421–432.
[268] SCHRÖDER, Der Archidiakonat 136–141; ZOEPFL, Bistum Augsburg 568.
[269] VOLKERT, Regesten Augsburg Nr. 457 und 460. Vgl. SCHRÖDER, Der Archidiakonat 144 und 158; HELMER, Traditionen Polling 110*f.
[270] VOLKERT, Regesten Augsburg Nr. 501. Vgl. SCHRÖDER, Der Archidiakonat 150ff; MEYER-GEBEL, Bischofsabsetzungen 209–211.
[271] SCHRÖDER, Der Archidiakonat 158.

Zwischen den Archidiakonen und den Pfarrern standen die Landdekane (bzw. Ruraldekane)[272]. Sie waren für eine bestimmte Anzahl von Pfarreien, ursprünglich möglicherweise zehn[273], dem Bischof gegenüber verantwortlich, übten über die Geistlichen ihres Sprengels die Korrektionsgewalt aus[274], gaben die Beschlüsse der Diözesansynoden mündlich an die Pfarrer weiter und erteilten ihre Zustimmung, wenn ein Pfarrer die Seelsorge in räumlich oder zeitlich begrenzter Form an andere Kleriker delegieren wollte[275]. Sie mußten die Abgaben für den Bischof aus ihren Kirchen erheben und konnten in Vertretung des Archidiakons Visitationen durchführen. In der Regel hatten sie neben ihrem Amt als Landdekan auch als Pfarrer eine Pfarrei ihres Sprengels inne (*decanus et plebanus*)[276].

Landdekane gab es schon in der Karolingerzeit, aber in der Zeit des Umbaus im Pfarrsystem erlangte ihre Funktion eine neue Bedeutung. Auch das Landdekanat wurde von dem Wandel erfaßt, der das »Personalprinzip« durch das »Regionalprinzip« verdrängte. Die gern erörterte Frage, ob die Dekanatssprengel bereits vor den Archidiakonaten eingerichtet wurden[277], spielt daher im Grunde eine untergeordnete Rolle, denn es handelt sich um einen Gesamtprozeß.

In der Diözese Salzburg muß es bis zur Mitte des 12. Jahrhunderts jedenfalls längst eine festumrissene Untergliederung in Landdekanate gegeben haben. Beim Tod eines Pfarrers, so berichtet Gerhoch von Reichersberg in seinem *Opusculum de aedificio Dei* (1128), würde sich auf Geheiß des Bischofs üblicherweise der Klerus in dem betreffenden Dekanat (*decania*) versammeln, um für die Neubesetzung einen Vorschlag zu erarbeiten[278]. Für das Bistum Passau sind Landdekane seit ca. 1100 überliefert[279]. Landdekanatskirchen des Archidiakonats Passau etwa befanden sich in Otterskirchen bei Vilshofen und in Pfarrkirchen im Mühlviertel. Im Archidiakonat Interamnes lagen die Landdekanate Vilshofen und Triftern[280]. In Freising scheint die Umsetzung der geschlossenen Dekanatsverfassung wie so vieles andere auf Bischof Otto I. (1138–1158) zurückzugehen[281], und in Augsburg dürfte sie kaum später liegen[282].

So wird man davon ausgehen müssen, daß um die Mitte des 12. Jahrhunderts das Netz der Landdekanate in allen Bistümern lückenlos ausgebreitet war. Die steigende Bedeutung der Landdekane ist auch daran abzulesen, daß sie nun häufiger als Urkun-

---

[272] Zu diesem Begriff J. KANDLER, Die Aufgaben der Ruraldechanten in der Erzdiözese Salzburg im Spiegel der kirchenrechtlichen Bestimmungen, in: MGSLK 135 (1995) 27–45.
[273] A. GÖTZ, Die rechtliche Stellung der Dekane in Bayern, 1914, 2.
[274] HAGENEDER, Geistliche Gerichtsbarkeit 151f und 248ff.
[275] MIERAU, Vita communis 43–47 und 100.
[276] Ebd. 44f und 108.
[277] ZINNHOBLER, Passauer Bistumsmatrikel I 64.
[278] Gerhoch von Reichersberg, Opusculum de aedifio Dei, ed. E. SACKUR, in: MGH.Ldl III, 1897, cap. 61, 171: *si defuncto aliquo presbytero, illius obitu comperto episcopus aliquam prudentem et religiosam personam mittat ad illius decaniae clericos prudentiores convocandos, in qua est aeclesia viduata, quatinus illis consulentibus electio fiat ordinata.* Siehe MIERAU, Vita communis 46.
[279] ZINNHOBLER, Passauer Bistumsmatrikel I 64.
[280] MIERAU, Vita communis 47.
[281] STAHLEDER, Eigenkirchen II 21.
[282] J. AHLHAUS, Die Landdekanate des Bistums Konstanz im Mittelalter. Ein Beitrag zur mittelalterlichen Kirchenrechts- und Kulturgeschichte (= Kirchenrechtliche Abhandlungen 109/110) 1929, 52.

denzeugen erscheinen[283]. Mit dem korporativen Zusammenschluß des Pfarrklerus zu Landkapiteln – ein Vorgang, der in der bayerischen Kirchenprovinz schwer zu fassen ist und wahrscheinlich erst nach 1200 erfolgte – wurden die Kompetenzen der Landdekane noch erweitert, denn sie übernahmen die Leitung der neuen Korporationen.

## § 20. DIE GEISTLICHEN GEMEINSCHAFTEN

Die 100 Jahre zwischen 1050 und 1150 können als die große Zeit der Stifts- und Klostergründungen in Bayern gelten[284]. Eine erste Gründungswelle setzte in der zweiten Hälfte des 11. Jahrhunderts ein. Das Schwarzwaldkloster Hirsau sollte hierfür eine zentrale Rolle spielen[285]. Zunächst aber waren die Reformimpulse auf Hirsau selbst von St. Emmeram in Regensburg[286] ausgegangen. St. Emmeram besaß auch nach der Jahrhundertmitte noch große Ausstrahlung. An den Lebensgewohnheiten des Regensburger Klosters orientierten sich die Mönche von St. Peter[287] in Salzburg und entfalteten einen großen Aufschwung, so daß sie 1074 das von Erzbischof Gebhard gegründete Kloster Admont[288] besiedeln konnten.

Aus St. Emmeram kam auch Wilhelm, ein Schüler des gelehrten Mönchs Otloh († kurz nach 1079)[289]. Er wurde 1069 gerufen, um die Abtswürde in Hirsau (1069–1091) zu übernehmen[290]. Wilhelm war ganz im Geiste der St. Emmeramer Reformvorstellungen aufgewachsen und zudem durch seine Hinwendung zu astronomisch-

---

[283] Zum Beispiel der Landdekan von Schnaitsee im Jahre 1155: Salzburger Urkundenbuch II 441, Nr. 315a (*Eberolfus decanus de Snaitse*).

[284] Überblickswerke: HEMMERLE, Benediktinerklöster in Bayern; Die Benediktinerklöster in Baden-Württemberg, bearb. v. F. QUARTHAL (= GermBen 5) 1975/ND 1987 (darin auch die Einleitung von K. SCHREINER, Benediktinisches Mönchtum in der Geschichte Südwestdeutschlands, 23–114); für Österreich künftig Austria Benedictina, hg. von U. FAUST; E. KRAUSEN, Die Klöster des Zisterzienserordens in Bayern (= Bayerische Heimatforschung 7) 1953; WOLLENBERGER, Zisterzienser; BACKMUND, Chorherrenorden; DERS., Kollegiat- und Kanonissenstifte; DERS., Kleinere Orden; DERS., Monasticon Praemonstratense I–II, ²1983, bes. I 6–41 und passim; WENDEHORST – BENZ, Verzeichnis der Säkularkanonikerstifte (als Buch 1997); A. WENDEHORST – S. BENZ, Verzeichnis der Stifte der Augustiner-Chorherren und -Chorfrauen, in: JFLF 56 (1996) 1–110 (mit einem Register der Diözesen 106–110); P. LINDNER, Monasticon Episcopatus Augustani antiqui, 1913; MISCHLEWSKI, Grundzüge. Siehe auch DOPSCH, Klöster und Stifte I/2, 1002–1053; SCHWARZMAIER, Königtum; JENAL, Die geistlichen Gemeinschaften; A. KREUZER, Die Stifte und Klöster Kärntens. Eine Dokumentation über 50 historische Stifte, Klöster und Einsiedeleien, 1986. Eine Übersichtskarte über »Die südostdeutschen Bistümer und Klöster im 12. Jahrhundert« bietet KLEMM, Romanische Handschriften. Teil 2: Die Bistümer Freising und Augsburg. Verschiedene deutsche Provenienzen, Textband 8.

[285] JAKOBS, Hirsauer.

[286] Siehe oben Anm. 103. Außerdem F. FUCHS, Neue Quellen zur Bau- und Kunstgeschichte St. Emmerams im Mittelalter, in: St. Emmeram in Regensburg. Geschichte – Kunst – Denkmalpflege (= Thurn und Taxis-Studien 18) 1992, 95–107.

[287] St. Peter in Salzburg. Das älteste Kloster im deutschen Sprachraum. Katalog, Red. H. DOPSCH – R. JUFFINGER, 1982.

[288] W. STEINBÖCK, Die Gründung des benediktinischen Reformklosters Admont. Ein Beitrag zur neunhundertjährigen Geschichte seines Bestehens, in: SMGB 84 (1973) 52–81.

[289] SCHAUWECKER, Otloh von St. Emmeram 5–240; BISCHOFF, Literarisches und künstlerisches Leben 77–115; RÖCKELEIN, Visionsmuster.

[290] B. BISCHOFF, Wilhelm von Hirsau, in: VL¹ 4 (1953) 977–981.

komputistischen Studien dem Gedanken der regel- und gesetzmäßigen Ordnung verhaftet[291]. Sogar ein auf ihn zurückgehendes »Astrolabium« ist erhalten geblieben[292].

Andererseits war seine Verbindung zu seinem Freund Ulrich von Zell († 1093) von Bedeutung, der ebenfalls aus Regensburg stammte und wohl auch zu den Schülern Otlohs gehörte, sich dann 1061 dem Konvent von Cluny anschloß und Prior des Cluniazenserkonvents Zell wurde[293]. Wilhelm und Ulrich standen wiederum in einem weiteren Reformerkreis, der sich in Regensburg entwickelte[294]. Ihm sind die Regensburger Inklusen an der Kirche Weih Sankt Peter zuzurechnen, die der Fürsorge des Frauenstifts Obermünster und seiner Äbtissin Willa (»Hemma«) unterstellt waren[295]. Noch vor 1074 stieß der irische *peregrinus* Marianus († 1080/81) mit einer Schar frommer Klausner hinzu, denen die Äbtissin um 1074 die Kirche Weih Sankt Peter überließ[296]. Dank bürgerlicher Unterstützung konnte die Gruppe von 1111 an in St. Jakob in Regensburg ein Schottenkloster aufbauen[297] – von dort aus wurden dann 1148/1149 das Heiligkreuzkloster in Eichstätt und etwas später, 1155–1161, das Schottenkloster in Wien (St. Marien) gegründet[298] und 1167/68 dasjenige in Memmingen (St. Nikolaus)[299] besiedelt. Trotz der Dominanz des salischen Kaisers Heinrich IV.[300] hielt sich in der Stadt Regensburg ein kräftiger reformreligiöser Nährboden.

Als Abt von Hirsau schloß Wilhelm 1079 sein Kloster dem cluniazensischen Vorbild[301] an, weshalb sein Reformansatz als »jungcluniazensisch« bezeichnet wird. Mit Hilfe Ulrichs von Zell verfaßte er 1083–1088 die *Constitutiones Hirsaugienses*[302], ei-

---

[291] J. WIESENBACH, Wilhelm von Hirsau. Astrolab und Astronomie im 11. Jahrhundert, in: Hirsau. St. Peter und Paul 1091–1991. Teil 2: Geschichte, Lebens- und Verfassungsformen eines Reformklosters, bearb. v. K. SCHREINER (= Forschungen und Berichte der Archäologie des Mittelalters in Baden-Württemberg 10,2) 1991, 109–156; H. N. HAGOORT, Droefheit en angst. De bestudering van het quadrivium in de elfde eeuw, in: Scholing in de middeleeuwen, hg. v. R. E. V. STUIP – C. VELLEKOOP (= Utrechtse bijdragen tot de mediëvistiek 13) 1995, 159–171.

[292] Regensburg im Mittelalter. Katalog der Abteilung Mittelalter im Museum der Stadt Regensburg II, hg. v. M. ANGERER, 1995, II 150f; WIESENBACH, Wilhelm von Hirsau (wie Anm. 291).

[293] FUHRMANN, Ulrich von Zell.

[294] K. J. BENZ, Regensburg in den geistigen Strömungen des 10. und 11. Jahrhunderts, in: Zwei Jahrtausende Regensburg, hg. v. D. ALBRECHT (= Schriftenreihe der Universität Regensburg 1) 1979, 75–95, hier 88f; MÄRTL, Regensburg.

[295] Vita B. Mariani, in: Acta SS Februarii II, hg. v. J. CARNANDET, 1865, 365–372, hier 368, cap. 13; MGH.D H IV. 403. Zur Äbtissin Willa von Obermünster siehe FLACHENECKER, Schottenklöster 63; der in der Marianus-Vita erscheinende Name Hemma ist Konstrukt.

[296] DERS., Schottenklöster 81f.

[297] L. HAMMERMAYER, Zur Geschichte der Schottenabtei St. Jakob in Regensburg, in: ZBLG 22 (1959) 42–76; FLACHENECKER, Schottenklöster, bes. 83–107; DERS., Irische Klausner und Benediktiner. Zur Geschichte von Weih Sankt Peter und St. Jakob, in: Regensburg im Mittelalter. Beiträge zur Stadtgeschichte vom frühen Mittelalter bis zum Beginn der Neuzeit, hg. v. M. ANGERER – H. WANDERWITZ, 1995, 187–195.

[298] FLACHENECKER, Schottenklöster 205–213 und 214–236.

[299] Ebd. 236–243.

[300] FREISE, Totenbuchführung 100.

[301] A. KOHNLE, Abt Hugo von Cluny (1049–1109) (= Francia Beiheft 32) 1993; J. WOLLASCH, Cluny – »Licht der Welt«. Aufstieg und Niedergang der klösterlichen Gemeinschaft, 1996; D. POECK, Cluniacensis Ecclesia. 10.-12. Jahrhundert. Der cluniazensische Klosterverband (= MMS 71) 1997.

[302] MIGNE PL 150, 927–1146.

ne monastische Lebensordnung, die auf strenge Disziplin, geregelten Tagesablauf, liturgischen Dienst und Freiheit von laikalen Einflüssen ausgerichtet war[303]. Die Hirsauer Reformmönche strebten nach Weltverachtung und wollten den Aposteln und Engeln nacheifern. Ihre Vorstellungen verbreiteten sie durch leidenschaftliche Predigten im Volk[304], was eine starke reformreligiöse Mobilisierung unter den Laien hervorrief[305]. Vor allem der Adel wurde von den Reformideen ergriffen und stellte sich als »Reformadel«[306] in den Dienst dieses monastischen »Aufbruchs«. Dies gilt ganz entsprechend auch für ein zweites Reformzentrum, St. Blasien im Schwarzwald, das um 1070 seine Prägung vom Kloster Fruttuaria (bei Turin) erhalten hatte und dabei vor allem von Herzog Rudolf von Schwaben (»von Rheinfelden«) gefördert wurde[307].

Mit dem Verzicht des Grafen von Calw auf die Eigentumsrechte am Kloster Hirsau – nur die Vogtei blieb bei der Stifterfamilie –, mit der Übereignung des Klosters an Rom (*traditio Romana*), mit der der Papstschutz verbunden war (*libertas Romana*), und mit der freien Abtswahl[308] wurde, insbesondere in der Zeit Papst Urbans II. (1088–1099)[309], das Rechtsmodell geformt[310], das auch viele der von Hirsau und St. Blasien besiedelten Klöster auszeichnen sollte[311]. Dieses »Hirsauer Formular«[312] hatte für den Adel den Vorteil, seinen Klöstern eine gewisse Unabhängigkeit gegenüber den Bischöfen zu bewahren.

---

[303] K. SCHREINER, Hirsau und die Hirsauer Reform. Spiritualität, Lebensform und Sozialprofil einer benediktinischen Erneuerungsbewegung im 11. und 12. Jahrhundert, in: Hirsau. St. Peter und Paul 1091–1991. Teil 2: Geschichte, Lebens- und Verfassungsformen eines Reformklosters, bearb. v. K. SCHREINER (= Forschungen und Berichte der Archäologie des Mittelalters in Baden-Württemberg 10,2) 1991, 59–84.

[304] K. SCHREINER, Mönchtum zwischen asketischem Anspruch und gesellschaftlicher Wirklichkeit. Spiritualität, Sozialverhalten und Sozialverfassung schwäbischer Reformmönche im Spiegel ihrer Geschichtsschreibung, in: ZWLG 41 (1982) 250–307, hier 251–257.

[305] W. HARTMANN, *Discipulus non est super magistrum* (Matth. 10,24). Zur Rolle der Laien und der niederen Kleriker im Investiturstreit, in: Papsttum, Kirche und Recht im Mittelalter. Festschrift für Horst Fuhrmann zum 65. Geburtstag, hg. v. H. MORDEK, 1991, 187–200.

[306] H. JAKOBS, Rudolf von Rheinfelden und die Kirchenreform, in: Investiturstreit und Reichsverfassung, hg. v. J. FLECKENSTEIN (= VoF 17) 1973, 87–115, hier 105.

[307] JAKOBS, St. Blasien; Das tausendjährige St. Blasien. 200jähriges Domjubiläum. Katalog zur Ausstellung II: Aufsätze, Red. C. RÖMER, 1983.

[308] SEIBERT, Abtserhebungen.

[309] PASCHER, Die Privilegierung. Zu Urban II.: A. BECKER, Papst Urban II. (1088–1099) (= MGH.Schriften 19,1–2) 1964/1988.

[310] JAKOBS, Hirsauer 13–23, 82–103, 152–163; DERS., Das Hirsauer Formular und seine Papsturkunde, in: Hirsau. St. Peter und Paul 1091–1991, Teil 2: Geschichte, Lebens- und Verfassungsformen eines Reformklosters, bearb. v. K. SCHREINER (= Forschungen und Berichte der Archäologie des Mittelalters in Baden-Württemberg 10,2) 1991, 85–100; R. SCHIEFFER, Freiheit der Kirche: Vom 9. zum 11. Jahrhundert, in: Die abendländische Freiheit vom 10. zum 14. Jahrhundert. Der Wirkungszusammenhang von Idee und Wirklichkeit im europäischen Vergleich, hg. v. J. FRIED (= VoF 39) 1991, 49–66; B. SZABÓ-BECHSTEIN, »Libertas ecclesiae« vom 12. bis zur Mitte des 13. Jahrhunderts. Verbreitung und Wandel des Begriffs seit seiner Prägung durch Gregor VII., in: ebd. 147–175; H. SEIBERT, Libertas und Reichsabtei. Zur Klosterpolitik der salischen Herrscher, in: Die Salier und das Reich II: Die Reichskirche in der Salierzeit, hg. v. S. WEINFURTER, ²1992, 503–569, hier 559ff; DERS., Abtserhebungen 403–411.

[311] K. SCHREINER, Hirsau, Urban II. und Johannes Trithemius. Ein gefälschtes Papstprivileg als Quelle für das Geschichts-, Reform- und Rechtsbewußtsein des Klosters Hirsau im 12. Jahrhundert, in: DA 43 (1987) 469–530.

[312] H. JAKOBS, Eine Urkunde und ein Jahrhundert. Zur Bedeutung des Hirsauer Formulars, in: ZGO 140 (1992) 39–59.

§ 20. Die geistlichen Gemeinschaften (S. Weinfurter)

In die bayerische Kirchenprovinz kamen die Hirsauer erstmals um 1080, als ihnen die Gräfin Haziga von Scheyern ihre Gründung Margarethenzell (bei Bayrischzell) in der Diözese Freising zuwies. Der Konvent wurde 1087 nach Fischbachau verlegt, von dort um 1103 nach Eisenhofen (Petersberg) bei Dachau und schließlich 1119 nach Scheyern[313]. Das Kloster wurde wie Hirsau dem Papst übereignet; 1102 stellte Paschalis II. das päpstliche Schutzprivileg aus, mit dem auch die freie Abtswahl und die Stiftervogtei zugesichert wurden[314]. 1091 besiedelten Hirsauer Mönche das Kloster St. Paul im Lavanttal[315]. Es war von dem mächtigen Grafen Engelbert I. von Spanheim († 1096) gegründet worden, der zur gregorianisch-reformkirchlichen Gruppe um Erzbischof Gebhard von Salzburg gehörte[316]. 1099 erhielt St. Paul die Bestätigung als Papstkloster, und auch hier wurde die Stiftervogtei festgeschrieben[317]. Ebenfalls 1091 übernahm der Hirsauer Mönch Gaudentius (1091–1105) die Leitung des Klosters Millstatt in Kärnten[318], das zwischen 1070 und 1077 als Gründung Aribos II. († 1102) aus dem Haus der Aribonen[319] entstanden war. Die Übertragung an den apostolischen Stuhl und die Gewährung der *libertas Romana* durch Papst Calixt II. folgten hier erst 1122[320].

Im nordwestlichen Teil des Bistums Augsburg bildete sich ein ganzer Block von Klöstern, die von Hirsau aus beeinflußt wurden[321]. Dazu gehörten das Stauferkloster Lorch (1100/1102)[322] sowie Neresheim (um 1106)[323], Langenau-Anhausen (1123/

---

[313] L. HANSER, Rechtsgeschichtliche Forschungen über das Kloster Scheyern, in: Beiträge zur Geschichte, Topographie und Statistik des Erzbistums München und Freising 13, 1921, 1–165; STÖRMER, Hausklöster I,1, 140f; M. STEPHAN, Die Traditionen des Klosters Scheyern (= QuE NF 36,1) 1986, 74*ff; F. KRAMER, Geschichtsschreibung zwischen Rückbesinnung auf Hirsauer Tradition und adeligem Machtanspruch. Eine quellenkritische Studie zur Scheyerner Chronik, in: ZBLG 57 (1994) 351–381.
[314] GermPont I, 345, Nr. 1; M. STEPHAN, Die Urkunden und die ältesten Urbare des Klosters Scheyern (= QuE NF 36,2) 1988, 3–5, Nr. 1 (1102 Nov. 21).
[315] G. HÖDL, Die benediktinische Reformbewegung um 1100. St. Paul als Reformkloster, in: Schatzhaus Kärntens. Landesausstellung St. Paul 1991. 900 Jahre Benediktinerstift. Bd. II: Beiträge, redigiert v. J. GRABMAYER, 1991, 85–94.
[316] H. DOPSCH, Die Gründer kamen vom Rhein. Die Spanheimer als Stifter von St. Paul, in: Schatzhaus Kärntens. Landesausstellung St. Paul 1991. 900 Jahre Benediktinerstift. Bd. II: Beiträge, redigiert v. J. GRABMAYER, 1991, 43–67; K. SONNLEITNER, Schenkungen und Stiftungen zum Kloster St. Paul in Kärnten (bis 1500). Ein Beitrag zum Thema Frömmigkeit im Mittelalter, in: MIÖG 94 (1986) 341–379.
[317] GermPont I, 118f, Nr. 1; PASCHER, Die Privilegierung 178ff; DERS., Die Privilegierung des Stiftes St. Paul durch Papst Urban II., in: Studien zur Geschichte von Millstatt und Kärnten. Vorträge der Millstätter Symposien 1981–1995, hg. v. F. NIKOLASCH (= Archiv für vaterländische Geschichte und Topographie 78) 1997, 683–686.
[318] E. WEINZIERL-FISCHER, Geschichte des Benediktinerklosters Millstatt in Kärnten (= Archiv für vaterländische Geschichte und Topographie 33) 1951; H. DOPSCH, Die Anfänge der Kärntner Klöster. Gründungsversuche und Klostergründungen vom 8. bis zum 11. Jahrhundert, in: Studien zur Geschichte von Millstatt und Kärnten. Vorträge der Millstätter Symposien 1981–1995, hg. v. F. NIKOLASCH (= Archiv für vaterländische Geschichte und Topographie 78) 1997, 89–122, hier 106–109; J. TOMASCHEK, Zur Biographie und Chronologie der Millstätter Äbte des 12. Jahrhunderts, in: ebd. 341–362.
[319] H. DOPSCH, Die Aribonen – Stifter des Klosters Seeon, in: Kloster Seeon. Beiträge zu Geschichte, Kunst und Kultur der ehemaligen Benediktinerabtei, hg. v. H. v. MALOTTKI, 1993, 55–92.
[320] GermPont I, 107, Nr. 1.
[321] Nachweise bei JAKOBS, Hirsauer.
[322] K. GRAF, Kloster Lorch im Mittelalter, in: Beiträge zur Geschichte von Stadt und Kloster Lorch (= Heimatbuch der Stadt Lorch 1) 1990, 39–95.

1125)³²⁴, Elchingen (in den zwanziger Jahren)³²⁵, Mönchsroth (1126)³²⁶ und Ellwangen (1136)³²⁷. Ebenso dürften Echenbrunn³²⁸, Mönchsdeggingen³²⁹ und Thierhaupten³³⁰ Anregungen aus der Hirsauer Reform erhalten haben.

Im Bistum Regensburg faßten die Hirsauer Fuß³³¹, als ihnen Bischof Otto von Bamberg (1102–1139) 1109 das von ihm gegründete Bamberger Eigenkloster Prüfening vor Regensburg übertrug. Dieses entwickelte sich unter den Äbten Erminold (1114–1121), einem Schüler Wilhelms von Hirsau, und Erbo I. (1121–1162)³³² zu einem eigenen, bedeutenden Reformzentrum. Die Fresken der Klosterkirche (um 1125) zeugen noch heute von der ekklesiologischen Stoßkraft des hochaktiven, gleichsam auf Regensburg angesetzten Konvents³³³, der auf weitere Klöster ausstrahlte (Münchsmünster, Biburg, auch Asbach)³³⁴. In das Kloster Mallersdorf, südlich von Regensburg, zog die Hirsauer Reform 1122 ein³³⁵, und in das 1118 von Markgraf Diepold II. von Cham-Vohburg gegründete Reichenbach³³⁶ und später (1157) auch in das alte Kloster Metten³³⁷ kamen die Hirsauer aus Kastl.

Für die »jungcluniazensische« Reform im südostdeutschen Raum erlangten vor allem die Impulse, die von St. Blasien ausgingen, große Bedeutung. In der Diözese Augsburg wurden 1101 Heiligkreuz in Donauwörth³³⁸ und 1130 Fultenbach³³⁹ von

---

³²³ QUARTHAL 408–435; T. KEMPF, Mittelalterliche Klostergründungen, in: Das Ries 6 (1978) 481–546, hier 495–502.
³²⁴ Siehe VOLKERT, Regesten Augsburg Nr. 454; vgl. JAKOBS, Hirsauer 56.
³²⁵ J. MATZKE, Super ripam Danubii. Zu den Anfängen der Abtei Elchingen bei Ulm, in: Aus Archiv und Bibliothek. Studien aus Ulm und Oberschwaben. Festgabe Max Huber zum 65. Geburtstag, hg. v. A. RÖSSLER, 1969, 152–156.
³²⁶ HEMMERLE, Benediktinerklöster in Bayern 163–165.
³²⁷ QUARTHAL 189–211; Ellwangen 764–1964. Beiträge und Untersuchungen zur 1200jahrfeier, I–II, hg. v. V. BURR, 1964.
³²⁸ HEMMERLE, Benediktinerklöster in Bayern 83f.
³²⁹ Ebd. 160–163.
³³⁰ Ebd. 308–313.
³³¹ SCHWAIGER, Benediktiner 7–60.
³³² A. SCHWARZ, Die Traditionen des Klosters Prüfening (= QuE NF 39,1) 1991, 67*-70*.
³³³ H. G. SCHMITZ, Kloster Prüfening; H. STEIN, Die romanischen Wandmalereien in der Klosterkirche Prüfening (= Studien und Quellen zur Kunstgeschichte Regensburgs 1) 1987; J. PETERSOHN, Die Commendatio pii Ottonis und die romanischen Wandmalereien der Prüfeninger Klosterkirche, in: Historiographia mediaevalis. Festschrift für Franz-Josef Schmale zum 65. Geburtstag, hg. v. D. BERG – H.-W. GOETZ, 1988, 212–220. Zur Weiheinschrift in der Prüfeninger Kirche zuletzt H. E. BREKLE, Eine weitere Spur einer typographischen Werkstatt beim Kloster Prüfening im 12. Jahrhundert, in: Gutenberg-Jahrbuch 1995, 23–26.
³³⁴ Zur Klosterreform Ottos von Bamberg siehe den Beitrag von W. STÖRMER, Die kirchliche Ordnung in Franken 1046–1215, in diesem Band, S. 343.
³³⁵ JAKOBS, Hirsauer 61.
³³⁶ C. BAUMANN, Die Traditionen des Klosters Reichenbach am Regen (= QuE NF 38,1) 1991; G. FLOHRSCHÜTZ, Studien zur Geschichte der Herrschaft Vohburg im Hochmittelalter, Teil 1, in: Sammelblatt des Historischen Vereins Ingolstadt 96 (1987) 9–83, Teil 2, in: ebd. 97 (1988) 9–81, hier T. 2, 18; A. SCHMID, Untersuchungen zu Gau 172f.
³³⁷ W. FINK, Entwicklungsgeschichte der Benedictinerabtei Metten, 3 Bde., 1926–1930.
³³⁸ Heilig Kreuz in Donauwörth, hg. von W. SCHIEDERMAIR, 1987.
³³⁹ H. LAUSSNER, Zur Geschichte der Güter und Herrschaftsrechte des Klosters Fultenbach, in: Forschungen zur schwäbischen Geschichte, hg. v. P. FRIED (= Veröffentlichungen der Schwäbischen For-

sanblasianischen Mönchen neu besiedelt, und nach Ensdorf in der Diözese Regensburg zogen sie 1121/23[340]. Besondere Wirkkraft aber entfalteten sie im Bistum Passau, wo die Reform eng mit dem Namen Hartmanns von Göttweig verknüpft ist[341]. Er kam ursprünglich aus der Reformergruppe um Bischof Altmann von Passau (1065–1091) und leitete zunächst – von 1073/1074 an – dessen Reformstift St. Nikola vor Passau. Aber der Ausbruch des Kirchenkampfes 1076/1077 zwang ihn zur Flucht, und in den folgenden Jahren erscheint er als Hofkapellan König Rudolfs von Rheinfelden. Nach dessen Tod 1080 trat er in das Kloster St. Blasien ein und übernahm dort das Amt des Priors. 1094 aber holte Bischof Ulrich von Passau (1091–1121) ihn als Abt (1094–1114) in das Passauer Eigenstift Göttweig mit dem Auftrag, es in ein Mönchskloster umzuwandeln[342]. Sein Ansehen wird daran ersichtlich, daß er um die Jahreswende 1105/1106 von König Heinrich V. als Kandidat für den Erzbischofsstuhl von Salzburg favorisiert wurde. Am Widerstand Bischof Ulrichs von Passau soll dies aber gescheitert sein[343].

Ihm, Hartmann von Göttweig, vertraute um 1099 Bischof Hermann von Augsburg (1096–1133) die Leitung des Augsburger Klosters St. Ulrich und Afra an[344]. Kurze Zeit später, 1103, übernahm der Reformer auch das von Graf Markwart IV. von Eppenstein kurz vor seinem Tod 1076 gegründete und von dessen Sohn, Herzog Heinrich III. von Kärnten (1090–1122), bis 1096 fertiggestellte und reich dotierte[345] Kloster St. Lambrecht in der Diözese Salzburg, um dort die sanblasianische Lebensform einzurichten[346]. 1109 wurde dieses Kloster dem apostolischen Stuhl unterstellt[347]. Seit 1108[348] ging Hartmann im Auftrag König Heinrichs V. daran, die Reichsabtei Kempten der Reform zuzuführen[349]. Im selben Zeitraum, 1107, sandte er Wirnt, den Prior von Göttweig, zu ersten Reformmaßnahmen in das Kloster Garsten (Diözese Passau),

---

schungsgemeinschaft bei der Kommission für Bayerische Landesgeschichte VII,4 = Augsburger Beiträge zur Landesgeschichte Bayerisch-Schwabens 4) 1991, 61–80.

[340] H. ZITZELSBERGER, Die Geschichte des Klosters Ensdorf von der Gründung bis zur Auflösung in der Reformation, 1121–1525, in: VHOR 95 (1954) 5–171.

[341] JAKOBS, St. Blasien 113ff.

[342] Geschichte des Stiftes Göttweig 1083–1983. Festschrift zum 900-Jahr-Jubiläum (= SMGB 94) 1983; darin vor allem: HÖDL, Göttweig im Mittelalter.

[343] Vita Altmanni, ed. W. WATTENBACH, in: MGH.SS XII, 1856, cap. 40, 241.

[344] W. LIEBHART, Die Reichsabtei Sankt Ulrich und Afra zu Augsburg. Studien zu Besitz und Herrschaft (1006–1803) (= HAB.S. 2) 1982; HÖRBERG, Libri sanctae Afrae; R. MÜNTEFERING, Die Traditionen und das älteste Urbar des Klosters St. Ulrich und Afra in Augsburg (= QuE NF 35) 1986.

[345] Zu den besitzgeschichtlichen Grundlagen siehe G. GÄNSER, Die Mark als Weg zur Macht am Beispiel der »Eppensteiner« (1. Teil), in: ZHVSt 83 (1992) 83–125; (2. Teil) ebd. 85 (1994) 73–122.

[346] H. J. MEZLER-ANDELBERG, Zur älteren Geschichte von St. Lambrecht, in: Carinthia I 151 (1961) 534–571; K.-E. KLAAR, Die Herrschaft der Eppensteiner in Kärnten (= Archiv für vaterländische Geschichte und Topographie 61) 1966, 121ff; B. PLANK, Geschichte der Abtei St. Lambrecht. Festschrift zur 900. Wiederkehr des Todestages des Gründers Markward von Eppenstein, 1076–1976, 1976; DOPSCH, Anfänge (wie Anm. 318) 109–112.

[347] GermPont I, 103, Nr. 1.

[348] Zum Datum SEIBERT, Abtserhebungen 285.

[349] SCHWARZMAIER, Königtum, bes. 141–144; G. KREUZER, Gründung und Frühgeschichte des Klosters, in: Geschichte der Stadt Kempten, hg. v. V. DOTTERWEICH u.a., 1989, 71–78.

eine Gründung der Markgrafen von Steiermark[350]. Erster Abt wurde dann, wahrscheinlich 1111, Berthold († 1142), vorher Prior in St. Blasien und dann in Göttweig[351]. Wirnt dagegen erhielt 1109 einen neuen Reformauftrag und übernahm die Abtswürde (1109–1127) des Klosters Vornbach (Formbach) am Inn (Diözese Passau)[352]. Das zwischen 1030 und 1050 gegründete Hauskloster der mächtigen Grafen von Vornbach (Formbach)[353] war 1094 mit Abt Berengar (1094–1109), der vielleicht aus dem Kloster Münsterschwarzach kam[354], noch der junggorzischen Richtung zugeordnet worden. Nun wurde es in den Kreis der Reform von St. Blasien geführt, wie auch das Vornbacher Filialkloster Gloggnitz, das um 1100 auf Gütern der Vornbacher Grafen ganz im Osten der Diözese Salzburg entstanden war[355].

Dem Sanblasianisch-Göttweiger Reformkreis können noch weitere Klöster zugezählt werden. Dazu gehört das 1109 gegründete Seitenstetten, das 1114/1116 auf Veranlassung des Passauer Bischofs Ulrich (1092–1121) mit dem Prior Leopold von Göttweig als Abt besetzt und mit Mönchen aus Göttweig besiedelt wurde[356]. Auch das 1056 von dem Würzburger Bischof Adalbero (1045–1090) eingerichtete Kloster in Lambach an der Traun (Diözese Passau) ist dazuzurechnen[357]. Es war zunächst mit Mönchen aus Münsterschwarzach besiedelt und somit der Gorzer Reform angeschlossen worden[358]. Um 1090 strahlte dieser Ansatz auch auf das Bamberger Ei-

---

[350] W. J. HUBER, Beiträge zur Geschichte Garstens von seiner Gründung bis zur Melker Reform, Diss. Salzburg 1982; DERS., Das Kloster Garsten als Grundherrschaft im Mittelalter, in: Oberösterreich 35,1 (1985) 19–26.

[351] J. LENZENWEGER, Berthold, Abt von Garsten, † 1142 (= Forschungen zur Geschichte Oberösterreichs 5) 1958; DERS., Berthold – erster Abt von Garsten. Wendepunkt in der Geschichte eines Ortes, in: Oberösterreich 35,1 (1985) 2–9.

[352] E. CHRAMBACH, Die Traditionen des Klosters Formbach, 1987; SAUER, Fundatio 66–88; Das Kloster Vornbach. 900 Jahre benediktinische Kultur im Unteren Inntal, hg. v. J. ECKL – J. DUSCHL, 1994.

[353] F. JUNGMANN-STADLER, Beiträge zu Genealogie und Besitzgeschichte der Formbacher, in: ZBLG 41 (1978) 369–385; DIES., Die Grafen von Formbach im Hochmittelalter, in: 1200 Jahre Stephanskirche in Sulzbach, 1988, 28–39; LOIBL, Herrschaftsraum.

[354] HALLINGER, Gorze-Kluny I 374–383, 569ff.

[355] A. KUSTERNIG, Probleme um die Anfänge von Probstei, Pfarre und Siedlung Gloggnitz, in: Jahrbuch für Landeskunde in Niederösterreich 50/51 (1984/85) 26–52.

[356] H. KOLLER, Die Gründungsurkunden für Seitenstetten. Zugleich ein Beitrag zu den Anfängen des Herzogtums Österreich, in: AfD 16 (1970) 51–141; B. WAGNER, Göttweig und die Gründung des Stiftes Seitenstetten, in: 900 Jahre Stift Göttweig. Ausstellungskatalog, Redaktion G. M. LECHNER, 1983, 34–47; H. KOLLER, Bischof Ulrich von Passau und das Stift Seitenstetten, in: Geschichte und ihre Quellen. Festschrift für Friedrich Hausmann zum 70. Geburtstag, hg. v. R. HÄRTEL, 1987, 417–426; K. BRUNNER, Die Gründungsgeschichte, in: Seitenstetten. Kunst und Mönchtum an der Wiege Österreichs. Niederösterreichische Landesausstellung im Stift Seitenstetten vom 7. Mai bis 30. Oktober 1988, Redaktion K. BRUNNER u.a. (= Kataloge des Niederösterreichischen Landesmuseums NF 205) 1988, 22–24.

[357] A. ZAUNER, Die Grafen von Lambach, in: Jahrbuch des Oberösterreichischen Musealvereins 133, (1988) 55–66; A. WENDEHORST, Adalbero, Bischof von Würzburg und Gründer Lambachs, in: 900 Jahre Klosterkirche Lambach, hg. v. Land Oberösterreich, 1989, 17–24; K. RUMPLER, Die Gründung Lambachs unter besonderer Berücksichtigung der Gründungsurkunden, in: ebd. 25–32; P.-W. SCHEELE, Die Herrlichkeit des Herrn. Die Lambacher Fresken aus der Zeit des heiligen Adalbero, 1990.

[358] F. BÜLL, Zum Verhältnis der Benediktinerklöster Gorze – Münsterschwarzach – Lambach, in: SMGB 102 (1991) 231–239; E. HOCHHOLZER, Ein Lambacher Kalendar-Nekrologfragment (11. Jahrhundert) aus Münsterschwarzach? Untersuchung zur Datierung und Entstehung von Lambach Fr. 4, in: FMSt 29 (1995) 226–272.

genkloster Asbach (Diözese Passau) aus[359]. 1124 aber konnte ein Teil des Lambacher Konvents, der sich nach Richtungskonflikten in das Kloster Göttweig geflüchtet hatte, durchsetzen, daß von dort (oder von Melk?) Helmbert als neuer Abt nach Lambach kam[360]. Das sanblasianische Netz breitete sich weiter aus, als von St. Lambrecht 1144 Altenburg im Waldviertel (Diözese Passau)[361] und von Garsten das 1123 gegründete und an Bamberg übereignete Gleink (Diözese Passau)[362] besetzt wurden. Ganz spät wurde auch noch in Kremsmünster der Einfluß dieses Kreises wirksam, als man Alram II. aus Garsten zum neuen Abt (1160–1173) machte[363].

Weittragende Konsequenzen hatte die Einführung der Reform 1115 im Salzburger Bischofskloster Admont in der Steiermark[364]. Erzbischof Konrad I. von Salzburg (1106–1147) gelang es, für diese Aufgabe Wolfhold aus dem Cluniazenserkloster St. Georgen im Schwarzwald[365] als Abt (1115–1137) zu gewinnen. Wolfhold war einst, bis 1098, Dompropst in Freising gewesen und dann als Mönch in das jungcluniazensische Eisenhofen eingetreten, nachdem er sich mit Bischof Heinrich (1098–1137) überworfen hatte. In Eisenhofen wurde er zum Abt gewählt und unterstützte 1111 den Salzburger Erzbischof gegen den als gottlos (*pro magna irreligiositate*) verfolgten Freisinger Bischof[366]. Auf Betreiben des Klostervogts, des späteren Pfalzgrafen Otto I. von Wittelsbach, mußte er aber das Amt niederlegen und zog sich in das Kloster St. Georgen im Schwarzwald zurück.

Nun, als Abt von Admont, entfaltete er in enger Zusammenarbeit mit dem Erzbischof eine intensive Reformtätigkeit, die Männer- und Frauenkonvente gleichermaßen erreichen sollte. Admont wurde in der Folgezeit zu einem kraftvollen Reformzentrum des süddeutsch-österreichischen Raumes und stieg zu großer kultureller Blüte auf[367], insbesondere unter Abt Gottfried (1137–1165) und dessen Bruder Irimbert (Abt verschiedener Klöster, zuletzt von Admont 1172–1176). In Admont selbst

---

[359] J. GEIER, Die Traditionen, Urkunden und Urbare des Klosters Asbach (= QuE NF 23) 1969, bes. 26*.
[360] JAKOBS, St. Blasien 134–136.
[361] G. SCHWEIGHOFER, Die Geschichte des Stiftes Altenburg, in: Stift Altenburg und seine Kunstschätze, 1981, 6–35.
[362] A. ZAUNER, Die Urkunden des Benediktinerklosters Gleink bis zum Jahre 1300, in: Mitteilungen des Oberösterreichischen Landesarchivs 9 (1968) 22–162; DERS., Das Benediktinerkloster Gleink im Mittelalter, in: Bericht über den 8. Historikertag in St. Pölten September 1964 (= Veröffentlichungen des Verbandes Österreichischer Geschichtsvereine 16) 1965, 106–115.
[363] JOHANEK, Ein Mandat 170f; MIERAU, Vita communis 453. Zur Geschichte des Klosters allgemein: Kremsmünster. 1200 Jahre Benediktinerstift, hg. v. R. W. LITSCHEL, ²1976.
[364] H. J. MEZLER-ANDELBERG, Die rechtlichen Beziehungen des Klosters Admont zum Salzburger Erzbischof während des 12. Jahrhunderts, in: ZHVSt 44 (1953) 31–46; DERS., Admont und die Klosterreform zu Beginn des 12. Jahrhunderts, in: ebd. 47 (1956) 28–42; ARNOLD, Admont; R. LIST, Stift Admont 1074–1974. Festschrift zur Neunhundertjahrfeier, 1974; F. HAUSMANN, Die Vogtei des Klosters Admont und die Babenberger, in: JLNÖ NF 42 (1976) 95–128.
[365] H. J. WOLLASCH, Die Anfänge des Klosters St. Georgen im Schwarzwald, 1964.
[366] Konrad von Scheyern, Chronicon, ed. P. JAFFÉ, in: MGH.SS XVII, 1861, 618f; vgl. HAGEN, Herrschaftsbildung 134.
[367] U. FAUST, Gottfried von Admont. Ein monastischer Autor des 12. Jahrhunderts, in: SMBG 75 (1964) 273–359; J. W. BRAUN, Die Überlieferung der Schriften Gottfrieds und Irimberts von Admont, Diss. Gießen 1967; DERS., Irimbert.

richtete Wolfhold zwischen 1116 und 1120 ein Frauenkloster ein[368]. Kurz nach 1115 übernahm der Admonter Mönch Otto die Abtswürde in Millstatt. Die Reformversuche in Kloster Seeon (Diözese Salzburg) zogen sich dagegen über lange Zeit hin. Man nahm dort zwar die hirsauischen Gebräuche an, wehrte sich aber gegen die überaus strenge »Frömmigkeit von Admont« (*religio Admuntina*)[369], die insbesondere von Abt Irimbert (1147–1151) vertreten wurde[370]. In Kloster Melk (Diözese Passau), das 1089 auf Betreiben Markgraf Leopolds II. von Österreich nach der Junggorzer Ordnung reformiert worden war, setzten sich 1116 mit dem aus Admont kommenden Abt Engilschalk (1116–1121) die jungcluniazensischen Einflüsse durch[371].

Besonders wichtig für diese letztlich von Erzbischof Konrad I. gesteuerte Reform war es, daß 1116 auch das Kloster St. Peter[372] am Bischofssitz selbst angeschlossen wurde, wo der Prior von Admont, Reginbert, die Leitung übernahm (1116–1125). 1121 richtete dieser in Elsenbach (später nach St. Veit an der Rott verlegt) ein Priorat ein[373]. Als Bischof von Brixen (1125–1139) leitete er die Impulse an das Brixner Kloster St. Georgenberg (Fiecht) bei Schwaz weiter[374]. Der dortige erste Abt, Eberhard (1138–1174), dürfte aus St. Peter oder Admont gekommen sein. Mit diesen beiden Klöstern verfügte der Salzburger Erzbischof über zwei ihm unterstellte Reformmittelpunkte, von denen aus die monastische Reform in seiner Diözese und auch darüber hinausgehend ganz auf die bischöfliche Autorität hin ausgerichtet werden konnte.

Das in der Diözese Freising liegende Kloster Attel, das um die Mitte des 11. Jahrhunderts von den Grafen von Andechs gegründet worden war[375], wurde mit seiner gesamten Ausstattung wohl um 1125 von Hallgraf Engelbert (von Wasserburg) dem Reformzentrum Admont und seinem Abt Wolfhold bis 1145 sogar völlig übereignet[376]. Auch auf die Klöster Benediktbeuern in der Diözese Augsburg (vor 1133), Prüll bei Regensburg (1140), St. Emmeram vor Regensburg (1143), Weihenstephan bei Freising[377] (1148) und St. Lambrecht (1154) dehnte sich der Admonter Einfluß

---

[368] BRAUN, Irimbert 287–292.
[369] Salzburger Urkundenbuch II 339, Nr. 236; JOHANEK, Ein Mandat 168 mit Anm. 31; ARNOLD, Admont 363–367, und die Admonter Zusatzbestimmungen zur Hirsauer Regel ebd. 368f; E.-M. ZEHETMAIR, Das Benediktiner-Kloster in Seeon – ein historischer Abriß, in: Kloster Seeon. Beiträge zu Geschichte, Kunst und Kultur der ehemaligen Benediktinerabtei, hg. v. H. v. MALOTTKI, 1993, 93–116, hier 95f.
[370] BRAUN, Irimbert 276–279.
[371] N. ZEILINGER, Die päpstliche Privilegierung für das Kloster Melk im 12. und 13. Jahrhundert, in: SMGB (1971) 426–461; 900 Jahre Benediktiner in Melk (= Jubiläumsausstellung vom 18. März bis 15. November 1989), 1989.
[372] DOPSCH, Klöster und Stifte I/2, 1007–1013.
[373] J. KISSLINGER, Geschichte des Benediktinerklosters St. Veit (früher Elsenbach) bei Neumarkt a. d. Rott in Oberbayern, in: Beiträge zur Geschichte, Topographie und Statistik des Erzbistums München und Freising 12 (1915) 103–394; H. HÖR, Die Urkunden des Klosters St. Veit 1121–1450 (= QuE NF 15) 1960.
[374] C. FORNWAGNER, Die Regesten der Urkunden der Benediktinerabtei St. Georgenberg-Fiecht vom 10. Jahrhundert bis 1300 (= Tiroler Geschichtsquellen 27) 1989; 850 Jahre Benediktinerabtei St. Georgenberg-Fiecht: 1138–1988 (= SMGB Erg.-bd. 31) 1988.
[375] A. MITTERWIESER, Geschichte der Benediktiner Abtei Attel am Inn, in: Der Inn-Isengau 7 (1929) 1–33; HOLZFURTNER, Andechs 241–243.
[376] Salzburger Urkundenbuch II 338–342, Nr. 236f.
[377] HAGEN, Herrschaftsbildung 160.

aus[378]. Daß Erzbischof Konrad I. von Salzburg (1106–1147) die meisten dieser Aktionen selbst steuerte und dabei ganz planmäßig vorging, zeigt der Beschluß der von ihm geleiteten Provinzialsynode von Reichenhall von 1146: Sämtliche Reichsklöster in der Kirchenprovinz Salzburg sollten der Reform unterworfen werden, eine Forderung, die offenbar ganz besonders auf Tegernsee gerichtet war[379].

Die Admonter Reform bezog in besonderem Maße Frauenkonvente mit ein[380]. Wie Admont selbst war St. Peter in Salzburg als Doppelkloster angelegt, indem – wohl unter Abt Balderich (1125–1135) – ein eigener Konvent für die »Petersfrauen« eingerichtet wurde. Auch in Benediktbeuern[381], dessen Leitung Engelschalk aus Admont vor 1133 übernommen hatte, war ein Nonnenkonvent angegliedert; dasselbe gilt für das Kloster Ottobeuren[382], in dem 1102 der aus St. Georgen kommende Rupert (1102–1145) den Abtstab übernahm. Diese »Doppelklöster« entsprachen völlig der Konzeption des Salzburger Erzbischofs Konrad I. von einer Erneuerung des urkirchlichen Lebensmodells, in das Männer und Frauen gleichermaßen einbezogen werden sollten. Darüber hinaus ordnete er für Salzburger Frauenkonvente die Einführung der strengen jungcluniazensischen Lebensordnung an. In St. Georgen am Längsee[383] hatte Abt Wolfhold von Admont diese Aufgabe seit 1122 gegen starke Widerstände durchzuführen, und auch im Frauenstift Göss[384] dürften bis zur Mitte des 12. Jahrhunderts (nicht erst 1177/1188) die neuen Lebensformen durchgesetzt worden sein. Beim Frauenkloster auf dem Nonnberg in Salzburg sorgte Erzbischof Konrad I. 1144 selbst für die konsequente Befolgung der Benediktsregel[385].

Auch die Kanonikerreform, von der in Bayern in der ersten Hälfte des 12. Jahrhunderts die zweite große Gründungswelle geprägt wurde, war darauf ausgerichtet, in Erneuerung des urchristlichen Lebensmodells Männer und Frauen in einer klöster-

---

[378] JAKOBS, Hirsauer 70f.

[379] GermPont I, 363f, Nr. 2; WEINFURTER, Salzburger Bistumsreform 161; HOLZFURTNER, Gründung und Gründungsüberlieferung 113–126; M. POLOCK, Zur Chronologie der Tegernseer Äbteliste im 12. Jahrhundert und zur Datierung einiger Tegernseer und Diessener Traditionen, in: ZBLG 36 (1973) 304–316.

[380] KÜSTERS, Der verschlossene Garten, bes. 151–153; allgemein auch: Doppelklöster und andere Formen der Symbiose männlicher und weiblicher Religiosen im Mittelalter, hg. v. K. ELM – M. PARISSE (= BHS 18.O 8) 1992.

[381] Kloster Benediktbeuern. Gegenwart und Geschichte. Historisch-kunsthistorische Festschrift zum fünfzigjährigen Jubiläum der Salesianer Don Boscos in Benediktbeuern, hg. v. L. WEBER, 1981; J. HEMMERLE, Das Bistum Augsburg I: Die Benediktinerabtei Benediktbeuern (= GermSac NS 28/1) 1991; auch HOLZFURTNER, Gründung und Gründungsüberlieferung 103–113; L. WEBER, Das 1250-jährige Jubiläum des Klosters Benediktbeuern 1989, in: SMGB 101 (1990) 425–461.

[382] Ottobeuren 764–1964. Beiträge zur Geschichte der Abtei (= SMGB 73/II-IV) 1964; Ottobeuren. Festschrift zur 1200-Jahrfeier der Abtei, hg. v. Ae. KOLB – H. TÜCHLE (= SMGB 73) 1964; H. HOFFMANN (Bearb.), Die Urkunden des Reichsstiftes Ottobeuren 764–1460 (= Veröffentlichungen der Schwäbischen Forschungsgemeinschaft II,1,13) 1991; H. SCHWARZMAIER, Ottobeuren und Marienberg, in: 900 Jahre Benediktinerabtei Marienberg 1096–1996, 1996, 51–70.

[383] M. WETTER, Geschichte des Benediktinerinnenklosters St. Georgen am Längsee in Kärnten, 2 Teile, Diss. Wien 1954; DOPSCH, Anfänge (wie Anm. 318) 99–102.

[384] H. APPELT, Geschichte des Stiftes Göss, in: Stift Göss. Geschichte und Kunst, 1961, 24–54; K. BRACHER, Stift Göß. Geschichte und Kunst. Archivalische Beiträge (= ZHVSt Sonderbd. 12) 1966.

[385] Salzburger Urkundenbuch II 333–335, Nr. 232; R. v. REICHLIN-MELDEGG, Stift Nonnberg zu Salzburg im Wandel der Zeiten, 1953; DOPSCH, Klöster und Stifte I/2, 1013–1015.

lichen Lebensgemeinschaft zusammenzufassen[386]. Aus drei »Klausurbereichen« (*claustra*), so erfahren wir aus dem Necrologium des Salzburger Domstifts, bestehe ein Reformstift, nämlich einem für Kanoniker, einem für Kanonissen und einem für die Laienbrüder[387]. Der Andrang von Frauen zur Reformbewegung war außerordentlich groß[388], und beinahe jedes Reformstift baute neben dem Männerkonvent einen Frauenkonvent auf[389].

Die Ursprünge der Kanonikerreform[390] reichen bis in die erste Hälfte des 11. Jahrhunderts zurück. Unter den frühen Ansätzen ging von S. Ruf bei Avignon, das 1039 entstanden war, die stärkste Wirkkraft aus[391]. Im Mittelpunkt stand das Anliegen nach gültiger sakramentaler Heilsvermittlung, das seit der Mitte des 11. Jahrhunderts immer stärker nach einer umfassenden Reform des Klerus verlangte. Vor allem die an einem Stift vereinten Kanoniker sollten sich in ihrem Leben und Wirken in der Nachahmung Christi in Besitzlosigkeit, Armut, Entsagung und Leidensbereitschaft auszeichnen und ein gemeinsames Leben (*vita communis*) nach dem Vorbild der Apostelkirche (*vita apostolica*) führen. Diese reformreligiöse Bewegung wurde von der Lateransynode von 1059 aufgenommen und vom Reformpapsttum gefördert[392]. Die in klösterlicher Gemeinschaft lebenden Reformkanoniker, die sich im späteren 11. Jahrhundert immer mehr auf die Augustinusregel[393] stützten, sollten auf ihre Lebensordnung das Gelübde (*professio*) ablegen und wurden »Regularkanoniker« (*canonici regulares*) genannt – die Bezeichnung »Augustinerchorherren« ist erst später anzutreffen.

In der bayerischen Kirche griff diese Impulse als erster Bischof Altmann von Passau (1065–1091) auf, der die Kanoniker seiner Diözese auf das neue Ideal auszurichten suchte[394]. Um 1070 führte er in die alten Passauer Stifte St. Florian und St. Pölten Regularkanoniker ein und gründete auf Bistumsbesitz das Reformstift St. Nikola vor

---

[386] WEINFURTER, Grundlinien 755f.

[387] MGH.Necr. II/1, ed. S. HERZBERG-FRÄNKEL, 1890, 121 zum 4. April. Ähnlich auch Salzburger Urkundenbuch I 712, Nr. 269a.

[388] Bernold von St. Blasien, Chronik, ed. G. H. PERTZ, in: MGH.SS V, 1844, 452f; Arno von Reichersberg, Scutum canonicorum, in: MIGNE PL 194, 1502f; vgl. B. WILMS, »Amatrices ecclesiarum«. Untersuchung zur Rolle der Frau und Funktion der Frauen in der Kirchenreform des 12. Jahrhunderts (= Bochumer historische Studien. Mittelalterliche Geschichte 5) 1987.

[389] G. SCHAUBER, Die Augustiner Chorfrauen, in: 900 Jahre Stift Reichersberg. Augustiner Chorherren zwischen Passau und Salzburg, hg. v. D. STRAUB, 1984, 121–126.

[390] Ein Überblick bei S. WEINFURTER, Neuere Forschung zu den Regularkanonikern im deutschen Reich des 11. und 12. Jahrhunderts, in: HZ 224 (1977) 379–397; DERS., Die Kanonikerreform des 11. und 12. Jahrhunderts, in: 900 Jahre Stift Reichersberg. Augustiner Chorherren zwischen Passau und Salzburg, hg. von D. STRAUB, 1984, 23–32.

[391] U. VONES-LIEBENSTEIN, Les débuts de l'abbaye de Saint-Ruf. Contexte politique et religieux à Avignon au XIe siècle, in: Crises et réformes dans l'église. De la réforme grégorienne à la préréforme (= Actes du Congrès nationale des sociétés savantes. Section d'histoire médiévale et philologie 115) 1991, 9–25; DIES., Saint-Ruf und Spanien. Studien zur Verbreitung und zum Wirken der Regularkanoniker von Saint-Ruf in Avignon auf der iberischen Halbinsel (11. und 12. Jahrhundert), I–II (= Bibliotheca Victorina 6) 1996.

[392] LAUDAGE, Priesterbild 235–250.

[393] VERHEIJEN, La règle.

[394] COUÉ, Hagiographie 130f.

Passau[395]. 1083 folgte die Gründung des Reformstifts Göttweig, das allerdings elf Jahre später zum Mönchsorden überwechselte[396].

Auf Altmanns Rat hin entstand auch das wichtigste Reformzentrum im 11. Jahrhundert in Bayern: das Stift Rottenbuch in der Diözese Freising[397]. Es wurde von Welf IV. und seiner Gemahlin Judith 1073 gegründet und später dem päpstlichen Stuhl in Rom übereignet (*traditio Romana*)[398]. Zusammen mit dem Kloster St. Blasien bildete Rottenbuch einen bedeutenden gregorianischen Freundeskreis[399], und für mehrere Reformanhänger wurde das Stift zum Zufluchtsort[400]. Unter ihnen befand sich der gelehrte Philosoph und Theologe Manegold von Lautenbach, der vorher in Frankreich als Wanderlehrer tätig war, eine hervorragende Gestalt der Frühscholastik und schon in seiner Zeit als *modernorum magister magistrorum* bezeichnet[401]. Er bekleidete von 1085 bis 1094 in Rottenbuch das Amt des Dekans, bevor er im elsässischen Reformstift Marbach Propst wurde (1094–nach 1103). Die Lebensgewohnheiten (*Consuetudines*) von Marbach[402] dürften denen von Rottenbuch, die nicht überliefert sind, entsprochen haben.

Die monastische Lebensweise der Regularkanoniker führte rasch das Problem der Abgrenzung gegenüber den Mönchen herbei. Papst Urban II. (1088–1099) stellte daher 1092 erstmals für Rottenbuch, dann auch für andere Reformstifte, ein Privileg aus, in dem der Lebensweise der Regularkanoniker ein fester Platz in der Kirche zuerkannt wurde[403]. Auch in weiteren päpstlichen Stellungnahmen wurde dem monastischen »Heilswert« nun der »Funktionswert« der *vita canonica* in der Kirche gegenübergestellt[404]. In diesem Sinne sahen sich die Regularkanoniker in besonderer Weise dazu ausersehen, den Heilsauftrag Christi unter den Menschen auszuführen.

---

[395] BOSHOF, Bischof Altmann; DERS., Bischöfe und Bischofskirchen 134ff; DERS., Geschichte des Klosters St. Nikola, in: 900 Jahre Stift Reichersberg. Augustiner Chorherren zwischen Passau und Salzburg, hg. v. D. STRAUB, 1984, 33–43.
[396] HÖDL, Göttweig im Mittelalter.
[397] MOIS, Stift Rottenbuch; Rottenbuch. Das Augustinerchorherrenstift im Ammergau. Beiträge zur Geschichte, Kunst und Kultur, hg. v. H. PÖRNBACHER, ²1980.
[398] GermPont I, 375, Nr. 1; A. BRACKMANN, Die Kurie und die Salzburger Kirchenprovinz (= Studien und Vorarbeiten zur GermPont 1) 1912, 14f; MOIS, Stift Rottenbuch 49–56.
[399] I. S. ROBINSON, Zur Arbeitsweise Bernolds von Konstanz und seines Kreises. Untersuchungen zum Schlettstädter Codex 13, in: DA 34 (1978) 51–122, hier 115f.
[400] Gerhoch von Reichersberg, Epistola ad Innocentium papam, ed. E. SACKUR, in: MGH.Ldl III, 1897, 232f.
[401] W. HARTMANN, Manegold von Lautenbach und die Anfänge der Frühscholastik, in: DA 26 (1970) 47–149; H. FUHRMANN, »Volkssouveränität« und »Herrschaftsvertrag« bei Manegold von Lautenbach, in: Festschrift für Hermann Krause, hg. v. S. GAGNÉR – H. SCHLOSSER – W. WIEGAND, 1975, 21–42.
[402] J. SIEGWART, Die Consuetudines des Augustiner-Chorherrenstiftes Marbach im Elsaß (12. Jahrhundert) (= Spicilegium Friburgense 10) 1965.
[403] GermPont I, 375f, Nr. 2; J. LAUDAGE, Ad exemplar primitivae ecclesiae. Kurie, Reich und Klerusreform von Urban II. bis Calixt II., in: Reformidee und Reformpolitik im spätsalisch-frühstaufischen Reich, hg. v. S. WEINFURTER unter Mitarbeit von H. SEIBERT (= Quellen und Abhandlungen zur mittelrheinischen Kirchengeschichte 68) 1992, 47–73, Text des Privilegs 71–73.
[404] H. FUHRMANN, Papst Urban II. und der Stand der Regularkanoniker (= SBAW.PH 2, 1984) 1984; DERS., Das Papsttum zwischen Frömmigkeit und Politik – Urban II. (1088–1099) und die Frage der Selbstheiligung, in: Deus qui mutat tempora. Menschen und Institutionen im Wandel des Mittelalters. Festschrift für Alfons Becker zu seinem 65. Geburtstag, hg. v. E.-D. HEHL – H. SEIBERT – F. STAAB, 1987, 157–172.

Aus dieser gefestigten Stellung heraus breitete sich die Rottenbucher Reform zu Anfang des 12. Jahrhunderts auf weitere Kanonikerstifte aus. Dazu gehörten die von Graf Berengar I. von Sulzbach († 1125) gegründeten Reformstifte Berchtesgaden (1102) und Baumburg (1107/1109)[405] in der Diözese Salzburg. Auch Dietramszell (Diöz. Freising) dürfte sich Rottenbuch bald angeschlossen haben[406]. 1120 wurde Bernried (Diöz. Augsburg) besiedelt[407], wo sich 1121 ein Reformerkreis um den Regensburger Paul von Bernried († nach 1146) und die Einsiedlerin Herluka von Epfach († 1128) sammelte[408]. Zu diesem Kreis stand auch das kleine Stift Beuerberg (Diöz. Freising) in Beziehung[409]. Dießen (Diöz. Augsburg)[410], das Hausstift der mächtigen Grafen von Dießen/Andechs, erfuhr 1123 die ersten Reformeinflüsse aus Rottenbuch, als von dort Hartwig als Propst (1123–1173) geholt wurde[411]. Wahrscheinlich gab es auch Verbindungen zu den zwischen 1140 und 1142 reformierten Freisinger Stiften Schliersee, Schlehdorf und Isen[412], denn Ende 1140 wurde Propst Heinrich I. von Rottenbuch (1126–1140/41) von Bischof Otto I. von Freising (1138–1158) zu den Beratungen um eine Kanonikerreform im Bistum Freising zugezogen[413]. Das vom bayerischen Pfalzgrafen Otto I. von Wittelsbach gegründete Reformstift Indersdorf (Diöz. Freising) dagegen erhielt seine Ausrichtung 1126 aus dem Reformzentrum Marbach im Elsaß[414], stand damit freilich auch in Beziehung zu Rottenbuch.

---

[405] S. WEINFURTER, Die Gründung des Augustiner-Chorherrenstiftes – Reformidee und Anfänge der Regularkanoniker in Berchtesgaden, in: Geschichte von Berchtesgaden. Stift – Markt – Land I: Zwischen Salzburg und Bayern (bis 1594), hg. v. W. BRUGGER – H. DOPSCH – P. F. KRAMML, 1991, 229–264; R. VAN DÜLMEN, Zur Frühgeschichte Baumburgs, in: ZBLG 31 (1968) 3–48; M. BITSCHNAU – I. HEITMEIER, *Gebrichesrivt* – Besitz- und siedlungsgeschichtliche Untersuchung eines nicht erkannten Berchtesgadener Frühbesitzes, in: MGSLK 137 (1997) 113–129.
[406] E. NOICHL, Die »Gründungsurkunde« des Chorherrenstifts Dietramszell. Eine Tegernseer Fälschung aus dem letzten Viertel des 12. Jahrhunderts, in: Archivalische Zeitschrift 76 (1980) 39–56; E. KRAUSEN, Das Augustinerchorherrenstift Dietramszell (= GermSac NS 24) 1988.
[407] W. SCHERBAUM, Das Augustinerchorherrenstift Bernried. Studien zur Stiftsentwicklung und zu Problemen sozialen, wirtschaftlichen und kulturellen Lebens in einer geistlichen Hofmark (= Miscellanea Bavarica Monacensia 168) 1997.
[408] M. MAIER, Ein Schwäbisch-Bayerischer Freundeskreis Gregors VII. nach der Vita Herlucae des Paul v. Bernried, in: SMGB 74 (1963) 313–332; R. SCHNITZER, Die Vita B. Herlucae Pauls von Bernried. Eine Quelle zur gregorianischen Reform in Süddeutschland, Diss. München 1967; A. SCHNITZER, Die selige Herluka von Bernried. Persönlichkeit und Zeitlage, in: JVABG 3 (1969) 5–15; KÜSTERS, Der verschlossene Garten 114–120; FUHRMANN, Ulrich von Zell 369–374; R. SCHIEFFER, Paul von Bernried, in: VL² 7 (1989) 359–364.
[409] MOIS, Stift Rottenbuch 210f.
[410] W. SCHLÖGL, Die Traditionen und Urkunden des Stiftes Dießen 1114–1362 (= QuE NF 22,1) 1967, 63*–68*; P. FRIED, Das Augustinerchorherrenstift Dießen, in: DERS. – H. HAUSHOFER, Die Ökonomie des Klosters Dießen. Das Compendium Oecumenicorum von 1642 (= Quellen und Forschungen zur Agrargeschichte 27) 1974, XIV–XXI; POLLOCK, Zur Chronologie (wie Anm. 379) 314; M. BORGOLTE, Stiftergedenken in Kloster Dießeh. Ein Beitrag zur Kritik bayerischer Traditionsbücher. Mit einem Textanhang: Die Anlage der ältesten Dießener Necrologien, in: FMSt 24 (1990) 235–289.
[411] SCHÜTZ, Andechs-Meranier 49–53; SAUER, Fundatio 45–66.
[412] WEINFURTER, Salzburger Bistumsreform 104.
[413] HAGEN, Herrschaftsbildung 152.
[414] WEINFURTER, Salzburger Bistumsreform 99f; M. SATTLER, Zur Gründung des Augustiner-Chorherrenstifts Indersdorf, in: Amperland 26 (1990) 470–477.

Für die Rottenbucher Reformstifte ist kennzeichnend, daß mehrere von ihnen Gründungen des hohen Adels waren und wie die Reformklöster durch die Übereignung an Rom (*traditio Romana*) in den besonderen päpstlichen Schutz (*libertas Romana*) gestellt wurden. Auch die Gründervogtei wurde bestätigt. Die adligen Reformstifte konnten damit die Funktion neuer religiöser Mittelpunkte für die Adelsherrschaften und ihre Ministerialen übernehmen und bestimmte Herrschaftsregionen im kirchlich-seelsorgerlichen Sinne durchdringen[415]. Dies gilt auch für die babenbergische Gründung Klosterneuburg bei Wien, in die Markgraf Leopold III. 1133 Regularkanoniker holte[416].

Was die innere Ordnung der Stifte betrifft, so gehörte der Rottenbucher Kreis der älteren Stufe (*ordo antiquus*) der Kanonikerreform an, die sich nach der gemäßigteren Regel des Augustinus (*Praeceptum*) ausrichtete[417]. Auch noch die Regensburger Gründungen oder Reformen[418] von Weltenburg 1123 (durch Bischof Hartwig I.)[419], von St. Johann 1127 (durch Bischof Konrad I.)[420], von St. Mang in Stadtamhof 1138 (durch Paul von Bernried und Gebhard von St. Mang)[421], von Paring 1141/43 (durch den Regensburger Domherrn Gebhard von Roning)[422], von Rohr 1133[423] und von Schamhaupten 1137[424] sind hier einzuordnen. Dasselbe wird man für die Augsburger Reformstifte St. Georg[425] und Muttershofen/Heilig Kreuz annehmen müssen[426]. Zu Beginn des 12. Jahrhunderts aber trat eine strengere Richtung in den Vordergrund (*ordo novus*), die den *Ordo monasterii*, die verschärfte Augustinusregel mit strengeren Fasten- und Schweigegeboten und einem ausgedehnteren Offizium[427], zugrunde legte. Vor allem die Handarbeit (*opus manuum*) erlangte hier große Bedeutung. Springiersbach in der Eifel und Klosterrath bei Aachen wurden Vorreiter dieser Be-

---

[415] WEINFURTER, Grundlinien 758.
[416] WEINFURTER, Salzburger Bistumsreform 80f.
[417] VERHEIJEN, La règle I 417–437.
[418] Einen Überblick bietet C. LOHMER, Kanonikerstifte im Bistum Regensburg im Mittelalter, in: 1250 Jahre Kunst und Kultur im Bistum Regensburg. Berichte und Forschungen, 1989, 195–207. Für die Stadt Regensburg: H. WANDERWITZ, Die Kanoniker- und Chorherrenstifte im mittelalterlichen Regensburg, in: Regensburg im Mittelalter. Beiträge zur Stadtgeschichte vom frühen Mittelalter bis zum Beginn der Neuzeit, hg. v. M. ANGERER – H. WANDERWITZ, 1995, 197–201.
[419] C. LOHMER, Kanoniker in Weltenburg. Ein Beitrag zur Erforschung der *Vita Canonica* in der Diözese Regensburg, in: Regensburg und Bayern im Mittelalter. Kurt Reindel gewidmet von seinen Schülern (= Studien und Quellen zur Geschichte Regensburgs 4) 1987, 79–97.
[420] St. Johann in Regensburg. Vom Augustinerchorherrenstift zum Kollegiatstift. 1127/1290/1990, hg. von P. MAI (= Bischöfliches Zentralarchiv und Bischöfliche Zentralbibliothek Regensburg. Kataloge und Schriften 5) 1990.
[421] FUCHS, Bildung und Wissenschaft in Regensburg, bes. 83ff.
[422] Augustinerchorherrenstift Paring 1141–1191, hg. v. S. ACHT u.a. (= Kataloge und Schriften des Bischöflichen Zentralarchivs Regensburg 7) 1991.
[423] J. ZESCHICK, Das Augustinerchorherrenstift Rohr, in: Klöster und Orden im Bistum Regensburg, hg. von G. SCHWAIGER – P. MAI (= BGBR 12) 1978, 113–132; Kloster in Rohr. Geschichte und Gegenwart, hg. von J. ZESCHICK, 1986.
[424] P. MAI, Die Stifte der Augustinerchorherren in Schamhaupten, Stadtamhof und Paring, in: Klöster und Orden im Bistum Regensburg, hg. v. G. SCHWAIGER – P. MAI (= BGBR 12) 1978, 95–111.
[425] Siehe oben bei Anm. 167f.
[426] LIEBHART, Stifte, Klöster und Konvente 197f; JAHN, Augsburg Land 196.
[427] VERHEIJEN, La règle I 148–152.

wegung, und dort entstanden auch entsprechende Lebensvorschriften (*Consuetudines*)[428].

Dieser neuen Richtung schloß sich 1120, mit der Gründung von Prémontré, die Reformgruppe um Norbert von Xanten[429] an, von der die Prämonstratenser ihren Ausgang nahmen[430]. Sie unterschieden sich von den anderen Regularkanonikern dadurch, daß sie in den dreißiger und vierziger Jahren ein eigenes Visitationssystem[431] und später ein Netz von »Zirkarien« ausbildeten[432] und damit die Grundlagen für einen eigenen Orden schufen. Ihre wichtigste Niederlassung im bayerisch-schwäbischen Raum war Ursberg[433], eine wohl schon 1125 anzusetzende Gründung Wernhers von Ursberg-Schwabegg, des Hochstiftsvogts von Augsburg († 1130)[434]. Das Stift, in das Prämonstratenser aus Ilbenstadt (Diöz. Mainz) einzogen, wurde 1130 dem Augsburger Bischof Hermann (1096–1133) übereignet. Dieser stellte es seinerseits unter den Schutz (*libertas*) der Augsburger Kirche. Damit bildete sich ein neues Augsburger Verfassungsmodell einer bischöflichen Schutzautorität heraus, dem auch das Regularkanonikerstift Wettenhausen und eine Reihe von Klöstern eingegliedert wurden.

Die Ursberger Prämonstratenser besiedelten um 1130 die Stifte Roggenburg (Diöz. Augsburg)[435] und Osterhofen (Diöz. Passau)[436]. Insbesondere Bischof Otto I. von Freising (1138–1158) stellte sie in seine Dienste, als er ihnen 1140 das wichtige bischöfliche Stift Schäftlarn zur Reform auftrug[437], das vor allem den Freisinger Mini-

---

[428] Consuetudines canonicorum regularium Springirsbacenses-Rodenses, ed. S. WEINFURTER (CC CM 48) 1978; Consuetudines canonicorum regularium Rodenses. Die Lebensordnung des Regularkanonikerstifts Klosterrath I–II, Text erstellt v. S. WEINFURTER, übersetzt und eingeleitet v. H. DEUTZ (= Fontes Christiani 11) 1993.

[429] S. WEINFURTER, Norbert von Xanten – Ordensstifter und »Eigenkirchenherr«, in: AKuG 59 (1977) 66–98; F. J. FELTEN, Norbert von Xanten. Vom Wanderprediger zum Kirchenfürsten, in: Norbert von Xanten. Adliger · Ordensstifter · Kirchenfürst, hg. v. K. ELM, 1984, 69–157; W. M. GRAUWEN, Norbert, Erzbischof von Magdeburg (1126–1134), 2. überarb. Aufl., übers. und bearb. v. L. HORSTKÖTTER, 1986.

[430] S. WEINFURTER, Norbert von Xanten und die Entstehung des Prämonstratenserordens, in: Barbarossa und die Prämonstratenser (= Schriften zur staufischen Geschichte und Kunst 10) 1989, 67–100; DERS., Der Prämonstratenserorden im 12. Jahrhundert, in: Marchthal. Prämonstratenserabtei. Fürstliches Schloß. Kirchliche Akademie, hg. v. M. MÜLLER – R. REINHARDT – W. SCHÖNTAG, 1992, 13–30.

[431] S. SCHAUFF, Zum Visitationsverfahren der Prämonstratenser, in: De ordine vitae. Zu Normvorstellungen, Organisationsformen und Schriftgebrauch im mittelalterlichen Ordenswesen, hg. von G. MELVILLE (= Vita regularis 1) 1996, 315–339; J. OBERSTE, Visitation und Ordensorganisation. Formen sozialer Normierung, Kontrolle und Kommunikation bei Cisterziensern, Prämonstratensern und Cluniazensern (12. – frühes 14. Jahrhundert) (= Vita regularis 2) 1996.

[432] N. BACKMUND, Die Entwicklung der deutschen Prämonstratenserzirkarien, in: ZKG 95 (1984) 215–222.

[433] PETERS, Ursberg; A. LOHMÜLLER, Das Reichsstift Ursberg. Von den Anfängen 1125 bis zum Jahre 1802, 1987; M. OBERWEIS, Die Interpolationen im Chronicon Urspergense. Quellenkundliche Studien zur Privilegiengeschichte der Reform-Orden in der Stauferzeit (= MBMRF 40) 1990.

[434] R. VOGEL, Mindelheim (= HAB.S. 7) 1970, 1ff.

[435] J. HAHN, Krumbach (= HAB.S. 12) 1982, 56.

[436] J. GRUBER, Die Urkunden und das älteste Urbar des Stiftes Osterhofen (= QuE NF 33) 1985; DERS., Das Kollegiatstift Osterhofen und seine Umwandlung in ein Prämonstratenserstift, in: Deggendorfer Geschichtsblätter 10 (1989) 171–180; H. LICKLEDER, Bischof Otto I. von Bamberg, die bayerischen Herzöge und das Prämonstratenserstift Osterhofen, in: Bischof Otto I. von Bamberg. Reformer – Apostel der Pommern – Heiliger, hg. v. L. BAUER (= BHVB 125) 1989, 325–337.

[437] WEISSTHANNER, Schäftlarner Urkunden Nr. 1.

sterialen offenstehen sollte. Auch das 1142 von ihm gegründete Reformstift Neustift bei Freising vertraute er ihnen an[438]. Das Reformstift Windberg (Diöz. Regensburg)[439] stand nur in seinen Anfängen in Kontakt mit diesem Ursberger Kreis, als Eberhard aus Schäftlarn 1140–1141 die Leitung innehatte; er wurde dann abgelöst von Gebhard (1141–1191), der aus Bedburg (bei Kleve) stammte[440].

Weitere Prämonstratenserstifte entstanden 1128 in Wilten (bei Innsbruck, Diöz. Brixen)[441] – von wo aus wiederum um 1145 Speinshart (Diöz. Regensburg) besiedelt wurde[442] – und im 1147 von Welf VI. gegründeten Steingaden[443], dem Hausstift der schwäbischen Welfenlinie; beide erhielten ihre Konvente aus dem schwäbischen Prämonstratenserstift Rot (Diöz. Konstanz)[444]. Das Stift Geras in der Diözese Passau[445] schließlich, das um die Mitte des 12. Jahrhunderts errichtet und 1188 dem Bischof von Passau übertragen wurde, war eine Tochtergründung des böhmischen Prämonstratenserstifts Selau. Im Sinne der Grundidee der Kanonikerreform wurden fast alle diese Stifte als Doppelstifte mit jeweils einem Männer- und einem Frauenkonvent angelegt. Die frühesten, in Schäftlarn überlieferten *Consuetudines* von etwa 1130 umfassen dementsprechend eine Männer- und eine Frauenregel[446]. Erst in der

---

[438] H.-J. BUSLEY, Die Traditionen, Urkunden und Urbare des Klosters Neustift bei Freising (= QuE NF 19) 1961; DERS., Zur Frühgeschichte des von Bischof Otto I. gegründeten Prämonstratenserklosters Neustift bei Freising, in: Otto von Freising. Gedenkgabe zu seinem 800. Todesjahr, hg. v. J. A. FISCHER (= SHVF 23) 1958, 49–64.

[439] N. BACKMUND, Der heilige Norbert und sein Orden im Bistum Regensburg, in: Klöster und Orden im Bistum Regensburg, hg. v. G. SCHWAIGER – P. MAI (= BGBR 12) 1978, 133–143; 850 Jahre Prämonstratenserstift Windberg, hg. v. P. MAI (= Bischöfliches Zentralarchiv und Bischöfliche Zentralbibliothek Regensburg. Kataloge und Schriften 9) 1993. Siehe auch B. PFEIL, Die »Vision des Tnugdalus« Albers von Windberg. Eine frühmittelhochdeutsche ›visio‹ im Kontext von Literatur- und Frömmigkeitsgeschichte des ausgehenden 12. Jahrhunderts, Diss. Mainz 1996.

[440] R. ROMMENS, Gebhard, Propst und erster Abt von Windberg († 1191). Skizzen zur Frühgeschichte einer Prämonstratenser-Abtei, in: Secundum Regulam Vivere. Festschrift für P. Norbert Backmund OPraem., hg. v. G. MELVILLE, 1978, 169–195; I. EHLERS-KISSELER, Die Anfänge der Prämonstratenser im Erzbistum Köln (= Rheinisches Archiv 137) 1997, 47f.

[441] 850 Jahre Praemonstratenser-Chorherrenstift Wilten, hg. v. Stift Wilten, ²1989.

[442] N. BACKMUND, Das Kloster Speinshart im Mittelalter, in: APraem 51 (1975) 102–112; P. WOLFRUM, Das Prämonstratenserkloster Speinshart im Mittelalter. Eine Analyse seiner Bibliothek unter vergleichender Berücksichtigung der oberpfälzischen Klosterlandschaft (= Bayreuther Arbeiten zur Landesgeschichte und Heimatkunde 5) 1991; H. LICKLEDER, Die Urkundenregesten des Prämonstratenserklosters Speinshart 1163–1557 (= Speinshartensia 1) 1995; P. SEGL, 850 Jahre Kloster Speinshart. Streiflichter zur Gründungs- und Frühgeschichte einer bayerischen Prämonstratenserabtei, in: 850 Jahre Prämonstratenserabtei Speinshart 1145–1995, hg. v. der Prämonstratenserabtei Speinshart (= Speinshartensia 2) 1995, 11–28.

[443] FELDMANN, Herzog Welf VI., 23 und 80ff.

[444] 850 Jahre Rot an der Rot. Geschichte und Gestalt. Neue Beiträge zur Kirchen- und Kunstgeschichte der Prämonstratenser-Reichsabtei, hg. v. H. TÜCHLE – A. SCHAHL, 1976.

[445] A. PFIFFIG, Geras-Pernegg und die Babenberger, in: Secundum Regulam Vivere. Festschrift für P. Norbert Backmund OPraem., hg. v. G. MELVILLE, 1978, 133–137; ZURSTRASSEN, Bischöfe 152f.

[446] R. VAN WAEFELGHEM, Les premiers statuts de l'ordre de Prémontré. Le Clm 17.174 (XIIe siècle), in: Analectes de l'ordre de Prémontré 9 (1913) 1–74. Vgl. A. ERENS, Les soeurs dans l'ordre de Prémontré, in: APraem 5 (1929) 5–26; F. J. FELTEN, Frauenklöster und -stifte im Rheinland im 12. Jahrhundert. Ein Beitrag zur Geschichte der Frauen in der religiösen Bewegung des hohen Mittelalters, in: Reformidee und Reformpolitik im spätsalisch-frühstaufischen Reich. Vorträge der Tagung der Gesellschaft für Mittelrheinische Kirchengeschichte vom 11. bis 13. September 1991 in Trier, hg. v. S. WEINFURTER (= Quellen und Abhandlungen zur mittelrheinischen Kirchengeschichte 68) 1992, 189–300, bes. 243–300.

zweiten Hälfte des 12. Jahrhunderts begannen die Prämonstratenser, die Frauengemeinschaften auszugliedern.

Die größte Wirkkraft entwickelte die Kanonikerreform in Bayern[447] freilich im Bistum Salzburg unter Erzbischof Konrad I. (1106–1147)[448]. Sie bildete hier den Kern einer umfassenden Reformkonzeption, bei der Mönchtum und Klerus nicht als gegnerische Stände auftreten, sondern nach dem Vorbild der Urkirche und des augustinischen Lebensmodells als Gemeinschaft in der Bischofskirche zusammenwirken sollten[449]. Verbrüderungen zwischen reformierten Klöstern und Kanonikerstiften sollten die Verbindung stärken[450], und die Bistumspolitik wurde von Äbten und Pröpsten auf »Prälatenversammlungen« mit dem Erzbischof gemeinsam beraten und entschieden. Arno, der Bruder Gerhochs von Reichersberg und Dekan in diesem Reformstift (1147–1169, dann 1169–1175 Abt), schrieb 1147 in seinem Scutum canonicorum, Reformmönche und Reformkanoniker gehörten zusammen wie zwei Brüder[451]. Nur die nichtregulierten Säkularkanoniker sollten bekämpft werden[452].

Nach ersten Reformversuchen um 1110 (Reichersberg) und 1116 (Maria Saal) ging Erzbischof Konrad I. nach seiner Rückkehr aus dem Exil im Sommer 1121 daran, die Kanonikerreform in seinem Bistum planmäßig umzusetzen. Auch er orientierte sich dabei, wie Norbert von Xanten, an der strengeren Ausrichtung des *ordo novus*. Durch »vier in der frommen Lebensweise höchst kundige Brüder« (*fratres IIII$^{or}$ eruditissimi religione*)[453], die ihm der aus Rottenbuch stammende Abt Richer von Klosterrath (1111–1122) noch 1121 schickte, wurde diese Lebensform[454] nach Salzburg vermittelt[455]. Allerdings hat sie sich hier zu einer gemäßigteren Variante (etwa in den Klei-

---

[447] Einen Überblick bietet P. CLASSEN, Gerhoch von Reichersberg und die Regularkanoniker in Bayern und Österreich, in: La vita comune del clero nei secoli XI e XII. Atti della Settimana di studio, Mendola, settembre 1959 (= Miscellanea del Centro di studi medioevali 3 = Pubblicazioni dell'Università Cattolica del S. Cuore III,2,3) 1962, I 304–340, wiederabgedruckt in: Ausgewählte Aufsätze von Peter Classen, hg. v. J. FLECKENSTEIN (= VoF 28) 1983, 431–460.
[448] WEINFURTER, Salzburger Bistumsreform; DERS., Salzburg unter Erzbischof Konrad I.
[449] WEINFURTER, Salzburger Bistumsreform 158–169.
[450] MGH.Necr. II/1, ed. S. HERZBERG-FRÄNKEL, 1890, 52 und 54; WEINFURTER, Salzburger Bistumsreform 281 Anm. 220. Siehe auch: Das Verbrüderungsbuch von St. Peter in Salzburg. Vollständige Faksimileausgabe (= Codices selecti phototypice impressi 51) 1974; dazu K. SCHMID, Probleme der Erschließung des Salzburger Verbrüderungsbuches, in: Frühes Mönchtum in Salzburg, hg. v. E. ZWINK (= Salzburg Diskussionen 4) 1983, 175–196.
[451] MIGNE PL 194, 1523.
[452] S. WEINFURTER, Vita canonica und Eschatologie. Eine neue Quelle zum Selbstverständnis der Reformkanoniker im 12. Jahrhundert aus dem Salzburger Reformkreis, in: Secundum Regulam Vivere. Festschrift für Norbert Backmund, hg. v. G. MELVILLE, 1978, 139–167; F. FUCHS – C. MÄRTL, Ein neuer Text zur Auseinandersetzung zwischen Säkular- und Regularkanonikern im 12. Jahrhundert, in: Papsttum, Kirche und Recht im Mittelalter. Festschrift für Horst Fuhrmann zum 65. Geburtstag, hg. v. H. MORDEK, 1991, 277–302.
[453] Annales Rodenses, hg. v. P. C. BOEREN – G. W. A. PANHUYSEN, 1968, 54.
[454] Siehe oben Anm. 427.
[455] H. DEUTZ, Geistliches und geistiges Leben im Regularkanonikerstift Klosterrath im 12. und 13. Jahrhundert (= Bonner Historische Forschungen 54) 1990, hier 130–133; W. GÄRTNER, Das Chorherrenstift Klosterrath in der Kanonikerreform des 12. Jahrhunderts, in: Zeitschrift des Aachener Geschichtsvereins 97 (1991) 33–220, hier 134.

dervorschriften) entwickelt, um größere Akzeptanz beim Stiftsklerus zu erreichen[456].

Zuerst, Anfang 1122, unterwarf Konrad I. das Domkapitel der Reform[457], von dem aus er dann Reformer in die Salzburger Stifte entsandte. Konrads Kapellan Roman übernahm 1121/22 die Leitung von Maria Saal[458], der Domkanoniker Pabo wurde 1123 Dompropst von Gurk[459], der Domdekan Hartmann ging 1125/29 als Propst nach Herrenchiemsee[460], der Domkanoniker Dagobert noch vor 1129 nach Höglwörth[461], der Domkanoniker Werner 1140 mit weiteren Salzburger Kanonikern nach Seckau[462] und der Domkanoniker Kuno 1142 nach Suben[463]. Weitere Salzburger Reformstifte entstanden in Au am Inn (1122)[464], Gars am Inn (vor 1129)[465], Zell am See (vor 1129)[466], Weyarn in der Diözese Freising (1133)[467], St. Zeno in Reichenhall (1136)[468] und Bischofshofen (1139/43)[469].

Besondere Bedeutung erlangte das Salzburger Reformstift Reichersberg (Diöz. Passau)[470]. Dort folgte auf Propst Gottschalk (1122–1132) der gelehrte Theologe

---

[456] WEINFURTER, Salzburger Bistumsreform 270–280.
[457] Ebd. 31–37; H. DOPSCH, Das Domstift Salzburg. Von den Anfängen bis zur Säkularisation (1514), in: 900 Jahre Stift Reichersberg. Augustiner Chorherren zwischen Passau und Salzburg, hg. v. D. STRAUB, 1984, 171–188, hier 172–174.
[458] WEINFURTER, Salzburger Bistumsreform 39–42.
[459] Ebd. 45f.
[460] Siehe oben bei Anm. 55. Ferner P. v. BOMHARD, Kloster Herrenchiemsee, in: Jahrbuch für altbayerische Kirchengeschichte 24 (1966) 11–28; H. ATSMA, Die schriftlichen Quellen zur Geschichte der Chiemsee-Klöster bis zur Errichtung des Augustinerchorherrenstiftes auf der Herreninsel, in: Bericht über die Ausgrabungen und Bauuntersuchungen in der Abtei Frauenwörth auf der Fraueninsel Chiemsee 1961–1964, hg. v. H. MILOJČIĆ (= SBAW.PH NF 65A–C) 1966, 43–57.
[461] WEINFURTER, Salzburger Bistumsreform 54–57.
[462] B. ROTH, Seckau. Der Dom im Gebirge. Kunsttopographie vom 12. bis zum 20. Jahrhundert, 1983; Abtei Seckau. 850 Jahre Stift Seckau, hg. v. der Benediktinerabtei Seckau, 1990.
[463] H. RÖDHAMMER, Die Pröpste des Augustiner-Chorherrenstiftes Suben, in: Oberösterreichische Heimatblätter 32 (1978) 224–248; F. ENGL, Das ehemalige Augustiner Chorherrenstift Suben am Inn, in: 900 Jahre Stift Reichersberg. Augustiner Chorherren zwischen Passau und Salzburg, hg. v. D. STRAUB, 1984, 67–79.
[464] P. SCHMALZL, Au am Inn. Geschichte des ehemaligen Augustiner-Chorherrenstiftes, 1962; J. SCHUSTER, 1200 Jahre Kloster Au, in: Das Mühlrad 26 (1984) 107–122. Zu den Stiftern und Vögten von Au und Gars: G. FLOHRSCHÜTZ, Die Vögte von Mödling und ihr Gefolge, in: ZBLG 38 (1975) 3–143; W. RENDLER, Studien zum Traditionsbuch des Augustinerchorherrenstifts Au am Inn, Diss. München 1993.
[465] H. HOFMANN, Die Traditionen, Urkunden und Urbare des Stifts Gars (= QuE NF 31) 1983; A. SIRCH, Kloster Gars. Geschichte und Gegenwart, 1994.
[466] WEINFURTER, Salzburger Bistumsreform 50f.
[467] Ebd. 58–60. Über die Stifterfamilie, die Grafen von Falkenstein, siehe J. B. FREED, The Counts of Falkenstein: Noble Self-Consciousness in Twelfth-Century Germany (= Transactions of the American Philosophical Society 74,6) 1984.
[468] WEINFURTER, Salzburger Bistumsreform 63–65.
[469] Ebd. 62f; H. KOLLER u.a., Forschungen zu Bischofshofen, in: MGSLK 117 (1977) 1–93; H. DOPSCH, Bischofshofen im Mittelalter und in der frühen Neuzeit, in: Bischofshofen. 5000 Jahre Geschichte und Kultur, red. v. R. MOOSLEITNER, 1984, 57–107.
[470] K. REHBERGER, Die Gründung des Stiftes Reichersberg und Propst Gerhoch, in: 900 Jahre Stift Reichersberg. Augustiner Chorherren zwischen Passau und Salzburg, hg. v. D. STRAUB, 1984, 81–91; W. STÖRMER, Gründungs- und Frühgeschichte des Stifts Reichersberg am Inn, in: 900 Jahre Augustiner Chorherrenstift Reichersberg, 1983, 23–42.

Gerhoch (1132–1169)[471], der in zahlreichen Werken zur Spiritualität und Ekklesiologie das Denken und die Ziele der Salzburger Kanonikerreform überliefert hat[472]. Er zählt, wie Rupert von Deutz[473], Bischof Otto I. von Freising[474] oder der in der ersten Hälfte des 12. Jahrhunderts in Regensburg wirkende Honorius Augustodunensis[475], der in seinen Werken Naturwissenschaft, Geschichte, Exegese, Liturgik, Philosophie, Dogmatik und Ethik vermittelte[476], zur Reihe der großen Geschichtssymbolisten seiner Zeit[477]. Reichersberg war vor allem mit dem Babenbergerstift Klosterneuburg eng verbunden. Dorthin hatte 1133 Hartmann, der Propst von Herrenchiemsee, die Kanonikerreform gebracht. Nach seiner Abberufung auf den Bischofsstuhl von Brixen 1140 übernahmen nacheinander zwei Brüder Gerhochs das Propstamt: Markwart (1140–1167) und Rüdiger (1167–1168), der zuvor von 1163 bis 1167 dort schon Dekan gewesen war[478].

Frühzeitig, 1125/26, wurde das Welfenstift Ranshofen (Diöz. Passau) von der Salzburger Reform erfaßt[479], ebenso mit großer Wahrscheinlichkeit Beyharting (Diöz. Freising)[480] zwischen 1122 und 1138 und Waldhausen (Diöz. Passau) um 1138, wo Heimo, ein weiterer Bruder Gerhochs von Reichersberg, von ca. 1138–1143 den

---

[471] E. MEUTHEN, Gerhoch von Reichersberg, in: LdMa 4 (1989) 1320–1322. Eine instruktive, knappgefaßte Lebensstudie auch bei W. JUNGSCHAFFER, Gerhoch von Reichersberg und seine Zeit (1132 bis 1169), in: 900 Jahre Augustiner Chorherrenstift Reichersberg, 1983, 43–68; zuletzt H. SEIBERT, Gerhoch, Propst von Reichersberg, in: LThK³ 4 (1995) 513f.
[472] MEUTHEN, Kirche und Heilsgeschichte; CLASSEN, Gerhoch von Reichersberg; A. M. LAZZARINO DEL GROSSO, Armut und Reichtum im Denken Gerhohs von Reichersberg (= ZBLG Beih. B 4) 1973; K. F. MORRISON, The Church as Play: Gerhoch of Reichersberg's Call for Reform, in: Popes, Teachers, and Canon Law in the Middle Ages, hg. v. J. R. SWEENEY – S. CHODOROW, 1989, 114–144.
[473] M. L. ARDUINI, Rupert von Deutz (1076–1129) und der »Status Christianitatis« seiner Zeit. Symbolisch-prophetische Deutung der Geschichte (= AKuG Beih. 25) 1987.
[474] Siehe oben Anm. 78f.
[475] H. FREYTAG, Honorius, in: VL² 4 (1983) 122–132; Rh. HAACKE – M. L. ARDUINI, Honorius Augustodunensis, in: TRE 15 (1986) 571–578; P. MORSBACH, Honorius Augustodunensis, in: Ratisbona Sacra. Das Bistum Regensburg im Mittelalter, 1989, 141f.
[476] H.-W. GOETZ, Die »Summa Gloria«. Ein Beitrag zu den politischen Vorstellungen des Honorius Augustudunensis, in: ZKG 89 (1978) 307–353; M. L. ARDUINI, ›Rerum mutibilitas‹. Welt, Zeit, Menschenbild und ›Corpus Ecclesiae-Christianitatis‹ bei Honorius von Regensburg (Augustodunensis). Zum Verständnis eines politischen Rationalismus im 12. Jahrhundert, in: RThAM 52 (1985) 78–108; V. I. J. FLINT, Ideas in the Medieval West: Texts and their Contexts, 1988.
[477] M. BERNARDS, Geschichtsperiodisches Denken in der Theologie des 12. Jahrhunderts, in: Kölner Domblatt 26/27 (1967) 115–124; E. MEUTHEN, Der Geschichtssymbolismus Gerhohs von Reichersberg, in: Geschichtsdenken und Geschichtsbild im Mittelalter. Ausgewählte Aufsätze und Arbeiten aus den Jahren 1933 bis 1959, hg. v. W. LAMMERS (= WdF 21) ²1965, 200–246; G. CONSTABLE, The Reformation of the Twelfth Century, 1996.
[478] WEINFURTER, Salzburger Bistumsreform 80f; F. RÖHRIG, Die Brüder Gerhochs in Klosterneuburg, in: 900 Jahre Stift Reichersberg. Augustiner Chorherren zwischen Passau und Salzburg, hg. v. D. STRAUB, 1984, 93–99.
[479] H. SCHOPF, Die Geschichte des Augustiner Chorherrenstiftes Ranshofen am Inn im Mittelalter (1125–1426), Diss. Innsbruck 1985; R. W. SCHMIDT, Das Augustiner Chorherrenstift Ranshofen. Seine Vorgeschichte und seine Geschichte, in: 900 Jahre Stift Reichersberg. Augustiner Chorherren zwischen Passau und Salzburg, hg. v. D. STRAUB, 1984, 139–148; DERS., Die Überlieferungen der Ranshofener Traditionen. Vorbemerkungen zu einer künftigen Neuedition, in: Mitteilungen des Oberösterreichischen Landesarchivs 16 (1990) 5–16.
[480] FLOHRSCHÜTZ, Der Adel des Ebersberger Raumes 162–171.

§ 20. Die geistlichen Gemeinschaften (S. Weinfurter)

Konvent leitete[481]. Auch auf das im Bistum Salzburg liegende Freisinger Stift Maria Wörth[482] sowie das Passauer Stift St. Georgen-Herzogenburg[483] gingen Einflüsse aus, vielleicht auch auf St. Andrä an der Traisen[484]. Die Verbindungen Salzburgs zu Brixen[485] brachten es mit sich, daß 1136 unter Bischof Reginbert (1125–1139) das Brixener Eigenstift Polling in der Diözese Augsburg der Salzburger Kanonikerreform angeschlossen wurde[486]. Zunächst war dort zwischen 1133 und 1135 mit Unterstützung Bischof Walthers von Augsburg (1133–1152) bereits ein erster Reformimpuls durch Propst Hildebert (1122–1135) ergangen, der auch als Augsburger Archidiakon und Propst von Habach erscheint. Dann aber setzte sich der Salzburger Einfluß durch, als ihm der aus dem Salzburger Domkapitel kommende Kuno als Pollinger Propst (1136–1151/60) folgte. Bischof Hartmann von Brixen (1140–1164) schließlich, vorher Propst in Klosterneuburg, errichtete mit Gütern des Burggrafen Reginbert von Säben, eines Brixener Ministerialen, 1142 Neustift bei Brixen und holte sich die Regularkanoniker dafür aus Klosterneuburg[487]. Auch das Reformstift St. Michael an der Etsch (Diözese Trient), das vor 1145 von Bischof Altmann von Trient (1124–1149) gegründet wurde, hat mit diesem Kreis in Kontakt gestanden[488].

Diese Salzburger Kanonikerreform, der 1163 noch das Stift Vorau[489] hinzugefügt wurde, prägte in vielfacher Weise das gesamte kirchliche, geistige und verfassungsrechtliche Leben im Bistum Salzburg und darüber hinaus. Die Reformstifte waren, mit wenigen Ausnahmen, der Schutzautorität (*defensio, tuitio, tutela*) des Erzbischofs unterstellt, ihr Bestand wurde gegen jeglichen Zugriff – auch von seiten eines Salzburger Erzbischofs – dauerhaft geschützt, die Kompetenzen der Vögte wurden eingeschränkt[490]. So wie viele der Klöster war auch ein Großteil der Regularkanonikerstifte, nicht selten von der Gründung an, mit einem Hospital (*hospitale pauperum*;

---

[481] WEINFURTER, Salzburger Bistumsreform 81–85.
[482] Ebd. 97–99; F. PAGITZ, Die Geschichte des Kollegiatstifts Maria Wörth (= Archiv für vaterländische Geschichte und Topographie 56) 1960.
[483] W. SANDNER, Das Augustiner-Chorherrenstift Herzogenburg von 1244 bis 1513, Diss. Wien 1967.
[484] E. A. WAHL, Geschichte des ehemaligen Augustiner-Chorherrenstiftes St. Andrä an der Traisen mit besonderer Berücksichtigung der rechtlichen, besitz- und personalgeschichtlichen Verhältnisse, Diss. Wien 1945.
[485] Siehe oben bei Anm. 54–56.
[486] WEINFURTER, Salzburger Bistumsreform 90–92; HELMER, Traditionen Polling 72*ff, 87*ff und 109*-111*.
[487] JENAL, Die geistlichen Gemeinschaften 350–359; J. NÖSSING, Im Auftrag der Reform. Zu den Anfängen von Kloster Neustift, in: 850 Jahre Chorherrenstift Neustift. Katalog der 1. Südtiroler Landesausstellung, Stift Neustift, 30. Mai bis 31. Oktober 1992, Red. Th. H. INNERHOFER, 1992, 65–73; Th. H. INNERHOFER, Grundherrschaft und wirtschaftliche Entwicklung, in: 850 Jahre Augustiner Chorherrenstift Neustift, Red. Th. H. INNERHOFER, 1992, 60–82, hier 60; zu Reginbert von Säben siehe BITSCHNAU, Burg und Adel 421 mit Anm. 492.
[488] H. OBERMAIR – M. BITSCHNAU, Die Traditionsnotizen des Augustinerchorherrenstiftes St. Michael a. d. Etsch (San Michele all'Adige). Vorarbeiten zum »Tiroler Urkundenbuch«, in: MIÖG 105 (1997) 263–329.
[489] WEINFURTER, Salzburger Bistumsreform 67–69; Floreat Canonia Voravii. 825 Jahre Chorherrenstift Vorau 1163–1988 (= In unum congregati 35, 3–4) 1988.
[490] Siehe oben Anm. 15f.

*domus pauperum et receptaculum infirmorum*) ausgestattet, um sich der Armen und Kranken annehmen zu können[491]. Nach Möglichkeit sollte der gesamte Klerus vom Reformgeist erfaßt und damit die Seelsorge (*cura animarum*) verbessert und die Fürsorge für die Mitmenschen (*caritas*) verstärkt werden[492]. Auch wenn die Reformstifte in der ersten Hälfte des 12. Jahrhunderts erst wenige Pfarreien inkorporiert hatten[493], muß ihr reformreligiöser Einfluß im Seelsorgebereich groß gewesen sein. Man muß dabei berücksichtigen, daß sich auch an Pfarrkirchen neben dem Priester noch weitere Geistliche aufhielten. Auch solche Gemeinschaften haben offenbar Grundformen der *vita communis* übernommen. In der Vita Erzbischof Konrads I. heißt es, er habe »sogar die Priester selbst, die über das Bistum hin eingesetzt sind, das heißt die Pfarrer, in Mäßigung und Nächstenliebe, in Lebensführung und Sitten erstrahlen lassen ...«[494]. Auch das gesamte geistig-wissenschaftliche Klima war so sehr von der symbolistischen Theologie der Reformer bestimmt, daß in Salzburg die methodisch strenge frühscholastische Schule nur langsam in der zweiten Hälfte des 12. Jahrhunderts eindringen konnte[495].

Weitere Ordensgruppen fanden in diesem festen Reformgefüge kaum mehr Platz. Das betrifft vor allem die Zisterzienser, deren Anfänge in der Gründung von Cîteaux 1098 lagen[496]. Diese Reformbewegung war in hohem Maße darauf ausgerichtet, den Heilswert der monastischen Lebensweise wieder zur Geltung zu bringen. Dies führte zur geschlossenen Organisationsform des Generalkapitels, zur exklusiven Eigenwirtschaft[497] und zur weitgehenden Abwendung von der laikalen Welt[498]. Die Konkur-

---

[491] WEINFURTER, Salzburger Bistumsreform 197f; ZURSTRASSEN, Bischöfe 280–286; vgl. E. BOSHOF, Armenfürsorge im Mittelalter: xenodochium, matricula, hospitale pauperum, in: VSWG 71 (1984) 153–174.

[492] Gerhoch von Reichersberg, Epistola ad Innocentium papam, ed. E. SACKUR, in: MGH.Ldl III, 1897, 235f: *Qui, domino cooperante, omnes pene parrochiae suae congregationes fecit regulares.*

[493] Dazu MIERAU, Vita communis.

[494] Vita Chunradi archiepiscopi Salisburgensis, ed. W. WATTENBACH, in: MGH.SS XI, 1854, cap. 17, 73: *... et ipsos sacerdotes per episcopatum constitutos, id est plebanos, continentia et hospitalitate famosos, vita et moribus claros ... fecit ...*

[495] CLASSEN, Gerhoch von Reichersberg 162–173 u.ö.; DERS., Zur Geschichte der Frühscholastik in Österreich und Bayern, in: MIÖG 67 (1959) 249–277; W. STELZER, Die Summa Monacensis (Summa »Inperatorie maiestati«) und der Neustifter Propst Konrad von Albeck. Ein Beitrag zur Verbreitung der französischen Kanonistik im frühstaufischen Deutschland, in: MIÖG 88 (1980) 94–112; DERS., Gelehrtes Recht in Österreich. Von den Anfängen bis zum frühen 14. Jahrhundert (MIÖG. Erg.bd. 26) 1982. Zu Regensburg: J. LASCHINGER, Scholastik in Regensburg, in: Regensburg und Bayern im Mittelalter (= Studien und Quellen zur Geschichte Regensburgs 4) 1987, 99–113.

[496] Die Zisterzienser. Ordensleben zwischen Ideal und Wirklichkeit. Katalog und Ergänzungsband, hg. v. K. ELM u.a. (= Schriften des Rheinischen Museumsamtes 10/18) 1980/1982; WOLLENBERGER, Zisterzienser.

[497] Zum dafür erforderlichen Ausbau der Konversengruppe siehe M. TOEPFER, Die Konversen der Zisterzienser. Untersuchungen über ihren Beitrag zur mittelalterlichen Blüte des Ordens (= BHS 10.O 4) 1983.

[498] H. M. KLINKENBERG, Cîteaux – Spiritualität und Organisation, in: Die Zisterzienser. Ordensleben zwischen Ideal und Wirklichkeit, Ergänzungsband (= Schriften des Rheinischen Museumsamtes 18) 1982, 13–27; G. MELVILLE, Zur Funktion der Schriftlichkeit im institutionellen Gefüge mittelalterlicher Orden, in: FMSt 25 (1991) 391–417; F. CYGLER – G. MELVILLE – J. OBERSTE, Aspekte zur Verbindung von Organisation und Schriftlichkeit im Ordenswesen. Ein Vergleich zwischen Zisterziensern und Cluniazensern des 12./13. Jahrhunderts, in: Viva vox und ratio scripta. Mündliche und schriftliche Kommunikationsfor-

renzsituation, in der man sich den Hirsauern, vor allem aber den Reformkanonikern gegenüber sah, schlug sich in Streitschriften nieder, die gerne in Dialogform verfaßt wurden. Besonders scharf sind die Ausführungen des Idung (»von Prüfening«) gehalten[499]. Er war zuerst (1144–1153) Mönch im hirsauischen Prüfening, trat dann aber in ein Zisterzienserkloster (im Umfeld von Heiligenkreuz oder Aldersbach) ein. Zur Rechtfertigung seines Wechsels schrieb er die – der Äbtissin Kunigunde von Niedermünster in Regensburg (1136–1177) gewidmete – Kampfschrift *Dialogus duorum monachorum*[500], die allein die zisterziensische Lebensweise gelten läßt. Das freilich waren Einstellungen und Ziele, die der Salzburger Konzeption einer ineinandergreifenden Reformgemeinschaft im Grunde entgegenstanden.

Dennoch konnten sich mit der Unterstützung Erzbischof Konrads I. einige bedeutende Zisterzienserkonvente in der Salzburger Kirche niederlassen. Es scheint, als habe das von den Zisterziensern bevorzugte Modell einer über dem Vogt stehenden königlichen oder bischöflichen Schutzgewalt (*defensio*)[501] das Zusammenwirken gefördert[502]. 1138 bestätigte der Salzburger Erzbischof[503] die 1129 begonnene Gründung der Zisterze Rein[504], des Hausklosters des Markgrafen von Steiermark (Otakare)[505]. Die Besiedlung ging vom fränkischen Ebrach aus[506]. Ob Rein – wie Viktring und Schützing-Raitenhaslach – dem Erzbischof übereignet wurde, ist unsicher. Viktring[507], 1142 entstanden, war eine Stiftung der Spanheimer[508]. Die 1143 ge-

---

men im Mönchtum des Mittelalters. hg. v. C. M. KASPER – K. SCHREINER (= Vita regularis 5) 1997, 205–280.

[499] R. B. C. HUYGENS, Idungus (von Prüfening), in: VL² 4 (1983) 362f; A. H. BREDERO, Cluny et Cîteaux au 12ᵉ siècle. L'histoire d'une controverse monastique, 1985.

[500] R. B. C. HUYGENS, Le moine Idung et ses deux ouvrages: »Argumentum super quatuor questionibus« et »Dialogus duorum monachorum« (= Bibliteca degli Studi Medievali 11) 1980.

[501] H. PFLÜGER, Die Zisterzienser und die Vogteifrage, in: ZWLG 17 (1958) 273–280; W. RÖSENER, Südwestdeutsche Zisterzienserklöster unter kaiserlicher Schirmherrschaft, in: ZWLG 33 (1974) 24–52.

[502] WEINFURTER, Salzburger Bistumsreform 139. Vgl. H. KOLLER, Die Entvogtung bei den Zisterziensern, in: Aus Geschichte und ihren Hilfswissenschaften. Festschrift für Walter Heinemeyer zum 65. Geburtstag, hg. v. H. BANNASCH – H.-P. LACHMANN (= Veröffentlichungen der historischen Kommission für Hessen 40) 1979, 209–223.

[503] Salzburger Urkundenbuch II 268–270, Nr. 183.

[504] L. GRILL, Der Gründungsablauf der 850jährigen Cistercienser-Abtei Rein bei Graz, in: Analecta Cisterciensia 35 (1979) 283–292; Stift Rein 1129–1979. 850 Jahre Kultur und Glaube. Festschrift, hg. von P. RAPPOLD, 1979.

[505] H. DOPSCH, Die steirischen Otakare. Zu ihrer Herkunft und ihren dynastischen Verbindungen, in: Das Werden der Steiermark. Die Zeit der Traungauer. Festschrift zur 800. Wiederkehr der Erhebung zum Herzogtum, hg. v. G. PFERSCHY (= Veröffentlichungen des Steiermärkischen Landesarchives 10) 1980, 75–139; H. J. MEZLER-ANDELBERG, Kirchenreform und Fürstenglaube. Bemerkungen zur religiösen Haltung der Traungauer, ebd. 141–159.

[506] E. GOEZ, Das Zisterzienserkloster Ebrach und die Päpste bis zu Innocenz III., in: JFLF 57 (1997) 37–69.

[507] M. ROSCHER, Geschichte der Cistercienserabtei Viktring in Kärnten von 1142–1534, Diss. Wien 1953; W. KRASSNIG, Zur Gründung und Entwicklung des Zisterzienserstiftes Viktring im Mittelalter, in: Studien zur Geschichte von Millstatt und Kärnten. Vorträge der Millstätter Symposien 1981–1995, hg. v. F. NIKOLASCH (= Archiv für vaterländische Geschichte und Topographie 78) 1997, 687–701; Stift Viktring 1142–1992. Festschrift zum 850. Jahrestag der Klostergründung, Schriftleitung H. FINDENIG, 1992.

[508] Siehe oben Anm. 316.

gründete Zisterzienserniederlassung Schützing an der Alz wurde drei Jahre später von Erzbischof Konrad I. in das salzburgische Raitenhaslach verlegt[509].

Mehrmals vertreten waren die Zisterzienser auch in der Diözese Passau. Ihre Klöster gingen vor allem auf die Initiative des Adels zurück. 1133/35 wurde Heiligenkreuz von Markgraf Leopold III. gegründet. Dessen Sohn Otto, der spätere Bischof von Freising, war dem Zisterzienserorden in Morimond beigetreten und hatte die Verbindung vermittelt[510]. Tochtergründungen entstanden 1138 in Zwettl[511] und 1142 in Baumgartenberg[512], später (1202/06) auch noch im babenbergischen Kloster Lilienfeld[513]. Aus Rein kamen die Mönche, die 1146 in das Kloster Wilhering einzogen[514], das 1150 an den Bischof von Bamberg übertragen wurde. Das um 1123 von Bischof Otto von Bamberg gegründete Regularkanonikerstift Aldersbach wurde 1146 in ein Zisterzienserkloster umgewandelt und Mönchen aus Ebrach anvertraut[515]. Für kurze Zeit gehörte auch noch das um 1209 errichtete Schlägl zur Gruppe der Zisterzienserklöster, bevor es dann 1218 von Prämonstratensern neu besiedelt wurde[516]. Eines der frühen Frauenklöster der Zisterzienser, St. Nikolaus, ist um 1200 in Wien entstanden[517].

In den übrigen bayerischen Bistümern und in der Diözese Augsburg konnten sich die Zisterzienser dagegen kaum etablieren. Vor allem überrascht es, daß der Zisterzienser-Bischof Otto I. von Freising (1138–1158) in seinem Bistum überhaupt kein Kloster seines Ordens eingerichtet hat[518]. Das Unabhängigkeitsstreben der Zisterzienser machte sie für seine Bistumsreform ungeeignet. Im Bistum Regensburg entstan-

---

[509] E. KRAUSEN, Die Gründung der Abtei Raitenhaslach, in: SMGB 62 (1950) 34–47; DERS., Die Urkunden des Klosters Raitenhaslach 1034–1350 (= QuE NF 17,1) 1959; DERS., Zisterzienserabtei Raitenhaslach.

[510] Festschrift Stift Heiligenkreuz. Festschrift zum 850-Jahr-Jubiläum des Stiftes Heiligenkreuz, 1133–1983 (= Sancta Crux 101) 1983; 800 Jahre Stiftskirche Heiligenkreuz 1187–1987 (= Sancta Crux 105) 1987.

[511] J. RÖSSL, Studien zur Frühgeschichte und Historiographie Zwettls im 12. Jahrhundert, Diss. Wien 1974; DERS., Die Frühgeschichte des Zisterzienserklosters Zwettl. Eine Darstellung mit Regesten, in: BDLG 113 (1977) 44–88; F. REICHERT, Polensteig und Böhmensteig. Zur ältesten Besitzgeschichte der Zisterze Zwettl, in: Jahrbuch für Landeskunde in Niederösterreich NF 43 (1977) 64–80; H. WOLFRAM, Die Ministerialenstiftung Zwettl und ihre rechtliche Begründung, in: Die Kuenringer. Das Werden des Landes Niederösterreich. Katalog zur Niederösterreichischen Landesausstellung im Stift Zwettl (= Katalog des Niederösterreichischen Landesmuseums NF 110) 1981, 161–166.

[512] G. AIGNER, Die Verfassungsgeschichte des Zisterzienserklosters Baumgartenberg in Österreich im Mittelalter, Diss. Wien 1970.

[513] N. MUSSBACHER, Das Stift Lilienfeld (= Österreich-Reihe 292/293) 1965; Profeßbuch des Zisterzienserstiftes Lilienfeld, hg. v. E. MÜLLER (= SMGB Erg.bd. 38) 1996.

[514] A. ZAUNER, Die Anfänge der Zisterze Wilhering, in: Mitteilungen des Oberösterreichischen Landesarchivs 13 (1981) 107–220.

[515] E. BOSHOF, Die Anfänge der Zisterze Aldersbach. Untersuchungen zur ostbayerischen Klosterlandschaft im 12. und beginnenden 13. Jahrhundert, in: OG 31 (1989) 195–210.

[516] Prämonstratenserstift Schlägl, hg. v. M. PELHOFER – A. BRUSA – I. H. PICHLER, 1992; I. H. PICHLER, Profeßbuch des Stiftes Schlägl (= Schlägler Schriften 10) 1992, bes. 15f.

[517] Hierzu und zu anderen Wiener Frauenklöstern A. STOKLASA, Zur Entstehung der ältesten Wiener Frauenklöster I–II (= Dissertationen der Universität Wien 175) 1984.

[518] L. GRILL, Das frühe Wirken der Zisterzienser in Bayern, in: CistC 93 (1986) 44–46.

den immerhin zwei Zisterzen. Die eine, Waldsassen[519], wurde 1133 von Markgraf Diepold III. von Vohburg († 1146)[520], dem Schwiegervater Friedrich Barbarossas, gegründet und erlangte große Bedeutung für die Ausbreitung des Ordens in Böhmen. Die andere, Walderbach, war eine Stiftung der Burggrafen von Regensburg (Babonen)[521] und wurde zunächst (bald nach 1127) mit Regularkanonikern besetzt, 1146 aber Zisterziensern aus Waldsassen übertragen[522]. In der Diözese Augsburg schließlich entstand auf Gütern des Grafen Heinrich III. von Lechsgemünd ein Kloster in Kaisheim[523]. Es wurde 1134 von Zisterziensern übernommen und 1135 von Bischof Walther von Augsburg (1133–1152), einem steten Förderer der Reformstifte und -klöster und selbst Mitgründer Kaisheims[524], bestätigt.

Auch die (nichtregulierten) Kollegiat- und Kanonissenstifte haben im 12. Jahrhundert in der bayerischen Kirche das Bild nicht bestimmt, auch wenn sie, vor allem in den Bistümern Augsburg, Freising und Regensburg[525], in der Bistumsverwaltung zunehmende Bedeutung entfalteten. Sie übernahmen, wie die Stifte Moosburg und St. Andreas in Freising, nicht selten archidiakonale Funktionen. Vor allem aber im kulturellen Gefüge der Städte kündigte sich an, daß sie für das aufsteigende Bürgertum Mittelpunkte des kirchlichen und sozialen Lebens bieten konnten[526]. St. Moritz, St. Peter und St. Gertrud in Augsburg, alle im 11. Jahrhundert gegründet, wären hier zu nennen[527]. Dieser Prozeß kam freilich erst im 13. Jahrhundert zur vollen Entfaltung.

In der zweiten Hälfte des 12. Jahrhunderts ist zu sehen, daß die Gründungen oder Reformen geistlicher und klösterlicher Gemeinschaften ganz allgemein erheblich zurückgingen. Die Klöster und Stifte widmeten sich zunehmend der Besitzsicherung und dem wirtschaftlichen »Modernisierungsschub« innerhalb ihrer Grundherrschaf-

---

[519] K. ACKERMANN, Die Grundherrschaft des Stiftes Waldsassen 1133–1570, in: Land und Reich, Stamm und Nation. Probleme und Perspektiven bayerischer Geschichte. Festgabe für Max Spindler zum 90. Geburtstag, I: Forschungsberichte, Antike und Mittelalter, hg. v. A. KRAUS (= SBLG 78) 1984, 385–394; P. MORSBACH, Waldsassen, in: Ratisbona Sacra. Das Bistum Regensburg im Mittelalter, 1989, 224f.

[520] Siehe oben Anm. 336.

[521] Siehe oben Anm. 93f.

[522] H. BATZL, Walderbach. Aus der Geschichte eines oberpfälzischen Zisterzienserklosters (= Schriftenreihe des Kreismuseums Walderbach 5) 1988.

[523] J. LAUCHS, Die Stiftungsurkunde des Zisterzienserklosters Kaisheim, in: Grundwissenschaften und Geschichte. Festschrift für Peter Acht, hg. v. W. SCHLÖGL – P. HERDE (= Münchener Historische Studien. Abt. Geschichtliche Hilfswissenschaften 15) 1976, 78–85; 850 Jahre Klostergründung Kaisheim 1134–1984. Festschrift zur 850-Jahr-Feier des ehemaligen Zisterzienserklosters und Reichsstifts Kaisheim, hg. v. J. LANG – O. KUCHENBAUER, 1984.

[524] MEYER-GEBEL, Bischofsabsetzungen 203–213.

[525] BACKMUND, Kollegiat- und Kanonissenstifte; WENDEHORST – BENZ, Verzeichnis der Säkularstifte 1–174 mit einem »Register der Diözesen« 169–174.

[526] MORAW, Typologie 9–37; B. SCHNEIDMÜLLER, Verfassung und Güterordnung weltlicher Kollegiatstifte im Hochmittelalter, in: ZSRG.K 72 (1986) 115–151; I. CRUSIUS, Basilicae muros urbis ambiunt. Zum Kollegiatstift des frühen und hohen Mittelalters in deutschen Bischofsstädten, in: Studien zum weltlichen Kollegiatstift in Deutschland, hg. v. DERS. (= VöMPIG 114 = Studien zur GermSac 18) 1995, 9–34.

[527] LIEBHART, Stifte, Klöster und Konvente 196f.

ten[528]. Die innere Ordnung und Disziplin aber sank in vielen Konventen bis um 1200 so ab, daß eine erneute Reform erforderlich wurde. Vor allem für diejenigen Regularkanoniker, die nicht wie die Gruppe der Prämonstratenser eine eigene Ordensorganisation entwickelt hatten und die nun unter der Bezeichnung Augustiner-Chorherren zusammmengefaßt wurden, war eine organisatorische und disziplinarische Erneuerung geboten. Dafür schuf der Kanon 12 des IV. Laterankonzils von 1215 die Grundlagen[529], der die Einrichtung von Generalkapiteln und Visitationen vorsah und dessen Bestimmungen in den folgenden Jahren in der Salzburger Kirchenprovinz durchgeführt wurden[530].

In dieser Phase des Übergangs finden sich auch allererste Niederlassungen des Deutschen Ordens, nämlich 1203 im Salzburger Bistum in Friesach (St. Maria und Magdalena)[531] und 1210 in St. Gilgen in Regensburg, dem ersten Haus in der Ordensballei Franken[532]. Der Orden der Heilig-Geist-Brüder in Rom bekam 1210 das Heilig-Geist-Spital in Memmingen zugeteilt, und 1214 hielten ebenfalls in Memmingen (St. Martin) die Antoniter Einzug[533]. Daneben freilich hatten sich Reformströmungen bereits in neuen Ordensbildungen verdichtet, unter denen die Bettelmönche die stärkste Kraft entfalteten. Sie leiteten in den zwanziger Jahren des 13. Jahrhunderts eine neue Epoche der Ordensgeschichte in Bayern ein.

---

[528] W. STÖRMER, Grundherrschaften frühmittelalterlicher Klöster und Stifte im Wandel des Hochmittelalters (dargestellt an Beispielen aus Franken und Bayern), in: Grundherrschaft und bäuerliche Gesellschaft im Hochmittelalter, hg. v. W. RÖSENER (= VöMPIG 115) 1995, 184–214; vgl. auch A. HAVERKAMP, Das bambergische Hofrecht für den niederbayerischen Hochstiftsbesitz, in: ZBLG 30 (1967) 423–506; J. WETZEL, Die Urbare der bayerischen Klöster und Hochstifte vom Anfang des 11. Jahrhunderts bis 1350, 1995; H. WANDERWITZ, Traditionsbücher bayerischer Klöster und Stifte, in: Archiv für Diplomatik, Schriftgeschichte, Siegel- und Wappenkunde 24 (1978) 359–380.

[529] GARCÍA Y GARCÍA, Constitutiones, Constitutio XII, 60–62.

[530] G. G. MEERSSEMAN, Die Reform der Salzburger Augustinerstifte (1218), eine Folge des IV. Laterankonzils (1215), in: Zeitschrift für Schweizerische Kirchengeschichte 48 (1954) 81–95; P. B. PIXTON, The German Episcopacy and the Implementation of the Decrees of the Fourth Lateran Council, 1216–1245. Watchmen on the Tower (= Studies in the History of Christian Thought 64) 1995.

[531] U. ARNOLD, Die Gründung der Deutschordensniederlassung Friesach in Kärnten 1203, in: Festschrift für Hans Thieme zu seinem 80. Geburtstag, hg. v. K. KROESCHELL, 1986, 37–41. Vgl. H. DOPSCH, Klöster und Stifte I/2, 1047f.

[532] P. MAI, Deutschordens-Kommende St. Gilgen in Regensburg, in: Ratisbona Sacra. Das Bistum Regensburg im Mittelalter, 1989, 293f; DERS., Der Deutsche Orden im Bistum Regensburg, in: Klöster und Orden im Bistum Regensburg, hg. v. G. SCHWAIGER – P. MAI (= BGBR 12) 1978, 219–225.

[533] F. BRAUN, Die Antoniter und ihr Haus in Memmingen, in: Blätter für bayerische Kirchengeschichte 9 (1903) 241–270; LAMBACHER, Spital Memmingen. Allgemein A. MISCHLEWSKI, Der Antoniterorden in Deutschland, in: Archiv für Mittelrheinische Kirchengeschichte 10 (1958) 39–66; H. M. SCHALLER, Die Übertragung des Patronats der Pfarrkirche St. Martin in Memmingen an die Antoniter durch Friedrich II., in: Auf den Spuren des heiligen Antonius. Festschrift für Adalbert Mischlewski zum 75. Geburtstag, hg. v. P. FRIESS, 1994, 89–96; A. MISCHLEWSKI, Klöster und Spitäler in der Stadt (Die Antoniter, das Schottenkloster), in: Die Geschichte der Stadt Memmingen. Von den Anfängen bis zum Ende der Reichsstadt, hg. v. J. JAHN (†), fortgeführt v. H. W. BAYER – W. BRAUN, 1997, 247–291, bes. 248–250.

# DIE KIRCHLICHE ORDNUNG IN FRANKEN 1046–1215

## § 21. DIE FRÄNKISCHEN BISTÜMER

*a) Innere Entwicklung*

Alle fränkischen Bischofskirchen, nämlich Würzburg, Eichstätt und das 1007 gegründete Bamberg, unterstanden der Metropolitangewalt des Erzbischofs von Mainz. Einen Sonderfall bildet jedoch Bamberg, das schon bei der Gründung unter Papstschutz gestellt war, dessen Bischof 1053 durch Papst Leo IX. das Pallium erhielt und dessen Nachfolger seit Otto I. (dem Heiligen) 1106 regelmäßig durch die Päpste geweiht wurden. All dies lockerte das Suffraganverhältnis Bambergs zu Mainz, was im 13. Jahrhundert zur völligen Exemtion aus dem Mainzer Metropolitanverband führte[1].

Die Diözese Mainz selbst ist bereits seit dem 8. Jahrhundert in Mainfranken präsent[2]. Sie reicht in einem Keil bis kurz vor die Tore Würzburgs. Durch die zunehmende Einbindung des Stifts Aschaffenburg wurde der kirchliche und territoriale Einfluß des Mainzer Erzbischofs im westlichen Franken erheblich intensiviert, bis es im 13. Jahrhundert zu den großen Auseinandersetzungen mit der Kurpfalz und den Grafen von Rieneck kam[3]. Und noch ein weiteres auswärtiges Bistum reicht keilartig nach Franken hinein. Es ist die Diözese Augsburg, die den Südwesten Frankens mit Dinkelsbühl und Feuchtwangen belegt[4], freilich bei weitem nicht so wirkungsvoll wie Mainz.

Sieht man von einzelnen Phasen kritischer Distanz und Konflikte ab, waren all diese fränkischen Bistümer als »institutionell stabile und transpersonale Elemente des Reiches« (A. Wendehorst) bis in die späte Stauferzeit fest in das Gefüge der Reichskirche eingebunden. Dies bedeutet freilich keinerlei ›Gleichschaltung‹. Im Gegenteil: Konkurrenz der Diözesen, insbesondere Kultkonkurrenz, beherrschte das Bild und wurde besonders dominant in den langfristigen Konflikten zwischen Würzburg und

---

[1] GUTTENBERG, Bamberg I 36ff. Zum Gesamtkomplex der fränk. Bistümer vgl. HBG III/1, ³1997, 152ff, 235ff, 291ff.

[2] JÜRGENSMEIER, Bistum Mainz 24ff, 41f, Karte im Anhang; R. FISCHER, Untermaingebiet I 255–293; vgl. die einzelnen Bde. des HAB.F. (Aschaffenburg, Alzenau, Obernburg, Marktheidenfeld, Miltenberg).

[3] Zur Pfalz M. SCHAAB, Bergstraße und Odenwald – 500 Jahre Zankapfel zwischen Kurmainz und Kurpfalz, in: Oberrheinische Studien 3 (1975) 237–265; STÖRMER, Miltenberg 58ff, 79ff. Zu Rieneck RUF, Grafen von Rieneck I 128–137, II 62ff.

[4] M. SPINDLER (Hg.), Bayerischer Geschichtsatlas, 1969, Karte 26/27.

Bamberg⁵. Auch die Reformidee seit Sutri erfaßte sehr unterschiedlich die einzelnen Bischofssitze und Diözesen. Die Synode von Sutri griff zunächst unmittelbar in die fränkische Bischofslandschaft ein, denn nach der Beseitigung des römischen Schismas wurde am 24. Dezember 1046 der zweite Bamberger Bischof Swidger (1040–1047) von Kaiser Heinrich III. auf der Synode nominiert, einen Tag später als Clemens II. inthronisiert⁶. Dieses kaiserliche Reformvorhaben konnte freilich, obgleich der neue Papst ausdrücklich sein Bistum beibehielt, nicht greifen, da er nach einem Pontifikat von kaum mehr als 9 Monaten – wohl an Vergiftung – starb.

Unter den nur kurz regierenden Nachfolgern Adalbero und Gunther, die beide aus dem bayerisch-österreichischen Raum stammten und besonders die Kärntner Besitzungen Bambergs wahrnahmen, wird man eher von einem Verteidigungskampf um die alten Rechte in Franken sprechen dürfen⁷.

Zwar konnte das neue Bistum Bamberg gewissermaßen im ›politischen‹ Bereich rasch eine hervorragende Stellung einnehmen, doch vor welche immensen Probleme sich noch 50 Jahre nach der Gründung der Diözesan- und Pastoralbereich gestellt sah, zeigt die Diözesansynode von 1059⁸. Hier wird der slawische Bevölkerungsteil der Diözese – vielleicht etwas übertreibend – noch als weitgehend heidnisch angesprochen. Er verweigere sich der christlichen Religion, der Taufe, den kanonischen Vorschriften und der Zehntleistung in den Kirchenbezirken. Die Synode beschließt für Verweigerer Zwangstaufe und für Gebannte und Zehntverweigerer Verlust ihrer Güter. Da der Synodalbericht auch der letzte Hinweis auf diese Probleme ist, scheint immerhin der Beschluß einigermaßen erfolgreich gewesen zu sein.

Das zweite Problem, das auf der Synode angesprochen wird, sind würzburgische Neubruchzehntansprüche in der Diözese Bamberg. Sie werden von der Synodalversammlung abgewiesen mit der Begründung, daß Kaiser Heinrich II. den Zehnten für seinen geschenkten Besitz von der Würzburger Kirche eingetauscht habe. Der Zehnt – oder doch nur Neubruchzehnt – stehe innerhalb der Diözese dem Bistum Bamberg zu. Man wird davon ausgehen müssen, daß die Zurückdrängung der Würzburger Eigenkirchenrechte in der Diözese Bamberg – jedenfalls außerhalb der bereits geschenkten Gebiete – ein langwieriger und schwieriger Prozeß war.

Daß Bamberg auch in der zweiten Hälfte des 11. Jahrhunderts eine Fülle weiterer Schwierigkeiten hatte, die teilweise mit der oft langen Absenz der Diözesanbischöfe zusammenhingen, beweisen vor allem die Briefe des Bamberger Domscholasters Meinhard⁹. Auch wenn diese Schwierigkeiten mit fränkischen Gewalthabern sicherlich nichts ganz Spezifisches für Bamberg waren, so scheint doch die Intensität dieser Probleme für die anderen Bistümer nicht gegolten zu haben. Vor allem konnte Bamberg kaum auf Unterstützung anderer fränkischer Diözesanbischöfe hoffen, da die

---

⁵ WENDEHORST, Bischöfe und Bischofskirchen 226f.
⁶ GUTTENBERG, Bamberg I 96ff.
⁷ GUTTENBERG, Bamberg I 101ff.
⁸ STÖRMER, Franken von der Völkerwanderung nr. 145; GUTTENBERG, Regesten nr. 312.
⁹ Ebd. nr. 144, 147; C. ERDMANN, Studien zur Briefliteratur Deutschlands im 11. Jahrhundert (= MGH.Schriften 1) 1938, 121ff.

Bistumsneugründung ja für die anderen ein Konkurrenzunternehmen war. Dieser Sachverhalt zeigt wohl am besten, daß es falsch wäre, selbst im fränkischen Raum von einer Einheit dieser bischöflichen Reichskirche zu sprechen. Gerade für Bamberg scheint die größte Schwierigkeit im Durchorganisieren der Diözese und in der Realisierung des kirchlichen Auftrags auf dem flachen Lande gelegen zu haben[10].

Kontinuierlicher als in Bamberg schien sich in der Diözese Würzburg die vom Kaiser unterstützte Kirchenreform in den ersten dreißig Jahren der Bischofsherrschaft des konsequenten Adalbero von Würzburg (1045–1090) auszuwirken, zumindest in seiner außerordentlich aktiven Kloster- und Stiftspolitik, die geradezu einen Aufbruch darstellt[11]. Ansonsten kräftigte sich zwar im Innern seines geistlichen Amtsbereiches das Ansehen des neuen Bischofs, doch hatte er mit seinen Versuchen, vermeintlich verlorene Rechte Würzburgs zurückzugewinnen, gerade bei kirchlichen Nachbarn wenig Glück.

Die Widerstände gegen eine Diözesanbereinigung im unteren Bereich liegen zum guten Teil in der Zehnrechtsstruktur begründet. Obgleich frühe Zehntauseinandersetzungen nicht unbekannt sind, setzt die eigentliche Zehntpolitik der Bischöfe erst richtig im 11. Jahrhundert ein. Seit Bardo (1031–1051) fordern die Mainzer Erzbischöfe sogar von den etablierten Reichsklöstern Zehnten ein[12]. Diese Zehntforderungen stellen eine radikale Neuerung dar. Möglicherweise spielen bei den fast gleichzeitigen Auseinandersetzungen Bischof Adalberos von Würzburg mit dem mächtigen Bistum Bamberg Zehntforderungen eine ähnliche Rolle. Im Konflikt Adalberos mit Fulda stand die Sendgerichtsbarkeit über Fuldaer Kirchen und Geistliche im Vordergrund. Adalbero mußte freilich eine herbe Niederlage einstecken. Seine diözesanherrlichen Rechte im Fuldaer Land wurden empfindlich beschnitten. Im Kampf mit Bamberg, wo Adalbero gewissermaßen in umgekehrtem Verfahren alte Würzburger Eigenkirchenrechte gegen die neue Diözese Bamberg hartnäckig verteidigte und auszuweiten versuchte, konnte er bestenfalls den alten status quo erhalten[13].

Etwas anders liegen die Verhältnisse im Bistum Eichstätt. Während Bischof Heribert (1022–1042) für Klerus und Domkapitel ein zuweilen unangenehm strenger Oberhirte war, der Eichstätts Kirchen und Klöster großartig ausbaute und überhaupt auf einen beträchtlichen Ausbau seiner Bischofsherrschaft hinarbeitete, war sein Nachfolger Gebhard I. (1042–1057) zwar tatkräftiger Wahrer königlicher Interessen, hielt sich aber an seinem Eichstätter Bischofssitz nur wenig auf. Angesichts der stetigen Mitarbeit am Kaiserhof dürfte für sein Bistum recht wenig Zeit geblieben sein[14]. 1055 bestieg er durch Zutun Heinrichs III. den Papstthron als Victor II., behielt dabei sein Bistum, war aber in seinem kurzen römischen Pontifikat fast nur für das Reich aktiv.

---

[10] GUTTENBERG-WENDEHORST, Bamberg II 13ff.
[11] WENDEHORST, Würzburg I 113ff; GOEZ, Gestalten des Hochmittelalters 164ff.
[12] F. STAAB, Die Mainzer Kirche, in: S. WEINFURTER (Hg.), Die Salier und das Reich II, 1991, 31–77, hier 52f.
[13] WENDEHORST, Würzburg I 109ff.
[14] HEIDINGSFELDER, Regesten nr. 182–218; WEINFURTER, Ecclesia 30.

Anders Gundekar II. (1057–1075) von Eichstätt[15]. Sein Leitbild ist nicht Papst Victor II., sondern Leo IX. Im Gegensatz zu seinem Vorgänger hält er sich gegenüber weltlich-politischen Aktionen auffällig zurück, ist aber in seiner Diözese offenbar außerordentlich aktiv, was seine zahlreichen Kirchenweihen, deren Liste erhalten ist, beweisen. Mit seinem Dombau greift Gundekar zurück auf die Willibald-Tradition des Bistums, mit dem ›Pontificale Gundecarianum‹ erneuert er, der kein Freund der jüngsten Kirchenreformen, aber ein treuer und eifriger Diözesanherr ist, das kirchliche Selbstverständnis des Bistums an der Altmühl. Den sogenannten Investiturstreit mußte er nicht mehr erleben.

Der inzwischen ausgebrochene heftige Kampf der Reformer gegen die Simonie forderte noch vor dem Ausbruch des Ringens zwischen Papst und König ein erstes Opfer auf dem Bamberger Bischofsstuhl. Dort konnte sich der keineswegs untüchtige Bischof Heinrich I. (1065–1075), von König Heinrich IV. eingesetzt, gegenüber seinem eigenen Domkapitel nicht durchsetzen, so daß auf dessen unnachgiebiges Drängen der Papst ihn 1075 absetzte[16].

Man kann nicht sagen, daß der Jahrzehnte andauernde Kampf zwischen Kaiser und Papst seit 1076 in Franken sich positiv auf die bischöflich-kirchliche Reform ausgewirkt hätte[17]. Der einzige die kirchlich-päpstlichen Interessen vertretende Bischof Adalbero von Würzburg wurde abgesetzt und aus seinem Sitz vertrieben, wobei die Bevölkerung der Bischofsstadt den König gegen ihren Bischof tatkräftig unterstützte. Die fränkischen Bischöfe blieben unbeirrt auf der Seite des Königs. Erst die Reformidee und Reformpolitik im spätsalisch-frühstaufischen Reich fand in den Mainbistümern lebhaften Widerhall.

Einen Aufbruch erlebte das Bistum Bamberg durch seinen Bischof Otto I. (1102–1139)[18], der, aus Königsnähe kommend, sich rasch vermittelnd zwischen Kaisertum und Papsttum bewährte und an der endgültigen Beilegung des Investiturstreits zuletzt auch im Wormser Konkordat mitwirkte. Hochrangig organisatorische Begabung bewies er nicht nur in der Territorialpolitik, sondern vor allem in der Gründung und Reformierung von etwa 30 Klöstern, Stiften, Spitälern usw., die er auch weit außerhalb seines Bistums gründete. Die Verehrung Ottos I. setzte gleich nach seinem Tod ein und führte 1189 zu seiner Kanonisation.

Besonders in der Stauferzeit ist die Tätigkeit der fränkischen Bischöfe ganz primär unter dem Aspekt der Überherrschung durch den König/Kaiser, aber auch der Bischofsherrschaft und ihrer Territorienbildung zu sehen; der Aspekt kirchlicher Diözesananliegen tritt dabei zurück. In Wirklichkeit gehörten beide Problemkreise offensichtlich zusammen. War beispielsweise das Bistum Würzburg im 11. Jahrhundert

---

[15] Ebd. 32ff; A. BAUCH – E. REITER (Hg.), Das Pontificale Gundekarianum. Faksimile-Ausgabe des Codex B4 im Diözesanarchiv Eichstätt, Kommentarband, 1987, passim.
[16] GUTTENBERG, Bamberg I 106ff.
[17] Vgl. HBG III/1, ³1997, 162ff.
[18] Zu Bischof Otto I. bereits eine Fülle von Literatur: Überblick s. GUTTENBERG, Bamberg I 115ff; LOOSHORN, Geschichte des Bisthums Bamberg II 1–368; G. JURITSCH, Geschichte des Bischofs Otto I. von Bamberg, 1889.

auf dem Wege, »unter Ausnutzung der Schwäche der alten Grafengewalten eine Vorrangstellung einzunehmen«[19], so war es durch den ›Investiturstreit‹ und die damit verbundene lange Vertreibung Bischof Adalberos von seiten des Adels zunehmend angreifbar geworden.

Auch in den Jahrzehnten der Herrschaft Heinrichs V. war Würzburg mehr als Bamberg in besonderem Maße abhängig von den Ereignissen im Reich. Der Positionswechsel Bischof Erlungs (1105–1121) von Würzburg zeigt deutlich die Gefahren, die einem Reichsbischof drohten, im besonderen durch Verlust der *dignitas iudiciaria*. Die Königsherrschaft der Staufer verstärkte zudem eine Zweiteilung Ostfrankens in ein nördliches und südliches, wobei das von der Stauferherrschaft geprägte südliche sich aus der Würzburger Zuständigkeit mehr und mehr löste[20].

Dazu kam die stetige territoriale und kirchliche Rivalität zwischen Würzburg und Bamberg, die schließlich den Würzburger Bischof Herold zu Fälschungen veranlaßte, um gegen Bamberg und die südfränkische Position der Staufer die kaiserliche Anerkennung herzoglicher Gewalt des Würzburger Bischofs über ganz Ostfranken zu erreichen[21]. Auf dem Hoftag zu Würzburg 1168 wurde über diese strittige Angelegenheit von Kaiser Friedrich I. Barbarossa schließlich entschieden. Diese sogenannte »Güldene Freiheit« garantierte zwar das »Herzogtum« Würzburg, doch wird der *ducatus* keineswegs auf ganz Ostfranken ausgedehnt, sondern bleibt auf die Diözese Würzburg beschränkt[22]. Das Kaiserdiplom ist also keine ›Magna Charta‹ für das Herzogtum Würzburg geworden; immerhin förderte es den Territorialisierungsprozeß und damit auch die Kirchenherrschaft im Bistum.

Obgleich die Bistümer Würzburg und Bamberg durch den Reichsdienst in der Stauferzeit finanziell regelrecht ausgeblutet wurden, konnte Bamberg doch auf beachtliche kirchliche Erfolge verweisen. Nach dem großen Kirchenorganisator Bischof Otto I. (dem Heiligen) folgte in Egilbert (1139–46) wiederum ein Bischof, der die Klöster des Bistums förderte, vor allem durch Kultpropaganda der kirchenpolitischen Identität Bambergs beachtliche Erfolge einbrachte, indem er die Heiligsprechung des königlichen Gründers des Bistums beim Papste erwirkte[23]. Egilberts lange regierender Nachfolger Eberhard II. (1146–1170) war sowohl ein erfolgreicher Reichspolitiker als auch ein geistig hochgebildeter kirchlicher Reformer und Territorialpolitiker, ebenso in theologischen Streitigkeiten ein hochgeachteter Vermittler[24].

Nachdem der stets im Reichsdienst tätige Bischof Hermann II. (1170–1177) eher den Eindruck hinterließ, daß er kirchliche und innere Bamberger Angelegenheiten

---

[19] LUBICH, Güldene Freiheit 137; vgl. 125ff.
[20] Ebd. 243ff.
[21] WENDEHORST, Würzburg I 166ff; P. HERDE, Das staufische Zeitalter, in: P. KOLB (Hg.), Unterfränkische Geschichte I, 1989, 343ff.
[22] P. HERDE, Friedrich Barbarossa, die Katastrophe von Rom im August 1167 und die Würzburger ›güldene Freiheit‹ vom 10. Juli 1168, in: JFLF 56 (1996) 165–169.
[23] GUTTENBERG, Bamberg I 139ff.
[24] R. FÖHL, Bischof Eberhard II. von Bamberg, ein Staatsmann Friedrichs I., in: MIÖG 50 (1936) 73–131; O. MEYER, Bischof Eberhard II. von Bamberg (1146–1170). Mittler im Wandel seiner Zeit, in: Neujahrsblätter, hg. von der Gesellschaft für Fränkische Geschichte, 29 (1964) 5–28.

nebenbei als Tagesaufgaben zu lösen versuchte, folgte auf ihn Otto II. von Andechs (1177–1196), der trotz seiner stetigen Aktivitäten im Reichsdienst offenbar sehr viel für seine Diözese getan hat[25].

Durch hagiographische Tätigkeit und damit verbunden drei Heiligsprechungen vermochte Bamberg im 12. Jahrhundert seine besondere kirchliche Tradition zu propagieren[26]. Dem Bistumsgründer Heinrich II., schon lange verehrt, wurde 1146 die offizielle päpstliche Kanonisation zuteil, am Ende des Jahrhunderts setzte die Bamberger Verehrung seiner Gemahlin Kunigunde ein, so daß Papst Innozenz III. im Jahre 1200 ihre feierliche Aufnahme in den Kanon verkündete. Neben den beiden königlichen Gründern erwirkte Bamberg aber auch die Erhöhung des wohl bedeutendsten Bischofs Otto I. zur Ehre der Altäre. Anläßlich seines 50. Todesjahres wurde Otto auf Drängen Bambergs 1189 heiliggesprochen, nachdem zwischen 1140 und 1159 bereits drei Biographien entstanden waren. Diese drei Kanonisationen führender Bistumsgestalten gaben Bamberg einen besonderen inneren Halt, aber auch kultischen Vorrang.

Am bescheidensten war die Stellung des Eichstätter Bischofs im 12. und frühen 13. Jahrhundert, da seine Vögte, die Grafen von Grögling-Hirschberg und einige Hochadelsgeschlechter, vornehmlich die Grafen von Oettingen, ihm und seinen kirchlichen Anliegen kaum Bewegungsfreiheit ließen. Die Diözese war auch personell stark von diesem Adel bestimmt. Erst seit etwa 1245 befand sich Eichstätt allmählich im Aufwind[27].

Versuche der ›Abnabelung‹ von der staufischen Überherrschung zeigen sich vor dem vierten Laterankonzil nur im Bistum Würzburg[28]. Freilich Bischof Konrad von Querfurt (1198–1202), zuerst Kanzler Kaiser Heinrichs VI. und Philipps von Schwaben, mußte seine Territorialisierungspolitik mit Städte- und Burgenbau sowie seinen Abfall von König Philipp letztlich 1202 mit dem Leben bezahlen. Während sein unmittelbarer Nachfolger Heinrich Caseus (1202/03–1207) wieder mit Nachdruck die staufertreue Linie vertrat, zeigte sich Bischof Otto von Lobdeburg (1207–1223) hartnäckig und forderte Wiedergutmachung der Schäden, die die Würzburger Kirche durch Heinrich VI. und Philipp erlitten habe. Allerdings wurde die Handlungsfreiheit dieses Bischofs seit 1216 durch das Domkapitel weitgehend eingeschränkt.

*b) Die Domkapitel*

Das ›Haus‹ des Bischofs, erwachsen aus dem engsten Kreis der bischöflichen *familia*, war als Personenverband nicht nur eine geistliche Hausgemeinschaft. Der Hof-

---

[25] GUTTENBERG, Bamberg I 154–160.
[26] Dazu und zum folgenden J. PETERSOHN, Jubiläum, Heiligsprechung und Reliquienverehrung Bischof Ottos von Bamberg im Jahre 1189, in: BHVB 125 (1989) 35–57; KLAUSER, Der Heinrichs- und Kunigundenkult 1–209; K. GUTH, Die Heiligen Heinrich und Kunigunde, 1986. Vgl. J. PETERSOHN, Otto von Bamberg und seine Biographen, in: ZBLG 43 (1980) 6ff.
[27] WEINFURTER, Von der Bistumsreform 152f.
[28] Zum folgenden WENDEHORST, Würzburg I 185ff, 201f, 205, 208.

geistlichkeit kam dabei eine besondere Rolle zu; neben ihren geistlichen Funktionen hatte sie durchaus noch eine Fülle anderer Aufgaben wahrzunehmen, nicht zuletzt im diplomatischen Bereich. So wurden die Domkapitel, ursprünglich in der *vita communis* lebend und zum engsten Kreis der *familia* des Bischofs gehörend, wichtige Mitträger bischöflicher Herrschaft[29]. Im 10./11. Jahrhundert erwarben diese Kathedralkanoniker ein besonderes Kapitelseigentum, das vom Kustos des Doms verwaltet wurde. Für das Bamberger Domkapitel sind schon seit dem 11. Jahrhundert Urbare und Wirtschaftsordnungen in ungewöhnlicher Reichhaltigkeit überliefert[30], was wohl auch mit dem politischen Stellenwert dieses Kapitels zusammenhängt. Für Eichstätt und Würzburg sind die Überlieferungen zum Besitz des jeweiligen Kapitels dagegen ernüchternd. Nur für Würzburg existiert aus der ersten Hälfte des 11. Jahrhunderts ein bescheidenes Besitzverzeichnis der Domkustodie[31].

Nicht erst seit dem Wormser Konkordat entwickelte sich das jeweilige Domkapitel neben und mit dem Bischof zum wichtigsten geistlichen und herrschaftspolitischen Faktor des Bistums. Auffallend ist bereits die erstaunliche Freimütigkeit des Bamberger Domscholasters Meinhard in seinen Briefen gegenüber seinem Herrn, dem Bischof Gunther (1057–1065)[32]. Über Gunthers Nachfolger Hermann I. (1065–1075), den das Bamberger Domkapitel offensichtlich aus persönlichen Gründen ablehnte, konnte es schließlich triumphieren: nach zum Teil gehässigen Vorwürfen und Anklage auf Simonie, die Papst Gregor VII. vorgetragen wurden, erreichte es ein Jahr vor dem Ausbruch des Investiturstreits dessen Absetzung[33].

In Eichstätt scheint noch viel früher die Eigenwilligkeit des Domkapitels dem Bischof Probleme geschaffen zu haben, denn der Anonymus Haserensis sagt lapidar von Bischof Heribert (1022–1042): »Er war es, der im Eichstätter Domkapitel 70 Kanoniker antraf, aber die Zahl auf 50 verminderte, nachdem er an einem einzigen Tag 20 Brüder daraus entfernt hatte«[34]. Die Bemerkung läßt erahnen, daß der reformeifrige Bischof nur auf diese Weise den Gordischen Knoten der Domkapitelsopposition zerschlagen konnte. Welche Rolle das Würzburger Domkapitel während des ›Investiturstreits‹ spielte, als die Stadt Würzburg über ein Jahrzehnt lang dem papsttreuen Bischof Adalbero die Tore verschloß, entzieht sich unserer Kenntnis. Es bleibt aber zu vermuten, daß die Mehrheit der Domkapitulare wie die Stadt auf der Seite der Partei Heinrichs IV. stand. Seit Bischof Emehard (1089–1105) gingen im Bistum Würzburg die meisten Bischöfe aus dem Domkapitel hervor[35], ähnlich ist es in Bam-

---

[29] SCHIEFFER, Domkapitel passim.
[30] GUTTENBERG, Bamberg I 26ff, 61f; A. WENDEHORST, Die geistliche Grundherrschaft im mittelalterlichen Franken, in: H. PATZE (Hg.), Die Grundherrschaft im späten Mittelalter II (= VoF 27) 1983, 9–24.
[31] E. BÜNZ, Bemerkungen zu einem Besitzverzeichnis der Würzburger Domkustodie aus der 1. Hälfte des 11. Jahrhunderts, in: WDGB 50 (1988) 593–612.
[32] GUTTENBERG, Bamberg I 104f; GUTTENBERG, Regesten nrr. 291–311. S. ferner oben Anm. 9.
[33] GUTTENBERG, Bamberg I 106ff.
[34] WEINFURTER, Anonymus Haserensis 57, 84, 148.
[35] Vgl. WENDEHORST, Würzburg I 120 passim.

berg seit Bischof Egilbert (1139–1146)[36]; in Eichstätt ist die Herkunft der Bischöfe aus dem Domkapitel seit Gundekar II. (1057–1075) nur sehr selten[37].

Die meist aus dem Stiftsadel kommenden Domherren hatten in Würzburg bereits um 1200 die Aufsicht über das Hochstiftsgut, bald darauf die Aufsicht über die Temporalien des Bischofs während der Sedisvakanz[38]. 1215 wurde dem Würzburger Domkapitel endgültig das ausschließliche Bischofswahlrecht zugesprochen, seit 1225 gingen bis zum Ende des Reiches fast alle Würzburger Bischöfe aus der Wahl des Domkapitels hervor. Durch die Wahlkapitulation des neu zu wählenden Bischofs (in Würzburg seit 1225) vermochte es allmählich die weltliche Amtsführung des Bischofs festzulegen, so daß dieser an den Willen jener Korporation gebunden war, die ihn gewählt hatte.

*c) Das Niederkirchenwesen*

Wie in anderen süddeutschen Diözesen hatten die mainfränkischen Bischöfe seit dem Frühmittelalter grundsätzlich ein starkes Interesse an der Beachtung der einschlägigen kanonischen Bestimmungen bei Errichtung von Kirchen auf dem Lande. In der Theorie jedenfalls versuchten sie durchzusetzen, daß der Kirchenerbauer noch vor der Kirchenweihe durch den Bischof das neue Gotteshaus an die Domkirche dotierte, damit er auf alle Eigentumsrechte an der von ihm gestifteten Kirche verzichtete. Die Quellenlage für diese Sachverhalte ist allerdings außerordentlich dürftig. Es fällt auf, daß für das fränkische Frühmittelalter fast keine Niederkirchenschenkungen durch Private bzw. Adelige bekannt sind. Wir müssen daraus den Schluß ziehen, daß das Eigenkirchenwesen lange dominierte[39]. Im Rahmen der Diözesen konnte es vor allem deshalb funktionieren, weil zumindest in der Theorie alle Kirchen der bischöflichen Aufsicht und alle Geistlichen der obersten Leitungs- und Disziplinargewalt des Diözesanbischofs unterstanden. Zugriffsmöglichkeiten boten sich dem Bischof auch durch das Zehntwesen. Josef Semmler hat gezeigt, welche Bedeutung diesem Zehntwesen für die ›Territorialisierung‹ der um die lokalen Eigenkirchen gebildeten »grundherrschaftlich verfaßten, vom jeweiligen Grundherrn abhängigen Personenverbände« und für die Sprengelbildung zukommt[40]. Nur partiell konnte sich der Würzburger Bischof in dieser Frage gegenüber dem mächtigen Kloster Fulda durchsetzen. Auch das Würzburger Domkapitel (Domkustodie) besaß im frühen 11. Jahr-

---

[36] GUTTENBERG, Bamberg I 139–164.
[37] Vgl. HEIDINGSFELDER, Regesten 77ff (jeweils Vorspann zu den einzelnen Bischöfen).
[38] Zum folgenden s. A. AMRHEIN, Reihenfolge der Mitglieder des adeligen Domstifts zu Würzburg, St. Kilians-Brüder genannt, von seiner Gründung bis zur Säkularisation 742–1803, in: AU 32 (1889); J. F. ABERT, Die Wahlkapitulationen der Würzburger Bischöfe 1225–1698, in: AU 46 (1904) 27ff; SCHUBERT, Landstände 21f.
[39] O. MEYER, Die germanische Eigenkirche – Element, aber auch Risiko der Christianisierung Frankens und Thüringens, in: J. LENSSEN – L. WAMSER (Hg.), 1200 Jahre Bistum Würzburg, 1992, 111–118; FRAUNDORFER, Dotations- und Eigenkirchen 8–14.
[40] J. SEMMLER, Zehntgebot und Pfarrtermination in karolingischer Zeit, in: H. MORDEK (Hg.), Aus Kirche und Reich. Festschrift für Friedrich Kempf zu seinem 75. Geburtstag, 1983, 37, 41ff.

hundert bereits zwei Pfarreien, davon eine auf dem Lande[41]. Die intensivere Entwicklung zu Seelsorgestationen im Sinne von Pfarreien mit Taufrecht, Begräbnisrecht und Zehntrecht in einer Art seelsorgerlicher ›Flurbereinigung‹ scheint im 10. Jahrhundert langsam eingesetzt zu haben und erst im späten 11. Jahrhundert intensiviert worden zu sein. Freilich nicht immer wird man den Bischof als Initiator der Formierung von Landpfarreien ansehen dürfen. Im Falle Brend bei Neustadt/Saale betrieb beispielsweise das Stift Aschaffenburg frühestens nach 974 den systematischen Aufbau der Pfarrei. Erstmals im Jahre 1184 wird Brend als Pfarrei des Stifts erwähnt. Der Sprengel dieser Pfarrei umfaßte zur Zeit ihrer weitesten Ausdehnung ein Gebiet von etwa 30 km Durchmesser. Es darf angenommen werden, daß das Stift diese ›Salzforstpfarrei‹ Brend, deren Tochterkirchen im wesentlichen entlang der Fränkischen Saale und ihrer Zuflüsse lagen, mit der fortschreitenden Erschließung des Salzforstes errichtet hat[42]. Eine Reihe weiterer Pfarreien des Stifts Aschaffenburg vorwiegend im Umfeld des nördlichen Mainvierecks (Spessart) werden ebenfalls im sogenannten Luciusprivileg von 1184 festgehalten. Auch hier gewinnt man den Eindruck, daß die Pfarreiorganisation der Verteidigung und Ausweitung grundherrschaftlicher Interessen diente[43]. Selbst im neuen Bistum Bamberg, das von Anfang an so stark unter königlichem Schutz stand und dessen zweiter Bischof Swidger die Papstwürde erhielt, ging die kirchliche Organisation auf dem Lande nur zögernd voran[44]. Sie begann mit einem Grundbestand von 39 Eigenkirchen (schon Pfarreien?), ›Slawenkirchen‹, würzburgischen Kilianskirchen, Königskirchen im ursprünglich Eichstätter Diözesangebiet, Eigenkirchen des Schweinfurter Grafenhauses. Dabei war es freilich besonders schwierig, die elf Eigenkirchen und Pfarreien des Bischofs von Würzburg in der Bamberger Diözese wirklich zu erlangen; die meisten fielen erst im 14. Jahrhundert an Bamberg oder seine Klöster.

Im Laufe des 11. Jahrhunderts scheint als einzige neue bambergische Pfarreigründung Kirchsittenbach in der Südostzone der Diözese zu gelten. Man begnügte sich also weitgehend mit den von Würzburg, Eichstätt und vom Hochadel überlassenen Eigenkirchen. Erst im frühen 12. Jahrhundert entstand inmitten großer Waldgebiete die beachtliche Königspfarrei Hof mit 14 Filialkirchen. Die vorwiegend im 12. Jahrhundert vom Adel gegründeten Pfarrkirchen wurden zwar weitgehend an die Kirche verschenkt, aber in der Regel an Klöster und Stifte innerhalb der Diözese.

Die angesprochenen Altpfarreien bzw. Großpfarreien haben insgesamt ein sehr unterschiedliches Alter. Trotzdem verfestigt sich der Eindruck, daß gerade dem 12. Jahrhundert ein besonderer Stellenwert bei dieser Großpfarreibildung mit bisweilen vielen Filialen zukommt. Auch die raum- und grenzbildenden Faktoren dieser frühen Großpfarreien sind dabei sehr unterschiedlich: Grundherrschaft, Gericht (Zent), hochmittelalterlicher Siedlungsausbau, neue Herrschaftsbildungen und der-

---

[41] BÜNZ, Bemerkungen (wie Anm. 31) 604ff.
[42] H. WAGNER, Die Pfarrei Brend-Neustadt im Mittelalter, in: 1250 Jahre Pfarrkirche in Brendlorenzen, hg. v. d. Stadt Bad Neustadt/Saale, 1992, 101ff, 131.
[43] R. FISCHER, Untermaingebiet 266f, 277, 279ff.
[44] Zum folgenden v. GUTTENBERG-WENDEHORST, Bamberg II 13ff.

gleichen konnten dabei unter Umständen von erheblichem Gewicht sein. Die kartographische Erfassung dieser rekonstruierten Pfarrsprengel kann im Vergleich mit der ›politischen‹ Struktur des Raumes bisweilen in erstaunlichem Maße die verschiedenartigen Motive der Sprengelbildung aufhellen[45]. Im 13. Jahrhundert werden bereits erste Auspfarrungen aus alten Sprengeln sichtbar. Auch dieser Vorgang scheint in Einzelfällen früh einzusetzen.

*d) Archidiakonate und Landkapitel*

Waren die Pfarreiverhältnisse, wie wir gesehen haben, für den Bischof auch in der Zeit erster Intensivierung der Amtsgewalt auf dem Lande kompliziert und schwierig, so bot sich in unserem Untersuchungszeitraum erstmals eine kirchliche Mittelbehörde an, die durch jährliche Visitationen mit besonderen Gerichts- und Aufsichtsrechten die Pfarreien einer Region kontrollieren konnte. Es handelt sich um das Amt des Archidiakons und die Ausbildung der Archidiakonate[46].

Die 22 Archidiakonate der Mainzer Erzdiözese waren durchweg mit den Propsteien großer Stifte verbunden, ihre Sprengel entstanden also erst nach der Gründung der einzelnen Kollegiatstifte, und zwar auffälligerweise erst um die Wende vom 11. zum 12. Jahrhundert. Im bayerisch-fränkischen Bereich dieser Erzdiözese ist der Archidiakonatssprengel Aschaffenburg sogar erst 1219 bezeugt[47]. Nach Fath lassen die Quellen insgesamt erkennen, daß sich hier die Archidiakonatsgewalt allmählich vom 12. Jahrhundert bis zur Mitte des 13. Jahrhunderts ausbildete[48]. Archidiakon des großen Sprengels war jeweils der Stiftspropst der Kollegiatkirche St. Peter und Alexander zu Aschaffenburg. Archidiakonat und Propstei wurden vielfach synonym verwendet. Der Archidiakon ist Vertreter des Bischofs; als solcher erreicht er allmählich eigene Gerichtsbarkeit: Strafgerichtsbarkeit, die er besonders im Send und in der Visitation ausübt. Das Sendgericht des Archidiakons, das dem des Bischofs entspricht, erstreckt sich auf das gesamte kirchliche Leben. Ferner stehen dem Archidiakon Konsensrechte bei Inkorporationen, Dismembrationen, Übertragung von Patronatsrechten, Veränderungen kirchlichen Vermögens und dergleichen zu. Die Intensivierung dieser Aufgabenbereiche erforderte bald weitere kirchliche Behördenuntergliederungen, nämlich die Landkapitel, deren es im Archidiakonatsbezirk Aschaffenburg drei gab[49].

Anders als im Erzstift Mainz waren die Archidiakone der 12 Archidiakonatsbezirke der Diözese Würzburg regelmäßig Domherren[50]. Ob die Archidiakone des Bischofs

---

[45] SCHÖFFEL, Pfarreiorganisation 28ff; GUTTENBERG-WENDEHORST, Bamberg II; ferner A. WENDEHORST in zahlreichen Einzeluntersuchungen, s. bes. DERS., Strukturelemente 22ff.

[46] E. BAUMGARTNER, Geschichte und Recht des Archidiakonates der oberrheinischen Bistümer mit Einschluß von Mainz und Würzburg (= Kirchenrechtliche Abhandlungen 39) 1907; N. REININGER, Die Archidiakone, Offiziale und Generalvicare des Bisthums Würzburg, in: AU 28 (1885) 1–265.

[47] FATH, Gericht 63.

[48] Ebd. 62f.

[49] Ebd. 70.

[50] SCHÖFFEL, Pfarreiorganisation 14.

Adalbero, die 1049 das Sendrecht im Fuldaer Land für Würzburg vergeblich beanspruchten, bereits für ein ausgebildetes Würzburger Archidiakonatssystem sprechen, muß dahingestellt bleiben[51]. Unter Bischof Gebhard von Henneberg (1150–1159) dagegen gewinnt man den Eindruck eines ausgeprägten Archidiakonatssystems[52]. Das Bistum Eichstätt war bereits seit dem 11. Jahrhundert in zwei oder drei Archidiakonate eingeteilt. Ihnen untergeordnet erwuchsen im 13. Jahrhundert einzelne Landkapitel, die bis zum Ende des Mittelalters auf elf anwuchsen[53].

Für das Niederkirchenwesen der Diözese Eichstätt haben seit langem die Altar- und Kirchenweihen der Bischöfe Gundekar und Otto Aufmerksamkeit gefunden. Die zahlreichen Kirchenweihen Bischof Gundekars von Eichstätt (1057–1075) zeigen erstmals zusammenfassend die Weihetätigkeit eines Bischofs[54]. Diese Weihen sind aber nicht nur – wie man früher meinte – Zeichen intensiver Kirchenorganisation und Kirchenherrschaft in der Diözese Eichstätt. Eine Reihe von Kirchenweihen des Bischofs finden nämlich auch außerhalb der Diözese statt, allerdings meist an Orten, wo die Eichstätter Domkirche oder ein dem Bischof unterstehendes Kloster bzw. Stift Eigenkirchenrechte hatte. Dazu kommt eine weitere Einschränkung von seiten der neueren Forschung: »Nur ein geringer Teil der knapp 100 Kirchenbauten im Bereich des Bistums Eichstätt dürfte direkt von Gundekar initiiert worden sein, manche waren zu seiner Zeit wohl längst fertiggestellt, andere verdanken ihre Entstehung den zahlreichen weltlichen und geistlichen Eigenkirchenherren. Vor allem aber war die Organisation der mittelalterlichen Pfarrsprengel in der Diözese in der Salierzeit sicher noch nicht flächendeckend ... zum Abschluß gelangt«[55].

Auch von Bischof Otto von Eichstätt (1182–1196) sind zahlreiche Kirchenweihen bezeugt[56]. Ansonsten sind Anfänge und Weiterentwicklung des Eichstätter Niederkirchenwesens noch immer kaum erforscht. Besonders für dieses Bistum ist charakteristisch, daß seine Pfarreien weitgehend durch Edelfreie und Ministerialenfamilien dotiert wurden, die dann in der Regel auch das Patronatsrecht wahrnahmen[57]. In diesem Zusammenhang ist vielleicht auch das harte Urteil des großen bayerischen Reformers Gerhoh von Reichersberg nach seiner Visitationsreise 1151 gemeinsam mit einem päpstlichen Legaten in die Diözese Eichstätt zu verstehen. Er schildert die kirchlichen Zustände in diesem Bistum in schwärzesten Farben[58].

---

[51] Vgl. WENDEHORST, Würzburg I 110.
[52] Ebd. I 158f.
[53] A. WENDEHORST, Eichstätt, in LdMa 3 (1986) 1672.
[54] HEIDINGSFELDER, Regesten nr. 251; STÖRMER, Franken von der Völkerwanderung nr. 155.
[55] B. APPEL, Die Altar- und Kirchenweihen der Bischöfe Gundekar und Otto, in: A. BAUCH – E. REITER (Hg.), Das Pontificale Gundekarianum. Kommentarband, 1987, 161.
[56] HEIDINGSFELDER, Regesten nr. 501, vgl. nr. 486, 470.
[57] Wie Anm. 53; zu den Archidiakonaten Eichstätts s. M. SPINDLER (Hg.), Bayerischer Geschichtsatlas, 1969, Karte 26/27 (wie Anm. 4).
[58] S. WEINFURTER, Friedrich Barbarossa und Eichstätt. Zur Absetzung Bischof Burchards 1153, in: Festschrift Alfred Wendehorst I (= JFLF 52) 1992, 74.

Deutlicher tritt die Entwicklung dieser kirchlichen Mittelinstanz im jungen Bistum Bamberg hervor[59]. Die Archidiakonatssprengel reichen keineswegs in die Anfänge des neuen Bistums zurück, doch weist bereits auf der Synode von 1059 die Urteilskompetenz des Dompropsts in Zehntangelegenheiten auf Ansätze zu archidiakonalen Rechten hin. Insgesamt freilich begegnen mehrere Archidiakone erst um die Mitte des 12. Jahrhunderts, so daß man vermuten darf, Bischof Otto I. (1102–1139) habe in der zweiten Hälfte seiner langen und außerordentlich vielfältigen Regierungszeit bestimmte Bezirke für Visitation und Ausübung der niederen geistlichen Gerichtsbarkeit im bischöflichen Auftrag geschaffen. Wie in Würzburg war auch in der Diözese Bamberg das Amt der Archidiakone ausschließlich Domherren vorbehalten. Die drei bambergischen Archidiakonatsbezirke benannten sich seit dem 14. Jahrhundert nach Nürnberg, Hollfeld und Kronach, doch spricht vieles dafür, daß zunächst auch die Region Bamberg einen solchen Bezirk unter Leitung des Domdekans bildete.

## § 22. DIE GEISTLICHEN GEMEINSCHAFTEN FRANKENS

1046 gab es in Franken kein einziges Reichs- bzw. Königskloster mehr. Bereits 993 waren alle westlichen Königsklöster durch die ›Restitution‹ König Ottos III. dem Bistum Würzburg übertragen worden[60]. Damit war Würzburgs monastische ›Westflanke‹ fest in der Hand des Bistums. Etwa gleichzeitig ging das ottonisch-liudolfingische Hausstift Aschaffenburg an das Erzbistum Mainz über[61]. Gut ein Jahrzehnt später übertrug König Heinrich II. das dem Reich gehörige Frauenkloster Kitzingen dem neuen Bistum Bamberg[62].

Von den zahlreichen frühkarolingischen Klöstern Frankens sind im 11. Jahrhundert nur mehr einige übriggeblieben, so Amorbach, Ansbach, Neustadt am Main, Kitzingen, Feuchtwangen, Ellwangen, Herrieden, Heidenheim; eine Reihe monastischer Gründungen war teils schon in spätkarolingischer, teils in ottonischer Zeit in Kanonikerstifte umgewandelt worden, somit viel besser den jeweiligen Diözesanbischöfen zur Herrschaftsdelegation und Bistumsorganisation nutzbar gemacht worden[63]. Durch Pfründengewährung und Selbstergänzungsrecht waren diese Säkularkanonikerstifte während des ganzen Mittelalters in besonderer Weise Horte weniger Sippen der fränkischen Führungsschichten.

---

[59] Zum folgenden GUTTENBERG-WENDEHORST, Bamberg II 42f. Zum Umfang dieser Archidiakonate ebd. 75 passim.

[60] STÖRMER, Franken von der Völkerwanderung nr. 104; ZIMMERMANN, Klosterrestitutionen 1–28.

[61] G. CHRIST, Aschaffenburg (= HAB.F. 12) 1963, 45; R. FISCHER, Untermaingebiet 266ff.

[62] GUTTENBERG, Regesten nr. 55; vgl. W. STÖRMER, Heinrichs II. Schenkungen an Bamberg, in: L. FENSKE (Hg.), Pfalzen – Reichsgut – Königshöfe (= Deutsche Königspfalzen 4) 1996, 392ff.

[63] WENDEHORST, Strukturelemente 17ff; WENDEHORST – BENZ, Verzeichnis der Säkularkanonikerstifte 1–172.

§ 22. Die geistlichen Gemeinschaften Frankens (W. Störmer) 341

Neue monastische Impulse, die auch in der zweiten Hälfte des 11. Jahrhunderts noch anhielten, schuf die Gorzer Reform, die zumindest in Amorbach so stark war, daß sie als *ordo Amerbacensium* auf das Bamberger Kloster Michelsberg übertragen werden konnte und dort ein Jahrhundert lang praktiziert wurde[64].

Sicherlich auch im Rahmen der kaiserlichen Reformwelle Heinrichs III. zu sehen, aber doch speziell von einer Persönlichkeit getragen ist jene Klosterreform, die Bischof Adalbero von Würzburg (1045–1090) in seinem Bistum durchsetzte. 1047 veranlaßte er die Neubesetzung seines bischöflichen Eigenklosters Münsterschwarzach durch Mönche aus dem lothringischen Gorze[65]. In der Folgezeit wurde Münsterschwarzach am Main zum Zentrum der ›Junggorzer‹ Reform in Franken. Zehn Jahre später (1057) wandelte Adalbero in der eigenen Bischofsstadt ein knapp 50 Jahre vorher gegründetes Kanonikerstift in ein Benediktinerkloster (St. Stephan) um und besiedelte die neue Abtei mit Mönchen aus Münsterschwarzach[66]. Ein Jahr vorher hatte er in seiner oberösterreichischen Heimat als letzter seines Grafengeschlechts das Kloster Lambach gegründet und ebenfalls mit Münsterschwarzacher Mönchen besetzt[67]. Von Lambach aus setzte sich in der Folgezeit die Gorzer Reform in der ganzen Ostmark (Ober-, Niederösterreich) durch. Bischof Adalbero förderte zu Beginn der 70er Jahre noch einen weiteren Orden, die Augustinerchorherren. Nachdem 1069 Graf Hermann von Habsberg-Kastl gemeinsam mit seiner Frau Alberada, Erbtochter der 1057 ausgestorbenen Schweinfurter (Mark-)Grafen, die (schon existierende) Propstei Heidenfeld (bei Schweinfurt), wo bereits »Kanoniker Gott dienten«, dem Bistum Würzburg übergeben hatte, übertrug sie Bischof Adalbero, der Freund Bischof Altmanns von Passau, des großen bayerischen Protektors des neuen Ordens, den Augustiner-Chorherren, wobei er einen ersten Propst aus einem bayerischen Stift berufen haben soll[68].

Der um die Mitte des 11. Jahrhunderts erwachsende neue Augustiner-Chorherrenorden, getragen von Regularkanonikern, nicht Mönchen, wirkte als Sauerteig der kirchlichen Reform, und zwar in Süddeutschland besonders in Bayern. Die Neugründung eines solchen Regularkanonikerstifts ging – im Gegensatz etwa zu den Cluniazensern – normalerweise nicht von einem Mutterkloster aus, sondern von reformbewußten Klerikergruppen, die meist Kanoniker (Angehörige eines Dom- oder Kolle-

---

[64] HALLINGER, Gorze-Kluny I 204f, 228ff; W. BRANDMÜLLER, Studien zur Frühgeschichte der Abtei Michelsberg, in: BHVB 100 (1964) 95–135, hier 103ff.

[65] WENDEHORST, Würzburg I 113; HALLINGER, Gorze-Kluny I 320ff; jetzt: E. HOCHHOLZER, Münsterschwarzach im Reformmönchtum des 11. Jahrhunderts, in: K. BORCHART – F. BÜNZ (Hg.), Forschungen zur bayerischen und fränkischen Geschichte (= QFGBW 52) 1998, 25–51.

[66] P. SCHÖFFEL, Herbipolis sacra. Zwei Untersuchungen zur Geschichte des Bistums Würzburg im frühen und hohen Mittelalter, aus dem Nachlaß hg. v. W. ENGEL (= VGFG IX,7) 1948, 84ff; WENDEHORST, Würzburg I 114.

[67] A. WENDEHORST, Adalbero, Bischof von Würzburg und Gründer Lambachs, in: 900 Jahre Klosterkirche Lambach (Oberösterr. Landesausstellung – Katalog) 1989, 17–24.

[68] BACKMUND, Chorherrenorden 84ff.

giatstiftskapitels) waren, und sowohl ›apostolisches Leben‹ als auch Seelsorge zu verwirklichen trachteten[69].

So hängt auch die Gründung des zweiten fränkischen Augustiner-Chorherrenstifts Triefenstein (bei Marktheidenfeld) mit dem Würzburger Stift Neumünster zusammen, das wiederum Bischof Adalbero 1057 oder 1058 gegründet hatte. Gerung, der Dekan des Stifts Neumünster, verließ 1088 das Stift, ließ sich – offenbar zunächst als Eremit – in Triefenstein nieder und bereitete die Gründung eines regulierten Augustiner-Chorherrenstifts vor, unterstützt von Bischof Eginhard von Würzburg und dem Benediktinerkloster Neustadt/Main[70]. Erst 1102 folgte freilich die Bestätigung des Diözesanbischofs Emehard und erst 1123 die päpstliche Bestätigung.

Während in der Diözese Bamberg kein einziges Augustiner-Chorherrenstift erwuchs, entstand um 1153 unmittelbar neben dem Bischofssitz Eichstätt als neues Stift dieses Ordens Rebdorf, erheblich gefördert von König Friedrich Barbarossa, freilich mit Anfangsschwierigkeiten[71]. Damit ist die Gründung von Augustiner-Chorherrenstiften in Franken bis in das 15. Jahrhundert bereits abgeschlossen. Der Geist dieser Bewegung wirkte freilich in den Mainlanden in der zweiten Hälfte des 12. Jahrhunderts weiter, denn das Stift Triefenstein (1164: *ecclesiola b. Petri ... paupercula quidam rebus, sed non adeo personis ignobilis*) wurde durch seinen Propst Folmar (1146–1181) zu einem Mittelpunkt der großen christologischen Diskussionen des Jahrhunderts[72].

Trotz des hereinbrechenden sog. Investiturstreits war in Franken lange fast nichts von der jungcluniazensischen monastischen Bewegung zu verspüren, die sich seit 1070 ausbreitete. Nicht die Bischöfe lassen sich in diesen unruhigen Jahrzehnten als Förderer cluniazensischer *libertas* erkennen, wohl aber ein paar Familien des fränkischen ›Reformadels‹. Bereits zwischen 1069 und 1084 gründeten die Ludowinger, Vorfahren der späteren Landgrafen von Thüringen und enge Verwandte der Grafen von Rieneck, das Hirsauer Priorat Schönrain[73], wie eine Burg hoch über dem Main zwischen Lohr und Gemünden gelegen. Die Ludowinger wußten sich freilich auch weiterhin dem Hirsauer Reformimpetus verpflichtet. Bereits 1085 errichtete Ludwig der Springer, Mitbegründer von Schönrain, bei seiner thüringischen Hauptburg das Hauskloster Reinhardsbrunn, das zu einem entscheidenden Wegbereiter der Hirsauer Reform in Mitteldeutschland wurde[74].

Wohl noch in den 70er Jahren errichteten drei Brüder der Komburger Grafenfamilie (bei Schwäbisch Hall) auf ihrer Burg ein Kloster, wohl angesichts der Tatsache,

---

[69] S. WEINFURTER, Die Kanonikerreform des 11. und 12. Jahrhunderts, in: 900 Jahre Stift Reichersberg, 1984, 23–32; K. BOSL, Regularkanoniker (Augustinerchorherren) und Seelsorge in Kirche und Gesellschaft des europäischen 12. Jahrhunderts (= Abhandlungen der Bayerischen Akademie der Wissenschaften, Phil.-Hist. Klasse NF 86) 1979.

[70] W. STÖRMER, Das Augustinerchorherrenstift Triefenstein, in: Lengfurt, Beiträge zur Ortsgeschichte I, 1978, 116–126.

[71] WEINFURTER (wie Anm. 58) 73f, 84.

[72] MEYER, Bischof Eberhard II. (wie Anm. 24) 22ff.

[73] STÖRMER, Franken von der Völkerwanderung nr. 165; JAKOBS, Hirsauer 36, 39, 119f.

[74] JAKOBS, Hirsauer 39, 42f, 114, 165.

daß ihre Familie am Aussterben war[75]. Der Hauptinitiator, Graf Burkhard von Komburg, hatte offenbar enge Beziehungen zum Abt des Ezzonenklosters Brauweiler bei Köln und auch zu St. Stephan in Würzburg. Die Abtei Komburg trug wie Brauweiler das Reformpatrozinium St. Nikolaus, ein Patrozinium, das sich in der Folgezeit in ganz Franken, besonders aber in Württembergisch-Franken, stark verbreitete[76]. Wenige Jahre nach der Gründung Komburgs wurde ein Hirsauer Mönch Abt des Burgklosters Komburg, Zeichen für die Einführung Hirsauer Gewohnheiten. Im Dezember 1088 wurde der Kirchenbau bereits geweiht, und zwar durch den Diözesanbischof und Kaisergegner Adalbero von Würzburg.

Groß ist also im 11. Jahrhundert der Einfluß Hirsaus noch nicht, auch nicht im fränkischen Adel. Erst im frühen 12. Jahrhundert nimmt sich Bischof Otto I. von Bamberg, der große Organisator benediktinischer Reformklöster, der Hirsauer Reform an, verändert sie aber im Sinne einer *libertas Bambergensis*[77]. Zwischen 1108 und 1113 wurde das von Bischof Otto gegründete, aber in der Diözese Würzburg gelegene Kloster Aura an der Fränkischen Saale zu einem neuen Initiator für die Hirsauer Reform in Franken. Der geniale Bamberger Bischof war gleichzeitig ein konsequenter Vertreter bischöflichen Eigenkirchenrechts; insofern waren Ottos neue Klöster – eine beträchtliche Schar, die vor allem weit nach Bayern hineinreichte – auch weit von der Rom-orientierten *libertas* Hirsaus entfernt. Der charismatisch begabte Bischof verstand es glänzend, Adelige zur Gründung monastischer Kommunitäten zu bewegen, diese aber gleichzeitig der Bamberger Domkirche zu übereignen. Nicht nur bei bambergischen Neugründungen wurden Hirsauer Regeln und Mönche eingeführt. 1112 griff Bischof Otto in die bislang gorzischen, nach Amorbacher Ordo lebenden Gewohnheiten seines berühmten Bamberger Klosters Michelsberg ein, ersetzte den Abt und brachte fünf Hirsauer Mönche; die Zahl der Michelsberger Mönche stieg daraufhin rasch. Auch die schon älteren Bamberger Eigenklöster Banz und Theres am Main erhielten von Bischof Otto 1114 und 1120 Äbte aus hirsauischen Konventen. Außerhalb seines Wirkungsbereiches setzte sich seit 1130 der Hirsauer Ordo in verschiedenen Klöstern Frankens durch, so in Amorbach, Münsterschwarzach, Mönchsroth und Auhausen, die beiden letzteren in der Grenzzone zu Schwaben.

In die letzte Phase benediktinisch-hirsauischer Neugründungen in Franken fällt schließlich noch eine weitere benediktinische Klostergründungs-›Welle‹, deren Träger freilich aus Irland kamen: die Benediktiner-›Schottenklöster‹, die in Würzburg, Nürnberg und Eichstätt ihre Bleibe fanden. In Würzburg, dessen Bistumspatron Kilian ohnehin ein Ire war, entstand um 1138 an der Kirche St. Jakob eine irische Mönchsgemeinschaft, unterstützt von Bischof Embricho (1127–1146) und vor allem von bischöflichen Ministerialen. In Nürnberg traten König Konrad III. und seine Gemahlin Gertrud vermutlich 1140 als Gründer des bald hochangesehenen Schot-

---

[75] R. JOOSS, Kloster Komburg im Mittelalter (= Forschungen aus Württembergisch Franken 4) 1987, 15ff.
[76] ZIMMERMANN, Patrozinienwahl und Frömmigkeitswandel II 27ff, 62f.
[77] Dazu und zum folgenden JAKOBS, Hirsauer 140–145; WENDEHORST, Ringen 306f.

tenklosters St. Egidien außerhalb des damaligen Mauerrings auf. In Eichstätt wiederum wurde zwischen 1148 und 1160 – ebenfalls außerhalb des Stadtbereichs – das Schottenkloster Heiligkreuz von einem Dompropst, dem eichstättischen Ministerialen und Kanoniker Walbrun, gegründet, offensichtlich unter dem Eindruck des zweiten Kreuzzugs. Diesem kleinen Schottenkloster am Rande der entstehenden Bischofsstadt waren neben den sakralen Aufgaben vor allem Herbergs- und Wallfahrtsfunktionen zugedacht. Bei aller monastischen Zeittendenz kam diesen drei fränkischen Gründungen die Protektion höchster königlicher und reichskirchlicher Patrone zugute, die ihnen die Wege ebneten[78].

Während noch bambergische Eigenklöster hirsauischer Provenienz entstanden, erlebte Franken bereits den Siegeszug eines neuen Reformordens, des nach dem Gründungskloster Citeaux benannten Zisterzienserordens, der von einem neuen religiösen Armutsbegriff ausging und die *vita evangelica et apostolica* sowie die Reinheit der Benedikt-Regel durchsetzen wollte[79]. Nach dem Eintritt Bernhards, des nachmaligen Abtes von Clairvaux, mit 30 Gefährten 1112 erfolgte ein Zustrom von gleichgesinnten Bewerbern und bald erste Tochterklöster. Nach der ersten Phase mit 26 Neugründungen breitete sich der strenge Orden fast explosionsartig im ganzen Abendland aus.

1124 entstand so Ebrach[80] im Steigerwald als erste rechtsrheinische Zisterze Oberdeutschlands, gegründet von zwei edelfreien oder ministerialischen Brüdern. Besiedelt wurde Ebrach vom Mutterkloster Morimund. Als erster Abt kam Adam nach Ebrach (1127–ca. 1167), den man geradezu als Statthalter Bernhards von Clairvaux rechts des Rheins bezeichnet hat. Unter ihm erhielt die Steigerwaldzisterze hohes Ansehen und große Ländereien. Die Anziehungskraft Ebrachs und seines ersten Abts zeigt sich auch darin, daß in der Klosterkirche König Konrads III. Gemahlin Gertrud von Sulzbach († 1146) und beider Sohn Friedrich von Rothenburg († 1167) bestattet wurden.

Von Ebrach aus wurden acht Tochterklöster gegründet, u.a. Heilsbronn/Mittelfranken, Langheim/Oberfranken, Aldersbach in Bayern und Bildhausen bei Neustadt/Saale. Schon 1129 zogen Ebracher Mönche bis Rein bei Graz, 1132 nach Langheim, gegründet von Bamberger Ministerialen, und nach Heilsbronn, gegründet von Bischof Otto von Bamberg auf dem Boden der Grafen von Abenberg, die Bamberger Hochstiftsvögte waren. Der junge Ebracher Konvent war offenbar stark genug, um innerhalb weniger Jahre allein drei Dutzend Mönche auszusenden.

Die grauen Mönche des Zisterzienserordens behielten im 12. Jahrhundert ihre Anziehungskraft als Elite des Mönchtums. Damit die Mönche ihre strengen geistlichen Aufgaben erfüllen konnten, wurde das Konverseninstitut[81] eingeführt, das großen

---

[78] FLACHENECKER, Schottenklöster 165ff, 180ff, 205ff.

[79] J. LECLERQ, Die Institutionen der Gründer des Zisterzienserordens, in: CistC 96 (1989) 9ff; DERS., Bernhard von Clairvaux, 1991.

[80] G. ZIMMERMANN, Ebrach und seine Stifter, in: MJGK 21 (1969) 162–182; DERS., Frühes Zisterziensertum als »alternative« Lebenshaltung, in: Geschichte am Obermain 14 (1983/84) 1–15.

[81] M. TÖPFER, Die Konversen der Zisterzienser (= BHS.O 4) 1983, 27–31.

Zulauf fand. Mit der Arbeitskraft der Konversen bewirtschaftete das Kloster seine großen Eigenbetriebe, die sogenannten Grangien oder Kurien.

Zur zweiten zisterziensischen Gründungswelle gehört die im Taubertal gelegene Abtei Bronnbach[82], die erstmals mit der päpstlichen Bestätigungsurkunde von 1153 greifbar wird. Von Edelfreien der Region nach dem zweiten Kreuzzug gegründet, standen die Initiatoren vor der Schwierigkeit einer Diözesaneinbindung im Grenzbereich der Diözesen Würzburg und Mainz. Daher wurde das 1138 gegründete Maulbronn Mutterabtei Bronnbachs. Da aber Maulbronn kaum verfügbare Neugründungskräfte hatte, empfahl Abt Adam von Ebrach Reinhard, einen Professen der Zisterze Waldsassen. Der Maulbronner Abt forderte von diesem, er solle als Abt der neuen Zisterze an der Tauber nicht Waldsassen, sondern Maulbronn als Mutterabtei anerkennen. Es gibt freilich Hinweise für verschiedene Abhängigkeit Bronnbachs von Waldsassen. Gleichzeitig bemühte sich der Mainzer Erzbischof um das neue Tauberkloster, so daß der Mainzer Einfluß entscheidend wuchs. Im Jahre 1180 wird Bronnbach freilich als zur Diözese Würzburg gehörig bezeichnet.

Seit der Mitte des 12. Jahrhunderts entstanden zeitlich dicht gedrängt auch zahlreiche Frauenklöster der Zisterzienser in Franken[83], die offenbar auch als Versorgungsstätten adeliger Töchter gedacht waren. Visitatoren waren in der Regel der Abt von Ebrach sowie der Abt von Bildhausen. Auffallenderweise liegt keines dieser Frauenklöster in der Diözese Eichstätt. Neben frommen Anliegen scheint auch der beträchtliche Frauenüberschuß den Zuzug in die zisterziensischen Frauenklöster erheblich gefördert zu haben.

Männer- und Frauenklöster der Zisterzienser wirkten bald intensiv auf die Wirtschaftsführung fränkischer Städte, vorwiegend Würzburgs, ein. Sie errichteten Stadthöfe[84] und brachten wirtschaftliche Überschüsse, vor allem Wein und Getreide auf den Markt der Stadt, wodurch letztlich der bürgerliche Handel erhebliche Einbußen erlitt.

Fast gleichzeitig mit den Zisterziensern konnten auch die Prämonstratenser, ein Reformorden, den Norbert von Xanten (1080/85–1134) mit dem Ziel gegründet hatte[85], kanonikale und monastische Elemente stärker zu verbinden, in Franken ihren Einzug halten. An der Gründung Oberzells[86] bei Würzburg 1128 war der Ordensgründer selbst beteiligt, der auch erste Schenkungen an das Kloster vornehmen konnte. Oberzell war zunächst ein Doppelkloster, ebenso das zweite Prämonstratenserstift Tückel-

---

[82] L. SCHERG, Die Zisterzienserabtei Bronnbach im Mittelalter (= Mainfränkische Studien 14) 1976, 12ff.

[83] E. G. KRENIG, Mittelalterliche Frauenklöster nach den Konstitutionen von Citeaux unter besonderer Berücksichtigung fränkischer Nonnenkonvente, in: Analecta Sacri Ordinis Cisterciensis 10 (1954) 1–105; WENDEHORST, Orden und religiöse Gemeinschaften 266ff.

[84] W. SCHICH, Die Stadthöfe der fränkischen Zisterzienserklöster in Würzburg, in: Zisterzienser-Studien 3 (= Studien zur europäischen Geschichte 13) 1976, 45–88.

[85] S. WEINFURTER, Norbert von Xanten als Reformkanoniker und Stifter des Prämonstratenserordens, in: K. ELM (Hg.), Norbert von Xanten, 1984, 159–187; K. ELM, Norbert von Xanten, in: ebd. 267–318.

[86] L. GÜNTHER, Kloster Oberzell. Von der Gründung bis zur Säkularisation 1128–1802, in: Festschrift zum 800jährigen Jubiläum des Norbertus-Klosters Oberzell, 1928, 5ff; WENDEHORST, Orden und religiöse Gemeinschaften 242.

hausen[87] bei Ochsenfurt, das nicht dem Würzburger Bischof, sondern Bischof Otto I. von Bamberg (1102–1139) übereignet wurde. Der Status des Doppelklosters Tückelhausen wurde rasch aufgelöst, denn 1144/46 übersiedelten die Frauen in das Kloster Lochgarten bei Mergentheim. Auch Oberzell verlor gegen Ende des 12. Jahrhunderts seinen Doppelkloster-Status; dessen Frauen zogen in das nahe Prämonstratenserinnenkloster Unterzell[88].

1131 gründete Graf Gotebold II. von Henneberg das Prämonstratenserkloster Veßra im heutigen Thüringen, übertrug das Doppelkloster dem Bamberger Bischof, der 1138 das Kloster weihte[89]. Dagegen übertrug 1161 ein Heinrich von Henneberg das von ihm gestiftete Prämonstratenser-Frauenkloster Hausen bei Bad Kissingen der Würzburger Domkirche[90]. Trotzdem hatte dieses kleine Kloster enge Beziehungen zum hennebergischen ›Hauskloster‹ Veßra. Diesem unterstand ferner das 1135 gegründete Klösterchen Georgenberg bei Coburg.

Im südlichen Mittelfranken erwuchs im 12. Jahrhundert ein Frauenkloster St. Maria in Sulz[91] bei Feuchtwangen, es unterstand der Leitung des Würzburger Klosters Oberzell. Alle fränkischen Prämonstratenserklöster unterstanden der Zirkarie (Provinz) Ilfeld am Harz[92].

In der zweiten Hälfte des 12. Jahrhunderts verlief die Geschichte des Mönchtums und Kanonikertums in den Bahnen jener angesprochenen Orden. Neue Formen konnten sich innerhalb der hierarchisch gefestigten Kirche erst im beginnenden 13. Jahrhundert – oft gegen erhebliche innerkirchliche Widerstände – durchsetzen, begleitet von kraftvollen religiösen Laienbewegungen. Von der akuten Bedrohung der armutsbewußten Laienbewegungen mit radikaler ›Nachfolge Christi‹ ist die römische Kirche unter der entscheidenden Mitwirkung Papst Innozenz III. durch die neuen, von ihm anerkannten Seelsorge- und Bettelorden befreit worden. Die Konvente der Bettelorden verzichteten auf Besitz, so daß die Mönche auf den Bettel angewiesen waren. Diese waren auch nicht an ein einziges Kloster gebunden, sondern nur an ihre Ordensprovinz bzw. den Orden. Ihr Hauptwirkungsfeld war die Seelsorge in der Stadt[93].

Bei der Ausbreitung der Bettelorden in Süddeutschland scheint Würzburg geradezu als Sammelbecken der neuen Bewegungen gewirkt zu haben. Noch zu Lebzeiten des hl. Franziskus († 1226) erfolgte 1221 der Einzug der Franziskaner in Würzburg[94], wo ihnen zunächst eine Klause vor der Stadtmauer zugewiesen wurde, bevor sie 1249 in

---

[87] GUTTENBERG, Bamberg I 135; WENDEHORST, Orden und religiöse Gemeinschaften 242; WENDEHORST, Würzburg I 147.
[88] S. ZEISSNER, Geschichte des Frauenklosters Unterzell bei Würzburg, in: WDGB 16/17 (1955) 246–271.
[89] J. MEISENZAHL, Das Prämonstratenser-Chorherrenstift Veßra, in: Neue Beiträge zur Geschichte des deutschen Altertums 26 (1914) 1–36; GUTTENBERG, Bamberg I 135.
[90] W. MAHR – H. SCHIESSER, Geschichte von (Kloster-)Hausen an der Fränkischen Saale, in: MJGK 14 (1962) 101ff; WENDEHORST, Orden und religiöse Gemeinschaften 242f.
[91] BACKMUND, Chorherrenorden 198f.
[92] Ebd. 160.
[93] WENDEHORST, Orden und religiöse Gemeinschaften 249f.
[94] Ebd. 251f.

die Stadt selbst einziehen konnten. Bald nach der Würzburger Gründung entstanden auch Franziskanerklöster in Bamberg und Nürnberg[95]. Alle anderen Franziskanerklöster Frankens gehören dem Spätmittelalter an.

In Würzburg entstand auch das älteste Dominikanerkloster[96] Frankens. Noch im gleichen Jahrzehnt wie die Franziskaner zogen sie hier 1227 ein; 1229 existierte bereits das Kloster. Da die Dominikanerklöster den Auftrag der Leitung von Frauenkonventen hatten, übernahmen sie rasch den Frauenkonvent in der Vorstadt Pleich und mit dessen Pfarrkirche die Pfarrseelsorge in diesem Stadtviertel. Die Dominikanerinnenklöster und die übrigen Predigerbrüderklöster Frankens entstanden erst gegen Mitte des Jahrhunderts. Noch etwas später etablierten sich die Augustiner-Eremiten[97].

Im Rahmen der Kreuzzüge waren drei bedeutende Ritterorden entstanden, die sich dem Pilgerschutz und der Spitalpflege verschrieben und noch vor dem vierten Laterankonzil auch in Franken tätig werden. Dabei haben die Templer hier nur geringe Spuren hinterlassen, der Johanniterorden tritt 1215 lediglich mit einem Ordenshaus in Würzburg in Erscheinung – alle anderen Ordensniederlassungen erfolgten später[98]. Nur der Deutsche Orden, der jüngste der drei Ritterorden, spielte in Franken eine beträchtliche Rolle. Franken wurde seit dem frühen 13. Jahrhundert zu einer Landschaft zahlreicher Deutschordenshäuser. In Nürnberg[99] schenkte schon 1209 König Otto IV. dem Ritterorden die Jakobskirche, wo in der Folge die größte Kommende Frankens entstand. In Nürnberg entstand eines der größten Hospitäler des Ordens im ganzen Reich. 1212 begann der Orden mit Besitzerwerb in Hüttenheim vor dem Steigerwald. Bald entwickelte sich daraus eine Ordensniederlassung. Ähnlich erwuchs nach 1210 die Kommende Wolframs-Eschenbach aus einer Schenkung durch die Grafen von Wertheim. Seit 1219 erwuchs die Kommende Würzburg[100]. Im gleichen Jahr kam ein gewaltiger hohenlohischer Komplex an den Deutschen Orden, nachdem drei Brüder nach ihrem Kreuzzug in den Deutschen Orden eingetreten waren und in Mergentheim eine Kommende gründeten, die bald eine der stärksten Deutschordenskommenden wurde.

Die geistlichen Gemeinschaften waren letztlich auch Hausgemeinschaften. Der Verband der Mönche, der regulierten Kanoniker und auch der Konversen ist seiner Struktur nach familiär angelegt mit dem Abt oder Propst als Vater der Brüdergemeinde an der Spitze. Die Regel bestimmte den gesamten Tagesablauf für den einzelnen wie für die Gemeinschaft. Die Mönchs- und Kanonikerwelt vieler geistlicher Kommunitäten Frankens war zumindest seit der späten Stauferzeit zutiefst in die

---

[95] GUTTENBERG, Bamberg I 169.
[96] SEHI, Bettelorden 41ff, 100ff.
[97] KUNZELMANN, Augustiner-Eremiten I 102, 106ff.
[98] D. J. WEISS, Ritterorden, in: P. KOLB (Hg.), Unterfränkische Geschichte II, 1992, 243ff.
[99] Zum folgenden M. DIEFENBACHER, Der Deutsche Orden in Bayern (= Hefte zur Bayerischen Geschichte und Kultur 10) 1990, 23f.
[100] A. HERZIG, Die Deutschordenskommende Würzburg im Mittelalter, in: MJGK 18 (1966) 1ff; allgemein: D. J. WEISS, Geschichte.

›Adelswelt‹ eingebunden. Die Cohabitation von Mönchen bzw. Kanonikern und Adeligen, Ministerialen, bald auch städtischen Führungsschichten, die auf den Ausbau ihrer Familienbeziehungen und ihrer Herrschaften bedacht waren, war zwar für beide Gruppen, Mönche/Kanoniker einerseits und Laien andererseits, in gewissen Graden notwendig, erwies sich aber zunehmend für das Kloster/Stift als sehr konfliktreich und für die eigentlichen monastischen/kanonikalen Ziele teilweise verhängnisvoll. Wie andernorts entwickelten sich auch in Franken die Klöster bzw. Stifte zu ›Hospitälern‹ des ›Adels‹[101].

---

[101] Vgl. K. SCHREINER, Mönchsein in der Adelsgesellschaft des hohen und späten Mittelalters, in: HZ 248 (1989) 557–620.

# DAS SPÄTMITTELALTER VON 1215 BIS 1517
# ALTBAYERN

## § 23. AUSGANGSLAGE UND GRUNDPROBLEME

Im 13. Jahrhundert sah sich die bayerische Kirche vor neuartige Herausforderungen gestellt. Das weitgespannte bayerische Stammesherzogtum, dem die Salzburger Kirchenprovinz ihrer territorialen Ausdehnung nach im wesentlichen entsprochen hatte, war in mehrere Teile zerfallen. Nach der Abtrennung der Ostmark 1156 wurde 1180 auch die Steiermark verselbständigt. Wenig später beschritt Tirol den Weg zu eigener Landeshoheit. Das bayerische Kernland gelangte 1180 an die Wittelsbacher, die fortan auf der Grundlage ihres Hausbesitzes sowie von Grafschafts- und Vogteirechten und sonstigen Ansprüchen einen »modernen« Territorialstaat errichteten. Die Erinnerung an den einstigen größeren politischen Zusammenhang lebte indes fort. Nicht zuletzt wurde dieser durch die »bayerische« Kirchenprovinz, deren hauptsächliche Glieder das Erzbistum Salzburg und die »älteren« Suffragane Freising, Regensburg, Passau und Brixen waren[1], repräsentiert. Aber die Kirche war nun gehalten, mit mehreren weltlichen Fürstengewalten zusammenzuarbeiten oder sich mit ihnen auseinan-

---

[1] Im folgenden werden die einzelnen Diözesen gemäß ihrem »Anteil« an der bayerischen Geschichte vom 13. zum frühen 16. Jahrhundert berücksichtigt. Dabei ist die Erzdiözese Salzburg ausführlich mitzubehandeln, weil – was manchmal übersehen wird – große Gebiete des spätmittelalterlichen (und auch des heutigen) Bayern ihr zugehörten. Die »nichtbayerischen« Gebiete der Diözesen Salzburg und Passau werden zur Abrundung des Bildes bis zu einem gewissen Grad miteinbezogen. – Übergreifende, jedoch teilweise ungleichmäßig geratene Gesamtdarstellung: BAUERREISS, Kirchengeschichte Bayerns IV, V. Vgl. auch HAUCK, Kirchengeschichte Deutschlands IV, V und HAUSBERGER – HUBENSTEINER. Einen Überblick für den Zeitraum von 1200 bis 1500 bietet GLASER, Kirchlich-religiöse Entwicklung 664–701 (allg. Lit. 664f). – Zur kirchlichen Rechtsgeschichte: A. WERMINGHOFF, Verfassungsgeschichte der deutschen Kirche im Mittelalter (= Grundriß der Geschichtswissenschaft II,6) ²1913; FEINE, Kirchliche Rechtsgeschichte I; W. PLÖCHL, Geschichte des Kirchenrechts II, ²1962. – Zu Österreich: TOMEK, Kirchengeschichte Österreichs I; WODKA, Kirche in Österreich. – Umfassende Quellensammlungen: POTTHAST, Regesta I–II; Repertorium Germanicum, zuletzt Bd. VII, 1989 (Verzeichnis der in den päpstlichen Registern und Kameralakten vorkommenden Personen, Kirchen und Orte vom Beginn des Schismas bis zur Reformation). – Diözesangeschichten: HANSIZ, Germania Sacra (betr. Passau, Salzburg und Regensburg); – Freising: MEICHELBECK, Historia Frisingensis; DERS., Freysingische Chronica; MASS, Bistum Freising im Mittelalter; – Regensburg: JANNER, Bischöfe von Regensburg II, III; STABER, Kirchengeschichte; HAUSBERGER, Geschichte des Bistums Regensburg; – Passau: SCHROEDL, Passavia Sacra; LEIDL, Bischöfe sowie DERS., Bistumsgeschichte; – Salzburg: F. ORTNER, Salzburger Kirchengeschichte, 1988 (für das Spätmittelalter wenig ergiebig); ausführlich auch zur kirchlichen Entwicklung die Landesgeschichte von DOPSCH (Hg.), Geschichte Salzburgs I/1-3; daneben noch H. WIDMANN, Geschichte Salzburgs I–III, 1907/14; – Chiemsee: WALLNER, Bistum Chiemsee; – Lit. zu Gurk, Lavant und Seckau bei GLASER, Kirchlich-religiöse Entwicklung 668 Anm. 10. Allgemeine Darstellungen zur bayerischen Geschichte: RIEZLER, Geschichte Baierns II, III; DOEBERL, Entwicklungsgeschichte I; HBG II.

derzusetzen. Die mächtigsten unter diesen waren die wittelsbachischen Herzöge von Bayern und die babenbergischen (später die habsburgischen) Herzöge von Österreich. Die bayerischen Diözesen mußten im politischen Kräftespiel je nach ihrer besonderen Interessenlage einen eigenen Standort beziehen. Vor allem für Freising und Regensburg bedeutete dies auf Grund ihrer geographischen Situation, daß der Abstimmung mit Bayern größte Bedeutung zukam. Doch auch die Oberhirten von Salzburg und Passau waren auf intensive Kontakte zu den Wittelsbachern angewiesen.

In der spätstaufischen Epoche (1215–1254) besuchten die Bischöfe wiederholt noch die herzoglichen Landtage oder Gerichtstage und bekundeten so ihre Zugehörigkeit zum Land Bayern. Eine in Regensburg 1241 abgehaltene Zusammenkunft, an der die Bischöfe von Salzburg, Freising, Regensburg und Passau teilnahmen, kann als letzter Landtag »älterer Ordnung« betrachtet werden. Im weiteren Verlauf wurde es üblich, daß sich der Herzog auf den Landtagen mit Prälaten, Adel und Bürgern traf, aber nicht mehr mit den Bischöfen. Dies war keine zufällige Entwicklung. Ähnlich wie die weltlichen Fürsten wurden auch die Bischöfe von dem Bestreben erfaßt, um ihre Residenzorte selbständige Hoheitsgebiete (Hochstifte) aufzubauen, in denen ihnen als »Fürsten« – auch wenn sie diesen Titel vorerst noch nicht führten – die Regierungsrechte uneingeschränkt zukommen sollten. Die von dem Staufer Friedrich II. (1212/15–1250) im Jahre 1220 erlassene *Confoederatio cum principibus ecclesiasticis*[2] bot hierfür eine tragfähige Grundlage. Es war wohl ein Gebot der Selbstbehauptung, dem Konzentrationsstreben der Herzogsgewalten eigene Herrschaftsstrukturen entgegenzusetzen. Auch im bayerischen Raum empfingen die geistlichen Reichsfürsten die Regalien unmittelbar vom König, nachdem sie Treueid und Mannschaft geleistet hatten, und sie besaßen dem Reich gegenüber grundsätzlich die gleichen Rechte und Pflichten wie die laikalen Landesherren. Die im geistlichen Fürstentum verkörperte unlösliche Vereinigung von kirchlicher Gewalt und weltlichem Dominium mochte ein besonderes Ansehen mit sich bringen. Die bayerischen Herzöge allerdings taten alles, um die innerhalb ihres Herrschaftsbereiches oder an dessen Rand entstehenden Hochstiftsbezirke zu begrenzen. Die Bischöfe von Freising und Regensburg, die von der wittelsbachischen Macht umklammert waren, konnten nur kleine Territorien aufbauen. Gegen Versuche, ihre Hoheitsgebiete »landsässig« zu machen, haben sie sich aber mit Erfolg gewehrt. Passau hatte zwischen Bayern und Österreich eine unabhängigere Stellung, konnte diese jedoch nicht zum Aufbau eines wirklich bedeutenden Territoriums nützen. Dem Erzbischof von Salzburg dagegen gelang bis zum 14. Jahrhundert die Errichtung eines weitausgreifenden hochstiftischen »Landes«. Neben den bischöflichen Territorien beanspruchten in Bayern auch einige Klöster eine reichsunmittelbare Position[3].

---

[2] Über dieses Privileg, das von der neueren Forschung eher als Bestätigung schon entwickelter Rechtsansprüche aufgefaßt wird, s. E. KLINGELHÖFER, Die Reichsgesetze von 1220, 1231/32 und 1235 (= Quellen und Studien zur Verfassung des Deutschen Reiches in Mittelalter und Neuzeit VIII,2) 1955.

[3] Hier sind vor allem zu nennen die Abtei St. Emmeram in Regensburg und die dortigen Damenstifte Obermünster und Niedermünster. Einige Abteien – wie Benediktbeuern, Tegernsee und Ebersberg – waren formell bis in das letzte Viertel des 13. Jahrhunderts Reichsklöster, mußten sich aber mehr und mehr der

Zusätzliche Aufgaben erwuchsen der Kirche, weil das allgemeine Bevölkerungswachstum große Anforderungen an die Seelsorgsarbeit stellte. Wohl erst die Pestkatastrophe in der Mitte des 14. Jahrhunderts veränderte die Situation grundlegend und führte einen starken Niedergang der Bevölkerungszahl herbei. Bis dahin erfuhr das Pfarreisystem eine nochmalige Differenzierung. Außerdem wurden die vor allem in den Städten entstehenden Niederlassungen der Bettelorden zu Zentren für die Betreuung des Bürgertums[4]. Um das Funktionieren der nun gegenüber früher viel komplizierteren kirchlichen Organisationsformen zu gewährleisten, erließ das von Papst Innozenz III. 1215 einberufene Vierte Laterankonzil eine Reihe von allgemeinverbindlichen Bestimmungen. Demnach sollten jährlich Provinzialsynoden zur Überwachung der vorgesehenen Reformen abgehalten werden[5]. Das Recht der Bischofswahl wurde allein den Domkapiteln zuerkannt. Dabei waren drei Verfahrensweisen zugelassen: Die Stimmabgabe aller Wahlberechtigten *(per scrutinium)*, die Wahl durch eine Zahl von Vertrauensmännern *(per compromissum)*, die einhellige Akklamation quasi per inspirationem. Alle drei Formen wurden in der Salzburger Provinz praktiziert. Die Wahl des Erzbischofs bedurfte der Bestätigung durch den Papst, die Wahl eines Bischofs der Konfirmation durch den zuständigen Metropoliten. Lag Postulation (das heißt Benennung eines mit einem kanonischen Hindernis behafteten Kandidaten) vor, war päpstliche Dispensation zu erbitten. Im Lauf des 13. Jahrhunderts und auch noch in der Folgezeit wurde das an sich den Domherren zustehende Wahlrecht durch päpstliche Eingriffe gemindert[6].

Trotzdem sind Zuständigkeiten und Funktionen der Domkapitel hoch einzuschätzen. Sie erscheinen nun als Korporationen im Sinn des römischen Rechts. Als solche verfügten sie über spezielles Eigentum, zogen weithin die kirchliche Administration in den bischöflichen Sprengeln an sich und übten neben dem Bischof eine Mitregierung aus. Nur mit Zustimmung des Domkapitels war die Veräußerung von Bistumsgut möglich. Um 1300 wurde festgelegt, ein Bischof könne nur mit Billigung der Domherren einen Koadjutor erbitten. Bei Sedisvakanz fiel dem Kapitel die gesamte Administration zu. Im ganzen gesehen haben sich die Rechte dieser Körperschaften während des Spätmittelalters gemehrt und gefestigt. Aber auch das Bischofsamt wurde hinsichtlich Weihegewalt, Lehrautorität und Jurisdiktion (wozu Einberufung und Leitung der Diözesansynoden gehörte) in präziseren Rechtsbegriffen umschrieben. Dem Erzbischof kam es zu, die Provinzialkonzilien zu berufen und ihnen zu präsidie-

---

bayerischen Landeshoheit unterwerfen und stiegen zur Landsässigkeit ab. Zur Sonderrolle der Fürstpropstei Berchtesgaden s. P. F. KRAMML, in: BRUGGER, Berchtesgaden I, der 1103–1108 ein Verzeichnis der Pröpste von Berchtesgaden bietet.

[4] Über die Errichtung von Nebenkirchen innerhalb der Pfarreibezirke s. BAUERREISS, Kirchengeschichte Bayerns V 171–178; zu den Armutsorden ebd. IV 3–22.

[5] Den Provinzialsynoden wurde die Beseitigung der Laster und die Reform der Sitten, besonders im Klerus, als Aufgabe zuerkannt. Die Diözesansynoden hatten die auf höherer Ebene gefaßten Beschlüsse zu verkünden. Vgl. LEINWEBER, Provinzialsynode 113–127. Im Lauf des 15. Jahrhunderts begannen die Diözesansynoden selbständiger zu agieren und leisteten zum Teil auch Vorarbeit für die Provinzialkonzilien. Zu den bayerischen Kirchenversammlungen s. u. §§ 24 und 26.

[6] S. u. § 25, 1–3.

ren. Außerdem sollte ihm das Recht zustehen, die Diözesen der Provinz zu visitieren und Zensuren über die Bischöfe zu verhängen. Das Devolutionsrecht des Metropoliten bedeutete, daß er diejenigen Maßnahmen ergreifen durfte, welche die Suffragane sträflicherweise versäumten. Kein Zweifel, daß die Salzburger Erzbischöfe ihrer Position als Haupt der bayerischen Kirchenprovinz gerecht werden wollten. Ebenso gewiß ist aber, daß sich die »älteren« Suffragane oft dem geschuldeten Gehorsam entzogen. Dies hängt damit zusammen, daß die Päpste im Spätmittelalter die Stellung der Metropoliten schwächten. Und sicherlich spielte auch das auf ehrwürdigen Traditionen ruhende Eigenbewußtsein der Mitbischöfe eine Rolle, ebenso wie ihre Rücksichtnahme auf die Wünsche weltlicher Landesherren, namentlich der Wittelsbacher. Im übrigen können die altbayerischen Diözesen ihrer inneren Struktur nach keineswegs als gleichförmige Gebilde betrachtet werden. Jede von ihnen weist hinsichtlich der räumlichen Gliederung und im Ämterwesen ihre Besonderheiten auf.

## § 24. VERFASSUNG, STRUKTUREN, GRENZEN

### 1. Diözesen

Die altbayerischen Bistümer haben grundsätzlich im ausgehenden Mittelalter ihre überkommenen Grenzen bewahrt. Die Diözese Freising erstreckte sich nach der bayerischen Landesteilung von 1255 auf einen großen Sektor von Oberbayern (München), hatte aber auch an Niederbayern (Landshut) einen beträchtlichen Anteil. Im Süden schloß sich das Bistum Brixen an. Die Diözese Regensburg reichte vom mittleren Niederbayern bis zum Egerland und Vogtland. Bei der Landesteilung von 1329 gingen die im Regensburger Sprengel liegenden Ämter Amberg, Neumarkt und Sulzbach, die künftige »Oberpfalz«, an die pfälzische Linie der Wittelsbacher. Das Bistum Passau umfaßte den Raum vom östlichen Niederbayern die Donau entlang bis zu den Flüssen March und Leitha, somit auch das Gebiet der heutigen Diözesen Linz, St. Pölten und Wien. Der Schwerpunkt des Bistums lag eher im österreichischen Raum. Ebenfalls bis zur ungarischen Grenze reichte die Erzdiözese Salzburg, deren bayerischer Anteil sich auf die Lande zwischen Salzach und Inn, nach Norden über den Inn hinaus bis zur Rott erstreckte[7]. Die »jüngeren« Suffragane Salzburgs, nämlich die sogenannten »Eigenbistümer« Gurk und – seit 1215/28 – Chiemsee, Seckau und Lavant, standen unter der Herrschaft des Erzbischofs. Das Bistum Chiemsee nahm einen relativ schmalen Landstreifen von der Insel Herrenchiemsee bis in das südlichste (um 1504/06 an Tirol übergehende) Bayern ein[8]. Berchtesgaden bildete

---

[7] Genaue Umschreibung der Grenzen bei KLEBEL, Grenzen 186–189. Vgl. M. SPINDLER (Hg.), Bayerischer Geschichtsatlas, 1969, Karte 26/27: Kirchliche Organisation um 1500. S. auch Historischer Atlas der Österreichischen Alpenländer, II. Abt. Kirchen- u. Grafschaftskarte: Pfarr- u. Diözesankarte von Österreich, 1951; Erläuterungen II. Abt., 1940, 1951ff.

[8] Die Unterordnung des Bischofs von Chiemsee resultierte daraus, daß seine Diözese mit Salzburger Eigengut ausgestattet war. Er galt als Vasall des Erzbischofs und (erstes) Mitglied der Salzburger Prälatenkurie. Dem Reichsfürstenstand gehörte er nicht an, legte sich aber trotzdem im 15. Jahrhundert den Für-

von 1455 an ein exemtes Archidiakonat. Eine einschneidende Veränderung in der Struktur der Provinz ergab sich, als 1469 durch Papst Paul II. Wiener-Neustadt und Wien als eigene (Stadt-)Bistümer aus dem Salzburger bzw. dem Passauer Diözesanbereich herausgelöst wurden.

Der Erzbischof von Salzburg beanspruchte mindestens seit dem 11./12. Jahrhundert die Würde eines *legatus natus*, die ihm im Spätmittelalter mehrfach von den Päpsten, so 1409 von Alexander V. und 1447 von Nikolaus V., bestätigt wurde. Seit 1452 trug er den Legatenpurpur[9]. Allerdings bedeutete diese herausgehobene Position nicht, daß die Entsendung päpstlicher Legaten ausgeschlossen gewesen wäre. Auf Ersuchen Erzbischof Eberhards II. bekräftigte Papst Innozenz III., daß alle Suffraganbischöfe den Provinzialsynoden beizuwohnen hatten[10]. Honorius III. mahnte überdies die Prälaten der Kirchenprovinz zur Unterstützung des Metropoliten bei seiner Visitationstätigkeit[11]. Aber im Klerus regte sich Widerstand gegen die Betonung der erzbischöflichen Rechte. Zwar fanden 1216 und 1219 Provinzialsynoden statt, und auch im mittleren 13. Jahrhundert sind solche Versammlungen einberufen worden, die als Instrument zur Bewältigung allgemein empfundener Mißstände oder politischer Schwierigkeiten dienten. Aber sie traten dann nur in größeren Intervallen zusammen – so etwa 1240 (in Straubing), 1249 (in Mühldorf) und 1267 (in Wien). Es wurde festgelegt, daß dem Erzbischof auf seinen Reisen 50 Pferde zustünden, dem Bischof 30, dem Archidiakon 7, dem Dekan nur 2. Die Zurschaustellung übergroßen Aufwands sollte verhindert werden. Der hierarchische Aufbau der Provinz trat dabei sichtbar zutage. Weitere – meist nach Salzburg einberufene – Provinzialsynoden folgten unter anderem in den Jahren 1274, 1281, 1288, 1292, 1310, 1380, 1386, 1418, 1431, 1451, 1456, 1490, 1512[12]. Für das 14. Jahrhundert sind nur wenige Versammlungen bezeugt. Erst im Zeitalter der Universalkonzilien von Konstanz und Basel wurde ihre Einberufung wieder dringend gefordert. Über die Zahl der in den ein-

---

stentitel bei; vgl. G. SCHRÖTTER, Der Reichsfürstentitel der Bischöfe von Chiemsee, in: Festgabe für C. Th. von Heigel, hg. v. T. BITTERAUF, 1903, 125–145. Allgemein: W. SEIDENSCHNUR, Die Salzburger Eigenbistümer in ihrer reichs-, kirchen- und landesrechtlichen Stellung, in: ZSRG.K 9 (1919) 177–287; WALLNER, Bistum Chiemsee (mit Angaben zur Dotation 60–64, Quellenteil 119–288); J. GRAF von MOY, Das Bistum Chiemsee, in: MGSLK 122 (1982) 1–50 (mit Bischofsliste, 46); M. HEIM, Bischof und Archidiakon, Geistliche Kompetenzen im Bistum Chiemsee (1215–1817) (= Münchener theologische Studien 1,32) 1992.

[9] K. F. HERMANN, Kirchliches Leben 993–994; DERS., Legatenwürde und Primat der Erzbischöfe von Salzburg, in: Institutionen, Kultur und Gesellschaft im Mittelalter. Festschrift für J. Fleckenstein zu seinem 65. Geburtstag, 1984, 265–284.

[10] POTTHAST, Regesta I 114 Nr. 1251. – Offenbar wurde erst 1511 eine genaue Rangordnung der »älteren« und »jüngeren« Suffraganbischöfe festgesetzt, in der Abfolge: Freising, Regensburg, Passau, Brixen, Gurk, Chiemsee, Seckau, Lavant; vgl. HÜBNER, Provinzialsynoden 188 Anm. 1.

[11] HAUTHALER, Salzburger Urkundenbuch III Nr. 715.

[12] Beschlüsse bei HANSIZ, Germania Sacra; MANSI; DALHAM, Concilia Salisburgensia; SCHANNAT – HARTZHEIM, Concilia Germaniae III–V. Vgl. HÜBNER, Provinzialsynoden 187–236. Eine einschlägige Arbeit von P. JOHANEK blieb ungedruckt (Synodalia. Untersuchungen zur Statutengesetzgebung in den Kirchenprovinzen Mainz und Salzburg während des Spätmittelalters, ungedr. Habil.-Schrift Würzburg 1978). Weitere Forschungen sind ein Desiderat.

zelnen Bistümern abgehaltenen Synoden sind Angaben nur mit Einschränkung möglich.

Etwa seit der Wende vom 13. zum 14. Jahrhundert ist die Tätigkeit von Weihbischöfen in der Salzburger Provinz bezeugt. Ihr Erscheinen hängt damit zusammen, daß im Baltikum und in anderen östlichen Gebieten manche Bischöfe sich nicht halten konnten und in das Altland zurückkehrten, wo sie als *vicarii in pontificalibus* eingesetzt wurden. Der tiefere Grund für das Entstehen des neuen Amtes dürfte aber darin liegen, daß angesichts veränderter Zeitumstände und vermehrter bischöflicher Amtshandlungen die Benennung von Stellvertretern eine Notwendigkeit wurde. Um die Mitte des 14. Jahrhunderts begegnen die *episcopi suffraganii* fast in allen Diözesen und in ständiger Position. Im altbayerischen Raum gingen wohl Freising (1305 Bischof Ulricus Salviensis) und Regensburg (1325 Bischof Walterus Suronensis) voran[13]. In Salzburg verzichtete man auf die Institution des Weihbischofs, weil dort der Bischof von Chiemsee als Vertreter des Metropoliten bei den Weihehandlungen zur Verfügung stand. Von diesem oder dem Bischof von Seckau empfing der Salzburger Oberhirte gegen Ende des Mittelalters zumeist die Bischofsweihe, womit ein älteres Freisinger Recht verletzt wurde.

Die Domkapitel waren Träger der Kontinuität und beanspruchten generell ein weitgehendes Mitspracherecht, doch sind im Hinblick auf Funktionen und Lebensweise ihrer Mitglieder deutliche Unterschiede zwischen den Diözesen zu erkennen. Entweder für alle Domherren (Salzburg) oder doch für die Mehrzahl wurde adelige Abstammung verlangt[14]. Die Domkanonikate dienten dem Adel zur Versorgung nachgeborener Söhne. Innerhalb der Kapitel bildeten sich verschiedene Dignitäten heraus. Den vornehmsten Rang nahm der Dompropst ein, der für die verschiedensten Rechtshandlungen zuständig sein sollte, allerdings teilweise auf Repräsentationspflichten abgedrängt wurde. An zweiter Stelle stand der Dekan (Dechant), der für den Chordienst und die innere Ordnung des Kapitels verantwortlich war. Dann folgten im allgemeinen Scholaster und Kustos[15]. Die Dignitäten wurden seit dem 13. Jahrhundert prinzipiell durch Wahl der Domherren besetzt, doch kamen auch päpstliche Eingriffe vor. Von den weiteren Amtsträgern seien der Zellerar genannt, in dessen Händen die allgemeine Güterverwaltung lag, und der Obleiar (nach 1200), der die Verantwortung für die stiftungsmäßig gebundenen Güter des Kapitels (Seelgeräts- und Jahrtagstiftungen) und inkorporierte Pfarreien trug[16]. Im Lauf der Zeit kamen

---

[13] BAUERREISS, Kirchengeschichte Bayerns IV 85f; J. SCHLECHT, Analecta zur Geschichte der Freisinger Bischöfe. III. Freisinger Weihbischöfe, in: SHVF 10 (1916); J. BÖGL, Die Weihbischöfe des Bistums Freising, in: Frigisinga 5 (1928) 438–457 mit beigegebener Liste; Regensburger Weihbischöfe bei HAUSBERGER, Geschichte des Bistums Regensburg II 262; Passauer Weihbischöfe bei ZINNHOBLER, Bistumsmatrikel III 203–207, und zahlreiche Hinweise bei SCHRÖDL, Passavia Sacra, passim.

[14] Enea Silvio Piccolomini, der spätere Papst Pius II., konnte nicht sechzehn adelige Ahnen nachweisen und wurde deshalb bei der Bewerbung um eine Domherrenpfründe in Passau abgewiesen. – Vgl. z.B. auch A. ULRICH, Die Ahnenprobe des Pfalzgrafen Philipp von Bayern, in: SHVF 12 (1920) 131–138.

[15] In Salzburg nahm der dem Domkapitel angehörende Stadtpfarrer den dritten Rang ein.

[16] Zur Verfassung der Domkapitel s. FEINE, Kirchliche Rechtsgeschichte 379–388. Vgl. auch CHRIST, Bischof 193–235.

Domvikare, Kapläne und Beamte aus dem Laienstand in größerer Zahl hinzu. In Regensburg verfaßte um 1355 der Domherr Konrad von Megenberg Statuten für sein Kapitel[17]. Ein späteres, von Papst Alexander VI. gebilligtes Statut verlangte 1499 für wenigstens 10 unter den 15 Regensburger Domherren adelige Abkunft; für die restlichen Präbenden kamen auch bürgerliche Doktoren der Theologie oder des kanonischen Rechts in Frage[18]. Das – ebenfalls »gemeinständische« – Freisinger Domkapitel erhielt um 1400 durch Dompropst Eglolf Hornpeck in Anknüpfung an das Regensburger Vorbild Statuten, die viele spezielle Rechte und Pflichten der (etwa 30) Mitglieder enthalten, aber kein geschlossenes Gesamtbild bieten[19]. Freisinger Bürgersöhne waren nicht zugelassen; dagegen drangen vom frühen 14. Jahrhundert an die Söhne von Münchener Patriziergeschlechtern in das Kapitel ein. In Passau liegt aus dem frühen 13. Jahrhundert ein Kapitelsbeschluß vor, der Fragen des Zusammenlebens regelte. Zur Aufzeichnung eigentlicher Statuten kam es 1404[20]. Aus Salzburg sind keine Statuten überliefert. Eine Besonderheit des dortigen Domkapitels lag darin, daß es bis 1514 an der Augustiner-Chorherrenregel festhielt. Dies hatte zur Folge, daß strenge Residenzpflicht galt und Pfründenkumulationen, wie sie andernorts an der Tagesordnung waren, kaum vorkamen. Die Zahl der Salzburger Domherren betrug bis zur Mitte des 14. Jahrhunderts etwa 24, im 15. Jahrhundert zeitweise nur zwischen 7 und 10[21]. Offensichtlich wurde der alleinzugelassene Adel von der strengen Augustinusregel nicht besonders angezogen.

Die Kapitel festigten im 13. Jahrhundert ihre Rechts- und Besitzposition gegenüber den Bischöfen und suchten sie in der Folge durch Wahlkapitulationen abzusichern. Diese begegnen in Passau erstmals 1342, in Freising 1359, in Salzburg 1427, in Regensburg wohl erst ab 1437[22]. Die Bischofskandidaten wurden auf die Bestätigung der domkapitelschen Rechte und Privilegien und auf bestimmte Richtlinien der Diözesanregierung verpflichtet. Die Wahlkapitulationen (z.B. *constitutiones* oder *statuta* genannt) nahmen den Charakter von Grundgesetzen an. Doch ist es über ihre Anwendung nicht selten zu Streitigkeiten zwischen Bischof und Kapitel gekommen.

Erst vom 14. Jahrhundert an läßt sich die innere Gliederung der Diözesen bzw. der vor sich gehende Wandel der Strukturen deutlicher erkennen. Das bayerische Spätmittelalter hat eine Reihe von Bistumsmatrikeln hervorgebracht. Die wohl älteste derartige Aufzeichnung – aus Passau – geht möglicherweise auf das mittlere 13. Jahrhundert zurück; sie wurde um 1330 einem von Bischof Otto von Lonsdorf († 1265)

---

17 A. MAYER, Thesaurus novus juris eccl. IV, 1794.
18 HAUSBERGER, Geschichte des Bistums Regensburg I 180–181.
19 Edition von J. BÖGL, Die Statuten des Freisinger Domkapitels von ca. 1400, in: SHVF 18 (1933) 75ff. Zur Organisation BUSLEY, Freisinger Domkapitel; zu Papsturkunden für Freising s.u. Anm. 176. Vgl. auch R. EBERSBERGER, Das Freisinger Domkapitel, in: Freising. 1250 Jahre Geistliche Stadt, hg. v. S. BENKER (= Kataloge und Schriften des Diözesan-Museums Freising 9) 1989, 46–54.
20 MonBoica 31b, 35ff. Dazu OSWALD, Domkapitel 22.
21 H. WAGNER – H. KLEIN, Salzburgs Domherren von 1300 bis 1514, in: MGSLK 92 (1952) 1–81.
22 OSWALD, Passauer Domkapitel, passim; BUSLEY, Freisinger Domkapitel 164; DOPSCH, Geschichte Salzburgs I 501; R. R. HEINISCH, Die Anfänge der Wahlkapitulationen im Erzstift Salzburg, in: MGSLK 109 (1969) 81–93; N. FUCHS, Die Wahlkapitulationen der Fürstbischöfe von Regensburg, 1437–1802, in: VHOR 101 (1961) 5–108.

angelegten und später bis in das 15. Jahrhundert fortlaufend ergänzten Traditionscodex der Passauer Kirche eingefügt. Weitere Passauer Diözesanbeschreibungen liegen aus den Jahren um 1429 und um 1476 vor. Die älteste Freisinger Matrikel stammt aus den Jahren 1315/16. Regensburg bietet zwei Pfarreienverzeichnisse, die wohl auf 1326 und um 1350 zu datieren sind. Salzburg hat erst um 1444/45 ein Pfarreienverzeichnis aufzuweisen[23].

Die alte Bezeichnung Archipresbyter lebte da und dort fort, so in Regensburg, wo der Dompropst bis zum Anfang des 19. Jahrhunderts diesen Titel führte. Wesentliche Funktionen in der Diözesanverwaltung besaßen die Archidiakone, die im 13./14. Jahrhundert als Instanzen zwischen dem Bischof und dem niederen Klerus zahlreiche Aufgaben an sich zogen. Allerdings dürfte ihre Machtentfaltung in den einzelnen Diözesen unterschiedlich stark ausgeprägt gewesen sein. Die genannte Freisinger Matrikel kennt vier Archidiakonatsverbände, denen jeweils ein Domherr vorstand, und dazu Rottenbuch als Archidiakonat unter Leitung des dortigen Propstes. Im Bistum Regensburg lassen sich die vier Archidiakonate Regensburg, Donaustauf, Pondorf und Cham erkennen. Von den Archidiakonaten des Passauer Sprengels lagen drei im bayerischen Teil der Diözese bzw. hatten Anteil an ihm, nämlich Passau, »zwischen den Flüssen« (= Inn, Donau und Isar) und Mattsee (welches mit Haiming bei Burghausen über die Salzach nach Westen griff). Diese Bezirke umfaßten jeweils zwei Dekanate. Den Mitgliedern des Domkapitels war das Recht verbrieft, die Archidiakonate zu besetzen. Bis zum 15. Jahrhundert wurde die Passauer Archidiakonatsverfassung mehr und mehr durch ein System abgelöst, das nur die Dekanatsgliederung kannte. Der Titel *archidiaconus* wurde aber bis in die Neuzeit hinein beibehalten. Besondere Bedeutung kam den acht Salzburger Archidiakonaten angesichts der weiten territorialen Ausdehnung der Erzdiözese zu. Vier von ihnen, nämlich Salzburg, Baumburg, Chiemsee und Gars (Isengau), reichten in das bayerische Territorium hinein oder lagen ganz in diesem. Salzburger Archidiakon war stets der Dompropst. Nach Westen hin besaßen die Pröpste von Baumburg, Herrenchiemsee und Gars die archidiakonale Funktion, zu der Gerichtsrechte ebenso gehörten wie die Einsetzung und die regelmäßige Visitation der Pfarrgeistlichen. Im

---

[23] Zu diesen Verzeichnissen s. KLEBEL, Grenzen passim. – Passau: P. SCHMIEDER, Matricula Episcopatus Passaviensis saec. XV., 1885; OSWALD, Aufbau 141–147; ZINNHOBLER, Passauer Bistumsmatrikel I (Archidiakonate Passau und Interamnes), II (Lorch, Mattsee, Lambach), III (Register), IV 1–2 (östliches Offizialat) und V (östliches Dekanat); AMANN, Landesherrliche Residenzstadt 67–72. Der Lonsdorfer Codex wurde teilweise ediert in MonBoica 28,1 und 29,2. – Freising: M. v. DEUTINGER, Die älteren Matrikeln des Bistums Freysing III, 1850, 207–235; dazu MASS, Bistum Freising im Mittelalter 245. S. auch u. Anm. 178. – Regensburg: J. B. LEHNER, Ein Pfarrverzeichnis des Bistums Regensburg aus dem Jahre 1326, in: Jahresbericht des Vereins zur Erforschung der Regensburger Diözesangeschichte 2 (1927) 24ff; W. FINK, Ein altes Pfarrverzeichnis des Bistums Regensburg aus dem Jahre 1286 (ebd., 15. Jahresber.) 1953, 5ff; E. GAGEL, Die alten Dekanate der Oberpfalz, in: Oberpfälzer Heimat 12 (1968) 36–55; P. MAI, Pfarreienverzeichnisse des Bistums Regensburg aus dem 14. Jahrhundert, in: VHOR 110 (1970) 7–33. – Salzburg: J. CHMEL, Verzeichnis der Pfarrkirchen, Capellen und Altäre der ganzen Salzburger Diöcese, in: Notizenblatt der Wiener Akademie der Wissenschaften 2 (1852) 265–272 und 279–291. – Chiemsee: Ein späterer Katalog bei J. E. v. KOCH – STERNFELD, Catalogus Ecclesiarum Episcopatus et Dioecesis Chiemensis (1589), in: Beytrr. zur teutschen Länder-, Völker-, Sitten- u. Staaten-Kunde 2 (1826) 294–299.

15. Jahrhundert wurde den Salzburger Archidiakonen sogar das Recht zugestanden, Synoden abzuhalten, die den Diözesansynoden vergleichbar waren[24].

Immer mehr zeigte sich eine Tendenz, an den bischöflichen Kurien zusätzliche Ämter zu schaffen, die den Mittel- und Unterbezirken der Diözesen übergeordnet wurden. In diesem Zusammenhang begegnet der Offizial als (vom Bischof eingesetzter und abberufbarer) gelehrter Richter, der an die Spitze einer eigenen juristischen Behörde, des Offizialats, trat. Bald nach 1300 sind in der Passauer Diözese zwei Offiziale mit Sitz in Passau für die Lande ob der Enns und in Wien für das unterösterreichische Gebiet nachweisbar[25]. Hier wie auch in Salzburg (vom frühen 14. Jahrhundert an) wurde das Amt des Offizials mit dem des Generalvikars verbunden, der als Verwaltungsbeamter zunächst den Bischof bei Krankheit oder Abwesenheit vertrat und dann zu seinem dauernden Vertreter in administrativen Angelegenheiten wurde. 1316 wirkt in Regensburg ein Ulrich von Au als *vicarius generalis*[26]. Vor allem die Berufung des Offizials ist daraus zu erklären, daß die zunehmende Rezeption des römisch-kanonischen Rechts das Tätigwerden akademisch gebildeter Berufsrichter erforderte. Wieweit Offizial und Generalvikar die Wirkungsbereiche der Archidiakone einengten und den Bischöfen verlorengegangene Zuständigkeiten zurückgewannen, ist von Fall zu Fall zu untersuchen. In Regensburg etwa sind die Jurisdiktionsbefugnisse bis zum Ende des Mittelalters weiterhin eher zwischen Bischof und Domkapitel umstritten gewesen. Die Salzburger Archidiakone haben über das Mittelalter hinaus eine einflußreiche Position bewahrt.

Den Archidiakonen bzw. dem Offizial und Generalvikar untergeordnet waren die (nicht in allen Diözesen anzutreffenden) Landdekane[27] und die Pfarrer. Die Dekane ihrerseits hatten Überwachungs- und Visitationsaufgaben in einem engeren Bereich wahrzunehmen. Das Dekanatssystem ist wohl von der Mitte des 12. Jahrhunderts an entstanden. Die Diözese Freising erscheint zu Anfang des 14. Jahrhunderts in 18 Dekanate mit 233 Pfarreien gegliedert. Im Bistum Regensburg sind 21 Landdekanate erkennbar, zu denen das Stadtdekanat Regensburg kommt. 15 dieser Landsprengel lagen im niederbayerischen Gebiet und wiesen je etwa 15 Pfarreien auf; 6 entfielen auf die Oberpfalz und hatten bis zu 54 Pfarreien. Die nördlichen Dekanate mit ihrem

---

[24] Lit. wie Anm. 23. Außerdem: E. UTTENDÖRFER, Die Archidiakone und Archipresbyter im Bistum Freising, in: Archiv für Kirchenrecht 63 (1890) 3ff; K. HÜBNER, Die Archidiakonatseinteilung der Erzdiözese Salzburg, in: MGSLK 45 (1905) 41ff; K. F. HERMANN, Kirchliches Leben 999f; Karte der Passauer Archidiakonats- und Dekanatseinteilung bei ZINNHOBLER, Passauer Bistumsmatrikel I 2. Vgl. allgemein K. MAIER, Der Archidiakon in der Reichskirche. Zur Typologie des Amtes im Spätmittelalter und der frühen Neuzeit, in: RQ 87 (1992) 136–158.

[25] So OSWALD, Aufbau 135–137; nach LEIDL, Bistumsgeschichte 25 wurde erst um 1470 auch für die »obere Diözese« ein eigener Offizial bestellt, nachdem dieses Gebiet bis dahin »direkt von Passau aus« verwaltet worden war. Verzeichnis von Amtsträgern bei L. H. KRICK, Das ehemalige Domstift Passau und die ehemaligen Kollegiatstifte des Bistums Passau, 1922, 216. Vgl. auch DERS., Chronologische Reihenfolgen der Seelsorgevorstände und Benefiziaten des Bistums Passau, 1911.

[26] Zu Salzburg, wo meist der Domdekan als Offizial und Generalvikar erscheint, s. K. F. HERMANN, Kirchliches Leben 999. – Zu Regensburg: JANNER, Bischöfe von Regensburg III 192; eine noch zu überprüfende Liste von Regensburger Generalvikaren bei LIPF, Verordnungen VII-VIII.

[27] Lit. wie Anm. 23 und 24.

größeren Einzugsbereich sind wohl im Zuge der Missionierung später entstanden als diejenigen im Raum zwischen Donau und Rott. Die Gesamtzahl der Pfarreien lag vielleicht 1326 bei 403, um 1350 bei 428 (P. Mai). Es fällt auf, daß nur bei relativ wenigen Pfarreien des Regensburger Sprengels der Bischof das Kollationsrecht besaß. Ähnlich war es in der Passauer Diözese. Dort begegnen im ausgehenden Mittelalter insgesamt elf Dekanate, davon sechs im Gebiet ob der Enns und drei von diesen im Raum der nun obsolet gewordenen alten Archidiakonate Passau, »zwischen den Flüssen« und Mattsee[28]. Das Dekanat Passau entsprach im wesentlichen dem Hochstiftsgebiet samt einem Teil des angrenzenden Mühlviertels. Die Zahl der Seelsorgsprengel (alte Pfarreien und Filialen) wird für Passau mit ca. 57, »inter amnes« mit ca. 48 und Mattsee ca. 53 angegeben. Im Salzburger Bereich scheint eine Gliederung nach Dekanaten in der älteren Zeit zu fehlen. Erst im 15. Jahrhundert wurden den Archidiakonen *decani rurales* als Helfer zugeordnet; eine festere Dekanatseinteilung entstand in der frühen Neuzeit. Für den bayerischen Anteil werden 59 Pfarreien genannt, von denen ursprünglich zwei Drittel in der Hand des Erzbischofs waren[29].

Die Frage, weshalb die Patronatsrechte teils weitgehend beim Diözesanbischof lagen und teils stark aufgesplittert waren, wobei Domkapitel und andere geistliche Institutionen und auch Laien ihren Anteil besaßen, ist schwierig zu klären. Für alle Diözesen dürfte gelten, daß zu den Pfarrkirchen eine große Zahl von Filialkirchen hinzutrat[30]. Am Anfang des 13. Jahrhunderts war die Organisation des Pfarrsystems – sieht man von einigen Rodungslandschaften ab – wohl in den Grundlinien abgeschlossen. Doch ist in der Folgezeit eine beträchtliche Zahl von Pfarreien in Domkapitel, Klöster und Stifte inkorporiert worden. Man hat errechnet, daß im Bistum Regensburg am Ende des Mittelalters ca. 35% der Pfarreien kirchlichen Institutionen einverleibt waren oder als inkorporiert behandelt wurden. An der Spitze stand das Domkapitel mit mehr als 30 inkorporierten Pfarreien, dann folgte das Zisterzienserkloster Waldsassen mit etwa 17, das Regensburger Stift der Alten Kapelle mit neun und die Abtei St. Emmeram wohl mit der gleichen Zahl[31]. Die Zuordnungen von Pfarreien dienten der Stärkung der vielfach in schlechter wirtschaftlicher Lage befindlichen Institute. Diesen wurde das Recht auf das Pfründeeinkommen verliehen. Sie setzten ständige oder nichtständige Vikare ein, die sich oft mit geringem Salär zufrieden geben mußten, und zogen den Überschuß an sich. Die Zeitgenossen übten Kritik am Überhandnehmen der Inkorporationen, das der Seelsorge abträglich war[32].

---

[28] OSWALD, Aufbau 147f; AMANN, Landesherrliche Residenzstadt 60–72 (mit Lit.).

[29] KLEBEL, Grenzen 222. Zu den Pfarreien des Bistums Chiemsee s. WALLNER, Bistum Chiemsee 16–55.

[30] Die Mutterpfarrei Kirchdorf bei Haag im Bistum Freising verwaltete 14 Filialen, was allerdings einen Extremfall darstellte.

[31] D. LINDNER, Die Inkorporationen im Bistum Regensburg während des Mittelalters, in: ZSRG.K 36 (1950) 205–327; DERS., Die Inkorporation im Bistum Regensburg seit dem Konzil von Trient (ebd. 37) 1951, 164–220 (relevante Zahlenangaben 164f). – Über Inkorporationen in das Freisinger Domkapitel s. BUSLEY, Freisinger Domkapitel 169. – Zu Passau: OSWALD, Freisinger Domkapitel 55; und über die Errichtung neuer Seelsorgesprengel in der Mitte des 13. Jahrhunderts BREINBAUER, Otto von Lonsdorf 322–330.

[32] Allerdings ist wohl nicht auszuschließen, daß sich im Einzelfall auch positive Impulse ergeben konnten.

Die zahlreichen Pfründenkumulationen machten ebenfalls die Einsetzung von Pfarr-Vikaren erforderlich. Zudem oblag es den Pfarrern, gegebenenfalls Gesellpriester (Kooperatoren) auf eine bestimmte Zeit anzustellen. Das Laientum meldete einen Anspruch auf Mitwirkung im administrativen Sektor an. Um 1300 traten erstmals Treuhänder des Kirchenvermögens aus bürgerlichen Kreisen hervor[33].

An der Wende vom 15. zum 16. Jahrhundert war das gesamte System voll ausgebildet, womit eine gewisse Erstarrung verbunden gewesen sein dürfte. Dies muß aber nicht bedeuten, daß die Kirche generell unfähig geworden war, ihre Strukturen zu modifizieren. Die Ausbildung kleiner, überschaubarer Verwaltungs- und Seelsorgsbezirke war eine Antwort auf die gesellschaftlichen Wandlungen des Zeitalters. Und Flexibilität zeigte zum Beispiel auch das Bistum Passau bei seinen Versuchen, durch administrative Veränderungen im unterennsischen Bereich dem Drängen der Habsburger auf Einrichtung eines eigenen (Landes-)Bistums entgegenzuwirken. Es wurde also erkannt, daß die Organisationsformen unter Umständen einer Anpassung an die jeweilige Situation bedurften.

## 2. Geistliche Fürstentümer (Hochstifte)

Als vom frühen 13. Jahrhundert an der Aufbau der geistlichen Territorien eine raschere Gangart annahm, mußte es ein besonderes Anliegen der Bischöfe sein, ihre Residenzstadt miteinzubeziehen. Vor allem die Freisinger und Regensburger Bischöfe stießen hierbei auf erhebliche Widerstände, waren doch ihre Sitze seit alters Herrschaftszentren der bayerischen Fürsten gewesen. Die Stadt Freising wurde schließlich in das werdende Hochstift eingefügt. Komplizierter war die Lage in Regensburg.

Das Streben der Bischöfe ging dahin, eine möglichst große Zahl von Herrschaften im Umfeld der Bischofsstadt oder auch in anderen Landschaften zu erwerben. Auf diese Weise sollten selbständige Herrschaftsgebiete entstehen, in denen dem Fürsten möglichst umfassend die Verwaltungs-, Gerichts- und Steuerhoheit zustand. Ein wichtiger Schritt zu diesem Ziel war, daß es den Bischöfen gelang, die Domvogteirechte abzulösen[34], die sich herkömmlich in der Hand bestimmter Fürsten- oder Adelsfamilien befanden. Allerdings blieben adlige Vogteirechte über die Güter der Domkapitel und sonstige Einzel-Vogteien bestehen. Zudem konnten die Hochstifte nicht über alle ihre Besitzungen die volle Landeshoheit gewinnen oder sichern. In manchen Fällen zog sich der Streit mit den weltlichen Fürsten über die Ausübung des Hochgerichtes in bestimmten Gebieten durch Jahrhunderte hin[35]. Wo dieses nicht

---

[33] Über Vikare und sonstige Helfer der Dekane und Pfarrer sowie über das Einkommen der Geistlichen: BAUERREISS, Kirchengeschichte Bayerns IV 93–98 und V 171–177; speziell zu Freising: STABER, Seelsorge 210–215, der für diese Diözese die Zahl von 230 Pfarrern, Pfarrvikaren und exponierten Kooperatoren sowie 175 Hilfspriestern errechnet, womit auf 320 Seelen ein Geistlicher kam.

[34] Dies trifft für Freising, Regensburg und Salzburg zu. In Passau hatte sich die Domvogtei nicht voll entfaltet. Am längsten hielt sie sich in Brixen. Vgl. H. STARFLINGER, Die Entwicklung der Domvogtei an den altbayerischen Bistümern, Diss. München 1908.

[35] Als Beispiel sei die salzburgische Exklave Mühldorf am Inn genannt. 1414 erwarb Salzburg von Bayern das Blutgericht für diese Stadt auf sechs Jahre, 1442 das oberste Halsgericht auf Dauer. Damit war die Zugehörigkeit zum Stiftsland festgeschrieben. Trotzdem versuchte Bayern in den achtziger Jahren des

wahrgenommen werden konnte, genügte mitunter eine ausgedehnte Niedergerichtsbarkeit, um die Landeshoheit durchzusetzen. Allgemein gesehen waren die Bistümer/ Hochstifte in der Lage, vom 13. Jahrhundert an eigene Verwaltungsstrukturen aufzubauen. Wie in den wittelsbachischen Territorien begegnen Vitztume *(vicedomini)* als Stellvertreter des Landesherrn, zum Beispiel bei der Ausübung von Gerichtsrechten und der Steuereinhebung. Anfangs lag dieses Amt in geistlichen Händen, später hatten es meist Laien inne. Die Salzburger Güterverwaltung benötigte mehrere Vizedomämter. Dasjenige mit Sitz in Salzburg (im 14. Jahrhundert Hofmeisteramt genannt) war für die Besitzungen nördlich des Gebirges, also auch den bayerischen Anteil des Erzstifts, zuständig. Nach und nach wurden in Salzburg weitere Chargen wie Kanzler (Leiter der Kanzlei, Mitglied des Hofrates, Gesandter) und Protonotar (im 15. Jahrhundert zuständig für die Führung der Lehenbücher) eingeführt. Dazu kamen die vier Hof- oder Erbämter, von denen das Kämmereramt seit dem 13. Jahrhundert an die Herzöge von Bayern verlehnt war, und zusätzliche Positionen wie Hofschreiber und Forstmeister. Bei Bedarf wurden Hauptleute als militärische Anführer bestellt[36]. Allgemein gilt für die Bistümer, daß nicht scharf zwischen der Tätigkeit für das Hochstift und der Wahrnehmung von Aufgaben im weiteren Diözesanbereich geschieden werden kann. Und festzuhalten ist auch, daß die Zuständigkeiten zwischen dem (Erz-)Bischof und seinen Beamten einerseits sowie dem Domkapitel andererseits geteilt oder umstritten sein konnten[37].

Im folgenden soll die Ausbildung der geistlichen Territorien in den Grundzügen skizziert werden.

*a) Freising*

Die Freisinger Kirche verfügte traditionell über Güter und Rechte im Umkreis der Bischofsstadt und außerdem über Besitzungen in Tirol (Innichen), Krain (Bischoflack), der Steiermark (Oberwölz und Katsch) und Niederösterreich (Großenzersdorf und andere Orte). Der altbayerische Güterbestand wurde gefährdet durch die Expansionspolitik des Wittelsbachers Ludwig I. (1183–1231), der die freisingische Domvogtei innehatte. In der ersten Hälfte des 13. Jahrhunderts ist dieses Recht des Herzogs wohl abgelöst worden, während seine Vogteirechte über die Güter des Domkapitels noch geraume Zeit Bestand hatten[38]. Offenbar wollte Herzog Ludwig I. das nahegelegene Freising auf die Stufe eines »Hausbistums« hinabdrücken, wobei als Vorbild die babenbergische Politik dienen konnte, die schon um 1207 an die Errichtung eines

---

15. Jahrhunderts das Hochgericht wieder an sich zu ziehen. 1493 wurde ein interimistisches Übereinkommen zugunsten des Erzstifts geschlossen, 1509 mußte Salzburg die Gerichtshoheit von neuem »kaufen«.

[36] Zur Organisation des Salzburger Hofes, die aus den Quellen besonders deutlich wird, s. DOPSCH, Geschichte Salzburgs I/2, 939–949; zu Regensburg: HAUSBERGER, Geschichte des Bistums Regensburg I 177–179; zu Passau: AMANN, Landesherrliche Residenzstadt 236–252.

[37] Zur Situation in Freising: BUSLEY, Freisinger Domkapitel 165–169.

[38] SCHWERTL, Beziehungen 128f. Vgl. zum folgenden auch MASS, Bistum Freising im Mittelalter 201–243.

vom Landesherrn abhängigen Bistums mit Sitz in Wien dachte[39]. Ludwig I. ließ sich von Bischof Gerold Grundbesitz seiner Kirche und – wohl Ende 1229 – auch die Stadt Freising zu Lehen übertragen. Auf den Protest von Mitgliedern des Domkapitels hin wurde diese Veräußerung von Papst Gregor IX. und Kaiser Friedrich II. 1230 für ungültig erklärt. So konnten die folgenden Freisinger Bischöfe in Richtung zur Landeshoheit voranschreiten. Papst Innozenz IV. bestätigte 1249, das über Bayern verhängte Interdikt müsse in Freising nicht befolgt werden, weil die Stadt außerhalb des herzoglichen Territoriums liege. In eben diesem Jahr konnte im Süden die Herrschaft Garmisch mit der Burg Werdenfels erworben werden. Nach 1258 besserten sich die Beziehungen zum Herzogshaus. 1272 ließ Ludwig II. von Oberbayern der Freisinger Kirche die niedere Gerichtsbarkeit über die Herrschaft Ismaning (bei München) zukommen[40]. Bischof Emicho schloß 1284 einen Vertrag mit Heinrich XIII. von Niederbayern, der dessen territorialen Ambitionen entgegenkam, aber auch verschiedene herrschaftliche Befugnisse für Freising zeitigte. Unter anderem konnte ein kleines Hochstiftsland um Markt und Stift Isen errichtet werden, die Herrschaft Burgrain[41]. 1294 wurde durch Kauf die Herrschaft Partenkirchen hinzugefügt, die künftig mit dem benachbarten Garmisch die Grafschaft Werdenfels bildete[42]. Mit ihr war die Hochgerichtsbarkeit verbunden, welche der Richter von Garmisch im Namen des bischöflichen Landesherrn ausübte. Als zu Anfang des 14. Jahrhunderts die Bayernherzöge von ihren Ständen außerordentliche Steuern bewilligt erhielten, verweigerte die Mehrzahl der Bischöfe, darunter auch der Freisinger, den Beitritt[43]. Damit war ein deutlicher Trennungsstrich zwischen dem »geistlichen Fürsten« und dem bayerischen Herzogtum gezogen. Eine willkommene Abrundung der Freisinger Besitz- und Rechtsposition ergab sich, als König Ludwig IV. der Bayer 1319 dem Bischof Konrad III. die Grafschaft Ismaning zu vollem Herrschaftsrecht überließ, wozu auch die Blutgerichtsbarkeit gehörte. Von da an war ein Gebietsstreifen rechts der Isar zwischen Freising und München, in dem der Bischof ohnehin schon begütert war, seiner weltlichen Herrschaft angeschlossen. Freising/Ismaning, Burgrain und Werdenfels bildeten auf Dauer die bayerischen Teilgebiete des Hochstifts – sicherlich kein territorialer Großbesitz, aber doch eine beachtliche Position. Sie ließ sich durch die Jahrhunderte halten.

Die außerbayerischen Güterbezirke Freisings konnten oft nur mit Mühe vor der Begehrlichkeit ihrer weltlichen und geistlichen Nachbarn geschützt werden. König Ot-

---

[39] BAUERREISS, Kirchengeschichte Bayerns IV 95f.
[40] MASS, Bistum Freising im Mittelalter 242f; H. STAHLEDER, Hochstift Freising. Freising, Ismaning, Burgrain (= HAB.A. 33) 1974. Vgl. auch M. AMMER, Der weltliche Grundbesitz des Hochstifts Freising, in: Wissenschaftliche Festgabe zum 1200jährigen Jubiläum des Hl. Korbinian, hg. v. J. SCHLECHT, 1924, 299–336 und nunmehr H. GLASER (Hg.), Hochstift Freising. Beiträge zur Besitzgeschichte (= SHVF 32) 1990 (mit Detailstudien auch zu Herrschaften in Österreich, Kärnten und Krain). Weitere Lit. bei H. STAHLEDER, Freising, in: LdMa 4 (1989) 903–906.
[41] MASS, Bistum Freising im Mittelalter 230f.
[42] D. ALBRECHT, Grafschaft Werdenfels (Hochstift Freising) (= HAB.A. 9) 1955, 1–7; MASS, Bistum Freising im Mittelalter 231f.
[43] Zu den einzelnen Vorgängen s. u. § 25, 1.

tokar II. von Böhmen (1253–1278) erweiterte die Rechte Freisings in seinem Besitz im Osten; König Rudolf I. von Habsburg bestätigte 1277 dem Freisinger Bischof seine Rechtsposition in Österreich. Dem Hochstift stand in den Außenbesitzungen keine Hochgerichtsbarkeit zu. Diese waren jedoch über die wirtschaftliche Ertragskraft hinaus von erheblicher politischer Bedeutung. Zeitweise diente ihre Existenz den österreichischen Landesherren als Rechtsgrund für ihr Eingreifen in das Bistum Freising.

*b) Regensburg*

Während Freising im 13. und frühen 14. Jahrhundert immerhin über genügend Geldmittel verfügte, um manche territorialen Ziele gegenüber den Wittelsbachern durchzusetzen, zählte Regensburg zu den ärmsten Hochstiften im Reich. Sogar von einer bischöflichen Herrschaft über die Residenzstadt kann nur sehr eingeschränkt die Rede sein. Bischof Konrad IV. vereinbarte zwar mit Herzog Ludwig I. von Bayern die gemeinsame Ausübung dieser Herrschaft, und eine Urkunde König Friedrichs II. aus dem Jahre 1219 konnte sogar als Anerkennung der alleinigen bischöflichen Zuständigkeit aufgefaßt werden. Aber daneben erhielt die Regensburger Bürgerschaft von den späten Staufern Privilegierungen, die auf eine Billigung ihres Strebens nach Reichsfreiheit hinausliefen. Als Friedrich II. 1232 ein Edikt zugunsten der geistlichen Stadtherren erließ, ging ein Exemplar auch nach Regensburg. Doch die Abwendung Bischof Siegfrieds vom Kaiser nach dessen Absetzung durch Papst Innozenz IV. 1245 hatte zur Folge, daß der Staufer das Privileg von 1232 aufhob und den Bürgern weitgehende Selbstverwaltungsrechte verlieh. Dem Bischof blieb fortan in Regensburg als Hoheitszone nur die Dom-Immunität. Unter seiner Grundherrschaft standen darüber hinaus im Stadtgebiet verstreut liegende Gebäude, die der Bischofskirche zugehörten. Außerhalb der Stadt beschränkte sich seine Landesherrschaft auf die nahegelegenen Bezirke Donaustauf und Wörth sowie – von 1257 an – Hohenburg auf dem Nordgau, welches nach dem Aussterben der Grafen von Hohenburg an das Hochstift fiel[44]. Es handelte sich bei diesen Besitzungen um drei relativ kleine Herrschaften, die von wittelsbachischem Territorium umschlossen waren.

König Rudolf I. bestätigte 1285 die Grafschaftsrechte über den alten Besitz Donaustauf (mit Wörth). Neben den hochstiftischen Landen verfügte der Bischof über eine Reihe von altbayerischen Grundherrschaften, in denen seine Rechte nicht zum Aufbau von Landeshoheit ausreichten; hier sind etwa die Besitzungen Eberspoint und Hohenburg am Inn zu nennen.

---

[44] D. SCHMID, Regensburg (= HAB.A. 41) 1976; N. ERB, Die Reichsherrschaft Hohenburg am Nordgau, in: VHOR 38 (1884) 121–227; W. VOLKERT, Hohenburg auf dem Nordgau, in: Die Oberpfalz 50 (1962) 159–163 u. 187–191; DERS., Die Bischöfe von Regensburg als Reichsfürsten, in: 1250 Jahre Bistum Regensburg, hg. v. H. BUNGERT (= Schriftenreihe der Universität Regensburg 16) 1989, 59–79; HAUSBERGER, Geschichte des Bistums Regensburg I 167–177. Vgl. allgemein E. KLEBEL, Landeshoheit in und um Regensburg, in: VHOR 90 (1940) 5–61. – Die Domvogtei, welche in der Hand der Lengenbach-Rechenberger gewesen war, wurde von 1245 an nicht mehr als Lehen ausgegeben.

Die Grenzen des Regensburger Hochstiftsterritoriums sind im ausgehenden Mittelalter kaum noch verändert worden. Trotz des geringen Umfangs hatten die Bischöfe nicht die gesamten Ressourcen wirklich in der Hand. Das Domkapitel nahm nämlich weitgehende Jurisdiktionsrechte für sich in Anspruch. Und wegen drückender Verschuldung und Geldnot mußten die Besitzungen wiederholt verpfändet werden. So ging Donaustauf zum Beispiel 1301 an die Regensburger Bürgerschaft, 1355 an Kaiser Karl IV., der mit der Burg sein »neuböhmisches« Territorium abrundete, und 1373 und 1486 an Bayern. Auch Wörth und das oberpfälzische Hohenburg mußten die Bischöfe zeitweise aus der Hand geben. Das Domkapitel drängte auf Wiedereinlösung der Pfandschaften und trug so zum Fortbestand des fürstbischöflichen Territoriums wesentlich bei.

Die aus früheren Zeiten überkommenen Außenbesitzungen Regensburgs im Süden und Osten wurden großenteils veräußert oder verlehnt. Im späten 13. Jahrhundert erwarb Salzburg die Regensburger Einkünfte um den Mondsee. 1385 ging auch die im Gebirge gelegene Herrschaft Itter-Hopfgarten an das Erzstift über. Von den niederösterreichischen Güterkomplexen wurden unter anderem die Herrschaften Orth, Eckartsau, Hauseck und Purgstall verlehnt. Dagegen blieb die mit Gerichtsrechten ausgestattete Herrschaft Pöchlarn an der Donau auf Dauer im Regensburger Besitz[45].

*c) Passau*

Die Stadt Passau war als Schnittpunkt verschiedener Land- und Wasserstraßen der Begehrlichkeit sowohl der bayerischen und österreichischen Fürsten wie – vor allem im mittleren 13. Jahrhundert – auch des böhmischen Herrschers ausgesetzt. Einen wesentlichen Schritt zu eigenständiger Landeshoheit der Bischöfe stellte 1193 die Erwerbung der Passauer Benediktinerinnen-Abtei Niedernburg mit ihren Gerechtsamen und Besitzungen dar. Damit gingen ausgedehnte Herrschaftsrechte im Raum zwischen der Ilz und der Großen Mühl (im heutigen Oberösterreich) an das Bistum über. Die Entwicklung fand im wesentlichen ihren Abschluß, als König Friedrich II. 1217 den Bischof Ulrich II. mit der Grafschaft im Ilzgau belehnte[46]. Auf Vogtei, Grafschaft und Grundbesitz gestützt, errichteten die Bischöfe ein ansehnliches geistliches Fürstentum, das allerdings bei weitem nicht die Größe des Salzburger Territoriums erreichte[47]. Die Stadt Passau war, ebenso wie mehrere nahegelegene Herrschaften, in das Hochstift einbezogen. Später kamen nur noch wenige Erwerbungen hinzu, wie Viechtenstein an der Donau um 1227 und Obernberg am Inn 1407. Territoriales Ausgreifen nach Westen hin verhinderten die Wittelsbacher. Im Mühlviertel wurde

---

[45] Zu dem sogenannten »Regensburger Luß« im Osten s. H. DACHS, Missions-, Siedlungs- und Deutschtumsarbeit des Regensburger Bistums, in: 1200 Jahre Bistum Regensburg, hg. v. M. BUCHBERGER, 1939, 145–153; E. JUNKER, Der niederösterreichische Besitz des Hochstiftes Regensburg, Diss. Wien (masch.) 1955.

[46] L. VEIT, Passau. Das Hochstift (= HAB.A. 35) 1978; AMANN, Landesherrliche Residenzstadt passim. – A. MAIDHOF (Hg.), Die Passauer Urbare I–III (= VöIOHF 12/17/19) 1933–1939.

[47] SCHWERTL, Beziehungen 162f. Vgl. auch P. C. HARTMANN, Das Hochstift Passau und das Erzstift Salzburg, in: OG 30 (1988) 17–26.

der Passauer Besitzstand vom späten 13. Jahrhundert an durch die Habsburger unterminiert.

Das Territorium war in das Landgericht der Abtei »Oberhaus« und eine Anzahl von Pfleggerichten, die nach und nach aufgebaut wurden, gegliedert. Seine relative Größe ermöglichte die Ausbildung von Landständen. Prälaten, Adel und Bürgertum traten zu Landtagen zusammen[48]. Der Ehrgeiz der durch den Handel reich gewordenen Passauer Bürger war allerdings durch die ihnen gewährte Mitwirkung nicht zufriedenzustellen. Sie erstrebten größere Selbständigkeit oder gar Reichsunmittelbarkeit. Erstmals 1298 und wiederholt im Lauf der beiden folgenden Jahrhunderte kam es zu heftigen Auseinandersetzungen zwischen den Bürgern und dem Fürstbischof. Aufs ganze gesehen unterlagen dabei die Passauer, doch erreichten sie immerhin ein Maß an Autonomie[49].

Über den Passauer grundherrlichen Besitz in den bayerischen und den österreichischen Landen übten die Bischöfe keine landeshoheitlichen Befugnisse aus. Die Vogteien über die passauischen Eigenklöster im Osten gingen an die Habsburger über[50]. Nur in wenigen Fällen, so etwa in St. Pölten, konnte der Bischof weitgehende Rechte einschließlich der Blutgerichtsbarkeit ausüben; doch ist diese Enklave schließlich 1494 von Österreich vereinnahmt worden.

*d) Salzburg*

Als einzigem der altbayerischen Bistümer ist Salzburg der Aufbau eines weitgespannten Territoriums, das schließlich zu Anfang des 15. Jahrhunderts als eigenes »Land« zwischen Bayern und Österreich bezeichnet werden konnte, gelungen. Wichtige Antriebe zu dieser Entwicklung brachte die späte Stauferzeit. Erzbischof Eberhard II. konnte eine Anzahl von Vogteirechten einziehen, darunter 1218 nach dem Aussterben der Grafen von Peilstein die von diesen ausgeübte Vogtei über das Erzstift und 1229, als der letzte der Grafen von Lebenau starb, die Hauptvogtei über das Domkapitel[51]. Das territoriale Ausgreifen über mehrere Pässe hinweg in die inneralpinen Regionen ließ das Erzstift zu einem »Paßstaat« werden. Gleichzeitig versuchte Eberhard II. den salzburgischen Herrschaftsbereich im nordwestlichen Flachland möglichst bis zum Inn oder sogar darüberhinaus (Chiemgau, Isengau) auszuweiten. Die Ministerialen waren ihm hierbei unentbehrliche Helfer. Mit dieser Politik stieß er allerdings auf den entschiedenen Widerstand Ludwigs I. und Ottos II. von Wittelsbach. Den salzburgischen Festungen und bewehrten Städten, wie Tittmoning und Mühldorf, wurden starke bayerische Stützpunkte, wie Burghausen und Neuötting, gegenübergestellt. In den Spätjahren des Erzbischofs und in der zweiten Jahr-

---

[48] P. C. HARTMANN, Die Landstände des Hochstiftes Passau im Rahmen der ständischen Bewegung des Spätmittelalters, in: OG 27 (1985) 63–81.

[49] K. SITTLER, Bischof und Bürgerschaft in der Stadt Passau vom 13. Jahrhundert bis zum Ludum Bavaricum 1535 (= VöIOHF 15) 1937.

[50] TELLENBACH, Passauische Eigenklöster 105–136, 196–220.

[51] Einzelheiten bei DOPSCH, Geschichte Salzburgs I/1, 327f. Auch die Vogteien über die Klöster Reichersberg und St. Zeno in Reichenhall fielen an das Erzstift.

hunderthälfte konnten die Wittelsbacher die Vogteirechte über die Salzburger Klöster und Güterkomplexe, die in ihrem Herrschaftsbereich lagen, großenteils an sich bringen. Dies traf zum Beispiel für die Vogteien über Herren- und Frauenchiemsee, Seeon und auch für die Vogtei über die Besitzungen des Domkapitels im Chiemgau zu. Das Ergebnis des Ringens war, daß links der Salzach – im heutigen Bayern – nur ein relativ schmaler Streifen, der »Rupertiwinkel«, der von Teisendorf über Tittmoning hinaus zum Wechselberg reichte, dem Salzburger Erzstifts-Territorium zugehörte[52]. Als Außenposition wurde auch Mühldorf am Inn zum Land Salzburg gerechnet. Dazu kamen etliche nahegelegene Hofmarken sowie Jagd- und Forstrechte. In der folgenden Zeit gelangen den Erzbischöfen noch einige Erwerbungen auf Kosten der Wittelsbacher (etwa Gastein 1297, Mondsee und St. Wolfgang 1506) oder auch des Bistums Passau (Herrschaft Mattsee 1398). Das Gebiet von Berchtesgaden konnte nur für wenige Jahre, von 1393 bis 1405/07, dem Erzstift inkorporiert werden[53].

Die Lösung des Salzburger Territoriums vom Land Bayern erfolgte in allmählichem Voranschreiten. Dabei spielte eine Rolle, daß es angesichts der Größe und gesellschaftlichen Vielfalt des Herrschaftsgebietes zur Bildung von Landständen kam. Zu 1327 ist erstmals eine landständische Versammlung bezeugt. Vor allem von 1387 an fanden Adel, Klerus und Bürger zu gemeinsamem Handeln im Rahmen der Landschaft zusammen. Eine Besonderheit war, daß zeitweise auch die Bauernschaft Deputierte entsandte[54]. Die Behörden des Erzbischofs und sein Hofrat (1231 zuerst genannt) taten das ihre, um dem aus unterschiedlich strukturierten Teilen zusammengefügten Territorialgebilde innere Einheit zu verleihen. Ein Zwang zum Zusammenhalten mag sich auch daraus ergeben haben, daß die österreichischen Herzöge durch ihre Territorialpolitik Salzburg geradezu einkreisten. Mit der Erwerbung Tirols für das Haus Habsburg 1363/64 war eine gewisse Abhängigkeit des Erzstifts von seinem großen Nachbarn besiegelt. Die Verfügungsgewalt der Erzbischöfe über ihre im Südosten gelegenen Eigenbistümer schmolz dahin. Doch ist auch im ausgehenden Mittelalter die politische Situation Salzburgs durch seine Lage »zwischen Bayern und Österreich« bestimmt worden.

## § 25. IM KRÄFTESPIEL DER PAPST-, REICHS- UND FÜRSTENPOLITIK

### 1. Von 1215 bis 1313

Am Vierten Laterankonzil, welches durch seine universale Zusammensetzung und Themenstellung die weltbeherrschende Position des Papsttums unter Innozenz III.

---

[52] Zu diesem Gebiet: H. REINDEL-SCHEDL, Laufen an der Salzach. Die alt-salzburgischen Pfleggerichte Laufen, Staufeneck, Teisendorf, Tittmoning und Waging (= HAB.A. 55) 1989; Karte bei DOPSCH, Geschichte Salzburgs I 344. Zu Mühldorf: H. STAHLEDER, Mühldorf am Inn (= HAB.A. 36) 1976. – Über die Politik Eberhards II. s. u. § 25, 1.
[53] KRAMML, Berchtesgaden 439–456.
[54] P. BLICKLE, Ständische Vertretungen und genossenschaftliche Verbände der Bauern im Erzstift Salzburg, in: ZBLG 32 (1969) 131–192.

symbolisierte, nahmen aus der bayerischen Kirchenprovinz neben Erzbischof Eberhard II. von Salzburg der Elekt Ulrich von Passau und die Bischöfe Konrad von Brixen und Heinrich von Gurk teil[55]. Die Errichtung des Bistums Chiemsee wurde vom Papst während der Synode gutgeheißen. Aber das enge Zusammenwirken der bayerischen Kirche mit der römischen Kurie, welches sich hier abzeichnete, fand bald eine Unterbrechung. Als es zum erbitterten Streit zwischen Kaiser Friedrich II. und dem Papsttum kam, der von 1239 bis 1250 das Abendland erschütterte, ergriffen die bayerischen Bischöfe lange Zeit einmütig für den Staufer Partei. Die Reichsgewalt konnte in der ersten Hälfte des 13. Jahrhunderts den Kirchen noch Schutz vor Übergriffen des weltlichen Fürstentums bieten. Dies zeigte sich, als Herzog Ludwig I. – wie oben dargelegt – die Hand nach der Stadt Freising ausstreckte und diese ihm von Bischof Gerold als Lehen übertragen wurde. Möglicherweise wäre es ohne das Eingreifen des Kaisers dem Wittelsbacher gelungen, das werdende Hochstift landsässig zu machen. Papst Gregor IX. beauftragte 1230 Erzbischof Eberhard II. und Bischof Siegfried von Regensburg mit einer Untersuchung, in deren Verlauf die Belehnung des Bayernherzogs für ungültig erklärt wurde, weil sie dem Recht zuwiderlaufe und auch Friedrich II. die Verlehnung von Bischofssitzen untersagt habe. Noch im gleichen Jahr hob der Kaiser die Übertragung von Freising auf. Die gemeinsamen Interessen des bayerischen Episkopats und der Reichsgewalt hatten sich gegen die Ambitionen des Wittelsbachers durchgesetzt[56].

Herzog Otto II. (1231–1253) setzte die Territorialpolitik seines Vaters fort, bedrückte die Bischofskirchen und lag mit ihnen in Fehde oder versuchte auch im Einzelfall, sie für sich zu gewinnen, was indes nicht gelang. Mitunter fanden die Bischöfe an dem Babenberger Friedrich II. dem Streitbaren von Österreich Rückhalt gegen die bayerische Politik. Als der Endkampf Kaiser Friedrichs II. mit der Kurie bevorstand, schloß sich Otto II. der päpstlichen Partei an. Vom Landshuter Hof aus agitierte der – wohl aus einer Familie der Niederaltaicher Ministerialität stammende – päpstliche Legat oder Delegierte Albert Behaim gegen den Kaiser[57]. Er stützte gleichzeitig den Herzog bei seinem Vorgehen gegen Freising und erwirkte in Rom ein Privileg, demzufolge der Wittelsbacher nicht mit dem Bann und sein Land nicht mit dem Interdikt belegt werden durfte, außer auf Anordnung des Papstes. Als 1239 der Bann des Papstes über den Kaiser ausgesprochen wurde, weigerten sich die bayerischen Bischöfe, ihn zu verkünden. Eberhard II. schrieb zusammen mit seinen Suffraganen von Freising und Regensburg an Gregor IX., sie seien sowohl der Kirche wie dem Reich verpflichtet und könnten Friedrich II. nicht ohne Verletzung ihrer Treuepflicht verlassen. Behaim verhängte daraufhin die Exkommunikation über den

---

[55] H. KRABBO, Die deutschen Bischöfe auf dem vierten Laterankonzil 1215, in: Quellen und Forschungen aus italienischen Archiven und Bibliotheken 10 (1907) 275–300.

[56] SCHWERTL, Beziehungen 129f. – Ludwig I. wurde 1231 ermordet. Unmittelbar danach stiftete seine Witwe Ludmilla das Zisterzienserinnen-Kloster Seligenthal in Landshut. – Zum Folgenden s. HBG II 36–42 und SCHWERTL passim.

[57] Zu Herkunft und Karriere Albert Behaims, der Kanoniker und von 1246 an Domdekan in Passau war, vor allem G. RATZINGER, Forschungen zur bayerischen Geschichte, 1898, 1–321 und 628–640. Vgl. P. HERDE, in: LdMa 1 (1978) 288.

gesamten bayerischen Episkopat sowie über die Angehörigen mehrerer Domkapitel und sonstige Kleriker. Als der Brief des Legaten dem Salzburger Erzbischof überbracht wurde, trat dieser ihn mit Füßen. Bischof Rüdiger von Passau ohrfeigte den Abgesandten, der ihm das Schreiben während der Priesterweihe im Dom überreichen wollte.

Bayern ist von 1239/40 an in eine Periode übergroßer Wirrnis eingetreten. Der Herzog stand auf seiten des Papstes, die Bischöfe hielten zum Kaiser. Ein tiefer Zwiespalt durchzog das Land. Als Herzog und Erzbischof 1240 gemeinsam zu einem Landtag nach Straubing einluden, der den Frieden wiederherstellen sollte, war ihrem Bemühen kein Erfolg beschieden. Es kam zu Beratungen in München, an denen indes Eberhard von Salzburg nicht teilnahm. Er beschwerte sich bitter darüber, daß Otto II. auf Betreiben Behaims, der in ganz Bayern als Störenfried wirke, dem Erzbischof feindliche Briefe habe veröffentlichen lassen, und verlangte die Entfernung des Legaten. Dieser schreckte nicht davor zurück, den Bischof von Regensburg abzusetzen. Durch seine überaus scharfen Maßnahmen trug er indirekt dazu bei, daß Otto II. in eine gewisse Isolierung unter den Fürsten geriet. Als der Herzog sich von 1241 an aus politisch-dynastischen Gründen dem Kaiser annäherte, wurde Behaim aus Bayern ausgewiesen. Sein Versuch, die Vermählung des Staufers Konrad IV. mit einer Tochter Ottos II. zu vereiteln, scheiterte. Der Herzog wandte sich von da an ganz der kaiserlichen Partei zu, auch wenn dies die Verhängung des Bannes über seine Person und des Interdikts über sein Territorium zur Folge hatte. Er machte den 1246 vollzogenen Bruch mit der Kurie nicht mehr rückgängig. Merkwürdigerweise bewog er den Domherrn Heinrich von Speyer, einen Abgesandten des zum päpstlichen Legaten ernannten Erzbischofs von Köln, eigenmächtig Bann und Interdikt aufzuheben – freilich eine Maßnahme, die umgehend durch die Kurie für ungültig erklärt wurde. Eine grundlegende Veränderung der bisherigen Situation ergab sich dadurch, daß die bayerischen Bischöfe doch nach und nach auf die Seite des Papstes, nunmehr Innozenz' IV., übergingen. Als dieser 1245 das erste Konzil von Lyon abhielt, weilte Eberhard II. zusammen mit den Bischöfen von Freising, Regensburg und Passau am kaiserlichen Hof in Oberitalien. Er weigerte sich nach der Rückkehr, die in Lyon ausgesprochene Deposition Friedrichs II. zu verkünden, und hielt an der prostaufischen Einstellung bis zu seinem Tode 1246 fest. In der bayerischen Kirche setzte aber nun eine Spaltung ein. Konrad I. von Freising wurde offenbar vom Bann gelöst und trat in enge Beziehungen zu Innozenz IV. Siegfried von Regensburg ging ebenfalls zur kurialen Partei über. Nach seinem Tode wurde der Nachfolger auf dem Regensburger Stuhl, Albert I. von Pietengau, durch einen päpstlichen Legaten – wohl unter Mitwirkung Albert Behaims – benannt. Auch in Salzburg kam ein dem Papst genehmer Kandidat zum Zuge. In Passau harrte Bischof Rüdiger an der Seite Ottos II. und der Stauferpartei aus. 1249 aber setzte der Papst dort einen Administrator ein, Berthold von Pietengau – einen Bruder des Regensburger Bischofs –, der ein Jahr später die Nachfolge des nunmehr abgesetzten Rüdiger antrat.

Trotz aller Widrigkeiten bemühte sich Herzog Otto II. zusammen mit Klerus und Adel, die Ordnung in Land und Kirche wiederherzustellen. Auf einem Landtag zu

Regensburg im Sommer 1244 wurde unter Mitwirkung der Bischöfe ein allgemeiner Landfriede auf drei Jahre beschlossen, der Kirchen und Klöstern einen besonderen Schutz zuerkannte. Unter Einsatz von gebannten Priestern sollte die Seelsorge weiter aufrechterhalten werden. Aber die neue Weichenstellung im bayerischen Episkopat ließ dessen alten, niemals überwundenen Gegensatz zum Herzog in verschärfter Form wieder hervortreten. Auf päpstlichen Befehl hielten die Bischöfe – ohne Rüdiger von Passau – mit vielen Prälaten 1249 zu Mühldorf eine Synode ab, die Maßnahmen ergreifen sollte, um Otto II. zum Abfall von der kaiserlichen Sache zu zwingen. Als der Herzog nicht nachgab, wurde die Exkommunikation über ihn und das Interdikt von neuem bekräftigt. Nun griff die staufisch-wittelsbachische Partei zu den Waffen, wobei sie sich einen Zwist der Regensburger Bürgerschaft mit ihrem neuen Bischof zunutze machte. Die päpstliche Partei in Regensburg wurde niedergeworfen. Auch die Passauer Bürger traten auf die Seite des Herzogs. Die Bischöfe Albert und Berthold von Pietengau suchten und fanden Hilfe in Prag bei König Ottokar II. Als der Bayernherzog im November 1253 plötzlich starb, war der Streit noch nicht beendet. Seine beiden Söhne zeigten sich allerdings zu einem Ausgleich bereit. So wurde das Interdikt über den bayerischen Landen aufgehoben, und 1255 scheint der Streit zwischen den Wittelsbachern und den Bischöfen erloschen zu sein.

Die sich verstärkende Einflußnahme der römischen Kurie auf die Besetzung der Bistümer und auch zahlreicher Pfründen entsprach der hierokratischen Theorie des Zeitalters. Die Grundlinien der gesamtkirchlichen Verfassung blieben unverändert. Aber die Folgerungen, welche sich aus der Lehre von der päpstlichen Universalgewalt im Geistlichen und Weltlichen ergaben, wurden schärfer gefaßt. Dies gilt ebenso für das päpstliche Gesetzgebungsrecht mit der Befugnis, Privilegien zu erteilen und Dispense zu gewähren, wie für die höchstrichterliche Gewalt des Papstes und seine verwaltungsrechtlichen Obliegenheiten. Es wurde zur Rechtsüberzeugung, daß bei streitigen Bischofswahlen die Entscheidung in Rom falle. Keineswegs sollten von dort aus alle höheren kirchlichen Ämter besetzt werden. Aber unter Innozenz IV. kam es doch zur Vornahme zahlreicher Provisionen (*provisio* = Versorgung mit einem Hirten). Der Papst verfügte über frei werdende Pfründen, und er verlieh Anwartschaften (Expektanzen) auf noch nicht erledigte Benefizien. Gewisse Kategorien von Pfründen, wie diejenigen, die durch den Tod des Inhabers an der Kurie frei wurden, sollten dem römischen Stuhl vorbehalten sein (Reservation). Außerdem bildete sich das Devolutionsrecht schärfer heraus, das heißt, in bestimmten Fällen (zum Beispiel bei Fristversäumnis) ging die Befugnis zur Besetzung an den kirchlichen Oberen über. Die kirchlichen Amtsträger in den einzelnen Diözesen wurden durch all diese Neuerungen, in deren letzter Konsequenz ein allgemeines Stellenbesetzungsrecht des Papstes lag, immer enger an die Kurie gebunden. Häufige Romreisen von Bischöfen, Vertretern der Domkapitel oder sonstigen Würdenträgern intensivierten die Kontakte. Daß auch die Laiengewalten von der Entwicklung, die im 14. Jahrhundert ihren Zenith erreichte, tangiert wurden, liegt auf der Hand. Besonders die Besetzung von Bischofsstühlen durch die Kurie rief vielfach Widerstände bei Klerikern und weltlichen Gewalten hervor. Nicht selten allerdings arbeiteten Domkapitel(faktionen) oder auch

Fürsten selbst am päpstlichen Hof auf eine Entscheidung hin, die ihren Wünschen entsprach. Die Frontenbildungen auf Reichsebene verloren nun an Bedeutung für den altbayerischen Raum. Ein oft schwer überschaubares Zusammenspiel von Hochstiften, fürstlichen Häusern oder einzelnen fürstlichen Linien, dem Papst und auch dem König ist charakteristisch für das politische »System«, in dem die bayerische Kirche sich fortan zu behaupten hatte.

Nach der Absetzung Kaiser Friedrichs II. und dem Tod seines Sohnes Konrad IV. († 1254) fehlte es dem deutschen Regnum an einer starken lenkenden Hand. In der verworrenen Phase des Interregnums (bis 1273) kam es zum Salzburger Bischofsstreit der Jahre 1256 bis 1265, in dem das Erzbistum zum Spielball auswärtiger Interessen herabgewürdigt wurde. Wenn auch der Herzog und die Bischöfe die »Ordnungsmächte der Zukunft« (H. Glaser) waren, begannen sie ihren Part doch voller Dissonanzen. Und übermächtig wirkte die Politik des Böhmen Ottokar II. ein, der nach dem Aussterben der österreichischen Babenberger (1246) und dem Zusammenbruch der staufischen Position seine Hand nach den südostdeutschen Ländern ausstreckte. Er gewann im Zuge seiner Expansionspolitik von 1251 an Österreich sowie später die Steiermark, Kärnten und Krain, und er bedrohte auch Bayern. Ab 1253 war er Alleinherrscher in Böhmen[58]. Die bayerische Kirche stand von da an im Spannungsfeld zwischen der Politik König Ottokars und jener der Bayernherzöge Ludwig II. (1253–1294) und Heinrich XIII. (1253–1290), der Söhne Ottos II. Diese nahmen 1255 eine Teilung ihres Erbes vor. Ludwig regierte von da an über Oberbayern mit der Hauptstadt München und über den pfälzischen Besitz seines Hauses; damit war vorrangig die Wahrnehmung der wittelsbachischen Reichsinteressen verbunden. Heinrich fiel Niederbayern mit Landshut zu; auf seinen Schultern ruhte fortan hauptsächlich die bayerische Ostpolitik, und aus der geographischen Lage resultierten für ihn enge Berührungspunkte sowohl mit Freising und Regensburg, wie auch mit den am Rande seines Territoriums liegenden Bischofssitzen von Passau und Salzburg[59]. Das Bistum Freising, welches unter den Spannungen mit Otto II. am meisten zu leiden gehabt hatte, trat jetzt in ein eher friedliches Einvernehmen zum Herzogshaus. 1256 errichtete Heinrich XIII. einen niederbayerischen Landfrieden, an dem die Bischöfe von Freising und Passau teilnahmen. Dann verwickelte allerdings der Salzburger Kirchenstreit den bayerischen Episkopat in neue schwere Zerwürfnisse.

Der 1247 zum Erzbischof gewählte Kärntner Herzogssohn Philipp von Spanheim ließ sich nicht die höheren Weihen erteilen, um eventuell Anspruch auf Kärnten erheben zu können. Er knüpfte Kontakte zwischen seiner Familie und der päpstlichen

---

[58] Gesamtdarstellung seiner Politik: J. K. HOENSCH, Premysl Otakar II. von Böhmen, 1989. S. aber auch H. DOPSCH, Premysl Ottokar II. und das Erzstift Salzburg, in: JLNÖ NF 44/45 (1978/79) 470–508.

[59] Vgl. den Überblick bei H. DOPSCH, Die Wittelsbacher und das Erzstift Salzburg, in: H. GLASER, (Hg.), Wittelsbach und Bayern I/1: Die Zeit der frühen Herzöge, 1980, 268–284. – Die ehemaligen Grenzen der beiden bayerischen Teilherzogtümer decken sich nicht mit denen der heutigen Regierungsbezirke Ober- und Niederbayern.

Kurie und wurde von Innozenz IV. bestätigt. Mit den bayerischen Herzögen schloß der erwählte Philipp 1254 einen territorialpolitischen Vergleich im ersten Vertrag von Erharting. Als jedoch kurz darauf der Papst anordnete, alle Elekten müßten innerhalb eines Jahres die Bischofsweihe empfangen, verließ Philipp das Erzstift – ohne freilich den Anspruch auf Salzburg aufzugeben. Eine Reihe von Angehörigen des Domkapitels postulierte 1256 den Bischof Ulrich von Seckau zum Erzbischof, der an der Kurie Anerkennung fand, während Philipp für abgesetzt erklärt wurde. Nun schalteten sich die benachbarten weltlichen Gewalten ein. Heinrich XIII. und König Bela von Ungarn unterstützten Ulrich von Seckau, während Philipp unter anderem bei Ludwig II. und bei Ottokar II., mit dem er verwandt war, Hilfe fand. Ulrich konnte die Zügel der Regierung nicht in die Hand bekommen. Er unternahm eine Reise nach Rom und machte dabei Schulden, die er nicht zurückzuzahlen vermochte. Deshalb wurde er mit dem Bann belegt. Inzwischen hatte sich der Bischofsstreit mit der großen Fürstenpolitik verbunden. 1257 fiel Ottokar von Böhmen, der mit dem Passauer Bischof Otto von Lonsdorf[60] im Bunde stand, erfolglos in Niederbayern ein. Erzbischof Ulrich suchte in diesem Territorium Zuflucht. 1260 schloß er in Landau an der Isar mit den Bischöfen von Freising, Regensburg, Chiemsee und Lavant ein Abkommen zum Schutz des Kirchengutes. Ottokar II. führte eine Einigung des Salzburger Domkapitels mit dem Erwählten Philipp herbei. In den Jahren 1262 bis 1264 erschütterten militärische Angriffe Heinrichs XIII., der Ulrich nach Salzburg zurückführen wollte, das Erzstift. Wenige Monate nach dem Einzug in seine Bischofsstadt resignierte Ulrich aber 1264 »in Erkenntnis seiner Unzulänglichkeit, wegen der Bösartigkeit des Volkes«. Der Bischofsstreit ging zu Ende, als Ottokar II. sich von dem Erwählten Philipp abwandte und den 1265 vom Domkapitel gewählten schlesischen Piasten Ladislaus, der ebenfalls sein Verwandter war, anerkannte. Papst Clemens IV. bestätigte die Wahl. Ladislaus wie auch Bischof Petrus von Passau, der um die gleiche Zeit wohl auf Vorschlag des Böhmenkönigs erhoben wurde, waren fortan dessen Parteigänger. Ottokar schloß mit dem Domkapitel und der Bürgerschaft von Passau eine Vereinbarung, die ihm freien Durchzug einräumte. Er konnte also bei seinen weiteren Unternehmungen gegen Niederbayern auf Rückhalt an der bayerischen Kirche rechnen, übrigens auch an Freising, dessen Bischof Konrad II. 1260 mit ihm ein Bündnis schloß, um Schutz vor möglichen Übergriffen Heinrichs XIII. zu erlangen. Der Regensburger Bischof Leo Tundorfer allerdings war mit Niederbayern im Bunde. Als der Böhme 1266 wiederum dort einfiel und überdies Regensburg angriff, konnte er die vom Bischof und vom Herzog ihm entgegengestellte Verteidigung nicht überwinden. Von 1267 an ist dann Leo Tundorfer mehrfach als Vermittler zwischen Heinrich XIII. und Ottokar II. aufgetreten.

Die bayerischen Bischöfe waren wegen ihrer Einbindung in die bayerisch-böhmischen politischen Spannungen und der überwiegenden Hinwendung zu Ottokar II. daran gehindert, an dem Hoftag teilzunehmen, welchen der junge Staufer Konradin, ein Neffe der wittelsbachischen Herzöge, 1266 nach Augsburg einberief. Die Bischö-

---

[60] BREINBAUER, Otto von Lonsdorf 39–72.

fe hatten am Italienzug Konradins 1267/68, der zu seinem Untergang und dem Ende der staufischen Dynastie führte, keinen Anteil. Die Mitwirkung Ludwigs II. an der Vorbereitung dieses Unternehmens hatte die Verhängung des päpstlichen Bannes über ihn und des Interdikts über sein Land zur Folge. Erst 1273 wurden die geistlichen Strafen aufgehoben. Um diese Zeit erfuhr die politische Situation im bayerischen Raum eine tiefgreifende Veränderung. Ottokar II. war durch seine Ungarnpolitik in Bedrängnis geraten und nunmehr zu einem Friedensschluß mit Niederbayern bereit, der die Verpflichtung zu gegenseitigem Beistand enthielt. Heinrich XIII. konnte als großen Erfolg verbuchen, daß der Böhmenkönig sich verpflichtete, bei Streitigkeiten zwischen dem Wittelsbacher und den Bischöfen die Partei des Herzogs zu ergreifen. Diese Anfang 1273 getroffene Vereinbarung veranlaßte mehrere bayerische Oberhirten, sich nach einem neuen Schutzherrn umzusehen. Konkret bedeutete dies, daß sie sogleich nach der Erhebung Rudolfs von Habsburg zum deutschen König durch die Kurfürsten im Herbst 1273 auf dessen Seite traten. Ottokar, der selbst nach dem deutschen Thron gestrebt hatte, konnte nicht mehr auf die Mehrheit des bayerischen Episkopats bauen.

Nach dem Ende des Interregnums ist es also nochmals zu einer engeren Orientierung der bayerischen Kirche an der Reichsgewalt gekommen. Diese Weichenstellung wurde vor allem durch den seit 1270 im Amt befindlichen Salzburger Erzbischof Friedrich von Walchen herbeigeführt[61]. Er durchbrach den Bannkreis von Ottokars Machtstellung, nahm 1274 an dem von Gregor X. einberufenen zweiten Konzil von Lyon teil[62], welches das Königtum Rudolfs von Habsburg (1273–1291) bestätigte, und traf bei der Rückreise in Hagenau mit dem neuen Herrscher zusammen. Dieser nahm den Salzburger sowie die Bischöfe von Regensburg und Passau in den Schutz des Reiches und konfirmierte ihre Rechte in Bayern und in den südöstlichen Territorien. Freising verblieb vorerst noch an der Seite Ottokars, der die Bischöfe nach Prag vorlud und ihnen untersagte, mit dem Habsburger Kontakte zu pflegen. Die Bischöfe von Regensburg und Passau fügten sich vorübergehend diesem Gebot. Friedrich von Salzburg aber bat nach der Rückkehr aus Böhmen den König Rudolf dringend um rasches Eingreifen. Parallel hierzu verbesserte er sein Verhältnis zu den Wittelsbachern. Er vereinbarte einen Ausgleich mit Ludwig II. und ging daran, Heinrich XIII. vom Bündnis mit dem Böhmenkönig abzuziehen. Der zweite Vertrag von Erharting 1275 sollte eine grundsätzliche Beilegung der alten Streitigkeiten mit (Nieder-)Bayern bringen[63]. Das Erzstift gab endgültig die von Eberhard II. erstrebte Innlinie preis, konnte aber beträchtliche Gebiete und Rechte westlich der Salzach, zum Teil als

---

[61] Zu seiner Politik s. H. WAGNER, Habsburger-Herrschaft 444–452. Nach F.-R. ERKENS, Die Stellung des Bistums Passau im Kräftespiel zwischen Bayern, Böhmen und Habsburg beim Übergang der babenbergischen Länder an König Rudolf I., in: OG 22 (1980) 5–21 kam auch Bischof Petrus von Passau wegen seiner »Option für den Habsburger« ein Teil der Verantwortung dafür zu, daß Ottokar letztlich seine Herrschaft verlor (ebd. 16–21 weitere Lit.). Der Beitrag des Regensburger Bischofs hierzu ist unbestritten.

[62] P. FROWEIN, Der Episkopat auf dem 2. Konzil von Lyon (1274), in: AHC 6 (1974) 307–331. Auch die Bischöfe Konrad von Freising, Leo von Regensburg, Petrus von Passau und Johann von Chiemsee waren zeitweise anwesend. – S. nunmehr auch E. BOSHOF–F. R. ERKENS (Hg.), Rudolf von Habsburg, 1993.

[63] Einzelheiten bei SCHWERTL, Beziehungen 101–103.

Streubesitz, behaupten. Der als päpstlicher Legat entsandte Bischof Jakob von Embrun und Bischof Leo von Regensburg wirkten am Zustandekommen eines Vergleiches zwischen den bis dahin verfeindeten wittelsbachischen Brüdern mit. Im Lauf des Jahres 1276 löste Heinrich XIII. nach und nach sein Bündnis mit Böhmen und ging zu König Rudolf über. Der Habsburger konnte, nachdem die »geistliche Mauer, die Ottokar im Westen um seine Länder gezogen hatte« (M. Spindler), zum Einsturz gebracht war, durch einen Vorstoß nach Österreich dieses Herzogtum sowie die bis dahin unter böhmischer Herrschaft stehenden Nachbargebiete besetzen. Eine wichtige Rolle spielten dabei die militärischen Kontingente der Bischöfe von Salzburg und Regensburg. An den Friedensgesprächen zwischen Rudolf und Ottokar in Wien war Erzbischof Friedrich vermittelnd beteiligt, zusammen mit Leo von Regensburg und Konrad von Freising, der sich nun auch von Böhmen gelöst hatte. Die bayerischen Hochstifte erhielten als Lohn für ihre Haltung Besitzbestätigungen und reiche Privilegierungen von seiten des Königs. Am Endkampf des Habsburgers gegen Ottokar II. 1278 und dem folgenden Friedensschluß mit Böhmen hatte wiederum Erzbischof Friedrich samt mehreren Suffraganen seinen Anteil. Als Rudolf I. 1281 in Regensburg einen Landfrieden für Bayern erließ, wurde dieser von den wittelsbachischen Herzögen und von Bischof Heinrich II. von Regensburg beschworen. Die Bischöfe von Salzburg, Bamberg, Freising, Eichstätt, Augsburg, Passau und Brixen sollten auf königliches Geheiß den Eid nachträglich leisten. Sie wurden als diejenigen bezeichnet, die *zu dem land ze Beirn* gehören. Gleichzeitig erhielten sie die Versicherung, daß der Friede weder ihnen noch ihrem Land schaden solle[64]. Den Herzögen und dem Episkopat wurde gemeinsam die Friedenswahrung anvertraut. Aber die Hinwendung der Bischöfe zum Haus Habsburg, welches von 1282 an über Österreich und seine Nebenländer regierte[65], wies auf die politischen Konstellationen des 14. und 15. Jahrhunderts voraus. Vor allem Salzburg und Passau sind fortan stark in die Einflußsphäre des östlichen Nachbarn eingebunden worden.

Allerdings: gegen Ende des 13. Jahrhunderts war eher noch der häufige Frontwechsel kennzeichnend für das System. Das Verhältnis zwischen Salzburg und Niederbayern trübte sich bald wieder. Unter anderem sorgten die unklaren Besitzverhältnisse im Raum von Reichenhall für neuerlichen Unfrieden. Ende 1282 schloß der Erzbischof mit Herzog Ludwig II. und Herzog Albrecht von Österreich, dem Sohn König Rudolfs, einen gegen Heinrich XIII. gerichteten Vertrag. Ein Jahr später sollte ein Schiedsgericht unter Leitung der Bischöfe von Regensburg und Passau den Streit zwischen Salzburg und Niederbayern schlichten[66]. Die Auseinandersetzung schwelte aber weiter und loderte sogar von neuem auf, als 1284/85 Rudolf von Hohenegg, der Kanzler Rudolfs I., den Salzburger Erzstuhl erlangte. Der König fällte einen Schiedsspruch zwischen den Kontrahenten. In der Folge verwickelte sich Erzbischof Rudolf in Streitigkeiten um Besitz- und Rechtstitel mit dem österreichischen Herzog. Weil

---

[64] SCHNELBÖGL, Landfrieden 252. Zur Bewertung s. auch HBG II 99.
[65] A. LHOTSKY, Geschichte Österreichs seit der Mitte des 13. Jahrhunderts (1281–1358) (= Geschichte Österreichs II/1) 1967, passim.
[66] Zu den Winkelzügen beider Seiten SCHWERTL, Beziehungen 103–113.

dieser sich auf Abt Heinrich von Admont stützen konnte, beschloß 1288 ein Salzburger Provinzialkonzil, kein Geistlicher dürfe im Dienst eines weltlichen Fürsten stehen. Herzog Albrecht setzte seinen Standpunkt aber mit Hilfe des Königs durch. Eine Reaktion hierauf war 1290 die Wahl des Herzogs Stephan von Bayern, eines Sohnes Heinrichs XIII., zum Erzbischof. Salzburg setzte nun auf die wittelsbachische Karte gegen Österreich. Papst Nikolaus IV. aber verweigerte die Bestätigung Stephans und ernannte stattdessen Bischof Konrad von Lavant zum Metropoliten. Dem Bischof Heinrich von Regensburg gelang es, ein gutes Verhältnis zwischen Erzbischof Konrad und den Wittelsbachern herzustellen. Es kam sogar dahin, daß Salzburg sich gemeinsam mit Nieder- und Oberbayern gegen Albrecht von Österreich wandte. Der nunmehrige deutsche König Adolf von Nassau (1292–1298) versprach den Bündnispartnern 1294 seinen besonderen Schutz. Er versuchte einen bayerisch-salzburgischen Block gegen seinen habsburgischen Widersacher Albrecht auszuspielen. Auf längere Sicht erwies dieser sich jedoch als überlegen. Erzbischof Konrad mußte im Wiener Frieden von 1297 dem österreichischen Herzog große Zugeständnisse machen und in ein Bündnis mit ihm treten, welches die politische Handlungsfähigkeit Salzburgs stark beeinträchtigte. Das Gewicht des Habsburgers vergrößerte sich noch, als er zum deutschen König erhoben wurde (1298–1308). Von 1301 an gingen Österreich und Niederbayern zusammen, und Erzbischof Konrad schloß sich an. Aber auch diese Konstellation war nicht von Dauer. Der aus der letzten Generation überkommene Interessengegensatz zwischen den beiden bayerischen Teilherzogtümern setzte sich weiter fort. Während der niederbayerische Herzog Otto III. von 1305 an nach der ungarischen Krone griff und damit das Haus Habsburg herausforderte, stand Salzburg im Bündnis mit diesem sowie den Herzögen Rudolf und Ludwig von Oberbayern. Im niederbayerisch-österreichischen Krieg von 1309 bis 1311 war Erzbischof Konrad der Bundesgenosse Friedrichs des Schönen von Habsburg. Herzog Ludwig IV. von Oberbayern vermittelte einen Friedensschluß. Als dieser Wittelsbacher 1313 mit den Habsburgern brach, suchte der nunmehrige Salzburger Erzbischof Weichart von Polheim vergeblich die Wogen zu glätten. Im wittelsbachisch-habsburgischen Thronstreit von 1314 an nahmen die Bischöfe von Salzburg und Passau für die österreichische Seite Partei.

Das Erzstift Salzburg war ein gesuchter Verbündeter in den politischen Händeln der Zeit. Gleichzeitig betätigten sich aber die Erzbischöfe und ihre Suffragane wiederholt als Schiedsrichter zwischen den streitenden Parteien[67]. Und ein besonderes Anliegen der Bischöfe war, die durch das weltliche Fürstentum bedrohte Freiheit von Kirche und Klerus zu sichern. Sie mußten ausgedehnten Kirchenbesitz in Bayern den

---

[67] Bis in das mittlere 13. Jahrhundert erscheinen in den bayerischen Quellen fast ausschließlich Geistliche als Schiedsrichter. Und auch später noch hatte die Geistlichkeit erheblichen Anteil an den Schiedsverfahren. Dies gilt für Bischöfe, Domherren, Äbte und andere Ordensobere. Über Bischof Heinrich II. von Regensburg sagt eine noch zeitgenössische Quelle: *tempore suo adeo discordantium factus est reconciliatio quod non solum Bavaria immo vero et viciniae terrae per suam industriam et laborem pacis pulchritudine floruerunt.* Vgl. M. KOBLER, Das Schiedsgerichtswesen nach bayerischen Quellen des Mittelalters (= Münchener Universitäts-Schriften. Reihe der Juristischen Fakultät 1) 1967, bes. 49–56.

Wittelsbachern und reiche Güter in Österreich zunächst Ottokar II., später den Habsburgern zu Lehen überlassen[68]. Aber wenn die Rechts- und Besitzpositionen der Geistlichen und Klöster ausgehöhlt wurden, verwahrten sich die Bischöfe dagegen. Die bayerischen Herzöge waren stets in Geldnot. Als 1295 in Niederbayern eine allgemeine Steuer ausgeschrieben wurde, die auch die geistlichen Grundherrschaften belastete, wurde der Klerus der Regensburger Diözese auf den Einspruch des Bischofs Heinrich hin offenbar verschont[69]. Ein oberbayerischer Besteuerungsplan stieß 1298 auf den Widerstand der Bischöfe von Freising und Regensburg. Als 1302 der oberbayerische Adel eine einmalige Viehsteuer gewährte und dafür Zusagen des Herzogs in der sogenannten Schneitbacher Urkunde[70] erhielt, beteiligten die kirchlichen Kreise sich nicht. Die Bischöfe von Freising, Regensburg und Salzburg schlossen sogar ein Bündnis zur Aufrechterhaltung der kirchlichen Freiheiten. Allerdings erklärten die Prälaten sich in der Folge doch wohl zur Leistung gewisser Abgaben bereit. Als 1308 Otto von Niederbayern eine Notsteuer auch dem Klerus auferlegte und die Besitzungen der Bischöfe im Land nicht ausnahm, erhob Konrad von Salzburg Protest, weil dieses Vorgehen dem Kirchenrecht und den kaiserlichen Privilegien widerspreche. 1311 trugen Kirche und Klöster Niederbayerns dann jedoch zur Linderung der herzoglichen Finanznot bei. Im Gegenzug anerkannte der Landesherr in der Ottonischen Handfeste[71] Niedergerichtsbarkeiten und Immunitäten der geistlichen Grundherren oder verlieh solche Rechte neu. Damit war eine Grundlage für die allmähliche Einbindung der Prälaten in das bayerische Ständetum geschaffen. Die Bischöfe verhielten sich unterschiedlich. Konrad V. von Regensburg akzeptierte 1312 die Handfeste, um in den Besitz von zusätzlichen Gerichtsrechten zu kommen. Freising wies die Steuerforderung mit Erfolg zurück. Der Erzbischof von Salzburg blieb bei seiner ablehnenden Haltung und verhängte 1322 sogar Bann und Interdikt, als die Söhne Herzog Ottos III. eine Viehsteuer ausschrieben, der auch das Kirchengut großenteils unterworfen sein sollte. Herzog Ludwig IV. von Oberbayern, der inzwischen den deutschen Thron bestiegen hatte, begrenzte die kirchlichen Abgaben in seinem Territorialbereich auf das seit alters Übliche.

## 2. Von 1314 bis 1413

Während des 14. Jahrhunderts setzte sich die schon seit der Stauferzeit erkennbare Auflösung der politisch-gesellschaftlichen Ordnung weiter fort. Hierzu trug wesentlich der letzte große Streit zwischen Imperium und Sacerdotium bei, zu dem es während der Regierungszeit Ludwigs IV. des Bayern (1314–1347) kam. Die bayerische Kirche wurde aufs engste in diese Auseinandersetzung hineingezogen – allein schon

---

[68] HBG II 68–71 u. 97; A. GERLICH, Studien zur Landfriedenspolitik König Rudolfs von Habsburg (= Jahresgabe des Instituts für Geschichtliche Landeskunde Mainz 1963) 1963, 22f.
[69] RIEZLER, Geschichte Baierns II 510f. Zur Haltung der Bischöfe auch HBG II 133–139.
[70] Text: MW 2, Nr. 220.
[71] Text: ebd. 2, Nr. 238.

deshalb, weil Freising das »Hausbistum« des Königs war und auch Teile der Diözese Regensburg zu dessen ererbtem Herrschaftsgebiet gehörten.

Papst Clemens V. hatte sich 1309 in Avignon niedergelassen. Für fast sieben Jahrzehnte wurde nun die Stadt an der Rhône zum Sitz der Kurie. Die »französischen« Päpste dieses Zeitraums standen in gewisser Abhängigkeit vom Pariser Königshof, betrieben im übrigen aber durchaus eine kraftvolle Politik und führten den fiskalischen Zentralismus auf einen Höhepunkt. Es wurde üblich, daß sich die Salzburger Erzbischöfe nach ihrer Wahl in Avignon einfanden, um die päpstliche Bestätigung zu empfangen und einen Gehorsamseid zu leisten[72]. Erzbischof Weichart von Polheim nahm zusätzlich am Konzil von Vienne (1311/12) teil, zusammen mit Bischof Albert von Chiemsee.

Als 1314 in zwiespältiger Wahl die beiden Vettern Ludwig von Bayern – Sohn einer Habsburgerin – und Friedrich der Schöne von Österreich zum König erhoben wurden, kam es zu unterschiedlicher Parteinahme der Bischöfe, wobei Abstammung und Lebensweg des einzelnen ebenso eine Rolle spielten wie die geopolitische Situation der Hochstifte. Weichart von Salzburg, der noch 1313 zwischen Österreich und Oberbayern zu vermitteln gesucht hatte, schloß schon vor der Doppelwahl mit dem Haus Habsburg ein gegen Herzog Ludwig gerichtetes Bündnis. Dieses wurde von seinem Nachfolger, Erzbischof Friedrich von Leibnitz, erneuert. Der aus München stammende Konrad III. von Freising suchte zwischen den beiden Königen zu lavieren. Ludwig der Bayer gewährte ihm Aufschub beim Empfang der Regalien, damit die freisingischen Besitzungen in Österreich nicht gefährdet würden. Friedrich der Schöne erneuerte dem Bischof eine Reihe von Privilegien[73]. Der Regensburger Oberhirte Nikolaus von Ybbs, welcher seine Karriere dem inzwischen in Böhmen etablierten und um diese Zeit mit Ludwig dem Bayern verbundenen Haus Luxemburg verdankte, hielt zu dem Wittelsbacher[74]. In Passau fiel die Entscheidung zugunsten der habsburgischen Partei, als 1320 Albert von Sachsen-Wittenberg auf Verwendung Friedrichs des Schönen die bischöfliche Würde erlangte[75].

---

[72] H. HOBERG, Taxae de communibus servitiis ex libris obligationum 1295–1455 (= Studi e Testi 144) 1949. Vgl. im übrigen H. WAGNER, Habsburger-Herrschaft bes. 464–466.

[73] Hierzu MASS, Bistum Freising im Mittelalter 241f; ebd. wird die Zusage Ludwigs in folgender Fassung wiedergegeben: »Wir Ludwig von Gottes Gnaden Römischer König... Weil unser lieber Fürst, der ehrsam Bischof Konrad von Freising, sein Geld und Gut zum Großteil liegen hat unter des Herzogen Gewalt von Österreich, und er an demselben Gut großen Schaden möcht wohl nehmen, von dem von Österreich, wenn er zu diesen Zeiten sein Lehen von uns empfing, haben wir ihn und sein Gotteshaus mit besonderen Gnaden besorgt und haben ihm gestattet, daß er sein Lehen zu diesen Zeiten nicht soll empfangen, bis der Krieg zwischen uns und dem von Österreich werde vollendet sein... Wir haben auch den vorgenannten Bischof Konrad in unser besonder Gnade und Schirm genommen und wollen nicht, daß ihm oder seinem Gottteshaus jemand Unrecht tue... Gegeben zu München 1315 am Freitag vor Katharinen, im ersten Jahr unser königlichen Regierung«.

[74] M. POPP, Nikolaus von Ybbs als Bischof von Regensburg (1313–1340), in: VHOR 109 (1969) 27–50; DIES., Bischof Nikolaus von Ybbs, in: Lebensbilder aus der Geschichte des Bistums Regensburg, hg. v. G. SCHWAIGER (= BGBR 23) 197–205.

[75] Albert war ein Enkel König Rudolfs von Habsburg. Er tat viel für den Ausbau der Stadt Passau, machte aber doch Wien gleichsam zu seiner zweiten Residenz. Vgl. A. STRNAD, Das Bistum Passau in der Kirchenpolitik König Friedrichs des Schönen, in: Mitteilungen des Oberösterreichischen Landesarchivs 8

Von 1314 bis 1316 war der päpstliche Stuhl vakant. Die Kurie schaltete sich in den deutschen Thronstreit nicht ein. Und auch Papst Johann XXII., der im August 1316 erhoben wurde, vermied jahrelang eine Stellungnahme. So mußte die Auseinandersetzung den Waffen überlassen werden. Die bayerischen Diözesen hatten unter Plünderungszügen schwer zu leiden – so etwa Regensburg 1319, als habsburgische Truppen einfielen. Erst die Schlacht von Mühldorf im September 1322 brachte eine endgültige Entscheidung. Auf der Seite Ludwigs des Bayern standen dabei unter anderem auch niederbayerische und böhmische Kontingente. Friedrich der Schöne unterlag und geriet in die Gefangenschaft seines Rivalen. Die Aufgebote von Salzburg und Passau, die das habsburgische Heer verstärkten, mußten schwere Verluste hinnehmen. 1323 wurde der immer noch über die niederbayerischen Herzöge verhängte Bann aufgehoben, als sie auf die umstrittene Viehsteuer verzichteten. 1326 gewährte der Papst dem Salzburger Erzbischof zum Ausgleich für seine Einbußen ein *subsidium caritativum*, das in der gesamten Kirchenprovinz vom Klerus eingehoben werden sollte. Die Suffraganbischöfe legten jedoch heftigen Widerspruch ein und verwiesen auf die ihren Diözesen entstandenen Schäden. So mußte der Erzbischof sich mit geringeren Einnahmen als vorgesehen begnügen[76]. Als es in den folgenden Jahren zu einer Annäherung zwischen Ludwig dem Bayern und den Habsburgern kam, zeichnete sich auch eine Verbesserung des Verhältnisses zwischen dem Münchener Hof und den Hochstiften Salzburg und Passau ab. Doch wurde die Spaltung in der bayerischen Kirche bald dadurch weiter vertieft, daß der Wittelsbacher sich in seinen jahrzehntelangen Streit mit dem Papsttum verwickelte.

Nach dem Mühldorfer Sieg griff Ludwig der Bayer in die oberitalienischen Verhältnisse ein. Papst Johann XXII. machte ihm die Begünstigung ghibellinischer Ketzer zum Vorwurf und verlangte, er solle, weil nicht approbiert, auf den Königstitel und die Herrschaftsrechte verzichten. Als der Wittelsbacher nicht Folge leistete, wurde im März 1324 der große Kirchenbann über ihn verhängt. Ludwig wandte sich in mehreren Appellationen gegen die vom Papst erhobene Anklage, bezichtigte diesen der Häresie und appellierte an ein künftiges Konzil. Ein in Avignon gegen den Wittelsbacher geführter Prozeß hatte das Ergebnis, daß im Juli 1324 dem König alle etwa aus der Wahl herrührenden Rechte abgesprochen und seine Untertanen von der Gehorsamspflicht entbunden wurden[77]. Erneut traf ihn der Bannstrahl. Ludwig verschärfte seinerseits die Situation, indem er 1326 an seinem Hof Marsilius von Padua und Johann von Jandun aufnahm, zwei Gelehrte, die wegen der Verbreitung ketzerischer Lehren aus Frankreich hatten fliehen müssen. Von 1327 bis 1330 führte der Bayer einen Italienzug durch. Anfang 1328 nahm er in Rom, den Auffassungen des

---

(1964) 188–232, und H. W. WURSTER, Das Bistum Passau unter Bischof Albert Herzog von Sachsen-Wittenberg, 1320–1342, in: Aus Bayerns Geschichte. Festgabe zum 70. Geburtstag von A. Kraus, 1992, 179–207.

[76] H. WAGNER, Habsburger-Herrschaft 471; über die Haltung Regensburgs ausführlich JANNER, Bischöfe von Regensburg III 189f.

[77] Zu den Einzelheiten der Auseinandersetzung s. F. BOCK, Reichsidee und Nationalstaaten, 1943, und GEBHARDT – GRUNDMANN I 521–549. – Nunmehr auch: H. THOMAS, Ludwig der Bayer, 1993.

Marsilius folgend, aus den Händen eines Stadtadligen die Kaiserkrone entgegen. Schon vorher wurde er durch den Papst als Ketzer verurteilt, weil er der Zitation nach Avignon nicht Folge geleistet hatte. Sobald der Wittelsbacher im Besitz der – allerdings zweifelhaften – kaiserlichen Würde war, ließ er sich dazu hinreißen, Johann XXII. für abgesetzt zu erklären und einen Gegenpapst einzusetzen, den Franziskaner Peter von Corvaro, der sich Nikolaus V. nannte. In Pisa stießen 1328 mehrere Minoriten zu Ludwig dem Bayern, die aus Avignon geflohen waren. Als Oberhaupt dieser Gruppe fungierte der Generalminister Michael von Cesena, der sich im sogenannten »theoretischen Armutsstreit« gegen eine von Johann XXII. getroffene Entscheidung gewandt hatte und deshalb an die Kurie vorgeladen worden war. Michael und seine Gefährten, von denen der juristisch gebildete Bonagratia von Bergamo und der englische Theologe Wilhelm von Ockham genannt seien[78], folgten dem Wittelsbacher und lebten von da an, wie auch Marsilius, bis an ihr Lebensende unter seinem Schutz in München. Dort bildeten diese Fremdlinge eine »Geistliche Hofakademie« von weitausstrahlender Wirkung[79]. Der Kaiser aber zog sich in verstärktem Maß den Ruf zu, ein Förderer von Ketzern zu sein.

Bei alldem ist nicht zu bezweifeln, daß Ludwig der Bayer im Grunde ein gläubiger und gehorsamer Sohn der Kirche sein wollte[80]. Seine Haltung gegenüber den bayerischen Bistümern erklärt sich aus den Pflichten, die ihm von der Reichs- und Landespolitik auferlegt wurden. Er stand in der Tradition der staufischen Reichsidee – allein schon als Enkel Rudolfs von Habsburg, der an diese anzuknüpfen und sie fortzusetzen gesucht hatte. Noch näher lagen ihm aber wohl die Ziele einer Territorialpolitik, welche die »Landeskirche« möglichst unter den Einfluß des »Staates« bringen wollte. Großzügige Privilegierungen sollten dazu dienen, Klerus und Klöster an der Seite des Landesherrn zu halten und ihm, soweit es ging, rechtlich unterzuordnen[81]. Schon 1322 erhielt der niedere Klerus ein Freiheits- und Schutzprivileg, welches die Rechte der Vögte begrenzte und einen Verzicht auf die Spolien aussprach[82]. Mehreren Bistümern wurden Schirmprivilegien erteilt[83]. Und im Hinblick auf die Klöster lassen verschiedene Beurkundungen (unter anderem die Trienter Verordnung von 1329[84] und das Hofmarkenprivileg von 1330[85]) erkennen, daß es darum ging, sie vor Übergriffen zu schützen und wirtschaftlich zu sichern sowie ihnen den Besitz der niederen Ge-

---

78 Die philosophisch-theologischen Anschauungen dieser Minoriten sind hier nicht zu würdigen.
79 Hierzu RIEZLER, Widersacher; BOSL, Geistliche Hofakademie 97–129; SCHÜTZ, Der Kampf Ludwigs des Bayern. Vgl. auch F. HOFMANN, Der Anteil der Minoriten am Kampf Ludwigs des Bayern gegen Johannes XXII., Diss. Münster 1959.
80 Bei seinen späteren Verhandlungen mit der Kurie erklärte er mehrfach, er habe den Lehren der abtrünnigen Minoriten und des Marsilius niemals Glauben geschenkt und ihnen nur deshalb Schutz gewährt, weil sie *boni clerici* seien. Im übrigen ist für die Einstellung Ludwigs die Gründung des Klosters Ettal 1330 aufschlußreich.
81 RIEZLER, Geschichte Baierns II 416f; ANGERMEIER, Ausgleich 170f. Vgl. außerdem FLEISCHER, Verhältnis.
82 MW 2, Nr. 267.
83 Liste bei ANGERMEIER, Ausgleich 170.
84 MonBoica 7, 162–165.
85 Ebd. 1, 431–432.

richtsbarkeit zu bestätigen oder auszuweiten, gleichzeitig aber die Blutgerichtsbarkeit durch die herzoglichen Beamten wahrnehmen zu lassen. Außerdem wurde den Klöstern zugesagt, daß sie nicht verpfändet werden sollten.

Klerus und Volk in Altbayern hielten in der ersten Phase des Streites zwischen den Universalmächten wohl weitgehend zu Ludwig dem Bayern[86]. Für die Domkapitel lag es nahe, Rückhalt an ihm zu suchen, um den Wirkungen der jetzt von der Kurie häufig vorgenommenen Reservationen und Provisionen zu entgehen. Doch hat es auch mancherlei Parteiwechsel gegeben. Der Regensburger Oberhirte Nikolaus von Ybbs stand zunächst Ludwig dem Bayern nahe und war sogar an der Abfassung von dessen Nürnberger Appellation gegen das Vorgehen des Papstes, Ende 1323, beteiligt. Als der Salzburger Erzbischof den gegen Ludwig verhängten Bann in der ganzen Kirchenprovinz verkünden lassen wollte, wurden in Regensburg die damit beauftragten Boten so schlecht aufgenommen, daß sie voll Furcht die Urkunde in die Donau warfen. 1325 zählt Nikolaus von Ybbs aber doch zur päpstlichen Partei; erst 1335 hat er wieder engen Kontakt zu Ludwig dem Bayern geknüpft. Überaus schwierig war die Lage in Freising[87], wo Johann XXII. Ende 1323 einen Wahlentscheid des Domkapitels beiseite schob und den Bamberger Bischof Johann Wulfing providierte. Als dieser schon nach wenigen Monaten starb, reservierte sich der Papst die Neubesetzung und benannte als Bischof den Schwaben Konrad von Klingenberg, dem vorher bereits die Bischofswürde von Brixen zuerkannt worden war. Das überwiegend prowittelsbachische Freisinger Domkapitel war entschlossen, diesen Kandidaten nicht zuzulassen. Der Papst befahl Erzbischof Friedrich von Salzburg, keinen anderen zu bestätigen als den Klingenberger. Dieser konnte im August 1324 zwar in Freising einziehen, mußte aber kurz darauf vor den Truppen des Königs fliehen. Das Domkapitel war nicht bereit, die Bannsentenz gegen Ludwig aus den Händen eines Salzburger Gesandten entgegenzunehmen, weshalb dieser den Text lediglich auf dem Hochaltar des Domes deponierte und dann das Weite suchte. Der König versprach Freising besonderen Schutz gegenüber dem Papst und Konrad von Klingenberg. Das Kapitel betrachtete den bischöflichen Stuhl als vakant. Dem Provisen blieb nichts anderes übrig, als in die Freisinger Besitzungen im habsburgischen Machtbereich auszuweichen. Während Ludwig der Bayer in Italien weilte, wandte sich ein Teil des Domkapitels von ihm ab[88] und ermöglichte Konrad (IV.) von Klingenberg den Zutritt in seine Bischofsstadt. Nun wurden die päpstlichen Sentenzen bekannt gemacht.

---

[86] W. PREGER, Der kirchenpolitische Kampf unter Ludwig dem Baier und sein Einfluß auf die öffentliche Meinung in Deutschland (= Abhandlungen der Königlich Bayerischen Akademie der Wissenschaften München 14,1) 1877, 3–70.

[87] MEICHELBECK, Historia Frisingensis II/1, 143ff; DORMANN, Freising passim; STRZEWITZEK, Sippenbeziehungen, bes. Kap. 6; MASS, Bistum Freising im Mittelalter 249–262; J. LENZENWEGER, Konzilsbestimmungen und Praxis der Kurie von Avignon. Die Vergabe von Pfründen im Bistum Freising während der Auseinandersetzung mit Ludwig d. B., in: AHC 8 (1976) 143–175, befaßt sich u.a. mit der Besetzung der Kanonikate.

[88] Dieser Parteiwechsel wird öfter unter Berufung auf DORMANN, Freising 26, dem Einfluß des Herzogs Heinrich d. Ä. von Niederbayern zugeschrieben, doch fehlt der Beweis. Die u.a. bei BAUERREISS, Kirchengeschichte Bayerns IV 128 sich findende Aussage, Domkapitel seien »völlig einheitlich« auf seiten des Königs gewesen, bedarf der Differenzierung.

Nach der Rückkehr des Kaisers mußte der Bischof das Hochstift sofort wieder verlassen. Das Kapitel war weiterhin in seiner Parteinahme gespalten, wurde aber durch den Dompropst Leutold von Schaunberg wieder stärker auf die wittelsbachische Linie festgelegt. Papst Benedikt XII. befahl dem Salzburger Erzbischof, kirchliche Strafmittel gegen die unbotmäßigen Domherren einzusetzen. Dies geschah, doch der Schritt blieb ohne Wirkung. Nach dem Tode des Klingenbergers 1340 wurde in Avignon der Leibarzt des Papstes, Johann Hake aus Göttingen, zum Oberhirten von Freising bestellt. Das Kapitel aber wählte den Domherren Ludwig von Kamerstein zum Bischof, der freilich Bestätigung und Weihe nicht erlangen konnte. Johann Hake blieb von seiner Bischofsstadt ausgeschlossen. 1342 folgte Leutold von Schaunberg als »Elekt« auf Kamerstein. Das Domkapitel war auch gegenüber Clemens VI., der von 1342 an den Stuhl Petri innehatte, nicht zum Nachgeben bereit – dies, obwohl der Papst den Rädelsführern mit dem Bann, dem Kapitel mit der Suspension und allgemein mit dem Interdikt drohte. Tatsächlich wurden erneut geistliche Strafen ausgesprochen. Das Bistum Freising hatte also schwer zu leiden. Dagegen muten die Verhältnisse in den Sprengeln Passau, Salzburg und Chiemsee geradezu geruhsam an. Dort wurden die päpstlichen Sentenzen gegen Ludwig den Bayern verkündet. Die Kontakte des Münchener Hofes zu Passau rissen trotzdem nicht ganz ab. Zumindest Bischof Gottfried II. suchte nach 1342 freundliche Beziehungen zu dem gebannten Kaiser, der inzwischen, weil die wittelsbachische Linie Niederbayerns erloschen war und er das Erbe angetreten hatte, unmittelbarer Grenznachbar von Passau geworden war. Dagegen weigerte sich der 1338 erhobene Salzburger Erzbischof Heinrich von Pirnbrunn – der letzte frei gewählte Bayer auf dem Erzstuhl – von Ludwig die Regalien entgegenzunehmen. In Regensburg wählte 1340 die Mehrheit des Domkapitels einen dem Papst genehmen Kandidaten, den Dompropst Friedrich von Zollern; eine Minderheit nominierte den Kanoniker Heinrich von Stein, der die Unterstützung Ludwigs des Bayern fand. Das Schisma währte bis zur Resignation Heinrichs 1345. Zwei Jahre später huldigte Bischof Friedrich dem Kaiser und versprach, keine gegen diesen gerichtete Verlautbarungen aus Avignon zu publizieren.

Vor allem in den Diözesen Freising und Regensburg dürften die verworrenen und unklaren Verhältnisse zu Spaltungen und Parteiauseinandersetzungen auch innerhalb des niederen Klerus und der Orden geführt haben. Die Quellenlage erlaubt allerdings nicht genaueren Einblick in die Situation. Nach dem Willen Johanns XXII. sollte überall dort, wo Ludwig als rechtmäßiger Herrscher anerkannt wurde, das kirchliche Leben ruhen. Der franziskanische Chronist Johann von Winterthur berichtet (zu 1330) von großer Uneinigkeit im Klerus der deutschen Lande[89]. Wie anderwärts kam

---

89 O. BERTHOLD (Hg.), Kaiser, Volk und Avignon (= Leipziger Übersetzungen und Abhandlungen zum Mittelalter A3) 1960, Nr. 59: »Von da an enthielten sich viele Städte des Gottesdienstes...Und währenddessen wurde die Geistlichkeit schwer bedrängt und zur Wiederaufnahme des Gottesdienstes angetrieben, und viele fügten sich, ohne Furcht vor der ergangenen Sentenz und vor göttlicher Strafe. Viele waren auch ungehorsam und wurden deshalb von ihren Stellen vertrieben, und so entstand schließlich eine beklagenswerte Entartung der Kirchen. Denn manche Kirche hielt sich für immun gegenüber dem Spruch des Interdikts und öffnete den Mund unerschrocken und sicher, zelebrierend zum Lobe Gottes. Manche aber

es auch im bayerischen Raum zu heftigem Streit zwischen Bürgern und Geistlichen, die dem Papst Gehorsam leisten wollten. Dabei spielte nicht zuletzt der Umstand eine Rolle, daß das Interdikt äußere Belastungen mit sich brachte, indem es zu schweren Behinderungen für Handel und Verkehr führte. Die Ordensgemeinschaften verhielten sich unterschiedlich[90]. Aus der Tatsache, daß die Benediktiner- und Zisterzienserklöster von Ludwig begünstigt wurden, kann nicht ohne weiteres geschlossen werden, sie hätten ihm durchaus angehangen. In Tegernsee etwa erfolgten zwiespältige Abtswahlen, die mit dem großen Streit im Zusammenhang standen. Die bayerischen Zisterzienser wurden von ihrer in Frankreich befindlichen Ordensleitung der päpstlichen Partei zugeordnet. Die Augustiner-Eremiten hielten wohl überwiegend zu Ludwig; aus ihren Reihen kam sein Beichtvater Konrad, der ursprünglich als Prior in München wirkte. Das Generalkapitel der Dominikaner nahm 1328 gegen Ludwig als verurteilten Ketzer Stellung. In Landshut hielten sich die Dominikaner an das Interdikt und sahen sich deshalb Protesten und Drohungen von seiten der Anhänger Ludwigs ausgesetzt. Die Regensburger Dominikaner dagegen hatten Schwierigkeiten mit ihrer Ordensleitung, weil sie die Veröffentlichung der Sentenzen gegen Ludwig hinauszögerten und offenbar das Interdikt – vielleicht unter dem Druck der Bürgerschaft – zeitweise nicht beachteten. Die Dominikaner bieten also trotz ihrer zweifellos vorhandenen Nähe zur kurialen Partei kein einheitliches Bild. Und auch im Franziskanerorden lassen sich unterschiedliche Einstellungen bzw. Verhaltensweisen erkennen. Die Gruppe um Michael von Cesena baute in München offenbar eine Kanzlei auf, in der politisch-diplomatische Schriftstücke, theologische Stellungnahmen und Propagandatexte entworfen wurden[91]. Die Asylanten handelten im franziskanischen Ordensinteresse – wie sie es verstanden – und wurden dabei auch zu Verteidigern der kaiserlichen Politik, obwohl sie in dieser Aufgabe nicht ihr eigentliches Anliegen sahen. Ludwig der Bayer bediente sich der literarischen Fähigkeiten dieser Männer, hielt sie aber doch zeitweise von den Geschäften fern. Als er 1331 auf Kontakte zur Kurie hoffte, wurden die Minoriten beiseite geschoben[92]. 1336 schrieb er dem Papst, er bereue es, Michael von Cesena und seine Anhänger bei sich aufgenommen zu haben[93]. 1338 wirkte aber doch wohl Bonagratia von Bergamo wieder als Parteigänger Ludwigs, nämlich als Mitverfasser des Manifests *Fidem catholicam*, welches die Königswahl von 1314 verteidigte und das Konzil über den Papst stellte. Wilhelm von Ockham nahm in seinem umfangreichen theologischen Oeuvre auch zum Verhältnis von Kaiser und Papst Stellung. Insbesondere zwischen 1337 und 1342 verfaßte er zudem eine Reihe von Traktaten, in denen die Rechtfertigung der kaiserlichen Politik zu einem Hauptthema wurde. 1347 übte er in einer seine politi-

---

andererseits hielt sich für getroffen von der Strafe des Interdikts und gab den Gebrauch der dem Herrn singenden Instrumente auf. Und diese (Kirchen) beurteilten sich gegenseitig feindlich...«.

[90] Vgl. RIEZLER, Geschichte Baierns II 413–415; BAUERREISS, Kirchengeschichte Bayerns IV 128–130.
[91] BOSL, Geistliche Hofakademie bes. 108–113; GLASER, Kirchlich-religiöse Entwicklung 822–829; SCHÜTZ, Der Kampf Ludwigs des Bayern 392f.
[92] H. S. OFFLER, Meinungsverschiedenheiten am Hof Ludwigs des Bayern, in: DA 11 (1954) 192ff.
[93] RIEZLER, Widersacher 92f.

schen Äußerungen zusammenfassenden Schrift *(De imperatorum et pontificum potestate)* scharfe Kritik an der angemaßten Gewalt des Papsttums über *Imperium* und *Ecclesia*. Dabei machte sich Ockham allerdings nicht die Theorien des Marsilius von Padua in all ihrer Radikalität zu eigen[94]. Es ist anzunehmen, daß die Münchener Exilanten über die herzogliche Residenz hinaus auch auf das Bürgertum und Volk Einfluß gewannen. Kleriker und Angehörige verschiedener Orden verkehrten im Franziskanerkloster und erhielten Kenntnis von den dort vertretenen Vorstellungen und Ideen[95]. Auch Heinrich von Talheim, der 1326 abgesetzte Provinzial der oberdeutschen Minoritenprovinz, schloß sich der »Hofakademie« an. Doch ist daneben festzuhalten, daß oberdeutsche Franziskaner 1325 die päpstlichen Prozesse gegen Ludwig den Bayern bekannt machten. Später überließ es der Orden den einzelnen Niederlassungen, ob sie das Interdikt beachten wollten oder nicht. Die Haltung der Minoriten war wohl nicht so einmütig prokaiserlich, wie manchmal angenommen wird. Der um ein gutes Verhältnis zu Avignon bemühte Regensburger Domherr Konrad von Megenberg allerdings gab ihnen (oder allgemein den Mendikanten) die Schuld an der kirchenpolitischen Auseinandersetzung, wobei er sich ebenso gegen Ockham wandte wie gegen die Regensburger Franziskaner.

Als Ludwig der Bayer 1338 auf verschiedenen Stände- und Reichstagen sein Regierungsrecht von neuem betonte und durch das Manifest *Fidem catholicam* sowie das Gesetz *Licet iuris* theoretisch untermauern ließ, fand er bei den weltlichen und geistlichen Fürsten und auch in breiteren Schichten viel Zustimmung. Er konnte sich fortan verstärkt seinen territorialpolitischen Zielen zuwenden und erreichte, daß Herzog Heinrich XIV. von Niederbayern einen Freundschaftspakt mit ihm schloß. Ende 1340 starb der niederbayerische Zweig der Wittelsbacher aus. Es kam zur Wiedervereinigung der beiden bayerischen Teilherzogtümer in der Hand Ludwigs des Bayern. Damit war die vor fast einem Jahrhundert eingetretene Spaltung der bayerischen Lande überwunden, sieht man von der weiterbestehenden Abtrennung des mit Kurpfalz verbundenen Nordgaus ab. Die Kirche hatte es nun für eine gewisse Zeitspanne mit einer einheitlichen bayerischen Landesherrschaft zu tun. Ebenfalls 1340 errichtete der Kaiser zwei weitausgreifende Einungen, die einerseits Bayern und Franken, andererseits Bayern und Schwaben in einer »Mischform von politischem Bündnis und Landfrieden« (H. Angermeier) zusammenfaßten. Insofern eine effektive Friedensgewalt entstand, kam diese Neuordnung sicherlich den kirchlichen Erwartungen entgegen. Aber durch seine Erfolge ließ sich der Wittelsbacher bald zu unbedachtem Handeln verführen. 1342 fügte er seinem Territorialbesitz unter Anwendung sehr anfechtbarer Mittel die Grafschaft Tirol hinzu. Ludwig faßte den Plan, seinen ältesten Sohn, Herzog Ludwig V. den Brandenburger, mit der Tiroler Landesherrin Margarete Maultasch zu verheiraten, obwohl eine Ehe zwischen dieser und dem Prinzen Johann Heinrich von Luxemburg bestand. Allerdings war Johann Heinrich, ein Sohn des

---

[94] R. Scholz, Wilhelm von Ockham als politischer Denker und sein Breviloquium de principatu tyrannico (= MGH.Schriften 8) 1944/ND 1952, bes. 9–15; W. Kölmel, Wilhelm von Ockham und seine kirchenpolitischen Schriften, 1962.
[95] Bosl, Geistliche Hofakademie 100f, 108f, 116.

Königs Johann von Böhmen, auf Widerstände im Tiroler Adel gestoßen und hatte das Land verlassen müssen. Ludwig der Bayer bemühte die Münchener Gelehrten, um die Zulässigkeit einer neuen Eheschließung nachzuweisen. Marsilius von Padua legte in einem Gutachten dar, die Gerichtsbarkeit in Ehesachen stehe grundsätzlich dem Kaiser zu. Ockham setzte in seiner Stellungnahme wenigstens ein Notstandsrecht des weltlichen Herrschers in diesem Sektor voraus und erklärte, die Ehe der Tirolerin bestehe gar nicht, weil sie nicht vollzogen worden sei[96]. Am wittelsbachischen Hof entstanden Scheidungs- und (wegen zu naher Verwandtschaft) Dispensationsurkunden. Im Februar 1342 begleiteten der Elekt von Freising sowie die Bischöfe von Regensburg und Augsburg den Kaiser nach Tirol, wo die Vermählung Ludwigs mit Margarete stattfand. Der Elekt Ludwig von Kamerstein fand allerdings während der Anreise bei einem Reitunfall den Tod. Es lag nahe, von einem Gottesurteil zu sprechen, und sicherlich ließ der unerhörte Übergriff Ludwigs in das kanonische Eherecht das Ansehen des Kaisers sinken.

Die Hochstimmung des Jahres 1338 schlug nun bei vielen in Enttäuschung um. 1346 folgte die Mehrzahl der Kurfürsten einer Aufforderung aus Avignon, einen neuen König zu wählen. Der ältere Sohn Johanns von Böhmen bestieg als (Gegen-)König Karl IV. den deutschen Thron. Ludwig der Bayer war aber auch jetzt nicht bereit zu weichen. Für die trotz allem großenteils prowittelsbachische bayerische Kirche schien eine neue Zerreißprobe bevorzustehen. Doch bevor es zu schweren Auseinandersetzungen im Reich kam, erlag der Kaiser unerwartet im Oktober 1347 einem Schlaganfall. Obwohl er im Bann starb, wurde er in der Münchener Frauenkirche beigesetzt. Das Haus Wittelsbach bemühte sich später vergeblich um die Aufhebung der Exkommunikation[97].

Gegen Ende der vierziger Jahre wurden große Gebiete Bayerns von einer verheerenden Pestwelle erfaßt, die sich von den Küsten des Mittelmeeres her ausbreitete. Die Quellen berichten vom Wüten der Seuche unter anderem in München, Passau, im Salzburger Land und in der Oberpfalz. Schätzungen zufolge dürfte in den betroffenen Gebieten etwa ein Drittel der Bevölkerung der Pest zum Opfer gefallen sein. Vor allem nördlich der Donau mußten zahlreiche Dörfer aufgegeben werden oder waren von da an nur noch teilweise bewohnt. In manchen Fällen rührte wohl die Verminderung der Einwohnerzahl daher, daß ein Zustrom vom Land in die Städte einsetzte, in denen auf solche Weise der Bevölkerungsverlust ausgeglichen wurde. Es liegt auf der Hand, daß die Seuchenzüge und der Wüstungsvorgang einschneidende Folgen auch für das kirchliche Leben hatten. Zweifellos wurde an zahlreichen Orten eine Anpassung der überkommenen Organisationsformen erforderlich. Allerdings bleiben uns nähere Einzelheiten in der Regel verborgen[98].

---

[96] Vgl. RIEZLER, Widersacher 254–257.
[97] G. PFEIFFER, Um die Lösung Ludwigs des Bayern aus dem Kirchenbann, in: ZBKG 32 (1963) 11–30.
[98] Manche Auswirkungen der Katastrophe haben in den Quellen einen deutlichen Niederschlag gefunden. Dies gilt z.B. für das Aufkommen der Geißler, die durch das Land zogen und in frenetischer Weise zur Buße aufriefen, und für die da und dort aufflackernden Judenverfolgungen. Vgl. allgemein F. GRAUS, Pest – Geissler – Judenmorde. Das 14. Jahrhundert als Krisenzeit, ²1988.

Im Verhältnis zum bayerischen Herrscherhaus sahen sich die Diözesen während der zweiten Hälfte des 14. Jahrhunderts einer zunehmend komplizierteren Situation gegenüber. Das Geschlecht der Wittelsbacher gliederte sich in verschiedene Linien. Diese vereinbarten mehrfach Landesteilungen. 1349 erfolgte eine erneute Trennung von Ober- und Niederbayern. 1353 wurde das Straubinger Ländchen herausgelöst und mit dem – auf die Territorialpolitik Ludwigs des Bayern zurückgehenden – holländischen Besitz der Dynastie verbunden (bis 1425). 1392 erfolgte eine Dreiteilung unter den Linien Bayern-München, Bayern-Landshut und Bayern-Ingolstadt. Der Ingolstädter Zweig hatte bis 1447 Bestand. Erst 1503/06 wurden – nach dem Tod des letzten Landshuter Herzogs, Georgs des Reichen – Ober- und Niederbayern wieder vereint. Von da an galt das nunmehr von der Münchener Linie regierte »Herzogtum Bayern« als unteilbar. Unter den Diözesen war das Bistum Regensburg am stärksten von den dynastischen Aufsplitterungen betroffen. Landesherren im Bereich dieses Sprengels waren die Münchener, Landshuter und Straubinger Wittelsbacher sowie die Heidelberger Pfalzgrafen und auch der Luxemburger Karl IV., der in den früheren Jahren seiner Regierung (1346/47–1378) beträchtliche Teile der Oberpfalz erwarb. Er gab sie später großenteils wieder aus der Hand. Aber erst um 1400 war die Rückkehr dieser »neuböhmischen« Gebiete an das Haus Wittelsbach abgeschlossen[99].

Die Politik der bayerischen Bischöfe mußte auf die Interessen der Dynastien Wittelsbach, Luxemburg und Habsburg Rücksicht nehmen. Während die bayerischen Herzöge ihre Position durch häufigen inneren Streit schwächten, baute Österreich seine Einflußmöglichkeiten namentlich in Salzburg und Passau weiter aus. Die geistlichen Fürsten hatten es nach der Königswahl Karls IV. nicht eilig, zu diesem Kandidaten des Papstes überzugehen. Erst nach und nach wandten sie sich von der wittelsbachischen Partei, die ihrerseits neue Königspläne verfolgte, ab. Erzbischof Ortolf von Salzburg und Bischof Paul von Freising wirkten bei der Lösung Herzog Ludwigs V. des Brandenburgers aus dem Bann 1359 maßgeblich mit. In eben diesem Jahr wurde das Interdikt für Oberbayern aufgehoben, 1362 auch für Niederbayern. Zweifellos trat im Verhältnis zur Kurie für diejenigen bayerischen Geistlichen, die zu Kaiser Ludwig gehalten hatten, eine Entkrampfung ein. Päpstliche Provisionen wurden nun eher hingenommen als in der Zeit des Kampfes. Als Beispiel sei die Transferierung des Bischofs Paul (von Jägerndorf) vom Bistum Gurk nach Freising 1359 genannt. Dieser sollte nach dem Wunsch König Ludwigs des Großen von Ungarn zum Patriarchen von Aquileia erhoben werden. Papst Innozenz VI. lehnte dies ab, bestimmte Paul aber stattdessen zum Oberhirten von Freising, und der neue Bischof wurde ohne Widerstand akzeptiert[100].

Kaiser Karl IV. hat nur wenig Einfluß auf die Besetzung der bayerischen Bischofsstühle genommen. Sein Versuch, nach dem Tode des Erzbischofs Ortolf den Augsburger Bischof Markward von Randeck nach Salzburg transferieren zu lassen, schlug

---

99 T. STRAUB, in: HBG II², 1988, 223–225.
100 STRZEWITZEK, Sippenbeziehungen 193f.

fehl[101]. Dagegen gelang dem Luxemburger ein spürbarer Eingriff in die Rechtsposition der Diözese Regensburg. Er erwirkte 1365 bei Urban V., daß der Erzbischof von Prag und dessen Nachfolger zu ständigen päpstlichen Legaten ernannt wurden, und zwar unter anderem auch für Regensburg. Die luxemburgische Erwerbspolitik sollte durch die dem Prager Metropoliten zufallende Rechtsaufsicht gestützt werden. Tatsächlich hielt dieser im Regensburger Sprengel Visitationen ab und nahm eine Appellationsgerichtsbarkeit wahr[102]. Erst mit Ausbruch der hussitischen Wirren im frühen 15. Jahrhundert kam diese Legatengewalt zum Erliegen.

Das territoriale Ausgreifen Karls IV. ließ es den Bischöfen der Salzburger Provinz geraten erscheinen, an Österreich und zeitweise auch an Bayern Rückhalt zu suchen. 1358 fand in Passau ein Fürstentreffen statt, auf dem eine Fehde zwischen Erzbischof Ortolf von Salzburg und Herzog Stephan II. von Niederbayern durch den Habsburger Albrecht II. beigelegt wurde. Bischof Gottfried II. von Passau schloß einige Jahre darauf mit dem Haus Habsburg ein ewiges Bündnis[103]. Auch Salzburg nahm deutlich Partei für die österreichischen Herzöge und trug wesentlich dazu bei, daß diese sich im Tiroler Erbfolgekrieg von 1363/64 gegen das Haus Wittelsbach durchsetzen konnten. Mit der Grafschaft Tirol kamen die südwestlichen Teile der Erzdiözese und der Südteil des Bistums Chiemsee unter habsburgische Landeshoheit. Obwohl die Bindung Salzburgs an Österreich in der letzten Zeit immer enger geworden war, versuchte der einer bedeutenden Familie des österreichischen Herrenstandes entstammende Erzbischof Pilgrim II. von Puchheim seit den späten sechziger Jahren, nochmals selbständig in die große Politik einzugreifen. Die Schwäche des Königtums in der Zeit Wenzels von Luxemburg (1378–1400) eröffnete ihm zusätzliche Möglichkeiten. Pilgrim ging zeitweise mit Bayern zusammen, dann doch wieder mit Österreich. 1382 führte er Krieg gegen Bayern um Berchtesgaden und besetzte vorübergehend das Stiftsgebiet. 1387 schloß Pilgrim ein Bündnis mit dem von der Reichsstadt Ulm geführten Schwäbischen Städtebund, der in scharfer Spannung zu Bayern und Württemberg stand. Daraufhin wurde der Erzbischof bei einem Treffen im Kloster Raitenhaslach von Herzog Friedrich von Bayern gefangen genommen. 1388 konnte er die Regierung wieder übernehmen und stand mit seinem Aufgebot den Reichsstädten bei, als diese in einen großen Krieg mit zahlreichen süddeutschen Fürsten, darunter den Wittelsbachern, gerieten. Auf Befehl des Königs Wenzel stellte Pilgrim aber gegen Ende des Jahres die Feindseligkeiten ein. 1390 wurde Frieden zwischen Salzburg und Bayern geschlossen[104].

---

[101] LOSHER, Königtum 152–157. Auch bei der Besetzung des Passauer Stuhles 1363 unterbreitete Karl dem Papst einen Vorschlag, doch Urban V. berücksichtigte diesen nicht; ebd. 151f.
[102] HLEDÍKOVA, Prager Erzbischöfe 221–256.
[103] SCHROEDL, Passavia Sacra 249f; A. STRNAD, Herzog Albrecht III. von Österreich, Diss. Wien 1961. Spätere Passauer Bischöfe haben die Bindung in veränderter Form erneuert, so z.B. Leonhard von Laimingen und Wiguläus Fröschl.
[104] Vgl. H. WAGNER, Habsburger-Herrschaft 479–485, der meint, eine »große Gefahr für das Erzstift« sei hierdurch beseitigt worden. S. auch H. KLEIN, Erzbischof Pilgrim II. von Puchheim 1365–1396, in: MGSLK 112/113 (1972/73) 13–71.

Während Pilgrim von Puchheim seine risikoreiche »Großmachtpolitik« betrieb, wurde die bayerische Kirche immer stärker in die Probleme und Auswirkungen des 1378 ausgebrochenen großen abendländischen Schismas (bis 1417) hineingezogen. Die päpstliche Kurie war kurz vorher von Avignon nach Rom zurückgekehrt. Dort wurde nach dem Tode Gregors XI. der Erzbischof von Bari, Bartolomeo Prignano, zum Papst gewählt. Er nannte sich Urban VI. Wenig später sagte sich eine französische Kardinalsgruppe von ihm los und wählte Robert von Genf, der den Papstnamen Clemens VII. annahm und bald seinen Sitz nach Avignon verlegte. Der bayerische Episkopat stand zunächst, im Einklang mit der Reichspolitik, nach außen hin so gut wie geschlossen an der Seite des »römischen« Papstes Urban VI. Die Lage wurde aber komplizierter, als Herzog Leopold III. von Österreich, der die westlichen und südlichen Lande seines Hauses regierte, den avignonesischen Papst anerkannte. Auch Erzbischof Pilgrim II. neigte offenbar schon bald im Geheimen Clemens VII. zu[105]. Ein 1380 tagendes Provinzialkonzil hielt jedoch an der römischen Obedienz fest, für die sich unter anderem die »bayerische« Partei im Salzburger Domkapitel aussprach. Möglicherweise verfolgte Pilgrim das Ziel, den König Wenzel zum Anschluß an die Obedienz von Avignon zu veranlassen. Er mußte aber selbst 1393 an die Seite des »römischen« Papstes, nunmehr Bonifaz IX., zurückkehren. Als Erfolg konnte er dabei verbuchen, daß Berchtesgaden dem erzbischöflichen Tafelgut einverleibt wurde – freilich ein Besitz, der bald wieder verloren ging.

Neben Pilgrim von Puchheim ist vor allem der einer schwäbischen Adelsfamilie angehörende Freisinger Bischof Berthold von Wehingen auch in der Reichs- und Fürstenpolitik hervorgetreten[106]. Sein Vater war nach Österreich zugezogen. Berthold hatte an der jungen Universität Wien studiert und war in Prag Rektor der Juristenfakultät gewesen. Sodann wurde er in Wien Propst von St. Stephan und Kanzler der Universität. 1381 erhielt Berthold durch Provision den Freisinger Bischofsstuhl, wohl auf Betreiben Albrechts III. von Österreich, als dessen Kanzler er in der Folge wirkte. Er förderte tatkräftig seine Alma Mater, vertrat die Interessen Albrechts auf Reichsebene und spielte eine maßgebliche Rolle in der innerösterreichischen Politik, auch als Vermittler zwischen den habsburgischen Linien. 1404 transferierte Papst Bonifaz IX. den Freisinger Bischof auf den erzbischöflichen Stuhl von Salzburg, doch konnte sich Berthold dort gegen den Widerstand des Domkapitels nicht behaupten. Deshalb wurde er von Innozenz VII. nach Freising zurückversetzt.

Zu Anfang des 15. Jahrhunderts mehrten sich die Anstrengungen, das Papstschisma zu überwinden. Bei diesen Bemühungen trat die konziliare Idee immer stärker in den Vordergrund. Schließlich wurde 1409 das Konzil von Pisa einberufen,

---

[105] Zu seiner nicht recht durchsichtigen Einstellung vgl. H. WAGNER, Habsburger-Herrschaft 481–486. Außerdem: H. KLEIN, Zu den Verhandlungen Erzbischof Pilgrims von Salzburg um die Beilegung des großen abendländischen Schismas, in: MIÖG 48 (1934) 434ff.
[106] A. STRNAD, Kanzler und Kirchenfürst. Streiflichter zu einem Lebensbilde Bertholds von Wehingen, in: Jahrbuch des Stiftes Klosterneuburg 12 (1963) 79–107; J. LENZENWEGER, Berthold von Wehingen, in: Historische Blickpunkte. Festschrift für J. Rainer (= Innsbrucker Beiträge zur Kulturwissenschaft 25) 1988, 383–390.

welches sowohl den »römischen« Papst Gregor XII. wie dessen Widersacher Benedikt XIII. absetzte und den Erzbischof von Mailand, Petrus Philargis, als Alexander V. zum Papst wählte. Doch bestanden die Obödienzen von Rom und Avignon, wenn auch auf kleinerem Raum, weiter fort. Aus der Zweiheit der Papstreihen wurde eine Dreiheit. Das avignonesische Papsttum hatte in Bayern wohl nur bei den Minoriten größeren Anhang gefunden[107]. Die Bischöfe standen wie auch die wittelsbachischen Herzöge lange Zeit mit Entschiedenheit zum »römischen« Papst. Herzog Stephan III. von Bayern-Ingolstadt unternahm sogar im Auftrag Bonifaz' IX. einen Versuch, die kirchliche Einheit wiederherzustellen[108]. Als die Versammlung von Pisa zusammentrat, war die Beteiligung der bayerischen Kirche nicht sehr groß. Immerhin entsandte jedoch Stephan III. den Abt Johann Scherb von Kaisheim, und auch Vertreter von Salzburg, Freising, Regensburg und Passau sowie der Universität Wien fanden sich ein. Die Regensburger Kirche nahm während des Konzils – nach der Erhebung Bischof Alberts III. – einen Frontwechsel vor und anerkannte Alexander V.[109] Dies führte zu einem heftigen Zusammenstoß mit König Ruprecht von der Pfalz (1400–1410), der – anders als die meisten deutschen Fürsten – auch weiterhin am »römischen« Papsttum festhielt. Im Namen des Wittelsbachers protestierte der Heidelberger Universitätsgelehrte Konrad Koler (von Soest) in Pisa gegen die dort tagende Versammlung und appellierte an ein zukünftiges legitimes Konzil. König Ruprecht wollte die weitere Zugehörigkeit seiner oberpfälzischen Lande zur römischen Obödienz sichern und forderte im August 1409 den Regensburger Bischof und dessen Klerus auf, sich dieser Haltung anzuschließen. Darüber kam es zu einer Spaltung in der Diözese Regensburg[110]. Der pfälzische Landesherr ließ dem Bischof keine Abgaben mehr zukommen und begann, eigenmächtig Pfründen an Anhänger Gregors XII. zu verleihen. In Amberg erscheint ein von diesem eingesetzter Titularbischof Hermann, ein hessischer Priester, der den Rang eines *Episcopus Ebronensis* beanspruchte. Man hat von einem »Zwergbistum Amberg« gesprochen, das nun entstand. Auf Hermann folgte spätestens von 1413 an Konrad Koler, der – zugleich als Legat Gregors XII. – den Klerus seines Sprengels unter Androhung der Exkommunikation aufforderte, sich zur römischen Obödienz zu bekennen und dies durch einen Eid zu bekräftigen. Geistliche, die im Einklang mit Bischof Albert III. an Pisa festhielten, sollten ihre Pfründe verlieren. Der Amberger Stadtprediger Johann von Wünschelburg legte mit einer *Appellacio Pulchra* genannten Schrift beim Erzbischof von

---

[107] BAUERREISS, Kirchengeschichte Bayerns IV 146–147. Gewisse Erfolge der Clementisten in der Diözese Passau erklären sich auch aus der Überschneidung mit dem habsburgischen Herrschaftsbereich.
[108] T. STRAUB, in: HBG II², 1988, 233, 238f.
[109] Auch der Salzburger Erzbischof bekannte sich bald zu ihm, und viele deutsche Bischöfe folgten nach. Vgl. zu Pisa: T. STRAUB, in: HBG II², 1988, 240; S. WEISS, Salzburg und das Konstanzer Konzil bes. 153–158; DOPSCH, Geschichte Salzburgs I/1, 496f; MASS, Bistum Freising im Mittelalter 278; HAUSBERGER, Geschichte des Bistums Regensburg I 203f. Quellen: J. VINCKE, Briefe zum Pisaner Konzil (= Beiträge zur Rechts- und Kirchengeschichte 1) 1940; DERS., Schriftstücke zum Pisaner Konzil (= Beiträge zur Rechts- und Kirchengeschichte 3) 1942; DERS., Acta Concilii Pisani, in: RQ 46 (1938) 81ff.
[110] E. HERRMANN, Zum Schisma in der Diözese Regensburg (1409–1415), in: ZBKG 34 (1965) 1–18; DERS., Veniet aquila..., in: Festiva Lanx. Festschrift Johannes Spörl dargebracht, hg. v. K. SCHNITH, 1966, bes. 100f; HAUSBERGER, Geschichte des Bistums Regensburg I 203–205.

Salzburg Protest gegen das Vorgehen Konrads ein. Vorerst war keine Einigung zu erreichen. Bis zum Jahre 1415 dürfte indes die Regensburger Spaltung überwunden worden sein.

Das Konzil von Pisa gab einen Anstoß zur Abhaltung von Reformsynoden, der in der Salzburger Provinz Widerhall fand. Nach dem Tode Alexanders V. standen die bayerischen Bischöfe einmütig zu dem nunmehrigen Pisaner Papst Johann XXIII. (1410–1415). Sie nahmen damit dieselbe Haltung ein wie die Herzöge in München, Landshut und Ingolstadt. Obwohl das Konzil von Pisa die Kircheneinheit nicht erreichte, blieb die bayerische Kirche im ganzen gesehen für die konziliaristische Strömung mit ihrer episkopalistischen Ausrichtung geöffnet und erhoffte von ihr die Überwindung des Papstschismas.

3. Von 1414 bis 1517

Als im Zusammenwirken von Papst Johann XXIII. und König Sigmund von Luxemburg (1410–1437) ein Universalkonzil nach Konstanz einberufen wurde, folgten zahlreiche Geistliche aus der bayerischen Provinz der Einladung. Neben dem Erzbischof Eberhard III. von Salzburg nahmen auch die Bischöfe von Freising, Regensburg, Passau und Chiemsee zeitweise an der Versammlung teil, die von 1414 bis 1418 tagte. Der Passauer Bischof Georg von Hohenlohe stimmte sich mit der Universität Wien ab, die ebenfalls Vertreter entsandte. Ein gemeinsames Wirken des bayerischen Episkopats bei der Bewältigung der großen Konzilsthemen – Kirchenreform, endgültige Überwindung des Schismas, Vorgehen gegen Häresien und anderes mehr – läßt sich allerdings kaum erkennen. Die Metropolitanverfassung hatte doch an Bedeutung verloren, weil die Bischöfe zugleich Reichsfürsten waren[111]. Als es zum Streit zwischen dem in Konstanz anwesenden Papst Johann XXIII. und dem Konzil und bald darauf zur Absetzung des Papstes kam, zeigte sich von neuem die in der bayerischen Kirche verbreitete konziliaristische Haltung. Der Regensburger Domscholaster Friedrich von Parsberg betonte 1415 in einem Traktat die Superiorität des Konzils. Die Universität Wien bekundete der Versammlung gegenüber stets ihre Treue und nahm die 1417 mit der Wahl des Kardinals Oddo Colonna zum Papst – er nannte sich Martin V. – erreichte Wiederherstellung der Kircheneinheit voll Freude auf[112]. Bischof Engelmar von Chiemsee fungierte im November 1417 als Präsident der deutschen Konzilsnation[113].

---

111 BRANDMÜLLER, Konzil von Konstanz I 140f. – Quellen: H. FINKE u.a. (Hg.), Acta Concilii Constantiensis I–IV, 1896–1928.
112 GIRGENSOHN, Universität Wien 252–281.
113 Weil keine offiziellen Teilnehmerlisten geführt wurden, läßt sich nicht im einzelnen feststellen, wann und wie lange die in Konstanz bezeugten Kleriker mitwirkten. Manche Besucher kamen wohl ausschließlich oder hauptsächlich aus persönlichen Gründen. So empfing Propst Peter Pienzenauer von Berchtesgaden in Konstanz vom König die Belehnung und eine Privilegienbestätigung. Pfarrer und Kaplāne wandten sich in beträchtlicher Zahl mit ihren Anliegen an das Konzil bzw. den in Deutschland weilenden Papst. Vgl. S. WEISS, Salzburg und das Konstanzer Konzil 195–203 und DIES., Kurie und Ortskirche. Die Beziehungen zwischen Salzburg und dem päpstlichen Hof unter Martin V. (1417–1431) (= Bibliothek des Deutschen Historischen Instituts in Rom 76) 1994.

Auch die bayerischen Herzöge suchten die Konstanzer Versammlung auf. Ludwig VII. (im Bart) von Ingolstadt, der dem Pariser Königshof eng verbunden war, stand der französischen Konzilsgesandtschaft vor. Er erwarb sich Verdienste, als Johann XXIII. aus Konstanz floh und zurückgebracht werden mußte. In der Hauptsache erklärt sich die zeitweilige Anwesenheit der Wittelsbacher aber wohl daraus, daß ein schon seit langem in Gang befindlicher Territorialstreit zwischen den Linien Ingolstadt und Landshut vor das Konzil gebracht werden sollte. Der Bischof von Passau war 1417 als Ratgeber König Sigmunds maßgeblich an einer Entscheidung beteiligt, die zugunsten von Landshut ausfiel[114]. Darauf folgte ein heftiger Streit zwischen Heinrich XVI. (dem Reichen) von Niederbayern und Ludwig VII. im Passauer Quartier und ein Überfall des Landshuters auf den Ingolstädter, wobei dieser schwer verletzt wurde. Er appellierte an Papst Martin V., der den Fall jedoch an den König delegierte. Der Konflikt setzte sich noch längere Zeit fort, wobei das Hochstift Regensburg (und später auch Passau) an der Seite Niederbayerns stand[115]. Die Situation wurde dadurch verschärft, daß verschiedene Übergriffe Ludwigs im Bart gegen eine Reihe von Klöstern diese veranlaßten, Prozesse gegen den Herzog anzustrengen. So wandte sich die Abtei Kaisheim an das Konstanzer Konzil, und später suchten acht Klöster Hilfe an der römischen Kurie[116].

Ein Ertrag des Konzils von Konstanz für die Gestaltung der innerkirchlichen Verhältnisse lag in dem Konkordat, welches Martin V. mit der deutschen Nation abschloß, und in einem Ansatz zur Erneuerung des synodalen Lebens. Die *causa reformationis* ist allerdings nicht zum Abschluß gebracht worden[117]. Besondere Auswirkungen auf die bayerische Kirche ergaben sich aus dem Ketzerprozeß gegen den böhmischen Theologen Johann Hus und seiner Hinrichtung im Jahre 1415. Bald erfaßte eine revolutionäre Bewegung, die sich auf Hussens Lehren berief, weite Teile Böhmens. 1420 wurde unter bayerischer Beteiligung ein Kreuzzug gegen die Hussiten durchgeführt, doch gelang es nicht, sie niederzuwerfen. In der Folge drangen wiederholt böhmische Scharen in die Oberpfalz vor und richteten schreckliche Verwüstungen an[118]. Weitere Kreuzzüge wurden organisiert. Für die ganze Salzburger Provinz ergingen strenge Gesetze gegen eindringende häretische Prediger. Geldmittel für den Abwehrkampf im Grenzbereich wurden aufgebracht[119]. Die Hauptlast der Hussitenkriege, die bis 1433 währten, hatte – im kirchlichen Sektor – die Diözese Regensburg zu tragen. Daneben war auch Passau mit beträchtlichen Aufgeboten beteiligt. Die Wirren der Zeit brachten zweifellos eine schwere Beeinträchtigung des kirchlichen Lebens mit sich.

---

[114] J. OSWALD, Georg von Hohenlohe, ein Fürstbischof des Passauer Spätmittelalters, in: Bayerische Kirchenfürsten, hg. v. L. SCHROTT, 1964, 122ff. Auch Albert III. von Regensburg wirkte als Richter in diesem Streit. Zu seinen Aktivitäten während des Konzils s. JANNER, Bischöfe von Regensburg III 372f.
[115] Zu den Einzelheiten T. STRAUB, in: HBG II², 1988, 254–259 und RANKL, Kirchenregiment 19–21.
[116] T. STRAUB, in: HBG II², 1988, 280f.
[117] Über die folgenden bayerischen Reformsynoden s. u. §§ 26 und 27.
[118] BAUERREISS, Kirchengeschichte Bayerns V 3–17.
[119] DOPSCH, Geschichte Salzburgs I/1, 503.

§ 25. Im Kräftespiel der Papst-, Reichs- und Fürstenpolitik (K. R. Schnith) 389

In Konstanz war zuletzt die periodische Abhaltung weiterer allgemeiner Konzile beschlossen worden. 1423 trat eine Versammlung in Pavia-Siena zusammen, die allerdings nur schwach besucht wurde[120]. Aber als Martin V. 1431 ein Konzil nach Basel einberief, welches unter anderem die Weiterführung der Kirchenreform zu seiner Aufgabe machte, zeigte sich in den bayerischen Landen große Bereitschaft zur Mitarbeit. Die Münchener Linie der Wittelsbacher, die bis dahin schon durch die Förderung von Reformansätzen hervorgetreten war, stellte mit Herzog Wilhelm III. anfangs den Konzilsprotektor, der im Auftrag König Sigmunds und als dessen Stellvertreter für Frieden sorgen und bei den Verhandlungen ausgleichend wirken sollte. Wilhelm nahm diese Aufgabe bis zu seinem Tode 1435 wahr. Er knüpfte zudem Kontakte des Konzils zu den gemäßigten Hussiten, wodurch die für Bayern so dringliche Beendigung des böhmischen Krieges vorbereitet wurde[121]. Auch in Basel spielte der nun schon jahrzehntealte Streit unter den bayerischen Herzögen noch eine Rolle. Das Konzil erreichte wenigstens die Verlängerung eines zwischen ihnen bestehenden Waffenstillstandes. Der von den Klöstern gegen Ludwig im Bart betriebene Prozeß wurde ebenfalls behandelt[122]. Darüber verlor jedoch die bis 1448 in Basel tagende Versammlung ihre hauptsächlichen Zielsetzungen, zu denen neben der Erarbeitung von Erlassen zur Reform des Klerus auch die würdige Gestaltung des Gottesdienstes und des Chorgebetes gehörte, nicht aus dem Auge[123].

Als Konzilstheologe und unermüdlicher Verfechter der Reform trat von bayerischer Seite der Freisinger Generalvikar Johann Grünwalder hervor, ein natürlicher Sohn Herzog Johanns II. von Bayern-München. Grünwalder hatte in Wien und Padua Kirchenrecht studiert. Er war von Anfang 1432 bis April 1437 fast ständig in Basel anwesend und nahm zahlreiche Ämter wahr. Nach einem Aufenthalt in Freising kehrte er 1440 nochmals für längere Zeit in die Konzilsstadt zurück[124]. Von den Bischöfen erschienen in den ersten Jahren des Konzils Nikodemus von Freising, Konrad VII. Koler von Regensburg – der frühere Amberger Titularbischof – und Johann II. von

---

[120] W. BRANDMÜLLER, Das Konzil von Pavia-Siena 1423–1424, I–II (= Vorreformationsgeschichtliche Forschungen 16) 1968/1974 (zu den deutschen Teilnehmern I 6–24 u. ö.). Konrad Koler, der schon – wohl von 1415 an – auf dem Konstanzer Konzil hervorgetreten war, wirkte nun als Präsident der deutschen Konzilsnation. Vgl. auch S. WEISS, Salzburg und das Konstanzer Konzil 209 mit Anm. 1218. Salzburg war durch den Offizialatsassessor Dr. Jodok Gossolt in Pavia-Siena vertreten.

[121] A. KLUCKHOHN, Wilhelm III. von Bayern, in: Forschungen zur deutschen Geschichte 2 (1862) 519–615; HELMRATH, Basler Konzil 277–280.

[122] T. STRAUB, in: HBG II², 1988, 242.

[123] Allerdings übernahmen die Baseler daneben zahlreiche Justiz- und Verwaltungsaufgaben, die von einzelnen Kirchen und Klerikern an sie herangetragen wurden. Unter den speziellen bayerischen Problemen, mit denen sich das Konzil befaßte, ist etwa die Situation im Kloster Ebersberg zu nennen, wo sich unter und durch Abt Simon Kastner die benediktinische Ordnung weitgehend aufgelöst hatte.

[124] Grundlegend: KÖNIGER, Johann der Dritte; außerdem E. MEUTHEN, Nikolaus von Kues und die Wittelsbacher, in: Festschrift für Andreas Kraus zum 60. Geburtstag, hg. v. P. FRIED, 1982, 95–113, bes. 97–99; DERS., Johannes Grünwalders Rede für den Frankfurter Reichstag 1442, in: Land und Reich, Stamm und Nation. Festgabe für Max Spindler zum 90. Geburtstag, I (= SBLG 78) 1984, 415–427; und DERS., Der Freisinger Bischof und Kardinal Johann Grünwalder, in: Christenleben im Wandel der Zeit 1, hg. v. G. SCHWAIGER, 1987, 103–113. MEUTHEN schätzt Grünwalder als zweit-, wenn nicht drittrangigen Konzilstheoretiker ein, sieht aber in seinem Reformstreben ein substanzielles Element seiner geistlichen Persönlichkeit schlechthin. Vgl. auch ROSSMANN, Marquard Sprenger bes. 356–365.

Chiemsee. Der Passauer Bischof Leonhard von Laimingen erfragte von der Wiener Universität, welche Themen zum Wohl der Diözese in Basel behandelt werden sollten, ließ sich aber auf dem Konzil vertreten. Und auch Erzbischof Johann II. von Salzburg begnügte sich mit der Abordnung eines Gesandten. Es kann aber kein Zweifel sein, daß der gesamte Episkopat geraume Zeit auf dem Boden des Konzils stand. Erst als die Baseler sich in Meinungsverschiedenheiten mit Papst Eugen IV. verstrickten, das Papsttum erstarkte, das Konzil vom Papst nach Italien verlegt wurde, eine größere Gruppe von Teilnehmern aber weiter in Basel tagte und Eugen IV. für abgesetzt erklärte, nahmen einige bayerische Bischöfe eine vorsichtigere Haltung ein. Der Passauer gab sich neutral und zunehmend ablehnend, der Freisinger wandte sich 1437 vom Konzil ab. Doch wirkten bei der von der Versammlung vorgenommenen Wahl des Gegenpapstes Felix V. 1439 noch mehrere Vertreter der bayerischen Kirche mit. Grünwalder, der durch Felix V. zum Kardinal erhoben wurde, und mit ihm Albrecht III. von Bayern-München, hielten sogar bis 1448 an Basel fest – dies, obwohl das Reich 1438 seine Neutralität im Streit zwischen Papst und Konzil erklärt hatte und König Friedrich III. (1440–1493) von 1445 an auf die Seite Eugens IV. trat. Der Habsburger stand hierbei wohl unter dem Einfluß Leonhards von Laimingen, der als sein Rat wirkte. Der Landshuter Herzog Heinrich der Reiche ging 1447 vom Konzil zum Papst über[125].

Eine Anzahl von bayerischen Klerikern und Mönchen gehörte den Ausschüssen des Konzils an, vor allem der Deputation *pro reformatione*[126]. Sie zeigten im Einklang mit der Haltung der Wiener Universität, an der viele von ihnen studiert hatten, eine überwiegend konziliare Gesinnung. Die Überordnung des Konzils über den Papst vertrat zum Beispiel Grünwalder in einem *Tractatus de auctoritate generalium conciliorum* (1437). Zwischen 1440 und 1443 folgte aus seiner Feder ein scharf gehaltener *Tractatus contra neutralitatem*, das heißt vor allem gegen die im Unverbindlichen verharrende Haltung der Kurfürsten. Der von Grünwalder geförderte Münchener Seelsorgspriester Marquard Sprenger machte sich noch 1448 in zwei Schriften den Standpunkt des Restkonzils zu eigen, während der Tegernseer Benediktiner Johann Keck um diese Zeit schon von seiner früheren Anhänglichkeit an Basel abgerückt war[127]. Nach 1439 bildete Altbayern zusammen mit einigen angrenzenden Ländern »das einzige ziemlich geschlossene Gebiet, in dem der Superioritätsanspruch des Konzils weiterhin Anerkennung fand« (T. Straub). Die Baseler machten Herzog Albrecht III. »den Frommen« zum hauptsächlichen Träger der klö-

---

[125] T. STRAUB, in: HBG II², 1988, 242–244 und – weiterführend – RANKL, Kirchenregiment 28–42.
[126] BAUERREISS, Kirchengeschichte Bayerns V 30–33, u. a. über das Wirken von Reformern wie Petrus von Rosenheim, Johann von Ochsenhausen und Ulrich Stöckl, dem Tegernseer Abgesandten. Dessen Briefe bei J. HALLER, Concilium Basiliense I, 1896, 60ff. Zu dem Regensburger Bischof Konrad VII. († 1437), der einer der drei Vorsitzenden der Deputation *pro fide* war, s. W. EBERHARD, Konrad Koler von Soest. Konzilstheologe und königlicher Rat, in: Von Soest – aus Westfalen, hg. v. H.-D. HEIMANN, 1986, 93–123, bes. 118–120; außerdem HAUSBERGER, Geschichte des Bistums Regensburg I 209.
[127] Über Keck, den Grünwalder aus München nach Basel geholt hatte und der dort vor allem als Prediger wirkte, s. H. ROSSMANN, in: VL² 4 (1983) 1090–1104 UND DERS., Marquard Sprenger 372–389; vgl. auch MASS, Bistum Freising im Mittelalter 303–307. Die Baseler Traktatliteratur bedarf weiterer Erforschung.

sterlichen Reformbewegung in seinen Landen und erkannten ihm (nicht genau erfaßbare) Befugnisse in der Bistumspolitik zu. Als der Herzog zu Papst Nikolaus V. überging, wurden ihm diese Rechte in Rom bestätigt. So bietet auch Bayern einen Beleg dafür, daß im Zeitalter der großen Konzilien die Staaten »aus dem Vormundschaftsverhältnis gegenüber der Kurie herausgetreten« und deren Partner geworden sind[128]. Die Frage, ob und in welcher Weise das konziliaristische Gedankengut in der bayerischen Kirche auch im folgenden Zeitalter, als die papalistische Doktrin wieder im Vordergrund stand, weiterlebte, verdient nähere Prüfung.

Die Bischöfe fanden sich während der letzten Phase des Mittelalters nur noch gelegentlich zu gemeinsamem Handeln für das Reich zusammen. So wurden 1450 die Bischöfe von Freising, Regensburg, Passau und Augsburg sowie der Graf von Oettingen von König Friedrich III. mit dem Schutz der Reichsstadt Nürnberg betraut, falls diese vom Markgrafen von Ansbach angegriffen werden sollte. Ständig hatten sich die Bistümer mit den Machtinteressen der Fürsten auseinanderzusetzen. Die Konsolidierung des »Staates« schritt sowohl in Bayern wie in Österreich voran. Die Kirchenpolitik der Habsburger gewann zusätzliche Chancen, weil diese Dynastie von 1438 an auf Dauer zum deutschen Königtum aufstieg. Die Einflußnahme der Päpste auf die Bischofserhebungen hörte keineswegs auf, doch mußten sie aus politischer Rücksichtnahme mancherlei Konzessionen machen. Dem Konstanzer Konkordat zufolge konnte das Papsttum die Provision der Kathedralkirchen beanspruchen. Spätere Vereinbarungen zwischen Staat und Kirche – wie das Wiener Konkordat von 1448 – führten zu einer differenzierteren Rechtslage.

An ausgewählten Beispielen soll das Ineinander von Bistums- und Fürstenpolitik verdeutlicht werden. Wenn es um die Besetzung der Bischofsstühle von Passau, Freising und Regensburg ging, ergaben sich vielfach Konflikte – sei es zwischen den Häusern Wittelsbach und Habsburg oder auch zwischen den bayerischen Herzogslinien. Der Passauer Bischofsstreit von 1387 bis 1393 endete damit, daß der vom Domkapitel gewünschte österreichische Kandidat Georg von Hohenlohe sich durchsetzte, während der Favorit Bayerns – Rupert von Jülich-Berg, der eine Zeitlang in Passau residierte – vom Papst das Bistum Paderborn erhielt[129]. Bischof Georg zeigte sich in seiner Politik den Habsburgern verpflichtet. Allerdings war dies nicht seine einzige Option, wie sich in Konstanz erwies, wo er zum Kanzler König Sigmunds avancierte. 1420 nahm er zusammen mit Herzog Albrecht V. von Österreich – dem späteren König Albrecht II. (1438–1439) – am Hussitenkrieg teil. Nach seinem Tode kam es 1423 in Passau wieder zu einer zwiespältigen Wahl. Diesmal setzte sich die bayerische Partei im Domkapitel durch, deren Kandidat Leonhard von Laimingen die

---

[128] H. ANGERMEIER, Das Reich und der Konziliarismus, in: HZ 192 (1961) 531. – Über Versuche weltlicher Fürsten, umgestaltend in die Kirche einzugreifen, handelt M. SCHULZE, Fürsten und Reformation (= Spätmittelalter und Reformation NR 2) 1991, wobei allerdings die bayerischen Verhältnisse nur kurz 28–32 berücksichtigt werden.

[129] Auch König Wenzel und die Passauer Bürger griffen in die Auseinandersetzungen ein. SCHROEDL, Passavia Sacra 278–280; KOLLER, Princeps in Ecclesia 117f; F.-R. ERKENS, Aspekte der Passauer Geschichte im 14. Jahrhundert, in: OG 31 (1989) bes. 68–75.

Unterstützung Sigmunds von Luxemburg fand und von Martin V. providiert wurde. Albrecht V. beanspruchte aber das Recht, selbst über die Besetzung zu entscheiden, und suchte Leonhard mit Gewalt zu verdrängen. Auch dem Konflikt mit dem Papst wich der Herzog nicht aus. Erst 1428 gelang es dem Erzbischof Eberhard IV. von Salzburg, bei Albrecht die Anerkennung des Laimingers zu erreichen[130]. Auf diesen folgte 1451 Bischof Ulrich III. als bayerischer Kandidat. König Friedrich III. weigerte sich mehrere Jahre lang, ihn anzuerkennen, mußte aber schließlich nachgeben. Von 1479 bis 1482 tobte wiederum heftiger Streit, diesmal zwischen dem vom Kapitel gewählten und von Bayern-Landshut geförderten Friedrich I. Mauerkircher und dem im habsburgischen Dienst bewährten, schon im vorgerückten Alter stehenden Kardinal Georg (II.) Hessler, der von Friedrich III. in Rom empfohlen und von Sixtus IV. ernannt wurde. Die Rechtsgrundlage für diesen Akt bestand darin, daß gemäß dem Wiener Konkordat der Papst befugt war, alle neu gewählten Bischöfe zu bestätigen oder aus gewichtigen Gründen zu verwerfen und im letzteren Fall eine Provision vorzunehmen. Mauerkircher besaß in Passau festen Rückhalt. Trotzdem konnte sich Hessler zeitweise dort festsetzen, worauf die Stadt von bayerischen Truppen beschossen und zum Teil in Asche gelegt wurde. Schließlich suchte der Papst eine Einigung zu erreichen. Die beiden Rivalen trafen die Vereinbarung, der Kardinal solle das Bistum innehaben, nach seinem Tode jedoch Mauerkircher der Nachfolger werden, wie es auch geschah[131]. Bei den nächsten Bischofserhebungen kamen – teilweise unter dem Einfluß Herzog Georgs des Reichen von Landshut – bayerische Kandidaten zum Zuge. War das 14. Jahrhundert in Passau weithin ein »habsburgisches« gewesen, so hatten im 15. Jahrhundert die Wittelsbacher die größeren Erfolge zu verzeichnen.

Im Bistum Freising stießen mitunter die Interessen der Münchener und der Landshuter Herzogslinie hart aufeinander, und auch Österreich suchte einzugreifen. 1422 wurden drei Kandidaten für den Stuhl des hl. Korbinian benannt: Nikodemus della Scala aus ursprünglich Veroneser Familie, den Herzog Heinrich der Reiche protegierte; Johann Grünwalder, der vom Domkapitel, dem er angehörte, ausersehen war und von seinen Münchener herzoglichen Verwandten unterstützt wurde; und der Österreicher Albrecht von Pottendorf, den Herzog Albrecht V. vorschlug mit der Begründung, Freising sei hauptsächlich in den habsburgischen Ländern begütert. Der Papst providierte Nikodemus. Die Münchener Herzöge Ernst und Wilhelm III. sowie das Domkapitel widersetzten sich geraume Zeit dieser Entscheidung und erreichten immerhin, daß Grünwalder das Amt des Freisinger Generalvikars erhielt, in dem er mit

---

[130] SCHROEDL, Passavia Sacra 290f; KOLLER, Princeps in Ecclesia 132–177; A. H. BENNA, Herzog Albrecht V. von Österreich und die Wahl des Leonhard von Layminger zum Bischof von Passau 1423, in: Mitteilungen des österreichischen Staatsarchivs 3 (1950) 33ff; P. UIBLEIN, Neue Dokumente zum Passauer Bistumsstreit 1423–1428, in: Festschrift Franz Loidl zum 65. Geburtstag, 1971, 291–355; DERS., Dokumente zum Passauer Bistumsstreit von 1423 bis 1428 (= Fontes Rerum Austriacarum II,84) 1984 (mit detaillierter Darstellung der Auseinandersetzung 9–51).

[131] SCHROEDL, Passavia Sacra 305–307; BAUERREISS, Kirchengeschichte Bayerns V 181f. Zum juristischen Hintergrund s. A. MEYER, Bischofswahl und päpstliche Provision nach dem Wiener Konkordat, in: RQ 87 (1992) 124–135.

Bischof Nikodemus jahrelang eng zusammenarbeitete[132]. Doch entstand zwischen beiden eine unüberbrückbare Kluft, als Grünwalder in Basel den Kardinalshut entgegennahm. Nach dem Tode des Bischofs 1443 wählte das Domkapitel wiederum Grünwalder. Demgegenüber betrieb Kaspar Schlick, der Kanzler Friedrichs III., die Erhebung seines Bruders Heinrich zum Freisinger Bischof. Der König machte sich das Anliegen seines Ratgebers zueigen und stellte die Behauptung auf, seit den ältesten Zeiten seien alle Vorsteher der Freisinger Kirche von den österreichischen Herzögen in ihre Position gebracht worden. Das Baseler Konzil sprach Ende 1444 die Bestätigung Grünwalders aus. Eugen IV. aber hatte sich vorher schon für Heinrich Schlick entschieden und ihn providiert. Nach einigen Jahren ließ der König jedoch den vom Papst ernannten Bischof fallen und sprach sich für die Inthronisation Grünwalders aus. Nikolaus V. machte schließlich diese Wendung mit. Schlick erhielt eine Entschädigung. Grünwalder fand, nachdem er auf den Kardinalsrang verzichtet hatte, in Rom die Anerkennung als rechtmäßiger Bischof[133].

Die folgenden beiden Oberhirten wurden offenbar in relativ unbeeinflußter Wahl des Kapitels benannt und vom Papst bestätigt. 1495 aber griffen die Wittelsbacher wieder mit Entschiedenheit ein. Das Domkapitel wies einen Vorschlag der Münchener Linie ab, akzeptierte jedoch den gemeinsamen Kandidaten des Heidelberger und des Landshuter Hofes, einen Sohn des Kurfürsten Philipp von der Pfalz. Dieser Pfalzgraf Ruprecht war 14 Jahre alt und gehörte dem Freisinger Kapitel an. Der Papst konfirmierte ihn als Bistumsadministrator. 1498 jedoch entsagte Ruprecht, der die höheren Weihen noch nicht empfangen hatte, seiner geistlichen Karriere und heiratete die Erbtochter des Herzogs Georg von Landshut in der Hoffnung, in den Besitz Niederbayerns zu gelangen. Ein älterer Bruder Ruprechts, Philipp von der Pfalz, wurde nun von der pfälzisch-niederbayerischen Partei präsentiert, um Freising in deren Einflußbereich zu halten. Das Domkapitel hat diesen Prinzen gewählt, 1499 wurde er inthronisiert[134]. So ist das Bistum Freising am Ende des Mittelalters in so starkem Maße unter die Kontrolle der wittelsbachischen Dynastie geraten wie kaum jemals zuvor. Dem Bischof Philipp oblag es, im Landshuter Erbfolgekrieg, der nach dem Tode Herzog Georgs des Reichen in den Jahren 1504/05 zwischen dem Pfälzer und dem Münchener Zweig der Wittelsbacher um Niederbayern ausgetragen wurde, die Interessen Freisings zu wahren.

---

[132] STRZEWITZEK, Sippenbeziehungen 216f; MASS, Bistum Freising im Mittelalter 296–298; weitere Lit. oben Anm. 124.

[133] KÖNIGER, Johann der Dritte passim; STRZEWITZEK, Sippenbeziehungen 170–173 und 222f; MASS, Bistum Freising im Mittelalter 310–315. Vgl. auch E. MEUTHEN, Antonio Rosellis Gutachten für Heinrich Schlick im Freisinger Bischofsstreit (1444), in: Aus Kirche und Reich. Festschrift für Friedrich Kempf zu seinem 75. Geburtstag, hg. v. H. MORDEK, 1983, 461–472.

[134] J. SCHLECHT, Die Pfalzgrafen Philipp und Heinrich als Bischöfe von Freising, in: SHVF 4 (1898) 46–76. H. GLASER, »Unser Pfarr«. Die Wittelsbacher und das Hochstift Freising, 1980, 15–25; MASS, Bistum Freising im Mittelalter 351–353; B. M. HOPPE, Philipp Pfalzgraf bei Rhein, in: Christenleben im Wandel der Zeit I, hg. v. G. SCHWAIGER, 1987, 114–128.

Auch bei der Besetzung des Regensburger Stuhles machte sich wiederholt landesfürstlicher Einfluß geltend[135]. Schon 1384 war Johann I. von Moosburg, ein unehelicher Sohn Herzog Stephans III. von Bayern-Ingolstadt, im Zusammenwirken seiner Familie mit Papst Urban VI. gegen den Willen des Domkapitels zum Bischof erhoben worden. Er schloß sich später in der Politik zeitweise eng an seinen Halbbruder Ludwig im Bart an. 1428 nahm Papst Martin V. auf Wunsch der pfälzischen Wittelsbacher die Einsetzung Bischof Konrads VII. von Soest vor. Sein Nachfolger Friedrich II. von Parsberg stand dem Münchener Herzog Albrecht III. nahe, als dessen Gesandter er auf verschiedenen Reichstagen tätig wurde, die sich mit der Auseinandersetzung zwischen dem Papsttum und den Baselern befaßten. Bischof Friedrich III. von Plankenfels tat sich dagegen als Vertrauensmann des habsburgischen Königtums hervor. Er begleitete 1451 Friedrich III. zur Kaiserkrönung nach Rom und leitete zusammen mit Enea Silvio Piccolomini die Gesandtschaft, welche die Braut des Habsburgers, Eleonore von Portugal, in Pisa abholte. Als 1457 der Regensburger Stuhl vakant wurde, ergab sich ein Konflikt zwischen Albrecht III. und Ludwig dem Reichen, die beide in Rom vorstellig wurden, um eine Neubesetzung in ihrem Sinn zu erreichen. Die niederbayerische Delegation setzte sich durch, wobei die Bestechung einflußreicher Kardinäle eine Rolle spielte. Calixt III. entschied zugunsten des von Ludwig favorisierten wittelsbachischen Prinzen Rupert (I.) und gegen den vom Kapitel mit Mehrheit gewählten Domherrn Heinrich von Absberg[136]. Das Hochstift Regensburg wurde nun für einige Zeit der Verwaltung Ludwigs des Reichen unterstellt, der sich auch in vielerlei Angelegenheiten der Diözese einmischte. Unter dem Nachfolger Ruperts, Bischof Heinrich IV. von Absberg, kam es zu einer Reaktion gegen die landesfürstlichen Übergriffe. Er unternahm zwar 1473 für den niederbayerischen Fürstensohn Georg eine Brautfahrt nach Polen – mit Erfolg, 1475 fand die aufwendige »Landshuter Hochzeit« des Prinzen mit der Königstochter Hedwig von Polen statt. Zehn Jahre später aber beeinträchtigte die Münchener Linie in eklatanter Weise die Rechte des Hochstifts, als Herzog Albrecht IV. die in wirtschaftlicher Notlage befindlichen Regensburger Bürger zur Huldigung veranlaßte, ihre Stadt in seinen »Schutz« und damit in Besitz nahm. Der Bischof klagte bei Kaiser Friedrich III. und trug so dazu bei, daß dieser sich der Sache mit Energie annahm und die Stadt Regensburg schließlich – 1492 – wieder ans Reich kam. 1487 akzeptierte das Domkapitel auf Drängen der Wittelsbacher, die den kaiserlichen Einfluß von Regensburg

---

[135] Zum folgenden JANNER, Bischöfe von Regensburg III 296–625 und HAUSBERGER, Geschichte des Bistums Regensburg I 201–224. S. auch u. Anm. 168.

[136] Zu den Vorgängen vor allem RANKL, Kirchenregiment 86–89. – In erster Linie war der Kardinal Enea Silvio Piccolomini mit der Untersuchung des Falles betraut. Als Gründe, die für Rupert sprachen, wurden angeführt, daß 1.) das Regensburger Hochstift seit mehr als zwanzig Jahren von einer übermäßigen Schuldenlast bedrückt und in seinen Rechten und Besitzungen geschädigt sei, 2.) die Hussiten lange Jahre hindurch die Diözese verheert hätten, 3.) die Regensburger Kirche auch jetzt wieder von mächtigen Adligen beraubt werde. Die Wittelsbacher hätten das Bistum vor dem völligen Untergang bewahrt, und Rupert sei auf Grund seiner Mittel geeignet, die Verhältnisse zu bessern. Enea Silvio verwies außerdem auf seine früheren engen Kontakte zu den Landshuter Herzögen Heinrich und Ludwig. Vgl. JANNER, Bischöfe von Regensburg III 511–514.

fernhalten wollten, einen Sohn des Pfalzgrafen Friedrich von Sponheim als Koadjutor. Fünf Jahre darauf trat er als Rupert II. das oberhirtliche Amt an. Als 1506 wieder eine Nachfolgeregelung anstand, wurde der Pfalzgraf Johann, ein Bruder des Heidelberger Kurfürsten Ludwig V., als Koadjutor angenommen. Von 1507 an wirkte er als Administrator – er empfing nicht die höheren Weihen – und stand zunächst vor der Aufgabe, nach den Wirren des Erbfolgekrieges den Neuaufbau einzuleiten. Doch fand Johann kaum zu kraftvoller Regierung. Im ganzen gesehen hat sich die Regensburger Kirche weitgehend den Einwirkungen der verschiedenen wittelsbachischen Linien geöffnet.

Im Erzbistum Salzburg[137] konnten sich die bayerischen Herzöge während des 15. Jahrhunderts mit ihren personellen Wünschen nicht durchsetzen, obwohl manche Domherren weiterhin die Auffassung vertraten, es handle sich um einen »bayerischen« Sprengel. Das Haus Habsburg griff bei günstiger Gelegenheit gebieterisch ein. Die Oberhirten kamen entweder aus salzburgischen Ministerialen-Familien oder – in der Mehrzahl – aus dem Adel der österreichischen Lande. Eberhard III. von Neuhaus übernahm im Auftrag König Sigmunds Reichsaufgaben, ging in der Politik zeitweise aber auch mit Ludwig im Bart von Bayern-Ingolstadt zusammen. Für seine Regierungszeit wie für die seiner Nachfolger gilt, daß es wegen der Absatzmöglichkeiten für das Halleiner respektive das Reichenhaller Salz immer wieder zu Auseinandersetzungen mit Bayern kam. Erzbischof Johann II. von Reisberg engagierte sich im Hussitenkrieg und nahm zu den schwierigen Problemen um das Baseler Konzil (nicht immer eindeutig) Stellung. Er wurde von Kaiser Sigmund als Beisitzer im Hofgericht benannt. Friedrich IV. von Emmerberg beteiligte sich weniger an der Reichspolitik und führte eine Zeit des Friedens für Salzburg herauf. Erzbischof Burkhard von Weißpriach wurde 1462 durch Papst Pius II. zum Kardinalpriester erhoben – drei Jahrhunderte nach Konrad von Wittelsbach besaß wieder ein Salzburger Oberhirte die Kardinalswürde. Burkhard suchte durch ein Bündnis mit Bayern-Landshut und Tirol das Erzstift von der kaiserlichen Politik unabhängiger zu machen. Er begann einen weiträumigen Ausbau der Feste Hohensalzburg, den seine Nachfolger fortsetzten. Erzbischof Bernhard von Rohr suchte ebenfalls ein enges Verhältnis zu Herzog Ludwig dem Reichen. Bei der Landshuter Hochzeit von 1475 nahm er die Trauung vor. Bernhard scheute vor einem Konflikt mit Kaiser Friedrich III. wegen dessen Kirchenpolitik nicht zurück. Dann aber geriet das Erzstift verstärkt in den Sog der habsburgischen Interessen. Es kam zu einem zehn Jahre währenden Streit um den Erzstuhl. Der Kaiser veranlaßte im Jahre 1478 Bernhard, seinen bevorstehenden Rücktritt zu erklären. Ein vertrauter Ratgeber des Habsburgers, der aus Schlesien stammende Erzbischof Johann Beckenschlager von Gran, sollte Salzburger Metropolit werden. Das Domkapitel und die Mehrheit der Ständeversammlung wandte sich entschieden dagegen. Nun trat im Kapitel nochmals eine bayerische Partei hervor. Ihr Repräsentant war vor allem der Dompropst Christoph Ebran von Wildenberg, der mit Unterstützung durch die Landshuter Herzöge und durch König Matthias Corvinus

---

[137] DOPSCH, Geschichte Salzburgs I 492–593.

von Ungarn alles tat, um die Pläne Friedrichs III. zu durchkreuzen. Der Erzbischof nahm den Entschluß zur Resignation zurück. Als der kaiserliche Druck anhielt, floh Christoph Ebran mit seinen Anhängern in die Exklave Mühldorf, wo ihnen der Schutz der bayerischen Waffen sicher war. Papst Innozenz VIII. aber anerkannte 1484 Johann Beckenschlager als Administrator des Erzbistums mit dem Recht der Sukzession. Nach dem Tode Bernhards von Rohr ließ sich Christoph Ebran in Mühldorf durch vier Domherren zum Erzbischof wählen. Beckenschlager jedoch setzte seinen Anspruch in Salzburg durch[138]. Während der wenigen Jahre seines Pontifikats war Erzbischof Johann III. weiterhin für den Kaiser diplomatisch und politisch tätig. Die nächsten Inhaber des Erzstuhles standen den Habsburgern weniger nahe. Als im Jahre 1500 auf einem Augsburger Reichstag das Reich in sechs Kreise gegliedert wurde, fiel dem Salzburger Erzbischof der Vorsitz im bayerischen Reichskreis zu. Anfang des 16. Jahrhunderts verfolgte Albrecht IV. von Bayern-München den Plan, seinen Sohn Ludwig zum Koadjutor im Erzstift zu machen. Dies ließ sich nicht durchsetzen. Um 1513 standen als Kandidaten für die Koadjutorie der aus einer Augsburger Patrizierfamilie stammende Kardinal Matthäus Lang von Wellenburg, ein enger Mitarbeiter des Kaisers Maximilian, und Herzog Ernst von Bayern, der jüngste Sohn Albrechts IV., einander gegenüber. Der Wittelsbacher wurde mit der Koadjutorie in Passau abgefunden. Der Kardinal erlangte 1519 die erzbischöfliche Würde. Zwei Jahrzehnte später ist aber doch noch Herzog Ernst Administrator von Salzburg geworden.

Das Bistum Chiemsee war in der Regel an den Aktionen der großen Politik weniger beteiligt. Die Bischöfe nahmen zwar manchmal an Reichstagen teil, doch geschah dies wohl eher im Auftrag und in Stellvertretung ihres Metropoliten. Leistungen für das Reich lehnten sie ab. So verweigerte zum Beispiel Bischof Georg II. Altdorfer auf einem Frankfurter Reichstag 1489 dem Kaiser eine dringend von diesem angeforderte Finanzhilfe. Einige Chiemseebischöfe haben aber doch den Habsburgern Dienste geleistet. Einer Gesandtschaft König Albrechts II., die 1439 mit dem Baseler Konzil und Papst Eugen IV. verhandelte, gehörte neben Friedrich II. von Regensburg auch Bischof Silvester Pflieger von Chiemsee an, und später begegnet dieser als Delegierter König Friedrichs III. in der Kirchenfrage[139]. Bischof Ludwig II. Ebmer resignierte 1502 und verbrachte seine späteren Jahre auf Wunsch des Kaisers Maximilian, dessen Ratgeber er war, in Wien.

---

[138] Zu diesen Vorgängen s. F. ZAISBERGER, Bernhard von Rohr und Johann Beckenschlager..., Diss. Wien (masch.) 1963. Christoph Ebran war ein Bruder Hans Ebrans von Wildenberg, der dem herzoglichen Rat in Landshut angehörte und als Hofmeister der Herzogin Hedwig in Burghausen wirkte. Vgl. P. F. KRAMML, Christoph Ebran von Wildenberg, in: Das Salzfaß 21 (1987) 65–92.

[139] WALLNER, Bistum Chiemsee 110, vermutet, daß Bischof Silvester hierbei seinen Metropoliten vertrat.

## § 26. ZUR INNEREN SITUATION

Der Stand des sittlich-religiösen Lebens im späteren Mittelalter wird in der Literatur mit dem Etikett »Schäden und Lichtseiten« bedacht[140]. Vielleicht darf man den negativen Aspekt voranstellen, denn die Quellen weisen immer wieder auf vorhandene Mißstände hin. Allerdings ist es schwierig, ein allgemein zutreffendes und doch auch hinreichend differenziertes Gesamtbild zu gewinnen. Beim gegenwärtigen Forschungsstand muß vieles offen bleiben. Es ist zu prüfen, in welchem Maße die angeprangerten Unsitten und Vergehen verbreitet waren, ob die Kritik generell oder nur partiell Berechtigung besaß, ob sie im Einzelfall gar einer echten Grundlage entbehrte, vielleicht aus Parteilichkeit erwuchs oder nur überkommene Worthülsen weitertradierte. Welcher Art die Probleme sind, die bei der Einschätzung der an Klerus und Volk gerichteten Mahnungen auftauchen, zeigt sich etwa am Beispiel des Regensburger Generalvikars Wernher Aufleger, der 1419 auf einer Diözesansynode den Geistlichen in einer langen Auflistung nahebrachte, wie sie ihr Amt zu versehen und vor welchen Abweichungen und Fehlern sie sich zu hüten hätten – und der dabei keine Bedenken trug, einen aus früherer Zeit überkommenen Text zu verkünden! Wir wissen heute, daß es sich um ein Mahnschreiben aus dem 9. Jahrhundert handelt. Während die Geschichtsschreibung des 19. Jahrhunderts in dieser »Pastoralanweisung« ein erstrangiges Zeugnis sah und aus ihr »keineswegs ein günstiges Bild« vom Zustand der Regensburger Diözese ableitete[141], muß heute die Frage aufgeworfen werden, ob und wieweit die einzelnen Sätze den tatsächlichen Verhältnissen entsprachen[142]. Mit aller Vorsicht darf man wohl die *Canones* der Provinzialsynoden – ohne ihren normativen Charakter zu verkennen – als eine Art Leitfaden benützen, wenn das Funktionieren der kirchlichen Organisation samt den auftretenden Mängeln in den Blick genommen wird[143]. Vom 13. bis zum frühen 16. Jahrhundert begegnet auf den Synoden eine Reihe von bestimmten Klagen über Abweichungen vom vor-

---

140  BAUERREISS, Kirchengeschichte Bayerns IV 151–165.
141  So JANNER, Bischöfe von Regensburg III 381–384.
142  Wenn dabei von Gesängen und Chören der Weiber im Atrium der Kirche die Rede ist sowie von den teuflischen Liedern, welche das Volk über die Toten zu singen pflegt und den Possen, die den Namen Gottes verunehren, so sind diese Ausführungen kaum für bare Münze zu nehmen. Andere in dem Text genannte Mißstände, wie Wirtshausbesuch der Kleriker oder heimliche Eheschließungen innerhalb der Gemeinde werden aber auch sonst häufig angeprangert. STABER, Kirchengeschichte 79f, meint: »man war überzeugt, daß es früher nicht anders gewesen sei als zur eigenen Zeit; das, was einmal gegolten hat, mußte weiter gelten... Daher sind die vielen Synoden, die man als Allheilmittel für die Gesundung der Kirche ansah, durch ihre lebensfremden Bestimmungen unwirksam geblieben...«. Dem ist einerseits hinzuzufügen, daß viele Mahnungen durch die Jahrhunderte nichts von ihrer Aktualität einbüßten, und andererseits ist daran zu erinnern, daß die Diözesansynoden grundsätzlich auf die Verkündung der auf höherer Ebene gefaßten Beschlüsse ausgerichtet waren (s.o. Anm. 5). Als man 1418 forderte, die Bischöfe sollten durch Synodalzeugen die Situation in ihrer Diözese erforschen lassen, wurde Neuland betreten.
143  Zu Versuchen, den Aufgabenbereich dieser Versammlungen zu erweitern, s. LEINWEBER, Provinzialsynode passim. Papst Urban V. wies ihnen 1364 auch die Behandlung von Fragen der kirchlichen Freiheit zu. Das Basler Konzil erarbeitete 1433 einen Dekretstext, der eingehend zur Abhaltung und den Kompetenzen der Provinzial- und Diözesansynoden Stellung nahm, doch erwies sich die Durchsetzung der vorgesehenen Bestimmungen als schwierig.

gegebenen Kanon immer wieder, und weitere *Monita* treten im Lauf der Zeit hinzu. Freilich ist nicht zu erwarten, daß die Beschlüsse ein Gesamtbild der inneren Situation bieten, zumal es nicht Aufgabe der Provinzialsynoden war, zu dem Stellung zu nehmen, was keinen Anlaß zum Tadel bot.

Im folgenden soll es zunächst darum gehen, charakteristische Züge in der Reformgesetzgebung der wichtigeren Provinzialsynoden (und auch in der sich anschließenden Promulgationstätigkeit der Diözesansynoden) herauszuheben[144]. Dabei kann freilich nur eine begrenzte Auswahl geboten werden. Der Befund ist in Relation zu den allgemeineren Entwicklungstendenzen der Zeit zu setzen, namentlich was die Gestaltung des Verhältnisses von Kirche und Laientum betrifft.

Die von Erzbischof Eberhard II. 1216 nach Salzburg einberufene Provinzialsynode hatte – in Anwesenheit der Bischöfe von Freising, Passau, Gurk und Chiemsee, der Regensburger ließ sich vertreten – die Publizierung der Beschlüsse des Vierten Laterankonzils zum Hauptthema. In Einklang hiermit wurde den Äbten und Pröpsten der Provinz verboten, »künftighin die ihrem Kloster nicht pleno iure einverleibten Pfarreien beliebig mit Mönchen resp. Chorherren zu besetzen, da diese dort ein vielfach tadelnswertes Leben führten. Die betreffenden Kandidaten müßten vorerst dem Diözesanbischof präsentiert werden, dem sie auch hinsichtlich der Seelsorge unterstünden. Über die Verwaltung der Pfarrgüter wären sie aber ihrem Mutterkloster verantwortlich«[145]. Zahlreiche Klostervorsteher waren auf der Synode nicht erschienen, um dem erwarteten Druck auszuweichen. Über sie wurde der Bann verhängt. Ein anderer wichtiger Diskussionspunkt war wohl die Frage, wie man Übergriffen der Laien gegenüber kirchlichen Rechten und Besitzungen wehren könne. Dies ist eines der Themen, die bei den Synoden der nächsten drei Jahrhunderte immer von neuem auf der Tagesordnung stehen sollten.

Als 1267 der päpstliche Legat Guido von St. Lorenz einer »Provinzialsynode« in Wien, deren Beratungshorizont allerdings über den Salzburger Metropolitanverband hinausreichte, präsidierte, wurden in 19 Kapiteln Reformen beschlossen, welche unter anderem die Disziplin des Klerus (zum Beispiel im Hinblick auf Enthaltsamkeit, Residenzpflicht, Verbot der Pfründenkumulation) und das Verhältnis zwischen Geistlichkeit und Laien betrafen. Zu den genannten Vergehen der Laien gehörten Übergriffe auf Kirchengüter, Gewalttaten gegen Kleriker, Verweigerung der Zehnten, Aneignung der Hinterlassenschaft von Klerikern oder der Einkünfte von vakanten Kirchen sowie Einsetzung von Geistlichen durch Patrone (über das ihnen zustehende Präsentationsrecht hinaus)[146].

---

[144] Hierzu auch unten § 27. Zu Editionen und Lit. s.o. Anm. 12; außerdem BINTERIM, Pragmatische Geschichte VI u. VII; HEFELE, Conciliengeschichte V–VIII und HEFELE – LECLERCQ, Histoire des conciles VI–VII; P. PALAZZINI, Dizionario dei Concili I–VI, 1963–1968; vgl. auch JANNER, Bischöfe von Regensburg, der zahlreiche Konzilsbeschlüsse referiert, II–III passim.
[145] HÜBNER, Provinzialsynoden 202.
[146] Druck der Statuten u. a. bei DALHAM, Concilia Salisburgensia 105ff. Der Hintergrund der Synode wird gewürdigt von P. JOHANEK, Das Wiener Konzil von 1267, der Kardinallegat Guido und die Politik Ottokars II. Premysl, in: Jahrbuch für Landeskunde Niederösterreichs 44/45 (1978/79) 312–340. Vgl. auch

1274 verkündete eine in Salzburg abgehaltene Provinzialsynode die Beschlüsse des zweiten Lyoner Konzils vom selben Jahr. Außerdem sahen die Konzilsteilnehmer Anlaß, mit Nachdruck auf die – ungenügend beachteten – Verordnungen von 1267 hinzuweisen und diese durch 24 Kapitel zu ergänzen. Es wird unter anderem bestimmt: umherschweifende Mönche müssen in ihre Klöster zurückgeholt werden; die Geistlichen müssen innerhalb vorgeschriebener Frist die erforderliche Weihe empfangen; die Pfarrer sind gehalten, dem Bischof innerhalb von drei Monaten taugliche Kandidaten für die zu besetzenden Vikariate zu präsentieren; den Vikaren steht ein angemessener Unterhalt aus den Einkünften der betreffenden Kirche zu; dem Kleriker ist es verboten, lange Haare, nicht geschlossene Kleider, Gürtel und Schnallen aus Silber oder geschwänzte Hüte zu tragen; der Aufenthalt in Gasthäusern ist auf das während einer Reise Notwendige zu beschränken; fahrenden Scholaren darf keine Unterstützung gewährt werden. Bestimmungen dieser Art finden sich auch in anderen Kirchenprovinzen. Wenn gerade im bayerisch-österreichischen Raum die Dringlichkeit solcher Gesetzgebung hervorgehoben wird, dürfte dies mit den hier besonders spürbaren Unregelmäßigkeiten der spätstaufischen Zeit und des Interregnums zusammenhängen. Die wiederholte Verkündung von Bann und Interdikt seit den dreißiger Jahren mußte zwangsläufig der kirchlichen Ordnung schaden und das Zusammenwirken von Klerus und Laien erschweren. Vielleicht war die Auflösung ererbter Gemeinsamkeiten in den österreichischen Landen, wo Ottokar II. ein gewalttätiges Regiment ausübte, weiter vorangeschritten als im bayerischen Herzogtum. Aber auch dort gab es erhebliche Gegensätze zwischen Episkopat und Laientum. Es sei darauf verwiesen, daß sich Heinrich XIII. von Niederbayern durch einen 1274 verkündeten, gegen die Fürsten – und im besonderen wohl gegen König Ottokar – gerichteten Beschluß verletzt fühlte (c. 22 *pro necessitate temporis*: wird ein Bischof gefangengenommen, ist nicht nur der Täter mit dem Bann, sondern die gesamte Provinz mit dem Interdikt zu belegen). Als 1281 eine weitere Synode nach Salzburg einberufen wurde, drohte der Wittelsbacher den Teilnehmern für den Fall einer fürstenfeindlichen Haltung mit Gegenmaßnahmen. Die Versammlung erließ 18 Statuten, die sich von neuem gegen die Bedrückung der Kirche durch Laien, aber auch gegen die Vernachlässigung der geistlichen Disziplin wandten.

Die folgenden Provinzialsynoden behielten das Anliegen der Kirchenreform im Blick, widmeten sich der seit dem Lyoner Konzil wieder aktuellen Frage der Kreuzzugsbesteuerung und behandelten das Problem, welche Rolle den Bettelorden innerhalb der Seelsorgsarbeit eingeräumt werden sollte. Zunehmend wurden jedoch die »kirchlichen« Themen von weiteren Auseinandersetzungen zwischen den Bischöfen und den Herzogsgewalten überschattet. Für Salzburg traten nun die inzwischen im Südosten etablierten Habsburger immer mehr als gefährliche Gegner hervor – sowohl als Rivalen in der Territorialpolitik wie durch ihr Bestreben, die Kirche in den staatlichen Organismus zu integrieren, um dessen Durchsetzungsvermögen zu stärken. Für

---

H. OLLENDIEK, Die päpstlichen Legaten im deutschen Reichsgebiet von 1261 bis zum Ende des Interregnums (= Universität Freiburg/Schweiz. Historische Schriften 3) 1976, 82ff.

die Wittelsbacher ist dies ebenfalls ein beharrlich verfolgtes Ziel gewesen[147]. Doch sollte nicht übersehen werden, daß es durchaus auch gute und enge Zusammenarbeit zwischen der Kirche und dem weltlichen Fürstentum gab. Hiervon zeugen Neugründungen, wie das vom Bayernherzog Ludwig I. und Eberhard II. von Salzburg gemeinsam eingerichtete Chorherrenstift Altötting (1228/1231)[148]. Aber das Bestreben der Wittelsbacher, möglichst viele Klostervogteien in ihren Besitz zu bekommen, führte zu einem dauernden Spannungszustand. Im 13. Jahrhundert gewannen sie zum Beispiel die Vogteien über Dießen, Rott, Ensdorf und Biburg[149]. Schon 1246 sprach Herzog Otto II. von *ecclesiae nostrae iurisdictioni attinentibus*. Die Herzöge übten zunächst als Inhaber der einzelnen Vogteirechte, dann aber immer mehr aufgrund einer in Anspruch genommenen allgemeinen landesherrlichen Schirmvogtei ihre Gerichtsrechte über die Klöster aus und erhielten dafür Abgaben. Bis zum frühen 14. Jahrhundert bildete sich ein klösterliches Hofmarkenrecht heraus, welches alte Immunitätsrechte und durch Privileg verliehene Befugnisse umschloß. So entstanden klösterliche Niedergerichtsbezirke, die der Fürstengewalt weitgehende Einfluß- und Nutzungsmöglichkeiten boten. Neben den Benediktinern, Prämonstratensern und Augustinerchorherren wurden auch die Zisterzienser, die von Hause aus Vogtfreiheit beanspruchten, in die neue, auf möglichste Einheitlichkeit angelegte Struktur einbezogen. Die Vorstände der Klöster aus diesen vier Orden sowie weiterer Kollegiatstifte und auch einiger Bettelordensniederlassungen wirkten politisch im Rahmen der Landschaft als »Prälatenstand« (mit bis zu 80 Mitgliedern im ganzen Herzogtum).

Im späten 14. Jahrhundert berief Erzbischof Pilgrim II. zwei Provinzialsynoden nach Salzburg ein (1380, 1386), die wohl der von ihm betriebenen Hinwendung der Provinz zur avignonesischen Obödienz dienen sollten, aber auch Beschlüsse zur Besserung der Kirchenzucht faßten. 1386 wurden 17 *Canones* gebilligt, die teils ältere Reformforderungen aufnahmen, teils inhaltliche Neuerungen enthielten[150]: im Chordienst und *divinum officium* müssen sich alle Kleriker an den Modus der jeweiligen Kathedrale halten; in Reservatfällen darf nicht ohne Genehmigung absolviert werden; in zweifelhaften Fällen sind die geistlichen Vorgesetzten zu konsultieren; jeder Geistliche hat eine Kopfbedeckung zu tragen; nur diejenigen, welche Domherren oder Magistri sind, dürfen sich mehrfarbigen Pelzes bedienen; die kirchlichen Gewänder und Gefäße müssen rein gehalten und gut verwahrt werden; Mendikanten dürfen nur predigen, wenn sie von ihren Oberen die Genehmigung hierzu besitzen und vom Pfarrer eingeladen sind; unbekannte Priester dürfen nicht zugelassen werden; schwere geistliche Strafen hat zu gewärtigen, wer kirchliche Immunitäten verletzt, Kirchengut usurpiert, von kirchlichen Personen Weggelder fordert, Kleriker

---

[147] Zu den Abwehrmaßnahmen der Bischöfe s.o. § 25,1.
[148] Die von Herzog Ludwig II. in Absprache mit Bischof Konrad II. von Freising vorgenommene Stiftung der Zisterzienser-Abtei Fürstenfeld (1263/1266) resultierte aus einer durch den Papst über den Herzog verhängten Bußauflage. Dieser hatte seine Gemahlin wegen angeblicher ehelicher Untreue hinrichten lassen.
[149] FLEISCHER, Verhältnis; BAUERREISS, Kirchengeschichte Bayerns IV 119f; SCHWERTL, Beziehungen 270–394.
[150] MANSI 26, 725ff.; DALHAM, Concilia Salisburgensia 160ff.

vor ein weltliches Gericht zitiert; da viele die Kirchenstrafen gering schätzen, muß durch Verkündung der Urteile in allen Kirchen der nötige Druck auf die Übeltäter ausgeübt werden. Dazu kommen Bestimmungen gegen Bischöfe und Prälaten, die sich Einkünfte vakanter Pfründen oder Kirchen aneignen, gegen Wucherer und gegen Notare, die nicht vom Bischof bestätigt sind. Die Oberhirten, Prälaten, Archidiakone und Pfarrer müssen Ausfertigungen der Statuten besitzen.

Unter dem Eindruck der vom Konstanzer Konzil erlassenen Reformbeschlüsse berief Erzbischof Eberhard III. für Herbst 1418 eine Provinzialsynode nach Salzburg, an der neben den Bischöfen von Freising, Regensburg, Chiemsee, Seckau und Lavant sowie Abgesandten der Bischöfe von Passau, Brixen und Gurk auch zahlreiche Äbte und Prälaten und vier Vertreter der Universität Wien teilnahmen. Die Versammlung erneuerte die älteren, offenbar während des Schismas in Vergessenheit geratenen Provinzialstatuten und fügte ihnen, Anregungen aus Konstanz mitaufnehmend, 34 Kapitel hinzu[151]. Neu sind vor allem die Sätze, welche auf Verfolgung der Häresie abzielten. So wird verfügt, daß niemand einen (hussitischen) Ketzer predigen lassen oder bei sich aufnehmen darf. Ein solcher muß vielmehr angezeigt und von der weltlichen Gewalt verhaftet werden. Auf die Reform der Orden und die Einhaltung der geistlichen Disziplin wird großes Gewicht gelegt. Da die kirchlichen Verbote des Konkubinats vielfach mißachtet werden, ergeht die Verfügung, daß alle Geistlichen, die ihre Beischläferinnen nicht binnen zwei Monaten entlassen, ihre Würden verlieren. Pfründeninhaber, die nicht selbst die Seelsorgspflichten wahrnehmen, sollen ihren Vikaren ein ausreichendes Einkommen sichern. Im Laientum aufgetretene Unsitten werden mit schweren Strafen bedroht. So sollen diejenigen Frauen, die schlangenartige Schweife tragen oder einen Kopfschmuck dergestalt, als ob sie vorn und hinten ein Gesicht hätten, der Exkommunikation verfallen. Vor allem aber geht es um die Bedrückung von Klerikern durch Laien. Hierzu wird unter anderem verfügt: die Kapläne der Adligen müssen die Synodalbeschlüsse ihren Herren verkünden und den Gottesdienst einstellen, wenn eine kirchliche Person in der Burg in Haft gehalten wird; erzwungene Absolutionen haben keine Gültigkeit; kein Patron darf Benefizialeinkünfte für sich in Anspruch nehmen; die Beeinträchtigung der Freiheit kirchlicher Wahlen durch den Adel ist strengstens verboten; kein Patron darf beim Tod eines Benefiziaten dessen Hinterlassenschaft beschlagnahmen; die Vögte der Kirchen und Klöster dürfen diese bei Strafe des Bannes nicht bedrücken. Mehrere Sätze suchen das Funktionieren des geistlichen Gerichtes zu sichern. Wenn die Boten, welche dem Beschuldigten eine Ladung vor dieses Gericht überbringen, nicht vorgelassen werden, muß das ihnen übergebene Schreiben öffentlich bekanntgemacht werden. Allzugroße Zuversicht in die Wirksamkeit der Konzilsbeschlüsse, welche die kirchlichen Rechte sichern sollten, hatten die Teilnehmer wohl nicht. 1419 sahen sich die Bischöfe der Salzburger Provinz veranlaßt, eine Allianz zur Absicherung der geistli-

---

[151] 25 dieser Statuten folgten allerdings den Bestimmungen einer Mainzer Provinzialsynode vom Jahre 1310, ohne daß hierauf verwiesen wurde. Texte bei MANSI 28, 977–1006 und DALHAM, Concilia Salisburgensia 167–187. Inhaltsangabe: HEFELE, Conciliengeschichte VII 376–381.

chen Immunitäten zu schließen. Das Bündnis richtete sich sowohl gegen das weltliche Fürstentum wie gegen bürgerliche Obrigkeiten – etwa den Rat der Stadt Regensburg –, die Gerichtsbarkeit über Kleriker ausüben wollten.

Den Salzburger Verfügungen gemäß sollten bis zum Sommer 1419 in den einzelnen Bistümern Kirchenversammlungen und Visitationen abgehalten werden. Tatsächlich sind Diözesansynoden in diesem Jahr bezeugt für Chiemsee, Brixen, Regensburg, Freising, Salzburg und Passau[152]. 1420 wurde wieder eine Provinzialsynode einberufen, über deren Verlauf aber nichts Näheres bekannt ist. Die nächste solche Kirchenversammlung läßt sich erst zu 1431 im Zusammenhang mit dem Baseler Konzil nachweisen. Von ihr sind 40 Artikel überliefert, die großenteils an die Statuten von 1418 anknüpfen. Als Themen begegnen »neben der Bekämpfung der Hussiten als wichtigster Forderung vor allem die regelmäßige Einberufung von Provinzial- und Diözesansynoden, die Bestellung von Visitatoren, die allzu zahlreiche Einsetzung von Geistlichen, die zur Entstehung eines geistlichen Proletariats führe, das erforderliche Mindestalter von 18 Jahren für den Ordenseintritt, die Kumulierung von Ämtern, die Kleidung der Geistlichen, die sittlichen Mißstände im Klerus, vor allem Konkubinat, Simonie, Wucher, Glücksspiel, Alkoholismus und Verbrechen. Massive Kritik wird aber auch an der Kurie und den von ihr beanspruchten Vorrechten laut, am Reservationsrecht, den Annaten und Servitien, an der raschen Verhängung des Interdikts, an der leichtfertigen Erteilung von Dispensen und der übermäßigen Vergabe deutscher Benefizien an Organe der Kurie und an Italiener«[153]. Das Baseler Konzil schärfte 1433 die regelmäßige Abhaltung von Provinzial- und Diözesansynoden ein und bewirkte damit auch für die bayerische Kirchenprovinz einen Neuanfang. 1439 und 1440 fanden offenbar weitere Salzburger Provinzialsynoden statt, die sich mit dem Streit zwischen dem Baseler Konzil und dem Papsttum befaßten[154].

Auf dem Provinzialkonzil von 1451, bei dem Kardinal Nikolaus von Kues als päpstlicher Legat den Vorsitz führte, ging es hauptsächlich um die neuerliche Beobachtung der Ordensregeln in ihrer ganzen Strenge, wozu mehrere Visitationskommissionen gebildet wurden[155]. Die Metropolitansynode von 1456, der Erzbischof Sigmund von Volkersdorf präsidierte, befaßte sich mit einer vom Papst ausgeschrie-

---

[152] S. WEISS, Salzburg und das Konstanzer Konzil 210f. – Die älteren und neueren Darstellungen zur Geschichte der einzelnen Bistümer zeigen eine Tendenz, die auf den Diözesansynoden verkündeten Bestimmungen als der jeweiligen Diözese spezifisch zu betrachten. Es kann aber kein Zweifel sein, daß es großenteils um die Publikation von Salzburger Beschlüssen ging.

[153] DOPSCH, Geschichte Salzburgs I 505. Vgl. auch K. BEER, Der Plan eines deutschen Nationalkonzils vom Jahre 1431, in: MIÖG Erg.-Bd. 11 (1929) 432–442. Überlieferung der Beschlüsse: Hs. n 68 der UB Innsbruck.

[154] HÜBNER, Provinzialsynoden 229f hält allerdings eine Metropolitansynode 1437 für wahrscheinlich und spricht von zwei Diözesansynoden in den Jahren 1438 und 1440.

[155] DALHAM, Concilia Salisburgensia 221–223. – I. ZIBERMAYR, Die Legation des Kardinals Nikolaus Cusanus und die Ordensreform in der Kirchenprovinz Salzburg (= RGST 29) 1914. Zu dem maßgeblich beteiligten Melker Benediktiner J. Schlitpacher s. F. J. WORSTBROCK, in: VL² 8 (1992) 727–748 (Lit.). Der Verlauf der Klosterreform ist hier nicht darzustellen. – Über die engen Bindungen des Cusanus zum Münchener Herzogshaus, die schon zu Anfang des Baseler Konzils geknüpft wurden, Lit. o. Anm. 124. Freilich kam es im weiteren Verlauf auch zu Zusammenstößen des Kardinals mit Johann Grünwalder.

benen Kreuzzugssteuer, mit der Bedrückung der Geistlichkeit durch die Laien, unerlaubten Aktivitäten der Mendikanten und Mißständen beim Klerus der Kirchenprovinz[156]. Einige Diözesen legten Beschwerden und Verbesserungsvorschläge zur Beratung vor. So wurde etwa in den Regensburger *Advisamenta* ausgeführt: Laien befehden Kleriker und verschleppen sie nach Böhmen; Mord und Brand sind an der Tagesordnung; Rechtsstreitigkeiten werden vor das erzbischöfliche oder gar das päpstliche Gericht gezogen, um die Gegenpartei wegen der zu erwartenden Verzögerung und der Kosten mürbe zu machen; manche Religiosen, besonders Zisterzienser, entfremden Pfarrangehörige ihrer Kirche; das Wirtshausverbot für die Geistlichen soll gemildert werden, weil die verhängten Suspensionen oft keine Beachtung finden und sich so Irregularität ergibt; für die ganze Kirchenprovinz soll ein allgemeines Rituale erarbeitet werden. Weitere Sätze betreffen die Entheiligung des Sonntags, Vernachlässigung der sonntäglichen Kirchenpflicht durch Herumstehen auf dem Friedhof und anderes mehr.

1490 schließlich formulierte ein in der Pfarrkirche St. Nikolaus zu Mühldorf tagendes Provinzialkonzil, welches Erzbischof Friedrich V. im Beisein der Bischöfe von Freising, Chiemsee und Seckau sowie von Prokuratoren der übrigen Bischöfe abhielt, 49 Statuten, die an die vorausgegangenen Gebote und Verbote anknüpften, sie wiederholten und auch ergänzten[157]. Es ging unter anderem um Konkubinat, Würfelspiel und Jagd sowie Wirtshausbesuch und Betrieb des Schankgewerbes durch Kleriker. Die Versammlung untersagte, geistliche Strafen in Geldzahlungen umzuwandeln. Die Entscheidung von Angelegenheiten, die das geistliche Gericht angehen, durch die weltliche Gerichtsbarkeit soll verboten sein. Die Übergriffe von Laien gegen Kleriker spielen wieder eine große Rolle. Doch auch Schutz und Rechtssicherheit der Laien bilden ein Thema. Die Pfarrer dürfen sie nicht mit unzulässigen Gebühren belasten, und bei Ladung eines Laien vor das geistliche Gericht ist der Grund anzugeben. Neben solchen offensichtlich wirklichkeitsbezogenen Forderungen finden sich auch Überlegungen, die wohl an der Realität der Zeit vorbeigingen – so, wenn vorgeschlagen wird, allen Klerikern solle untersagt werden, ohne besondere Genehmigung ihrer kirchlichen Oberen an weltliche Instanzen Steuern zu zahlen[158]. Eine von Erzbischof Leonhard von Keutschach 1512 abgehaltene Provinzialsynode nahm zu dem Streit zwischen Papst Julius II. und dem Pisaner Konzil Stellung, erneuerte die Beschlüsse

---

[156] DALHAM, Concilia Salisburgensia 226–240. Dazu HEFELE, Conciliengeschichte VIII 88–90. – Das folgende in Anlehnung an die Zusammenstellung bei JANNER, Bischöfe von Regensburg III 504–506. Zu den in Regensburg promulgierten Synodalstatuten s. u. § 27,2.

[157] DALHAM, Concilia Salisburgensia 242–264. Dazu HÜBNER, Provinzialsynoden 232–235.

[158] Unter welchem Druck die Bischöfe standen, läßt sich an einem Steuerstreit vom Jahre 1475 ablesen. Herzog Ludwig der Reiche von Landshut forderte anläßlich der Verheiratung seiner Tochter im ganzen Land eine Abgabe, die auch der Klerus entrichten sollte. Die Bischöfe von Salzburg, Freising, Regensburg und Passau protestierten dagegen am niederbayerischen Hof und verwiesen auf die geistliche Immunität. Als der Herzog nachgab, erklärten sich die Bischöfe zu »freiwilligen« Zahlungen bereit. In diesem Fall wurde also ein Kompromiß gefunden. Später sind aber die Forderungen der weltlichen Fürsten immer unerbittlicher geworden.

von 1490 und beauftragte die Bischöfe, eine allgemeine Visitierung der Geistlichkeit durchzuführen, wozu es jedoch nicht kam.

Die zunehmende Spezifizierung der *Canones* vom 13. zum frühen 16. Jahrhundert bei gleichbleibendem Grundtenor läßt wohl die Aussage zu, daß die Reformanstöße vor allem im Hinblick auf Weltklerus und Laientum nicht die erwartete Wirkung erzielten. Manche der bekämpften Mißbräuche mögen nicht in allen Teilen der Kirchenprovinz aufgetreten sein. Aber die Übergriffe von Vögten und Patronen sowie die selbstherrliche Haltung des Adels gegenüber der Geistlichkeit wurden sicherlich in den kirchlichen Kreisen allgemein als Übel empfunden. Die Fürsten haben ihre Agressivität gegenüber den Rechten von Klerus und Mönchtum geradezu systematisch betrieben und zu einer »Politik« ausgebaut[159]. Dabei konnte auf die römisch-rechtliche Staatsanschauung Bezug genommen werden, »der zufolge die Religion eine Art nationale Angelegenheit und die Kirche eine staatliche Institution war« (G. Koller). Die Habsburger beanspruchten – wie vor ihnen schon der Babenberger Friedrich II. – die Funktion eines obersten Vogtes über die Kirchen in ihren Territorien. Und auch die Wittelsbacher vertraten eine ähnliche Konzeption. Neben ihnen konnten sich nur wenige Dynasten im Besitz von Klostervogteien behaupten.

Der weltliche Landesherr nahm Einfluß auf die Bischofserhebungen, allgemein auf das Innenleben der Diözesen sowie auf Klöster und Stifte[160] und bis zum 15. Jahrhundert außerdem auf den Landklerus[161]. Parallel hierzu erfolgte eine Zurückdrängung der geistlichen Gerichtsbarkeit. Manche ihrer Zuständigkeiten – etwa die bei Klagen auf »Erb und Eigen«, sofern ein Kleriker betroffen war – zogen die Landgerichte an sich. Vor allem seit dem Ausbruch des großen Schismas zielte die Fürstenpolitik darauf, die Wirtschaftskraft der Kirchen in Dienst zu nehmen. Die Maßnahmen der Herzöge, welche zum Beispiel auch Kirchenvisitationen anordneten und die Überwachung der Seelsorge für sich reklamierten, mögen im Einzelfall von echter Frömmigkeit getragen gewesen sein. Doch wirkte die Überzeugung mit, daß Staatsaufbau und Kirchenreform Hand in Hand gehen sollten. Die Bischöfe und die Kirchenversammlungen hatten es schwer, Widerstand zu leisten, weil ihre eigenen Reformanstrengungen nur begrenzten Erfolg zeitigten und weil – vor allem im 15. Jahrhundert – das Papsttum nicht selten den Herzögen den Rücken stärkte[162]. Zweifellos spielte dabei die zwischen der römischen Kurie und dem Fürstentum bestehende Gemeinsamkeit finanzieller Interessen eine Rolle.

Die Politik der Wittelsbacher gegenüber »ihren« Kirchen wurde oben bereits generell und an verschiedenen Paradigmen skizziert. Hier sei noch angefügt, daß sich die landesherrlichen Patronats- und Präsentationsrechte, deren Zahl, Alter und Herkunft

---

[159] KOLLER, Princeps in Ecclesia; RANKL, Kirchenregiment passim.
[160] Zum Beispiel wurden seit dem 13. Jahrhundert Besitzveränderungen bei diesen Kommunitäten von der Zustimmung des Herzogs abhängig gemacht.
[161] Über landesherrliche Besetzungs-, Besitz- und Aufsichtsrechte im Bereich der Niederkirchen s. RANKL, Kirchenregiment 228–269.
[162] In ähnlicher Weise kam das Baseler Konzil den Wünschen der ihm ergebenen Fürsten entgegen; s.o. § 25,3.

allerdings nicht hinreichend deutlich wird[163], auf den Freisinger und daneben den Regensburger Raum konzentrierten. Für das 13. Jahrhundert ist der herzogliche Einfluß auf die Besetzung von Kollegiatstiften, wie St. Andreas in Freising oder Pfaffenmünster und Alte Kapelle in Regensburg, erkennbar, deren Pfründen häufig zur Versorgung der Hofkapläne dienten. Vom 14. Jahrhundert an übten Angehörige der Herzogsfamilie das Recht der Ersten Bitten (Empfehlung eines Kandidaten für Übertragung einer Präbende). Ebenfalls um diese Zeit wurde es üblich, daß die mit Hofmarkgerichtsbarkeit ausgestatteten Klöster dem Landesherrn, der eine Notlage geltend machte, Steuern entrichteten[164]. Obwohl die Klöster beträchtliche Belastungen zu tragen hatten, sahen sie im Herzog ihren Bundesgenossen, wenn es galt, bischöflichen oder päpstlichen Steuerforderungen zu widerstehen. Es kam dahin, daß die weltliche Gewalt sich in die Erhebung des *subsidium caritativum*, einer von den Bischöfen in außerordentlichen Fällen ausgeschriebenen Abgabe der Klöster und Pfründeninhaber, einmischte. Herzog Ludwig der Brandenburger versprach 1349 einer Reihe von Äbten und Pröpsten, die sich an ihn gewandt hatten, Schutz gegen eine Steuerforderung des Bischofs von Regensburg. Zwischen den Landesfürsten und den Bischöfen gab es auch später noch viele Unstimmigkeiten wegen solcher Abgaben. 1367 verbot Herzog Stephan II. den Klöstern, Geldsummen an die Kurie zu entrichten, denn sein Land sei frei und weder Papst noch Kaiser oder König habe darin etwas zu gebieten[165].

Als im großen Schisma Herzog Stephan III. von Bayern-Ingolstadt für die römische Obödienz warb, brachte ihm dies verschiedene Vergünstigungen Papst Bonifaz' IX. ein, darunter die Gewährung eines Jahreszehnten auf die kirchlichen Einkünfte in seinem Territorium. 1393 überließ der Papst dem Herzog ein Viertel der Ablaßgelder, die kurz vorher bei der Feier eines Gnadenjahres eingegangen waren. Von da an zieht sich die Zusammenarbeit zwischen den Wittelsbachern und dem Papsttum wie ein roter Faden durch die bayerische Geschichte des 15. Jahrhunderts. Zu Anfang der zwanziger Jahre nahmen die Münchener Herzöge Kontakt zu Papst Martin V. auf, als es ihnen darum ging, die Reformklöster zu schützen, welche von Herzog Ludwig im Bart bedrückt wurden. Mehrere Wittelsbacher suchten in Rom Visitationsprivilegien zu erlangen. Martin V. wies daraufhin 1426 die Bischöfe von Freising, Regensburg und Augsburg an, die Visitation aller Klöster in ihren Diözesen in Angriff zu nehmen[166]. Albrecht III. von München erlangte 1441 vom Baseler Konzil eine Bulle, welche Visitatoren für die Klöster in seinen Landen einsetzte, ohne die Bischöfe zu erwähnen. In der zweiten Jahrhunderthälfte zielten die von den Landesherren auf Grund päpstlicher Ermächtigung eingeleiteten oder erstrebten Klostervisitationen

---

[163] Hierzu und zum folgenden RANKL, Kirchenregiment passim (mit weiterer Lit.). Im 15. Jahrhundert übertrugen die Päpste den Herzögen wichtige Patronatsrechte, so 1401 auf die Pfarrei in Burghausen und 1478 auf die Pfarreien St. Peter und U. L. Frau in München.
[164] Im weiteren Verlauf kann zwischen ordentlichen und außerordentlichen Steuern unterschieden werden. Außerdem sind zusätzliche Abgaben und Dienste wie Scharwerk(sgeld), Herbergspflicht, Stellung von Kriegswägen und Transportleistungen bezeugt.
[165] RIEZLER, Geschichte Baierns III 815.
[166] RANKL, Kirchenregiment 177–184, auch zum folgenden.

immer deutlicher auf territorialen Zugewinn. Soweit Reichsklöster oder die Stadt Regensburg betroffen waren, trat allerdings Kaiser Friedrich III. als »oberster Vogt« der Reichsstände den bayerischen Ambitionen entgegen[167]. Hiervon abgesehen machte sich in der süddeutschen Bistumspolitik eine ausgesprochene habsburgisch-wittelsbachische Rivalität geltend. Friedrich III. erhielt 1478 von Papst Sixtus IV. ein Privileg, welches 17 Domkapiteln – darunter denen von Salzburg, Passau, Freising und Regensburg – verbot, bei Vakanz eine Wahl oder sonstige Besetzung des Bischofsstuhles vorzunehmen, bevor nicht Papst und Kaiser einen Kandidaten benannt hatten. Die Wittelsbacher aber verhinderten für ihren Machtbereich, daß das kaiserliche Besetzungsrecht zum Tragen kam. Weitergehende Absichten der bayerischen Herzöge, die Bistümer beziehungsweise Hochstifte landsässig zu machen, scheiterten auch im 15. Jahrhundert am Widerstand der Kurie und des Reiches. Als Albrecht IV. 1487 von Innozenz VIII. die Gewährung eines ständigen Nominationsrechtes auf den Regensburger Bischofsstuhl verlangte, wurde dies abgelehnt[168]. Und ein 1490 unternommener Versuch Herzog Georgs des Reichen von Landshut, das Hochstift Passau unter seine Oberhoheit zu zwingen, wurde von Kaiser Friedrich III. zunichte gemacht.

Das Eindringen der landesherrlichen Gewalt in kirchliche Rechte und Zuständigkeiten wurde dadurch erleichtert, daß seit dem Ende des 14. Jahrhunderts eine größere Zahl von Geistlichen in herzogliche Dienste trat. Schließlich begegnen sogar einzelne Bischöfe als herzogliche Räte. Die Päpste förderten den Gesamtvorgang, indem sie solchen »Beamten« Patronatsrechte und Provisionen oder Expektanzen auf Domkanonikate und sonstige Pfründen gewährten. Ein herausragendes Beispiel für die Verflechtung von kirchlicher und weltlicher Ämterstruktur bildet der Regensburger Domdekan Johann Neunhauser[169] – ein natürlicher Sohn Herzog Albrechts III. –, der Rat und von 1488 bis 1514 Kanzler des Münchener Hofes war und großenteils auch für die Beziehungen zur römischen Kurie verantwortlich zeichnete. Er trug maßgeblich dazu bei, daß in der Epoche Albrechts IV. das landesherrliche Kirchenregiment einen Höhepunkt erreichte. Dieser Herzog verfolgte den Plan, seine Residenzstadt München zu einem landeskirchlichen Zentrum auszubauen. Mit päpstlicher Erlaubnis, aber ohne Zustimmung des Freisinger Bischofs wurden 1495 die Chorherrenstifte Ilmmünster und Schliersee aufgelöst beziehungsweise nach München transferiert. Dort brachte der Herzog ihre Besitzungen in ein neugegründetes Kollegiatstift ein, an dem er die Präsentationsrechte ausübte. Erster Propst wurde Johann Neunhauser. Möglicherweise sollte dieses Stift eine Keimzelle für die Einrichtung eines neuen Bistums (in Anlehnung an das in Wien von Friedrich III. gebotene Vorbild) sein, die jedoch nicht erfolgte[170].

---

[167] S.u. § 27,3.
[168] A. WEISSTHANNER, Die Gesandtschaften Herzog Albrechts IV. von Bayern an die Römische Kurie 1487, in: Archivalische Zeitschrift 47 (1951) 189–200.
[169] H. LIEBERICH, Die gelehrten Räte, in: ZBLG 27 (1964) 120–189; DERS., Klerus und Laienwelt in der Kanzlei baierischer Herzöge des 15. Jahrhunderts, ebd. 29 (1966) 239–258.
[170] Zum Einspruch des Bistums Freising gegen den Eingriff in seine Rechte s.u. § 27,1.

In der Literatur findet sich das Urteil, die bayerische Kirche scheine »am Ende des späten Mittelalters zum Objekt fürstlicher Machtpolitik und adeliger Besitzspekulation herabgesunken zu sein« (H. Glaser). Die Herzöge hielten sich sogar für berechtigt, päpstliche Zehntforderungen und Ablaßausschreibungen ihrer Genehmigung zu unterwerfen. So ließen 1456 Albrecht III. und Ludwig der Reiche die Einhebung eines von Calixt III. verfügten Türkenzehnten beim Klerus ihrer Lande nicht zu – wobei übrigens die Salzburger Provinzialsynode zu diesem Thema beschlossen hatte, alles der Haltung der Fürsten anheim zu stellen. Auch der Entrichtung von Reichstürkensteuern und anderen Reichssteuern – so des 1495 auf einem Wormser Reichstag beschlossenen »gemeinen Pfennigs« – durch den Klerus traten die Herzöge entgegen, selbst wenn diese Zahlungen von den Bischöfen angeordnet wurden. Die Landesherrschaft ihrerseits nahm schließlich für sich in Anspruch, die Immunitätsinsassen der Hochstifte und Reichsklöster besteuern zu dürfen[171]. Die weltliche Gewalt griff also ohne Skrupel in die kirchlich-geistlichen Belange ein. Sogar päpstliche Privilegien wurden mißachtet. Papst Nikolaus V. bestätigte 1450 den Juden im Landshuter Teilherzogtum auf deren Bitte hin die von seinen Vorgängern ausgestellten Schutzurkunden. Dem Bischof von Regensburg trug er auf, die Einhaltung zu überwachen. Trotzdem ließ Ludwig der Reiche noch im selben Jahr die Juden aus Landshut vertreiben[172].

Wenn sich von der späten Stauferzeit an im Pfarr- und Seelsorgssystem Unausgewogenheiten bemerkbar machten, so hing dies mit dem Bevölkerungswachstum und der Gründung neuer Städte – wenngleich Bayern nicht als wirklich städtereich bezeichnet werden kann – zusammen. Die Tätigkeit der Bettelorden wirkte als Heilmittel, rief aber auch langanhaltende Konflikte hervor, insofern sie in bestehende Rechte des Pfarrklerus eingriff. Die Päpste haben die Seelsorgsarbeit der Bettelorden teils gefördert, teils aber auch begrenzt, und ähnlich unterschiedlich war die Haltung der Bischöfe. Die »Krise des Spätmittelalters«[173], welche wesentlich durch den großen Pesteinbruch ausgelöst wurde, fand ihren Ausdruck in einer Neigung der Menschen zum Extrem, zu Unsicherheit und Zukunftsangst. Die kirchliche Situation konnte hiervon nicht unberührt bleiben. Viele Klöster hatten mit wirtschaftlichen Schwierigkeiten zu kämpfen. Die finanzielle Lage der Pfarrer und vor allem auch der Vikare gab zu zahlreichen Klagen Anlaß. Pauschal wurde dem Klerus von den Zeitgenossen Pflichtvergessenheit und Unbildung vorgeworfen. Dazu kam verbreitete Kritik an der mißbräuchlichen Handhabung der Ablässe, die seit dem 13. Jahrhundert von Bischöfen und Domkapiteln in immer größerer Zahl – zum Beispiel im Zusammenhang mit kirchlichen Baumaßnahmen – ausgeschrieben wurden[174]. Doch besteht kein Anlaß,

---

171 P. FRIED, Zur Geschichte der Steuern, in: ZBLG 27 (1964) 585, für das ausgehende 15. Jahrhundert.
172 Zu den Niederlassungen der Juden s. VOLKERT, Landesfürst 559–561.
173 F. SEIBT – W. EBERHARD (Hg.), Europa 1400. Die Krise des Spätmittelalters, 1984. – Über die Rolle der spätmittelalterlichen Kirche »in der Gesellschaft«, d.h. vor allem für Fürstentum, Adel und die Bewohner der Städte und Märkte (wogegen vom alltäglichen Einfluß auf das Landleben wenig bekannt ist) s. auch W. ZIEGLER in: HBKG II § 1c.
174 BAUERREISS, Kirchengeschichte Bayerns IV 171–174. Die Erteilung von Ablässen durch Äbte wurde von den Provinzialsynoden nicht gutgeheißen.

die oft beschworenen »vorreformatorischen Mißstände« einseitig in den Vordergrund zu rücken. Hier wie auch sonst gilt allgemein, daß die Erfüllung der Norm in den Quellen geringeren Niederschlag findet als die Abweichung von ihr. Es gab Oberhirten, die in echtem Reformbewußtsein das Anliegen verfolgten, den christlichen Geist im Volk zu stärken. Andere freilich ließen sich zu stark in die weltlich-politischen Aufgaben verstricken, deren Bewältigung den Bischöfen auch aufgegeben war.

## § 27. WEGE DER DIÖZESANGESCHICHTE

Im folgenden soll die interne Geschichte der einzelnen Bistümer überblickshaft dargestellt werden. In diesem Rahmen geht es vor allem auch um das Wirken der bedeutenden Oberhirten[175].

### 1. Bistum Freising

Die Freisinger Bischöfe[176] vom 13. zum frühen 16. Jahrhundert kamen vornehmlich aus dem bayerischen oder schwäbisch-österreichischen Adel, teilweise auch aus dem Bürgertum. Unter Bischof Otto II. (1184–1220) wurde nach fast fünfzigjähriger Bauzeit der neuerrichtete Freisinger Dom vollendet. In der späteren Stauferzeit hebt sich – nach der unglücklichen Amtsperiode des Bischofs Gerold – Konrad I. von Tölz (1230–1258) heraus, der Freisinger Domherr und Propst des Stiftes Innichen war, als er vom Kapitel gewählt wurde. Im Streit mit Bayern befestigte er die Stadt Freising und den Domberg. In der überaus schwierigen Situation während des Kampfes zwischen Kaiser Friedrich II. und dem Papsttum konnte er die Rechte seiner Kirche weitgehend wahren und territoriale Erwerbungen (Werdenfels) hinzufügen. Die Wirrnisse in der Zeit seines Pontifikats haben aber zweifellos der Disziplin im Klerus und der Seelsorge geschadet. Der schließliche Übergang Konrads zur päpstlichen Partei brachte ihm hohe Gunsterweise von seiten Innozenz' IV. ein. »Es wurde ihm erlaubt, die Kirchen von Eching, Hohenbachern, Eitting und Vötting an die bischöfliche Mensa zu ziehen, da die Güter seiner Kirche durch Raub und Brand Herzog Ottos so verwüstet seien, daß er nicht einmal mehr die Besatzung seiner Burgen unterhalten könne« (J. Mass). Die Disziplin im Domkapitel war so weit gesunken, daß – wie Konrad I. dem Papst berichtete – nur 4 oder 5 Herren zum Gottesdienst kamen, während die anderen vorgaben, dispensiert zu sein. Der Bischof richtete testamentarisch ein Priesterstift mit vier Domvikaren ein, denen regelmäßige liturgische

---

[175] Allgemeine Lit. zu den Bistümern oben Anm. 1. – Umfangreiches Verzeichnis von Quellen und Lit. in: HBG I 673–711, bes. B 4 und C III 7. – Bischofslisten unten im Anhang I. – Zur Rolle der Bischöfe im größeren politischen Kräftespiel oben § 25.
[176] Ein Regestenwerk oder Urkundenbuch, das modernen Anforderungen genügt, fehlt. Vgl. K.-E. LUPPRIAN, Spätmittelalterliche Papsturkunden für Hochstift und Domkapitel von Freising, in: Hochstift Freising (wie Anm. 40) 129–145; J. WILD, Zur Geschichte der Archive von Hochstift und Domkapitel (ebd.) 115–128. – Die deutsche Freisinger Bischofs-Chronik, hg. v. J. SCHLECHT – B. ARNOLD, II. Teil (1158–1727), in: SHVF 16 (1929) 5–68.

Pflichten oblagen. Zudem förderte er die Predigt der Dominikaner im Bistum. Eine Niederlassung der Franziskaner gab es in München schon seit 1221.

Während der politisch eher friedvollen Jahre des aus dem Nahegau stammenden Bischofs Konrad II. (1258–1279) – vorher Domherr und Propst von Isen – wurde 1271 die kirchliche Neuorganisation der aufstrebenden Herzogs- und Bürgerstadt München vorgenommen. Diese hatte ein rasches Bevölkerungswachstum zu verzeichnen. Neben die Pfarrei St. Peter trat die »Marienkapelle« als weitere Pfarrkirche[177]. Die Heilig-Geist-Spitäler in München und Landshut erhielten pfarrliche Sonderrechte. In der niederbayerischen Hauptstadt errichteten die Dominikaner einen Stützpunkt; 1280 sind dann auch die Franziskaner dort bezeugt. In der Stadt Freising waren die Bettelorden allerdings weniger willkommen, wohl auch wegen der vom Domkapitel ihnen entgegengebrachten Widerstände. Bei der Bischofswahl des Jahres 1279 erfolgte eine Spaltung des Domkapitels; eine Minderheit entschied sich für den Kanoniker Emicho, einen Neffen Konrads II., die Mehrheit aber für Friedrich von Montalban, der in Rom Anerkennung fand. Nach seiner kurzen Amtszeit von 1279 bis 1282 kam doch noch Emicho zum Zuge. Er wurde nun von der Mehrheit des Kapitels gewählt. Bischof Emicho (1283–1311) förderte nicht nur entscheidend den Aufbau des Hochstifts, sondern löste auch die Vogteirechte der Landshuter Herzöge über die Besitzungen des Domkapitels ab. Landverkäufe und -verpfändungen der Wittelsbacher an Freising in dieser Zeit zeigen, daß die finanzielle Lage des Hochstifts gut war. Von 1284 an erschienen die Augustinereremiten im Bistum. Sie errichteten eine Niederlassung in München. Zu dieser Stadt ist anzumerken, daß es 1285 zu einer Judenverfolgung kam, die mit einer Ritualmordbeschuldigung zusammenhing.

Bischof Gottfried von Hexenagger (1311–1314), ein früherer Domschulmeister, sorgte für den Ausbau der Dombibliothek. Der aus einer Münchener Patrizierfamilie stammende Konrad III. Sendlinger (1314–1322) hatte als erster Freisinger Bischof einen Universitätsabschluß aufzuweisen (Doktor des Kirchenrechts, wohl in Bologna). Er war vor seiner Erhebung zunächst Pfarrer in München, später Sekretär des Bischofs Emicho und Domherr in Freising gewesen. Konrad III. schloß die Bildung des Hochstifts ab und gründete auf dem Domberg das Kollegiatstift St. Johannes,

---

[177] In der Gründungsurkunde heißt es: »Da nun die Pfarrgemeinde der Kirche von St. Peter in München durch die Gnade Gottes so ins Unermeßliche gewachsen ist, daß sie ohne Gefahr für das Heil der Seelen von einem einzigen Hirten nur noch schwer geleitet werden kann, da überdies der Friedhof dieser Kirche in seiner beengten Lage auch nicht mehr ausreicht für die Gräber der Toten, habe ich nach reiflicher Überlegung den demütigen Bitten besagten Pfarrvolkes zugestimmt und mit Rat und Einverständnis unseres Domkapitels beschlossen, die genannte Kirche von St. Peter mit ihrem Pfarrvolk zum allgemeinen Wohl der Bürger in zwei Pfarreien zu teilen und dabei die Abgrenzung der Pfarrgemeinde, der Zehent- und Pfründeeinkünfte nach dem Urteil tüchtiger Männer vorzunehmen, so daß die Marienkirche, die bisher bloß als Kapelle in München bestand, in Zukunft einen rechtmäßigen, ständigen Pfarrherrn mit allen Pfarrechten, wie bisher die Kirche von St. Peter, haben soll; dazu einen eigenen ständigen Begräbnisplatz, wie die Mutterpfarrei, vorausgesetzt, daß beide Kirchen, St. Marien und St. Peter, einverstanden sind mit den gehörigen und ausgewiesenen Anteilen am Pfarrvolk, an der Pfarrpfründe, am Zehnten und anderen Einkünften. Außerdem soll jeder Pfarrer, der von St. Marien sowohl wie der von St. Peter, unter Beachtung der Residenz- und Gastpflicht nach Möglichkeit zur Ausübung der Seelsorge zwei Gesellpriester haben und einen Schullehrer, soweit Erträgnisse und Einkünfte für den gehörigen Unterhalt der genannten Person ausreichen«. (Übersetzung nach MASS, Bistum Freising im Mittelalter 224)

dessen Propst immer aus dem Domkapitel kommen sollte. Einen besonderen Namen machte sich Konrad durch die Anlage eines Urbars der bischöflichen Güter und der nach ihm benannten Matrikel (1315/16), einer umfassenden Beschreibung der Diözesanorganisation. Außerdem ließ er ein Inventar des in seiner Residenz liegenden »Turmschatzes« anfertigen[178]. In der Folgezeit war wegen des Streits zwischen Ludwig dem Bayern und den Päpsten den Freisinger Oberhirten, soweit sie überhaupt in der Diözese Fuß fassen konnten, eine kontinuierliche Aufbauarbeit nicht möglich. Erst der aus schwäbischer Grafenfamilie kommende Albert II. von Zollern-Hohenberg (1349–1359), der seine Erhebung päpstlicher Reservation verdankte, leitete eine Wendung zum Besseren ein. Albert hatte in Paris Kirchenrecht studiert. Er bemühte sich zunächst an der Kurie um die Vollmacht zur Rekonziliation der zahlreichen Freisinger Geistlichen, die sich noch im Bann befanden. Clemens VI. erteilte 1351 die gewünschte Erlaubnis. Wenig später erließ Albert II. strenge disziplinarische Vorschriften für das Domkapitel und griff wohl auch beim Pfarrklerus durch. Freising war inzwischen wegen seiner Verstrickung in die große Politik und wegen der Auswirkungen der Pest verarmt. Verkäufe von Gütern – unter anderem im Münchener Raum – wurden notwendig. Eine Erschütterung für die Diözese bedeuteten die Judenpogrome, die in München verstärkt aufflammten.

Der heilige Burgunderkönig Sigismund erscheint nun neben Maria und Korbinian als ein Hauptpatron des Freisinger Doms, ohne daß sich die Hintergründe im einzelnen klären ließen. Der aus Schlesien stammende Bischof Paul von Jägerndorf (1359–1377), der von 1357 bis 1366 päpstlicher Kollektor für die gesamte Salzburger Provinz war, nutzte seine guten Beziehungen zum Hof in Avignon, um sich gegen Übergriffe des Habsburger Herzogs Rudolf IV. auf freisingische Güter in Österreich zu wehren. Dieser mußte einlenken. Bischof Paul trat auch für die freisingischen Rechte in Innichen ein, die durch den Grafen von Görz eingeengt wurden, konnte sich dort aber nicht im erstrebten Maß durchsetzen. Wie drückend die Verschuldung Freisings war, geht daraus hervor, daß der Bischof 1361 den Anteil am Münchener Brückenzoll aus der Hand geben mußte. Sein Nachfolger, der aus einer steirischen Adelsfamilie stammende Leopold von Sturmberg (1378–1381), machte sich um die schon vorher eingeleitete Errichtung des Heilig-Geist-Spitals in Freising verdient.

Ein eminent politischer Pontifikat war jener des Berthold von Wehingen (1381–1410). Trotz seiner vielfältigen Verwicklungen in die Reichspolitik und die österrei-

---

[178] J. ZAHN, Die Freisingischen Sal-, Copial- und Urbarbücher in ihren Beziehungen zu Österreich, in: AÖG 27 (1861) 191–344; vgl. auch Codex diplomaticus Austriaco-Frisingensis (FRA II) 1871, 79–85, 106f, 131–138, 160–162; DEUTINGER, Matrikeln (wie Anm. 23) III, 207–235. Dazu STAHLEDER, Eigenkirchen sowie Lit. in Anm. 176. – M. FASTLINGER, Der Freisinger Turmschatz unter Bischof Konrad dem Sendlinger, in: Beiträge zur Geschichte, Topographie und Statistik des Erzbistums München und Freising 8 (1903) 57–70. – Erwähnt sei, daß unter Konrad III. mehrfach Abbildungen des (gekrönten) »Äthiopierkopfes« begegnen, der – erstmals unter Emicho nachweisbar – zum Zeichen der bischöflichen Herrschaft wurde und schließlich Eingang in das Freisinger Wappen fand. Die Herkunft des Mohrenkopfes ist umstritten.

chische Landespolitik[179] wahrte er zumeist eine für das Hochstift gedeihliche Neutralität. Er machte Freising wiederholt zum Tagungsort für Friedens- und Schiedsverhandlungen in den innerbayerischen Kämpfen der Zeit. Vor allem die österreichischen Besitzungen wurden durch aufwendige Befestigungsbauten gesichert. Im übrigen kümmerte sich Berthold um das Schulwesen auf dem Freisinger Domberg und war beim Erlaß eines Statuts für das Domkapitel beteiligt.

In die Regierungszeit Bischof Hermanns von Cilli (1412–1421) fällt eine Diözesansynode, die im Mai 1419 gemäß einem Salzburger Beschluß vom Vorjahr einberufen wurde. Die Bischöfe Nikodemus della Scala (1422–1443) und Johann Grünwalder (1443/1448–1452) ragen durch ihre Einsatzbereitschaft sowohl in der Besitzpolitik und bei der Administration wie im geistlichen Aufgabenbereich hervor. Nikodemus konnte mehrere verpfändete Herrschaften, darunter Werdenfels, zurückgewinnen. Bei den Visitationen des Weltklerus und der Klöster, die im Anschluß an das Konstanzer Konzil erfolgten, wurde vor allem Grünwalder als Generalvikar tätig[180]. Bischof Nikodemus wandte sich vom Baseler Konzil aus in einer Verordnung gegen die Konkubinarier unter den Priestern der Diözese. Welchen Ansehens er sich erfreute, ersieht man daraus, daß Enea Silvio Piccolomini ihn in seinem *Pentalogus de rebus ecclesiae et imperii* in einen erlauchten (fiktiven) Gesprächskreis aufnahm, der über (kirchen-)politische Hauptfragen der Zeit diskutierte[181]. Von 1443 an hielt faktisch der Elekt Grünwalder die Zügel der Freisinger Diözesanverwaltung in seiner Hand. Sobald er 1448 als Bischof allgemein anerkannt war, sorgte er für die Einlösung verpfändeter Güter in Bayern (Burgrain) und Österreich. Um die hierfür notwendigen Gelder zu beschaffen, mußte allerdings die niederösterreichische Herrschaft Ulmerfeld veräußert werden. Die Reformen Grünwalders wurden fortgesetzt. Allein schon die Abhaltung von Diözesansynoden gibt hiervon Zeugnis[182]. 1451

---

[179] S.o. § 25,2.
[180] KÖNIGER, Johann der Dritte 13–16; weitere Lit. oben Anm. 124 u. 132.
[181] M. NEJEDLY, Enea Silvio Piccolomini. Pentalogus..., Diss. masch. Wien 1952 und H. J. HALLAUER, Der Pentalogus des Aeneas Sylvius Piccolomini, Diss. masch. Köln 1951. Weitere Angehörige dieser Runde waren König Friedrich III., Kanzler Kaspar Schlick, Bischof Silvester Pflieger von Chiemsee und Enea selbst.
[182] Insgesamt sind für Freising im Anschluß an die Aufforderung des Baseler Konzils zur Einberufung solcher Versammlungen bis zum Ende des Mittelalters neun Synoden bezeugt, nämlich in den Jahren 1438, 1439, 1440, 1444, 1449, 1452, 1475, 1480 und 1509. Es gab also offensichtlich von den dreißiger Jahren an einen beträchtlichen Reformwillen; später kam man von der häufigen Abhaltung der Diözesansynoden jedoch wieder ab. Vgl. G. SCHWAIGER, Freisinger Diözesansynoden im ausgehenden Mittelalter, in: Reformatio Ecclesiae. Festgabe für E. Iserloh, hg. von R. BÄUMER, 1980, 259–270, mit Abdruck der Titel der im Jahre 1509 verkündeten Statuten. Die Versammlung dieses Jahres übernahm die Synodalstatuten von 1480, die zu einem erheblichen Teil auch schon 1438 begegnen. – Bei SCHWAIGER (268) auch Verweis auf einen ungedruckten *Ordo ad concilium vel synodum episcopalem celebrandum*, der den Ablauf einer Freisinger Diözesansynode erkennen läßt. Drei Tage sind vorgesehen. Die Sitzung des ersten Tages wird mit Gebeten des Bischofs eingeleitet. Sodann: *legatur novissimum decretum sacri Basiliensis concilii et conciliis provincialibus et synodalibus celebrandis, quod incipit Sacrosancta generalis etc. Pridem hec sancta. Et iuxta ordinem ibidem traditum procedatur. Ut fiat sermo ad clerum, legantur sacri canones et statuta provincialia seu etiam sinodalia sive episcopalia, et alia fiant prout temporis cuiuslibet necessitas postulaverit, et ante omnia exhortentur presbyteri, quod honeste et discrete se teneant in hospiciis, et data benedictione dimittantur reversuri sicuti ordinatum fuerit.*

nahm der Bischof an der Salzburger Provinzialsynode teil und besprach dabei mit Kardinal Nikolaus von Kues die Bedingungen für den Jubiläumsablaß, den Papst Nikolaus V. auch für diejenigen, die im Heiligen Jahr 1450 nicht nach Rom kommen konnten, ausgeschrieben hatte. Weitere Visitationen im Freisinger Bereich schlossen sich an, wobei eine Reihe von Klöstern hervorragend abschnitt.

Die beiden nächsten Oberhirten wandten ihr Augenmerk ebenfalls sowohl der Wahrung und Ausweitung des Rechts- und Besitzstandes wie mit Entschiedenheit auch den Pastoralaufgaben zu. Johann IV. Tulbeck (1453–1473), der Sohn eines Münchener Goldschmieds, wurde als einziger Freisinger Bischof des Mittelalters quasi *per inspirationem* ohne förmliche Wahl von allen Mitgliedern des Domkapitels benannt. Er war früher Vertreter Grünwalders als Generalvikar gewesen. Die Zeitgenossen rühmten seine Friedfertigkeit und Sparsamkeit. Er konnte den Besitz der Freisinger Kirche vergrößern. Ulmerfeld wurde zurückgewonnen. Die Herrschaft Burgrain freilich mußte zeitweise von neuem verpfändet werden. Die Bemühungen um kirchliche Reform gingen weiter[183]. Bei den Visitationen zeigten mitunter die Herzöge – aus welchen Gründen auch immer – größeren Eifer als der Bischof. 1463 wurde in Landshut eine strenge landesfürstliche Verordnung gegen den tadelnswerten Lebenswandel der Kleriker verkündet, der Johann IV. zustimmte. In München begann man 1468 mit dem Neubau der Frauenkirche, die eine Bürgerkirche und gleichzeitig Grablege der Wittelsbacher sein sollte. Für Freising entstand die Gefahr, zurückzubleiben und den neuen kirchlichen Initiativen in der Herzogsstadt an der Isar tatenlos zusehen zu müssen. Die Besitzungen des Hochstifts in den habsburgischen Ländern wurden schwer getroffen durch Einfälle der Türken, die zu Anfang der siebziger Jahre raubend und mordend bis in die Steiermark vorstießen, sowie später auch durch Übergriffe der Ungarn. Wohl infolge dieser Belastungen resignierte Johann IV. im Jahre 1473 († 1476) zugunsten eines Jüngeren, seines Kanzlers Sixtus von Tannberg. Dieser entstammte einem passauischen Ministerialengeschlecht und war ein Neffe des Salzburger Erzbischofs Bernhard von Rohr. In Padua hatte Sixtus beide Rechte studiert. Das Freisinger Domkapitel akzeptierte ihn Anfang 1474. Als Bischof (1474–1495) ergriff er Maßnahmen gegen die Türkengefahr und gewährte den unter den feindlichen Einfällen leidenden freisingischen Untertanen wirtschaftliche Erleichterungen[184]. 1479 war er Gastgeber für eine Konferenz, zu der sich ver-

---

[183] STABER, Seelsorge passim; P. WILPERT, Bernhard von Waging. Reformer vor der Reformation, in: Kronprinz Rupprecht von Bayern. Festschrift zum 85. Geburtstag (= Unser Bayern 1/2) 1954, 260–276.
[184] Sixtus schrieb an den Pfleger von Klingenfels in Krain: *Weil aber die armen leit in diesen kummerreichen Läuften leider durch die Türken, Kriegsleit und anderer sehr beschwert sein, begehren wir darob zu sein, daß sie güetlich gehalten und wider billigkeit nicht beschwert werden*; zitiert bei MASS, Bistum Freising im Mittelalter 332. – F. M. MAYER, Die Correspondenzbücher des Bischofs Sixtus von Freising und ihr Werth für die Geschichte von Steiermark, in: Beiträge zur Kunde steiermärkischer Geschichtsquellen 15 (1878) 39–66; DERS., Über die Correspondenzbücher des Bischofs Sixtus von Freising 1474–1495, in: AÖG 68 (1886) 411–501; A. MITTERWIESER, Die spätmittelalterlichen Auslaufsbücher der Freisinger Bischöfe, in: Wissenschaftliche Festgabe zum 1200jährigen Jubiläum des Hl. Korbinian, hg. v. J. SCHLECHT, 1924, 363–372; DERS., Der Dom zu Freising und sein Zubehör zu Ausgang des Mittelalters, in: SHVF 11 (1918) 1–98. M. KÖNIG, Die Korrespondenzbücher des Bischofs Sixtus von Freising, Diss. masch. Graz 1975. Vgl. auch STABER, Seelsorge und A. LANDERSDORFER, Sixtus von Tannberg, Bischof

schiedene weltliche Fürsten sowie die Bischöfe von Salzburg, Eichstätt, Augsburg und Passau einfanden, um über die Abwehr der Türken zu beraten. Die Ergebnisse blieben freilich hinter den Erwartungen zurück. So ließ Bischof Sixtus wenigstens die Befestigungen auf dem Freisinger Domberg ausbauen, um vor Überraschungen sicher zu sein. In den Jahren 1490 und 1494 restituierten die Habsburger der Freisinger Kirche verschiedene Besitzungen, die sie inzwischen den Invasoren entrissen hatten. Die Beziehungen zum Münchener Herzog Albrecht IV. gestalteten sich schwierig wegen dessen eigenwilliger Kirchenpolitik. 1494 wurde die Frauenkirche in der oberbayerischen Hauptstadt geweiht, wobei offenbar Sixtus von Tannberg nicht erschien. Auf den Freisinger Synoden der Jahre 1475 und 1480 bildete die Disziplin im Bereich der Pfarrgeistlichkeit und der Laien das hauptsächliche Thema. Im wesentlichen ging es um die Bekräftigung der bereits bestehenden Verordnungen. Zusätzlich wurden Visitationsbeauftragte verschiedenen Standes eingesetzt, die bei Klöstern, Stiften und Pfarreien nach dem Rechten sehen sollten. Die Statuten der Diözesansynode von 1480 wurden gedruckt, um ihre weite Verbreitung zu sichern[185]. Im Druck erschienen auch verschiedene liturgische Texte, deren Verwendung eine einheitliche Gestaltung des Gottesdienstes ermöglichen sollte: so ein Brevier in zwei Bänden 1482/83, ein Rituale 1484 und ein Missale 1487. Der Druck erfolgte teilweise in Freising, wozu ein Bamberger Meister verpflichtet wurde. Dem pastoralen Anliegen diente zudem die 1475/76 erfolgte Schaffung einer festen Predigerstelle am Dom. Erster Inhaber war der aus Ingolstadt kommende Heinrich Pfeilschmid. 1484 wurde eine spezielle Domkantorei zur Pflege des liturgischen Gesangs eingerichtet.

Die nachfolgenden Vorsteher des Bistums aus dem wittelsbachischen Haus haben weniger zur Erneuerung des kirchlichen Lebens beigetragen, wenngleich Philipp von der Pfalz (1498–1541) geistliche Interessen neben seinem renaissancehaften Mäzenatentum nicht abzusprechen sind. Offenbar wurde erst 1509 – nach dreißigjähriger Unterbrechung – wieder eine Diözesansynode abgehalten.

## 2. Bistum Regensburg

Das Bild des Regensburger Episkopats im Spätmittelalter[186] wird durch eine Reihe pflichtbewußter Oberhirten geprägt, von denen einige auch durch ihre herausragende Gelehrsamkeit glänzten. Bischof Konrad IV. (1204–1226) ging tatkräftig daran, aufgetretene Mißstände zu beseitigen. Er führte in Rom Klage über die Nachlässigkeit

---

von Freising, in: Christenleben im Wandel der Zeit I, hg. v. G. SCHWAIGER, 1987, 103–113. Hier wird die stete Sorge des Bischofs um die Reform des Klerus und die Förderung des religiös-kirchlichen Lebens hervorgehoben.

[185] MASS, Bistum Freising im Mittelalter 340, urteilt: »Es fällt freilich auf, daß kaum nach den Ursachen des Verfalls gefragt wurde und der Reform auch kein großes geistliches Programm vorausging. Man begnügte sich im wesentlichen festzustellen, ob die geltenden Vorschriften eingehalten würden, und dafür zu sorgen, daß wieder Ordnung in das Leben der Geistlichen und ihrer Pfarreien einkehre«. – Die Synodalstatuten von 1480 bei SCHANNAT – HARTZHEIM, Concilia Germaniae V 510–525.

[186] Quellensammlung: T. RIED (Hg.), Codex chronologico-diplomaticus episcopatus Ratisbonensis I, 1816. Beschlüsse der Regensburger Synoden bei LIPF, Verordnungen. – C. Th. GEMEINER, Regensburgische Chronik, neu hg. v. H. ANGERMEIER, 4 Bde., 1971.

bei Wahrnehmung der gottesdienstlichen Pflichten und bat Innozenz III. um die Erlaubnis, Pfarrvikare selbst anstellen zu dürfen, weil die Domherren vielfach schlecht bezahlte Vikare einsetzten, die sich zudem der zuständigen Jurisdiktion zu entziehen suchten. Der Papst ordnete an, die Kanoniker auf ihre Residenzpflicht hinzuweisen und sie zur Ernennung geeigneter Vikare anzuhalten. In zwei Schreiben vom Jahre 1209 mahnte Innozenz III. den Bischof, gegen Landpfarrer und Dekane einzuschreiten, die im Konkubinat lebten, und dafür zu sorgen, daß Ministerialen sich nicht ungestraft des Ehebruchs und anderer Verbrechen schuldig machten. Außerdem hatte der Papst gehört, daß viele Leute in der Diözese das Firmsakrament nicht empfingen. Es liegt auf der Hand, daß solche Übelstände nicht nur im Regensburger Sprengel verbreitet waren. Konrad IV. trat in seinen späteren Jahren durch die Neubegründung und reiche Ausstattung des St. Katharinenspitals in Stadtamhof hervor, die mit dem Erlaß von Verfassungsstatuten 1226 ihren Abschluß fand. Demnach hatten vier Domherren und vier Regensburger Bürger unter der Aufsicht des jeweiligen Bischofs die Administration wahrzunehmen[187]. Dem Stift der Alten Kapelle, das sich in einer Notlage befand, wurde 1224 die Pfarrei St. Cassian inkorporiert.

Der aus dem Geschlecht der Rheingrafen stammende Bischof Siegfried (1227–1246) suchte in den Frauenklöstern Obermünster und Niedermünster reformierend einzugreifen, stieß aber auf den entschiedenen Widerstand der Nonnen, die sich auf ihre alten Gewohnheiten beriefen. Die Auseinandersetzung hierüber sollte in den folgenden Jahrhunderten noch wiederholt aufflammen. 1228 wurde bestimmt, daß die Chorbenefizien des Domkapitels künftig zur gemeinsamen Nutznießung *(mensa communis)* der Kanoniker heranzuziehen waren. 1239 erscheinen erstmals Domvikare mit Residenzpflicht, die als Helfer der oft abwesenden Domherren tätig werden sollten. Trotz seiner Verstrickung in die große Politik hat Bischof Siegfried sich nach besten Kräften um die Besserung der Verhältnisse in der Diözese Regensburg bemüht.

Bischof Albert I. (1247–1259) war im kaiserlich-päpstlichen Streit gezwungen, über das eigene Bistum das Interdikt zu verhängen, welches jedoch kaum Beachtung fand. Zu 1249 ist erstmals die Abhaltung des sogenannten »Bischofsspiels« durch die Regensburger Scholaren bezeugt. Abt Wernher von Prüfening beklagte sich in Rom darüber, daß die jungen Leute in der Weihnachtszeit einen der ihren zum »Bischof« machten, das Kloster überfielen, die Türen aufbrachen und allerlei freche Streiche verübten, wobei es bisweilen sogar zu Blutvergießen kam. Papst Innozenz IV. wies den Bischof an, diesen Unfug abzustellen, doch wurde das »Spiel« bis in das 14. Jahrhundert hinein praktiziert. 1250 organisierte Bischof Albert einen Mordanschlag gegen den in Regensburg weilenden König Konrad IV. und mußte, als das Attentat fehlschlug, nach Böhmen fliehen. Der bischöfliche Grundbesitz wurde von der Stauferpartei verwüstet. Nach seiner Rückkehr weihte Albert von neuem den im Verlauf der Auseinandersetzungen profanierten Dom. Weil dieser schon vorher in

---

[187] 750 Jahre St. Katharinen-Spital Regensburg, hg. v. L. KNAUER – A. TREIBER, 1976; s. auch HAUSBERGER, Geschichte des Bistums Regensburg I 120 mit Anm. 11.

Verfall geraten war, wurde ein Neubau beschlossen. Das Domkapitel wandte sich an die ganze Diözese und an den Papst, um die erforderlichen Mittel aufzubringen. Die Arbeiten wurden wohl um 1254 in Angriff genommen. 1258 erhoben die Domherren, die offenbar von Anfang an in einem gespannten Verhältnis zu Albert I. standen, Anklage gegen ihn in Rom. Der Bischof trat schließlich von seinem Amt zurück. Die Schuldenlast, welche sich unter ihm angesammelt hatte, konnte in den folgenden Jahrzehnten nur mühsam getilgt werden.

Mit dem Pontifikat des Dominikaners Albert II. (Albertus Magnus) (1260–1262) setzte eine ruhigere Phase ein. Die Nachwelt nannte diesen aus Schwaben stammenden hochgelehrten Philosophen und Theologen doctor universalis. Er übernahm entgegen dem Wunsch seines Ordensoberen Humbert von Romans, der keinen Dominikaner im bischöflichen Amt sehen wollte, auf Anordnung Papst Alexanders IV. das Bistum. Möglicherweise lag das Motiv für seine Zustimmung darin, daß er sich eine Rückenstärkung gegen wissenschaftsfeindliche Widersacher im eigenen Orden erhoffte. Albert war auf die Wiederherstellung der monastischen Zucht in der Diözese bedacht. Er beauftragte zwei Äbte, die Benediktinerklöster regelmäßig zu visitieren. Zu Fuß durchwanderte er seinen Sprengel, um sich ein Bild von den Zuständen zu machen. Der Pflicht, an den Salzburger Synoden teilzunehmen, kam er nach. Im übrigen hinterließ sein oberhirtliches Wirken jedoch keine tieferen Spuren. Nach kurzer Amtsperiode resignierte er und widmete sich – zusammen mit dem Minoriten Berthold von Regensburg – der Kreuzpredigt in den deutschen Landen[188]. Zum Nachfolger wurde der Domdekan Leo Tundorfer gewählt (1262–1277), der einer Regensburger Patrizierfamilie angehörte und wohl ein juristisches Studium absolviert hatte. Er sorgte für eine funktionierende Diözesanverwaltung und förderte nach einem Dombrand im Jahre 1273 energisch den Weiterbau der Kathedrale nunmehr in einem von französischen Vorbildern beeinflußten Stil. Leo vermittelte der kirchlichen Reform neue Anstöße[189] und begünstigte die Mendikanten. Seine besondere Fürsorge galt auch dem Katharinenspital. Allerdings verwickelte sich der Bischof daneben in einen heftigen Streit mit dem Benediktinerstift St. Emmeram, dessen durch päpstliches Privileg ausgesprochene Exemtion er nicht anerkennen wollte. Im Verlauf eines an der römischen Kurie durchgeführten Prozesses wurde Tundorfer 1276 exkommuniziert und suspendiert[190]. Bischof Heinrich II. von Rotteneck (1277–1296) knüpfte an die positiven Ansätze seines Vorgängers an und verbesserte die wirtschaftliche Situa-

---

[188] H. Ch. SCHEEBEN, Albert d. Gr., zur Chronologie seines Lebens (= QGDOD 27) 1931; DERS., Albert Magnus, 1955²; J. STABER, Albertus Magnus als Bischof von Regensburg, in: VHOR 106 (1966) 175ff; P. MAI (Hg.), Urkunden Bischof Alberts II. von Regensburg 1260–1262, in: VHOR 107 (1967) 7–45; DERS., Albert Magnus als Bischof von Regensburg, in: BGBR 14 (1980) 23–39; verschiedene Aufsätze von G. SCHWAIGER u. a. in: G. SCHWAIGER – P. MAI (Hg.), Regensburger Bistumspatrone, 1988, 107–123 und in: G. SCHWAIGER (Hg.), Lebensbilder aus der Geschichte des Bistums Regensburg I (= BGBR 23) 1989, 156–167; weitere Lit.: HAUSBERGER, Geschichte des Bistums Regensburg II 283.

[189] S. oben Anm. 62 und zu der Wiener Legatensynode 1267, an der Leo teilnahm, Anm. 146.

[190] Das Verfahren fand erst 1326 seinen endgültigen Abschluß, und zwar zugunsten von St. Emmeram. Vgl. P. MAI, Bischof Leo Tundorfer, in: BGBR 10 (1976) 69–95 und DERS., in: BGBR 23 (wie Anm. 188), 168–182.

tion des Domkapitels sowie von Klöstern und Stiften[191], nicht zuletzt auch unter Einsatz seines eigenen ererbten Vermögens. Die seit den Jahren Alberts I. bestehende Verschuldung des Hochstifts wurde weiter abgebaut, der Dombau vorangetrieben. Die feierliche Gestaltung der Liturgie war dem Bischof ein vorrangiges Anliegen. An den Provinzialsynoden nahm er lebhaften Anteil. So war Heinrich II. ein Erneuerer des Bistums von großer Ausstrahlungskraft. Ähnlich verhielt sich Konrad V. von Lupburg (1296–1313), der seinen Erbbesitz dem Hochstift übertrug, ohne allerdings dadurch die finanzielle Konsolidierung zum Abschluß bringen zu können. Infolge fortdauernder Schwierigkeiten mußte die Burg Donaustauf an die Stadt Regensburg verpfändet werden. 1301 berief Bischof Konrad eine Diözesansynode ein, deren Beschlüsse nicht überliefert sind.

Unter dem aus Niederösterreich stammenden Bischof Nikolaus von Ybbs (1313–1340), einem im Verwaltungswesen versierten Juristen bürgerlicher Herkunft, mußte die Regensburger Kirche dem nochmals ausbrechenden Streit zwischen Sacerdotium und Imperium ihren Zoll entrichten. Trotz dieser Belastung konnte nun eine vorbildhafte bischöfliche Kanzlei eingerichtet und eine zukunftweisende Behördengliederung vorgenommen werden[192]. Zudem bemühte sich Nikolaus um die Behebung von Mißständen im Klerus und im Ordenswesen. 1330 fand eine Diözesansynode statt, die ältere Beschlüsse von neuem einschärfte und um die wirtschaftliche Absicherung von Klöstern und Spitälern besorgt war[193]. Ein Schatten fällt auf den Bischof, weil er in übergroßer Heftigkeit eine Auseinandersetzung mit der Regensburger Bürgerschaft austrug. Das Verhältnis zwischen Geistlichkeit und Magistrat war seit langem gespannt wegen der Steuerfreiheit, die der Klerus beanspruchte, und wegen verschiedener privilegierter Schankrechte von Klöstern und Stiften. Weitere Streitfälle traten hinzu. Nikolaus von Ybbs sprach schließlich den Bürgern das Recht ab, einen Rat zu haben oder einen Bürgermeister zu wählen, und verhängte Bann und Interdikt. Wegen des daraus resultierenden ökonomischen Schadens mußte die Stadt nachgeben. Die Mißhelligkeiten setzten sich jedoch später weiter fort. Auch den Exemtionsstreit mit St. Emmeram nahm Nikolaus wieder auf, ohne allerdings seinen Standpunkt zur Geltung bringen zu können.

Auf die Regierung des unfähigen Friedrich I. von Zollern und eine mehrjährige Sedisvakanz folgte der Pontifikat Konrads VI. von Haimburg (1368–1381), der infolge finanzieller Not im Jahre 1373 das Bistum mit allem Zubehör dem Domkapitel als

---

[191] Im Jahre 1290 wurde das Augustinerchorherrenstift St. Johann durch Statutenrevision in ein Kollegiatstift umgewandelt. Vgl. St. Johann in Regensburg, hg. v. P. MAI, 1990.

[192] Nikolaus hatte als Schreiber und Notar der Reichskanzlei angehört. – P. ACHT, Ein Registerbuch des Bischofs Nikolaus von Regensburg, in: Mitteilungen des Österreichischen Staatsarchivs 4 (1951) 98–117; L. MORENZ, Magister Nikolaus von Ybbs, in: VHOR 98 (1957) 221–308; M. POPP (wie Anm. 74); DIES., Das Handbuch der Kanzlei des Bischofs Nikolaus von Regensburg (= QE NF 25) 1972; A. SCHÜTZ, Beiträge zur Verwaltung des Bistums und Hochstifts Regensburg unter Bischof Nikolaus von Ybbs, in: VHOR 115 (1975) 65–109. – Vgl. auch K. HAUSBERGER, Leidliches Auskommen und offene Feindseligkeit. Zum Verhältnis von Bischof und Reichsstadt im spätmittelalterlichen Regensburg, in: 1250 Jahre Bistum Regensburg, hg. v. H. BUNGERT (= Schriftenreihe der Universität Regensburg 16) 1989, 81–100, bes. 88f.

[193] JANNER, Bischöfe von Regensburg III 196f.

Pfand überlassen mußte. Es ging darum, die Schuld einzulösen, mit der das Hochstift an jüdische Geldgeber aus Regensburg und Wien verpfändet war. Die Domherren nahmen nunmehr die Administration einschließlich der geistlichen Gerichtsbarkeit wahr. Für den Bischof wurde ein Gehalt vorgesehen. 1377 hielt Konrad VI. eine Diözesansynode ab, auf der 39 Kapitel für Klerus und Volk veröffentlicht wurden. Viele herkömmliche Forderungen begegnen von neuem, doch ist zweifellos auch ein Bezug zur konkreten Situation im Bistum Regensburg vorhanden, wo – wie einleitend gesagt wird – einzelne Geistliche wegen Armut oder Unwissenheit oder wegen Mangel an Büchern sich die notwendigen Kenntnisse bis dahin nicht aneignen konnten. Großer Nachdruck wird auf die Glaubensunterweisung im Gottesdienst gelegt, wobei die Geistlichen die Heilige Schrift ausdeuten sollen, nicht aber volkstümliche Schriften der Laien. Den Konkubinariern drohen harte Strafen. Es darf nicht geduldet werden, daß Begarden oder Beginen an abgelegenen Orten predigen und Irrtümer verbreiten[194]. Die Vorschriften sollten an die Dekane gegeben und von ihnen regelmäßig verkündigt werden. Konrad VI. ist also den pastoralen Verpflichtungen des Oberhirten nachgekommen. Dagegen nutzte Bischof Johann I. von Moosburg (1384–1409), ein illegitimer Wittelsbacher, sein Amt in erster Linie dazu, die für einen luxuriösen Lebenswandel notwendigen Einkünfte zu erlangen. Sein Generalvikar erfand sogar eine Steuer, welche die Geistlichen für Erteilung und Verlängerung der *cura animarum* jährlich bezahlen sollten, was freilich großen Widerstand im Klerus hervorrief. Verschiedene Verpfändungen – unter anderem an den Regensburger Rat – brachten Geld ein. Als der Bischof dem Kapitel die von Konrad VI. verpfändeten Gerichtsrechte entreißen wollte, führte dies zu einer langwierigen Auseinandersetzung, die 1402 mit einem Kompromiß endete. Der Dombau schritt auch während dieser Jahrzehnte voran.

Unter den Nachfolgern Johanns I. nahm die Visitations- und Reformtätigkeit wieder größeren Raum ein. Auf einer Diözesansynode im Mai 1419 wurden die vorausgegangenen Salzburger Beschlüsse promulgiert. Bischof Konrad VII. von Soest (1428–1437) wird von den Zeitgenossen als pflichteifriger Oberhirte gerühmt. Er schrieb in den Jahren 1429, 1434 und wohl auch 1435 Synoden aus, um dem sittlichen Niedergang zu steuern. Die Beschlüsse dieser Versammlungen sind nicht erhalten geblieben. Bis in die dreißiger Jahre hinein stellten die Hussiteneinfälle für Regensburg eine schwere Belastung dar. Unter Friedrich II. von Parsberg (1437–1449), einem graduierten Juristen, kam es wieder zu Auseinandersetzungen mit der Regensburger Bürgerschaft, die wirtschaftlich und rechtlich motiviert waren. Auch im Verhältnis des Bischofs zu seinem Klerus traten scharfe Gegensätze hervor. Er suchte durch den Erlaß von – nicht überlieferten – Bestimmungen die Disziplin zu verbessern. Als er sich von der Wahlkapitulation lösen wollte, welche das Domkapitel ihm auferlegt hatte, entstand ein heftiger Zwist. Die Domherren appellierten an den Erzbischof und an den Papst und erreichten, daß in Rom ein Prozeß geführt wurde. Beim Tode Friedrichs II. war das Verfahren noch nicht abgeschlossen. Vor der Neuwahl si-

---

[194] Inhaltsangabe der Statuten ebd. 267–271.

cherte das Domkapitel seine Position ab, indem es dem künftigen Bischof auferlegte, Besitzungen wiedereinzubringen, die der Vorgänger veräußert hatte, und die Herrschaften Donaustauf, Wörth sowie die beiden Hohenburg keinesfalls zu verkaufen oder zu verpfänden. Im Fall von Differenzen des Erwählten mit dem Propst oder dem Dekan oder dem Kapitel sollte die Sache Schiedsrichtern oder dem Metropoliten vorgelegt werden, damit es nicht wieder zu einem so schweren Zerwürfnis komme wie vor kurzem. Die Wahl fiel sodann auf den Domkustos Friedrich von Plankenfels. Bischof Friedrich III. (1450–1457) war ebenfalls ein gelehrter Jurist, steht dazu aber im Ruf der Leutseligkeit und Milde. Er bewirkte eine Wiederbelebung der Synodaltätigkeit (1451, 1456[195], 1457) und des Reformeifers. Die vom Baseler Konzil vermittelten Anstöße wirkten hierbei nach. Im Sommer 1452 weilte der Franziskaner Johann Capistran, der auf der Reise von Augsburg nach Österreich war, in Regensburg und hielt »seine alles in Flammen setzenden Predigten« (F. Janner). Eine Folge war, daß der Rat für das kommende Jahr allen Bewohnern jegliches Spiel verbot.

Sobald der junge Dompropst Rupert, ein Sohn des Pfalzgrafen Otto von Neumarkt-Mosbach und Neffe Ludwigs des Reichen von Bayern-Landshut, 1457 Administrator der Diözese geworden war, ordnete Herzog Ludwig die Visitation aller Klöster und Stifte im Bistum an. Zudem wollte er über die hochstiftische Verwaltung, die Vergabe von Lehen sowie den Zeitpunkt und die Themen einer Synode bestimmen. Rupert I. ging nach Pavia, um ein theologisches Studium zu beginnen. 1461 zog er in Regensburg ein und nahm das Bistum förmlich in Besitz. Die bischöfliche Weihe empfing er allerdings nicht. 1465 wurden durch den Generalvikar Konrad Sinzenhofer Diözesanstatuten verkündet, die sich großenteils an die Promulgierungen Konrads VI. und Friedrichs II. anlehnten, dabei jedoch »in den eindringlichen Worten die eifrige Hirtensorge« erkennen lassen[196]. Ob Rupert I. hierbei beteiligt war, ist ungewiß. Der Administrator starb kurz darauf – im Oktober 1465 – während einer Reise nach Pöchlarn. Der Geschichtsschreiber Veit von Ebersberg nennt Rupert I. einen *vir largus, de regimine parum curans*. Zu seinem Nachfolger wählten die Domherren ihren Propst Heinrich von Absberg, einen Neffen Friedrichs II. von Parsberg. Heinrich hatte schon 1457 die Mehrzahl der Wähler auf seiner Seite gehabt, war aber trotzdem dem Pfalzgrafen Rupert unterlegen. Diesmal glückte die Erhebung des Absbergers. Bischof Heinrich IV. (1465–1492) erwies sich als einer der reformfreudigsten Oberhirten auf der Kathedra des hl. Wolfgang. Schon kurz nach seinem Amtsantritt rügte er in scharfer Form die Konkubinarier im Klerus, denen der Verlust ihrer Einkünfte oder gar die Ausweisung angedroht wurde, sollten sie sich den geltenden Geboten nicht beugen. 1475 erfolgte eine neuerliche Publikation der zehn Jahre zuvor erlassenen Statuten. Die Kunst des Buchdrucks wurde zur Verbreitung liturgischer Bücher genutzt. So erschien 1480 ein Brevier »nach der Ordnung der Regensburger Kirche«, 1485 ein Missale und 1491 ein Rituale. Die Druckarbeiten wurden teilweise in Regensburg durchgeführt. Das Domkapitel hatte für die Einrichtung einer Dom-

---

[195] Über die von Regensburg ausgehenden Anregungen für die gesamte Kirchenprovinz s.o. § 26.
[196] So JANNER, Bischöfe von Regensburg, der III 528–532 die Bestimmungen umschreibt.

predigerstelle zu sorgen, die stets von einem gelehrten Theologen versehen werden sollte. 1481 wurde der Magister Wolfgang Federkiel mit der Wahrnehmung dieses Amtes betraut. Er sollte an allen Sonntagen predigen, außerdem im Advent und in der Fastenzeit täglich sowie am Gründonnerstag und am Karfreitag. Die Reform der Klöster war dem Bischof ein ständiges Anliegen. Zusammen mit den Bürgern betrieb er die Erstellung einer »Regel und Observanz« für die Regensburger Augustiner. Als sehr schwierig erwies sich allerdings das Eingreifen in die inneren Verhältnisse der adligen Damenstifte Ober-, Mittel- und Niedermünster. Sowohl der Bischof wie die bayerischen Herzöge wünschten die Einführung einer strengeren benediktinischen Ordnung. Die Nonnen wehrten sich jedoch entschieden und fanden an der römischen Kurie wie auch bei Kaiser Friedrich III. Unterstützung. Nur Niedermünster zeigte sich nach einiger Zeit offenbar zum Nachgeben bereit. Den Frauen der beiden anderen Stifte erlaubte Papst Sixtus IV. 1479, an ihren bisherigen Gewohnheiten festzuhalten. Die Beziehungen des Bischofs und der Geistlichkeit zur Stadt wurden durch neuen Streit um die Steuerfreiheit des Klerus und die Schankrechte der Stifte und Klöster überschattet, bis 1484 ein päpstlicher Legat einen Schiedsspruch fällte, der auf Dauer in Geltung blieb[197]. Bei der Verfolgung der Regensburger Juden, die 1475 einen Höhepunkt erreichte, waren sich allerdings Klerus und Bürgerschaft einig.

Die von Böhmen herrührenden Gefahren beunruhigten die Diözese auch noch in der zweiten Hälfte des 15. Jahrhunderts. Mehrmals wurden Maßnahmen gegen eingedrungene Sektierer ergriffen, so 1466/67 gegen die im Egerer Land beheimateten Brüder Wirsberg. Die Bedrohung durch die Türken wurde immer gravierender.

Bischof Rupert II. (1492–1507) schärfte zu Beginn seiner Amtszeit auf einer Klerusversammlung die Mühldorfer Beschlüsse von 1490 ein und mahnte zu deren strikter Befolgung, weil er schon wiederholt von weltlicher Seite habe hören müssen, »es sei die Einmischung in die kirchliche Freiheit durch die Excesse der Geistlichen selber hervorgerufen«[198]. Als Herzog Albrecht IV. von Regensburger Geistlichen Scharwerksdienste für den Verkehr zwischen der an ihn verpfändeten Herrschaft Donaustauf und der Stadt München verlangte, griff Rupert energisch ein und erreichte 1494 auf einem Augsburger Reichstag, daß die Bedrückung aufgehoben wurde. Dann aber verfiel der Bischof zunehmend in Untätigkeit, wohl in Folge einer Erkrankung. Das 1503 in Regensburg abgehaltene Jubeljahr brachte erhebliche Erträgnisse für den Türkenkrieg ein, die an König Maximilian I. gingen. Um die gleiche Zeit wurde die Diözese aufs schwerste von den Verheerungen des Landshuter Erbfolgekrieges heimgesucht, wie aus dem Protokoll der Bistumsvisitation vom Jahre 1508 hervorgeht[199].

---

[197] Einzelheiten ebd. 578f; dazu HAUSBERGER (wie Anm. 192) 90.
[198] JANNER, Bischöfe von Regensburg III 604–606.
[199] P. MAI – M. POPP, Das Regensburger Visitationsprotokoll, in: BGBR 18 (1984) 7–316. Ebd. 16: »Die Greuel und Untaten, die hiebei verübt wurden, schildert Angelus Rumpler, Abt des Benediktinerklosters Vornbach, in seiner Klosterchronik aus eigener Anschauung in drastischen Worten. Weniger dramatisch liest sich der Text in der dürren Amtssprache des Visitationsprotokolls, doch ist er nicht weniger erschütternd. In den vom Krieg heimgesuchten Gegenden waren die Einkünfte nicht selten um mehr als die Hälfte geschrumpft, die Pfarrgüter und -höfe werden als ›zerstört‹, ›verbrannt‹ oder ›ruinös‹ bezeichnet, wenn die

## 3. Bistum Passau

Neben dem Lavieren zwischen Bayern und Österreich bildet die fast immer vorhandene Spannung zwischen dem Bischof und dem sehr selbstbewußten Domkapitel ein Charakteristikum der spätmittelalterlichen Passauer Diözesangeschichte[200]. Vielfach kam eine Rivalität von geistlicher Landesherrschaft und Autonomiebestrebungen der Passauer Bürgerschaft hinzu. Die Bischöfe waren somit in ihren Entscheidungen nicht immer frei. Zusätzliche Schwierigkeiten ergaben sich aus der Weiträumigkeit der Diözese. Vor allem in ihrem Ostteil traten ketzerische Bewegungen hervor. Die Quellen vermitteln teilweise ein ungünstiges Bild von der pastoralen Situation, lassen aber auch kraftvolle Ansätze zu einer Besserung erkennen.

Bei der Erhebung Bischof Ulrichs II. (1215–1221) – vorher Kanoniker in Passau – kam es erstmals zur Bildung einer »bayerischen« und einer »österreichischen« Partei im Domkapitel, wie dies später noch öfter geschehen sollte. Ulrich, der Kandidat des Babenbergers Leopold VI., konnte sich gegen seine Widersacher im Kapitel und gegen die mit ihnen verbundene Passauer Bürgerschaft durchsetzen. 1220 berief er eine Diözesansynode ein, die über Kreuzzugssteuern und die Behebung von Mißständen im Klerus beriet. Weil die Opposition der Bürger andauerte, begann Ulrich II. mit der Errichtung einer Zwingburg auf dem Georgsberg (Feste Oberhaus), die von seinen Nachfolgern weiter ausgebaut wurde. Der Bischof nahm am vierten Kreuzzug teil und fand in der Nähe von Damiette den Tod. Der Nachfolger, Bischof Gebhard (1222–1232), stammte aus dem bedeutenden Geschlecht der Grafen von Plain und hatte dem Passauer Domkapitel angehört. Er erließ 1225 in Zusammenarbeit mit dem Kapitel und den Bürgern der Residenzstadt eine Gerichtsordnung für Passau. Als er, einem Auftrag Papst Gregors IX. von 1229 folgend, eine strenge Visitation der Ordensleute und Kleriker durchführte, geriet er in einen scharfen Gegensatz zum Domkapitel, dem die Maßnahmen zu rigoros erschienen. Gebhard gab sein Amt auf. Bischof Rüdiger (1233–1250, † 1258) sorgte durch zahlreiche Zuwendungen für Klöster und Stifte und sicherte durch ein Abkommen mit dem Babenberger Friedrich dem Streitbaren die Passauer Güter in Österreich, verfiel aber schließlich als staufischer Parteigänger der Absetzung durch den Papst.

Unter dem vom Domkapitel postulierten und von einem Kardinallegaten bestätigten Bischof Berthold von Pietengau (1250–1254) traten die Passauer Bürger wiederum in offene Opposition gegen ihren Herrn. Berthold wich von der Politik seiner Vorgänger ab, indem er Rückhalt an Böhmen suchte. Mit großer Energie widmete

---

Zahl der Kommunikanten, ohne daß eine Seuche geherrscht hätte – was ohne Zweifel vermerkt worden wäre – und eine reformatorische Bewegung noch in weiter Ferne lag, erheblich absank, dann kann dies nur heißen, daß die Bevölkerungszahl durch Kriegseinwirkung eminente Verluste erlitten hatte«.

[200] Eine spezifizierte Liste der Passauer Bischöfe bei AMANN, Landesherrliche Residenzstadt 272f. Ebd. 267–272 und 273–303 reiche Quellen- u. Literaturangaben (u.a. verschiedene Arbeiten von J. OSWALD). – J. LENZENWEGER (Hg.), Acta Pataviensia Austriaca. Vatikanische Akten zur Geschichte des Bistums Passau und der Herzöge von Österreich (1342–1378) (= Publikationen des Österreichischen Kulturinstituts in Rom, Abt. für historische Studien II,4/1–2): I: Klemens VI. (1342–1352), II: Innocenz VI. (1352–1362) 1974 u. 1992.

sich der aus einer oberösterreichisch-passauischen Ministerialenfamilie stammende Bischof Otto von Lonsdorf (1254–1265) der Erneuerung des Bistums nach den Wirren in der ersten Phase des Interregnums. Er war an der Passauer Domschule erzogen worden und wurde sodann bischöflicher Hofkaplan, Archidiakon von Mattsee und Passauer Domherr. Otto verbesserte als Bischof die wirtschaftliche Situation, bemühte sich um eine Vergrößerung der Zahl der Geistlichen und erließ Verordnungen zur Hebung der kirchlichen Disziplin. Dabei bekämpfte er gerade jene Mißstände, die ein um 1260–66 schreibender Passauer Anonymus scharf geißelte in dem Bemühen, eine Interdependenz zwischen kirchlichen Mängeln und häretischen Lehren aufzuzeigen. Es ging Otto um die Reinhaltung des Glaubens, die würdige Gestaltung der Liturgie, die Ausstattung der Kirchen und anderes mehr. Er suchte die auf Visitationsreisen gesammelten Erfahrungen in bestimmte Forderungen an den Klerus umzusetzen. Hinsichtlich der Verwirklichung des Zölibatsgebotes scheint er gewisse Konzessionen gemacht zu haben, denn er hielt die Aufsichtsorgane vor allem in den Fällen zum Einschreiten an, wenn die Kenntnis über die Verfehlung an die Öffentlichkeit gelangte. Jedoch wurden die Geistlichen aufgefordert, vom Konkubinat Abstand zu nehmen. In welchem Maß die Ermahnungen Beachtung fanden, läßt sich nicht sicher feststellen[201]. Ob Otto – wie vielfach angenommen – die Dominikaner und Franziskaner besonders förderte, wird neuerdings bezweifelt. Unbestritten ist, daß er erhebliche Mittel für den dringend erforderlichen Neubau der – 1181 durch einen Brand schwer beschädigten – Passauer Kathedralkirche bereitstellte, der von den achtziger Jahren an in Angriff genommen und zu Ausgang des Mittelalters vollendet wurde. Unter Bischof Petrus (1265–1280) scheint eine Diözesansynode stattgefunden zu haben, von der nur ein Einladungsschreiben erhalten ist. Für sein Bemühen um die Klosterreform spricht, daß er im Stift Reichersberg durchgriff und den zahlreicher Nachlässigkeiten beschuldigten Propst zum Rücktritt veranlaßte. Im übrigen fällt in die Zeit dieses Bischofs der Bau der ersten Donaubrücke in Passau.

Mehrere Diözesansynoden unter den Bischöfen Gottfried I. (1282/83–1285) – vorher Notar König Rudolfs von Habsburg – und Bernhard von Prambach (1285–1313) – zuvor Domherr und Archidiakon – dienten der Umsetzung der von den Provinzialsynoden gefaßten Beschlüsse[202]. 1288 berief Bernhard einen Landtag ein. Der Bischof trug zur Konsolidierung des Hochstifts bei, indem er dazu überging, heimgefallene Lehen nicht mehr zu vergeben. Neue Unruhen der Passauer Bürgerschaft wurden durch einen Entscheid König Albrechts I., der 1298 die bischöfliche Stadtherr-

---

[201] BREINBAUER, Otto von Lonsdorf 285–287 und 349–361. Druck der Verordnungen, die sich auch mit Fragen der Liturgie und der Glaubenslehre befaßten, bei U. SCHMID, Otto von Lonsdorf, Bischof zu Passau, 1903, 145–151. – PATSCHOVSKY, Der Passauer Anonymus. Zur Verbreitung der Häresie s. P. SEGL, Häresie und Inquisition im Bistum Passau im 13. und beginnenden 14. Jahrhundert, in: OG 23 (1981) 45–65. – Zu dem von Otto angelegten *Codex Lonsdorfianus*, welcher der Wiedergewinnung verlorenen Kirchengutes dienen sollte, s.o. Anm. 23.
[202] Vgl. SCHROEDL, Passavia Sacra 230–232 und 235f. Inhaltsangabe der Akten einer St. Pöltener Synode von 1284 bei HÜBNER, Passauer Diözesansynoden 7–10. Weitere Bistumssynoden fanden wohl 1293, 1294 und 1302 statt. Wie es scheint, wurden mitunter getrennte Versammlungen für den Ost- und den Westteil der Diözese abgehalten. Nur von wenigen Passauer Synoden sind Statuten überliefert.

schaft bestätigte, vorläufig beendet. Bischof Bernhard setzte ein fortschrittliches Stadtrecht in Kraft, das bis zum Jahre 1806 in Geltung blieb. Wegen seiner Sorge für die Klöster, namentlich auch diejenigen des Zisterzienserordens, wurde Bernhard von Prambach als Vater des Regularklerus gerühmt. Nach seinem Tode kam es zu einer sieben Jahre währenden Vakanz des bischöflichen Stuhls. In dieser Zeit wurde die Stadt Passau durch einen Brand heimgesucht, dem der ganze Neumarkt zum Opfer fiel. Trotzdem mußte sich auch Bischof Albert I. von Sachsen-Wittenberg (1320–1342) mit Selbständigkeitsgelüsten der Bürger auseinandersetzen, die den Status von Reichsstädtern erstrebten. Albert liebte eine prächtige Hofhaltung, ließ dabei aber seine geistlichen Pflichten nicht aus dem Auge. Unter seinem eher schwächlichen Nachfolger Gottfried II. von Weißeneck (1342–1362) wurden die Städte Passau und Wien von der großen Pestwelle erfaßt, und namentlich im Osten der Diözese kam es zu Judenverfolgungen. Herzog Albert der Weise von Österreich schritt dagegen ein. In Passau gründete der bischöfliche Münzmeister und Stadtrichter Urban Gundacker 1358 das Heilig-Geist-Spital für arme Pfründner. In Wien richtete man als Sitz für das Offizialat den Passauerhof ein.

Zum Nachfolger Gottfrieds wurde der Dompropst Albert von Winkel gewählt (1363–1380). Seine Amtszeit war überschattet durch einen großen Aufstand der Passauer, die 1367 mit Unterstützung von böhmischen und bayerischen Söldnern die Tore und Türme besetzten und die Feste Oberhaus angriffen, wohin sich Bischof und Domkapitel geflüchtet hatten. Von dort aus wurde die Stadt mit steinernen Kugeln beschossen. Erst als die Rebellen, die mit Reichsacht und Bann belegt waren, durch bischöfliche und österreichische Truppen östlich von Passau eine schwere Niederlage erlitten, unterwarfen sie sich. Die Herzöge von Österreich entschieden, daß der Bischof von Passau der einzig rechtmäßige Herr der Stadt sei, dem alle Bürger zu huldigen hätten; er solle aber ihr gnädiger Herr sein, ihre alten Freiheiten achten und Bürgermeister sowie Magistrat aus den Bürgern der Stadt nehmen; diesen wurde die Leistung einer Entschädigung an das Hochstift auferlegt. Die Auseinandersetzung endete zugunsten des Stadtherrn, wenngleich dieser einige Zugeständnisse machen mußte. Fortan gestalteten sich die Beziehungen zwischen Bischof und Stadt friedlicher. Ein Ereignis von großer Bedeutung nicht nur für die Diözese Passau, sondern für die ganze Kirchenprovinz war, daß 1365 Herzog Rudolf IV. von Österreich die Universität Wien stiftete. Bischof Albert gab seine Zustimmung, »der Förderung des Gemeinwesens vorzüglich in dem, was das Wachstum des Studien- und Unterrichtswesens betrifft, eifrig und nach Pflicht unseres Oberhirtenamtes obliegend«, und Papst Urban V. erteilte die Bestätigung. Auch wenn die Hohe Schule vorerst keine theologische Fakultät besaß – diese wurde ihr 1384 zugestanden – und erst nach einer Reorganisation von den späten siebziger Jahren an voll aufblühte, sind doch viele bayerische Studierende fortan nicht mehr an die Universität Prag, sondern nach Wien gegangen. Das Rektorat der neuen Einrichtung war manchmal mit einem Passauer Kanonikat verbunden[203].

---

[203] J. v. ASCHBACH, Geschichte der Wiener Universität I–III, 1865–89; F. GALL, Alma Mater Rudolphina (1365–1965), 1965.

Nach fast einjähriger Vakanz wurde 1381 der Dompropst Johann von Scharffenberg zum Bischof gewählt (bis 1387). Er brachte verschiedene von den Vorgängern verpfändete Besitzungen wieder ein. Die folgenden Oberhirten wurden unter maßgeblicher Einwirkung der weltlichen Nachbarmächte erhoben. Zu nennen ist vor allem Georg von Hohenlohe (1390–1423), der bei Papst Johann XXIII. und dann auch bei Martin V. erreichte, daß Passau als exemtes, von der Salzburger Oberhoheit gelöstes Bistum anerkannt wurde. Doch erfolgte, als der Metropolit hiergegen heftig protestierte, eine Beschränkung dieses Privilegs auf die Amtszeit Georgs. Die besondere Aufmerksamkeit des Bischofs galt dem Weiterbau des Domes, dessen gotischer Chor nun entstand. Die Prachtliebe Georgs von Hohenlohe brachte allerdings mit sich, daß der Bürgerschaft und dem Klerus neuartige Steuern und Abgaben auferlegt wurden. Verschiedene hochstiftische Besitzungen mußten verpfändet oder verkauft werden. Im November 1419 wurden auf einer Diözesansynode die vorausgegangenen Salzburger Konzilsverordnungen übernommen und promulgiert[204]. Bischof Leonhard von Laimingen (1423/24–1451) war Doktor des Kirchenrechts und hatte als Offizial in Wien gewirkt. Er stieß anfangs auf entschiedene Ablehnung bei den Passauer Bürgern, die ihm erst 1429 den Huldigungseid leisteten. Zwei Jahre darauf mußte er angesichts eines neuerlichen Bürgeraufstandes sogar aus seiner Residenz weichen. 1443 aber führte König Friedrich III. eine Übereinkunft herbei, durch die der Streit auf Dauer beigelegt wurde. Enea Silvio Piccolomini lobt Charakter und Bildung des Bischofs und schreibt: »Niemand ist gegen seine Gäste gütiger und humaner, niemand so prachtliebend in seinen Bauten, so splendid in seinen Gastmählern, so freigebig gegen Arme und Unglückliche, so billig gegen seine Untertanen, so gerecht gegen alle«[205].

Ulrich III. von Nußdorf (1451–1479) – zuvor Domherr in Passau und Dompropst in Freising – wurde einstimmig gewählt. 1455 erschien Johann Capistran in Passau, predigte und rief zum Zug gegen die Türken auf. 1470 hielt Ulrich von Nußdorf in der Residenzstadt eine Diözesansynode ab, zu der neben den Domherren die Prälaten, Offiziale, Archidiakone, Dekane, Pfarrer sowie die sonstigen Kleriker des gesamten Bistums berufen wurden, dazu zwei Delegierte der Wiener Universität. 55 Statute geben Zeugnis von der Vielfalt der behandelten Themen, zu denen Fragen des kirchlichen Kultes ebenso gehörten wie die religiösen Zustände im Klerus und im Volk und die geistlichen Freiheiten und Rechte[206]. Der Dombau wurde fortgesetzt. Einen schweren Schlag für Bischof Ulrich bedeutete die Entscheidung Papst Pauls II., einem seit langem von den Habsburgern betriebenen Vorhaben zuzustimmen und das Gebiet der Stadt Wien zu einem eigenen Bistum zu erheben. Diesem

---

[204] SCHROEDL, Passavia Sacra 287; HÜBNER, Diözesansynoden 13–15 umschreibt die Akten dieser Versammlung, die dadurch auffällt, daß sie der nächsten Provinzialsynode empfahl, in Salzburg bereits gefaßte Beschlüsse zu überdenken. Man sieht auch hier, wie die Diözesansynoden selbständiger zu handeln begannen.
[205] Zitiert bei SCHROEDL, Passavia Sacra 295.
[206] Knappes Resümee bei SCHROEDL, Passavia Sacra 302–304; ausführlicher HÜBNER, Passauer Diözesansynoden 16–21.

wurden außerdem noch zwei benachbarte passauische Pfarreien hinzugefügt. Ulrich protestierte heftig und bewirkte, daß der erste Wiener Bischof sein Amt nicht antreten konnte. Nach dem Tode des Passauer Oberhirten wurde jedoch das neue Bistum durch einen päpstlichen Legaten öffentlich für errichtet erklärt. Die Verselbständigung Wiens ließ sich auf Dauer nicht verhindern. Sie bot Passau den Anlaß zu einer Wiederbesinnung auf die eigenen Traditionen. Es kam zu einer Reorganisation und inneren Erneuerung der Passauer Domschule.

Bischof Friedrich I. Mauerkircher (1482–1485) wirkte nach seiner Erhebung – wie schon vorher – als Kanzler Herzog Georgs des Reichen und weilte meist in Landshut. Ähnlich eng war Friedrich II. von Oettingen (1485–1490) dem niederbayerischen Herzog verbunden. Dieser verfolgte die Absicht, das Hochstift sich unterzuordnen. Die Bürger durchkreuzten den Plan, indem sie sich weigerten, Herzog Georg einen Huldigungseid zu leisten. Friedrich II. gab große Summen für seine Hofhaltung aus und empfing nicht die priesterlichen Weihen. Er führte in der ganzen Diözese die Festfeier des Markgrafen Leopold von Österreich ein, der 1485 heiliggesprochen worden war. Nach dem Tode Friedrichs besann sich das Domkapitel auf sein Recht eigenverantwortlicher Bischofswahl und benannte in raschem Verfahren einstimmig den einer Innviertler Familie entstammenden Domdekan Christoph Schachner, der in Rom Anerkennung fand. Seine Amtszeit von 1490 bis 1500 weist zahlreiche Neuansätze auf. Schachner war ein versierter Jurist und Administrator, der früher bayerische Bistümer und Domkapitel und auch weltliche Fürsten als Prokurator beim Heiligen Stuhl vertreten hatte[207]. Er ging daran, die unter drückenden Schulden leidende Hochstiftsverwaltung zu sanieren. Die Stände wurden zu Sitzungen einberufen, was lange nicht mehr geschehen war. Den Einfluß des Domkapitels drängte Schachner zurück. Auch in Passau wurde nun die Buchdruckerkunst zur Verbreitung liturgischer Texte genutzt. 1491 erschien ein in einer heimischen Offizin hergestelltes Missale Passaviense. Von den zahlreichen Baumaßnahmen Schachners sei die Weiterführung der Arbeiten an der Domkirche erwähnt. An der St. Salvator-Kirche in Passau-Ilzstadt richtete er ein Kollegiatstift mit Propst, Dekan und sechs Kanonikern ein. Zum Nachfolger Schachners wurde – ebenfalls einstimmig und ohne Einwirkung von außen – der aus Bayern stammende Domdekan Wiguläus Fröschl gewählt (1500–1517). Er zeichnete sich durch Umsicht und Tatkraft aus. 1503 wurde eine Diözesansynode abgehalten, die wohl die Statuten von 1470 erneuerte. 1513 ließ Fröschl in Basel ein Rituale für die Diözese drucken. Wiederholt berief er Landtage ein, bei denen die von Passau zu leistenden Beiträge für den Reichskrieg gegen die Türken ein Thema bildeten. 1515 nahm er in Wien an Verhandlungen teil, zu denen Kaiser Maximilian I. eingeladen hatte, um ein großes Abwehrbündnis gegen die Bedrohung aus dem Südosten zustandezubringen. Um diese Zeit stand dem Bischof bereits der junge Herzog Ernst von Bayern als Koadjutor zur Seite, der 1517 Administrator des Bistums Passau wurde.

---

[207] F. ZAISBERGER, Christoph Schachner, in: MGSLK 109 (1969) 105–128.

Erwähnt sei, daß sich während des ausgehenden 15. Jahrhunderts im Umkreis des bischöflichen Hofes und der Domschule eine humanistische Geistesströmung entwickelte, zu deren Repräsentanten der Domkustos Johann Staindel und Abt Angelus Rumpler von Formbach zählten[208].

4. Erzbistum Salzburg

Die Erzdiözese war – wie oben schon ausgeführt – auf vielfältige Weise in das Kräftespiel der großen Politik verwoben. Daraus resultierte häufiger innerer Zwist bei der Besetzung des Erzstuhles. Salzburg hat eine Reihe hervorragender Oberhirten aufzuweisen, doch gelangten – mehrfach infolge von Protektion – auch schwächere Gestalten auf die Kathedra des hl. Rupert[209].

Erzbischof Eberhard II. (1200–1246) regierte seinen Sprengel mit fester Hand und sicherte ihm, soweit in einer spannungsreichen Zeit möglich, den Frieden. Verschiedene Zusammenkünfte des Klerus, die wohl nicht als Diözesansynoden im Rechtssinn zu betrachten sind, sollten der Durchsetzung angestrebter Reformen und Visitationen dienen. Vor allem die Widersetzlichkeit der Regularkanoniker gab zu Klagen Anlaß. Auf mehreren Generalkapiteln der Augustiner-Chorherren wurde versucht, eine Besserung zu erreichen[210]. Auch im Verhältnis Eberhards zum Domkapitel lassen sich Spannungen erkennen. 1218 erschienen die Dominikaner in der Erzdiözese und damit erstmals im Reich. Eberhard förderte die Niederlassungen des Zisterzienserordens. Raitenhaslach an der Salzach erhielt von allen Klöstern die größte Zahl von Vergabungen und Privilegien und wurde sogar bei der Salzgewinnung in Hallein als Mitsieder zugelassen. Von den weiteren Maßnahmen zur Belebung des Handels und Verkehrs sei nur erwähnt, daß die Städte Laufen und Mühldorf eine vorteilhaftere Rechtsstellung erlangten. Tittmoning wurde mit starken Befestigungen versehen.

Eberhard II. gilt wegen seiner Leistungen für das werdende »Land« und die Erzdiözese als der bedeutendste Salzburger Kirchenfürst des Mittelalters. Unter dem Elekten Philipp von Spanheim (1246/47–1257) griff dagegen Mißwirtschaft um sich. Es kam zur Verschleuderung von Kirchengut in großem Stil. Bei einem Turnier in Mühldorf verwettete Philipp bedeutende Summen. Es dauerte lange, bis die durch solches Fehlverhalten und den Salzburger Bischofsstreit jener Jahre verursachten Verluste ausgeglichen werden konnten. Erzbischof Ladislaus von Schlesien (1265–1270) ging daran, die Rechte der Kirche wiedereinzubringen. Die wirtschaftliche

---

[208] J. OSWALD, Zur Geschichte des Humanismus in Passau und Niederbayern, in: OG 9 (1967) 288–299.
[209] Quellensammlungen und Regesten bei DOPSCH, Geschichte Salzburgs I 1173–1175. Vor allem: Salzburger Urkundenbuch, bearb. v. W. HAUTHALER – F. MARTIN, 4 Bde., 1910–1933; F. MARTIN, Die Regesten der Erzbischöfe und des Domkapitels von Salzburg 1247–1343, 3 Bde., 1928–1934; W. HAUTHALER (Hg.), Aus vatikanischen Registern – Urkunden und Regesten besonders zur Geschichte der Erzbischöfe von Salzburg bis zum Jahre 1290, in: AÖG 71 (1887) 211ff; A. LANG (Hg.), Acta Salzburgo-Aquilejensia. Quellen zur Geschichte der ehemaligen Kirchenprovinzen von Salzburg und Aquileia (= Quellen und Forschungen zur Österreichischen Kirchengeschichte I,1–2) 1903–1906. – Über die Salzburger Provinzialsynoden s. oben § 26.
[210] G. G. MEERSSEMAN, Die Reformen der Salzburger Augustiner-Stifte (1218), eine Folge des IV. Laterankonzils (1215), in: Zeitschrift für Schweizerische Kirchengeschichte 48 (1954) 81–95.

Entwicklung Salzburgs im 14. und 15. Jahrhundert beruhte auf dem Zufluß reicher Gewinne aus der Salzförderung und zunehmend auch auf dem Abbau von Edelmetallen im Gebirge. Unter Erzbischof Pilgrim II. von Puchheim (1365–1396) erreichte die Finanzkraft des Erzstiftes einen ersten Höhepunkt. Die günstige Situation erlaubte Pilgrim, sich als glänzender Bauherr und Mäzen hervorzutun. Allerdings entfaltete sich parallel zu diesem Aufstieg der Fürstenherrschaft eine nach Mitbestimmung drängende Tendenz in den Kreisen des Adels und des Bürgertums. Der Widerstand nahm feste Formen an, als 1403 der Igelbund entstand, der gegen Unterdrückung alter Rechte und Ausschreibung hoher Steuern durch die Erzbischöfe Klage führte und die Vorlage von Beschwerden zu einem Dauerthema machen wollte. Neben zahlreichen Rittern gehörten diesem Bund auch Städte wie Salzburg, Laufen und Tittmoning an, und sogar der Bischof von Chiemsee trat bei. Erzbischof Eberhard III. von Neuhaus (1403–1427) beschwichtigte durch eine hinhaltende Politik die innere Unruhe. Doch ist es auch gegen Ende des Mittelalters noch vielfach zu Streit zwischen dem Landesherrn und den Ständen gekommen, außerdem zu Auseinandersetzungen mit aufrührerischen Bauern.

Eberhard III. wird herkömmlich als reformeifriger Oberhirte gerühmt. Er hielt in der Tat nach Abschluß des Konstanzer Konzils als erster deutscher Metropolit noch im Jahre 1418 eine Provinzialsynode ab, worauf 1419 eine Diözesansynode unter dem Vorsitz des Dompropstes Johann von Reisberg folgte. Diese Versammlung erließ 59 Statuten, welche Übergriffe der Laien verurteilten und im übrigen hauptsächlich frühere Bestimmungen wiederholten. Die von der Synode vorgesehenen Visitationen sind wohl nur für den Regularklerus nachzuweisen. Und bald ließ die Reformaktivität nach. Eberhard III. wurde nach seinem Tod beschuldigt, »die dringend notwendige visitatio et reformatio der Salzburger Kirche sowie der übrigen Klöster der Augustiner- und Benediktinerregel seiner Diözese nicht durchgeführt zu haben, obwohl deren correctio tam in capite quam membris multipliciter notwendig gewesen wäre; deshalb seien Exzesse der Prälaten und Klosterinsassen ungestraft geblieben, Häresien und Irrlehren hätten zugenommen, zahlreiche Skandale seien vorgekommen«[211]. Papst Martin V. erteilte 1427 Erzbischof Eberhard IV. (1427–1429) den Auftrag, das Domkapitel und die Augustiner- und Benediktinerklöster zu visitieren. Doch scheint es dazu nicht gekommen zu sein. Erst von den dreißiger Jahren an läßt sich ein neuer Reform-Impetus erkennen, der nach 1450 seine größten Wirkungen zeitigte. Allerdings enthalten die Quellen auch in der zweiten Hälfte des Jahrhunderts zahlreiche Hinweise auf schwere Vergehen von Geistlichen, so daß sich kein günstiges Bild ergibt. Die Verwahrlosung des Landklerus scheint zugenommen zu haben.

Mehrere Erzbischöfe zogen wegen ihres Lebenswandels oder wegen mangelnder Eignung zur Wahrnehmung ihrer geistlichen Aufgaben heftige Kritik auf sich. Dies gilt für Bernhard von Rohr (1466–1481), der prunkvolles Auftreten liebte und sich eher dem Vergnügen als den Anforderungen seines Amtes widmete. Der Türkenge-

---

[211] S. WEISS, Salzburg und das Konstanzer Konzil 212–215, auch für das folgende. Von der Vf.in ist eine Studie über »Salzburg und die Kirchenreform am Vorabend des Basler Konzils (1431)« zu erwarten.

fahr, die von 1468 an wieder in aller Schärfe hervortrat, mußte er sich allerdings stellen. Die auf verschiedenen Reichstagen unter Beteiligung Salzburgs beschlossenen Verteidigungsmaßnahmen brachten keine Entlastung. So wurde 1473 auf einem Salzburger Landtag eine allgemeine Türkensteuer ausgeschrieben und eine geeignete Heeresorganisation vorgesehen. Doch konnten die türkischen Vorstöße weder von Erzbischof Bernhard noch von seinen Nachfolgern aufgefangen werden. Unter Johann III. Beckenschlager (1481–1489) kam überdies noch jahrelange Bedrängnis durch die Einfälle des Ungarnkönigs Matthias Corvinus hinzu.

Friedrich V. von Schaunberg (1489–1494) war trotz eines Studiums an der Wiener Universität roh und so ungebildet, daß Bischof Georg Altdorfer von Chiemsee für ihn die offiziellen Reden halten mußte. Als Leonhard von Keutschach (1495–1519) den Erzstuhl bestieg, wurde in einer Wahlkapitulation die Mitregierung des Domkapitels festgelegt[212]. Gegen den Lebensstil des Erzbischofs war nichts einzuwenden, doch fehlte ihm die akademische Bildung. Seine nach außen hin auf Frieden bedachte Regierung hielt Salzburg aus den Wirren des bayerischen Erbfolgekrieges heraus und ermöglichte eine Blüte von Architektur, Kunst und Kultur. Freilich ist auch ein schrankenloser Nepotismus zu konstatieren. Als der Erzbischof den Salzpreis kräftig erhöhte, führte dies zu heftigen Meinungsverschiedenheiten mit den bayerischen Herzögen, die jedoch an der von Salzburg auf diesem Sektor erreichten Monopolstellung nicht rütteln konnten. Leonhard von Keutschach setzte sich auch gegenüber dem Bürgertum seiner Residenzstadt durch, welches die Reichsfreiheit erstrebte. Auf Drängen der Landstände wies er die Juden aus dem Erzstift aus. Zu dem Domkapitel ergab sich ein scharfer Gegensatz, weil dieses nicht länger die als anachronistisch empfundene Augustiner-Chorherrenregel befolgen wollte. Die Domherren wählten 1514 den (eigentlich wenig geliebten) kaiserlichen Diplomaten Matthäus Lang zum Koadjutor, weil er ihnen das Versprechen gab, in Rom die Säkularisation durchzusetzen. So geschah es im folgenden Jahr. Der Widerstand des Erzbischofs gegen die Neuerung war vergeblich.

Die Kathedra des hl. Rupert stellte durch die mit ihr verbundene Machtfülle die Erzbischöfe vor Herausforderungen, wie sie die auf engere Verhältnisse beschränkten Suffraganbischöfe kaum kannten. Im übrigen kommt man nicht an der Einschätzung vorbei, daß einige Inhaber des Salzburger Stuhles sich in grober Weise über die ihnen auferlegten Normen hinwegsetzten[213].

---

[212] Es handelt sich um die erste vollständig überlieferte Salzburger Wahlkapitulation; ed. bei H. KLEIN, Quellenbeiträge zur Geschichte der Salzburger Bauernunruhen im 15. Jahrhundert, in: MGSLK 93 (1953) 58f.
[213] Es sei nur erwähnt, daß Erzbischof Bernhard von Rohr einem aufgelassenen Salzburger Frauenkloster »eine ganz neue Bestimmung gab: Er richtete dort ein Quartier für seine Konkubinen ein und ließ vom Bischofshof her einen geschlossenen Gang errichten, durch den er das Klostergebäude ungesehen erreichen konnte«; DOPSCH, Geschichte Salzburgs I 537. Über seine literarischen Interessen s. I. REIFFENSTEIN – F. V. SPECHTLER, Erzbischof Bernhard von Rohr als Büchersammler, in: MGSLK 109 (1969) 95–104.

## 5. Bistum Chiemsee

Die Oberhirten dieser Diözese wurden durch den Metropoliten ausgewählt und ernannt[214]. Vielfach kamen sie aus dem Salzburger Domkapitel. Mehrere haben sich durch ihre Visitationstätigkeit hervorgetan. So gehörte schon der erste Bischof, Rüdiger von Bergheim-Radeck (1216–1233), einer Kommission an, die in päpstlichem Auftrag die Verhältnisse bei den Salzburger Regularkanonikern untersuchte. Wiederholt kam es vor, daß Wirrnisse im Erzstift den Sprengel Chiemsee schwer beeinträchtigten. Der Salzburger Kirchenstreit in der Zeit des Interregnums verursachte große materielle Verluste. Bischof Heinrich I. (1252–1262) trat auf die Seite Ulrichs von Seckau, bannte den Erwählten Philipp und verhängte das Interdikt über das Erzstift. Johann I. (1274–1279) beteiligte sich an der Promulgation der Beschlüsse von Lyon 1274 und suchte im habsburgisch-premyslidischen Streit zu vermitteln – letztlich ohne Erfolg. Konrad I. (1279–1292) wirkte bei Vergleichsverhandlungen zwischen Salzburg und Bayern mit. Unter Albert II. (1293–1322) begann man mit dem Bau des Chiemseehofes in Salzburg, der später zur ständigen Residenz der Chiemseebischöfe wurde. Friedrich II. (1361–1387) nahm verschiedentlich Aufträge Papst Gregors XI. im Bereich der Kirchenprovinz wahr. Besondere Erwähnung verdient die Amtstätigkeit des an den Universitäten Prag und Wien gebildeten Engelmar Chrel (1399–1422), der am Konstanzer Konzil maßgeblich mitwirkte und im Anschluß an die Provinzialsynode von 1418 eine Diözesansynode nach Kitzbühel einberief[215]. Mit Friedrich III. Deys (1423–1429) bestieg ein in vielen beruflichen Positionen erprobter Kanonist den bischöflichen Stuhl. Zu Silvester Pflieger (1438–1453) und vor allem zu Bernhard von Kraiburg (1467–1477) ist anzumerken, daß sie sich der geistigen Strömung des Humanismus öffneten. 1451 war Bernhard die Aufgabe zugefallen, den päpstlichen Legaten Nikolaus von Kues mit einer humanistischen Lobrede zu begrüßen. Später verband ihn Freundschaft mit diesem großen Gelehrten[216].

Bei den Chiemseebischöfen des 15. und des frühen 16. Jahrhunderts fällt auf, daß sie in der Regel über eine juristische Universitätsausbildung verfügten und vor ihrer Erhebung oder auch noch nachher als »Beamte« des Erzbischofs tätig waren, zum Beispiel als Kanzler. Nicht selten nahmen sie auch eine Stellvertreter-Funktion wahr.

---

[214] Zur Rechtsstellung s.o. Anm. 8. – Im 13. Jahrhundert gab es gelegentlich von Rom her Versuche, auf die Besetzung des Bistums Einfluß zu nehmen; s. WALLNER, Bistum Chiemsee 74–76.

[215] Diese fand im April 1419 statt *ad tractandum...de corrigendis excessibus et moribus reformandis et aliis in synodo huiusmodi necessariis tractandis iuxta dicti concilii provincialis ordinationes et canonicas sanctiones*. Vgl. F. KUNSTMANN, Die Synode zu Kitzbühel, in: OA 4 (1843) 413–417. WALLNER, Bistum Chiemsee 107 nennt diese chiemseeische Synode die erste nachweisbare und bis ins beginnende 16. Jahrhundert hinein auch die einzige. Allerdings bezeichnete es 1446 Erzbischof Friedrich IV. als die Pflicht des *episcopus Chiemensis*, bischöfliche Synoden abzuhalten, und übertrug ihm unter anderem mit dieser Begründung die Pfarrei St. Johann in Tirol als geeigneten Aufenthaltsort (Text bei WALLNER, ebd. Nr. 225).

[216] P. RUF, Eine altbayerische Gelehrtenbibliothek des 15. Jahrhunderts und ihr Stifter Bernhard von Kraiburg, in: Festschrift Eugen Stollreither, hg. v. F. REDENBACHER, 1950, 219–239; W. M. BAUER, Bernhard von Kraiburg, in: VL$^2$ 2 (1978) 769–771 (Lit.). Zu Pflieger oben Anm. 181.

Der Landshuter Bürgersohn Georg II. Altdorfer (1477–1495) wurde von den Erzbischöfen Bernhard von Rohr und Johann Beckenschlager mit wichtigen politischen Aufgaben betraut. An dem 1488 erreichten Friedensschluß zwischen Salzburg und Niederbayern kam ihm wesentlicher Anteil zu. Eine herausgehobene Karriere hat der Oberpfälzer Christoph I. Mendel von Steinfels aufzuweisen, der nach Studien in Leipzig eine akademische Laufbahn einschlug, 1472 erster satzungsgemäß gewählter Rektor der neugegründeten bayerischen Universität Ingolstadt war, 1495 das Amt des Salzburger Kanzlers übernahm und schließlich zum Bischof von Chiemsee (1502–1508) ernannt wurde. Sein Nachfolger Berthold Pürstinger (1508–1526) steuerte die Diözese mit Geschick durch den schwierigen Zeitabschnitt der anhebenden Reformation und des Bauernkrieges[217].

---

[217] Über ihn zuletzt H. SALLABERGER, Der Chiemseer Bischof Berthold Pürstinger (1464/65–1543), biographische Daten zu seinem Leben und Werk, in: MGSLK 130 (1990) 427–484.

## Anhang I: (Schnith)
Bischofslisten für den Zeitraum 1215 – 1517

Nicht selten zog sich die Erhebung (oder auch die Resignation) über einen längeren Zeitraum hin. Die Literatur nennt deshalb manchmal unterschiedliche Daten. Die folgenden Listen enthalten neben den unzweifelhaft rechtmäßigen Bischöfen und Administratoren auch einige »Gegenbischöfe«, die größere Bedeutung erlangten.

### 1. BISTUM FREISING

| | |
|---|---|
| **Otto II.** | 1184 – 1220 |
| **Gerold von Waldeck** | 1220 – 1230 |
| **Konrad I. von Tölz** | 1230 – 1258 |
| **Konrad II. Wildgraf** | 1258 – 1279 |
| **Friedrich von Montalban** | 1279 – 1282 |
| **Emicho Wildgraf** | 1283 – 1311 |
| **Gottfried von Hexenagger** | 1311 – 1314 |
| **Konrad III., der Sendlinger** | 1314 – 1322 |
| **Johann I. Wulfing** | 1323 – 1324 |
| **Konrad IV. von Klingenberg** | 1324 – 1340 |
| **Johann II. Hake** | 1341 – 1349 |
| **Ludwig von Kamerstein, Erwählter** | 1340 – 1342 |
| **Leutold von Schaunberg, Erwählter** | 1342 – nach 1347 |
| **Albert II. von Zollern-Hohenberg** | 1349 – 1359 |
| **Paul von Jägerndorf** | 1359 – 1377 |
| **Leopold von Sturmberg** | 1378 – 1381 |
| **Berthold von Wehingen** | 1381 – 1410 |
| **Konrad V. von Hebenstreit** | 1411 – 1412 |
| **Hermann von Cilli** | 1412 – 1421 |
| **Nikodemus della Scala** | 1422 – 1443 |
| **Heinrich II. Schlick** | 1443 – 1448 |
| **Johann III. Grünwalder** | 1448 – 1452 |

| | |
|---|---|
| Johann IV. Tulbeck | 1453 – 1473 |
| Sixtus von Tannberg | 1474 – 1495 |
| Ruprecht von der Pfalz, Administrator | 1495 – 1498 |
| Philipp von der Pfalz | 1498 – 1541 |

## 2. BISTUM REGENSBURG

| | |
|---|---|
| Konrad IV. von Teisbach und Frontenhausen | 1204 – 1226 |
| Siegfried | 1227 – 1246 |
| Albert I. von Pietengau | 1247 – 1259 |
| Albert II. (der Große) | 1260 – 1262 |
| Leo Tundorfer | 1262 – 1277 |
| Heinrich II. von Rotteneck | 1277 – 1296 |
| Konrad V. von Lupburg | 1296 – 1313 |
| Nikolaus von Ybbs | 1313 – 1340 |
| Friedrich I. von Zollern | 1340 – 1365 |
| Konrad VI. von Haimburg | 1368 – 1381 |
| Theoderich von Abensberg | 1381 – 1383 |
| Johann I. von Moosburg | 1384 – 1409 |
| Albert III. von Stauffenberg | 1409 – 1421 |
| Johann II. von Streitberg | 1421 – 1428 |
| Konrad VII. Koler (von Soest) | 1428 – 1437 |
| Friedrich II. von Parsberg | 1437 – 1449 |
| Friedrich III. von Plankenfels | 1450 – 1457 |
| Rupert I. von Neumarkt-Mosbach, Administrator | 1457 – 1465 |
| Heinrich IV. von Absberg | 1465 – 1492 |
| Rupert II. Pfalzgraf von Sponheim | 1492 – 1507 |
| Johann III. Pfalzgraf bei Rhein, Administrator | 1507 – 1538 |

## 3. BISTUM PASSAU

| | |
|---|---|
| Ulrich II. | 1215 – 1221 |
| Gebhard von Plain | 1222 – 1232 |
| Rüdiger von Bergheim-Radeck | 1233 – 1250 |
| Berthold von Pietengau | 1250 – 1254 |
| Otto von Lonsdorf | 1254 – 1265 |
| Petrus von Breslau | 1265 – 1280 |
| Wichard von Polheim | 1280 – 1282 |
| Gottfried I. | 1283 – 1285 |
| Bernhard von Prambach | 1285 – 1313 |
| Albert I. von Sachsen-Wittenberg | 1320 – 1342 |
| Gottfried II. von Weißeneck | 1342 – 1362 |
| Albert II. von Winkel | 1363 – 1380 |
| Johann von Scharffenberg | 1381 – 1387 |
| Rupert II. von Jülich-Berg | 1387 – 1390 |
| Georg von Hohenlohe | 1390 – 1423 |
| Leonhard von Laimingen | 1423/24 – 1451 |
| Ulrich III. von Nußdorf | 1451 -1479 |
| Georg Hessler | 1480 – 1482 |
| Friedrich I. Mauerkircher | 1482 – 1485 |
| Friedrich II. von Oettingen, Administrator | 1485 – 1490 |
| Christoph Schachner | 1490 – 1500 |
| Wiguläus Fröschl von Marzoll | 1500 – 1517 |

## 4. ERZBISTUM SALZBURG

| | |
|---|---|
| Eberhard II. von Regensberg | 1200 – 1246 |
| Burkhard I. von Ziegenhain | 1247 |
| Philipp von Spanheim, Erwählter | 1247 – 1257 |

| | |
|---|---|
| Ulrich | 1257 – 1265 |
| Ladislaus von Schlesien | 1265 – 1270 |
| Friedrich II. von Walchen | 1270 – 1284 |
| Rudolf I. von Hohenegg | 1284 – 1290 |
| Konrad IV. von Fohnsdorf | 1291 – 1312 |
| Weichart von Polheim | 1312 – 1315 |
| Friedrich III. von Leibnitz | 1315 – 1338 |
| Heinrich von Pirnbrunn | 1338 – 1343 |
| Ortolf von Weißeneck | 1343 – 1365 |
| Pilgrim II. von Puchheim | 1365 – 1396 |
| Gregor Schenk von Osterwitz | 1396 – 1403 |
| Berthold von Wehingen | 1404 – 1406 |
| Eberhard III. von Neuhaus | 1406 – 1427 |
| Eberhard IV. von Starhemberg | 1427 – 1429 |
| Johann II. von Reisberg | 1429 – 1441 |
| Friedrich IV. von Emmerberg | 1441 – 1452 |
| Sigmund I. von Volkersdorf | 1452 – 1461 |
| Burkhard II. von Weißpriach | 1461 – 1466 |
| Bernhard von Rohr | 1466 – 1481 |
| Johann III. Beckenschlager | 1481 – 1489 |
| Friedrich V. von Schaunberg | 1489 – 1494 |
| Sigmund II. von Hollenegg | 1494 – 1495 |
| Leonhard von Keutschach | 1495 – 1519 |

## 5. BISTUM CHIEMSEE

| | |
|---|---|
| Rüdiger von Bergheim-Radeck | 1216 – 1233 |
| Albert I. | 1234 – 1244 |
| Albert Suerbeer, Administrator | 1246 – 1247 |
| Heinrich von Bilversheim, Administrator | 1247 – 1252 |

| | |
|---|---|
| Heinrich I. | 1252 – 1262 |
| Heinrich II. von Lützelberg | 1263 – 1274 |
| Johann I. vom Ennstal | 1274 – 1279 |
| Konrad I. von Hintberg | 1279 – 1292 |
| Friedrich I. von Fronau | 1292 – 1293 |
| Albert II. von Fohnsdorf | 1293 – 1322 |
| Ulrich I. von Montparis | 1322 – 1330 |
| Konrad II. von Liechtenstein | 1330 – 1354 |
| Gerhoh von Waldeck | 1354 – 1359 |
| Hugo von Scherffenberg | 1359 |
| Ludwig I. Radelkofen | 1360 – 1361 |
| Friedrich II. | 1361 – 1387 |
| Georg I. von Neidberg | 1387 – 1393 |
| Eckart von Pernegg | 1393 – 1399 |
| Engelmar Chrel | 1399 – 1422 |
| Friedrich III. Deys | 1423 – 1429 |
| Johann II. Ebser | 1429 – 1438 |
| Silvester Pflieger | 1438 – 1453 |
| Ulrich II. von Plankenfels | 1453 – 1467 |
| Bernhard von Kraiburg | 1467 – 1477 |
| Georg II. Altdorfer | 1477 – 1495 |
| Ludwig II. Ebmer | 1495 – 1502 |
| Christoph I. Mendel von Steinfels | 1502 – 1508 |
| Berthold Pürstinger | 1508 – 1526 |

**Anhang II: (Schnith)**
Historiographische Quellen (in Auswahl)

## 1. 1215 – 1313

Konrad von Scheyern, Chronicon, ed. P. JAFFÉ (MGH.SS XVII) 1861, 613–623; Neudruck mit dt. Übersetzung: P. FRIED (Hg.), Die Chronik des Abtes Konrad von Scheyern (1206-1225) über die Gründung des Klosters Scheyern und die Anfänge des Hauses Wittelsbach, 1980 – Albert Behaim, Schriften und Fragmente (zur bayerischen und zur Passauer Geschichte), Teiledition von G. WAITZ (MGH.SS XXV) 1880 – Hermann von Niederaltaich, Opera (u.a. De institutione, De advocatis, De rebus suis gestis, Annalen 1137–1273), ed. Ph. JAFFÉ (MGH.SS XVII) 1861, 369–407 – Eberhard von Regensburg, Annalen (1273–1305), ed. Ph. JAFFÉ (MGH.SS XVII) 1861, 591–605 – Annalen von Osterhofen (1197–1313), ed. W. WATTENBACH (MGH.SS XVII) 1861, 537–558.

## 2. 1314 – 1413

Chronica de gestis principum (aus Fürstenfeld, 1273–1326), ed. G. LEIDINGER (Bayer. Chroniken des XIV. Jahrhunderts) 1918, 27–104 – Chronica Ludovici imperatoris quarti (ebd.) 105–138 – Heinrich von München, Weltchronik (erste Hälfte des 14. Jahrhunderts, unediert) – Bayer. Fortsetzungen der Sächsischen Weltchronik, ed. L. WEILAND (MGH Dt. Chroniken II) 1877, bes. 336–340 und 340–348 – Fundationes monasteriorum Bavariae, Teiledition von G. LEIDINGER (NA 24) 1899, 671–717.

## 3. 1414 – 1517

Andreas von Regensburg, Sämtliche Werke, hg. von G. LEIDINGER (QE NF 1) 1903 – Veit Arnpeck, Sämtliche Chroniken, hg. von G. LEIDINGER (QE NF 3) 1915 – Hans Ebran von Wildenberg, Chronik von den Fürsten aus Bayern, hg. von F. ROTH (QE NF 2,1) 1905 – Ulrich Füetrer, Bayerische Chronik, hg. von R. SPILLER (QE NF 2,2) 1909 – Johannes Staindel, Chronicon generale, teilweise (von 700 n. Chr. bis 1508) ed. A. F. v. OEFELE (Rerum Boicarum Scriptores 1) 1763, 417–542 – Veit von Ebersberg, Cronica Bavarorum, ed. A. F. VON OEFELE (Rerum Boicarum Scriptores 2) 1763, 704–739 – Johannes Aventinus, Sämmtliche Werke, 6 Bde., 1881–1908.

# KIRCHE, STAAT UND GESELLSCHAFT

## DAS SPÄTMITTELALTER
## SCHWABEN UND FRANKEN

### § 28. EINFÜHRUNG. RECHTLICHE SONDERENTWICKLUNGEN IN DEN FRÄNKISCHEN BISTÜMERN. REPRÄSENTATIONSFORMEN

Im Gegensatz zur fortschreitenden territorialen Zersplitterung in Schwaben und Franken und den im Lauf des Spätmittelalters immer stärker hervortretenden Eigeninteressen der einzelnen Territorialherren bildeten die kirchlichen Strukturen und Verwaltungseinheiten tragende Elemente der Kontinuität und Stabilität in diesen Regionen; unter dem Dach des gemeinsamen Glaubens vermittelten sie den dort Lebenden bei aller Veränderung im herrschaftlichen Bereich das Bewußtsein der Zusammengehörigkeit. Durch den Aufbau eigener hochstiftischer Territorien waren die Bischöfe am Prozeß der Territorienbildung beteiligt. Den dabei erkennbaren Bemühungen, das jeweilige weltliche Herrschaftsgebiet stärker mit dem kirchlichen Jurisdiktionsbereich zur Deckung zu bringen, waren zwar durchaus Erfolge beschieden, sie scheiterten jedoch gegenüber expansiven benachbarten Territorialherrschaften und in Regionen mit kleinräumig wechselnden Herrschaftsstrukturen[1]. Die Erweiterung der hochstiftischen Territorien, die damit verbundenen wachsenden Verwaltungsaufgaben in der Regierung der Hochstifte, die Heranziehung der Bischöfe zum Reichsdienst und die zunehmende Schriftlichkeit führten im Spätmittelalter analog zur Entwicklung in den weltlichen Territorien zum Ausbau hochstiftischer Zentralbehörden und Ämterorganisationen[2]. Die Handlungsfreiheit der Bischöfe wurde durch die zur Mitregierung aufsteigenden Domkapitel stark eingeschränkt. Auseinandersetzungen mit den Städten, insbesondere mit der Bürgerschaft in ihren Residenzstädten, und Auseinandersetzungen mit benachbarten Fürsten und Herren banden ihre Kräfte. Während für die Domkirchen der vier behandelten Diözesen das Spätmittelalter einbeziehende

---

[1] Die Kartographie der kirchlichen Verhältnisse ist auf das Ganze gesehen für den hier behandelten Bereich noch unzureichend. Einzelne instruktive Karten im Bayerischen Geschichtsatlas sowie in: W. ZORN (Hg.), Historischer Atlas von Bayerisch Schwaben, 1955; H. FREI – P. FRIED – F. SCHAFFER (Hg.), Historischer Atlas von Bayerisch Schwaben, ²1985. Für die Pfarreiorganisation finden sich in den unten genannten Beiträgen durchwegs brauchbare Kartenskizzen.

[2] Als Beispiel sei hier der Beitrag von W. NEUKAM für Bamberg genannt: Territorium und Staat der Bischöfe von Bamberg und seine Außenbehörden, in: BHVB 89 (1948/49) 1–35.

Untersuchungen vorliegen[3], stehen entsprechende umfassendere Darstellungen der bischöflichen Residenzen im östlichen Schwaben und in Franken noch aus[4].

Die steigenden religiösen Bedürfnisse der Gläubigen stellten angesichts zahlreicher Mißstände in der Kirche neue Anforderungen an die für die Seelsorge verantwortlichen Amtsträger wie an die Seelsorger vor Ort[5]. Durch Abhaltung von Diözesansynoden und Berufung gebildeter und frommer Geistlicher auf die neu eingerichteten Ämter der geistlichen Verwaltung ihrer Diözesen suchten reformgesinnte Bischöfe jenen Mißständen zu steuern. Der Adel und die aufblühenden Städte verstärkten ihr Bemühen um die Errichtung neuer Pfarreien und Benefizien[6]. Immer mehr Laien beteiligten sich mit wachsendem Selbstbewußtsein als Pfleger an der Verwaltung der Gotteshäuser und der dort errichteten Stiftungen; zugleich suchten sie verstärkt die Mitwirkung am kirchlichen Leben in den Pfarreien und an der Kirchenreform[7]. Ge-

---

[3] Augsburg: W. PÖTZL, Augusta Sacra, in: JVABG 9 (1975) 19–75, hier 38–46 (Der Dombereich); A. SCHRÖDER, Die Schatz- und Heiltumsverzeichnisse der Augsburger Domkirche, in: AGHA 4 (1912/1915) 495–498; G. HIMMELHEBER, Der Ostchor des Augsburger Domes (= Abhandlungen zur Geschichte der Stadt Augsburg 15) 1963; H. PUCHTA, Zur Baugeschichte des Ostchors des Augsburger Domes, in: JVABG 14 (1980) 77–86; D. A. CHEVALLEY, Der Dom zu Augsburg (= Die Kunstdenkmäler von Bayern NF 1) 1995. – Würzburg: Bischof und Dom. FS zur Vollendung des 60. Lebensjahres von Bischof Paul-Werner Scheele und zur 800. Wiederkehr der Würzburger Domweihe (= WDGB 50) 1988; R. SCHÖMIG – E. SODER v. GÜLDENSTUBBE (Hg.), Ecclesia Cathedralis – Der Dom zu Würzburg, 1967; H. SCHULZE, Die Gräber des Domes in Würzburg, Teil 1, in: WDGB 37/38 (1975/76) 523–539; DERS., Der Würzburger Dom und sein Bereich als Grablege, Teil 2, ebd. 39 (1977) 5–42; DERS., Der Würzburger Dom und sein Bereich als Grablege, Teil 3, ebd. 41 (1979) 1–77; W. SCHERZER, Sepultur und Kapitelsaal des Domes zu Würzburg, in: WDGB 18/19 (1956/57) 53–61; K. BORCHARDT – T. KRAMER – F. X. HERRMANN, Die Würzburger Inschriften bis 1525 (= Die Deutschen Inschriften 27) 1988; N. KANDLER – E. SODER v. GÜLDENSTUBBE – W. SCHNEIDER, Kostbarkeiten aus dem Dom zu Würzburg, 1990; Die Bibliothek des Würzburger Domstifts 742–1803, Ausst.Kat. 1988. – Bamberg: D. v. WINTERFELD, Der Dom in Bamberg I–II, 1979; R. BAUMGÄRTEL – B. NEUNDORFER – B. SCHEMMEL – W. MILUTZKI, Die Altäre des Bamberger Domes bis zur Gegenwart (= Veröffentlichungen des Diözesanmuseums Bamberg 4) 1987; H.-G. RÖHRIG (Hg.), Dieses große Fest aus Stein. Lesebuch zum 750. Weihejubiläum, 1987; B. NEUNDORFER, Der Dom zu Bamberg. Mutterkirche des Erzbistums, 1987. – Eichstätt: E. BRAUN, Eichstätt, Dom und Domschatz, 1986.

[4] Einige Hinweise vorerst bei R. ENDRES, Fränkische und bayerische Bischofsresidenzen, in: BDLG 123 (1987) 51–65; E. J. GREIPL, Der Wandel von der Burg zur Residenz, in: RQ 87 (1992) 327–337. – R. ENDRES bereitet eine umfassende Monographie für Bamberg vor. – Aus kunstgeschichtlicher Sicht: H. MAYER, Bamberger Residenzen. Eine Kunstgeschichte der Alten Hofhaltung, des Schlosses Geyerswörth, der Neuen Hofhaltung und der Neuen Residenz zu Bamberg (= Bamberger Abhandlungen und Forschungen 1) 1951.

[5] Zur Frage der sogenannten Mißstände ist immer noch wichtig: J. LORTZ, Zur Problematik der kirchlichen Mißstände im Spätmittelalter, in: TThZ 58 (1949) 1–26, 212–227, 257–279, 347–357.

[6] Einige Überlegungen zur Adelsfrömmigkeit bei MACHILEK, Frömmigkeitsformen; K. SCHREINER, Kirche und Mönchtum in der Adelsgesellschaft des hohen und späten Mittelalters. Studien zur sozialen Verfaßtheit religiöser Gemeinschaftsformen (in Vorbereitung).

[7] IMMENKÖTTER, Augsburger Pfarrzechen. – Allgemein zu den Problemen der Laienfrömmigkeit im späteren Mittelalter: SCHREINER, Laienbildung; DERS., Laienfrömmigkeit – Frömmigkeit von Eliten oder Frömmigkeit des Volkes? Zur sozialen Verfaßtheit laikaler Frömmigkeitspraxis im späten Mittelalter, in: K. SCHREINER – E. MÜLLER-LUCKNER, Laienfrömmigkeit im späten Mittelalter. Formen, Funktionen, politisch-soziale Zusammenhänge (= Schriften des Historischen Kollegs. Kolloquien 20) 1992, 1–78; MACHILEK, Frömmigkeit. – Zur Stellung des Laien in der Kirche aus theologischer Sicht: A. AUER, Welt-

genüber den Verhältnissen in den Städten, insbesondere in den Reichsstädten[8], sind die Initiativen in den Dörfern bisher noch nicht ausreichend untersucht worden. Für die Verhältnisse in den ländlichen Pfarreien verspricht die Auswertung der zumeist noch ungedruckten Pfarrbücher, Zins- und Gültregister wertvolle Erkenntnisse[9]. Unter den Stiften und Klöstern verlor eine Reihe der frühen Gründungen die im Früh- und Hochmittelalter von ihnen eingenommene führende Rolle für das religiöse Leben ihrer Umgebung. Andererseits stiegen nicht selten jüngere Gründungen zu Zentren der Reform und einer nach außen wirkenden verinnerlichten Frömmigkeit auf. Die Mitglieder der in Schwaben und Franken in großer Zahl entstehenden Klöster der Bettelorden traten wie anderwärts in Konkurrenz zum Pfarrklerus und entfalteten eine erfolgreiche Wirksamkeit in der Seelsorge, insbesondere als Prediger.

In den drei fränkischen Bistümern kam es im Spätmittelalter zur Ausbildung eingängiger Repräsentationsmittel, die – teilweise unter Rückgriff auf ältere rechtliche Sonderentwicklungen – die Besonderheit der einzelnen Kirchen betonten. Für Würzburg, dem trotz der frühen Abtretungen an Eichstätt und Bamberg flächenmäßig immer noch weitaus größten fränkischen Bistum und im Rahmen der Reichspolitik bedeutendsten unter den fränkischen Hochstiften, hatte Kaiser Friedrich Barbarossa dem Bischof 1168 in der *Güldenen Freiheit* den Dukat und damit die volle Gewalt zur Ausübung der Gerichtsbarkeit im Hochstift und Herzogtum Würzburg samt den Grafschaften bestätigt; diese Rechte wurden jedoch in der Folgezeit durch Grafen und Ministerialenfamilien in vielfacher Weise durchlöchert[10]. Bereits um 1200 galten Schwert und Stola als Wahrzeichen des Würzburger Bischofs; um 1268 erscheint auf dem Siegel Bischof Bertholds I. von Henneberg (1267–1274, † 1312 ?) der entsprechende Wahrspruch *Herbipolis Sola Ivdicat Ense Stola*, der in der Folgezeit immer

---

offener Christ, [3]1963, bes. 30–48 (Laienfrömmigkeit im Mittelalter); Y. CONGAR, Der Laie. Entwurf einer Theologie des Laientums, [3]1964, 73 u.ö.

8 Zusammenfassend jetzt: E. ISENMANN, Die deutsche Stadt im Mittelalter, 1988, 210–230; BOOCKMANN, Bürgerkirchen (mit zahlreichen Hinweisen auf Nürnberg). – Als Beispiele für einzelne Städte seien herausgegriffen: KIESSLING, Bürgerliche Gesellschaft; SCHLEIF, Donatio; FLACHENECKER, Eine geistliche Stadt.

9 Als Beispiel sei auf die Edition des Pfarrbuchs von Westheim bei Bad Windsheim von T. LAUTER verwiesen: Ein altes Pfarr- und Gotteshausbuch, in: BBKG 7 (1901) 83–93. Allgemein jetzt F. MACHILEK, Fränkische »Gotteshausbücher« des 15. und 16. Jahrhunderts. Zur Typologie und Verwendung als Quellen für interdisziplinäre Forschungen, in: Acta Universitatis Carolinae – Philosophica et Historica 1. Z pomocných věd historických XIII (1996) 87–92, mit weiteren Literaturhinweisen; s. auch u. Anm. 426.

10 MERZBACHER, Iudicium Provinciale; T. MAYER, Die Würzburger Herzogsurkunde von 1168 und das österreichische Privilegium minus. Entstehung und verfassungsrechtliche Bedeutung, in: Aus Geschichte und Landeskunde. Franz Steinbach zum 65. Geburtstag gewidmet, 1960, 246–277; G. ZIMMERMANN, Vergebliche Ansätze zu Stammes- und Territorialherzogtum in Franken, in: JFLF 23 (1963) 279–408, hier bes. 394; F. MACHILEK, Der Herzogstitel des Würzburger Bischofs, in: Kirche in Bayern. Verhältnis zu Herrschaft und Staat im Wandel der Jahrhunderte, bearb. v. H. TROLL u.a. (= ASAB 17) 1984, Nr. 7, 32–34; A. SCHLUNK, Landeshoheit und Landgericht. Das sog. Kaiserliche Landgericht Bamberg als Instrument fürstbischöflicher und kurbayerischer Territorialpolitik, in: Festgabe G. Zimmermann zum 65. Geburtstag, hg. v. H. BIELMEIER – K. RUPPRECHT (= BHVB Beiheft 23) 1989, 53–77, hier 69; FREUDENBERGER, Herbipolis 503f; P. HERDE, Das staufische Zeitalter, in: KOLB - KRENIG, Unterfränkische Geschichte I 333–366, hier 344f.

wieder zitiert wurde[11]. Der seit Bischof Johann I. von Egloffstein (1400–1411) in der Intitulation der Bischofsurkunden vereinzelt, unter Johann II. von Brunn (1411–1440) häufiger vorkommende und seit 1446 unter Gottfried IV. Schenk von Limpurg (1443–1455) formelhaft verwendete Titel *Herzog zu Franken* ist als programmatische politische Äußerung zu verstehen. Die benachbarten zollerischen Markgrafen von Brandenburg-Ansbach wurden dadurch in ihrer Herrschaftsstellung angegriffen, wobei die Frage der würzburgischen Lehenshoheit über Ansbach Anlaß zu besonderer Spannung bildete[12]. Vergeblich bestritt Markgraf Albrecht Achilles in einem im Frühjahr 1447 geführten Briefwechsel die Legitimität dieses Titels[13]. Gottfrieds Nachfolger Johann III. von Grumbach (1455–1466) ließ um 1460 das als *Fränkisches Herzogsschwert* bekannte Prunkschwert anfertigen, um dadurch den Herzogsanspruch und seine Stellung als oberster Richter hervorzuheben. Das Schwert wurde den Bischöfen fortan an hohen Festtagen in feierlicher Form vorangetragen; bei den dabei gehaltenen Hochämtern hielt der Obermarschall das blanke Schwert bis zur Wandlung mit nach oben gerichteter Spitze aufrecht erhoben. Zu Ausgang des Mittelalters wurde das Herzogsschwert auf Siegeln und Münzbildern mit dem Märtyrerschwert des hl. Kilian gleichgesetzt. Indem Tilman Riemenschneider einer Büste des Bistumspatrons die persönlichen Züge Bischof Rudolfs II. von Scherenberg (1466–1495) verlieh, fand darüberhinaus eine persönliche Identifikation des regierenden Fürstbischofs mit dem Bistumspatron statt[14].

Für Bamberg bedeutete die 1245 bei der päpstlichen Anerkennung des vormaligen Protonotars Kaiser Friedrichs II. und damaligen Elekten Heinrich I. von Bilversheim (1242–1257) gebrauchte Formulierung *que immediate ad apostolicam sedem spectat* eine Festschreibung der Unabhängigkeit von der Mainzer Metropolitankirche und der im Lauf des 12. Jahrhunderts herausgebildeten kurialen Ansprüche auf das Bistum[15]. Nichtsdestoweniger wurden die Bischöfe von Bamberg bis zum Ende des 13. Jahrhunderts zur Teilnahme an den Mainzer Provinzialsynoden geladen; erst das Aussetzen der Einladung zu Beginn des 14. Jahrhunderts löste Bamberg auch in dieser Hinsicht aus dem Mainzer Metropolitanverband[16]. Bei der Verleihung des Palliums, das die Bamberger Bischöfe seit 1053 als Ehrenzeichen ihrer engen Bindung an

---

[11] FREUDENBERGER, Herbipolis 503f.
[12] PÖLNITZ, Bischöfliche Reformarbeit; WENDEHORST, Würzburg II 133, 153, 166, 177; SCHUBERT, Landstände 94; GERLICH – MACHILEK, Staat §§ 49–54, in: HBG III/1³, 1997, hier § 50, 553–561.
[13] PÖLNITZ, Bischöfliche Reformarbeit 77f.
[14] M. H. v. FREEDEN, Das fränkische Herzogsschwert, in: Heiliges Franken. Festchronik zum Jahr der Frankenapostel 1952, Heft 6, 1952, 182; L. MUEHLON, Johann III. von Grumbach, Bischof von Würzburg und Herzog zu Franken, 1935, 173; F. MERZBACHER, Der Kiliansdom als Rechtsdenkmal, in: R. SCHÖMIG – E. SODER v. GÜLDENSTUBBE (Hg.), Ecclesia Cathedralis – Der Dom zu Würzburg, 1967, 69–82, hier 72 mit Tafel 19; Kilian. Mönch aus Irland – aller Franken Patron 689–1989, Ausst.Kat. 1989, 249–265; FREUDENBERGER, Herbipolis 506–508. – Zu Johann III. auch: P. HERDE, Johann III. von Grumbach, Bischof von Würzburg (1455–1466) und Papst Kalixt III., in: WDGB 41 (1979) 121–140.
[15] GUTTENBERG, Bistum Bamberg I 41f; STRAUB, Geistliche Gerichtsbarkeit 232. – Zu Bischof H. v. B. allgemein: O. KRENZER, Heinrich I. von Bilversheim, Teil 1–3 (Programm des Neuen Gymnasiums in Bamberg) 1907–1909.
[16] GUTTENBERG, Bistum Bamberg I 42.

Rom trugen, fiel die ältere Vorbehaltsformel zugunsten des Mainzer Erzbischofs 1235 zum ersten Mal weg; seit 1324 wurde sie überhaupt nicht mehr gebraucht[17]. Der bei der Entgegennahme vom Bischof zu leistende Fidelitätseid schloß das Gelöbnis ein, den Apostolischen Stuhl alle zwei Jahre persönlich aufzusuchen oder einen Bevollmächtigten zu entsenden[18]. Über Bamberger *Visitationes liminum* im Mittelalter sind bisher Nachrichten aus den Jahren 1477, 1487, 1490 und 1499 bekannt geworden; alle vier *Visitationes* wurden durch Prokuratoren vorgenommen. Die erstatteten *Relationes status* sind nach dem derzeitigen Kenntnisstand nicht erhalten[19].

Mit Blick auf die Gründung und Ausstattung des Bistums Bamberg durch die hll. Heinrich und Kunigunde wuchs dem Hochstift im Lauf der Jahrhunderte die Bezeichnung *kaiserlich* zu[20]. Die Verehrung des heiligen Kaiserpaares übertraf im Spätmittelalter die des hl. Bischofs Otto I. von Bamberg[21].

Für Eichstätt wurde 1243 ein wohl mindestens in das 11. Jahrhundert zurückreichender, nach der Mitte des 12. Jahrhunderts durch Adalbert von Heidenheim belegter Vorrang der Eichstätter Bischöfe unter den Mainzer Suffraganen in der Regierungszeit Bischof Friedrichs II. von Parsberg (1237–1246) auf einer Mainzer Provinzialsynode ausdrücklich festgestellt[22]. Dabei wurde auf den hl. Bonifatius Bezug genommen. Nach Befragung von nahezu hundert Jahre alten Zeugen habe der Bischof seit Bonifatius das Recht, den Mainzer Erzbischof auf Synoden zu vertreten und auf seiner Seite, den anderen Suffraganen gegenüber, zu sitzen, in Abwesenheit des Erzbischofs die Synode zu leiten und deren Beschlüsse zu verkünden; ihm haben sogar die Mainzer Domherren in Prozession entgegenzugehen. Bischof Hildebrand von Möhren (1261–1279) legte sich den Titel *sancte Moguntine sedis cancellarius* zu[23].

Im Zuge des wachsenden Selbstverständnisses der Eichstätter Kirche erfolgte unter Bischof Heinrich IV. Graf von Württemberg (1247–1259) am 22. April 1259 die Erhebung der Gebeine des hl. Willibald, die bis dahin in der unter Bischof Reginold (966–991) erbauten Krypta geruht hatten. Die feierliche Translation wurde am 11. Juni 1256 durch Bischof Heinrich und den Augsburger Bischof Hartmann Graf

---

17 Ebd. 40f; STRAUB, Geistliche Gerichtsbarkeit 232. – Zum Pallium allgemein: T. ZOTZ, Pallium et alia quaedam archiepiscopatus insignia, in: FS für Berent Schwineköper, hg. v. H. MAURER – H. PATZE, 1982, 155–175.

18 GUTTENBERG, Bistum Bamberg I 41. – Zu den *Ad-limina*-Besuchen allgemein: J. PATER, Die bischöfliche Visitatio liminum ss. Apostolorum (= Veröffentlichungen der Görres-Gesellschaft zur Pflege der Wissenschaften im Katholischen Deutschland. Sektion für Rechts- und Sozialwissenschaften 19) 1914, hier 31–48 zur Bedeutung des beim Empfang des Palliums geleisteten Eides für die Entwicklung des Instituts der *Visitatio liminum*.

19 Die Ad-limina-Berichte der Bischöfe von Bamberg 1589–1806, hg. v. L. BAUER (= VGFG VI/3) 1994, 30f.

20 G. ZIMMERMANN, Territoriale Staatlichkeit und politisches Verhalten, in: E. ROTH (Hg.), Oberfranken in der Neuzeit bis zum Ende des Alten Reiches, 1984, 9–81, hier 31.

21 KLAUSER, Heinrichs- und Kunigundenkult; K. GUTH, Die Heiligen Heinrich und Kunigunde. Leben, Legende, Kult und Kunst, 1986; MACHILEK, Ottogedächtnis 9–34.

22 HEIDINGSFELDER, Regesten Nr. 724, 222. Dazu: WEINFURTER, Von der Bistumsreform.

23 HEIDINGSFELDER, Regesten Nr. 804; WEINFURTER, Von der Bistumsreform 154.

von Dillingen (1248–1286) vorgenommen. Die Reliquien wurden in den folgenden Tagen den Vornehmsten des Landes und den Vorbeikommenden gezeigt und schließlich am 12. Oktober 1259 in der Mitte des Domes beigesetzt. Zehn Jahre später wurde der Willibaldsschrein unter Bischof Hildebrand von Möhren in den inzwischen neu erbauten Westchor des Domes, den nunmehrigen Willibaldschor, übertragen[24]. Bischof Philipp von Rathsamhausen (1306–1322) führte in seiner 1309 abgeschlossenen Vita des hl. Willibald und der danach von ihm verfaßten Vita der hl. Walburga auch die Verleihung des Rationales an die Eichstätter Bischöfe auf den hl. Bonifatius zurück. Philipp knüpfte dabei an die angebliche Bestellung des Eichstätter Bischofs zum ständigen Stellvertreter des Mainzer Erzbischofs an; Bonifaz habe dem Eichstätter Bischof als Zeichen dieser Würde das Rationale verliehen[25]. Auf den Bischofsdarstellungen des *Pontificale Gundecarianum* erscheint das Rationale zuerst bei Ulrich I. (1075–1091)[26]. Stifter des noch erhaltenen älteren Eichstätter Rationales war Bischof Johann III. von Eych (1445–1464)[27]. Die Darstellung Willibalds mit dem Rationale setzte sich seit Ausgang des 14. Jahrhundert in Eichstätt allgemein durch. In dieser Darstellungsform begegnet der Bistumspatron u.a. an dem 1396 vollendeten Portal des Domes[28]; in ihr wurde Willibald seither zum unverwechselbaren Repräsentanten der Eichstätter Kirche[29].

## § 29. DIE BISCHÖFE ALS REICHSFÜRSTEN

Das Wirken der Bischöfe wird in dem hier zu behandelnden Raum im Spätmittelalter bestimmt durch ihre Doppelfunktion als Nachfolger der Apostel mit autonomen Befugnissen im Hirten- und Lehramt einschließlich der Jurisdiktion im geistlichen Bereich für ihre Diözesen auf der einen sowie als Reichsfürsten mit anwachsenden Herrschaftsrechten in ihren Hochstiften auf der anderen Seite[30]. Bei der Besetzung

---

[24] HEIDINGSFELDER, Regesten Nr. 783; B. APPEL, Die Altar- und Kirchenweihen der Bischöfe Gundekar und Otto, in: Das Pontifikale Gundekarianum. Faksimile-Ausgabe des Codex B 4 im Diözesanarchiv Eichstätt. Kommentarband, hg. v. A. BAUCH – E. REITER, 1987, 148–157, hier 157f; WEINFURTER, Von der Bistumsreform 153.

[25] HONSELMANN, Rationale 44f, 131f. – Zu Ph. v. R.: BAUCH, Theologisch-asketisches Schrifttum; DERS., Philipp von Rathsamhausen, Bischof von Eichstätt, in: FLB 7 (= VGFG VII A 7) 1977, 1–11; M. BARTH, Philipp von Rathsamhausen. Abt des Klosters Pairis O.Cist. (1301–1306) und Bischof von Eichstätt (1306–1322), in: Archives de l'Eglise d'Alsace 22 (1975) 79–129; F. J. SCHWEITZER, Ph. v. R., in: VL² 7 (1989) 605–610; A. WENDEHORST, Ph. v. R., in: LdMa 6 (1993) 2074.

[26] HONSELMANN, Rationale 56f. – Zu dem 1071/72 angelegten, bis ins 17. Jahrhundert mit Bischofsviten fortgesetzten *Gundekarianum* allgemein: Das Pontifikale Gundekarianum, Kommentarbd. (wie Anm. 24).

[27] HONSELMANN, Rationale 57.

[28] Ebd. 59.

[29] Hl. Willibald 787–1987, Ausst.Kat. 1987.

[30] Zur allgemeinen Geschichte des Raumes im Spätmittelalter: HBG III/1 (Neubearbeitung 1997), darin insbesondere die Abschnitte D.1. von GERLICH – MACHILEK, Staat (§§ 49–54) sowie E. I. von A. LAYER – P. FRIED, Geistliche Herrschaftsbereiche (§§ 37–40); Bayerischer Geschichtsatlas; W. ZORN (Hg.), Historischer Atlas von Bayerisch Schwaben, 1955; H. FREI – P. FRIED – F. SCHAFFER (Hg.), Historischer Atlas von Bayrisch Schwaben, ²1985; HAB.S.; HAB.F.; ROTH, Oberfranken im Spätmittelalter; KOLB – KRENIG, Unterfränkische Geschichte II; Lebensbilder aus dem bayerischen Schwaben 1ff; Fränkische Lebensbilder

der Bischofsstühle überwogen schon aus diesem Grund vielfach politische Erwägungen gegenüber den Fragen nach der geistlichen Eignung der in Frage kommenden Kandidaten. Die Sicherstellung des Gemeinwohls des Territoriums und seiner Bewohner stand im Vordergrund[31]. Die im 15. Jahrhundert zunehmende Öffnung der Bischöfe für den Humanismus verstärkte diese Tendenz und führte zu wachsendem Engagement im politischen Leben und zur Einbindung in die zeitgenössische Hofkultur. Trotz der gerade bei den Humanistenbischöfen vielfach zu beobachtenden Reformgesinnung wirkte sich die häufige Beschäftigung mit aktuellen Tagesfragen deutlich zu Lasten des geistlichen Amtes aus[32].

*a) Bischofswahlen und Wahlkapitulationen. Das Verhältnis der Bischöfe zu Papst, Kurie und Reich*

Die Bestimmung des IV. Laterankonzils von 1215, das die Wahl der Bischöfe den Domkapiteln überlassen hatte, führte immer häufiger dazu, daß die in diesen vertretenen Adelsfamilien bevorzugt solche Personen zu Bischöfen wählten, von denen sie eine Stärkung ihres Einflusses und der Hausmacht ihrer Familien erwarteten. Zur Wahrung ihrer Rechte suchten die Kapitel die häufig aus ihrem Kreis selbst hervorgehenden Bischöfe schon vor der Wahl durch die sog. Wahlkapitulationen auf die weltliche Amtsführung und die von ihnen fortan einzuhaltende kirchenpolitische Linie festzulegen. Die Bewerber hatten sich zu verpflichten, die Privilegien und Freiheiten der Kapitel nicht zu beeinträchtigen. Eine wichtige Rolle spielten Fragen des Stellenbesetzungsrechts. Viele Erklärungen zu Einzelpunkten stellen sich im Rückblick als Maximalforderungen oder Absichtserklärungen dar, die nie Verfassungswirklichkeit wurden[33]. Die Wahlkapitulationen spiegeln die Teilhabe der Domkapitel am weltlichen Regiment der Hochstifte wider; religiöse Fragen spielten darin eine untergeordnete Rolle[34]. In Würzburg setzt die Reihe der Wahlverschreibungen bereits 1225 ein: Die Kapitulation Bischof Hermanns I. von Lobdeburg (1225–1254), mit der das Würzburger Kapitel eine Wiederholung der hohen Ausgaben für das Reich und die Hofhaltung, wie sie unter Otto I. von Lobdeburg (1207–1223) angefallen waren, ausschließen wollte, ist eines der frühesten Beispiele derartiger Verpflichtungen aus dem Reich überhaupt[35]. Aus Eichstätt sind Wahlkapitulationen seit 1259 überlie-

---

(= FLB) 1–16. – Speziell zur Kirchengeschichte: BAUERREISS, Kirchengeschichte Bayerns IV-V; TÜCHLE, Kirchengeschichte Schwabens II; M. SIMON, Evangelische Kirchengeschichte Bayerns, ²1952. – Zu den einzelnen Bistümern: STEICHELE – SCHRÖDER – ZOEPFL, Bistum Augsburg I–X, 1864–1940; F. ZOEPFL, Das Bistum Augsburg und seine Bischöfe im Mittelalter, 1955; WENDEHORST, Würzburg II–III; GUTTENBERG, Bistum Bamberg I; GUTTENBERG - WENDEHORST, Bistum Bamberg II; KIST, Fürst- und Erzbistum Bamberg; URBAN, Bistum Bamberg II; BUCHNER, Bistum Eichstätt; SAX, Geschichte des Hochstiftes und der Stadt Eichstätt.

31 Dazu grundsätzliche Erwägungen bei BRANDT, Fürstbischof 7, 16.
32 A. SCHMID, Humanistenbischöfe, hier bes. 184–186.
33 CHRIST, Bischof, hier insbes. 199f.
34 Für Bamberg dazu: WEIGEL, Wahlkapitulationen 35; GUTTENBERG, Bistum Bamberg I 61f; KIST, Domkapitel 78f.
35 J. F. ABERT, Die Wahlkapitulationen der Würzburger Bischöfe bis zum Ende des 17. Jahrhunderts 1225–1698, 1905; Kirche in Bayern. Ausst.Kat. 1984, Nr. 11, 40f (F. MACHILEK).

fert[36], aus Bamberg seit 1328[37], aus Augsburg erstmals zu Beginn des 1414 ausgebrochenen Bistumsstreites[38]. Im Einklang mit der allgemeinen Entwicklung ist in den fränkischen Bistümern seit dem dritten Jahrzehnt des 15. Jahrhunderts eine Verdichtung der Kapitelsforderungen zu beobachten, so in Bamberg in dem als »Markstein in der Kapitulationsgeschichte Bambergs« geltenden *Statutum perpetuum* von 1422 und in der Kapitulation von 1459[39], in Würzburg, wo das Kapitel 1444 von Gottfried IV. Schenk von Limpurg (1443–1455) zusätzlich zu der vor der Wahl abgegebenen ersten Kapitulation bei der Wahl noch die Unterzeichnung einer zweiten Kapitulation verlangte[40], sowie in Eichstätt, wo der 1450/53 zwischen Bischof Johann III. von Eych (1445–1464) und dem Kapitel geführte Streit zu den sehr weitgehenden Forderungen der Kapitulation von 1464 führte[41]. In Bamberg mündete die weitere Verschärfung in die Kapitulation von 1475 ein, in der das Kapitel die dem Fürstbischof zustehende Erbhuldigung des Stiftes auch für sich beanspruchte[42], schließlich in den Kapitulationsstreit von 1482[43]. Gegenüber dem ständigen Wechsel im Bischofsamt stellten die Domkapitel über lange Zeiten hinweg die Kontinuität innerhalb der Bistümer sicher und bildeten auf Grund ihrer Verbindungen zu den Königen und Kaisern zugleich ein wichtiges Element der Stabilität in Reichskirche und Reichsverfassung[44]. Mit der steigenden Fluktuation zwischen den Domkapiteln[45] ging jene Kontinuität im 15. Jahrhundert mehr und mehr verloren.

In vielen Fällen wurden die Domkapitel bei der Besetzung der Bischofsstühle in ihrem Wahlrecht von päpstlicher und kaiserlicher Seite übergangen. Die bei der Verleihung des Amtes durch den Papst seit Ende des 13. Jahrhunderts regelmäßig fälligen Servitien belasteten die Bistümer schwer; neben dem zur Hälfte dem Papst, zur anderen Hälfte den Kardinälen zustehenden *servitium commune* in Höhe eines Drittels der Jahreseinnahme des providierten Bischofs gab es noch die *servitia minuta*, die bestimmten Kurialen zukamen[46]. Die Wahlkapitulationen der Bischöfe boten den Domkapiteln in Einzelfällen die Möglichkeit, sich erfolgreich gegen die Auswirkungen der päpstlichen Provisionen zur Wehr zu setzen[47]. In der Zeit des Endkampfes der Staufer in Deutschland und des sog. Interregnums sowie insbesondere seit Beginn

---

[36] BRUGGAIER, Wahlkapitulationen.
[37] WEIGEL, Wahlkapitulationen 35; KIST, Domkapitel 78; DERS., Fürst- und Erzbistum Bamberg 51.
[38] ZOEPFL, Bistum Augsburg und seine Bischöfe im Mittelalter 361, 575.
[39] WEIGEL, Wahlkapitulationen 52f (Zitat 52).
[40] PÖLNITZ, Bischöfliche Reformarbeit 60; WENDEHORST, Bistum Würzburg II 175.
[41] BRUGGAIER, Wahlkapitulationen 40–47; CHRIST, Bischof 204f, 223.
[42] WEIGEL, Wahlkapitulationen 64.
[43] THUMSER, Konflikt; CHRIST, Bischof 202f, 224f.
[44] SCHIEFFER, Domkapitel 260.
[45] A. SCHMID, Humanistenbischöfe 185.
[46] Zu den Servitienzahlungen der Bamberger Bischöfe von 1296–1363 jetzt DENZEL, Kurialer Zahlungsverkehr 141–169 (mit zahlreichen Hinweisen auf die umfangreiche Literatur). – Zum kurialen Finanzwesen allgemein: SCHIMMELPFENNIG, Papsttum, passim; B. GUILLEMAIN, Der Aufbau und die Institutionen der römischen Kirche, in: B. SCHIMMELPFENNIG (Hg.), Die Geschichte des Christentums VI, 1991, 17–74, passim.
[47] In Bamberg eröffnete bereits die älteste Kapitulation von 1328 den Kampf gegen die päpstlichen Reservationen: GUTTENBERG, Bistum Bamberg I 48.

des Machtkampfs zwischen Kaiser Ludwig dem Bayern und Papst Johann XXII. häuften sich die Doppelwahlen und Doppelbesetzungen von Bischofsstühlen, die dem Ansehen des bischöflichen Amtes schadeten und sich in vielen Fällen langfristig auf die weitere Entwicklung auswirkten[48]. Nicht selten erscheint das Eingreifen der Kurie als Doppelspiel oder verwirrendes Schaukelspiel, das zu Lasten der betroffenen Anwärter ausging[49]. In der Regierungszeit des Luxemburgers Karl IV. »hat kein Erzbischof und kaum ein Bischof des Reiches sein Amt kraft Wahl des Kapitels erhalten, sondern durch päpstliche Provision«[50]. Zugleich gelang es Karl in breitem Umfang, die Kooperation mit allen vier Päpsten, die zu seiner Zeit den Stuhl Petri innehatten, für die Ziele einer seine Königsherrschaft stabilisierenden Bistumspolitik zu nutzen[51].

## 1. Augsburg

Durch die Entwicklung Augsburgs zur Königsstadt und Reichsstadt im 13. Jahrhundert wurden der Bischof und das zum größeren Teil in Ostschwaben liegende, aber zugleich weit in bayerisches Gebiet hineinreichende Bistum Augsburg im Spätmittelalter in besonderer Weise in die Reichspolitik einbezogen. Dies trat vor allem seit der Mitte des 13. Jahrhunderts zutage: Zwei Jahre nach der Absetzung Kaiser Friedrichs II. durch Papst Innozenz IV. auf dem Konzil zu Lyon 1245 folgte 1247 der erzwungene Rücktritt des stets kaisertreuen Bischofs Siboto von Seefeld (1227–1247, † 1262 als Mönch in Kaisheim). Auf ausdrücklichen päpstlichen Wunsch wählte das Domkapitel Hartmann Graf von Dillingen in einstimmiger Wahl zum Nachfolger (1248–1286), der sich als Vertrauensmann Innozenz' IV. in der Endphase der staufischen Herrschaft dieser gegenüber politisch weitgehend neutral verhalten hat[52].

Im Zuge der Auseinandersetzungen um Ludwig IV. den Bayern wirkte sich die Reichspolitik immer stärker auf die Verhältnisse im Bistum und in der Reichsstadt Augsburg aus. Das Domkapitel wählte 1331 nach dem Tod Friedrichs I. Spät von Faimingen (1309–1331), der zeitweise für Friedrich den Schönen Partei ergriffen, sich aber nach der Schlacht von Mühldorf auf die Seite Ludwigs IV. gestellt hatte, den einem Reichsministerialengeschlecht entstammenden Ulrich II. von Schönegg, einen treuen Parteigänger Ludwigs, während Johannes XXII. den einem habsburgischen Ministerialengeschlecht zugehörenden Nikolaus von Frauenfeld ernannte, der sich jedoch nicht durchsetzen konnte und vom Papst 1334 nach Konstanz versetzt wurde. Ulrich war, obgleich nicht geweiht und in Avignon nicht anerkannt, tatsächli-

---

48 Zur Entwicklung im 13. Jahrhundert: GANZER, Papsttum. Zu den Auseinandersetzungen zwischen Ludwig dem Bayern und Johannes XXII. allgemein: C. MÜLLER, Kampf; J. MIETHKE, Kaiser und Papst im Spätmittelalter. Zu den Ausgleichsbemühungen zwischen Ludwig dem Bayern und der Kurie in Avignon, in: ZHF 10 (1983) 421–446; SCHIMMELPFENNIG, Papsttum.
49 GANZER, Papsttum 45, 171.
50 SCHMUGGE, Kurie 73–87, hier 82.
51 SCHMUGGE, Kurie 82–86; HÖLSCHER, Kirchenschutz; LOSHER, Königtum.
52 ZOEPFL, Bistum Augsburg und seine Bischöfe im Mittelalter 172–175, 183–186, 188. – Nach KIESSLING, Bürgerliche Gesellschaft 25, war Hartmann ein »bewußt antistaufischer Bischof«; dem widerspricht seine im ganzen eher pragmatische politische Einstellung.

cher Herr des Bistums[53]. 1337 erhob Kaiser Ludwig den zuvor als Dompropst fungierenden Heinrich III. von Schönegg, den Bruder Ulrichs, eigenmächtig zum Bischof von Augsburg. Elf Jahre später wurde Heinrichs Stellung durch die Erhebung Karls IV. zum deutschen König in Frage gestellt; wie schon zuvor das Domkapitel, suchte nun auch Heinrich die Anerkennung Karls zu gewinnen; trotz der wegen sittlicher Verfehlungen gegen Heinrich erhobenen Vorwürfe, erkannte Karl IV. ihn zunächst als Bischof an und setzte sich an der Kurie für ihn ein. Inzwischen hatte sich jedoch auch der gewiegte Kanonist und frühere Beauftragte Ludwigs des Bayern an der Kurie, Marquard von Randeck, nach Umschwenken auf die Seite Karls IV. um das nach kurialer Auffassung seit 1337 vakante Bistum Augsburg bemüht. Schon kurz darauf übertrug Clemens VI. Marquard in Avignon das Bistum. Nach dieser Provision unterstützte auch Karl IV. Marquard und befahl der Reichsstadt Augsburg, ihn als rechtmäßigen Bischof anzuerkennen. Seit Ende des Jahres 1348 war Marquard Herr des Bistums Augsburg; der Streit zwischen ihm und Heinrich von Schönegg konnte 1350 durch einen Ausgleich bereinigt werden[54]. Zwei Jahrzehnte nach seiner Resignation verstarb Heinrich in der durch ihre Königsnähe ausgezeichneten Reichsstadt Schwäbisch Gmünd[55]. Bevor Marquard nach dem Willen Papst Urbans V. 1365 den Bischofsstuhl des hl. Ulrich mit dem Patriarchenstuhl in Aquileia vertauschte, setzte er in Augsburg die Erhebung seines Neffen Walter II. von Hochschlitz (1365–1369) kraft päpstlicher Provision durch[56]. Gleichfalls päpstlicher Provision und kaiserlicher Patronage verdankte auch der seit langem in päpstlichen Diensten stehende Dominikaner, Ketzerinquisitor und päpstliche Kollektor, Johannes I. Schadland (1371–1372), der einzige bürgerliche Bischof in Augsburg im Mittelalter, sein Amt; er hatte zuvor die Bistümer Kulm, Hildesheim und Worms innegehabt[57].

2. Mainz

Zentrum der kirchlichen Organisation des Mainzer Oberstifts im Main-Spessart-Gebiet war Aschaffenburg, seit der Mitte des 13. Jahrhunderts zugleich die bevorzugte Residenz der Mainzer Erzbischöfe[58]. In den Jahren 1282, 1292, 1431 und 1455 war

---

[53] WIESSNER, Beziehungen 66f; F. ZOEPFL, Die Augsburger Bischöfe und ihre Stellung im Kampf Ludwigs des Bayern mit der Kurie, in: ZBKG 18 (1948) 1–21; ZOEPFL, Bistum Augsburg und seine Bischöfe im Mittelalter 275–284; TÜCHLE, Kirchengeschichte Schwabens II 40f.

[54] GLASSCHRÖDER, Marquart 22 (1895) 101–104; ZOEPFL, Bistum Augsburg und seine Bischöfe im Mittelalter 293f; SCHMUGGE, Kurie 83; LOSHER, Königtum 114–116.

[55] K. GRAF, Bischof Heinrich III. von Schönegg und Schwäbisch Gmünd, in: JVABG 15 (1981) 216–220.

[56] ZOEPFL, Bistum Augsburg und seine Bischöfe im Mittelalter 314, 316.

[57] Ebd. 322; G. GIERATHS, Johannes Schadland O.P., Bischof von Worms (1365–1371), in: Archiv für mittelrheinische Kirchengeschichte 12 (1960) 98–128.

[58] Regesten der Erzbischöfe von Mainz bis 1288, bearb. v. J. F. BÖHMER – C. WILL, 1877–1886; 1289–1328, bearb. v. E. VOGT, 1913; 1328–1353, bearb. v. H. OTTO, 1932–1935; 1354–1374, bearb. v. F. VIGENER, 1913–1914; Die Protokolle des Mainzer Domkapitels I: Die Protokolle aus der Zeit 1450–1484, bearb. v. F. HERRMANN – H. KNIES, 1976; JÜRGENSMEIER, Bistum Mainz; Tausend Jahre Stift und Stadt Aschaffenburg. Festschrift I–II, in: AschJ 4/1–2 (1954); R. FISCHER, Aschaffenburg; CHRIST, Aschaffen-

Aschaffenburg Ort von Mainzer Provinzialsynoden[59]. Der Propst des Kollegiatstifts St. Peter und Alexander in Aschaffenburg war zugleich Archidiakon. Seit 1262 war die Würde des Stiftspropstes einem Mitglied des Mainzer Domkapitels vorbehalten; seine Aufgaben wurden von einem Kanoniker des Aschaffenburger Stifts wahrgenommen. Der Archidiakonat Aschaffenburg gliederte sich im 14. Jahrhundert in die drei Landkapitel Montat, Rodgau und Taubergau[60].

3. Würzburg

In Würzburg häuften sich die Doppelbesetzungen seit der Mitte des 13. Jahrhunderts. Schon vor dem Tod Hermanns I. von Lobdeburg (1225–1254) hatte Papst Innozenz IV. dem Speyerer Elekten Graf Heinrich von Leiningen, dem Kanzler des von ihm begünstigten Königs Wilhelm von Holland, eine Expektanz verliehen; auf Grund dieses Provisionsmandats untersagten der Abt von Eußertal und der Bischof von Konstanz dem Kapitel in päpstlichem Auftrag die Neuwahl eines Nachfolgers, da dieses Bistum für Heinrich vorgesehen sei. Trotz eines kurz danach ergangenen generellen Widerrufs aller Provisionsmandate erhielt Heinrich die Zusage, daß diese Bestimmung für ihn nicht gelten sollte. Auf Intervention des Kapitels, das nicht bereit war, eine Beeinträchtigung seiner Rechte hinzunehmen, sicherte der Papst dem Kapitel nichtsdestoweniger für den Fall der Vakanz das freie Wahlrecht zu. Dementsprechend wählte das Kapitel unmittelbar nach Hermanns Tod Iring von Reinstein-Homburg (1254–1265) in einstimmiger Wahl und unter Verzicht auf eine Wahlkapitulation zum Nachfolger; schon kurz darauf erhielt Iring durch den Mainzer Erzbischof die Bischofsweihe. Die staufisch gesinnte Bürgerschaft Würzburgs, die an dem von Innozenz IV. Providierten festhielt, vertrieb zusammen mit Heinrich wenig später Iring aus ihren Mauern. Dieser begab sich nach Meiningen und erscheint im Herbst 1255 in Anagni, wo sich Papst Alexander V., der Nachfolger des inzwischen verstorbenen Innozenz IV., nach persönlicher Vorsprache Irings auf Grund eines Urteils der Kardinäle für diesen entschied und die von Heinrich für das Bistum getroffenen Entscheidungen für nichtig erklärte[61]. Iring konnte sich nach seiner Rückkehr nach Würzburg trotz anhaltender Opposition der Würzburger Bürgerschaft im Amt halten. Es gelang ihm auch, seine bischöflichen Pflichten zu erfüllen, nicht zu-

---

burg 30–33; W. FISCHER, Die verfassungsgeschichtlichen Grundlagen des Mainzer Oberstifts, in: AschJ 10 (1986) 1–98; 11/12 (1988) 1–78.

59 M. HANNAPPEL, Die in Aschaffenburg tagenden Mainzer Provinzialsynoden, in: AschJ 4/1 (1957) 439–461.

60 A. AMRHEIN, Beiträge zur Geschichte des Archidiakonats Aschaffenburg und seiner Landkapitel, in: AU 27 (1888) 84–164; DERS., Regesten zur Geschichte des Spessarts und des Archidiakonats der Pröpste des ehemaligen Collegiatstiftes St. Peter und St. Alexander zu Aschaffenburg, in: Erzähler am Main 1892/1893; THIEL, Urkundenbuch I; A. AMRHEIN, Die Prälaten und Kanoniker des ehemaligen Collegiatstifts St. Peter und Alexander zu Aschaffenburg, in: AU 26 (1882) 1–394; FISCHER-PACHE, Wirtschafts- und Besitzgeschichte; FATH, Gericht.

61 P. ALDINGER, Der Streit um das Bistum Würzburg in den Jahren 1254–1256, in: Württembergische Vierteljahrshefte für Landesgeschichte NF 6 (1897) 453–468; FÜSSLEIN, Zwei Jahrzehnte; GANZER, Papsttum 45f, 171; WENDEHORST, Würzburg II 3–5; SCHERZER, Hochstift, hier 25–27.

letzt durch Einberufung von Diözesansynoden (1257, 1258 und 1261). Unter Vermittlung des Albertus Magnus, der sich zwischen 1263 und 1267 in Würzburg aufhielt, kam 1265 ein Vergleich zwischen Bischof und Stadt zustande[62]. Nach dem Tod Irings von Reinstein-Homburg (1254–1265) entlud sich der Streit um die Nachfolge in kriegerischen Auseinandersetzungen: Eine Koalition aus der trimberg-sternbergischen Kapitelsmehrheit, der Würzburger Bürgerschaft und den Herren von Hohenlohe besiegte im Zeichen der bis heute erhaltenen Kiliansfahne in einem Treffen bei Kitzingen am Cyriakustag (8. August) des Jahres 1266 das Aufgebot der Kapitelsminderheit unter Führung der Grafen Hermann I. von Henneberg und Heinrich zu Castell. Das später in seiner Bedeutung überschätzte Treffen manifestierte die Möglichkeit eines Miteinander von Stift und Stadt. Sein Jahrestag wurde fortan mit eigener Prozession unter Mitführen der Kiliansfahne begangen; es bedeutete zugleich eine entscheidende Schwächung der Position des Hauses Henneberg gegenüber Würzburg[63]. Berthold I. von Henneberg (1267–1274, † 1312?), der sich gegen Poppo III. von Trimberg (1267–1271), dem Mehrheitskandidaten des Kapitels, durchsetzen konnte, wurde auf dem II. Konzil von Lyon 1274 von Papst Gregor X. abgesetzt. Dabei ging es Gregor neben der Bereinigung der nach Auffassung des Kapitels unkanonischen Wahl und der Klage der Stadt Würzburg und des Kapitels gegen Übergriffe Bertholds, wie auch bei anderen von ihm vorgenommenen Depositionen, generell um die Stärkung der päpstlichen Autorität und Macht gegenüber den Ortskirchen[64]. Aus dieser Position heraus ernannte Gregor X. – vielleicht auf Intervention des Albertus Magnus – bereits einen Monat nach der Kassation der Wahl und Weihe Bertholds I. den Führer der antihennebergischen Partei im Kapitel Berthold II. von Sternberg zum Nachfolger (1274–1287)[65].

Würzburg »hallte fast das ganze 14. Jahrhundert wider vom Kampf der Gegenbischöfe«[66]; 1314, 1333, 1345 und 1372 kam es zu Doppelwahlen bzw. zum Schisma[67]. Nach dem Tod Albrechts von Hohenlohe (1350–1372) sprach sich eine Kapitelsmehrheit für den Bamberger Domdekan Withego von Wolframsdorf aus, der als Landschreiber in der Kanzlei zu Sulzbach und damit als oberster Finanzbeamter Neuböhmens in engster Verbindung zu Karl IV. stand, eine Kapitelsminderheit für

---

[62] WENDEHORST, Würzburg II 5–7, 9; A. WENDEHORST, Die Nachrichten des Würzburger Dominikaners Andreas Pfaff über Albertus Magnus, in: WDGB 14/15 (1952/53) 299–307.

[63] G. ZIMMERMANN, Die Cyriakus-Schlacht bei Kitzingen (8.8.1266) in Tradition und Forschung, in: JFLF 27 (1967) 417–425; SCHERZER, Hochstift 27f; F. PFISTER, Alexander der Große und die Würzburger Kiliansfahne, in: WDGB 14/15 (1952/53) 279–297; Kilian. Mönch aus Irland – aller Franken Patron, Ausst.-Kat. Würzburg 1989, 361 (S. KLEIDT); GERLICH – MACHILEK, Staat § 50, 557.

[64] WENDEHORST, Bistum Würzburg II 15–18; ROBERG, Lyon 345f.

[65] WENDEHORST, Bistum Würzburg II 20f.

[66] TÜCHLE, Kirchengeschichte Schwabens II 44.

[67] WENDEHORST, Bistum Würzburg II 43f, 57f, 61f, 76f, 98, 102; T. HENNER, Eine Doppelwahl für den Würzburger Bischofsstuhl im Jahre 1314, in: AU 42 (1900) 57–74; E. SCHUBERT, Päpstliche Provision und dynastische Politik im Spiegel des Kampfes um das Bistum Würzburg 1314–1317, in: JFLF 30 (1970) 287–301; J. HETZENECKER, Studien zur Reichs- und Kirchenpolitik des Würzburger Hochstifts in den Zeiten Ludwigs des Bayern (1333–1347) (= Beigabe zu den Jahresberichten der kgl. Kreisrealschule Augsburg 1900/1901) 1901; HÖLSCHER, Kirchenschutz 65f; LOSHER, Königtum 116–118.

Albrecht von Heßberg⁶⁸. Letzterer wurde durch den Mainzer Erzbischof bestätigt und konnte sich zunächst im Hochstift durchsetzen (1372–1376, † 1382). Als Withego seine Ansprüche bei Papst Gregor XI. an der Kurie zu Avignon geltend zu machen suchte, traf er dort mit dem Naumburger Bischof Gerhard von Schwarzburg zusammen, den Karl IV. schon 1354 zu seinem Kaplan ernannt hatte und den gleichfalls Auseinandersetzungen mit seinem Kapitel nach Avignon geführt hatten. Der wohl auf Anregung Gerhards getroffene Plan eines Tausches der Bistümer Bamberg und Naumburg wurde vom Papst gebilligt und von Karl IV. akzeptiert; nach der Verleihung der Regalien durch Karl konnte sich nun Gerhard als Bischof gegenüber Albrecht durchsetzen⁶⁹. Ein 1373 von Gerhard von Schwarzburg mit dem Haus Luxemburg und dem Erzstift Mainz geschlossenes Bündnis gab die Richtung der künftigen Politik vor; es sicherte Karl die Unterstützung Gerhards bei der Wahl seines Sohnes Wenzel und kam dem Bischof beim Kampf gegen die städtischen Emanzipationsbestrebungen zugute⁷⁰. Wenzels Eingriffe in die Wirren im Hochstift Würzburg, die zu den Anstößen seiner Absetzung zählten, ebneten nach der Thronerhebung König Ruprechts Johann I. von Egloffstein (1400–1411), dem Bruder von Ruprechts Vertrauten Konrad von Egloffstein, den Weg auf den Bischofsstuhl des hl. Kilian; ausschlaggebend war hier die bereits bestehende Loyalität der Familie des Bischofs zum Haus Wittelsbach⁷¹. Im Beziehungsgeflecht zwischen der Kirche und dem königlichen Hof kam der Rolle Bischof Johanns I. ein bedeutender Stellenwert zu; als ranghöchster Gesandter vertrat Johann I. Ruprecht auf dem Pisaner Konzil⁷².

4. Bamberg

In Bamberg wurde mit Bischof Arnold IV. von Solms (1286–1296) erstmals ein Bischof ohne sicher erkennbaren Wahlvorgang vom Papst providiert; dementsprechend bezeichnete er sich auch in der Intitulatio einiger seiner Urkunden und in der Sigellegende als *dei et apostolice sedis gratia Babenbergensis episcopus*⁷³. Wie in Würzburg häuften sich auch in Bamberg zu Beginn des 14. Jahrhunderts die Auseinandersetzungen um den Bischofsstuhl. Nach der Doppelwahl von 1303 und dem Verzicht der beiden Gegenkandidaten – Magister Gerlach von Wetzlar und der Bamberger Dompropst Johann von Muchel – transferierte Papst Benedikt XI. den Dominikaner und Lavanter Bischof Wulfing von Stubenberg auf den Bischofsstuhl des hl. Otto

---

68 WENDEHORST, Würzburg II 98, 102; H. WIESSNER, Zur Herkunft Withegos, Elektus in Würzburg 1372 und Bischof von Naumburg 1372–1381, in: WDGB 27 (1965) 146–152; Das »Böhmische Salbüchlein« Kaiser Karls IV. über die nördliche Oberpfalz 1366/68 (= Veröffentlichungen des Collegium Carolinum 27) 1973, 30; SCHERZER, Hochstift 46f.
69 Zu ihm: WENDEHORST, Würzburg II 100–127; H. WIESSNER, Gerhard von Schwarzburg, Bischof von Naumburg und Würzburg (ca. 1323–1400), in: FLB 9 (= VGFG VII A 9) 1980, 22–45.
70 WENDEHORST, Würzburg II 103; SCHMUGGE, Kurie 84; HÖLSCHER, Kirchenschutz 67.
71 A. GERLICH, Habsburg-Luxemburg-Wittelsbach im Kampf um die deutsche Königskrone, 1960, 214f; SCHUBERT, Probleme 135–184, hier 144; SCHERZER, Hochstift 51f.
72 HEIMPEL, Vener 185, 190 Anm. 88; SCHUBERT, Probleme 144.
73 GUTTENBERG, Bistum Bamberg I 48.

(1304–1318)⁷⁴. Mit ihm beginnt eine Serie von Bischöfen, die ihr Amt dank propäpstlicher Einstellung durch päpstliche Provision oder Transferierung erlangten. Das Kapitel verfocht unter Berufung auf die kaiserlichen Traditionen des Hochstifts sein Wahlrecht. Im Anschluß an die Doppelwahl nach Wulfings Tod reisten die beiden Rivalen – der Stiftspropst Ulrich VI. von Schlüsselberg und Dompropst Konrad II. von Giech – nach Avignon, um bei Johannes XXII. persönlich die Bestätigung zu erlangen. Nach Konrads Tod zu Avignon (1321) verzichtete Ulrich auf den Bamberger Bischofsstuhl; er wurde zum Bischof von Brixen ernannt, verstarb jedoch noch in Avignon (1322)⁷⁵. Im Machtkampf zwischen Kaiser und Papst lehnte sich das Bamberger Kapitel besonders eng an Ludwig den Bayern an⁷⁶. Gegen den 1328 von der Kurie erhobenen Johann II. von Nassau, der seine Diözese nie betrat, wählte das Kapitel Werntho Schenk von Reicheneck (1328–1335) zum Bischof; er wurde 1329 auch von Johannes XXII. anerkannt⁷⁷. Dem 1343 gegen einen namentlich nicht bekannten Gegenkandidaten vom Kapitel zum Bischof gewählten Bamberger Dompropst Marquard von Randeck (Randegg) verweigerte Papst Clemens VI. trotz persönlicher Hochschätzung wegen der Anhängerschaft zu Ludwig dem Bayern die Bestätigung⁷⁸. Die 1344 bzw. 1353 durch Papst Clemens VI. bzw. Innozenz VI. providierten Bischöfe Friedrich I. von Hohenlohe (1344–1352) und Lupold III. von Bebenburg (1353–1363) standen in engem Kontakt zu Karl IV.⁷⁹. 1357 entschied sich Lupold gegen die Übernahme des ihm vom Papst nach der Ermordung des frommen Konstanzer Bischofs Johann III. Windlock (1351–1356) zugedachten schwäbischen Bistums⁸⁰. Nach Lupolds Tod wurde der kaiserliche Einfluß in Bamberg für einige Jahre zurückgedrängt. 1363 konnte sich das Bamberger Kapitel mit der Wahl Friedrichs von Truhendingen gegen die bestehende päpstliche Reservation durchsetzen; Papst Urban V. erteilte ihm 1364 die Provision⁸¹. Karl IV. scheint damals seinen Kanzler Johann von Neumarkt, Bischof von Leitomischl, als Kandidaten in Betracht gezogen zu haben⁸². Mit der Betonung der exemten Stellung des Bamberger Bistums durchkreuzte Friedrich von Truhendingen die kaiserliche Kirchenpolitik⁸³. Die von ihm eingeschlagene Linie fand mit seinem Tod 1366 ein rasches Ende. Bereits zuvor (1364) war Ludwig von Meißen, der Bruder der wettinischen Grafen von Meißen und Thüringen, auf Wunsch des Kaisers von Halberstadt nach Bamberg transferiert worden; in Avignon erhielt er 1366 die päpstliche Provision durch Urban V. Unter Ludwig und dessen Nachfolger bildete Bamberg einen der wichtigsten Stützpunkte

---

74 Ebd. 197; KIST, Fürst- und Erzbistum Bamberg 50.
75 GUTTENBERG, Bistum Bamberg I 48, 200; KIST, Fürst- und Erzbistum Bamberg 50; VOIT, Schlüsselberger 65.
76 C. MÜLLER, Kampf 147.
77 GUTTENBERG, Bistum Bamberg I 205–208; KIST, Fürst- und Erzbistum Bamberg 51. – Allgemein zu den fränkischen Bistümern in jener Zeit: WIESSNER, Beziehungen 39–45.
78 GUTTENBERG, Bistum Bamberg I 211f.
79 SCHMUGGE, Kurie 84; HÖLSCHER, Kirchenschutz 65; LOSHER, Königtum 103f, 125f.
80 TÜCHLE, Kirchengeschichte Schwabens II 78.
81 RUSS, Truhendingen 230.
82 LOSHER, Königtum 173f.
83 RUSS, Truhendingen 233.

Karls IV. im Reich[84]. 1374 wurde Ludwig von Meißen von Bamberg auf den erzbischöflichen Stuhl von Mainz transferiert; er wechselte 1382 weiter nach Magdeburg. Kurz darauf erlitt der unter den Zeitgenossen als »tentzel« bekannte Erzbischof während eines Brandes bei einem Tanzfest im Rathaus zu Calbe den Tod[85]. In Bamberg trat Lamprecht von Brunn (Burne) (1374–1398), der zuvor mit Karls IV. Hilfe in den Besitz des Bistums Speyer und danach des Bistums Straßburg gelangt war, Ludwigs Nachfolge an[86]. Die Bemühungen Karls IV. um eine hochrangige personelle Besetzung des Bistums Bamberg standen in engem Zusammenhang mit der von ihm 1365 erreichten Erhebung der Prager Erzbischöfe zu ständigen Legaten des Apostolischen Stuhles in der Prager Kirchenprovinz und den angrenzenden Bistümern Bamberg, Regensburg und Meißen[87]. Da das Exemtionsverhältnis des Bamberger Bistums bei der Bestellung des Legaten durch Papst Urban V. ausdrücklich angesprochen worden war, bestand keine unmittelbare Gefahr für eine Unterstellung Bambergs unter den Prager Metropoliten; die Legation wurde daher offenbar ohne Widerstand anerkannt[88]. Die für Bamberg mit 1396 praktisch beendete, formalrechtlich noch bis 1421 andauernde Legation, wirkte hier nur in geringem Umfang nach. Unter anderem wurde der in dieser Zeit von einer Prager Provinzialsynode 1381 gefaßte Beschluß über die Feier des Wenzelsfestes in der Diözese Bamberg verkündet und auch in begrenztem Umfang aufgenommen[89].

Die quellenmäßig gesicherten Servitienzahlungen der Bamberger Bischöfe setzen mit Lupold I. von Gründlach (1296–1303) unter Papst Bonifaz VIII. ein; dieser erklärte die Wahl Lupolds wegen Häufung von Pfründen mit seelsorgerischen Aufgaben ohne päpstlichen Dispens für ungültig, woraufhin Lupold auf seine Wahl verzichtete und damit die Ernennung durch den Papst unter päpstlichem Dispens ermöglichte. Lupold wurde zur Zahlung von insgesamt 3000 Goldgulden verpflichtet, wovon er bis 1299 2500 entrichtet hat; über die Abschlußzahlung der restlichen 500 Goldgulden sind Belege vorerst nicht bekannt[90]. Nach der Doppelwahl von 1303 und Transferierung Wulfings von Stubenberg von Lavant nach Bamberg 1304 wurde als Servitienleistung ein Betrag von 2000 Goldgulden festgesetzt; der niedrigere Betrag hing möglicherweise mit der angespannten finanziellen Situation des Bistums zusammen[91]. In den folgenden Jahrzehnten häuften sich die Servitienzahlungen; bekannt

---

[84] LOSHER, Königtum 173.
[85] GUTTENBERG, Bistum Bamberg I 225, 227; HÖLSCHER, Kirchenschutz 59f, 65.
[86] SCHMUGGE, Kurie 84; HÖLSCHER, Kirchenschutz 65; LOSHER, Königtum 168f. – Zu Lamprecht allgemein: GUTTENBERG, Bistum Bamberg I 228–240; KIST, Fürst- und Erzbistum Bamberg 55f; HLAVÁČEK, Lamprecht.
[87] HLEDÍKOVÁ, Prager Erzbischöfe 221–256; LOSHER, Königtum 64–72; F. MACHILEK, De capcione cuiusdam plebani in Schonfelt. Ein Urteil des Prager Offizialatsgerichts vom Jahre 1394 im Staatsarchiv Bamberg, in: Historia docet. Sborník prací k poctě šedesátých narozenin prof. PhDr. Ivana Hlaváčka, usp. M. POLÍVKA a M. SVATOŠ, 1992, 261–275.
[88] GUTTENBERG, Bistum Bamberg I 42f; HLEDÍKOVÁ, Prager Erzbischöfe 254 Anm. 146.
[89] G. ZIMMERMANN, Die Verehrung der böhmischen Heiligen im mittelalterlichen Bistum Bamberg, in: BHVB 100 (1964) 209–239; HLEDÍKOVÁ, Prager Erzbischöfe 244.
[90] DENZEL, Kurialer Zahlungsverkehr 143–148.
[91] Ebd. 150f.

sind solche aus Anlaß der Transferierung Johanns von Schlackenwerth (1322–1323), nach der Doppelwahl von 1318 bei Heinrich II. von Sternberg OP (1324–1328), wegen Dispenserteilung vom Mangel der niederen Weihen bei Johann II. Graf von Nassau (1328–1329), weitere bei Werntho Schenk von Reicheneck (1328–1335), Friedrich I. von Hohenlohe (1344–1352) und Lupold III. von Bebenburg (1353–1363)[92]. Die die Finanzkraft des Hochstifts jeweils auf lange Zeit belastenden hohen Summen wurden von den Bischöfen oder deren Vertretern als Kredite zumeist bei italienischen Handelshäusern am Sitz der Kurie in Avignon oder bei Vertretern der Kurie auf den Handelsmessen in der Champagne aufgenommen und auch dort zurückgezahlt[93].

## 5. Eichstätt

In Eichstätt betrieben Bischof und Kapitel um die Wende vom 13. zum 14. Jahrhundert im Hinblick auf die gemeinsamen Interessen, speziell auf die erwartete Hirschberger Erbschaft, dezidiert eine einmütige Politik[94]. Die 1306 von Papst Clemens V. vorgenommene Übertragung von Bischof Johann I. von Zürich (1305–1306), der sich als Gesandter König Albrechts I. an der Kurie aufhielt, nach Straßburg und die Ernennung Philipps von Rathsamhausen, des bisherigen Abtes des Zisterzienserklosters Pairis bei Colmar im Elsaß, der der gleichen Gesandtschaft angehört hatte, zum neuen Bischof von Eichstätt (1306–1322) änderte die bisherige Linie; das Kapitel ließ den von ihm nicht gewünschten Bischof zunächst gewähren, distanzierte sich aber mit der rasch anwachsenden Verschuldung des Hochstifts im weiteren Verlauf immer mehr von dem gelehrten und persönlich frommen Bischof[95]. Unter Führung des Domkustos und späteren Thesaurars Marquard von Hageln, der 1316 von Philipp selbst zum Generalprokurator in geistlichen und weltlichen Angelegenheiten bestellt wurde[96] und seither als »der heimliche, um nicht zu sagen: der eigentliche Bischof«[97] und Retter der Eichstätter Kirche erscheint[98], schränkte das Kapitel die Handlungsfreiheit Philipps zunehmend ein und richtete die Politik dezidiert auf Ludwig den Bayern aus. Für kurze Zeit stand Marquard selbst der Diözese des hl. Willibald vor (1322–1324); in dieser Zeit erreichte »die – von Philipp von Rathsamhausen zeitweise gestörte – Aktions- und Schwurgemeinschaft von Bischof und Domklerus ihren Höhepunkt«[99]. Nach Marquards Tod stellte sich auch sein Nachfolger, der bisherige Dompropst Gebhard III. von Graisbach (1324–1327), mit dem Kapitel sofort auf die

---

[92] Ebd. 151–169.
[93] Ebd. 193.
[94] Hierzu und zum folgenden WEINFURTER, Von der Bistumsreform.
[95] Vgl. oben Anm. 25. – Zu den einzelnen Bischöfen: S. WEINFURTER – H. FLACHENECKER – M. FINK-LANG – E. REITER. – K. KREITMEIR, Die Viten der Eichstätter Bischöfe im Pontifikale Gundekarianum, in: A. BAUCH – E. REITER (Hg.), Das Pontifikale Gundekarianum. Faksimile-Ausgabe des Codex B 4 im Diözesanarchiv Eichstätt, Kommentarbd., 1987, 111–148.
[96] HEIDINGSFELDER, Regesten, Nr. 1464; BAUCH, Theologisch-aszetisches Schrifttum 16.
[97] WEINFURTER, Von der Bistumsreform 175.
[98] Ebd. 173.
[99] Ebd. 179.

Seite des gebannten Königs[100]. Der 1328 von Papst Johannes XXII. als neuer Bischof providierte Friedrich III. Landgraf von Leuchtenberg wurde vom Kapitel abgelehnt und am Betreten seiner Bischofsstadt gehindert[101]. In der Folgezeit wurden die Widerstände gegen die päpstlichen Provisionsansprüche weiter aufrecht erhalten; seit den dreißiger Jahren des 14. Jahrhunderts bahnten sich auch Widerstände gegen die kaiserliche Zustimmung an. Die Aktions- und Interessengemeinschaft von Bischof und Domkapitel ging verloren; unter Heinrich V. Schenk von Reicheneck (1329–1344) verbündete sich eine domkapitlische Partei, darunter der Domdekan Albrecht von Hohenfels, mit der Stadt gegen den Bischof[102]. 1344 übernahm Albrecht selbst die Leitung der Diözese, erhielt jedoch nie die Anerkennung der Kurie. Als sich 1351 Berthold Burggraf von Nürnberg mit Unterstützung von König Karl IV. bei Papst Clemens VI. um den Bischofsstuhl in Eichstätt bewarb und ihm dieser auch zugesprochen wurde, gab Albrecht rasch auf. Der Papst ließ Berthold, der die niederen Weihen bis dahin noch nicht besessen hatte, zuvor die Sakramente und alle Weihen vom Diakonat bis zur Bischofsweihe erteilen[103]. Albrecht regierte als Administrator bis 1353 neben Berthold mit, resignierte aber 1353 ganz; 1355 ist er verstorben[104]. Berthold gehörte später zum engsten Beraterkreis Karls IV.; er übernahm 1365 das Amt des Hofkanzlers, starb aber noch im gleichen Jahr[105].

Im Vergleich zum 14. Jahrhundert war die durchschnittliche Zahl der von seiten der Päpste providierten Bischöfe in der ersten Hälfte des 15. Jahrhunderts relativ gering. Zu ihnen gehörten zwei der Reform in besonderer Weise zuneigende Bischöfe: der seit längerem in guten Beziehungen zur Kurie stehende Peter I. von Schaumberg (1424–1469) in Augsburg durch Papst Martin V. sowie Anton von Rotenhan in Bamberg (1431–1459) durch Papst Eugen IV.[106] Das 1448 zwischen Kaiser Friedrich III. und dem päpstlichen Legaten Juan de Carvajal zu Wien geschlossene Konkordat schrieb entgegen gängiger Auffassung nicht vor, daß die deutschen Erzbischöfe und Bischöfe fortan durch die Kapitel gewählt werden müßten, räumte aber dem Papst das Recht der Bestätigung der Bischofswahl ein. Auch nach 1448 kamen Reservationen und Provisionen vor, sie wurden von den Päpsten angesichts der zunehmenden Regionalisierung und seit Beginn der Reformation wegen der Gefahr der Säkularisierung der geistlichen Fürstentümer jedoch immer seltener genutzt[107].

---

100 Ebd. 181.
101 Ebd. 181.
102 Ebd. 183 Anm. 163.
103 LOSHER, Königtum 119.
104 WEINFURTER, Von der Bistumsreform 184.
105 HÖLSCHER, Kirchenschutz 44, 67.
106 ZOEPFL, Bistum Augsburg und seine Bischöfe im Mittelalter 382; GUTTENBERG, Bistum Bamberg I 253f.
107 A. MEYER, Bischofswahl und päpstliche Provision nach dem Wiener Konkordat, in: RQ 87 (1992) 124–135. – Zum Wiener Konkordat weiterhin: DERS., Das Wiener Konkordat von 1448, in: Quellen und Forschungen aus italienischen Archiven und Bibliotheken 66 (1986) 108–152; H. ANGERMEIER, Die Reichsreform 1410–1555. Die Staatsproblematik in Deutschland zwischen Mittelalter und Gegenwart, 1984, 107–113; HELMRATH, Basler Konzil 314–321.

Der Umstand, daß sich die Hochstifte nicht mit den Diözesen deckten und sich noch dazu teilweise aus mehreren, weit auseinander liegenden Herrschaftsgebieten zusammensetzten, komplizierte die Jurisdiktionsverhältnisse; vor allem dort, wo der hochstiftische Besitz mit Rechten anderer Herrschaftsträger belastet war, ergaben sich zahlreiche Anlässe zu Kompetenzstreitigkeiten. Außer durch diese wurden die Kräfte der Bischöfe für die geistlichen Aufgaben durch die Auseinandersetzungen mit den um ihre Unabhängigkeit ringenden Bischofsstädten vermindert. Seit Ausgang des 14. Jahrhunderts spielen die von den Fürstbischöfen mit den benachbarten Territorialherren geschlossenen Einungen eine herausragende Rolle der hochstiftischen Politik[108]. Auch die frommen und seeleneifrigen Persönlichkeiten unter den Bischöfen überließen unter diesen Umständen Pontifikalhandlungen und seelsorgerliche Obliegenheiten Hilfs- und Weihbischöfen bzw. den Generalvikaren[109].

*b) Der Ausbau der Territorien*

Anders als in Altbayern kam es auf dem alten Reichsboden Ostschwabens und Frankens nicht zur Ausbildung einer geschlossenen Territorialität. Die Hochstifte, voran das Hochstift Würzburg, zählten hier aber neben den unter zollerischer Herrschaft stehenden Gebieten zu den flächenmäßig ausgedehntesten Territorien. Die Bischöfe geboten als Reichsfürsten nicht nur über die unmittelbar hochstiftischen Gebiete, sondern auch über die Gebiete der Domkapitel und der den Hochstiften inkorporierten Stifte und Klöster. Unter den Fernbesitzungen des Hochstifts Bamberg kam vor allem jenen in Kärnten im Spätmittelalter hohe Bedeutung zu[110].

1. Das Hochstift Augsburg

Der Tod Graf Hartmanns IV. von Dillingen (1258), das Erlöschen der Staufer und das Ende des schwäbischen Herzogtums (1268) machten den Augsburger Bischöfen den Weg für die entscheidenden Schritte zum Ausbau ihres weltlichen Herrschaftsgebiets frei. Bischof Hartmann von Dillingen (1248–1286), der Sohn Hartmanns IV. und letzte männliche Sproß des Hauptstammes des mächtigen Grafengeschlechts[111], schenkte nach dem Tod seines Vaters der Augsburger Kirche den Hauptteil seines väterlichen Erbes: Burg und Stadt Dillingen, Güter und Rechte zwischen Donau und Ries, einschließlich der Vogtei über das Benediktinerkloster Neresheim, sowie Ein-

---

[108] Für Würzburg: SCHERZER, Morphologie 100.
[109] TÜCHLE, Kirchengeschichte Schwabens II 19. – Weihbischöfe: H. HOFFMANN, Würzburger Weihbischöfe 52–90; KIST, Fürst- und Erzbistum Bamberg 174. – Zur zeitgenössischen Bewertung der Aufgabenteilung: BRANDT, Fürstbischof 6f.
[110] C. FRÄSS-EHRFELD, Geschichte Kärntens I: Das Mittelalter, 1984; I. KOLLER-NEUMANN, Die Lehen des Bistums Bamberg in Kärnten bis 1400 (= Das Kärntner Landesarchiv 7) 1982.
[111] A. WEBER, Graf Hartmann von Dillingen, Bischof von Augsburg, 1927; BAUERREISS, Kirchengeschichte Bayerns IV 117; ZOEPFL, Bistum Augsburg und seine Bischöfe im Mittelalter 183–221; R. DERTSCH, Die Sippe des hl. Ulrich vom 10. bis zum 20. Jahrhundert, in: JVABG 4 (1970) 5–35, hier 13; A. LAYER, Die Grafen von Dillingen, in: JHVD 75 (1973) 46–101; H. BÜHLER, Die Herkunft des Hauses Dillingen, in: Die Grafen von Kyburg. Kyburger-Tagung 1980 in Winterthur (= Schweizer Beiträge zur Kulturgeschichte und Archäologie des Mittelalters 8) 1981, 9–30.

zelgüter südlich der Donau. Dillingen stieg im Lauf des Spätmittelalters zur zweiten Residenz des Hochstifts auf[112]. Die finanzielle Lage Bischof Hartmanns wurde wegen des Ausbaus Dillingens stark angespannt und zwang ihn zu Verpfändungen[113]. Die Vogtei über Neresheim verlor das Hochstift an die Grafen von Oettingen. Im Zuge der zwischen den bayerischen Herzögen entbrannten Fehde um das staufische Erbe gelangte Bischof Hartmann zwar kurzfristig in den Besitz der Hochstiftsvogtei (1270), überließ diese – offenbar als Lehen – jedoch wenig später dem künftigen König Rudolf von Habsburg, der sie ohne Rücksicht auf die bischöflichen Ansprüche dem Reichsgut angliederte[114].

Bischof Wolfhard von Roth (1288–1302) mehrte den Hochstiftsbesitz durch eine Reihe von Erwerbungen, u.a. im Allgäu, und trug einen Teil der hochstiftischen Schulden ab[115]. Unter Friedrich Spät von Faimingen (1309–1331) gewann das Hochstift die wichtige Vogtei Füssen und die dortige in der Folgezeit erweiterte Burg, die zuvor dem Kloster Stams gehörenden Besitzungen in und um Buchloe, die als Brückenpfeiler zwischen dem Hochstiftsbesitz im Allgäu und jenem um Augsburg dienen konnten, sowie die Besitzungen in und um Dillingen, die den dortigen Besitzkomplex arrondierten[116]. Mit der vom Reich nie mehr eingelösten Verpfändung der Straßvogtei zwischen Lech und Wertach durch Ludwig den Bayern kamen unter Bischof Ulrich II. von Schönegg (1331–1337) Teile der unter Rudolf von Habsburg für das Reich vindizierten Hochstiftsvogtei an die Augsburger Kirche zurück (1366)[117]. Weitere wichtige Erwerbungen erfolgten unter den Bischöfen Marquard von Randeck (1348–1365, † 1381 als Patriarch von Aquileia) und Burkhard von Ellerbach (1373–1404); unter ersterem kamen die Feste Rettenberg im Tal der oberen Iller, fortan ein Hauptbestandteil des Besitzes im Allgäu, sowie die Festen Mindelberg und Mindelburg und die Stadt Mindelheim an das Hochstift[118], unter letzterem der Markt Zusmarshausen[119]. Der zehnjährige Bistumsstreit, der nach der »Erwählung« Anselms von Nenningen (1414–1423, † 1428) durch das Kapitel und der Provision Friedrichs von Grafeneck (1413–1414[-1418]) durch Papst Johannes XXIII. ausbrach, fügte dem Hochstift schwere Schäden zu. Protegiert hatte Friedrich, der zum Zeitpunkt der päpstlichen Provision Abt der ungarischen Benediktinerabtei Szeréd, Rat König Sigmunds und von diesem mit der Wahrnehmung der Reichsgeschäfte in der Lombardei betraut war, wohl vor allem der König selbst. Eine 1414 durch Johannes XXIII. vorgenommene Übertragung Friedrichs nach Brandenburg und die Provision Anselms nach Augsburg lösten den Konflikt nicht; er führte schließlich zu Blutvergießen und Gewalttätigkeit gegen Anselms Weihbischof. Erst 1419 ließ sich Anselm zum Prie-

---

112 Der Landkreis Dillingen a.d. Donau ehedem und heute, red. v. P. RUMMEL, 1982, 410–429 (F. ZOEPFL); A. LAYER, Dillingen a.d. Donau. Von Antlitz, Kultur und Vergangenheit einer Stadt, ³1982.
113 KREUZER, Verhältnis 53f.
114 ZOEPFL, Bistum Augsburg und seine Bischöfe im Mittelalter 195f.
115 Ebd. 236f.
116 Ebd. 251, 258f.
117 Ebd. 281.
118 Ebd. 305f. – Zu ihm: G. WUNDER, in: Lebensbilder aus Schwaben und Franken 7 (1960) 1–17.
119 ZOEPFL, Bistum Augsburg und seine Bischöfe im Mittelalter 341.

ster und Bischof weihen, weitere zwei Jahre später feierte er erstmals die Messe, 1423 zog er sich nach Blaubeuren zurück[120]. Der von Papst Martin V. zum Nachfolger vorgesehene Heinrich von Ehrenfels, ein Anhänger Anselms, lehnte die Berufung ab[121]. Die Reichsstadt Augsburg, die bis 1418 an Friedrich festhielt, konnte in der Zeit des Machtvakuums ihre Position zu ihren Gunsten zu erweitern[122]. Bischof Peter von Schaumberg (1424–1469, seit 1439 Kardinal, seit 1467 Legatus a latere) gelang es dank seiner starken Stellung in der Reichspolitik und an der Kurie, die Stellung des Bistums und Hochstifts wieder aufzuwerten. Mit dem Jahr 1437 beginnt eine Serie neuer Besitzzuwächse für das Hochstift. Nach der wirtschaftlichen Neuordnung suchte Peter von Schaumberg auch die Stellung des Hochstifts zur Stadt zu revidieren. Sowohl als Reformbischof als auch als Kirchen- und Reichspolitiker zählt der Kardinal zu den markantesten Gestalten unter den Augsburger Bischöfen des Spätmittelalters überhaupt[123]. Sein Nachfolger, Johann Graf von Werdenberg (1469–1486), knüpfte an die erfolgreiche Territorialpolitik Peters an. Die in wichtigen Teilen bereits 1458 an das Hochstift verpfändete Markgrafschaft Burgau wurde unter ihm 1470/71 auf Wiederlösung von Herzog Sigmund von Tirol erkauft; das Hochstift konnte diesen Besitzkomplex allerdings nur zeitweilig halten; er wurde bereits unter Bischof Friedrich II. Graf von Zollern (1486–1505) von König Maximilian mit Beihilfe des Bischofs und des Kapitels zurückgelöst. Maximilian gab sie pfandschaftsweise wieder an das Hochstift aus, wo sie bis 1559 verblieb[124]. 1489 kaufte Bischof Friedrich II. die südwestlich von Dillingen gelegene Herrschaft Aislingen. Das dortige Schloß diente in der Folgezeit als Sommerresidenz der Augsburger Bischöfe[125]. Über die Verwaltungsorganisation des hochstiftischen Territoriums geben vor allem die Urbare von 1316, 1366 und 1427/31 Aufschluß[126].

In der Reichsstadt Augsburg konnte die nach Unabhängigkeit strebende, staufisch gesinnte Bürgerschaft ihren Bischof und Stadtherrn Hartmann von Dillingen seit der Mitte des 13. Jahrhunderts zu weitreichenden Zugeständnissen bewegen: Hartmann mußte der Bürgerschaft die militärische Gewalt über die Stadttore sowie das Recht

---

[120] Ebd. 360–380; KIESSLING, Bürgerliche Gesellschaft 29; TÜCHLE, Kirchengeschichte Schwabens II 178.
[121] ZOEPFL, Bistum Augsburg und seine Bischöfe im Mittelalter 370f.
[122] Ebd. 368–371; KIESSLING, Bürgerliche Gesellschaft 29; TÜCHLE, Kirchengeschichte Schwabens II 178.
[123] ZOEPFL, Bistum Augsburg und seine Bischöfe im Mittelalter 415f.
[124] Ebd. 467f, 504; G. NEBINGER, Entstehung und Entwicklung der Markgrafschaft Burgau, in: Vorderösterreich, eine geschichtliche Landeskunde, hg. v. F. METZ, ²1967, 753–772; W. WÜST, Die Markgrafschaft Burgau, in: Heimatverein Landkreis Augsburg, Jahresbericht 20 (1985/86) 189–215; Zeugnisse schwäbischer Geschichte kehren heim. Ausstellung zur Einweihung des Neubaus des Staatsarchivs Augsburg, bearb. v. J. WILD, 1989, 28.
[125] ZOEPFL, Bistum Augsburg und seine Bischöfe im Mittelalter 506.
[126] MonBoica 34b, München 1845, 349–415; R. DERTSCH, Das Urbar des Hochstifts Augsburg von 1366 (= Allgäuer Heimatbücher 44 = Alte Allgäuer Geschlechter 28) 1954; DERS., Das Füssener hochstiftische Urbar von 1398 (= Allgäuer Heimatbücher 22 = Alte Allgäuer Geschlechter 17) 1940; W. E. VOCK, Der Grundbesitz des Hochstiftes Augsburg 1424/29, in: Schwäbische Blätter 7 (1956) 1–5; W. ZORN (Hg.), Historischer Atlas von Bayerisch Schwaben, Karte 24 (J. G. BILDSTEIN).

zur Erhebung von Ungeld überlassen und sein Münzrecht verpfänden[127]. Im Streit um ein von Hartmann den Bürgern früher gewährtes Privileg stellte sich König Rudolf auf die Seite der Stadt und gewährte dieser am 9. März 1276 neben anderen Rechten das Privileg zur Anlage eines Stadtrechtsbuchs. Die mit großer Wahrscheinlichkeit unter maßgeblicher Beteiligung der Augsburger Minoriten zusammengestellte Sammlung markiert zusammen mit dem Privileg den Übergang Augsburgs von der Bischofsstadt zur Königsstadt, wenngleich der Bischof in dieser zunächst noch gewisse formale Rechte behielt. Entscheidende Bedeutung kam dabei der Stadtvogtei zu[128], die Hartmann zuvor kurzzeitig gehalten hatte, die aber schon kurz danach von König Rudolf an sich gezogen worden war. Im Stadtrechtsbuch erscheint der Stadtvogt nunmehr als Vertreter des Königs. Indem König Rudolf die Stadtvogtei mit der Hochstiftsvogtei zur ostschwäbischen Reichslandvogtei vereinigte, wurde die Stadtvogtei eng in die Reichsverwaltung eingebunden[129]. Wenige Jahrzehnte später stieg die Königsstadt zur Reichsstadt auf: Am 9. Januar 1316 gewährte Ludwig IV. der auf seiner Seite stehenden Bürgerschaft die Reichsfreiheit. Fortan »standen sich in der Bürgerstadt und dem Hochstift Augsburg zwei unabhängige Rechtskörper gegenüber«[130].

## 2. Das mainzische Oberstift

Das unter den Mainzer Erzbischöfen aus dem Hause Eppstein im Kampf gegen die Grafen von Rieneck im 13. Jahrhundert bis an den Ostrand des Spessarts vordringende Erzstift gehörte mit Teilen seines Territoriums am unteren Main zu Franken. Ein Mainzer Ausleger schob sich über die Ämter Külsheim und Tauberbischofsheim bis auf zwölf Kilometer an die Bischofsstadt Würzburg heran. Das im 13. Jahrhundert zur Stadt im Rechtssinn aufgestiegene Aschaffenburg gehörte seit dem zweiten Drittel des 14. Jahrhunderts dem Neunstädtebund des Mainzer Oberstifts an[131].

## 3. Das Hochstift Würzburg

Zum »eigentlichen Schöpfer des Würzburger Staates« wurde Bischof Hermann I. von Lobdeburg (1225–1254)[132]. Seine zielstrebig geführte und erfolgreiche Territorial-

---

127 Hierzu und zum folgenden: KIESSLING, Bürgerliche Gesellschaft 24–27; BAER, Weg 135–139; KREUZER, Verhältnis 53.
128 G. MÖNCKE, Bischofsstadt und Reichsstadt. Ein Beitrag zur mittelalterlichen Stadtverfassung von Augsburg, Konstanz und Basel, Diss. Berlin 1970, 62–68; KIESSLING, Bürgerliche Gesellschaft 54–57; BAER, Weg 137ff.
129 ZOEPFL, Bistum Augsburg und seine Bischöfe im Mittelalter 197–201; KIESSLING, Bürgerliche Gesellschaft 26; 700 Jahre Augsburger Stadtrecht 1276–1976, Ausst.Kat. 1976; KREUZER, Verhältnis 58–60.
130 KIESSLING, Bürgerliche Gesellschaft 26f (Zitat 27).
131 R. FISCHER, Untermaingebiet I 121–159; A. GERLICH, Die Machtposition des Mainzer Erzstiftes unter Kurfürst Peter von Aspelt (1306–1320), in: BDLG 120 (1984) 225–291; GERLICH – MACHILEK, Staat § 50, 549–552 (Lit.); E. BÜNZ, Die mittelalterlichen Siegel der Stadt Aschaffenburg, in: AschJ 11/12 (1988) 79–105; N. HÖBELHEINRICH, Die »9 Städte« des Mainzer Oberstiftes, ihre verfassungsmäßige Entwicklung und ihre Beteiligung am Bauernkrieg 1346–1527 (= Zwischen Neckar und Main 18) 1939.
132 Zitat: WENDEHORST, Bistum Würzburg I 225. – Zu Hermann I. allgemein: K. BOSL, Hermann I. von Lobdeburg, Bischof von Würzburg, in: FLB 3 (= VGFG A VII 3) 1969, 20–34.

politik richtete sich vor allem gegen die Expansionsbestrebungen der Grafen von Henneberg, von deren Burggrafschaft sich das Hochstift lösen konnte[133]. Trotz der mit dem Ende der Regierung Hermanns I. einsetzenden, das 13. und 14. Jahrhundert andauernden Auseinandersetzungen zwischen dem Bischof und den Städten des Hochstifts[134], vor allem der Bischofsstadt selbst, und den Kämpfen der Gegenbischöfe und ihrer Anhänger, konnte Würzburg sein Territorium in diesem Zeitraum weiter ausbauen. Im Norden gelang die Ausweitung in den Raum Kissingen, Münnerstadt, Mellrichstadt und Meiningen; durch den Erwerb des Besitzes der Linie Henneberg-Bodenlauben und der Herrschaft Trimberg konnte der zum Hochstift gehörige große Salzforst an der oberen Saale an das Hochstiftsgebiet um Würzburg angeschlossen werden. Nach dem Aussterben der Grafen von Rieneck-Rothenfels (1333) gewann Würzburg wichtigen Besitz im Westen. Im Prozeß der Herrschaftsverdichtung kam dem Ausbau der hochstiftischen Burgen und Städte ein hoher Stellenwert zu[135]. Erschwert wurde der Ausbau der Würzburger Herrschaft durch die Territorialpolitik der benachbarten Fürsten und Grafen sowie der luxemburgischen Herrscher. Die Niederlage der Würzburger Städte in der Schlacht bei Bergtheim vernichtete die in der vorausgehenden Zeit ausgebildeten städtisch-»landständischen« Ansätze und Reichsstadthoffnungen und beendete zugleich den Zwist mit dem Bischof[136]. Dem Sieger der Schlacht, Bischof Gerhard von Schwarzburg (1372–1400), hielt der Geistliche Konrad Schiller einen Fürstenspiegel vor[137]. Die seit langem angewachsene Verschuldung des Hochstifts erreichte in der Regierungzeit der Bischöfe Johann von Brunn (1411–1440) und Sigmund von Sachsen (1440–1443) einen Höhepunkt; Dr. Simon von Teramo bezeichnete Johann von Brunn 1435 in seiner im Auftrag des Würzburger Domdekans und seiner Anhänger sowie der Stadt Würzburg vorgetragenen Anklagerede vor dem Basler Konzil als unersättlichen, seinen Vergnügungen von Jagd und Turnier bis hin zu *untzuchtigen weibern und dannoch ehefrawen* verhafteten Verschwender und Kirchenräuber; die von ihm vorgetragene Forderung nach Absetzung des Bischofs wegen dessen skandalöser Lebens- und Amtsführung blieb erfolglos[138]. Der sog. *Runde Vertrag* von 1435, der die Einsetzung einer Pflegschaft aus Mitgliedern des Kapitels, der Grafen, Herren und Ritter beinhaltete und

---

[133] Hierzu und zum folgenden: S. JENKS, Die Anfänge des Würzburger Territorialstaates in der späteren Stauferzeit, in: JFLF 43 (1983) 103–116; FÜSSLEIN, Zwei Jahrzehnte; jetzt insbes. SCHERZER, Hochstift 21–27.

[134] Immer neuen Anlaß für Streitigkeiten gab die rechtliche Sonderstellung der geistlichen Immunitäten: SCHICH, Würzburg im Mittelalter 216–220.

[135] Einzelnachweise bei GERLICH – MACHILEK, Staat § 50, 553ff.

[136] W. ENGEL, Zunftsiegel aus fünf Jahrhunderten (= Mainfränkische Hefte 7) 1950, 35ff; SCHUBERT, Landstände 42 u.ö.

[137] A. WENDEHORST, Ein Fürstenspiegel für Fürstbischof Gerhard von Schwarzburg, in: WDGB 26 (1964) 131–139.

[138] L. FRIES, Chronik der Bischöfe von Würzburg 742–1495, hg. v. U. WAGNER – W. ZIEGLER, Bd. III (= Fontes Herbipolenses 3) ersch. vorauss. 1996; WENDEHORST, Würzburg II 149, 161f. – Zum Prozeß der Verschuldung: W. SCHERZER, Schulden und Schuldentilgung des Fürstbischofs Albrecht von Hohenlohe (1345/1350–1372), in: WDGB 16/17 (1954/55) 353–358; DERS., Morphologie 97f. – Zu Johann von Brunn auch HEIMPEL, Vener, passim.

damit auf die Mitbestimmung des Adels in den Angelegenheiten des Hochstifts abzielte, erreichte das gesteckte Ziel nicht und wurde somit nicht zu einem dauernden Instrument der Hochstiftsverfassung[139]. Nach der gescheiterten Einsetzung eines Stiftspflegers wurde 1441 im Domkapitel sogar die Inkorporation des gesamten Hochstifts in den Deutschen Orden erwogen; dank des Widerstandes des offenbar im Mainzer Auftrag tätigen Dr. Gregor Heimburg, der das Domkapitel zur Verteidigung seiner Unabhängigkeit aufrief, wurde das Vorhaben aufgegeben[140]. Durch Berufung fähiger weltlicher und geistlicher Räte und die Neuorganisation der Verwaltung, vor allem der Kanzlei, überwand Bischof Gottfried IV. Schenk von Limpurg (1443–1455) die bestehenden Konflikte zwischen Bischof, Domkapitel und Ritterschaft[141]. Die von ihm eingeleitete wirtschaftliche Sanierung und Konsolidierung des Hochstifts konnte erst Bischof Rudolf II. von Scherenberg (1466–1499) erfolgreich abschließen[142].

Die seit Ausgang des 14. Jahrhunderts bestehenden Spannungen zwischen Würzburg und den Markgrafen von Brandenburg-Ansbach wegen der Zuständigkeit der kaiserlichen Landgerichte in den beiden Territorien, der geistlichen Gerichtsbarkeit und Besteuerung des Klerus sowie der auf markgräflichem Territorium und zugleich im Bistum Würzburg liegenden Klöster verschärften sich seit dem Antritt der Herrschaft des Markgrafen Albrecht Achilles in Franken (1440–1486)[143]. Auf Grund seiner Bündnisse mit der Reichsstadt Nürnberg und anderen Reichsstädten konnte Bischof Gottfried IV. Schenk von Limpurg (1443–1455) die in den ersten Markgrafenkrieg (1449–1453) einmündenden Angriffe des Markgrafen und seiner Verbündeten ohne territoriale Einbußen überstehen[144]. Albrecht Achilles wurde bei seinen Bemühungen um Ausweitung seines Interessengebiets durch die römische Kurie unterstützt, die ihn als Feldhauptmann im Türkenkrieg zu gewinnen hoffte. Auf dem Fürstentag zu Mantua 1459/60 gewährte Papst Pius II. dem Markgrafen weitreichende Freiheiten, die sich vor allem gegen die eingangs beschriebenen Ansprüche des Würzburger Stifts richteten[145].

---

139  SCHUBERT, Landstände 81; GERLICH – MACHILEK, Staat § 50, 559.
140  WENDEHORST, Würzburg II 167; D. J. WEISS, Geschichte 301. – Zu Gregor Heimburg: P. JOACHIMSEN, Gregor Heimburg (= Historische Abhandlungen aus dem Historischen Seminar der Universität München 1) 1891; A. WENDEHORST, G. H., in: FLB 4 (= VGFG VII A 4) 1971, 112–129; P. JOHANEK, G. H., in: VL² 3 (1981) 629–642.
141  A. AMRHEIN, Gottfried Schenk IV. von Limpurg, Bischof von Würzburg und Herzog zu Franken, in: AU 50 (1908) 1–150; 51 (1909) 1–198; 52 (1910) 1–75; 53 (1911) 1–153; SCHUBERT, Landstände 85ff; SCHERZER, Anfänge 21–40; SCHERZER, Hochstift 61–63.
142  SCHUBERT, Rudolf von Scherenberg 133–158; WENDEHORST, Bistum Würzburg II 20–51.
143  SCHERZER, Hochstift 64; R. SEYBOTH, Nürnberg, Cadolzburg und Ansbach als spätmittelalterliche Residenzen der Hohenzollern, in: JFLF 49 (1989) 1–25, hier 19; MERZBACHER, Iudicium Provinciale 37ff; GERLICH – MACHILEK, Staat §§ 50 u. 51.
144  E. FRANZ, Nürnberg, Kaiser und Reich. Studien zur reichsstädtischen Außenpolitik, 1930, 34–37; WENDEHORST, Bistum Würzburg II 177f; G. HIRSCHMANN, Zeitalter des Markgrafen Albrecht Achilles, in: Nürnberg – Geschichte einer europäischen Stadt, hg. v. G. PFEIFFER, 1971, 115–120; GERLICH – MACHILEK, Staat § 50, 560f.
145  W. ENGEL, Die Ratschronik der Stadt Würzburg (XV. und XVI. Jahrhundert) (= QFGBW 2) 1950, Nr. 73; SCHERZER, Hochstift 65f. – Dazu auch Anm. 12.

In den Auseinandersetzungen des Markgrafen mit Würzburg gewannen seine kirchenpolitischen Interessen zunehmend die Oberhand[146]. Nachdrücklich wehrte sich Albrecht Achilles gegen die durch die Archidiakone ausgeübte geistliche Gerichtsbarkeit in seinem Herrschaftsgebiet und setzte dazu den Geleitszwang gegen die Würzburger Emissäre ein[147]. Daneben ergriff er eine Reihe von Maßnahmen zur Kontrolle des Klerus; vor der Präsentation für eine Pfründe oder Bewilligung einer anderen Pfründe hatte der Anwärter einen eigenen Priestereid abzulegen, nach dem er u.a. Streitigkeiten nur vor markgräflichen Gerichten austragen und Untertanen des Markgrafen nicht vor ein geistliches Gericht ziehen werde. Mit dem Eid verbunden war die Verpflichtung zu persönlicher Residenz und zu ungesäumter Erfüllung der priesterlichen Pflichten gegenüber den Gläubigen seines Sprengels[148]. In offenen Konflikt mit den Bischöfen in Würzburg und Bamberg geriet Albrecht durch seine Maßnahmen zur Gleichstellung des Klerus mit den weltlichen Untertanen in der Steuerpflicht; mehrfach forderte Albrecht für seine Beteiligung am Reichskrieg gegen Burgund und die Aufstellung eines Reichsheeres gegen die Türken Geld- und Sachabgaben auch von dem in seinem Territorium wohnenden Klerus. Der darüber entbrannte Pfaffensteuerstreit von 1480–1482 drohte in einen Krieg einzumünden, als Albrecht die Forderung zur Türkensteuer mit Anwendung von Gewalt durchzusetzen versuchte[149]. Wie den Weltklerus suchte Albrecht auch die Stifte und Klöster in seinen Territorien unter seine Aufsicht zu stellen[150]. Die in dem Vorgehen des Markgrafen zu Tage tretenden landeskirchlichen Bestrebungen wurden von den Bischöfen von Würzburg und Bamberg mit der Androhung und Verhängung von Kirchenstrafen belegt, die Albrecht seinerseits mit Pfändungen, Absetzungen und Landesverweis beantwortete. Der Streit wurde 1482 durch den Vertrag von Neustadt an der Aisch beendet, der den status quo wiederherstellte[151]. Die von Albrecht vorgezeichnete kirchenpolitische Linie wurde zunächst von seinem Sohn Friedrich d.Ä. und nach 1517 durch die Markgrafen Kasimir und Georg »in radikalerer und nunmehr durch die neue Lehre legitimierter Form« kontinuierlich und konsequent fortgesetzt[152].

4. Das Hochstift Bamberg

Kernlandschaft des Hochstifts Bamberg waren die Schenkungen Heinrichs II. an Main und Regnitz. Nach dem Aussterben der Andechs-Meranier (1248) suchte Bi-

---

[146] PÖLNITZ, Bischöfliche Reformarbeit 77f, 104f, 121f; SEYBOTH, Markgraftümer 308f.
[147] W. ENGEL, Zur Geschichte des spätmittelalterlichen Sends im Bistum Würzburg, in: WDGB 14/15 (1952/53) 357–372, hier bes. 360ff.
[148] M. SIMON, Vom Priestereid zum Ordinationsgelübde in Brandenburg-Ansbach-Bayreuth und in Bayern, in: Das Wort in Geschichte und Gegenwart, hg. v. W. ANDERSEN, 1957, 172–190; SEYBOTH, Markgraftümer 308.
[149] W. BOEHM, Die Pfaffensteuer von 1480/81 in den fränkischen Gebieten des Markgrafen Albrecht Achilles (= Wissenschaftliche Beilage zum Programm der Sophienschule Berlin, Ostern 1882) 1882; PÖLNITZ, Bischöfliche Reformarbeit 121f; WENDEHORST, Würzburg III 30.
[150] SEYBOTH, Markgraftümer 309–311.
[151] WENDEHORST, Würzburg III 30.
[152] SEYBOTH, Markgraftümer 311–313.

schof Heinrich I. von Bilversheim (1242–1257) die Grafschaft im Radenzgau mit dem Landgericht in der Diözese Bamberg sowie die Burgen Giech, Niesten und Lichtenfels als Kirchenlehen einzuziehen und zum Ausbau des Hochstifts einzusetzen. Der daraus erwachsende Streit mit Burggraf Friedrich von Nürnberg und Friedrich von Truhendingen, die mit Töchtern Herzog Ottos VIII. von Meranien verheiratet waren, führte zum Meranischen Erbfolgestreit, der das Hochstift tief in Schulden stürzte und der erst unter Heinrichs Nachfolger, Graf Berthold von Leiningen (1257–1285), durch den Langenstädter Vergleich beendet wurde (1260). Das Hochstift behielt die Grafschaft im Radenzgau[153]. Der Vergleich öffnete den Bamberger Bischöfen den Weg für den weiteren Ausbau ihres Territoriums, bei dem der Burgen- und Städtepolitik eine wichtige Rolle zukam[154].

Der seit der Mitte des 13. Jahrhunderts rasch ansteigende Einfluß des Domkapitels, vor allem in der Stadt Bamberg, veranlaßte die Bischöfe Johann von Schlackenwerth (1322–1323) und Heinrich II. von Sternberg (1324–1328), die bischöflichen Einkünfte in dem seit 1323 angelegten ältesten Bischofsurbar (sog. Urbar A) schriftlich fixieren zu lassen, um so das Vordringen des Domkapitels aufzuhalten[155]. Trotz starker Verschuldung konnten die Bischöfe Friedrich I. von Hohenlohe (1344–1352) und Lupold III. von Bebenburg (1353–1363) den Besitz und die Rechte des Bischofs beträchtlich steigern[156]. Friedrich von Hohenlohe ließ 1348 den *Liber possessionum*, das sog. Urbar B, anlegen[157]. Die engen Beziehungen Lupolds zu Kaiser Karl IV. erhöhten das Ansehen dieses Bischofs.

Durch Kauf erwarb das Hochstift 1348 Waischenfeld sowie Teile von Neideck, Streitberg und Greiffenstein aus dem Schlüsselberger Erbe. Im Jahr darauf einigten sich Bischof Friedrich I. von Hohenlohe (1344–1352) mit seinem Bruder Albrecht, Bischof von Würzburg (1345/50–1372), und den Burggrafen Johann und Albrecht von Nürnberg, seinen Vettern, über weitere Teile des Erbes der Schlüsselberger, das dem Hochstift weiteren wichtigen territorialen Zugewinn brachte: Gemeinsam erhielten die bischöflichen Brüder Ebermannstadt und Schlüsselfeld[158]. Friedrichs Nachfolger, der auf Intervention Karls IV. eingesetzte gelehrte Kanonist Lupold III. von Bebenburg (1353–1363), betrieb eine vorausschauende Burghutpolitik und suchte die

---

[153] E. v. GUTTENBERG, Grundzüge der Territorienbildung am Obermain (= Neujahrsblätter der Gesellschaft für fränkische Geschichte 16) 1925, 89ff; DERS., Territorienbildung 293f u.ö.; A. SCHÜTZ, Das Geschlecht der Andechs-Meranier im europäischen Hochmittelalter, in: Herzöge und Heilige, hg. v. J. KIRMEIER (= VBGK 24) 1993, 21–185, hier bes. 104. – Weitere Nachweise bei GERLICH – MACHILEK, Staat § 50.

[154] Burgen: GUTTENBERG, Bistum Bamberg I 191, 198f, 303, 209, 215 u.ö. – Landesherrliche Städte: ebd. 67.

[155] W. SCHERZER (Hg.), Das älteste Bamberger Bischofsurbar 1323–1328 (Urbar A), in: BHVB 108 (1972) 5–170, Reg. 1*–52*. – Dazu: GUTTENBERG, Territorienbildung 360ff; SCHIMMELPFENNIG, Bamberg im Mittelalter 93.

[156] KIST, Fürst- und Erzbistum Bamberg 52–54.

[157] Hg. v. C. HÖFLER, Friederich's von Hohenlohe, Bischofs von Bamberg, Rechtsbuch (1348) (= Quellensammlung für Fränkische Geschichte 3) 1852.

[158] VOIT, Schlüsselberger 92–95 u.ö. – Zu den Hohenlohe u.a.: H. STOOB, Zur Städtebildung im Lande Hohenlohe, in: ZBLG 36 (1973) 523–562.

Kärntner Besitzungen durch einen Schutzvertrag mit Herzog Rudolf IV. von Österreich zu sichern[159]. Der elsässischem Adel entstammende Lamprecht von Brunn (1374–1399), zuvor Abt des Bamberger Eigenklosters Gengenbach, Bischof von Brixen (1363–1364), Speyer (1364–1371) und Straßburg (1371–1374), Ratgeber Karls IV. und dessen Sohnes Wenzel, schloß die von Lupold III. seit der Jahrhundertmitte weitergeführten Transaktionen um die Arrondierung der Gewinne aus dem Schlüsselberger Besitz ab und sicherte dem Hochstift die aus dem Besitz der Truhendinger stammenden Juragüter um Scheßlitz, Arnstein und Neuhaus sowie die Veste Stiefenberg und den Markt Baunach[160]. Seine Beziehungen zum Hof König Wenzels nutzte Bischof Lamprecht in vielerlei Hinsicht, bis hin zu einer wohl von ihm selbst gefälschten und in der Reichshofgerichtskanzlei ausgefertigten angeblichen Urkunde König Wenzels von 1384 über das Landgericht an der Roppach[161]. Rigoros nützte er die Verschuldung des Zisterzienserklosters Langheim und erkaufte dem Hochstift in den Jahren 1384 und 1388 die vormaligen Langheimer Eigen zu Leugast und zu Teuschnitz[162]. Mit dieser Abrundung des Hochstiftsgebiets im Frankenwald kam der territoriale Ausbau um die Wende vom 14. zum 15. Jahrhundert im wesentlichen zum Stillstand; das Hochstift war damals etwa halb so groß wie das Bistum. Im Westen reichte das Hochstift Bamberg um Banz und Herzogenaurach stellenweise in das Bistum Würzburg hinein; im Osten setzten die Herrschaftsgebiete der Zollern den Bamberger Interessen unüberwindliche Schranken.

In der Stadt Bamberg erlangten die Inwohner der Immunitäten des Domstifts und der Stifte St. Stephan, St. Jakob und St. Gangolf sowie des Benediktinerklosters auf dem Michelsberg unter Führung des Domstifts gegenüber den Stadtbürgern seit 1275 erhebliche Vorrechte. Die Konkurrenz führte zu häufigen Konflikten, die in den Immunitätenstreit der Jahre 1430–1440 einmündeten. Die Forderungen der Stadtbürger nach Aufhebung der Steuerfreiheit für die Muntäter und Schaffung eines einheitlichen Gerichts in der Stadt wurden von König Sigmund 1431 in der *Goldenen Bulle* bewilligt. Das Domkapitel legte daraufhin Verwahrung beim Papst und vor dem Basler Konzil ein; Bischof Anton von Rotenhan (1431–1459) stellte sich auf die Seite der geistlichen Korporationen, zu deren Gunsten der Streit schließlich entschieden wurde[163].

---

[159] Zu ihm zuletzt: R. NEUMÜLLERS-KLAUSER, Ein Memorialdenkmal für Bischof Lupold von Bebenburg, in: BHVB 130 (1994) 85–95. – Zu Rudolf IV.: W. STELZER, R. IV., in: Die Habsburger. Ein biographisches Lexikon, hg. v. B. HAMANN, ³1987, 407–410.
[160] RUSS, Truhendingen 132–139. – Zu Lamprecht allgemein: HLAVÁČEK, Lamprecht.
[161] HLAVÁČEK, Lamprecht 55.
[162] K. HEINOLD-FICHTNER, Die Bamberger Oberämter Kronach und Teuschnitz. Territorialgeschichtliche Untersuchungen (= BHVB 90 = SIFLF 3) 1951, 102–109; F. GELDNER, Langheim, ²1990, 28, 71–73; K. RUPPRECHT, Entstehung und Entwicklung der Pfarrei Marienweiher und des Halsgerichts Marktleugast im Mittelalter, in: BHVB 124 (1988) 187–213; F. MACHILEK, Langheim als Hauskloster der Andechs-Meranier, in: Arbeitshefte des Bayerischen Landesamtes für Denkmalpflege 65 (1994) 23–35, hier 28.
[163] T. KNOCHENHAUER – A. CHROUST (Hg.), Chronik des Bamberger Immunitätenstreites von 1430–1435 (= Chroniken der Stadt Bamberg 1 = VGFG I,1) 1907; W. NEUKAM, Immunitäten und Civitas in Bamberg von der Gründung des Bistums Bamberg 1007 bis zum Ausgang des Immunitätenstreites 1440,

Im Verhältnis des Hochstifts Bamberg zu den Benachbarten kam jenem zu den Markgrafen von Brandenburg-Ansbach und -Kulmbach stets besonderer Stellenwert zu. Nach der Abwendung der Bischöfe von Würzburg und Bamberg von Albrecht Achilles wegen dessen Anspruchs auf die Zuständigkeit seines Landgerichts in den hochstiftischen Territorien und dem Fürstenkrieg von 1459/60 suchte Bamberg schon 1461 durch separate Friedensverhandlungen wieder ein ausgeglichenes Verhältnis herzustellen. 1464 schloß Georg I. von Schaumberg (1459–1475) mit Markgraf Albrecht die Erbfriedenseinung von Herzogenaurach[164]. In der Regierungszeit Bischof Philipps Graf von Henneberg (1475–1487) lösten, wie in Würzburg so auch in Bamberg, die landeskirchlichen Bestrebungen von Albrecht Achilles in der Besteuerung des Klerus und in der gegen die geistlichen Gerichte zielenden Forderung des Priestereides Gegenmaßnahmen aus[165]. Durch das Zusammenfallen der rasch eskalierenden Auseinandersetzungen mit dem durch Philipp in Rom angebahnten Streit um die Aufhebung der ihn in seinem weltlichen Regiment einengenden Wahlkapitulation von 1475, kam es zu unheilvollen und schädlichen Verwicklungen. Zwar hob Papst Sixtus IV. 1480 mit der Bulle *Cunctis orbis ecclesiis* die Wahlkapitulation insgesamt auf, doch vermochte Philipp der Bulle in seiner Diözese nicht Geltung zu verschaffen. Das Domkapitel behauptete seine Position. In persönlicher Frontstellung gegen Philipp vertrat der Bamberger Domdekan Hertnidt vom Stein als Rat Albrechts im Bistumsstreit innerhalb und außerhalb des Kapitels eine dezidiert prozollerische Richtung[166]. Zugleich suchte Hertnidt vom Stein als Pfarrer von Hof und damit als vom Pfaffenstreit unmittelbar Betroffener eine praktikable Lösung in der Frage der Pfaffensteuer. Ohne Zweifel hintertrieb Hertnidt die Interessen Bambergs, mahnte aber zugleich Albrecht zur Zurückhaltung und Zusammenarbeit mit den Bischöfen und bot sich selbst andeutungsweise als Schiedsrichter an[167]. Nach Einschaltung des in Würzburg und Bamberg mehrfach bepfründeten, als persönlicher Berater des Bischofs fungierenden Dr. Dietrich Morung († 1508), trat binnen kürzester Frist eine von Überreaktionen der bischöflichen Partei geprägte Verschärfung des Konflikts ein. Der Bistumsstreit endete 1482 durch einen Schiedsspruch des Eichstätter Bischofs Wilhelm von Reichenau (1464–1496). Dem Kapitel blieben das Kapitulationsrecht und die Teilhabe am Regiment erhalten, andererseits wurde das von Bischof Philipp neu eingerichtete Hofgericht nicht in Frage gestellt und damit die von Hertnidt angestrebte Isolierung des Bischofs auf jurisdiktionellem Gebiet durchbrochen[168]. Philipp ging aus dem Streit auf das Ganze gesehen gestärkt hervor. Der von Dietrich Morung entfachte Streit gegen die Kirchenpolitik der fränkischen Markgrafen von Brandenburg dauerte über den Kompromiß zum Bistumsstreit noch weiter fort; mit großer

---

in: BHVB 78 (1925) 189–369; GUTTENBERG, Territorienbildung 192ff; GUTTENBERG, Bistum Bamberg I 69–71; SCHIMMELPFENNIG, Bamberg im Mittelalter 82–85; MACHILEK, Hus 15–37.
[164] RUPPRECHT, Herrschaftswahrung 121, 125–129.
[165] THUMSER, Hertnidt 158–160.
[166] Ebd. 147–158; THUMSER, Konflikt.
[167] THUMSER, Hertnidt 160.
[168] Ebd. 157f.

Wahrscheinlichkeit verfaßte Morung die gegen Albrecht Achilles gerichtete, in parodistische Form gekleidete, 1482 gedruckte Schmähschrift *Passio dominorum sacerdotum sub dominio marchionis secundum Mattheum*. 1489 wurde Morung, der sich als Würzburger Dompfarrer auch entschieden gegen die Ablaßpraxis des Raimund Peraudi für den Türkenkrieg gewandt hatte, von den Häschern Markgraf Friedrichs d.Ä., des Sohnes Albrechts, aufgegriffen und zunächst in Cadolzburg, dann auf dem Rauhen Kulm inhaftiert[169].

Das trotz der konkurrierenden territorialpolitischen Interessen und des Pfaffensteuerstreites insgesamt relativ stabile Verhältnis zwischen dem Hochstift Bamberg und dem Markgraftum Brandenburg-Kulmbach verschlechterte sich seit dem Ausbruch der Auseinandersetzungen um die Burg Streitberg in der Fränkischen Schweiz im Jahre 1497 schlagartig[170]. 1499 kündigte der Bamberger Bischof Heinrich III. Groß von Trockau (1487–1501) die seit 1464 bestehende, gegen die Expansionspläne Würzburgs gerichtete Einung mit Brandenburg-Kulmbach[171]. An ihre Stelle trat 1501 eine antizollerische Allianz der drei geistlichen Fürstentümer Bamberg, Würzburg, Eichstätt mit der Reichsstadt Nürnberg. 1507/08 konnte sich Markgraf Friedrich d.Ä. nach langen Auseinandersetzungen in den Besitz der Burg Streitberg setzen. Seit dem Zerbrechen der Bamberg-Kulmbacher Einung trat die das weitere Schicksal Oberfrankens bestimmende Rivalität dieser beiden Mächte immer schärfer hervor[172].

### 5. Das Hochstift Eichstätt

In Eichstätt bedeuteten die Auseinandersetzungen Bischof Heinrichs I. von Zipplingen (1225–1228) mit den Grafen von Hirschberg als Inhabern der Hochstiftsvogtei zugleich die ersten Schritte beim Ausbau der bischöflichen Territorialherrschaft[173]. Die Auseinandersetzungen begünstigten vor allem die Entwicklung der Bischofsstadt, die schon 1256 über ein eigenes Siegel und seit 1291 über eine Ratsverfassung verfügte[174]. Nach dem Aussterben der Hirschberger (1305) trat Eichstätt in wichtigen Teilen das Erbe der Hirschberger im Eichstätter Raum an[175]. Noch unter Bischof

---

[169] L. KRAUSSOLD, Dr. Theoderich Morung, der Vorbote der Reformation in Franken, 2 Tle., 1877; W. ENGEL, Dr. Dietrich Morung, Generalvikar von Bamberg, Dompfarrer zu Würzburg, und sein politischer Prozeß (1489–1498), in: MJGK 1 (1949) 1–80; DERS., Passio; FREUDENBERGER, Würzburger Domprediger 91–97; WENDEHORST, Würzburg III 30f; THUMSER, Hertnidt 148f; DERS., Konflikt 17f. – Zu Peraudi zuletzt: P. SCHMID, Der päpstliche Legat Peraudi und die Reichsversammlungen der Jahre 1501–1503. Zum Prozeß der Entfremdung zwischen dem Reich und Rom in der Regierungszeit Maximilians I., in: E. MEUTHEN (Hg.), Reichstage und Kirche (= Schriftenreihe der Historischen Kommission bei der Bayerischen Akademie der Wissenschaften 42) 1990, 65–88 (ohne Erwähnung Morungs).
[170] Das Verhältnis wird in einzelnen Zügen unterschiedlich bewertet: SEYBOTH, Markgraftümer 26; RUPPRECHT, Herrschaftswahrung 129.
[171] Zum Bamberg-Würzburger Gegensatz: KLEINER, Georg III. 50–54.
[172] SEYBOTH, Markgraftümer 315–321; KLEINER, Georg III. 44–47, 54–61; GERLICH – MACHILEK, Staat § 51, 579–600.
[173] SAX, Geschichte des Hochstiftes und der Stadt Eichstätt; HIRSCHMANN, Eichstätt; B. ARNOLD, Count and Bishop in Medieval Germany. A Study of Regional Power 1100–1350, Philadelphia 1991 (dargelegt am Beispiel Eichstätts).
[174] FLACHENECKER, Eine geistliche Stadt 38f, 168.
[175] WEINFURTER, Von der Bistumsreform.

Konrad II. von Pfeffenhausen (1297–1305) sind das älteste Hochstiftsurbar und das älteste Eichstätter Lehenbuch entstanden[176]. Nachdem das Landgericht Hirschberg an die Wittelsbacher gefallen war, kam in der Folgezeit eine Ausweitung des Territoriums in das bayerische Herrschaftsgebiet nicht mehr in Frage. An die Stelle des dreipoligen Machtgefüges von Bischof, Vogt und Stadt trat nach 1305 die Bipolarität von Bischof und Stadt; nachdem die Philippinische Handveste Bischof Philipps von Rathsamhausen (1306–1322) von 1307 den bischöflichen Einfluß über die Stadt betont hatte[177], sah sich diese fortan permanent gezwungen, ihre früher gewonnenen Rechte gegenüber dem bischöflichen Stadtherrn zu verteidigen. Nach dem Übergang der oettingischen Vogtei- und Lehenrechte über die hochstiftischen Besitzungen am Oberlauf der Altmühl, insbesondere über das schon 1238 als Stiftsstadt belegte Herrieden, machte in der ersten Hälfte des 14. Jahrhunderts auch der Ausbau des sog. Eichstätter Oberstifts rasche Fortschritte. Die bischöflichen Positionen in der Stadt Herrieden und im Herriedener Stiftsland bildeten die Grundlage für das Amt Wahrberg-Herrieden. Parallel dazu wurden die Besitzungen und Rechte um Ornbau zum Amt Arberg, das 1294 von den Zollern eingetauschte Spalt mit weiteren Besitzungen und Rechten zur Herrschaft Wernfels und das 1296 gleichfalls von den Zollern erworbene Abenberg zum gleichnamigen Pflegamt organisiert[178]. Das Hochstift Eichstätt, dessen Fläche um 1500 nur etwa ein Viertel des Diözesangebiets ausmachte, ragte mit seinem Mittel- und Unterstift als breiter Keil in das wittelsbachische Territorium hinein und riegelte mit seinem städtereichen Oberstift den Süden der zollerischen Markgrafschaft auf weite Strecken von deren Kerngebiet im Norden ab. Gerade diese exponierte Lage hat dem zu den räumlich kleinsten und wirtschaftlich schwachen Territorien im Reich zählenden Hochstift Eichstätt zu seiner Bedeutung im ausgehenden Mittelalter und zu Beginn der Neuzeit verholfen[179].

*c) Bischöfliche Kanzleien und Archive*

Die zunehmenden Verwaltungsaufgaben machten die Einrichtung von bischöflichen Kanzleien[180] sowie von Repositorien für die älteren Urkunden und Akten notwendig. In Würzburg wird erstmals 1339 über die Aufbewahrung von Archivalien auf der Burg Marienberg berichtet[181]. In Bamberg bildete sich neben dem wie der Domschatz unter Aufsicht des Domkustos im Segerer aufbewahrten und 1254 als Repositorium

---

[176] Staatsarchiv Nürnberg, Eichstätter Literalien Nr. 165; Eichstätter Lehenbücher Nr. 1. – HIRSCHMANN, Eichstätt 24.
[177] FLACHENECKER, Eine geistliche Stadt 44–53.
[178] ADAMSKI, Herrieden; R. SCHUH, Territorienbildung im oberen Altmühlraum im 13. und 14. Jahrhundert, in: ZBLG 50 (1987) 463–491.
[179] Weitere Hinweise bei GERLICH – MACHILEK, Staat § 50, 571–576; A. SCHMID, Eichstätt 166–181.
[180] Die Fürstenkanzlei des Mittelalters. Anfänge weltlicher und geistlicher Zentralverwaltung in Bayern (= ASAB 16) 1983, bes. 96–101 (Register aus fränkischen Hochstiften), 179–185 (Kanzleipersonal des Hochstifts Bamberg).
[181] SCHERZER, Anfänge 33; E. SODER v. GÜLDENSTUBBE, Zur Geschichte des Würzburger Diözesanarchives. Entwicklung und Bestand, in: N. KANDLER – J. LENSSEN (Hg.), Diözesan-Archiv Würzburg und seine Bestände (= Marmelsteiner Kabinett 14) Ausst.Kat. 1995, 11–47, hier 42, Anm. 11 u. 26–27, 31, 47.

bezeichneten Archiv der bischöflichen und domkapitlischen Urkunden im Lauf des 14. Jahrhunderts ein eigenes bischöfliches Archiv heraus[182].

## § 30. DIE BISCHÖFLICHE REFORMTÄTIGKEIT. DIE DIÖZESANSYNODEN

In programmatischer Form hat der Eichstätter Bischof Philipp von Rathsamhausen (1306–1322) in dem an seinen Ordens- und Amtsgenossen Heinrich von Trient (1310–1336) gerichteten, am ehesten zwischen 1313 und 1316 verfaßten Predigttraktat zum Lukasevangelium 10,38–42 die aus der doppelten Aufgabe des Bischofs als geistlicher Hirte und weltlicher Herr erwachsenden Pflichten dargelegt und sich bei deutlicher Betonung der Priorität des seelsorglichen Auftrags doch zugleich für die Erfüllung der Pflichten in der Öffentlichkeit im Dienste des Nächsten eingesetzt[183]. Im Sinn seiner Reformvorstellungen plante Philipp von Rathsamhausen bereits zu Beginn seines Episkopats die Durchführung einer Diözesansynode[184]. Energisch stellte er sich dem ungeistlichen Klerus entgegen; 1307 besetzte er über 90 Pfarrstellen neu[185]. Daneben förderte er Liturgie, Heiligenverehrung und Verkündigung in besonderer Weise. Durch Inkorporationen von Pfarrkirchen verbesserte er die wirtschaftliche Situation bei einer Reihe von Klöstern seines Bistums[186].

In jüngster Zeit wurde darauf hingewiesen, daß für die Beurteilung der Qualität eines Reichsbischofs von den Zeitgenossen im späten Mittelalter die auch von Philipp von Rathsamhausen durchaus als wichtige Aufgabe erkannte weltliche Komponente des bischöflichen Wirkens ausschlaggebend war[187]. So sollten nach der *Summa theologica* des Thomas von Aquin die Wahlmänner bei der Bischofswahl dem ihre Stimme geben, der in der Lage sei, *ecclesiam et instruere et defendere et pacifice gubernare*[188]. Ähnlich wie Philipp von Rathsamhausen hat rund ein Jahrhundert später der Ebracher Zisterzienser Eyring († um 1432), Titularerzbischof von Navarzan in Armenien und von 1392 bis 1431 als Hilfsbischof in Bamberg genannt, in einem im Auftrag Antons von Rotenhan verfaßten und ihm gewidmeten Bischofsspiegel die Amtsgeschäfte eines Bischofs in der Welt gewürdigt, ihn jedoch bei allem weltlichen Dienst *(ministerium)* zugleich zur *meditatio* aufgefordert[189].

---

[182] GUTTENBERG, Bistum Bamberg I 15–28.
[183] BAUCH, Theologisch-aszetisches Schrifttum 251–262, hier 251; dazu ebd. 6f. – Zum Problem grundsätzlich: H. HÜRTEN, Die Verbindung von geistlicher und weltlicher Gewalt als Problem in der Amtsführung des mittelalterlichen deutschen Bischofs, in: ZKG 82 (1971) 16–28.
[184] BAUCH, Theologisch-aszetisches Schrifttum 7.
[185] HEIDINGSFELDER, Regesten Nr. 1398.
[186] BAUCH, Theologisch-aszetisches Schrifttum 8–10.
[187] BRANDT, Fürstbischof 1–8.
[188] Summa theologica II-II q. 185; zitiert bei BRANDT, Fürstbischof 8.
[189] Das Arbeitsfeld des Bischofs ist die Welt: *Ager iste mundus est.* – Zitiert bei K. GUTH, Die spätmittelalterliche »Fürstenlehre« des Bamberger Weihbischofs Eyring aus Ebrach († 1431). Ein Beitrag zur Geschichte der Frömmigkeit in Franken, in: Festschrift Ebrach 1127–1977, hg. v. G. ZIMMERMANN, 1977, 135–146, hier insbes. 143f. (Zitat: 143 Anm. 62); G. DENZLER, Der Ebracher Zisterziensermönch Eyring

Ein Standes- und Amtsverständnis vom Bischof, wie es die genannten Zisterzienser zum Ausdruck brachten, setzte sich allgemein erst später mit dem Durchbruch der seit dem IV. Laterankonzil von 1215 geforderten Reform der universalen Kirche durch. Ansätze zur Reform zeichnen sich in allen hier zu behandelnden Diözesen seit Ausgang des 13. Jahrhunderts ab, eine breitere Bereitschaft zur durchgreifenden Reform ist jedoch erst seit der Wende vom 14. zum 15. Jahrhundert zu erkennen. Im Lauf des 15. Jahrhunderts setzten sich bischöfliche Reformer im Anschluß an die Reformforderungen der Reformkonzilien und vielfach in Verbindung mit der aus den Orden selbst erwachsenden Klosterreform in wachsendem Umfang durch. Die vor allem in der zweiten Hälfte des Jahrhunderts hinzukommende Beteiligung der Städte und Fürsten am Fortgang dieses Reformprozesses führte in vielen Fällen zu Spannungen mit den Bischöfen[190].

Über die Rolle des Episkopats bei der Durchführung der Reform liegt für den hier zu behandelnden Raum bereits eine Reihe von Forschungen vor[191]. Nach diesen waren für den Erfolg des Reformprozesses in erster Linie die Initiativen und die Durchsetzungskraft der Persönlichkeiten ausschlaggebend; die Tragfähigkeit der Reformideen erwies sich jeweils in der seelsorglichen Arbeit vor Ort[192]. In gleicher Weise war die Rezeption von Entscheidungen der allgemeinen Konzilien durch die Provinzial- und Diözesansynoden vom konkreten Reformwillen des Ortsbischofs abhängig. Über die Bedeutung der dabei eingesetzten Mechanismen gibt eine Untersuchung zur Rezeption der Basler Dekrete in der Diözese Eichstätt Aufschluß[193]. Entgegen den

---

als Weihbischof von Bamberg († ca. 1432), in: BHVB 120 (1984) 357–361. – Eyrings Traktat könnte zum Amtsantritt Antons verfaßt worden sein; er erschien 1732 in Nürnberg im Druck.

[190] Zum Begriff und zur Realisierung der Kirchenreform allgemein: K. A. FRECH, Reform an Haupt und Gliedern. Untersuchung zur Entwicklung und Verwendung der Formulierung im Hoch- und Spätmittelalter (= EHS III/510) 1992; J. HELMRATH, Reform als Thema der Konzilien des Spätmittelalters, in: Christian Unity, The Council of Ferrara-Florence, hg. v. G. ALBERIGO (= Ephemerides Theologicae Lovanienses 97) 1991, 81–152; DERS., Theorie und Praxis der Kirchenreform im späten Mittelalter, in: RJbKG 11 (1992) 41–70; J. MIETHKE, Kirchenreform auf den Reformkonzilien des 15. Jahrhunderts. Motive – Methoden – Wirkungen, in: Studien zum 15. Jahrhundert. FS für Erich Meuthen, hg. v. J. HELMRATH – H. MÜLLER in Zusammenarbeit mit H. WOLFF I, 1994, 13–42; J. MIETHKE, Reform, Reformation, in: LdMa 7 (1993) 543–550.

[191] Zu nennen sind: A. UHL, Peter von Schaumberg, Kardinal und Bischof von Augsburg 1424–1469, Diss. München 1940; DERS., Kardinal Peter von Schaumberg, in: Lebensbilder aus dem Bayerischen Schwaben 3 (= Veröffentlichungen der Schwäbischen Forschungsgemeinschaft bei der Bayerischen Akademie der Wissenschaften III,3) 1954, 37–80; PÖLNITZ, Bischöfliche Reformarbeit; S. ZEISSNER, Rudolf II. von Scherenberg, ²1952; E. SCHUBERT, Rudolf von Scherenberg; JOHANEK, Zur kirchlichen Reformtätigkeit. – F. X. BUCHNER, Kirchliche Zustände; DERS., Johann III. 56–57 (1909–1910), auch separat erschienen: Johann III., der Reformator seines Bistums (= Forschungen zur Eichstätter Bistumsgeschichte 1) 1911; F. HEIDINGSFELDER, Zustände im Hochstift Eichstätt am Ausgang des Mittelalters und die Ursachen der Bauernkriege (= Würzburger Studien zur Geschichte des Mittelalters und der Neuzeit 2) 1911; REITER, Rezeption. – Zur Verbindung von bischöflicher Reform und Klosterreform u.a.: PÖLNITZ, Bischöfliche Reformarbeit 38, 66–69 u.ö.; J. KIST, Klosterreform im spätmittelalterlichen Nürnberg, in: ZBKG 32 (1963) 31–45; F. MACHILEK, Klosterhumanismus in Nürnberg um 1500, in: MVGN 64 (1977) 10–45; allgemein: ELM, Reformbemühungen.

[192] JOHANEK, Zur kirchlichen Reformtätigkeit 235f.

[193] REITER, Rezeption. – Ungedruckt ist die für die hier behandelten regionalen Zusammenhänge gleichfalls wichtige Würzburger Habilitationsschrift von JOHANEK, Synodalia.

Bestimmungen des IV. Laterankonzils von 1215 oder des Basler Konzils von 1433, wonach die Bischöfe den Klerus ihres Sprengels mindestens einmal im Jahr zu einer Diözesansynode versammeln sollten[194], fanden solche zumeist nur in unregelmäßigen und zum Teil sehr weit auseinanderliegenden Zeitabständen statt. Aus der 1378 und 1433 in Bamberger Statuten begegnenden Aufforderung, die Synodalstatuten auf den Klerikersynoden der Landkapitel zu verlesen, ist zu entnehmen, daß an den Diözesansynoden nicht mehr der gesamte Klerus der Diözese teilnahm[195]. Neben der Funktion der Provinzial- und Diözesansynoden als Forum des Klerus darf ihre Bedeutung als Forum des Reichs nicht übersehen werden, wodurch die geistlichen Reichsfürsten gerade in ihrer Doppelfunktion aufgewertet wurden[196].

*a) Die Mitarbeiter der Bischöfe in der geistlichen Leitung der Diözesen*

Die bischöfliche Reformarbeit setzte in weiten Bereichen den Ausbau einer funktionsfähigen kirchlichen Zentralbehörde am Bischofssitz mit gebildeten Mitarbeitern sowie innerhalb der Diözesen eine Verwaltungsorganisation auf mittlerer Ebene voraus, wodurch die Verbindung des Bischofs zu der gegenüber dem Hochmittelalter stark angestiegenen Zahl der Pfarreien und damit die Erfüllung der vorrangigen seelsorglichen Ziele überhaupt erst ermöglicht wurden. Nur ein Teil der engsten Mitarbeiter wurde von den Bischöfen aus den Domkapiteln berufen. Die mit ordentlicher Jurisdiktion für den disziplinären Bereich in ihren Amtsbezirken ausgestatteten sog. jüngeren Archidiakone verloren im 13./14. Jahrhundert mit dem Aufkommen neuer bischöflicher Amtsträger, insbesondere des Generalvikars und Offizials, ihre Funktion[197]. Die zur Mithilfe in den Bistumsleitungen bestellten neuen Gehilfen übten ihr Amt in Abhängigkeit von den Bischöfen mit delegierter Gewalt aus: der Generalvikar als persönlicher Vertreter des Bischofs *(vicarius generalis in spiritualibus)* mit in den einzelnen Diözesen z.T. variierenden Kompetenzen sowie der Offizial als ständiger Vertreter des Bischofs in Ausübung der geistlichen Gerichtsbarkeit. Zur Unterstützung des Bischofs in geistlichen Obliegenheiten, insbesondere bei Kirchweihen, Ordinationen von Geistlichen und Ablaßverleihungen und als Vertreter des Bischofs, kam weiterhin der Weih- oder Auxiliarbischof *(vicarius generalis in pontificalibus)*

---

[194] LEINWEBER, Provinzalsynode; HELMRATH, Basler Konzil 334f.
[195] GUTTENBERG, Bistum Bamberg I 83. – Zur Entwicklung der Landkapitel im Bistum Würzburg: J. KRIEG, Die Landkapitel im Bistum Würzburg von der 2. Hälfte des 14. bis zur 2. Hälfte des 16. Jahrhunderts (= Kirchenrechtliche Abhandlungen 99) 1923. – Bamberg: KANZLER, Landkapitel. – Eichstätt: F. X. BUCHNER, Verfassung und Rechte der Landkapitel im Bistum Eichstätt, 1919.
[196] HELMRATH, Basler Konzil 286.
[197] K. MAIER, Der Archidiakon in der Reichskirche. Zur Typologie des Amtes im Spätmittelalter und der frühen Neuzeit, in: RQ 87 (1992) 136–158. – Augsburg: A. SCHRÖDER, Der Archidiakonat im Bistum Augsburg, in: AGHA 6 (1921) 97–230; ZOEPFL, Bistum Augsburg und seine Bischöfe im Mittelalter 209f. – Würzburg: J. KRIEG, Der Kampf der Bischöfe gegen die Archidiakone im Bistum Würzburg. Unter Benutzung ungedruckter Urkunden und Akten dargestellt (= Kirchenrechtliche Abhandlungen 82) 1914; REININGER, Archidiacone; WEIGEL, Zur Geschichte. – Bamberg: GUTTENBERG, Bistum Bamberg I 306–316.

hinzu[198]. Den Weihbischöfen dieser Art gingen in allen hier behandelten Diözesen wandernde Titularbischöfe, zumeist aus dem Ostseeraum oder anderen Provinzen des Ostens, voraus, die im Anschluß an das Vordringen der Tataren aus ihren Bistümern verdrängt worden waren und sich nun den Bischöfen im Reich als Weihbischöfe zur Verfügung stellten[199]. Überwogen im 13. und 14. Jahrhundert Ordensmitglieder, vor allem Mendikanten, im Amt des Weihbischofs, so erscheinen im 15. Jahrhundert immer häufiger an Universitäten ausgebildete und zudem promovierte Weihbischöfe zumeist bürgerlicher Herkunft[200]. Eine Reihe von Mitgliedern der Domkapitel nahm auf Grund ihrer Ämter innerhalb dieser Korporationen Aufgaben für die gesamte Diözese wahr, so der Domscholaster, der den Unterricht des jungen Domklerus und zugleich das Schulwesen im Bistum beaufsichtigte[201], der Cantor, der für die im gesamten Bistum richtungsweisende Domliturgie verantwortlich war[202], sowie der Pönitentiar, der den Bischof im Bußwesen, vor allem in den diesem reservierten Fällen vertrat.

Im Bistum Augsburg lassen sich ein reisender Titularbischof bzw. fest institutionalisierte Weihbischöfe mit Generalvollmachten zur Vornahme von Weihehandlungen seit 1290 bzw. seit 1332 nachweisen[203]. Ein ständiger Generalvikar ist seit der Mitte des 14. Jahrhunderts nachweisbar; der 1351 erstmals als solcher an der Seite Bischof Marquards von Randeck (1348–1365) belegte Dominikaner Kuno von Krobsberg war zugleich Weihbischof[204]. Bereits um 1260 hat Bischof Hartmann von Dillingen ein bischöfliches Kuriengericht unter Vorsitz eines beamteten Offizials eingerichtet[205]. Für den Bereich des Bußwesens errichtete Bischof Friedrich II. Graf von Zollern (1486–1505) 1490 förmlich eine Pönitentiarie; ihre Inhaber sollten im Auftrag des Bischofs auch im Predigtamt und bei Visitationen verwendbar sein; schon zuvor sind Kapitelsmitglieder als Pönitentiare belegt[206].

In Würzburg setzt die Reihe der Belege über Titular- und Weihbischöfe bereits mit dem Jahr 1206 ein[207]. 1342 trat in der Person des in Paris zum Magister der Theologie promovierten Augustinereremiten Hermann von Schildesche († 1357) erstmals ein

---

198 Zur pastoralen Bedeutung des Amts der Weihbischöfe jetzt BRANDT, Fürstbischof 9–16.
199 F. G. v. BUNGE, Livland, die Wiege der deutschen Weihbischöfe (= Baltische Geschichtsstudien 1) 1875.
200 Das von A. SCHMID, Humanistenbischöfe 166f, am Beispiel der Augsburger Weihbischöfe des 15. Jahrhunderts gezeichnete Bild entspricht weitgehend jenem in den drei fränkischen Diözesen.
201 Für Bamberg aufgezeigt bei KIST, Domkapitel 16f.
202 Dazu – am Beispiel Bambergs – E. K. FARRENKOPF (Hg.), Breviarium Eberhardi Cantoris. Die mittelalterliche Gottesdienstordnung des Domes zu Bamberg (= Liturgiewissenschaftliche Quellen und Forschungen 50) 1969; F. u. M. MACHILEK, Der Liber breviarius der Prager Kathedralkirche in der Universitätsbibliothek Würzburg (M.p.th.f. 131), in: Umění 41 (1993) 375–385, hier 377. Vgl. auch KIST, Domkapitel 17–19.
203 A. SCHRÖDER, Die Augsburger Weihbischöfe, in: AGHA 5 (1916/19) 411–516; ZOEPFL, Bistum Augsburg und seine Bischöfe im Mittelalter 577f; A. SCHMID, Humanistenbischöfe 166–168.
204 ZOEPFL, Bistum Augsburg und seine Bischöfe im Mittelalter 308f, 577.
205 Ebd. 210, 577.
206 Ebd. 479, 517; A. SCHMID, Humanistenbischöfe 170.
207 WEIGEL, Zur Geschichte; H. HOFFMANN, Würzburger Weihbischöfe.

Generalvikar auf[208]. Das Kapitel setzte 1423 die Forderung durch, daß die Generalvikare fortan ausschließlich aus seinem Kreis berufen werden sollten[209]. Als erster ständiger Offizial erscheint der 1275 von Bischof Berthold II. von Sternberg (1274–1287) eingesetzte Magister Rudolf von Hürnheim[210]. Über seine Tätigkeit geben die Fragmente eines Formularbuchs Aufschluß[211]. Nach dem 1342 von Bischof Otto II. von Wolfskeel (1333–1345) publizierten *Statutum de reformatione ecclesiasticorum iudiciorum* der Würzburger Kirche erließ Johann II. von Brunn (1411–1440) 1422 eine Gerichtsordnung, die 1447 erneuert und 1452 und 1453 in die Synodalstatuten Gottfrieds IV. Schenk von Limpurg (1443–1455) aufgenommen wurde[212].

Im Bistum Bamberg wird ein Weihbischof erstmals 1255 anläßlich der Weihe eines Altars bei St. Sebald in Nürnberg erwähnt: Der als Konsekrator fungierende Heinrich von Streitberg OT, Bischof von Samland, war auch in Würzburg als Weihbischof tätig[213]. Die Reihe der speziell für Bamberg bestellten Weihbischöfe setzt erst knapp zwei Jahrhunderte später (1451) ein[214]. Die rechtliche Sonderstellung Bambergs als exemtes Bistum begünstigte auch im Bereich der Gerichtsbarkeit eine Sonderentwicklung: Mit dem Rückgang der Bedeutung der Archidiakone jüngerer Ordnung wurde deren richterliche Gewalt in der Hand des Domdekans zusammengefaßt, der damals bereits Archidiakon im Bezirk Bamberg gewesen sein dürfte. Im Besitz der ordentlichen Gerichtsbarkeit übte er als vom Domkapitel gewählter *iudex natus* die richterliche Gewalt für das gesamte Bistum aus, wie sie in anderen Diözesen durch einen vom Bischof eingesetzten Offizial wahrgenommen wurde; der Domdekan setzte seinerseits einen in der Rechtsausübung von ihm abhängigen Offizial als Vertreter ein, der seit 1344 sicher belegt ist[215]. Ein Generalvikar als Träger eines bischöflichen Amtes wird in Bamberg erstmals 1346 genannt[216]. Besondere Bedeutung er-

---

[208] A. ZUMKELLER, Hermann von Schildesche O.E.S.A., † 8. Juli 1357, zur 600. Wiederkehr seines Todestages (= Cass 14) 1957; DERS., Magister Hermann von Schildesche OESA († 8. Juli 1357), erster Generalvikar im Bistum Würzburg, in: WDGB 20 (1958) 127–139; DERS., Der Augustinermagister H. v. Sch., in: FLB 7 (= VGFG VII A 7) 1977, 12–32; DERS., H. v. Sch., in: VL² 3 (1981) 1107–1112.
[209] SODER V. GÜLDENSTUBBE, Kirchliche Strukturen 227f. – Zu den Generalvikaren in Würzburg allgemein: REININGER, Archidiacone; WEIGEL, Zur Geschichte.
[210] W. TRUSEN, Aus den Anfängen des Würzburger Offizialats, in: WDGB 37/38 (1975) 321–335.
[211] A. LHOTSKY, Ein Würzburger Formularbuch aus dem 13. Jahrhundert, in: MIÖG, Erg. Bd. 12 (1933) 259–296; A. WENDEHORST, Die Würzburger Formularbücher des 13. und 14. Jahrhunderts, in: WDGB 16/17 (1954/1955) 170–188. – Zur Tätigkeit des Offizials auch: W. SCHERZER, Der Forster Offizialatsprozeß vor dem bischöflichen Offizialat zu Würzburg (1317/1323), in: WDGB 13 (1951) 59–81.
[212] STRAUB, Geistliche Gerichtsbarkeit 12f, 38f.
[213] GUTTENBERG, Bistum Bamberg I 286; KIST, Fürst- und Erzbistum Bamberg 49; HOFFMANN, Würzburger Weihbischöfe 63–65; F. MACHILEK, Dedicationes ecclesiae sancti Sebaldi. Die mittelalterlichen Kirchen- und Altarweihen bei St. Sebald, in: 600 Jahre Ostchor St. Sebald – Nürnberg 1379–1979, hg. v. H. BAIER, 1979, 143–159, hier 145. – Zu weiteren Titularbischöfen in Bamberg: KIST, Fürst- und Erzbistum Bamberg 51, 60, 68.
[214] GUTTENBERG, Bistum Bamberg I 286–294; KIST, Fürst- und Erzbistum Bamberg 174; DERS., Hieronymus von Reitzenstein O.Cist., Weihbischof von Bamberg (1474–1503), in: BHVB 90 (1951) 322–327; DERS., Kaspar Preyel von Kulmbach, Weihbischof von Bamberg (1504–1517), in: Geschichte am Obermain 1951, 28–31.
[215] GUTTENBERG, Bistum Bamberg I 85f; STRAUB, Geistliche Gerichtsbarkeit 136f, 233f.
[216] GUTTENBERG, Bistum Bamberg I 294f; STRAUB, Geistliche Gerichtsbarkeit 248.

langte dieses Amt hier seit der Regierung Bischof Lamprechts von Brunn (1374–1399). Domkapitel und Domdekan sahen in dem 1392 erstmals unter der Bezeichnung *officialis et in spiritualibus vicarius generalis* erscheinenden Amt einen Gegenspieler; trotz ihres anhaltenden Widerstandes blieb dem Generalvikar der Titel Offizial erhalten[217]. Zu den herausragenden Inhabern des Amtes zählte der 1394 von Lamprecht zum Generalvikar berufene Johannes Ambundii († 1424), der ab 1401 in gleicher Funktion in Würzburg tätig war und als Kanonist maßgeblich am Aufbau der hier 1402 von Johann I. von Egglofstein errichteten älteren Universität mitgewirkt hat. Johannes Ambundii stieg weiterhin zu bischöflichen Würden in Chur und Riga auf[218]. Auf der Grundlage der Würzburger Gerichtsordnung von 1447 erließ Bischof Georg I. von Schaumberg (1459–1475) 1463 mit Zustimmung des Domkapitels eine Gerichtsordnung, die die Gerichtsbarkeit des Bamberger Domdekans für die ganze Diözese grundsätzlich festlegte. Die noch im gleichen Jahr durch Papst Pius II. bestätigte Ordnung wurde durch Heinrich III. Groß von Trockau (1487–1501) ergänzt und in der erweiterten Form 1488 publiziert[219]. Zu Ausgang des Mittelalters erscheint die gerichtliche Vollmacht des Generalvikars gegenüber jener des Domdekans als höhere Instanz[220].

In Eichstätt sind geistliche Richter seit 1281 belegt; 1283 wird auch das *sigillum iudicii Eystetensis curie* erwähnt, was auf planmäßige Einrichtung des neuen Gerichts hindeutet. Hinter dem verwendeten anonymen Titel – *Iudices Eystetenses* bzw. *Iudices curie Eystetensis* – verbirgt sich von Anfang an ein Einzelrichter, der gelegentlich auch Offizial genannt wird[221]. Im Vergleich zu anderen Diözesen war die Bedeutung der Archidiakone jüngerer Ordnung in Eichstätt gering; der Titel Archidiakon kommt in Eichstätter Quellen seit 1299 nicht mehr vor[222]. Magister Ulrich, seit 1294/95 Propst des neugegründeten Stifts Spalt, vertrat 1306 Bischof Philipp von Rathsamhausen (1306–1322) bei der Krönung des böhmischen König Rudolfs I. als Generalvikar[223].

*b) Reformansätze. Diözesansynoden. Visitationen*

Nachrichten über Diözesansynoden, der Erlaß von Synodalstatuten und Belege über umfassende Visitationen lassen sich grundsätzlich als wichtige Indikatoren für die Bereitschaft zur Beseitigung von Mißständen werten.

---

[217] GUTTENBERG, Bistum Bamberg I 86f; STRAUB, Geistliche Gerichtsbarkeit 249–251.
[218] GUTTENBERG, Bistum Bamberg I 296; JOHANEK, Zur kirchlichen Reformtätigkeit 242f; E. SODER v. GÜLDENSTUBBE, Johannes Ambundii, Haßfurter Oberpfarrer, Kirchenreformer und Erzbischof, in: 750 Jahre Stadt Haßfurt. Beiträge zur Heimatgeschichte, 1985, 177–183; REININGER, Archidiacone 28 (1885) 146ff; WENDEHORST, Würzburg II 130f, 139, 144.
[219] STRAUB, Geistliche Gerichtsbarkeit 8–57.
[220] GUTTENBERG, Bistum Bamberg I 87f.
[221] BUCHHOLZ-JOHANEK, Geistliche Richter 27, 30f, 68f. – Listen der Offiziale ebd. 172–198, 219.
[222] Ebd. 69f.
[223] Ebd. 44.

## 1. Das Bistum Augsburg

Im Bistum Augsburg fanden die Synoden im Spätmittelalter zunächst in Augsburg selbst statt, und zwar wohl 1273, 1275, 1287, um 1321, zwischen 1434 und 1437 sowie 1452, danach in Dillingen, und zwar 1469, 1486, 1506 und 1517[224]. Auf der wohl 1273 von Bischof Hartmann von Dillingen (1248–1286) einberufenen Synode dürfte die Feier des zuvor durch Papst Urban IV. für die Gesamtkirche eingeführten Fronleichnamsfestes für die Diözese Augsburg beschlossen worden sein[225]. Hartmanns Teilnahme an mindestens drei Provinzialsynoden ist belegt, darunter an der Mainzer Provinzialsynode von 1261, die u.a. einschneidende Bestimmungen zum Inkorporationswesen verkündete[226]. Für Bischof Friedrich Spät von Faimingen (1309–1331) dürfte der Besuch der Mainzer Provinzialsynode 1310 wichtige Anstöße für die Gestaltung des religiösen und sittlichen Lebens in seiner Diözese vermittelt haben[227]. Die von ihm auf der Augsburger Diözesansynode um 1321 erlassenen Statuten sind erhalten; sie stehen in deutlicher Abhängigkeit zu den Statuten des Eichstätter Bischofs Reinboto von Meilenhart (1279–1297)[228]. Die Beschlüsse betrafen u.a. die Spendung der Sakramente, die Errichtung und Vergabe von Vikarien, das Pfründenwesen, die Entlassung schlecht ausgebildeter Kleriker durch die Landdekane und Kammerer, die Überprüfung des Lebenswandels der Vikare durch die Kirchenrektoren bei den jährlichen Visitationen, die Anzeige von im Konkubinat lebenden Vikaren beim Bischof, die zureichende Entlohnung der Vikare, den Ministrantendienst, die Reinhaltung der Kirchen und kirchlichen Gerätschaften, die sorgfältige Aufbewahrung der Eucharistie und der heiligen Öle, den Ausschluß vom kirchlichen Begräbnis, das Verbot des Wirtshausbesuchs für Geistliche, das Almosensammeln, die Vorbehalte bei Entscheidungen in Ehesachen sowie Exkommunikation und Interdikt. Alle Geistlichen haben die von der päpstlichen oder bischöflichen Kurie ausgefertigten Gesetze, Mandate und Sentenzen mit Ehrfurcht anzunehmen und zu vollziehen. Dekane und Kammerer werden verpflichtet, die Statuten den Geistlichen viermal im Jahr bei den Kapitelszusammenkünften in feierlicher Form zu Gehör zu bringen[229]. Bischof Marquard von Randeck (1348–1365) plante um die Mitte des 14. Jahrhunderts eine Visitation seiner Diözese und erbat dazu die päpstliche Genehmigung; ob

---

[224] ZOEPFL, Bistum Augsburg und seine Bischöfe im Mittelalter 579; RUMMEL, Augsburger Diözesansynoden 9–69. – Editionen und Übersetzungen der Synodaltexte und -statuten: HARTZHEIM, Concilia Germaniae; J. A. STEINER, Synodi Dioecesis Augustanae, Bd. 1–2, 1766; BINTERIM, Pragmatische Geschichte.
[225] ZOEPFL, Bistum Augsburg und seine Bischöfe im Mittelalter 211f; RUMMEL, Augsburger Diözesansynoden 14.
[226] ZOEPFL, Bistum Augsburg und seine Bischöfe im Mittelalter 211.
[227] Ebd. 261f.
[228] HEIDINGSFELDER, Regesten Nr. 973; ZOEPFL, Bistum Augsburg und seine Bischöfe im Mittelalter 262 Anm. 9.
[229] BINTERIM, Pragmatische Geschichte VI 295–314. – Dazu: ZOEPFL, Bistum Augsburg und seine Bischöfe im Mittelalter 262–264; MACHILEK, Aus der Geschichte 109f; RUMMEL, Augsburger Diözesansynoden 15–20.

die Visitation tatsächlich stattfand, ist nicht bekannt[230]. 1359 ermahnte er den Welt- und Ordensklerus seines Sprengels, sich nicht vom weltlichen Geist anstecken zu lassen und sich in seiner Kleidung und seinem Auftreten an die kanonischen Vorschriften zu halten[231]. Der »zu den kraftvollsten, wenn auch nicht zu den bischöflichsten Regenten des Augsburger Bistums« zählende Burkhard von Ellerbach (Erbach) (1373–1404) ließ immerhin die Statuten der Synode von 1321 durch seinen Generalvikar Swinkrist den Dekanen 1377 in erneuerter Form bekanntgegeben; eine Synode dürfte er selbst damals jedoch nicht einberufen haben[232]. Auch der humanistisch gebildete und nachdrücklich für die Kirchenreform eintretende Kardinal Peter von Schaumberg (1424–1469) stützte sich bei den auf der Augsburger Synode des Jahres 1435 verabschiedeten Statuten in wesentlichen Teilen auf die von Friedrich erlassenen Statuten. Zusätzlich bezog Peter von Schaumberg jedoch auch Statuten der Mainzer Provinzialsynode von 1423 in sein Statutenwerk mit ein, u.a. über geistliche Kleidung, Tonsur, laute Unterhaltung der Geistlichen während der Gottesdienste, Beteiligung beim Schießen, bei Tanz und Würfelspiel sowie zum Konkubinat, er rezipierte aber als Teilnehmer der Reformverhandlungen des Basler Konzils bereits auch die dort beschlossenen Reformstatuten[233]. Augsburg gehört damit neben Eichstätt, Konstanz und Genf zu den Diözesen, die die in der XV. Sessio des Basler Konzils beschlossene Reformdekrete schon unmittelbar danach rezipiert haben[234]. Für eine Augsburger Diözesansynode im Jahr 1444 liegen Anhaltspunkte vor[235]. Auf einer weiteren Diözesansynode in Augsburg 1452 ließ der Kardinal die im Jahr zuvor auf der Mainzer Provinzialsynode unter dem Vorsitz des päpstlichen Legaten Nikolaus von Kues († 1464) verabschiedeten Statuten verlesen; zusätzlich ordnete er an, daß die Dekane die Statuten dem Klerus der Landkapitel fortan zweimal im Jahr zur Kenntnis zu bringen und zusammen mit den Kammerern der Landkapitel mindestens einmal im Jahr alle Kirchen ihres Sprengels zu visitieren hätten. Allen Seelsorgsgeistlichen wurde aufgetragen, innerhalb von sechs Monaten ein pastorales Handbuch anzuschaffen, wobei die *Summa de auditione confessionis et de sacramentis* des Johannes Urbach (Auerbach) und die *Summa rudium* zur Auswahl gestellt wurden[236]. Die Bedeutung vor allem des ersteren, vielfach unter dem Titel *Directorium pro instructione simplicium presbyterorum in cura animarum* überlieferten Werks für die praktische Durchführung der Reform kann gar nicht überschätzt werden. Die um 1415 verfaßte Schrift eignete sich in hervorragender Weise als Leitfaden für die Sa-

---

[230] GLASSCHRÖDER, Marquart 22, 142 Anm. 6; ZOEPFL, Bistum Augsburg und seine Bischöfe im Mittelalter 308.
[231] ZOEPFL, Bistum Augsburg und seine Bischöfe im Mittelalter 309.
[232] Ebd. 342, 350 (Zitat); RUMMEL, Augsburger Diözesansynoden 20.
[233] Druck: MonBoica XVI 603–637. – Dazu: ZOEPFL, Bistum Augsburg und seine Bischöfe im Mittelalter 442; RUMMEL, Augsburger Diözesansynoden 21–23.
[234] HELMRATH, Basler Konzil 345f; zu Eichstätt jedoch unten Anm. 271. – Zu den Basler Dekreten *De conciliis provincialibus* HELMRATH 334f u.ö.
[235] ZOEPFL, Bistum Augsburg und seine Bischöfe im Mittelalter 442; RUMMEL, Augsburger Diözesansynoden 23.
[236] ZOEPFL, Bistum Augsburg und seine Bischöfe im Mittelalter 443f; RUMMEL, Augsburger Diözesansynoden 23f. – Die anonyme *Summa rudium* wurde 1487 in Reutlingen gedruckt.

kramentenspendung und das kirchliche Bußwesen und wurde als solcher auch anderwärts auf den Reformsynoden des 15. Jahrhunderts empfohlen. Sein Verfasser, der zeitweilig als Domvikar in Bamberg nachweisbare Dr. decr. Johannes (von) Urbach (von Auerbach) († wahrscheinlich nach 1422 in Erfurt), wurzelte mit großer Wahrscheinlichkeit im Bamberger Reformkreis um Bischof Lamprecht von Brunn. Die Schrift wurde von Johannes Urbach nach einem Vermerk in einer der Handschriften auf dem Konstanzer Konzil zusammengestellt; sie wurde mehrfach gedruckt, erstmals 1469 in Augsburg[237].

Die Nachfolger Peters von Schaumberg beriefen jeweils kurz nach Amtsantritt Synoden nach Dillingen, so Johann II. Graf von Werdenberg (1469–1486), Friedrich II. Graf von Zollern (1486–1505), Heinrich IV. von Lichtenau (1505–1517) und Christoph von Stadion (1517–1543). Auf diesen Synoden wurden im wesentlichen frühere Bestimmungen in Erinnerung gerufen und nur einzelne neue Statuten hinzugefügt, so 1469 zu den Benediktinern, die aufgefordert wurden, sich den laufenden Reformbestrebungen zu öffnen und die Statuten des letzten Generalkapitels des Ordens zu beachten, oder 1517 zur Einschränkung der großen Festmähler bei Primizen, die unter Strafandrohung verboten wurden[238].

Über die Durchführung einer von Bischof Friedrich II. Graf von Zollern (1486–1505) für 1488 geplanten Visitation des gesamten Bistums liegen nur einzelne Nachrichten zum darauffolgenden Jahr für den Archidiakonat Augsburg und für Dillingen vor[239].

## 2. Das Bistum Würzburg

Abfolge und Beschlußfassung der Synoden in den drei fränkischen Diözesen entsprechen im wesentlichen dem für Augsburg skizzierten Bild, zeigen aber auch besondere Akzente. In Würzburg fanden Synoden im 13. Jahrhundert in den Jahren 1257, 1258, 1261, 1276, 1289, 1292, 1298 statt[240]. Die durch die Bischöfe Andreas von Gundelfingen (1303–1313) und Gottfried III. von Hohenlohe (1317[1314]-1322) einberufe-

---

[237] JOHANEK, Zur kirchlichen Reformtätigkeit 253f; H. BOOCKMANN, Aus den Handakten des Kanonisten Johannes Urbach (Auerbach), in: DA 28 (1972) 497–532; DERS., Johannes Falkenberg, der Deutsche Orden und die polnische Politik (= VöMPIG 45) 1975, 22ff u.ö.; MACHILEK, Bibliothek Windsheim 164f; HEIMPEL, Vener II 844, III 1129; MACHILEK, Schulen, hier 116. – Zu Urbach jetzt auch: R. WEIGAND, Johannes Zantfurts Rechtsgutachten über das kirchliche Interdikt und sein Verhältnis zu Johannes Auerbach, in: WDGB 53 (1991) 105–113; DERS., Johannes Auerbach, De ecclesiastico interdicto, in: WDGB 56 (1994) 67–71.

[238] ZOEPFL, Bistum Augsburg und seine Bischöfe im Mittelalter 470, 489f, 543–545; F. ZOEPFL, Das Bistum Augsburg und seine Bischöfe im Reformationszeitalter, 1969, 11–13; RUMMEL, Augsburger Diözesansynoden 24–29. – Zu den genannten Bischöfen auch A. SCHMID, Humanistenbischöfe 178 (mit weiterer Lit.).

[239] ZOEPFL, Bistum Augsburg und seine Bischöfe im Mittelalter 517, 526; MACHILEK, Aus der Geschichte 110.

[240] WENDEHORST, Würzburg II 9, 26, 33. – Allgemein zu den Würzburger Diözesansynoden: HIMMELSTEIN, Synodicon; künftig: E. SODER v. GÜLDENSTUBBE, Die Diözesansynoden von Würzburg, ersch. in: WDGB (vorauss. 1998).

nen Synoden lassen sich zeitlich nicht fixieren[241]. Von den Synoden Wolframs von Grumbach (1322–1333) in den Jahren 1329 und 1330 verfügte die erstere die Aufhebung der Begarden- und Beginengemeinschaften und verwarf waldensische Lehren[242]. Ein wohl auf einer Synode Ottos II. von Wolfskeel (1333–1345) erlassenes Dekret, das die Beichtvollmacht der Mendikanten regelte und die jährliche Beichte und Osterkommunion anmahnte, wurde unter seinem Nachfolger Albrecht II. von Hohenlohe (1345[1350]–1372) mehrfach erneuert, u.a. auf einer von diesem zu unbekanntem Zeitpunkt einberufenen Synode[243]. Die unter Johann I. von Egloffstein (1400–1411) abgehaltenen Synoden markieren den Durchbruch der Reform unter dem vor allem durch die Errichtung der älteren Würzburger Universität bekannten Bischof[244]. Ihre Beschlüsse galten vor allem der Behebung von Mißständen bei der Zulassung von Anwärtern für den Stand des Klerus sowie in den Pfarreien. Im Anschluß an die Beschlüsse des Konzils von Vienne 1311/12 legte er das Weihealter der Kandidaten fest. Für die nicht am gemeinsamen Chorgebet teilnehmenden Geistlichen forderte er das Breviergebet; auch für alle Majoristen, die eine Pfründe besaßen, sollte das Breviergebet verpflichtend sein. Nachdem Johann von Egloffstein schon 1404 die Zahl der Feiertage beschränkt hatte, nahm er die Limitierung nun unter die Statuten der Synode von 1407 auf, führte auf dieser andererseits aber das Fest Mariae Heimsuchung ein. Die Synode von 1411 forderte die zu Pfarrern ernannten, nicht geweihten Personen auf, sich innerhalb eines Jahres zum Priester weihen zu lassen, um ihre Pfarreien selbst betreuen zu können; die Geweihten haben binnen Jahresfrist das Meßopfer zu feiern; dieser Aufgabe sollen sie sich fortan ständig unterziehen. Konkubinen seien innerhalb Monatsfrist zu entlassen; gegen Widerspenstige sollen die Landdekane mit der vollen Strenge der kanonischen Satzungen einschreiten. Der Dienst von Frauen am Altar soll unterbunden werden. Weltgeistlichen wie Religiosen werden weltliche Geschäfte untersagt. Beziehungen zu jüdischen Gemeinden sollen nach Möglichkeit eingeschränkt werden. Diözesansynoden sollen fortan in fünfjährigem Turnus stattfinden. Für alle Prälaten und Landdekane wurden jährliche Partikularkonzile vorgesehen[245]. In nicht geklärtem Umfang war Johannes Ambundii an der Ausarbeitung der Statuten unter Bischof Johann von Egloffstein beteiligt[246].

Unter Johann II. von Brunn (1443–1455) fand zu nicht näher bestimmbarem Zeitpunkt eine Synode statt, auf der u.a. die Stellung des Offizials behandelt und deren Statuten 1446 unter seinem Nachfolger Gottfried IV. Schenk von Limpurg (1443–

---

241 WENDEHORST, Bistum Würzburg II 41, 48.
242 Ebd. 55.
243 Ebd. 69, 94.
244 Ebd. 138. – Zur Universität: A. SCHMIDT, Zur Geschichte der älteren Universität Würzburg, in: WDGB 11/12 (1950) 85–102; WENDEHORST, Würzburg II 139f; F. MACHILEK, Zur Geschichte der älteren Universität Würzburg, in: WDGB 34 (1972) 157–168; O. MEYER, Die Universität Würzburg von 1402 und ihr Professor Winand von Steeg, in: DERS., Varia Franconiae Historica III, hg. v. D. WEBER – G. ZIMMERMANN (= BHVB Beiheft 24,3 = Mainfränkische Studien 14,3) 1986, 1115–1127; SCHERZER, Hochstift 53f.
245 HIMMELSTEIN, Synodicon 117f, 212–233; PÖLNITZ, Bischöfliche Reformarbeit 36–38, 40; WENDEHORST, Würzburg II 138.
246 JOHANEK, Zur kirchlichen Reformtätigkeit 243 Anm. 37.

1455) bestätigt wurden[247]. Gottfried IV. suchte nach dem allgemeinen Niedergang des Bistums unter Johann II. die Basler Forderung nach Abhaltung von Diözesansynoden mit Leben zu erfüllen und berief solche für 1452 und 1453 nach Würzburg ein. Erstere übernahm die gegen den Sittenverfall des Klerus, vor allem der Kanoniker, gerichteten Vorschriften der Mainzer Provinzialsynode von 1451, darunter jene gegen den Konkubinat. Das von Nikolaus von Kues 1451 in Würzburg ausgesprochene und im Jahr darauf in Mainz erneuerte Verbot der Errichtung neuer Bruderschaften, wurde auf der Würzburger Synode 1452 noch einmal eingeschärft. 1453 wurden zumeist bereits zuvor erlassene Statuten wiederaufgenommen und ggf. erweitert. Neu war der Beschluß, den Ortsgeistlichen zu verpflichten, allsonntäglich das Vaterunser, das Glaubensbekenntnis, die Zehn Gebote und das Ave Maria der Gemeinde von der Kanzel aus vorzusprechen; wer diese Gebete nicht beherrscht, soll – ausgenommen in schwerer Krankeit – vom Kommunionempfang ausgeschlossen sein[248].

Gottfrieds IV. Nachfolger, Johann III. von Grumbach (1455–1466), nahm zusammen mit den anderen Mainzer Suffraganen an der Provinzialsynode zu Aschaffenburg 1455 teil, die sich gegen die päpstlichen Reservationen und für ein Nationalkonzil aussprach. Weitere Verhandlungspunkte waren das Verhältnis der Mendikanten zum Pfarrklerus, darunter zur Abgrenzung des Beichthörens, des Begräbnisrechts und des Besuchs der Sonntagsmesse[249]. Die Frage des Nationalkonzils beschäftigte auch das Mainzer Provinzialkonzil von 1487, an dem sich Rudolf von Scherenberg (1466–1495) mit gemeinsamen *Avisamenta* des Bischofs und des Domkapitels beteiligte, in denen die Gravamina der deutschen Nation gegen die Kurie und den Kaiser zusammengestellt und die Einberufung eines Nationalkonzils erwogen wurden[250]. Erst relativ spät – möglicherweise im Anschluß an die von einem ungenannten Geistlichen 1486/87 an ihn herangetragene Aufforderung zur Reform[251] – begann Rudolf mit Reformmaßnahmen im engeren Sinn: 1488 nahm er gegen den Benefizientausch Stellung, 1490 gegen Auswüchse auf den Versammlungen der Landkapitel. 1496 erließ er eine Kleiderordnung für den Klerus. Gleichfalls in den letzten Regierungsjahren setzten seine Bemühungen um die Reform der Klöster ein, die in gleicher Weise auch sein Nachfolger Lorenz von Bibra (1495–1519) fortgeführt hat[252].

---

[247] HIMMELSTEIN, Synodicon 118f, 233–273; PÖLNITZ, Bischöfliche Reformarbeit 49 Anm. 8; WENDEHORST, Würzburg II 160.
[248] PÖLNITZ, Bischöfliche Reformarbeit 70 Anm. 1, 76, 86f, 99. – Zur Frage der Bruderschaften: EBNER, Bruderschaftswesen 41f (auf PÖLNITZ beruhend).
[249] PÖLNITZ, Bischöfliche Reformarbeit 91, 107; M. HANNAPPEL, Die in Aschaffenburg tagenden Mainzer Provinzialsynoden, in: AschJ 4 (1957) 451–461; WENDEHORST, Würzburg II 15.
[250] A. L. VEIT, Zur Frage der Gravamina auf dem Provinzialkonzil zu Mainz im Jahre 1487, in: HJ 31 (1910) 520–537; WENDEHORST, Würzburg II 41.
[251] BEYSCHLAG, Würzburger Diözese 81–97.
[252] WENDEHORST, Würzburg II 42–44, 62f.; PÖLNITZ, Bischöfliche Reformarbeit 61 Anm. 6. – Zusammenfassend zu den Entwicklungen in den Jahrzehnten um 1500 jetzt: W. ZIEGLER, Würzburg, in: A. SCHINDLING – W. ZIEGLER (Hg.), Die Territorien des Reichs im Zeitalter der Reformation und Konfessionalisierung. Land und Konfession 1500–1650, Heft 4: Mittleres Deutschland (= Katholisches Leben und Kirchenreform im Zeitalter der Glaubensspaltung 52) 1992, 98–126 (mit Hinweisen auf weitere Lit.).

## 3. Das Bistum Bamberg

Für Bamberg ist bisher rund ein Dutzend Synoden bekannt. Die früheste hielt Bischof Werntho Schenk von Reicheneck (1328–1335) 1333[253]. Unter Lamprecht von Brunn (1374–1399) fanden allein vier statt; von diesen in den Jahren 1376, 1378, 1387 und 1394 abgehaltenen Synoden war die von 1378 die bedeutendste[254]. Die damals erlassenen Bamberger Statuten fußten in wesentlichen Zügen auf Straßburger Statuten, die Lamprecht durch Zusätze erweiterte, insbesondere in den Abschnitten über die Sakramente und den Gottesdienst sowie in den Passagen über die zu seiner Zeit in Franken neu eingeführten Marienfeste[255]. Die Dekrete zur kirchlichen Disziplin von 1378 bildeten die Grundlage für die Statuten unter seinen Nachfolgern: Albrecht von Wertheim (1398–1421) und Anton von Rotenhan (1431–1459) übernahmen sie auf ihren Synoden 1402 bzw. 1433 nahezu unverändert[256]. In den unter Bischof Anton von Rotenhan erlassenen Statuten finden sich u.a. Anlehnungen an Beschlüsse der Mainzer Provinzialsynode von 1310[257], aber auch schon an die Basler Reformdekrete[258]. Wie Lamprecht von Brunn ist auch Anton von Rotenhan den Bamberger Reformbischöfen zuzuzählen[259]. Auf einer 1448 von Bischof Anton einberufenen Synode hatte sich der frühere Leipziger Professor der Theologie und damalige Bamberger Domprediger Heinrich Steinbach aus Nürnberg († 1472) wegen verschiedener theologischer – möglicherweise wyclifitisch-hussitischer – Aussagen in einer Predigt zu verantworten[260]. Die drei Jahre später unter Vorsitz des Kardinallegaten Nikolaus von Kues tagende Synode beschäftigte sich mit den zwischen dem Weltklerus und den Bettelmönchen vornehmlich in Nürnberg bestehenden Differenzen zu Jurisdiktionsfragen. Weitere Verhandlungspunkte bildeten die Klosterreformen, das Prozessions- und Bruderschaftswesen und das Verhältnis zu den Juden[261]. 1461 erneuerte Bischof Georg I. von Schaumberg (1459–1475) die Statuten Antons von Rotenhan[262].

---

[253] L. C. SCHMITT, Bamberger Synoden 25; GUTTENBERG, Bistum Bamberg I 82; JOHANEK, Zur kirchlichen Reformtätigkeit 248.

[254] L. C. SCHMITT, Bamberger Synoden 25f; KIST, Fürst- und Erzbistum Bamberg 56; JOHANEK; Zur kirchlichen Reformtätigkeit 245, 248, 252.

[255] GUTTENBERG, Bistum Bamberg I 82; JOHANEK, Zur kirchlichen Reformtätigkeit 249–251. – Zur Feier des hier genannten Festes der Praesentatio Mariae F. u. M. MACHILEK, Zur Feier des Festes der Praesentatio Mariae und zur Ikonographie des Tempelgangs Marias, in: Beiträge zur fränkischen Kunstgeschichte I, hg. v. M. HÖRSCH – P. RUDERICH, 1995/96, 95–115.

[256] JOHANEK, Zur kirchlichen Reformtätigkeit 249. – Zur Abhängigkeitsfrage auch KEHRBERGER, Provinzial- und Synodalstatuten 38ff.

[257] Druck der Statuten von 1433: L. C. SCHMITT, Bamberger Synoden 48–85, dazu ebd. 26; PÖLNITZ, Bischöfliche Reformarbeit 39 Anm. 5, 70 Anm. 1, 77 Anm. 1, 84 Anm. 6; KIST, Fürst- und Erzbistum Bamberg 63; JOHANEK, Zur bischöflichen Reformtätigkeit 251.

[258] GUTTENBERG, Bistum Bamberg I 260.

[259] Zu ihm: H. MAIERHÖFER, Anton von Rotenhan † 1459, in: FLB 1 (= VGFG VII A 1) 1967, 46–71; G. v. ROTENHAN, Die Rotenhan (= VGFG IX, 34) 1985, 131–137.

[260] GUTTENBERG, Bistum Bamberg I 260; KIST, Fürst- und Erzbistum Bamberg 63f; MACHILEK, Hus 34.

[261] L. C. SCHMITT, Bamberger Synoden 86–88, dazu ebd. 28; GUTTENBERG, Bistum Bamberg I 260.

[262] GUTTENBERG, Bistum Bamberg I 265.

Auf der Diözesansynode Heinrichs III. Groß von Trockau (1487–1501) im Jahre 1491 wurden neue Statuten beschlossen, die in insgesamt 61 Artikeln eingehende Vorschriften zur Lebens- und Amtsführung des Klerus gaben[263]. Georg III. Schenk von Limpurg (1505–1522) versah die Statuten von 1491 mit einigen Ergänzungen und schärfte sie dem Klerus im Jahr 1506 erneut ein[264]. Für den Fall der Nichteinhaltung der Synodalstatuten oder für sonstiges Fehlverhalten des Klerus behielt sich Georg III. für sich bzw. seinen Generalvikar das Recht der Bestrafung ausdrücklich vor[265]. 1507 erließ er genaue Anweisungen zur Kleiderordnung des Klerus[266]; 1515 erwirkte er von Papst Leo X. das Recht, selbst Degradierungen von Geistlichen auszusprechen[267].

4. Das Bistum Eichstätt

Für Eichstätt sind Diözesansynoden seit Ausgang des 13. Jahrhunderts belegt. Die erste, von Bischof Reinboto von Meilenhart (1279–1297) 1283 einberufene Synode verlangte, daß Geistliche ohne Lateinkenntnisse aus ihrem Amt zu entfernen seien[268]. Eine weitere Synode wurde 1354 von Bischof Berthold Burggraf von Nürnberg (1351–1365) abgehalten; die hier beschlossenen Forderungen, u.a. nach Einhaltung geistlicher Kleidung und der Tonsur, und Verbote, u.a. des Konkubinats, des Waffentragens sowie der Annahme von Kaplänen aus fremden Diözesen und des Almosensammelns ohne bischöfliche Erlaubnis, wurden auch auf den folgenden Eichstätter Synoden immer wieder aufgegriffen[269].

Unter Bischof Albrecht II. von Hohenrechberg (1429–1445) und seinem als Humanist gerühmten Nachfolger Johann III. von Eych (1445–1465) häuften sich im zweiten Drittel des 15. Jahrhunderts die Synoden[270]. Die Statuten der Synode Albrechts II. von 1434 zeigen bereits den Beginn der Rezeption von Basler Dekreten an[271]. Im Anschluß an die in der XV. Sessio des Basler Konzils erlassene Vorschrift, auf den Synoden eine Abhandlung über die Sakramentenspendung vorzulesen, wird in Eichstätt bis zur nächsten Synode der Besitz einer Abschrift des *Directorium pro instructione simplicium presbyterorum in cura animarum* des Johann Urbach

---

[263] L. C. SCHMITT, Bamberger Synoden 91–184, dazu ebd. 29; GUTTENBERG, Bistum Bamberg I 276; KIST, Fürst- und Erzbistum Bamberg 67.
[264] L. C. SCHMITT, Bamberger Synoden 185f, dazu ebd. 29; GUTTENBERG, Bistum Bamberg I 284; KIST, Fürst- und Erzbistum Bamberg 72; KLEINER, Georg III. 41.
[265] KANZLER, Landkapitel 84 (1934) 22 Anm. 110, 42; KLEINER, Georg III. 41.
[266] L. C. SCHMITT, Bamberger Synoden 186–189; KLEINER, Georg III. 41.
[267] GUTTENBERG, Bistum Bamberg I 284.
[268] SUTTNER, Synodalstatuten, in: PE 32; PÖLNITZ, Bischöfliche Reformarbeit 63 Anm. 4
[269] Druck: SUTTNER, Versuch, in: PE 1 (1854) u. 4 (1857) 193–200, hier 1, 72–88; HARTZHEIM, Concilia Germaniae IV, 1761, 369–377. – PÖLNITZ, Bischöfliche Reformarbeit 61f, 98 Anm. 4; REITER, Rezeption 218.
[270] Zu Johann III.: BUCHNER, Johann III.; MACHILEK, Eichstätter Inquisitionsverfahren; E. REITER, J. v. E., in: NDB 10 (1974) 483f; DERS., J. v. E., in: VL² 4 (1983) 591–595; FINK-LANG, Eichstätter Geistesleben 282f u.ö.; A. SCHMID, Humanistenbischöfe.
[271] HELMRATH, Basler Konzil 346, sieht einen Bezug zum Basler Konzil für Eichstätt erst ab 1447. Vgl. auch REITER, Rezeption 218.

(Auerbach) verlangt[272]. Durch das Statut *De habenda visitacione per decanos et camerarios* wurden Dekane und Kammerer als Synodalen eingesetzt und dazu verpflichtet, offenkundige Exzesse von Geistlichen beim Generalvikar, die Spendung von Sakramenten gegen Geld beim Offizial anzuzeigen; bei Vernachlässigung dieser Verpflichtung wurde ihnen die Suspension angedroht[273]. Mit großer Wahrscheinlichkeit kam Albrecht dem im Sommer 1439 auf der Mainzer Provinzialsynode gefaßten Beschluß auf Durchführung der zuvor im Frühjahr erfolgten *Mainzer Akzeptation* nach und hielt bereits 1442 eine weitere Synode ab[274].

Von höchster Bedeutung für die umfassende Reform des Bistums Eichstätt unter Johann III. von Eych wurden die 1447, also verhältnismäßig bald nach Regierungsantritt, in Anwesenheit von etwa 700 Klerikern abgehaltene Synode und der Erlaß neuer Statuten, welche diejenigen der Bischöfe Berthold und Albrecht zum Teil aufhoben und ersetzten oder ergänzten. Johann von Eych nahm dabei ausdrücklich auf das Basler Dekret über die Provinzial- und Diözesansynoden Bezug. Wichtig ist die gleichfalls unter Bezugnahme auf Basler Beschlüsse eingefügte Belehrung des Klerus über die Sakramentenspendung samt Spendeformeln und Hinweisen auf die entsprechenden liturgischen Bücher. Wie schon Albrecht II., verwies Johann auf die Handreichung des Johann Urbach[275]. Im Statut über die dem Generalvikar anzuzeigenden Exzesse von Geistlichen wurden diese gegenüber 1434 jetzt im einzelnen aufgeführt, darunter öffentlich bekannter Konkubinat, Häresie und Simonie[276]. Des weiteren wurde 1447 eine dem Würzburger Statut über die Gebete entsprechende Vorschrift erlassen. Bereits auf der Eichstätter Synode von 1435 hatte Johann von Eyb († 1466 oder 1468) in seiner Synodalansprache beklagt, daß das christliche Volk die göttlichen Geheimnisse, die Glaubensartikel und das Gebet des Herrn nicht kenne[277]. Nach 1447 berief Johann von Eych noch eine Reihe weiterer Synoden ein: 1451 und 1454 in die Bischofsstadt, 1456 in die eichstättische Landstadt Berching und 1457 wieder nach Eichstätt selbst; mehrere Synoden lassen sich nur erschließen; sie dürften 1452, 1453 und 1460 in Eichstätt sowie 1455 in Spalt stattgefunden haben. Die dichte Aufeinanderfolge macht deutlich, wie sehr sich Johann von Eych um die Durchsetzung der Basler Reformvorstellungen bemüht hat. Besonderen Wert legte Johann von Eych auf die Pfarrvisitationen und die Durchführung des Konkubinarierdekrets durch

---

[272] Druck: SUTTNER, Versuch, in: PE 1 (1854) u. 4 (1857), hier 4, 193–198. – PÖLNITZ, Bischöfliche Reformarbeit 87 Anm. 2.
[273] BUCHHOLZ-JOHANEK, Geistliche Richter 152.
[274] SUTTNER, Versuch, in: PE 1 (1854) 103 Anm. 3; REITER, Rezeption 218f.
[275] Zum Erstdruck der Statuten von 1447 s.u. Anm. 304; danach HARTZHEIM, Concilia Germaniae V 1763, 362–382. – Neuedition nach der Eichstätter Handschrift: SUTTNER, Versuch, in: PE 1 (1854) 110–123. – Dazu: KEHRBERGER, Provinzial- und Synodalstatuten 71–77; REITER, Rezeption 217–221, 227f. – Zur Mainzer Akzeptation: H. HÜRTEN, Die Mainzer Akzeptation von 1439, in: Archiv für Mittelrheinische Kirchengeschichte 11 (1959) 42–75.
[276] BUCHHOLZ-JOHANEK, Geistliche Richter 152.
[277] SUTTNER, Versuch, in: PE 1 (1854) 110ff; PÖLNITZ, Bischöfliche Reformarbeit 63 Anm. 4, 70 Anm. 1. – Der gelehrte Jurist Johann von Eyb war Domherr zu Eichstätt und Würzburg sowie Propst des Gumbertusstifts zu Ansbach, später auch Offizial zu Eichstätt (1441–1445) und Generalvikar zu Bamberg. Zu ihm: BUCHHOLZ-JOHANEK, Geistliche Richter 187f; FINK-LANG, Eichstätter Geistesleben 320.

die Landdekane[278]. Ebenso nachhaltig setzte er sich für die Reform der Klöster seines Sprengels ein. In Briefwechseln mit dem Benediktiner Bernhard von Waging und dem Kartäuser Jakob von Tückelhausen erörterte er das Verhältnis der ihm als Bischof aufgegebenen *vita activa* zur *vita contemplativa* seiner Briefpartner und suchte nach tieferer Begründung für seine Reformmaßnahmen zugunsten der Klöster[279]. Zum Bild des Reformbischofs gehören wesentlich seine Beziehungen zu den führenden Geistern seiner Zeit wie Enea Silvio Piccolomini, Johannes von Capestrano und Nikolaus von Cues[280].

Die unter Johann von Eych in herausragender Weise vorangetriebene Reform wurde auch unter seinen Nachfolgern weiterverfolgt. Wie Johann zählt auch der vorausgehend als Dompropst wirkende Wilhelm von Reichenau (1464–1496) zu den Humanistenbischöfen des 15. Jahrhunderts. Er setzte sich beim Aufbau der Universität Ingolstadt ein, deren Kanzler er war[281], suchte wie sein Vorgänger durch Visitationen die im Bistum bestehenden Mißstände festzustellen und diesen dann zu begegnen[282] und führte neben diesen Unternehmungen auch die Klosterreformen seines Vorgängers fort[283]. Das für die Jahre 1475/76 erhaltene Protokollbuch des Generalvikars macht deutlich, daß unter Wilhelm von Reichenau nachdrücklich gegen anstößige Lebensführung des Klerus eingeschritten wurde: Je zweimal wurde der Vorwurf des Wirtshausbesuchs und Spiels sowie der Schlägerei erhoben; wegen Konkubinats mußten sich 45 Geistliche verantworten, einige von ihnen zum wiederholten Mal. Konkubinarier hatten sich nach dem Urteil des Generalvikars binnen kürzester Frist von der Konkubine zu trennen; dazu wurden sie zu mehrtägigem Karzer bei Wasser und Brot sowie zu einer Geldbuße für wohltätige Zwecke verurteilt. Bei Nichtbefolgen des Urteils oder Rückfälligkeit wurde der Verlust der Pfründe angedroht[284].

Das Protokoll der 1480 im Auftrag Wilhelms von Reichenau durch Johann Vogt († 1505), Chorherr des Eichstätter Willibaldstifts am Dom, seit 1475 Schreiber am Eichstätter Konsistorium, durchgeführten Visitation ist der früheste umfassende Bericht seiner Art aus dem hier behandelten Raum. Die Aufzeichnungen geben Aufschluß über die Befragungen der Pfarrer und Benefiziaten der Diözese Eichstätt mit Ausnahme der Städte Ingolstadt und Neumarkt i.d.Opf. Den Fragen über die Inhaber und Rechtstitel der betreffenden Pfründen schlossen sich nach festem Schema u.a. Fragen über das Vorhandensein der vorgeschriebenen Statuten und die von den Geistlichen bei der Sakramentenspendung verwendeten Formel, über die Feier der

---

[278] PÖLNITZ, Bischöfliche Reformarbeit 87 Anm. 5; REITER, Rezeption 228–230.
[279] Zu den angesprochenen Korrespondenzen: REDLICH, Tegernsee 104–110; R. WILPERT, Vita contemplativa und vita activa, in: Passauer Studien. Festschrift für Bischof Landersdorfer, 1953, 209–226; REITER, J. v. E., in: VL² 4 (1983) 593f; FINK-LANG, Eichstätter Geistesleben 170–174.
[280] Zur Bewertung seiner Persönlichkeit: A. BAUCH – E. REITER (Hg.), Das Pontifikale Gundekarianum. Faksimile-Ausgabe des Codex B4 im Diözesanarchiv Eichstätt, Kommentarband, 1987, 127–129.
[281] Dazu A. SEIFERT, Statuten- und Verfassungsgeschichte der Universität Ingolstadt (1472–1586) (= Ludovico Maximilianea – Forschungen 1) 1971, 280f.
[282] BUCHNER, Kirchliche Zustände.
[283] FINK-LANG, Eichstätter Geistesleben 151.
[284] BUCHHOLZ-JOHANEK, Geistliche Richter 152f.

Gottesdienste, die vorhandenen liturgischen Bücher und Kleinodien sowie über den Lebenswandel der Geistlichen an. Verhältnismäßig oft mußte der Visitator Unkenntnis über die rechte Lossprechungsformel konstatieren, was zumeist durch das Fehlen der Synodalstatuten verursacht war. In einem Fall war der Befragte nicht in der Lage, die Wandlungsworte richtig wiederzugeben. Fehler dieser Art waren, auf das Ganze gesehen, die Ausnahme. Häufig erscheinen demgegenüber im Protokoll Priester, die im Konkubinat lebten oder bei denen ein diesbezüglicher Verdacht bestand. Bischof Wilhelm von Reichenau hat nach Abschluß der Visitation rasch auf Abstellung der Mißstände gedrängt. Zu den von ihm ergriffenen Maßnahmen gehörten die Einberufung einer Synode und der oben genannte Druck der Synodalstatuten[285].

In einigen Bereichen hielt sich Wilhelms Nachfolger Gabriel von Eyb (1496–1535) an diese Vorgaben und ging gegen einzelne Mißstände vor; er bediente sich des Reforminstruments der Visitation (1499) und gab liturgische Drucke in Auftrag, hielt jedoch keine Diözesansynode ab. Die zweite Hälfte seiner Amtszeit deckt sich bereits mit der Aufbruchsphase der Reformation, die im Eichstätter Domkapitel und in der hochstiftischen Beamtenschaft früh Anhänger fand und durch die er seit 1525/28 in weiten Teilen des Bistums die geistliche Jurisdiktion verlor[286].

*c) Kirchenreform als Bildungsreform*

Bis in das 16. Jahrhundert gab es keine festen Regelungen des theologischen Studiums. Die propädeutischen Studien konnten an lateinischen Pfarr- und Stadtschulen[287] sowie Dom-, Stifts- und Klosterschulen erfolgen[288]. Die von den Theologen und Ka-

---

[285] MACHILEK, Schulen 115. F. X. BUCHNER, Kirchliche Zustände in der Diözese Eichstätt am Ausgang des XV. Jahrhunderts, in: Klerus, Kirche und Frömmigkeit im spätmittelalterlichen Bistum Eichstätt. Ausgewählte Aufsätze v. F. X. Buchner, hg. v. E. BÜNZ u. K.W. LITTGER, 1997, 83–198. – Zu Johann Vogt: BUCHHOLZ-JOHANEK, Geistliche Richter 169f.

[286] T. NEUHOFER, Gabriel von Eyb, Fürstbischof von Eichstätt (1455–1535), 1934; E. v. EYB – A. WENDEHORST, Gabriel von Eyb (1455–1535), in: FLB 12 (= VGFG VII A 12) 1986, 42–55; A. SCHMID, Eichstätt 166–181.

[287] Zum Bildungsgang allgemein: MACHILEK, Schulen, hier insbes. 90–93. – Zum Schulwesen: R. ENDRES, Stadt und Umland im bildungspolitischen Bereich im Spätmittelalter und in der Frühneuzeit, in: Städtisches Um- und Hinterland in vorindustrieller Zeit, hg. v. H. K. SCHULZE (= Städteforschung A 22) 1985, 157–183; DERS., Das Schulwesen von ca. 1200 bis zur Reformation, in: Handbuch der Geschichte des Bayerischen Bildungswesens I, hg. v. M. LIEDTKE, 1991, 141–188. – Spezialuntersuchungen für Franken: R. ENDRES, Das Schulwesen in Franken im ausgehenden Mittelalter, in: Studien zum städtischen Bildungswesen des späten Mittelalters und der frühen Neuzeit, hg. von B. MOELLER (= Abhandlungen der Akademie der Wissenschaften Göttingen, phil.-hist. Klasse 3, 137) 1983, 173–214; DERS., Die Bedeutung des lateinischen und deutschen Schulwesens für die Entwicklung der fränkischen Reichsstädte des Spätmittelalters und der frühen Neuzeit, in: Schulgeschichte im Zusammmenhang der Kulturentwicklung, hg. v. L. KRISS-RETTENBECK u. M. LIEDTKE (= Schriften zum Bayerischen Schulmuseum Ichenhausen 1) 1983, 143–165; DERS., Das Schulwesen in Franken zur Zeit der Reformation, in: ZBKG 63 (1994) 13–29; R. JAKOB, Schulen in Franken und in der Kuroberpfalz 1250–1520, 1994; DERS., Die Verbreitung von Schulen in Franken und in der Kuroberpfalz zwischen 1250 und 1520 unter historisch-geographischer Fragestellung, in: Bildungs- und schulgeschichtliche Studien zu Spätmittelalter, Reformation und konfessionellem Zeitalter, hg. v. H. DICKERHOF, 1994, 117–128; G. DIPPOLD, Schulen, Lehrer und Universitätsbesucher in Kleinstädten des Hochstifts Bamberg, ebd. 129–200.

[288] C. BRAUN, Geschichte der Heranbildung des Klerus in der Diözese Würzburg seit ihrer Gründung bis zur Gegenwart I–II, 1889/1897; G. SCHEPSS (Hg.), Magistri Petri Poponis Colloquia de scholis Herbipo-

nonisten für die Weihe zum Priester und die Übernahme eines Amtes gestellten Anforderungen in Bezug auf die Kenntnisse für den Vollzug der kirchlichen Funktionen, die Erteilung des katechetischen Unterrichts sowie die Predigt waren im späten Mittelalter lange sehr niedrig angesetzt; selbst Reformgesinnte gingen zunächst nicht über das Maß hinaus, daß schon die Theologen des 13. Jahrhunderts genannt hatten[289]. Im 15. Jahrhundert mehren sich die auf eine Verbesserung dieses Zustandes abzielenden Synodalbeschlüsse. Gemäß einem Statut der Mainzer Provinzialsynode von 1423 sollte niemand zur Weihe zugelassen werden, der nicht sorgfältig auf sein Wissen hin geprüft wurde; in der Diözese Augsburg wurde dieser Beschluß durch die zwischen 1435 und 1437 von Kardinalbischof Peter von Schaumberg (1424–1469) einberufene Synode verkündet[290]. Nach einer Eichstätter Verordnung von 1447 wurde das einfache Weiheexamen für den Seelsorger als nicht mehr ausreichend angesehen[291]. In Bamberg wird 1490, wie früher bereits in Straßburg oder Basel, verlangt, daß die Inhaber von Seelsorgestellen vor deren Antritt eine Zeit lang als Helfer in der Seelsorge tätig gewesen sein sollen[292]. Allgemein gilt, daß Synodalbeschlüsse dieser Art kaum durchgesetzt wurden; die Institutionalisierung von »Kirchenreform als Bildungsreform« wurde insgesamt weniger von den offiziellen Reforminstitutionen, als vielmehr von einzelnen Persönlichkeiten oder geistigen Strömungen getragen, die neue Wege gingen und die Bildung als grundlegendes Element der Erneuerung erkannten[293].

*d) Buchdruck und Reform*

In allen vier der hier behandelten Bistümer kam es früh zu engen Beziehungen zwischen den Bischöfen und der Buchdruckerkunst. Das gedruckte Buch wurde zu einem wichtigen Instrument der Reform. Neben Drucken der Bibel, religiöser und humanistischer Literatur erschienen in den mit den bischöflichen Kurien in Verbindung stehenden Offizinen bevorzugt liturgische Drucke, die der Vereinheitlichung der Brevier- und Meßtexte in den Sprengeln dienten, sowie amtliche Drucke von Synodalstatuten, Gerichtsordnungen und bischöflichen Verordnungen, die den bischöflichen Reformmaßnahmen vielfach überhaupt erst wirksam zum Durchbruch verhalfen. In Augsburg erschien schon kurz vor dem Tod Peters von Schaumberg (1469) ein Druck des *Catholicon* des Giovanni Balbo OP in der Werkstatt des seit 1468 hier tätigen Günther Zainer, in dem dieser den Anteil des Bischofs im Druckvermerk her-

---

lensibus. Ein Beitrag zur Vorgeschichte der Würzburger Hochschule, 1882; H. THURN, Die Würzburger Domschule von ihren Anfängen bis zum Ausgang des Mittelalters: religionis et rei publicae seminarium? In: G. KOCH – J. PRETSCHER (Hg.), Würzburgs Domschule in alter und neuer Zeit, 1990, 11–33.
[289] OEDIGER, Bildung 46–57, hier bes. 56.
[290] ZOEPFL, Bistum Augsburg und seine Bischöfe im Mittelalter 585; RUMMEL, Augsburger Diözesansynoden 22.
[291] SCHANNAT – HARTZHEIM, Concilia Germaniae V, 1763/ND 1970, 366; OEDIGER, Bildung 90.
[292] HARTZHEIM, Concilia Germaniae V 599; OEDIGER, Bildung 91.
[293] Weitgehend nach H. SMOLINSKY, Kirchenreform als Bildungsreform im Spätmittelalter, in: Bildungs- und schulgeschichtliche Studien zu Spätmittelalter, Reformation und konfessionellem Zeitalter, hg. v. H. DICKERHOF, 1994, 35–51, hier 39; ebd. 40f. zu den Vorschlägen des Johannes Gerson zur Studienreform von 1400/02.

vorhob[294]. Intensiv bediente sich Friedrich II. von Zollern (1486–1505) der Druckkunst für sein Reformanliegen. Wohl maßgeblich auf Initiative seines Vorgängers Johann II. von Werdenberg (1469–1486) kehrte 1486 der Drucker und Verleger Erhard Ratdolt († um 1528) aus Venedig, wo er schon 1485 ein Augsburger Brevier gedruckt hatte, in seine Vaterstadt Augsburg zurück und entfaltete hier eine umfassende Tätigkeit für das Bistum Augsburg und zahlreiche andere Bistümer, insbesondere durch den Druck liturgischer Bücher[295]. 1506 druckte Ratdolt die Statuten der Synode Heinrichs IV. von Lichtenau (1505–1517)[296].

Zu den wichtigen Reformansätzen Rudolfs II. von Scherenberg in Würzburg (1466–1495) gehört sein Einsatz für den Druck von liturgischen Büchern und amtlichen Verordnungen. Gedruckt wurden teils durch auswärtige, teils durch nach Würzburg geholte Drucker ein *Directorium* (1477), ein Brevier *(Ordo divinorum secundum chorum Herbipolensem)* (1479), Missalien (1481, 1484, 1491, 1493), eine Agende mit den Texten für die Sakramentenspendung (1482), Heiltumsbücher für die Würzburger Weisungen (1483, 1485) sowie die Diözesanstatuten von 1452/53 (um 1486)[297]. Schon 1481 hatte das Kapitel Georg Reyser ein umfassendes Druckerprivileg gewährt; 1496 gewährte Bischof Lorenz von Bibra (1495–1519) Reyser ein weiteres Privileg[298].

Mit der noch in der Zeit des Bamberger Bischofs Anton von Rotenhan (1431–1459) zu Ende der fünfziger Jahre des 15. Jahrhundert begonnenen Einrichtung einer Buchdruckerei in Bamberg wurde dieses nach Mainz die älteste Druckerstadt in Deutschland. Unter maßgeblicher Förderung und Finanzierung Bischof Georgs I. von Schaumberg (1459–1475) entstand hier wohl unter Leitung Heinrich Keffers, eines Jüngers Gutenbergs, bis 1461 die sog. 36zeilige Bibel, das umfangreichste Druckwerk der Frühzeit überhaupt; 1463 schenkte er dem Coburger Franziskanerkloster ein Exemplar des Druckes. Der frühere bischöfliche Sekretär Albrecht Pfister, ein verheirateter Kleriker, druckte mit dem Typenmaterial dieser Bibel in den Jahren 1460/61–1463/64 eine Anzahl deutschsprachiger Bücher, darunter den Ackermann aus Böhmen[299], die durch die Einbeziehung von Holzschnitten bahnbrechend für die Textillustration des 15. Jahrhunderts wurden. 15 Jahre später übersiedelte Johann Sensen-

---

[294] ZOEPFL, Bistum Augsburg und seine Bischöfe im Mittelalter 449.
[295] K. SCHOTTENLOHER (Hg.), Erhard Ratdolt. Die liturgischen Druckwerke 1485–1522 (= Sonderveröffentlichungen der Gutenberg-Gesellschaft 1) 1922; ZOEPFL, Bistum Augsburg und seine Bischöfe im Mittelalter 519f; P. GEISSLER, Erhard Ratdolt, in: Lebensbilder aus dem Bayerischen Schwaben 9 (= Veröffentlichungen der Schwäbischen Forschungsgemeinschaft bei der Kommission für Bayerischen Landesgeschichte III,9) 1966, 97–153; F. GELDNER, Die deutschen Inkunabeldrucker, I 1968, 150–157; II 1970, 72–80; J. BELLOT, Die Augsburger Frühdrucker Günther Zainer und Erhard Ratdolt, 1979.
[296] ZOEPFL, Bistum Augsburg und seine Bischöfe im Mittelalter 544.
[297] PÖLNITZ, Bischöfliche Reformarbeit 123–125; G. WEGNER, Kirchenjahr und Meßfeier in der Würzburger Domliturgie des späten Mittelalters (= QFGBW 22) 1970, 38f; W. H. I. WEALE – H. BOHATTA, Catalogus Missalium Ritus Latini ab anno 1474 impressorum, 1928/ND 1990; GELDNER (wie Anm. 295); MEYER, Georg Reyser; W. ENGEL, Das Würzburger Heiltum des späten Mittelalters, in: WDGB 11/12 (1949/50) 127–158; H. THURN, Das Würzburger Heiltum, in: WDGB 55 (1993) 143–156.
[298] MEYER, Georg Reyser 1286f.
[299] Bamberg erscheint neben dem Oberrheingebiet als Kerngebiet der Ackermann-Überlieferung: F. MACHILEK, Johannes von Tepl, in: TRE 17 (1988) 181–185, hier 183.

schmidt aus Eger, der wohl bereits an der 36zeiligen Bibel mitgearbeitet und die Druckkunst in Nürnberg eingeführt hatte, nach Bamberg und druckte hier in der Michelsberger Propstei St. Getreu 1481 ein *Missale Benedictinum*. Zusammen mit seinem Partner Heinrich Petzensteiner schuf er in den folgenden Jahren eine große Zahl hervorragender Druckwerke, vor allem Liturgica. Im gleichen Sinne wirkte seit 1493 sein Schwager und Nachfolger Hans Pfeyl[300]. Besonders wichtig erscheint der zwischen 1494 und 1499 von ihm veranstaltete Druck der Sendvergehen[301]. Die Bamberger Heiltumsbücher wurden teils in der Bischofsstadt selbst, teils in Nürnberg gedruckt[302].

Der Eichstätter Bischof Wilhelm von Reichenau (1464–1496), für den zunächst in Würzburg liturgische Bücher gedruckt worden waren[303], beauftragte den seit 1478 in Eichstätt wohnhaften und 1484 dort eingebürgerten Drucker Michael Reyser im letztgenannten Jahr mit dem Druck der Eichstätter Synodalstatuten sowie der hier gültigen Mainzer Provinzialstatuten. Seit 1486 beschäftigte er Michael Reyser mit dem Druck zahlreicher liturgischer, theologischer und humanistischer Werke[304].

## § 31. DIE DOMKAPITEL

Die Domkapitel bauten ihre Machtstellung seit dem 13. Jahrhundert kontinuierlich aus. Die ursprünglich vorrangige Verpflichtung der Domherren zum gemeinsamen Chorgebet und zur Feier der Kapitelsgottesdienste am Dom trat gegenüber der Mitwirkung an der Leitung und Verwaltung der Diözese im Lauf der Zeit zwar vielfach in den Hintergrund, nichtsdestoweniger erscheinen die Kapitel im Spätmittelalter aber durchaus auch – in gradueller und zeitlicher Abstufung – als Träger von Reform- und Bildungsaufgaben, vor allem in den Bereichen der Predigt und des Schulwesens[305]. Im Gegensatz zu den Vollkanonikern mit Stimmrecht im Kapitel (*canonici*

---

[300] F. GELDNER, Die Buchdruckerkunst im alten Bamberg 1458/59 bis 1519, 1964; W. SCHONATH, Die liturgischen Drucke des Bistums und späteren Erzbistums Bamberg, in: BHVB 103 (1967) 387–418.

[301] M. MÜLLER, Casus synodales. Ein bisher unbekannter Bamberger Inkunabeldruck, in: Zeugnisse fränkischer Kultur. Erinnerungsgabe der Universitätsbibliothek Erlangen zur 27. Versammlung deutscher Bibliothekare 1931, 1931, 40–44. – Die hier aufgeführten Sendvergehen stimmen fast wörtlich mit jenen in einer handschriftlich überlieferten Liste von 1467 aus der Bamberger Gegend überein. – Zum Send allgemein: A. M. KOENIGER, Vom Send, insbesondere in der Diözese Bamberg. Ein Überblick, in: BHVB 70 (1912) 26–60; F. J. BENDEL, Quellenbeiträge zum mittelalterlichen Send im Bistum Würzburg, in: WDGB 6 (1939) 1–20 (Verzeichnis der Sendpfarreien um 1520).

[302] F. MACHILEK, Die Bamberger Heiltümerschätze und ihre Weisungen, in: H.-G. RÖHRIG (Hg.), Dieses große Fest aus Stein, 1987, 217–256, hier 224–246.

[303] BAUERREISS, Kirchengeschichte Bayerns V 102; FLACHENECKER, Eine geistliche Stadt 298; MEYER, Georg Reyser 1288.

[304] I. HUBAY, Incunabula der Universitätsbibliothek Würzburg (= IBB 1) 1966, Nr. 1952, 398. – SUTTNER, Versuch, in: PE 1 (1854) 164–176. – REITER, Rezeption 220; MACHILEK, Schulen 115; FINK-LANG, Eichstätter Geistesleben 150f. – F. W. E. ROTH, Michael Reyser, ein Eichstätter Buchdrucker (1478–1494) und dessen Erzeugnisse, in: SHVE 14 (1899) 1–40, auch als Separatdruck 1900; BAUERREISS, Kirchengeschichte Bayerns V 102; FLACHENECKER, Eine geistliche Stadt 299; MEYER, Georg Reyser 1288–1290.

[305] Dazu unten 490–492 mit Anm. 355–365.

*capitulares*) hatten die in Ausbildung durch Domscholaster und -kantor stehenden und bereits im Genuß einer Pfründe befindlichen Domizellare noch kein Stimmrecht im Kapitel (*canonici non capitulares*). Die häufig abwesenden Kanoniker wurden beim Chordienst durch Chorvikare (*socii chori* u.ä.) vertreten, für die eigene Altarpfründen eingerichtet wurden; sie übernahmen zusätzlich spezielle Hilfsdienste für das Kapitel und bildeten im Lauf der Zeit ein eigenes Corpus neben dem Domkapitel[306]. Nach Auflösung der *Vita communis* und Aufteilung des Kapitelvermögens in einzelne Pfründen wurde die Zahl der Domherren seit dem 14. Jahrhundert bei einer Reihe von Domstiften kaum mehr verändert; zu diesen *capitula clausa* zählten Würzburg mit 54 Stellen (24 Domherren, 30 Domizellare)[307], Bamberg mit 34 Stellen (20 Domherren, 14 Domizellare)[308] sowie Eichstätt, wo sich die Zahl der Domherren seit Mitte des 13. Jahrhunderts auf 30 belief (15 Kanonikate und 15 Domizellare)[309]. Auf Bitten Herzog Ludwigs IX. des Reichen von Bayern-Landshut und auf Anraten von Papst Sixtus IV. stellte das Eichstätter Domkapitel nach Gründung der Universität Ingolstadt 1472 ein Kanonikat für einen Professor der Theologie zur Verfügung; sein Inhaber bezog fortan die Pfründe, war aber ansonsten von den Rechten und Pflichten eines Domherrn ausgeschlossen[310]. In Augsburg stieg die Zahl der Domherren bis zum Ausgang des Mittelalters auf 40 an; die Zahl der Chorvikare erreichte hier zu Ende des Mittelalters in etwa jene der Domherren[311]. Der Augsburger Kardinalbischof Peter von Schaumberg, ein besonderer Freund und Förderer der Vikarier seines Bistums, bestätigte 1466 die für sie errichtete Bruderschaft St. Magnus[312]. Nur wenige Jahre später (1469) bestätigte auch der Würzburger Bischof Rudolf von Scherenberg die zuvor (1468) von den Vikariern in Würzburg errichtete Bruderschaft St. Kilian[313].

---

[306] Zu den Domkapiteln jetzt zusammenfassend: H.-J. BECKER, Senatus episcopi – Die rechtliche Stellung der Domkapitel in Geschichte und Gegenwart, in: Jahres- und Tagungsbericht der Görresgesellschaft 1989, 1990, 33–54. – Zur Frühzeit der Kapitel: SCHIEFFER, Domkapitel. – Immer noch wichtig: P. SCHNEIDER, Bischöfliche Domkapitel. – Das Institut der Chorvikare lebt in der Einrichtung der Domvikare fort, die heute zumeist mit Seelsorgsaufgaben betraut sind: E. KANDLER-MAYR, Chorvikar, in: LThK³ 2 (1994) 1097.

[307] F. MERZBACHER, Die Dignitäten in den Statuten des Würzburger Domkapitels, in: WDGB 37/38 (1975) 359–377, hier 362. – Zum Würzburger Kapitel allgemein: A. AMRHEIN, Reihenfolge der Mitglieder des adeligen Domstiftes zu Wirzburg, St. Kiliansbrüder genannt, von seiner Gründung bis zur Säkularisation 742–1803, in: AU 32 (1889), 33 (1890); SODER v. GÜLDENSTUBBE, Kirchliche Strukturen 215–220; STÖRMER, Gesellschaft 409f.

[308] P. SCHNEIDER, Bischöfliche Domkapitel 69 Anm. 1; GUTH, Kirche und Religion 147. – Zum Bamberger Kapitel allgemein: KIST, Domkapitel.

[309] BRAUN, Domkapitel 13; MAHR, Eichstätter Domkapitel.

[310] BRAUN, Domkapitel 13.

[311] ZOEPFL, Bistum Augsburg und seine Bischöfe im Mittelalter 573f. – Zum Augsburger Kapitel allgemein: LEUZE, Domkapitel; SCHÖNTAG, Untersuchungen; A. HAEMMERLE, Die Canoniker des Hohen Domstifts zu Augsburg bis zur Saecularisation, Privatdruck 1935; TÜCHLE, Kirchengeschichte Schwabens II 327f.

[312] ZOEPFL, Bistum Augsburg und seine Bischöfe im Mittelalter 447, 574; J. KRETTNER – T. FINKENSTAEDT, Erster Katalog von Bruderschaften in Bayern (= Veröffentlichungen zu Volkskunde und Kulturgeschichte 6) 1980, 159.

[313] EBNER, Bruderschaftswesen 75f.

### a) Adlige Personenverbände. Akademisierung der Domkapitel

Im Bistum Augsburg wie in den fränkischen Bistümern waren die Domkapitel exklusive adlige Personenverbände und dienten dem Adel naturgemäß nicht nur als standesgemäße Versorgungsstätten, sondern in vielfacher Weise auch als Instrumente seiner politischen Ziele[314]. Der grundherrschaftliche Reichtum bildete einen wichtigen Rückhalt der von ihnen ausgeübten Adelsherrschaft[315]. Während sich das Kapitel in Würzburg innerhalb der landständischen Korporation etablieren konnte, blieb es in Bamberg außerhalb; die Doppelfunktion des Würzburger Kapitels als geistlicher Verband und weltlicher Landstand tritt vor allem in den bischöflichen Wahlkapitulationen hervor[316].

Die Besetzung freier Kanonikate erfolgte im späteren Mittelalter an sich durch Zuwahl aus dem Kapitel selbst. Dieser Grundsatz wurde jedoch häufig durch Provisionen der Päpste bzw. päpstlicher Legaten sowie auf Grund der ersten Bitten der römisch-deutschen Kaiser bzw. deutschen Könige durchbrochen. In Augsburg erlangten im Zeitraum 1246–1491 ca. 77 Domherren ihre Pfründe durch päpstliche Provision, in Bamberg waren es im Zeitraum 1364–1509 ca. 57 Domherren[317]. Das große abendländische Schisma führte hier wie anderwärts zu einer Hochkonjunktur der Stellenbesetzung durch die Kurie, wogegen sich mitunter über das Kapitel hinaus der Widerstand formierte[318]. Die Bischöfe hatten keinen unmittelbaren Einfluß auf die Besetzung.

Die hier zu behandelnden Domkapitel setzten sich im späteren Mittelalter zum überwiegenden Teil aus Ministerialen der jeweiligen Kirchen[319] bzw. aus Mitgliedern

---

[314] Zum Adelsprinzip: A. L. VEIT, Geschichte und Recht der Stiftsmäßigkeit auf die ehemals adeligen Domstifte Mainz, Würzburg und Bamberg, in: HJ 33 (1912) 323–358; S. v. PÖLNITZ, Stiftsfähigkeit und Ahnenprobe im Bistum Würzburg, in: WDGB 14/15 (1952/53) 349–354; H. HARTMANN, Der Stiftsadel an den alten Domkapiteln zu Mainz, Trier, Bamberg und Würzburg, in: Mainzer Zeitschrift 73/74 (1978/79) 99–138.

[315] O. RIEDNER, Besitzungen und Einkünfte des Augsburger Domkapitels um 1300, in: AGHA 1 (1909/11) 43–90; A. LAYER, Die territorialstaatliche Entwicklung bis um 1800. I. Geistliche Herrschaftsbereiche, in: HBG III/2, 949–980, hier 955–957; W. ENGEL, Das älteste Urbar der Würzburger Dompropstei, in: WDGB 18/19 (1956/57) 20–32; Urbare und Wirtschaftsordnungen des Domstifts zu Bamberg, T. I, hg. v. E. v. GUTTENBERG – A. WENDEHORST (= VGFG VII,1) 1969; T. II, hg. v. S. NÖTH (= VGFG VII,2) 1986; S. NÖTH, »Item darnach sol man fragen ...« Weistümer in Urbaren der Bamberger Dompropstei aus dem 15. Jahrhundert, in: JFLF 44 (1984) 49–64; A. WENDEHORST, Die geistliche Grundherrschaft. Beobachtungen und Probleme, in: Die Grundherrrschaft im späten Mittelalter, hg. v. H. PATZE (= VoF 27) 1983, 9–24.

[316] SCHUBERT, Landstände 22–26 u. ö.; S. BACHMANN, Die Landstände des Hochstifts Bamberg. Ein Beitrag zur territorialen Verfassungsgeschichte (= BHVB 102) 1962; CHRIST, Bischof 199f.

[317] LEUZE, Domkapitel 33f.; SCHÖNTAG, Untersuchungen 47–54; ZOEPFL, Bistum Augsburg und seine Bischöfe im Mittelalter 574; KIST, Domkapitel 25–29. – Zum *ius primarium precum* allgemein: H. E. FEINE, Papst, Erste Bitten und Regierungsantritt des Kaisers seit dem Ausgang des Mittelalters, in: ZSRG.K 51 (20) (1931) 1–101; A. A. BENNA, Preces primariae und Reichshofkanzlei, in: Mitteilungen des österreichischen Staatsarchivs 5 (1952) 87–102. – Für Augsburg im 15. Jahrhundert: SCHÖNTAG, Untersuchungen 54–56.

[318] W. ENGEL, Würzburg und Avignon. Kurienprozesse des Würzburger Domkapitels im XIV. Jahrhundert, in: ZSRG.K 35 (1948) 150–200.

[319] Für Würzburg: J. REIMANN, Die Ministerialen des Hochstifts Würzburg in sozial-, rechts- und verfassungsgeschichtlicher Sicht, in: MJGK 16 (1964) 1–266, hier insbes. 210.

des aus der Ministerialität erwachsenden ritterbürtigen niederen Adels zusammen; ihnen gegenüber war der Anteil der Domherren dynastischer und edelfreier Herkunft gering. In vielen Fällen erscheinen einflußreiche Adelsfamilien der jeweiligen Region traditionell mit einem oder mehreren Kapiteln verbunden. In Augsburg lassen sich innerhalb von zwei Jahrhunderten 13 Angehörige der reich begüterten Familie Rechberg als Domherren nachweisen[320]. Zahllos sind die Beispiele innerfamiliärer Patronage bei der Pfründenvermittlung[321]. Überdurchschnittlich in den Kapiteln vertreten waren jene Familien, die auch sonst zur »Machtelite« zählen, auf den jeweiligen Bischofshof orientiert waren und vielfach die Amtmänner und Räte der Bischöfe und Fürsten stellten[322]. Umgekehrt fanden Familien, die vorwiegend im Dienst benachbarter Fürsten standen, kaum Aufnahme in die Kapitel; so erscheinen z.B. die Sparneck im Bamberger Kapitel nur zweimal, davon das eine Mal auf Grund päpstlicher Provision[323]. Die Markgrafen von Brandenburg-Ansbach und -Kulmbach fanden in ihren Bestrebungen auf Erweiterung ihrer Herrschaft in den Kapiteln zu Würzburg und Bamberg »hartnäckige Bollwerke« vor[324]. In vielen Fällen haben die benachbarten Kapitel den Eintritt von Mitgliedern bestimmter Familien offensichtlich in gemeinsamer Absprache gelenkt[325].

Die in Würzburg schon 1293 ausdrücklich festgelegte standesmäßige Abschließung wurde 1305 noch weiter präzisiert[326]. Als Norm galten hier zunächst vier, später acht adlige Vorfahren, wozu seit dem späten 15. Jahrhundert der Nachweis der Turnierfähigkeit erbracht werden mußte[327]. Die Frage der Aufnahme von Stadtbürgern in die Domkapitel warf im Hinblick auf die wachsende wirtschaftlich-politische Machtstellung der Städte grundsätzliche ständisch-soziale Probleme auf. Dies gilt vor allem von Augsburg, das sich von der bischöflichen Oberhoheit gelöst und die Reichsfreiheit erlangt hatte, in vermindertem Umfang aber auch von den fränkischen Bischofsstädten. Schon 1322 erließ das Augsburger Kapitel ein Dekret, das die Aufnahme von Augsburger Bürgern verhindern sollte, um die Ehre des Kapitels zu wahren[328]. 1420 beschloß das Augsburger Kapitel, fortan nur noch Adlige, mindestens Ritterbürtige, und – entsprechend einer Verfügung des Konstanzer Konzils[329] – Graduierte, Doktoren und Lizentiaten der Theologie oder des Rechts aufzunehmen. Dieses Statut wurde

---

[320] TÜCHLE, Kirchengeschichte Schwabens II 327. – Für Bamberg: RUPPRECHT, Herrschaftswahrung 45–48.
[321] Als Beispiel sei auf die Familie von Bibra hingewiesen; dazu: M. STINGL, Reichsfreiheit und Fürstendienst. Die Dienstbeziehungen der von Bibra 1500–1806 (= VGFG IX,41) 1994, 106f.
[322] Für Bamberg: RUPPRECHT, Herrschaftswahrung 46 (hier auch der Begriff der Machtelite).
[323] RUPPRECHT, Herrschaftswahrung 47.
[324] Ebd. 48.
[325] Ebd. 50.
[326] MonBoica 38, 1866, 343; TRÜDINGER, Stadt 76.
[327] STÖRMER, Gesellschaft 409f.
[328] MonBoica 33a, 1841, 460; KIESSLING, Bürgerliche Gesellschaft 324f.
[329] HARTZHEIM, Concilia Germaniae V 145.

erst 1465 von Papst Paul II. konfirmiert[330]. Ein Statut des Augsburger Kapitels vom 25. Februar 1474, das wohl im Hinblick auf den geplanten Eintritt des an der päpstlichen Kurie tätigen Magisters Marx Fugger erlassen wurde, sah gegenüber dem Statut von 1322 auch den Ausschluß von Söhnen von Augsburger Bürgern vor. Als Papst Sixtus IV. Fugger das Kanonikat zusprach, bemühte sich das Kapitel um die päpstliche Konfirmation des Statuts. Zur Begründung wurden die Streitigkeiten zwischen dem Hochstift und der Stadt und die aus einer Unterwanderung des Domkapitels erwachsenden Gefahren für die Selbständigkeit angegeben. Wohl nicht zuletzt dem Einsatz Kaiser Friedrichs III., Erzherzog Maximilians von Österreich und der bayerischen Herzöge war es zu verdanken, daß der Papst das Statut bestätigte. Der Tod Fuggers unterbrach die Auseinandersetzungen zwischen Domkapitel und Reichsstadt nur für kurze Dauer[331]. Schon wenige Jahre später suchte die Reichsstadt mit dem von ihr angestrebten Einzug ihres Bürgers Bernhard Artzt († 1525), eines Schwagers Jakob Fuggers, der 1481 eine päpstliche Provision für das Augsburger Domstift erhalten hatte, die Aufhebung der Einschränkungen zu erzwingen. Die Domherren verpflichteten sich daraufhin 1482, weder ihn noch andere Bürger in ihre Korporation aufzunehmen und leiteten ein Verfahren gegen Artzt an der Rota ein. Artzt war damals bereits im Besitz zahlreicher Pfründen: Er war Propst des Kollegiatstifts zu St. Moritz in Augsburg und St. Veit in Herrieden, Domherr in Eichstätt, Regensburg, Freising und Brixen, Stiftsherr in Feuchtwangen, Pfarrer von Gottmannshofen, Benefiziat in Ammergau und Sulzfeld sowie Inhaber des Benefiziums St. Katharina in der Pfarrkirche St. Sebald zu Nürnberg. Den Eintritt in das Eichstätter Domkapitel hatte Artzt nach Erlangung einer päpstlichen Provision 1479 unter päpstlicher Strafandrohung erzwungen. Am Ende seines Lebens hatte Artzt mindestens 17 Pfründen angehäuft. Die Reichsstadt Augsburg unterlag in dem in den Jahren 1484–1491 an der Kurie geführten Prozeß und ebenso in dem in den Jahren 1490–1491 vor Kaiser Friedrich III. unter Einschaltung des Schwäbischen Bundes weitergeführten Verfahren in allen Instanzen[332]. Die Bedeutung des Streites reichte weit über den unmittelbaren Anlaß hinaus. Es ging in ihm »um das Grundgefüge der gesellschaftlichen Ordnung des Mittelalters in Augsburg, zumindest was die Anschauungen und Motive betrifft. Daß die Bürger unterlagen, mußte das aus den rechtlich-politischen Gründen gespannte Verhältnis von Reichsstadt und Hochstift noch verstärken. Die gesellschaftliche Anerkennung blieb den großen bürgerlichen Familien in der eigenen Stadt versagt. Die politische und wirtschaftliche Gemengelage verhinderte einen klaren und vernünftigen Ausgleich, was wiederum den antiklerikalen und antirömischen Affekten unter der Bürgerschaft Nahrung gab«[333].

---

[330] MonBoica 34a, 274–276; 34b, 45–47, 65–70; ZOEPFL, Bistum Augsburg und seine Bischöfe im Mittelalter 379, 574; KIESSLING, Untersuchungen 324, Anm. 6; SEILER, Augsburger Domkapitel 51; A. SCHMID, Humanistenbischöfe 171.
[331] KIESSLING, Untersuchungen 324f; SEILER, Augsburger Domkapitel 17.
[332] ZOEPFL, Bistum Augsburg und seine Bischöfe im Mittelalter 480, 584f; KIESSLING, Untersuchungen 235–351; SEILER, Augsburger Domkapitel 17f; MAHR, Eichstätter Domkapitel 23–28; BRAUN, Domkapitel 11.
[333] KIESSLING, Untersuchungen 352.

Die im Bamberger Kapitel in der zweiten Hälfte des 14. Jahrhunderts vereinzelt vorkommenden Nichtadligen dürften ihren Zutritt päpstlichen Provisionen verdankt haben[334]. 1390 beschloß das Kapitel unter Berufung auf alte löbliche Observanz, niemanden zu Kanonikat und Pfründe zuzulassen, der nicht von seiten beider Eltern aus ritterlichem Geschlecht stammte und dies mit vier Geschworenen ritterlichen Standes bewies. Das Statut wurde 1399 durch Papst Bonifaz IX. bestätigt[335].

In Eichstätt wurden 1477 vom Probanden vier adlige Vorfahren oder ein akademischer Grad gefordert[336]. Selbst nach dem Tod wurden in der Grablege im Kreuzgang des Domes die Bürgerlichen von den Adligen getrennt[337]. Allgemein bestätigte ein päpstliches Privileg 1501 unter Anerkennung der Probe über vier Ahnen die längst üblich gewordene Bevorzugung des ritterbürtigen reichsfreien Adels für die Mainzer Kirchenprovinz[338]. Die wachsende geburtsständische Exklusivität forderte vor allem in den Städten zum Widerspruch heraus. Nach den um 1430 gegen die Augsburger Domherren, voran den Domdekan Gottfried Harscher, zusammengestellten Klagen, wären sie mit den Bürgern wie mit niederen Knechten verfahren, machten sie Schulden, bezahlten, was ihnen gut dünkte, und drohten Prügel an, wenn ihnen widersprochen wurde[339]. Der mißlungene Glockenguß von 1476 bot einer Augsburger Chronik Anlaß zu hämischer Freude, da die Glocke nur beim Tod eines Chorherrn, aber nicht für Laien geläutet worden wäre; *des haben sie der hoffart*[340].

### b) Domherrenkarrieren. Pfründenhäufung

Für die bei den Mitgliedern der Domkapitel verbreitete Pfründenhäufung war vordergründig die Steigerung des Einkommens und die Möglichkeit zur Schaffung eines einflußreichen Bekanntenkreises maßgebend[341]. In Verbindung mit der Erlangung eines oder mehrerer Domstiftskanonikate bildete die Übernahme weiterer ertragreicher Pfründen vielfach die unabdingbare Voraussetzung für einen Aufstieg innerhalb einer Diözese und der Reichskirche bis hin zur Bischofswahl. Auch für reformerisch eingestellte Geistliche gab der finanzielle Rückhalt überhaupt erst die Möglichkeit zum Erreichen des erstrebten Ziels. In diesem Sinn ist die Anhäufung von Benefizien des Bamberger Domdekans und markgräflich-brandenburgischen Rats Hertnid vom Stein (ca. 1427–1491) zu werten, der trotz anhaltender Bemühungen um sein Avancement und der dafür eingesetzten Mittel nicht als »Pfründenjäger« im negativen

---

334 KIST, Domkapitel 39, 5.
335 WEIGEL, Wahlkapitulationen 19; KIST, Domkapitel 6, 38f; PÖLNITZ, Bischöfliche Reformarbeit 127 Anm. 2; Repertorium Germanicum III 105. – G. FRÖMMING, Päpstliche Provisionen am Bamberger Domkapitel, in: BHVB 133 (1997) 261–272, hier 266.
336 PÖLNITZ, Bischöfliche Reformarbeit 127 Anm. 2.
337 Ebd. 127 Anm. 2.
338 SEILER, Augsburger Domkapitel 51.
339 KIESSLING, Bürgerliche Gesellschaft 307f.
340 Die Chroniken der deutschen Städte Bd. 5 (= Die Chroniken der schwäbischen Städte. Augsburg Bd. 2) 1866/ND 1965, 327; zitiert bei KIESSLING, Bürgerliche Gesellschaft 307.
341 Zur Pfründenhäufung der Bamberger Domherren: KIST, Domkapitel 53–77. – Allgemein jetzt: K. BORCHARDT, Die römische Kurie und die Pfründenbesetzung in den Diözesen Würzburg, Bamberg und Eichstätt im späteren Mittelalter, in: JFLF 57 (1997) 71–96.

Sinn erscheint³⁴². Nach einem Kanonikat am Bamberger Dom erlangte Hertnidt vom Stein die Dignität des Dekanats, die ertragreiche Pfarrei Amlingstadt und ein Kanonikat am Mainzer Dom. Durch den Zugewinn der Stiftspropstei des Bamberger Domnebenstifts St. Jakob und den Tausch der Pfarrei Amlingstadt gegen die rund dreimal so ertragreiche Pfarrei St. Lorenz in Hof konnte er seine Einkünfte im Lauf der sechziger Jahre des 15. Jahrhunderts nahezu verdoppeln. Die Hofer Pfarrei wurde im Ertrag nur von den beiden Nürnberger Pfarreien St. Sebald und St. Lorenz sowie der Oberen Pfarre in Bamberg übertroffen³⁴³. Im Mittelpunkt des in der Folgezeit noch weiter ausgebauten Pfründenbesitzes standen das Bamberger Domdekanat, die Propstei St. Jakob sowie die Pfarrei Hof; als Inhaber allein dieser drei Kirchenämter verfügte Hertnidt vom Stein über ein Bündel von über 40 verschiedenen Besetzungs- und Patronatsrechten. Dazu konnte er im Lauf der Zeit nahezu ein Drittel des gesamten domstiftischen Obleigutes in seiner Hand vereinigen³⁴⁴. Der angestrebte episkopale Rang blieb ihm schließlich versagt.

Auch die Aktivitäten des Bernhard Artzt, der gemeinhin als Pfründenschacherer gilt, bedürfen erneuter differenzierter Betrachtung und Einordnung. Das Urteil der Augsburger Chronik des Clemens Sender, wonach Artzt mit den Benefizien »wie ain roßtauscher« umgegangen sei³⁴⁵, ist vorrangig als Zeugnis des städtischen Widerstandes gegen die der Stadt feindlich gegenüberstehende Institution des Adels zu werten.

*c) Reformbedürftigkeit und Reformansätze. Die Domprädikaturen*

Die in den hier behandelten Domkapiteln wie anderwärts auftretenden Mißstände lassen sich vor allem aus den gegen sie erlassenen einschlägigen Beschlüssen erkennen; in großer Zahl finden sich solche u.a. gegen die allzu häufige Abwesenheit oder gegen modische Kleidung³⁴⁶. Gravierender für ihren Ruf mußten sich die Anschuldigungen wegen sittlicher Verfehlungen auswirken. Nach einer Notiz zum Jahr 1478 im Eichstätter Ratsspiegel klagte die Bürgerschaft über solche Verfehlungen gegen ihre Familienmitglieder von seiten einzelner Domherren. Andere seien Raufbolde und nächtliche Schwärmer. Gabriel von Schaumberg habe es zustande gebracht, während des Vorbeizugs der Prozession an seinem Haus, zum Ärger der Frommen, alte Roßdecken, Schuhe, Bandhüte und rostige Harnische aus den Fenstern zu hängen³⁴⁷. Der Würzburger Domherr Heinrich von Würtzburg wurde wegen mittelbarer Beteiligung am Totschlag eines Bürgers der Stadt von Bischof Rudolf von Scherenberg in Haft ge-

---

³⁴² THUMSER, Hertnidt 99.
³⁴³ J. LINDNER, Die Kirchenordnung von St. Lorenz zu Hof aus dem Jahre 1479, in: C. MEYER (Hg.), Quellen zur alten Geschichte des Fürstentums Bayreuth I, 1896, 209–237; W. ZEISSNER, Kurzer Gang durch die Geschichte der Oberen Pfarre, in: 600 Jahre Obere Pfarrkirche Bamberg 1388–1987, red. H.-G. RÖHRIG, 1987, 11–25.
³⁴⁴ Zum Obleigut allgemein: Urbare und Wirtschaftsordnungen II, hg. v. S. NÖTH, 59–151.
³⁴⁵ Die Chroniken der deutschen Städte Bd. 23 (= Die Chroniken der schwäbischen Städte. Augsburg Bd. 4) 44.
³⁴⁶ PÖLNITZ, Bischöfliche Reformarbeit 88, 127f.
³⁴⁷ Ebd. 126 Anm. 2.

nommen³⁴⁸. In der an Bischof Rudolf von Scherenberg gerichteten anonymen Denkschrift von 1486/87 heißt es von den Domherren: *Suntque quam plures luxuriosi, concubinarii publici, defloratores virginum, etiam sponsarum Cristi adulteri, usurarii, simoniaci, exactionatores pauperum, nutritores leenarum ac beluarum earum de patrimonium Cristi, plurales beneficiorum, divina minime celebrantes, lusores publici uti hystriones*³⁴⁹. In Würzburg gab es im 15. Jahrhundert wohl wegen des anwachsenden bischöflichen Drucks auf die Stadt und wegen der Notwendigkeit einer Zusammenarbeit im Oberrat keine so ausgeprägten Gegensätze zwischen Kapitel und Stadt; in mehreren Fällen vermittelte das Kapitel sogar zwischen Rat und Bischof³⁵⁰.

Nach der Zimmerischen Chronik galten die Churer unter den süddeutschen Domherren als die ungetreuesten, die Konstanzer als die närrischsten, die Augsburger als die reisigsten, die Eichstätter als die verhurtesten, die Bamberger als die verspieltesten, die Passauer als die gröbsten, die Regensburger als die vollsten³⁵¹. Die Augsburger Vikare wurden von seiten des Kapitels 1487 wegen schändlicher Reden in und außerhalb des Chores ermahnt, da daraus dem Kapitel bei den Laien üble Nachrede entstanden sei³⁵².

In den Kapiteln lassen sich für das 15. Jahrhundert durchaus auch Anzeichen zur Reform erkennen. In Bamberg zeigten sich Propst, Dekan und Kapitel im Anschluß an die Initiativen Bischof Friedrichs I. von Aufseß (1421–1431) 1422 ernsthaft dazu bereit³⁵³.

Offensichtlich in Anlehnung an die seit der Mitte des 14. Jahrhunderts in zahlreichen Städten in Süddeutschland errichteten Predigtstiftungen³⁵⁴ nahmen auch die Dom- und Stiftskapitel die Anstrengungen zur Verbesserung des Predigtangebots auf: die Domprädikaturen sowie die vor allem in den Residenzstädten und Hauptorten der Fürstentümer errichteten Stiftsprädikaturen eröffneten ihren Korporationen besondere Wirkmöglichkeiten³⁵⁵. An der Errichtung der Domprädikaturen nahmen die Bischöfe von Anfang an Anteil. Die erste Domprädikatur in den hier behandelten Diözesen entstand 1415 in Bamberg; es handelte sich nach der fünf Jahre zuvor in Speyer errichteten Prädikatur um die zweite in Süddeutschland überhaupt³⁵⁶. Gleichfalls 1415 entstand mit der Prädikatur an der Pfarr- und Stiftskirche St. Martin zu Forchheim die erste Stiftung dieser Art an einem Kollegiatstift in Franken³⁵⁷. Der Errichtung der

---

348   Ebd. 126f.
349   BEYSCHLAG, Würzburger Diözese 15 (1909) 90; WENDEHORST, Bistum Würzburg III 41; auch teilweise zitiert bei PÖLNITZ, Bischöfliche Reformarbeit 127 Anm. 3.
350   TRÜDINGER, Stadt 76f.
351   Hg. v. K. A. BARACK, Bd. 3, ²1882, 31. – Zitiert u. a. bei PÖLNITZ, Bischöfliche Reformarbeit 126 Anm. 2; ZOEPFL, Bistum Augsburg und seine Bischöfe im Mittelalter 574 Anm. 1.
352   KIESSLING, Bürgerliche Gesellschaft 307.
353   PÖLNITZ, Bischöfliche Reformarbeit 126 Anm. 2.
354   MAI, Predigtstiftungen 14f.
355   F. FALK, Dom- und Hofpredigerstellen in Deutschland im Ausgange des Mittelalters, in: HPBl 88 (1881) 1–15, 81–92, 178–188; A. SCHMID, Anfänge 78–110.
356   LOOSHORN, Geschichte des Bisthums Bamberg IV 155f, 263; FREUDENBERGER, Würzburger Domprediger 9; A. SCHMID, Anfänge 83.
357   KIST, Fürst- und Erzbistum Bamberg 59; W. BRANDMÜLLER, Dr. Johannes Winhart, der letzte katholische Stiftsprediger bei St. Gumbert in Ansbach, in: WDGB 18/19 (1956/57) 124–147, hier 127.

Bamberger Domprädikatur folgte bald jene zu Würzburg. Hier soll nach dem raschen Verfall der von Bischof Johann I. von Egloffstein (1400–1411) errichteten älteren Universität, Heinrich Zinck, der zuvor in Kitzingen gewirkt hatte, 1416 zum ersten Domprediger bestellt worden sein.

Institutionalisiert wurde das Amt mit der drei Jahre später durch Bischof Johann II. von Brunn (1411–1440) zu Gunsten des Würzburger Domkapitels vollzogenen Inkorporation der reichen Pfarrei Marktbibart; das Kapitel wurde verpflichtet, einen Magister oder mindestens einen Lizentiaten oder Bakkalar der Theologie anzustellen, der dem neuen *Officium praedicandi et legendi* vorstehen sollte[358]. 1478 oder bald danach wurde Benedikt Ellwanger aus Nürnberg († 1515) als Domprediger berufen; er trat auch als Astrologe hervor[359]. Einen weit über Würzburg hinausreichenden Ruf genoß der um 1500 als Domprediger in Würzburg wirkende Dr. Johann Reyss († 1517)[360]. 1505 wurde auch in Augsburg eine Dompredigerstelle eingerichtet; Aufsichts- und Präsentationsrecht wurden dem Domkapitel übertragen. Die Prädikatur erwuchs aus der Freundschaft zwischen dem Augsburger Bischof Friedrich II. von Zollern (1486–1505) und dem Straßburger Münsterprediger Johannes Geiler von Kaysersberg († 1510), der seit 1488 mehrfach in Augsburg gepredigt hatte; Versuche des Bischofs, Geiler nach Augsburg zu berufen, waren am Widerstand in Straßburg gescheitert[361]. Nach dem 1505 aufgestellten Pflichtenkatalog für den Domprediger sollte sich dieser aufrührerischer Äußerungen gegen den Klerus enthalten[362]. 1518 wurde in Dillingen, der zweiten Residenzstadt der Augsburger Bischöfe, eine eigene Predigtstelle errichtet[363]. In Eichstätt kam es erst 1531 unter Bischof Gabriel von Eyb (1496–1535) zur Bestellung eines Weltpriesters für die Predigt am Dom. Diese war zuvor von Dominikanern versehen worden. 1534 wurde die Prädikatur mit einem Domvikariat verbunden[364]. In der Zeit der Reformation erwiesen sich zwar einzelne Domprediger als engagierte Propagatoren der Reformation; auf das Ganze gesehen erscheinen sie in den Anfangsjahren der Reformation jedoch vor allem als eifrige Vertreter der Reform auf seiten der alten Kirche[365].

---

[358] PÖLNITZ, Bischöfliche Reformarbeit, 29, 75; FREUDENBERGER, Würzburger Domprediger 9–11; A. SCHMID, Anfänge, 83.

[359] F. MACHILEK, Astronomie und Astrologie. Sternforschung und Sternglaube im Verständnis von Johannes Regiomontanus und Benedikt Ellwanger, in: Pirckheimer-Jahrbuch 1989/90, 11–32, hier 25.

[360] FREUDENBERGER, Würzburger Domprediger.

[361] ZOEPFL, Bistum Augsburg und seine Bischöfe im Mittelalter 524; A. SCHMID, Anfänge; DERS., Humanistenbischöfe 181. – Zu G. v. K. zusammenfassend: H. KRAUME, Geiler, Johannes von K., in: VL² 2 (1980) 1141–1152. Zu den gegenseitigen Beziehungen: J. JANOTA, Graf Friedrich von Zollern, in: VL² 2 (1980) 966–968.

[362] P. RUMMEL, Kirchliches Leben in der Reichsstadt Augsburg vom ausgehenden Mittelalter bis 1537, in: HJ 108 (1988) 359–378, hier 367; W. EBERHARD, Klerus und Kirchenkritik in der spätmittelalterlichen Städtechronistik, in: HJ 114 (1994) 348–380, hier 350 Anm. 6 (bei EBERHARD auch die neuere Lit. zu kritischen Äußerungen über den Klerus allgemein).

[363] TÜCHLE, Kirchengeschichte Schwabens II 476, Anm. 34.

[364] BUCHNER, Pfarrpredigt 25; A. SCHMID, Anfänge 85 Anm. 42.

[365] A. SCHMID, Anfänge 104.

## § 32. DIE PFARREIEN. DER NIEDERE KLERUS

*a) Statistik der Pfarreien*

Die Pfarreiorganisation hatte an der Wende vom Hoch- zum Spätmittelalter sowohl im östlichen Schwaben als auch in Franken bereits einen gewissen Abschluß gefunden. Durch Separationen und Neugründungen wurde das Netz der Pfarreien im Spätmittelalter jedoch an vielen Stellen noch verdichtet. Für statistische Übersichten zur kirchlichen Organisation auf der unteren Ebene kommen als Quellen vor allem Steuerregister, Verzeichnisse der Pfarreien und Benefizien mit und ohne Seelsorge, Listen der Patronate sowie die meist mehrere Angaben zusammenfassenden Diözesanmatrikeln in Betracht; in der Regel sind diese Quellen nach Archidiakonaten und Landkapiteln gegliedert und geben somit auch über die Verwaltungsgliederung der Diözesen auf der mittleren Ebene Aufschluß. Für das 13. und 14. Jahrhundert stehen Auflistungen der genannten Art nur in beschränktem Umfang bzw. nur für Teilgebiete der hier zu behandelnden Diözesen zur Verfügung.

Aus dem Bistum Augsburg liegt ein Fragment eines um die Wende vom 12. zum 13. Jahrhundert aufgezeichneten Pfarrkirchenverzeichnisses vor, das die Verhältnisse in dem zum Distrikt *Bavaria* gehörigen Landkapitel Weilheim betrifft[366]. Die im Bistum Augsburg um die Wende vom Mittelalter zur Neuzeit bestehenden Pfarreien und sonstigen Pfründen verzeichnet das 1523 angefertigte und in einer Abschrift von 1570 erhaltene *Registrum steurae*, das zwar nicht vollständig und auch nicht fehlerlos ist, dessen Lücken jedoch aus anderen Quellen ergänzt werden können[367]. Zu Ausgang des Mittelalters gab es danach im Bistum Augsburg über 1050 Pfarreien[368].

Für den heute zu Bayerisch-Schwaben gehörigen Anteil des Bistums Konstanz, ein Gebiet westlich der Iller etwa von Memmingen flußaufwärts, ist als Quelle vor allem der Konstanzer *Liber decimationis* aus dem Jahr 1275 zu nennen, dessen Anlage auf die 1274 auf dem Konzil zu Lyon beschlossene Steuer zur Verteidigung des Heiligen Landes zurückging; auf Anregung Papst Gregors IX. sollte demnach in allen Diözesen von allen Benefizien mit mehr als 6 Mark Silber jährlicher Einkünfte für die Dauer von sechs Jahren (1274–1280) eine Steuer in Höhe des zehnten Teiles der jährlichen Einkünfte erhoben werden[369]. Weitere einschlägige Daten für die Verhältnisse in der Konstanzer Diözese bieten der *Liber quartarum et bannalium* aus dem Jahr 1324[370] und der *Liber taxationis ecclesiarum et beneficiorum* aus dem Jahr

---

[366] Veröffentlicht von A. SCHRÖDER, Ein altes Verzeichnis der Pfarrkirchen im Kapitel Weilheim, in: AGHA 1 (1909–1911) 335–342.
[367] ZOEPFL, Bistum Augsburg und seine Bischöfe im Mittelalter 567, 582f.
[368] Ebd. 583.
[369] Veröffentlicht v. W. HAID, in: FDA 1 (1865) 1–303; dazu: BENDEL, Würzburger Diözesanmatrikel III; J. SYDOW, Bürgerschaft und Kirche im Mittelalter. Probleme und Aufgaben der Forschung, in: Bürgerschaft und Kirche, hg. v. J. SYDOW (= Stadt in der Geschichte 7 = 17. Arbeitstagung des Südwestdeutschen Arbeitskreises für Stadtgeschichtsforschung) 1980, 9–25, hier 11.
[370] FDA 4 (1869) 1–62.

1353[371]. Über die Verhältnisse zu Ende des Mittelalters geben die Konstanzer Investiturprotokolle aus jener Zeit Aufschluß[372].

Für den Mainzer Archidiakonatsbezirk des Propstes von St. Peter und St. Alexander zu Aschaffenburg liegen in den Synodalregistern von 1483, 1487 und 1533[373] sowie in den 1768 von Stephan Alexander Würdtwein wohl im Anschluß daran, jedoch ohne Jahresangaben, veröffentlichten Synodalregistern wichtige Quellen für die Landkapitel Montat, Taubergau und Rodgau vor[374]; über die Pfarreien des Landkapitels Taubergau gibt darüberhinaus ein Testamentarinstrument von 1423 wichtige Aufschlüsse[375]. Die Synodalregister enthalten Angaben über die einzelnen Sendpfarreien und die diesen zugeteilten sendpflichtigen Orte, teilweise auch über die Fundation, Dotation und Inkorporation der Pfarreien sowie über Stiftungen[376].

Aus der Diözese Würzburg sind zwei Fragmente von 1276/77 der durch das Konzil von Lyon 1274 beschlossenen Steuer bekannt, die den Schluß der Auflistung der Pfarreien des Archidiakonats Windsheim und den größeren Teil der Auflistung der Pfarreien des Archidiakonats Crailsheim-Hall-Künzelsau betreffen[377]. Die wohl aus der Sammlungstätigkeit des bischöflichen Protonotars Michael de Leone († 1355), Kanoniker des Neumünsterstifts zu Würzburg, um die Mitte des 14. Jahrhunderts erwachsene Diözesanmatrikel führt die Pfarreien und Benefizien nicht einzeln auf[378]. Das erste umfassende Verzeichnis der Pfarreien und Benefizien in den zehn Archidiakonaten und 18 Landkapiteln entstand in den Jahren 1464/65 in der Regierungszeit von Bischof Johann III. von Grumbach (1455–1466), wobei jedoch der Archidiakonat des Dompropstes über die Stadt Würzburg und der Archidiakonat des Pfarrers von Fulda fehlen. Angefügt sind dagegen Verzeichnisse der exemten – also keinem Archidiakon unterstehenden – und freiem bischöflichem Besetzungsrecht unterliegenden Benefizien sowie ein Verzeichnis der elf Kollegiatstifte des Bistums und ihrer Pfründen[379]. Insgesamt umfaßte das Bistum Würzburg um die Mitte des 15. Jahrhunderts ca. 870 Pfarreien, über 600 einfache und über 50 exemte Benefizien[380]. Bis etwa 1520 kamen noch etwa 300, zumeist einfache Benefizien hinzu[381].

---

[371] Ebd. 5 (1870) 1–65.
[372] Veröffentlicht von M. KREBS, ebd. NF 39–41; 3. Folge 2–5 (66–73 der gesamten Reihe) (1938–1953) 1–1047.
[373] H. HOFFMANN, Pfarreiorganisation im Mainzer Landkapitel 75 Anm. 5, 77 Anm. 14.
[374] S. A. WÜRDTWEIN, Diocesis Moguntina in Archidiaconatus distincta commentationibus diplomaticis illustrata, vol. I, 1769, 549–653, 654–734, 735–862.
[375] J. HOFMANN, Der Klerus des Landkapitels Taubergau im Jahre 1423 nach einem Testamentar-Instrument, in: AschJ 3 (1956) 91–111.
[376] H. HOFFMANN, Pfarreiorganisation im Mainzer Landkapitel 76.
[377] Veröffentlicht von J. KRIEG, Die Landkapitel im Bistum Würzburg bis zum Ende des 14. Jahrhunderts (= Veröffentlichungen der Görres-Gesellschaft zur Pflege der Wissenschaften im Katholischen Deutschland. Sektion für Rechts- und Sozialwissenschaften 28) 1916, 44; BENDEL, Würzburger Diözesanmatrikel III.
[378] Veröffentlicht von A. RULAND, Die Ebracher Handschrift des Michael de Leone, in: AU 13,1 (1854) 111–210; BENDEL, Würzburger Diözesanmatrikel III. Zu M.d.L.: G. KORNRUMPF, M. d. L., in: VL² 6 (1987) 491–503.
[379] Veröffentlicht von BENDEL, Würzburger Diözesanmatrikel 1–46.
[380] Ebd. XVIII, XXVIIf.

Das Bistum Bamberg besitzt in den Hussitensteuerregistern aus den Jahren 1421 und 1430 umfassende Verzeichnisse der Pfarreien und Benefizien[382]. Erwähnung verdient ein Verzeichnis der Pfarreien des Nürnberger Umlandes aus der Zeit kurz vor 1430[383]. Für die gesamte Diözese existiert ein zwischen 1502 und 1520 angelegtes Verzeichnis der Pfarreien und Benefizien[384], auf Grund dessen sich für den Beginn des 16. Jahrhunderts folgende Zahlen ergeben: 203 selbständige Pfarreien, 430 Inkuratbenefizien, wovon sich 262 auf Pfarr-, Stifts- und Klosterkirchen und 168 auf Filialkirchen verteilten, sowie 191 unbepfründete Kapellen mit gelegentlichen Gottesdiensten[385].

Für das Bistum Eichstätt liegen für das ausgehende Mittelalter in den Angaben des Visitationsprotokolls des Johannes Vogt von 1480 Angaben über die Pfarreiverhältnisse vor, die von Joseph Georg Suttner in Matrikelform zusammengefaßt wurden[386]. Das Bistum Eichstätt umfaßte damals 301 Pfarreien, 246 Benefizien und 88 Kaplaneien, somit zusammen 635 Seelsorgestellen, wofür insgesamt 609 Weltpriester zur Verfügung standen[387].

### b) Separationen und Pfarreineugründungen

Die Entstehung jüngerer Pfarrkirchen durch Abtrennung von den älteren Mutterkirchen wird seit dem 13. Jahrhundert vereinzelt, seit dem 14. Jahrundert in breitem Umfang in einer großen Zahl erhaltener bischöflicher Separationsurkunden faßbar, die in der Regel Aufschluß über das von der Tochterkirche jährlich an die Mutterpfarrei zu entrichtende Separationsgeld bzw. über laufende Zuwendungen von bestimmten Zehntgefällen o.ä. an die Mutterkirche, über die Abhaltung der jährlichen Filialprozessionen der Tochtergemeinden zur Mutterkirche sowie über die Gründer der neuen Pfarreien und deren Rechte, insbesondere die Patronatsrechte, geben[388]. Beim Fehlen der Separationsurkunden läßt sich die Abtrennung von der älteren Mutterkirche häufig durch Rechnungsbelege über das Separationsgeld oder Erwähnungen über den anläßlich des Besuchs des Sendgerichts bei der Mutterpfarrei fälligen Sendhafer in Pfarrbüchern nachweisen[389].

---

[381] Ebd. XVIIf.
[382] WEBER, Bisthum; J. SCHLUND, Besiedlung und Christianisierung Oberfrankens, 1931, 150–158 (nur für die Pfarrkirchen).
[383] Veröffentlicht v. W. DEINHARDT, Die mittelalterliche Pfarreiorganisation im Nürnberger Umland, in: ZBKG 12 (1937) 13–35; dazu: SCHÖFFEL, Archidiakonat Rangau 133.
[384] GUTTENBERG – WENDEHORST, Bistum Bamberg II 5.
[385] Ebd. 21f; URBAN, Bistum Bamberg II 3.
[386] Schematismus der Geistlichkeit des Bistums Eichstätt für das Jahr 1480 (= Programm des bischöflichen Lyzeums Eichstätt 1879) 1879. – Zu Johannes Vogt s.o. Anm. 285.
[387] A. BAUCH, Die Diözese Eichstätt – Abriß ihrer Geschichte, 1980, 12.
[388] Ebd. 25–28.
[389] Letzteres z.B. in den Pfarrbüchern von Stadtsteinach von 1455 (mit Nachträgen) (Staatsarchiv Bamberg, Standbücher, A 221/XIII, Nr. 5420, fol. 9v) oder Herzogenaurach aus dem Beginn des 16. Jahrhunderts, letzteres verfaßt von dem Herzogenauracher Pfarrer Johann Wydhössel († 1532) (O. MEYER, Vom Geist der Frömmigkeit im spätmittelalterlichen Herzogenaurach, in: Herzogenaurach. Ein Heimatbuch, hg. v. V. FRÖHLICH, 1949, 107–133, hier 122; wiederabgedruckt in: O. MEYER, Varia Franconiae Historica II, hg. v. D. WEBER – G. ZIMMERMANN [= BHVB, Beiheft 24,2 = Mainfränkische Studien 14,2] 1981, 532–558). – Hierzu allgemein am Beispiel der Verhältnisse im Bistum Bamberg: GUTTENBERG –

Die Genese des Pfarreinetzes ist für das Bistum Bamberg bereits flächendeckend[390], für das Bistum Würzburg und Teile des Erzbistums Mainz im heutigen Unterfranken verhältnismäßig weit erforscht[391]. Eine nach Jahrhunderten gegliederte Aufstellung der im Bistum Bamberg im Mittelalter neu errichteten Pfarrkirchen enthält zugleich Angaben über die nachweisbaren (n.) oder wahrscheinlichen (w.) Gründer der Pfarreien, als welche gemeinhin die für die Bestiftung und Ausstattung verantwortlichen Personen oder Institutionen gelten[392]. Für das 13.-15. Jahrhundert ergibt sich daraus folgendes Bild:

|  | 13. Jh. |  | 14. Jh. |  | 15. Jh. |  | zusammen |  |
| --- | --- | --- | --- | --- | --- | --- | --- | --- |
|  | n. | w. | n. | w. | n. | w. | n. | w. |
| Bischöfe von Bamberg | – | 5 | 1 | 4 | 7 | 2 | 8 | 11 |
| Stifte und Klöster | – | 2 | 1 | 5 | 1 | 2 | 2 | 9 |
| Mutterpfarrer | 4 | 2 | 7 | 2 | – | 8 | 11 | 12 |
| König | – | 2 | – | – | – | – | – | 2 |
| Grafen und Edelfreie | 7 | 3 | 4 | 1 | – | 3 | 11 | 7 |
| Ministerialität und niederer Adel | 8 | 1 | 9 | 8 | 8 | 4 | 25 | 13 |
| Stadtbürger | – | – | 1 | 1 | – | 1 | 1 | 2 |
| Gemeinden | – | – | – | – | 14 | 1 | 14 | 1 |
| Insgesamt | 19 | 15 | 23 | 21 | 30 | 21 | 72 | 57 |
| Fraglich |  |  |  |  | 2 |  |  |  |

WENDEHORST, Bistum Bamberg II 25–28. – Sendhafer in Mainzer Pfarreien: H. HOFFMANN, Pfarreiorganisation im Mainzer Landkapitel 77 Anm. 21.
[390] GUTTENBERG – WENDEHORST, Bistum Bamberg II.
[391] P. SCHÖFFEL, Pfarreiorganisation und Siedlungsgeschichte im mittelalterlichen Mainfranken, in: Aus der Vergangenheit Unterfrankens (= Mainfränkische Heimatkunde 2) 1950, 7–39; DERS., Archidiakonat Rangau 132–175; WENDEHORST, Archidiakonat Münnerstadt; DERS., Würzburger Landkapitel Coburg; DERS., Die Würzburger Radenzgaupfarreien Etzelskirchen, Lonnerstadt, Mühlhausen, Wachenroth, in: BHVB 100 (1964) 173–184; DERS., Zwischen Haßbergen und Gleichbergen. Beobachtungen und Funde zur Siedlungsgeschichte und zur mittelalterlichen Kirchenorganisation im mittleren Grabfeldgau, in: Festschrift für Andreas Kraus zum 60. Geburtstag, hg. v. P. FRIED – W. ZIEGLER (= Münchner Historische Studien, Abt. Bayerische Geschichte 10), 1982, 1–14; DERS., Die Urpfarrei Kitzingen. Die Entwicklung ihres Sprengels bis zum Ausgang des Mittelalters, in: ZBKG 50 (1951) 1–13; DERS., Strukturelemente 22–29 (Südosten des Odenwaldes); J. LEINWEBER, Das Hochstift Fulda vor der Reformation (= Quellen und Abhandlungen zur Geschichte der Abtei und der Diözese Fulda 22) 1972, 49–120; H. HOFFMANN, Pfarreiorganisation im Mainzer Landkapitel; N. SCHMITT, Die alte Mutterpfarrei Bürgstadt und ihre ehemaligen Pfarreien, in: WDGB 33 (1971) 5–49. S. auch Anm. 405.
[392] GUTTENBERG – WENDEHORST, Bistum Bamberg II 32.

Die bischöflichen Gründungen stehen in keinem der drei Jahrhunderte an der Spitze; im 15. Jahrhundert stellen sie zudem fast ausschließlich Erhebungen älterer Filialkirchen zu Pfarrkirchen dar. Auffallend niedrig ist die Zahl der nachweislich durch Klöster dotierten neuen Pfarrkirchen; die Abnahme der Kirchengründungen durch Edelfreie seit dem 13. Jahrhundert läßt sich mit dem fast völligen Erlöschen dieser Adelsschicht erklären[393]. Demgegenüber sind die Zahlen bei dem aus der Ministerialität zur Ritterschaft aufsteigenden niederen Adel relativ hoch[394].

Die rechtsbewahrende Kraft der ländlichen Mutterpfarreien erwies sich bei den Neugründungen von Pfarreien in den Städten als sehr stark. Das über ganz Deutschland verbreitete Sprichwort, *man solle die Kirche im Dorf lassen*, ist als Reaktion auf jene Entwicklung entstanden[395]. Eine Änderung der Rechtsverhältnisse wurde in vielen Fällen auf dem Umweg über die Unierung von Mutter- und Tochterkirche erreicht. Die in den Städten neu errichteten Tochterkirchen blieben lange von den ländlichen Mutterpfarreien abhängig. Beispiele dazu finden sich vor allem in dem durch seinen Städtereichtum ausgezeichneten Franken; so in Nürnberg in den beiden Pfarrkirchen St. Sebald und St. Lorenz, die von ihren ursprünglichen Mutterkirchen Poppenreuth bzw. Fürth abhängig blieben, in Rothenburg ob der Tauber (Detwang), Kulmbach (Melkendorf), Bayreuth (Altenstadt), Pegnitz (Büchenbach) oder Waischenfeld (Nankendorf)[396]. Auch in Mainfranken schufen die Stadterhebung und -aufwertung vielerorts neue Schwerpunktverhältnisse, so in Königsberg (Rügheim), Dettelbach (Prosselsheim), Neustadt an der Saale (Brend), Gemünden (Wiesenfeld), Röttingen (Riedenheim), Arnstein (Mariasondheim), Ochsenfurt (Frickenhausen), Wertheim (Kreuzwertheim), Miltenberg (Bürgstadt)[397].

*c) Patronatsrechte. Inkorporationen*

Die den Stiftern von Kirchen, Kapellen und Benefizien und ihren Rechtsnachfolgern zustehenden Patronatsrechte galten im Anschluß an die Erklärung Papst Alexanders III. als ein *ius spirituali annexum* (X.2.1.3; X.3.38.16). Den Hauptinhalt des Patronatsrechts bildete das Präsentationsrecht, das dem Patron den rechtsverbindlichen Vorschlag eines geeigneten Kandidaten für die Besetzung einer freien Pfründe an den für die Amtsübertragung zuständigen Diözesanbischof einräumte. Dazu kamen das Recht auf Unterhalt im Notfall sowie Ehrenrechte, vor allem das Recht des Vortritts bei Prozessionen (*ius praecedentiae*) und ein Ehrenplatz in der Kirche, gewisse Aufsichtsrechte bei der Verwaltung des sich seit dem 13. Jahrhundert verselbständigen-

---

[393] GUTTENBERG, Territorienbildung 296–298.
[394] MACHILEK, Frömmigkeitsformen 167.
[395] E. SCHUBERT, Einführung in die Grundprobleme der deutschen Geschichte im Spätmittelalter, 1992, 256.
[396] GUTTENBERG – WENDEHORST, Bistum Bamberg II 39f (allgemein), 266f, 269, 275–277, 292f (Nürnberg), 190 (Bayreuth), 331 (Pegnitz), 140f (Waischenfeld). – Zu Bayreuth: T. PÖHLMANN, Die Pfarrei Bayreuth im Spätmittelalter, in: AO 74 (1994) 15–32, hier 16–18.
[397] P. SCHÖFFEL, Pfarreiorganisation und Siedlungsgeschichte im mittelalterlichen Mainfranken, in: ZBKG 17 (1942/47) 1–18, hier 17f.

den Kirchenvermögens (der *fabrica*) und Zustimmungsrechte bei Veränderungen der Pfarrei oder des Benefiziums, wie z.B. bei Zusammenlegungen. Zu den Pflichten des Patrons gehörte insbesondere die Schutzpflicht für die Kirche sowie die Auflage der gegenüber dem Kirchenstiftungsvermögen meist subsidiären Baulast[398]. Auf Grund der Vogtei (*ratione advocatiae*) stand dem Patron manchenorts ein besonderes Schirmgeld zu[399].

Das in seinem Wesen und nach seiner Funktion persönliche Patronatsrecht war in der Regel dinglich mit einem Grundstück oder Herrenhof verbunden und wurde mit diesem Objekt verkauft, vertauscht, mitunter auch geteilt und verpfändet und damit gegen die kirchlichen Intentionen zu einem Gegenstand weltlicher Rechtsgeschäfte. Im süddeutsch-österreichischen Raum wurde für die verdinglichte Form des Patronats häufig die Bezeichnung Kirchensatz verwendet[400]. Neben Teilen des Widdums wurden oftmals auch die Zehntrechte ganz oder teilweise von der ursprünglich einheitlichen Pfarrpfründe abgetrennt; sie gelangten nicht selten in die Hand der Patronatsherren, so daß das Patronatsrecht in diesen Fällen mit der Zehntherrschaft verbunden erscheint[401]. Vor allem im 15. Jahrhundert war das Patronat ein wichtiges Element beim Aufbau des landesherrlichen und städtischen Kirchenregiments. Dies wird vor allem bei der Kirchenpolitik des Markgrafen Albrecht Achilles deutlich; auf Grund des Fürstenkonkordats für die Mark Brandenburg 1447 erlangte Albrecht u.a. auch Patronatsrechte und je zwei Kanonikate in den Kollegiatstiften St. Gumbert zu Ansbach und Feuchtwangen[402].

Für das Bistum Augsburg bietet das *Registrum steurae* einen Überblick über die Verteilung der Patronatsrechte zu Beginn der zwanziger Jahre des 16. Jahrhunderts; entsprechend den übergeordneten kirchlichen Gliederungsprinzipen einerseits und der Zielsetzung des vorliegenden Handbuchs andererseits werden bei den folgenden Zahlenangaben auch die der auf bayerischem Territorium liegenden Gebietsteile der Diözese Augsburg einbezogen, nicht dagegen die bis in den Beginn des 19. Jahrhunderts zum Bistum gehörigen Gebietsteile im heutigen Württemberg[403].

---

[398] Zum Patronatsrecht allgemein: P. LANDAU, Ius patronatus. Studien zur Entwicklung des Patronats im Dekretalenrecht und in der Kanonistik des 12. und 13. Jahrhunderts (= Forschungen zur kirchlichen Rechtsgeschichte und zum Kirchenrecht 12) 1975; P. LEISCHING, Patronat, in: HRG III (1984) 1558–1564; MACHILEK, Niederkirchenbesitz; R. PUZA, Stifter, Patrone und Heilige in der Antike, in: Lebendige Überlieferung. Festschrift für H. J. Vogt, 1993, 244–259; DERS., Patronat, -recht. II. Westen, in: LdMa 6 (1993) 1809f.
[399] BUCHNER, Kirchliche Zustände 50 (1903) 45f; MACHILEK, Niederkirchenbesitz 367.
[400] KLEBEL, Grenzen 230.
[401] Dazu als Beispiel: BÜNZ, Zehntbesitz.
[402] ENGEL, Passio; G. PFEIFFER, Brandenburg-Ansbach/Bayreuth, in: TRE 7 (1981) 131–136, hier 131; G. WARTENBERG, Die »Streitpfarreien« im Vogtland: territorialkirchenpolitische Auseinandersetzungen zwischen Brandenburg-Kulmbach und Sachsen als Erbe der Reformationszeit, in: ZBKG 57 (1988) 9–25 (mit Rückblick auf die Zeit vor der Reformation).
[403] Nach ZOEPFL, Bistum Augsburg und seine Bischöfe im Mittelalter 582f.

§ 32. Die Pfarreien. Der niedere Klerus (F. Machilek) 499

|  | Pfarreien | bisch. Patr. | domkap. Patr. | stift. | laik. klöst. spital. Patr. | unbest. Patr. |
|---|---|---|---|---|---|---|
| Stadt u. Archidiakonat Augsburg | 18 | 4 | 3 | 9 | 1 | 1 |
| Distrikt *Suevia* | 457 | 49 | 42 | 209 | 155 | 1 |
| Distrikt *Bavaria* | 295 | 3 | 16 | 182 | 91 | 3 |
| Distrikt *Raetia* | 284 | 9 | 14 | 186 | 70 | 5 |
| Insgesamt | 1054 | 65 | 75 | 587 | 317 | 10 |

Von den im Steuerregister von 1523 erfaßten 1054 Pfarreien standen dem Augsburger Bischof damals lediglich 6% zur freien Besetzung zu[404]. Rund 7% der Patronate entfielen auf das Augsburger Domkapitel, knapp 0,4% auf den Bischof von Regensburg und auf das Eichstätter Domkapitel (1 bzw. 3 Patronate). 56% der Patronate hatten Stifte, Klöster und Spitäler inne, 30% Laien, vor allem Angehörige des Adels, sowie laikale Gremien. Knapp 1% ist nicht bestimmbar.

Im Mainzer Archidiakonat Aschaffenburg waren die wichtigsten Träger von Patronatsrechten das Erzstift Mainz im ehemals königlichen Bachgau sowie im Zentralspessart, das Kollegiatstift St. Peter und St. Alexander in Aschaffenburg insbesondere im Main-Vorspessart-Gebiet sowie die Benediktinerabtei Seligenstadt in einem sich vom unteren Main bis in den nördlichen Spessart erstreckenden Gebiet. Adlige Patronatsträger waren selten; zu nennen ist hier vor allem das Patronat der Grafen von Rieneck zu Johannesberg (Affalderbach) bis 1334. Eine Reihe von Pfarreien war dem Mainzer Domstift, dem Aschaffenburger Stift und dem Kloster Seligenstadt inkorporiert[405].

Im Bistum Würzburg gab es zu Beginn des 16. Jahrhunderts insgesamt rund 1800 Pfarreien und Benefizien. Von diesen konnte der Würzburger Bischof nur etwa ein Zehntel frei besetzen; bei rund zwei Fünfteln hatten Stifte und Klöster die Patronats-

---

[404] Außer den in der Liste aufgeführten Patronaten besaß der Augsburger Bischof noch einige weitere, die zu Lehen ausgegeben waren; das Lehenbuch von 1424 führt 6 Pfarreien dieser Art auf: ZOEPFL, Bistum Augsburg und seine Bischöfe im Mittelalter 582 Anm. 1.
[405] H. HOFFMANN, Die Pfarreiorganisation in den Dekanaten Aschaffenburg-Stadt, Aschaffenburg-Ost und Aschaffenburg-West (1819–1956). Eine Studie zum Atlas »Bistum Würzburg«, in: AschJ 4/2 (1957) 945–994; CHRIST, Aschaffenburg 30–33.

rechte inne, die verbleibende zweite Hälfte der Patronatsrechte verteilte sich auf Adel, Spitäler und Universitäten[406]. Im Archidiakonat Fulda besaß der Fürstabt von Fulda zu Ausgang des Mittelalters Patronatsrechte in 16 Pfarreien; über Kämmernzell stand es ihm in seiner Eigenschaft als Archidiakon zu. Weitere 18 Pfarrpatronate lagen bei den vom Fürstabt abhängigen Stiften und Klöstern. Von den übrigen 28 Pfarrpatronaten besaßen Bischof und Domkapitel von Würzburg nur je drei. Von den insgesamt 142 Vikarien lag der Großteil der Patronatsrechte beim Fürstabt (47, davon vier als Archidiakon), beim Stiftsdekan (10), bei den Dekanen der Kollegiatstifte (11) sowie bei den Pröpsten der fuldischen Nebenklöster (11)[407].

Für das Bistum Bamberg stellt ein zwischen 1386 und 1390 aufgestelltes Verzeichnis der bischöflichen Kollationen die älteste Übersicht dieser Art dar[408]. Ein umfassendes Patronatsverzeichnis des Bistums entstand zwischen 1496 und 1499[409].

Für die Zeit um 1520 ergibt sich für das Bistum Bamberg aus den Quellen die folgende Verteilung der Pfarrkirchenpatronate[410]:

|  |  | davon alternierende Patronate[411] | inkorporierte Pfarreien |
|---|---|---|---|
| Bischöfe von Bamberg | 41 | 3 | – |
| Bischöfe von Würzburg | 3 | – | – |
| Domkapitel Bamberg und Dignitäre dieses Kapitels | 17 | 2 | 3 |
| Kollegiatstife (davon 2 Stift Spalt) | 11 | – | 1 |
| Klöster | 29[412] | 3 | 11[413] |

---

[406] BENDEL, Würzburger Diözesanmatrikel VIIf, XXVII–XXX; SODER v. GÜLDENSTUBBE, Kirchliche Strukturen 226. – Ein Vergleich der Zahlen der Patronate in den Diözesen Augsburg und Würzburg mit jenen für das Erzbistum Prag rund ein Jahrhundert früher ist aufschlußreich: Nur 28,6% lagen beim Prager Erzbischof und bei kirchlichen Institutionen, 24,5% beim höheren, 38% beim niederen Adel; der Rest lag beim König (6,2%) bzw. den Bürgern (2,7%). Die Zahlen sind ein Schlüssel zum Verständnis der Krise im vorhussitischen Böhmen: ŠMAHEL, Krise 70 (davon abweichende Zahlen ebd. 72).
[407] LEINWEBER (wie Anm. 391) 128–135, bes. 133, Anm. 47; SODER v. GÜLDENSTUBBE, Kirchliche Strukturen 222f.
[408] GUTTENBERG – WENDEHORST, Bistum Bamberg II 8.
[409] Veröffentlicht von WEBER, Bisthum 227–257. – Zum zeitlichen Ansatz: GUTTENBERG – WENDEHORST, Bistum Bamberg II 8.
[410] GUTTENBERG – WENDEHORST, Bistum Bamberg II 339–344.
[411] Für Geisfeld z.B. bei der Separation von der Mutterkirche Amlingstadt 1484 festgelegt.
[412] Davon 2 im Bistum Würzburg: Banz und Münchaurach.
[413] Davon sind inkorporiert: 1 Pfarrei dem Kloster Banz (Bistum Würzburg), 3 Pfarreien Langheim, 5 Michelsberg, 5 Michelfeld sowie 1 Pfarrei dem Kloster der Augustinereremiten zu Kulmbach.

| | | davon alternierende Patronate | inkorporierte Pfarreien |
|---|---|---|---|
| Markgrafen von Brandenburg-Kulmbach | 29 | – | – |
| Herzöge von Bayern | 1 | – | – |
| Ritterschaft, Ortsadel | 38 | – | – |
| Patriziat/bürgerliche Familien | 4 | 1 | – |
| Städte und Gemeinden | 3 | 1 | – |
| Mutterpfarrer und deren Rechtsnachfolger | 20 | 2 | – |
| bischöflich bambergischer Kammermeister | 1 | – | – |
| Zusammen | 197 | 12 | 15 |

Bei knapp vier Fünfteln der insgesamt rund 200 Pfarrkirchen des Bistums Bamberg war der Bamberger Bischof demnach bei der Besetzung an die Vorschläge anderer Patronatsträger gebunden. Neben diesen Einschränkungen der freien Kollatur des Bischofs kamen durch die päpstlichen Reservationen, Provisionen und Expektanzen weitere Einschränkungen der Rechte des Ortsordinarius auf Ernennung der Pfarrer hinzu[414]. Der Anteil des niederen Adels an der Gesamtzahl der Patronatsträger betrug nur knapp ein Fünftel. Nichtsdestoweniger bewahrte sich jener über die Patronatsrechte wichtigen Einfluß auf das kirchliche Geschehen, vor allem in den Landpfarreien; entsprechend fanden hier vielfach auch die Ausdrucksformen der Adelsfrömmigkeit einen bis heute sichtbaren Niederschlag[415].

Zur Ausschaltung des Laienpatronats und zum Schutz gegen Übergriffe durch die Vögte, vor allem aber aus wirtschaftlichen Gründen ließen sich seit der zweiten Hälfte des 12. Jahrhunderts Klöster und Stifte, später auch Spitäler und Universitäten, das Nutzungsrecht am Pfründegut (*beneficium*) von Pfarr- und Filialkirchen sowie Kapellen, für die sie das Patronatsrecht besaßen, in der Regel von den zuständigen Bischöfen verleihen und diese Akte vielfach päpstlich bestätigen. Bei diesem von Papst Innozenz III. (1198–1216) anerkannten und etwa seit der Mitte des 13. Jahr-

---

[414] KRAUS, Stadt Nürnberg 71; vgl. ZOEPFL, Bistum Augsburg und seine Bischöfe im Mittelalter 582.
[415] MACHILEK, Frömmigkeitsformen 167.

hunderts in den Urkunden als Inkorporation bezeichneten Rechtsinstitut handelt es sich, wie Dominikus Lindner betont hat, um eine Neuschöpfung, nicht um das nur umgeformte und neu benannte alte Eigenkirchenrecht. Die Kanonisten unterschieden in der Folgezeit zwischen der *incorporatio in usus proprios* und der *incorporatio in usus proprios cum pleno iure*[416]. Bei der erstgenannten Form blieben die Rechte des Diözesanbischofs hinsichtlich der Spiritualien voll erhalten; die Vorsteher der begünstigten Institutionen präsentierten den Bischöfen hierbei in der Regel Weltgeistliche als ständige Vikare und verpflichteten sich, diesen einen festgesetzten, hinreichenden Teil der Pfründenutzung, die *pars* bzw. *portio congrua*, zu überlassen. Die verbleibenden Einkünfte und die Nutzung fielen an das Stift oder Kloster. Gelegentlich wurde den Vikaren auch die volle Pfründenutzung zugestanden, wovon sie dann eine jährliche Abgabe an das Stift oder an das Kloster zu leisten hatten (Absent). Bei der *incorporatio in usus proprios et pleno iure* erlangten die Vorsteher der begünstigten Institutionen vor allem das Recht der Einsetzung und Absetzung unständiger (amovibler) Vikare; dabei konnten als Vikare sowohl Weltgeistliche, als auch eigene Religiosen eingesetzt werden. Der zuständige Bischof verlor im Fall der Inkorporation *pleno iure* einen Teil seiner geistlichen Rechte. Bei beiden Inkorporationsformen galt die begünstigte Institution als eigentlicher Pfarrer (*parochus habitualis*). Zwar sicherten die Inkorporationen den Pfarreien in der Regel eine stete Seelsorge, sie schädigten aber auch in wachsendem Umfang den niederen Klerus, für den immer weniger Pfründen zur Verfügung standen. Gerade die ertragreicheren Pfarreien wechselten in den Besitz der Stifte und Klöster; diese strebten dabei die volle Inkorporation an, um jene nach Möglichkeit mit eigenen Religiosen besetzen zu können. Für viele niedere Kleriker war damit ein Aufstieg in bessere Positionen von vornherein ausgeschlossen. Den Vikaren blieb der hinreichende Teil häufig versagt. Ein nicht unbeträchtlicher Teil des niederen Klerus sank auf diese Weise wirtschaftlich und sozial ab[417].

Für die Bistümer Augsburg und Bamberg lassen sich auf Grund bereits vorliegender Forschungen die Inkorporationsverhältnisse im einzelnen überschauen. Im Bistum Bamberg mit seinem vergleichsweise geringeren Bestand an Klöstern überwog die *incorporatio in usus proprios*; das Institut der Inkorporation hat für die Pfarrseelsorge dort nicht die Bedeutung erlangt wie in der Diözese Augsburg[418].

### d) Einkünfte und Abgaben der Pfarreien

Die Unterschiede bei den Einkünften der Pfarreien waren entsprechend der Größe der Pfarreibezirke und dem jeweiligen Umfang der Erträge aus Stiftungen sehr erheblich.

---

[416] P. LANDAU, Inkorporation, in: TRE 16 (1987) 163–166. W. PETKE, Von der klösterlichen Eigenkirche zur Inkorporation in Lothringen und Nordfrankreich im 11. und 12. Jahrhundert, in: RHE 87 (1992) 34–72, 375–404.
[417] Dazu besonders instruktiv: ŠMAHEL, Krise 70ff.
[418] Augsburg: R. HOHL, Die Inkorporation im Bistum Augsburg während des Mittelalters, Diss. Freiburg 1960. – Würzburg: WENDEHORST, Würzburg II u. III. – Bamberg: GUTTENBERG – WENDEHORST, Bistum Bamberg II; GUTH, Kirche und Religion 142–144.

Eine Möglichkeit zum Vergleich eröffnen die Angaben über die Höhe des *Cathedraticum* in mehreren der angeführten bischöflichen Verzeichnisse. Im Bistum Augsburg zahlte nach dem *Registrum steurae* von 1523 im Kapitel Mindelheim das höchste *Cathedraticum* nicht die Stadtpfarrei Mindelheim (27 kr 3 hl), sondern die Pfarrei Pfaffenhausen (37 kr 5 hl), die schon der Name als alte Mutterpfarrei ausweist; höher besteuert als die Stadtpfarrei Mindelheim war auch die zum Augustinerchorherrenstift Rottenbuch gehörige Pfarrei Oberauerbach (30 kr 6 hl). Die am niedrigsten besteuerte Pfarrei des Kapitels war Unterauerbach (8 kr 4 hl)[419]. Kapläne, Benefiziaten und Frühmesser wurden nicht zur Leistung des *Cathedraticum* herangezogen, wohl aber zum *Subsidium caritativum*. Nach den im *Registrum* enthaltenen Zahlen waren manche Benefizien einträglicher als eine Pfarrei. Der Spitalkaplan und der Sebastiansbenefiziat in Mindelheim waren zu je 2 fl veranschlagt, während eine Reihe von Pfarrern, so z.B. jene in Nattenhausen, Ebershausen oder Niederraunau, unter 2 fl zu zahlen hatten[420].

Das zwischen 1502 und 1520 angelegte Verzeichnis der Pfarreien des Bistums Bamberg enthält für jene des Archidiakonats Bamberg (ohne die Stadt Bamberg) Angaben über die Höhe der jährlich fälligen *Cathedratica*. In den ungleichen Jahren waren von jenen Pfarreien einheitlich 6 d zu entrichten. In den gleichen Jahren wurden unterschiedliche Taxen fällig. Mit der höchsten Taxe von 11 gr belegt erscheinen die Pfarrkirchen Buttenheim, Amlingstadt und Hallstatt; 19 weitere Pfarreien sowie die Frühmesse zu Buttenheim sind mit 3 gr veranschlagt, 3 Pfarreien mit 54 d, 2 mit 24 d[421].

Erhebliche finanzielle Belastungen der Pfarreien stellten auch die ursprünglich von den neuen Pfründeninhabern an ihren Bischof zu leistenden, seit dem 14. Jahrhundert bei Provisionen von Angehörigen des niederen Klerus von den Päpsten in Avignon beanspruchten Annaten dar[422]. Die Abgaben richteten sich nach der Höhe der Einkünfte des ersten Jahres (*fructus primi anni*). Die Organisation des Einzugs der Annaten oblag päpstlichen Kollektoren, die von den Diözesen allerdings häufig nicht akzeptiert wurden bzw. ohne bischöfliche Unterstützung blieben. Über Annatenzahlungen aus den hier behandelten Bistümern gibt das erhaltene Rechnungsbuch des kurialen Kammerklerikers Eblo de Mederio aus den Jahren 1356–1360 Aufschluß; die tatsächlichen Einnahmen beliefen sich damals im Bistum Würzburg auf 593, in Bamberg auf 232 fl (Florentiner Gulden). Gestundet waren in Würzburg 253, in Bamberg 133, in Eichstätt 30 fl. Als Subkollektoren waren in Augsburg Lamprecht von Brunn, zu jener Zeit Abt zu Gengenbach im Elsaß, in Würzburg der Magdeburger Domherr Johann Schenk und in Eichstätt u.a. der dortige Bischof Berthold Burggraf von

---

419 Nach ZOEPFL, Bistum Augsburg und seine Bischöfe im Mittelalter 584.
420 Ebd. 584.
421 WEBER, Bisthum 104f; gegenüber der Edition sind die Angaben hier z.T. nach dem Original im StA Bamberg, Pfarreiakten (Rep. B 49), Nr. 282, fol. 11', korrigiert.
422 J. P. KIRSCH, Die päpstlichen Kollektorien in Deutschland während des XIV. Jahrhunderts (= Quellen und Forschungen aus dem Gebiet der Geschichte 3) 1894; DERS., Die päpstlichen Annaten in Deutschland während des XIV. Jahrhunderts I: Von Johannes XXII. bis Inocenz VI. (= Quellen und Forschungen aus dem Gebiet der Geschichte 9) 1903.

Nürnberg tätig. Für Bamberg lassen die Angaben über die Höhe der Annaten für einige Pfarreien Rückschlüsse auf ihre Finanzkraft zu: danach leisteten die Obere Pfarre zu Bamberg und die Pfarrei St. Lorenz zu Nürnberg je 100 fl, die Pfarrei St. Sebald in Nürnberg 84 1/2 fl, die Pfarreien Amlingstadt, Stadtsteinach (Obernsteinach) und Königsfeld 50, 40 bzw. 30 fl. Die Pfarrei Hallstadt hatte 1318 96 fl zu leisten[423].

In Augsburg belohnte Papst Bonifaz IX. die Ergebenheit Bischof Burkhards von Ellerbach (Erbach) (1373–1404) durch Überlassung der Annaten von allen kirchlichen Stellen, deren Besetzung oder Verleihung diesem zustanden[424]. Burkhards Nachfolger Eberhard II. Graf von Kirchberg (1404–1413), zunächst Subkollektor, seit 1397 Generalkollektor für die Erhebung der Annaten in der Erzdiözese und Kirchenprovinz Mainz, dürfte sein Amt nicht zuletzt dieser Tätigkeit verdankt haben[425].

*e) Einkommen, sozialer Status und Lebensführung des niederen Klerus*

Über die Zusammensetzung des Einkommens der Pfarrer, Vikare und Benefiziaten geben die in den Archiven in großer Zahl erhaltenen Urbare und Zinsregister sowie die sog. Pfarr- oder Gotteshausbücher Aufschluß[426]. Die Grundlage des Einkommens bildeten zunächst Naturalabgaben, die im Lauf der Zeit in Geldreichnisse umgewandelt wurden[427]. Die in der *Reformatio Sigismundi* als Anhaltspunkt für ein ausreichendes Auskommen genannten Durchschnittsbeträge – für einen Priester, der eine Pfarrkirche versieht, 80 bzw. 60 fl, für einen Domherrn gleichfalls 80 fl, für einen Kanoniker eines Kollegiatstifts 60 fl – wurden von diesen in der Regel nicht erreicht; für die Inhaber von Pfarr- oder Meßpfründen kann in oberdeutschen Städten um die Mitte des 15. Jahrhunderts von einem festen Jahreseinkommen von etwa 30 fl ausgegangen werden; diese Summe wurde als angemessen betrachtet, 40 fl bereits als reichliches, nur in Ausnahmefällen erreichtes Einkommen[428].

---

[423] DENZEL, Kurialer Zahlungsverkehr 170–190.
[424] ZOEPFL, Bistum Augsburg und seine Bischöfe im Mittelalter 332.
[425] Ebd. 350f, 353.
[426] Hinweise auf diese Quellen finden sich u.a. in den Archivinventaren: A. AMRHEIN (Bearb.), Archivinventare der katholischen Pfarreien in der Diöcese Würzburg (= VGFG V,1) 1914; BUCHNER, Archivinventare; K. SCHORNBAUM (Bearb.), Archivinventare der evangelischen mittelfränkischen Pfarreien des ehemaligen Konsistoriums Ansbach (= Inventare Fränkischer Archive 3 = VGFG V,3) 1929; DERS. (Bearb.), Archiv-Inventare der evangelisch-lutherischen unterfränkischen Pfarreien des ehemaligen Konsistoriums Bayreuth nebst Nachträgen zu den Inventaren der mittelfränkischen Pfarreien des ehemaligen Konsistoriums Ansbach (= VGFG V,4) 1950. – Zu den Gotteshausbüchern (Pfarrbüchern) s. a. oben Anm. 9.
[427] Ein instruktives Beispiel für eine Landpfarrei bietet die Untersuchung von I. BACIGALUPO, Pfarrherrliches Landleben. Der Pfarrhof als Bauerngut, in: ZBKG 56 (1987) 177–235; vgl. auch: J. B. GÖTZ, Tätigkeit und Einkommen eines Pfarrers der Eichstätter Diözese am Vorabend der Reformation, in: Klerusblatt 9 (1928) 135–138, 153f. – Zu den Oblationen und Stolgebühren: W. PETKE, Oblationen, Stolgebühren und Pfarreinkünfte vom Mittelalter bis ins Zeitalter der Reformation, in: H. BOOCKMANN (Hg.), Kirche und Gesellschaft im Heiligen Römischen Reich des 15. und 16. Jahrhunderts (= Abhandlungen der Akademie der Wissenschaften Göttingen, phil.-hist. Kl. 3,206) 1994, 26–58 (mit Einzelbeispielen aus Franken).
[428] U. DIRLMEIER, Untersuchungen zu Einkommensverhältnissen und Lebenshaltungskosten in oberdeutschen Städten des Spätmittelalters (Mitte 14. bis Anfang 16. Jahrhundert) (= Abhandlungen der Heidelberger Akademie der Wissenschaften, phil.-hist. Kl., 1978,1) 1978, 75–82 (mit Vergleichszahlen).

Vielfach führte das unzureichende Einkommen jedoch zum sozialen Abstieg der Pfarrvikare; um der drohenden Proletarisierung zu steuern, erließen die Bischöfe mehrfach Beschlüsse, die das Mindesteinkommen des niederen Klerus sichern sollten. Bischof Johann III. von Eych (1445–1464) forderte auf der Eichstätter Synode von 1447 die Patrone zur Leistung der *Congrua* auf; sie soll für Seelsorgestellen auf 45 fl und für einfache Benefizien auf 36 fl erhöht werden. Offenbar setzte sich diese Forderung nicht durch; noch 1480 betrug die *Congrua* nur rund 30 fl, gelegentlich noch erheblich weniger[429].

Die überdurchschnittlich dotierten Pfarreien waren angesichts der Existenzschwierigkeiten des Klerus besonders begehrt. Im Bistum Bamberg wurden diese *Oberpfarren* in der Regel nur Domherren übertragen[430]. Gerade die guten Pfründen gelangten in die Hand der aus Karrieregründen auf die Häufung angewiesenen Geistlichen bzw. der professionellen Pfründensammler. Reformprediger und -konzilien nahmen immer häufiger und leidenschaftlicher gegen den *cumulus beneficiorum* Stellung[431]. Der Würzburger Bischof Johann I. von Egloffstein (1400–1411) verbot auf der Diözesansynode 1407 den Besitz von mehr als einer Pfründe. Vier Jahre später beschäftigte das Thema erneut eine Diözesansynode Bischof Johanns. Nichtgeweihte Pfarrer wurden aufgefordert, sich innerhalb eines Jahres nach ihrer Ernennung weihen zu lassen, um die Pfarrei selbst betreuen zu können; der Empfang der Priesterweihe ohne Ausübung priesterlicher Funktionen wurde untersagt, der Geweihte aufgefordert, innerhalb Jahresfrist das Meßopfer zu feiern, und diese vornehmste priesterliche Aufgabe fortan sein Leben lang wahrzunehmen[432]. Unter Bischof Johann II. von Brunn (1411–1440) ist trotz der Vorschriften Johanns I. von Egloffstein wieder von Pfründenkumulation die Rede[433].

Der Anteil von Welt- und Ordensgeistlichen an der Gesamteinwohnerschaft vieler Städte war hoch. Für Würzburg läßt sich für den Ausgang des 15. Jahrhunderts eine Zahl von etwas über 280 Weltgeistlichen errechnen: Neben den 133 Kanonikaten der Stifte (am Dom 55, im Stift Haug 29, im Stift Neumünster 30, im Ritterstift St. Burkard 19), und den 131 Vikarien bei diesen Stiften (Domstift 61, Stift Haug 27, Stift Neumünster 31, St. Burkard 12), gab es fünf Pfarrstellen (Dompfarrei, St. Burkard, St. Peter, Haug, St. Gertraud), die Domprädikatur sowie die selbständigen Meßpfründen an der Marienkapelle (6), an der Ratskapelle (1), im Bürgerspital

---

429 PÖLNITZ, Bischöfliche Reformarbeit 65, 86, 151. – Zu den allgemeinen Auswirkungen der Existenzschwierigkeiten: ŠMAHEL, Krise bes. 69.
430 Es waren dies: Amlingstadt, Bamberg (Obere Pfarre), Bühl, Buttenheim, Hallerndorf, Hallstadt, Hof, Hollfeld, Königsfeld, Kronach, Memmelsdorf, Neunkirchen, Pretzfeld, Scheßlitz, Seußling, Staffelstein, Stadtsteinach, Waischenfeld: KIST, Domkapitel 69–72; GUTTENBERG – WENDEHORST, Bistum Bamberg II 19f.
431 Zu den schärfsten Anklagen gehörte die 1403 in Zusammenarbeit mit Job Vener entstandene Schrift *De praxi curiae Romanae* des damals in Heidelberg wirkenden Matthäus von Krakau († 1410), des späteren Bischofs von Worms: F. J. WORSTBROCK, M.v.K., in: VL² 6 (1987) 172–182, hier 179f. – Zum Zusammenhang zwischen Pfründenkumulation und Inkorporationen: P. BLICKLE, Die Reformation im Reich, 1982, 26–28.
432 HIMMELSTEIN, Synodicon 117f, 212–233; PÖLNITZ, Bischöfliche Reformarbeit 37.
433 PÖLNITZ, Bischöfliche Reformarbeit 37 Anm. 4.

(2), an den Pfarrkirchen im Haug, zu St. Peter und St. Gertraud (je 1) und beim Benediktinerinnenkloster St. Afra (1). Wegen der Pfründenkumulation sind Abstriche an der Zahl der bepfründeten Geistlichen zu machen; dem stehen jedoch die nur schwer faßbaren unbepfründeten Hilfsgeistlichen gegenüber. Die Zahl der Ordenskleriker wird auf etwa 120 geschätzt. Insgesamt belief sich die Zahl der Kleriker demnach auf mindestens 400, was bei einer geschätzten Bevölkerungszahl von 7000 einem Anteil von wenigstens 5,7% entspricht[434]. Gegenüber den Bischofsstädten lag der Klerikeranteil in den Reichsstädten deutlich niedriger: In Nördlingen gab es 1459 unter knapp 5300 Einwohnern 80 geistliche Personen; der Klerikeranteil betrug demnach nur rund 1,5%[435]. Dieser Prozentsatz entspricht bei einer Zahl von 70 Welt- und über 30 Ordensgeistlichen dem für Rothenburg ob der Tauber errechneten Anteil von 1–2% der angenommenen Gesamtbevölkerung[436]. Vergleichsweise gab es in der bambergischen Landstadt Staffelstein 1514 neben dem Pfarrverweser weitere neun Priester[437]. Die in verschiedenen Städten noch erhaltenen älteren Chorgestühle deuten auf die hohe Zahl der Kleriker hin, die sich dort zum Gottesdienst versammeln sollten. Der Chorraum war zum Kirchenraum hin durch Schranken abgegrenzt, wodurch die privilegierte Stellung des im Chorgestühl sitzenden Klerus betont wurde. Das Memminger Chorgestühl diente offenbar dem nicht mehr erhaltenen zu St. Mang in Kempten zum Vorbild[438].

Die vorliegenden Untersuchungen über den niederen Klerus zu Ausgang des späten Mittelalters bieten ein widersprüchliches Bild[439]. Der Anteil der eigentlichen Seelsorger war lange Zeit relativ gering[440], doch stieg ihre Zahl im Zuge der Reformbemühungen während des 15. Jahrhunderts offensichtlich an[441]. Visitationsprotokolle, Landkapitelsstatuten, Testamente und Nachlaßinventare von Klerikern, Pfarrbücher, Pfründebeschreibungen, Zehntregister und Stiftungsakten bieten Material zur Kenntnis der Lebensumstände und der Alltagskultur des niederen Klerus, u.a. zu dessen Bildungsstand, Frömmigkeitshaltung, pastoralem Engagement, zu seiner Einbindung in die Gemeinde und zu seinem sozialen Umfeld sowie auch zu seinem Kunstverständnis[442]. Die Landgeistlichen hatten vielenorts mit eigener wirtschaftlicher Not zu

---

[434] TRÜDINGER, Stadt 42f.
[435] TRÜDINGER, Kirchenpolitik 185. – In Worms war um 1500 jeder zehnte Einwohner eine geistliche Person: MOELLER, Kleriker 200.
[436] BORCHARDT, Institutionen I 627.
[437] DIPPOLD, Staffelstein 70.
[438] H. SCHAUER, Das Chorgestühl in der Martinskirche zu Memmingen, in: ZBKG 56 (1987) 27–105.
[439] Dazu allgemein: D. KURZE, Der niedere Klerus in der sozialen Welt des späteren Mittelalters, in: Beiträge zur Wirtschafts- und Sozialgeschichte des Mittelalters. Festschrift für Herbert Helbig zum 65. Geburtstag, hg. v. K. SCHULZ, 1976, 273–305.
[440] »Im Mittelalter waren die Seelsorger eine Minorität unter den Klerikern«, urteilt H. BOOCKMANN, Stauferzeit und spätes Mittelalter. Deutschland 1125–1517, 1993, 386, wohl zurecht.
[441] Einzeluntersuchungen zur niederen Geistlichkeit sind – nicht zuletzt bedingt durch die insgesamt ungünstige Quellensituation – ein Desiderat der Forschung. Der Verf. darf hier auf eine Reihe eigener Beiträge zum niederen Klerus in Nürnberg hinweisen: Magister Jobst Krell; Animadvertens; Sebald Lobmair. – Hinweise auf Landkapitelsstatuten u.a. bei PÖLNITZ, Bischöfliche Reformarbeit 43, 128.
[442] Als Vergleichsuntersuchung erwähnenswert: I. HLAVÁČEK, Beiträge zum Alltagsleben im vorhussitischen Böhmen. Zur Aussagekraft des Prager Visitationsprotokolls von 1379–1381 und der benachbarten

kämpfen; während sie sich in der Lebensführung der bäuerlichen Umgebung anglichen, waren sie bei oftmals bescheidenem Maß an theologischem Wissen und den nicht allzu häufigen Kontakten mit ihren Standesgenossen nicht in der Lage, die von den Synoden geforderte Einsamkeit zu ertragen. Der Konkubinat war zwar nicht die Regel, war aber weit verbreitet, wozu nicht zuletzt die Ausübung der Bauernarbeit durch die Landpfarrer beitrug[443]. Einen Rückhalt fanden die Geistlichen auf dem Land nicht selten bei Eltern und Geschwistern, die dementsprechend in den Testamenten besonders bedacht wurden. Die fingierte *Epistola de miseria curatorum seu plebanorum* von 1475 vermittelt eine Vorstellung vom Selbstverständnis eines Landpfarrers von seinem Amt und den ihm gestellten Aufgaben, die zweifellos überzeichnet ist, aber doch in vielerlei Hinsicht Nöte des Landklerus widerspiegelt. Wie Christus von den Juden gekreuzigt wurde, so der Pfarrer täglich von seinen Parochianen; ständig wird er nach der Sicht des Verfassers von neun Teufeln gequält: vom Kollator, vom Mesner, von der Pfarrköchin, vom Heiligenpfleger, vom Bauern, vom Offizial, vom Bischof, vom eigenen Kaplan und vom Prediger. Die Flugschrift wurde zu Ausgang des 15. Jahrhunderts mehrfach gedruckt, darunter in Augsburg; als Entstehungsort kommt Schwaben (Augsburg ?) oder Meißen in Betracht[444]. Gerade die oft geschmähten Mägde in den Pfarrhäusern erscheinen in den Testamenten nicht selten als Pflegerinnen der Geistlichen in Tagen der Krankheit[445]. Im Verhältnis zwischen dem Geistlichen und der Gemeinde bestand keine Überordnung, sondern ein Nebeneinander; war jener zum seelsorglichen Dienst an der Gemeinde verpflichtet, so diese ihm gegenüber zu Achtung, Gehorsam und zu materiellen Leistungen[446].

Im Klerus selbst regten sich im Lauf des 15. Jahrhunderts Stimmen, die zur Reform aufriefen. Der in enger Verbindung zum Augsburger Bischof Peter von Schaumberg (1424–1469) stehende Heinrich Lur († nach 1476) unterzog 1452 in einer Gründonnerstagspredigt vor dem Augsburger Klerus alle geistlichen Stände einer scharfen Kritik ihrer Amts- und Lebensführung; er war seit 1453 Pfarrer in Dillingen[447]. Die

---

Quellen, in: JFLF 34/35 (1974/75) 865–882. – Für den hier behandelten Raum bietet sich eine Untersuchung des Eichstätter Visitationsprotokolls von 1480 an. Auszüge daraus veröffentlicht von H. DANNENBAUER, Die Nürnberger Landgeistlichen bis zur 2. Nürnberger Kirchenvisitation (1560/61). Ergänzungen zu Würfels >Diptycha Ecclesiarum in oppidis et pagis Norimbergensibus<, in: ZBKG 2 (1927) 203–233; 3 (1928) 40–53, 65–79, 214–229; 4 (1929) 49–64, 107–122, 214–229; 6 (1931) 27–38, 109–116, 217–234; 7 (1932) 91–102, 221–242; 8 (1933) 215–230; 9 (1934) 40–52.

443 TÜCHLE, Kirchengeschichte Schwabens II 301, 311f; PÖLNITZ, Bischöfliche Reformarbeit 38, 63, 151. – Zum Vergleich: F. ŠMAHEL, Noch eine Randgruppe: die Konkubinen der Landpfarrer im vorhussitischen Böhmen, in: Biedni i bogaci. Festschrift für Bronisław Geremek, 1992, 85–94.

444 Veröffentlicht von G. BRAUN, Epistola de miseria curatorum seu plebanorum, in: BBKG 22 (1916) 27–42, 66–78; ND: M. ERBE (Hg.), Pfarrkirche und Dorf. Ausgewählte Quellen zur Geschichte des Niederkirchenwesens in Nordwest- und Mitteldeutschland vom 8. bis zum 16. Jahrhundert (= Texte zur Kirchen- und Theologiegeschichte 19) 1973, 72–81. – Dazu: A. WERMINGHOFF, Zur Epistola de miseria curatorum seu plebanorum, in: Archiv für Reformationsgeschichte 13 (1916) 202–213; BÜNZ, »Gottloses Wesen« 4f.

445 MACHILEK, Animadvertens 514; DERS., Sebald Lobmair 383f.

446 Nach BADER, Universitas 254; auch zitiert bei BÜNZ, »Gottloses Wesen« 34.

447 F. ZOEPFL, Heinrich Lur, in: HJ 59 (1939) 143–159; TÜCHLE, Kirchengeschichte Schwabens II 332f u.ö.; ZOEPFL, Bistum Augsburg und seine Bischöfe im Mittelalter 586; F. J. WORSTBROCK, H. L., in: VL$^2$ 5 (1985) 1078–1082.

Kapitels- und Priesterbruderschaften boten den Geistlichen einen gewissen Rückhalt in ihren Anliegen, der angesichts der relativ weiten Entfernungen und der Seltenheit der Zusammenkünfte nicht allzuhoch anzuschlagen ist[448]. Im Archidiakonat Kronach bestand schon 1344 eine Priesterbruderschaft[449]. Allgemein gehörte, nicht zuletzt im Hinblick auf den Anstieg der Laienbildung in den Städten, die Forderung nach Verbesserung der Bildung der Geistlichen vor allem seit den Reformkonzilien in der ersten Hälfte des 15. Jahrhunderts zu einem der Hauptanliegen der Vertreter des Reformgedankens. Um die Wende vom 15. zum 16. Jahrhundert mischten sich die Aufrufe reformwilliger Bischöfe und die mitunter übertreibenden Klagen der Prediger mit dem beißenden Spott der Humanisten über die Unbildung der Geistlichen[450]. Davon ausgehend wurde der Bildungsstand des Klerus im späten Mittelalter rückblickend allgemein nicht allzu hoch veranschlagt. Detailforschungen aus jüngerer Zeit haben erwiesen, daß hierzu vor allem für das 15. Jahrhundert stärker als bisher zu differenzieren ist. Für die Diözese Bamberg konnten von rund 7300 für den Zeitraum 1400–1556 matrikelmäßig erfaßten Welt- und Ordensgeistlichen 2100 an deutschen oder ausländischen Universitäten nachgewiesen werden, also nahezu 29%[451]. Für das Markgraftum Brandenburg-Ansbach und für das Bistum Eichstätt ergaben Berechnungen für die Zeit nach 1500 noch höhere Prozentzahlen[452]. Allerdings waren die Zahlen der Graduierten relativ gering[453]. Angesichts des weithin unzureichenden Bücherbesitzes auch bei Stadtgeistlichen bedeutete die Errichtung einer Bibliothek in einer Pfarrei und für deren Umland oftmals einen entscheidenden Schritt zur Verbesserung der Bildungssituation[454].

---

[448] Zu Priesterbruderschaften im Bistum Augsburg: ZOEPFL, Bistum Augsburg und seine Bischöfe im Mittelalter 444, 523; TÜCHLE, Kirchengeschichte Schwabens II 274f. – Franken: L. REMLING, Bruderschaften in Franken. Kirchen- und sozialgeschichtliche Untersuchungen zum spätmittelalterlichen und frühneuzeitlichen Bruderschaftswesen (= QFGBW 35) 1985; S. ZEISSNER, Die Priesterbruderschaften im Bistum Würzburg im Spätmittelalter, in: WDGB 4/2 (1936) 41–65; PÖLNITZ, Bischöfliche Reformarbeit 64, 76f, 123; H. HOLZAPFEL, Die Priesterbruderschaft an der Baunach (= Bayrisch-fränkische Bruderschaftsbücher des Mittelalters 2 = Einzelarbeiten aus der Kirchengeschichte Bayerns 2) 1953 (mit Edition des 1481/82 angelegten Bruderschaftsbüchleins); EBNER, Bruderschaftswesen 67–80; W. SCHARRER, Laienbruderschaften in der Stadt Bamberg vom Mittelalter bis zum Ende des Alten Reiches, in: BHVB 126 (1990) 19–392, hier 60–68; K. v. ANDRIAN–WERBURG, Ein Bruderschaftsverzeichnis der Bamberger Karmeliten, in: WDGB 42 (1980) 203–218.
[449] KANZLER, Landkapitel 12f; DIPPOLD, Staffelstein 79.
[450] Letzterer erscheint am stärksten artikuliert in den *Epistolae obscurorum virorum* von 1515/17. – Dazu zusammenfassend: MACHILEK, Schulen 113 (mit weiterer Lit.).
[451] KIST, Matrikel; DERS., Bamberger Kleriker an den Universitäten des Spätmittelalters, in: Monumentum Bambergense. Festgabe für Benedikt Kraft, hg. v. H. NOTTARP (= Bamberger Arbeiten und Forschungen 3) 1955, 439–452; DERS., Klerus.
[452] Zitiert bei OEDIGER, Bildung 66f.
[453] Feststellung für Bamberg bei KIST, Klerus 3.
[454] Zahlreiche Bücherverzeichnisse von Geistlichen sind gedruckt in: MBKDS. – Zu einzelnen Bibliotheken: E.-G. KRENIG, Nachrichten zur ehemaligen Pfarrbibliothek in Ebern, in: MJGK 12 (1960) 293–299; STAHLEDER, Handschriften der Augustiner-Eremiten; MACHILEK, Bibliothek Windsheim; DERS., Bohemikale Handschriften in der Schwabacher Kirchenbibliothek, in: Bohemia-Jahrbuch 15 (1974) 427–439 (mit weiteren Hinweisen 428 Anm. 5); DERS., Magister Jobst Krell 102; DERS., Sebald Lobmair 393f.

## § 33. DIE MITVERANTWORTUNG DER LAIEN FÜR DAS KIRCHLICHE LEBEN. DIE PRÄDIKATURSTIFTUNGEN

Die Pfarrgemeinden waren im Mittelalter mit den Stadt- und Dorfgemeinden weitgehend identisch; einheitlich standen die Gemeinden im Dienst kirchlicher und weltlicher Aufgaben. Die gegenüber der alten Kirche im Lauf der Jahrhunderte zurückgedrängte Mitwirkung der Laien im Rahmen der Gemeinden trat im Lauf des Spätmittelalters in den Städten, aber auch in den Dörfern wieder verstärkt hervor. Neben den zahlreichen Einzelstiftungen *ad pias causas* und der Beteiligung der Gemeinden an den Kirchenbauten fand die wachsende Mitverantwortung der Laien ihren Ausdruck vor allem in der Ausübung und im Erwerb von Patronatsrechten, in der Kirchenpflegschaft und in der Errichtung von Prädikaturen[455]. Das Recht auf Wahl der Pfarrer spielte im hier behandelten Raum kaum eine Rolle[456].

### a) Stiftungen ad pias causas

Die Stiftung kann »geradezu als ein Prinzip dafür angesehen werden, wie sich die Religiosität des spätmittelalterlichen Menschen realisierte«[457]. Der Bogen der Stiftungen reichte je nach Vermögen und sozialer Stellung bzw. Intention der Stifter von Kirchen-, Kloster- und Spitalstiftungen über Altar-, Meß-, Jahrtags- und Andachtsstiftungen bis hin zu Stiftungen von Vasa sacra, Büchern, Ornaten, Kirchenfenstern und -lichtern sowie von Universitätsstipendien, Spitalpfründen und Almosen[458]. Dabei verbanden sich gläubige Opferbereitschaft und Gemeinschaftsbewußtsein mit der

---

[455] Dazu allgemein: BADER, Universitas; P. LEISCHING, Pfarrgemeinde, in: HRG 3 (1984) 1713–1717; S. SCHRÖCKER, Die Kirchenpflegschaft (= Veröffentlichungen der Görres-Gesellschaft zur Pflege der Wissenschaften im Katholischen Deutschland. Sektion für Rechts- und Sozialwissenschaften 67) 1934.

[456] Über die Heilig-Kreuz-Kirche zu Coburg besaß der Rat als Voraussetzung bereits das Patronatsrecht: D. KURZE, Pfarrerwahlen im Mittelalter. Ein Beitrag zur Geschichte der Gemeinde und des Niederkirchenwesens (= Forschungen zur kirchlichen Rechtsgeschichte und zum Kirchenrecht 6) 1966, 328, 437, 442.

[457] KIESSLING, Bürgerliche Gesellschaft 246; ähnlich in: DERS., Pfennigalmosen 13. – M. BORGOLTE, »Totale Geschichte« des Mittelalters? Das Beispiel der Stiftungen (= Humboldt-Universität zu Berlin. Öffentliche Vorlesungen 4) 1993.

[458] Einige Hinweise auf einschlägige Literatur oben in Anm. 8. – Dazu für Schwaben: TÜCHLE, Kirchengeschichte Schwabens II 246–273 (mit zahlreichen Literaturhinweisen); T. STARK, Die christliche Wohltätigkeit im Mittelalter und in der Reformationszeit in den ostschwäbischen Reichsstädten, 1926. – Für Franken: W. RÜGER, Mittelalterliches Almosenwesen. Die Almosenordnungen der Reichsstadt Nürnberg (= Nürnberger Beiträge zu den Wirtschafts- und Sozialwissenschaften 31) 1931; W. v. STROMER, Die Fensterstiftungen des Sebalder Ostchors, in: 600 Jahre Ostchor St. Sebald – Nürnberg 1379–1979, hg. v. H. BAIER, 1979, 80–93; Mainfränkische Glasmalerei um 1420. Fenster aus den Kirchen in Münnerstadt und Iphofen (= Farbige Fenster aus deutschen Kirchen des Mittelalters 1) Kat. 1975; BORCHARDT, Institutionen; M. BESOLD-BACKMUND, Stiftungen und Stiftungswirklichkeit. Studien zur Sozialgeschichte der beiden oberfränkischen Kleinstädte Forchheim und Weismain (= SIFLF 27) 1986; A. WENDEHORST, Das Juliusspital in Würzburg I: Kulturgeschichte, 1976, 5–26 (Mainfränkisches Spitalwesen im Mittelalter); MACHILEK, Frömmigkeitsformen 163–169 (zu Stiftungen des fränkischen Adels, darunter zahlreichen Spitalstiftungen); U. KNEFELKAMP, Materielle Kultur und religiöse Stiftung in Spätmittelalter und Reformationszeit. Das Beispiel des Spitals, in: Materielle Kultur und religiöse Stiftung im Spätmittelalter (= Veröffentlichungen des Instituts für mittelalterliche Realienkunde Österreichs 12) 1990, 95–108 (Heilig-Geist-Spital Nürnberg); DIPPOLD, Staffelstein 66–69, 78f (als Beispiel einer Landstadt).

Erwartung himmlischen Lohns und liturgischer *Memoria* für den Stifter, zugleich aber auch stolzes Repräsentationsbedürfnis und Prestigedenken mit der Hoffnung auf dauerndes Andenken in der Gemeinde und in der eigenen Familie[459]. Die an Gewölben, Altären, Fenstern, kirchlichen Gewändern und Geräten angebrachten Familienwappen stellten beim Beschauer den Bezug zu den Stiftern her; nach der Reformation trugen sie mancherorts dazu bei, daß so bezeichnete Ausstattungsstücke erhalten blieben[460]. Auf einen relativ kleinen Kreis des Stadtbürgertums – im wesentlichen auf die Mitglieder des Rats – beschränkt blieben im Spätmittelalter in der Regel die Stifterdarstellungen auf Altären und Epitaphien[461]. Die Zahlen der Stiftungen aus den Reihen der Bürgerschaft, der Bruderschaften und Zünfte, von Gemeinden und von seiten des Adels stiegen in Städten und Dörfern seit dem 14. Jahrhundert kontinuierlich an; vor allem in den reicheren Reichs- und Residenzstädten erfolgte der Anstieg geradezu sprunghaft[462]. Für viele Kirchen liegen Schenkungsverzeichnisse vor, sehr selten sind dagegen Almosenverzeichnisse[463].

*b) Kirchenneubauten*

Zu den herausragenden Gemeinschaftsunternehmungen gehörten vor allem die großen Kirchenneubauten in den Städten und die Übernahme der Baulast durch die Städte[464]. Religiöse Antriebe und städtisches Selbstbewußtsein wirkten beim Bau der im Vergleich zur Einwohnerschaft der Städte häufig überdimensionierten Kirchen

---

[459] Zu den Motivationen und Erwartungen allgemein: U. BERGMANN, Prior omnibus autor. An höchster Stelle aber steht der Stifter, in: Ornamenta ecclesiae. Kunst und Künstler der Romanik I, hg. v. A. LEGNER, Ausst.Kat. 1985, 117–148, hier bes. 119f.; K. SCHMID – J. WOLLASCH (Hg.), Memoria. Der geschichtliche Zeugniswert des liturgischen Gedenkens im Mittelalter (= MMS 48) 1984; SCHLEIF, Donatio. – Der erhoffte Lohn wird häufig in den Arengen der Stiftungsurkunden angesprochen; so z.B.: K. WELLER, Geschichte des Hauses Hohenlohe II, 1908, 344.

[460] BOOCKMANN, Bürgerkirchen 14f; C. C. CHRISTENSEN, Iconoclasm and the Preservation of Ecclesiastical Art in Reformation Nuernberg, in: Archiv für Reformationsgeschichte 61 (1970) 205–221, hier bes. 219; MACHILEK, Magister Jobst Krell 88; DERS., Frömmigkeitsformen 168; H. HUNDSBICHLER – G. JARITZ – E. VAVRA, Tradition? Stagnation? Innovation? – Die Bedeutung des Adels für die mittelalterliche Sachkultur, in: Adelige Sachkultur des späten Mittelalters (= Veröffentlichungen des Institus für mittelalterliche Realienkunde Österreichs 5 = SAWW.PH 400) 1982, 35–72, hier 49–53.

[461] R. u. T. WOHLFEIL, Nürnberger Bildepitaphien. Versuch einer Fallstudie zur historischen Bildkunde, in: ZHF 12 (1985) 129–180; S. BÄUMLER, Der Mensch in seiner Frömmigkeit. Epitaph – Wandgrabmal – Stifterbild, in: Reichsstädte in Franken. Aufsätze II, hg. v. R. A. MÜLLER (= VBGK 15,2) 1987, 231–243; H. BOOCKMANN, Belehrung durch Bilder? Ein unbekannter Typus spätmittelalterlicher Tafelbilder, in: Zeitschrift für Kunstgeschichte 57 (1994) 1–22, hier 2–4; DERS., Bürgerkirchen 19f.

[462] Für Bayreuth eindrucksvoll vorgestellt bei TRÜBSBACH, Bayreuth 68–70. – Zu Kulmbach einige Hinweise bei E. HERRMANN, Kulmbach 83f (mit Hinweis auf das – derzeit verschollene – Gotteshausbuch von 1474).

[463] Als Beispiel eines Schenkungsbuches sei hier das der Johanniskirche in Ansbach genannt, das mit 1351 einsetzt und das bis in das 1. Viertel des 16. Jahrhunderts fortgeführt wurde: StA Nürnberg, Oberamtsakten, Nr. 3793; dazu: 450 Jahre evangelisches Ansbach, Kat. Ansbach 1978, Nr. 8, 26. – H. DORMEIER, Kirchenjahr, Heiligenverehrung und große Politik im Almosengefällbuch der Nürnberger Lorenzpfarrei (1454–1516), in: MVGN 84 (1997) 1–60.

[464] Dazu z.B. K. TRÜDINGER, Die Nördlinger St. Georgskirche und die Bürgerschaft der Stadt im Spätmittelalter, in: Festgabe für E. W. Zeeden (= Reformationsgeschichtliche Studien und Texte, Suppl.bd. 2) 1976, 145–152; DERS., Kirchenpolitik 200–207.

zusammen. Die Pfarrkirchen als Hauptgebäude der Städte und Dörfer machten durch ihre Größe aber auch die fundamentale Bedeutung der Kirche in der Gesellschaft vor Ort wie insgesamt sichtbar[465]. Nicht selten überschritten die Baukosten die finanziellen Möglichkeiten der Gemeinden; Ablaßerteilungen zugunsten der Baumaßnahmen, Sammlungen und manchenorts die Gewährung von Grablegen oder Gedächtniskapellen für Familien der finanzkräftigen städtischen Oberschicht in den Kirchen förderten den Baufortgang[466]. Der 1427 begonnene Neubau der Hauptpfarrkirche St. Georg zu Nördlingen wurde mehrfach durch Ablässe gefördert[467]. Ein Schenkungsverzeichnis nennt die aus der Gemeinde kommenden Gaben, die sich aus Pretiosen, Sachgegenständen und Geldspenden zusammensetzten[468]. Das Zisterzienserkloster Heilsbronn, dem St. Georg seit 1311 inkorporiert war, weigerte sich erfolgreich, zur Baulast beizutragen[469]. Zwischen 1448 und 1499 wurde in Dinkelsbühl an Stelle der Bartholomäuskirche von 1220/30 der Neubau der St. Georgskirche errichtet, finanziert aus Mitteln der Bürgerschaft, des Klosters Hirsau als Patron der Kirche sowie aus Ablaßgeldern[470]. Den Bürgern von Memmingen halfen 1488 und 1501 Ablässe beim Kirchenbau[471]. In Schwäbisch Gmünd brachte 1491 ein Ablaßbrief des päpstlichen Legaten die Einwölbung des Langhauses der Heilig-Kreuz-Kirche voran; als hier sechs Jahre später die Türme einstürzten, unterstützte der Augsburger Bischof Friedrich II. Graf von Zollern (1486–1505) die Bürger von Gmünd durch Gewährung von Ablässen[472]. Nach dem Einsturz des Hauptbaus der Kronacher Pfarrkirche St. Johannes erteilte 1404 der Bamberger Bischof Albrecht von Wertheim (1398–1421) einen Ablaß, der zugleich zur Beschaffung der notwendigen liturgischen Bücher helfen sollte; über den Fortgang der Bauarbeiten berichten Ablaßbriefe aus den Jahren 1452 und 1496[473]. Für die beim Hussiteneinfall im Winter 1429/30 beschädigten und bereits 1432 wieder geweihten Pfarrkirchen St. Michael und St. Lorenz in Hof trugen Ablaßbriefe zur Finanzierung der Ausbesserungsarbeiten bei[474]. Für den Wiederaufbau der damals von den Hussiten zerstörten Pfarrkirche St. Maria Magdalena in Bayreuth stellte Markgraf Friedrich I. von Brandenburg 1433 einen sogenannten Bettelbrief aus. Für die Jahre 1437–1468 halten die Aufzeichnungen der Gotteshausmeister den

---

465 Vgl. B. MOELLER, Bürgertum I/3: Politische und soziale Gegebenheiten, in: TRE 7 (1981) 341–346, hier 344.
466 Beispiele für Begräbniskapellen: TÜCHLE, Kirchengeschichte Schwabens II 262f. – Beispiel einer Gedächtniskapelle: F. MACHILEK, Die Familie Schmidmayer in Nürnberg im 15./16. Jahrhundert, in: St. Lorenz. Schmidmayer-Fenster, Ausst.Faltbl. 1973, 2–4.
467 TÜCHLE, Kirchengeschichte Schwabens II 259.
468 Ebd. 256f.
469 TRÜDINGER, Kirchenpolitik 202f.
470 TÜCHLE, Kirchengeschichte Schwabens II 255; V. MAYR, Die Kirchenarchitektur der kleineren Reichsstädte, in: Reichsstädte in Franken. Aufsätze II, hg. R. A. MÜLLER (= VBGK 15,2) 1987, 215–230, hier 222–227; W. HELMBERGER, Architektur und Baugeschichte der St. Georgskirche zu Dinkelsbühl (1448–1499) (= Bamberger Studien zur Kunstgeschichte und Denkmalpflege 2) 1984.
471 TÜCHLE, Kirchengeschichte Schwabens II 259.
472 Ebd. 259; ZOEPFL, Bistum Augsburg und seine Bischöfe im Mittelalter 521.
473 F. MACHILEK – B. WOLLNER, Kronach. Die Dreiflüssestadt im Frankenwald (= Historische Städtebilder. Franken) 1993, 50.
474 E. DIETLEIN, Chronik der Stadt Hof IV: Kirchengeschichte, 1955, 44; MACHILEK, Hus 16.

weiteren Baufortgang bei dieser Kirche fest[475]. In Eichstätt genehmigten Bischof und Domkapitel 1472 den von der Bürgerschaft mit dem Anwachsen der Bevölkerung begründeten Antrag zum Neubau der Pfarrkirche und legten dabei die Größe der Kirche sowie die Zahl der Kapellen und Pfeiler genau fest. Zur Finanzierung dienten u.a. Einnahmen aus einem von Papst Innozenz VIII. bewilligten Ablaß; erst 1546 konnte mit der Einwölbung der Kirche begonnen werden[476].

Auch auf dem Land verstärkte sich die Bautätigkeit während des Spätmittelalters; neben vollständigen Neubauten, die in älteren wie in neu gegründeten Pfarreien entstanden, wurden in zahlreichen Dörfern wenigstens dem Zeitgeschmack entsprechende gotische Presbyterien oder Türme errichtet[477]. Die Hauptlast trugen dabei die Patronatsherren und Dezimatoren bzw. bei inkorporierten Kirchen und Kapellen die betreffenden Institutionen; manchmal verfügten die Klöster über eigene Ziegeleien und Kalkgruben, aus denen sie das Baumaterial zur Verfügung stellten[478]. Wie zum Bau der Stadtkirchen wurden auch für die Dorfkirchen und deren Ausstattung Ablässe in großer Zahl verliehen[479].

In mehreren Fällen traten Bruderschaften als Erbauer oder Miterbauer von Kapellen auf, so insbesondere bei der an der Stelle der ursprünglichen Haßfurter Pfarrkirche erbauten Marienkapelle, die später als Ritterkapelle bezeichnet wurde. Eine unter maßgeblicher Beteiligung des damals als Pfarrer in Haßfurt wirkenden Dr. Johannes Ambundii und des Ritters Fuchs von Wallberg an der Kapelle begründete Marienbruderschaft für Priester und Laien wurde 1413 durch den Würzburger Bischof Johann II. von Brunn (1411–1440) bestätigt. Die Mitglieder steuerten beträchtliche Mittel zum Bau des in der ersten Hälfte des 15. Jahrhunderts errichteten Langhauses und des 1465 geweihten Chores bei. 1439 wurde außen am Langhaus ein Gedenkstein mit den Wappen Papst Eugens IV., König Albrechts II., des Würzburger Bischofs Johann von Brunn und des Haßfurter Pfarrers, des satzungsgemäßen Vorstehers der Fraternität, angebracht. Ob die 248 Wappen des außen am Chor umlaufenden Wappenfrieses jene der Bruderschaftsmitglieder oder der Wohltäter am Kirchenbau darstellen, ist quellenmäßig nicht zu klären[480]. Dem fränkischen Zweig der 1440 durch Kurfürst Friedrich II. von Brandenburg bei der Marienkirche des Prämonstra-

---

[475] KNEULE, Kirchengeschichte 6f, 112. – Zu Friedrich I.: R. SEYBOTH, Friedrich VI. (I.) († 1440), Burggraf von Nürnberg, Kurfürst von Brandenburg, in: FLB 16 (= VGFG A VII 16) 1996, 27–48.
[476] FLACHENECKER, Eine geistliche Stadt 262f.
[477] TÜCHLE, Kirchengeschichte Schwabens II 303f; W. v. ERFFA, Die Dorfkirche als Wehrbau (= Darstellungen aus der Württembergischen Geschichte) 1937/ND 1980; S. KUMMER, Von der Romanik zur Gotik, in: KOLB - KRENIG, Unterfränkische Geschichte II 603–652, hier bes. 627–631; E. SODER v. GÜLDENSTUBBE, Kulturelles Leben im Würzburg der Riemenschneiderzeit. Beiheft zum Katalog der Ausstellung »Tilman Riemenschneider – Frühe Werke«, 1981, 15–17 (Lit.); E. ROTH, Kunst der Gotik, in: DIES., Oberfranken im Spätmittelalter, hier bes. 373–447 (Pfarrkirchen als Hauptdenkmäler der Epoche).
[478] Vgl. MACHILEK, Niederkirchenbesitz 430.
[479] Beispiele bei ZOEPFL, Bistum Augsburg und seine Bischöfe im Mittelalter 430, 476f, 521, 548.
[480] O. v. SCHAUMBERG, Die Ritterkapelle als Werk einer adeligen Marienbruderschaft. Wer baute und schmückte den Chor der Kapelle in Haßfurt? in: Fränkische Blätter 2 (1950) 86f; SIMON, Evangelische Kirchengeschichte 124; MACHILEK, Frömmigkeitsformen 188 (Lit.); s. a. oben Anm. 218.

tenserstifts auf dem Harlunger Berg bei Altbrandenburg begründeten Rittergesellschaft zu Unserer Lieben Frau, den späteren Schwanenorden, übertrug Markgraf Albrecht Achilles 1459 die der Muttergottes und dem hl. Georg geweihte Kapelle im nördlichen Querhaus der Kirche des Ansbacher Kollegiatstifts St. Gumbert, die in den folgenden Jahrzehnten reich ausgestattet wurde[481].

*c) Kirchenpflegschaften*

Das im Lauf des Spätmittelalters in den Städten verstärkt auftretende Streben nach Mitverantwortung im kirchlichen Bereich konnte vor allem im Rahmen der unter dem Schutz der städtischen Gremien seit Ausgang des 13. Jahrhunderts aus bürgerlichen Stiftungen erwachsenden Pflegschaften verwirklicht werden. Zu den Obliegenheiten der in der Regel nur den Patronatsherren oder den Gemeinden verantwortlichen *Gotteshauspfleger, Zechpfleger* oder *Kirchpröpste* gehörten zunächst die Sorge für die Vasa sacra, Bücher und Ornate sowie die Aufsicht über die Altar- und Ewiglichtstiftungen; seit Beginn des 15. Jahrhunderts wuchsen ihnen immer mehr Mitspracherechte bei der Verwaltung der Kirchenbaukassen und Friedhöfe, seit der zweiten Hälfte des 15. Jahrhunderts auch Zuständigkeiten über die niederen Schulen in den Pfarreien zu[482]. Die Kompetenzen der Pfleger waren in den einzelnen Kommunen verschieden; in Augsburg und Nürnberg, wo die von ihnen beanspruchten Kontrollrechte besonders weit reichten, spielten sie bei der Einführung der Reformation eine entscheidende Rolle[483]. In zahlreichen Fällen beschwerten sich die kirchlichen Institutionen über das nach ihrer Auffassung anmaßende Verhalten der bürgerlichen Pfleger. In Eichstätt, wo die Stadt schon 1379 eine Beteiligung an der Mesnerwahl erlangt hatte, verwahrten sich die Stiftsherren des an der Pfarrkirche errichteten Kollegiatstifts (Neuen Stifts) zu Ausgang des 14. Jahrhunderts dagegen, daß die Pfleger ohne Rücksprache mit ihnen über die Stiftsgüter verfügten. Rund ein Jahrhundert später sicherte eine von Bischof Wilhelm von Reichenau (1464–1496) erlassene Kirchenpflegerordnung den beherrschenden Einfluß der Stadt bei der Kirchenpflegschaft[484].

---

481 G. SCHUHMANN, Die Markgrafen von Brandenburg-Ansbach. Eine Bilddokumentation zur Geschichte der Hohenzollern in Franken (= Jahrbuch des Historischen Vereins von Mittelfranken 90) 1980, 401–413; MACHILEK, Frömmigkeitsformen 185.
482 Am Augsburger Beispiel dargestellt von KIESSLING, Bürgerliche Gesellschaft 102–131; IMMENKÖTTER, Augsburger Pfarrzechen. – Für Nürnberg: S. REICKE, Stadtgemeinde und Stadtpfarrkirchen der Reichsstadt Nürnberg im 14. Jahrhundert. Eine rechtsgeschichtliche Untersuchung, in: MVGN 26 (1926) 1–110, hier bes. 97; C. SCHAPER, Bürger in der Verantwortung. Die Kirchenpfleger von St. Sebald, in: 600 Jahre Ostchor St. Sebald, Nürnberg, hg. v. H. BAIER, 1979, 160–176. – Für Eichstätt: FLACHENECKER, Eine geistliche Stadt 259–263.
483 BOOCKMANN, Bürgerkirchen 9; IMMENKÖTTER, Augsburger Pfarrzechen 316.
484 FLACHENECKER, Eine geistliche Stadt 260.

### d) Städtische Patronatsrechte und Gravamina

Die wachsenden Ansprüche der Stadtbürger und städtischen Gremien auf Autonomie auf der einen und der geistlichen Institutionen auf ihre Immunität auf der anderen Seite führte vielenorts zu langwierigen Auseinandersetzungen. In Würzburg bildete die rechtliche Sonderstellung der geistlichen Immunitäten seit 1254 einen der laufend wiederkehrenden Streitpunkte zwischen den Bischöfen und der Bürgerschaft[485]. Die in Augsburg im Lauf des 14. Jahrhunderts von seiten der Stadt unternommenen Versuche der Einbürgerung des Klerus und damit auch dessen Besteuerung und der Ausdehnung der Gerichtsbarkeit über diesen hatten nur begrenzten Erfolg; nichtsdestoweniger gelang es der Stadt, die Sonderrechte des Klerus in Teilbereichen zu durchlöchern. Dagegen gelang es der Stadt, den Klerus in jenen Bereichen seiner Verfügungsgewalt zu unterstellen, die keine spezifischen Sonderrechte zum Gegenstand hatten, wie die Friedenswahrung, die Stadtverteidigung und die Leistungen zum allgemeinen Nutzen[486]. Eine aus den Reihen des Klerus an den Bischof gerichtete Klageschrift nahm 1451 eindringlich gegen die Beeinträchtigung geistlicher Rechte durch Eingriffe von seiten Augsburger Bürger Stellung[487]. Die bereits im 14. Jahrhundert einsetzenden systematischen Bemühungen des Nördlinger Rats, die Sonderrechte des Klerus zurückzudrängen und diesen in den städtischen Einfluß- und Rechtsbereich einzugliedern, hatten weitgehend Erfolg; eine vollständige Integration durch Einbürgerung gelang jedoch nur in Ausnahmefällen[488]. Seit der Mitte des 15. Jahrhunderts mehrten sich die Beschwerden des Würzburger Rates beim Bischof wegen der wirtschaftlichen Privilegien des Klerus[489]. In Bamberg mündeten die Auseinandersetzungen um die Immunitätsrechte in einen Aufstand ein[490]. In Nürnberg wurde der Rat 1475 auf Grund seiner Bemühungen an der römischen Kurie Vogt und Schutzherr aller kirchlichen Besitzungen im reichsstädtischen Territorium und erlangte damit auch ein beschränktes Besteuerungsrecht über jene; 1488 bestätigte Papst Innozenz VIII. die 1475 getroffene Übertragung der Schutzrechte an den Nürnberger Rat. Die Kleriker hatten sich als Schutzgenossen dementsprechend auch den bürgerlichen Pflichten und Lasten zu unterziehen[491].

Nachdrücklich bemühten sich die Räte der Städte, insbesondere jener des Reichs, zur Verbreiterung ihrer Herrschaftsbasis und Erweiterung ihres Regiments um die Erlangung der Patronatsrechte. Während die einfachen Meß- und Altarpfründen durch Schenkung, Tausch, Erbschaft, Ersitzung oder Treuhandschaft ohne größere Schwierigkeiten in ihren Besitz übergingen, gelang ihnen der Erwerb bei den städti-

---

[485] SCHICH, Würzburg im Mittelalter 216–220.
[486] KIESSLING, Bürgerliche Gesellschaft 70–98. – Zu den Gravamina der Städte allgemein: A. STÖRMANN, Die städtischen Gravamina gegen den Klerus am Ausgang des Mittelalters und in der Reformationszeit (= Reformationsgeschichtliche Studien und Texte 24–26) 1916.
[487] IMMENKÖTTER, Augsburger Pfarrzechen 313.
[488] TRÜDINGER, Kirchenpolitik 186–199, bes. 188f. – Allgemein zur Einbürgerung von Klerikern: MOELLER, Kleriker.
[489] TRÜDINGER, Stadt 51–54.
[490] S. oben Anm. 163.
[491] KRAUS, Stadt Nürnberg 63f.

schen Hauptpfarreien auch trotz großen Aufwands nur zum Teil, in vielen Fällen überhaupt erst im Zuge der Reformation. In Würzburg erlangte der Rat in der weitgehend aus Mitteln der Stadtgemeinde erbauten Marienkapelle auf dem Judenplatz seit 1392 insgesamt drei von sieben Patronatsrechten; sie bildete die eigentliche Bürgerkirche der Stadt[492]. Beim Dom, dessen unterer Teil als Pfarrkirche für den Bereich des alten Würzburger Stadtkerns diente, hatte der Rat keinerlei Einfluß auf die Bestellung des Dompfarrers[493]. Für die in Eichstätt als Pfarrkirche dienende Kollegiatstiftskirche, die Collegiata, stand das Besetzungsrecht dem Eichstätter Domkapitel zu[494]. Gleichfalls in der Hand geistlicher Institutionen lagen auch die Besetzungsrechte über die Pfarrkirchen der kleineren fränkischen Reichsstädte: so in Rothenburg und Windsheim beim Deutschen Orden und zwischen den Kommenden zu Rothenburg bzw. Virnsberg, in Weißenburg beim Benediktinerkloster (später Kollegiatstift) Wülzburg, in Schweinfurt (St. Johannis) beim Kollegiatstift im Haug zu Würzburg sowie in Dinkelsbühl beim Benediktinerkloster Hirsau bzw. seit Ausgang des 15. Jahrhunderts der Hirsauer Propstei Mönchsroth; eine durchgehende Lösung dieser Abhängigkeitsverhältnisse erfolgte erst im Zuge der Reformation[495]. Im Falle der Reichsstadt Nürnberg zog sich das von dieser mit Unterstützung der römischen Kurie und unter Einschaltung einflußreicher Vertreter des Klerus geführte Ringen mit den Bischöfen von Bamberg um die Patronatsrechte an den Pfarrkirchen St. Sebald und St. Lorenz mehr als sieben Jahrzehnte lang hin; erst 1514 ging die Verfügungsgewalt über das gesamte Pfründenwesen in der Stadt in vollem Umfang an diese über[496].

In Kaufbeuren adaptierte die Bürgerschaft als Alternative zu der dem Augsburger Domkapitel unterstehenden Pfarrkirche St. Martin auf einer Anhöhe über der Stadt die 1319 erstmals bezeugte Blasiuskapelle im Zuge der Erneuerung des Mauergürtels als Bürgerkirche; das nach einer Inschrift 1436 errichtete Presbyterium nimmt Bezug auf den damals regierenden königlichen Stadtherrn Sigmund. Das einheitliche, die Wände des Langhauses umziehende Stuhlwerk aus dem Ende des 15. Jahrhunderts und die Freskenzyklen mit lehrhaften Bildern weichen deutlich von den damals allgemein üblichen Ausstattungsformen ab[497].

---

[492] TRÜDINGER, Stadt 98–103.
[493] Ebd. 69.
[494] FLACHENECKER, Eine geistliche Stadt 259.
[495] KÖPF, Reichsstadt 247–249. – Zur Entwicklung in den einzelnen Städten: H. WEIGEL, Die Deutschordenskomturei Rothenburg o.T. im Mittelalter (= QFBKG 6) 1921; BORCHARDT, Institutionen 44–49; BERGDOLT, Freie Reichsstadt Windsheim; D. J. WEISS, Geschichte 108–111, 237–242; K. RIED, Die Durchführung der Reformation in der ehemaligen freien Reichsstadt Weißenburg i.B. (= Historische Forschungen und Quellen 1) 1915; G. LEIDEL, Die Pfarreien des Klosters Wülzburg (= Einzelarbeiten aus der Kirchengeschichte Bayerns 61) 1986; SCHOEFFEL, Kirchenhoheit; C. BÜRCKSTÜMMER, Geschichte der Reformation und Gegenreformation in der ehemaligen freien Reichsstadt Dinkelsbühl (1524–1648), 2 Teile (= Schriften des Vereins für Reformationsgeschichte 115/116, 119/120) 1914/1915.
[496] KRAUS, Stadt Nürnberg 71–83.
[497] BOOCKMANN, Bürgerkirchen 11f.

*e) Prädikaturstiftungen*

Seit Ausgang des 14. Jahrhunderts wurden in wachsendem Umfang eigene Predigerpfründen errichtet, sowohl in Städten, in denen keine Ordensniederlassungen bestanden, als auch in Orten mit solchen, hier oftmals in deutlichem Gegensatz zur bisherigen Predigt von Bettelordensmitgliedern, und nicht zuletzt im Zusammenhang mit Auseinandersetzungen zwischen jenen und dem Pfarrklerus. Die neu errichteten Prädikaturen sollten eine den gestiegenen Ansprüchen unter dem Volk entsprechende Predigt gewährleisten, wobei die Forderung nach Auslegung der Heiligen Schrift in den Stiftungsbriefen gelegentlich ausdrücklich angesprochen wurde. Offensichtlich sollte die gehobene Predigt auch der Abwehr ketzerischer Auffassungen über die Laienpredigt und deren Kompensation dienen sowie die kirchlichen Wirkmöglichkeiten auf die Gläubigen in Zeiten eines Interdikts sichern[498]. Standen bei den zeitlich insgesamt früher einsetzenden Prädikaturstiftungen im Bistum Regensburg Geistliche als Stifter an erster Stelle, so in Franken und Schwaben bevorzugt reiche Bürger in den Städten[499]. In der Regel war die Besetzung mit Weltgeistlichen vorgesehen, an deren religiöses Leben und Bildungsstand hohe Anforderungen gestellt wurden[500]. Da die nach den meisten Stiftungsbriefen für das Amt des Predigers vorgesehenen graduierten Geistlichen nicht immer zur Verfügung standen, wurden in Einzelfällen auch weniger qualifizierte Prediger für das Amt berufen. Vielfach wurde die Prädikatur mit bereits bestehenden Spital- oder Meßpfründen verbunden. Die Bemühungen um die Predigt in den Städten sind im Rahmen der *Verbürgerlichung der Stadtkultur* zu sehen[501]. Bei einer Reihe von Predigtstiftungen lassen sich z.T. weitreichende Abhängigkeiten oder Übereinstimmungen in der speziellen Zielsetzung feststellen. In der Zeit der Reformation wurden die städtischen Prädikaturen in breitem Umfang zu Einbruchsstellen der Reformation[502].

Die Stiftung städtischer Prädikaturen setzte in Franken zeitlich lange vor der Errichtung der ersten Domprädikatur in Bamberg ein[503]. In seinen letzten Lebensjahren stiftete Heinrich Gerngroß, gen. Cerdo († vor 1385), Schulmeister beim Heilig-Geist-Spital zu Nürnberg, beim Elisabeth-Altar des Spitals die erste Prädikatur in Franken. Als erster Inhaber ist seit 1389 Magister Niclas gen. Humilis faßbar, der nach Aus-

---

[498] Belege bei PÖLNITZ, Bischöfliche Reformarbeit 75 Anm. 1.
[499] MAI, Predigtstiftungen 14.
[500] Ebd. 75.
[501] H. BOOCKMANN, Die Stadt im späten Mittelalter, ²1987, 332–342.
[502] So z.B. in Nürnberg. Vgl. dazu die Berufung des zuvor in Breslau wirkenden Dominikus Schleupner († 1547) auf die Prädikatur bei St. Sebald: F. MACHILEK, Dominik Schleupner of Nysa, in: Contemporaries of Erasmus. A Biographical Register of the Renaissance and Reformation III, ed. P. G. BIETENHOLZ, 1987, 224–226 (Lit.).
[503] Zu dieser s.o. Anm. 356. – Der Stiftung eigener Predigerpfründen gingen manchenorts Verpflichtungen von Geistlichen zu bestimmten Predigtdiensten gegen zusätzliche Vergütung voraus; so vermachte z.B. 1367 Syfrid Berlin, Bürger zu Dinkelsbühl, den dortigen Spitalkaplänen einen Ewigzins mit der Auflage, abwechselnd im Spital zu predigen: L. SCHNURRER (Bearb.), Die Urkunden der Stadt Dinkelsbühl 1282–1450 (= Bayerische Archivinventare 15) 1960, 39f. Nr. 182.

weis seiner Bücherschenkung von 1417 ein hochgebildeter Mann war[504]. Das Leitbuch des Spitals hielt die Pflichten des Predigers im einzelnen fest; sie umfaßten Predigten in der Kirche, im Spital und bei den Siechen vor der Sutte. Ausdrücklich wurde verlangt, daß er *wohlgelehrt, fromm und wohl probiert* sein solle[505].

Das Beispiel der Nürnberger Spitalprädikatur war sowohl in der Reichsstadt selbst und in anderen fränkischen Städten, als auch über Franken hinaus richtungsweisend. 1423 wurde die bischöfliche Bestätigung für die mit der Vikarie der hll. Heinrich und Kunigunde in der Friedhofskapelle vereinigte Prädikatur der Nürnberger Pfarrkirche St. Lorenz erteilt, die der dortige Pfarrer Dr. Heinrich Tandorffer († 1438) beim Bamberger Bischof Friedrich III. von Aufseß (1421–1431) beantragt hatte; die bischöfliche Bewilligung regelte die Pflichten des Predigers: Dieser schuldete dem Pfarrer Gehorsam und konnte von diesem zurechtgewiesen oder abgesetzt werden. Unterkunft und Verpflegung standen ihm im Pfarrhof zu; die Besoldung in Höhe von jährlich 30 fl sollte er vor allem zur Anschaffung von Büchern verwenden. 1424 erhielt die Vereinigung die päpstliche Bestätigung[506]. Unmittelbar danach dürfte die Prädikatur bei St. Sebald eingerichtet worden sein, deren erster Inhaber schon zu Beginn des Jahres 1426 erwähnt wird[507]. In Ausführung des Testaments des Sebalder Kirchenmeisters Sebald Schreyer († 1520) wurde unmittelbar vor Einzug der Reformation in Nürnberg 1523 die Prädikaturstiftung bei St. Sebald erneuert[508]. Zusammen mit den Predigtämtern in den Klöstern gab es in der Reichsstadt Nürnberg im 15. Jahrhundert mehr ausdrücklich für die Predigt bestimmte Stellen als in allen anderen süddeutschen Städten. Wohl nach dem Vorbild der Prädikaturstiftung im Neuen Spital zu Nürnberg wurde schon 1426 eine Prädikatur im Spital der damals unter wittelsbachischer Herrschaft stehenden Stadt Hersbruck errichtet[509].

Der Nürnberger Stadtarzt Johannes Mesner aus dem oberschwäbischen Riedlingen stiftete nach dem Vorbild der ältesten Nürnberger Prädikatur die beiden ältesten Predigerstellen in der Diözese Konstanz – in seiner Vaterstadt Riedlingen sowie in Saulgau, 1415 bzw. 1420 – sowie die ältesten Prädikaturen in der Diözese Augsburg – in Giengen an der Brenz sowie in Donauwörth, 1420 bzw. 1423[510]. Das Ehepaar Nikolaus und Kunigunde Schreyber aus Nürnberg errichtete 1422 mit Unterstützung weiterer Nürnberger Bürger und Bürgerinnen in dem Knetzgauer Filialdorf Westheim bei Haßfurt eine Predigt- und Meßstiftung[511]. Im gleichen Jahr wandelte der aus Hei-

---

504 MBKDS III/3: Bistum Bamberg, bearb. v. P. RUF, 1939, 738, 746; FREUDENBERGER, Würzburger Domprediger 8f; KIST, Matrikel Nr. 4608; KNEFELKAMP, Heilig-Geist-Spital 114f, 129.
505 KNEFELKAMP, Heilig-Geist-Spital 129.
506 FREUDENBERGER, Würzburger Domprediger 9; KIST, Matrikel Nr. 888; SCHLEMMER, Gottesdienst 255f.
507 J. RAUSCHER, Die ältesten Prädikaturen Württembergs, in: Blätter für württembergische Kirchengeschichte NF 25 (1921) 108 Anm. 7; FREUDENBERGER, Würzburger Domprediger 9; KIST, Matrikel, Reg. 516; SCHLEMMER, Gottesdienst 256 mit 519 Anm. 714.
508 SCHLEMMER, Gottesdienst 256–258.
509 KIST, Fürst- und Erzbistum 61.
510 TÜCHLE, Kirchengeschichte Schwabens II 371f; FREUDENBERGER, Würzburger Domprediger 15.
511 FREUDENBERGER, Würzburger Domprediger 15f.

dingsfeld bei Würzburg stammende Nürnberger Bürger Johannes Hecker das Frühmeßbenefizium seiner Heimatstadt in eine Predigtpfründe um[512]. 1421 stiftete Katharina, die Tochter des Windsheimer Bürgers Peter Kumpf und Witwe des Albrecht Füchslin, wohl auf Anregung aus Nürnberg hin, in der Reichsstadt Windsheim eine Prädikatur. Ihr Inhaber hatte an allen Sonn- und Feiertagen, in der Adventszeit auch unter der Woche, in der Pfarrkirche und in der Marienkapelle am See zu predigen; die Predigt sollte auch in Zeiten eines Interdikts nicht unterbleiben[513]. Dem Windsheimer Beispiel folgend, dotierte 1425/26 die Heilbronner Patrizierswitwe Anna Ruxsinger, geb. Mettelbach, zugunsten der Stadt eine Prädikatur an der dortigen Pfarrkirche; die Bestellung des Predigers sollte ausschließlich dem Rat der Stadt zustehen. Die Stiftung stand mit großer Wahrscheinlichkeit mit dem Aufenthalt des hussitischen Predigers Peter Turnau in Verbindung, der 1424 im Haus der Stifterin Unterkunft gefunden hatte[514]. Auch bei der 1468 nach Windsheimer Vorbild ausgerichteten Stiftung des Predigtamtes für einen Doktor oder Lizentiaten der Theologie an der Jakobskirche zu Rothenburg durch den Spitalkaplan und früheren Stadtschreiber Stephan Scheu erhielt die Stadt das Präsentationsrecht; als 1485 nach dem Tod des Stifters bei der ersten Vergabe des Predigtamtes kein Doktor oder Lizentiat der Theologie zur Verfügung stand, gestattete Bischof Rudolf II. von Scherenberg (1466–1495) dem Rothenburger Rat, die Stelle fortan auch mit einem Magister artium zu besetzen[515].

1488 ließ der Fuldaer Pfarrer und Archidiakon Reinhard Schenk von Stetlingen die Vikarie der hll. Ivo und Leonhard an der Pfarrkirche zu Fulda zu einer Prädikatur umwandeln[516]. Weitere Prädikaturen entstanden 1491 in Lauffen am Neckar, 1502 in Schwäbisch Hall und 1510 in Weinsberg[517]. 1520 stiftete Dr. Valentin Engelhardt aus Geldersheim, Rektor der Bursa Montis in Köln und seit 1504 Inhaber der Nikolauspfründe an der Schweinfurter Pfarrkirche St. Johannis, einen großen Teil seiner Einkünfte für die dort entstehende Prädikatur; Mitstifter war der am Heilig-Geist-Spital zu Schweinfurt und am Liebfrauenaltar der Pfarrkirche bepfründete Magister Johannes Werner[518]. 1518 wurde die Engelmesse zu Kitzingen in eine Nachmittagsprädika-

---

[512] Ebd. 15.
[513] BERGDOLT, Freie Reichsstadt Windsheim 11; FREUDENBERGER, Würzburger Domprediger 16.
[514] J. RAUSCHER, Die Prädikaturen in Württemberg vor der Reformation, in: Württembergische Jahrbücher für Statistik und Landeskunde 1908/1909, 152–211, hier 153, 155, 159, 189; FREUDENBERGER, Würzburger Domprediger 16; H. HEIMPEL, Drei Inquisitions-Verfahren aus dem Jahre 1425. Akten der Prozesse gegen die deutschen Hussiten Johannes Drändorf und Peter Turnau sowie gegen Drändorfs Diener Martin Borchardt (= VöMPIG 24) 1969, 84, 116f., 185, 218; H. SCHMOLZ, 450 Jahre Reformation in Heilbronn – Historische Streiflichter, in: 450 Jahre Reformation in Heilbronn (= Veröffentlichungen des Stadtarchivs Heilbronn 23) 1980, 52–64, hier 55, sowie Kat. Nr. 23.
[515] FREUDENBERGER, Würzburger Domprediger 17, 20; KÖPF, Reichsstadt 253; BORCHARDT, Institutionen I 83f.
[516] FREUDENBERGER, Würzburger Domprediger 17, 20, 26.
[517] Ebd. 17.
[518] SCHOEFFEL, Kirchenhoheit 146, 197f; FREUDENBERGER, Würzburger Domprediger 20, 26–30; WENDEHORST, Archidiakonat Münnerstadt 45.

tur umgewandelt[519]. Herzog Johann von Sachsen bestätigte 1521 die Predigtstelle zu Coburg[520].

1497 stiftete der Leibarzt Herzog Georgs von Bayern, Dr. Hans Pühl, eine Prädikatur in der Pfarrkirche zu Bayreuth. Ein Jahr später wurde der Magister Johann Pühl, der Bruder des Stifters, als erster Inhaber des Amtes vom Rat präsentiert[521].

Die Nähe zu Nürnberg förderte wie im Bistum Würzburg auch im Bistum Eichstätt die Errichtung von Predigerstellen. 1445 stellte die Nürnberger Bürgerin Elisabeth, Witwe des Heinrich Gabler, die Mittel für eine Predigtpfründe mit Kaplanei am Liebfrauenaltar der Pfarrkirche zu Schwabach zur Verfügung; mehrere ihrer Inhaber waren graduiert[522]. 1464 folgte durch einen Nürnberger Bürger die Predigtstiftung zu (Wolframs-)Eschenbach[523]. Der Breslauer Bischof Johann IV. Roth (1482–1506), ein gebürtiger Wemdinger, stiftete 1499 in Anbetracht, daß an der Pfarrkirche seiner Vaterstadt »allweg junge ungelehrte priester, auch im priesterlichen leben oft geprechlich und zum predigen wenig geschickte oder tugeliche tätig gewesen waren, dadurch die inwohner und pfarrleute großen abgang in christlicher unterweisung und guten ebenbild rainigs leben erleiden«, eine Nachmittagspredigt in jene Kirche[524]. 1519 wurde die Prädikatur zu Wassertrüdingen errichtet[525]; um 1520 folgten die Predigtstiftungen zu Pappenheim und Ornbau[526].

In Nördlingen schlossen 1434 der damalige Pfarrer Jörg Rappolt und die Stadt vor dem Generalvikar zu Augsburg einen Vertrag, der den Pfarrer, wohl auf Verlangen der Stadt, dazu verpflichtete, einen gelehrten Priester zur Verkündigung des Gotteswortes von der Kanzel zu bestellen; der Anwärter sollte vor der Anstellung dem Augsburger Generalvikar benannt werden, der zu prüfen hatte, ob jener »dem volk und der stat mit dem gotswort gnügsam sein müg oder nit«[527]. Wenn es sich hier auch nicht um eine fest dotierte Prädikatur handelte, so macht der Vorgang doch den Anspruch der Nördlinger Bürger auf gehobene Predigt deutlich.

1445 stiftete die Nördlinger Patrizierin Clara Lauginger eine Ewigmesse in die St. Georgskirche, die mit einem wohlgelehrten Priester besetzt werden sollte, der neben der täglichen Messe monatlich ein bis zweimal zu St. Johann im Leprosenhaus vor dem Baldinger Tor predigen sollte[528]. Vor allem im letzten Drittel des 15. Jahr-

---

[519] SIMON, Evangelische Kirchengeschichte 126; D. DEMANDT, Stadtverfassung und Kirchenwesen im spätmittelalterlichen Kitzingen, in: D. DEMANDT – H.-C. RUBLACK, Stadt und Kirche in Kitzingen (= Spätmittelalter und Frühe Neuzeit 10) 1978, 9–34.
[520] WENDEHORST, Würzburger Landkapitel Coburg 19.
[521] KNEULE, Kirchengeschichte 14.
[522] H. CLAUSS, Schwabacher Pfarrer vom XIII. bis XVI. Jahrhundert, in: Schwabacher Geschichtsblätter 1 (1917) 21–52, hier 32, 34f, 51f; H. JORDAN, Reformation und gelehrte Bildung in der Markgrafschaft Ansbach-Bayreuth. Eine Vorgeschichte der Universität Erlangen. Teil I: bis gegen 1560, 1917, 344 Anm.; BUCHNER, Pfarrpredigt 20f; FREUDENBERGER, Würzburger Domprediger 15.
[523] J. B. KURZ, Wolframs-Eschenbach, 1919, 35f; BUCHNER, Pfarrpredigt 19, 21.
[524] BUCHNER, Archivinventare 639–642; BUCHNER, Pfarrpredigt 25; MACHILEK, Schulen 115f.
[525] SIMON, Evangelische Kirchengeschichte 126.
[526] BUCHNER, Pfarrpredigt 25.
[527] TRÜDINGER, Kirchenpolitik 206f.
[528] Ebd. 207 Anm. 192.

hunderts häuften sich im schwäbischen Teil der Diözese Augsburg die Prädikaturstiftungen; solche erfolgten damals zu Günzburg (1469), in der Pfarrkirche St. Mang zu Kempten (1474), zu Memmingen (1479), im Spital zu Füssen (1484), zu Wertingen (1498) und zu Gundelfingen (1491/1501)[529].

In der Reichsstadt Augsburg gab es an den meisten der ausnahmslos mit Stiften oder Klöstern verbundenen Pfarrkirchen – Dom, St. Moritz, St. Ulrich und Afra, St. Georg, Heilig Kreuz, St. Stephan – die sogenannten Zechprediger, die aus Mitteln des Pfarrzechvermögens besoldet wurden; in St. Moritz und Heilig Kreuz mußten die für die Anstellung in Aussicht genommenen Kandidaten ein Studium der Theologie nachweisen[530].

## § 34. DIE KLÖSTER. DIE SÄKULARKANONIKER- UND KANONISSENSTIFTE

Neben den Pfarreien waren im Früh- und Hochmittelalter die Klöster und Stifte die wesentlichen Strukturelemente der Bistümer. Während Klöster und Stifte diese Funktion seit dem 13. Jahrhundert vielfach verloren, trat nun die Pfarreiorganisation mehr und mehr als eigentlich tragendes Element hervor. Die außerhalb der Hochstifte liegenden Klöster und Stifte gewannen als Zentren der entstehenden Territorien neue Bedeutung[531]. Für die Klöster soll an dieser Stelle eine Aufstellung mit den jeweiligen Gründungsjahren genügen; Angaben zu ihrer Entfaltung und Bedeutung sowie vor allem über die Reformbestrebungen im Bereich des spätmittelalterlichen Klosterwesens sind weiter unten in den Abschnitten über die einzelnen Orden und ihre Niederlassungen zu finden (§§ 35–45). Etwas näher soll auf die Säkularkanonikerstifte eingegangen werden. Zu den Domkapiteln als der zeitlich vorangehenden Form der stiftisch verfaßten Klerikergemeinschaften wird auf die Ausführungen weiter oben (§ 31) verwiesen.

---

[529] TÜCHLE, Kirchengeschichte Schwabens II 476 Anm. 34 (mit Literaturhinweisen); ZOEPFL, Bistum Augsburg und seine Bischöfe im Mittelalter 445, 477, 523; R. KIESSLING, Bürgertum, Kirche und Sozialentwicklung, in: Geschichte der Stadt Kempten, hg. v. V. DOTTERWEICH, 1989, 113–123, hier 115f; G. RÜCKERT, Geschichte der Pfarrei Gundelfingen an der Donau, in: Gundelfingen an der Donau (= Forschungen aus dem Oberen Schwaben 5) 1962, 63–85, hier 68.
[530] H. IMMENKÖTTER – W. WÜST, Augsburg. Freie Reichsstadt und Hochstift, in: A. SCHINDLING – W. ZIEGLER (Hg.), Die Territorien des Reichs im Zeitalter der Reformation und Konfessionalisierung 6 (= Katholisches Leben und Kirchenreform im Zeitalter der Glaubensspaltung 56) 1996, 8–35, hier 13.
[531] Auf diese Entwicklungen hat WENDEHORST, Strukturelemente, am Beispiel des Bistums Würzburg eindringlich hingewiesen.

*a) Die Klöster*[532]

*1. Im alten Bistum Augsburg*

In dem hier vor allem interessierenden Teil des Bistums Augsburg im heutigen

---

[532] HEIMBUCHER, Orden und Kongregationen; BAUERREISS, Kirchengeschichte Bayerns IV u. V; TÜCHLE, Kirchengeschichte Schwabens II; G. LINK, Klosterbuch der Diöcese Würzburg I–II, 1873/76; ROMSTÖCK, Klöster und Stifter (auch Separatdruck 1916); ELM, Reformbemühungen; WENDEHORST, Orden und religiöse Gemeinschaften (Lit.). – B. SCHRÖDER, Mainfränkische Klosterheraldik. Die wappenführenden Mönchsklöster und Chorherrenstifte im alten Bistum Würzburg (= QFGBW 24) 1971. – Benediktiner: HEMMERLE, Benediktinerklöster in Bayern; A. WENDEHORST, Das benediktinische Mönchtum im mittelalterlichen Franken, in: Untersuchungen zu Kloster und Stift (= VöMPIG 68) 1980, 38–60; DERS., Der Adel und die Benediktinerklöster im späten Mittelalter, in: Consuetudines Monasticae. Festgabe für Kassius Hallinger (= Studia Anselmiana 85) 1982, 333–353; K. SCHREINER, Mönchsein in der Adelsgesellschaft des hohen und späten Mittelalters, in: HZ 248 (1989) 557–620; FLACHENECKER, Schottenklöster. – Augustiner-Chorherren, Prämonstratenser, Chorherren vom Heiligen Geist, Antoniter: BACKMUND, Chorherrenorden; DERS., Monasticon Praemonstratense I/1–2, ²1983; MISCHLEWSKI, Grundzüge; FRIESS, Spuren (mit mehreren einschlägigen Beiträgen). – Zisterzienser: E. KRAUSEN, Die Klöster des Zisterzienserordens in Bayern (= Bayerische Heimatforschung 7) 1953; A. SCHNEIDER u.a. (Hg.), Die Cistercienser. Geschichte, Geist, Kunst, ³1986; W. BRÜCKNER – J. LENSSEN (Hg.), Zisterzienser in Franken. Das alte Bistum Würzburg und seine einstigen Zisterzen (= Kirche, Kunst und Kultur in Franken 2) 1991; G. ZIMMERMANN, Ebrach und seine Stifter. Die fränkischen Zisterzen und der Adel, in: MJGK 21 (1969) 162–182 (jetzt auch in: DERS., Ecclesia – Franconia – Heraldica. Gesammelte Abhandlungen, hg. v. R. JANDESEK u. U. KNEFELKAMP 1989 (= Bamberger Schriften zur Kulturgeschichte. Sonderbd. 1) 1989, Nr. 21 (ungez.); E.-G. KRENIG, Mittelalterliche Frauenklöster nach den Konstitutionen von Cîteaux unter besonderer Berücksichtigung fränkischer Nonnenkonvente, in: Analecta Sacri Ordinis Cisterciensis 10 (1954) 1–105; G. DIPPOLD, Die fränkischen Zisterzen und ihr Verhältnis zu den Landesherren, in: A. EHRMANN – P. PFISTER – K. WOLLENBERG (Hg.), In Tal und Einsamkeit. 725 Jahre Kloster Fürstenfeld. Die Zisterzienser im alten Bayern, Bd. 2: Aufsätze, 1988, 435–443; J. HOTZ, Zisterzienserklöster in Oberfranken, 1982; W. SCHICH, Stadthöfe der fränkischen Zisterzienserklöster in Würzburg, in: Zisterzienserstudien 3 (= Studien zur europäischen Geschichte 13) 1976, 45–94. – Ritterorden: D. WEISS, Der Templerorden in Bayern, in: Ordo Militiae Crucis Templi. Tempelherren-Orden Deutsches Priorat. Generalkapitel 1989 Ansbach, 1989, 9–20; WIENAND, Johanniter-Orden; BORCHARDT, Institutionen (Johanniter in Franken 117–121); D. J. WEISS, Geschichte; G. RECHTER – D. J. WEISS, Die Ballei Franken, in: G. BOTT – U. ARNOLD (Hg.), 800 Jahre Deutscher Orden. Ausstellungskatalog des Germanischen Nationalmuseums, 1990, 507–512. – Bettelorden: H. HOLZAPFEL, Handbuch der Geschichte des Franziskanerordens, 1909; BFrA 1–5, 1954–1961; J. R. H. MOORMANN, Medieval Franciscan Houses (= Franciscan Institute Publications. History Series 4) 1983; NYHUS, Franciscans in South Germany; F. MACHILEK, Armut und Reform. Die franziskanische Observanzbewegung des 15. Jahrhunderts und ihre Verbreitung in Franken, in: R. SUCKALE (Hg.), Der Bußprediger Capestrano auf dem Domplatz in Bamberg. Eine Bamberger Tafel um 1470/75 (= Schriften des Historischen Museums Bamberg 12) 1989, 115–125; E. WAUER, Entstehung und Ausbreitung des Klarissenordens, besonders in deutschen Minoritenprovinzen, 1906; F. MACHILEK, Der Klarissenorden, in: L. KURRAS – F. MACHILEK (Hg.), Caritas Pirckheimer 1467–1532, 1982, 61–63; A. C. BORIS, Communities of Religious Women in the Diocese of Bamberg in the Later Middle Ages, Diss. Washington 1992; A. WALZ, Compendium Historiae Ordinis Praedicatorum, ²1948; DERS., Dominikaner; HEMMERLE, Augustiner-Eremiten; KUNZELMANN, Augustiner-Eremiten, 3 Bde.; DECKERT, Provinz. – Kartäuser, Wilhelmiten, Birgittiner, Magdalenerinnen, Aglaischwestern: BACKMUND, Kleinere Orden; K. P. BÜTTNER, Die unterfränkischen Kartausen, in: Kartäusermystik und -mystiker II (= Analecta Cartusiana 55) 1981, 56–82; MACHILEK, Frömmigkeitsformen 157–189 (Kartäuser 163f); M. KOLLER (Hg.), Kartäuser in Franken (= Kirche, Kunst und Kultur in Franken 5) 1996. – Birgittiner: T. NYBERG, Dokumente und Untersuchungen zur inneren Geschichte der drei Birgittenklöster Bayerns 1420–1570 (= QuE NF 26,1) 1972. – Die Literatur zu den einzelnen Klöstern wird im folgenden nur in Auswahl angegeben; weitere Angaben sind in den zuvor angegebenen Nachschlagewerken und Beiträgen zu suchen.

522  I. Schwaben und Franken im Spätmittelalter

Bayerisch-Schwaben waren im Spätmittelalter folgende Orden vertreten[533]: Die Benediktiner in Fultenbach (gegr. 739, erneuert 1130), Kempten (742/43)[534], Füssen (St. Mang, um 745)[535], Thierhaupten (um 750, 1028), Ottobeuren (764)[536], Augsburg (St. Ulrich und Afra, um 800, endgültig seit 1012)[537], Donauwörth (Heilig Kreuz, um 1040)[538], Echenbrunn (um 1120)[539], Elchingen (um 1120), Mönchsroth (Propstei, um 1126), (Mönchs-)Deggingen (um 1138, zuvor Frauenkloster), Memmingen (Schottenkloster St. Nikolaus, nach 1178, spätestens um 1400 verlassen) und Irsee (1182/86)[540]; die Zisterzienser in Kaisheim (1133/34)[541]; die Kartäuser in Christgarten (1383/84) und Buxheim (1402, hier zuvor Säkularkanoniker[542]); die Augustiner-Chorherren in Augsburg (St. Georg, 1135, und Heilig Kreuz, 1159/67) sowie in Wettenhausen (1124/33[543]); die Prämonstratenser in Roggenburg (1130) und Ursberg (um 1125/26[544]); die Templer in Augsburg (13. Jahrhundert, 1312 aufgehoben); die Johanniter in Kleinerdlingen (um 1250); der Deutsche Orden in Donauwörth (1214, 1280), Oettingen (1242)[545], Lauterbach bei Donauwörth (1289, seit Anfang des 14. Jahrhunderts unter Verwaltung der Kommende Donauwörth); die Chorherren vom Heiligen Geist in Memmingen (um 1210, vom Orden 1365 der Stadt überlassen); die Antoniter in Memmingen (vor 1214); die Franziskaner in Nördlingen (1233)[546], Augsburg (wohl erst 1243/65) und Lenzfried (1461); die Dominikaner in Augsburg (St. Magdalena, nach 1245)[547]; die Augustiner-Eremiten in Lauingen (um 1302), Memmingen (St. Johannes Baptista, um 1280) und Mindelheim (Mariae Verkündigung, 1263, zuvor als Wilhelmitenkonvent zu Bedernau); die Sackbrüder (Sac-

---

[533] Karte: P. FRIED – B. HAGEL, Spätmittelalterliche Klöster in Schwaben 1300–1500, in: Historischer Atlas von Bayerisch Schwaben, Lfg. 2, ²1985, K. VIII, 14.
[534] J. ROTTENKOLBER, Geschichte des hochfürstlichen Stiftes Kempten (= Allgäuer Geschichtsfreund NF 34/35) 1933; V. DOTTERWEICH (Hg.), Geschichte der Stadt Kempten, 1989, passim.
[535] F. R. BÖCK, Die Bibliothek des ehemaligen Benediktinerklosters St. Mang, in: Allgäuer Geschichtsfreund 85 (1985) 40–116.
[536] H. HOFFMANN (Bearb.), Die Urkunden des Reichsstiftes Ottobeuren 764–1460 (= Veröffentlichungen der Schwäbischen Forschungsgemeinschaft bei der Kommission für Bayerische Landesgeschichte 2,1,13) 1991; Ae. KOLB (Hg.), Ottobeuren, Schicksal einer schwäbischen Reichsabtei, ²1986.
[537] W. LIEBHART, Die Reichsabtei St. Ulrich und Afra zu Augsburg. Studien zu Besitz und Herrschaft 1006–1803 (HAB.S. II,2) 1982; R. MÜNTEFERING (Bearb.), Die Traditionen und das älteste Urbar des Klosters St. Ulrich und Afra in Augsburg (= QuE NF 35) 1986.
[538] W. SCHIEDERMEIER (Hg.), Heilig Kreuz in Donauwörth, 1987.
[539] A. LAYER, Benediktinisches Erbe im schwäbischen Donautal. Das ehemalige Klosterdorf Echenbrunn, 1980.
[540] W. PÖTZL, Geschichte des Klosters Irsee 1182–1501 (= SMGB Erg.Bd. 19) 1969; DERS., Die Geschichte des Klosters Irsee im Mittelalter. Ein Überblick, in: H. FREI (Hg.), Das Reichsstift Irsee (= Beiträge zur Landeskunde von Schwaben 7) 1981, 9–16.
[541] J. LANG – O. KUCHENBAUER, 850 Jahre Klostergründung Kaisheim 1134–1984. Festschrift 1984; I. SCHNEIDER, Kaisheim als erste Vaterabtei der Zisterzienserinnen von Seligenthal, in: Verhandlungen des Historischen Vereins für Niederbayern 114/115 (1988/1989, ersch. 1991) 117–138.
[542] F. STÖHLKER, Die Kartause Buxheim I–IV, 1974–78.
[543] W. WÜST, Das Reichsstift Wettenhausen, in: Günzburger Hefte 19 (1983) 29–44.
[544] A. LOHMÜLLER, Die Bibliothek des Prämonstratenser-Reichsstiftes Ursberg, 1125–1803, in: JVABG 10 (1976) 281–301.
[545] J. HOPFENZITZ, Kommende Oettingen Deutschen Ordens (1242–1805) (= QSGDO 33) 1976.
[546] S. WITTMER, Die Nördlinger Barfüßer, Diss. Erlangen 1956; TRÜDINGER, Kirchenpolitik 189–192.
[547] SIEMER, St. Magdalena.

citen) in Augsburg am Gögginger Tor (um 1270, wohl kurz darauf im Konvent der Karmeliten aufgegangen); die Karmeliten in Augsburg (1274, zunächst am Gögginger Tor, später bei St. Anna), Dinkelsbühl (1291) und Nördlingen (St. Salvator, 1401)[548]; die Birgittiner (und Birgittinnen) in Maihingen im Ries (1459/72, Doppelkloster, zuvor Pauliner bzw. Serviten)[549].

Klöster der Benediktinerinnen bestanden in Neuburg an der Donau (um 1000), (Unter-)Liezheim (1026), Hohenwart (1074), Holzen (um 1150), Augsburg (St. Nikolaus, 1262, in Verbindung mit St. Ulrich und Afra)[550]; der Zisterzienserinnen in Niederschönenfeld (1241), (Kloster-)Zimmern (1252, zuvor in Stachelberg, seit 1245), Oberschönenfeld (1248, zuvor Beginenkonvent in Obernhofen/Weiherhof seit 1211)[551], Kirchheim im Ries (1268) und Lauingen (1319); der Augustiner-Chorfrauen in Weihenberg bei Wertingen (nach 1145, schon im 13. Jahrhundert stark eingeschränkt); der Franziskanerterziarinnen in Dillingen (Großes Kloster, 1241)[552], Günzburg (1249), Augsburg (Maria Stern, 1258, An der Horbruck, um 1300, St. Martin, 1314), Klosterbeuren (1273, zuvor Sammlung unter der Augustinusregel in Wurzach), Salmannshofen bei Wertingen (Ende 13. Jahrhundert, zu Anfang des 15. Jahrhunderts Übertritt der Schwestern nach Holzen), Kaufbeuren (St. Franziskus, 1315), Memmingen (Maria Garten, 1444)[553], Mindelheim (Heilig Kreuz, 1456), Kempten (Zum Steg, 1469, zuvor Seelhaus); der Augustinerinnen in Memmingen (St. Elisabeth, um 1256)[554]; der Dominikanerinnen in Augsburg (St. Katharina, 1246/51[555], St. Margareth, 1261, zuvor in Leitau bei Schwabmünchen, und St. Ursula, 1394, hier zuvor seit 1235 Schwestern der willigen Armut), Dillingen (Kleines Kloster, um 1310), Gotteszell bei Schwäbisch Gmünd (1246), Maria Medingen (1246)[556], Obermedlingen (1261)[557], Dorfkemmathen bei Dinkelsbühl (1474, zuvor Beginenkonvent)[558].

---

[548] P. RUMMEL, 550 Jahre Kloster- und Pfarrkirche St. Salvator in Nördlingen, in: JVABG 8 (1974) 217–240; TRÜDINGER, Kirchenpolitik 193–196.
[549] J. HOPFENZITZ, Das Birgittenkloster Maihingen (1437–1607), in: JVABG 3 (1970) 27–85; T. NYBERG, Das Hausbuch des Klosters Maihingen, ebd. 5 (1971) 143–167.
[550] A. HAEMMERLE, Das Necrologium des Benediktinerinnenklosters St. Nikolaus in Augsburg 1955.
[551] W. SCHIEDERMAIR (Hg.), Kloster Oberschönenfeld, 1995.
[552] L. SCHREYER, Geschichte der Dillinger Franziskanerinnen I, 1982.
[553] B. LINS, Geschichte des ehemaligen Frauenklosters Maria Garten in Memmingen, in: FS 34 (1952) 265–289, 407–424.
[554] M. HAUSNER, Die Visitation des Aegidius von Viterbo im Kloster der Augustinereremitinnen zu Memmingen 1516, in: Memminger Geschichtsblätter 1972 (ersch. 1974) 5–92.
[555] L. JUHNKE, Bausteine zur Geschichte des Dominikanerinnenklosters St. Katharina, in: Oberrealschule Augsburg. Jahresbericht 1957/58, 61–110.
[556] JEDELHAUSER, Maria Medingen; F. ZOEPFL, Maria Medingen. Die Geschichte einer Kulturstätte im schwäbischen Donautal, 1960.
[557] F. HERZOG, Abriß der Geschichte des ehemaligen Klosters Obermedlingen, 1918.
[558] A. GABLER, Das Frauenklösterlein Dorfkemmathen, in: JVABG 10 (1976) 274–280.

## 2. Im alten Bistum Konstanz

In dem heute zu Bayerisch Schwaben und zum Bistum Augsburg gehörigen Anteil des alten Bistums Konstanz waren vertreten: die Franziskaner in Lindau (Konventualen, 1233) und die Franziskanerinnen in Lindau (am Steg, Terziarinnen, 1268, zuvor Beginensammlung).

## 3. Im alten Mainzer Oberstift

Das Mainzer Oberstift war auf das Ganze gesehen keine Klosterlandschaft[559]. In dem hier zu behandelnden Gebiet waren im Spätmittelalter folgende Orden vertreten: die Benediktiner in Seligenstadt (815); der Deutsche Orden in (Stadt-)Prozelten (1317?, 1483 Übergang an das Erzstift Mainz); die Zisterzienserinnen in Schmerlenbach (1218, später in ein Kloster der Benediktinerinnen umgewandelt)[560] und Himmelthal im Elsavatal (1233)[561].

## 4. Im alten Bistum Würzburg

Im alten Bistum Würzburg waren im Spätmittelalter nahezu alle Orden vertreten, viele von ihnen im Vergleich zu anderen Diözesen in besonders großer Dichte: die Benediktiner in Amorbach (734)[562], Würzburg (St. Burkard, um 748, erneuert 990, 1464 Umwandlung in adliges Chorherrenstift), Neustadt am Main (um 770), Münsterschwarzach (um 815), Theres (zwischen 1041 und 1045), Banz (wohl 1071), Coburg (saalfeldische Propstei, 1071), Komburg (1079)[563] Aura (1108), Münchaurach (zwischen 1124 und 1127), Münchsteinach (1133), Würzburg (St. Jakob, Schottenkloster, um 1138, 1498 ausgestorben), Mönchröden (vor 1147), Schweinfurt (vor 1141, 1263 aufgelöst, um 1273 dem Deutschen Orden übergeben); die Augustiner-Chorherren in Heidenfeld (vielleicht 1071), Triefenstein (1102)[564], Langenzenn (1409)[565] und Birklingen bei Iphofen (1459/62); die Zisterzienser in Ebrach (1127)[566],

---

559   R. FISCHER, Untermaingebiet I 152.
560   F. BÜLL, Quellen und Forschungen zur Geschichte der mittelalterlichen Frauenabtei Schmerlenbach im Spessart, 1970; E. ROTH, Schmerlenbach. Tradition und Neubeginn, 1987.
561   Festschrift 750 Jahre Kloster Himmelthal, 1983.
562   F. OSWALD – W. STÖRMER (Hg.), Die Abtei Amorbach im Odenwald, 1984; F. OSWALD, Amorbach, ²1988.
563   R. JOOSS, Kloster Komburg im Mittelalter (= Forschungen aus Württembergisch Franken) 4) ²1987.
564   W. STÖRMER, Das Augustinerchorherrenstift Triefenstein, in: Lengfurter Beiträge zur Ortsgeschichte I, 1978, 116–126.
565   A. WENDEHORST, Propst Peter Imhof und die Anfänge des Augustinerchorherrenstiftes Langenzenn, in: Jahrbuch des Historischen Vereins für Mittelfranken 95 (1990/91) 33–37; F. MACHILEK, Zu einem Profeßzettel aus dem Augustiner-Chorherrenstift Langenzenn vom Jahre 1424, in: Bewahren und Umgestalten. Walter Jaroschka zum 60. Geburtstag, hg. v. H. RUMSCHÖTTEL – E. STAHLEDER (= Mitteilungen für die Archivpflege in Bayern Sonderheft 9) 1992, 324–331.
566   G. ZIMMERMANN (Hg.), Festschrift Ebrach 1127–1977, 1977; W. WIEMER – G. ZIMMERMANN (Hg.), Festschrift 700 Jahre Abteikirche Ebrach 1285–1985, 1985; H. THURN, Die Handschriften der Zisterzienserabtei Ebrach (= Die Handschriften der Universitätsbibliothek Würzburg 1) 1970; W. SCHERZER, Kloster Ebrach in Dokumenten. Ausstellung anläßlich der Zusammenfassung der Ebracher Archivalien im Staatsarchiv Würzburg (= ASAB 12) 1980; W. SCHENK, Mainfränkische Kulturlandschaft unter klösterlicher

Bronnbach (wohl 1151)[567] und Bildhausen (1156)[568]; die Prämonstratenser in Oberzell unterhalb Würzburg (1128 als Doppelkloster, Frauenkonvent um 1200 nach Unterzell verlegt), Tückelhausen (um 1138, Doppelkloster, Umzug der Chorfrauen schon 1144/46 nach Lochgarten bei Mergentheim, seit Beginn des 14. Jahrhunderts durch Zuzug von Frauen aus Michelfeld bei Kitzingen erneut Doppelkloster, 1307 Übersiedlung der Kanoniker nach Oberzell, 1351 Übergabe von Tückelhausen an die Kartäuser); die Johanniter in Reichardsroth (1192), Rothenburg ob der Tauber (um 1200), Mergentheim (1208), Würzburg (St. Oswald, vor 1215, später St. Johannes), Biebelried (1244/51), Büchold (um 1300); der Deutsche Orden in Hüttenheim (1213), Würzburg (1219)[569], Mergentheim (1219), Rothenburg ob der Tauber (zwischen 1226 und 1237)[570], Münnerstadt (um 1250/51)[571], Heilbronn (vor 1268)[572], Schweinfurt (um 1273, vorausgehend – bis 1263 – Benediktiner)[573], Virnsberg (1294)[574], Archshofen bei Rothenburg ob der Tauber (vor 1304, 1460 verkauft), Neubrunn (Spital 1305/11, 1319 nach Prozelten transferiert), Prozelten (1483/84 an das Erzstift Mainz vertauscht)[575]; die Kartäuser in Grünau im Spessart (Nova Cella, 1328)[576], Würzburg (Engelgarten 1348/52), Tückelhausen (seit 1351, zuvor Prämonstratenser), Astheim (Marienbrück) gegenüber Volkach (1409), Ilmbach im Steigerwald (1453); die Franziskaner in Würzburg (1221), Coburg (um 1257)[577] und Riedfeld (1459/62); die Dominikaner in Würzburg (1227) und Mergentheim (1294); die Augustiner-Eremiten in Würzburg (1263), Münnerstadt (1279), Windsheim (1291)[578] und Königsberg in Franken (1362); die Karmeliten (Frauenbrüder) in Würzburg

Herrschaft. Die Zisterzienserabtei Ebrach als raumwirksame Institution bis 1803 (= Würzburger Geographische Arbeiten 71) 1988.
567 L. SCHERG, Die Zisterzienserabtei Bronnbach im Mittelalter (- ca. 1360) (= Mainfränkische Studien 14) 1976; H. EHMER, Das Kloster Bronnbach im Zeitalter der Reformation, in: Württembergisch Franken 72 (1988) 21–42.
568 H. WAGNER, Geschichte der Zisterzienserabtei Bildhausen im Mittelalter (-1525) (= Mainfränkische Studien 15) 1976; DERS. (Bearb.), Regesten der Zisterzienserabtei Bildhausen 1158–1525 (= QFGBW 37) 1987.
569 A. HERZIG, Die Deutschordenskommende Würzburg im Mittelalter (1219–1549). Ihre Stellung als bischöfliche »Hauskommende« und Komturspfründe, in: MJGK 18 (1966) 1–120.
570 BORCHARDT, Institutionen, passim.
571 E. SCHÖFFLER, Die Deutschordenskommende Münnerstadt (= QSGDO 45) 1991.
572 U. ARNOLD, Zur Geschichte der Deutschordenskommende Heilbronn im Mittelalter, in: ZWLG 46 (1985) 123–141; M. DIEFENBACHER, Agrarwirtschaftliche Zentren des Deutschen Ordens am unteren Neckar. Ein Beitrag zur Wirtschaftsgeschichte der Kommende Heilbronn im Spätmittelalter, in: Zur Wirtschaftsentwicklung des Deutschen Ordens im Mittelalter, hg. v. U. ARNOLD (= QSDGO 38 = VHKDO 2) 1989, 49–70.
573 D. J. WEISS, Das Deutsche Haus in Schweinfurt und die Ballei Franken, in: Schweinfurter Forschungen 8 (1993) 7–23.
574 RECHTER, Aisch und Rezat.
575 K. H. LAMPE, Die Entstehung der Deutschordenskommende Prozelten, in: Wertheimer Jahrbuch 1955/56, 39–45.
576 J. HOGG, The Charterhouse of Grünau, in: Kartäusermystik und -mystiker II (= Analecta Cartusiana 55) 1981, 192–204.
577 K. v. ANDRIAN – WERBURG (Bearb.), Das Totenbuch des Franziskanerklosters in Coburg ca. 1257–1525 (1600) (= VGFG IV,10) 1990.
578 STAHLEDER, Handschriften der Augustiner-Eremiten; G. RECHTER, Studien zur Geschichte der Reichsstadt Windsheim. Das Kloster der Augustinereremiten 1291–1525, in: JFLF 42 (1982) 67–143.

(St. Nikolaus 1252, später St. Barbara), Vogelsburg gegenüber Volkach (1288); die Antoniter in Würzburg (1. Viertel des 15. Jahrhunderts) und Eicha bei Gleichamberg (1411).

Benediktinerinnen gab es in Kitzingen (vor 749, erneuert 1017), Thulba bei Hammelburg (Fuldaer Nebenkloster, 1131/40), Veilsdorf (1189, zuvor Nonnenzelle, später zeitweilig Männerkloster), vor Würzburg (St. Afra), Heidingsfeld (1237), Würzburg (St. Ulrich (1476); Zisterzienserinnen in Wechterswinkel (vor 1144 Benediktinerinnen), Schönau (1189/92)[579], Johanniszell unter Wildberg bei Königshofen (vor 1209 Konstitutionen von Cîteaux), Würzburg (Himmelspforten, 1231)[580], Frauenroth (1231)[581], Maidbronn (1232), Heiligenthal bei Schweinfurt (1248)[582], Mariaburghausen (1237/43)[583], Frauental bei Creglingen (1247)[584], Kürnach (vor 1279, nur kurzzeitig belegt)[585], Sonnefeld (1260)[586], Birkenfeld (um 1275/78); Prämonstratenserinnen in Hausen bei Kissingen (1167), Sulz (2. Hälfte des 12. Jahrhunderts)[587], Unterzell (um 1200); Magdalenerinnen in Würzburg (1227 erstmals genannt); Klarissinnen in Würzburg (St. Agnes, um 1254, zuvor Beginenkonvent); Dominikanerinnen in Würzburg (St. Marx in der Pleicher Vorstadt, 1246), Frauenaurach (wohl 1267)[588]; Aglaischwestern in Königsberg (um 1391).

### 5. Im alten Bistum Bamberg

Bis zum Ende des Mittelalters faßten im Bistum Bamberg folgende Orden Fuß; die Benediktiner ob Bamberg (Michelsberg, 1015; 1124/26 St. Getreu Priorat der Abtei Michelsberg)[589], Weißenohe (1053), Michelfeld (1119), Nürnberg (Schottenkloster

---

[579] B. BAUER, Kloster Schönau im Wandel fränkischer Geschichte 1189/90–1699, Bd. 1, 1989.

[580] H. HOFFMANN (Bearb.), Urkundenregesten zur Geschichte des Zisterzienserinnenklosters Himmelspforten 1231–1400 (= Regesta Herbipolensia 4 = QFGBW 14) 1962; M. TOEPFER, Die Konversen der Zisterzienserinnen von Himmelspforten bei Würzburg, in: K. ELM (Hg.), Beiträge zur Geschichte der Konversen im Mittelalter (= BHS 2.O1) 1980, 25–48.

[581] A. ANTON – J. KARL, 750 Jahre Frauenroth 1231–1981, 1981; E. BÜNZ, Otto von Botenlauben, die Gründung des Klosters Frauenroth und die religiösen Bewegungen des 13. Jahrhunderts, in: Otto von Botenlauben. Minnesänger – Kreuzfahrer – Klostergründer, hg. v. P. WEIDISCH (= Bad Kissinger Archiv-Schriften 1) 1994, 117–151.

[582] A. TAUSENDPFUND, Niedergang und Aufhebung des Klosters Heiligenthal, in: JFLF 34/35 (1975) 501–517.

[583] R. WEILERSBACHER, 750 Jahre Kloster Kreuzthal-Mariaburghausen 1237/43 bis 1582, 1987.

[584] G. LAYER (Red.), Museum »Vom Kloster zum Dorf« (= Beiträge zur tauberfränkischen Volkskultur 1) 1991.

[585] B. STRAUSS, Das Zisterzienserinnenkloster in Kürnach, in: C. DEMEL (Hg.), 1200 Quirnaha -Kürnach, 1979, 130–133.

[586] H. BACHMANN, Sonnefeld. Geschichte und Gegenwart, 1989.

[587] P. SCHAUDIG, Beiträge zur Geschichte des Klosters Sulz, Diss. Erlangen 1913.

[588] A. WENDEHORST, Kloster Frauenaurach im späten Mittelalter, in: Erlanger Bausteine 30 (1983) 21–27; E. KUTSCH, Die ehemalige Klosterkirche in Frauenaurach. Altes und Neues zu ihrer Geschichte und Baugeschichte, ebd. 35 (1987) 13–31.

[589] R. BRAUN, Das Benediktinerkloster Michelsberg 1015–1525, I–II (= Die Plassenburg 39) 1977/1978; K. DENGLER-SCHREIBER, Scriptorium und Bibliothek des Klosters Michelsberg in Bamberg (= Studien zur Bibliotheksgeschichte 2) 1979; MACHILEK, Ottogedächtnis 9–34.

St. Egidien, um 1140); die Zisterzienser in Langheim (1132/33)[590]; der Tempelherrenorden in Bamberg (vor 1300, 1312 aufgehoben); der Deutsche Orden in Nürnberg (1209); die Augustiner-Chorherren in Neunkirchen am Brand (1314)[591]; die Franziskaner in Nürnberg (1224)[592], Bamberg (um 1230)[593], Hof (Maria und Heiligkreuz, 1292) und St. Jobst (1514)[594]; die Dominikaner in Nürnberg (1234)[595] und Bamberg (um 1310); die Karmeliten in Bamberg (um 1273), Nürnberg (1287)[596] und Sparneck bei Münchberg (1477); die Augustiner-Eremiten in Nürnberg (St. Veit, 1265)[597] und Kulmbach (bald nach 1340)[598]; die Kartäuser in Nürnberg (Marienzelle, 1380)[599].

Klöster der Zisterzienserinnen bestanden in Bamberg (St. Theodor, 1157, seit Mitte des 14. Jahrhunderts als Benediktinerinnenabtei bezeichnet)[600], Schlüsselau (um 1280/83)[601], Himmelkron (1279)[602] und Himmelthron/Großgründlach (1343/48)[603], Magdalenerinnen in Nürnberg (vor 1240, noch im 13. Jahrhundert Übergang an die Klarissinnen); der Klarissinnen in Nürnberg (1279, zuvor Magdalenerinnenkonvent)[604], Bamberg (St. Clara, 1340)[605] und Hof (1348); der Dominikanerinnen in Nürnberg (St. Katharina, 1294/95) und Bamberg (Heilig Grab, vor 1356)[605a].

---

[590] F. GELDNER, Langheim. Wirken und Schicksal eines fränkischen Zisterzienserklosters, ²1990; G. DIPPOLD, »non verus et proprius monasterii fundator«. Otto und Kloster Langheim, in: BHVB 125 (1989) 339–358; Klosterlangheim. Symposion veranstaltet von der Hanns-Seidel-Stiftung in Zusammenarbeit mit der Otto-Friedrich-Universität Bamberg und dem Bayerischen Landesamt für Denkmalpflege (= Bayerisches Landesamt für Denkmalpflege, Arbeitsheft 65) 1994; M. MACHILEK, Das Langheimer Antiphonar von 1500 in der Staatsbibliothek Bamberg, in: Vom Main zum Jura 6 (1991) 27–82; 7 (1995) 5–44.

[591] H. MIEKISCH, Augustiner-Chorherrenstift Neunkirchen am Brand, 1989; DERS., Handschriften aus dem Augustiner-Chorherrenstift Neunkirchen am Brand. Katalog zur Ausstellung der Staatsbibliothek Bamberg 1989, 1989; DERS., Neunkirchen am Brand als Reformstift. Die Einführung der Raudnitzer Statuten 1390, 1990; Stifts- und Pfarrkirche St. Michael Neunkirchen am Brand. Festschrift, 1994.

[592] U. SCHMIDT, Das ehemalige Franziskanerkloster in Nürnberg, 1913.

[593] H. PASCHKE, Das Franziskanerkloster an der Schranne zu Bamberg, in: BHVB 110 (1974) 167–318.

[594] R. KONRAD, Die Bibliothek des ehemaligen Franziskanerklosters St. Jobst bei Bayreuth, in: AO 56 (1976) 89–120.

[595] F. BOCK, Das Nürnberger Predigerkloster, in: MVGN 25 (1924) 145–207.

[596] K. ULRICH, Das ehemalige Karmelitenkloster zu Nürnberg, in: MVGN 66 (1979) 1–100.

[597] J. ROSENTHAL-METZGER, Das Augustinerkloster in Nürnberg, in: MVGN 30 (1931) 1–105.

[598] E. LECHELER, Stellung und Bedeutung des Kulmbacher Augustinerklosters, dargestellt anhand seines Bücherverzeichnisses, in: Augustiniana 44 (1994) 303–379.

[599] J. F. ROTH, Geschichte und Beschreibung der Nürnbergischen Karthause, 1790; H. MAUÉ, Die Bauten der Kartause von ihrer Gründung 1380 bis zur Übernahme durch das Museum im Jahre 1857, in: B. DENEKE – R. KAHSNITZ, Das Germanische Nationalmuseum Nürnberg 1852–1977, 1978, 315–356.

[600] R. ZINK, St. Theodor in Bamberg 1157–1554. Ein Nonnenkloster im mittelalterlichen Franken (BHVB Beiheft 8) 1978.

[601] S. NÖTH, Ager Clavium. Das Cistercienserinnenkloster Schlüsselau 1280–1554 (= BHVB Beiheft 16) 1986.

[602] H. MEISSNER, 700 Jahre Himmelkron, 1979.

[603] H. HALLER V. HALLERSTEIN, Schloß und Dorf Großgründlach (= Mitteilungen der Altnürnberger Landschaft, Sonderheft 14) 1965.

[604] J. KIST, Das Klarissenkloster in Nürnberg bis zum Beginn des 16. Jahrhunderts, 1929; L. KURRAS – F. MACHILEK, Caritas Pirckheimer, 1982; R. MATTICK, Eine Nürnberger Übertragung der Urbanregel für den Orden der hl. Klara und der ersten Regel der hl. Klara für die Armen Schwestern, in: FS 69 (1987) 173–232.

[605] W. G. NEUKAM, Das Nekrologium des St. Claraklosters zu Bamberg vom Jahre 1496, in: JFLF 11/12 (1953) 143–153; F. MACHILEK, Dorothea Markgräfin von Brandenburg (1471–1520), in: FLB 12 (= VGFG VII A 12) 1986, 72–90.

## 6. Bistum Eichstätt

In dem hier zu behandelnden mittleren und westlichen Teil des Bistums Eichstätt waren im Spätmittelalter folgende Orden vertreten: die Benediktiner in Heidenheim am Hahnenkamm (751/52, dann Säkularkanoniker, seit 1154/55 wieder Benediktiner), Wülzburg (Mitte des 11. Jahrhunderts)[606], Auhausen an der Wörnitz (Anfang 12. Jahrhundert)[607], Eichstätt (Schottenkloster Heiligkreuz, vermutlich 1148/49, 1483 aufgehoben) sowie in Solnhofen (Propstei, um 800); die Zisterzienser in Heilsbronn (1132)[608]; die Augustiner-Chorherren in Rebdorf (wohl 1156)[609]; die Tempelherren in Moritzbrunn (vor 1289, um 1315 an das Hochstift Eichstätt); der Deutsche Orden in (Wolframs-)Eschenbach (vor 1236, seit dem 14. Jahrhundert mit Nürnberg vereinigt), Ellingen (1253) und Obermässing (1287, 1465 aufgehoben); die Franziskaner in Herrieden (Terziaren, um 1460); die Dominikaner in Eichstätt (1274)[610]; die Karmeliten in Weißenburg (1325), die Augustiner-Eremiten in Pappenheim (1372).

Klöster der Benediktinerinnen bestanden in Monheim (um 870)[611], Bergen bei Neuburg (nach 976)[612], Eichstätt (St. Walburg, 1035)[613]; der Augustiner-Chorfrauen in Marienstein (1469/70)[614], Pillenreuth (1375, zuvor Klausnerinnen)[615], Königshofen an der Heide bei Dinkelsbühl (1478), dieses 1495 nach Marienburg bei Abenberg verlegt[616]; der Dominikanerinnen in Engelthal (1240/43)[617].

### b) Die Säkularkanoniker- und Kanonissenstifte

#### 1. Bedeutung und Typen der Säkularkanonikerstifte

Das in der kirchen- und landesgeschichtlichen Forschung lange vernachlässigte Institut der weltlichen Kollegiatstifte hat in jüngster Zeit vermehrt das Interesse auf sich

---

[605a] F. MACHILEK, Das Dominikanerinnenkloster zum Heiligen Grab in Bamberg, in: H. SCHMITTINGER (Hg.), Feuer von innen, 1997, 90–94.
[606] G. LEIDEL, Geschichte der Benediktinerabtei Wülzburg (= Mittelfränkische Studien 4) 1983.
[607] K. STURM, Geschichte des Klosters Auhausen an der Wörnitz, in: SHVE 63 (1969/70) 7–206.
[608] G. SCHUHMANN – G. HIRSCHMANN, Urkundenregesten des Zisterzienserklosters Heilsbronn (= VGFG III,3) 1957; W. SCHICH, Heilsbronn – ein Zisterzienserkloster im Mittelalter, in: Jahrbuch des Historischen Vereins für Mittelfranken 89 (1977/81) 57–79; G. SCHUHMANN, Die Hohenzollern-Grablegen in Heilsbronn und Ansbach (= Große Kunstführer 159) 1989; A. WENDEHORST, in: Das Zisterzienserkloster Heilsbronn und seine Bibliothek (= Ausstellungskatalog des Landeskirchlichen Archivs in Nürnberg 15) 1991, 11–17.
[609] J. HÖCHERL, Rebdorfs Kanoniker der Windesheimer Zeit, in: SHVE 85 (1992) 3–206.
[610] NEUHOFER, Eichstätter Dominikanerkloster.
[611] A. BAUCH, Monheim, ein Wallfahrtszentrum der Karolingerzeit. Frühe Walpurgisverehrung, in: SMBO 90 (1979) 32–44.
[612] Kloster Bergen bei Neuburg an der Donau, 1981.
[613] I. BUCHHOLZ-JOHANEK, Die Gründung des Klosters St. Walburg 1035 und ihre Quellen, in: SMGB 90 (1979) 11–146, hier 45–80.
[614] O. FINA, Das Marienstein Anniversar. Totenbuch-Lebensbuch (= Eichstätter Materialien 10) 1987.
[615] M. SCHIEBER, Die Geschichte des Klosters Pillenreuth, in: MVGN 80 (1993) 1–115.
[616] B. APPEL, Die Gründung des Augustinerinnenklosters Marienburg, in: 500 Jahre Kloster Marienburg. Beiträge zum Jubiläum der Gründung des Augustinerinnenklosters 1488, 1988, 9–29.
[617] G. VOIT, Engelthal. Geschichte eines Dominikanerinnenklosters im Nürnberger Raum I–II (= Schriftenreihe der Altnürnberger Landschaft 26) 1977/78.

gezogen, gerade auch in dem hier zu behandelnden Raum[618]. Die von den Bischöfen als Mittelpunkte der Diözesanverwaltung und in enger institutioneller Verbindung zu den Domkapiteln errichteten älteren Stifte behielten zumeist auch im späteren Mittelalter eine Vorrangstellung. Eine Sonderform stellten die seit dem 11. Jahrhundert an oder in der Nähe von Domkirchen und in Zuordnung auf diese errichteten *Domnebenstifte* oder *Domannexstifte* dar, die trotz reicher Ausstattung jenen gegenüber rechtlich die Stellung von nachgeordneten »Minderstiften« einnahmen[619]. Typisch spätmittelalterliche Formen der Säkularkanonikerstifte stellen die fürstlichen *Residenzstifte* sowie die *städtischen und adligen Stiftsgründungen* dar, die in den meisten Fällen bei den bestehenden Pfarrkirchen errichtet wurden; die Pröpste hatten damit auch die pfarrlichen Aufgaben zu erfüllen. Die Kirchen wurden mit der Erhebung zu Stätten repräsentativer Gottesdienste und Grablegen der Familien der Territorialherren[620]. Im Gegensatz zu den Domstiften, die zu den Hochstiften gezählt werden, waren die Säkularkanonikerstifte Niederstifte. Die Rechte der Selbstversammlung, Selbstergänzung und Annahme von Statuten verliehen den Stiften vor allem im späten Mittelalter einen hohen Grad von Autonomie[621]. Anders als bei den Klöstern eines Ordens, deren gemeinschaftliches Leben auf einer gemeinsamen Regel basierte, wurde das Leben in den einzelnen Stiften durch die von den Kapiteln angenommenen Statuten bestimmt, die neben Regelungen über die Aufnahme, Zahl und Residenzpflicht der Kapitulare, die Aufgaben der Dignitäre, Amtsinhaber, Kanoniker und Vikare auch solche über die liturgischen Gebräuche sowie wirtschaftliche Vereinbarungen und Bestimmungen über die Außenbeziehungen der Stifte, vor allem zu den städtischen Gremien, umfaßten[622]. Die in den Säkularkanonikerstiften von jeher ge-

---

[618] BAUERREISS, Kirchengeschichte Bayerns IV 50–53, V 78–81; BACKMUND, Kollegiat- und Kanonissenstifte; WENDEHORST – BENZ, Verzeichnis der Säkularkanonikerstifte (Lit.). – Diözese Augsburg: F. PETRUS, Suevia Ecclesiastica, clericalia collegia tum saecularia tum regularia, Augsburg-Dillingen 1699; C. KHAMM, Hierarchia Augustana chronologica tripartita in partem cathedralem, collegialem et regularem, Pars II: Collegialis, Augsburg 1712; ZOEPFL, Bistum Augsburg und seine Bischöfe im Mittelalter 568 u.ö. – Diözese Würzburg: Ae. USSERMANN, Episcopatus Wirceburgensis, St. Blasien 1794; WENDEHORST, Würzburg II–III; DERS., Strukturelemente 17–21; DERS., Orden und religiöse Gemeinschaften 236–238; SCHICH, Würzburg im Mittelalter 112–118. – Bistum Bamberg: Ae. USSERMANN, Episcopatus Bambergensis, St. Blasien 1802; GUTTENBERG, Bistum Bamberg I; SCHIMMELPFENNIG, Bamberg im Mittelalter. – Diözese Eichstätt: ROMSTÖCK, Klöster und Stifter 19–86. – Allgemein wichtig: MORAW, Typologie; I. CRUSIUS, Das weltliche Kollegiatstift als Schwerpunkt innerhalb der Germania Sacra, in: BDLG 120 (1984) 241–253; R. PUZA, Kollegiatkirche, Kollegiatstift, in: LdMa 5 (1991) 1253–1254.

[619] So z.B. die im 11. Jahrhundert gegründeten Bamberger Stifte St. Stephan, St. Jakob, St. Maria und Gangolf in der Theuerstadt, das in den siebziger Jahren des 11. Jahrhunderts bei der Kapelle St. Gertrud in Augsburg gegründete und später in den vorderen Domchor einbezogene Stift St. Gertrud in Augsburg oder das im letzten Viertel des 13. Jahrhunderts errichtete Stift im Westchor (Willibaldschor) des Eichstätter Domes. – Zu diesem Typus allgemein: MORAW, Typologie 17, 20; WENDEHORST, Strukturelemente 21.

[620] MORAW, Typologie 27–31; WENDEHORST, Strukturelemente 24.

[621] P. E. ULLRICH, Statuta ecclesiae collegiatae ad St. Johannem Baptistam [...] in Hauge, in: AU 30 (1887) 1–84; J. KÜHLES, Das Stifthauger Dekanatsbuch, in: AU 21,3 (1872) 1–72; G. SCHUHMANN, Das Statutenbuch des Kollegiatstifts St. Gumbert in Ansbach, in: WDGB 11 (1950) 159–181; A. WENDEHORST, Die Statuten des Stifts Schmalkalden (1342) und ihre Herkunft, in: Festschrift für Hermann Heimpel II (= VöMPIG 36,2) 1972, 266–276.

[622] B. SCHNEIDMÜLLER, Verfassung und Güterordnung weltlicher Kollegiatstifte im Mittelalter, in: ZSRG.K 72 (1986) 115–151; H. KOLLER – D. EBBRACHT, Kanoniker und Scholastiker zu Aschaffenburg,

pflegten Bemühungen um die Seelsorge, das Schulwesen und die Feier der Liturgie lebten in vielen Stiften im Spätmittelalter neu auf. Auffallend hoch war die Zahl der den Kollegiatstiften übertragenen Patronatsrechte bzw. der ihnen inkorporierten Niederkirchen und damit der Umfang der durch die Stifte zu versehenden auswärtigen Seelsorgsstellen[623]. Dem in der städtischen Bevölkerung wachsenden Bedürfnis nach gehobener Predigt suchten viele Stifte durch die Errichtung von Stiftsprädikaturen zu entsprechen[624].

Das gemeinsame Leben beschränkte sich im wesentlichen auf die Gottesdienste und das Stundengebet in den Stiftskirchen[625]. Die von den Stiftskapiteln frei gewählten Pröpste sowie die Kanoniker wohnten zumeist in der näheren Umgebung der Kirchen in eigenen Stiftsherrenkurien; diese vielfach aus dem Eigenbesitz der Kanoniker stammenden Kurien gingen im Lauf der Zeit in der Regel in den Besitz der Stifte über. Neben den Stiftsherrenkurien finden sich später eigene Kurien der Stiftsvikare[626]. Vereinzelt gab es auch eigene Kapitelhäuser[627]. Die Stiftskapitel setzten sich aus der sozialen Oberschicht der Umgebung der Stifte zusammen. Die Mitglieder waren vielfach miteinander versippt. Eine größere Zahl von ihnen stieg im Dienst der Territorialherren zu hohem Ansehen auf. Die Pfründen an den Kollegiatstiften wurden häufig mit anderen Pfründen kumuliert.

In einer Reihe von Fällen wurden im 15. Jahrhundert Klöster der alten Orden, vor allem der der Benediktiner, in Kollegiatstifte umgewandelt, um dadurch einer monastischen Reform der Konvente auszuweichen[628]. Speziell von seiten der Benedikti-

---

in: AschJ 8 (1984) 145–256; F. MERZBACHER, Betrachtungen zur Rechtsstellung des Aschaffenburger Kollegiatstiftes St. Peter und Alexander im Mittelalter, in: AschJ 4,1 (1957) 299–320; FATH, Gericht; FISCHER-PACHE, Wirtschafts- und Besitzgeschichte; BÜNZ, Zehntbesitz 175–192; L. SCHNURRER, Feuchtwangen, Stift und Stadt, ihre Wechselbeziehungen im Spätmittelalter, in: JFLF 31 (1971) 309–334; ADAMSKI, Herrieden; A. REINDL, Die vier Immunitäten des Domkapitels zu Bamberg, in: BHVB 105 (1969) 213–509; I. MAIERHÖFER, Bambergs verfassungstopographische Entwicklung vom 15. bis zum 18. Jahrhundert, in: F. PETRI (Hg.), Bischofs- und Kathedralstädte des Mittelalters und der Frühen Neuzeit (= Städteforschung A,1) 1976, 146–162; Öhringen. Stadt und Stift (= Forschungen aus Württembergisch Franken 31) 1988; FLACHENECKER, Eine geistliche Stadt 387–390.

[623] Dazu oben 495–502 über die Pfarreien, Abschnitte b und c. – T. FRENZ, Die Inkorporation der Pfarreien Neukirchen bei Miltenberg (1419/23) und Kahl am Main (1502/03) in das Aschaffenburger Kollegiatstift, in: AschJ 7 (1981) 37–93.

[624] Näheres weiter unten (532).

[625] P. E. ULLRICH, Liber Regulae Ecclesiae Haugensis, in: AU 29 (1886) 249–335; R. WEHNER, Die mittelalterliche Gottesdienstordnung des Stiftes Haug in Würzburg (= SIFLF 17) 1979.

[626] Ältere Stiftsherrenkurien sind z.B. noch in Bamberg um St. Stephan und St. Jakob erhalten: SCHIMMELPFENNIG, Bamberg im Mittelalter 18, 21. – Zu den Kurien des Stifts St. Peter und Alexander in Aschaffenburg: THIEL, Urkundenbuch 710f (Reg.); FISCHER-PACHE, Wirtschafts- und Besitzgeschichte 121, 125–127. – Kurien des Neumünsterstifts: WENDEHORST, Würzburg IV 103–105.

[627] So z.B. in Bamberg bei St. Gangolf: SCHIMMELPFENNIG, Bamberg im Mittelalter 20, oder in Grönenbach: BACKMUND, Kollegiat- und Kanonissenstifte 24, 63.

[628] F. X. MAYER, Verwandlung des Benediktinerklosters Comburg in ein adeliges Chorherrenstift 1488, in: Diözesanarchiv von Schwaben 23 (1905) 33–35; JOOSS, Kloster Komburg (wie Anm. 563) 90–97; J. ZELLER, Die Umwandlung des Benediktinerklosters Ellwangen in ein weltliches Chorherrnstift (1460) und die kirchliche Verfassung des Stifts (= Württembergische Geschichtsquellen 10) 1910; BAUERREISS, Kirchengeschichte Bayerns V 78f; WENDEHORST, Mönchtum 56; A. WENDEHORST, Der Adel und die Benediktinerklöster im späten Mittelalter, in: Consuetudines Monasticae. Festgabe für K. Hallinger aus Anlaß

ner wurden diese Umwandlungen bitter beklagt; vor allem Johannes Trithemius wandte sich immer wieder gegen dieses Vorgehen[629]. Allein in der Mainz-Bamberger Provinz des Benediktinerordens ließen sich etwa zehn Klöster in weltliche Chorherrenstifte umwandeln[630].

Bei einer Reihe von Pfarrkirchen mit einer größeren Zahl von dort bepfründeten Geistlichen bildeten sich unter Verzicht auf eine eigene Stiftsverfassung stiftsähnliche Organisationsformen aus[631]; Institutionen dieser Art werden häufig als Halbstifte oder *Ecclesiae semicollegiatae* bezeichnet.

2. Statistik der Säkularkanonikerstifte

Im schwäbischen Anteil des Bistums Augsburg kam nach den drei älteren Kollegiatstiften St. Moritz, St. Peter und St. Gertrud in Augsburg (1019, um 1067, 1071) und dem vor 1197 aus einem Benediktinerkloster zu einem Kollegiatstift umgewandelten Feuchtwangen[632] an der Wende vom Hoch- zum Spätmittelalter (vor 1228) das Stift Buxheim hinzu, das wie das Feuchtwanger Stift in enger Verbindung zum Augsburger Domkapitel stand; Buxheim ging schon 1402 in den Besitz der Kartäuser über. Erst im letzten Viertel des 15. Jahrhunderts entstanden die Stifte an der Pfarrkirche St. Philipp und Jakob zu Grönenbach im Allgäu (1479) sowie an der Pfarrkirche St. Peter in Dillingen (1498), der zweiten Residenzstadt des Bistums, das erstere als Stiftung des Ritters Ludwig von Rothenstein und seiner Gemahlin, das letztere als bischöfliche Gründung.

Zum alten Bistum Konstanz gehörte das 1328 von den Grafen von Montfort-Bregenz an der Pfarrkirche St. Peter und Paul begründete Kollegiatstift zu Staufen (heute Oberstaufen, seit 1821 zum Bistum Augsburg gehörig); im Oberstift des alten Erzstifts Mainz lag das hochangesehene Stift St. Peter und Alexander zu Aschaffenburg[633].

Im Bistum Würzburg kamen zu den alten Stiften in der Bischofsstadt (Haug[634] und Neumünster[635]), in Ansbach (Gumbertusstift)[636], Mosbach (St. Juliana) und Öhringen

---

seines 70. Geburtstages, hg. v. J. ANGERER (= Studia Anselmiana 85) 1982, 333–353; WENDEHORST, Orden und religiöse Gemeinschaften 235. – In Murrhardt wurde die Umwandlung gleichsam in letzter Minute abgewendet: DAMBACHER, Urkundenlese zur Geschichte fränkischer Klöster, in: ZGO 11 (1860) 368–375.

629 Über die Umwandlung von Großkomburg bei Schwäbisch Hall in ein Stift schrieb Trithemius mit besonderer Betroffenheit: *Ex monachis malis, iniquis atque perversis facti sunt canonici, non boni, non regulares; sed quod erant prius in occulto, iam deinceps in aperto: sine regula, iniusti, lascivi, Domino mendaces, Christo inutiles*. Zitiert bei: K. ARNOLD, Johannes Trithemius (1462–1516). Zweite, bibliographisch u. überlieferungsgeschichtlich überarb. Aufl. 1991, 27, 46f, 147, 151. – Dazu auch BAUERREISS, Kirchengeschichte Bayerns V 78; WENDEHORST, Mönchtum 56.

630 BAUERREISS, Kirchengeschichte Bayerns V 78.

631 So z.B. in Nürnberg (St. Lorenz) oder in Miltenberg; zu letzterem: R. FISCHER, Untermaingebiet I 147.

632 Für die Literatur zu den einzelnen Stiftungen wird – von wenigen Ausnahmen abgesehen – pauschal auf BACKMUND, Kollegiat- und Kanonissenstifte, sowie auf WENDEHORST – BENZ, Verzeichnis der Säkularkanonikerstifte, verwiesen.

633 THIEL, Urkundenbuch.

634 E. BÜNZ, Stift Haug in Würzburg (= GermSac 20) 1998.

635 WENDEHORST, Würzburg IV.

(St. Peter und Paul) um 1200 die beiden ehemaligen fuldischen Eigenklöster Rasdorf und Hünfeld sowie im Lauf des Spätmittelalters die Stifte Möckmühl (1379), Schmalkalden (1316/17 zu Schleusingen), Römhild (vor 1450) und 1481 – auf dem Weg über ein Halbstift – das Marienstift zu Wertheim hinzu. Von ihnen entwickelten sich – von den beiden Würzburger und den beiden fuldischen Stiften abgesehen – alle anderen zu Residenzstiften oder sind bereits als solche gegründet worden. 1464 bzw. 1488 wurden die Benediktinerklöster St. Burkard in Würzburg und Komburg in adlige Säkularkanonikerstifte umgewandelt.

Im Bistum Bamberg kam zu den drei bereits im 11. Jahrhundert begründeten Domnebenstiften St. Stephan, St. Jakob und St. Maria und St. Gangolf in der Theuerstadt 1354 das Kollegiatstift St. Martin in Forchheim hinzu[637]. Die seit 1415 bestehenden Ansätze zur Erhebung der Pfarrkirche in Kulmbach zu einem Residenzstift gelangten nicht zum Erfolg[638].

Im Bistum Eichstätt gab es zwei wohl schon vor oder um 900 aus den früheren Benediktinerklöstern St. Emmeram zu Spalt und St. Veit zu Herrieden entstandene Kollegiatstifte. Im Spätmittelalter kamen vier weitere hinzu: St. Willibald im Westchor des Eichstätter Domes (1276), das Neue Stift (St. Nikolaus) zu Spalt (1294), das Neue Stift (Marienstift) zu Eichstätt (1318) und das Stift St. Johannes Baptista zu Hilpoltstein (1372). Erst 1523 erfolgte die Umwandlung des Benediktinerklosters Wülzburg in ein Säkularkanonikerstift.

3. Die Errichtung von Stiftsprädikaturen

Entsprechend der Ausweitung der Seelsorge in den Zentren der Territorialherrschaften im 15. Jahrhundert und zu Beginn des 16. Jahrhunderts war die Einrichtung von Prädikaturen vielen Stiften ein besonderes Anliegen[639]. Die Errichtung des Predigtamtes im Gumbertusstift zu Ansbach 1430 durch Kurfürst Friedrich I. von Brandenburg erfolgte offensichtlich nach dem Vorbild der Würzburger Domprädikatur. Die Verpflichtungen des Stiftspredigers entsprachen jenen des Würzburger Amtsinhabers; sie schlossen regelmäßige Vorlesungen zur Fortbildung des Klerus ein. Der Landesherr gewann damit über die Prädikatur Einfluß auf den geistigen Stand des Klerus[640]. Weitere Stiftsprädikaturen entstanden in Mosbach (erstmals 1456 belegt), Römhild, Öhringen (1506), Würzburg (Stift Haug 1507/08) und Schmalkalden (Anfang 16. Jahrhundert)[641].

---

[636] SCHERZER, Urkunden; W. ENGEL, Die mittelalterlichen Seelbücher des Kollegiatstiftes St. Gumbert zu Ansbach (= QFGBW 3) 1950; BAYER, Sankt Gumbert.
[637] A. JAKOB, Das Stift St. Martin in Forchheim, Diss. Erlangen 1993.
[638] E. HERRMANN, Kulmbach 77; Bemühungen um Erhöhung gab es auch für Bayreuth: TRÜBSBACH, Bayreuth 69.
[639] Zur ersten Stiftung dieser Art in Franken s.o. Anm. 357.
[640] Ch. v. ELSPERGER, Der Stiftungsbrief des Predigt- und Leseamtes der hl. Schrift in der St. Gumbertuskirche zu Ansbach von dem Markgrafen und Kurfürsten Friedrich, in: Jahresbericht des Historischen Vereins von Mittelfranken 37 (1869/70) 66–76; FREUDENBERGER, Würzburger Domprediger 16, 19; MACHILEK, Frömmigkeit 217.
[641] FREUDENBERGER, Würzburger Domprediger 17–19.

## 4. Die Kanonissenstifte

Die in der Tradition der älteren Chorfrauenstifte stehenden Kanonissenstifte des späten Mittelalters beherbergten in dem hier zu behandelnden Raum fast durchwegs exklusiv adlige Gemeinschaften. Die Kanonissenstifte verfügten wie die Säkularkanonikerstifte über eine feste Anzahl von Präbenden und glichen sich diesen in ihren Gebräuchen vielfach an[642]. Im Bistum Augsburg bestanden neben dem 969 errichteten Stift St. Stephan in Augsburg[643] das wohl im 12. Jahrhundert begründete Stift Edelstetten bei Krumbach und das nach 1259 errichtete Stift Reistingen bei Dillingen, das 1450 aufgehoben wurde. Bereits in das erste Viertel des 9. Jahrhundert reichte die Gründung des Stifts zu Unserer Lieben Frau in Lindau in der alten Diözese Konstanz zurück; die Äbtissin nannte sich seit 1410 Fürstin.

Die knappe Übersicht läßt trotz des in den Intentionen dieses Handbuchs bedingten Verzichts auf Anführung einer Reihe von Klöstern und Stiften in den Bistümern Augsburg und Eichstätt, in geringerem Umfang auch im Bistum Würzburg, die erheblichen Unterschiede zwischen den Klosterlandschaften der einzelnen Bistümer deutlich hervortreten. Auffallend ist vor allem die relativ geringe Dichte im Bistum Bamberg, wofür die Gründe im wesentlichen schon in Entwicklungen in hochmittelalterlicher Zeit zu suchen sind, u.a. wohl auch in der Klosterpolitik Bischof Ottos I. des Heiligen von Bamberg (1102–1139), die bewußt über die Grenzen des eigenen Bistums hinaus orientiert war.

---

[642] K. H. SCHÄFER, Die Kanonissenstifter im deutschen Mittelalter, 1907; BACKMUND, Kollegiat- und Kanonissenstifte 117–122; M. PARISSE, Kanonissen, in: LdMa 5 (1991) 907f.
[643] E. WEIDENHILLER (Hg.), Ad Sanctum Stephanum 969–1969. Festgabe zur Tausendjahrfeier von St. Stephan in Augsburg, 1969.

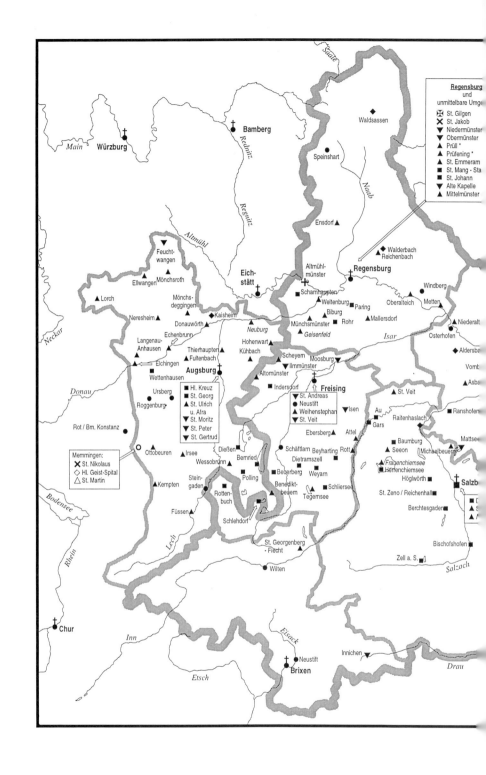

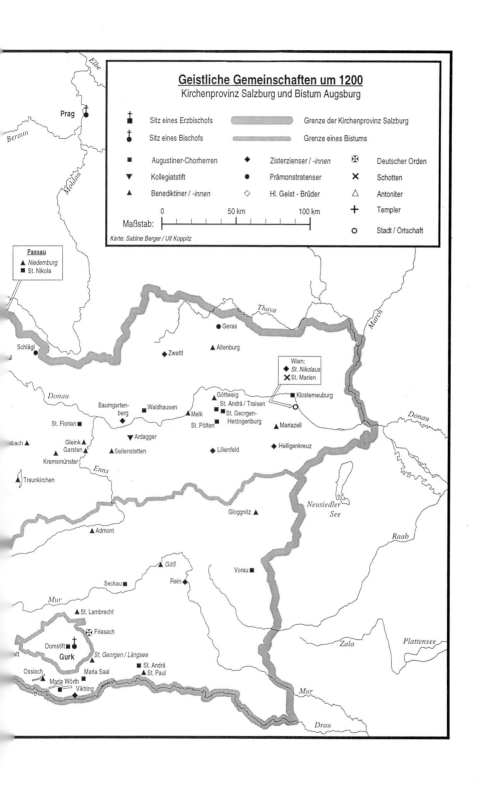

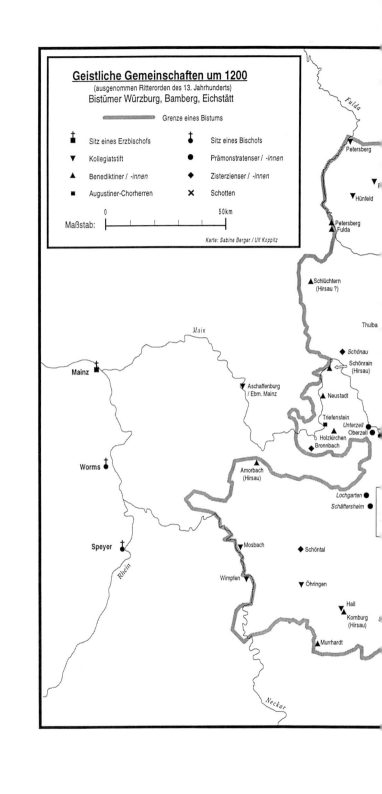

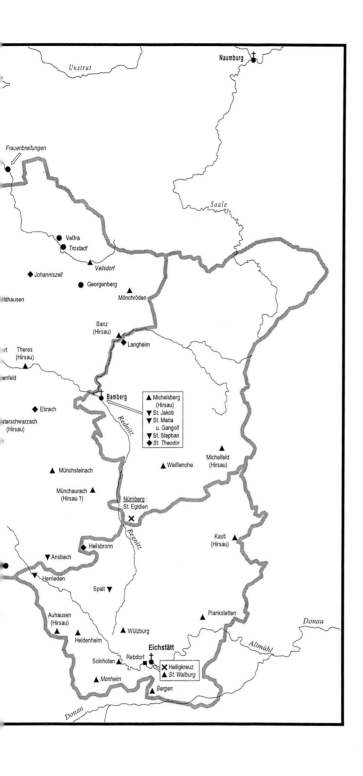